# Inhaltsverzeichnis

# Vorwort

Der modernen westlichen Zivilisation ist von verschiedenen Seiten in durchaus kritischer Intention eine psychologische Einstellung zum Leben angelastet worden. Diese behindere ein adäquates Verständnis sowohl der sozialen und politischen Strukturen und Funktionen der Industriegesellschaft als auch unser Selbst als Einzelpersonen und als Mitglieder vielfältiger sozialer Gruppen. Im Psychoboom und auf dem Therapie- und Selbsterfahrungsmarkt manifestiert sich demnach möglicherweise keine Blütezeit, sondern gerade umgekehrt das „Erlöschen der Seele". Das macht die Geschichte dieser Seele heute so interessant. Sich um eine „Geschichte der Seele" zu bemühen, müßte ein Versuch der Vergegenwärtigung sein, Vergegenwärtigung dessen, woran wir uns angesichts des Umstandes zu erinnern vermögen, daß die Seele einmal mit einem Heilsversprechen verbunden war, daß sie sich heiß umkämpft sah von den die Welt ebenso gestaltenden wie erschütternden Mächten des Guten und des Bösen, daß sie Anlaß für die größten künstlerischen Bemühungen war, Zentrum der höchsten Anstrengung des abendländischen Denkens und gar Voraussetzung des Lebens schlechthin, insofern die lebenden Wesen sich von den toten Dingen durch den Besitz einer Seele unterschieden.

Das Versprechen eines jenseitigen Seelenheils schien einmal der Lohn aller diesseitigen Anstrengung, Mühsal und Qualen. Demgegenüber finden wir heute die scheinbare diesseitige Unmittelbarkeit des Psychischen, seine vermeintlich direkte Zugänglichkeit und Thematisierbarkeit, aber auch seine Rolle als Objekt eines szientifisch-technokratischen Wissens in einer, nach dem vielzitierten Wort F. A. Langes vor genau 125 Jahren, „Psychologie ohne Seele". Angesichts dieser Profanierung der Seele zur Psyche ist eine Vergegenwärtigung auch dessen erforderlich, was im Laufe der abendländischen Geschichte vergessen worden ist. Dies aber nicht, um aus dem Dunkel der Vergangenheiten geheime Essenzen eines untergegangenen Wissens zu filtrieren und als Rezeptur einem erkrankten abendländischen Selbstbewußtsein zu therapeutischen Zwecken zuzuführen, wie dies im Zeitalter des „New Age" üblich geworden ist, sondern um festgeschriebene Positionen und Perspektiven versuchsweise zu verlassen und historisch-relativierende Analysen auch der gegenwärtigen Ordnungen der Seele und ihrer Transformationen vornehmen zu können.

Gewiß wird der Blick auf die Geschichte feststellen können, was uns mit ihr verbindet und wie wir aus ihr hervorgegangen sind. Indem aber die Analyse sich auch an der Intention orientiert, die bekannten historiographischen Rückprojektionen und Anachronismen zu vermeiden, indem also eine Rekonstruktion dessen unternommen werden soll, was zur „Geschichte der Seele" in gleichem Maße gehört, in dem es uns fremd geworden ist, wird dies auch einen perspektivisch veränderten Blick auf die heutigen Verhältnisse ermöglichen, der sie auf neue Weise befragbar macht.

Heute gehört die Frage nach der Seele zu mehreren Wissensgebieten und vielen Diskursen; keiner kann sie ganz für sich beanspruchen. Die Herkunft der Autoren dieses Buches aus unterschiedlichen Disziplinen trägt diesem Umstand ebenso Rechnung wie die z. T. ungewöhnlichen Perspektiven, unter denen vermeintlich altbekannte Aspekte der „Geschichte der Seele" hier verhandelt werden. Die tatsächliche Vielfalt dieser Diskurse kann im folgenden nicht erschöpfend dargestellt werden. Da der inhaltliche Schwerpunkt auf der historischen Seite liegt, bleibt für das 20. Jahrhundert nur ein begrenzter Raum. Aus verschiedenen Gründen konnten wir auch der historischen Chronologie nicht in jedem Punkt gerecht werden; so fehlen

z. B. Beiträge zur Gnosis und zur Reformation. Ursprünglich eingeplante Beiträge von

Hans-Dieter Bahr und Heinz-Dieter Kittstei-
ner mußten leider entfallen.

Berlin, im Februar 1991                                    Die Herausgeber

# *Einleitung*

# Präsenz und Absenz.
# Prozeß und Struktur in der Geschichte der Seele

*Christoph Wulf*

Wer zögerte nicht, den Begriff „Seele" zu verwenden. Aus den Wissenschaften ist er verschwunden. Mit zu vielen heterogenen Denktraditionen ist er verbunden; für eine wissenschaftliche Begriffsbildung erscheint er zu wenig präzise. Jedoch ein Blick in die Geistes-, Kultur- und Wissenschaftsgeschichte macht deutlich: In ihrem ganzen Verlauf war die Seele ein wichtiger Bezugspunkt des Denkens über den Menschen, seine Natur und die Welt. Was unter Seele verstanden wurde, war unterschiedlich; doch bildeten sich trotz aller Unterschiede auch weitreichende Übereinstimmungen in ihrem Verständnis heraus. Was Seele einst bedeutete, ist nur in der historischen Rekonstruktion zugänglich. In ihr wird verständlich, warum die Leuchtkraft des Seelenbegriffs erloschen ist und welche Folgen sich aus ihrem Erlöschen ergeben.[1] Seit ihren Anfängen hat die Seele etwas Transitorisches an sich, das über die Natur und über den Menschen hinausweist. Sie hat keine Substanz; sie ist immateriell. Daher entzieht sie sich dem identifizierenden Zugriff der Wissenschaften. Sie verweist auf eine Leerstelle im Menschen und in der Natur, die sich nicht ausfüllen läßt, die bleibt und die das Denken beunruhigt. Wie kann man von der Seele sprechen, ohne sie zu funktionalisieren oder zu instrumentalisieren? Zahlreiche Metaphern hat die Rede über die Seele hervorgebracht, die Ausdruck des Bemühens um eine nicht feststellende Rede sind: Brücke, Bogen, Pfeil; Hirsch, Lamm, Vogel; Schmetterling, Taube; Feuer, Wasser, Luft; Atem, Sprache, Musik; das Unbewußte, der Traum, die Passage. Vielleicht ist die Seele selbst eine Metapher für das Leben, den Menschen, für eine Bewegung über den Menschen hinaus zum Tier, zur Pflanze, zum Anderen. Wie kann man sich diese Bewegung vergegenwärtigen und wie läßt sich die Metapher „Seele" verstehen? Der hier gewählte Weg besteht darin,

Höhepunkte und einschneidende Veränderungen der Verwendung des Begriffes Seele herauszuarbeiten. Dazu bedarf es einer historischen Aufarbeitung zentraler Dimensionen der Seele. Unter Bezug auf die folgenden Texte sollen zentrale Gesichtspunkte einer solchen Rekonstruktion entwickelt werden.

Von alters her hat die Seele eine Zwischenstellung zwischen lebloser Materie und Gott. In ihr konzentriert sich die gesamte geschaffene Welt von Pflanze, Tier und Mensch. Sie ist Lebensprinzip, Bewegungsursache und Formursache. Sie wirkt vorbegrifflich, kennzeichnet das Empfindungsleben und zugleich die reflexive Mitte des Menschen. Als solche ist sie selbstbezüglich und vernünftig. Sie sichert die Evidenz des Lebensgefühls, des Gegenstandsbewußtseins und der Ungegenständlichkeit der Vernunft. Ihr Aufstieg zu Gott ist nur durch die Besinnung auf die intelligible Welt des Geistes möglich. Als unterste Stufe der geistigen Welt und oberste der Dinge im sichtbaren All ist sie allein zum Aufstieg zu Gott und zur Vereinigung mit ihm fähig. Der Begriff Seele kennzeichnet die seelisch-geistige Innenausstattung des Menschen; nicht in der Außenwelt, sondern nur in der Seele ist nach Augustinus die göttliche Wahrheit zu erfassen. Schaut die Seele abwärts, erblickt sie den Leib, richtet sie den Blick aufwärts, gewahrt sie Gott. Nicht auf den Leib, nicht auf sich, sondern auf Gott ist die Seele gerichtet; ihn sucht sie. Im Unterschied zum griechischen Denken werden bei Augustinus Leib und Seele in ein hierarchisches Verhältnis gebracht, das der Beziehung zwischen Herr und Knecht, Wille und Werkzeug, Inhalt und Gefäß gleicht. Hier wird die für das Christentum im Vergleich zur Seele folgenreiche Abwertung des Körpers vollzogen. In der Gnosis sind der Leib-Seele-Dualismus, die Leibfeindlichkeit und Askese, die Ablehnung von Sexualität und Fortpflanzung die bestimmenden Merkmale. Der

wahre Mensch ist der Mensch abzüglich seines Leibes; die nach innen und zum göttlichen Licht gewandte Seele ist sein Zentrum.
Sie ist Gott suchend, liebend und schauend
und zu den höchsten menschlichen Strebungen fähig.

Wie in der Antike wird die Seele im Mittelalter häufig körperlich gedacht. Nicht als
unsichtbarer Geist, sondern als eine Art
zweiter Körper wird sie imaginiert; dieser ist
allerdings wichtiger als der greifbare Leib. In
den bildlichen Darstellungen der Seele in
Form eines kleinen nackten Menschen, der
von Gott aufgenommen und bekleidet wird,
zeigt sich diese Vorstellung besonders deutlich. Die Seele kann in Bildern sichtbar gemacht werden, deren Bildlichkeit auf das
Unsichtbare verweist. Sie gilt als von Gott
geschaffen und kehrt in „schneeweißer Reinheit", „lichtüberzogen", „von Engeln empfangen" nach dem Tode des Menschen zu
ihrem Schöpfer zurück, sofern nicht ein un-
zulängliches Leben die Sühne des Fegefeuers
zur Folge hat. Erst allmählich setzen sich
Vorstellungen durch, die die Seele nicht in
Anlehnung an körperliche Figurationen begreifen. Sondern sie gilt nun als geistige, nach
dem Ebenbild Gottes geschaffene Substanz,
deren Abbildungen den Gläubigen vom
Sichtbaren zum Unsichtbaren führen sollen.
In dem Maße, in dem die Unsichtbarkeit und
Ungreifbarkeit der Seele betont wird, wird
sie unerkennbar. In Anlehnung an Aristoteles wird in der Scholastik allerdings die Verbundenheit der Seele mit dem Leib, der
beseelte Körper, wieder zum Thema. Der
Name für das Unsichtbare ist Gott, nicht Seele. In ihrer Verschmelzung mit dem Körper
kann sie zum Gegenstand von Wissenschaft
und Erkenntnis werden. Insofern jeder
Mensch eine Seele hat, kann sie auf der Basis
von Erfahrung erforscht werden.

In der frühen Neuzeit kommt es zu einschneidenden Veränderungen in den Seelenvorstellungen. Zu diesen gehört die mit der
Individualisierung der Vernunft einhergehende Individualisierung der Seele, die neben Vorstellungen von ihrem kosmischen
Charakter tritt. Ein wesentlicher Motor für
die Transformation der Seelenvorstellungen
in dieser Richtung ist die Inquisition, zu deren Zielen die Identifikation von Glaubens-
abweichungen gehört. Um diese Intentionen

zu verwirklichen, bedarf es eines komplexen
Lehrgebäudes, mit dessen Hilfe bestimmt
werden kann, was als ein Glaubensverbrechen gilt und in welchen Zeichen und Merkmalen es sich ausdrückt. So wird ein Rückschluß von äußeren Zeichen auf das Innere
des Menschen notwendig. Besonders Verfehlungen in Ehe und Sexualität weisen darauf
hin, daß Dämonen die Seele besetzt haben,
die von Gott abfällt. Hier wird bereits die
zentrale Bedeutung sichtbar, die die Diskursivierung des Sexuellen für die Entwicklung
der modernen Psyche erhalten wird. Von vergleichbarer stofflicher Beschaffenheit wie die
Dämonen ist der Spiritus, und wie sie wirkt
auch er zwischen geistigen und körperlichen
Instanzen: Er bezeichnet in jener Zeit die
Kräfte, mit deren Hilfe die immaterielle
Seele auf den Körper einwirkt. Die Krise, in
die der Spiritus-Begriff im Laufe des 16. Jahrhunderts durch seine „Konkurrenz" zur
Seele gerät, macht die Problematik deutlich,
in der die abendländisch-christliche Konzeption des Verhältnisses von „Geist" und „Materie" seit jeher stand.

Im Unterschied zu den entsprechenden
Vorstellungen der Vorsokratiker, Platons
und Plotins erscheint der Kosmos in der Renaissance grenzenlos. Wie im Organismus
das Ganze in jedem Teil ist, so wird auch das
Universum als beseelt angesehen. Alles ist
mit allem in Beziehung gesetzt. Zwischen Mi-
kro- und Makrokosmos besteht eine Korrespondenz. Als Seele wird das alle Dinge
schaffende Formprinzip bezeichnet, das im
Großen und Kleinen wirkt und das aus dem
Sein das Mögliche, d. h. seine Potentialität
hervorbringt. Als die die Welt gestaltende
Kraft ist die Seele unsterblich. Ob sie in ihren
individuellen Ausprägungen ebenfalls unsterblich ist, ist umstritten. Lediglich dort,
wo sie als individuelle, vom Körper unterscheidbare Substanz angesehen wird, gilt sie
auch in der Renaissance als unsterblich. In
dieser religiösen Fassung ist sie nicht identisch mit dem Objekt der Naturwissenschaften. Nicht selten gerät sie sogar in Widerspruch zu Philosophie und Wissenschaft und
damit zu den Erkenntnisformen der Neuzeit.
Die religiöse Seele wird zum Schauplatz von
moralischen Kämpfen; das Christentum zen-
siert und kontrolliert die Empfindungen; es
zentriert sie um Glaube, Liebe, Hoffnung.

Verlangt wird, Gott zu lieben und sich ihm dankbar zu zeigen. Im Pietismus wird die Gotteserfahrung zu einem „Verpflichtungserlebnis der Dankbarkeit". Nach Foucaults Analysen setzen sich in diesem seelischen Innenraum die gesellschaftlichen Machtansprüche fest. Seelsorge wird zur Kontrolle des Individuums, zu einem Instrument der Unterwerfung des einzelnen unter die Ansprüche von Kirche und Staat. Die Steigerung der Selbstkontrolle und Selbststeuerung ist Ziel. Durch seinen eigenen moralischen Willen beansprucht das fromme Subjekt die Überwindung von Gesetzesangeboten. Das Gewissen erscheint als das Gewand der Seele, beide sind in der Leiblichkeit des Menschen fundiert.

Hatte Platon durch die Dreiteilung der Seele die Dreigliedrigkeit seines Idealstaates begründet und hatte Aristoteles eine Dreiteilung der Seele in eine vegetative, animalische und vernünftige angenommen, so führte Descartes einen Dualismus zwischen Psychisch-Geistigem und Physischem in die neuzeitlichen Wissenschaften ein. Nicht länger war für Descartes der Körper Sitz der Seele, von nun an wurde er nach dem Modell der Maschine zwar als bewegt, jedoch als seelenlos begriffen. Ihm wurde entgegengesetzt das Zentrum des Psychischen, das Selbstbewußtsein des „Ich-denke". Von diesem Satz ist es nicht weit zu der für die Aufklärung charakteristischen Idee der Autonomie des Menschen, zu deren Verwirklichung die Vernunft und die Wissenschaften beitragen sollen. Es gilt, das Leben eigenständig zu planen und zu führen und in einer kritischen Haltung zu überkommenen Ansprüchen die in der Menschheit und im einzelnen angelegte Vernunft zu entfalten. Freiheit und Selbstbestimmung werden zu Zielen, die mit Hilfe von Naturbeherrschung und den aus ihr gewonnenen materiellen Möglichkeiten realisiert werden sollen. Was im Mittelalter der göttliche Funken in jedem Menschen war, ist nun die subjektive Vernunft, mit der sich die Menschen behaupten, und auf der aufbauend sie sich gesellschaftlich mit dem Ziel organisieren, vernünftige Verhältnisse mit Glücksmöglichkeiten für alle zu verwirklichen. Mit Hilfe der Vernunft gilt es, die Selbstliebe zu kontrollieren, die im Bürgertum zu sich steigernden Konkurrenzverhältnissen führt. Rationalistische und empirische Richtungen des Denkens entsubstantialisieren die Seele allmählich, den materialistischen Ausrichtungen erscheint der Begriff sinnlos. Bestimmt werden Vorstellungen, die auf die Gestaltbarkeit des Menschen gerichtet sind. Der Mensch gilt nun als materielles Wesen, das auf Selbstbehauptung angelegt ist.

Um diesen Begriff sammeln sich in der Aufklärung viele Reflexionen über die Seele, die in dieser Zeit ein Denken bezeichnet, das an die vitalen Interessen des Menschen geknüpft ist. Im Spannungsverhältnis zwischen den Glücksansprüchen des einzelnen und seinen Einschränkungen durch eine gesellschaftliche Allgemeinheit bilden sich die seelisch-affektiven Qualitäten. Nicht vorherbestimmt, sondern in der Auseinandersetzung des einzelnen mit der gesellschaftlichen Außenwelt entwickeln sich die Ziele menschlichen Lebens. Somit kennzeichnet der aufklärerische Begriff der Seele wesentlich das gesellschaftliche Verhältnis, in dem der einzelne zur Allgemeinheit steht; Seele bezeichnet die Integrationskraft des einzelnen, die die Gewähr der Einheit der Person ist. Mit Kants Erkenntniskritik verliert der Begriff Seele in der Philosophie an Bedeutung. Nach Kants Auffassung sind Begriffe wie Seele, Welt, Gott regulative Ideen, denen keine Repräsentation von Objekten entspricht. Psychologische Aussagen erscheinen Kant nur als empirische sinnvoll. Daher haben Begriffe wie Seele in der Psychologie keinen Platz. Wenn Selbsterkenntnis das Ziel ist, gilt es die Seele auf der Grundlage von Erfahrungen zu erforschen. Denn Selbsterkenntnis ist ein soziales, nicht ein individuelles Verhältnis zur Seele. Fichte ersetzt Seele als Inbegriff des Individuums durch „ich denke"; Bewußtsein ist eine Tathandlung. Im Selbstbewußtsein setzt sich die Intelligenz selbst. Die Geschichte der Seele gehört zur Naturgeschichte der Vernunft, um deren Objektivität es dem Idealismus geht. Schelling begreift die Natur als sichtbaren Geist und den Geist als sichtbare Natur. Für ihn hat die „immanente Ewigkeit" der Seele kein Verhältnis zur Zeit. Zwar erzeugt sie die Vorstellung eines Universums, doch kann sie es in keinem Moment darstellen. Sie ist das gefallene Göttliche im Menschen, das immer wieder bestrebt ist, seine göttliche Natur wiederzugewinnen.

Nach Hegels Auffassung erwacht das Bewußtsein in der Seele, die eine Grenzstellung zwischen der Natur und dem Geist hat. Selbsterkenntnis im psychologischen Sinne kann es nicht geben, weil die Seele sich weitgehend dem Bewußtsein entzieht. Ziel der Entwicklung ist allerdings nicht die Seele, sondern der Geist.

In der Romantik wird die Seele wieder zu einem zentralen Begriff, der das Andere der Vernunft zur Geltung bringt. Wie kaum je zuvor werden die Zusammenhänge von Schlaf, Traum, Rationalität und Unbewußtem thematisiert. Der Vernünftige begegnet unausweichlich den Seiten seiner Existenz, die nicht in die Ordnung der Vernunft passen. Menschliche Existenz ist nicht auf Vernunft reduzierbar. Ein Name für das Nicht-Reduzierbare ist Seele. Sie ist nirgendwo und überall zu Hause; sie ist selbstbezüglich und bestimmt den Zugang zum Anderen. Nicht naturwüchsig entsteht sie, vielmehr ist sie das Ergebnis gesellschaftlicher Prozesse, im Fall der „schönen Seele" von Bildungs- und Schreibprozessen, in denen Selbstbeobachtung und Selbstreflexion eine Rolle spielen. Weitreichend ist die Einsicht der Romantik, daß der Schlüssel zum Bewußtsein im unbewußten Seelenleben liegt, dessen Geschichtlichkeit begriffen wird. So verträgt sich die romantische Seele durchaus mit den wichtigen gesellschaftlichen Prozessen der Industrialisierung, der Ausbreitung der Kleinfamilie und der Durchsetzung der allgemeinen Schulpflicht.

Was in der romantischen Seele noch zusammengedacht wird, separiert und differenziert sich in den sich im 19. Jahrhundert bildenden Wissenschaften: Biologie, Psychologie und Psychoanalyse. In der Biologie bildet sich der Begriff eines Lebendigen heraus, das sich immer wieder selbst hervorbringt und dazu weder Gott noch eine lebensspendende Seele benötigt. An den Naturwissenschaften orientiert sich auch die Psychologie. Schon Wundts messende und auf experimentelle Objektivierung der Selbstbeobachtung zielende Forschungen sind dafür ein Beispiel. Dilthey kennzeichnet die sich allmählich herausbildende Disziplin als „Psychologie ohne Seele", der er eine nicht experimentelle „Wissenschaft der inneren Erfahrung" entgegensetzen möchte.

Freuds Begriff des Unbewußten bezeichnet einen dem Bewußtsein im allgemeinen nicht zugänglichen Bereich, der den entscheidenden Bezugspunkt der Psychoanalyse darstellt, die langsam zu einer „Wissenschaft des Unbewußten" wird. Offen ist nach wie vor, welcher epistemologische Status ihr nach diesen Entwicklungen zukommt. Ein Aspekt des Problems betrifft ihre wiederholt postulierte Zwischenstellung zwischen den Naturwissenschaften und den Geisteswissenschaften, mit der überkommene Dichotomien überwunden werden sollen: Psychoanalyse als Vermittlungstheorie zwischen unterschiedlichen Wissenschaftsparadigmata.

Freuds Psychoanalyse enthält eine Kritik an der Bewußtseinspsychologie und an der Verhaltenstheorie. Ihr Begriff der Psyche läßt sich von beiden Positionen aus nicht fassen. Greifen nicht alle Versuche, seien sie psychologisch, psychoanalytisch, philosophisch oder soziologisch, die Seele zum Reden zu bringen, zu kurz? Ist die Seele erloschen und damit verstummt? In der Psychoanalyse unseres Jahrhunderts hat man gegen diese Befürchtung wiederholt auf den Zusammenhang zwischen Sprache und Unbewußtem hingewiesen. Deleuze spricht von einer „Hochzeit von Sprache und Unbewußtem". So wird versucht, unbewußte Prozesse nach zeichentheoretischen Gesetzmäßigkeiten zu begreifen. Es wird davon ausgegangen, daß die Seele Spuren, Zeichen, Signaturen hinterläßt, die sich lesen lassen. Eine geheime, jedoch enträtselbare Seelenschrift wird angenommen. Dann wäre die Seele als oder aus einem *Palimpsest* zu entziffern. Wenn das Unbewußte ein Ort „direkter Sacherinnerungsbilder" (Freud) ist, dann bilden sich in ihm Intensitäten, die über eine eigene Rhetorik verfügen. Wenn es wie eine Sprache organisiert ist, dann ließen sich in ihr Erinnerungen wiederfinden. Wie das Buch der Welt, wäre das Unbewußte zu lesen. Bis zu welchem Punkt eine solche Lektüre möglich ist und wo das Entziffern versagt, ist immer noch nicht sicher bestimmbar.

Die historische Rekonstruktion wichtiger Momente im abendländischen Verständnis der Seele bedarf auch dann einer Ergänzung, wenn sie auf gegenwärtigen Fragen und Problemen bezogen ist. Notwendig sind Untersuchungen, die einzelne relevante soziale Phänomene, Problemkonstellationen und Themen über mehrere historische Perioden hinweg bearbeiten oder in einem historischen Zeitraum ihren Zusammenhang mit gesellschaftlichen Institutionen und politischen Entwicklungen herausstellen. Derartige Studien haben einen exemplarischen Charakter; an einer bestimmten Fragestellung eröffnen sie die Möglichkeit neuer Perspektiven, die den abendländischen Diskurs über die Seele und ihre Geschichte erweitern. Es wird nun auch möglich, Bereiche einzubeziehen, in denen nicht ausdrücklich von der Seele die Rede ist, in denen es jedoch um die Konstitution einzelner, für ihr Verständnis relevante Aspekte geht. So liefern beispielsweise die moderne Familie und die Jugendbewegung der Jahrhundertwende jeweils einen unterschiedlichen Beitrag zur Entstehung neuer Gefühls- und Empfindungswelten. Gesellschaftliche Institutionen oder Bewegungen gestalten den menschlichen Innenraum. Im Verlauf dieses Prozesses setzen sich gesellschaftliche Machtverhältnisse im Inneren der Menschen fest und formen es. So erzeugt die Kleinfamilie mit ihren Kommunikations- und Interaktionsstrukturen das Gefühl der Intimität, das für die familialen Beziehungen der Menschen heute charakteristisch ist. Die Rollenverteilung zwischen den Geschlechtern, mit der traditionellerweise gegebenen Zuständigkeit der Frau für den familialen Innenbereich, führt zu den gesellschaftlich erwünschten Sozialisationsleistungen. Die Familie wird zu einer weitgehend von Gefühlen getragenen Institution, deren Aufgabe in einer entsprechenden Erziehung und Sozialisation der nächsten Generation liegt. Traditioneller Weise obliegt vor allem der Frau die Zuständigkeit für Seele und Gefühl, dem Mann jedoch für Vernunft, Disziplin und Selbstkontrolle. Obwohl diese eindeutige Rollenverteilung seit einigen Jahrzehnten nicht mehr uneingeschränkt gilt, wirken auch heute noch entsprechende Erwartungen und Zuschreibungen auf das Verhältnis der Geschlechter und die Ausgestaltung der Familienstruktur ein. An das moderne Individuum werden zwei konfligierende Erwartungen gestellt: Einerseits soll es sein Leben selbständig und selbstverantwortlich gestalten, andererseits wird es starken Disziplinierungsansprüchen ausgesetzt. Diesem Spannungsver-

hältnis ist besonders die Jugend ausgeliefert. Unter dem Zwang der Verhältnisse entwickelt sie eine bestimmte Emotionalität. Diese ist historisch neu; sie entsteht in den Jahrzehnten um die Jahrhundertwende, läßt sich als Mobilisierung der Seele bezeichnen und gilt als Charakteristikum von Jugend heute. An ihrer Entstehung sind eine Fülle politischer, sozialer und ökonomischer Momente beteiligt. Derartige Elemente beeinflussen die gesellschaftliche Produktion bestimmter Vorstellungen von Seele. In dem um die Jahrhundertwende entstehenden Bild der Jugend sind Selbstgestaltung, Selbstdisziplinierung und Expressivität vorherrschende Aspekte. In den Erziehungsinstitutionen der Zeit dominieren eher disziplinierende Maßnahmen, die besonders bei von den allgemeinen Normen abweichenden Jugendlichen in Großstädten zur Anwendung kommen. Ziel ist der moralisch gute, körperlich starke, leistungsbereite junge Mensch. Seine Identität wird in Zuverlässigkeit und Leistungssteigerung, Gehorsam und freiwilligem Engagement gesehen. In Übereinstimmung mit diesen Zielen wird der seelische Innenraum der Jugendlichen gestaltet.

Wegen des engen Zusammenhangs zwischen Körper und Seele, bei dem davon ausgegangen wird, daß der Körper das Bild der Seele sei, häufen sich seit Beginn der Neuzeit Strategien, mit denen der Zugriff auf die Seele über den Körper erfolgt. Die Zeichen der Vergesellschaftung prägen sich dem als Bild begriffenen Körper ein. Auch in den Zerstückelungen moderner Körperdarstellungen drückt sich die Zerrissenheit der Seele heute aus. Früher hatte beispielsweise das Portrait die Aufgabe, seelische und charakterliche Eigenart eines Individuums zum Ausdruck zu bringen. Heute stellt es sich nicht mehr diesem Anspruch. Im Verlauf der mit Hilfe der modernen Medien zunehmenden Identifizierbarkeit des Individuums kommt es zugleich auch zu seiner Beseitigung. Das fotographische Portrait überdauert das Individuum in anschaulicher Gestalt, jedoch nur als im Spannungsverhältnis zwischen Identifikation und Repräsentation stehendes Bild. Mit der Entstehung der Fotographie wird das Bildnisprivileg zersetzt, wird die Intimität des Privaten veröffentlicht. Im Foto findet ein Zugriff auf den sich einem

Bildnisideal angleichenden, sich selbst insze-
nierenden Menschen statt. Das Selbst wird
vergesellschaftet. Selbst-Bild und Abbild treten in ein mimetisches Verhältnis. Das Foto
wird eine technische Annäherung an die sich
im Körper ausdrückende Seele. Nicht technisch ist die Bestimmung der Seele als Kraft
der Bewegung, als Lebensprinzip des Körpers – als unsterbliche. Die Seele ist die
„Wirklichkeit des Leibes". Als der Körper
nicht mehr als Sitz der Seele, sondern lediglich als Apparat bzw. Maschine begriffen
wird, ändert sich diese Sicht auf das Verhältnis von Körper und Seele. In diesem Moment
werden Körper und Seele getrennt; der tech-
nisch-apparative Zugriff auf den Körper wird
unausweichlich. Die Mechanik wird in der
Beschreibung des Körpers zum Modell.
Nützlichkeitsgesichtspunkte werden bestimmend. Die Seele zieht sich zurück. Nur über
das Unbewußte scheint die Erkenntnis des
bewußten Seelenlebens möglich.

In der Psychoanalyse wird die Erinnerung
zum Weg der Erkenntnis der Seele. Ein Blick
in die Geschichte zeigt, daß strukturell die
Psychoanalyse auf die religiöse Beichte zurückgreift. In beiden Fällen handelt es sich
um institutionalisierte Formen der Narration, die die Seele nach bestimmten Schemata vereinfachen und verfügbar machen.
Im Zentrum steht die Produktion von Sinn
und von durch Selektion gebildetem Bewußtsein. Beide Verfahren zielen auf reflexive
Sinnerzeugung durch Selbstthematisierung.
Die Seele wird in der mit Hilfe der Psychoanalyse produzierten Biographie greifbar.
Durch ihren narrativen Charakter wird eine
erzählende Ordnung hergestellt, in deren
Rahmen Wahrheit erzeugt und individuali-
siert wird. Selbstkontrolle entsteht durch Bekenntnisse, die sich nach Regeln in bestimmten Arrangements vollziehen. Objektive
Selbstaufmerksamkeit, Selbstbezweiflung,
Selbstakzeptanz, Dynamisierung des Selbst
sind Begriffe, die diese Arbeit am Inneren
des Menschen charakterisieren. Als der
transzendente Bezug der Seele schwindet,
der im Juden- und Christentum in der Eben-
bildlichkeit der Seele und bei Platon und
Aristoteles in der Stufenfolge der Welten von
Gott bis zum Vegetativen gegeben ist, wird
der gesellschaftliche Charakter der Seele
sichtbar.[2] Mit Nachdruck betont die Aufklä-

rungsphilosophie das Gesellschaftliche in der
Vernunft der Subjekte. Die sich entwik-
kelnde bürgerliche Gesellschaft setzt auf die
Allgemeingültigkeit der Ordnung der Vernunft. Doch zugleich entfaltet sich ein Widerspruch zwischen den äußeren Mächten und
der Subjektivität der Subjekte. Die verinnerlichte gesellschaftliche Instanz, das Über-
Ich, steht anderen Teilen der Seele antagonistisch gegenüber. Es wird zu einer historischen Größe, deren gesellschaftliche Verfaßtheit eine Bedingung ihrer Entstehung
und eine Voraussetzung der Psychogenese
ist. Auch die Herausbildung der Ich-Funktio-
nen ist gesellschaftlichen Einflüssen ausgesetzt; das Subjekt läßt sich weitgehend als
Reaktion und als Voraussetzung des Gesellschaftlichen verstehen. Ohne die jeweiligen
gesellschaftlichen Bedingungen ist die nicht-
transzendente Seite der Seele nicht begreif-
bar.

Über das Medium des Körpers schreibt
sich der Zivilisationsprozeß in die Seele ein.
Der intakte Körper erscheint als Garant einer intakten Seele. Menschliche Identität
konstituiert sich aus Vernunft, einem wahren
Selbst und einem Körper. Der Körper wird
zum Maßstab und Ausdruck psychisch-sozia-
len Leidens. Konstatiert werden müssen: die
psychosomatische Verwundbarkeit des Ich,
die Verkörperlichung des Selbst, Vorstellungen und Symbole des intakten Körpers. Ziel
menschlicher Entwicklung ist nicht mehr die
reine Seele, sondern der reine Körper und
seine Selbstbehauptung. Die allgemeine Vernunft ist nicht mehr gleich der individuellen
Vernunft; die Inkongruenz zwischen den gesellschaftlichen Strukturen und den subjektiven Perspektiven ist unüberwindbar. Selbstverwirklichung vollzieht sich über eine Wiederentdeckung des Körpers. Mit ihr wird der
Seele die Innerlichkeit genommen. Nur in
der Form der Verkörperung, der Verkörperung des Selbst, die sich in Lebensstilen,
Gefühlsbekenntnissen – im intakten Körper
ausdrückt, interessiert sie. Die Transzendenz
der Seele ist der Immanenz des Körpers gewichen.

In diesem Jahrhundert scheint die Seele
ihre transzendente Seite verloren zu haben.
Was früher als diese bezeichnet wurde, hat
seinen Ort nicht in der Psychologie. Wenn es
außerhalb noch erhalten ist, hat es sich in

Kunst, Literatur, Theologie und in außerwissenschaftliche Zusammenhänge verflüchtigt. Von Anfang an enthält die Seele ein Element, das sich dem forschenden Zugriff entzieht, sei es daß es diesem nicht in den Blick kommt, sei es daß es als nicht-wissenschaftlich ausgeklammert und nicht thematisiert wird. Nach mehr als zweitausend Jahren scheint die Seele, die so lange das abendländische Denken bewegte und zu so unterschiedlichen Erkenntnissen anregte, heute ihre beunruhigende Kraft verloren zu haben. Die Psychologie ist eine Wissenschaft ohne Seele. Der Begriff der Seele läßt sich nicht eindeutig machen und eignet sich nicht zum Entwurf von Forschungsprogrammen. In der Psychologie kommt der Seele nur noch als einem historischen Phänomen Interesse zu, dessen Ungreifbarkeit sich den geltenden Normen der Wissenschaft entzieht.[3] Klar, präzise und nachprüfbar sind zwar im Sinne der Psychologie als Wissenschaft die Rekonstruktionen der Aussagen, die über die Seele gemacht werden, nicht jedoch die in ihnen enthaltenen Ansprüche auf Angemessenheit und Wahrheit. An den in der heutigen Psychologie geltenden Kriterien kann der abendländische, in diesem Band entfaltete Seele-Diskurs nicht gemessen werden. Denn jede historische Zeit hat ihre Bezugspunkte für ihre Diskurse über die Seele, auf die sich eine an ihrer Geschichte interessierte Psychologie einlassen muß. Eine solche Bereitschaft könnte zu einer Relativierung heutiger Positionen führen und Offenheit dafür schaffen, andere Diskurse, Denkweisen und Traditionen auf ihre Relevanz für das Selbstverständnis der Psychologie zu überprüfen. Hier haben die Bemühungen um die Entwicklung historischer Psychologie ihren Ort. Da unser Wissen von der Seele an die Rede über sie gebunden ist, hat möglicherweise die Seele außerhalb der Sprache keinen Ort, so daß die Erforschung der Seele eine Analyse der Seelendiskurse erfordert. Untersucht wird dann nicht mehr, ob der Seele transzendente Bedingungen zugrunde liegen oder ob Seele

lediglich bestimmte emotionale Erfahrungen bezeichnet. Wie sich die Seele im Diskurs konstituiert, ist dann die entscheidende Frage, die die Frage nach der Wahrheit der im Laufe der Jahrhunderte über die Seele hervorgebrachten Vorstellungen, Gedanken, Sichtweisen und Erkenntnisse relativiert. Welche Vorstellungen, Gedanken, Empfindungen von den Menschen einer bestimmten Zeit und eines Kulturkreises hervorgebracht wurden und welche Bedeutung diese für das Verständnis des Menschenbildes und des Selbstverständnisses der Menschen dieser Epoche haben, ist dann von Interesse.

So gewendet wird das Interesse an der Seele auch zu einem zentralen Anliegen Historischer Anthropologie, die im Spannungsverhältnis von Humanwissenschaften und Geschichte steht und die sich darum bemüht, die Geschichtlichkeit ihres Gegenstandes und die Geschichtlichkeit ihrer Perspektiven aufeinander zu beziehen.[4] Historische Anthropologie erforscht somit Phänomene und Strukturen des Menschen in einer Situation, in der die Humanwissenschaften umfangreiches für die Erkenntnis des Menschen relevantes Material produziert haben, und in der eine philosophisch orientierte Anthropologiekritik das Ende einer abstrakten anthropologischen Norm und die Unergründbarkeit des Menschen für den Menschen herausgestellt hat. Die dazu verwendeten Verfahren reichen über die Grenzen einzelner Disziplinen und Paradigmata hinaus und erfordern neue Weisen methodischer und inhaltlicher Strukturierung der untersuchten Themen. Auch die Seele ist ein solches Thema, dem nicht nur ein antiquarisches Interesse der Erinnerung an einen dem Gedächtnis entschwindenden Vorstellungszusammenhang zukommt, sondern aus dessen Bearbeitung sich kritische Perspektiven auf Prozesse der Abstraktion und der Verdinglichung in der Erforschung des Menschen ergeben, denen zentrale Seiten menschlichen Selbstverständnisses entgehen.

## *Anmerkungen*

[1] Dietmar Kamper, Christoph Wulf (Hrsg.): Die erloschene Seele. Disziplin, Geschichte, Kunst, Mythos. Berlin, Reimer Verlag 1988

[2] Vgl. M. Sonntag: Die Seele als Politikum. Psychologie und die Produktion des Individuums. Berlin, Reimer Verlag 1988
Ders. (Hrsg.): Von der Machbarkeit des Psychischen. Texte zur Historischen Psychologie, II. Pfaffenweiler 1990

[3] Vgl. G. Jüttemann (Hrsg.): Die Geschichtlichkeit des Seelischen. Der historische Zugang zum Gegenstand der Psychologie. Weinheim, Beltz Verlag 1986
Ders.: Wegbereiter der Historischen Psychologie. München/Weinheim, Beltz-Psychologie Verlags Union 1988

[4] Vgl. G. Gebauer/D. Kamper/D. Lenzen/G. Mattenklott/Ch. Wulf/K. Wünsche: Historische Anthropologie. Zum Problem der Humanwissenschaften heute oder Versuche einer Neubegründung. Reinbek, Rowohlt Verlag 1989

# Teil I

## Antike

# Metamorphose und Struktur.
# Die Seele bei Platon und Aristoteles

*Gerburg Treusch-Dieter*

## Zwischen Schaltier und Vogel. Platons beispielhafte Rede von der Seele.

### Makro- und Mikrokosmos

Das Wesen der Seele ist ohne Beispiel. Deshalb würde es an sich *„eine göttliche und weitschichtige Untersuchung"* erfordern, *„womit es sich aber vergleichen läßt, dies eine menschliche und leichtere"*.[1] Platon wählt darum im *Phaidros* das Beispiel von „der zusammengewachsenen Kraft eines befiederten Gespanns und seines Führers", hinzufügend, daß „bei uns der Führer das Gespann zügelt", doch nur das eine Roß „gut und edel und solchen Ursprungs (ist), das andere aber entgegengesetzter Abstammung und Beschaffenheit. Schwierig und mühsam ist daher notwendig bei uns die Lenkung".[2] Von diesem Gespann „bei uns" sind der „Götter Rosse und Führer" unterschieden. Sie „sind alle ... gut und guter Abkunft". Die Gespanne der Menschen dagegen sind „vermischt".[3] Dennoch ziehen beide gemeinsam aus: „Der große Herrscher im Himmel Zeus ... seinen geflügelten Wagen lenkend ... als erster ... alles anordnend und versorgend, und ihm folgt die Schar der Götter ... in elf Zügen geordnet.[4] Denn Hestia bleibt in der Götter Haus allein.

Alle andern aber, welche zu der Zahl der Zwölf als herrschende Götter geordnet sind, führen an in der Ordnung, die jedem angewiesen ist ... Es folgt aber, wer jedesmal will und kann ... Wenn sie aber zum Fest und zum Mahle gehen und gegen die äußerste unterhimmlische Wölbung schon ganz steil aufsteigen: dann gehen zwar der Götter Wagen mit gleichem wohlgezügeltem Gespann immer leicht, die andern aber nur mit Mühe. Denn das vom Schlechten etwas an sich habende Roß, wenn es nicht sehr gut erzogen ist von seinem Führer, beugt sich zum Boden hinunter und drückt mit seiner ganzen Schwere, woraus viel Beschwerde und äußerster Kampf der Seele entsteht. Denn die unsterblich Genannten, wenn sie an den äußersten Rand gekommen sind, wenden sich hinauswärts und stehen so auf dem Rücken des Himmels, und hier stehend reißt sie der Umschwung mit fort, und sie schauen, was außerhalb des Himmels ist."[5]

Außerhalb des Himmels ist das Beispiellose, das Platons beispielhafte Rede bedingt. Wäre es nicht das Unsagbare, er könnte sagen, was andere vor ihm sagten. So aber stellte er fest, daß „noch nie einer" diesen „überhimmlischen Ort" besungen, noch je „nach Würden" besingen wird. Doch obwohl er nicht in Verse oder Worte zu fassen ist, müsse er „es wagen, das Wahre zu sagen". Denn er, Platon, habe „von der Wahrheit zu reden".[6] Diese Wahrheit ist „Vernunft". Die Vernunft ist außerhalb des Himmels „das farblose, gestaltlose, wahrhaft seiende Wesen, beschaubar allein für der Seele Führer ... um welches her das Geschlecht der wahrhaften Wissenschaft ist ... nicht die, welche eine Entstehung hat ... sondern die in dem, was wahrhaft ist, befindliche wahrhafte Wissenschaft".[7]

Um von ihr sprechen zu können, vergleicht Platon sie mit Nahrung. Wobei nicht nur „Gottes Verstand sich von unvermischter Vernunft und Wissenschaft nährt", sondern „auch der jeder Seele, welche sich darum kümmert das Gebührende aufzunehmen". Darum „freuen ... sich" die unsterblich Genannten alle, „das Seiende wieder einmal zu erblicken, und nähren sich durch Beschauung des Wahren und lassen es sich wohlsein, bis der Umschwung sie wieder an die vorige Stelle zurückgebracht" hat. Hier kehren die Götter ebenso „nach Hause zurück" wie die Seele, soweit sie „Führer" ist. Im „Inneren des Himmels" angekommen, stellt sie „die

Rosse zur Krippe, wirft ihnen Ambrosia vor und tränkt sie dazu mit Nektar".[8]

Doch ist „dieses (nur)... der Götter Lebensweise" und derjenigen Seelen, die ihnen gleichgestellt sind. Von diesen unsterblich Genannten sind die „andern Seelen" unterschieden: „einige (von diesen), welche am besten Göttern folgten, (konnten) das Haupt des Führers hinausstrecken in den äußersten Ort und so den Umschwung mitvollenden, geängstet jedoch von den Rossen und kaum das Seiende erblickend; andere erhoben sich bisweilen und tauchten dann wieder unter, so daß sie im gewaltigen Sträuben der Rosse einiges sahen, anderes aber nicht. Die übrigen allesamt folgen zwar auch dem Droben nachstrebend, sind aber unvermögend und werden unter der Oberfläche mit herumgetrieben, einander tretend und stoßend, indem jede sucht, der andern zuvorzukommen. Getümmel entsteht nun, Streit und Angstschweiß, wobei durch Schuld schlechter Führer viele verstümmelt werden... alle aber gehen nach viel erlittenen Beschwerden unteilhaft der Anschauung des Seienden davon, und so davongegangen halten sie sich an scheinhafte Nahrung".[9] Denn die „Beschauung des Wahren" oder die seiende Nahrung kommt ihnen nicht zu.

Bisher ist von der Seele dreifach und unter dem doppelten Aspekt von „Ort" und „Kraft" die Rede. Makrokosmisch umfaßt sie Erde, Himmel und einen „überhimmlischen Ort" der Vernunft: Gottes Verstand. Er ist außerhalb des Himmels den Göttern im Inneren des Himmels ebenso vorgeordnet, wie den Menschen unterhalb desselben. Mikrokosmisch wird die Seele mit einem befiederten Gespann und seinem Führer verglichen. Seine „Kraft" ist „dreifach... zerteilt": in „zwei roßgestaltige Teile und drittens in den dem Führer ähnlichen".[10] „So bleibe es uns auch jetzt noch angenommen", fährt Platon fort, zu erklären, warum „von den beiden Rossen... eines gut (sei), eines aber nicht". Die „Vortrefflichkeit des guten (Rosses) und des schlechten Schlechtigkeit" hängt davon ab, wie es sich zum Führer verhält: „das... welches die bessere Stelle einnimmt, ist von geradem Wuchse, leicht gegliedert und hochhalsig, mit gebogener Nase, weiß von Haar, schwarzäugig... und als wahrhafter Meinung freund wird es ohne Schläge nur durch Befehl

und Worte gelenkt; das andere aber ist senkrückig, plump, schlecht gebaut, hartnackig, kurzhalsig, mit aufgeworfener Nase, schwarz von Haut, glasäugig und rot unterlaufen, aller Wildheit und Starrsinnigkeit freund, rauh um die Ohren, taub, der Peitsche und dem Stachel kaum gehorchend".[11] Weißes und schwarzes Roß stehen in äußerstem Gegensatz zueinander, obwohl sie beide demselben Führer unterworfen sind. Je nachdem, ob dieser selbst „wahrhafter Meinung" oder „der Starrsinnigkeit freund" ist, wird innerhalb seines Gespanns das weiße oder das schwarze Roß dominieren, denn vom Erkenntnisgrad des Führers ist das Verhalten seiner Rosse abhängig. Er ist es, der die Vernunft repräsentiert, während die Rosse dem mehr oder weniger ihnen gehorchenden Körper gleichzusetzen sind, an den der Führer gebunden ist, obwohl er sich gleichzeitig unabhängig zu ihm verhält. Dem „Droben nachstrebend" wird er jedoch zu den unsterblich Genannten erst dann gehören, wenn er seines Körpers ledig ist.[12]

## Wesen, Begriff, Name

Gespann und Führer, das Bild für die dreifach zerteilte Seele, kann auch begrifflich ausgedrückt werden. Die Seele ist dann aus den „drei Bestandteilen des Selben, des Verschiedenen und des Seins"[13] zusammengesetzt. Dem „Selben" entspricht die Vernunft, die an das „Sein" und das „Verschiedene", wie der Führer an die Rosse, gebunden, dennoch aber unabhängig und eine sich selbst gleiche ist, die „ihre Kreise um sich selber" beschreibt, dabei als „Rede... in dem sich selbst Bewegenden laut- und geräuschlos sich erhebt",[14] um sich im „ganzen Umkreis ihrer Bewegung" zu fragen: „in welcher Beziehung eigentlich und in welcher Weise und... wie und wann es zutrifft, daß der Gegenstand im Bereich des Werdenden in Hinsicht auf etwas jedes ist und aufnimmt oder in Hinsicht auf das, was sich immer auf gleiche Weise verhält".[15] Die Seele fragt, wie sie zu sich selbst und zum Körper, zu Himmel und Erde, in Beziehung steht. Ihre Rede aber ist „ebenso wahr, ob sie... auf das sinnlich Wahrnehmbare sich erstreckt und des Verschiedenen richtiger Kreislauf der ganzen Seele davon

Kunde gibt, (weil) dann... sich zuverlässige und richtige Meinungen und Annahmen (erzeugen); wendet sie sich dagegen dem Denkbaren zu und bringt es des Selben beweglicher Kreislauf zu ihrer Kunde, dann gedeiht notwendig Vernunft und Wissenschaft zur Vollendung".[16] Wahr ist diese Rede, weil sie auf die Vernunft bezogen ist, wenn sie vom Selben oder Verschiedenen spricht. Würde also jemand behaupten, daß sie „in etwas anderem als in der Seele sich erzeuge, dann trifft seine Behauptung mehr mit irgend etwas anderem als mit der Wahrheit zusammen",[17] nämlich mit der Unwahrheit. Da „richtige Meinungen" und „Wissenschaft" nie vom Körper, sondern stets durch die Seele hervorgebracht werden, auch wenn sie mit dem Körper zusammenhängt.

Für Platons Philosophie von der Seele ist konstitutiv, daß sie einerseits von etwas spricht, was ohne sie nicht ist: die körperlose Vernunft. Andererseits ist eben sie durch Reden nicht auszudrücken, weil dieses an den Körper gebunden ist. Aufschlußreich für dieses Problem ist das Gespräch, das der Athener in den Nomoi mit Kleinias führt. Indem er Kleinias das Wesen der Seele als „Anfang... aller Bewegungen" expliziert,[18] versucht er etwas Voraussetzungsloses zu erklären, obwohl seine sich selbst hervorbringende Rede dafür die Voraussetzung ist. Kleinias fragt daraufhin, „ob wir es Leben nennen, wenn es sich selbst in Bewegung setzt?"[19] „Doch wie", fragt der Athener zurück, „eines ist das Wesen, eines der Begriff des Wesens und eines der Name... wofür aber ‚Seele' der Name ist, welches ist dessen Begriff? Haben wir davon einen anderen als den jetzt angegebenen, der sich selbst zu bewegen vermögenden Bewegung?"[20] Kleinias nimmt ihn beim Wort: „du behauptest doch, das Sich-Selbst-Bewegen habe als Begriff dasselbe Wesen, welches als Name das hat, was wir alle als Seele bezeichnen?"[21] „So behaupte ich", antwortet der Athener, doch „das Gefühl (bleibt), als ob nicht hinreichend aufgezeigt wurde, daß die Seele dasselbe sei mit der ersten Entstehung und Bewegung des Seienden und Gewordenen und Seinwerdenden und auch alles diesen Entgegengesetzten".[22] Dennoch wird ihm von Kleinias bestätigt, daß damit „auf das ausreichendste... die Seele als das Älteste von allem nachgewiesen

(ist), da sie als der Anfang der Bewegung entstand".[23]

Obwohl die sie hervorbringende Rede ihre Voraussetzung ist, scheint das Voraussetzungslose der Seele bewiesen. Darum wiederholt der Athener Kleinias' Bestätigung, doch als Frage: „So hätten wir uns... richtig und gültig und vollkommen wahr und angemessen dahin erklärt, daß uns die Seele früher als der Körper entstanden sei?"[24] Fragend spricht er mit, daß die richtige, gültige, vollkommen wahre und angemessene Erklärung nicht gelungen ist. Denn das Frühere der Seele kann in der Rede stets nur ein Nachträgliches sein, das sich als Name oder Beispiel an die Stelle des Namen- und Beispiellosen setzt. Der Name „Seele" verweist zwar als Begriff auf ein Wesen, das mit der „ersten Entstehung und Bewegung des Seienden und Gewordenen und auch alles diesen Entgegengesetzten" identisch ist. Doch das für Platons Philosophie der Seele konstitutive Problem kehrt wieder unter der Bedingung, daß Namen und Wesen im Begriff nicht mehr zu unterscheiden sind. Als Name bringt der Begriff das Wesen hervor, oder aber das Wesen ist namenlos und ohne Begriff.

Das Wesen ist an Begriff und Name, wie das Selbe an das Verschiedene und das Sein, gebunden. Doch der Begriff, als Mittleres zwischen körperloser Vernunft und Körper, vermittelt Wesen und Name nicht. Stattdessen schließen sie sich in dem Maß aus, wie sie im Begriff, dem Verschiedenen, bis zur Ununterscheidbarkeit in der Rede verbunden sind, die das Wesen als Name im Munde führt. Wenn aber Wesen und Namen, als Verschiedene, in der Rede ununterschieden sind, dann ist ihre Entgegensetzung nur mittels einer Wertung einzuführen, die „anordnend innewohnt in allem auf alle Weise Bewegten".[25] So daß „wir offenbar behaupten (müssen), daß die beste Seele für das ganze Weltall sorge",[26] insofern sie „nicht... als das jüngere Erzeugnis von dem Gotte ersonnen (ward); denn nimmer hätte er... gestattet, daß das Ältere von dem Jüngeren, mit dem er es verband, beherrscht würde, sondern... er... gestaltete die ihrer Entstehung und Vorzüglichkeit nach frühere und ältere Seele als Gebieterin und Beherrscherin des ihr unterworfenen

Körpers",[27] der als „Zweites und Späteres... der Natur gemäß von ihr beherrscht" wird.[28]

Das Verhältnis von Seele und Körper ist makro- und mikrokosmisch als Herrschafts- und Unterwerfungsverhältnis organisiert, indem Platon die „beste Seele" als „Quelle und Anfang"[29] des Weltalls institutionalisiert. Doch während er diesen Anfang als „unentstanden" beweist, aus dem „alles Entstehende entstehen (muß), er selbst aber aus nichts",[30] wird dieses „nichts" oder Wesen als „etwas" oder Name gesetzt: als körperliches Sein, das sich zum körperlosen Seienden wie „ein Anfang von entgegengesetzter Abstammung" verhält, wie ihn das schwarze Roß innerhalb des gefiederten Gespanns und seines Führers repräsentiert. Nimmt man auf, daß Hestia, die dreizehnte Göttin, beim Auszug der zwölf Götter „allein" zu Hause bleibt, dann kann gelten, daß auch sie mit diesem „Anfang von entgegengesetzter Abstammung" korrespondiert, der Platons Rede in dem Maß vorausgesetzt ist, wie er aus ihm resultiert. Denn vom körperlosen Seienden kann nur unter Bezug auf das körperliche Sein gesprochen werden, auch wenn jenes „nichts" dieses „etwas" negiert.

## Unsterblicher Anfang –
## Sterblicher Anfang

In diesem Sinn ist die Hestia-Position mit weiteren Hinweisen Platons auf diesen entgegengesetzten Anfang zu verbinden, der war „bevor... das Weltganze geordnet hervorging".[31] Er befand sich „in einem Zustande... wie er bei allem, über welches kein Gott waltet, sich erwarten läßt".[32] Weil dieser frühere Anfang als späterer fungiert, wird er in Platons Rede erst dann eingeführt, als das Weltganze schon „von besonnener Überredung" unterworfen, aber die Art der „umgetriebenen Ursache" noch nicht hineingemischt ist.[33] Obwohl Platon diese Ursache, die sich „ihrer Natur nach bewegt",[34] nicht aktiv, als umtreibende, sondern passiv, als „umgetriebene" formuliert, stellt er hinsichtlich dieses entgegengesetzten Anfangs fest, daß „(wir) also wieder zurückgehen und... wie beim vorigen... von einem anderen, demselben angemessenen Anfange ausgehen

(müssen)". Das heißt, „noch einmal vom Anfange an beginnen".[35]

Dieser entstandene Anfang verhält sich zum unentstandenen, wie das Werdende zum Seienden. Da aber aus beiden „alles Entstehende entstehen (muß)", weil „das Werden dieser Weltordnung... ein... aus Notwendigkeit und... Vernunft (gemischtes)" ist,[36] ist jetzt „eine schwierige und dunkle Gattung durch Reden zu erhellen",[37] insofern der Begriff dieser Rede sich selbst widerspricht. Denn das Wesen dieser Gattung ist Name, ist „etwas" als nichts. Nur als negierte ist sie „stets (als) dieselbe zu bezeichnen",[38] ohne dasselbe zu sein. Zwar „tritt (auch sie) aus ihrem eigenen Wesen durchaus nicht heraus",[39] das „ein unsichtbares, gestaltloses" ist.[40] Dennoch steht es zur farb- und gestaltlosen Vernunft in äußerstem Gegensatz und ist „Unvernunft", die sich „ihrer Natur nach bewegt", indem sie „eine tolle und ungeordnete Bahn beschreibt".[41] Wenn aber die Weltordnung aus Vernunft und Notwendigkeit gemischt ist, dann muß diese Gattung nichtsdestotrotz auf „irgendeine höchst unzugängliche Weise am Denkbaren" teilnehmen,[42] auch wenn sie begrifflos ist. Sie muß es zumindest, soweit sie „umgetriebene Ursache" oder „Mitursache" einer Bewegung ist, die der Athener in den Nomoi als „Anfang... aller Bewegungen" expliziert. Gleichzeitig kann sie dieser unentstandene Anfang nur dann sein, wenn ungesagt bleibt, daß die „umgetriebene Ursache" ebenso die treibende des entstandenen Anfangs ist. Diesem Ungesagten entspricht, daß die dreizehnte Göttin Hestia vom Zug der zwölf Götter ausgeschlossen ist.

Die Seele ist zwischen Seiendem und Werdendem, diesem doppelten Anfang, zerrissen, wie aus der Frage Sokrates' im Phaidros hervorgeht: „(Bin) ich etwa ein Ungeheuer... noch verschlungener gebildet und ungetümer als Typhon, oder ein milderes und einfaches Wesen, das sich eines göttlichen... Teiles... erfreut?"[43] Eine Frage, die in Platons Philosophie der Seele ohne Antwort bleibt. Denn weder der Anfang des Werdens noch der Anfang des Seienden sind unmittelbarer Erkenntnis zugänglich, solange die Vernunft an den Körper gebunden, der Körper selbst aber vernunftlos ist. Das heißt, wenn die Vernunft sich auf den Körper bezieht, dessen schwierige und dunkle Gattung nur „ohne Sinneswahrnehmung durch ein gewisses Afterdenken erfaßbar (ist)... kaum glaubhaft erscheinend",[44] dann wird sie ebenso unfähig zur Erkenntnis sein, wie wenn sie sich auf sich selbst bezieht. Dementsprechend wird das Unerkennbare der Vernunft vom Athener in den Nomoi Kleinias folgendermaßen demonstriert: „welche Natur hat also nun die Bewegung der Vernunft?"[45] Bevor Kleinias antworten kann, übernimmt der Athener selbst die Beantwortung, da „auf diese Frage mit Einsicht zu sprechen... schwierig (ist)".[46] Denn, würden wir behaupten, „wir (vermöchten) je die Vernunft mit sterblichen Augen zu erblicken", dann wäre das so, als ob „wir... geradezu in die Sonne schauen und zu Mittag die Nacht herbeiführen".[47] Die „lichtvollen Augen",[48] die „das sonnenähnlichste... unter allen Werkzeugen der (Sinnes-)Wahrnehmung" sind,[49] sie würden geblendet. „(Schuld ist) das Körperliche in ihrer Mischung... das noch von ihrer ehemaligen Natur her mit ihr Aufgezogene, weil es mit großer Unordnung behaftet war, ehe es zu der jetzigen Weltordnung gelangte".[50] Daß diese Weltordnung die Schuld des Körpers erst konstituiert, wird zwischen dem Athener und Kleinias nicht problematisiert.

Auch Sokrates hält sich an diese Weltordnung, wenn er, zwischen dem Unerkennbaren von Vernunft und Körper zerrissen, konstatiert: „ich kann noch immer nicht nach dem delphischen Spruch mich selbst erkennen. Lächerlich also kommt es mir vor, solange ich hierin noch unwissend bin, an andere Dinge zu denken."[51] Sokrates dreht sich um sich selbst, so wie die Seele „ihre Kreise um sich selber" beschreibt, um ihre unerkennbare Mitte, an deren Stelle der Athener in den Nomoi ein Mittleres einführt, eine vergleichsweise Erkenntnis, ein „Bild": denn „sicherer schauen wir, wenn wir auf ein Bild des erfragten Gegenstandes unsere Blicke richten".[52] In diesem Bild werden zwei Bewegungen unterschieden. Eine, die an mehreren Stellen, eine die „an einer Stelle" umgetrieben wird. Von „diesen beiden Bewegungen aber müsse sich notwendig die an einer Stelle umgetriebene immer um ein Mittleres bewegen, indem sie ein Bild der gedrechselten Scheiben ist, und sie sei ein dem

Umschwunge der Vernunft in aller Weise möglichst verwandte und ähnliche".[53] Dieser Umschwung wird auch als „Umlauf einer gedrechselten Kugel" oder aber als etwas formuliert, bei dem „die Vernunft und die an einer Stelle umgetriebene Bewegung" sich „über dasselbe... und in demselben und um dasselbe herum und nach demselben hin gemäß einem Verhältnis und einer Aufeinanderfolge" bewegen.[54] Womit der Athener, „in der Kunst... Bilder mit Worten darzustellen, nicht unerfahren",[55] die Natur der Vernunftbewegung mit einer vertikalen Achse und um sie schwingenden, horizontalen Scheiben verglichen hat, um „unumwunden" mit den Worten zu schließen: „daß Seele uns ist, was alles im Kreise herumführt".[56]

## Das technische Modell der Seele

Mit diesem Bild von Achse und Scheiben, deren Umschwünge auch als Kugel erscheinen, ist an die Stelle des Unerkennbaren von Vernunft und Körper ein technisches Modell der Seele getreten,[57] das mikro- und makrokosmisch lesbar ist: bezogen auf die Selbst- und Welterkenntnis.[58] Dementsprechend ist das „Weltganze" im Timaios, „das bestimmt war, alles Lebende in sich zu umfassen", eine „kugelige, vom Mittelpunkte aus nach allen Endpunkten gleich weit abstehende kreisförmige Gestalt, die vollkommenste und sich selbst ähnlichste aller Gestalten", mit einer „Außenseite... ringsum vollkommen glatt".[59] Nur, daß dieses Weltganze nicht, wie das Selbst, „der Augen (bedurfte), denn außerhalb (von ihm) war nichts Sichtbares, nicht der Ohren, denn auch nichts Hörbares war geblieben; auch keine des Einatmens fähige Luft umgab es; ebensowenig... Nahrung... Denn nirgendwoher fand ein Zugang oder Abgang statt"; auch die Hände waren „unnötig" und die Füße.[60]

Während Gott der „Mitte" des Weltganzen „die Seele einpflanzte"[61] und sie „also gleichmäßig in demselben Raum und in sich selbst herumführte, machte er sie zu einem im Kreise sich drehenden Kreis".[62] Dabei „teilte er ihr die ihrer Gestalt angemessene, dem Nachdenken und dem Verstande am meisten eigentümliche (der Bewegungen)"[63] mit, die er „das Ganze durchdringen und auch von außen her den Körper umgeben (ließ)".[64] Diese von außen den Körper umgebende Bewegung „bildete" er als „einen, alleinigen, einzigen Himmel", oder als „einen im Kreise sich drehenden Kreis, vermögend, durch eigene Kraft sich selbst zu befruchten, und keines andern bedürftig, sondern sich selbst zur Genüge bekannt und befreundet":[65] Gottes Verstand ähnlich, doch nicht ihm gleich. Denn „sich immer... auf gleiche Weise... verhalten und dasselbe zu sein, das kommt nur dem Göttlichsten unter allem allein zu; körperliche Natur aber steht nicht in dieser Ordnung", erklärt der Fremde im Politikos: „Was wir Himmel und Erde (nennen), hat freilich Vieles und Herrliches von seinem Erzeuger empfangen; indes ist es auch des Körpers teilhaftig geworden, daher ihm denn aller Veränderung schlechthin entledigt zu sein unmöglich ist... es (ist daher) der Kreisbewegungen teilhaftig als der kleinstmöglichen Abweichung von der Selbstbewegung. Sich selbst aber immer zu drehen ist keinem... möglich außer dem alles Bewegte Anführenden":[66] Gottes Verstand außerhalb des Weltganzen, der in seinem Inneren einer durch Himmel und Erde „hindurchgehenden Weltachse"[67] gleicht. In jenem technischen Modell der Seele entspricht ihr die „an einer Stelle" umgetriebene Bewegung, während die Bewegung „an mehreren Stellen" die Kreisläufe des Selben, des Verschiedenen und des Seins repräsentieren, aus denen die Seele makro- und mikrokosmisch zusammengesetzt ist.

Allerdings „(darf man)... weder von der Welt... behaupten, daß sie immer sich selbst drehe, noch daß sie immer von Gott gedreht werde",[68] so der Fremde im Politikos. Stattdessen gilt, daß sie „zu einer Zeit von einer... göttlichen Ursache mitgeführt wird, das Leben aufs Neue erwerbend und eine von dem Werkmeister ihr zubereitete Unsterblichkeit empfangend, dann aber. wenn sie losgelassen ist, von sich selbst geht... sich selbst überlassen".[69] Also geschieht das Sichselbst-Drehen der Welt und ihr Gedrehtwerden durch Gott „nach zweierlei und... entgegengesetzten Richtungen",[70] für die einerseits der unentstandene Anfang ausschlaggebend ist, andererseits der diesem entgegengesetzte, entstandene Anfang, von dem

„alles... was Widerwärtiges und Unrechtes unter dem Himmel geschieht, stammt".[71] Wird dieser doppelte Anfang auf das technische Modell von Achse und Scheiben bezogen, dann ergibt sich ein „bewegliches Bild der Unvergänglichkeit", das im Timaios „den Namen Zeit" erhält.[72] Ihr Wesen „war, ist und wird sein". Doch „der richtigen Ausdrucksweise zufolge" kann nur dem Unvergänglichen ihres beweglichen Bildes das „,ist'" zukommen; „das ,war' und ,wird sein' ziemt sich dagegen... von dem in der Zeit fortschreitenden Werden zu sagen":[73] vom Vergänglichen.

Mit dem in der Zeit fortschreitenden Werden korreliert, daß die von Gott losgelassene Welt von der umgetriebenen Ursache mehr und mehr zur treibenden wird, weshalb der Fremde im Politikos prognostiziert: „Je weiter aber die Zeit vorrückt, umso mehr nimmt auch... der Zustand der alten Verwirrung (überhand), welcher am Ende der Zeit vollkommen aufblüht, so daß sie (die Welt)... in Gefahr des Verderbens gerät".[74] Eben dann aber wird sie wieder „von einer... göttlichen Ursache mitgeführt... das Leben aufs Neue erwerbend", indem Gott, der das Unvergängliche am beweglichen Bild der Zeit repräsentiert, in ihre „Mitte die Seele einpflanzt", die räumlich und zeitlich, als „Ort" und als „Kraft", Makro- und Mikrokosmos strukturiert. Denn die Kreisläufe des Selben, des Verschiedenen und des Seins stehen nicht nur zum Himmel, zu Himmel und Erde, und zur Erde in Beziehung. Es sind auch alle Lebewesen, je nachdem, aus dieser dreifach zerteilten Seele zusammengesetzt: Pflanze, Tier, Mensch. Dem Menschen aber hat Gott als einzigem „das Sehvermögen... verliehen... damit wir beim Erschauen der Kreisläufe am Himmel sie für die Umschwünge unserer eigenen Denkkraft benutzten... und, nachdem wir sie begriffen... zur naturgemäßen Richtigkeit unseres Nachdenkens gelangten".[75]

## Umgetriebene und treibende Ursache

Gott „sondert", bevor die Vernunft an den Körper gebunden wird, „eine... der Sterne gleichkommende Anzahl von Seelen aus" und, indem er „jedem Sterne eine (Seele) zu-

(teilte)", weist er ihr den Kopf als „Fahrzeug" an.[76] Doch nicht jeder Seele wird ein Stern zugeteilt. Die meisten sind „Aussaat":[77] pflanzlich-tierische Teile der Seele, deren „Sehvermögen" mit keinem „Himmelslicht" korrespondiert. Denn zwar sind alle Lebewesen aus Seele zusammengesetzt. Aber seinem Stern folgt nur das Lebewesen *Mensch*, wenn ihm dies durch Gott vorherbestimmt ist. Dieser Mensch ist der Mann. Er ist der Einzige, der sich zu dem „alles Bewegte Anführenden" außerhalb des Weltganzen, als „Führer" innerhalb des Weltganzen, analog verhält. Nur in seinem Kopf, der „den Aufenthaltsort des Heiligsten und Göttlichsten über uns trägt",[78] ist der unsterbliche und der sterbliche Anfang verbunden. Nur ihm werden von Gott die „unausweichlichen Gesetze" des Seienden verkündet,[79] denen die Gesetze der Notwendigkeit des Werdens untergeordnet sind. Der Mensch als Mann ist es, der alle Lebewesen, entsprechend dem dreiteiligen Aufbau der Seele, in sich enthält. Das heißt, er ist es, aus dem sie hervorgehen,[80] während er selbst, soweit er den unsterblichen Anfang repräsentiert, aus „nichts" entsteht.

Soweit dieses „nichts" des unsterblichen Anfangs zugleich das „etwas" des sterblichen ist, gilt, daß die Gesetze der Notwendigkeit den „unausweichlichen Gesetzen" nur insofern unterzuordnen sind, wie die Vernunft dem Werden „gebot", „das meiste des im Entstehen Begriffenen dem Besten (zuzuführen)":[81] das „meiste", nicht alles. Nicht das, was in der „Mitursache" die Gegenursache ist. Sie wird, durch „die ihr eingepflanzte Begierde",[82] das Entstehende immer mehr dem Verderben zuführen, wenn „der Steuermann des Ganzen gleichsam den Griff des Ruders fahren (läßt) und sich in seine Warte zurück(zieht)",[83] nachdem die Welt das Leben aufs Neue von ihm empfangen hat. Warum dann Gott „in seinem gewohnten Wesen (verharrt)",[84] das wird von ihm selbst den „mit dem höchsten Geist mitherrschenden Götter(n)"[85] im Timaios so erklärt: würde über den unsterblichen Anfang hinaus „nun dieses (Weitere) durch mich zur Entstehung und zum Leben (gelangen), dann würde es den Göttern gleichgestellt; damit diese(s) also sterblich ... sei, so wendet ihr euch zur Hervorbringung der lebenden Geschöpfe und

sucht die von mir ... bewiesene Schöpferkraft nachzuahmen. Was aber an ihnen gleichen Namen mit den Unsterblichen zu führen verdient ... dessen Aussaat und Anfänge will ich euch übergeben; das übrige aber gestaltet ihr und erzeugt, das Sterbliche dem Unsterblichen anfügend, die lebenden Geschöpfe",[86] um über sie „zu herrschen und, soviel sie vermöchten ... das sterbliche Wesen ... zu leiten, soweit es nicht selbst der Urheber der es selbst betreffenden Übel würde".[87] Die Götter, „seine Kinder ... (wurden) der Anordnung ihres Vaters inne ... und ... (übernahmen) des sterblichen Wesens unsterblichen Anfang",[88] insofern sie selbst „Sterne"[89] und vergöttlichte Menschen[90] sind.

Die Götter fügen die „Teilchen"[91] von Erde, Wasser, Feuer, Luft[92] zu „einem Körper" zusammen, indem sie diese „durch zahlreiche Stiftchen zusammennieteten".[93] Denn das Werdende besteht nicht, wie das Seiende, aus unteilbaren, sondern aus teilbaren Banden,[94] wie sie für den „Ausprägungsstoff"[95] konstituierend sind: für jene schwierige und dunkle Gattung, die hier die „Amme des Werdens",[96] dort „das Aufnehmende der Mutter"[97] repräsentiert; der „alle Gestaltung fremd" ist,[98] obwohl sie „ein allgestaltig Anzuschauendes dar(stellt)",[99] die „stets (als) dieselbe zu bezeichnen" ist,[100] obwohl sie „bald so, bald anders erscheint".[101] Als umgetriebene Ursache wird sie „durch das (in sie) Eintretende in Bewegung gesetzt",[102] als treibende ist sie dagegen „selbst bewegt".[103] Denn „nichts an ihr (ist) im Gleichgewicht, sondern ... überall ... erschüttert".[104] In dieser Erschütterung wiederholt sich, wie „damals" Feuer, Erde, Wasser, Luft „von der Aufnehmenden geschüttelt" wurden.[105] Da immer, wenn sie „des Endes und des Anfangs entgegengesetzten Schwung (empfängt) ... (sie) in sich selbst große Erschütterungen erregt",[106] ohne jedoch „durch ... Zerrüttung ... aufgelöst in der Unähnlichkeit unergründlichem Meer (zu) versinke(n)".[107]

Der Makrokosmos wird von der „Weltachse", der Mikrokosmos wird vom Rückgrat gehalten, das, wie jene mit Himmel und Erde, seinerseits mit Gehirn und Geschlecht zusammenhängt. Denn an das „Mark" sind alle „Gattungen der Seele ... wie Ankertaue" geknüpft,[108] deren „Gefährt" der Körper ist.[109] Er teilt die Erschütterung, in der sich der Anfang des Entstehens eben dann wiederholt, wenn Gott den unentstandenen Anfang den Göttern übergibt. Sie „fesselten" ihn „an einen dem Ab- und Zufluß unterworfenen Körper. Diese Kreisläufe aber... ließen sich gewaltsam mit fortreißen und rissen mit sich fort, so daß das ganze lebende Wesen in Bewegung geriet... vor- und rückwärts... rechts und links, nach oben und nach unten... die erregten Bewegungen... aber hemmten... völlig den Umlauf des Selben... den des Verschiedenen aber störten sie... der Vernunft zuwider... gleichwie, wenn jemand den Kopf gegen den Boden stemmt und die Füße nach irgendeiner Richtung emporreckt":[110] der Mensch als Pflanze, deren Wurzeln dem Kopf, deren Blüte dem Geschlecht entspricht. Für den Menschen aber gilt die umgekehrte Richtung, „sofern wir ein Gewächs sind, das nicht in der Erde, sondern im Himmel wurzelt... denn indem dort, wo die Seele ihren Ursprung nahm, das Göttliche unser Haupt und unsere Wurzel befestigt, richtet sie den ganzen Körper nach oben,[111] sofern die Umläufe des Selben und des Verschiedenen ungestört sind durch den Umlauf des Seins, wo „jetzt wie anfangs die Seele in die Bande des sterblichen Leibs gelegt wird... unverständig".[112]

### Kopf, Brust, Eingeweide

Der doppelte Anfang des Menschen ist auch mit Männlichem und Weiblichem gleichzusetzen, wenn „wir uns drei Gattungen denken: das Werdende, das, worin es wird, und das, woher nachgebildet das Werdende geboren wird".[113] Denn das „Worin" entspricht der „Mutter" und „Amme"; das „Woher dem Vater"; während „die zwischen diesen liegende Natur... dem Geborenen" gleicht.[114] Dieses Geborene ist zwischen „Vater" und „Mutter" zerteilt, oder aber eine Mischung aus beiden: ein „Verschiedenes", in dem Seiendes und Werdendes ununterschieden, nur durch Über- und Unterordnung von Vernunft und Körper zu entscheiden sind. Das heißt, das Geborene ist zugleich durch die „unausweichlichen Gesetze" des unsterblichen und die Gesetze der Notwendigkeit seines sterblichen Anfangs determiniert. Zwar soll „das erste Entstehen... allen, damit keine(s) von ihnen hintangesetzt werde, gleichmäßig bestimmt sein", insofern jedes Geborene „unverständig" ist. Da „jedoch die Natur des Menschen eine doppelte", aus Vernunft und Notwendigkeit zusammengesetzt ist, „solle das überlegenere Geschlecht dasjenige sein, welches in der Folge den Namen ‚Mann' führen werde".[115] Denn einzig er partizipiert an der Vernunft und ist zu ihrer „Vollendung" fähig. Bei aller Gleichheit des Entstehens der Lebewesen, ist also ihre Ungleichheit dennoch vorgegeben. Umgekehrt gilt, daß zwar die Vernunft über die Notwendigkeit, wie das Männliche über das Weibliche, gebietet, doch nur so weit, wie die Notwendigkeit des Weiblichen das „meiste", nicht alles, dem Besten zuführt. Von dem, was dem Besten nicht zugeführt wird, heißt es, daß es „selbst der Urheber der es selbst betreffenden Übel" sei.

Der Körper des Menschen ist entsprechend dem Verhältnis von Vernunft und Notwendigkeit codiert. Mit Himmel und Erde, Kopf und Geschlecht verbunden, kann diese Codierung von oben und unten gelesen werden. Von unten gilt, daß die dem Körper der Welt und des Menschen „eingepflanzte Begierde" kein Vorwärts und Aufwärts, sondern nur ein Abwärts und Rückwärts[116] zu jener schwierigen und dunklen Gattung kennt, die „aus ihrem Wesen durchaus nicht heraus(tritt)", insofern Geburt und Tod, Lust und Schmerz, Ab- und Zufluß der Nahrung[117] keine Gegensätze, sondern ambivalente Zustände unter wechselnden Aspekten sind. Dies trifft insbesondere für Männliches und Weibliches unter dem Aspekt der Zeugung zu. Denn als Geschlecht sind Männliches und Weibliches gleich, ob Hestia oder Typhon ihren Anfang „von entgegengesetzter Abstammung" repräsentieren, für den Platon das Bild des schwarzen Rosses einsetzt. „Darum versucht die, gleich einem der Vernunft nicht gehorchenden Tiere, zu einem Unlenksamen und selbstherrlich Gebietenden gewordene Natur der männlichen Geschlechtsteile, ihren wütenden Begierden alles zu unterwerfen. Aus eben demselben Grunde aber empfindet es das, was man bei den Frauen Gebärmutter und Mutterscheide nennt, welches als ein auf Kinderzeugung begieriges Lebendiges in ihnen ist, dies empfindet es mit... Unwillen, wenn es länger, über die rechte Zeit hinaus, unfruchtbar bleibt, und schafft, indem es allerwärts im Körper umherschweift... große Beängstigung... bis etwa der Trieb und die Begierde beider Geschlechter... sie zusammenführten".[118] Die Unterscheidung Männliches – Weibliches wird nicht durch das Geschlecht, sie wird durch den Kopf gesetzt. Um ihn versammeln die Götter „eine Dienerschaft":[119] die Glieder, die „den Aufenthaltsort des Heiligsten und Göttlichsten über uns" präsentieren.[120] Weil aber die Götter „Scheu darum trugen, das Göttliche zu verunreinigen, soweit es nicht gänzlich notwendig ist, wiesen sie dem Sterblichen, von jenem getrennt, einen andern Teil des Leibes zur Wohnung und schieden, das Genick dazwischen einfügend, durch eine Erdzunge und Grenzscheide Kopf und Brust, damit beide getrennt bleiben".[121] Denn Unsterbliches–Sterbliches oder Männliches–Weibliches sind im „sogenannten Brustkorb", der hier auf den Kopf, dort auf das Geschlecht bezogen ist, vermischt. Darum wiesen die Götter dem „der Mannheit und des Mutes teilhaftigen... Teile der Seele seinen Sitz näher dem Kopfe zwischen Genick und Zwerchfell an, damit er, der Vernunft gehorsam, gemeinschaftlich mit ihr gewaltsam das Geschlecht der Begierden im Zaum halte",[122] das in seinem „Wohnsitz zwischen dem Zwerchfell und... der Gegend des Nabels"[123] „fest mit uns verbunden"[124] ist und in „keiner Weise freiwillig... der Vernunft (gehorcht)".[125] Obwohl die Götter, so „wie man die Wohnung der Frauen von der der Männer trennt",[126] zwischen Kopf und Geschlecht das Zwerchfell als „Scheidewand"[127] einfügten. In der „Wohnung der Frauen" aber „fesselten" sie den „wie ein wildes Tier (beschaffenen Teil der Seele)" an „eine Art Krippe für die Ernährung... Damit es... stets an der Krippe sich nährend... Lärm und Geschrei so wenig wie möglich erhebe und den besten Teil (der Seele) das für alle Ersprießliche bedenken lasse".[128]

Doch wie immer die „Ursache... des (sterblichen) Anfangs",[129] die Begierde, gefesselt wird, gestillt ist sie nie. Obwohl die Götter „den sogenannten Unterleib... mit dem Erzeugnis der ineinander verschlungenen Gedärme (umwanden), damit nicht der Nahrungsmittel schneller Durchgang... einen schnellen Ersatz (für den Körper)...

nötig, und, durch eine aus Unersättlichkeit hervorgehende Gefräßigkeit, die ganze Gattung zu einer dem Weisheitsstreben... abholden mache, ungehorsam dem göttlichsten Teil unseres Selbst",[130] der nichtsdestotrotz in dem Maß, wie die Götter den unsterblichen mit dem sterblichen Anfang verbanden, seinerseits an die Begierde gefesselt ist. „(Wir vergleichen sie) dem Geflechte einer ausgespannten Fischreuse, deren ganze Mitte aus Feuer... nach außen zu aber aus Luft zusammengeflochten sei", weil „das Innere jedes Lebendigen... um das Blut... am wärmsten (ist), als ob es in sich eine Feuerquelle umschließe".[131] Ob diese Feuerquelle im Inneren des Körpers oder der Welt Hestia oder Typhon zuzuschreiben ist: ernährend und verzehrend konstituiert sie einen unaufhörlichen Zu- und Abfluß, bei dem „das Ausfüllen und Ausscheiden... ebenso wie die Bewegung eines jeglichen im Weltganzen (erfolgt), welcher zufolge sich jedes Verwandte sich nach sich selbst hinbewegt".[132] Dabei funktioniert das Unaufhörliche, Nie-zu-Stillende dieser Selbstbewegung „wie das Umdrehen einer Scheibe",[133] in deren Kreisen Nahrungseinnahme und Einatmen, Nahrungsausscheidung und Ausatmen, sich analog und gleich einem „mächtigen Strom"[134] verhalten, der die Lebewesen mitreißt und durchzieht.[135] Wobei Nahrung und Atem nur durch die Dichte und Dünne, Schwere und Leichte ihrer Teilchen unterschieden sind.

Ausgangs- und Endpunkt dieses zu sich selbst zurückkehrenden Stromes ist die Feuerquelle, die, kochend, „die Speisen zerteilt". Indem diese „vom Unterleibe aus die Adern (füllen)",[136] folgt das Feuer „dem von innen aufsteigenden Hauche",[137] der sich in den Adern als Blut niederschlägt, während er gleichzeitig als Atem „von uns (sich) nach außen" bewegt. Dabei führt ein „doppelter Nebenschlauch" zum Mund, wird hier geteilt, um einerseits zur Lunge, dort, noch einmal geteilt, zur Nase zu leiten; andererseits führt er wieder herab zur Feuerquelle.[138] So daß Geschlecht, Brust, Kopf, oder alle drei Seelenteile, mit diesem „schwankenden Kreislauf"[139] von Nahrung und Atem verbunden sind, in dem Festes in Flüssiges, Flüssiges in Hauch, Hauch in Feuer sich transformiert. Der Abfluß oder das „von außen uns Umgebende löst uns fortwährend auf", während der Zufluß „die einzelnen Gattungen dem Gleichartigen zu(führt)".[140] Denn „das Bluterfüllte... (muß) in unserem Inneren... eingeschlossen... notwendig die Bewegung des Weltalls nachbilden",[141] mit dem jedes Lebewesen durch diesen unaufhörlichen Zu- und Abfluß verbunden ist. Was „daraus folgt, (ist) jedem... einleuchtend... (nämlich) daß er nicht in das Leere dringt, sondern das ihm Nächste aus seiner Stelle verdrängt; dem Verdrängten aber weicht der ihm jedesmal Nächste",[142] insofern „der Umfang des Alls... da er kreisförmig ist und von Natur das Bestreben hat in sich selbst zurückzukehren, alles zusammen(drängt) und nicht gestattet, daß ein leerer Raum übrigbleibt".[143]

## Wohlklang und Zerrissenheit

Die Welt ist voll. Dafür, wie ihre Immanenz durchbrochen werden soll, gibt es keine Lösung. Es gibt nur die Erlösung durch den Tod. Wenn die zusammengenieteten Bande des Körpers „keinen Widerstand mehr leisten, dann lockern sich auch die Bande der Seele und diese fliegt, in naturgemäßer Weise ihrer Fesseln entledigt, mit Lust davon. Denn alles Naturwidrige ist schmerzlich, das Naturgemäße aber angenehm".[144] Naturgemäß ist die Trennung von Körper und Seele, naturwidrig ist ihre Verbindung. „Wieso?" fragt Kebes im Phaidon Sokrates', der antwortet: weil jegliche Begierde „gleichsam einen Nagel hat und (die Seele) leibartig macht... dadurch (aber), daß sie gleiche Meinung hat mit dem Leibe und sich an dem nämlichen erfreut, wird sie, denke ich, genötigt, auch... gleicher Nahrung wie er teilhaftig zu werden, so daß sie nimmermehr rein... sondern immer des Leibes voll von hinnen geht; daher sie auch bald wiederum in einen anderen Leib fällt und wie hingesät sich einwurzelt und daher unteilhaftig bleibt des Umgangs mit dem Göttlichen und Reinen".[145]

Das heißt, ausschließlich *die* Seele fliegt mit Lust davon, die sich schon vor dem Tod vom Körper losgesagt hat, was nur *der* Seele möglich ist, der Gott vor der Geburt einen Stern zuordnet und in den „unausweichlichen Gesetzen" verkündet: nur wer „zur Herrschaft" über die „mit Lust und Schmerz ge-

mischte Liebe" gelangt, dessen „Leben (werde) ein gerechtes", sonst „ein ungerechtes. Wer aber die ihm zukommende Zeit wohl verlebte, der werde wieder nach dem Wohnsitze des ihm verwandten Sternes zurückwandern und ein glückseliges, seinem früheren entsprechendes Leben führen."[146] Er hat in dem Maß, wie sich die Vernunft die Begierde unterzuordnen imstande ist, sein Leben vor dem Tod in Hinsicht auf sein Leben nach dem Tod erfüllt. Die Bedingung ist, daß er das Geschlecht durch den Kopf negiert und ersetzt. Denn die Rückkehr zur Lichtquelle eines Sterns, ist der Rückkehr zur Feuerquelle der Begierde grundlegend entgegengesetzt, obwohl sie ebenfalls dem folgt, daß „jedes Verwandte sich nach sich selbst hinbewegt".

Der Vernunft und dem Körper „verwandt" sind beide, Licht- und Feuerquelle. Gleichzeitig schließen sie sich beide aus, insofern Platons Philosophie der Seele eine Zerrissenheit konstituiert, wie sie Sokrates im Phaidon problematisiert, wenn er fragt: „(Bin) ich etwa... ein Ungeheuer... oder ein... Wesen, das sich eines göttlichen... Teiles... erfreut?" Ohne Antwort bleibt diese Frage, weil die Vernunft, ob sie sich auf ihre Lichtquelle oder auf die Feuerquelle des Körpers bezieht, in jedem Fall geblendet wird. Hier, weil sie an den Körper gebunden, zur Erkenntnis ihrer selbst unfähig, dort, weil sie vom Körper getrennt, zu seiner Erkenntnis nicht imstande ist. Für Platons Philosophie der Seele folgt daraus, daß das „wahrhaft seiende Wesen... der wahrhaften Wissenschaft" erst nach dem Tod und vor der Geburt möglich ist. Dann, wenn die vom Körper getrennte Seele die farb- und gestaltlose Vernunft, beim Auszug der Götter, außerhalb des Himmels erblickt.

Eben das spricht Sokrates in der Rede der „wahrhaft Philosophierenden" aus, die er Kebes im Phaidon vorträgt: „Es ist uns wirklich ganz klar, daß, wenn wir etwas rein erkennen wollen, wir... mit der Seele selbst die Dinge schauen müssen. Und offenbar werden wir dann erst haben, was wir begehren... die Weisheit, wenn wir tot sein werden... solange wir leben aber nicht". Denn „(wir) können nur eines von beidem, entweder niemals zum Wissen gelangen oder nach dem Tode". Soll es dennoch eine Lösung für diese Zerrissenheit geben, dann kann sie nur Erlösung durch ein Wissen sein, das für das Leben nach dem Tod schon vor dem Tod wegweisend ist: da „uns ja wohl gleichsam ein Fußsteig heraustragen (wird)".[147] Dieses Wissen ist Wiedererinnerung an jenes „frühere Leben" im jetzigen. Kebes, sich wiedererinnernd und „einfallend" in Sokrates' Rede mit einem „Satz", den dieser „oft vorzutragen (pflegte)", erklärt im Phaidon, „daß (darum) unser Lernen nichts anderes ist als Wiedererinnerung und daß wir deshalb in einer früheren Zeit gelernt haben müßten, wessen wir uns wiedererinnern, und daß dies unmöglich wäre, wenn unsere Seele nicht schon war, ehe sie in diese menschliche Gestalt kam; so daß auch hiernach die Seele etwas Unsterbliches sein muß".[148]

Für dieses Wissen durch Wiedererinnerung ist entscheidend, daß „wir" es „vor der Geburt empfangen haben und in (seinem) Besitze geboren worden sind",[149] gleichzeitig aber haben wir es „bei der Geburt verloren",[150] da unser erstes Entstehen „unverständig" ist. In dem Maß jedoch, wie „der Wogendrang des Wachstums und der Ernährung schwächer" wird, wie die „Umläufe" der am Mark vertäuten Seele „die ihnen eigentümliche Richtung (verfolgen) und ... mit fortschreitender Zeit mehr Festigkeit (gewinnen)", während „die einzelnen Kreise ihrer Natur gemäß sich gestalten", in dem Maß kann „bei richtiger Anrede des Verschiedenen und des Selben" die Wiedererinnerung an jenes vorgeburtliche Wissen wiedererworben werden und dem, „der ... zur Weisheit gelangte, die Vollendung (geben)":[151] nach dem Tod. Damit „die einzelnen Kreise ihrer Natur gemäß sich gestalten", ist es entscheidend, daß die „verschiedenen Kräfte (der Seele) sich (nicht) gegenseitig in ihre Geschäfte einmischen, sondern (daß sie) jeglichem sein wahrhaft Angehöriges beilegt und sich selbst beherrscht und ordnet":[152] entsprechend dem technischen Modell von Achse und Scheiben, deren jede getrennt umschwingt, während die Achse die drei Teile des Selben, des Verschiedenen und des Seins „in Zusammenstimmung bringt, ordentlich wie die drei Hauptglieder jedes Wohlklangs, den Grundton und den höchsten und den mittleren", so daß „auf alle Weise einer wird aus vielen".[153]

In diesem „Wohlklang" scheint die Zerrissenheit der Seele aufgehoben, deren „doppelte Natur" eine dreifach zerteilte und nur durch Kampf zu einigende ist. In diesem Sinn zeichnet Glaukon, dem Sokrates in der Politeia vorschlägt, „ein Bildnis der Seele mit Worten anzu(fertigen)",[154] zu diesem „Wohlklang" das Gegenstück. Dabei wird er von Sokrates, anläßlich der Frage des „Gerechthandelns" und „Unrechttuns", folgendermaßen angeleitet: „Wie die Fabel lehrt", habe es früher „Naturen" wie die Chimaira, Skylla und den Kerberos gegeben, „in eines zusammengewachsen". So habe sich Glaukon „eine Gestalt eines ... vielköpfigen Tieres" zu bilden; dazu „noch eine andere Gestalt des Löwen und eine des Menschen". Der Löwe aber sei größer als der Mensch. Glaukon soll nun „diese drei in eines" verknüpfen, „und ... außen um sie herum das Bildnis des einen, nämlich des Menschen" legen, „so daß es dem, der das Innere nicht sehen kann, sondern nur die äußere Hülle ... als ein lebendes Wesen erscheint".[155] Sollte nun jemand behaupten, Unrechttun nütze, Gerechthandeln nicht, dann sagt er nichts anderes, als daß „es (ihm) nütze ... jenes vielgestaltige Tier nebst dem Löwen ... durch Wohlleben stark zu machen, den Menschen aber Hungers sterben zu lassen ... so daß er sich muß schleppen lassen, wohin eben eines von ... beiden ihn zieht, und nicht etwa sie aneinander gewöhnt ... sondern sie sich untereinander beißen und im Streite verzehren läßt".[156] Wobei der Mensch, der den Kampf mit diesen beiden „Naturen" nicht besteht, sich mit verzehrt, statt daß sein „innerer Mensch ... zu Kräften kommt ... nachdem er sich die Natur des Löwen, gegen das vielgestaltige Tier, „zu Hilfe genommen",[157] und so die Gewalt des Wilden dem Zahmen, die des Ungerechten dem Gerechten untergeordnet hat.

Glaukons Bildnis vom Kampf der Seele, der schließlich im „Wohlklang" der Über- und Unterordnung von Mensch, Löwe und vielgestaltigem Tier beendet wird, läßt sich auch auf die Polis übertragen. Da „dieselben Verschiedenheiten wie in der Stadt auch in eines jeden einzelnen Seele sich zeigen und gleich an der Zahl".[158] Dem Selben oder „dem Vernünftigen", dem „von der Burg aus ergangenen Gebote", das der Kopf repräsentiert,[159] „gebührt es zu herr-

schen, weil es... für die gesamte Seele Vor-
sorge hat, dem Eifrigen aber diesem folgsam zu sein und verbündet", insofern die
Brust oder das Verschiedene sich nach dem
Kopf oder dem Selben zu richten hat. Wobei „das Herz die Stelle des Wachtpostens"
einnimmt.[160] Kopf und Herz, Vernunft und
Eifer, „werden dann dem Begehrlichen vor-
stehen, welches wohl das... seiner Natur
nach... Unersättlichste" ist: der innere
Feind „in der Seele eines jeden" und im
Staat. Wie aber Vernunft und Eifer den inneren Feind abhalten, so auch „den äußeren
Feind... indem jenes berät, dieses wehrt,
dem Herrschenden aber folgt und durch
Tapferkeit das Beschlossene vollzieht".
Wiederum ist, wie Sokrates sagt, damit zwischen den „Verschiedenheiten" der Seele
und der Polis „die rechte Mischung der Musik... durch Wohlklang" von Rat, Tat, Staat
oder Vernunft, Eifer und Begierde hergestellt, indem „jede von jenen drei Gattungen... das Ihrige tat".[161] Denn im Kampf
der Seele soll das technische Modell von
Achse und Scheiben verbindlich bleiben,
obwohl ihm die Zerrissenheit ihrer „doppelten Natur" grundlegend widerspricht.

## Kampf des Liebenden mit sich selbst

Wie immer Platon zwischen unsterblichem
und sterblichem Anfang der Seele ein Mittleres einführt, Sokrates' Frage, ob er ein
Ungeheuer oder ein göttliches Wesen sei,
zeigt, daß in ihm selbst zwischen beidem
keine Vermittlung möglich, und also das
„Verschiedene" nur eine in sich geschiedene
„Mischung" ist, die das Unvereinbare von
Vernunft und Körper repräsentiert. Dies
schießt ein, daß ein Wiedererwerben der
Wiedererinnerung an jenes vorgeburtliche
Wissen die Negierung des Körpers zur Bedingung hat, der letztlich „Vernunftgründen
nicht zugänglich" ist. Denn wenn die Seele
„vermittels des Leibs" betrachtet, dann
„(wird sie) von dem Leibe gezogen... zu
dem, was sich niemals auf gleiche Weise verhält", so daß sie „selbst schwankt... irrt und
wie trunken taumelt... Wenn sie aber durch
sich selbst betrachtet, dann geht sie zu dem
reinen, immer seienden Unsterblichen und
sich selbst Gleichen, und als diesem verwandt

hält sie sich stets zu ihm... und... hat Ruhe
von ihrem Irren... und diesen ihren Zustand
nennt man Vernünftigkeit".[162] Darum „enthalten sich die wahrhaft Philosophierenden
aller von dem Leibe herrührenden Begierden
und... sagen... allen solchen... die... für
der Leiber... Bedienung leben, Fahrewohl
und gehen nicht gleichen Schritt mit ihnen...
(sondern) feststellend, daß sie nichts tun dürfen, was der Philosophie zuwider wäre und
der Erlösung und Reinigung durch sie, wenden (sie) sich dorthin nachfolgend, wohin
jene sie führt":[163] hin zu dem ihnen verwandten Stern oder zu den Göttern, die ihrerseits
Sterne und vergöttlichte Menschen sind.
Denn „in der Götter Geschlecht... ist... keinem, der nicht philosophiert hat und vollkommen rein abgegangen ist, vergönnt zu
gelangen".[164]

Dieser Weg der Erlösung durch die Philosophie schließt die Weihe des Lernbegierigen
ein. Da nur „der Gereinigte und Geweihte,
wenn er dort angelangt ist, bei den Göttern
wohnt". Der Unreine und Ungeweihte dagegen „(kommt) in den Schlamm zu liegen".[165]
Weil er „befleckt" vom „Leibe scheidet...
immer mit dem Leibe verkehrt (hat) und...
von ihm bezaubert gewesen ist... auch
glaubte, es sei überhaupt gar nichts anderes
wahr als das Körperliche".[166] Die Seele des
Geweihten dagegen macht sich „rein los...
und (zieht) nichts von dem Leibe mit sich...
weil sie mit... Willen nichts mit ihm gemein
hatte im Leben, sondern ihn floh... was
nichts anderes heißen will, als daß sie recht
philosophierte und darauf dachte, leicht zu
sterben".[167] Nur die Seele desjenigen fliegt
mit Lust aus dem Kerker des Körpers davon.
Darum erkennen „die Lernbegierigen", deren „Seele (die Philosophie)... als ordentlich
gebunden im Leibe und ihm anklebend
(übernimmt), wie durch ein Gitter... das
Sein... und (daß) die Gewalt dieses Ker-
kers... durch die Begierde besteht".[168] Zwar
gilt, daß der „Gebundene selbst am meisten
immer mit angreift, um gebunden zu werden",[169] so daß es aus diesem Kerker an sich
keine Erlösung gäbe, würde nicht gelehrt,
daß „beim Menschen (als Mann)" von „Natur eine doppelte Gattung von Begierden
besteht, vermöge des Körpers nach Nahrung
und vermöge des Göttlichen in uns nach
Weisheit".[170] Nur wenn die Begierde nach der

Nahrung des Wahren, die nach der „scheinhaften Nahrung" ersetzt, wird die Wiedererinnerung an jenes „frühere Leben" in des „Philosophen Seele" wiedererworben, je mehr er sich enthält.[171] Darum wird „mit Recht nur des Philosophen Seele befiedert",[172] was nichts anderes heißt, als daß nur er unsterblich wird.

Davor aber ist der Kampf zwischen Kopf und Geschlecht gesetzt, der sich im Verhalten zum Geliebten entscheidet, je nachdem, ob Vernunft und Eifer gegen die Begierde sich verbünden oder nicht. Vorerst ist der Kampf unentschieden. Denn „was die Zahnenden an ihren Zähnen empfinden... Jukken und Reiz... eben das empfindet auch die Seele dessen, dem das Gefieder hervorzubrechen anfängt, es... sticht überall... so daß die ganze Seele von allen Seiten gestachelt umherwütet[173]... wenn nun... beim Anblick (des Geliebten)... die ganze Seele... den Stachel des... Verlangens spürt: so hält das dem Führer leicht gehorchende Roß... sich selbst zurück... das andere aber... stiebt (springend)... mit Gewalt vorwärts... auf alle Weise dem Spanngenossen und dem Führer zusetzend nötigt es sie, hinzugehen zu dem Liebling.

Indem nun der Führer (ihn) erblickt, wird seine Erinnerung hingetragen zum Wesen der Schönheit... von Ehrfurcht durchdrungen... kann (er) nicht anders, als so gewaltig die Zügel rückwärts ziehen, daß beide Rosse sich auf die Hüften setzen... das wilde aber höchst ungern... aufs neue sie wider ihren Willen vorwärts zu gehen zwingend... dem Führer aber begegnet nur noch mehr dasselbe wie zuvor, er... zieht noch gewaltsamer dem wilden Rosse das Gebiß aus den Zähnen, so daß ihm die... Zunge und die Backen bluten, und Schenkel und Hüften festhaltend, läßt er es büßen. Hat nun das böse Roß mehrmals dasselbe erlitten... so folgt es gedemütigt des Führers Überlegung."[174] Weil der „Führer", mit dem weißen Roß verbündet, sich gegen das schwarze entschieden hat, ist es ihm samt dem Geliebten „(nicht mehr bestimmt), in die Finsternis und den unterirdischen Pfad... zu geraten, (sondern)... eingeschritten in den himmlischen Pfad... wieder befiedert (zu) werden".[175] Ein solch lichtes Leben wird jedoch nur denen zuteil, die in „Erinnerung an jenes, was einst

unsere Seele gesehen, Gott nachwandeln" und dabei „von vielen Wahrnehmungen zu einem durch Denken Zusammengebrachten (fortgehen)... Solcher Erinnerungen also sich recht bedienend, mit vollkommener Weihung immer geweiht, kann ein Mann allein wahrhaft vollkommen werden. Indem er... menschlicher Bestrebungen sich enthält" und „(das Haupt) zu dem wahrhaft Seienden empor... richtet". Zwar „wird er von den Leuten... gescholten als ein Verwirrter, daß er aber begeistert ist, merken die Leute nicht".[176] Sie kennen seinen Weihespruch nicht, den Sokrates im Phaidon zitiert: „... ‚Thyrsosträger sind viele, doch echte Begeisterte wenig'".[177]

## Die Wissenschaft als Gegenstand der Seele

Doch verheißt Platons Mysterium von der Seele nur einerseits Erlösung. Andererseits verheißt es Schuld und Strafe. Erlösung bedeutet die Seele ohne Körper. Sie ist reines Wissen, das im Bild der vollkommenen und befiederten Seele „in den höheren Gegenden (schwebt) und... durch die ganze Welt (waltet)".[178] Schuld und Strafe ist der Körper als Kerker, der das reine Unwissen im Bild der „entfiederten" Seele ist, die „wohnhaft" in etwas „Starres" wird, „einen erdigen Leib annimmt... und dieses Ganze, Seele und Leib zusammengefügt, wird dann ein Tier genannt und bekommt den Beinamen sterblich".[179] Reines Wissen und reines Unwissen, unsterblicher und sterblicher Anfang, sind vor der Geburt und durch sie gegeben. Das heißt, die Geburt ist in dem Maß, wie durch sie das vorgeburtliche Wissen verlorengeht, als Wiedergeburt[180] der Ausgangspunkt der Strafe, die zunimmt in dem Maß, wie das Geborene „selbst der Urheber der es selbst betreffenden Übel" wird. Sie aber bestehen ausschließlich darin, daß dieses Geborene für das reine Wissen der Wiedererinnerung, die auf seinen unsterblichen Anfang verweist, zu unrein oder unwissend, weil an seinen sterblichen Anfang gebunden ist, den jene schwierige und dunkle Gattung des Weiblichen repräsentiert. Daraus folgt, daß die Wiedergeburt als Strafe sich stets auf eine graduell abgestufte Wissensschuld bezieht, deren Ursache der Körper oder das Weibliche auch, und vor allem, am Manne ist.

Der Mensch als Mann ist durch die „unausweichlichen Gesetze" zum „überlegeneren Geschlecht" bestimmt, das den Gesetzen der Notwendigkeit des Weiblichen nicht ganz unterworfen ist. Er hat darum das „gottesfürchtigste Geschöpft"[181] zu sein. Wenn nicht, dann trifft ihn diese Wissensschuld zuerst, sofern er die Feuerquelle der Begierde nicht durch die Lichtquelle der Vernunft ersetzt; sofern er nicht zur Herrschaft über die „mit Lust und Schmerz gemischte Liebe" gelangt; sofern sein Leben kein gerechtes, sondern ein ungerechtes ist. Er wird nicht nach dem ihm verwandten Stern zurückwandern, sondern, was ihm gleichfalls in den „unausweichlichen Gesetzen" verkündet wird, „bei seiner zweiten Geburt in die Natur des Weibes übergehen",[182] weil er an der Zeugung, durch die Begierde, als „Weib" beteiligt ist. Denn Männliches und Weibliches sind hinsichtlich ihres ersten Entstehens, und des aus ihnen Entstehenden, gleich. Weshalb man sagen kann, „so entstanden also die Frauen und die weibliche Gattung überhaupt",[183] oder: daß „aus den Männern... die Frauen sowie die übrigen Tiere hervorgehen".[184]

Denn, „lasse (der als ‚Weib' wiedergeborene Mann) auch dann von seiner Schlechtigkeit... nicht ab, dann werde er, der Verschlechterung seiner Sinnesart gemäß... stets die ähnlich beschaffene tierische Natur annehmen".[185] Das heißt, „zum Geschlechte der Vögel... gestalteten sich Männer um von zwar harmlosem, aber leichtem Sinn, welche wohl mit den Erscheinungen am Himmel sich beschäftigten, aber aus Geistesbeschränktheit... Ferner entstanden die auf dem Lande lebenden Tiere aus solchen, die um die Weisheit sich nicht kümmerten... sondern der Leitung der in der Brust einheimischen Seele überließen... Die vierte Gattung endlich, die der Wassertiere, entstand aus den allerunverständigsten und unwissendsten... weil ihre Seelen durch alle Vergehungen befleckt waren... wie (die) der Schaltiere und alles, was sonst im Wasser lebt, denen zur Buße der tiefsten Unwissenheit der am tiefsten gelegene Aufenthaltsort anheimfiel".[186] Mit den Worten: „Dieses alles führte nun damals und führt noch jetzt... den wechselseitigen Übergang der Tierarten ineinander herbei"[187] wird

diese Abwärts- und Rückwärtsbewegung „in der Unähnlichkeit unergründliches Meer" geschlossen, die aus Wissensschuld und Unreinheit resultiert.

Innerhalb dieses vom Vogel oder Kopf bis zum Schaltier oder Geschlecht reichenden „Übergangs" repräsentieren die Landtiere die Brust, in der entschieden wird, ob Vernunft und Eifer sich gegen die Begierde verbünden oder nicht. Je nachdem werden, „vermöge des Erlangens und Einbüßens des Unverstandes und Verstandes",[188] Mensch und Tier sich scheiden oder gemischte bleiben, „eingekerkert (in den Körper, den wir) wie ein Schaltier mit uns herumtragen".[189] Ein Zustand, der dem entspricht, „was wir Begierden (in uns) nennen", in dem „der Leib ganz abgetrennt und gesondert von der Seele... ist".[190] Dieser „von der Seele abgeteilt(e)" Zustand muß als „die größte Krankheit in uns" bezeichnet werden.[191] Als „Beispiel" für die Seele „in solchem Zustande" wird von Sokrates in der Politeia der Meergott Glaukos eingeführt, indem er Glaukon erklärt: einerseits sind „seine alten Gliedmaßen teils zerschlagen... als auch ihm ganz Neues zugewachsen ist, Muscheln und Tang und Gestein, so daß er eher einem Ungeheuer ähnlich sieht". Andererseits aber ist „seine ehemalige Natur (nicht leicht) zu Gesicht (zu) bekommen":[192] weil sie ohne Beispiel ist.

In der „doppelten Natur" des Meergotts Glaukos, wie sie Glaukon vorgestellt wird, wiederholt Sokrates seine eigene Frage, ob er ein Ungeheuer, noch verschlungener als Typhon ist, oder ein Wesen, das sich eines göttlichen Teils erfreut. Eine Frage, die ohne Antwort bleibt, da die Zerrissenheit von Platons Philosophie der Seele nicht aufzuheben ist. Statt einer Lösung gibt es nur die Erlösung, die an das emporgerichtete Haupt des begeisterten Thyrsosträgers gebunden ist: „Dorthin, o Glaukon, müssen wir unsere Blicke richten. – Wohin? fragte er. – Auf der Seele wissenschaftsliebendes Wesen, und müssen bemerken... wie sie sein würde, wenn sie ganz und gar folgen könnte, von diesem Antriebe emporgehoben aus der Meerestiefe, in der sie sich jetzt befindet, und das Gestein und Muschelwerk abstoßend, welches ihr jetzt, da sie mit Erde bewirtet wird, erdig und steinig, bunt und wild durch-

einander angewachsen ist von diesen sogenannten glückseligen Festen her. Und dann
erst würde einer ihre wahre Natur erkennen,
ob sie vielartig ist oder einartig, und wie und
auf welche Weise sie sich verhält." Sokrates
schließt, zwischen Begeisterung und Wissenschaft zerrissen, indem er sich bei Glaukon
versichert: „Ihre jetzigen Verschiedenheiten
aber und Zustände in dem menschlichen Leben haben wir deutlich genug auseinandergesetzt. – Auf alle Weise gewiß, sagte Glaukon. –"[193]

# Das Werkzeug der Seele.
# Aristoteles' Funktions-
# mechanismus der Seele

## Die Seele als Gegenstand
## der Wissenschaft

Prinzipiell werden Platons Fragen nach der
„wahren Natur" der Seele von Aristoteles
weitergeführt, der konstatiert, daß es „zum
Schwierigsten (gehört)... eine feste Meinung über sie zu gewinnen".[1] Doch während
Platon wissen will, „wie sie sein würde", wäre
die Seele aus dem Körper erlöst, will Aristoteles wissen, wie die Seele im Körper wirkt:
„denn (sie) ist gewissermaßen der Grund der
Lebewesen".[2] Mit diesem Satz wird Platon
durch Aristoteles vom Kopf auf die Füße gestellt. Denn nicht „der Seele wissenschaftlie-
bendes Wesen" ist sein Erkenntnisinteresse,
sondern die Wissenschaft, die sich auf ihren
Gegenstand, die Seele bezieht, nicht umgekehrt. „Wenn wir die Wissenschaft für etwas
Hohes und Ehrwürdiges erachten... müssen
wir... die Erforschung der Seele füglich
obenan stellen."[3] Weder die Wissenschaft
noch ihr mögliches Wissen stehen dabei in
Frage, sondern die Verfahren, die hinsichtlich dieses obersten Gegenstandes anzuwenden sind. Da es nur so scheint, als „gäbe es *ein*
Verfahren für alle Seinserkenntnisse". Tatsächlich aber „wird (man)... für jedes einzelne Gebiet das Vorgehen festlegen müssen".[4]

In diesem Sinn ist die Seele nur ein
„Gebiet" innerhalb der von Aristoteles pro-
jektierten Wissenschaft. Doch ein Gebiet,
dessen „(Kenntnis) zum Blick in das gesamte

Sein... Wichtiges beizutragen (hat), am meisten zum Blick in die Natur".[5] Nicht das
Unsagbare, sondern das Sagbare steht zur
Debatte, keine „beispielhafte Rede", die auf
Beispielloses verweist, sondern ein Diskurs,
der positivierbares Wissen über folgende
Fragen anstrebt: ist die Seele ein bestimmtes
Etwas, oder eine Wesenheit? ist sie teilbar
oder unteilbar? ungleichartig oder nicht? Ist
zuerst die ganze Seele, oder sind ihre Teile zu
untersuchen? hinsichtlich dieser, sie oder
ihre Leistungen? hinsichtlich dieser, sie oder
ihr Vermögen? Einerseits ist die Kenntnis des
Wesens nützlich für die Betrachtung der Eigenschaften, andererseits tragen diese zur
Einsicht in das Wesen bei. Alles in allem wird
diese „Aufweisung der Weglosigkeit, aus der
wir im Fortgang den Ausweg finden sollen",[6]
von Aristoteles dadurch entschieden, daß der
„Ausgangspunkt für jeden Beweis... das
Wesen (bildet)".[7]

Ausgehend davon gilt, daß „wir... als eine
Aussagegattung der Dinge die Wesenheit
(fassen), von dieser das eine als Materie, das
an sich... kein bestimmtes Etwas ist, das andere als Gestalt und Form, vermöge der...
von einem bestimmten Etwas gesprochen
wird, und das dritte als beider Zusammensetzung... (denn) jeder natürliche Körper...
(ist) Wesenheit und zwar im Sinne zusammengesetzter Wesenheit".[8] Diese Zusammensetzung impliziert einerseits die Verbindung von Form und Materie unter dem
Aspekt eines „bestimmten Etwas", das der
natürliche Körper ist; andererseits verweist
sie darauf, daß Form und Materie getrennte
Wesenheiten sind. Wobei die der Materie
entgegengesetzte Form, die kein bestimmtes
Etwas bezeichnet, notwendig Geist sein
muß. Denn die „Seelengattung (des Geistes)... allein kann abgetrennt werden wie
das Ewige vom Vergänglichen",[9] das die Materie repräsentiert. Wenn „also die Seele Wesenheit im Sinne der Form des natürlichen
Körpers (ist)", der wie „jeder natürliche Körper... am Leben Anteil hat", dann „ist die
Seele (dennoch) nicht der Körper", obwohl
er als „bestimmtes Etwas" aus Form und Materie zusammengesetzt ist. Das heißt, die
Seele oder Form ist Teil des Körpers, und sie
verhält sich abgetrennt zu ihm. Weshalb „die
Meinung derer richtig (ist), denen die Seele
weder ohne Körper noch ein Körper zu sein

scheint. Körper nämlich ist sie nicht, aber etwas am Körper, und deswegen ist sie in einem Körper und zwar in einem so und so beschaffenen Körper".[10]

Wie aber die Seele am und im Körper ist, das wird von Aristoteles entsprechend dem Verhältnis von Erfüllung und Möglichkeit konzipiert: „denn die Erfüllung eines jeden Dings pflegt in dem der Möglichkeit nach Bestehenden und der zugehörigen Materie innezuwohnen".[11] Deshalb gilt prinzipiell, „die Materie ist Möglichkeit, die Form Erfüllung, und zwar im doppelten Sinne, einmal wie das Wissen, das andere Mal wie das Betrachten". Da „es zweierlei Arten von Erfüllung (gibt)".[12] Auf die Seele bezogen folgt daraus, daß sie am und im Körper, als Wahrnehmungs- und Denkform, Erfüllung ist, die nicht nur das Sein, sondern auch das Werden bestimmt. „(Damit ist) ganz allgemein... ausgesprochen, was die Seele ist: Wesenheit im begrifflichen Sinne."[13] Einerseits impliziert sie „die vorläufige Erfüllung des natürlichen mit Organen ausgestatteten Körpers", soweit sie Wissen ist; andererseits repräsentiert sie „das eigentliche Sein",[14] wie es sich dem Betrachten darstellt. Denn „zur Betrachtung gelangt, was das Wissen innehat".[15] Fazit: „daß also die Seele eine Art Erfüllung und der Begriff von dem ist, was die Möglichkeit hat, so und so zu sein, ist aus den bisherigen Ausführungen klar",[16] die sich auf das „bestimmte Etwas" eines natürlichen Körpers beziehen.

Mit diesen Aussagegattungen Form und Materie, Erfüllung und Möglichkeit, Wesenheit und Sein des Körpers, an und in dem diese Wesenheit als Begriff wirksam ist, die sich gleichzeitig abgetrennt zu ihm verhält, mit diesen Aussagegattungen sind die „Rahmenbedingungen" fixiert, innerhalb derer sich der Aristotelische Diskurs „Über die Seele" vollzieht, der gegenüber Platon den Anspruch hat, eine Transzendenz in der Immanenz zu konstituieren, statt auf eine Erlösung zu verweisen, für die es keine Lösung gibt: „Deswegen ist es lächerlich, den allgemeinen Begriff bei diesen und anderen Dingen zu suchen, der von keinem der eigentümliche Begriff sein wird"; stattdessen „ist... einzeln zu untersuchen, welche Art die Seele eines jeden Wesens sei, etwa die der Pflanze oder des Menschen oder des Tieres".[17]

## Die Vermittlung von Körper und Seele

Als Ausgangshypothese dieses Untersuchungsansatzes gilt, daß „die Seele... des lebenden Körpers Ursache und Grund (ist)".[18] Denn der allgemeine Begriff wird keineswegs zugunsten des eigentümlichen Begriffs suspendiert, sondern er wird, als allgemeiner, im Besonderen der Lebewesen spezifiziert. Dementsprechend „(haben) Ursache und Grund... verschiedene Bedeutungen". Das heißt, „die Seele (ist) Ursache nach den drei unterschiedlichen Arten" von „Vermögen", hinsichtlich derer Aristoteles konstatiert, „daß die Untersuchung über jedes einzelne (dieser) Vermögen zugleich die angemessenste über die Seele ist".[19] Es sind die Vermögen der Ernährung, der Wahrnehmung und des Denkens.[20] „Früher (aber) als die Vermögen sind dem Begriffe nach die... Ausübungen",[21] da sie der Zweck dieser Vermögen sind, der seinerseits auf einen Endzweck aller Lebewesen verweist: darauf, daß „sie nach Vermögen am Ewigen und Göttlichen Anteil haben".[22] Ein Endzweck, der in ihrem Grund beschlossen liegt. Dieser Grund aber ist die Seele, weshalb „klar ist", daß sie „Seinsursache... als Endzweck (ist)".[23] Denn „wie die Vernunft auf etwas hinarbeitet, genau so auch die Natur, und das ist ihr (End)zweck. Ein solcher (End)zweck ist in den Lebewesen naturgemäß die Seele. Denn alle natürlichen Körper sind Werkzeuge (Mittel) für die Seele... denn sie sind für die Seele da",[24] nicht umgekehrt. Die Seele ist „wie die Hand", die ihrerseits „das Werkzeug der Werkzeuge (ist)".[25]

Indem Aristoteles die Wirkungsweise der Seele, entsprechend dem Verhältnis von Form und Materie, als Werkzeug bestimmt, das zur Erfüllung bringt, was der Möglichkeit nach in den Körpern angelegt ist, wendet er sich noch einmal gegen Platon und andere mit der Kritik, daß sie „die Seele mit dem Körper (verknüpfen)... sie in ihn hinein(setzen), ohne beizufügen, welches die Ursache für diese Verbindung sei... Und das wäre doch, scheint es, nötig. Denn wegen der Gemeinschaft wirkt das eine, leidet das andere, und wird das eine bewegt, bewegt das andere... Sie aber drücken sich (so) aus, als ob einer sagte, die Baukunst dringe in Flöten ein. Denn vielmehr muß die Kunst doch die

Instrumente nutzen, und so die Seele den Körper".[26] Aristoteles hat damit die grundlegende Differenz zwischen sich und Platon präzisiert, die eben in dieser Verbindung von Seele und Körper liegt. Denn Platon kennt nur ein „Verschiedenes" zwischen dem Selben und dem Sein als ein Mittleres, das sich in sich selbst aufhebt, soweit in diesem „Verschiedenen" Seele und Körper geschieden bleiben. Aristoteles führt dagegen die Vermittlung von Körper und Seele ein.

Diese Vermittlung funktioniert prinzipiell entsprechend dem Verhältnis von Erfüllung und Möglichkeit, von Bewegen und Bewegtwerden, von Aktivität und Passivität, von Wirken und Leiden. Allerdings ist „das Erleiden (durch ein Wirken) nichts Einfaches", sondern eine „Wechselbeziehung", in der „das eine (das Erleiden)... Vernichtung durch das Entgegengesetzte ist, das andere (das Wirken) eher Erweckung des der Möglichkeit nach Bestehenden durch das, was der Erfüllung nach da ist... Die Hinleitung aus dem Zustand der Möglichkeit zu dem der Erfüllung ist... Umschlag in den Zustand des Nichthabens (durch Vernichtung)... zum Innehaben (durch Erweckung)". Oder, anders ausgedrückt: „es leidet das Ungleiche, ist das Erleiden vorüber, ist es ein Gleiches... in dem Sinne... wie Möglichkeit zu Erfüllung steht".[27] Prinzipiell aber gilt, daß „alles leidet und bewegt (wird) von einem Tätigen und Verwirklichten",[28] insofern früher als die Vermögen dem Begriffe nach die Ausübungen und ihr Endzweck sind, in dem die Vernunft der Natur, oder die Natur der Vernunft, kongruieren. Da aber von Seele und Körper in ihrer Vermittlung gilt, daß sie, wie „Hand und Steuerruder", bewegend-bewegte und „bloß bewegte" sind,[29] kann weitergehend geschlossen werden, daß jede „Verwandlung... bei allem zum Entgegenliegenden oder zum Dazwischenliegenden (erfolgt)",[30] je nachdem, ob auf den Endzweck bezogen eine weitere Verwandlung ansteht oder nicht.

Das heißt, Aristoteles, dessen Kritik an Platon darin kulminiert, daß dieser keine „Verbindung" zwischen Seele und Körper zu denken imstande ist, Aristoteles kehrt, indem er die Vermittlung von Form und Materie im Sinne der Verwandlung von Entgegengesetztem in Gleiches einführt, Platons Seele-Körper-Verhältnis um. Denn, wenn für diesen die Seele im „Kerker" des Körpers gefangen und, trotz fehlender Verbindung, in dessen Banden liegt, soweit der Körper sich nährt und zeugt, dann trifft für Aristoteles, überspitzt gesagt, zu, daß der Körper der Gefangene der Seele ist. Sie, das Werkzeug der Werkzeuge, hat ihn von seinem Endzweck her, und von Grund auf, im Griff, insofern ihr Begriff am und im Körper wirksam ist, um seine Möglichkeit und seine Erfüllung zur Adäquation zu bringen, wie sie der allgemeine, vom Körper abgetrennte Begriff determiniert.

Wie sich der transzendente zum immanenten Begriff verhält, wird von Aristoteles durch den Vergleich von Seele und Beil demonstriert: „Seine Wesenheit wäre das eigentliche Sein des Beils und dieses Sein die Seele. Mit ihrer Abtrennung wäre es nur noch der Bezeichnung nach ein Beil": das Beil als Körper ohne Seele. „Nun aber ist das Beil eben ein Beil": es ist Körper und Seele, soweit sie seine Wesenheit ist, die sich transzendent und immanent zu ihm verhält. „Denn die Seele ist das eigentliche Sein und der Begriff nicht eines solchen (künstlichen) Körpers, sondern eines natürlichen, so und so beschaffenen, der in sich das Prinzip der Bewegung und des Stillstandes hat."[31] Zum Stillstand aber kommt es dann, wenn die dem Körper immanente, von ihm nicht abtrennbare Seele von der abgetrennten und transzendenten keinen Bewegungsanstoß mehr empfängt. Weil die Möglichkeiten dieses Körpers als „bestimmtes Etwas" zur Erfüllung gebracht sind, ohne daß sein allgemeiner Begriff, der in dem ihm eigentümlichen enthalten ist, vergeht.

Wenn aber die Seele Endzweck und Grund der Entwicklung aller Lebewesen ist, dann bietet sich noch einmal eine Polemik gegen Platon an. Nämlich, daß „es... nicht der Körper (ist), der die Seele verloren hat... sondern vielmehr, der sie besitzen wird, (so wie) der Same und die Frucht... gleich dem der Möglichkeit nach so und so beschaffenen Körper (sind)".[32] In dieser Polemik ist die Umkehrung auf den Punkt gebracht, die Aristoteles gegenüber Platon vornimmt. Denn im Verhältnis von Same und Frucht ist angedeutet, daß Aristoteles den unsterblichen Anfang der Seele, der Platon zufolge bei der

Geburt verlorengeht, in den sterblichen Anfang des Samens hineinverlegt. Ausgehend
davon zieht Aristoteles hinsichtlich der drei
Seelenvermögen den Schluß: „Also muß man
zuerst über Nahrung und Zeugung sprechen.
Denn die Ernährungsseele... ist die unterste
und allgemeinste Seelenkraft, dank der allen
das Leben zukommt. Ihre Leistungen sind
Zeugung und Verdauung der Nahrung."[33]
Das heißt eben dort, wo für Platon die Unvereinbarkeit von unsterblichem und sterblichem Anfang gegeben ist, setzt Aristoteles
eine Vermittlungsbewegung an, die durch
Vernichtung des Entgegengesetzten durch
das Entgegengesetzte ein Gleiches produziert, was für alle Seelenvermögen gilt, insbesondere aber für das Ernährungsvermögen,
weil es für Wahrnehmung und Denken
die Analogie abgibt: „Denn die natürlichste
Leistung ist bei den lebenden Wesen... die,
daß sie ein anderes gleichartiges erzeugen,
das Tier ein Tier, die Pflanze eine Pflanze,
damit sie nach Vermögen am Ewigen und
Göttlichen Anteil haben. Denn nach diesem
strebt alles, und auf diesen Endzweck hin
wirkt gemäß der Natur alles, was wirkt; der
Endzweck ist in doppeltem Sinne zu verstehen: als Endzweck von etwas und für etwas.
Da diese Wesen am Ewigen und Göttlichen
nicht in stetiger Dauer teilhaben können,
weil nichts Vergängliches als zahlenmäßig ein
und dasselbe dauern kann, so hat jedes, so
wie es ihm möglich ist, daran teil, das eine
mehr, das andere weniger, und es dauert
nicht als es selbst, sondern wie es selbst, der
Zahl nach nicht eines, der Art nach aber eines",[34] die als allgemeiner Begriff oder unsterbliche Wesenheit vom besonderen, sterblichen Körper abgetrennt ist.

## Zeugungs- und Seelenkonstruktion

### a) Immanenz und Transzendenz

Soweit diese Vermittlungsbewegung zwi-
schen Sterblichem und Unsterblichem bei
Aristoteles eine aufsteigende, durch die
Seele als Grund und Endzweck bewirkte ist,
„(muß), da das gleiche Seelenvermögen die
Ernährung und Zeugung besorgt... zuerst
über die Ernährung gehandelt werden".[35]
Dabei gilt, „ob... die Nahrung das zuletzt

oder zuerst dem Körper Zugeführte ist,
macht einen Unterschied". Denn, „soweit sie
unverdaut ist, nährt sich Entgegengesetztes
vom Entgegengesetzten, soweit sie verdaut
ist, Gleiches vom Gleichen... Da sich (aber)
nur nährt, was Leben hat, ist das Genährte
der beseelte Körper, insofern er beseelt ist,
und auch die Nahrung ist (auf ihn) bezogen",
der sich erhält und wächst, insofern „es...
drei Dinge gibt, das Ernährte, das Mittel der
Ernährung und das Ernährende". Die „unterste Seele (ist) das Ernährende" oder Tätige; „der Körper, der sie trägt, (ist) das
Ernährte" oder Leidende; „die Nahrung (ist)
das Mittel der Ernährung" oder Instrument,
das die „Kunst" des untersten Seelenvermögens nutzt, so wie die bewegend-bewegte
Hand das Steuerruder, das ein „bloß bewegtes" ist.[36]

Ausgehend davon, daß das gleiche Seelenvermögen außer der Ernährung auch die
Zeugung besorgt, ist zwar das „Dreierlei"
von Tätigkeit, Leiden und Mittel ebenso auf
sie anzuwenden. Doch über das Erhalten und
Wachsen von Leben hinaus steht Aristoteles
vor dem Problem der Lebensentstehung, von
dessen Lösung seine Seele-Körper-Konzep-
tion insgesamt abhängt, soweit sie mit Platons Geist-Materie-Dualismus zugunsten der
Vermittlung von unsterblichem und sterblichem Anfang bricht. „Dreierlei also gibt es,
erstens das Ziel, den sogenannten Zweck,
zweitens das, was um dieses bewegenden und
schöpferischen Zweckes willen da ist... drittens das brauchbare Mittel, dessen sich der
Zweck bedient".[37] Ziel und Zweck sind prinzipiell mit Tätigkeit, das, was um dieses
Zweckes willen da ist, mit Leiden, das
brauchbare Mittel aber ist mit dem „Werkzeug" gleichzusetzen, das hinsichtlich der
Zeugung nicht Nahrung, sondern Samen ist.
Denn „die Natur... benutzt den Samen...
als Werkzeug, das die Bewegung (der Vernunft) in Wirklichkeit enthält, wie bei Dingen, die das Handwerk hervorbringt".[38]

Wenn aber der Samen für Vernunft und
Natur das Mittel der Zeugung ist, dann
„(muß man) am Anfang dieser und aller folgenden Betrachtungen nach der Natur des
Samens fragen. So erst wird seine Wirkung
verständlich und lassen sich die Folgeerschei-
nungen einsehen".[39] Was die Natur des Samens angeht, so ist er, weil durch das Ernäh-

rungsvermögen hervorgebracht, primär „Ausscheidung". Doch eine Ausscheidung aus „verwendbarer" oder verdauter Nahrung, die sich durch Vernichtung des Entgegengesetzten durch das Entgegengesetzte dem „Genährten" angeglichen hat. Das heißt, „‚Samenflüssigkeit' wird... das genannt, was vom Erzeuger ausgeht als Ursprung bei solchen, die... sich paaren... wovon... die Entwicklung ihren Ausgang nimmt".[40] Denn „aus Samen... bildet sich alles, was die Natur hervorbringt... Männchen nennen wir... ein Tier, das den Samen in ein anderes senkt, weiblich eines, das ihn (diesen Samen) in sich selber senkt". Dabei „(unterscheidet) das Männliche und Weibliche... sich (jedoch) begrifflich eins vom andern durch die verschiedene Wirkung, sinnlich durch gewisse Körperteile"; sie heißen bei den Weibchen „die sogenannte Gebärmutter", bei den Männchen „die Hoden und das Glied".[41]

Da diese Körperteile „durch gewisse Wirkung und Leistung bestimmt sind, für jede Leistung aber Werkzeuge erfordert werden und Werkzeuge für die Wirkung Körperteile sind, so müssen (diese) gewissen Glieder der Zeugung und Paarung dienen, und... in ihrem Unterschied gerade die sein, nach denen Weibchen und Männchen sich unterscheiden werden".[42] Weil „alles, was aus Samen sich entwickelt, aus Gegensätzlichem sich bilden muß", weshalb „die Entwicklung (teils) aus... Männlichem und Weiblichem (beginnt), teils aus nur einem Anfang",[43] der gleichzeitig Endzweck ist, auf den Natur und Vernunft hinarbeiten. Seine Transzendenz in der Immanenz wird vom „Erzeuger" repräsentiert. Denn Männliches und Weibliches sind „Urkräfte", das heißt „mit dem weiblichen und männlichen Wesen", soweit sie „begrifflich" unterschieden sind, „(hängt) noch viel anderes zusammen, woraus man dessen grundsätzliche Bedeutung erkennt".[44]

Innerhalb der „Rahmenbedingungen" des Aristotelischen Diskurses „Über die Seele" ist damit nichts anderes gemeint, als daß Männliches und Weibliches mit Geist und Materie gleichzusetzen sind, „und zwar nach der notwendigen und ersten Bewegungsursache und nach dem Stoff seiner Beschaffenheit".[45] Prinzipiell schließt dies ein, daß Männliches und Weibliches wie Erfüllung und Möglichkeit, oder wie Seele und Körper aufeinander bezogen sind. „Besser (aber) ist die Seele als der Leib und das Beseelte als das Unbeseelte, eben wegen der Seele".[46] Darum hat die begriffliche Unterscheidung von Weiblichem und Männlichem, das „im Sinne des Wertes und Besseren" fungiert, „seine Begründung von oben her (aus dem All)", die mit dem Endzweck identisch ist, daß „die Zeugung (auf Erden) der Zweck des Unterschiedes von Männlich und Weiblich in den Dingen (ist)",[47] insofern sie zugleich der „Art" nach unsterblich, der „Zahl" nach aber sterblich sind. „Ranghöher und göttlicher (aber) ist der Bewegungsursprung", der unsterbliche Anfang, „der als männlich in allem Werdenden liegt, während der Stoff", der sterbliche Anfang, „das Weibliche ist".[48]

Es „empfiehlt" sich deshalb, obwohl der unsterbliche durch den sterblichen Anfang vermittelt ist, „das Höhere vom Geringeren zu trennen, deswegen ist überall wo und wie weit es möglich ist, vom Weiblichen das Männliche getrennt".[49] Denn „das Weibchen (muß) Körper und Masse liefern, das Männchen jedoch braucht dies nicht", da „der Körper... vom Weibchen (stammt), die Seele vom Männchen. Diese ist die Gestalt eines bestimmten Leibes",[50] die „den Begriff und die Gestalt des Stoffes in sich befaßt",[51] soweit sie als Transzendenz in der Immanenz wirksam ist, zu der sie sich gleichzeitig abgetrennt verhält. Von hier aus stellt sich die Frage, wie diese „äußere Kraft" zur inneren wird. „Steckt (sie) in der Samenflüssigkeit?"[52] Wie aber wäre das möglich, wenn diese Ausscheidung aus verwendbarer Nahrung ist? Aristoteles zieht den Schluß, daß, wenn der Samen durch Wandlung der Nahrung entstandene Ausscheidung ist, „nur bleibt, daß... die Vernunft von außen eingedrungen und allein göttlich ist, da nur an ihr körperliche Betätigung wirklich unbeteiligt ist"[53] eben dann, wenn der durch das Männchen ins Weibchen gesenkte Same körperlich wirksam wird. Das heißt, „der Körper der Samenflüssigkeit, in dem zugleich der Same der seelischen Quellkraft abgeführt wird, der teils frei von Körperlichkeit... teils an Körperlichkeit gebunden (ist), dieser Körper der Samenflüssigkeit löst sich auf und wird Luft".[54]

## b) Uhr- und Wunderwerk

Indem sich die Samenflüssigkeit in Luft auflöst, wird im Augenblick der Lebensentstehung die Adäquation von Erfüllung und Möglichkeit des unsterblichen im sterblichen Anfang erreicht. Denn „was... den Samen überhaupt erst fruchtbar macht... (ist) die im Samen und seinem schaumigen Aufbau abgeschnittene Atem- und Lebensluft, und deren Wesen entspricht dem Urstoff der Himmelskörper".[55] Da „alle seelische Kraft... noch einen andern Körper vorauszusetzen (scheint), der göttlicher ist als die sogenannten Urstoffe (= Elemente), und je nach Wert oder Unwert einer Seele richtet sich auch die Beschaffenheit dieses Urwesens... (das) in allem Samen enthalten (ist)".[56] Weil aber dieses „Urwesen" kein Urstoff der vier Elemente ist, „ist aus solchen Überlegungen klar", daß „die Wärme in den Geschöpfen weder Feuer ist, noch vom Feuer stammt",[57] soweit ihr Anfang ein unsterblicher ist. Nichtsdestotrotz sind diese Geschöpfe als sterbliche aus den Urstoffen oder den vier Elementen zusammengesetzt, wobei das Feuer im Sinne der Vernichtung des Entgegengesetzten durch das Entgegengesetzte bei ihrer Verwandlung durch das Ernährungsvermögen führend ist. Denn „wie alle Erzeugnisse unserer Kunst durch Werkzeuge entstehen... genau so verfährt die in der Nährseele waltende Kraft... wobei sie als Werkzeuge Wärme (des Feuers) und Kälte (der anderen Urstoffe) benutzt".[58] Und „vollkommener... in ihrem Aufbau sind die wärmeren Geschöpfe... für natürliche Wärme jedoch kennzeichnend ist die Lunge",[59] die ihrerseits die Möglichkeit der Atemluft bedingt. Wenn also im Augenblick der Zeugung eine Adäquation von Atem- und Lebensluft im Erzeuger bis hin zum Punkt eintritt, wo sich der „Urstoff" seines Samens zugunsten des von außen eingedrungenen „Urwesens" in nichts auflöst, dann nur, weil Entgegengesetztes durch Entgegengesetztes vernichtet wird, wie auch sonst Männliches und Weibliches, Bewegungs- und Stoffursprung, Feuer und „seelische Wärme", die kein Feuer ist, jedes Lebewesen in seinem Aufbau konstituieren, „sofern der Same die Bewegung weiterträgt, die jener (der Erzeuger) begonnen hat.

(Denn) es kann doch eines ein anderes bewegen, dieses wieder ein anderes, und es kann so sein, wie in einem Uhr- und Wunderwerk, in dem die Teile, auch wenn sie ruhen, schon eine gewisse Leistungskraft haben... wie es beim Uhrwerk ist, so bewegt der Erzeuger auch in unserem Falle, ohne jetzt noch zu berühren, nur weil er einmal berührt hatte... In gewissem Sinne ist es also eine darin enthaltene Bewegung, wie das Bauen das Haus baut. Damit ist also klargelegt, daß ein Etwas da ist, das wirkt... ohne Bestandteil (des Körpers in seinem Aufbau) zu sein."[60] Denn „es muß eine zeugende Kraft da sein und ein Stoff dafür. Und wenn dies auch eines ist, so muß es sich doch der Gattung nach unterscheiden und begrifflich zweierlei sein".[61] Nur dann „spielt sich (alles) so ab, wie es vernünftig ist: da das Männchen Gestalt und Bewegungsquelle, das Weibchen Körper und Stoff hergibt, so ist die Arbeit geteilt"[62] entsprechend dem, daß „die beiden Kräfte... des Tätigen und Leidenden verschieden (sind). Ist also das Männliche das Bewegende und Tätige, das Weibliche als solches das Leidende... so kann das daraus sich Entwickelnde einzig so eine Einheit werden, wie aus dem Schreiner und dem Holz ein Bett wird": er bleibt draußen und ist doch drin. „Man sieht also, es ist gar nicht erforderlich, daß vom Männchen ein Teilchen sich ablöst... sondern es genügt, wenn (das werdende Geschöpf) von ihm als Bewegungquelle und Gestalt seinen Ursprung hat."[63] Denn „die Seele, in der die Gestalt ist und ihr Wissen bewegen die Hände oder sonst ein Glied in einer ganz bestimmten Bewegungsart, nach der sich dann das richtet, was entstehen soll. Ist die Bewegung dieselbe, ist auch das Erzeugnis dasselbe",[64] wenn die Form die Materie, gemäß dem die Entwicklung des Lebewesens determinierenden Verhältnis von Möglichkeit und Erfüllung, bewegt. Dann entsteht durch die Vernichtung des Entgegengesetzten durch das Entgegengesetzte ein der Art nach Gleiches durch das Gleiche.

Wird dagegen die Form von der Materie, der Bewegungsursprung vom Stoffursprung überwältigt, dann schlägt die Entwicklung ins Gegenteil um, was Aristoteles an der Entstehung eines Weibchens demonstriert, die eintritt, weil „die Möglichkeit (besteht)... daß das Männliche nicht die Oberhand gewinnt",[65] weshalb „es eben zur Geburt von Weibchen kommen (muß)".[66] Nur wenn „der männliche Same mit (dem Stoff)... fertig (wird)... zwingt er ihn in die eigene Form"; wird er überwältigt, schlägt er ins Gegenteil um: „das Gegenteil zum Männlichen ist aber das Weibliche".[67] Also, ein Gleiches durch das Gleiche oder Männliches durch das Männliche wird nur dann hervorgebracht, wenn der „Bewegungsursprung" der Materie zugunsten des Bewegungsursprungs des Geistes vernichtet, wenn ihre „Tätigkeit" zugunsten seiner Tätigkeit ausgeschaltet wird bis hin zum Punkt, wo sie sich ausschließlich leidend verhält. Diese Vernichtung und Ausschaltung der Lebensentstehung aus der Materie zugunsten der Lebensentstehung durch den Geist, wie sie die Form am und im Stoff realisiert, schließt eine Spaltung der Materie ein, die Platons Unterscheidung von „Mitursache" einerseits, „Gegenursache" andererseits entspricht. Als „Mitursache" oder Leidende, die eine Erfüllung der Form der Möglichkeit nach enthält, ist die Materie bei der Lebensentstehung zugelassen, als „Gegenursache" oder „Tätige" nicht, was Aristoteles wiederum durch einen Vergleich aus dem Handwerk plausibilisiert: „Denn nie wird etwas aus dem ganzen Stoff, sonst bräuchte man es ja nicht mehr zu machen. So aber wirft hier unsere Kunst die unbrauchbaren Abfälle fort, dort die Natur".[68]

## Überreste und Fundorte: Traum, Erinnerung, Vorstellung

Diese „Abfälle" entsprechen der Voraussetzung, die als „Mitursache" der Lebensentstehung durch den Geist eingeschlossen, als „Gegenursache" aber ausgeschlossen wird. Doch was von Platon dem „Afterdenken" überantwortet wird, ist für Aristoteles, insbesondere in den „Parva Naturalia oder kleinen Schriften zur Seelenkunde", wissenschaftlicher Gegenstand, dessen Untersuchungsverfahren in „Über die Seele" entwickelt wird. Zentrum ist die „sinnliche Wahrnehmung", und zwar nicht zuletzt unter dem Aspekt des „Überrestes"[69] von Traum, Erinnerung, Vorstellung, die, je weniger sie dem „Schlafen", je mehr sie dem „Wachen" zugehören, desto

weniger „Abfälle", desto mehr Voraussetzungen des Denkens sind. Prinzipiell „geht alles... theils mit sinnlicher Wahrnehmung, theils vermittelt durch dieselbe (vor)", wobei „die sinnliche Wahrnehmung für die Seele durch den Körper vermittelt wird".[70] Das heißt, der „Bewegungsursprung" oder die „Tätigkeit" der Materie ist im Spiel, die im Ernährungsvermögen der Seele als Feuer wirksam ist, da „das ernährende Vermögen nicht existieren (kann) ohne das natürliche Feuer, denn vermittelst dieses Feuers hat die Natur ihm Wärme gegeben".[71]

Soweit aber kein Geschöpf ohne diese „natürliche Wärme" Leben hat, ist mit ihr ein Sinn verbunden, „ohne den... kein anderer Sinn bestehen (kann)".[72] Es ist der „Tastsinn", der „allein, wie es scheint, durch sich selbst (wahrnimmt)".[73] Und so, wie bei den Geschöpfen der Tod eintritt, wenn die natürliche Wärme fehlt, so „ist klar, daß... beim Verlust dieses Sinnes die Lebewesen sterben müssen".[74] Das impliziert, daß sie durch ihn leben, daß das ihnen „gemeinsame... sich ganz besonders mit dem Tastsinn (verbindet); denn dieser Sinn ist getrennt von den übrigen Sinnen, während die letzteren vom Tastsinn nicht getrennt sind",[75] sondern sie bestehen durch ihn, der jede weitere sinnliche Wahrnehmung entsprechend dem konstituiert, daß „das Entgegengesetzte in Einem und demselben dafür bestimmten Organ und Teil"[76] enthalten ist. Weshalb hinsichtlich des Tastsinns gilt, daß „das Wachen und Schlafen... eine Affektion dieses Sinnes ist".[77] Ausgehend davon, daß der Tastsinn als „Ur-Organ... über allen einzelnen Sinnen" steht, so daß, wenn er „unvermögend geworden ist... auch bei (diesen)... ein Unvermögen der Wahrnehmung eintreten" wird,[78] ausgehend davon gilt, daß die Einbildungskraft, die Vorstellung, Erinnerung und Traum bedingt, „eine Bestimmtheit der allgemeinen (sinnlichen) Wahrnehmung (ist). Daher ist klar, daß durch das ursprüngliche, erste (Ur=)Wahrnehmungsorgan die Kenntnis dieser Dinge vermittelt wird."[79]

Im Schlafen wird dieses „Ur-Organ" dadurch wirksam, daß das Körperliche von der (natürlichen) Wärme durch die Adern zum Kopf hinaufgeführt wird.[80] Indem aber „das Warme herandrängt, bewirkt es Geistesab-

wesenheit und später Einbildungen".[81] Wobei „der Traum ein Produkt der Vorstellung
ist, denn das, was wir im Schlaf uns vorstellen
oder einbilden nennen wir Traum".[82] Die Bilder im Schlaf erscheinen „verwirrt, in seltsa-
mer Verzerrung".[83] Sie sind „mit Bildern im
Wasser (zu vergleichen)... Wenn dort die
Bewegung zu stark ist, so hat das Spiegelbild
und die Erscheinung keine Ähnlichkeit mehr
mit dem Wirklichen".[84] Der Vergleich kann
auch umgekehrt ausgedrückt werden, nämlich „(sie verhalten sich) wie die aus Ton
gebildeten Frösche, welche im Wasser auftauchen, wenn das Salz von ihnen ab-
schmilzt".[85] Prinzipiell aber ist jede dieser
Erscheinungen „ein Überrest der aktuellen
Wahrnehmung".[86] Denn der „Traum ist...
(eine) Einbildung, welche von der Bewegung
der sinnlichen Wahrnehmungsobjekte ausgeht, so lang man... im Zustand des Schlafs
sich befindet" und in der Verdauungsbewe-
gung das „Ur-Organ" des Tastsinns in der
Verbindung mit der Einbildungskraft wirksam wird. Das heißt, „das Träumen gehört
zwar in das Gebiet des Wahrnehmungsver-
mögens, aber insofern, als es das Vorstellungsvermögen in sich schließt".[87]

In gleicher Weise „(findet auch) Erinnerung... ohne Vorstellung nicht statt".[88] Eine
Feststellung, die nicht zuletzt gegen Platon
gerichtet ist, wenn Aristoteles fortfährt, „daher sie denn auf das Gedachte nur in acciden-
teller Weise sich bezieht, auf das erste Wahrnehmende aber an und für sich",[89] das für die
Seele durch den Körper gegeben ist und
nicht, wie bei Platon, umgekehrt. Denn
„wäre sie (die Erinnerung) ein Theil der rein
denkenden Kräfte, so würde sie... vielleicht
gar keinem sterblichen Wesen (zukommen)".[90] So aber kommt sie nicht nur Menschen, sondern auch Tieren „durch die Wahrnehmung in der Seele und dem die Wahrnehmung enthaltenden Teil des Körpers" zu.[91]
Ihr „bleibendes Vorhandensein (verstehen)
wir unter Erinnerung".[92] Sie ist „als eine Art
von Gemälde" aufzufassen, „denn die entstehende Bewegung zeichnet sozusagen einen
Abdruck der gemachten Wahrnehmung ein,
wie man beim Siegeln mit dem Siegelring
tut".[93] Erinnerung ist demnach nichts anderes, als „daß man etwas wiederholt als Bild
anschaut und nicht an und für sich",[94] wie
Platon dies für die Wiedererinnerung an et-

was vor der Geburt und nach dem Tod konzipiert.

Im Gegenteil, insofern die Erinnerung
oder Wiedererinnerung der Wahrnehmung
angehört, ist sie an das Vermögen der Seele
gebunden, „durch welches wir auch die Zeit
wahrnehmen".[95] Das heißt, die „Wiederin-
nerung (ist) weder ein Wiederbekommen
noch ein Bekommen",[96] sondern sie tritt nach
Wahrnehmung eines Objektes dann ein,
wenn „einige Zeit verflossen ist; denn man
erinnert sich jetzt an das, was man früher gesehen oder erfahren hat, nicht aber an das,
was man eben jetzt erfährt".[97] Wenn „wir uns
(also) wieder erinnern, so vollziehen wir eine
der früheren Bewegungen und setzen dies so
lang fort, bis wir zu der Bewegung gelangen,
nach welcher die gesuchte Bewegung zu folgen pflegt... die Vermittlung ist offenbar
immer dieselbe, sie beruht... auf der stetigen
Reihenfolge... Deßhalb bewirkt man die
Wiedererinnerung am schnellsten und leichtesten von einem Anfang aus; denn wie die
Dinge sich zu einander verhalten vermöge
der Reihenfolge, so auch die Bewegungen.
Daher ist das leicht zu behalten, was eine bestimmte Ordnung hat."[98] Je mehr diese Ordnung verlorengeht, desto mehr „beruht...
die Wiedererinnerung... auf einem Suchen".[99] Dies „geschieht, indem man viele
Bewegungen vollzieht, bis man zu der Bewegung gelangt, an welche das Gesuchte sofort
anschließt... Darum scheinen Manche von
gewissen Fundorten aus die Wiedererinnerung zu gewinnen."[100]

Daß aber „die hierbei stattfindende Affektion etwas Körperliches ist und daß die Wiedererinnerung das Aufsuchen einer in einem
Körperlichen haftenden Vorstellung ist, ergibt sich daraus, daß Manche eine Unruhe
verspüren, wenn sie sich nicht wieder erinnern können, und daß Manche sich wieder
erinnern, wenn sie... keinen Versuch mehr
machen... Die Ursache, warum das Sich-
wiedererinnern nicht in der Macht des Subjekts liegt, liegt darin, daß – gleichwie beim
Werfen der Werfende nicht mehr die Macht
hat, dem Wurf Stillstand zu gebieten, so der
sich wieder Erinnernde und Aufspürende etwas Körperliches in Bewegung setzt, in welchem die Affektion haftet."[101] Bei „dieser
Affektion (ist es) wie bei Wörtern, Melodien
und Sätzen, wenn diese in ungestümer Weise

augesprochen werden; denn ohne daß man es will, und wenn man schon aufgehört hat, kommt einen das Singen und Reden wieder an",[102] was letztendlich auf den „Bewegungsursprung" oder die „Tätigkeit" der Materie (des Körpers) zurückführt, in der nicht nur die allgemeine Wesenheit der Form oder Art des Geschöpfs, als jeweils besondere, angelegt ist, sondern in der es auch „Fundorte" mit „Überresten" gibt, die als „Abfälle" keine Ruhe geben und gleichzeitig die ausgeschlossenen Voraussetzungen des Denkens sind, das sich auf die Materie (des Körpers) nur als leidende bezieht. Wenn demnach das Denkvermögen der Seele am und im Körper auf die Erfüllung seiner Möglichkeit zielt, dann ist nicht die „Erweckung" dieser „Überreste" in Traum, Erinnerung und Vorstellung gemeint, sondern die Realisierung seiner Form, wie sie das Werkzeug der Werkzeuge, die Seele als „Hand", der Materie auf- und einprägt.

## Identität von Gedachtem und Denkendem: Das Streben der drei Seelenvermögen

Ziel ist, daß diese „Erweckung" vom Schlafen zum Wachen führt. Zwar „könnte (man) streiten, ob... Wachsein oder Schlaf bei den Geschöpfen das erste ist. Weil sie (aber) im Laufe der Entwicklung immer wacher werden, ist es folgerichtig, daß bei Beginn das Gegenteil der Fall war, das Schlafen... weil der Übergang vom Nichtsein zum Sein einen Zwischenzustand voraussetzt, und der Schlaf dieser Wesen scheint ein Grenzgebiet zwischen Leben und Nichtleben zu sein, und es scheint, als wenn der Schlafende weder schon ganz da ist, noch nicht da ist."[103] Er ist der Möglichkeit nach da, während das Wachen der Wirklichkeit nach da ist, die ihrerseits Möglichkeit für den „Endzweck (ist); denn das Wahrnehmen und das Denken ist Endzweck bei allen Wesen, welchen das eine oder andere zukommt; diese Funktionen sind nämlich die besten, das beste aber ist der Endzweck".[104] Der Endzweck, der gleichzeitig Grund der Seele und ihrer drei Ursachen des Ernährungs-, Wahrnehmungs- und Denkvermögens ist, ist der Bewegungsanstoß ihrer Bewegung, soweit dieser nicht von der Materie ausgeht. Durch ihn, der als Form oder Wissen in der Materie tätig ist, werden die Geschöpfe, die im Laufe ihrer Entwicklung „immer wacher werden", strukturiert.

Für diese Entwicklung gilt, daß sie als „Doppellauf" angelegt ist, also zugleich von oben und unten ausgeht.[105] Seine Begründung aber hat alles von oben her (aus dem All). Darum „(ist) der Unterleib... wegen des Oberkörpers da, er ist nicht Teil des Endzwecks und bringt ihn auch nicht hervor".[106] Weil die Entwicklung von oben und unten ausgeht, geht sie vom Tastsinn, der im Ernährungsvermögen, und vom Geist aus, der im Denkvermögen enthalten ist. Wobei der eine, der Tastsinn, die immanente Voraussetzung aller Sinne, der Geist aber ihre transzendente Negierung ist, denn er ist „leidensunfähig". Nichtsdestotrotz verhält er sich analog zum Tastsinn, der immer wahrnimmt, selbst noch im Zwischenzustand des Schlafs. Denn der „leidensunfähige Geist... denkt immer... (und) getrennt nur ist er das, was er ist, und dieses allein ist unsterblich und ewig"[107] und schläft nie. Allerdings stellt sich das Problem, wie von diesem leidensunfähigen Geist ein Bewegungsanstoß ausgehen kann, der ein „Streben" der Geschöpfe nach oben auslöst, wenn er, im Gegensatz zu dem im Ernährungsvermögen enthaltenen Tastsinn, von jeder Begierde abgetrennt ist. Denn, zwar „scheint die Denkkraft nicht ohne Streben zu bewegen... das Streben aber bewegt auch entgegen der Überlegung; denn die Begierde ist eine Art Streben... (so daß diese) Strebungen einander entgegengesetzt sind... wenn Überlegung und Begierde entgegengesetzt sind".[108]

Soweit das „bloße Streben... nichts Planendes (hat)... besiegt (es) zuweilen den Willen und (es) bewegt bald... das eine Streben das andere Streben im Falle der Unbeherrschtheit".[109] Aristoteles löst das Problem, indem er Streben und Planung auf die Zukunft, die Begierde jedoch auf die Gegenwart bezieht, um dann noch einmal die Differenz zu pointieren, damit seine Schlußfolgerung desto haltbarer wird: „Die Vernunft heißt wegen des Zukünftigen nach der einen Richtung ziehen, die Begierde wegen des Jetzigen nach der anderen; das jetzige Angenehme scheint ihr nämlich schlechthin angenehm und gut zu sein, weil sie das Zukünftige nicht sieht".[110] Tatsächlich ist aber das Streben nach Zukunft der Begierde nach Gegenwart vorausgesetzt, deren mögliches Jetzt sich für das Lebewesen nur durch die Realisierung von Erhaltung und Wachstum erfüllt, was den Willen zur Dauer und deren Planung einschließt. Denn die Dauer, wie sie das Ewige und Göttliche repräsentiert, ist das Erstrebte, das die Begierde nach oben zieht. Deshalb hat „von Natur... immer das obere Streben (der Wille) mehr Macht und bewegt",[111] weil es mit der Vernunft zusammenfällt, der die Zukunft gehört. Also ist das „Erstrebte" das „Bewegende", oder umgekehrt. Das heißt, „deswegen bewegt das Denken, weil sein Ausgangspunkt das Erstrebte" ist, auf das bezogen „Vernunftentscheidung" und „Begierde" kongruieren. Aristoteles' Schlußfolgerung, die sich daraus ergibt: das „Strebevermögen" ist etwas „Einheitliches"[112] und „bewegt sich im ganzen... in drei Läufen".[113] Soweit diese Schlußfolgerung gegen Platon gerichtet ist, setzt er hinzu, deshalb „(ist) es unsinnig" Vernunft und Begierde „auseinanderzureißen". Denn, „wenn die Seele... dreiteilig ist, dann wird (auch) in jedem Teil ein Streben sein";[114] im Ernährungs-, Wahrnehmungs- und Denkvermögen.

Wie das Streben diese drei Seelenvermögen durchdringt und vermittelt, geht wiederum von oben und unten, vom Denken und vom Tastsinn aus. Denn, „wenn etwas lustvoll oder schmerzlich ist, geht ihm die Wahrnehmung nach, indem sie es gleichsam bejaht, oder (sie) meidet es, indem sie es ablehnt; Lust- und Schmerzempfinden ist gleich dem Betätigen... in Richtung auf das Gute bzw. Schlechte als solches. Aber auch Meiden und Begehren sind in ihrer Betätigung damit identisch, und das Vermögen zu begehren und das zu meiden sind weder voneinander noch von dem Wahrnehmungsvermögen verschieden... Für die Denkseele (aber) sind die Vorstellungsbilder wie Wahrnehmungsbilder. Wenn sie... ein Gutes oder Schlechtes bejaht oder verneint, meidet sie es oder erstrebt es. Deshalb denkt die Seele nie ohne Vorstellungsbilder."[115] Das heißt, „(es gibt) kein Ding... getrennt von den sinnlich wahrnehmbaren Größen".[116]

In dem Maß aber, wie diese „sinnlich wahrnehmbaren Größen" mit Lust und Schmerz verbunden sind, die bereits die Unterscheidung von Begehren und Meiden, ebenso das Urteil von Bejahen und Verneinen „in Richtung auf das Gute bzw. das Schlechte als solches" implizieren, in dem Maß „sind in den wahrnehmbaren Formen die denkbaren enthalten, sowohl die sogenannten abstrakten wie auch die Gestaltungen... des Sinnlichen. Und deswegen kann niemand ohne Wahrnehmung etwas... verstehen, und wenn man etwas erfaßt, muß man es zugleich mit einem Vorstellungsbild erfassen. Denn die Vorstellungsbilder sind... Wahrnehmungsbilder... ohne Materie",[117] die ihrerseits „Vorformen" der Begriffe sind, insofern „die Denkkraft das sogenannte Abstrakte denkt, wie sie... das Stumpfnasige nicht... stumpfnasig, sondern... hohl... dächte... ohne Fleisch... denn nicht der Stein liegt in der Seele, sondern seine Form",[118] von der die Materie abgezogen ist. Das heißt, „der Geist ist die Form der (Denk-)Formen und die Wahrnehmung die Form der wahrnehmbaren Dinge",[119] die noch mit der Materie verbunden sind.

Der Geist als Form der Denkformen impliziert, daß „bei den Dingen ohne Materie... Denkendes und Gedachtes dasselbe (ist)".[120] Wobei das Verhältnis von Denkendem und Gedachtem prinzipiell dem entspricht, daß „in Einem und demselben dafür bestimmten Organ (das Entgegengesetzte) enthalten ist". Denn das Denken „(muß) leidensunfähig sein, aber fähig die Form aufzunehmen, und der Möglichkeit nach so sein wie die Form, aber nicht diese",[121] die sich der Wirklichkeit nach abgetrennt verhält. Als abgetrennte ist sie zwar das Gedachte, so „daß... der Möglichkeit nach der (denkende) Geist die denkbaren Dinge sei, aber in Erfüllung (Wirklichkeit) keines, bevor er (das Gedachte im Denkenden) denkt, der Möglichkeit nach in dem Sinne wie bei einer Schreibtafel, auf der (noch) nichts in Wirklichkeit geschrieben ist; was beim (denkenden) Geist der Fall ist",[122] bevor er das Gedachte denkt. Immer aber „ist er, da er alles (wie das sogenannte Abstrakte) denkt, unvermischt... damit er herrsche, das heißt damit er erkenne".[123]

## Schlußbemerkung

Mit dieser Verbindung von Herrschen und Erkennen formuliert Aristoteles das Credo eines Geistes, der in dem Maß sich selbst beschreibt, wie er seitdem die Schreibtafeln einer Geschichte des Wissens in Bewegung setzt, die inzwischen unzählige die Seele objektivierende Diskurse aufweist. Nicht zu lösen ist in dieser mit Aristoteles beginnenden „Wissenschaft" von der Seele,[1] was Platon als Erlösung der Seele vom Körper konzipiert, die prinzipiell dem entgeht, daß die Seele nur in Verbindung mit dem Körper zu objektivieren ist. Zwar ist dieser Erlösung bei Platon die Zerrissenheit von Körper und Seele vorausgesetzt, doch wird diese bei Aristoteles nur soweit in eine Vermittlungsbewegung überführt, wie der Körper der Gefangene der Seele, diese aber das Werkzeug der Werkzeuge einer Wissenschaft ist, für die „das Fremde (der Materie oder des Körpers) hindert und im Wege steht".[2] Während Platon, für den die Seele die Gefangene des Körpers ist, diese in dem Maß als Fremdes beläßt, wie kein sie objektivierender Diskurs möglich, alles Sagbare an die Grenze des Unsagbaren

stößt, wo das „nichts" der Vernunft in Mythos umschlägt. Zum „Beispiel" in den Mythos vom Meergott Glaukos, dessen „ehemalige Natur" ohne Beispiel ist, weil sie erst in ihrer nächsten Metamorphose gewesen sein wird, was sie nie war.

Diese Metamorphose entzieht sich der Struktur eines Geistes, der in stets erneuerter Vermittlungsbewegung auf seinen Schreibtafeln sich selbst beschreibt mit dem „Endzweck", daß Herrschen und Erkennen deckungsgleich sind. In diesem Sinn stehen sich Platon und Aristoteles, getrennt durch einen Bruch, der mehr als ein historischer Umbruch im Denken ist, noch immer unversöhnbar gegenüber. Während Platons „beispielhafte Rede von der Seele" in letzter Konsequenz eine mystische ist, die auf eine negative Theologie hinführt, liefert Aristoteles' „Funktionsmechanismus der Seele" zugleich den (Werkzeug-)Schlüssel für die Analyse dessen, was seitdem auf den Schreibtafeln des Geistes, und durch dieselben, mit der Seele innerhalb der Geschichte des Wissens zwischen Antike und Moderne geschehen ist.[3]

## *Anmerkungen*

**Platon**

[1] Platon, Phaidros, in: Sämtliche Werke Bd. 4, übers. v. Friedrich Schleiermacher, hrsg. v. W.F. Otto, E. Grassi u.a., Hamburg 1959, 246a
[2] Ebda. 246b
[3] Ebda. 246a
[4] Ebda. 247a: Den Göttern folgen die Dämonen, die der Seele bei der Geburt und für die Totenreise zugeordnet sind.
[5] Ebda. 247a-c
[6] Ebda. 247c
[7] Ebda. 247d-e
[8] Ebda. 247e
[9] Ebda. 248a-b
[10] Ebda. 253d
[11] Ebda. 253d-e
[12] Vgl. im Fortgang des Textes vor allem Abschnitt VI
[13] Platon, Timaios, in: Sämtliche Werke, a.a.O., Bd. 5, 37a
[14] Ebda. 37b
[15] Ebda.
[16] Ebda. 37c

[17] Ebda.
[18] Platon, Nomoi, in: Sämtliche Werke, a.a.O., Bd. 6, 895b
[19] Ebda. 895c
[20] Ebda. 895c-896a
[21] Ebda. 896a
[22] Ebda. 896a-b
[23] Ebda. 896b
[24] Ebda. 896c
[25] Ebda. 896e
[26] Ebda. 897c
[27] Timaios 34c
[28] Nomoi 896c
[29] Phaidros 245d
[30] Ebda.
[31] Timaios 53a
[32] Ebda. 53b
[33] Vgl. ebda. 48a
[34] Ebda.
[35] Ebda. 48b
[36] Ebda. 48a
[37] Ebda. 49a
[38] Ebda. 50b
[39] Ebda.
[40] Ebda. 51a

41 Nomoi 897d
42 Timaios 51b
43 Phaidros 230a
44 Timaios 52b
45 Nomoi 897d
46 Ebda.
47 Ebda. 897e
48 Vgl. Timaios 45b
49 Platon, Politeia, in: Sämtliche Werke, a.a.O.,
   Bd. 3, 508b
50 Platon, Politikos, in: Sämtliche Werke, a.a.O.,
   Bd. 5, 273b
51 Phaidros 230a
52 Nomoi 897e
53 Ebda. 898a
54 Ebda. 898b
55 Ebda. 898c
56 Ebda.
57 Vgl. die Konstruktion der Spindel der Notwendigkeit, in: Politeia 614a ff.
58 Die Spindel der Notwendigkeit ist die Spindel
   der Wiedergeburt, d.h. sie repräsentiert den
   stofflichen Makro- und Mikrokosmos, soweit
   Welt und Lebewesen „Körper" sind. Den durch
   die Spindel hindurchgehenden Seelen werden
   die Schicksale zugeteilt, vgl. Politeia 617e; außerdem: G. Treusch-Dieter, Geschick und
   Schicksal. Die parthenogene Maschine der Moi-
   ra, in: Denkzettel Antike, hrsg. v. G. Treusch-
   Dieter, W. Pircher & H. Hrachovec, Berlin
   1989, S. 33 ff.
59 Timaios 33c (vgl. auch 44d)
60 Ebda. 33c und 34a
61 Ebda. 34b
62 Ebda. 34a
63 Ebda.
64 Ebda. 34b
65 Ebda.
66 Politikos 269d-e
67 Timaios 40c
68 Politikos 269e
69 Ebda. 269e-270a
70 Ebda.
71 Ebda. 273b-c
72 Timaios 37d-e
73 Ebda. 37e-38a
74 Politikos 273d
75 Timaios 47c (dazu 90d)
76 Ebda. 41e; zum „Kopf" bzw. „Haupt" oder
   „Gehirn" vgl. 73d
77 Vgl. ebda. 41c-d
78 Ebda. 45a
79 Ebda. 41e
80 Vgl. ebda. 76e
81 Ebda. 48a
82 Politikos 272e
83 Ebda.
84 Timaios 42e
85 Politikos 272e
86 Timaios 41c-d
87 Ebda. 42e

88 Ebda. 43a
89 Vgl. ebda. 40b
90 Vgl. ebda. 40e-41a und 41b
91 Vgl. ebda. 42e
92 Vgl. ebda. 48b
93 Ebda. 43a
94 Vgl. ebda. 35a (dazu Politikos 309b-c)
95 Timaios 50c
96 Ebda. 52d
97 Ebda. 50d
98 Ebda. 50e
99 Ebda. 52e
100 Ebda. 50b
101 Ebda. 50c
102 Ebda.
103 Vgl. ebda. 52e-53a
104 Ebda. 53a
105 Ebda.
106 Politikos 273a
107 Ebda. 273e
108 Timaios 73d; dazu 77d und 91b
109 Ebda. 44e und 69c
110 Ebda. 43a-e
111 Ebda.
112 Ebda. 44b
113 Ebda. 50d
114 Ebda.
115 Ebda. 42a
116 Vgl. Politikos 272e
117 Vgl. Timaios 42a
118 Ebda. 91b-d
119 Ebda. 44d
120 Ebda. 43a
121 Ebda. 69d-e
122 Ebda. 70a
123 Ebda. 70e
124 Ebda.
125 Ebda. 70a
126 Ebda.
127 Ebda.
128 Ebda. 70e-71a
129 Vgl. ebda. 79d
130 Ebda. 73a
131 Ebda. 79d
132 Ebda. 81a
133 Ebda. 79c
134 Ebda. 43a
135 Vgl. ebda. 78a: das Bewässerungssystem des
    Körpers
136 Ebda. 80d
137 Ebda.
138 Vgl. ebda. 78a-e
139 Ebda. 79e
140 Ebda. 81b
141 Ebda.
142 Ebda. 79b
143 Ebda. 58b
144 Ebda. 81e
145 Phaidon 83d
146 Timaios 42b
147 Phaidon 66e und 66b

[148] Ebda. 73a
[149] Ebda. 75c
[150] Ebda. 75e
[151] Timaios 44b-c
[152] Politea 443d
[153] Ebda. 443d-e
[154] Vgl. ebda. 588b-589d
[155] Ebda. 588c-e
[156] Ebda. 589a
[157] Ebda. 589b
[158] Vgl. ebda. fortlaufend 441c-442b
[159] Vgl. eingeschoben Timaios 70b
[160] Ebda.
[161] Politeia 442a und 441d
[162] Phaidon 79d
[163] Ebda. 82c-d
[164] Ebda. 82c
[165] Ebda. 69c
[166] Ebda. 81b
[167] Ebda. 80e-81a
[168] Ebda. 82e
[169] Ebda.
[170] Timaios 88b
[171] Vgl. Phaidon 83b
[172] Phaidros 249c
[173] Ebda. 251c-d
[174] Ebda. 254a-e
[175] Ebda. 256e
[176] Ebda. 249c-d
[177] Phaidon 69d
[178] Phaidros 246c
[179] Ebda.
[180] Zur Wiedergeburt vgl. vor allem Politeia 614aff.
[181] Timaios 42a
[182] Ebda. 42b-c
[183] Ebda.
[184] Ebda. 76e
[185] Ebda. 42b-d
[186] Ebda. 91e-92b
[187] Ebda. 92c
[188] Ebda.
[189] Phaidros 250c
[190] Platon, Philebos, in: Sämtliche Werke, a.a.O., Bd. 5, 41c
[191] Timaios 88b
[192] Politeia 611d
[193] Ebda. 611d-621a

**Aristoteles**

[1] Aristoteles, Über die Seele, übers. v. Willy Theiler, Aristoteles Werke in dt. Übersetzung, hrsg. v. Hellmut Flashar, Darmstadt 1979, Bd. 13, S. 5
[2] Ebda.
[3] Ebda.
[4] Ebda.
[5] Ebda.
[6] Ebda., S. 8
[7] Ebda., S. 6
[8] Ebda., S. 24
[9] Ebda., S. 27
[10] Ebda., S. 28
[11] Ebda.
[12] Ebda., S. 24
[13] Ebda., S. 25
[14] Ebda.
[15] Ebda., S. 34
[16] Ebda., S. 28
[17] Ebda., S. 29
[18] Ebda., S. 30
[19] Ebda.
[20] Vgl. ebda.
[21] Ebda.
[22] Ebda.
[23] Ebda.
[24] Ebda., S. 31
[25] Ebda., S. 62
[26] Ebda., S. 15
[27] Ebda., S. 34
[28] Ebda., S. 33-34
[29] Vgl. ebda., S. 33
[30] Ebda., S. 32
[31] Ebda., S. 25
[32] Ebda.
[33] Ebda., S. 30
[34] Ebda.
[35] Ebda., S. 31
[36] Vgl. ebda., S. 32-33
[37] Aristoteles, Über die Zeugung der Geschöpfe, hrsg. u. übers. v. Paul Gohlke, Paderborn 1959, S. 105
[38] Ebda., S. 68
[39] Ebda., S. 47
[40] Ebda., S. 49
[41] Ebda., S. 23
[42] Ebda.
[43] Ebda., S. 48-49
[44] Ebda., S. 24
[45] Ebda., S. 71
[46] Ebda.
[47] Ebda., S. 72
[48] Ebda.
[49] Ebda.
[50] Ebda., S. 93
[51] Ebda., S. 72
[52] Ebda., S. 78
[53] Ebda., S. 87
[54] Ebda., S. 88
[55] Ebda., S. 87
[56] Ebda.
[57] Ebda., S. 88
[58] Ebda., S. 100
[59] Ebda., S. 74-75
[60] Ebda., S. 80
[61] Ebda., S. 63
[62] Ebda., S. 62
[63] Ebda., S. 64
[64] Ebda., S. 67
[65] Ebda., S. 181

66  Ebda.
67  Ebda., S. 178
68  Ebda., S. 164
69  Aristoteles, Parva Naturalia, übers. v. Hermann Bender, Langenscheidtsche Bibliothek sämtlicher griech. und röm. Klassiker, Bd. 25, Aristoteles VI., Berlin-Stuttgart 1855-1906, S. 81
70  Ebda., S. 6
71  Ebda., S. 102
72  Über die Seele, S. 69
73  Ebda., S. 69
74  Ebda.
75  Ebda., S. 51
76  Ebda., S. 48
77  Parva Naturalia, S. 51
78  Ebda., S. 52
79  Ebda., S. 37
80  Ebda., S. 58
81  Ebda.
82  Ebda., S. 62
83  Ebda., S. 67
84  Ebda., S. 75
85  Ebda., S. 68
86  Ebda.
87  Ebda., S. 62
88  Ebda., S. 38
89  Ebda.
90  Ebda., S. 38
91  Ebda.
92  Ebda.
93  Ebda.
94  Ebda., S. 40
95  Ebda.
96  Ebda.
97  Ebda., S. 41
98  Ebda., S. 42
99  Ebda.
100  Ebda., S. 43

101  Ebda., S. 45
102  Ebda., S. 46
103  Über die Zeugung der Geschöpfe, S. 216
104  Parva Naturalia, S. 53
105  Über die Zeugung der Geschöpfe, S. 103
106  Ebda., S. 106
107  Über die Seele, S. 59
108  Ebda., S. 65
109  Ebda., S. 67
110  Ebda., S. 65-66
111  Ebda., S. 67
112  Vgl. ebda., S. 65
113  Ebda., S. 67
114  Ebda., S. 63
115  Ebda., S. 61
116  Ebda., S. 62
117  Ebda., S. 62-63
118  Ebda., S. 63
119  Ebda.
120  Ebda., S. 59
121  Ebda., S. 57
122  Ebda., S. 59
123  Ebda., S. 57

**Schlußbemerkung**

1  Vgl. dazu M. Sonntag „Zeitlose Dokumente der Seele" – Von der Abschaffung der Geschichte in der Geschichtsschreibung der Psychologie, in: Die Geschichtlichkeit des Seelischen, hrsg. v. G. Jüttemann, Weinheim 1986, S. 116ff.
2  Aristoteles, Über die Seele, S. 57
3  Vgl. in diesem Band G. Treusch-Dieter, Hexe-Seele-Dämon. Zur Transformationsproblematik der Seele zwischen 15. und 17. Jahrhundert, und M. Sonntag, „Gefährte der Seele, Träger des Lebens". Die medizinischen Spiritus im 16. Jahrhundert.

# Bemerkungen zur neuplatonischen Seelenlehre

*Clemens Zintzen*

Für Carl Werner Müller
'Εμοὶ σαφὴς φίλος

## 1. Einordnung des Neuplatonismus in die Geschichte der Philosophie

Im Jahre 385 v. Chr. gründete Platon im Hain des athenischen Lokalheros Akademos seine Schule, die wie andere philosophische Richtungen der Griechen ihren Namen eben von dem Ort der Zusammenkünfte haben sollte: die Akademie. Die Schule Platons hat Bestand gehabt bis zur Schließung durch den Kaiser Justinian im Jahre 529 n. Chr.; ihre Wirkung blieb lebendig in der Patristik, im Mittelalter bis in die Renaissance. Augustinus und Marsilio Ficino haben beide aus dem überkommenen Gut platonischer und nachplatonischer Lehren zusammen mit christlichem Dogma eine eigene Philosophie geschaffen. In den Jahrhunderten nach Platons Tod (349/348 n. Chr.) erfuhr seine Lehre manche Veränderung. Andere philosophische Schulen traten in Konkurrenz zu ihr, bis schließlich im 1. Jahrhundert v. Chr. eine Belebung dieser Lehre einsetzte, und die hellenistischen Philosopheme zugunsten der Philosophie Platons zurückgedrängt oder von ihr absorbiert wurden. Die Texterzeugnisse für den Platonismus zwischen der Mitte des ersten Jahrhunderts v. Chr. und dem Auftreten Plotins (204-270 n. Chr.) sind spärlich; dennoch kann man in Umrissen erkennen, wie nach Antiochos von Askalon (geb. um 120 v. Chr.), der die Lehre vertrat, Platon, Aristoteles und die Stoa befänden sich im Grund in Übereinstimmung,[1] die Lehre Platons sich entwickelt hat. Die wichtigsten Namen der Folgezeit, die wir den „Mittelplatonismus" nennen, sind Gaios, Attikos und Albinos.[2] Philosophieren besteht in dieser Zeit vor allem darin, die eigene Spekulation mit Platon zu belegen; dies hatte eine ausgedehnte Kommentierungstätigkeit zur Folge. Solcher Regress auf Platon fand auch dann statt, wenn die eigene Meinung von der des Schulgründers abwich. Proklos berichtet in seinem Timaioskommentar (in Tim. I 340, 24 ff.), Gaios und Albinos hätten bei Platon eine doppelte Darstellungsweise „entdeckt". Danach hätte Platon entweder in direkter Weise „wissenschaftlich" gesprochen oder aber „im Bild".[3] Durch solche allegorisierende Methode wurde es möglich, alle eigenen Dogmen auf irgendeine Weise in Platons Worten angedeutet im Bilde wiederzufinden und so mit dessen Autorität zu belegen. Eine zweite Quelle des Mittelplatonismus war die durch Antiochos von Askalon schon eingeschlagene Richtung, neben den Schriften Platons auch die des Aristoteles und der Stoa zu berücksichtigen. Freilich blieb dieses Verfahren nicht unbestritten. So wandte sich Attikos in einer eigenen Schrift gegen eine Platonexegese, welche aristotelische Schriften zur Erklärung beizog;[4] deutlich lassen sich so eklektische und orthodoxe Mittelplatoniker voneinander scheiden. Thematisch war die zentrale Frage dieser Philosophie, den Aufbau der Welt zu erkennen, die Stellung des höchsten göttlichen Wesens zu umreißen, und die Stellung des Menschen innerhalb dieser Welt sowie sein Lebensziel zu bedenken. Theologie und Kosmologie waren die Hauptzielpunkte dieser Philosophen, erst in zweiter Linie kam die Psychologie hinzu.[5] Alle diese Fragestellungen konnte man erläutern an der Kommentierung des platonischen Timaios und des Phaidros. So sind diese beiden Dialoge zusammen mit Platons „Staat" die entscheidende Grundlage für diese Zeit, und sie sollten es bleiben für Plotin wie für alle nachfolgenden Neuplatoniker.

Mit Plotin und schon vorher bei Numenios von Apameia (2. Hälfte des 2. Jahrhunderts n. Chr.) trat die Psychologie stärker in den

Vordergrund. Unter Psychologie verstand man zu dieser Zeit nicht die Lehre von Verhaltensweisen des Menschen und seiner inneren Konstitution; ihr Gegenstand zu dieser Zeit war die Stellung der Seele im intelligiblen Kosmos und ihre Relation zu Geist und Materie. In Plotin kann man den nach Platon und Aristoteles spekulativsten Philosophen sehen; sicher hat auch er nicht voraussetzungslos und nicht ohne Anschluß an die Tradition platonischen Gedankengutes seine Philosophie entwickelt, aber er ragt aus der Flut dieser Zeit heraus, weil er mit Konsequenz ein ontologisches Gebäude errichtete, in dem er Gott, dem Menschen und der Welt jeweils ihren Platz zuwies. Das System Plotins war geprägt durch eine Hierarchie des Seienden, welche im „Einen" gipfelte. Da Plotin das Eine mit Gott gleichsetzte, wurde Philosophie zur Theologie. Sie zeigte dies, indem die philosophische Lehre sich jetzt manchmal sogar volkstümlichen Lehren, welche von praktischer Religiösität geprägt waren, öffnete. Daher ist bei Plotin der Einfluß des Pythagoras, der sogenannten orphischen Lehren und der chaldäischen Orakel festzustellen. Alle Plotin nachfolgenden akademischen Philosophen haben seinen Grundansatz und die religiöse Färbung dieser Philosophie aufgenommen, so daß diese Kennzeichen erhalten geblieben sind.[6] Die Epoche solcher Erneuerung des Platonismus nennen wir „Neuplatonismus"; er reicht von Plotin über Porphyrios (243-ca. 305 n. Chr.), Jamblich (gest. 326 n. Chr.) bis zu Proklos (412-485 n. Chr.) und Damaskios, dem letzten Scholarchen der Athener Schule (geb. um 458 n. Chr.). Freilich darf man über diese drei Jahrhunderte hinweg die Philosophie des Neuplatonismus sich nicht als einen monolithischen Block vorstellen. Abgesehen von den Epikureern hat jede antike philosophische Schule innerhalb ihrer historischen Entwicklung gravierende dogmatische Veränderungen erlebt. Schon Plotin hatte in vielfältigen Überlegungen und philosophischen Diskursen immer wieder versucht, die zentrale Frage dieser Philosophie nach dem Einen und dem Vielen zu klären und zu erläutern. Seine Nachfolger haben alle an der Modifizierung und Ausgestaltung der Lehre des großen Vorgängers gearbeitet, ohne jedoch das Grundschema dieser Ontologie in Frage zu stellen: die Hierarchie des Seins, die vom höchsten Einen bis zur untersten Materie reicht.

Beginnend mit Plotin zeigt der Neuplatonismus gegenüber seinen Vorgängern zwei charakteristische Akzente. Zunächst ist in der Ontologie Platons Lehre vom höchsten Guten weiterentwickelt worden zu einer Art Hypertranszendenz. Die entscheidende Frage, um die Plotins Denken immer wieder kreist, ist, wie dieses so weit in die Transzendenz hinausgeschobene Eine sich zu einem Vielen in der Welt entfalten kann, ohne doch eine Minderung seines Wesens zu erfahren. Hier stellt auch Plotins Lehre von der Weltseele den Versuch dar, eine Vermittlung möglich zu machen. Die zweite typische Entwicklung des Neuplatonismus vollzieht sich im soteriologischen Bereich; hier wird die Frage gestellt, wie der Mensch, der ja in die körperliche Welt abgesunken ist, gerettet werden kann, indem er zu seinem Ausgangsort, dem intelligiblen Bereich, wieder zurückfindet. Der Mensch ist das einzige intelligible Wesen, welches die Möglichkeit hat, sich nach oben oder unten zu bewegen. Dieser Richtungsbestimmung dient die Philosophie Plotins und seiner Nachfolger ganz entschieden. Die Seelenlehre hat darin einen besonderen Platz der Vermittlung. Die Seelenlehre Plotins und seiner Nachfolger läßt sich nicht verstehen, ohne daß man die Ontologie seiner Philosophie begreift. So soll, beginnend mit Plotin, zuerst eine kurze Erläuterung dieses philosophischen Systems gegeben werden; auf diesem Hintergrund sollen dann die jeweiligen Lehren von der Seele dargestellt werden.

## 2. Plotin

*Die Stellung der Seele in der Ontologie Plotins*

Die von Platon in seinen Schriften so deutlich herausgestellte Trennung zwischen der wahrnehmbaren Welt und einem darüber stehenden geistigen Kosmos hat auch Plotin wie alle Platoniker zu einem Grundstein seiner Philosophie gemacht. Intelligible und wahrnehmbare Welt sind voneinander getrennt, aber dennoch wieder soweit ineinander verzahnt, daß z. B. das vollkommen Schöne im sinnlichen Bereich als eine Offenbarung des vollendeten Guten im geistigen Bereich verstanden werden kann.[7] Kennzeichen des Seienden, das sich im geistigen Raum befindet, ist seine Unvergänglichkeit und die Tatsache, daß es seine Vollkommenheit von sich aus besitzt, während alles im Bereich der wahrnehmbaren Welt sich Befindende fließt und sich in ständiger Veränderung zeigt.[8] Als die Spitze des intelligiblen oder noetischen Kosmos hat Plotin ein noch selbst das Sein transzendierendes erstes Prinzip angesetzt, welches er das Eine nannte. Ein Hauptproblem dieses Denkansatzes besteht darin, wie das Eine aus seiner Verkapselung heraustreten kann, ohne doch an Substanz zu verlieren, wenn es sich zu einem Vielen hinbewegt. Anders ausgedrückt: Wie kann die intelligible Welt sich der wahrnehmbaren Welt zuwenden, ohne durch solche Hinwendung an das rangmäßige Niedrigere an Wert zu verlieren. Der in der Anlage dieser Philosophie mögliche polarisierte Dualismus zweier Welten mußte überwunden werden. Plotins Lehre von der Emanation hat hier eine Verbindung geschaffen, welche den isolierten Dualismus vermeidet und Kontinuität in dieses Weltgebäude hineinbringt. So fließt das Eine sozusagen über und läßt aus sich die unteren Stufen innerhalb der intelligiblen Welt entstehen. Aus dem Einen stammt nach ihm der Geist (Nous), und aus dem Nous stammt die Weltseele. Die Einzelseelen sind Formen, in denen sich die Weltseele darstellt, wenn sie in Verbindung mit dem wahrnehmbaren Kosmos tritt. Durch solche Emanation wird ein Kontinuum geschaffen, das sich vom Einen über den Nous und die Weltseele bis in den Bereich der Materie erstreckt. Andererseits kann so das Sinnliche auch noch als eine Offenbarung des vollendeten Guten im noetischen Bereich gesehen werden. So ergibt sich für Plotin eine Hypostasenreihe: das Eine, der Geist, die (Welt)seele.[9]

In seiner Schrift „Über die drei ursprünglichen Wesenheiten" (V 1 [10] 8,23) hat Plotin diese drei Hypostasen geschildert, und sie vor allem auf Platon zurückgeführt: „Da spricht der Parmenides bei Platon genauer; er scheidet voneinander das Erste Eine, das im eigentlichen Sinne ‚Eine', das Zweite,

welches er ‚Eines Vieles' nennt (Nous) und das Dritte ‚Eines und Vieles' (Psyche, Weltseele)."[10] Dem Einen nachgeordnet ist der Geist, das Prinzip des Denkens; er schließt die Ideen der Dinge in sich, ist selbst sowohl Einheit wie Zweiheit (V 2 [11] 1,12), indem er das noetisch Seiende (die Ideen) wie in einem Ganzen umschließt. Plotin erläutert diese Paradoxie am Beispiel der Wissenschaft: der Nous ist der Ort, an dem die Ideen verankert sind, so wie die Einzelwissenschaften in der Geisteswissenschaft. „Und hat man so den Geist gesehen, gleichsam sinnlich und greifbar, wie er über der Seele thront als ihr Vater, und ist die geistige Welt, so muß man ihn fasssen als stillstehende, unerschütterte Bewegung, welcher alles in sich trägt und alles ist, eine Vielheit, die unscheidbar, ungeschieden und doch wieder geschieden ist. Denn weder ist er geschieden wie die Gedanken, welche dann einzeln gedacht werden, noch ist das, was in ihm ist, ineinander verflossen, denn jedes einzelne tritt gesondert aus ihm hervor, so wie auch in den Wissenschaften, wo alle Erkenntnisse im Unteilbaren beieinander liegen, doch jede einzelne von ihnen gesondert ist" (VI 9 [9] 5,13ff. Übersetzung nach Harder).[11]

Dem Geist nachgeordnet ist die dritte intelligible Stufe, die Hypostase der Seele. Sie wird zunächst immer als Weltseele verstanden. Die Seele als unterste Hypostase der geistigen Welt steht an der Trennlinie zur sinnlichen Welt und ist die Stelle, an der die Wirksamkeit des Geistes in Bewegung umgesetzt wird; gerade durch die Seele wird ein Austarieren der geistigen Welt auf die Welt des Werdens möglich. Der Geist erzeugt die Seele und diese ist sein Abbild, sein Eidolon (V 2 [11], 1,18f.). In einem aufschlußreichen Vergleich hat Plotin das Verhältnis der drei Hypostasen zueinander in folgendes Bild gefaßt (IV 4 [28] 16,23): „Denn so steht es mit den einzelnen Seinsstufen: setzt man das Gute (Erste) als Mittelpunkt, so wird man den Geist als unbewegten Kreis ansetzen und die Seele als bewegten Kreis; und zwar bewegt er sich vermöge des Verlangens." Das Verlangen der Seele richtet sich auf die Welt des Werdens, insofern steht sie an der Schnittlinie zwischen intelligibler und wahrnehmbarer Welt, gehört aber selbst zu den intelligiblen Hypostasen. Das Grundpro-

blem dieser Philosophie besteht darin zu erklären, wie das Höchste sich mitteilen kann,
ohne doch in sich dadurch eine Minderung zu
erfahren; es ist die Frage nach der Einheit,
die nicht beeinträchtigt wird durch das Über-
fließen, die Emanation, in eine nachgeordnete Stufe. Um dieses Problem der Vereinbarkeit von Einheit, die in sich selbst
unangetastet bleibt, und Vielheit, welche
ohne substantielle Minderung der Einheit
aus dieser entsteht, zu lösen, hat Plotin die
hierarchische Stufung des Seins eingeführt;
auf der untersten Stufe, an der Grenze zur
sinnlichen Welt steht in diesem Gedankengebäude die Seele.

## Die kosmische Seele

### a) Die Verankerung der Seele im Nous

Die Seelenstufe befindet sich als Hypostase
innerhalb der intelligiblen Welt. Den Unterschied zwischen der Weltseele und der Einzelseele hat Plotin darin angesetzt, wie der
jeweilige Aspekt der Verbindung der Seelenstufe zur körperlichen Welt sich darstellt: die
Weltseele verbindet sich mit dem Weltkörper, die Einzelseele hat einen begrenzteren
Aspekt auf einen Einzelkörper; beide stehen
jedoch auf der gleichen Stufe der intelligiblen
Hierarchie. Die Seele wird vereinzelt nur dadurch, daß sie ihre Wirkungskraft auf ein
Spezielles, Einzelnes ausrichtet (VI 4 [22]
16,30). Immer aber bleibt sie dennoch verbunden mit dem Ganzen der intelligiblen
Welt. Zunächst soll hier nur die Lehre von
der kosmischen, der Weltseele, erläutert
werden.

Die Seele ist bestimmt für Plotin durch zwei
Gesichtspunkte: sie ist zunächst aus dem
Nous entstanden und hat die nächste Stellung
hinter ihm; sie ist ferner gekennzeichnet dadurch, daß sie, obwohl selbst im intelligiblen
Bereich fest verankert, dennoch eine Mittelstellung zwischen geistiger und wahrnehmbarer Welt einnimmt. Diese Mittelstellung hat
Plotin gekennzeichnet, wenn er die Seele ein
„Amphibion" nennt (IV 8 [6] 4,31). Amphibion ist die Seele, weil sie einerseits in ihrem
Ursprung, dem Nous, verharren kann, andererseits dem Gewordenen, der Welt des Werdens, sich zuwenden kann; sie läßt sich

sozusagen als die Gelenkstelle zwischen zwei
Welten begreifen; ihr Wesen ist durch Energeia gekennzeichnet, durch die Wirksamkeit
an der Nahtstelle zwischen Nous und Materie.
Daher hat Plotin ihr Teilbarkeit wie Unteilbarkeit zugesprochen; wendet sich die Seele
der Erscheinungswelt zu, wird sie teilbar,
wendet sie sich dem Nous zu, bleibt sie unteilbar. Plotin hat dies nach dem Gedanken
des platonischen Timaios 35 A öfters ausge-
führt; in (III 5 [50] 2,14 ff. und 3,27 ff.) erwähnt er die platonische Vorstellung einer
zweifachen Aphrodite und postuliert eine
zweifache Weltseele; die eine, der „Aphrodite ourania", der himmlichen Aphrodite vergleichbar, will gar nicht in diese Welt des
Werdens hinab, obwohl sie unterhalb des
Nous steht. Diese Weltseele verharrt unvermischt und rein bei sich selbst. Die andere
Weltseele,   der   gemeinen   Aphrodite
(„Aphrodite pandemos") vergleichbar, ist
schon nicht mehr reine Seele; sie gehört schon
der Welt an, weil auch für „unser Weltall eine
Seele da sein mußte" (III 5 [50] 3,27 f.). Diese
untere Weltseele heißt bei Plotin „Natur"[12]:
„Die sogenannte Natur ist Seele, Sproß einer
höheren Seele von mächtigerem Leben."

Diese Teilung der dritten Hypostase in
zwei Weltseelen ist in Wirklichkeit nichts anderes als die Verobjektivierung der ontologischen Zwitterstellung, welche diese noetische Hypostase an der Nahtstelle zwischen
Intellekt und Materie einnimmt. An anderer
Stelle (IV 3 [27] 11,19 ff.) wird die Weltseele
daher von Plotin als „Dolmetsch" zwischen
intelligibler und irdischer Welt bezeichnet.
Schließlich ist es konsequent in diesem System, wenn auch die Einzelseele in der Form,
wie sie im Menschen inkarniert ist, die Möglichkeit einer doppelten Blickrichtung besitzt, indem sie nach oben auf den Nous
schauen kann oder ihren Blick nach unten auf
die Materie heften kann.

### b) Die Energeia der Weltseele

Kennzeichen der Seele ist vor allem ihre
„Energeia", ihre Aktualität, die Möglichkeit
Bewegung zu haben und Wirksamkeit zu entfalten aus solcher Bewegung heraus. So wird
sie von Plotin (IV 4 [28] 16,23 s. o.) mit einem
bewegten Kreis um das Zentrum, das Eine,
sich herumbewegend verglichen. Sie stellt

Wirksamkeit dar, die aus dem in sich beharrenden Geist hervorgegangen ist. Plotin erläutert diesen Gedanken in der Schrift „Über die Entstehung und Ordnung der Dinge nach dem Einen" (V 2 [11] 1,16 ff.: „Und diese aus der Wesenheit des Geistes hervorgehende Wirksamkeit ist die Seele; sie ist das geworden, indem jener beharrte, wie ja auch der Geist wurde, indem das vor ihm (sc. das Eine) beharrte. Die Seele dagegen schafft nun *ohne zu beharren*, sie zeugt vielmehr ihr Nachbild, indem sie sich bewegt."[13] Der Seele ist es sogar aufgetragen, Wirkung hervorzubringen und zu schaffen.[14] An der Nahtstelle zur irdischen Welt vermag sie in sich beharrendes Sein in Werden umzusetzen, also innerhalb des „Kosmos aisthetos" überhaupt erst Entstehen möglich zu machen. Platons Satz im Phaidros 246 B, daß jede Seele Sorge trage für alles Unbeseelte,[15] hat Plotin oft zitiert, um die Wirkungskraft der Seele in der wahrnehmbaren Welt zu zeigen (z. B. II 9 [33] 18,39). In der Schrift III 4 [15] 2,2 heißt es: „Jede Seele kümmert sich um das Unbeseelte; die anderen verfahren anders. ‚Sie umwandeln den Kosmos bald in dieser, bald in jener Gestalt' (= Plat. Phaidros 246 B 7 f.) nämlich in der Gestalt der Wahrnehmungskraft, der Vernunft oder eben der Wachstumskraft."[16] Noch präziser wird der Gedanke im Rückgriff auf das Phaidroszitat formuliert (IV 3 [27] 7,13): „‚Alle Seele waltet über all das Unbeseelte.' Nun was anders soll es sein, das des Leibes Wesen durchwaltet, es formt, ordnet oder schafft als die Seele?" Die Weltseele, obwohl sie selbst in der Höhe bleibt und den Sturz in die Materie nicht wie die Einzelseele erlebt, waltet dennoch und wirkt in die Welt hinein (IV 3 [27] 7,20 ff.). Diese Hinwendung der kosmischen Seele zur Wirksamkeit in der wahrnehmbaren Welt hat ihre Analogie bei der Einzelseele, wo Plotin deutlichere Akzente gesetzt hat: die Einzelseele drängt es sogar danach, in die Welt des Werdens hinabzutauchen; aus einer gewissen Vorwitzigkeit zum Schlechten begibt sie sich in die Welt der Materie und des Werdens.

Mit der Hinwendung der Seele zur wahrnehmbaren Welt ist die Frage verknüpft, ob sie durch solchen Abstieg nicht eine wesensmäßige Minderung erfahre. In (III 6 [26] 2,49) hat Plotin darauf hingewiesen: „Allgemein gilt von den Verwirklichungen stoffloser Dinge, daß sie sich ohne Mitveränderung des Subjektes vollziehen; sie würden ja sonst vernichtet. Vielmehr verharren sie derweil, und den mit Stoff verbundenen Dingen kommt es zu, von dieser Wirkung affiziert zu werden." Daher wird von Plotin an mehreren Stellen darauf hingewiesen, die Verbindung zwischen Körper und Seele sei nicht so zu denken, daß die Seele sich im Körper, sondern gerade umgekehrt der Körper sich in der Seele befinde.[17] Am Beispiel der Mischung von Licht und Luft erläutert Plotin diesen Gedanken (IV 3 [27] 22,1 ff.). Solange die Luft unter den Strahlen des Lichts liegt, ist sie durchlichtet, „so daß man hier mit Recht sagen kann, daß die Luft im Lichte ist, eher als das Licht in der Luft". Intelligible Substanzen erfahren durch Wirkung, die sie ausüben, selbst keine Minderung ihrer Qualität; man kann dies an einem Bild verdeutlichen, welches zwar nicht selbst von Plotin gebraucht worden ist, aber den Gedanken und dieses Axiom neuplatonischer Lehre verdeutlicht: Wenn die Sonne an verschiedenen Orten unterschiedlich intensiv erscheint, so ist doch die Qualität und die Intensität der Sonnenstrahlen an sich nicht unterschiedlich; wohl aber sind die meteorologischen Bedingungen an verschiedenen Orten jeweils unterschiedlich, so daß sich infolgedessen ein unterschiedlicher Grad von Einwirkung ergibt. Man meint, die Sonne sei unterschiedlich stark; sie ist aber immer die gleiche und nur die unterschiedlich jeweiligen Gegebenheiten der Orte lassen die Wirkung der Sonnenstrahlen unterschiedlich stark erscheinen. Dieser Vergleich mag den Grundsatz erhellen, daß nicht die intelligible Hypostase, die Seele, jeweils in Verbindung mit dem Körper oder infolge ihrer Wirkung eine Minderung erfährt, sondern daß Unterschiede und Minderungen eine Folge der unterschiedlichen Aufnahmefähigkeit des Aufnehmenden und der Materie sind.

Plotin selbst erläutert diesen Gedanken (VI 4 [22] 11,3 f.): „Man muß annehmen, daß das Beiwohnende (to paron) je nach der Eignung dessen beiwohne, das es aufnehmen soll; das Seiende ist überall im Seienden und läßt es nirgends an sich selber fehlen; es wohnt ihm aber nur das bei, was beizuwohnen vermag, und soweit wie sein Vermögen reicht... so wohnt das Durchsichtige dem Lichte bei, das Trübe aber hat nur in geringem Grade Anteil an ihm."[18] Durch solchen Gedankengang ist die Seinshierarchie gewahrt, und es kann nicht dazu kommen, daß schließlich das Niedrigere als das Umfassendere angesehen wird.

Neben der Frage, ob durch Sich-Mitteilen eine Minderung der Qualität des Mitteilenden entstehe, hat Plotin besonderes Gewicht dem Problem beigemessen, in welchem Verhältnis zueinander die Manifestationen der Seele stehen, die sich unterschiedlich den Körpern verbunden haben und so ihre Wirksamkeit entfalten. Ein Axiom ist es für Plotin, daß auch bei solcher Wirkung der Weltseele dennoch die Substanz der so wirkenden Seele sich nicht teilt oder verteilt, sondern ein und dieselbe in der Seelenhypostase, in der Urseele wurzelnde Kraft bleibt. Diese Fragestellung wird in der Schrift „Über die Einheit aller Einzelseelen" (IV 9 [8]) behandelt.[19] Einheit braucht indes nicht Identität zu sein. Wäre die Seele ein Körper, so müßte sie bei der Entstehung von Vielem geteilt werden; da sie aber Substanz ist, stammt das Viele aus ihr, ohne daß sie selbst die Einheit verliert. Mit anderen Worten ausgedrückt: Es beruht die Individuation und damit die Teilung in Verschiedenes auf der Materie;[20] das Eidos der Seele bleibt aber in den vielen Geteilten eines. „Das heißt aber, daß es *eine* Seele gibt, die als ein und dieselbe in vielen Körpern ist, und vor dieser einen, der in vielen ist, wieder eine andere, die nicht in vielen ist, aus der die ‚eine in vielen' stammt, gleichsam als Spiegelbild (Eidolon), das an viele Stelle gelangt von der einen, die nur einem ist, so wie viele Siegel denselben Abdruck von *einem* Petschaft tragen" (IV 9 [8] 4,16). Einheit und substantielle Wertigkeit der Seele sind auf diese Weise unanfechtbar von Plotin verteidigt; und man muß mit Nachdruck darauf hinweisen, daß im Unterschied zu moderner Auffassung die Individuation nicht ein seelischer Vorgang ist, sondern dadurch bedingt gesehen wird, in welchem Maße und in welcher Art die Materie (IV 9 [8] 4,13 ‚ogkos') mit der Seelensubstanz verbunden ist. Individualität ist keine Angelegenheit des geistig-seelischen Raumes, sondern des Leibes und der Materie.

## c) Seele und Weltleib; Sympathie des Alls; Zauber

Die so streng verfochtene These von der Einheit aller Seelen und der Einheitlichkeit der Weltseele, sowie deren Übereinstimmung mit der Urseele bringt Plotin konsequenterweise dazu, die Verwandtschaft des ganzen von der Seele durchwalteten Weltalls zu postulieren. Das Weltall, welches aus Weltkörper und Weltseele besteht, ist *ein* Lebewesen, das einheitlich alle in ihm sich befindlichen Lebewesen umfaßt. In (IV 4 [28] 32,4) heißt es: „An erster Stelle ist festzustellen, daß das Weltall ein einheitliches Lebewesen ist, welches alle in ihm befindlichen Lebewesen in sich enthält; es hat eine einheitliche Seele, die sich auf alle seine Teile erstreckt insofern als das Einzelding Teil des Alls ist"... 32,13: „Diese ganze Alleinheit nun steht in einer Wirkungsgemeinschaft (Sympathie), ist Einheit wie ein Lebewesen; so ist das Ferne sich nahe... denn die gleichartigen Dinge liegen nicht nebeneinander, sondern sind getrennt durch andersartige Zwischenstücke, sie unterliegen aber trotzdem vermöge ihrer Gleichartigkeit den gleichen Einwirkungen; so muß notwendig eine Handlung, die von einem nicht Benachbarten ausgeht, auch in die Ferne wirken; denn es ist alles Lebewesen und zu einer Einheit gehörig." Diesen Gedanken der Sympathie des Alls hat Plotin aus der stoischen Philosophie übernommen (vgl. dazu Stoicorum veterum fragmenta ed. v. Arnim vol. II nr. 912 und nr. 534), ihn aber erneut untermauert durch seine These von der Einheitlichkeit der Seelen, die auch als Einzelseelen *nicht Teile* der Weltseele sind, sondern substantiell mit ihr gleich bleiben. Sympathieverbundenheit des Alls und Identität aller Seelen bedingen einander und weisen jeden Dualismus ab.

Aus dieser Lehre folgt für Plotin und den ganzen späteren Neuplatonismus die Grundlegung des Zaubers. So unterschiedlich Plotin und seine Nachfolger dem Phänomen der Magie gegenüber gestanden sind und so verschieden wie die Bewertung der Zauberei in den verschiedenen Epochen des Neuplatonismus war, so ist doch die These von der Einheitlichkeit des Alls immer der Grundstock gewesen, der Zauberei in philosophischem Sinne erst begründbar machte. Da die

Zauberei innerhalb des Neuplatonismus gerade in der Einwirkung auf die Seele und in deren Heiligungsprozeß eine große Rolle spielte, sei hier kurz darauf eingegangen.

Nach antiker Vorstellung ist Zauberei Krafteinwirkung. Wenn das Weltganze von Plotin als ein in Sympathiezusammenhang stehendes Lebewesen verstanden wird, ist sichtbar, daß der Zauberer, der ja selbst in diesem Sympathiezusammenhang steht, mit allen Teilen dieses Kosmos verbunden ist und entsprechende Krafteinwirkungen ausüben kann. In der Schrift „Von den Problemen der Seele" (IV 4 [28] 41,3 ff.) hat Plotin diesen Gedanken am Beispiel der Leier erklärt: „Die Fernwirkung des Zauberers ist durch die Harmonie des Alls zu erklären. Es ist wie eine gespannte Saite, die unten gezupft wird, sich dann auch oben bewegt; oft hat sogar eine Saite auf der Leier, wenn auch nur die andere gerührt wird, gleichsam Bewußtsein davon infolge des Gleichklanges, weil sie auf dieselbe Harmonie gestimmt ist." Dem Zauberer ist also eine Wirkungsmöglichkeit gegeben, weil er in einem Sympathiezusammenhang innerhalb eines Kräftefeldes steht. Zauberei ist für Plotin eine physikalische und nicht eine psychische Angelegenheit. Freilich besteht zwischen Plotin und seinen Nachfolgern ein gravierender Unterschied. Porphyrios, der Schüler Plotins, hat damit begonnen, Zauberei auch soteriologisch für die Rettung der inkarnierten Seele nutzbar zu machen. Plotin hatte dies grundsätzlich ausgeschlossen. Nach ihm konnte sich Zauberei nur innerhalb der Harmonie des wahrnehmbaren Kosmos ereignen, also innerhalb des Bereiches, den die auf Entfaltung ihrer Wirkungskraft (Energeia) bedachte Seele ausfüllt; diesen Bereich nennt Plotin bekanntlich Physis (s.o. S. 47). Ihren Aufstieg zu Gott kann die inkarnierte Seele bei Plotin nur dadurch in Gang setzen, daß sie sich in der Theoria, im Philosophieren, auf die intelligible Welt des Geistes und des Einen besinnt; dieser Bereich befindet sich aber außerhalb der Physis, außerhalb auch des durch Sympathie zusammengehaltenen Weltganzen. Insofern reicht der in diesem Weltzusammenhang sich ereignende Zauber nicht aus, die Seele in ihrem Aufstieg zum Einen zu befördern. In (IV 4 [28] 43,16) hat Plotin diesen Gedanken deutlich formuliert: „Denn alles, was auf ein anderes hingewendet ist, unterliegt der Bezauberung durch ein anderes; denn das, worauf es gerichtet ist, das bezaubert und bannt es; und allein das, was auf sich selbst hingewendet ist, ist frei von Bezauberung. So unterliegt jegliches Handeln der Zauberei und das ganze Leben des handelnden Menschen... (44,1): Übrig bleibt alleine die Betrachtung (Theoria) als unverzauberbar. Denn niemand, der auf sich selbst hingewendet ist, (sc. dies ist die intelligible Substanz der inkarnierten Seele) unterliegt der Zauberei." Es ist klar zu ersehen, daß Plotin die Bedeutung der Magie in seiner Zeit nicht verkannt hat, wohl aber hat er ihr deutliche Grenzen gesetzt: Magie ist nur möglich innerhalb des kosmischen Sympathiezusammenhanges und der in ihm wirkenden Kräfte; nicht aber reicht sie an den intelligiblen Bereich des wirklichen Seins heran und ist daher auch nicht geeignet, die Heilung der menschlichen Seele zu unterstützen. Wir werden sehen, daß Porphyrios und Jamblich diese magische Grenze überschritten haben.[21]

## Die Einzelseele des Menschen

### a) Die ontologische Situation des Menschen

Aus der Weltseele stammt die Einzelseele, die in der Inkarnation eine Verbindung zum Körper eingeht. Nach Plotins Vorstellung spricht sich die Aktualität (Energeia) der Gesamtseele in der Einzelseele aus; diese ist ihrerseits nur insofern Teilseele, als sie aus dem Ganzen herausgetreten ist und sich mit dem Schattenbild (Eidolon) des Körpers verbunden hat; von ihm kann sie sich auch wieder lösen und geht dann als Einzelseele wieder in der Weltseele auf. In (VI 4 [22] 16,28 ff.) heißt es: „Während die Seele dem ganzen geistigen Kosmos angehört und in diesem Ganzen ihr Teilsein birgt, springt sie gleichsam hervor aus diesem Ganzen in einen Teil hinein, den sie aktualisiert[22] und der dabei ein Teil ihrer selbst ist. (Es folgt bei Plotin ein Vergleich mit dem Feuer, das auch als kleines, abgeteiltes Feuer die Kraft des Ganzen besitzt)..." „es ist nämlich die Seele, wenn sie vom Niederen abgetrennt bleibt, als *einzelne nicht einzeln;* wenn sie aber sich absondert, nicht räumlich, sondern durch Aktualität (Energeia) zum Einzelnen wird, so ist sie ein Teil und nicht das Ganze."

Die menschliche Seele, also die an den Körper gebundene, inkarnierte Einzelseele, ist zwar von der gleichen Art wie die Weltseele (IV 3 [27] 1,22 ,homoeides'), aber dennoch als Teilseele von ihr getrennt. Sie hat jedoch die Möglichkeit, sich wieder aus dieser Trennung zu lösen und durch Rückbesinnung die Einheit der Weltseele und darüber hinaus mit dem Geist und schließlich dem Einen zurückzugewinnen. So ist der Mensch das einzige Lebewesen, welches aus der abgestuften Hypostasenreihe ausbrechen kann und die Möglichkeit besitzt, sowohl sich nach unten in die Körperwelt als auch nach oben in die Welt des Geistes zu wenden; darin liegen seine ethischen Möglichkeiten begründet.[23]

Den Abstieg der Einzelseelen in die Körperwelt hat Plotin in vielfältiger Weise erläutert und umschrieben. Der Abstieg ist freiwillig (VI 9 [9] 3,7; IV 8 [6] 5,26); er geschieht aus Mutwillen zum Schlechteren hin (V 2 [11] 1,26); er kann bis zum Tier und zur Pflanze gehen: die Pflanze ist der Seele „verwegenster und unbesonnenster Teil, der bis zu dieser Tiefe sich herabgewagt hat". Die Seelen steigen in die Körperwelt hinab, weil sie sich selbst gehören wollen. (V 1 [10] 1,3:) „Nun der Ursprung des Übels war ihr Fürwitz (tolma), das Eingehen ins Werden, die erste Andersheit, auch der Wille, sich selbst zu gehören." Ähnlich (IV 4 [28] 3,2), wo die Seele das Bedürfnis hat, etwas anderes zu sein als der Geist. Neben dieser voluntaristischen Erklärung gibt Plotin für die Katabasis der Seele aber auch eine Erklärung, welche in der Ontologie seines Systems gründet. In (IV 8 [6] 6,8ff.) heißt es, daß die Vielfalt der Erscheinungen nicht zustande käme, wenn das Eine (und die intelligiblen Hypostasen) in sich beharrten ohne sich mitzuteilen. Jedem Wesen wohnt das Bestreben inne, das Nachgeordnete hervorzubringen und sich so zu entfalten. Freilich ist solche Hervorbringung, wie oben gezeigt, nicht eine Minderung des Hervorbringenden. Sie geschieht, „wobei jedoch die obere Stufe stets an dem ihr eigenen Ort verharrt und das Niedere nur gleichsam aus sich gebiert vor übergewaltiger Kraft, deren Fülle es in sich trägt, und die es nicht in den Schranken der Kargheit zurück-

halten durfte" (IV 8 [6] 6,11ff.). Aus anderer Perspektive wird der gleiche Gedanke (IV 8 [6] 1,46ff.) beleuchtet: Gott hat die Seele ins All und zu jedem Einzelnen von uns gesandt, damit alle Arten der Wesen, die sich in der geistigen Welt befinden, auch in der wahrnehmbaren Welt vorhanden seien.

Die Inkarnation der Einzelseele hat Plotin gerne im Rückgriff auf Platons Phaidros (246 C 2; 248 C 8) als eine Entfiederung der durch den Fall in die Leiblichkeit geratenden Seele dargestellt (VI 9 [9] 9,24; IV 8 [6] 1,37) oder als Verbannung begriffen. Entsprechend ist der Philosoph, der sich in seiner Seele wieder auf die intelligiblen Substanzen besinnt, „beflügelt" (I 3 [20] 3,2).

Aus diesen Darstellungen ergibt sich für die Sicht Plotins auf die inkarnierte menschliche Seele: Der Mensch ist bei der Inkarnation einerseits abgesunken aus dem Ganzen der intelligiblen Hypostasen; andererseits ist seine Verbindung zu den Bereichen des Geistes nie abgerissen. Die mit dem Leib zusammengetroffene Seele ist substantiell identisch mit der Weltseele, mit dem Geist, und trägt immer noch etwas Göttliches in sich; eben darin liegen die Möglichkeiten der menschlichen Seele, und darauf fußt Plotins Ethik sowie seine Mystik, die eine Überhöhung der Ethik darstellt.

## b) Ethik

Die menschliche Seele, welche die unterste Stufe der geistigen Welt ist und die oberste der Dinge im sichtbaren All (IV 6 [11] 3,6ff.), die als „Amphibion" in beiden Welten sich bewegt (IV 8 [6] 4,31), ist zwar in die Welt des Werdens aufgrund eines Verlangens gesunken, aber der in ihr eingeborene Eros verlangt mit Naturnotwendigkeit nach Gott (VI 9 [9] 9,26ff.). Diesen Eros zu verwirklichen, darin besteht ihre eigentliche ethische Aufgabe, und die Stufen dieses Aufstiegs sind der Inhalt der plotinischen Ethik: Reinigung der Seele von allem Leiblichen, Besinnung auf die intelligible Substanz der Seele und schließlich als Überhöhung und Vollendung, der mystische Akt, der sich eigentlich erst bei der völligen Loslösung der Seele vom Leib vollzieht, aber in besonderen, begnadeten Fällen sich auch dann in einem Augenblick ereignen kann, wenn es der inkarnierten

Seele gelingt, die Leiblichkeit zu vergessen und abzustreifen.

In seiner Schrift „Über die Tugenden" (I 2 [19]) scheidet Plotin zwei Arten von Tugenden: die politischen und die höheren. Die „politischen Tugenden" vollziehen sich im mitmenschlichen Dasein, setzen den Affekten Grenze und Maß, beseitigen falsche Meinungen und machen insgesamt den Menschen besser (I 2 [19] 2,15ff.); sie tragen jedoch nur die Spur des jenseitigen obersten Guten in sich, daher ist ihre Wirkungsmöglichkeit begrenzt. Die „höheren Tugenden" sind die kathartischen Tugenden, welche die Seele vom Körperlichen reinigen. Sie setzen die Seele instand, sich auf ihre Abkunft aus der intelligiblen Welt zu besinnen, und sie vollziehen sich geradezu in solcher Besinnung. Daher kann Plotin sagen „alles ist innen" (III 8 [30] 6,40), oder die Aufforderung aussprechen „folge nach innen" (I 6 [1] 8,4).

Gelegentlich wird diese Selbstbesinnung auch als Flucht (nach Platon Theaitet 176 B1) aus dieser Welt aufgefaßt. So heißt es (I 6 [1] 8,16) in der Aufnahme eines Verses aus der Ilias (2,140 und 9,27) „so laßt uns fliehn ins geliebte Vaterland... und worin besteht diese Flucht? Wir werden in See stechen wie Odysseus von der Zauberin Kirke oder von Kalypso, wie der Dichter sagt, und verbindet damit, wie ich meine, einen geheimen Sinn... dort nämlich ist unser Vaterland, von wo wir gekommen sind, und dort ist unser Vater."[24] Da die noetische Substanz in der Seele, auf die der Mensch sich beim Vollzug der karthartischen Tugenden besinnt, in Wirklichkeit dem Geist und dem Einen verwandt ist, dieser aber mit Gott gleichgesetzt wird, kann Plotin ohne Hybris den für moderne und christliche Ohren unangemessen klingenden Satz formulieren: „Ziel ethischer Bemühung ist es nicht, frei von Fehl zu sein, sondern Gott zu sein" (I 2 [19] 6,3).[25] Die Seele strebt in solchem ethischen Bemühen nach Gleichwerdung mit dem Göttlichen, und der Weg führt für Plotin durch das „Sich selbst Erkennen"; dieser Besinnung vorangehen muß die Loslösung vom Körper. Dies meint der bekannte Satz (I 6 [1] 9,31): „Kein Auge könnte je die Sonne sehen, wäre es nicht sonnenhaft, so sieht auch keine Seele das Schöne, welche nicht schön geworden ist. Es werde also zuerst einer ganz gottähnlich und ganz schön, wer Gott und das Schöne schauen will."

Die plotinische Mystik, ein Akt der Vereinigung mit dem Göttlichen, ist gegenüber der Philons von Alexandrien, den hermetischen Schriften, aber auch gegenüber dem Mittelalter durch zwei Kennzeichen unterschieden: Die mystische Vereinigung und Vollendung der Seele ist ein *Aufstieg* der Seele zu ihrer eigenen geistigen Substanz. Die Vereinigung mit dem Göttlichen wird nicht dadurch erreicht, daß das Göttliche sich gnadenvoll zum Menschen herabneigt, sondern sie ist eine ethische Leistung des Menschen selbst; zum anderen negiert die plotinische Ekstase nicht das menschliche Wissen, sondern überhöht es. Menschliches Denken ist Vorbereitung zu solcher Vereinigung, und die Besinnung auf den Nous ist die Voraussetzung. Insofern ist gerade der Philosoph – und eigentlich nur der Philosoph – geeignet, die „Entfiederung" beim Fall der Seele in die Leiblichkeit durch sein Denken wieder rückgängig zu machen (I 3 [20] 3,2). Die Philosophie ist Grundlage und Voraussetzung der Mystik, nicht aber ein zweiter Weg neben der Mystik.[26]

Zum Schluß sei noch auf einen Text hingewiesen, in dem Plotin selbst den Eintritt solch mystischer Vereinigung mit dem Göttlichen geschildert hat. Porphyrios hat in der Vita Plotini (23, 14ff.) berichtet, dem Meister sei es in der Zeit ihrer Bekanntschaft viermal gelungen, eine solch mystische Vereinigung mit dem Göttlichen zu erreichen. Plotin hat diese Vereinigung (IV 8 [6] 1,1) folgendermaßen beschrieben: „Immer wieder, wenn ich aus dem Leib aufwache zu mir selbst, lasse ich das andere hinter mir und trete ein in mein Selbst, dann sehe ich eine wunderbar gewaltige Schönheit und vertraue, in solchem Augenblick ganz eigentlich zum höheren Bereich zu gehören; dann verwirkliche ich höchstes Leben, bin eins mit dem Göttlichen und auf seinem Fundament gegründet; denn ich bin gelangt zur höheren Wirksamkeit und habe meinen Stand gegründet hoch über allem, was sonst geistig ist." Die plotinische Mystik gründet in den ontologischen Gegebenheiten und der Stellung der menschlichen Seele auf der Grenzlinie zwischen intelligibler und wahrnehmbarer Welt; der mystische Akt ist sozusagen die Heimholung der Seele zu Gott, nicht aber durch Gottes Gnade, sondern durch die philosophische Anstrengung des Menschen geleistet, und er unterliegt niemals Einflüssen, die außerhalb der intelligiblen Welt stammen. Insofern wird klar, warum Magie und auf den wahrnehmbaren Kosmos beschränkte Zauberei keinerlei Hilfe für den Aufstieg der Seele darstellen können. Darin unterscheidet sich Plotin grundlegend von seinen Nachfolgern.

## c) Metempsychose

Mit einem kurzen Wort sei auf die Seelenwanderung eingegangen. In einer eigenen Schrift: „Über die Unsterblichkeit der Seele" (IV 7 [2]) hatte Plotin dieses Problem ausführlich behandelt. Da die Seele kein Körper ist und nicht zusammengesetzt ist, vielmehr dem Göttlichen verwandt ist und damit primär lebt, ist nicht nur die Weltseele, sondern auch die Einzelseele des Menschen unsterblich; ja sogar für Tier- und Pflanzenseelen hat Plotin dies postuliert. Der Körper andererseits ist sterblich (III 6 [26] 6) und seine Wiederauferstehung unmöglich. Da aber nicht alle Seelen bei der Lösung vom Körper ihre Neigung zum Niederen getilgt haben, verbinden sie sich in einer Metempsychose wieder mit einem Körper, der ihrer Neigung entspricht.

Der Archetypos, auf den die Neuplatoniker sich bei der Darstellung der Wiedereinkörperung der Seele bezogen, ist im Schluß von Platons „Staat" gegeben. Dort erzählt am Ende des X. Buches der Armenier Er, daß die Toten im Jenseits die Gestalten wählen, die den Gewohnheiten ihres früheren Lebens entsprechen (Platon, Rep. 620 A ff.). So wird die Seele des Sängers Orpheus zum Schwan, die Seele des Telamoniers Aias zum Löwen, Agamemnon zum Adler, die Seele des Spaßmachers Thersites zum Affen. Menschen werden zu Tieren, und Tiere haben die Möglichkeit, zu Menschen zu werden: „Ungerechte in wilde, Gerechte in Zahme." Diese Platonstelle ist Gegenstand zahlreicher Kontroversen im Platonismus gewesen.[27] In unserem Zusammenhang sei nur darauf verwiesen, daß Plotin die ganze Skala der Möglichkeiten einer Metempsychose vertreten hat: die menschliche Seele kann in die Gestalt anderer Menschen,[28] der Tiere, aber auch der Pflanzen sich umwandeln. Die Seele nimmt nach der Loslösung vom Körper die Gestalt an, die ihrem Handeln und Verhalten während der Zeit der Inkarnation am meisten entspricht. (VI 7 [38] 6,17): „Jeder entspricht in seinem Sein demjenigen Menschen, nach dessen Richtschnur er sich betätigt." Die Energeia der menschlichen Seele hat den ganzen Bereich zwischen Mensch, Tier und Pflanzen zu wirken und wird sich den entsprechenden Körper bei der Wiedereinkörperung wählen.[29] Porphyrios und Jamblich, die Nachfolger Plotins, haben dagegen die Wanderung in Tierleiber für die menschliche Seele abgelehnt, ebenso wie Ammonios Sakkas dies schon vor Plotin getan hatte.[30]

## d) Physiologie

Empfindungsfähigkeit, Affektion und Erinnerungsvermögen der menschlichen Seele entstammen alle dem Beisammensein von Leib und Seele, dem „Synamphoteron". Plotin führt (IV 44 [28] 19 ff.) aus, wie die jeweilige Affektion (Pathos) im Leibe stattfindet, aber das Bewußtsein davon (Gnosis) durch die Wahrnehmungsseele, welche sich in der Nähe des Leibes befindet, geschieht. Allein die Verbindung von Leib und Seele vermag das Bewußtsein der Affektion zu realisieren. Dennoch hat Plotin auch das Problem gesehen, daß die Seele durch solche Einbindung in den Körper der ihr substantiell eignenden Apatheia beraubt wird. Er hat daher aus der Seele sozusagen eine weitere, vierte Hypostase entstehen lassen, ein Abbild der Seele (Eidolon I 1 [53] 8,18), ein Lichtstrahl, den die Seele in die Körperwelt aussendet als Schatten (IV 4 [28] 18,7) oder Spur (IV 4 [28] 15,15) ihrer selbst. „Nun, das Gesamtwesen (sc. aus Körper und Seele) kann in dem Sinne Träger der Wahrnehmung sein, daß die Seele, indem sie dem Leibe beiwohnt, nicht sich selbst in einer bestimmten Beschaffenheit in das Gesamtwesen (Synamphoteron) oder den anderen Partner hineingibt; sondern aus dem Leib von einer bestimmten Beschaffenheit, dazu aus einer Art von Lichtstrahl, den sie dargibt, bringt sie das Lebewesen als eine neue Wesenheit hervor, und diese neue Wesenheit ist Träger der Wahrnehmung und aller anderen Affektionen, die dem Lebewesen zugeschrieben werden."[31]

An der Wahrnehmungslehre zeigt sich die gleiche Tendenz, die Plotins Ontologie insgesamt bestimmt: Die durch Leiblichkeit und Materie unanfechtbare Stellung der geistigen Welt muß gewahrt werden, zugleich aber die Verbindung geschaffen werden zwischen dieser unaffizierten Welt und einer der Wahrnehmung und des sinnlichen Seins. Diesem Übergang dient die hierarchische Struktur der intelligiblen Hypostasen, und analog dazu hat Plotin an der Nahtstelle zwischen körperlichem und geistigem Sein noch eine abgeblaßte Spur der Seele angesetzt; man könnte sagen, daß diese „Seelenspur" in dem Verhältnis zur Einzelseele steht, wie die Einzelseele zur Allseele. Diese differenzierte Abstufung macht schließlich den notwendigen Übergang von der Welt des reinen Geistes zu der Welt der Wahrnehmung und des Werdens möglich (vgl. dazu I 1 [53] Kap. 8).

*Zusammenfassung:* Plotins große Leistung in der Geschichte der Philosophie besteht darin, ein umfassendes philosophisches System entwickelt zu haben, in dem Gott, Kosmos, Mensch und wahrnehmbare Welt in hierarchischer Stufung jeweils ihren Platz haben. Die Seelenlehre dient in diesem Weltgebäude dazu, den Übergang von der intelligiblen zur wahrnehmbaren Welt zu ermöglichen. Die Lehre von der Einzelseele wird der Mittelstellung des Menschen gerecht. Wenn auch die Darstellung der Ontologie der Kernpunkt plotinischer Lehre ist, so hat er dennoch nicht darauf verzichtet, den Heilsweg der inkarnierten menschlichen Seele vorzuzeichnen; freilich ganz in Übereinstimmung mit den Gegebenheiten seines philosophischen Systems. An die Seite der Metaphysik trat somit die Psychologie, in der die Stellung der Seele im Kosmos und ihr Ziel, die Rückkehr ins Vaterland, aus dem sie stammte, dem Menschen vorgestellt wurde. Solche Rückkehr läßt sich nach Plotin nur auf dem Weg der Philosophie, des denkenden Besinnens auf die eigene Abstammung, verwirklichen. Weder helfen Offenbarungsglaube noch Riten praktischer Frömmigkeit. Diese Wege sollten erst von den Nachfolgern Plotins eröffnet werden, als die Psychologie vorrangig zu einer Psychagogie wurde.

## 3. Die Nachfolger Plotins: Porphyrios, Jamblich, Proklos

Für Porphyrios und die nachfolgenden neuplatonischen Philosophen bestand das Grundproblem aller Psychologie darin, den rechten Weg zu finden, wie die inkarnierte Seele wieder zu ihrem göttlichen Ursprung gelangen könne. Im einzelnen haben alle diese Nachfolger Plotins mehr oder weniger große Änderungen am philosophischen System, an der Stellung der Seele, ihrer Unabhängigkeit und ihrer Mitteilfähigkeit an niedere Hypostasen vorgenommen; im grundsätzlichen Ansatz der Seelenstufe als einer Hypostase, die sich zwischen intelligiblem und materiellem Bereich befindet, sind sie jedoch alle Plotin gefolgt, und alle sind dadurch gekennzeichnet, daß die Psychagogie, der Weg zu Gott ihr eigenstes Thema ist. Das Heilsbedürfnis hat mit fortschreitender Entwicklung des Neuplatonismus immer nur zugenommen. So wurde diese Frage und ihre Beantwortung zu einer dringlichen Aufgabe der Philosophen. Es soll im folgenden kurz auf diesen Aspekt eingegangen werden.

In der Ontologie hat Porphyrios gegenüber Plotin betonter die Polarität zwischen Sein und Nichtsein hervorgehoben. Die menschliche Seele hat er als eine mittlere Seinsstufe angesetzt.[32] Aus diesem Ansatz heraus kommt der Willensentscheidung des Menschen besonderes Gewicht zu; jede Hinwendung zum Höheren oder Niederen ist ein bewußter Willensakt des Menschen.[33] In der Seele finden Denken und Wahrnehmen statt: Denken ist ein Zurückkehren der Seele in sich selbst; Wahrnehmung dagegen eine Anregung von außen, welche über die Affektion der Sinnesorgane geschieht (Porphyrios, Sententiae 16). Dieser Affektion der Sinnesorgane bei der Wahrnehmung entspricht beim Denken der Vorgang der Phantasie.[34] Die Phantasie ist angesiedelt im sogenannten Pneuma der Seele, welches sie beim Abstieg durch die Planetensphären wie einen Mantel um sich gesammelt hat, und das sie beim Aufstieg wieder abstreifen wird.

Die seltsame Lehre vom Pneuma ist eine Eigenheit des Porphyrios, der damit auf die Tradition der sogenannten Chaldäischen Orakel zurückgriff. Die Chaldäischen Orakel

waren eine abgesunkene populäre Heilslehre
aus dem 2. Jahrhundert n. Chr., welche pla-
tonisierende Brocken verarbeitet hatte. Proklos bezeugt in seinem Timaioskommentar
(in Tim. III 234,26 ff. Diehl), daß Porphyrios
mit dieser Lehre den Chaldäischen Orakeln
folgte. Das Pneuma kann definiert werden
als ein Körper, der aber verbunden ist mit der
intelligiblen Natur der Seele. So setzt Porphyrios sogar einen lichtartigen Körper der
Weltseele in Analogie zur Einzelseele an.
Solches Pneuma hat die Seele beim Abstieg
in die Leibeswelt im Durchgang durch die
verschiedenen Planetensphären gesammelt
und wie einen Mantel um sich gelegt.[35] Im
Pneuma sammelt sich die Phantasia an, die
zum Denkakt notwendig ist, aber die Seele
nimmt im Pneuma auch die Leidenschaften
(cupiditates) aus den einzelnen Planetensphären auf und trägt sie daher an sich. Da
das Pneuma zu verstehen ist als eine Zwi-
schenstufe zwischen intelligibler und materieller Welt, trägt es auch Kennzeichen aus
beiden Welten an sich. Für den Aufstieg der
Seele kommt ihm eine besondere Bedeutung
zu.

Plotin hatte den Zauber als eine Möglichkeit, zur Vereinigung mit dem Göttlichen zu
kommen, kategorisch ausgeschlossen; die intelligible Welt war ihm schlechthin unverzauberbar.[36] Porphyrios gesteht immerhin diesen magischen Praktiken, die man nun
sublimiert „Theurgie" nennt,[37] einen gewissen Raum zu. Er beschränkte die Möglichkeit der Theurgie darauf, daß sie lediglich
diesen pneumatischen Bereich der Seele in
gewisser Weise reinigen könne. Augustinus
hat in den Fragmenten aus der Schrift des
Porphyrios „Über die Rückkehr der Seele"
(de regressu animae) einige Gedanken erhalten: Die pneumatische Seele, die „spiritalis
anima" wie Augustinus sie nennt, wird durch
die Theurgie befähigt, Geister und Engel in
sich aufzunehmen und damit ein Stück auf
dem Wege zu Gott zurückzulegen. Die Seele
kann so bis zu den Himmelssphären aufsteigen.[38] Es ist leicht erklärlich, wieso die
Theurgie nicht den vollen Aufstieg der Seele
leisten kann und ihre Wirksamkeit bis zu den
Sphären beschränkt bleibt. Theurgie ist Zauberei und Götterzwang, sie bleibt daher an
die Materie gebunden, kann sich aber von ihr
ein Stück sublimieren. Da die Theurgie an

diese sublimierte Materie des Pneumas gebunden bleibt, kann ihre Wirksamkeit auch
nur so weit reichen, wie das Pneuma selbst
anzusiedeln ist, nämlich bis zu den Sphären.
Auch bei Porphyrios geschieht die eigentliche und vollendete Rückkehr der Seele in der
Theoria, im philosophischen Denken, in dem
die Seele sich auf sich selbst und auf ihre Herkunft besinnt und so den Aufstieg vollendet.

Daß Porphyrios magische Praktiken, wenn
auch vorsichtig, zuließ, um die Heilung der
menschlichen Seele zu befördern, mag wie
ein Sakrileg an Plotins Haltung in dieser
Frage aussehen, es ist aber zu bedenken, daß
eben im dritten Jahrhundert der „heidnische" Platonismus durch das Christentum
schon in Bedrängnis geriet; so war die Rücksichtnahme auch auf volkstümliche religiöse
Vorstellungen geeignet, ein unphilosophi-
sches Publikum zu erreichen. Dem Bericht
bei Augustinus[39] sieht man geradezu noch an,
wie Porphyrios mit sich gerungen hat, wie
weit er solchen magischen Praktiken Einfluß
in die Philosophie Plotins gewähren dürfe. Er
machte schließlich diese Konzession, weil
auch ihm die soteriologisch-religiöse Wirkung der Philosophie von großer Wichtigkeit
erschien.

Jamblich, der Schüler und permanente
Kritiker des Porphyrios, ist den Weg, den der
Meister tastend betreten hatte, energisch
weiter gegangen. Die Schrift „Über die Mysterien der Ägypter"[40] stellt die eigentliche
theoretische Begründung der Theurgie dar.
Neben dem philosophischen Weg der Selbstbesinnung tritt nun die magisch-theurgische
Handlung, die dem Adepten dieser Geheim-
lehre den Aufstieg bis sogar in göttliche Regionen ermöglicht. Der theurgische Akt
stützt sich auf materielle Unterpfänder (Synthemata, Symbola), welche geneigte Götter
in den Kosmos hineingegeben haben, damit
dem Menschen sozusagen ein göttlicher Leitfaden, ein Seil[41] für den Aufstieg der Seele zu
Gott an die Hand gegeben wird.[42] Für diese
großzügige Benutzung der Theurgie hat
Jamblich in seiner Ontologie die Voraussetzung geschaffen, indem er zwischen dem
Höchsten und dem Niedrigsten ein immer
feinmaschigeres Netz von ontologischen
Hierarchien gezogen hat. So hat er insbesondere die Trennung der Seele vom Nous deut-

licher als Plotin betont. Dieser hatte (VI 1 [10] 10,10ff.) gelehrt, daß bei der Inkarnierung die menschliche Seele nicht ganz absinke, es bleibe vielmehr ein Teil ihres Wesens immer in der geistigen Welt. Dadurch war auch für die inkarnierte Seele, die in der materiellen Welt lebt, immer die Rückkehr zu Gott offen; sie brauchte sich nur im philosophischen Denken auf ihre eigene Abkunft zu besinnen. Wenn Jamblich, wie nach ihm auch Proklos (Inst. theologica § 211), lehrte, die Seele löse sich bei der Einkörperung ganz vom Nous, war es klar, daß zugleich auch nicht alleine der Weg der Selbstbesinnung die Rückkehr eröffnen konnte. In dieser Lücke nistete sich die Theurgie ein, um mit Hilfe göttlicher Ingredienzien, die sich im Kosmos finden, auf magische Weise die Rückkehr zu ermöglichen.[43]

Jamblich ist in seiner Soteriologie so weit gegangen wie niemals ein Platoniker vor ihm: Für Plotin und Porphyrios war es kennzeichnend, daß der Mensch selbst seinen Seelenaufstieg ins Werk setzte; die Loslösung vom Körper und die Rückbesinnung auf die intelligible Welt waren ethische Leistungen, die der Mensch selbst vollbrachte. In seiner Begründung der Theurgie ist Jamblich einen Schritt über diese von den Platonikern immer eingehaltene Grenze hinausgegangen, indem er die Rettung der menschlichen Seele auch vom göttlichen Willen abhängig machte. In de mysteriis Aegyptiorum (II 11, p. 97, 15 ff.) hat er darauf hingewiesen, daß die in der Theurgie verwandten göttlichen Zauberinggredienzien (Synthemata) in der Lage seien, den göttlichen Wille aufzuwecken. Hier tut sich für die menschliche Seele plötzlich ein Heilsweg auf, den Plotin niemals zugelassen hätte; bei Plotin war allein die in der menschlichen Seele verbliebene intelligible Substanz in der Lage, das Heil und die Rückkehr der Seele zu gewährleisten. Bei Jamblich dagegen haben die Götter selbst von sich aus dem Menschen sozusagen ein Seil für den Aufstieg hinabgelassen, sie haben einen Gnadenakt gesetzt. In De myst. (I 12 p. 41,4) heißt es, daß die Götter wohlwollend und gnädig dem Theurgen ihr Licht gewähren und seine Seele zur Vereinigung zu sich hinaufrufen.[44]

Nun muß man freilich darauf hinweisen, daß dieser theurgische Heilsweg der Seele bei Jamblich und später auch bei Proklos nichts anderes ist als eine Alternative zum philosophischen Weg der Theoria. Die Theurgie ersetzt nicht das philosophische Denken, sondern stellt einfach einen eher volkstümlichen zweiten Weg des Heils der Seele dar; zu ihm war der Neuplatonismus durch die Konkurrenzsituation des Christentums gezwungen, und die Gnadenlehre des Jamblich trägt der Erlösungssehnsucht seiner Zeit geschickt Rechnung.

Nachdem Plotins Ansatz auf diese Weise unterlaufen war, hatten sich Tür und Tor für die Magie geöffnet; sie konnte jetzt als ein soteriologischer Akt angesehen werden. Sicher blieben die Neuplatoniker bis hin zu Proklos und Damaskios seriöse Philosophen, nicht zuletzt zeigen die Kommentare, die Proklos und andere zu den platonischen Dialogen verfaßten, daß hier unter Einbeziehung der ganzen Tradition ernsthaft philosophiert wurde; dennoch sind die Akzente der Theurgie seit Jamblich nie wieder verschwunden. Die Lebensbeschreibung, welche Marinos von Proklos gegeben hat, zeigt uns nicht nur den spekulativen, enzyklopädisch gebildeten Philosophen, sondern auch den Wundermann Proklos. Die Vita Isidori, die der letzte Scholarch der Athener Akademie Damaskios verfaßte, wirft ein bezeichnendes Licht darauf, wie weit das soteriologische Bedürfnis die Philosophen des 5. und 6. Jahrhunderts n. Chr. auf der Suche nach dem Heil der Seele in die Magie getrieben hatte.[45]

## 4. Ausklang

Allen Neuplatonikern gemeinsam ist die Auffassung, daß die Seele an der Nahtstelle zwischen geistiger und wahrnehmbarer Welt steht. Unterschiedlich ist der Ansatz, wie weit die Seele bei der Einkörperung sich aus den geistigen Bereichen entfernt, und mit welchem Grad von Selbständigkeit sie in der Welt steht und mit der Materie konfrontiert ist. Von der christlichen wie mancher modernen Auffassung ist die neuplatonische Seelenlehre vor allem dadurch geschieden, daß nicht die Seele, sondern die Materie als das Prinzip der Individuation angesehen wird.

Auch der im modernen Sinn breite Raum, der in die Psychologie die Gefühls- und Gemütsverfassung des Menschen einbezieht, liegt außerhalb der neuplatonischen Seelenlehre; insofern gibt es keine Psychotherapie, sondern nur eine Anleitung zum soteriologischen Denken, das eng mit der Ethik verknüpft ist. Psychische Grundhaltungen hat als erster vorsichtig Proklos berücksichtigt, aber auch hier wieder nur im Sinne der Voraussetzung für den Heilsweg der Seele. Im Kommentar zum platonischen Alcibiades (p. 51, 53 Westerink), in der Theologia Platonica IV 10 und im Timaioskommentar I (212, 21 Diehl) hat er Glaube (pistis), Wahrheit (aletheia) und Liebe (Eros) als die emporführenden Tugenden in der Seele des Menschen angesetzt, und damit im Grunde eine psychische Grundhaltung postuliert, die dem Menschen eignen müsse, wenn er außerhalb des Weges der Wissenschaft und der Philosophie die Vereinigung der Seele mit dem Göttlichen erreichen wolle. Hier zeichnet sich eine grundsätzlich religiöse Haltung ab, wie denn auch bei Proklos gerade das Gebet in eine besondere fördernde Rolle hineinwächst.[46]

Die Seelenlehre Plotins hat ihre eigene Renaissance bei Marsilio Ficino erlebt, freilich nur in einer Zeit, in der die Rücksichtnahme auf das fest verankerte Christentum einige grundsätzliche Änderungen erzwang. Ficino hat Erkennen und Wollen (intellectus und voluntas) als die beiden Flügel der Seele bezeichnet (Theologia Platonica, Bd. II 259, Marcel) und hervorgehoben, daß beide auf dem Wege der Erkenntnis zu Gott führen.

Auch Ficino bezeichnet die Vereinigung mit Gott als unio mystica; grundsätzlich von Plotin ist er aber dadurch geschieden, daß eben nur die Erkenntnis zu Gott führt und eine Vereinigung nicht den Bereich des Geistes überschreiten kann. Plotin hatte die Stufe des Einen vom Geist geschieden; Ficino begreift das Eine als Gott und den Geist als die Ideen Gottes. Die Vereinigung mit Gott kann bei ihm daher nicht anders geschehen als im denkenden Erkennen; sie vollendet sich im Geist und vermag ihn nicht zu transzendieren. Der letzte Grund dieser Divergenz liegt darin, daß der christlich orientierte Humanist nicht verschiedene Stufen von Göttlichkeit ansetzen konnte, wie noch Plotin und die nachfolgenden Neuplatoniker es getan hatten, als sie nach dem Einen den Nous postulierten. Die Vorstellung eines persönlichen Gottes verbot eine Vielfalt in göttlichen Hierarchien.

Plotin hat gelegentlich (IV 4 [28] 3,11) die Seele des Menschen als eine Grenzscheide bezeichnet; sie könne sich nach verschiedenen Richtungen wenden. Innerhalb seines ontologischen Systems hat er sie damit als zwei Welten zugehörig gekennzeichnet; aber es schwingt auch etwas von der Unfaßbarkeit der menschlichen Seele dabei mit, die jeder gelegentlich empfindet. Sie freilich hatte im 6. Jahrhundert v. Chr. schon Heraklit aus Ephesos so trefflich formuliert, daß wir seine Worte im 20. Jahrhundert noch begreifen:

*„Der Seele Grenzen*
*dürftest du nicht finden,*
*auch wenn du jeden Weg der Erde gingest,*
*so tiefen Sinn birgt sie in sich."*[47]

## Anmerkungen

[1] Sextus Empiricus, Pyrrh. hypotyposeis I 235
[2] Dazu im einzelnen viele Aufsätze in dem Sammelband H. Dörrie (1976), Platonica minora; ferner C. Zintzen (Hrsg.), Der Mittelplatonismus. Darmstadt: Wiss. Buchgesellschaft 1981
[3] Proklos, in Tim. I 340, 24 (Diehl)
[4] Eusebios Praep. Ev XI 1,2 = Fr. 1 der von des Places gesammelten Attikos-Fragmente (Paris 1977)
[5] Zur Psychologie jetzt das Buch von W. Deuse, Untersuchungen zur mittelplatonischen und neuplatonischen Seelenlehre. Wiesbaden: Steiner 1983

[6] Ein Grund für das Wiederaufleben des Platonismus im späten Mittelalter und der Renaissance war eben diese religiöse Note des Neuplatonismus. Petrarca und Ficino konnten nach dem Vorbild Augustins aus diesem Grunde eine Symbiose von „heidnischem" Platonismus und christlichem Dogma praktizieren
[7] Plotin IV 8 [6] 6,24: „So ist das vollkommen Schönste, das es im Bereich des Sinnlichen gibt, eine Offenbarung des vollendeten Guten im geistigen Reich, seiner Kraft und seiner Güte; verbunden ist auf ewig die gesamte Wirklichkeit, das geistig und das sinnlich Seiende, das Geisti-

ge, das aus eigener Kraft ist, und das Sinnliche, das unvergängliches Sein gewonnen hat durch Teilhabe an jenem, indem es nach Vermögen das geistige Sein nachahmt."

[8] Plotin V 6 [24] 6,14: „Wir behaupten, daß das Seiende und das Ansich jedes einzelnen und das wahrhaft Seiende ‚im geistigen Raume' ist, und tun das nicht nur darum, weil dieses Obere in seinem Wesen unverändert beharrt, während das andere fließt und nicht beharrt, alles, was in der Wahrnehmung ist.."

[9] Die Rückführung dieses Gedankens auf Platon, bes. Epist. II 312 E und den Parmenides zeigt E. R. Dodds, Class. Quart. 22, 1928, 133; dazu auch R. Schwyzer RE XXI 1 553f.

[10] Plotin V 1 [10] 8,23. ὁ δὲ παρὰ Πλάτωνι Παρμενίδης ἀκριβέστερον λέγων διαιρεῖ ἀπ' ἀλλήλων τὸ πρῶτον ἕν, ὁ κυριότερον ἕν, καὶ δεύτερον ἕν πολλὰ λέγων, καὶ τρίτον ἕν καὶ πολλά.

[11] Ähnlich Plotin VI 4 [22] 16,24ff.

[12] Plotin III 8 [30] 4,15ff.: ἡ μὲν λεγομένη φύσις ψυχὴ οὖσα, γέννημα ψυχῆς προτέρας δυνατώτερον ζώσης.

[13] Zu diesem Komplex vgl. Kristeller (1929) S. 13ff. und Deuse (1983) S. 123ff.

[14] Plotin VI 7 [38] 7,6ff.

[15] Platon, Phaidros 246 B 7: ψυχὴ πᾶσα παντὸς ἐπιμελεῖται τοῦ ἀψύχου.

[16] Plotin III 4 [15] 2,2: Πάντα δὲ οὐρανὸν περιπολεῖ (ψυχή), ... ἢ ἐν αἰσθητιῆ εἴδει ἢ ἐν λογικῷ ἢ ἐν αὐτῷ τῷ φυτικῷ.

[17] Mit Bezug auf Platon, Timaios 34 B 4. 39 D 6 Plotin IV 3 [27] 22,8ff.; ferner IV 7 [27] 4,7; V 5 [32] 9,29f.

[18] Dazu Deuse (1983) S. 124f.

[19] Vgl. Deuse (1983) S. 119ff.

[20] Plotin IV 9 [8] 4,10

[21] Dazu Zintzen (1965) und (1983)

[22] Plotin VI 4 [22] 16,30: εἰς ὃ ἐνεργεῖ ἑαυτῆς μέρος ὄν.

[23] Die Renaissance macht diesen Gedanken zu einem Fundament ihrer Ethik: Marsilio Ficino, Theol. Platonica Bd. II 256 (Marcel); Pico della Mirandola, De hominis dignitate p. 27; Landino. Disp. Camaldulenses p. 142,22 (Lohe)

[24] Das Bild von der Heimkehr ins Vaterland wurde ein gängiges Motiv z. B. auch in den griechischen Romanen, vgl. dazu R. Merkelbach, Roman und Mysterium in der Antike, München 1962. Index s.v. „Heimkehr" und „pater". Auch bei Landino kommt es vor, dazu C. Zintzen, Zur Aeneis-Interpretation des Cristoforo Landino, Mjb 20, 1985, bes. S. 206f.

[25] Selbst der Christ Ficino hat diesen Gedanken übernommen, Theol. Plat. Bd. II 249 (Marcel)... animi humani essentia... substantiam divinam induitur quasi recentem formam, per quam paene fit deus, per quam omnes operationes agit ut deus aliquis potius quam ut anima

[26] Im Unterschied zur plotinischen Mystik führt das Denken bei Ficino bis in das Zentrum Gottes selbst (vgl. dazu o. S. 56)

[27] Dazu H. Dörrie „Platonica minora (1976), 420-440

[28] Noch Ficino glaubte, daß in Pico della Mirandola, der ihn zur Übersetzung des Plotin aufforderte, die Seele Cosimos zu ihm spräche

[29] Vgl. dazu Deuse (1983) 125ff.

[30] Dazu Deuse (1983) 129ff.

[31] Vgl. R. Schwyzer RE XXI 1,556

[32] Porphyrios, Sententiae 5; Arnobius, adversus nationes II 31 und 62 wird die Seele als „media qualitas" nach Porphyrios bezeichnet. Vorbereitet ist der Gedanke bei Plotin IV 8 [6] 7,6, wo die Seele in einer μέση τάξις am unteren Rand der intelligiblen Welt und am oberen der wahrnehmbaren Welt angesiedelt ist. Übrigens zeigt der Poimander aus den hermetischen Schriften (Corp. Herm. I 11 Nock-Festugière) und ebenfalls der Asklepios (Corp. Her. II 306 Nock-Festugière) wie der Gedanke auch hier sich niedergeschlagen hat

[33] Ebenso ist der Wille des Menschen herausgestellt bei Proklos, in Tim. I 378,26ff. Dazu E. R. Dodds, Proclus, The Elements (1933-1963) p. 224

[34] Bei Proklos (in remp. II 52,6ff. Kroll und in Tim. I 248,7ff. Diehl) ist die „phantasia" das Abbild der „dianoia", wie die „aisthesis" das der „doxa" ist

[35] Arnobius, adv. nationes II 16 und Macrobius, comm. in somnium Scipionis I 12,13ff. (wo es p. 50,14 „amicitur" heißt). Den Niederschlag dieser Vorstellung im spätantiken Denken unter anderem in den Mithras-Mysterien beleuchtet R. Merkelbach, Mithras. Königstein/Ts.: Hain 1984, S. 237ff.

[36] Plotin IV 4 [28] 44,1

[37] Einfacher Zauber (Goetie) wird von Theurgie geschieden bei Jamblich, de mysteriis III 31 (dazu Cremer [1969] S. 25ff. Vgl. auch Proklos in Plat. theologiam II 9 p. 104f. Heliodor, Aethiopica III 16; Apuleius, de magia 26. Porphyrios, de regressu animae (bei Augustinus Civ. Dei X 9 p. 27*, 14 Bidez: ... (ars) quam vel magian vel detestabiliore nomine goetian, vel honorabiliore theurgian vocant.. Vgl. auch Oracula Chaldaica fr. 107 des Places

[38] Porphyrios, de regressu animae fr. 2, p. 27*, 21ff. Bidez; fr. 4 p. 32*, 21ff. Bidez; fr. 7 p 35*, 12ff. Bidez

[39] Augustinus, Civ. Dei X 9 fr. 2 p. 27*, 21ff. Bidez: Nam et Porphyrius quandam quasi purgationem animae per theurgian, cunctanter tamen et pudibunda quodammodo disputatione promittit...

[40] Jamblich, de mysteriis Aegyptiorum ed. des Places Paris: Budet 1966

[41] Damaskios, Vita Isidori fr. 3a p. 7, 6 (Zintzen) spricht von der Befestigung des Seiles der hin-

aufführenden Rettung: ἀναδήσασθαι τὰ πείσματα τῆς ἀναγωγοῦ σωτηρίας

[42] Jamblich, de mysteriis II 11 p. 96,13
[43] Dazu Deuse (1983) S. 233 ff.; Zintzen (1983) S. 317 ff. Dieser Ansatz wurde auch von Proklos übernommen, dazu R. Beutler RE XXIII 1 (1957) 234 ff.
[44] Jamblich, de myst. I 12 p. 41,6: (οἱ θεοί) εὐμενεῖς ὄντες καὶ ἵλεῳ τοῖς θεουργοῖς. Zu diesen Fragen jetzt grundlegend Beate Nasemann, Theurgie und Philosophie in Jamblichs de my-

steriis. (Beiträge zur Altertumskunde Bd. 11) Stuttgart 1990
[45] Vgl. im einzelnen den Kommentar in meiner Ausgabe der Vita Isidori des Damaskios (Hildesheim: Olms 1967)
[46] Dazu H. P. Esser, Untersuchungen zu Gebet und Gottesverehrung der Neuplatoniker. Diss. Köln 1967
[47] Heraklit B Fr. 45 (Diels-Kranz): ψυχῆς πείρατα ἰὼν οὐκ ἂν ἐξεύροιο, πᾶσαν ἐπιπορευόμενος ὁδόν· οὕτω βαθὺν λόγον ἔχει.

## Bibliographie

**Texte**

Jamblique (Jamblich) Les mystères d'Egypte, texte établi et traduit par Ed. des Places (1966). Paris: Budet
Plotins Schriften, übersetzt von R. Harder. Neubearbeitung mit griechischem Lesetext und Anmerkungen fortgeführt von R. Beutler und W. Theiler; 6 Bde in 11 Teilen (1956-1971). Hamburg: Meiner
Proclus, The Elements of Theology. A revised text with translation, introduction and commentary by E. R. Dodds (1933) 2. Aufl. 1963, Oxford: Clarendon Press

**Sekundärliteratur**

Bidez, J. (1913) Vie de Porphyre, le philosophe néo-platonicien. Avec les fragments des traités Περὶ ἀγαλμάτων et De regressu animae. Gent (Nachdruck Hildesheim: Olms 1964)
Cremer, F. W. (1969), Die Chaldäischen Orakel und Jamblich de mysteriis. Meisenheim a. Glan: Hain (Beiträge zur Klassischen Philologie 26)
Deuse, W. (1983), Untersuchungen zur mittelpla-

tonischen und neuplatonischen Seelenlehre. Mainz: Steiner
Dörrie, H. (1966), Porphyrios' Lehre von der Seele. In: Entretiens XII S. 165-187 (auch in Platonica minora [1976] München: Fink S. 441-453)
Geudtner, O. (1971), Die Seelenlehre der chaldäischen Orakel. Meisenheim a. Glan: Hain (Beiträge zur Klassischen Philologie 35)
Kristeller, P. O. (1929), Der Begriff der Seele in der Ethik Plotins. Tübingen (Heidelberger Abhandlungen zur Philosophie und ihrer Geschichte 19)
Zintzen, C. (1965), Die Wertung von Mystik und Magie in der neuplatonischen Philosophie. In: Rheinisches Museum 108, 71-100. (Überarbeitet 1974 auch in: Die Philosophie des Neuplatonismus hrsg. von C. Zintzen, Darmstadt: Wiss. Buchgesellschaft)
Zintzen, C. (1983), Bemerkungen zum Aufstiegsweg der Seele in Jamblichs De mysteriis. In: Platonismus und Christentum, Festschrift für Heinrich Dörrie hrsg. von H.-D. Blume und F. Mann (Jahrbuch für Antike und Christentum, Ergänzungsband 10). Münster: Aschendorff.

# „Noli Foras Ire, In Te Ipsum Redi"
## Augustinus über die Seele

*Wolfgang Kersting*

## 1. Einleitung: Augustins Traditionalität

*„Das Forschen der Philosophie teilt sich in zwei Fragen, in eine nach der Seele und eine nach Gott. Die erste bezweckt, daß wir uns selbst, die andere, daß wir unseren Ursprung kennenlernen. Dies ist die Ordnung der Bildung, die zur Weisheit führt und durch die jeder fähig ist, die Ordnung des Seins zu erkennen... Wenn die Seele sich an diese Ordnung hält..., betrachtet sie zuerst sich selbst. "*[1]

Die Erkenntnis der Seele, die mit der Explikation des Selbstgefühls der Lebewesen anhebt und in der epistemologisch privilegierten, Evidenz verbürgenden unmittelbaren Erfassung des Geistes durch sich selbst gipfelt, steht im Mittelpunkt des philosophischen Werkes Augustins. In zahlreichen Arbeiten, von den Cassiciacum-Dialogen nach der doppelten Bekehrung zu Neuplatonismus und Christentum bis zu den späten Schriften aus der Bischofszeit, ist Augustin der quaestio de anima nachgegangen und hat sich um eine genaue Beschreibung der Vermögen und der Wesensverfassung der Seele bemüht und ihren ontologischen Ort und Ursprung zu erhellen versucht.

Das erste große seelentheoretische Werk, in seiner neuplatonischen Argumentationsführung durch die Cassiciacum-Dialoge bereits vorbereitet, ist die 388 in Rom geschriebene Abhandlung „De quantitate animae", in der Augustin in einer breiten Auseinandersetzung mit der materialistischen Seelenkonzeption des Manichäismus und Tertullians die These von der Immaterialität der Seele verteidigt. Der bedeutsamste und systematisch anspruchsvollste psychologische Beitrag findet sich in Augustins philosophischem Hauptwerk „De trinitate", an dem er von 399 bis 419 gearbeitet hat. In diesem spekulativen Traktat entwickelt Augustin, motiviert vom Genesis-Wort von der Gottesebenbildlichkeit des Menschen, eine Seelenlehre, die die einzelnen Seelenfunktionen und -schichten trinitarisch auslegt und nach dem Maß ihrer strukturellen Ähnlichkeit mit der göttlichen Trinität ordnet; dabei erblickt er in der reinen Selbstbeziehung des Geistes aufgrund der hier herrschenden Identität von Erkenntnissubjekt, Erkenntnisobjekt und Erkenntnisbeziehung die reinste Ausprägung der göttlichen Dreipersonalität und bestimmt darum auch den selbsttransparenten menschlichen Geist als gottnächsten Teil der geschaffenen Welt und das Wertvollste im Menschen. Vervollständigt man nun die neuplatonische Selbstverständigung aus „De quantitate animae" und die geistesphilosophische Trinitätsspekulation aus „De trinitate" durch die lernpsychologischen Partien in „De magistro" und die Willenstheorie aus „De arbitrio libero", durch die Wahrnehmungskonzeption aus „De musica" und die berühmten Analysen des Gedächtnisses und des Zeitbewußtseins aus den „Confessiones", dann ergibt sich insgesamt ein beeindruckendes Bild von der seelisch-geistigen Innenausstattung des Menschen, das hinsichtlich seiner strukturellen Differenziertheit und seines Themenreichtums im platonisch-neuplatonischen Überlieferungszusammenhang seinesgleichen sucht und dessen Elemente dabei zum Teil in auffälliger Weise neuzeitlichen Denkmotiven nahekommen.

Bereits Arnauld hatte in seinen Einwänden gegen Descartes' „Meditationes" darauf hingewiesen, daß Augustinus, ein „homme de très grand esprit", das cartesianische cogito-Argument vorweggenommen habe und in seiner Abwehr des Skeptizismus der Neuakademiker wie der Autor der „Meditationes" durch Selbstanwendung des Zweifels zu infalibler Erkenntnis, zur Gewißheit der eigenen Existenz und des eigenen Denkens gelangt sei.[2] Und später hat dann die Geschichtsschreibung der Philosophie Augustin immer wieder als eine Art Proto-Descartes in die Genealogie neuzeitlichen Denkens und seiner transzendentalphilosophischen, phänomenologischen und existentialistischen Ausprägungen der neuzeittypischen Selbstvergewisserung einbezogen. So erblickt ein neukantianisches Philosophielehrbuch in Augustin „einen Urheber des modernen Denkens", der das „Prinzip der Selbstgewißheit des Bewußtseins" zur systematischen Mitte seiner Philosophie gemacht habe.[3] Und woanders ist zu lesen, daß Augustin durch die „Entdeckung des Ich" die Menschen zu einer „neuen Selbsterkenntnis" geführt habe.[4]

Jedoch ist davor zu warnen, Augustins Topographie der Innerlichkeit als Präludium neuzeitlicher Subjektivitätsphilosophie zu interpretieren. Man darf sich von einzelnen modern anmutenden Lehrstücken wie etwa dem antiskeptizistischen „si enim fallor, sum" oder der Konzeption von der innerlichkeitskonstituierten und zugleich Innerlichkeit konstituierenden Zeit, mit deren Würdigung Husserl seine „Vorlesungen über das innere Zeitbewußtsein aus dem Jahre 1905"[5] eingeleitet hat, nicht verführen lassen, ihren traditionellen ontologischen Hintergrund zu übersehen, Augustins von klassischen Denkmotiven bestimmte Fragestellungen umzubiegen und die Inkompatibilität des Kerngehalts seiner Seelenlehre mit allen Formationen neuzeitlicher Subjektivitätsphilosophie herunterzuspielen.

„Noli foras ire, in te ipsum redi; in interiore homine habitat veritas."[6] Diese berühmte Aufforderung aus „De vera religione", die die Grundbewegung der augustinischen Philosophie in nuce enthält, würde beträchtlich mißverstanden, wenn man ihr eine transzendentalphilosophische Interpretation gäbe und sie läse als epistemologisch motivierte Hinwendung zur intelligiblen Subjektivität als dem Inbegriff der apriorischen Erkenntnisbedingungen und dem Ort der Identitäts- und Einheitsstiftung, wo der verstörenden Diffusionstendenz des vielgestaltig-vielfarbigen empirischen Seelenlebens Einhalt geboten würde. Auch eine phänomenologische Interpretationsperspektive ist verfehlt, obwohl Augustin durchgängig die introspektiv-eidetische Methode der transzendentalphänomenologischen Deskription verfolgt. Denn der Wahrheit, die im inneren Menschen wohnt, wird man nicht schon dadurch habhaft, daß man das Land der Seele in wesenhafter Innenschau vermißt und seine Verfassungsstrukturen beschreibt, sondern für den Wahrheitssucher und Seelenforscher Augustin gilt umgekehrt, daß die Einsicht in die Wesensverfassung des seelisch-geistigen Seins das ganz und gar unphänomenologische Motiv erzeugt, den Bereich der geschaffenen menschlichen Seele auf das absolute Sein und die absolute, den Menschen in seinem Innern transzendent erleuchtende Wahrheit hin zu überschreiten. Das augustinische „redi in te ipsum" ist von vornherein auf das „transcende te ipsum" ausgerichtet. Und schon gar nicht trifft ein individualistisch-existentialistisches Verständnis dieses Satzes den Gehalt der augustinischen Philosophie.

Dem Autor der „Confessiones", mit denen die Geschichte der Autobiographie nach allgemeiner Überzeugung beginnt und die doch, statt von einem selbstgeführten Leben zu berichten, die heimliche Weisheit seiner Fremdlenkung preisen, geht es nicht um eine Erkenntnis der eigenen Innerlichkeit, geht es nicht um eine psychologische Erfassung seiner individuellen Eigenschaften. Die Natur der Seele interessiert Augustin, nicht die individuelle Färbung seiner eigenen. Nicht sich sucht er, sondern Gott. Daher überschreitet er in sich seine eigene, nur ihm zugängliche Innerlichkeit auf ein allgemeines, in jedermann antreffbares Inneres, auf die wesenhaften Strukturen des Geistes hin, in deren trinitarischer Musterung er das formative Abbild der göttlichen Trinität erblickt. Augustins „reditus in se ipsum" folgt vor allem darum noch nicht dem Modell neuzeitlicher Begründungsbewegung, weil die reflexive Hinwendung auf den homo interior in einen den Bereich des inneren Menschen übersteigenden ascensus zum ungeschaffenen Sein Gottes mündet.

Die Subjektivität entbehrt bei Augustin aller Prädikate, die sie nach neuzeitlichem Selbstverständnis auszeichnen und tauglich machen, die vakant gewordene Position des letzten Grundes zu besetzen. Augustins Subjektivität ist nicht unabhängig, selbständig, autonom; sie ist weder Seinsgrund noch Erkenntnisgrund, sondern geschaffen und in ihren kognitiven Leistungen an das illuminierende Fremdlicht der absoluten Wahrheit gebunden. Sie findet sich vor und kann sich in ihrer Beschaffenheit nicht begründen. Im Innersten des Inneren kommt die Reflexionsbewegung der Selbstvergewisserung und Selbstaneignung zum Stillstand, schlägt Transparenz in Opazität um, verharrt das geistige Ich, ego animus, reglos in mystisch-vernehmender Schau seines Ursprungs.

## 2. Ontologischer Ort der Seele

### Ontologischer Gradualismus

Für Augustin ist jeder Mensch eine Konzentration der gesamten geschaffenen Welt. Mit den zur Sünde unfähigen Engeln teilt er die vernunftbegabte Seele und das geistige Leben; mit den Tieren teilt er die empfindende Seele und das sinnliche Leben, und mit den Pflanzen teilt er das Wachstum und die anderen vegetativen Eigenschaften; und mit den leblosen, anorganischen Dingen schließlich hat er das Sein gemeinsam.[7]

Augustin kombiniert den christlichen Schöpfungsgedanken mit dem ontologischen Gradualismus Plotins. Die Wirklichkeit ist für ihn hierarchisch geordnet. In der Stufenordnung des Seins gibt es höhere und niedere, wertvolle und weniger wertvolle Seinsstufen. Immer findet die ontologische Position eine genaue axiologische Entsprechung. Die oberste Stufe der endlichen Welt bildet der Geist, die Vernunft, von Augustinus als „mens", „anima rationalis" und gelegentlich auch als „animus" bezeichnet. Daher überragt der Mensch die gesamte geschaffene Natur. Die Geistseele hebt ihn auf den Gipfel der Schöpfungshierarchie.

„Da also das Wesen, welches nur ist und weder lebt noch erkennt, wie der seelenlose Körper, von dem Wesen übertroffen wird, das nicht nur ist, sondern auch lebt, wennschon nicht erkennt, wie die Tierseele, und da auch die letztere übertroffen wird von dem, das zugleich ist, lebt und erkennt, wie dem vernünftigen Geist im Menschen, glaubst du dann, daß in uns, deren Wesen zur menschlichen Vollständigkeit gelangt ist, noch etwas Höheres gefunden werden kann, als

das, dem wir von jenen dreien den dritten Platz angewiesen haben?"[8]

Durch seinen Geist, Augustin apostrophiert ihn als „Haupt und Auge der Seele",[9] partizipiert der Mensch am Reich des Intelligiblen. Er steht in unmittelbarer Verbindung mit den unsichtbaren und unveränderlichen Ideen, Formen und Wesenheiten, ohne die keine Erkenntnis, auch keine Erfahrungserkenntnis möglich ist, die aber ihrerseits nicht durch sinnliche Erfahrung, nicht durch die Augen des Körpers, erfaßt werden können. Die Vernunft ist das geistige Auge, das der durch das Wahrheitslicht illuminierten Ideen und Wesenheiten ansichtig wird und auf der Grundlage dieses übersinnlichen Wahrnehmungswissens die Wahrnehmungen der sinnlichen Welt in Erfahrungserkenntnis transformieren kann. Der Geist ist der Ort der kognitiv-rezeptiven Ewigkeitsberührung der Seele.[10]

Die Seele nimmt eine Mittelstellung ein zwischen Gott und der leblosen Materie. Blickt die Seele abwärts, so erblickt sie ihren Leib und noch tiefer den Bereich der unbeseelten Dinge; blickt die Seele aufwärts, so erblickt sie Gott. Sie gibt dem, was unter ihr ist, Leben und erhält ihrerseits Leben von oben, von Gott, dem „Leben der Leben".[11] Gottähnlich ist die ganze Schöpfung, ist jedes, auch noch das geringste Geschöpf, da immer eine Schöpfung ihrem Schöpfer ähnelt. Doch nur von dem Menschen darf man sagen, daß er Abbild Gottes sei und seine Selbsterkenntnis mithin Aufschluß geben könne über das sich in ihn einprägende Original. Aber nicht vom ganzen Menschen gilt, daß er das Abbild Gottes ist. Nur dem höchsten Vermögen der Seele, nur dem Geist kommt nach Augustin das Prädikat der Gottesebenbildlichkeit zu; nur auf den Geist ist das einschlägige Genesis-Wort von der imago Dei gemünzt. Darum macht auch der Geist „die Würde der Seele" aus.[12] Der ontologische Gradualismus, der die Seele zwischen Gott und dem Unbelebten plaziert, wiederholt sich also in der Seele selbst. Die Seele ist selbst ontologisch und axiologisch geordnet und unterscheidet daher in sich verschiedenrangige Schichten, deren höchste sie als Analogon Gottes ausweist, so daß die Selbster-

kenntnis des Geistes als umwegige Gotteser-
kenntnis dienen kann.

> „Wenngleich nämlich der menschliche Geist
> nicht von derselben Natur ist wie Gott, so ist
> doch das Bild jener Natur, die besser ist als jede
> andere, dort in uns zu suchen und zu finden, wo
> auch das Beste ist, das unsere Natur hat."[13]

### Ethische Konsequenzen

Augustins Konzeption der ontologisch und
axiologisch gestuften Wirklichkeit hat anthropologische, ethische und erkenntnistheoretische Konsequenzen. Sie begründet
ein dualistisches Menschenbild, in dem Leib
und Seele zueinander stehen wie Knecht und
Herr, Werkzeug und Wille, Gefäß und Inhalt. Sie begründet eine Ethik, die zu einer
welt- und leibgewandten Lebensführung auf-
fordert, die den mit der Natur in Übereinstimmung lebenden Weisen des Epikureis-
mus und der Stoa in neuplatonischer Über-
steigerung in einen Menschen transformiert,
der die Menschen flieht, das sündige Fleisch
bekämpft und sich in einem purgativ-medita-
tiven ascensus vergeistigt und das höchste
Glück (auch Augustins Ethik ist ein Mitglied
des klassischen Eudämonismus) in der Erkenntnis Gottes erfährt. Und sie begründet
eine Erkenntnistheorie, die mit platonischer
Geste die Sinneserkenntnis als unbegründba-
res Fürwahrhalten der einsichtigen Ideenschau und Wesenserkenntnis unterordnet,
die Selbsterkenntnis der Fremderkenntnis
überordnet und durch die Selbsterkenntnis
des Geistes sich den Zugang zum unveränderlichen Sein öffnet.

Augustins Wahrheitssuche ist nicht nur
epistemologisch motiviert. Sie wird auch aus
ethisch-praktischem Interesse unternommen. Der Wahrheits- und Gottsucher Augustin ist immer auch ein Glückssucher; ein
Glückssucher in Krisenzeiten, in denen die
herkömmlichen Orientierungsangebote des
Aristotelismus und des stoischen Republika-
nismus schal geworden waren. Kehrte der
Platoniker noch nach der Schau des Guten in
die Höhle zurück, um der heillosen Welt und
den unordentlichen Seelen mit seiner philosophischen Kompetenz eine gerechte Verfassung zu geben und allen den Weg zum Glück
zu weisen, so verharrt der Neuplatoniker als

Privatmann im Licht der Wahrheit und verweigert den Abstieg in eine Welt, die ihm
nicht mehr durch Philosophie erlösbar zu sein
scheint. Allein an dem Heil seiner Seele
orientiert, um ihre Festigkeit und Lauterkeit
bemüht, versucht sich der Neuplatoniker auf
dem weltüberhobenen Gipfel geistangemes-
senen Seins zu halten.

## 3. Innere Stufung des Seelischen

### Leben und Vegetativität

„Alles, was ist, ist entweder Körper oder Leben."[14] Diese fundamentale ontologische Dichotomie sondert die Welt des geschaffenen
Seins in die Bereiche des Belebten und Unbelebten. Ist das Unbelebte immer ontologisch homogen, so ist das Belebte immer
ontologisch heterogen. Alles Belebte ist zusammengesetzt, ist ein Kompositum aus zwei
verschiedenen Substanzen, aus dem belebten
Körper und der belebenden Seele. Das Seelische beginnt nach Augustin dort, wo der
Bereich des Belebten anhebt; in dem in sich
geordneten seelischen Sein bildet das Leben
die unterste Stufe.

> „Auf der ersten Stufe gibt die menschliche Seele
> unserem irdischen und sterblichen Körper durch
> ihre Anwesenheit das Leben. Sie sammelt ihn
> zur Einheit, hält ihn zusammen und verhindert,
> daß er auseinanderfließt und dahinschwindet;
> sie sorgt dafür, daß die Nahrung gleichmäßig
> und gerecht über die Glieder verteilt wird; sie
> wahrt sein geordnetes Gleichmaß – nicht nur im
> Bereich der Schönheit, sondern auch im Bereich
> des Wachstums und der Fortpflanzung."[15]

Unschwer sind hier die naturphilosophischen
Bestimmungen aus Aristoteles' „De anima"
auszumachen; die untere Wirkungsstufe der
menschlichen Seele gleicht bei Augustin der
Funktionsbeschreibung, die Aristoteles von
der vegetativen, der Pflanzenseele gibt. Wie
bei Aristoteles fungiert hier die Seele, sofern
sie unter der Perspektive des Lebensprinzips
betrachtet wird, zugleich als Bewegungsursache, Formursache und Zweckursache des
Körpers. Bewegungsursache ist sie per definitionem, da ein beseeltes Lebewesen als
selbstbewegliches Lebewesen qualifiziert ist.
Formursache ist sie, insofern die Seele als
Gestaltungsprinzip des Körpers wirksam

wird und in dessen Geordnetheit und ästhetischer Qualität ihren funktionellen Reichtum und ihren ontologischen Wert zur Darstellung bringt. Und Zielursache ist die Seele schließlich, insofern der Körper um der Seele willen ist, ihr zu Diensten und ihren Zwecken funktional angepaßt.

## Sensitive Seele und innerer Sinn

Die nächste Wirkungsstufe der Seele ist der Bereich der Sinnesempfindung, der empfindungsverursachten Bewegungen und des inneren Sinns, den der Mensch mit dem Tier gemeinsam hat und der aufgrund seiner ihm von Aristoteles, der Stoa und auch Augustin beigelegten reflexiven Struktur auch als animalisches, vorbegriffliches und nicht-kognitives, das Empfindungsleben zentrierendes Selbstbewußtsein bezeichnet werden kann. Die sensitive Seele „nimmt an und erstrebt, was der Natur ihres Leibes entspricht, und verwirft und meidet das Gegenteil".[16] Augustins Konzeption der animalischen Seele als eines nicht-physiologischen Subjekts der physiologischen Sinnlichkeit, das die Informationen der Sinne synthetisiert und selbsterhaltungsförderlich verarbeitet, beruht auf der stoischen Oikeiosislehre. Die Stoa war der Überzeugung, daß jedes Lebewesen von Natur aus mit sich und dem, was seiner Erhaltung und Entwicklung dient, vertraut ist und nach dem strebt, was seiner Verfassung zuträglich ist, und das meidet, was ihm schaden könnte. Animalisches Leben ist instinktive Selbstbejahung und weist darum eine reflexive Struktur aus. Die Stoa spricht von einer die Dingwahrnehmung begleitenden „Mitwahrnehmung", in der sich das Lebewesen empfindungsmäßig selbst gegenwärtig ist, spricht von syneidesis oder von synaisthesis, was Cicero mit sensus sui übersetzt hat. Augustin, der seelische Reflexionsverhältnisse mit Hilfe der „innen/außen"-Differenz expliziert, spricht charakteristischerweise von einem „sensus interior",

„dem die bekannten fünf Sinne alle ihre Eindrücke melden. Denn auch beim Tier ist zu unterscheiden ein Sinn, mit welchem es sieht, von einem anderen, mit dem es das Gesehene meidet oder erstrebt. Der erstere Sinn hat seinen Sitz in den Augen, der andere inwendig in

der Seele"; und von letzterem gilt, daß er „allen anderen insgesamt übergeordnet ist".[17]

Der innere Sinn ist die reflexive Mitte des animalischen Organismus, aus der die instinktiven Bewegungen entstehen, die das Leben in Beurteilung der Botschaften der Körpersinne zu seinem Schutz ausführt. Der innere Sinn ist ein Vorstadium der Rationalität; ausdrücklich bezeichnet Augustin den sensus interior als „moderator" und „judex"[18] und seine Funktion als Quasi-Urteilstätigkeit. In seiner selbsterhaltungsbezogenen binären Beurteilung der Sinneseindrücke antizipiert der Zustimmung und Mißbilligung ausdrückende Sinn gleichsam die Wahrheitsdifferenz der Erkenntnis. So wie jeder Erkenntnisanspruch unter der Wahrheitsdifferenz steht, so stellt der innere Sinn jede Sinnesempfindung unter die Zuträglichkeitsdifferenz. Die durch die Botschaften der Körpersinne ausgelösten Abwehr- und Annäherungsreaktionen sind die Urteilssprüche des inneren Sinnes. Die positive wie die negative Gestimmtheit der emotiven Selbsterfassung des animalischen Organismus beruht auf dem affektiven Urteil über die Beziehung zwischen der tatsächlichen Befindlichkeit und seiner Wesensnatur. Im Lustbegehren und Schmerzvermeiden beweist das Lebewesen nach Augustin ein instinktives Wissen von seiner ihm eingeschriebenen Verfassung, von dem ihm Zuträglichen und Abträglichen, und in der affektiven Färbung seiner Gestimmtheit nimmt es sich in seinem Verhältnis zu diesem ontologischen Normzustand wahr. – Es wird sich zeigen, daß die synaisthesis-Reflexivität des animalischen Lebens die unterste Manifestation der für die Seele als solche charakteristischen Selbstbezüglichkeit ist, daß sich die innere Schichtung der Seelenvermögen und Stufung ihrer Wirksamkeit als eine hierarchische Abfolge von Selbstverhältnissen darstellen läßt, die immer eine zugleich theoretische und praktische, kognitive und affektiv-volitive Ausprägung besitzen, und die mit der Selbstwahrnehmung und Selbstaffirmation des animalischen Lebens beginnt und mit der reinen Selbsterkenntnis und Selbstliebe des Geistes endet.

## Rationale Seele und ethische Stadien

Die animalische Seele ist nicht Ort des Wissens; ihr fehlt die Vernünftigkeit. Erst auf ihrer dritten Stufe erreicht die Seele die genuin menschliche Eigenschaft der Rationalität. Die menschliche Seele zeichnet sich durch Bewußtsein, Intelligenz und Willen aus; sie ist zur Selbsterkenntnis fähig und kann kognitiv erfassen, was unter ihr ist und was über ihr ist. Sie ist der Quell der Wissenschaften und der Philosophie, der Künste und der gesellschaftlichen Ordnung; sie ist die Erfinderin der Symbolsysteme und der politischen Institutionen. Jedoch wegen dieser durchaus großartigen künstlerischen Fähigkeiten und kulturellen Fertigkeiten ist die Seele nicht zu preisen, denn diese Vermögensfülle „verbindet noch die gebildeten und die ungebildeten, die guten und die schlechten Seelen".[19] In diesen Leistungen, die die naturverschiedene gesellschaftliche Umwelt und das eigentliche menschliche Leben konstituieren, erfüllt die menschliche Seele noch nicht ihre Bestimmung: „Das Gutsein . . . und alles wahrhaft Lobenswerte"[20] beginnt erst auf einer weiteren Wirkungsstufe, wenn die Seele sich von der natürlichen Außenwelt und von den von ihr selbst geschaffenen Dingen abwendet und sich auf sich selbst richtet, wenn sie dann weiter das Reich der sinnlichen Vorstellungen, der Körperbilder, in sich hinter sich läßt und sich ihrer eigenen unkörperlichen Natur und den Intelligibilia zuwendet, um so der Wahrheit fähig, würdig und schließlich ansichtig zu werden. Dieser Weg nach innen ist ein sowohl epistemologisch wie ethisch definierter Läuterungsprozeß, der nach plotinischem Vorbild eine Reihe von Purgationsstadien durchläuft, so daß das „Auge der Seele" rein wird, „damit es nicht vergeblich und blindlings umherblickt und verkehrt sieht".[21] Der Weg nach innen ist ein Umweg zu Gott, denn „Gott soll man unmittelbar in den verborgenen Gemächern der vernunftbegabten Seele, das heißt im inneren, im inwendigen Menschen suchen".[22] Und genau darin liegt nach Augustins Überzeugung die Großartigkeit der menschlichen Seele: daß sie sich von der Weltbefangenheit befreien kann und jedes körperlichen Außenhalts unbedürftig ist, daß sie die vorstellende Wirkung der Körperbilder und sinnlichen Vorstellungen erkennt und das Geistige unverstellt und authentisch zu erfassen vermag und sich im Vollzug unmittelbarer geistiger Selbsterkenntnis, im Nachzeichnen der Signatur der göttlichen Trinität im intelligibel-volitiven Selbstverhältnis, das der Geist ist, transzendiert und zur Schau der „obersten Ursache oder des obersten Urhebers oder des letzten Ursprungs aller Dinge gelangen" kann.[23]

Ohne göttliche Gnadenhilfe kann dieser Aufstieg jedoch nicht gelingen, denn immer droht der Absturz in die Welt der Sinnlichkeit, zumal nachts, wenn „mich im Schlafe unwirkliche Gesichte überreden", wenn die Wache der Vernunft abgezogen ist und die in der Tageshelle der Sublimierung unterdrückte Sexualität den Schlafenden mit „Bildern von tierischer Geile" heimsucht und ihn zu „Schändlichkeiten der Unzucht bis zum Fluß des Fleisches" treibt. Beredt ist Augustins Leiden am „Vogelleim des Gelüstes" und seine Klage über den immer erneut aufbrechenden, die Selbstvergeistigung behindernden „Unterschied zwischen mir und mir".[24]

Die Darstellung der Wirkungsstufen der menschlichen Seele aus „De quantitate animae" kombiniert Natureigenschaften mit einer ethisch-epistemologischen, Erkenntnisziel und Lebensziel auf demselben Weg erreichenden Stadienlehre neuplatonischen Zuschnitts. Augustins Seelenaufbau ruht auf einem aristotelisch buchstabierten und ausgiebig die stoische Oikeiosislehre beleihenden naturphilosophischen, die Seelenmodi der Vegetativität, Sensitivität und Rationalität hierarchisch ordnenden Fundament und geht dann nach dem Erreichen expliziter Reflexivität zur ontologischen Selbsterforschung des homo interior über, die in dem verzückten Schauen der christlich interpretierten absoluten Wahrheit kulminiert.

# 4. Die Immaterialität der Seele

## Selbstkritik

Der größte Teil von „De quantitate animae" ist jedoch nicht den ethischen Purgationsstadien gewidmet, sondern dem Nachweis der

Unkörperlichkeit der Seele. Denn bevor der Aufstieg von der Erfahrungserkenntnis zur Wahrheit, von den sinnlichen Gegenständen zum absoluten Sein, von den körperlichen Bedürfnissen des äußeren Menschen zum ruhigen Glück der Gottesliebe, zu „Licht und Klang und Duft und Speise und Umarmung meines inneren Menschen"[25] näher bestimmt werden kann, muß erst einmal die Immaterialität und Inkorporealität der Seele gesichert und die Unzuständigkeit der sinnlichen Erkenntnis und ihrer Kategorien und Prädikate für die Erfassung der Wirklichkeit des Seelisch-Geistigen herausgestellt werden. Augustin nähert sich dem Wesen der Seele auf dem Weg einer Materialismuswiderlegung und versucht mit immer neuen Argumenten deutlich zu machen, daß die innerseelischen Phänomene und die Seele selbst keine räumliche Ausdehnung und keine materielle Beschaffenheit und auch sonst keine körperliche Eigenschaft besitzen, und daß daher auf sie die Begriffe nicht angewandt werden können, die wir zur Beschreibung der Körperwelt benutzen.

Indem „De quantitate animae" für die Immaterialität und Unkörperlichkeit der Seele argumentiert, übt Augustin auch Selbstkritik. Nachdem er durch die uns nicht überlieferte protreptische Schrift Ciceros „Hortensius" für die Philosophie gewonnen worden war, hatte er sich für lange Zeit dem Manichäismus angeschlossen und dessen materialistischen Monismus vertreten. Wie er später in seinen „Confessiones" gesteht, war er damals nicht in der Lage gewesen, einen Begriff genuin geistiger Wirklichkeit zu entwickeln, und unvermögend, „etwas Wirkliches anders zu denken, als es sich mit den Augen sehen läßt".[26] Unter manichäischem Einfluß hatte „mein Sehen mit den Augen nur bis zu den Körpern, mein Sehen mit dem Geiste nur bis zu den Einbildungen" gereicht,[27] und konnte daher „meiner selbst nicht ansichtig" werden, nicht realisieren, daß das, was vorstellt, weder Körper noch Vorstellung ist, gleichwohl aber existiert.[28] Nicht, daß der Manichäismus die Existenz des Göttlichen oder der Seele bezweifelte, aber da die Manichäer wie übrigens auch Tertullian[29] von der ontologisch monistischen Position ausgingen, daß alles, was ist, materiell und körperlich und mit Körperprädikaten beschreib-

bar ist und daß es nichts gibt, auf das die Begriffe der Körpersprache keine Anwendung finden würden, mußten sie Gott und Seele materiell und körperlich denken, als räumlich fein diffundiertes „subtile corpus",[30] als eine Art Filigrangespinst oder Sprühnebel.

## Universalienrealismus und Spiritualismus

Aus der manichäischen Finsternis, in der die Augen der Seele erblinden und der Geist „verplumpt",[31] befreiten Augustin die „libri Platonici",[32] insbesondere die Arbeiten Plotins und Porphyrius'. Sie erlösten für Augustin die seelische Wirklichkeit vom erdenschweren Bann der Sinnlichkeit und ließen sie als eigenständige und zudem ontologisch überlegene und axiologisch höherrangige Region des Seins erkennen. In seiner Materialismuswiderlegung schließt sich Augustin eng an die neu angenommene Lehre an; seine frühen Schriften sind allesamt über weite Strecken neuplatonische Selbstverständigungen, Erprobungen des neu entdeckten platonischen Argumentationspotentials auf dem Aufgabenfeld der Seelenontologie. Das systematische Gerüst, das Augustins Exposition der seelenidealistischen These trägt, beruht auf zwei Argumentationen: die erste zielt darauf, einen generellen ontologischen Dualismus zu etablieren, zu zeigen, daß das Kriterium der Anwendbarkeit körpersprachlicher Prädikate ontologisch reduktiv ist, daß es Seiendes gibt, das unbestreitbar existiert und doch und für jedermann einsichtig keine körperlichen Eigenschaften besitzt; wie Augustins Beispiele für unkörperliches Seiendes – Gerechtigkeit, Wahrheit, Schönheit etc. – zeigen, wird dabei durchgängig von der universalienrealistischen Position des Platonismus und seinen spiritualistischen Implikationen Gebrauch gemacht. Denn die These vom Universalienrealismus und die These vom unkörperlichen Sein der Seele stützen sich gegenseitig: gibt es ewige, unveränderliche Entitäten, die keine körperlichen Eigenschaften besitzen können und daher logisch dazu nötigen, den manichäisch-tertullianischen Materialismus durch einen ontologischen Dualismus zu ersetzen, dann ist auch

eine entsprechende Epistemologie erforderlich, die in ihrer Theorie des Erkenntnissubjekts diesen ontologischen Dualismus abbildet und das Erkenntnissubjekt mit der
Fähigkeit der intelligiblen Erkenntnis aus-
stattet und es damit aus dem Seinsbereich des
Körperlichen heraushebt. „Die Vernunft ist
das Sehvermögen der Seele, mit dem diese
von sich aus, unabhängig vom Körper, die
Wahrheit schaut."[33]

## Introspektion und Körpergefühl

Augustins zweite antimaterialistische Argu-
mentationslinie bedient sich der Methode der
eidetischen Introspektion. Jede Betrachtung
der uns allen unmittelbar vertrauten seelisch-
geistigen Fähigkeiten zeigt aufs neue, daß die
Seele eine Wirklichkeit sui generis ist, daß sie
unkörperlich, unausgedehnt, unteilbar und
immaterial ist, und daß sie eine Wirksamkeit
besitzt, die sich nicht mit den Mitteln der
Ding-Ereignis-Kausalität explizieren läßt.

> „Die Natur der Seele ist großartiger als die Na-
> tur des Körpers...; sie ist etwas Geistiges, etwas
> Unkörperliches, etwas, was der Substanz Gottes
> ähnlich ist. Es ist etwas Unsichtbares, das den
> Körper regiert, die Glieder bewegt, die Sinne
> dirigiert, die Gedanken formt, Handlungen voll-
> zieht und von unendlichen vielen Dingen Bilder
> besitzt."[34]

Eidetisch ist die Introspektion, weil sie nicht
auf das individuelle Seelenleben zielt, sondern auf die von allen Menschen geteilte
Natur der vernünftigen Seele. Darum kann
Augustin auch seine Leser auffordern, nicht
ihm auf seine Autorität hin zu glauben, sondern selbst in sich zu gehen und bis auf das
eigene Allgemeine hinabzusteigen und seine
Aussagen über das Wesen der Seele gleichsam vor Ort zu verifizieren:

> „Was ist und besitzt deine Seele? Erinnere dich,
> gehe in dich, versammele dich innerlich. Ich ver-
> lange nicht, daß man dem Glauben schenkt, was
> ich sage: nehme nichts an, wenn du es nicht in dir
> selbst gefunden hast."[35]

Aus der begrifflichen Verarbeitung des reichen Introspektionsmaterials sind drei Un-
körperlichkeitsargumente herauszuheben.
Da ist zuerst das Unkörperlichkeitsargument, das von der Evidenz des Leibgefühls
Gebrauch macht. Wir fühlen unseren Körper

gleichsam von innen und sind mit ihm auf
unmittelbare Weise vertraut. Augustin expliziert das Körpergefühl als ein gleichzeitig sich
über alle Körperregionen erstreckendes Fühlen der Seele. Die Seele ist seiner Überzeugung nach als Subjekt und Medium des
Körpergefühls an jedem Ort des Körpers jeweils als ganze und zur gleichen Zeit spürend
und fühlend anwesend. Nur weil sie überall
als ganze ist, kann es sowohl ein ganzheitli-
ches Körpergefühl als auch einzelne Empfindungen von einzelnen, unterscheidbaren
Körperregionen und deren synästhetische
Vereinigung zu einem einheitlichen Empfin-
dungsbild geben. Die gleichzeitige Anwesenheit in räumlich getrennten Körperteilen
kann nur einer Entität möglich sein, die
selbst nicht körperlich ist und auf die die Bestimmung der Teilbarkeit nicht anwendbar
ist. Die Seele ist unteilbar und einfach; sie ist
„im ganzen Körper ganz und in jedem seiner
Teile ganz".[36] Das Subjekt der über den ganzen Körper verteilten Empfindungsfähigkeit
ist von kategorial anderer Art als das räumlich ausgedehnte und an verschiedenen Stellen reizbare Objekt.

## Unkörperlichkeit der Vorstellungen

Das zweite Unkörperlichkeitsargument gewinnt Augustin im Kontext einer Betrachtung unserer Gegenstandsvorstellungen und
Erinnerungen. Er macht darauf aufmerksam, daß wir die Eigenschaften, die wir den
Gegenständen der Außenwelt zuschreiben,
keinesfalls den Vorstellungen von diesen Gegenständen, den, wie Augustin sagt, Körperbildern, zuschreiben können, seien diese nun
durch aktuelle Wahrnehmung oder durch ge-
zielte Erinnerung oder durch assoziativ
schweifende Imagination hervorgerufen.
Wenn wir einen Körper sehen, sehen wir
seine qualitativen und quantitativen Eigenschaften, aber die Körpervorstellungen, die
wir haben, wenn wir einen Körper sehen,
sind weder farbig noch geformt. Welche Vorstellung wir auch immer nehmen, immer fällt
der Körperlichkeitstest negativ aus: „weder
Form, noch Gestalt, noch Farbe besitzen sie,
aber dennoch sind sie".[37] Sie nehmen keinen
Raum ein, sind aber gleichwohl voneinander
unterscheidbar, stehen aber zueinander nicht

im Verhältnis der Auseinanderordnung. Unsere Kenntnis der Vorstellungen und mentalen Zustände ist keine gegenständliche Erkenntnis, kommt nicht durch körperliche Erfahrung zustande. Das Gegenstandsbewußtsein ist selbst kein Gegenstand, aber ohne dieses wüßten wir nichts von körperlichen Dingen. So zeigt uns eine Analyse unseres Gegenstandsbewußtseins nach Augustin, daß das Faktum der Erfahrung selbst dafür einsteht, daß nicht alles, was ist, von körperlicher Natur ist.

## Unkörperlichkeit der Ideen

Die Einsicht in die Ungegenständlichkeit des Vorstellungsbewußtseins und in die Unkörperlichkeit der Körperbilder und mentalen Zustände erfährt bei Augustin sofort eine platonische Wendung und bekräftigt die Unkörperlichkeit der Vernunft und die Ungegenständlichkeit ihrer Wahrnehmungsobjekte, der Ideen, die Augustin, Platons Ontologie mit dem christlichen Creationismus versöhnend, als Gedanken Gottes vor der Schöpfung und Urbilder der Formung des Endlichen versteht.[38] Sind schon die Körperbilder, die wir in unserem Bewußtsein haben und die den Körpern als ihrem Original ähnlich sind, trotz dieser Ähnlichkeit nicht körperlich, „um wieviel weniger", so Augustins Argument a fortiori,

> „besitzen dann jene Dinge, die keinerlei Ähnlichkeit mit Körpern haben, solche Dinge wie Liebe, Freude, Langmut, Frieden, Wohlwollen..., eine Position im Raum, durch spatiale Intervalle voneinander getrennt, obwohl die Augen des Herzens, indem sie ihre Strahlen aussenden und sie so sehen, gewisse Unterschiede zwischen ihnen ausmachen. Sind diese nicht alle in einem ohne Gedränge? Und sind sie nicht alle bekannt durch ihre eigene Bestimmtheit ohne jede räumliche Begrenzung? Oder sage mir, an welchem Platz du die Liebe siehst, welche dir gleichwohl bekannt ist seit du ihrer im Blick des Geistes bewußt geworden bist; du weißt, daß sie groß ist, aber nicht, weil du sie als eine riesige Masse wahrgenommen hast; auch ruft da keine phonstarke Stimme, wenn sie innerlich zu dir spricht...".[39]

Was für die Körperbilder gilt, die in ihrer Entstehung vom Einsatz der physiologischen Sinne wie der Außenwelt selbst abhängig sind, das gilt erst recht für die allein mit dem Blick des Geistes, mit den unkörperlichen Augen der Seele erfaßbaren Ideen: und was für das Subjekt des Vorstellungsbewußtseins gilt, gilt erst recht für das Subjekt des Ideenbewußtseins: weder die Seele selbst noch ihre Vermögen, noch ihre empirischen oder intelligiblen Inhalte sind durch die Begriffe der Körpersprache angemessen beschreibbar.

## Materialismus als Symptom ethischen Versagens

Epistemologisch gedeutet folgt Augustins Weg ins Seeleninnere den Marksteinen einer doppelten Reflexion: macht die erste die in der Wahrnehmungsdirektheit abgeblendete Differenz zwischen Außending und Körperbild auffällig, so legt die zweite Reflexion den Unterschied zwischen den sinnlichen Körperbildern und dem unsinnlichen Vorstellungssubjekt frei. Ist die Geistseele hinsichtlich der Erkenntnis der Außenwelt auf die Vermittlungsdienste der Körperbilder angewiesen, so kann sie sich selbst kognitiv unmittelbar erfassen. Der Geist ist mit sich vertrauter als mit den körperlichen Dingen, aber auch als mit den unkörperlichen Vorstellungsbildern dieser Dinge. Der Geist weiß sich unmittelbar, weiß sich als Subjekt seiner Zustände und Tätigkeiten, und er weiß dieses ohne Zuhilfenahme sinnlicher Vorstellungen; „nichts ist dem Geiste gegenwärtiger als er sich selbst".[40]

Wenn aber „nichts so sehr im Geiste ist wie der Geist selbst", wie kann es dann überhaupt zu dem großen seelentheoretischen Irrtum des Materialismus kommen? Die Antwort erblickt Augustin in der Entfremdungswirkung der Weltbefangenheit; indem die Seele die sinnlichen Dinge mit einem „Klebstoff der Liebe"[41] an sich heftet und sie sich so selbst verstellt, wird sie mit Erdenschwere unter ihr ontologisches und axiologisches Niveau gezogen. Der Materialismus ist nicht nur eine falsche Lehre, sondern auch das Symptom eines ethisch mißlingenden Lebens. Er bekundet eine verwirrte Orientierung im Stufenbau des Seins. Der doktrinale Irrtum ist der Widerschein eines falschen Lebens. Auch im Versagen hängen Leben und Lehre unauflöslich zusammen.

## 5. Exkurs: Der Leib als Sprachbildner der Seele

„Verlasse das Äußere und dein Kleid und dein Fleisch, kehre in dich ein, betrete dein Inneres, deinen Geist, und dort sehe, was ich sagen will, wenn du es vermagst".[42]

Obwohl das Körperliche und das Seelische ontologisch verschieden und ihre jeweiligen wesentlichen Prädikate daher wechselseitig unanwendbar sind, kann die Sprache des Äußeren, des Kleides und des Fleisches offenkundig doch nicht abgelegt werden, wenn wir uns unserem Inneren zuwenden. Bereits die die fundamentale ontologische Differenz aufschließende „innen/außen"-Opposition ist eine innerräumliche Opposition und keine, die die räumliche Welt auf einer Seite der Gegensatzrelation isolieren könnte. Und für alle anderen Äußerungen Augustins über das „Land der körperlosen Natur"[43] in uns gilt entsprechendes: sie bedienen sich körpersprachlicher Mittel. Augustin war sich wohl im klaren, daß er sich einer sachunangemessenen Sprache bedient; die gelegentlich zwischen die Räumlichkeits- und Leiblichkeitsmetaphern gestreuten Sozusagens und Gewissermaßens deuten jedenfalls Vorbehalte an. An einer grundlegenden Reflexion des irritierenden Umstands, daß das Reden über die Innenwelt parasitär von dem Reden über die Außenwelt zehrt, daß der Körper der Sprachbildner der Seele ist und daß gerade dort, wo größte kognitive Vertrautheit herrschen soll, nur noch uneigentlich-umwegiges Sprechen möglich ist, mangelt es jedoch. Vermutlich darum, weil Augustin die Möglichkeit eines gehaltvollen vorsprachlichen Wissens nie bezweifelt hat und glaubte, die gesamte Innenwelt mit Hilfe eines derartigen nichtpropositionalen Bewußtseins vermessen zu können. Augustin war davon überzeugt, daß sich die durch Körpersprachlichkeit nicht entstellbare, da in ihrem Sichzeigen prinzipiell von Sprache unabhängige Wahrheit über das Wesen der Seele im Prozeß des Lesernachvollzugs einstellen werde. Sprache ist hier nur der äußere Wegweiser zu einer introspektiv vollzogenen sprachunabhängigen Bewahrheitung.

## 6. Wahrnehmung und Erfahrung

Aufgrund der ontologischen Differenz zwischen Körper und Seele kann Augustin keine kausale Wahrnehmungstheorie vertreten. Die ontologische Inferiorität des Körpers verhindert jede Form von Einflußnahme des Körpers auf die Seele. Affektionskausalität ist im Kontext der Seelenlehre Augustins undenkbar; die Seele leidet nicht, sie handelt. Seelische Zustände und Vorstellungen sind nicht extern verursacht, keine Ereignisse, sondern Produkte und Erzeugnisse seeleneigener Tätigkeiten. Die physiologischen Resultate der Sinnesreizungen haben selbst keine epistemische Qualität. Damit eine Wahrnehmung entstehen kann, bedarf es eines speziellen produktiven Aufmerkens der körperwachsamen Seele, eines Sichtbarmachens. Wie die Idealisten und Monadologen unter den neuzeitlichen Erkenntnistheoretikern, die die ontologische Heterogenität von Dingwelt und Bewußtsein ernstnehmen und den simplen Impressionskausalismus unverständlich finden, muß Augustin sinnliche Rezeptivität als Spontaneitätsmodus der Seele explizieren.

Hören, Sehen und all die anderen Wahrnehmungsarten sind seelische Leistungen. Nicht die Körpersinne erzeugen Wahrnehmungen, sondern die Seele erzeugt Wahrnehmung, den Körpern ähnliche Körperbilder, indem sie die physiologischen Sinne gebraucht. Die Seele wacht über die den Organen widerfahrenen Veränderungen und macht sich ein Bild davon. Ohne diese produktive Wahrnehmungsfähigkeit, die Augustin im Unterschied von den physiologischen Ereignissen, der visio corporalis, als geistige Schau, als visio spiritualis, bezeichnet, bliebe das Ohr taub und das Auge blind. Nicht darum, weil wir Augen haben, können wir sehen, sondern darum, weil wir sehen können, haben wir Augen. „Du hörst wohl mit dem Ohre, aber das Ohr ist nicht das Subjekt des Hörens. Es ist vielmehr ein anderer drinnen, der durch das Ohr hört";[44] und zwar bin ich es, der durch die Sinne tätig ist, „ego animus", Ich, die Seele.

Wahrnehmen ist nach Augustin eine rätselhafte Simultanübersetzung, die physiologische Reizmuster in seelenstoffliche Bilder transformiert, deren Grundstruktur sich allerdings erst der differenzierenden epistemologischen Reflexion offenbart, denn der Wahrnehmende glaubt ja immer, direkt bei den Dingen zu sein, „die sich um die Tore meines Fleisches befinden".[45]

> „Wenn wir also auch zuerst irgendeinen Körper sehen, den wir vorher nicht sahen, und erst in zweiter Linie sein Bild in unserm Geist zur Erscheinung kommt, indem wir uns des inzwischen entschwundenen Körpers entsinnen, so ist es doch nicht dieser Körper, der sein Bild in unserem Geist hervorbringt, sondern der Geist selbst tut es in sich mit einer wunderbaren Geschwindigkeit... Kaum ist sein Bild von den Augen aufgenommen worden, formt es sich unmittelbar und im gleichen Augenblick im Geiste des Sehenden."[46]

Wäre die visio corporalis nicht von einer sie im Medium des Geistigen unmittelbar wiederholenden visio spiritualis begleitet, gäbe es keine Gedächtnisinhalte. Augustin nutzt die Erfahrung der Erinnerung, um die Aktivität der Seele auch in der Wahrnehmungsaktualität herauszustellen. Da wir uns an in der Vergangenheit Wahrgenommenes erinnern können, kann der Wahrnehmungsakt nicht allein mit Hilfe der visio corporalis erklärt werden, denn diese verschwindet mit ihrer außerleiblichen Ursache. Wahrnehmung und Gedächtnis arbeiten eng zusammen: Die Wahrnehmungen formende Seele schreibt gleichsam die Welt ab, um sie im Gedächtnis zu archivieren und nach Belieben später zu betrachten.

Das Wahrnehmen von Gegenständen ist noch nicht Erfahrungserkenntnis. Von Erkenntnis kann erst dann geredet werden, wenn der Verstand und seine diskriminierende Begrifflichkeit ins Spiel kommen. Augustin hat die Erkenntnis konstituierende Verstandestätigkeit als eine dritte Art von Schau, als visio rationalis, bezeichnet. Der Verstand, der die Wahrnehmungen beurteilt, ist ein Licht, das das Wahrnehmungslicht erhellt. Das Beurteilungswissen, dessen Anwendung auf die Wahrnehmungsinhalte sinnliche Erkenntnis erbringt, entstammt selbst nicht den Sinnen. Es wird durch unmittelbare Ideenschau gewonnen. Erfahrungserkenntnis ist daher für Augustin das Zusammenspiel zweier heterogener Faktoren: Sie entsteht durch exemplifizierende und instantiierende

Anwendung einer seeleneigenen Begrifflichkeit auf Wahrnehmungsbilder von einer seelenfremden Körperwelt und kann nur so weit reichen, wie die eidetische Geformtheit reicht, und sie wird überdies in ihrem Wahrheitsanspruch durch die körperwelteigentümliche Qualitativität und Veränderlichkeit empfindlich beeinträchtigt. Hinsichtlich der zeitlichen Dinge gibt es keine Einsicht, sondern immer nur ein Fürwahrhalten. Wahres, seiner selbst gewisses und den Gegenstand völlig durchdringendes Wissen kann die Seele nur von sich selbst und ihren genuinen Inhalten gewinnen. Zu sich selbst hat die Seele einen epistemologisch privilegierten Zugang. Die inferiore Körperwelt rächt sich für ihre ontologische Geringschätzung durch epistemologische Opazität.

Alle kognitiven Beziehungen der Seele sind für Augustin Variationen des Sehens. Auch das Ideenwissen resultiert aus einer Wahrnehmung, entstammt dem Aufeinandertreffen von Sehen und Sichtbarmachen. Wie im Fall der Dingwahrnehmung die wahrnehmende Fähigkeit der Seele als inneres Licht fungierte, in dem die den Körpersinnen eingeprägten Reizmuster anschaulich und sichtbar wurden, so sorgt jetzt ein außer der menschlichen Seele gelegenes und in sie hineinleuchtendes Licht dafür, daß die Seele qua intellectus die in ihr seit je eingelagerte, zum Bestandteil ihrer Wesenserfassung gehörende Ideenwelt erfaßt. Sowohl das körperliche Auge als auch das seelische Auge bedürfen eines die Sehlandschaft illuminierenden Lichts, um etwas sehen zu können. Was der Intellekt in der Helligkeit der göttlichen Wahrheitseinstrahlung erkennt, weiß er unmittelbar als wahr. Ideenwissen ist evidentes, nicht-inferentielles Wissen. Die epistemische Qualität des Evidenten wird in der Lichtmetaphorik Augustins als Illuminationsresultat interpretiert. Gott läßt erkennen. Augustins Illuminationstheorie stößt nicht minder als die von ihr verdrängte Anamnesislehre Platons auf eine ungläubige Vernunft, aber sie befeuert die Einbildungskraft: Obwohl man sich von der Seele kein Bild machen darf, sieht man die Szenerie der Ideenschau deutlich vor sich, eine epistemologische Märchenlandschaft, in der ein unwirklich-fahles Licht phantastische Formen und Strukturen aufhellt und der Betrachter wie unter einem

Bann sein Gesicht, blind und doch erleuchtet, dem von oben einfallenden Lichtstrahl entgegenreckt.

## 7. Zeit und memoria

In einer berühmten Passage der „Confessiones" fragt Augustin nach dem Wesen der Zeit. Er betrachtet das Zeitproblem aus traditioneller Perspektive und fragt, wie Aristoteles in der „Physik", nach dem Sein der Zeit und stößt wie dieser auf den befremdlichen Umstand, daß Zeit kein Sein zu besitzen scheint, denn als Vergangenheit kommt ihr Nichtmehrsein zu, als Zukunft ist sie Nochnichtsein und als Gegenwart schrumpft sie zu einem ausdehnungslosen Punkt, zu einem Augenblickssplitter zusammen.[47] Augustins Lösung des „ungemein verwickelten Rätsels",[48] die die Phänomenologen noch heute begeistert, besteht darin, daß er von der ontologisch motivierten Analyse in eine Explikation unserer Zeit-, Dauer- und Kontinuitätserfahrung überleitet und die Seele als Ort der Zeit ausmacht.

> „Weder die Zukunft noch die Vergangenheit ‚ist' und nicht eigentlich läßt sich sagen: Zeiten ‚sind' drei: Vergangenheit, Gegenwart und Zukunft; vielmehr sollte man, genau genommen, etwa sagen: Zeiten ‚sind' drei: eine Gegenwart von Vergangenem, eine Gegenwart von Gegenwärtigem, eine Gegenwart von Künftigem. Denn es sind diese Zeiten als eine Art Dreiheit in der Seele, und anderswo sehe ich sie nicht: und zwar ist da Gegenwart von Vergangenem, nämlich Erinnerung; Gegenwart von Gegenwärtigem, nämlich Augenschein; Gegenwart von Zukünftigem, nämlich Erwartung."[49]

In dem Maße, in dem die reale Gegenwart ins Nichtmehrsein des Vergangenen übergeht, in dem Maße archiviert die qua Wahrnehmungsvermögen den Augenschein aller Wahrnehmungsaktualitäten in aufbewahrbare Bilder verwandelnde memoria die entschwindenden Gegenwarten als vergegenwärtigbare Vergangenheiten. In gleicher Weise, wie die memoria durch Vergegenwärtigung vergangener Gegenwarten den kontinuierlichen Erlebniszeitraum vor einem Aufsplittern in diskrete Augenblickspartikel bewahrt, überbrückt sie auch den Hiatus

zwischen Gegenwart und Zukunft, indem sie als Erwartung das in der Vergangenheit begonnene Erlebniskontinuum in die Zukunft verlängert. Da die Erwartung immer eine bestimmte ist – das ganz Neue und völlig Unbekannte ist nicht erwartbar – zehrt sie parasitär vom Gedächtnis. Die memoria ist der Ort der Zeit. Die Seele ist distentio animi, eine sowohl retentionale als auch protentionale Ausspannung des Geistes.

Man würde die Bedeutung der memoria unterschätzen, schränkte man ihre Wirksamkeit auf die uns jeweils bewußten Vergegenwärtigungsleistungen ein. Die memoria ist vielmehr ein epistemologisch fundamentales Seelenvermögen, da ohne ihre in der Mikroskopie des Unbewußten erfolgende Leistung eine einheitliche Erfahrung, eine Erfahrung von ganzheitlichen Gegenständen und ein Identitätsbewußtsein der Seele überhaupt nicht möglich wäre. In systematischem Licht betrachtet, entdeckt sich die memoria als seelisches Synthesisvermögen von nahezu transzendentalphilosphischem Format, eine Apperzeptionseinheit avant la lettre. Die memoria synthetisiert die Augenscheine zu komplexen Wahrnehmungsgegenständen und garantiert die Kontinuität unserer Bewußtseinsakte und damit auch die Identität des seelischen Ich im Zeitverzug seiner Aktivitäten. Die memoria ist zugleich der Ort der Selbstidentität und der Geschichtlichkeit der Seele; sie verbindet die Veränderungen der seelischen Empfindungs- und Erfahrungslandschaft zu einer von einem sich als identisch durchhaltenden seelischen Subjekt erlebten Geschichte. Zu diesen Leistungen der Kontinuitäts- und Identitätssicherung ist die memoria nur darum in der Lage, weil sie selbst ihr vornehmster Gegenstand ist. „Nichts aber ist so sehr in meiner memoria, als die memoria selbst."[50] Die memoria ist durch prinzipielle Selbstreferentialität charakterisiert. Mit jedem Gegenstand, den die memoria besitzt und vergegenwärtigt, besitzt und vergegenwärtigt sie sich immer zugleich auch selbst. Jeder Gegenstandsbezug der memoria ist mit einer Beziehung auf sich selbst verknüpft. In jedem Bewußtseinsakt ist Selbstbewußtsein realisiert. „Ich weiß, was auch immer ich einsehe, daß ich es einsehe." Die memoria entdeckt sich damit nicht nur als Grund aller Gegenstandsverhältnisse der

Seele, sie ist auch das Medium aller seelischen Selbstverhältnisse.

## 8. Die kognitiven Selbstverhältnisse der Seele

*Unmittelbares Selbstbewußtsein*

In Augustins Seelenlehre lassen sich – oberhalb des vorbewußten Sichempfindens, der animalischen synaisthesis – die folgenden kognitiven Selbstverhältnisse unterscheiden:

1. das unmittelbare epistemische Selbstbewußtsein;
2. die empirische Selbsterkenntnis, die eine Erkenntnis des je eigenen Seelenlebens ist; sie ist im Rahmen der Philosophie Augustins allein von praktischem Interesse: denn die empirische Seele ist der Ort der Empfänglichkeit für die Verlockungen der Welt und des Fleisches und leistet daher dem Aufstieg zur intelligiblen Wahrheitswelt heftigen Widerstand; nur dann kann der Aufstieg gelingen, wenn der „Unterschied zwischen mir und mir" zugunsten meines geistigen Wesens aufgehoben wird;
3. die ontologische Selbsterkenntnis, die allgemeine, von jedem in gleicher Weise, allerdings nur für sich selbst evident zu machende Erkenntnis der Wesensstruktur des Geistes.

Das unmittelbare epistemische Selbstbewußtsein gründet in der strukturellen Selbstbezüglichkeit der memoria, die in jeder Vorstellung, in jeder Empfindung sich zugleich immer auch auf sich bezieht und so die Identität des Subjekts in seinen wechselnden Bewußtseinszuständen sichert. Auch das unmittelbare Selbstbewußtsein ist für Augustin Wissen und daher Sehen; seine seelentheoretische Explikation führt zu einer Reflexionstheorie des Selbstbewußtseins, die dem Zirkularitätsverdacht, der sich im genauen Nachvollzug der logischen Struktur einer Selbstidentifikation von selbst einstellt, dadurch zuvorzukommen versucht, daß sie von den Momenten der Unmittelbarkeit und Selbsttransparenz starken Gebrauch macht.

Die dem unmittelbaren Selbstbewußtsein eignende Infallibilität, die dem Zweifel keine Möglichkeit läßt, zwischen Wahrheit und Meinung einen Keil zu treiben, ist für Augustin die Konsequenz einer unaufhörlichen epistemischen Anwesenheit des Geistes in sich selbst. Der Geist weiß sich nicht so, wie sich ein Auge im Spiegel sieht: das heißt, er sieht nicht vor sich ein Objekt, das er als sich selbst identifiziert, sondern er sieht sich so, wie sich das Auge sehen würde, wenn es selbst sein Spiegel wäre. Das Verhältnis der Relate der Selbstbewußtseinsrelation ist durch logische wie zeitliche Differenzlosigkeit charakterisiert. Augustin hat diesen das Identifikationsinterpretament abweisenden Wesenszug durch das Bild zur Darstellung zu bringen versucht, daß der Blick des Geistes auf sich zu seiner Natur gehört.

*Substantia spiritualis*

> „Was wird denn so innerlich gewußt, und was weiß so um sein eigenes Wesen, als das, wodurch alles andere gewußt wird, nämlich die Seele selbst?... Wir wissen ja nicht nur um das Dasein der Seele, sondern können aufgrund unserer Selbstbeobachtung auch das Wesen der Seele kennenlernen; wir haben ja eine Seele."[51]

Das Faktum des unmittelbaren epistemischen Selbstbewußtseins, selbst völlig inhaltsleer, bringt in ontologischen Denkkontexten häufig reiche Frucht. Augustin gibt ihm eine substanzphilosophische Interpretation; die seelische Selbstgewißheit bildet gleichsam die zum Überschreiten einladende Schwelle zu einem Reich evidenten ontologischen Innerlichkeitswissens, in dem die Seele sich ihrer Wesensverfassung versichert. Descartes' berühmter Schluß von „cogito" auf „sum res cogitans", den ihm die philosophische Zunft als unstatthafte Ontologisierung eines epistemischen Sachverhalts angelastet hat, ist ein Echo dieser ontologischen Selbstvermessung des Geistes bei Augustin.

Eine genaue Betrachtung des bewußten Vollzugs mentaler Akte entdeckt Augustin, daß ich mir nicht nur des Aktvollzugs bewußt bin, sondern auch meiner selbst als des wirklichen, existierenden Subjekts dieser Akte. Zugleich ist mir evident, daß dieses Selbst, dieses sich in Subjektposition erfassende Ich, nicht körperlich ist, daß das, worauf ich mit dem Ausdruck „ich" referiere, eine substantielle geistige Wirklichkeit, eine „substantia spiritualis"[52] ist. Zwischen diesem geistigen Subjekt und seinen Leistungen besteht nach Augustin ein Substanz-Akzidenz-Verhältnis: Denken, Wollen, Sicherinnern usw. sind Fähigkeiten, die dem Bewußtsein angehören, die aber nicht mit ihm zusammenfallen. Dieses Inhärenzverhältnis ist der ontologische Grund dafür, daß ich von *meinem* Gedächtnis, *meinem* Wollen, *meinem* Erinnern reden kann. Allerdings, darauf hat Augustin großen Wert gelegt, inhärieren die wesentlichen mentalen Eigenschaften dem geistigen Subjekt nicht in der gleichen Weise, wie körperliche Eigenschaften Dingen inhärieren. Das Verhältnis zwischen Substanz und Akzidenz ist in der innerseelischen Wirklichkeit weitaus enger als in der Dingwelt; es ist so eng, daß Augustin sich veranlaßt sieht, die Bewußtseinseigenschaften selbst in gewisser Weise zu substantialisieren. Diese Quasisubstantialität soll mit den spröden Mitteln ontologischer Begrifflichkeit die Eigentümlichkeit der vollständigen ontologischen wie epistemischen Anwesenheit des geistigen Subjekts in jedem seiner Akte ausdrücken. Überdies ist die den mentalen Akten zugeschriebene Teilhabersubstantialität ein getreues ontologisches Abbild der empistemologischen Abhängigkeit des Selbstbewußtseins vom Aktbewußtsein: Nur als ein mich so und so betätigendes geistiges Wesen weiß ich um mich; nur im Medium meiner geistigen Aktivitäten erfasse ich mich, zwar immer von ihnen verschieden, aber nie ohne sie.

## Ontologische Selbsterkenntnis: se cogitare und se nosse

Im weiteren Verlauf der Erhellung der geistigen Natur der Seele entwickelt Augustin das systematisch subtilste Lehrstück seiner Seelenlehre. In seinem Mittelpunkt steht die Unterscheidung der beiden kognitiven Selbstverhältnisarten des „se nosse" und des „se cogitare". Das „se cogitare" bezeichnet die explizite Selbsterkenntnis des Geistes; ihr Resultat ist Augustins Seelenlehre. Das „se nosse" hingegen drückt die implizite Selbsterkenntnis des Geistes aus. Explizite

Selbsterkenntnis liegt vor, wenn ich die Natur meiner Seele thematisiere, meine ontologische Verfassung in die Helle des Bewußtseins und ins Zentrum meiner Aufmerksamkeit rücke. Die dadurch hergestellte Vertrautheit mit meiner geistigen Natur ist zu unterscheiden von der dem Geist als solchem zukommenden Selbstvertrautheit. Die ontologische Selbstthematisierung kann einem Interesse an anderen Dingen Platz machen, so daß Zustände denkbar sind, in denen der Geist sich nicht denkt; jedoch es sind für Augustin keine Zustände denkbar, in denen der Geist sich nicht kennt, sich nicht gegenwärtig ist. Vor dem Hintergrund der „se cogitare"/„se nosse"-Differenz exponiert Augustin Selbstbezüglichkeit als ontologische Grundeigenschaft der Geistseele: der Geist ist wesentlich Beziehung auf sich selbst, ist ein ursprünglicher und immerwährender kognitiver und volitiver Selbstbezug.[53]

Hinsichtlich des Erkenntnisobjekts läßt sich das „se cogitare"-Selbstverhältnis nicht von dem „se nosse"-Selbstverhältnis unterscheiden: Selbsterkenntnis ist nur Explikation von Selbstkenntnis; mit der Selbsterkenntnis ändert sich gleichsam nur der epistemische Modus der kognitiven Selbstbeziehung, die der Geist ist. Jedoch läßt sich hinsichtlich des Erkenntnissubjekts ein aufschlußreicher Unterschied ausmachen. Das Subjekt der expliziten ontologischen Erkenntnis des Geistes ist der sich selbst mit dem personalpronominalen „ich" bezeichnende Einzelmensch. Das Subjekt der impliziten Selbstkenntnis des Geistes ist hingegen das mit ontologischer Majuskel auftretende Ich. Das, was sich dem einzelnen Menschen in der ontologischen Selbsterkenntnis offenbart, läßt sich also sprachlich wie folgt ausdrücken: ich bin Ich; und dieses „Ich"-Prädikat bezeichnet die notwendigen Strukturelemente, die dem Geist als Geist zukommen und die überdies auch jeder kontingenten Selbsterkenntnis des individuellen Bewußtseins als apriorisch-ontologische Bedingungen zugrunde liegen.

## 9. Trinitarismus und Personkonzept

Das seelische Sein des Menschen wird von Augustin trinitarisch interpretiert. Alle Funktionen und Leistungen der Seele, von der Außenweltwahrnehmung über die Erinnerung und Erfahrungserkenntnis bis zur Selbsterkenntnis und Selbstkenntnis des Geistes, werden als strukturelles Zusammenspiel von drei Faktoren, als Subjekt-Objekt-Beziehungsternare expliziert, die in unterschiedlicher Weise, im Sinne einer Ähnlichkeitsabschattung, die göttliche Trinität reflektieren. Dabei ergibt sich eine Hierarchie, deren Spitze durch die Selbsterkenntnis- respektive Selbstkenntnisrelation des Geistes gebildet wird. Grund dieser unüberbietbaren Nähe des sich selbst gegenwärtigen, sich selbst kennenden und liebenden Geistes zum trinitarischen Urbild ist die numerische und qualitative Identität und substantielle Homogenität der Relate dieses Selbstverhältnisses.

Das Ich ist der Spiegel Gottes; die trinitarische Struktur von Gedächtnis, Erkenntnis und Liebe, die den Geist ontologisch als sich ursprünglich kennenden, sich immerwährend liebenden und unaufhörlich gegenwärtigen bestimmt, ist zugleich die Struktur der Ich-Einheit. Person ist der Mensch nicht als Wesen mit Körper und Seele, sondern nur als Geistseele, als „ego animus". Nur als Bild Gottes ist der Mensch Person. Personsein ist bei Augustin ein trinitätspsychologisches, ein zugleich seelentheoretisches und theologisches Prädikat. Der Mensch ist Person, insofern die geistige Grundstruktur seiner Seele die göttliche Trinität reflektiert.

In sich findet der Mensch nach Augustin das Bild eines anderen; in seiner Mitte stößt er auf Fremdes. Dort, wo die neuzeitliche Philosophie autonomiestolz ihr reflexionstheoretisches Begründungskonzept lokalisiert, stockt bei Augustin die sich selbst aufhellende Reflexionsbewegung und verharrt rezeptionsglücklich im Vernehmen des eigenen unbegreiflichen Grundes. In seiner „innersten Innerlichkeit"[54] gehen Augustin die Gründe aus. Der sich auf sich wendende Geist vermag aus seiner Selbsterkenntnis kein Argument für seine natürliche Ausstattung zu gewinnen. „Wir haben unsere Natur nicht aus uns selbst."[55] Der Geist weiß, daß er selbst nicht der autonome Grund seiner Wirklichkeit und seiner Erkenntnis ist. Er findet sich in einer kategorialen Bestimmtheit vor, die durch keine metaphysische Deduktion aufzuklären und als Schöpfungsereignis hinzunehmen ist. „Dazu, daß die Seele Seele ist, trug sie selbst nichts bei; sie war ja noch nicht, so daß sie ihr Sein hätte bewirken können."[56]

### Anmerkungen

[1] De ordine, II, 18, 47
[2] Descartes, Oeuvres, Paris 1902, Bd. IX, 154
[3] W. Windelband, Lehrbuch der Geschichte der Philosophie, Tübingen 1957, 237
[4] G. Krüger, Grundfragen der Philosophie, Frankfurt 1958, 110
[5] Husserl, Vorlesungen zur Phänomenologie des Zeitbewußtseins, Tübingen 1980, 368
[6] De vera religione XXXIX, 72, 202
[7] Vgl. Sermo XLIII,4; De civitate VIII,6
[8] De libero arbitrio II,VI,13,52
[9] Ebd.
[10] Zur Illuminationslehre Augustins vgl. R. Jolivet, Dieu soleil des Esprit ou la doctrine augustienne de l'illumination, Paris 1934; A. Schöpf, Wahrheit und Wissen, München 1965
[11] Confessiones X,6,10
[12] De diversis quaestionibus LXXXIII,LI: De homine facto ad imaginem et similitudinem Dei, 4
[13] De trinitate XIV,8,11
[14] De civitate VIII,6
[15] De quantitate animae XXXIII,70
[16] De quantitate animae XXXIII,71
[17] De libero arbitrio II,III,9,27
[18] De libero arbitrio II,III,12,48
[19] De quantitate animae XXXIII,72
[20] De quantitate animae XXXIII,73
[21] De quantitate animae XXXIII,75
[22] De magistro I,1,2
[23] De quantitate animae XXXIII,76
[24] Confessiones X,30,41
[25] Confessiones X,6,8
[26] Confessiones VII,1,1
[27] Confessiones III,7,12
[28] Vgl. Confessiones VII,1,2
[29] Tertullian, De carne Christi, PL II, 774: „Omne quod est, corpus est sui generis; nihil est incorporale, nisi quod non est."
[30] Confessiones V,10,20
[31] Confessiones VII,1,1

[32] Confessiones VII,9,13
[33] De immortalitate animae 10,2
[34] Enarrationes in Psalmos CXLV,4
[35] Sermo LII,7
[36] De trinitate VI,6,6
[37] Tractatus in Evangelium Ioannis XL,4
[38] Vgl. De diversis quaestionibus LXXXIII, XLVI: De ideis
[39] Liber de videndo Deo seu Ep. CXLVII,18,43
[40] De trinitate XIV,4,7
[41] De trinitate X,8,11
[42] Tractatus in Evangelium Ioannis XXIII,10
[43] De trinitate X,5,7
[44] Sermo LII,18
[45] Confessiones X,6,9
[46] De genesi ad litteram XII,16,32

[47] Vgl. Confessiones XI, 20,26
[48] Confessiones XI,22,28
[49] Confessiones XI, 20,26
[50] De trinitate X,11,18
[51] De trinitate VIII,6,9
[52] De trinitate XII,1,1
[53] „Der Geist ist... so geschaffen, daß er sich immer im Bewußtsein gegenwärtig hat, sich immer einsieht und sich immer liebt" (De trinitate XIV,14,18); „Seit er zu sein begonnen hat, hat er nie aufgehört, sich im Bewußtsein gegenwärtig zu haben, sich zu kennen und sich zu lieben" (De trinitate XIV,10,13)
[54] Confessiones IV,12,18
[55] De civitate XI,25
[56] De trinitate VIII,3,4

# Bibliographie

## Texte

Ich habe die folgenden lateinischen und deutschen Gesamt- und Einzelausgaben der Werke Augustinus' herangezogen:

Augustini Sancti Aurelii opera omnia, in: Migne, Patrologiae cursus completus. Series latina, Bände 32-47, Paris 1841-1849 (= PL)

Des Heiligen Kirchenvaters Aurelius Augustinus Ausgewählte Schriften. Aus dem Lateinischen übersetzt, in: Bibliothek der Kirchenväter, Bände I-XII, Kösel: München und Pustet: Kempten, 1911-1935 (= BK)

Augustinus, De ordine, PL 32, 977-1020; dt.: Über die Ordnung, eingeleitet, übersetzt und erläutert von E. Mühlenberg, in: Augustinus, Philosophische Frühdialoge, Artemis: Zürich und München 1973, 217-333

Augustinus, De vera religione/Über die wahre Religion. Lateinisch/Deutsch, Übersetzung und Anmerkungen von W. Thimme, Reclam: Stuttgart 1983

Augustinus, De civitate Dei, PL 41; dt.: Vom Gottesstaat, 2 Bde., dtv: München 1978

Augustinus, De libero arbitrio/Vom freien Willen. Lateinisch/Deutsch, übersetzt und erläutert von W. Thimme, in: Augustinus, Theologische Frühschriften, Artemis: Zürich und Stuttgart 1962, 7-363

Augustinus, Confessiones/Bekenntnisse. Lateinisch/Deutsch, eingeleitet, übersetzt und erläutert von J. Bernhart, Kösel: München 1966

Augustinus, De diversibus quaestiones, PL 40, 11-100

Augustinus, De trinitate, PL 42, 819-1098; dt.: Fünfzehn Bücher über die Dreieinigkeit, übersetzt von M. Schmaus, BK XI-XII

Augustinus, De quantitate animae/Über die Größe der Seele. Lateinisch/Deutsch, eingeleitet, übersetzt und erläutert von K.-H. Lütcke, in: Augustinus, Philosophische Spätdialoge, Artemis: Zürich und München 1973, 17-245

Augustinus, De magistro/Der Lehrer. Lateinisch/Deutsch, rezensiert, eingeleitet, übersetzt und erläutert von G. Weigel, in: Augustinus, Philosophische Spätdialoge, Artemis: Zürich und München 1973, 248-385

Augustinus, De immortalitate animae/Von der Unsterblichkeit der Seele. Lateinisch/Deutsch, Übertragung von H. Müller, in: Augustinus, Selbstgespräche/Von der Unsterblichkeit der Seele, Artemis: Zürich und München 1986, 155-206

Augustinus, Enarrationes in Psalmos, PL 36-37

Augustinus, Tractatus in Ioannis evangelium, PL 35, 1379-1976

Augustinus, Epistulae, PL 33

Augustinus, De genesi ad litteram, PL 34, 245-486

## Sekundärliteratur

Descartes, Meditationes de prima philosophia, in: Oeuvres de Descartes, publiées par Ch. Adam et P. Tannery, Paris 1897-1913; rep. J. Vrin: Paris 1957 –; 12 vols., vol. IX

E. Husserl, Vorlesungen zur Phänomenologie des inneren Zeitbewußtseins, Niemayer Verlag: Tübingen 1980

R. Jolivet, Dieu soleil des Esprits où la doctrine augustienne de l'illumination, Paris 1934

G. Krüger, Grundfragen der Philosophie, Klostermann: Frankfurt/M. 1958

A. Schöpf, Wahrheit und Wissen. Die Begründung der Erkenntnis bei Augustin, Pustet: München 1965

Tertullian, De carne Christi, in: Migne, Patrologiae cursus completus. Series latina, Bd. 2, Paris 1841–1849

W. Windelband, Lehrbuch der Geschichte der Philosophie, Tübingen 1957.

# Der Leib als Widersacher der Seele.
# Ursprünge dualistischer Seinskonzepte im Abendland

*Gisela Bleibtreu-Ehrenberg*

## 1. Einleitung

Seelenpluralismus ist bei Naturvölkern eher die Regel denn die Ausnahme, und Versuche, diese Vielfalt phänomenologisch zu ordnen, geben den entsprechenden Vorstellungen oft einen Anschein systemhafter Geordnetheit, der den Fakten eher Gewalt antut als sie wirklich erklärt.[1] Immerhin ist es für diesen Beitrag nützlich, aus der Fülle der geglaubten Seelenbegriffe die der Freiseele und der Egoseele in unsere Überlegungen einzubeziehen, weil sie helfen können, die z. T. archaischen religiösen Konzepte besser zu verstehen, die im folgenden Abschnitt zu besprechen sein werden.

Die Freiseele[2] lebt nach dem Tod als selbständiges Geistprinzip weiter; im Schlaf oder in der Trance vermag sie den Körper zu verlassen, sich von seiner Begrenztheit zu be„freien", um im Dies- und Jenseits Erfahrungen zu sammeln, die sonst verborgen blieben. Mit ihrer Hilfe kann der Schamane zwischen Ober- bzw. Unterwelt einerseits und Menschen andererseits vermitteln. Im Wachzustand ist die Freiseele mit dem Körper fest vereinigt und deshalb unauffällig.

Insofern erweist sie sich als Vorstufe oder Fundament der Egoseele, die mit Kopf und Herz in Verbindung gebracht wird und Denken, Wollen und Fühlen bestimmt.[3] Sie repräsentiert die Persönlichkeit im Wachzustand und ist, sozusagen genetisch betrachtet, eine Freiseele, die für das Leben hier und jetzt auf das Vermögen zum Verlassen des Körpers verzichtet hat, grundsätzlich jedoch darüber verfügt und darum beim leiblichen Tod in eine personale jenseitige Existenz überwechselt. Alle abendländischen Seelenkonzepte gehen von einer Kombination zwischen Frei- und Egoseele aus; hier liegt sehr altes eurasisches Erbe vor.

## 2. Anfänge des religiösen Dualismus bei Zoroaster

Die siebzehn Gesänge,[4] mit denen der altpersische Opferpriester[5] Zoroaster etwa fünfhundert Jahre vor Buddha, d. h. um ca. 1200 v. Chr.,[6] im nordostpersischen Raum[7] einen grundlegenden Wandel[8] der altangestammten Volksreligion der Arier[9] einleitete, gehören zu den schwierigsten Texten der indogermanischen schriftlichen Überlieferung überhaupt.[10] Sie sind die einzigen altpersischen Quellen der Sprache, die wir besitzen. Arische Stämme hatten damals im heutigen Westafghanistan eine nichtindogermanische, seßhafte Vorbevölkerung unterworfen und überlagert, deren Oasen-Kultur ein Verbindungsglied zwischen den Zivilisationen des Industales und Mesopotamien gewesen sein dürfte und zu jener Zeit im Niedergang begriffen war.[11] Die sich aus dieser Situation ergebenden sozialen Mißstände deutete Zoroaster, den Denkmustern seiner Epoche entsprechend, religiös.

Selbst der adligen Oberschicht der Arier entstammend,[12] wenngleich arm an Vieh und Gefolgsleuten und also an persönlichem Einfluß,[13] scheint Zoroaster sich wider die eigene Bezugsgruppe mit den Unterworfenen solidarisiert zu haben, denn außer gegen die Repräsentanten des gemeinindogermanischen Pantheons,[14] die er weitgehend vernachlässigte, wandte er sich gegen die mit dem Götterkult verbundenen, offenbar hybrid gewordenen blutigen Viehopfer und den durch Drogen hervorgerufenen Blutrausch[15] bei den Mitgliedern des arischen Männerbundes,[16] von denen die Schlächtereien veranstaltet wurden. Dabei leuchtet ebenso Verantwortung für die ihres Viehs Beraubten auf wie Mitleid mit der stumm leidenden Kreatur. In dem geistigen Kampf gegen die entarteten Opferbräuche seiner Stammesgenossen setzte Zoroaster anstelle der herrschenden Volksreligion ein dualistisches Deutungsmuster der Welt; mit hoher Wahrscheinlichkeit ging er dabei von einer vorhandenen indogermanischen Göttergestalt mit ambivalenten Zügen aus.[17]

Kernpunkt seiner Lehre bildet die Erkenntnis von der uranfänglichen Existenz zweier entgegengesetzter Prinzipien, nämlich des „Schlechten" und des „Besseren", welche in geistiger Versenkung (mit Hilfe der Freiseele) als Zwillinge verstanden und als Herren zweier „Reiche" aufgefaßt wurden.[18] Beide Domänen umfassen sowohl Geistiges als auch Materielles. Sozial und politisch geht es dabei um den Gegensatz zwischen räuberischen Nomaden, die im orgiastischen Blutrausch Rinder quälen und Menschen berauben, und jenen, die ihnen widerstehen, das Vieh füttern und pflegen und dem Künder der neuen Lehre anhängen.[19] Jeder Mensch muß sich hier und jetzt entscheiden, ob er dem guten oder dem bösen Fürsten folgen will; entsprechend gestaltet sich auch sein (Ego-)Seelenschicksal nach dem Tode. Hier greift der Prophet die Vorstellung der Jenseitsbrücke[20] auf; er nennt sie „Scheidebrücke", weil sie die Bösen von den Guten trennt. Denn vor einer guten Seele schwingt sie sich als breiter, leicht begehbarer Bogen in ein paradiesisches Jenseits, vor einer bösen Seele aber zieht sie sich zur Schmalheit einer Schwertklinge zusammen, so daß die böse Seele schwindlig wird und in einen Abgrund voller Feuer stürzt, der einem Vulkankrater gleicht.[21] Der böse Fürst, vom Propheten stets als „Herr des Truges" apostrophiert,[22] heißt ja so, weil er seinen Anhängern weismacht, gerade solche Opfer und Opferpraktiken, wie sie Zoroaster aufgrund seiner neugewonnenen Einsichten als gemeinschädlich ablehnt, seien die einzig richtigen. Zoroaster verkündigte ferner die Zeitlichkeit der Welt: Sobald alle Menschen ihre Wahl getroffen haben, wird der Streit zwischen Gut und Böse in einer gewaltigen Endauseinandersetzung entschieden werden, das Gute siegt, und mit ihm triumphieren alle guten Menschen. Anschließend wird die Welt in einem gewaltigen Feuerordal gereinigt und geheiligt, das Böse existiert nicht mehr, und alle leben in Eintracht und Frieden miteinander. Für diejenigen, um deren

Verhaltensänderung es ihm ging, prophezeite Zoroaster damit faktisch eine sittliche und politische Niederlage. Daß derart umwälzende Ideen nur mühsam Fuß fassen konnten, leuchtet ein: Zoroaster mußte schließlich aus seiner eigentlichen Heimat fliehen (deren Ort wir deshalb auch nicht kennen) und fand, offenbar erst nach langer Suche, bei einem ostpersischen Fürsten Schutz und Gehör. Umgeben von einer kleinen, aber treuen und langsam anwachsenden Gemeinde entwickelte er seine Lehre weiter und übte sein Priesteramt in Frieden aus; doch das Los so vieler Religionsstifter, für seinen Glauben sterben zu müssen, blieb vielleicht (Genaues ist unbekannt) auch ihm nicht erspart.

Freilich war der neuen Religion kein Nachfolger vom ethischen Niveau des Stifters beschieden.[23] Zwar wurde ein auf Feuerkult[24] reduzierter Zoroastrismus schließlich sogar persische Staatsreligion, doch er erstarrte in Ritualismus und Formalismus; es kamen sogar Menschenopfer vor. Im vierten vorchristlichen Jahrhundert gewann eine wohl westpersische, fatalistische Religion, der Zervanismus,[25] Einfluß und verschmolz mit astrologischen Beimischungen aus Mesopotamien zu einem deterministischen Schicksals- und Sternglauben, der im Widerspruch zur alten, die Entscheidung des Individuums betonenden Lehre Zoroasters stand. Ausgehend von einem fiktiven Geburtsjahr des Stifters errechneten persische Priester durch gematrische Spekulationen ein fixiertes Datum jenes vorhergesagten Weltgerichtes, das jetzt, ungleich der in Zoroasters Konzeption als Heiligung und Wunderbarmachung[26] der Erde aufgefaßten Erneuerung, im Sinne einer totalen kosmischen Katastrophe interpretiert wurde, der man angstvoll entgegensah. Im Lauf der Jahrhunderte verschiebt sich der von Zoroaster aufgezeigte ethische Gegensatz zwischen gutem und bösen Prinzip immer mehr zu einem Dualismus zwischen dem als gut definierten Geist und der als böse definierten Materie. Die spätere Entwicklung brachte außerdem engegen der ursprünglichen Vorstellung von der ethischen Verantwortung aller Menschen, die keinen Unterschied zwischen den Geschlechtern gekannt hatte, deutliche Symptome von Antifeminismus und Schuldzuweisungen hinsichtlich der

Macht, ja des Aufkommens vom Bösen in der Welt an die Frau.[27] Damit deuten sich bereits gnostische Einflüsse an.

## 3. Materiefeindlichkeit in der Gnosis

Weil die Gnosis in diesem Band anderenorts ausführlich behandelt wird, kann auf eine erschöpfende Darstellung dieser spätantiken Universalreligion hier verzichtet werden; einige ihrer Züge bedürfen dessenungeachtet an dieser Stelle der Betrachtung, da sie aus mehr religionssoziologischen denn ideengeschichtlichen Gründen für den Leib-Seele-Dualismus konstituierend sind.

Gnostische Denker arbeiteten extrem synkretistisch und entnahmen das mythische Material für ihre Spekulationen sämtlichen Religionstraditionen der damaligen Zeit. Die Gnosis kennt sowohl Selbst- als auch Fremderlösung, und der vorgestellten Dreiteilung des Kosmos „Erde, Himmel, Jenseits" entspricht eine Gliederung der menschlichen Person in Körper („Hyle"), Seele („Psyche") und Geist („Logos"), wobei jeweils Körper und Erde (als „Materie"), Himmel und Psyche sowie Jenseits und Logos einander zugeordnet sind und wertgemäß entsprechen.[28] Und im Gegensatz zur jüdischen, griechischen und christlichen Denktradition, die ihrerseits zwar der Materie und damit auch dem menschlichen Leib einen vergleichsweise nur geringen Stellenwert zuordnen, den Körper jedoch auch nicht als nur schlecht und aktiv böse auffassen, gilt im Gnostizismus nicht nur alles Materielle als niedrig, verabscheuenswert und daher zu überwinden, sondern darüber hinaus sogar auch die menschliche Psyche und der weltverbundene Kosmos. Gut und nur gut ist allein der überirdische Logos und der mit ihm korrespondierende göttliche, aber impersonale Geistfunke im Menschen.

Jenes „Wissen", das die Gnosis zu vermitteln verspricht, ist von ihr als Kenntnis von Vorgängen und Zusammenhängen verstanden worden, die keine bloß allegorischen Erklärungsversuche über die Ursachen von menschlichem Leid bieten sollten, sondern reale Tatsachen, harte Fakten. Schon die Pythagoräer hatten Naturwissenschaften und theosophische Spekulationen ihrer Weltsicht entsprechend miteinander verschränkt systematisiert, und im Grunde sind die Gnostiker deshalb in – für ihre Epoche – guter Gesellschaft gewesen. Dennoch blieben ihre Versprechungen auf objektives Wissen leer, denn die „Erwählten" (Elekti) besaßen es angeblich per se (die Gnosis lehrte, wenngleich leicht verschleiert, die Prädestination), und den einfachen Gemeindemitgliedern blieb nichts übrig, als die Ausführungen der Elekti zu glauben, ähnlich wie in vergleichbaren anderen Kulten der Antike, was jedoch die Attraktivität der neuen Lehren nicht beeinträchtigt hat. Ursache dafür war wohl, daß die Mitgliedschaft in einer gnostischen Gemeinde, außer persönlicher Lebensführung nach Maßgabe der gepredigten Sittenlehre sowie Almosenspende entsprechend der je eigenen Möglichkeiten, keine weiteren Forderungen, wie etwa kostspielige Tempelopfer oder aufwendige Wallfahrten zu weit entfernten Heimatkulten stellte, d. h. ehemals traditionell-bindende Formen der Religionsausübung, denen von der inzwischen wirtschaftlich ärmer und geographisch mobiler gewordenen Bevölkerung vielfach nicht mehr nachgekommen werden konnte.[29] Auch wer das Wissen der „Erwählten" nicht besaß, durfte auf Erlösung hoffen. Denn Erlösung bedeutete im gnostischen Verständnis immer das Innewerden des naturgegebenen Dualismus von Geist und Materie, worin enthalten war, daß von allem mit Materie irgend Verbundenem grundsätzlich nichts Positives zu erwarten sei.

Woher die Popularität dieser pessimistischen und weltflüchtigen Einstellung herrührt, wird nur deutbar, sofern wir nachfragen, welche religiösen Bedürfnisse dazu geführt haben mögen. Nun weist das mythische und theoretische Inventar des Gnostizismus eine solche Fülle von Problemen auf, daß die Forschung[30] bis heute beschäftigt ist, sie sinnvoll zu ordnen und anhand der regionalen Traditionsbezüge zu deuten, während der soziale Ursachenkomplex des Gesamtphänomens bislang eher spärlich Beachtung gefunden hat.[31] Aber die religiösen Bedürfnisse einer Gruppe sind von den täglichen Sorgen und Problemen der betreffenden Menschen untrennbar, und dementsprechend spiegelt die Gnosis Ängste und Hoffnungen ihrer Anhänger wider, denen die neue Lehre sowohl formal als auch inhaltlich eine Kompensation von Versagungserlebnissen sowie durch Schuldzuweisung an Dritte persönliche Entlastung und Selbstbestätigung bot. Insofern substituierte der Gnostizismus eine soziale Revolte, die in der Realität aussichtslos gewesen wäre, wie die zahlreichen Aufstände in der Antike beweisen, die jeweils von den Zentralgewalten bald unterdrückt wurden. Mittels Gnosis aber konnte wenigstens eine geistige Emigration aus dem sozial aussichtslosen Hier und Jetzt in ein leidloses jenseitiges Dort und Ewig stattfinden. Unter diesem Aspekt wird die gnostische Botschaft bei aller Kompliziertheit, ja dunkler, z. T. kruder Verworrenheit ihrer Theoreme geradlinig und eindeutig. Vor uns ersteht eine Bewegung, deren Negation alles Bisherigen und Bestehenden total ist. Die jenseitige, immateriell und im Grunde auch impersonal aufgefaßte Gottheit der Gnosis konnte logischerweise nur mit den Termini einer negativen Theologie umschrieben werden.[32]

Auf Fragen wie: Wozu sind wir hier? Woher kommen wir? Wohin gehen wir? Wie steht es um das Schicksal der Welt als Gesamtheit? wußten die antiken Volks- bzw. Polisreligionen keine befriedigenden Antworten mehr zu geben. Diese Fragen gewannen stetig an Aktualität, je definitiver die erstarkenden antiken Großreiche (erst Parthien, dann Griechenland, dann Rom) die altehrwürdigen, vertrauten Formen sowohl des Kultes als auch des sozialen Zusammenlebens aushöhlten und schließlich zerbrachen. Zumal arme Menschen fühlten sich extrem unsicher: Es gab mehr Kriege als je zuvor und mehr Steuern und Abgabepflichten, mehr Seuchen, die schwerer wüteten denn je, und weniger zu essen. Die alten Götter halfen nicht mehr und schwiegen; im monotheistischen Judentum erhob sich die brennende Frage der Theodizee. Ein beängstigendes Gefühl von Unruhe und Bedrängtsein bemächtige sich vieler; es war, wie wenn man im Nebel umherirrt und den Weg ins Freie nicht findet. In den ehemaligen Kleinkönigtümern und eigenständigen Stadtstaaten hatte ein gebildetes, schrift- und mythenkundiges Bürgertum lange Schlüsselstellungen

innegehabt, die ihm jetzt von fremden Beamten und ausländischen Militärs verwehrt wurden, was Resignation mit sich brachte und den Eindruck, überflüssig geworden zu sein. In dieser als religiöse Unheilssituation[33] empfundenen Lage kam es zu einer Allianz zwischen arm bzw. machtlos gewordenen Gebildeten und mitteloser Unterschicht, in deren Rahmen sich das gnostische Ideengebäude gebildet hat. Dessen sozialpsychologischer Zweck war die Entwicklung einer mentalen Abwehr nach allen Seiten: Gegen die traditionellen Götter, die nicht mehr halfen (nicht zuletzt gegen Jahwe, aus dem die Gnosis den Erzbösewicht schlechthin machte), gegen die Reichen und Mächtigen dieser Welt, die sämtlich als der Materie verfallen und damit als verdammt gelten, gegen die Planeten, die notorisch böse Geschicke senden, gegen alle Kräfte, die nach hergebrachtem Glauben (besonders dem der griechischen Philosophen) den Kosmos aufgebaut hatten und in Gang hielten. Und nicht zuletzt gegen den eigenen menschlichen Leib, durch den die Person insgesamt in Leiden verstrickt ist: sind es doch vor allem Krankheiten und Schmerzen, Hunger und Kälte oder Hitze, Obdachlosigkeit und psychischer Kummer, die seine Befindlichkeit bestimmen. Insofern eben zählt die Gnosis die Seele nicht weniger als den Leib zur Materie, ist sie doch der Ort, wo Trauer, Beunruhigung, allgemeine Orientierungslosigkeit usw. empfunden werden, ungute Gefühle, die genauso weh tun wie körperliche Beeinträchtigungen. Im Grunde beruht die Negativeinschätzung von Leib und Psyche auf beider Funktion als Wahrnehmungs„organen", und die Abqualifizierung von alljedem, das überhaupt irgend wahrgenommen werden kann, als böse und schlecht und daher zu vermeiden führt im Sinne der Gnosis zwangsläufig dazu, gleicherweise das für negativ zu halten, womit das Negative wie mit einem Spiegel aufgefangen wird.

Der Gnostizismus parallelisiert – und das ist eine neue, eigenständige Vorstellung – die Entstehung der Welt bzw. des Kosmos mit dem Dasein des Einzelindividuums, dessen Komponenten dem dreiteiligen Aufbau von Himmel und Erde entsprechen. Nur der Geistfunke im Menschen, der bildhaft als „Lichtfunke" bezeichnet wird, hat seine Heimat im „Lichtreich" des „unbekannten Gottes" der Gnosis, dessen Wesen sich menschlicher Beschreibung entzieht, der jedoch absolut gut ist. Oft wird er als „nichtseiend" bezeichnet, womit gemeint ist, daß er in überhaupt keiner Hinsicht irgendwie körperhaft und mit Materie verbunden sei. Er ist reines Sein (heute würden wir vielleicht sagen: Energie). Aus dieser erhabenen Gottheit emanieren (über das Wie gibt es verschiedene Versionen, die uns hier nicht zu kümmern brauchen) personal aufgefaßte „Äonen"; das geringste dieser den kreativen Bereich repräsentierenden Wesen erschafft schließlich die Welt, die ihrerseits, weil äonenweit von Gott getrennt, nurmehr heillos ist. Der eigentliche Weltschöpfer (Demiurg) gilt hier als aktiv böse; wesenhaft steht er unter den Menschen, da in ihm kein „Lichtfunke" existiert. Nichtgnostiker sind materieverhaftet und nach dem Tode unrettbar verloren. Denn wer sich in der Welt wohlfühlt, erweist sich damit als rein körperhaft, er besitzt keinen geistigen „Lichtfunken" und deshalb auch kein Heimweh nach dem immateriellen Lichtreich, ja er hat nicht einmal den Glauben, daß so etwas da sein könnte. Gnostische Lehren sprechen von dem Zustand, in den solche „Hyliker" nach dem Tod gelangen, in Wendungen, die eher an höllische Straforte denn an ein stoffliches Weiterexistieren ohne Fühlen, Verstand oder Geist erinnern – was ja bei totalem Aufgehen in „Materie" eigentlich zu erwarten wäre; hierin manifestieren sich lebhafte Ressentiments, gelegentlich sogar echte Rachsucht gegenüber jenen, denen es hier und jetzt so unangemessen gut geht.

Wie sich die Heimführung des jeweiligen Geistfunkens für einfache Gemeindemitglieder gestalten werde, darüber gab es in den vielen gnostischen Richtungen verschiedene Überlegungen. Die meisten vertraten den Gedanken einer Läuterung, die oft als Reinkarnation vorgestellt und als „Umgießen"[34] des Körpers bezeichnet wurde. Außerdem tritt für die „Hörer" das Moment der Fremderlösung hinzu: Ein hehres Wesen, als Emanation der gnostisch als „unbekannter Gott" bezeichneten immateriellen jenseitigen Geistmacht aufgefaßt, stürzt sich ins Getümmel der bösen Materie und sammelt in Form eines Selbstopfers die verstreuten Lichtfunken ein. Sein Bild wird entweder bekannten mythologischen Figuren entsprechend entworfen (Urmensch) oder später angesichts der steigenden Popularität des jungen Christentums auf die Gestalt Jesu hin. Als hilfreich für die Vermehrung des sozusagen persönlichen Lichtpotentials in jedem Individuum galt vegetarische Kost, denn nach gnostischem Glauben waren bei der als Katastrophe gedeuteten Welterschaffung durch den bösen Demiurgen Massen verirrter Lichtfunken in Pflanzen hineingeraten, deren Einverleibung darum die jeweilige Menge des Lichts im Einzelnen anreicherte und so dessen „Aufstieg" nach dem Tod erleichterte. Für die Elekti war strikt fleischlose Kost ohnehin Pflicht.

Die Leibfeindlichkeit der Gnosis äußert sich besonders in ihrer Askeseneigung im allgemeinen und der Ablehnung von Sexualität im besonderen. Fortpflanzung bedeutet und dient der Vermehrung von Materie, die nach gnostischem Glauben ja gerade von Übel ist und deren Menge darum nicht noch mutwillig vergrößert werden sollte. Im täglichen Leben war die gnostische Haltung zu diesem Punkt aber davon abhängig, ob es um Erwählte oder Hörer ging; letztere führten ein zwar frugales, aber nicht asketisches Leben.

Einigen spätgnostischen Richtungen, z. B. den Barbelioten,[35] haben christliche Widersacher sexuelle Orgien inklusive Kinderkannibalismus vorgeworfen – es handelt sich um dieselben Anschuldigungen, die vorher von Heiden gegen Christen und, nach Konstantin, von Christen auch gegen Juden erhoben worden waren. Der Topos sollte sich als langlebig erweisen, doch mag er insofern einen teilweise wahren Kern enthalten, als manche Elekti den Libertinismus als Ausdruck völliger Freiheit praktiziert haben könnten, gleichsam als „Adelsprivileg einer neuen Menschheit",[36] weil sie glaubten, daß alle weltlichen Gesetze auf den bösen Demiurgen zurückgingen und deshalb für sie keine Geltung (mehr) besäßen. Außer den naturgemäß parteiischen Zeugnissen der Kirchenväter gibt es keine gnostische Quelle für ausgelebten Libertinismus, fest dürfte dessenungeachtet stehen, daß Gnostiker alttestamentliche Moralvorschriften und die damit verbundene Werkgerechtigkeit strikt ablehnten.

Obwohl Frauen in gnostischen Gemeinden zuweilen leitende Funktionen ausgeübt haben,[37] steht in anderen dieser m. E. nur scheinbaren Emanzipation eine Verteufelung alles Weiblichen bis zur zumindest theoretischen Ablehnung der Ehe entgegen, die sich nicht von der für die Antike typischen negativen Bewertung der Frau als eines dem Mann nachgeordneten Geschöpfe unterscheidet. Man hat versucht, diese widersprüchliche Haltung aus dem in einigen Quellen aufscheinenden Grundgedanken zu erklären,[38] daß Zweigeschlechtlichkeit als solche eines der Übel der materiellen Welt sei: Denn der unbekannte Gott, der weder geschaffen ward noch schafft, weder ist noch nicht ist, ist selbstverständlich auch weder Mann noch Frau. Allerdings bleibt diese Erklärung selbst widersprüchlich, da ja, wenn man sie akzeptiert, der Mann als Geschlechtswesen ebenso schlecht wegkommen müßte wie die Frau, was allerdings eben nicht der Fall ist. Konstituierend dürfte eher der seit den altehrwürdigen Zeiten des Magna-Mater-Kultes herrschende Glaube an die naturgegebene Verbindung zwischen der Frau und der Natur als Gesamtheit gewesen sein, der selbst nicht hinterfragt, sondern hier einfach ins Negative gewendet wurde. Bezeichnenderweise ist die Erlösung des geistigen Funkens im Selbst einer Frau nach gnostischem Glauben denn auch nur möglich, wenn dieses Selbst sich nach dem Tode in einem neuerlichen Dasein als Mann reinkarniert hat.

Weil die Gnosis die Welterschaffung nicht als Evolution, sondern als Devolution begriff, hielt sie die Verursacher des „Falls" in die Materie notwendig für böse. Verantwortlich gemacht wurden entweder ein männliches Wesen (dominierend in den iranischen Systemen) oder ein weibliches (Barbelo, Sophia, Edem) in den syrisch-ägyptischen Lehren.[39] Besonders im Einflußbereich dieser letztgenannten evozierte die dezidierte Schuldzuweisung am Drama der Materieentstehung an weibliche Wesen quasi innerhalb des gnostischen Materie-Geist-Dualismus noch einen weiteren, nämlich den zwischen Mann und Frau, worin der Mann dem guten, die Frau dem bösen Seinsbereich zugeordnet wurde. Hierin zeigt sich deutlich eine Übereinstimmung mit der negativen Auffassung

Evas auch in nichtgnostischen Quellen der Epoche. Sie führt in der Folge zu einer fortschreitenden und als sittlich begründet erachteten religiösen und sozialen Abwertung des weiblichen Geschlechtes.[40]

## 4. Der Manichäismus als Vollendung der Gnosis

Mani (216-276 n. Chr.) war Perser und wurde in Babylon geboren, wohin sein Vater ausgewandert war, um sich einer Täufersekte anzuschließen. Mit zwölf Jahren – und ein zweites Mal mit vierundzwanzig – empfing Mani den „Ruf" seiner „Zwillingsseele" (alter ego), sich vom väterlichen Glauben abzuwenden und fortan als Künder einer abschließenden Offenbarung aufzutreten. Die nach ihm benannte manichäische Religion (Manichäismus) war stark eklektizistisch; Basis und Hauptzüge entstammten der Gnosis. Das persische Dualismus-Schema modifizierte Mani so, daß Gott und Satan sich in zwei „Reichen" gegenüberstehen, Gott beherrscht den Geist, Satan die Materie; Einwirkungen auf Spätjudentum und Frühchristentum sind evident. Die Welt, da von Satan, dem bösen „Demiurgen" (Schöpfer) gemacht, ist ausschließlich schlecht. Aus der Gnosis übernahm Mani den Glauben an Jesus bzw. andere hehre Gestalten als „Lichtsammler", aus dem persischen Zervanismus und dem jungen Christentum den an ein baldiges Weltende, aus der vom Spätjudentum umgedeuteten Genesis die Überzeugung von der prinzipiellen Sündhaftigkeit des Menschen. Nach einer sehr erfolgreichen Laufbahn als Religionsstifter und Wunderarzt, wie er sich selbst gern bezeichnete, geriet Mani in Konflikt mit der zervanitischen Priesterschaft der Magier. Die näheren Umstände sind nicht recht durchsichtig, denn bis dahin hatte er sich stets der Gunst der persischen Herrscher erfreut. Er wurde zwar nicht gekreuzigt, wie manche seiner Anhänger später sagten, jedoch eingekerkert und starb schließlich an den Folgen der Haft.[41]

Mani interpretierte die Zukunft von Welt und Mensch als schrittweise Befreiung des göttlichen Lichts, das in Menschen, Tieren und Pflanzen anteilig vorhanden ist, aus dem

Bann der Materie. Dieser an sich gnostische Gedanke wurde von ihm endgültig formuliert: Gott erlöst mit den freigesetzten Lichtpartikeln sich selbst, und „die Einsicht (gnosis) in diesen Weltprozeß verbürgt dem Menschen als potentiellem Lichtträger die Erlösung und macht ihn zugleich zu ihrem aktiven Beförderer, woraus ein ‚kosmisches Verantwortungsgefühl' erwächst...".[42] Für Mani existierte daher nur eine einzige unsühnbare Sünde, und zwar, sich diesem Befreiungswerk aktiv zu verweigern, alle übrigen Verfehlungen waren büßbar durch bloßes Bereuen. Die manichäische Kirche umfaßte „Erwählte" und einfache Gemeindemitglieder. Nur die Elekti mußten nach der strengen Observanz der drei „Siegel" Mund, Hand und Schoß leben, nämlich sich vor falscher Rede und falscher Speise hüten, nicht arbeiten, d.h. Berührung mit Materie meiden und keusch leben. Den Gemeindemitgliedern oblag die Einhaltung der zehn manichäischen Gebote (Einehe, Vermeidung von Unzucht, Lüge, Heuchelei, Götzendienst, Zauberei, Tiertötung, Diebstahl, Religionszweifel und Lässigkeit bei der Versorgung der Elekti). Reichtum galt, anders als in der vorhergegangenen Gnosis, nicht als per se seelengefährdend.

Die gnostische Vorstellung über die Entstehung der irdischen Unheilssituation aufgrund z.T. haarsträubender Untaten und Perversionen[43] dämonischer Schöpfermächte übernahm Mani und machte daraus ein elaboriertes System. Die Zukunft von Welt und Menschen galt als identisch, und im Grunde war ein individuelles Seelenschicksal nach dem Tod von der manichäischen Theorie her nicht recht denkbar, weil ja das Immaterielle im Einzelmenschen – und damit seine Teilhabe am Unsterblichen – impersonal-geistig verstanden werden mußte, sofern man die Idee der einzusammelnden Licht„reste" zu Ende dachte, die untereinander ja nicht qualitativ, sondern höchstens quantitativ differierten. Faktisch aber war das Seelenschicksal der „Gerechten" doch personal orientiert (im Jenseits ist der guten Seele ein prächtiges Kleid bereitgehalten, eine schöne Halle, ein Thron, ein Kranz und ein Diadem erwarten sie).[44]

Obwohl der Manichäismus nach gnostischer Übung vorgab, anstatt Glauben echtes Wissen vermitteln zu können, hat es sich dabei doch selbstverständlich um rein theosophische Spekulationen gehandelt.[45] Vielleicht wurden den Elekti irgendwelche Meditationspraktiken offenbart, durch die mystische Gottschau möglich war; nur dann wäre in dem Versprechen auf „Wissen" ein wahrer Kern gewesen. Augustin wurde allerdings während der neun Jahre seines Manichäertums nichts dergleichen zuteil, und sein Spott und seine Enttäuschung scheinen begreiflich.[46] Tatsächlich forderte ja Mani ebenso von seinen Anhängern Glauben an das von ihm Offenbarte, wie andere Wundertäter und Propheten seiner Zeit auch, und sofern der objektive Wahrheitsgehalt des Geoffenbarten als Prämisse weiterführender Beweisführung nicht geglaubt wurde, wie es natürlich beim Streit mit dem Christentum ständig der Fall war, hatten Manichäer argumentativ keine Chance.

Der Kultus der stark durchorganisierten manichäischen Kirche war reichhaltig, schön und erhebend: Es gab Zeremonien und Riten, die aus Gebeten, Hymnenrezitationen und Lobliedern bestanden. Den Elekti waren täglich sieben, den „Hörern" vier Gebete aufgetragen. Im Mittelpunkt des Gemeindelebens stand das gemeinsame Mahl der Elekti. Handauflegung, vielleicht auch eine Salbung scheinen bei deren Ordination von Bedeutung gewesen zu sein, und eine Totenmesse sollte der Seele beim Aufstieg helfen. Das Halten der kirchlichen Gebote vermochte die Seele zu stärken, die im Manichäismus nicht, wie in früheren gnostischen Systemen, als „Psyche" völlig mit zum Bereich der Materie gerechnet wurde. Vor allem der Körper galt als Manifestation der Materie und damit als sündig. Der Kosmos war nicht länger total böse, denn Sonne und Mond halfen beim Geistfunken-Aufstieg und waren darum gut. Ohne Beistand des göttlichen Geistes blieb die Seele den finsteren Mächten des Diesseits schutzlos ausgeliefert.[47]

Insofern ist im Manichäismus der Leib-Seele-Dualismus endgültig ausgeformt: Verworfen ist die einstige zoroastrische Gewissensfreiheit, sich individuell für die Gefolgschaft des Guten oder Bösen zu entscheiden (mit was für Folgen auch immer), und ebenso die wesentliche gnostische Willensfreiheit, durch persönliche Anstrengung zur Befreiung des eigenen Lichtfunkens beizutragen (mit welchem Erfolg auch immer). So lebte die maniächische Kirche nicht nur durch den Glauben, sondern auch durch den Gehorsam ihrer Mitglieder. Wenn sie insgesamt fast tausend Jahre lang bestehen konnte (in Syrien, Palästina, Nordarabien, Nordafrika, Armenien, Kleinasien, Dalmatien, bei den asiatischen Uiguren und weiter östlich bis Tibet und China, in dessen Süden noch im 17. Jahrhundert von europäischen Missionaren Reste manichäischen Glaubens vorgefunden wurden), so sicher nicht zuletzt deshalb, weil die manichäischen Missionare den sittlichen Wandel vorlebten, den sie predigten. Denn nirgends ging der Manichäismus aus inneren Ursachen zugrunde, er wurde vielmehr in West und Ost von den sich festigenden Weltreligionen Christentum und Islam und in China vom Konfuzianismus verfolgt und ausgerottet.[48]

## 5. Die Erben des Manichäismus: Paulicianer, Bogumilen und Katharer

Schon das vorpaulianische Frühchristentum, wie es sich in den palästinensischen, syrischen und kleinasiatischen Küstenstädten entwickelt hatte, war mit der Gnosis in Berührung gekommen, und zwar wohl durch die Vermittlung des bereits hellenistisch-gnostisch gefärbten Judentums. Zentralgestalt der hochgnostischen Systeme[49] wurde später der Apostel Paulus, dessen eigene Anschauungen nicht ganz frei von Anklängen an gnostische Lehren sind und auf den sich darum spätere Gnostiker gern als Zeugen beriefen.[50] Hierzu gehört die gegen 650 im Bereich der Ostkirche entstandene Sekte der von ihren theologischen Gegnern so genannten „Paulicianer"; wahrscheinlich handelt es sich dabei um letzte Ausläufer der marcionitischen Gnosisschule.[51] Bilderkult und hierarchische Kirchenordnung wurden von den Paulicianern abgelehnt, was sie im neunten Jahrhundert mit Byzanz in Konflikt brachte. Als eigenständige Gruppe verlieren sie sich schließlich im Islam, aber die durch sie tradierten gnostischen Gedanken werden wei-

tergegeben und beeinflußten in der Folge die – gleichfalls dualistisch orientierte – Sekte der Bogumilen.

Nach dem legendären Priester Bogumil genannt, wirkte sie seit etwa Mitte des 10. Jahrhunderts auf dem Balkan, besonders in Bulgarien, galt bald als ketzerisch und zeigte tatsächlich im wesentlichen dualistische, typisch gnostisch-manichäische Züge wie die Kultivierung strenger Askese, die Ablehnung von Sexualität und Ehe, von Fleischgenuß und Wein. Das Weltgeschehen wird vom Kampf zwischen dem guten Gott und dem abgefallenen „Satanael", der die materielle Welt und die Menschen als böser Demiurg erschuf, bestimmt. Vom guten Gott stammt die menschliche Seele; zu ihrer Rettung aus dem als schlecht definierten materiellen Körper wurde „das Wort Gottes" („Logos") im Scheinleib[52] Jesu Christi gesandt. Dieser „Logos" ist nichts anderes als der manichäische „Geist" – bzw. „Lichtfunke". Die kirchliche Hierarchie, Sakramente, der Heiligen- und Reliquienkult und die Ikonen wurden als Stiftungen Satans zurückgewiesen. Allein das Vaterunser und die Beichte behielt man bei. Das A. T. galt als Werk Satans, Heiliges Buch hingegen war das Johannesevangelium. Drei Gruppen formten die Gemeinde: „Vollkommene", „Hörer" und einfache Gläubige. Nur die Vollkommenen lebten, den manichäischen Elekti vergleichbar und im Grunde wohl in deren Tradition, streng asketisch und ehelos, sie vermieden außer Fleisch- und Weingenuß auch strikt jegliche Art von Blutvergießen. „Ihre besondere Anziehungskraft erzielten die Bogumilen durch ihre scharfe Kritik am Reichtum und Luxus der byzantinischen Kirche sowie an den Kriegen und Unterdrückungen des Staates."[53]

Ihr Einfluß blieb nicht auf den Balkan beschränkt, sondern erreichte, verbreitet durch missionierende Händler, auch Westeuropa, zumal Frankreich sowie das Rhein-Main-Gebiet,[54] und bildete in der Folge das geistige „missing link" zwischen Manichäismus und sich entwickelndem Katharertum.[55]

Die Katharer (von griechisch „die Reinen") werden erstmals im elften Jahrhundert erwähnt. Zwischen ca. 1150-1300 entsteht eine eigene katharische Kirche; Einflüsse und Ausläufer dieser gnostisch-spiritualistischen Bewegung, deren Anhänger 1167 bei

Toulouse sogar ein regelrechtes „Konzil" abhielten, reichen den Rhein hinauf bis Köln, wo 1146 einige Katharer als Ketzer verbrannt wurden,[56] bis ins südfranzösische Languedoc, woher eigene Bistümer bekannt sind, sowie nach Oberitalien[57] und sogar bis England.

Wirklich neue Vorstellungen entwickelten die Katharer[58] im Vergleich zu den Bogumilen sowie zur Gnosis und zum Manichäismus nicht, man kann höchstens von einer gewissen Ausformung sprechen: So erhalten einfache Gemeindemitglieder kurz vor dem Tode die sogenannte „Geisttaufe", die von allen Sünden reinigt und die Erlösung sichert (die Ähnlichkeit mit der christlichen Letzten Ölung springt ins Auge), und zu den zahlreichen abzulehnenden Handlungen gehört jetzt auch der Eid. Der Kult bestand aus Gebeten und Predigten.

Ebenso wie ihren spirituellen Vorläufern (und ziemlich sicher mit ebensowenig Berechtigung) sagte man auch den Katharern Unzucht nach.[59] Dazu mag neben böswilligen Unterstellungen die dualistische Tradition beigetragen haben, wegen der Wichtigkeit des „Wissens" um die zur Erlösung führenden Umstände, das ja seit frühgnostischen Zeiten stets geistig-intellektuell aufgefaßt worden war, die Meinung zu vertreten, die einzig relevante Verfehlung sei der Zweifel am eigenen System, und alle übrigen wären demgegenüber eher unwichtig. Wer dies mißverstehen wollte, konnte in der Tat unterstellen, nach katharischem Dafürhalten gebe es unterhalb des Nabels keine Sünde.[60]

Das Aufflammen sektiererischer Bewegungen, besonders seit dem elften Jahrhundert, die meist als Reformbewegungen begannen, aber bald von der Amtskirche ausgeschieden und als häretisch gebrandmarkt und verfolgt wurden, ist von mehreren Beweggründen bestimmt: einmal dem Ausbleiben der Parusieerwartung im Jahr 1000, das die Autorität der Kirche in ihren Grundfesten erschütterte, weshalb die Sektenbildung sprunghaft zunahm. Zweitens trug dazu die damalige Entartung des Klerus im Sinne einer anstößigen Verweltlichung bei sowie die immer größer und drückender werdende Last der Abgaben, die die Kirche auch von der ärmeren Bauernbevölkerung einforderte; womit gleichzeitig ständige klerikale Einmischung in genuin eigene Belange der regionalen weltlichen Machtstatthalter verbunden war, was zu einer Fronde von Bauern und Adel gegen den Klerus führte.[61]

Der katharische Leib-Seele-Dualismus, der dem Teufel Macht über die Welt zuschrieb, erweckte bei der Kirche die Furcht, hier trete erstmals in der Geschichte der Sektenbildung Satan selber auf den Plan, weswegen für Katharer nur die schwerste Ketzerstrafe in Betracht komme, der Verbrennungstod. Und weil das Papsttum in der erfolgreichen katharischen Missionsarbeit eine bisher nie dagewesene Bedrohung seiner Autorität sah, betrachtete man auch die Verfolgung und Abstrafung der Ketzer als ausschließlich dem Papst und seinen Legaten zustehende Aufgabe. Ihre Erfüllung wurde der Inquisition anvertraut, die eigens zu diesem Zweck gegründet worden ist;[62] sie warf den Katharern unsinnigerweise insbesondere die Verehrung des Teufels an Gottes Statt vor.[63] Die meisten verurteilten Katharer gingen, ihres Glaubens sicher, lachend in den Tod. Nach zwanzigjähriger, überaus blutiger Tätigkeit der Inquisition war die Sekte so gut wie ausgerottet; winzige Restgruppen existierten in Südfrankreich noch bis ins 14. Jahrhundert, in Italien bis zum Anfang des 15. Jahrhunderts.

# 6. Religiöser Dualismus und Hexenprozesse

Seit der Feminismus vor einigen Jahren das Thema der Hexenverfolgung als Beweismittel für seine ureigensten Theorien entdeckte, ist zu diesem Phänomen viel ganz Falsches, viel Richtiges und manches halb Richtige geäußert worden.[64] Im Rahmen des vorliegenden Beitrages interessiert der Hexenglaube jedoch nur insofern, als dualistische Vorstellungen innerhalb seines Systems persistierten, wenn auch in einer Weise, die von den bisher erwähnten Ausformungen des religiösen Dualismus wesensmäßig zu unterscheiden sind. Darüber hinaus tradierte der Hexenwahn die vordem von differierenden, aber immer häretischen Gruppen propagierte Leibfeindlichkeit, indem er dem Leib-Seele-Antagonismus des Abendlandes zu einer neuen, diesmal rechtgläubig-christlichen

Variante verhalf – waren seine Erfinder doch Dominikanermönche.[65]

Das missionierende frühe Christentum hatte die sehr virulente Hexen- und Zaubererfurcht der Heiden als zur vorchristlichen Religion gehörend unter Strafe gestellt und gelehrt, daß alle einst als wirkmächtig aufgefaßten numinosen Gestalten zum Gefolge des Teufels zählten, den man aufgrund der Heilstat Jesu Christi aber nun als „toten Feind" getrost verlachen und verachten dürfe.[66] Zu Anfang des 12. Jahrhunderts waren denn auch die Ketzer noch von den Zauberern als durchaus verschieden gesehen worden. Doch seit Beginn des 14. Jahrhunderts muß bei den Inquisitoren die Befürchtung entstanden sein, man habe es neuerdings mit einer bislang unbekannten Häresie zu tun, die bald den Namen „Hexensekte" bekam; historischer Ausgangspunkt dafür war, daß im Zusammenhang mit den südfranzösischen Ketzerprozessen unschuldig Angeklagte auf der Folter[67] Aussagen gemacht hatten, die Reste heidnischen Glaubens enthielten.

Denn die Betreffenden wurden so lange gequält, bis sie irgendetwas antworteten, das die Inquisitoren befriedigte, und das konnte bei Nichtketzern nur vage Erinnertes aus der angestammten germanischen Volksreligion sein. Die Inquisitoren fragten überdies ihre Opfer zwar aus, faktisch fragten sie aber in sie hinein, was ihrer vorgefaßten Meinung entsprach. Das sich schrittweise formende monströse Gebilde des sogenannten „Hexensabbaths"[68] enthält als Vorstellungskonglomerat schließlich beinahe vollständig das Inventar der tatsächlich häretischen Ideen, wie es die Inquisitoren aus den Ketzerprozessen derselben Gegend traditionell zu kennen glaubten, d.h. vor allem den Aufweis der Teufelsanbetung und des Teufelspaktes, der aber von jetzt an im Zusammenhang mit der Teufelsbuhlschaft auftaucht.[69] Nun war seit Augustin, der im Verlauf seines Kampfes gegen den Manichäismus zum Vater einer ausgepichten Dämonologie geworden war, die Thomas von Aquin später aufgriff und spitzfindig ausbaute, jede Form ausgelebter Sexualität, die nicht ehelich gebunden und lebenslang monogam war, von der Amtskirche als Symptom zumindest möglicher häretischer Neigungen interpretiert worden. Wenn also die dominikanischen Inquisitoren davon ausgingen, der von ihnen als existent betrachtete Teufelspakt der Hexen finde seinen quasi juridischen Abschluß im Vollzug der Teufelsbuhlschaft, so standen sie damit fest in der scholastischen Tradition. Zwar unterschied sich die neue Sekte in einigen Punkten von den älteren (schließlich war sie eben neu), aber die Grundzüge erwiesen sich als immer dieselben: ketzerische Ableugnung der christlichen Lehre, verbunden mit gewohnheitsmäßig geübten häretischen Kulten, die ihrerseits schwer kriminelle Übeltaten enthielten.[70]

Die Amtskirche hatte im Westen Häresien stets auszuschalten gewußt, da es sich bei den betreffenden Sekten ja um tatsächlich vorhandene Gruppen gehandelt hatte. Bei der „Hexensekte" war das anders: Als reines Fantasieprodukt[71] unterlag sie dem psychologischen Gesetz der „Self-fulfilling Prophecy", und solange man an Hexen glaubte und nach ihnen fahndete, konnte man mittels des neugeschaffenen Inquisitionsprozesses bzw. der Anwendung der Folter jederzeit welche finden.[72] Deshalb hörten die Hexenprozesse erst auf, als der Glaube an Hexen für niemand mehr sozial nützlich war und die Folter als Mittel zur unfehlbaren Wahrheitsfindung in Mißkredit kam. Das dauerte aber bis praktisch an die Schwelle der Neuzeit, und während der rund vierhundert Jahre davor hat die Argumentationsweise der Inquisitoren, denen ja stets am Aufweis teuflischer Einwirkungen auf die Hexen gelegen war, zu einer intellektuellen und theologischen Beschäftigung mit der Gestalt Satans geführt, die alle Welt immer mehr von Gott entfernte. Für jedes Böse auf Erden und im Leben war der Teufel verantwortlich; nicht ohne Grund und gut gnostisch-manichäisch nennt ihn das bekannte Kirchenlied Luthers[73] den „Fürsten dieser Welt". Überall glaubte man sein malevolentes Eingreifen wahrzunehmen, das zwar, wie der theologische Fachausdruck lautete, bloß „unter Zulassung Gottes" vonstatten ging, wodurch aber die alte Theodizee-Frage, weshalb denn Gott sich derart passiv verhalte, genausowenig Beantwortung fand wie weiland in der Gnosis.

Auf dem Umweg über das Konzept der bloß in der Einbildung bestehenden Hexensekte geriet gerade jener Zwei-Reiche-Dualismus aufs neue in die Gedanken der Menschen, den die Dominikaner einst zu vernichten ausgezogen waren. Im Rahmen der neuerlichen Betonung eines Gegensatzes zwischen der irdischen Welt, die in steter Gefahr einer Machtergreifung seitens Satan schwebte und der man als Individuum durch den bloßen Besitz von Körperlichkeit, näherhin von Sexualität, verhaftet war, und einem Jenseits, dessen göttlicher Regent seinen teuflichen Widersacher in unbegreiflicher Passivität schalten und walten ließ, wußten die Menschen ein paar Jahrhunderte lang über die Eigentümlichkeiten der „Hexensekte" und deren satanischen Meister besser Bescheid als über den christlichen Katechismus. Unbewußt wirkte das dualistische Seinskonzept noch lange und wie eine nun von ihren einstigen geistigen Ursprüngen ganz gelöste Denkfiguration sogar bei Agnostikern weiter.[74]

## 7. Die Entlastungsfunktion der dualistischen Leibfeindlichkeit

Man kann die hier dargestellten Denkschulen bzw. Religionen in ideengeschichtlichen Kategorien interpretieren, „als ob die Ideen selber, in denen die treibende Kraft menschlichen Handelns gesehen wird, um Vorherrschaft kämpften (mutmaßlich noch in einem körperlichen Zustand)",[75] und in den meisten greifbaren Arbeiten zum Thema der philosophisch oder religiös begründeten Materiefeindschaft wird in der Tat so argumentiert. Nicht im Gegensatz, sondern als Ergänzung zu dieser Sicht soll im folgenden ein bisher übersehener Aspekt des Themas hervorgehoben werden, der sich auf die Bedeutung einer konsequenten materie- und damit leibfeindlichen Weltsicht für die menschliche Psyche konzentriert.

Betrachtet man die soziale Zusammensetzung nichtchristlich-dualistischer Sekten bzw. Gemeinden, dann wird deutlich, daß deren Mitglieder sich, von allen äußeren und je epochal bedingten historischen Unterschieden abgesehen, überall aus Menschen rekrutiert haben, die depraviert waren. Diese Depravierung hat viele Gesichter gehabt; bei den Gebildeten äußerte sie sich anders als bei schlichten Gemütern, bei den

finanziell gut Versorgten anders als bei völlig mittellosen Armen. Gemeinsam ist aber allen, daß das Einzelindividuum eine tiefe Enttäuschung verspürt, gleichsam Empörung wie über ein nichteingelöstes Versprechen oder das Ausbleiben einer als zustehend betrachteten Erbschaft. Intellektuell handelt es sich bei dieser Enttäuschung oft darum, daß ein fester religiöser Glaube oder eine als wohlbegründet betrachtete Philosophie sich – durch welche Ereignisse oder persönliche Erfahrungen auch immer – plötzlich als Irrtum, leerer Wahn, grundlose Hoffnung erweisen. Hierfür zwei Beispiele (wer die Historie der dualistischen Sekten darauf abklopft, wird mühelos weitere entdecken): In der Antike fingen gnostische Denker an, die Gestirne für böse zu halten, da sie notorisch Übles sandten, während gleichzeitg von glücklichen Umständen Begünstigte, wie z. B. Plotin, weiterhin glaubten, die Sterne repräsentierten gütige Mächte. Und für das Aufblühen des Katharertums ist ohne jeden Zweifel das Ausbleiben der Parusieerwartung im Jahr 1000 konstitutiv geworden.

Das Moment der Depravierung manifestiert sich aber auch dort, wo eine traditionelle Führungsschicht im politischen Bereich Gefahr läuft, von neuen Kräften verdrängt zu werden, oder wo die Erfahrungen und Spezialkenntnisse einer bis dato einflußreichen Bildungselite plötzlich nicht mehr gefragt sind und als überholt gelten, oder wo einer finanzstarken Schicht ein ihren Möglichkeiten adäquater auch sozialpolitischer Einfluß verwehrt ist. Beispiele für die drei genannten Fälle: Erstens die Gefährdung der jahrhundertealten Rechte des südfranzösischen Adels durch die immens steigenden finanziellen und machtpolitischen Ansprüche der Kirche; zweitens das Herabsinken zur sozialen Bedeutungslosigkeit bei den jüdischen Schriftkennern, deren angestammter Wirkungsbereich seitens des römischen Imperiums mit seiner – vom orthodoxen jüdischen Standpunkt aus intolerablen – Forderung des Kaiserkultes kaum berufliche Entfaltungsmöglichkeit mehr bot; drittens die zwar reiche, aber politisch machtlose uigurische Kaufmannsschicht, die ihrerzeit die manichäische Kirche gestützt hat.[76]

Doch auch Menschen, die schon immer zur unbemittelten Schicht gehört hatten und persönlich nie nirgendwie bedeutend gewesen waren, konnten lebhafte, nachhaltig-schmerzliche Erfahrungen der Depravation machen. Denn die sich ausbildenden Groß-reiche mit ihrer gesteigerten Urbanisierung, den willkürlichen obrigkeitlichen Maßnah-men, die nicht bloß Sklaven, sondern auch die arme Durchschnittsbevölkerung betra-fen[77] und die darum gegenüber vordem ob-jektiv schlechtere Lebensverhältnisse im Ge-folge hatten, minderten den Glauben und das Vertrauen in die angestammten Kulte und Religionen, unterhöhlten die einst damit ver-bundenen Empfindungen von persönlicher Sicherheit und Eingebundenheit und verur-sachten damit bei vielen Menschen jene Ge-fühle von Unruhe, von Bedrängtsein, von Unsicherheit, von Ausgeliefertsein in un-durchschaubares Durcheinander, worüber gnostische Gebete und Hymnen Zeugnis ab-legen, indem sie versprechen, daß derlei im Zustand des Erlöstseins aufhören werde.

Nun weist die antike Epoche, in der sich mit der Gnosis die ersten leib- und materie-feindlichen dualistischen Sekten entwickel-ten, soviele Anlässe für die Empfindung von Depravation auf, daß damals wahre Massen von Menschen Ursache gehabt hätten, Gno-stiker zu werden. Das ist aber, wie wir wis-sen, keineswegs der Fall gewesen. Es muß offenbar zu dem Moment der Depravierung noch etwas hinzutreten, ehe jemand sich für religiösen Dualismus entscheidet, eine ge-wisse innere Gestimmtheit; möglicherweise verspürten auch nicht alle jene Beeinträchti-gungen gleich intensiv und quälend, es mag gradweise Abstufungen von Enttäuschung und Frustration gegeben haben. Wichtig ist ganz offenbar, daß die (als religiös lediglich definierte) Unheilssituation in der Welt an einem gewissen Punkt als akut erlebt wird: das ist der, an dem der „Ruf" der Gnosis ver-nommen wird. In moderne Worte gefaßt und des numinos-mythischen Rankenwerks ent-kleidet, lautet dieser Ruf: Hör auf, dich zu fürchten, laß ab von Streiten und Tränen, flieh das ganze Elend, wo niemals Gutes zu erwarten ist, und mache dich auf und da-von!

Tatsächlich hat die Gnosis damit tief un-glücklichen Menschen einen Ausweg gezeigt, den sie ihrerseits als Heimweg ausgab, und der faktisch ein Weg nach innen gewesen ist.

Insofern ist die gnostische Haltung durchaus resignativ. Schließlich verzichtet der Gnosti-ker (und mit ihm alle späteren Anhänger dualistischer Religionsformen) auf die aktive Auseinandersetzung mit der Welt, wie sie nun einmal ist. Es könnte zu nichts führen, und der Gnostizismus legt ausreichend aus-führlich dar, wieso nicht. Das Wissen um die eigene Machtlosigkeit gegenüber den irdi-schen Fakten, das eigene Anheimgegeben-sein an sie, evoziert den unabweisbaren Eindruck hoffnungsloser Außenbestimmt-heit. An diesem „Fluchtpunkt" dreht sich beim Gnostiker die Richtung der eigenakti-ven Ab- und Notwehr bildlich gesprochen um 180 Grad und wendet sich vom entmutigend mächtigeren Außen ins eigene Innere: Was stattfindet, ist ein Wechsel des Kriegsschau-platzes. Damit ist – freilich bloß vom Stand-punkt des betreffenden Selbst aus, denn objektiv bleibt die depravierende Situation ja völlig unverändert – jedoch plötzlich wieder eigener Handlungsspielraum gegeben. Das „Feld", auf dem der Konflikt von da an aus-getragen wird, ist der einzige Bereich, in dem das Selbst überhaupt noch autonom wirken kann, nämlich der eigene Körper mit der ei-genen Psyche. Die daraus folgende Selbstag-gression wird durch die bekannte gnostische Erklärung, was böse ist und was nicht, als Überwindung der wahren Feinde des wahren Menschen definiert. Und dieser „wahre Mensch" ist die Person minus Leib minus Psyche. Objektiv betrachtet, substituiert der Gnostiker die Revolte durch die Askese. In-dem er lernt, die Bedürfnisse des Körpers zu negieren, ihn „abzutöten", gewinnt er das Gefühl einer neuen Eigenkompetenz, die ih-rerseits mit dem Grad der Askese schritt-weise wächst, wodurch wiederum subjektiv der Eindruck entsteht, immer mehr Autono-mie zu erlangen. Die gleichzeitig unverän-dert fortbestehende materielle Welt wird aus dem Blickwinkel des ideologisch abgestütz-ten Ressentiments unter Berufung auf den „Besitz" von Gnosis für bereits gänzlich überwunden gehalten. In logischer Weiter-führung dieser Überzeugung ist der gnosti-sche Verzicht auf Auseinandersetzung mit der Welt deshalb weder Ausweichen noch Niederlage, sondern Sieg, denn für die Gno-sis sind Logos und Welt einander ebenso natürliche Widersacher wie Geist und Körper. Wenn aber Welt und Körper so identisch sind, wie Logos und selbstimmanenter Geist(funke) wesensgleich, so ist jeder Sieg über den eigenen Körper auch einer über die Welt: Leibfeindlichkeit ist also Ausdruck, ja Beweis für Erwähltsein und Vollendung und damit für Gottgleichheit.

Weil sie zu so hochgradig ego-freundlichen Schlußfolgerungen führte, muß die Entlastungsfunktion dualistisch-leibfeindlicher Seinskonzepte primär groß gewesen sein. Ihr Wert war für die Gläubigen allerdings auf längere Sicht hin relativ und prekär; allzu viele büßten den Glauben an elitäre Auser-

wähltheit mit dem Märtyrertod. Es handelt sich bei dieser Denkrichtung eben nicht um einen Sieg des Geistes, sondern, entkleidet man das System seines religiös-mythischen Rankenwerks, um den Triumph einer Neurose. Gemeinschaften, die Autoaggression für Tugend halten und Eskapismus und Realitätsverleugnung praktizieren, gedeihen allein in einem öffentlichen Klima großer Toleranz oder aber gänzlicher religiöser Gleichgültigkeit. Sobald ihnen jemand aktiv wehrt, sind sie zum Untergang verurteilt, wie das Schicksal der hier dargestellten Sekten und Religionen zeigt.

## Anmerkungen

[1] Nicht unwichtig scheint mir für das Thema dieses Buches, daß durchaus nicht alle Ethnien eine Entität kennen, die mit dem Terminus „Seele" zu umschreiben wäre. So wurde etwa die Bezeichnung „Körperseele" (W. Wundt), die mit Herz, Leber, Blut oder Knochen in Verbindung gebracht wurde, von Ankermann abgelehnt, da die Manifestationen der „Kraft", um die es dabei geht, nach dem Tode halb-materielle Ausprägungen finden, die wir als Gespenster bzw. „lebende Leichname" auffassen würden. Gewisse Aspekte des Ahnenkultes in Neuguinea gehören hierzu

[2] Die Freiseele lebt nach dem Tode des Menschen in nichtmaterieller Form weiter: als Schattenoder Bildseele, manchmal auch als Alter Ego i. S. eines Doppelgängers (in welchem Bezug diese Idee noch in einigen Aspekten der zoroastrischen Lehre durchschimmert, wo die Seele nach dem Ableben durch ihr die Taten im Leben repräsentierendes Zweites Ich zur ScheideBrücke geleitet wird)

Zur schamanistischen Religionskategorie gehört die Hauchseele, die ihren Sitz im Atem hat; wenn wir die Bestandteile, die zur Konzeption unseres eigenen abendländischen Seelenbegriffs geführt haben, im Sinne einer Aufeinanderfolge betrachten, wäre die Atemseele (obwohl sie immerhin gelegentlich zum Gespenst werden kann), als Vorstellung wie eine Vorstufe zur Freiseele aufzufassen, da sie mit ihr die Fähigkeit besitzt, zu „wandern"

Unser deutsches Wort für die Seele scheint von gotisch *saiwala* zu stammen, das auf *saiws*, die See verweist, und man pflegt es mit dem lappischen *saivo*, einem urnordischen Lehnwort, zusammenzustellen, das Örtlichkeiten im Jenseits bezeichnet (Ejerfeld 1971, S. 316f.). Da germanische Quellen nichts über eine Verbin-

dung zwischen Totenreich und der See erwähnen, aber etwa schwedische Schiffssetzungen zeigen, daß zumindest bedeutende Tote wohl übers Meer ins Totenreich fahren sollten, könnte an vorindogermanisch-wanische Tradition gedacht werden

[3] Wenn wir das Wirken Zoroasters, wie in diesem Aufsatz der Fall, vor den Beginn des letzten vorchristlichen Jahrtausends setzen, findet sich das Konzept der Ego-Seele bei ihm erstmals im Abendland, wenn nicht überhaupt

[4] Diese *Gathas* genannten Gesänge sind „spekulative Gedanken und Gedichte, bei denen es vor allem darauf ankommt, daß sie Wahrheiten aufdecken: die Wahrheit vom uranfänglichen Gegensatz des heilwirkenden und des bösen Geistes, der Wahrheit und der Lüge... es sind Bekenntnisse und esoterische Erkenntnisse" (Thieme 1970, S. 213f.)

[5] Vgl. Rudolph 1970

[6] Lebenszeit und Wirken Zoroasters werden von neueren Autoren für eine frühere Periode angesetzt als vordem, nämlich etwa zwischen 1400 und 1200 v. Chr. Vgl. hierzu u. a. Boyce 1975, S. 190; Asmussen 1980; Gnoli 1980, S. 227

[7] So aufgrund sprachlicher Argumente übereinstimmend der herrschende Meinung

[8] Zu diesem Einzelaspekt, jedoch auch überhaupt sehr lesenswert Colpe 1972; dort auch wichtigste Literatur

[9] Vgl. hierzu Barr 1972

[10] Widengren 1961a, S. 135ff.

[11] Gnoli 1980, S. 228

[12] Zu seiner Herkunft vgl. Colpe 1972, S. 323

[13] Bartholomae 1970, S. 8: „Er sagt selber in einer seiner Verspredigten: ‚Ich weiß das, o Mazdah, weshalb ich nichts (auszurichten) vermag; nur wenig Herden sind mein (daran liegt es); und weil ich nur wenig Leute habe'."

[14] Zur Vergleichung mit der altindischen Religion s. Møller-Kristensen 1972; Thieme 1970; Widengren 1961a, S. 139ff.

[15] Worin das „Quälen" der Rinder in diesem Blutrausch bestand, läßt sich nicht genau ermitteln, weil der Prophet es, da allgemein bekannt, nicht genauer skizziert; zu denken wäre sowohl an speziell grausame Tötungsarten als auch an die Opferung besonders vieler Tiere gleichzeitig. Der Aspekt wurde von der Forschung vernachlässigt, während sich praktisch jedwede Veröffentlichung zur Religion des Zoroaster mit der Frage befaßt, woraus der betreffende Rauschtrank bestanden haben könnte, der offenbar mit dem im Rigveda so oft erwähnten „Soma" identisch ist. Von Hanf bis Rhabarber hat man die verschiedensten Pflanzen herangezogen, ohne irgend Gewißheit zu gewinnen. Klar ist lediglich, daß der von jener Droge hervorgerufene Rausch das Gefühl vermittelt haben muß, todüberwindende Kräfte zu besitzen und „die Götter gesehen zu haben". Zoroaster verurteilte den Genuß des Giftes mit den härtesten Worten (vgl. Colpe 1972, S. 333); zwar behielt er den Soma-„Kult" bei, verwandte dafür allerdings nicht mehr die eigentliche Droge, sondern – was einen zweifellos wesentlichen Aspekt seiner Reformation darstellt – ein Ephedrin. Hierzu auch Hinnells 1985, S. 33 und Widengren 1961a, S. 143f.

[16] Zu der Einrichtung als solcher grundlegend Wikander 1938; im Zusammenhang mit Zoroasters Lehre Gnoli 1980, pass.; Widengren 1961a, S. 139ff.; die Mythen und Riten des Männerbundes müssen dem Propheten besonders zuwider gewesen sein. – Betrachtet man die Institution wirklich als gemeinindogermanisch und hochaltertümlich, kommt einem der Vergleich mit der spartanischen Krypteia in den Sinn, denn nach Wikander waren die Männerbund-Mitglieder ursprünglich maskiert, was wiederum auf Zusammenhänge mit Initiationen schließen läßt. Sowohl Wikander in seinem sprachwissenschaftlich erarbeiteten Konzept als auch die dorische Überlieferung zeigen den Brauch im Zustand der Entartung, und das dürfte auch für die bündischen Machenschaften zutreffen, gegen die Zoroaster predigte

[17] Vermutlich Vayu, ein Gott indo-iranischer Herkunft. Vgl. Duchesne-Guillemin 1970, S. 241f.

[18] Mensching 1958, zu „Zarathustra" S. 191f.: „Die iranische Religion Zarathustras ist wie kaum eine andere Religion eine ihrer Lebensmitte nach ethische Religion des sittlichen Kampfes. Der Mazdaismus kennt einen doppelten Dualismus: den von Körper und Geist und den von Gut und Böse. Das bedeutet jedoch nicht, daß Körper und körperliche Welt böse und Geist und geistige Welt gut sind. Vielmehr ist nach der Auffassung des Zarathustra das Reich des geistigen Seins ebenso wie das des körperlichen Seins in einen Bereich des Guten und in einen des Bösen gespalten." Vgl. auch Colpe 1972, S. 338ff.

[19] Vgl. Colpe 1972, S. 323f., ferner Lommel 1970, S. 38f.: „Wohl nicht erst Zarathustra hat dem Rind eine hohe Stelle angewiesen, wenn auch die feste Eingliederung in ein bedeutungsvolles Ganzes durchaus den Stempel seiner Denkart trägt. Ist das Rind doch auch in Indien heilig; es war heilig im alten China, wahrscheinlich schon, ehe es zum Pflügen verwendet wurde... In der Sphäre des Heiligen wechseln manchmal die Vorzeichen. Wahrscheinlich war das Rind vor Zarathustra das bevorzugte Opfertier, weil es heilig war; und weil es geheiligt blieb in Zarathustras vertiefter Weltanschauung, durfte es hinfort nicht geschlachtet werden, auch nicht – oder ganz besonders nicht zum Opfer."

[20] Vgl. Hinnells 1985, S. 64f.

[21] Siehe etwa die schematische Zeichnung bei Hinnels 1985, S. 22

[22] Vgl. Widengren 1961a, S. 146; Colpe 1972, S. 338f.; Hinnells 1985, S. 52ff.

[23] Mensching 1958, S. 193

[24] Hierzu Colpe 1972, S. 348ff.; Hinnells 1985, S. 30f., 125ff.; Erdmann 1941; Koch 1984

[25] Von „Zurvan" = „Zeit". – Für das Thema des vorliegenden Aufsatzes ist das fesselnde Problem dieser zoroastrischen „Ketzerei" irrelevant, deshalb sei auf Weiterführendes verwiesen: Colpe 1972, S. 339; Duchesne-Guillemin 1970, S. 240ff.: Hinnells 1985, S. 71ff.: Widengren 1961a, S. 77-109

[26] Zur zoroastrischen Eschatologie vgl. Widengren 1961a, S. 165-243; Duchesne-Guillemin 1970, S. 248ff.; Mensching 1958, S. 192. Wesentliches dazu in kurzen Worten bei Colpe 1972, S. 343f., der davon ausgeht, daß jenes Endzeitgericht, von dem in Zoroasters Gesängen die Rede ist, sich auf das irgend-einmal kommende natürliche Ende der Welt bezieht, aber nicht auf eine linear-futuristische Endzeitspekulation reduziert werden kann, die auf astronomischen oder sonstigen Zahlenwerten beruht

[27] Im *Denkart,* einer persischen, nachchristlichen Enzyklopädie, wird erzählt, daß eine Frau (oder ein weiblicher Dämon) namens Otak buchstäblich alles Böse auf Erden geschaffen habe, sogar das, was (z.B. die Rinderschlachtungen der Männerbünde) nach Zoroaster tatsächlich direkt auf den bösen Fürsten des Trugs selbst zurückging. Siehe dazu Widengren 1975, S. 417, wo der Antifeminismus in Zervanismus und Manichäismus belegt ist

[28] Zu Wesen und Struktur der gnostischen Mythologie und Ideologie vgl. Rudolph 1978, S. 58-219 u. pass.

[29] Zur sozialkritischen Fragestellung der Gnosis siehe Rudolph 1978, S. 226, 281ff., 284ff., 308ff.

[30] Hierzu nur folgende aus persönlicher Vorliebe für die betreffenden Autoren gewählte Literatur: Neben dem genannten Werk Kurt Rudolphs (1978) bes. Pagels 1987; Colpe 1961, 1981; Rudolph 1975; McLachlan Wilson 1971; Giversen 1970; Jonas 1966

[31] Zu dieser mehr soziologischen Fragestellung vgl. Rudolph 1975, S. 510-533 („Stand und Aufgaben in der Erforschung des Gnostizismus"), 1978, S. 305-312 u. pass.; Drijvers 1975; Kippenberg 1970

[32] Sobald man das mythologische Rankenwerk entfernt, erinnern nicht wenige gnostische Ideen an buddhistische Gedanken, so etwa die Erkenntnis, daß die Erlösung im Erlösten sei, oder die Überzeugung, daß Leib und Seele zusammen nicht das eigentliche Selbst, sondern etwas davon Grundverschiedenes bedeuten. Vgl. dazu Widengren 1975, bes. S. 424f.; Pagels 1987, S. 202ff.

[33] Vgl. hierzu Mensching 1968, S. 205ff.

[34] Vgl. Rudolph 1978, S. 126; „Umschmelzen" im Manichäismus, s. Widengren 1961b, S. 68f.

[35] Sieber 1981; Rudolph 1978, S. 79, 288ff. u. pass.; Anlaß zu böswilligen Verleumdungen hätten auch noch andere Sitten der Gnostiker geben können, z. B. der Kuß als Ausdruck kultischer Gemeinschaft; den „heiligen Kuß" kannte ja auch die alte Kirche. Darüber weiteres bei Rudolph 1978, S. 256f.

[36] Vgl. Rudolph 1978, S. 259: „Hans Jonas hat sich entschieden dafür ausgesprochen, daß der ‚Libertinismus' die dem ‚Pneumatiker' von Haus aus eigene Äußerungsform gewesen sei, da sie dessen Selbstgefühl und Freiheitsbewußtsein (nämlich das von jeglichem Weltzwang) am besten zum Ausdruck bringe."

[37] Rudolph 1978, S. 223, 231

[38] Ebda., S. 288ff.

[39] Ebda., S. 79

[40] Über die wichtigsten Gedanken zur Stellung der Frau in der Gnosis: Pagels 1987, S. 94ff., Kapitel „Gott der Vater, Gott die Mutter"

[41] Zu Manis Biographie: Rudolph 1978, S. 351ff.; Widengren 1961b, S. 30-43 u. pass.; Asmussen 1973, S. 337ff.

[42] Rudolph 1978, S. 359

[43] Diese drastischen sexuellen Ungeheuerlichkeiten, im einzelnen dargestellt von Rudolph 1978, S. 361 und Widengren 1961b, S. 60ff., machen deutlich, daß sowohl für die Gnostiker im allgemeinen als auch für Mani im besonderen Sexualität das Medium ist, wodurch die schlimmsten Untaten möglich sind und erklärt werden

[44] Einzelheiten und Ableitung der Grundvorstellung aus indoiranischem Erbe bei Widengren 1961b, S. 67

[45] Beispielhaft dafür, wie Mani zu folgern pflegte, ist der Entwurf einer „Lichtmaschine mit permanenter Funktion" (Asmussen 1973, S. 344), die Rudolph (1978, S. 360f.) so erklärt: Ein Mechanismus zur Lichtläuterung wird in Gestalt der drei Räder des Feuers, Wassers und Windes in Bewegung gesetzt. Zur Aufnahme der geläuterten Lichtteile wird eine „Säule der Herrlichkeit" geschaffen; sie ist in der Milchstraße sichtbar. Auf ihr steigen die befreiten Lichtpartikel zum Mond empor, der sie bis zur Fülle (= Vollmond) sammelt, um sie dann, sich entleerend (= Neumond), an die Sonne abzugeben, von wo sie in den inzwischen vom „Großen Baumeister" entworfenen „Neuen Äon" gelangen usw. – Ein anderes Beispiel für die Naivität, mit der im Manichäismus mit Problemen umgesprungen wird: Trotz aller bemühten Spiritualität hat sich dieser Glaube mit der gedanklichen Erfassung des absoluten Nichts schwergetan und kommt dabei zu dem Ergebnis, am Ende aller Zeiten werde sämtliche dann noch vorhandene, jedoch als unerlösbar befundene Restmaterie in eine große Grube gepackt („globus") und deren Öffnung dann mit einem dicken Stein für immer verschlossen (Widengren 1961b, S. 71)

[46] Hierzu Rudolph 1978, S. 394f. über den streckenweise bestimmenden Einfluß des Manichäismus auf Augustin auch nach dessen Konversion zum Christentum; Widengren 1961b, S. 124: „Man fragt sich, was in der manichäischen Religion Augustins Interesse angezogen und ihn für diese Lehre gewonnen hat?... was nach seinem eigenen Zeugnis Augustin gefesselt hat, das war, daß der Manichäismus anscheinend eine allumfassende Welterklärung bot, eine beim ersten Zusehen rationale Erklärung aller Phänomene zu geben sich bemühte."

[47] Rudolph 1978, S. 365

[48] Mani hatte sein gesamtes Glaubensgebäude in imponierenden Werken niedergelegt, die von eifrigen Schülern missionierend verbreitet wurden und die Umwelt stark beeindruckten, weil seinerzeit keine der schon vorhandenen Religionen einen derart kompletten Schriftenthesaurus besaß. Seine fast gänzliche Vernichtung erfolgte gezielt. Dazu Widengren 1961b, S. 132ff.

[49] Hierzu Rudolph 1978, S. 329-348

[50] Rudolph 1978, S. 318ff. mit genauen Angaben der betreffenden Belegstellen aus dem N. T.

[51] Vgl. Rudolph 1978, S. 334: Markion nimmt „... im Unterschied zu den anderen gnostischen Theologen eine Sonderstellung ein, insofern er sozusagen nur mit einem Bein in der gnostischen Tradition steht, mit dem anderen aber in einer eigenwillig verstandenen christlich-paulinischen Richtung."

[52] Seit frühgnostischen Tagen steht das Doketismus-Problem zwischen Gnostikern und orthodoxen Christen. Die Gnostiker mußten aufgrund ihrer Abqualifizierung alles Materiellen und besonders des menschlichen Leibes notwendig zu dem Schluß kommen, Christi Leib habe „nur dem (Augen)schein nach" existiert, mit anderen Worten: ihn als Gestalt wahrzunehmen,

sei eine Sinnestäuschung gewesen. Der „wahre Christus" sei nämlich identisch (und zwar auch quasi qualitativ) mit seinem jenseitigen Lichtvater, dem immateriellen Logos. Christen ihrerseits, die an die „Auferstehung des Fleisches" glaubten, empfanden die gnostische Sicht als blasphemisch

[53] Rudolph 1978, S. 399

[54] Obolensky 1948, S. 288f.

[55] Ebda., S. 289. Gleichfalls über den Zusammenhang zwischen der Lehre der Bogumilen und dem Katharertum: Runeberg 1947, S. 20ff.; Borst 1953, S. 70ff.; Runciman 1946

[56] Obolensky 1948, S. 287: Einige Katharer, die 1146 in Köln zum Scheiterhaufen verurteilt worden waren, bekannten, daß ihr Glaube seit den Tagen der Märtyrer bis zur Gegenwart in der Verborgenheit in Griechenland und anderen Ländern überdauert habe

[57] In Oberitalien nannte man die Katharer Paterener, eine andere Bezeichnung war Albigenser nach der Region Albi, sie selbst aber nannten sich Christiani oder Boni homines

[58] Die Erinnerung an die Auseinandersetzung mit den Katharern („Ketzern") ist in unserem Sprachschatz bis heute durch eine Verballhornung dieses Wortes bewahrt worden (ital. *Gazzari*, niederl. *Ketter*, poln. *Kacerz*, tschech. *Kacyr*)

[59] Die vielen auf Bulgarien hinweisenden Bezeichnungen sowohl bezüglich der Herkunft der katharischen Sekte als auch einige, die höchst abschätzig auf Sodomie gehen, beweisen die balkanische Herkunft schlagend: Vom elften Jahrhundert an bezeugen Orts- und Familiennamen in Italien diese Zusammenhänge, z. B. Bulgato, Bulgari, Bulgarello, Bulgarini. Noch deutlicher wird diese Beziehung durch das Faktum, daß einige Ausdrücke für Sodomie i. S. von Homosexualität in Frankreich und England um und seit jener Zeit bis praktisch in unsere Epoche hinein darauf abheben, etwa franz. *bougre*, engl. *buggery*. Zur notorischen Unterstellung aller Arten von Unzucht bei Sekten s. Zacharias 1964, S. 29-35; Borst 1953, S. 182ff.: Hansen 1900, S. 226: Der Fanatismus der Ketzerverfolgung habe sich niemals von der fantastischen Vorstellung freimachen können, daß die ja eben durch die Verfolgung zur Geheimhaltung gezwungenen Sekten während ihrer Gottesdienste den christlichen Gott und die Sakramente verhöhnten, dem in irgendeiner Gestalt unter ihnen anwesenden Teufel Verehrung bezeugten, tanzten, schmausten und rituelle Unzucht verübten. S. 275ff.: Der Teufel wurde analog dem mittelalterlichen Vasallenverhältnis als Lehensherr gedacht, dem sich der abschwörende Christ durch neue Eidesformeln anschließt; da dieser Vertrag seinerzeit durch Eid, Handschlag, Kniebeuge und Kuß auf Hände oder Mund des neuen Herrn zu leisten war, behaupteten die Inquisitoren, die Ketzer leisteten Satan den Eid durch einen obszönen Kuß auf den After. Dieser Schluß wurde auch daraus gezogen, daß im Aufnahmeritual, wie einst bei den Manichäern, der Bruderkuß vorgesehen war

[60] Sowohl den Apostolikern von Novara als auch den Illuministen des 13. Jahrhunderts warf man gemeinschaftlichen Frauenbesitz und überhaupt sexuelle Ausschweifungen vor; wo die Wahrheit anfängt bzw. die Unterstellungen aufhören, läßt sich nicht klar eruieren. Immerhin könnte das katharische Sakrament der Handauflegung beim Sterbenden, wodurch auch die einfachen Gemeindemitglieder zu „Vollendeten" wurden, bei manchen den Wunsch erweckt haben, an dieser quasi Garantie für die Erlösung mißbräuchlich zu partizipieren (vgl. hierzu Borst 1953, S. 179-182). Selbst zeitgenössische Gegner billigten den Katharern sittlichen Lebenswandel zu, wenngleich sie deren religiöse Ansichten als häretisch betrachteten (s. de Rougemont 1966, S. 96). Die grundsätzlich asketisch-leibfeindliche Einstellung des Katharertums geht u. a. aus der Gewandfarbe der „Vollendeten" hervor: Diese war schwarz, analog zu den weißen Gewändern der manichäischen „Elekti", weil im asiatischen Raum die Trauerfarbe weiß ist

[61] Interessant Bemerkungen dazu bei Schoeck 1966, S. 253; Borst 1953, S. 44; Mensching 1955, S. 55ff.: Für die kirchliche Suprematie und Autorität bedeutete die „Ketzer"-Bewegung eine Gefährdung der Einheit der Kirche, die nicht geduldet werden konnte

[62] Mensching 1955, S. 59f.: „In der Inquisition... verriet die Kirche ihre heiligsten Ideale. Diese Ideale und die Verpflichtungen ihnen gegenüber waren in der Frühzeit der Kirche noch lebendig... Lactantius z. B. schrieb: ‚Wir müssen die Religion verteidigen, indem wir selbst für sie sterben, aber nicht andere töten, nicht durch Grausamkeit, sondern nur durch Geduld... Wenn ihr die Religion durch Blut, Martern und Übel zu verteidigen glaubt, verteidigt ihr sie nicht mehr wahrhaft, sondern das befleckt und verletzt sie'." – Zur Rekrutierung geeigneter Verfolger wurde eigens ein neuer Mönchsorden gegründet, mit dem bezeichnenden Namen „Dominicaner", was „Hetzhunde Gottes" bedeutete

[63] Daß die kirchlichen Inquisitoren die Katharer bewußt mißverstanden, um sie verurteilen zu können, beweist die absurde Unterstellung, diese verschrieben sich dem Teufel durch einen Eid: Denn die Katharer lehnten den Eid strikt ab. Sie taten das gerade deshalb, weil der Eid eine Bindung an die Welt darstellte, die sie als total böse empfanden: Ein Eid war für sie deshalb im Sinne ihrer seelischen Bindung an den immateriell-jenseitigen Gott blasphemisch

[64] Zum ganz Falschen gehört die zynische Inpflichtnahme der im Mittelalter unter Qualen

unschuldig verbrannten Frauen als „Hexen" seitens eines abenteuerlich geschichtslos argumentierenden Feminismus, wie z. B. bei Judith Jannberg (Pseudonym für Gerlinde A. Schilcher): *Ich bin eine Hexe* (Berlin 1983; vgl. die knappe und doch umfassende Kritik dazu von Christine Wittrock 1987). Halbrichtig, weil auf das spezielle Steckenpferd der beiden Autoren verkürzt, ist die in vielen Veröffentlichungen vorgetragene Theorie, die Hexenjagden seien erfolgt, um weibliche Geburtenkontrolle zu verhindern (Heinsohn & Steiger 1984). Denn tatsächlich kommt das Argument, Hexen hätten abgetrieben oder Frauen zu Abtreibungen verholfen, in manchen Prozeßakten vor, aber immer im Zusammenhang mit der Anklage der Zauberei bzw. Giftmischerei, welche beiden Bereiche damals nicht klar auseinandergehalten wurden (s. u., Anm. 70); der mittelalterlichen Kirche lag der Gedanke an eine vermehrte „Menschenproduktion" völlig fern, sie predigte im Gegenteil ja sexuelle Askese und freute sich über alle Familien, die ausstarben und mangels leiblicher Erben ihr Hab und Gut der Kirche vermachten, vgl. Goody 1986. Empfehlenswert: van Dülmen 1987, sowie Sebald 1987

65 Zu den beiden berühmtesten Hexenverfolgern, den Verfassern des *Hexenhammer,* vgl. Bleibtreu-Ehrenberg 1981, S. 268ff., 279ff., 283f., 363

66 Analog der frühchristlichen Überzeugung, daß Christi Heilstat Satan ein für allemal besiegt habe, hat die Germanenmission nicht die Hexen, sondern den Glauben an sie unter Strafe gestellt, und die Inquisition brauchte mehr als hundert Jahre, um diese mental gesunde Einstellung zu „widerlegen". Zu Einzelheiten der Entwicklung und deren Quellen: Bleibtreu-Ehrenberg 1981, S. 79-174, 259, 282

67 Für besonders verstockte Häretiker galt eine bis in alle Einzelheiten geregelte Marterpraxis als zuverlässiges Beweisinstrument (vgl. Riegel 1987); das System wurde in den Hexenprozessen übernommen, da diese definitionsgemäß nur als Abart sonstiger Häretiker-Prozesse galten

68 Decouvrierend über die wahren, d. h. sozialen Ursachen für sowohl „Ketzer"- als „Hexen"verfolgungen informiert der Ausdruck „Sabbath" für die betreffenden Zusammenkünfte; es existierte ein Interdependenzverhältnis zwischen sporadischen Judenpogromen und der Verfolgung von angeblichen oder wirklichen Häretikern: Wo die einen zunahmen, da nahmen die anderen ab und vice versa (Einzelheiten bei Bleibtreu-Ehrenberg 1981, S. 355, 393, 395, 406, 258)

69 Zu dieser Entwicklung ebda., S. 256ff., Hansen 1900, S. 181; Soldan/Heppe 1911, S. 239 u. pass.

70 Der Nachweis auch strafrechtlich, d. h. nicht nur kirchenrechtlich relevanter Delikte war deshalb wichtig, weil nur bei deren „bewiesenem" Vorliegen die Hexen selbst dann verbrannt werden konnten, wenn sie auf dem Scheiterhaufen alle Aussagen widerriefen, die sie infolge der Folter gemacht hatten. Hierfür kamen nach deutschem Recht nur zwei Delikte in Betracht, nämlich Zauberei und der davon nicht klar abgegrenzte Giftmord, sowie ferner Sodomie (ausführlich dazu Bleibtreu-Ehrenberg 1981, Kap. VI)

71 Daß dieses Fantasieprodukt schließlich allgemein geglaubt wurde, hatte seine Ursache vor allem in den sozialen Mißständen der damaligen Epoche; wären sie nicht gewesen, hätte man das Ausbleiben der Parusie und ebenso die Verweltlichung des Klerus' gewiß leichter ertragen. So allerdings halfen wahnhafte Schuldzuweisungen an unschuldig-unbeteiligte Dritte mit pseudologischen Unterstellungen schließlich auch denjenigen zu einer Verringerung ihrer Ängste, die anfangs nicht an die Hexen hatten glauben mögen. Im Spätmittelalter ist der Hexenglaube schon so fest verankert, daß die Bevölkerung bei Auftreten irgendwelcher Mißgeschicke zuerst und automatisch nach Hexen als Verursachern Ausschau zu halten beginnt und oft die Obrigkeit drängt, dabei behilflich zu sein. Zu dem Phänomen im weiteren Sinne s. Groh 1987, bes. S. 862f.

72 Die Zuspitzung auf das weibliche Geschlecht, die von den Autoren des *Hexenhammer* vorgenommen wurde, ist theoretisch und insofern Frucht der antifeministischen Scholastik; praktisch wurden, wie die Auswertungen der Prozeßakten durch Soldan/Heppe und Hansen zeigen, ebenso Männer wie Frauen verfolgt, was die moderne Hexenforschung seltsamerweise fast stets übersieht: Ganze Familien, ja ganze Dörfer wurden durch das Wüten der Inquisition buchstäblich ausgerottet. Wer das bezweifelt, sollte die Mühe nicht scheuen und sich mit diesem gräßlichen Stoff selber befassen

73 Vgl. Rudolph 1978, S. 396

74 Siehe dazu Vondung 1987

75 Pagels 1987, S. 202f.

76 Die Wohngebiete der türkischen Uiguren waren seit langem buddhistisch sowie kulturell vom Einfluß der ostasiatischen Hochkulturen beeinflußt, bei denen traditionell der Kaufmannsstand nicht angesehen ist, selbst wenn er sehr wohlhabend ist. Bemerkenswerterweise fällt die Übernahme des Manichäismus als uigurische Staatsreligion in die Zeit des Versuchs einer Loslösung von diesem Einfluß. Colpe (1975, S. 346) schreibt dazu: „Die Motive für diesen Übergang zu einer Religion, deren lebens- und staatsverneinende Tendenz unverkennbar ist, lassen sich nur schwer klarlegen, aber starke politische Rücksichten sind nur schwer auszuschließen. Möglicherweise ist Bögü Khagans Manichäismus eher als ein in religionsgeschichtlicher Hinsicht recht nichtssagendes Intermezzo anzusehen."

[77] In diesem Zusammenhang sind die starken Be-
völkerungsverschiebungen im Römischen Impe-
rium zu erwähnen, bei denen es sich oft um die

Umsiedelung ganzer Völkerschaften gehandelt
hat und die nicht selten zwangsweise erfolgt
sind

## Bibliographie

Asmussen, J. P. (1973): Der Manichäismus. In Asmussen et al. 1973, Bd. 3, S. 337-350

Asmussen, J. P. (1980): Ideen und Begriffe der
agrarischen Sphäre und ihre Bedeutung in der
Verkündigung Zoroasters. In Altorientalische
Forschungen Bd. VII, S. 159-170. Berlin
(DDR): Akademie-Verlag

Asmussen, J. P., Laessoe, J. & C. Colpe (Hg.)
(1971 ff.): Handbuch der Religionsgeschichte,
Bd. 1-3. Göttingen: Vandenhoek & Ruprecht

Barr, K. (1972): Die Religion der alten Iraner –
Iranische Religion vor Zarathustra. In Asmussen et al. 1972, Bd. II, S. 265-318

Bartholomae, Ch. (1970): Zarathustras Leben und
Lehre. In Schlerath 1970, S. 1-19

Bleibtreu-Ehrenberg, G. (1981): Tabu Homosexualität. Die Geschichte eines Vorurteils. Frank-
furt/M.: S. Fischer

Borst, A. (1953): Die Katharer. Stuttgart: Hierse-
mann

Boyce, M. (1975): A history of Zoroastrianism.
Handbuch für Orientalistik, Bd. 8. Lei-
den/Köln: Brill

Colpe, C. (1961): Die religionsgeschichtliche Schule. Darstellung und Kritik ihres Bildes vom gnostischen Erlösermythus. Göttingen: Vandenhoek & Ruprecht

Colpe, C. (1972): Zarathustra und der frühe Zoroastrismus. In Asmussen et al. 1972, S. 319-
357

Colpe, C. (1981): Sethian and Zoroastrian ages of
the world. In Layton 1981, vol. II, S. 540-562

Drijvers, H. J. (1975): Die Ursprünge des Gnostizismus als religionsgeschichtliches Problem. In
Rudolph 1975, S. 798-843

Duchesne-Guillemin, J. (1970): Zoroaster und das
Abendland. In Schlerath 1970, S. 217-252

van Dülmen, R. (Hg.) (1987): Hexenwelten. Magie und Imagination. Frankfurt/M., S. Fischer

Ejerfeld, L. (1971): Germanische Religion. In Asmussen et al. 1971, Bd. 1, S. 277-342

Erdmann, K. (1941): Das Iranische Feuerheilig-
tum, Leipzig: Hinrichs

Giversen, S. (1970): Der Gnostizismus und die My-
sterienreligionen. In Asmussen et al., Bd. 3,
1970, S. 255-299

Gnoli, S. G. (1980): Zoroasters' time and home-
land, Neapel: Instituto Universario Orientale,
Seminario di Studi Asiatici, Series Minor, VII

Goody, J. (1986): Die Entwicklung von Ehe und
Familie in Europa. Berlin: Reimer

Groh, D. (1987): Die verschwörungstheoretische

Versuchung oder Why do bad things happen to
good people? Merkur 41 (9/10), S. 859-878

Hansen, J. (1900): Zauberwahn, Inquisition und
Hexenverfolgung im Mittelalter. München/
Leipzig: Oldenbourg

Heinsohn, G. & Steiger, O. (1984): Die Krimina-
lisierung der Geburtenkontrolle. Der Monat,
N. F. 293, S. 175-191

Hinnels, J. R. (1985): Persian Mythology. Feltham
(Middlesex): Newnes Books

Jannberg, J. (1983): Ich bin eine Hexe. Berlin:
Meussling

Jonas, H. (1966): Gnosis und spätantiker Geist.
Göttingen: Vandenhoek & Ruprecht

Kippenberg, H. (1970): Versuch einer soziologischen Verortung des antiken Gnostizismus. Nu-
men 17, S. 211-231

Koch, K. (1984): Weltordnung und Reichsidee im
alten Iran. In Frei, P. & Koch, K. (Hg.), Reichsidee und Reichsorganisation im Perserreich,
Göttingen: Vandenhoek & Ruprecht

Layton, B. (ed.) (1981): The rediscovery of Gno-
sticism, vol. 2. Leiden: Brill

Lommel, H. (1970): War Zarathustra ein Bauer?
In Schlerath 1970, S. 33-53

McLachlan Wilson, R. (1971): Gnosis und neues
Testament. Stuttgart: Kohlhammer

Mensching, G. (1955): Toleranz und Wahrheit in
der Religion, München/Hamburg/Heidelberg:
Quelle & Meyer

Mensching, G. (1958): Die Söhne Gottes. Wiesbaden: Desch

Mensching, G. (1968): Soziologie der Religion.
2. Aufl. Bonn: Röhrscheid

Møller-Kristensen, F. (1972): Indische Religionen
– I: Die Vedareligion. In Asmussen et al. Bd. 2,
S. 377-419

Obolensky, D. (1948): The Bogomils. A study in
Balkan Neo-Manicheism. Cambridge: Cambridge University Press

Pagels, E. (1987): Versuchung durch Erkenntnis:
Die gnostischen Evangelien. Frankfurt/M.:
Suhrkamp

Riegel, K.-G. (1987): Inquisitionssysteme von
Glaubensgemeinschaften. Zeitschrift für Soziologie 16, 3, S. 175-189

de Rougemont, D. (1966): Die Liebe und das
Abendland. Köln/Berlin: Kiepenheuer &
Witsch

Rudolph, K. (1970): Zarathustra – Priester und
Prophet. In Schlerath 1970, S. 271-313

Rudolph, K. (Hg.) (1975): Gnosis und Gnostizismus. Darmstadt: Wissenschaftliche Buchgesellschaft

Rudolph, K. (1978): Die Gnosis. Wesen und Geschichte einer spätantiken Religion. Göttingen: Vandenhoek & Ruprecht

Runciman, S. (1946): The Medieval Manichee. A study of the Christian dualist heresy. Cambridge: Cambridge University Press

Runeberg, A. (1947): Witches, demons and fertility magic. Helsingfors: Societas Scientiarum Fennicae. Commentationes Human. Litterarum

Schlerath, B. (Hg.) (1970): Zarathustra. Darmstadt: Wissenschaftliche Buchgesellschaft

Schoeck, H. (1966): Der Neid. Freiburg/München: Alber

Sebald, H. (1987): Hexen damals – und heute. Frankfurt/M.: Umschau

Sieber, J. H. (1981): The Barbelo aeon as Sophia in Zostrianos and related tractates. In Layton 1981, S. 788-795

Soldan, W. G. & Heppe, H. (1911): Geschichte der Hexenprozesse. München: Oldenbourg

Thieme, P. (1970): Die Gathas des Zarathustra und ihr Verhältnis zu den Yasts des Awesta und den Liedern des Rigveda. In Schlerath 1970, S. 208-216

Vondung, K. (1987): Inversion der Geschichte. Zur Struktur des apokalyptischen Geschichtsdenkens. In Kamper, D. & Wulf, Ch. (Hg.), Das Heilige. Seine Spur in der Moderne, S. 600-623. Frankfurt/M.: Syndikat

Widengren, C. (1961a): Iranische Geisteswelt. Baden-Baden: Holle

Widengren, G. (1961b): Mani und der Manichäismus. Stuttgart: Kohlhammer

Widengren, C. (1975): Der iranische Hintergrund der Gnosis. In Rudolph 1975, S. 410-425

Wikander, St. (1938): Der arische Männerbund. Lund: Gleerupska Univ. Bok Handeln

Wittrock, Ch. (1987): Weiblichkeitsmythen und Spiritualität. Umbruch. Zeitschrift für Kultur 6 (3), S. 50-54

Zacharias, G. (1964): Satanskult und schwarze Messe. Wiesbaden: Limes

# Teil II

## Mittelalter

# Die Seele der Analphabeten im Mittelalter

*Rolf Sprandel*

## 1. Körperliche Seelenvorstellungen

Wie ist der Titel dieses Beitrages zu verstehen? Soll er sich wirklich auf die Seele selbst oder auf eine Vorstellung davon beziehen? Oder hängt beides miteinander zusammen? Entspricht die Vorstellung eines Menschen oder einer Gruppe von der Seele bestimmten psychischen Grundsituationen, auf denen dieser Mensch beruht? Die Seelevorstellung wäre dann gewissermaßen eine Art Zusammenfassung der Vorstellungen von Natur, Körperlichkeit, Tod, Gemeinwesen. Das mag so sein. Wir halten uns im folgenden an die Vorstellungen von der Seele selbst, wieviel in ihnen auch zusammengefaßt ist, die leichter zu ermitteln sind als die psychischen Grundsituationen.

Bei der Seele der Analphabeten wird man nicht die philosophische Definition einer abstrakten Seele erwarten, sondern das sichtbare Bild. Wir handeln also von Seelenbildern aus dem Mittelalter von und für Analphabeten.

Wissenschaftsgeschichtlich ist die Frage nach der Seele der Analphabeten noch bis vor kurzem eingeordnet gewesen unter religiöse Volkskunde. Diese Einordnung wurde vor allem von der katholischen Theologiegeschichte vorgenommen, die sich damit ein gewaltiges Problem der Kirchengeschichte vom Halse schaffte. Wir kommen darauf zurück. Die religiöse Volkskunde lehrt uns, daß man sich die Seele in Tiergestalt vorstellen konnte. Die Tierallegorik spielte in der Vermittlung der christlichen Glaubenswahrheiten von Anfang an eine große Rolle. Dabei seien archaische Denkschemata von der religiösen Bedeutung des Tieres ausgenutzt worden: die Seele als Hirsch, Lamm, Vogel und insbesondere als Taube. Die Bilder oder Inkarnationen der Seele vervielfältigten sich während des Mittelalters und konzentrierten sich dann wieder. Gehen wir zu den Quellen über. Sie sind zunächst – erwartungsgemäß – kirchlicher Herkunft und unterrichten uns in aller Breite erst vom Hochmittelalter an. Das kirchliche Bild der vorhergehenden Zeit ist nur spärlich überliefert. Die kirchliche Laienpredigt wird erst vom 12. Jahrhundert an breit entwickelt. Große Anstöße kommen von der Kreuzzugspredigt und von der Bettelordenspredigt zur Abwehr von Häresie und Verweltlichung. Man kann Seelenbilder nicht nur optisch, sondern auch verbal vermittelt bekommen. In der Predigt erfolgt diese Vermittlung hauptsächlich in der Verbindung mit dem Jüngsten Gericht und mit dem Fegefeuer. Gehen wir zu Beispielen über.

Der Dialogus miraculorum des Cäsarius von Heisterbach aus der Zeit von etwa 1220 enthält Mustergeschichten für Prediger. Ein junger studierender Kleriker wird in Paris vom Teufel versucht. Mit dem Stein in der Hand weiß er alles. Im Sterben beichtet er dann, aber ohne Reue. Die Dämonen spielen mit seiner Seele Handball. Das ist eine Art Vorhölle. Wegen der fehlenden Reue kann er nicht in das Fegefeuer kommen, das ihn für die ewige Seligkeit reinigen würde. Auf Befehl des Höchsten hören die Ballspiele auf. Der Verstorbene wird wieder lebendig und tritt in ein Zisterzienserkloster ein. Er wird dort befragt nach der Form der Seele. Es seien Glasvasen, sphärisch, mit Augen nach vorne und hinten, mit einem großen Wissen, alles sehend. Die Geschichte soll für den Zisterzienserorden werben, in den man aus Vorhölle und Hölle versetzt und dadurch gnädig auf den richtigen Weg gebracht werden kann. Schon durch ihren großen Laienbrüderanteil sind die Zisterzienserklöster halbalphabetisierte Bereiche. Durch die Ausrichtung des Klosterlebens auf das Jenseits ist natürlich die Form der Seele von einer aktuellen Bedeutung. Die Seele ist alles sehend. Sie enthält in sich nicht nur die Möglichkeit, Gott zu lieben, sondern ihn auch zu schauen. Gottesliebe und Gottesschau fallen zusammen, Ausdruck der höchsten Strebungen des Menschen.

Mit der Frage nach dem Fegefeuer beschäftigt sich am Ende des 13. Jahrhunderts der Dominikaner Jakobus von Voragine in der Legenda aurea anläßlich des Allerseelentages. Wo befindet sich das Fegefeuer? Es ist nahe der Hölle, aber jeder Seele kann ihr besonderer Ort für das Fegefeuer zugewiesen werden. Die Fischer einer kleinen Bischofsstadt am Fluß bringen ihrem an den Füßen erkrankten Bischof einen Eisklotz. Der Bischof hört ein Stöhnen, und auf sein Beten hin werden die darin gefangenen Seelen befreit. Die Eingeschlossenheit in einem Eisklotz war für die Seelen nicht endgültig, es war ihr Fegefeuer. Genauso können Seelen in einen anderen unglücklichen Menschen hineinversetzt werden und in ihm wie bei einer Art Seelenwanderung ihr Fegefeuer erleben. Ein Priester trifft einen Unbekannten in einem öffentlichen Bad. Er bietet ihm geweihtes Brot an. Der Unbekannte lehnt ab, er sagt, er darf und kann es nicht annehmen. Er sei hier früher Bademeister gewesen. Er bittet den Priester, das Brot Gott zu stiften, dadurch könne er etwas für die Seele dieses Bademeisters tun. Der Priester erfüllt den Wunsch und trifft den Unbekannten dann nicht wieder in dem Bad.

Die Seelenbilder haben einen unfesten Charakter, konzentrieren sich dann aber auf einen Haupttopos: der nackte kleine Mensch. Diese Vorstellung beherrscht ganz und ganz die optische Vermittlung vom Hochmittelalter an. Sie ist weder im Alten noch im Neuen Testament belegt, wo es überhaupt keine konkreten Seelenbilder gibt, aber: Der nackte kleine Mensch, der auch die Gestalt eines Säuglings haben kann, knüpft an an 2. Korinther 5, Vers 2 und 3. Danach ist unsere Annahme durch Gott eine Art Bekleidung. Vorher sind wir nackt. Die Kreuzigungsfenster im Querhaus des Regensburger Domes (Abb. 1) sind bald nach 1370 gemacht worden. Eines davon stellt den Schächer dar, dessen Seele ein geflügelter Teufel mit blekkendem Gebiß entgegennimmt. Diese Seele wird nackt bleiben. Anders ist es mit der

Seele Mariens, die in einem Fenster des Hauptchores derselben Kirche nach Süden zu, dem Marientodfenster, dargestellt wird. Entsprechend der Vorstellung, daß Maria nicht an der allgemeinen Erbsünde teilhat, ist ihre Seele von vornherein bekleidet. Christus empfängt die Seele Mariens. Die Seelenfigur ist mit einem dunkelrosa Kleid angetan.

Wir halten fest: Jeder Mensch hat eine Seele. Diese Seele ist nicht etwa ein unsichtbarer Geist, ein Nichtkörper, sondern ein zweiter Körper, ein Zweitkörper, den der erste Körper mit sich trägt, der besonders am Ende wichtig wird, und dann erweist es sich, daß er, der zweite Körper, der bedeutendere ist. Es gibt Lebensalterdarstellungen in Stundenbüchern (Abb. 2). Die zwölf Monate entsprechen zwölf Altersstufen. Der Zweitkörper tritt im Dezember in Erscheinung. Wir zeigen ein Beispiel aus dem frühen 16. Jahrhundert aus dem sogenannten Stundenbuch Karls V., das sich heute in Madrid in der Nationalbibliothek befindet.

Die Regensburger Glasfenster stellen durchaus ein Medium in einem analphabetischen Milieu dar. Allerdings befinden sie sich bereits an einer Schwelle der Alphabetisierung, denn im 15. Jahrhundert muß man mit einer rapiden Alphabetisierung in solchen Städten wie Regensburg rechnen. Demgegenüber ist das zuletzt genannte fürstliche Stundenbuch an einen schriftkundigen Betrachter gerichtet. Die Schrift in der Umrahmung des Bildes gibt Zeugnis davon, daß Seelenkörpervorstellungen aus der analphabetischen Welt in die Schriftkultur hinübergenommen wurden.

Wir kehren in die städtische Welt vor der Alphabetisierung zurück und betrachten eine Altartafel der Strozzikapelle von Santa Maria Novella in Florenz im 14. Jahrhundert (Abb. 3). Andrea Orcagna ist der Künstler, der auf der Predella eine legendäre Erinnerung an Kaiser Heinrich II. festgehalten hat. Der Florentiner Auftraggeber hat den Maler veranlaßt, eine Geschichte aus dem Lorenzkapitel der vorhin erwähnten Legenda aurea darzustellen. Der heilige Lorenz galt als Seelenretter. Jeden Freitag, heißt es, kommt er aus dem Paradies und holt aus dem Fegefeuer eine Seele. Aber die abgebildete Geschichte liegt noch vor dem Fegefeuer. Sie handelt von dem irdischen Tod eines Menschen, eine

Geschichte, die für den Auftraggeber offenbar eine existentielle Bedeutung hatte. Kaiser Heinrich II. stirbt. Rechts sehen wir einen Einsiedler, der aus dem Fenster schaut und die Teufel vorbeistürmen sieht, die sich um die Seele Heinrichs II. bemühen. Links wird gewogen. Die Seele selbst wird nicht sichtbar. Aber der Erzengel Michael, der Seelenwäger, legt die guten Taten auf die eine Schale. Auf der Gegenschale liegen die bösen Taten. Da eilt der Heilige Lorenz herbei und wirft den Goldbecher in die Waagschale, den der Kaiser einer Kirche gestiftet hat. Dadurch wird die Seele gerettet. Das Gewicht der guten Taten und das eines gestifteten Kirchengerätes, eines Abendmahlbechers, sind addierbar. Der Bezug des Bechers zum Abendmahl ist wichtig. Im Abendmahl wird die Rettung der Seele grundgelegt.

Im Landesmuseum in Münster befindet sich eine Altartafel des sogenannten Meisters von Liesborn, auf der Michael als Seelenwäger zusammen mit einer Waage und einer Seele abgebildet ist. Die Vorstellung ist gegenüber dem vorhergehenden Bild etwas verdreht. Jetzt geht es um das Gewicht der Seele selbst. Reicht es aus, um von Gott angenommen zu werden? Die Seele ist schwer genug. Wir sehen ihre betend erhobenen Hände. Auf der anderen Waagschale befinden sich ein Mühlstein und ein Turm. Wir sehen ein angeklammertes Teufelchen. Auf dem Bild wird dieses Mal nicht der individuelle Tod eines Menschen dargestellt, sondern es geht offenbar um eine Verdeutlichung der Rolle Michaels. Nach Daniel 12,1 und 2 ist Michael der Engel des Weltgerichtes. Somit sehen wir hier das heilsgeschichtliche Weltgericht, wo die inzwischen von den Erstkörpern gesondert konservierten Zweitkörper noch einmal gewogen werden, vor uns.

Wie mit dieser, so befinden wir uns auch mit der nächsten Altartafel in einem ländlichen, analphabetischen Milieu. Es handelt sich um die Tafel von Birket auf dem dänischen Lolland von 1525, die jetzt im Nationalmuseum in Kopenhagen zu sehen ist. Sie gilt als lübische Arbeit, wäre also in einem städtischen schriftkundigen Milieu hergestellt, aber durchaus für das analphabetische Landvolk. Wir sehen den Jüngsten Tag, das Gedränge von Körpern. Auf der linken Seite werden die Guten von Petrus empfangen.

Die Körper steigen aus den Gräbern. Hinzuzudenken ist, daß die Seelen aus dem Fegefeuer kommen und schon mit den Körpern wiedervereinigt worden sind. Ein Hinweis auf das Seelengeschehen ist in das Bild aufgenommen. Unten ist Michael in der Stellung des Wiegers erkennbar. Die Waage ist offenbar verlorengegangen. Für den Sozialhistoriker stellt sich nach der Betrachtung solcher Schrift- und Bildquellen die Frage der Repräsentativität und Akzeptanz. Handelt es sich um individuelle Einfälle einzelner Künstler oder um sozial verbreitete Vorstellungen? Letzteres ist wohl schon wegen der großen Verbreitung der Seelendarstellung als kleiner nackter Mensch zu vermuten. Aber es gibt vielleicht noch eine andere methodische Möglichkeit, eine Art Gegenprobe der vermuteten großen Verbreitung.

Wir kehren zurück vom Jüngsten Gericht in das irdische Leben. Was bedeutet es für die psychische Grundsituation des Menschen, die Seele als Zweitkörper mit sich zu tragen? Der Zweitkörper ist, wie wir wissen, auf das Ganze gesehen der wichtigere. Darin liegt für den Erstkörper mit allem, was ihm zustößt, eine große Entlastung. Aber der Erstkörper hat auch eine Aufgabe. Seine Situation ist vergleichbar mit der eines Dieners oder einer werdenden Mutter. Die Seele wäre dann als Embryo zu verstehen, und vorstellbar ist die Angst, es könnte eine Totgeburt werden. Mit der Seele als dem erwarteten Kind verbindet sich die Sorge für die Ausstattung: das Seelgerät als Begriff des verkirchlichten Erbrechts. Bei reichen Herren führte die Sorge zu der Gründung von Kapellen und Klöstern. Wir begreifen die Ausformung der europäischen Kunstlandschaft bedingt durch die Seelenfürsorge feudaler Herren. Bei feudalen Herren hat die Ausstattung einen liturgischen Charakter. Im bürgerlichen Bereich tritt demgegenüber das Armenalmosen mehr in den Vordergrund. Für den Bürger wird die Seele des verstorbenen Verwandten durch die Armen repräsentiert, die er unterstützt. Wir werden an jenen unglücklichen Unbekannten erinnert, der die Seele eines Bademeisters mit sich trug. Der Dominikanerprediger, der gewissermaßen das Bild einer Seelenwanderung evozierte, hat offenbar ein allgemeines Phänomen der bürgerlichen Welt angesprochen. Die Armen, die die lei-

denden Seelen der Verstorbenen repräsentieren, sitzen im Seelenhaus. Das ist ein
geläufiger Begriff der spätmittelalterlichen
Stadt. Diesem Haus steht ein Seelenmeister
vor. Baden im öffentlichen Bad der Stadt ist
teuer. Eine besondere Stiftung ermöglicht es
den Armen, zu baden. Sie nehmen dann ein
Seelenbad, ein Purgatorium, eine Reinigung
sowohl des schmutzigen Körpers des Armen
als auch der Seele, die er vertritt. Es gab wohl
keine Stadt, in der diese Seeleninstitutionen
fehlten. Ein Seelenhaus ließ sich erweitern.
Da konnten viele Seelen repräsentiert werden.

Wir zeigen eine Miniatur aus dem Volkacher Salbuch, *den illustrierten Rechtsgewohn-
heiten* einer fränkischen Kleinstadt (Abb. 4).
Die Illustrationen sollten den Text verdeutlichen, der auf dem Rathaus der Stadt einzusehen war. Wir befinden uns an der Wende
zum 16. Jahrhundert. Die Kleinstädte hingen
den größeren Städten in der Alphabetisierung nach. Die Aufgabe des Seelenmeisters
war es, nach dem Text zu unseren Bildern,
den armen, kranken Leuten getreulich und
mit Fleiß vorzustehen. Er wurde dabei unterstützt von seiner Frau. Beide sind vergleichsweise recht sorgfältig gekleidet. Wir sehen sie
bei der Leistung eines Amtseides vor dem
Bürgermeister. Dann bekommen wir Einblick in das Seelhaus selbst neben einer Ka-
pelle für die Armen. Drei Betten sind mit
kranken Leuten gefüllt. Harnbecken stehen
herum, Kleider hängen an Stangen. Ein Bett
hat einen Halbhimmel, in einem anderen liegen zwei Kranke. Nach der Ordnung kann
man auch Fremde und Durchreisende aufnehmen. Man soll das Haus in gebührlicher
Zeit auf- und zuschließen. Man darf keine
unordentlichen Sachen wie Spiele gestatten.
Vormittags Eintreffende sollen nicht aufgenommen werden, wenn sie nicht krank oder
blind sind, oder mit Kindern unterwegs sind,
oder wenn Unwetter droht. Ein jeder, der um
Herberge bittet, soll von dem Seelmeister
oder seiner Hausfrau examiniert werden, ob
er Paternoster und Ave Maria beten könne
und ob er das Glaubensbekenntnis hersagen
könne. Wer diese Prüfung nicht besteht, muß
weiterziehen, er sei denn unvernünftig oder
stumm. Die Gebete, insbesondere fünf Vaterunser abends, werden zu Hilf und Trost
der Stifterseelen und allen gläubigen Seelen

dargebracht. Diese Konzentration des See-
lendienstes auf die Armenpflege trägt fran-
ziskanische Prägung. Die Zweitkörper nehmen an der Verdienstlichkeit der Armut teil.
Man läßt den Zweitkörper – um es zu wiederholen – gewissermaßen in einen Armen
hineinschlüpfen. Aber Armut ist nur ver-
dienstlich, wenn sie religiös gelebt wird. Der
Arme muß Gottes Dienst absolvieren.

## 2. Übergang zum abstrakten Seelenbegriff

Die Frage nach der Repräsentativität und
Ausdehnung hat auch eine zeitliche Dimension. Sicherlich hat die Seele als Zweitkörper
das Mittelalter überdauert. Es gibt heute
noch Gegenden der Welt, wo eine derartige
Seelenvorstellung für breite Gruppen gültig
ist. Dennoch ist sie bereits im Mittelalter an
zahlreichen Stellen verlassen worden, nicht
zuletzt mit der Alphabetisierung. Hinweise
auf solche Wandlungen gibt die vergleichende Betrachtung der Darstellungen desselben Kunstmotivs zu verschiedenen Zeiten. Als Beispiel wählen wir den Tod der
Heiligen Elisabeth in Marburg. Die erste
Etappe der Entwicklung stellt das Mauso-
leum mit dem Relief aus der Zeit von 1350-
1360 dar (Abb. 5). Es befindet sich an der
Vorderseite des Sarkophags an der Stelle des
Grabes der Heiligen in der ehemaligen Fran-
ziskuskapelle. Elisabeth liegt auf dem Totenbett, umgeben von einer großen weltlichen
und geistlichen Sterbeversammlung: das öffentliche Sterben der Zeit. Wenn wir genauer
hinsehen, erkennen wir, daß es sich um bekannte heilige Figuren handelt, in deren
Kreis Elisabeth aufzusteigen im Begriffe ist.
Die Seele in Form einer bekleideten, gekrönten, kleinen Gestalt wird von zwei Engeln in
den durch eine Wolke angedeuteten Himmel
emporgehoben. Das zweite Bild bringt uns
150-160 Jahre weiter. Wir stehen vor dem
Elisabethaltar derselben Kirche, angefertigt
von Ludwig Juppe 1513 (Abb. 6). Das Bild
gibt dieselbe Szene wider wie das vorhergehende. Die Versammlung ist etwas kleiner
geworden. Die Kleidung ist verändert nach
der Mode der Zeit. Diese spiegelt sich auch in

dem Renaissance-Himmelbett. Aber die Seele fehlt.

Wenn man nach den Gründen für das Fehlen der Seele fragt – hier und überhaupt –, stößt man auf die Vergeistigung der christlichen Frömmigkeit hin zu einer Geist-Seele, zu einer Nicht-Körperseele. Diese Tendenz, die letztlich auf der platonischen Philosophie beruht, gehört zu den ursprünglichen Möglichkeiten der christlichen Frömmigkeit. Sie meldet sich bereits in den Anfängen in der Bibel und bei großen Denkern wie Augustin und in späteren Phasen der Frömmigkeitsgeschichte, wie etwa der Reformation, in einem zunehmenden Maße. Der Übergang von einer körperhaften Seelenvorstellung zu einer Geist-Seele ist sicherlich schwierig, spannungs- und kämpfereich sowohl zwischen den Menschen als auch in der Brust des einzelnen.

Durch frömmigkeitsgeschichtliche Einordnung kann man den Abbau von konkreten Seelenvorstellungen plausibel machen. Aber wir müssen noch einmal zurückkehren zu den konkreten Seelenbildern und danach fragen, wie es überhaupt zu ihnen kommen konnte. Sind die Vorstellungen im Bereich der Analphabeten generiert worden? Schließlich sind es vornehmlich kirchliche Quellen, aus denen heraus wir sie rekonstruieren. Wie konnte die Kirche mit solchen Seelenbildern den Analphabeten gegenübertreten, wo es weder in der Bibel noch – das sei gleich hinzugefügt – in der scholastischen Theologie vergleichbare Seelenbilder gibt?

Es gibt mittelalterliche Abbildungen, die Bibelverse illustrieren und die das in dem jeweiligen Bibelvers nicht genannte Seelenkind hinzufügen. Ein herausragendes Bild bieten die Riesenteppiche der sogenannten Apokalypse von Angers, die im fürstlichen Auftrage in der 2. Hälfte des 14. Jahrhunderts, möglicherweise für eine großdimensionierte Wallfahrtskirche, hergestellt wurden. Auf einem der sieben Teppiche ist der Todesschlaf der sieben Gerechten, Ap. 14.13 – entgegen der Bibel eben doppelt dargestellt worden. Über den Schlafenden schweben dem Himmel sieben jugendliche nackte Gestalten entgegen. Wir kennen die Entstehung ziemlich genau. Das Vorbild des Künstlers waren Bilderbibeln des 13. Jahrhunderts. Analphabetisches und alphabetisches Milieu

überlagern sich wieder. Aber wichtig ist, daß die kirchlichen Bibelmacher, die hier die Bibel ergänzen lehren, nicht im Einklang mit ihrer eigenen Theologie handeln. Es gibt eine Kluft zwischen der theologischen und der pastoralen Seelenlehre der Kirche. Die Kirche denkt und lebt zweigleisig.

Aber es bleibt immer noch die Frage, wie und woher die jeweiligen konkreten Seelenbilder entwickelt wurden. Wer von religiöser Volkskunde sprach, glaubte die Verantwortung dafür dem sogenannten Volke zuschieben zu können. Dabei ist aber zu bedenken, daß wir kaum Selbstzeugnisse des sogenannten Volkes haben, und daß wir die Zeugnisse schon so nehmen müssen, wie sie kommen, nämlich als – wohl erfolgreiche – Einflußnahme der Kirche auf das Volk in allen seinen Ständen. Wie ist es also zu verstehen, daß die Kirche dafür ganz spezifische, gegenüber der kirchlich-theologischen Tradition neue Bilder wählte?

So groß die Kluft auch zu sein scheint, es gibt Stellen, wo man Verbindungen zwischen den beiden Seelenlehren der Kirche sieht. Die Hauptverbindung stellt sicherlich die Fegefeuerlehre dar, die seit dem 12. Jahrhundert Bestandteil auch des theologischen Dogmas ist. Im Zusammenhang mit der Fegefeuerlehre wurden hinter den Kulissen der Orthodoxie, dort also, wo die Bilder gemacht wurden, Gespräche und Kämpfe geführt, in denen ein Ineinandergreifen der beiden Seelenlehren manifest wird. Man machte sich Gedanken über die Beschaffenheit der Seele nach dem individuellen Tode und vor dem Jüngsten Gericht. Kann diese Seele sehen, hat sie etwa bereits die Anschauung Gottes, die Visio beatifica? Die orthodoxe, in scholastischen Schulen gehärtete Meinung war es, daß nur die Seelen der Heiligen, die nicht im Fegefeuer sind, eine solche Sehkraft besitzen. Diese Meinung wurde von verschiedenen Seiten heftig bestritten. Die einen sagten: Alle Seelen können sehen. Der 1334 verstorbene Papst Johann XXII., ein entschiedener Vertreter der orthodoxen und vom Papst kompromißlos geführten Kirche, erlaubte es sich selbst, abzuweichen. Er bestritt die Sehkraft auch der Seelen der Heiligen und geriet damit in den Verdacht der Häresie. Alle Gegner stürzten sich auf ihn. Sein ganzes Lebenswerk geriet ins Wanken.

Der Papst ein Häretiker? Alle seine Maßnahmen würden ungültig sein. Auf dem Sterbebett unterwarf sich Johann XXII. Er unterwarf sich dem Urteil der ihn überlebenden Kirche im Hinblick auf die Sehkraft der Seelen nach dem Tode.

Kehren wir nun zu den Prozessen zurück, die zur Neuzeit führen. Neben der innerchristlichen Entwicklung gibt es einen Einfluß, der gewissermaßen von außen kommt. Gemeint ist die Aristoteles-Rezeption vornehmlich vom 13. Jahrhundert an, die in der abendländischen Philosophie den Trend zu einer empirischen, naturkundlichen Psychologie in Gang setzt.

Aristoteles' Traktat über die Seele ist Fragment geblieben, läßt aber Wesentliches erkennen. Aristoteles unterscheidet zwischen einer Seele als Wahrnehmendem und als Bewegendem. Die Wahrnehmung der Seele wird untergliedert in eine äußere und eine innere geistige Wahrnehmung. Zu der äußeren gehören Gesicht, Gehör, Geruch, Geschmack und Tastsinn. Das Bewegungsvermögen wird untergliedert in irrationales und rationales Streben. Unter den verschiedenen definierenden und beschreibenden Bestimmungen der Seele durch Aristoteles heben wir etwa aus der Einleitung des Traktates hervor: Die Seele ist die Form des Körpers, oder die Seele ist nicht mit dem Körper identisch, aber etwas am Körper. Vieles von dem, was bei Aristoteles zu lesen ist, berührt vertraut, wenn man von neueren neurophysiologischen Behandlungen des Psychischen her an den Text herangeht. Die Forschung hat immer den naturwissenschaftlichen Charakter der Seele des Aristoteles hervorgehoben. In dieser Hinsicht ist die Behandlung des Psychischen durch Aristoteles ein Anfang, der später kaum übertroffen wurde.

Albertus Magnus und Thomas von Aquin haben einen Kommentar zu dem Traktat des Aristoteles über die Seele geschrieben. Keiner von ihnen war des Griechischen mächtig. Sie mußten auf Übersetzungen zurückgreifen. Nun ist es aber zu einer eigentlichen Übersetzung des Traktates ins Lateinische im Mittelalter nicht mehr gekommen. Aber es gab sowohl einen griechischen als auch einen arabischen Kommentar des Traktates, die beide ins Lateinische übertragen wurden, die jeweils viele Textelemente enthielten, und

die beide den genannten lateinischen Kommentatoren zur Verfügung standen. Der griechische Kommentar des Philoponos wurde durch Wilhelm Moerbecke, einen Dominikanermitarbeiter des Thomas von Aquin, ins Lateinische übersetzt. Schon einige Jahrzehnte älter war die lateinische Übersetzung des Kommentars des Arabers Avaroes, der die Sprengkraft des aristotelischen Seelebegriffes in atheistischer Richtung noch um einiges verschärfte. Die Aufregungen und Streitigkeiten, die davon ausgelöst wurden, sind ein Thema der Universitäts- und Theologiegeschichte vom 13. Jahrhundert an. Die Rezeption des Aristoteles-Traktates durch Albertus Magnus war noch naiv, die durch Thomas eher gewaltsam harmonisierend, ohne daß sie den künftigen Schulstreit verhindert hätte. Man kann sagen, daß diese doppelte Rezeption unabhängig von der harmonisierenden Absicht es ermöglichte, daß die Seelenvorstellungen des Aristoteles in den alltäglichen Universitätsbetrieb ganz Europas hineinkamen. Sie hatten Breitenwirkung vornehmlich in der Artistenfakultät unter den zunehmenden Scharen der Studiosi.

Der Universitätsalltag wird beleuchtet durch das Fragment eines anonymen Schultextes, der zum Beispiel auf eine Vorlesungsnachschrift in irgendeiner Universität oder in einem Generalstudium des 14. Jahrhunderts zurückgehen kann (Abb. 7). Der Text bedarf noch einer genaueren Untersuchung im Hinblick auf eine eventuelle Nähe zu Albertus Magnus, Thomas von Aquin oder einer anderen Verarbeitung des Aristoteles. Wir sehen davon hier ab und nehmen das Fragment als Zeugnis der Seelenvorstellung, wie sie einem Studenten des ausgehenden Mittelalters vermittelt wurde. Das Fragment wurde als Vorsatzblatt einer Inkunabel entdeckt, war also bereits im 15. Jahrhundert Makulatur. Es ist ein Text, der weder vom Autor noch vom Inhalt her überlieferungswürdig war, er enthält gewissermaßen Durchschnittsvorstellungen, ein Überrest der Vulgarisation des Studienbetriebes. Wir finden die große aristotelische Zweigliederung der Seele in Wahrnehmendes und Bewegendes. Sie wird ergänzt und schulmäßig systematisiert. Die äußere Wahrnehmung wird in jene fünf Begriffe gegliedert, die wir von Aristoteles selber kennen. Die innere Wahrnehmung wird parallel dazu auf fünf Begriffe gebracht: gemeint sind Gemeinsinn, Einbildung, Formsinn, Urteilssinn und Gedächtnis. Eine eigentümliche Drehung nimmt die Untergliederung des Bewegenden. Die Zweiteilung in irrational und rational entspricht noch Aristoteles. Aber die Untergliederung der irrationalen Bewegung in impulsive, zornige und begehrliche geht ebensosehr über Aristoteles hinaus wie die Untergliederung der rationalen Bewegung in nervliche und muskuläre. Die Untergliederung der rationalen Bewegung wird also von den Werkzeugen, den Muskeln und den Nerven her gewonnen und hat nichts mit der Eigentümlichkeit der rationalen Bewegung gegenüber der irrationalen zu tun. Hier scheint der Autor dem Konzept des Aristoteles nicht mehr voll gewachsen zu sein. Wo immer nun auch diese Begrifflichkeit in der Entwicklung der aristotelischen Philosophie anzuknüpfen ist, sie verstärkt den naturwissenschaftlichen Eindruck der Psychologie. Wer solches lernte und es mit hinausnahm in den kirchlichen, höfischen und bürgerlichen Kulturbetrieb, für den müssen die geläufigen Seelenbilder mehr und mehr obsolet geworden sein. Ein solcher Einfluß wird sich zunächst im Bereich der Alphabetisierten und Gebildeten ausgewirkt haben. Er dürfte aber über den Bereich hinausgewirkt haben, insoweit in ihm die Bilder für die Analphabeten gemacht wurden.

## Bibliographie

Aristoteles Werke in deutscher Übersetzung Bd. 13: Über die Seele, hg. v. Willy Theiler, Darmstadt [7]1986

M. Dykmans, Les sermons de Jean XXII sur la vision beatifique, 1973

Wilfried Hansmann, Die Apokalypse von Angers, Köln 1981

Gerd Jüttemann (Hrsg.), Die Geschichtlichkeit des Seelischen, Weinheim 1986

Karl-S. Kramer, Fränkisches Alltagsleben um 1500. Eid, Markt und Zoll im Volkacher Salbuch, Würzburg 1985

Manfred Popp, Einführung in die Grundbegriffe der Allgemeinen Psychologie, UTB 499, München/Basel 1975

E. Roth, Der volkreiche Kalvarienberg in Literatur und Kunst des Spätmittelalters, Berlin [2]1967

Jean-Claude Schmitt, Prêcher d'Exemples. Récits de prédicateurs du Moyen Age, Paris 1985

Elizabeth Sears, The Ages of Man. Medieval Interpretation of Life Cycle, Princeton 1986

Rolf Sprandel, Gesellschaft und Literatur im Mittelalter, Paderborn 1982

O. Tobler, Die Epiphanie der Seele in der deutschen Volkssage, Diss. Bern, Kiel 1911

O. Wasser, Äußere Erscheinungen der Seele. Archiv für Religionswissenschaften 16, 1913

# Die Darstellung der Seele in der bildenden Kunst des Mittelalters

## Donat de Chapeaurouge

In der mittelalterlichen Kunst begegnen uns recht häufig kindhaft kleine nackte Menschen, die als Seelen[1] anzusprechen sind. Besonders zwischen dem 9. und dem 16. Jahrhundert sind sie in der Malerei ebenso wie in der Plastik anzutreffen, zumal bei Todesszenen. Der Kontext weist sie einwandfrei als Seelen aus, obwohl sie keine Attribute tragen. Gelegentlich erscheinen diese Seelen auch bekleidet, und zwar genauso wie der Tote, als dessen kleines Abbild sie erkennbar sind. Recht selten ist die Darstellung in Vogelform, die meist dem Text entspricht, den sie zu illustrieren hat.

Daß man die Seele in der Kunst des Mittelalters hat in Erscheinung treten lassen, so daß sie sichtbar wird für jedermann, ist nicht das Selbstverständliche. Denn der normale Christ bekam auch damals in seinem Leben niemals die Seele eines Menschen – auch nicht bei dessen Tode – zu Gesicht. Vielmehr war es im Mittelalter allein der Auserwählte, der als ein Heiliger zu gelten hat, dem diese Schau zuteil geworden ist. Dies hängt damit zusammen, daß die Seele von der Kirche nicht als körperlich und damit augenfällig angesehen wurde. Schon Augustin[2] behandelte das Gleichnis von dem armen Lazarus (aus Lukas 16), der sich als Auferstandener im Schoße Abrahams befindet, wie die Erzählung eines Visionärs: nicht körperlich sei die Geschichte vorzustellen, so daß der Lazarus nicht wirklich leibhaft im Schoße Abrahams gesessen habe. Dies war die allgemeine Meinung, so daß Hrabanus Maurus[3] in dem Traktat über die Seele, den er 842 geschrieben hat, verbreiten konnte, der Schoß des Abraham wie auch der Leib des Lazarus sei körperlich nicht existent gewesen.

Hrabanus Maurus[4] sagte, die Menschenseele sei nach Gottes Bild gemacht, „denn in dem Teil, der unsterblich ist, ist sie Gott ähnlich". Ihr fehle alles, was den Körper ausmacht: Länge, Breite, Tiefe. Zur gleichen Zeit behauptete Ratramnus:[5] „Was aber gemäß dem Bilde Gottes ist, ist nicht Körper. Die Seele aber ist Bild Gottes, folglich ist sie nicht Körper. Es ist also offenbar, daß die Seele nicht dingliche, sondern geistige Substanz ist." Aus dieser Ähnlichkeit mit Gott ist zu erschließen, daß auch die Seele nicht im Bild erscheinen konnte, denn in den „Libri Carolini" von 791 war dies von Gott behauptet worden:[6] „Wenn er unsichtbar, nein vielmehr, weil er unsichtbar ist, muß er unkörperlich sein; und wenn er unkörperlich ist, darf er nicht körperlich gemalt werden." Da nun mit Sicherheit zu dieser Zeit schon Seelen abgebildet wurden, ergibt sich ein Konflikt, der zwischen Kunst und Kirche ausgebrochen ist.

Ein Theologe jener Zeit, der Seelenwiedergaben in der Kunst nicht als verwerflich angesehen hätte, wäre vielleicht versucht gewesen, auf den Bericht des Rimbert[7] zu verweisen, worin der Scheintod Ansgars von Hamburg aufgezeichnet ist. Der Heilige, so schien es ihm, war schon zum Himmel aufgestiegen, wo nichts mehr körperlich war, obwohl es körperlich erschien. Genau so könnte man die Sichtbarkeit der Seele verteidigen, indem unkörperlichen Dingen ein bloß für Menschenaugen körperhaftes Bild entspräche. Dies war tatsächlich auch im Bilderstreit die Ansicht jener Theologen, die sich im Osten wie im Westen zugunsten der im Kult als nützlich eingestuften Bilder ausgesprochen haben. Die Libri Carolini,[8] die an sich recht bilderfeindlich operieren, gestehen doch dem Bild insofern Nutzen zu, als es „vom Sichtbaren zum Unsichtbaren" (per visibilia ad invisibilia) hinzuführen wisse. Mit dieser Formel war der Weg bereitet, der auch die körperhaft gezeigte Seele in Zukunft darzustellen als erlaubt erscheinen ließ.

Nun gibt es schon in frühchristlicher Zeit die Darstellung der Orans[9] (der menschlichen Figur, die, meist frontal, die Arme ausgebreitet hält), von der man immer wieder liest, sie sei ein Bild der Seele des Verstorbenen. Dies ist gewiß nicht richtig, denn die Haltung soll an den Gekreuzigten erinnern und so das dargestellte Wesen christusähnlich machen. Genauso wie schon in Ägypten der Gläubige sich zum Osiris machte, indem er sich bzw. seine Mumie mit den Osiris-Attributen (Krummstab und Geißel) wiedergeben ließ, versucht nun auch der Christ, sich jedenfalls im Bilde seinem Gotte anzugleichen. Die Orans meint gerade nicht die Seele des Verstorbenen, vielmehr den lebend Betenden, der sich von dieser Darstellung erhofft, daß sie entsprechend dem von Heiden praktizierten „Götterzwang"[10] bewirken möge, auch selbst dank dieser Christus-Haltung dereinst als echter Christ die Seligkeit sich zu verdienen.

Damit ist klar, daß „echte" Seelen uns in der Kunst erst aus der Zeit der Karolinger überliefert sind. Wie weit jedoch die hier gezeigten Seelen von Darstellungen beeinflußt sind, die heute nicht mehr existieren, ist in der Forschung insoweit umstritten, als die Datierung dieser Vorbilder um Jahrhunderte schwankt. Der Augenschein lehrt jedenfalls, daß karolingische Künstler noch experimentierten, als sie die Seele zu zeigen versuchten. Der Stuttgarter Psalter, um 820-830[11] entstanden, ist hierfür ein typisches Beispiel. Der Miniaturist stellt etwa die „anima" seines Textes auf zwei aufeinanderfolgenden Seiten in unterschiedlicher Form dar. Auf fol. 7r (Abb. 8) illustriert er Vers 3 von Psalm 7, worin der Psalmist sich Hilfe erbittet, daß seine Verfolger „nicht wie Löwen meine Seele erhaschen". Statt einer Seele erscheint auf dem Bild der Psalmist als bärtiger Mann, der mit kurzem Rock und wehendem Mantel den wirklichen Löwen hinter sich hat. Die riesigen Hände versuchen, den Löwen zur Umkehr zu bringen und den nicht sichtbaren Gott zu erreichen. Die Rückseite (fol. 7v; Abb. 9) illustriert den Vers 6 aus dem Psalm. Wenn der Psalmist Unrecht getan hat, so heißt es, „verfolge der Feind meine Seele und ergeife sie und trete mein Leben zu Boden und lege meine Ehre in den Staub". Hier sieht man statt des Psalmisten tatsächlich die Seele in selbständiger Form, und zwar als bekleidete Frau, die barfüßig auf dem Erdboden sitzt. Die riesige Gottes-

hand über ihr scheint Hilfe zu geben, zumal doch von links die Feinde mit Lanze und Schwert bedrohlich nahegerückt sind. Der rechte bärtige Mann, der mit seiner Rechten die Haltung der göttlichen Hand wiederholt, ist der Psalmist, der hier das „Ich" des Psalters verkörpert.

Die „anima" als eine Frau darzustellen schien aber dem Maler nicht deutlich genug, ihr Wesen zu repräsentieren. So fügte er auf fol. 55r (Abb. 10) die Beischrift hinzu („ANIMA"), wodurch die recht kleine Gestalt, die barfuß im Kleid auf dem Hügel den Kopf in die Hand stützt, der „Seele" des Textes entspricht. Das Ich des Psalmisten steht größer daneben und wendet sich ab, weil es ganz mit dem Spielen der Harfe befaßt ist. Das Bild gibt nur wörtlich die Verse 4 und 5 des 42. Psalms wieder: „Ich werde dir auf der Harfe danken, Gott, mein Gott. Was betrübst du dich, meine Seele?"

Die kleine, bekleidete Frau, die als Seele erkannt werden mußte, wird von dem Maler ergänzt durch die nackte Gestalt. Die Initiale zu Psalm 24 („zu dir, Gott, erhebe ich meine Seele") zeigt eine schwebende, nackte Figur mit zwei Flügeln, wobei für die Nacktheit der Text keine Ursache ist (fol. 30r; Abb. 11). Das gilt ebenfalls für Psalm 58, V. 3-4 (fol. 70v; Abb. 12), wo es heißt: „Errette mich von den Übeltätern und hilf mir von den Blutgierigen. Denn siehe, Herr, sie lauern auf meine Seele." Die deutlich mit Brüsten versehene, nackte Gestalt in der Mitte ist sicher die Seele, die sich nach dem ebenfalls nackten, geflügelten Dämon umblickt, der seine Bosheit schon durch seine aufwärts gerichteten Haare bezeugt. Der größere Krieger zur Rechten ist einer der Leibwächter Davids. Die Kleinheit der Seele wird bei dem Vergleich mit der Größe des Mannes ersichtlich.

Dem Stuttgarter Psalter ist der Utrecht-Psalter[12] an die Seite zu stellen, der nahezu gleichzeitig entstanden sein muß. Trotz des stilistischen Unterschieds zwischen den Werken sind ikonographisch die Bilder der Seele sehr ähnlich. Der Zeichner des Utrechter Psalters kennt auch noch nicht eine verbindliche Form für die Seele, so daß der Psalmist ihre Stelle vertritt. Nur gelegentlich scheint schon die Nacktheit dem Zeichner ein typisches Merkmal der Seele gewesen zu sein.

Als Beispiel für seine Seelen-Gestaltung sei hier nur verwiesen auf fol. 16v (Abb. 13), wo Psalm 29,4 zugrunde liegt: „Herr, du hast meine Seele aus der Hölle geführt." Der „Herr" ist jetzt Christus mit Kreuznimbus und einem langen Kreuzzepter, der einen Toten – gemeint ist wohl Lazarus – aus seinem Sarkophag herauszieht. Die Auferstehung gelingt, obwohl die gehörnten Diener der Hölle versuchen, mit Haken den Toten zu halten. Die „Seele" erscheint hier bekleidet und auch in der Größe nicht anders als ihre Begleiter.

Auch auf einem anderen Blatt (fol. 32r; Abb. 14) nimmt der Zeichner nicht Rücksicht auf die Unterscheidbarkeit seiner „Seele". Der Text steht in Psalm 56, Vers 2: „Sei mir gnädig, Gott, sei mir gnädig, denn auf dich trauet meine Seele, und unter dem Schatten deiner Flügel habe ich Zuflucht, bis daß das Unglück vorübergehe." Der „Schatten deiner Flügel" wird in der Mitte des Bildes repräsentiert durch den Engel, der den Psalmisten von hinten umfängt und ihn vor den Löwen beschützt, die sich von rechts und von links dem Bette zu nähern versuchen, auf dem sich der Engel befindet. Weder durch kleineren Maßstab noch durch die Nacktheit versucht hier der Künstler, die „anima" deutlich zu machen. Aber der Elfenbeinschnitzer, der wenig später, wohl um die Mitte des 9. Jahrhunderts, sich an diese Darstellung anschloß, veränderte deutlich die mittlere Gruppe. Das Werk befindet sich in der Pariser Bibliothèque Nationale[13] und bildet den Deckel zum Psalter Karls des Kahlen (Cod. lat. 1152; Abb. 15). Der Engel sitzt jetzt, bemerkenswert groß, auf einem Bett, dessen Pfosten es deutlich als solches markieren. Und die Löwen sind jetzt nicht nur näher gerückt, sondern wirken durch ihren Sprung aus der Höhe erheblich bedrohlicher. Vor allem ist aber jetzt erst die Seele erkennbar, indem ihr der Schnitzer dank kleiner Figur den kindlichen Status gewährt hat, der die Gefährdung besonders hervortreten läßt. So zeigt die Verwandlung des Bildes von Zeichnung zu Schnitzwerk, wie sehr man im 9. Jahrhundert bemüht war, die Seele dem Auge erkennbar zu machen.

Noch eine weitere Handschrift, die auch dieser Zeit angehört (erste Hälfte des neunten Jahrhunderts), ist hier anzuschließen, weil auch deren Bilder vermutlich auf Werke des 6. Jahrhunderts verweisen. Die Apokalypse in Trier (Stadtbibliothek, Ms. 31), in der Bildqualität nicht so hoch anzusetzen wie die beiden vorherigen Psalter, veranschaulicht auf fol. 20v (Abb. 16)[14] die im 6. Kapitel (Verse 9-11) offenbarte Eröffnung des fünften Siegels. Johannes, so heißt es im Text, sah „unter dem Altar die Seelen derer, die getötet waren um des Wortes Gottes willen", und weiter: „und ihnen wurden einzelne weiße Kleider gegeben." Unter dem perspektivisch gebildeten Kastenaltar, der verhängt ist, erscheinen acht nackte, stehende Menschen, die ihre Kleider von Engeln erhalten. Dem Miniator schien es natürlich, die Seelen ganz nackt darzustellen, obwohl dies vom Text nicht ausdrücklich erwähnt wird.

Weiterhin ist bemerkenswert, daß diese Seelen an Größe den Engeln nicht gleichkommen. Nacktheit und Kleinheit verweisen somit auf die Seele. Außerdem hat der Maler hier sicher von einem Theologen den Hinweis erhalten, die Anzahl der Seelen gerade mit acht anzugeben. Im ersten Petrusbrief wird in Kapitel 3, Vers 20 nämlich erwähnt, daß nach der Sintflut „acht Seelen gerettet worden sind".

Die Frage ist nun, warum sich gerade Kleinheit und Nacktheit attributiv für die Seele als sinnvoll ergaben. Ein erster Verweis geht in Richtung Antike, weil schon in der griechischen Kunst Eidola[15] (meist als Seelen gefallener Krieger) erscheinen, allerdings nur im kurzen Zeitraum vom Ende des 6. bis zum Anfang des 5. Jahrhunderts v. Chr. Die Eidola waren zwar nackt, zeigten sich aber zumeist mit Rüstung und fast immer mit Flügeln. Daß in der späten Antike oder in karolingischer Zeit solche Vasenmalereien bekannt gewesen sein sollten, ist ganz unwahrscheinlich.

Vielmehr ist gerade die Nacktheit der Seele auf christlichem Boden erwachsen. Ein wichtiges Zeugnis ergibt sich aus Hiob 1, 21, wo der Mutterschoß mit dem Schoß der Mutter Erde in Beziehung gesetzt wird: „Nackt bin ich aus dem Schoß meiner Mutter gekommen, und nackt werde ich dahin zurückkehren." Die Nacktheit des Toten wird hier mit der Nacktheit des Säuglings verglichen. Noch weiter verdeutlicht ein Text des Johannes

(3, 1-5), der ein Gespräch von Christus mit Nikodemus enthält, diesen Kontext. Der Ausdruck „renatus" (der Wiedergeborene) ist hier entscheidend. Christus erklärt, daß nur der renatus ins Gottesreich Aufnahme finde. Doch Nikodemus versteht nicht, wie auch ein Alter renatus zu werden vermöge. Tatsächlich erklärt nur die Taufe des Christen die Wiedergeburt, die einem renatus das neue Dasein ermöglicht. Dies wird erläutert von Paulus im Römerbrief (6, 3-4). Es heißt hier, daß für den Christen die Taufe ein Tod ist, durch den er den Tod seines Gottes am eigenen Leibe erfährt. Erst durch das Sterben „in Christus" erwirbt sich der Christ dann das Recht, wie Christus aufzuerstehen. Die bildende Kunst übernahm von der Kirche den Glauben, daß auch der Tote als durch die Taufe mit Christus Gestorbener aufzuerstehen vermöge und deshalb als Kind, als renatus, gezeigt werden müsse.

Liturgische Texte sind Zeugnis dafür, daß dies Verständnis der Taufe den Gläubigen ständig beigebracht wurde. In dem schon vor 750 geschriebenen Sacramentarium Gelasianum lauten die Formeln, mit denen der Brunnen, in dem man die Taufe vollzog, seine Weihe empfing:[16] „Hier soll die Natur, nach deinem Bild geschaffen und zur glanzvollen Würde ihres Ursprungs erneuert, von allem Schmutz des alten Sündenwesens gereinigt werden, damit jeder Mensch, der in dieses Mysterium der Wiedergeburt eintritt, in wahrer Unschuld zu einer neuen Kindheit wiedergeboren werde." An anderer Stelle lautet die Bitte, „daß die Mutter Gnade alle, die man nach dem Geschlecht am Körper oder nach dem Alter in der Zeit unterscheidet, zu einer (neuen) Kindheit gebären möge."

Wie diese Wiedergeburt von der Kunst im Bilde gezeigt werden konnte, lehrt deutlich die Miniatur aus dem Ende des 10. Jahrhunderts, die in einer Bamberger Handschrift (Staatliche Bibliothek, Ms. 22) bewahrt wird. Auf fol. 4r[17] (Abb. 17) sieht man die Gläubigen auf einer Wolkenspirale von ihrem irdischen Taufbecken aufsteigen zu dem gekreuzigten Herrn. Der Täufer ist Petrus, der Täufling ist einer der Gläubigen, der offenbar durch die Taufe den Nimbus erhält. Denn den noch neben ihm Wartenden fehlt dieser Nimbus. Bemerkenswert ist nun nicht nur die Nacktheit des Täuflings (die sich durch das Tauchen ins Wasser erklärt), sondern auch seine Kleinheit, auf die in der Handschrift an anderer Stelle noch angespielt wird: „Klein sind die Seelen der eben in Christus Wiedergeborenen." Damit ist gemeint, daß die Seele des Täuflings so klein wie die Seele des eben Verstorbenen ist, denn beide sind wiedergeboren.

Die Nacktheit und Kleinheit der Seele verweisen jedoch nicht nur auf den Status der Wiedergeburt, sondern zeigen auch deutlich die Nähe zu Christus. Denn Christus als Täufling wird häufig so wiedergegeben, daß neben ihm der Täufer Johannes viel größer erscheint. Schon auf dem Sarkophag in Rom, S. Maria Antiqua (um 270)[18] ist Christus als Täufling so klein wie ein Knabe, und auch auf Werken des 5. und 6. Jahrhunderts ist Christus der Kleinere. Besonders zur Zeit der Ottonen gewinnt der frühchristliche Typ wieder an Geltung, denn in dem Trierer Egbert-Codex[19] und auch im Münchner Evangeliar Ottos III.[20] (Staatsbibliothek, Cod. lat. 4453, fol. 32v) wird der frontal gemalte, kleine und nackte Christus als Täufling gerahmt von dem großen Johannes zur Linken und von zwei Engeln zur Rechten. Die Kleinheit des Täuflings erklärt sich daraus, daß der Täufer gesagt hat (Joh. 3, 30): „Er muß wachsen, ich aber muß abnehmen." Der kleinere Christus wird also den größeren Täufer dereinst übertreffen.

So leuchtet ein, daß nicht nur die Wiedergeburt, sondern auch die Angleichung an Gott die christlichen Künstler zu Kleinheit und Nacktheit der Seele geführt hat. Die „Homoiosis theo",[21] wie die Griechen die Angleichung an Gott bereits nannten, verlangt von dem Christen, wie Christus zu werden, worauf insbesondere Paulus in vielfacher Form hingewiesen hat. Der Text aus dem Römerbrief wurde schon eben (S. 107) zitiert. Direkter zur Taufe schreibt Paulus den Galatern (3, 27): „Alle, die ihr in Christus getauft seid, zieht Christus an." Papst Leo der Große hat dies kommentiert:[22] „Wenn man nämlich dem Satan entsagt und an Gott glaubt, von dem alten Sündenleben zu einem neuen Leben übergeht, wenn man das Bild des irdischen Menschen ablegt und die Gestalt des himmlischen annimmt, so geschieht in gewisser Weise ein Gleichnisbild des Todes und der Auferstehung. So soll der, der von Christus aufgenommen wurde und der Christus aufnahm, nach der Taufe ein anderer sein als vor der Taufe: der Leib des wiedergeborenen Menschen soll zum Leib des Gekreuzigten werden." Ebendies suchen die Künstler des Mittelalters dadurch zu bezeugen, daß die Seele des Toten als wiedergeboren erscheint, als durch die Taufe zu Christus geworden. Der Schöpfungsbericht in der Bibel hatte den Menschen als „nach dem Bild Gottes" (1, Mos. 1, 26-27) geschaffen bezeichnet. Daß dies für die Seele speziell gilt, hat Ambrosius gesagt:[23] „Unsere Seele ist nämlich nach dem Bild Gottes (geschaffen)."

Nachdem nun erklärt ist, warum man die Seele zu zeigen bemüht war und weshalb man die kindliche Form ausgewählt hat, ist wichtig zu wissen, daß auch die östlichen Christen sich nach dem Ende des Bilderstreits (843) ähnlich verhielten. Vermutlich sind auch für Byzanz als Vorlagen ähnliche Bilder wie für die Künstler im Westen entscheidend gewesen. Jedenfalls sind den Psaltern,[24] die man in die Mitte des 9. Jahrhunderts datiert, schon ähnliche Seelen wie auf den westlichen Werken inkorporiert. Im Chludoff-Psalter (Moskau, Historisches Museum, Cod. add. gr. 129) sieht man auf fol. 102v den liegenden Hades als männliches Wesen, dem aus dem Rachen die Büste der Seele herausragt. Die Seele allein durch die Kleinheit und Nacktheit erkennbar zu machen, schien diesem Künstler zu wenig, weshalb er „die Seele des Menschen" auf griechisch daneben zu schreiben für notwendig hielt. Der auf dem Athos befindliche Psalter (Pantocrator 61) illustriert auf fol. 29r denselben Psalmvers (29, 4), der auch im Utrechter Psalter veranschaulicht wird. Der griechische Künstler zeigt hier die Auferweckung des Lazarus (nach Joh. 11, 1-45), wobei man die Leiche verschnürt in dem Sarkophag stehen sieht, dessen Deckel zwei Männer entfernen. Die Mumie steht vor der Wiedererweckung und hat schon die Augen geöffnet, weil Christus ihr Leben verheißt. Von links läuft nun barfuß die Seele herbei, in langem Gewand und mit männlichem Haarschnitt. Auch hier meint der Künstler, mit Hilfe der Beischrift („Seele des Lazarus") den Leser belehren zu müssen. Unter der Seele hockt wieder der

Hades, der weitere Seelen (von denen man bloß ihre Köpfe erblickt) im Arm hält.

Auch spätere östliche Psalter bebildern den Psalmvers mit der Geschichte von Lazarus. Der Barberini-Psalter (Vaticana, Ms. graec. 372, fol. 44r; Abb. 18) aus dem späten 11. Jahrhundert zeigt unten den Hades als tierhaften Mann mit gefesselten Beinen. Rechts oben steht Christus mit segnender Hand und läßt einen hilfreichen Strahl bis zu Hades hinab. Dadurch ermutigt, kann sich die Seele des Lazarus selber befreien, so daß sie aus eigener Kraft ohne Hilfe von Engeln emporsteigt. Die nackte Gestalt ist nimbiert und dreht ihren Kopf um, wobei sie Dämonen bedrohen. Zur Linken erwartet, im Sarkophag stehend, die Leiche die Wiedererweckung. Die steigende Seele ist so isoliert, daß ihre Kleinheit nicht durch die vor Christus knienden Lazarus-Schwestern relativiert wird. Die Seele entspricht so sehr in Nacktheit, Schrittstellung, Armhaltung und Kopfwendung der Seele des Stuttgarter Psalters auf fol. 70v, daß man ein gemeinsames Vorbild voraussetzen möchte. Tatsächlich erfüllt diesen Zweck ein Relief[25] (Abb. 19) aus der römischen Kaiserzeit (im Vatikan). Die kleine nackte Gestalt, die außer der Kopfwendung ganz mit den christlichen Seelen verwandt ist, bewegt sich wie diese aus eigener Kraft, obwohl dies den Umständen nach nicht minder grotesk wirkt. Der römische Künstler veranschaulicht hier die Geburt des Bacchus, der aus dem Schenkel von Jupiter aufsteigt, um die mit Tierfell bedeckten Arme Merkurs zu erreichen. Die Formähnlichkeit zwischen Bacchus und Seele erklärt sich sehr einfach, denn beide sind bei der Geburt dargestellt.

Entsprechen sich nackte Seelen im Osten und Westen, so hat doch Byzanz eine Seelengestalt selber erfunden. Dies ist die kleine, in Tüchern verschnürte Figur, die wie ein Wickelkind aussieht, die aber auch an die Leiche erinnert, sofern sie als Mumie verpackt ist. Hier sei als Beispiel ein Elfenbein, das aus dem Ende des 10. Jahrhunderts datiert und den Marientod darstellt (Abb. 20) erwähnt (in Darmstadt,[26] Hessisches Landesmuseum). Hinter der toten Maria, an deren Bett sich Apostel und inzensierende Helfer herangedrängt haben, steht der gewaltige Christus, der seinen Kopf zu der Mutter hinabdreht und in entsprechender kontrapostischer Haltung die kreuzweise verschnürte Gestalt ihrer Seele emporhebt. Zur Linken fliegt steil von oben ein Engel herab, der in einem Tuch die sicher noch nackt zu denkende Seele emportragen soll. Die Seele galt immer – nicht nur bei Maria – als etwas so Spirituelles, daß sie nicht mit unreinen Händen berührt werden durfte. Rechts oben trägt die nun bekleidete Seele ein anderer Engel zum Himmel. Legenden berichten, beim Tode Marias sei Christus erschienen und habe die Seele der Mutter den Erzengeln Gabriel und Michael übergeben.

Die schon genannten Versuche, die Seele des Toten als wiedergeboren zu zeigen und damit auch christusähnlich zu machen, ließen gelegentlich seltsame Bilder entstehen. Zu diesen gehört vor allem die Miniatur einer Handschrift aus der Zeit um 1100 (St. Omer, Ms. 698, fol. 26r; Abb. 21).[27] Der heilige Audomarus wird hier als Toter betrauert, wobei sich in mehreren Reihen je drei Apostel und Märtyrer, Bekenner und Jungfrauen, Patriarchen und Propheten zur Mitte hin kehren. Im untersten Feld ist die Leiche des Audomarus zu sehen, die beweint wird von Mönchen. Bemerkenswert ist die Zahl dieser Mönche, die genau der Zahl der Jünger entspricht, nämlich zwölf. Schon hier hat der Künstler die Nähe zu Christus erkennbar gemacht. Im obersten Feld sind die Engel dabei, die „kostbare Seele des Audomarus" (so lautet die Beischrift) zum Himmel zu tragen, wobei in der Mandorla erstaunlicherweise nichts anderes als der Unterkörper des Heiligen erscheint. Der Oberkörper verschwindet im Himmelssegment. Tatsächlich geht dieses Bild auf Werke zurück, auf denen die Himmelfahrt Christi[28] gezeigt wird, wobei ebenfalls nur Füße und unterer Körper des Gottes erscheinen. Mit Absicht wird so Audomarus zum Christus gemacht, wobei allerdings bei dem Aufstieg zum Himmel alleine die Seele gemeint ist und nicht, wie bei Christus, der Körper.

Weniger durch ikonographische Besonderheit als durch relative Größe der Seele ist das Grabmal der Dona Sancha[29] bemerkenswert (Abb. 22), das sich im spanischen Benediktinerinnenkloster Jaca befindet. 1095 ist die Nonne gestorben, und kurz nach ihrem Tod muß das Grabmal erstellt sein. Es zeigt auf der Längswand drei Szenen: zur Linken begibt sich der Abt, von Diakonen begleitet, zum Grabe. Ganz rechts sieht man Sancha, noch als Äbtissin, frontal zwischen den Schwestern Urraca und Teresa thronen. Die mittlere Szene behandelt die Auffahrt der Seele, wobei aber seltsamerweise die Tote nicht eigens gezeigt wird. Zwei Engel halten die Mandorla, die eine riesige, ganz nackte Seele umhüllt. Trotz ihres aufrechten Stehens vermittelt die Seele mit ihrer schwankenden Haltung und ihren hölzern herabbaumelnden Armen den Eindruck von Kindlichkeit, der ja dem Status des Neugeborenen wirklich entspricht. Mehr dekorativ läßt der Künstler die Szene von Adlern umrahmen, die er von heidnischen Werken der Apotheose her kannte.

Inhaltlich besser zusammengehörig und daher als logische Folge erscheinen Reliefs auf dem Grabstein[30] des Presbyters Bruno, der um 1195 gestorben ist (Kreuzgang des Hildesheimer Doms; Abb. 23). Versenkte Reliefs zeigen zunächst die Beweinung des Körper, darüber – viel kleiner – die Rettung der Seele, und schließlich als Abschluß die Büste von Christus. Die Leiche des Priesters, die unten groß und frontal den Mittelpunkt bildet, umgeben viel kleinere Bettler und Krüppel und, auch im Profil dargestellt, die Laienbrüder, die noch den Toten mit Tüchern umwickeln. Darüber, und dank ihrer Frontalität vom Auge in Korrespondenz zum Toten erfaßt, sieht man die Seele als Büste mit vor der Brust zum Beten erhobenen Händen. Die Seele wird von zwei Engeln getragen, die im Profil erscheinen und damit den dienstbaren Geistern von unten entsprechen. Die Frontalität von Leiche und Seele nimmt schließlich die Büste von Christus so auf, daß hier die Bewegung zum Abschluß und Höhepunkt kommt. Die Bettler verweisen darauf, daß der Tote ein Wohltäter war. Darauf zielt auch der Vers, dessen Anfang im oberen Streifen – mit etlichen Kürzeln – erscheint. Es heißt hier (nach Matthäus 25, 40): „Was ihr getan habt einem unter diesen meinen geringsten Brüdern, das habt ihr mir getan." Dies ist eine Aussage Christi, der nun die Bitte von Bruno entspricht, die auf dem Schriftband den ganzen Stein rahmt: „Christus, gewähre dem Bruno, dessen Aussehen dieser Stein zeigt und der das Seine den Armen austeilte, deine Freuden." Während die Worte des Priesters noch zögernd in Form einer Bitte verharren, verkündet der Christus des Steins im geöffneten Buch schon die Verheißung, die erst beim Jüngsten Gericht allen Seligen gilt. Der Presbyter Bruno, der sicher die Bilder und Texte für seinen Grabstein bestimmt hat, läßt hier in Worten sich schon zum Seligen stempeln, während das Bild nur die Auffahrt der Seele zum Himmel bezeugt. Der segnende Christus darüber soll aber wohl im Verein mit der Inschrift des Buches das ewige Heil für den Priester verkünden.

Die „Bildwirklichkeit" zeigt hier schon, was die „Tatsächlichkeit" noch gar nicht eingeholt hat, um mich der Ausdrücke Percy Ernst Schramms[31] zu bedienen. Das günstige Schicksal der Seele wird deshalb vor Augen geführt, damit die „Tatsächlichkeit" sich danach richte. Was bei den Heiden der „Götterzwang" war, wird bei den Christen zum Mittel, Gott zur Erfüllung der „Bildwirklichkeit" zu verleiten. Damit ist klar, daß dieser Grabstein zum einen an die Adresse Gottes sich wendet, andererseits aber auch an die Menschen, denen er zeigt, daß dieser Bruno aufgrund seiner Caritas bis in den Himmel gelangt ist.

Gleichzeitig werden auch weiter von Künstlern biblische Szenen veranschaulicht, auf denen die Seelen von Märtyrern von Engeln aufgenommen werden. In der Apostelgeschichte heißt es von Stephanus, daß er, als man ihn steinigte, folgendermaßen gebetet habe (7, 59): „Herr Jesu, nimm meinen Geist auf!" In der Vulgata steht hier für „anima" „spiritus", was jedoch die illustrierenden Künstler nicht eine andere Form der Seele hat darstellen lassen. Möglicherweise ist aber deshalb der Steinmetz, der gegen Ende des 12. Jahrhunderts in Arles (St. Trophime, Westportal) die Steinigung[32] zeigte, auf den Gedanken verfallen, dem knienden Erzdiakon die Seele direkt aus dem Mund entschlüpfen zu lassen (Abb. 24). Das „Aushauchen", das ja mit „spiritus" (Hauch) deutlich verknüpft ist, könnte in dieser Verbindung von Seele und Mund zum Ausdruck gebracht worden sein. Es gibt auch schon ältere Bilder, auf denen man sieht, wie die Seele dem Toten direkt aus dem Mund fährt. In Arles folgt der Bildhauer auch mit dem Knien des Stephanus deutlich der Bibel, wo dies besonders erwähnt wird (V. 60). Daß ihm die Seele sehr wichtig war, sieht man nicht nur an der Größe der nackten Figur, sondern auch an der Drehung des Körpers, wodurch sich ein völlig frontales Brustbild ergibt, das deutlich der Büste des Christus darüber entspricht. Die Hände von Christus verraten durch „sprechende" Gesten, daß die zum Himmel fahrende Seele willkommen und selig ist. Die Engel befinden sich auf einer Schwelle, die für die Seele geöffnet zu sein scheint. Sie halten Kleidung bereit, so daß die Seele vermutlich nicht nackt in den Himmel hineinfahren soll. Dieser Zug hat wohl nichts mit den „weißen Kleidern" zu tun, die den Seelen der Märtyrer in der Trierer Apokalypse geschenkt wurden. Vielmehr liegt vermutlich Entlehnung von Bildern des Jüngsten Gerichts vor, auf denen die Seligen nackt aus den Gräbern entsteigen, dann aber Kleider bekommen, mit denen sie erst den Himmel betreten.

Es dauerte noch ein paar hundert Jahre, bis die Ähnlichkeit der Seele mit Christus in deutlichster, ja anmaßendster Weise anschaulich wurde. Ich meine die Zeichnung[33] zum Papstgrab Clemens' VII. in Providence (Rhode Island, Museum of Art; Abb. 25). 1534 ist Clemens gestorben, so daß sich danach ein terminus ante quem nennen läßt. Baccio Bandinelli hat den Entwurf gestaltet, doch das tatsächliche Grabmal in Rom, S. Maria sopra Minerva von 1542 folgt einem anderen Typ, bei dem in der Mitte der segnende Papst thront. Auf dem Entwurf ist stattdessen ganz unten der schlafende Papst zu erkennen, der eben nicht als ein Toter erscheint, damit der Betrachter gleich sieht, daß dieser Zustand der Leblosigkeit nicht dauerhaft sein wird. Antikische Genien umgeben den Papst und schützen den Schlaf des Gerechten, indem sie ihn mit einem Tuch von dem irdischen Leben entfernen und weiter mit Fackeln dem Reich der Finsternis Widerstand leisten. Darüber befördern fünf Engel in einem antikischen Schild die Seele zum Himmel, wobei ihre völlige Nacktheit und ihre Größe beeindruckend sind. Vor allem fällt auf, daß die männliche Seele der Christusfigur Michelangelos[34] ähnelt, die gut ein Jahrzehnt zuvor in dieser Kirche aufgestellt worden ist. Die Statue zeigt nur die Beine ein wenig verändert, den Kopf nicht nach oben

gedreht und die Hände so übereinanderge-
legt, daß ein Kreuz von ihnen gefaßt werden
kann. So kann es nicht zweifelhaft sein, daß
Bandinelli die Seele so christusähnlich wie
möglich erdacht hat. Die völlige Nacktheit
(mit Penis!) verweist ganz besonders auf Michelangelos Werk, denn bei diesem hatten
die Auftraggeber ausdrücklich einen ganz
nackten Christus verlangt. Zudem ist die
Fünfzahl der Engel ein weiterer Hinweis auf
Christus, weil dieser am Kreuz fünf Wunden
(je zwei an Händen und Füßen und eine an
der Seite) erhielt. Diese schon ganz zum
Christus gewordene Seele erwarten nun oben
(in einer Art Apsis) die „Alten" des Jüngsten
Gerichts (halbiert zwar aus Mangel an Platz:
statt zwölf sind es sechs), denen als Fürbitter
Maria zur Rechten, Johannes zur Linken bei-
gesellt sind. Tatsächlich entspricht die Perso-
nenverteilung den Bildern des Jüngsten Gerichts, allerdings mit dem Unterschied, daß
die Hauptperson fehlt. Denn auf dem Blatt
Bandinellis ist der richtende Christus ersetzt
durch die Seele, die damit noch einmal ihr
Christus-Sein unterstreicht. Wahrscheinlich
benannte der Papst, sofern er sich selbst das
Programm dieses Blattes erdacht hat, die
Szene als „Einzelgericht", welches die Kirche
direkt nach dem Tod eines Menschen ge-
währte, sofern man sein Leben als heilig
einstufte. Das Thema des Einzelgerichts erweitert der Zeichner jedoch noch einmal,
indem er im Scheitel des Blattes Gottvater
mit Weltkugel, umgeben von Cherubim, auftauchen läßt, der in den abwärts führenden
Strahlen die Taube des heiligen Geistes hin-
abfliegen läßt. Die beiden Personen der
Dreifaltigkeit erfüllen in diesem Kontext nur
dann einen Sinn, wenn die dritte Person,
nämlich Christus, hinzutritt. Auch in diesem
Zusammenhang muß die Seele des Papstes
den Christus vertreten, der sonst auf dem
Blatt nicht gezeigt wird. Der Zeichner hat
sich sogar eine Szene erdacht, in der die Vereinigung der drei Personen im hier geschil-
derten Kontext als sinnvoll erscheint. Dies ist
die Taufe im Jordan, von der die Evangeli-
sten (Matth. 3, 16-17, und Lukas, 3, 21-22)
berichten, daß eine Stimme vom Himmel Jesus als Sohn Gottes bezeichnet habe. Die
Figuration Bandinellis entspricht nun den
Bildern der Taufe, indem unten der Täufling
als Seele erscheint, der durch die Taube des

Geistes von Gott zum Sohn ausgerufen wird.
Vermutlich war eine solche Häufung von
Christus-Beziehungen selbst einem Papst in
der Renaissance nicht gestattet, so daß Bandinellis Projekt nicht zur Ausführung kam.
Es ist mit Gewißheit die Christus-Figuren
ähnlichste Seele, die je ein Künstler erdacht
hat.

Die Fackeln, die auf diesem Blatt die Genien tragen, verweisen auf jenen Bereich des
Lichtes, mit dem man im Mittelalter die
Seele sehr gerne verband. Dazu ist es wichtig, erneut das Bild einer Seele aus karolingischer Zeit zu betrachten. Der um 840
entstandene Goldaltar in Mailand (S. Am-
brogio) zeigt auf der Rückseite in einem Relief den Tod des Ambrosius und die Auffahrt
der Seele zum Himmel,[35] wie eigens durch
Beischrift erklärt wird (Abb. 26). Bemerkenswert ist, daß die Seele des Toten hier
nur in Kopfform erscheint. Der Kopf galt
den Christen nach Paulus (1. Korinther 11,
7) als „Gottes Bild und Ehre", und Cassio-
dor[36] erklärte im 6. Jahrhundert das Haupt
des Menschen zum Sitz der Seele. Ambrosius' Seele ist so wie der Kopf des Heiligen von
einem Nimbus umgeben, in dessen Rand
noch Strahlen vom Haupte ausgehen. Außerdem sind die Nimben mit einem aus Zak-
ken gebildeten Rand verziert, so daß hier die
Lichtform besonders betont ist. Nun steht
der als Seele gemeinte leuchtende Kopf in
Verbindung mit auch im Profil erscheinenden Köpfen auf einem in Ellwangen (St.
Vitus) bewahrten Reliquienkasten, der in
die Mitte des 9. Jahrhunderts[37] datiert wird.
In Ellwangen sind es jetzt aber Planeten, für
die man die Kopfform gewählt hat. Im Utrechter Psalter sieht man sehr viele Planeten
in Kopfform, die ausschließlich Sonne und
Mond wiedergeben. Die ähnliche Figuration, die man für Gestirn und Seele gewählt
hat, verweist auf Gemeinsamkeit.

Dies wird bekräftigt durch die Miniatur aus
dem Ende des 11. Jahrhunderts, die in der
Liudger-Vita den Tod des Heiligen[38] darstellt
(Berlin, Staatsbibliothek, Ms. theol. lat. fol.
323, fol. 20r; Abb. 27). Der Tote ruht auf dem
Boden, womit seine Demut zum Ausdruck
gebracht, zugleich aber auch angezeigt wird,
daß jener Leib, der aus der Erde gemacht
war, zur Erde zurückkehren muß. Vor dem in
grün gehaltenen Grund, der wohl das Irdi-

sche anzeigt, wölbt sich in hellblau über dem Toten ein Segment als der sichtbare Himmel. Darüber folgt dann die himmlische Zone, die nur mit Goldgrund belegt ist. Engel fassen den Rand einer goldenen Scheibe, in der sich die kleine, nackte und auch mit Tonsur versehene Seele erhebt, die sich als Orans dem Christus im goldenen Himmel zuwendet. Die goldene Scheibe erklärt sich durch die in der Vita[39] erwähnten Strahlen, von denen es heißt, daß sie beim Tode Liudgers die ganze Provinz taghell erleuchtet hätten, so daß selbst Karl der Große im weit entfernten Aachen sie habe sehen können. Solch Leuchten der Seele war von den Christen in älterer Zeit schon öfter entdeckt worden. So meinte Eusebius,[40] beim Tod Kaiser Konstantins selber gesehen zu haben, „wie die dreimal selige Seele des Kaisers bei Gott selber weilt, jeder sterblichen und irdischen Umhüllung ledig und glänzend in strahlendem Lichtgewand", und so war von dem heiligen Cuthbert[41] zu lesen, er habe die Seele des heiligen Aidan als feurige Kugel (globus igneus) zum Himmel fahren sehen.

Die Dichterin Hrotsvit von Gandersheim verfaßte im 10. Jahrhundert eine Leidensgeschichte der heiligen Agnes, in der die Errettung der Seele fast heidnisch erzählt wird. Die Übersetzung lautet:[42] „Engelscharen, sogleich vom Himmel herabgeglitten, standen da, empfingen freundlich die Seele, schimmernd in schneeweißer Reinheit, vom Lichte himmlischen Glanzes übergossen, und trugen sie fröhlich durch die Lüfte empor – angemessen ertönten immer wieder Lobgesänge zu Gottes Ruhm –, und von da über des Äthers schnelle Lichter hinausgebracht, wurde sie in des himmlichen Bräutigams gestirnten Palast geführt." Der gestirnte Palast (aula astrigera) verweist auf die heidnische Herkunft des Glaubens an Sterne als Zielort und auch als Körper von Seelen. Bei Vergil[43] wird Äneas „zu den Gestirnen" (ad sidera) erhoben, während Ovid[44] berichtet, daß Venus die Seele von Caesar zu „Himmelsgestirnen" (caelestibus astris) hinaufgeführt habe. Sueton ist der Meinung, daß ein Komet, den man nach dem Tode von Caesar noch tagelang habe beobachten können, die Seele des Toten gewesen sei:[45] „Deshalb findet man stets auf seinem Bildnis einen Stern über dem Scheitel."

Dieser heidnische Glaube an Sterne als Wohnort der Seele ist auch bei den Christen verbreitet, wie schon Prudentius[46] bezeugt, der von der Seele behauptet, daß sie den vom Tode besiegten Körper mit zu den Sternen hinaufträgt. Mag dies auch poetischer Überschwang sein, so ist doch auf Gräbern von Christen des vierten Jahrhunderts ein ähnlicher Glaube erkennbar. So sagt eine Inschrift:[47] „Das Grabmal bewahrt den Leib, der Geist (mens) bricht zu den Sternen auf", und eine andere:[48] (Theodora) „macht den Weg zu den Sternen". Selbst einem Priester schreibt man aufs Grab: „Hier ruht ein Presbyter namens Celerinus. Er hat die Fesseln des Körpers gesprengt und ist froh bei den Sternen." Allerdings liegt hier nicht nur heidnisches Erbe zugrunde, denn auch in der Bibel findet sich manches Verwandte. So redet selbst Jesus entsprechend vom Ende der Welt (Matthäus 13, 43): „Dann werden die Gerechten leuchten wie die Sonne in ihres Vaters Reich", wozu man im Alten Testament schon bei Daniel lesen kann (12, 3): „Die Lehrer aber werden leuchten wie des Himmels Glanz, und die, so viele zur Gerechtigkeit weisen, wie die Sterne immer und ewiglich."

Ein Protest wie der des Arnobius[49] zu Anfang des 4. Jahrhunderts, der den Flug zum Himmel und zu den Gestirnen als Anmaßung geißelt, konnte den Glauben an eine Verstirnung nicht ernsthaft gefährden. Denn selbst einem Papst, Gregor dem Großen (gestorben 604) wurde auf seinem Grabmal verheißen:[50] „Zu den Gestirnen entschwingt sich der Geist, nicht schadet der Tod ihm, der zum anderen Sein selbst ihm ebnet den Pfad." Dies war aber deshalb ganz richtig, weil dieser Papst selbst die Sterne als „Seelen einzelner glücklich Fortlebender"[51] bezeichnet hatte. Daß dieser Glaube auch noch in karolingischer Zeit bei frommen Christen nachweisbar ist, ergibt sich aus folgenden Texten. Ratpertus berichtet vom heiligen Gallus:[52] „Aus dem Körper schickte er den Geist zu den Sternen", und auf dem (vernichteten) Grabstein des Bischofs von Metz in der Abteikirche von Gorze hieß es:[53] „Er gab Erde zu Erde und schickte zu den Sternen die Seele."

Die Tradition, die diese Zitate belegen, war so gefestigt, daß sie in den folgenden

Jahrhunderten immer wieder Darstellungen hervorbringen konnte, die mit der Verstirnung oder auch mit dem Lichtweg direkt oder indirekt zusammengehören. Gelegentlich verrät nur die Inschrift, was einen Stifter bewegt hat. So liest man auf einem Grabstein für die nicht näher bekannte Reinheldis[54] (aus dem 2. Viertel des 12. Jahrhunderts in der Dorfkirche von Riesenbeck/Westfalen; Abb. 28), daß diese Heilige „aufstieg zu dem gestirnten Sitz Christi" (subivit sidereas sedes Christi), ohne daß dies auf dem Relief sichtbar gemacht worden wäre. Man sieht hier die nimbierte Reinheldis aufblickend stehen, die Hände zur Oransgebärde erhoben. Sie erblickt, wie ein Engel im Tuch die nackte Seele empfängt, die ihrerseits auch als Orans erscheint. Vermutlich wird der noch lebenden Frau eine Vision zuteil, ohne daß die Gestirne besonders gezeigt würden. Allerdings könnte die Neunzahl der Ornamente, die in dem Himmelssegment dargestellt sind, den Himmelskreisen entsprechen. Ebensowenig decken sich Inschrift und Bild auf dem Reliquiar,[55] das in Saint-Maurice d'Agaun den heiligen Candidus zeigt (um 1150/60; Abb. 29). Das Sockelrelief gibt die Enthauptung des Heiligen wieder, wobei ein Engel die Seele ergreift, die aussieht wie eine kleine, mechanisch bewegliche Puppe. Dagegen behauptet die Inschrift: „Der Geist eilt zu den Sternen!" Hierzu fehlt freilich der Seele die Aktivität, und von Gestirnen ist gar nichts zu finden.

Der Lichtweg zum Himmel, wie ihn die Seele oder sogar der leiblich Erweckte betreten, ist deshalb recht häufig veranschaulicht worden, weil der soeben erwähnte Gregor der Große in den Dialogen die folgende Vision wiedererzählt, wie sie zwei Mönchen begegnet sei:[56] „Sie sahen nämlich, wie sich ein mit Tüchern bedeckter und von unzähligen Lichtern erhellter Weg in östlicher Richtung von seiner (Benedikts) Zelle bis in den Himmel erstreckte. Von oben trat in ehrwürdiger Haltung ein leuchtender Mann heraus, der fragte, wessen Weg es sei, den sie sähen. Jene aber bekannten, es nicht zu wissen. Darauf sagte ihnen der Mann: Dies ist der Weg, auf dem der vom Herrn geliebte Benedikt in den Himmel gestiegen ist." Die Seele wird hier nicht erwähnt, weil der Erzähler voraussetzt, daß sie für irdische Augen unsichtbar

bleibe. Trotzdem hat man im Mittelalter gerade die Seele des Benedikt auf ihrem Weg in den Himmel sichtbar gemacht, wie ein Salzburger Antiphonar aus der Mitte des 12. Jahrhunderts beweist (Wien, Österreichische Nationalbibliothek, Ser. nov. 2700, p. 561; Abb. 30).[57] Während den toten Vater noch Mönche beweinen, steigt seine kleine, nimbierte und nackte Seele schon selbst empor, die allein Bruder Maurus zu sehen bekommt. Die Engel flankieren den Teppich, der hier ohne Lichter den Weg zum Himmel markiert. Bemerkenswert ist, daß die Seele (wie alle Seelen in dieser Handschrift) mit langen gescheitelten Haaren gezeigt wird, damit sie als weiblich erkannt werden kann. Dies erklärt sich nicht nur durch die weiblichen Worte „anima" oder „psyche", sondern auch aus römischen Märtyrerakten,[58] in denen die Seelen von Männern als „virgines" (Jungfrauen) bezeichnet werden.

Demgegenüber stellt man in späterer Zeit die Benedikt-Seele als kleineres Abbild des irdischen Körpers so dar wie Spinello Aretino 1387 auf dem Fresko[59] der Sakristei von San Miniato al Monte bei Florenz (Abb. 31). Die Straße zum Himmel ist hier von drei verschieden gemusterten Teppichen bedeckt, auf denen ein Engel auch schreitet, die Benedikts Seele jedoch emporfliegt. Der Lichtweg wird hier besonders markiert, indem Fackeln zur Linken und Lampen zur Rechten die Straße begleiten. Von allen trauernden Mönchen erblickt wieder Maurus allein das Wunder, auf das ihn nicht nur der bärtige Alte, sondern auch noch der Engel hinweist, der sich für ihn auf dem Weg eigens umdreht. Auch anderen Heiligen eröffnete man in der Kunst einen Lichtweg zum Himmel, zum Beispiel dem heiligen Guthlac in einer in England verfertigten Handschrift, die seltsamerweise nicht in der Form eines Codex, sondern in Form einer Rolle, wie sie noch die Römer benutzten, fertiggestellt ist (London, British Museum, Harley Roll Y 6, Nr. 14; Abb. 32).[60] Der Zeichner des 12. Jahrhunderts läßt Strahlen vom Himmel zum Haupt des sterbenden Guthlac die Folie bilden, vor der die nackte, jedoch nicht nimbierte Seele von einem hilfreichen Engel gestützt wird. Ein weiterer Engel hält in den Händen das Tuch, mit dem er die Seele emportragen will. Der Zeichner war sich wohl nicht sicher, ob der Betrachter die Seele erkennen würde, weshalb er „Anima" dazuschrieb.

Eine echte Verstirnung der Seele wird von Franziskus berichtet. Sein Biograph Thomas von Celano[61] überliefert die Sternform der Seele, die einem der Brüder zu sehen gewährt worden war. Die Vita, die Bonaventura nach 1260 verfaßt hat, erzählt ebenfalls dieses Wunder und fügt noch hinzu, daß die Seele „von einer kleinen weißen Wolke über viel Wasser geradewegs in den Himmel getragen wurde".[62] Auf dem nach Giottos Entwurf entstandenen Fresko der Oberkirche von Assisi (Abb. 33) lautet die Beischrift:[63] „Wie ein einziger Bruder in der Todesstunde des seligen Franziskus sah, daß seine Seele als glänzender Stern gen Himmel fuhr." Trotzdem vermeidet der Maler die Sternform der Seele. Vielmehr wird die Seele als Büste gezeigt, im Rund eines Schildes, den Engel begleiten. Sehr leiblich ist diese Seele gestaltet, weil sie nicht nur Nimbus und Mönchskutte trägt, sondern sogar die Stigmata vorzeigt. Die Gleichförmigkeit zwischen Christus und Franz, die schon die frühen Berichte betonen, war hier dem Maler das Wichtigste.

Umso bemerkenswerter ist deshalb die Glasmalerei in der Kirche des Klosters von Königsfelden (Schweiz, zwischen 1325 und 1330; Abb. 34).[64] Denn über dem üblichen Totenbett schwebt hier ganz allein (ohne Hilfe von Engeln) die betende Seele des heiligen Franz vor einem sechszackigen Stern. Ganz links zeigt ein Mönch seinem Bruder das Wunder. Die Seele in Sternform ist sehr wahrscheinlich von einem Bild im „Speculum humanae salvationis"[65] angeregt worden, auf dem sich die Halbfigur Christi in einem Stern über den heiligen Königen zeigt, um ihnen den Weg zu weisen nach Bethlehem. Die Gleichförmigkeit zwischen Christus und Franz wäre damit noch einmal – nun auch in Form der Verstirnung – veranschaulicht worden. Geradezu geistreich geht auch jener Künstler mit seinem Text um, der gegen Ende des 14. Jahrhunderts für Angers eine Tapisserie[66] entwerfen mußte (Abb. 35). „Selig sind die Toten, die in dem Herrn sterben" lautet der Spruch in der Apokalypse (14, 13), der somit keine Seelen erwähnt. Trotzdem sind auf diesem Teppich über den bärtigen Männern in Betten die kleinen, nackten, un-

bärtigen Seelen zu sehen, die von zwei Engeln im Tuch zum Himmel gebracht werden. Auch die Anzahl von sieben Geretteten stammt nicht aus der Bibel, sondern hat ihren Grund darin, daß so die Zahl der Planeten erfüllt ist. Zur Bestätigung dafür ist jeder der betenden Seelen ein Stern beigegeben, damit die Verstirnung für jedermann sichtbar bezeugt wird.

Die Selbständigkeit, mit der sich die Seelen von Guthlac und Benedikt aufwärts bewegen, erinnert daran, daß eine Seele manchmal sogar, wenn auch sehr selten, geflügelt erscheint. Dies ist der Fall auf den Flügeln des in der Werkstatt von Giotto gemalten Altars, den Kardinal Stefaneschi zu Anfang des 14. Jahrhunderts[67] für St. Peter in Rom hat malen lassen (Abb. 36). Über der Kreuzigung Petri, die, wie die Legende es will, kopfüber erfolgt, tragen sechs Engel die Scheibe empor, vor der sich geflügelt, bekleidet und bärtig die Seele befindet, die zu ihrem Gott emporblickt und betet. Da diese Seelengestalt, die auch noch nimbiert ist, dem gekreuzigten Körper an Größe nicht nachsteht und selbst im Gesicht als Petrus erkannt werden kann, ist fast an die leibliche Auffahrt zum Himmel zu denken. Aus dem Mittelalter ist hier als früheres Beispiel für eine geflügelte Seele die Miniatur im Stuttgarter Psalter (fol. 30r) genannt worden. Wahrscheinlich hat dafür als Vorbild die heidnische Psyche zu gelten, die auch deutlich Pate gestanden hat für das Mosaik[68] im Narthex von S. Marco (Venedig), das erst aus dem 13. Jahrhundert stammt, jedoch von frühchristlichen Vorlagen abstammt. Hier läßt der christliche Gott bei der Schöpfung die Psyche, die klein und nackt mit Flügeln erscheint, den eben geschaffenen Adam beseelen. Als Bindeglied zwischen den christlichen Seelen und ihren heidnischen Vorläuferinnen ist auf das Fresko[69] der Synagoge von Dura-Europos zu verweisen (aus der Mitte des 3. Jahrhunderts n. Chr.). Hier schweben mit Kleidern und Flügeln beseelende Wesen über den Totengebeinen, um sie zur Auferstehung vorzubereiten (nach Hesekiel 37, 1-14). Weiter vollzieht eine größere Psyche mit Schmetterlingsflügeln die Wiederbelebung, indem sie an nackte Leichen herantritt. Die äußere Nähe geflügelter Seelen zu Engeln entspringt nicht dem Zufall, da schon von Lukas die Toten den Engeln gleichgesetzt werden (20, 36) und da auch in einer spanischen Handschrift von 975 (Beatus-Kommentar zur Apokalypse, Gerona, Kathedralarchiv, fol. 3v-4r)[70] die scheinbaren Engel, die nackt und geflügelt erscheinen, dank ihrer Beischrift als Seelen (spiritus) identifiziert werden können.

Ist die geflügelte Seele Beleg eines Weiterlebens heidnischer Formen, so ist der Vogel als Zeichen der Seele genauso antik. Die Christen der Frühzeit schon haben ganz ohne Bedenken in Schrift und im Bild den Vogel als Seele verstanden. So schildert Prudentius im frühen 5. Jahrhundert den Tod der Eulalia von Merida in folgenden Versen:[71] „Plötzlich entschwebte von dort eine Taube,/man sah, wie entfloh die der Märtyrin Mund,/weißer als Schnee, und erstrebte die Sterne./Dies war Eulaliens Geist,/weiß wie Milch und flüchtig und rein./Schlaff ward ihr Nacken, während heimging die Seele;/und der brennende Scheiterhaufen erstarb./Friede wird den entseelten Gebeinen./Frohlockend flattert im Äther der Hauch/ und erstrebt den himmlischen Tempel in Eile./Und es sah selbst der Henker den Vogel,/wie er sichtbar der Jungfrau Mund verließ." Eine Taube ist auch den Brüdern beim Tode des heiligen Spes erschienen, die sie aus seinem Munde herausfliegen und durch das sich öffnende Dach der Kirche zum Himmel emporsteigen sahen. Dies jedenfalls berichtet Papst Gregor der Große (Dialoge IV, 11). So ist es wahrscheinlich, daß auch in der Kunst die Vögel, die auf dem Passionssarkophag[72] aus der Mitte des 4. Jahrhunderts (ehemals im Lateranmuseum) am Kranz der Glorie picken, die Seelen bedeuten, die Auferstehung erheischen. Auch andere Vögel, die man auf Mosaiken im Westen und Osten[73] des römischen Reiches beim Traubenpicken erblickt, sind wohl als Seelen erklärbar, die auf Erlösung vertrauen. Selbst das von Heiden erfundene Bild des Vogels im Käfig wird von den Christen auf Mosaiken[74] gezeigt, um eine Seele im Kerker des Leibes zu symbolisieren.

Die karolingische Kunst gibt die Seele gelegentlich als Vogel wieder. Besonders dann liegt dies nahe, wenn eine Illustration ihrem Text ganz wörtlich entspricht. Dies ist beim Stuttgarter Psalter auf fol. 145r (Abb. 37) der Fall, wo Psalm 123, 7 Vorlage ist: „Unsere Seele ist entronnen wie ein Vogel dem Strick des Voglers; der Strick ist zerrissen, und wir sind frei." Man sieht, wie drei Männer vergeblich dem Vogel nachlaufen, der rechts in die Höhe entweicht. Genauso buchstäblich verkörpert der Zeichner des Utrechter Psalters auf fol. 72v den Vers. Allerdings hält bei ihm ein kniender Vogler, versteckt im Gebüsch, die Rute mit Leim in Bereitschaft, wobei ihm die Vögel nach links und nach rechts hin entfliehen. Andererseits gibt es schon um 800 ein Werk, auf dem die Seele als Vogel gezeigt wird, ohne daß dies vom Text verlangt worden wäre. Das Jüngste Gericht auf dem Londoner Elfenbein (Victoria and Albert Museum, Nr. 253. 67; Abb. 38)[75] ist so dargestellt, daß links in der Mitte die Vögel auf Leichen zufliegen. Dadurch wird die Wiederbelebung der Körper zum Ausdruck gebracht, wobei dem untersten Toten die Seele als Vogel direkt in den Mund hinein fliegt. Hierdurch haucht sicher der Vogel dem Toten den Geist ein. Besonders markant ist noch einmal die Seele als Vogel im 12. Jahrhundert veranschaulicht worden. Im Hildesheimer Albanipsalter[76] (p. 416) ist die Enthauptung des Heiligen so wiedergegeben, daß dem Henker, der gerade sein Schwert in die Scheide zu stecken versucht, buchstäblich die Augen ausfallen (Abb. 39). Ein Engel bemüht sich, die Seele dem Mund des Geköpften zu entwinden, obwohl sich die Seele in anderer Form, nämlich als mächtiger Vogel, bereits auf dem Wege zu Christus befindet, der segnend das Himmelssegment überragt. Zwei Engel versuchen, den Vogel im Fluge zu bändigen, obwohl ihre Aufgabe sonst Unterstützung der Seele sein soll.

So wie die Engel der Seele den Aufstieg zum Himmel erleichtern, sind es die Teufel oder Dämonen, welche die Seele der Hölle oder zumindest dem Fegefeuer zuführen wollen. Daß solcher Kampf um die Seele den Christen der Frühzeit bekannt war, bezeugen unzählige Texte. Doch in der Kunst werden Szenen des Kampfs erst viel später gezeigt. Hier sei zunächst ein Beispiel genannt, das dank der Vielfalt von Szenen sehr aufschlußreich ist. Denn in dem Buch Scivias („Wisse die Wege") der Hildegard von Bingen aus dem Ende des 12. Jahrhunderts (ehemals in der Wiesbadener Landesbibliothek, Cod. I, fol. 25r; Abb. 40)[77] sind auf dem Blatt in der oberen Hälfte die Orte zu sehen, an die eine Seele geführt werden kann. Die unteren Felder gehören den schrecklichen Orten. Zur Linken ist es das Fegefeuer, wo Flammen und Tiere die nackten Gestalten der Seelen bedrohen, um sie die irdischen Sünden abbüßen zu lassen. Daneben ist bildhaft der Rachen der Hölle als riesiger Tierschlund zu sehen, in dem die für ewig verdammten Seelen versinken. Darüber erscheinen die freundlichen Orte, und zwar erst links die Stätte der Blumen, an der sich die Seelen der Frommen (die hier als Büsten und Köpfe gemalt sind) bis zu dem Tag des Gerichts versammeln. Und rechts folgt zuletzt die himmlische Stadt mit Mauer und Zinnen, in der sich die größten Seelen befinden, die gleich nach dem Tod ihres Leibes auf Grund ihres heiligen Lebens zum Himmel gelangt sind. Warum die göttliche Segensgebärde nur mit der linken Hand (anstatt mit der rechten) vollführt wird, ist nicht bekannt. Im unteren Feld umgeben das Lager der sterbenden Frau die Engel mit ausgebreitetem Tuch für die Seele sowie die Dämonen mit Forken. Der Ausgang des Kampfs um die Seele ist offen, denn von einer Seite hat sie ein Dämon gepackt, während von oben ein Engel hilfreich herabfliegt. Die Seele springt hier aus dem Mund und ist durch die Haare sowie durch die Brüste als weiblich charakterisiert.

Jahrhunderte später ist in den „Heures de Rohan" zu Anfang des Totenoffiziums das Schicksal der Seele wieder umstritten (gegen 1418: Paris, Bibliothèque Nationale, Ms. lat. 9471, fol. 159v; Abb. 41).[78] Der magere Tote auf kostbarem Mantel erbittet mit Hilfe des Spruchbands, auf dem er Worte des sterbenden Jesus am Kreuz wiederholt: „Herr, in deine Hände befehle ich meinen Geist." Ihm antwortet Gott – der wegen des Greisengesichts Gottvater, doch wegen des Nimbus mit Kreuz auch Christus sein muß – mit dem anderen Spruchband: „Für deine Sünden wirst du Buße tun. Am Gerichtstag wirst du bei mir sein." Der Seele ist also das Fegefeuer sicher, doch scheint ihr Vergebung versprochen. Der Text auf dem Spruchband des Toten ist auf lateinisch, wohl weil seine Formel liturgisch geprägt ist, wogegen der Text des Gottes die Umgangssprache bevorzugt, weil man die so freundlich erfundene Antwort wohl lieber französisch beließ.

Außer dem Kampf um die Seele wird im Mittelalter anfangs das Schicksal des Guten dem Schicksal des Bösen derart konfrontiert, daß es als beispielhaft wirkt. Zugrunde liegt hier das Gleichnis, das Christus bei Lukas erzählt (16, 19-31), und worin nach dem Tode der Reiche, der in der Hölle von Flammen verzehrt wird, den armen Lazarus bittet zu helfen, weil dieser sich glücklich im Schoß Vater Abrahams aufhält. Die bildende Kunst stellt die Szene so dar, als seien von Lazarus und von dem Reichen allein ihre Seelen im Jenseits, obwohl dies der Bibeltext nicht so schildert. Im Bremer Evangelistar aus Echternach, das zwischen 1039 und 1043 ausgemalt ist, wird auf zwei nebeneinander liegenden Seiten die ganze Geschichte erzählt (Stadtbibliothek, Ms. C 21, fol. 76v und 77r; Abb. 42 u. 43).[79] Links oben erblickt man den Reichen beim Gastmahl und vor seiner Tür ganz nackt den Lazarus, dem schon die Hunde die Schwären lecken. Darunter sind beide im Sterben begriffen, worauf zwei Teufel die Seele des Reichen laut Inschrift zur Hölle befördern, zwei Engel jedoch die Seele des Bettlers, die auch aus dem Munde gehaucht ist, in das Paradies entführen. Die brennende Hölle rechts unten bevölkern Dämonen mit Flügeln und tierhaften Körpern. Die hier schon zusammengeworfenen Seelen sind ebenso klein und nackt wie die glücklicheren Seelen, die oben den thronenden Abraham mit der Lazarus-Seele im Schoß inmitten der paradiesischen Blüten umgeben. Bemerkenswert ist, daß hier einige Seelen als Büsten den Zweigen entwachsen. Dies deutet direkt auf heidnische Herkunft, denn bei den Römern wurde der Tote dadurch auf Bildern unsterblich, daß man sein „Bildnis im Blätterkelch"[80] zeigte. Der Lebensbaum-Mythos mag zusätzlich noch als wichtig erscheinen.

Die Seele in Abrahams Schoß zu zeigen, wurde auch ohne Verbindung zum Lazarus-Gleichnis bald üblich. So leitet in einer Brüsseler Handschrift des späten 12. Jahrhunderts (Bibliothèque Royale, Ms. 9916-17, fol. 110r; Abb. 44)[81] ein entsprechendes Bild den Anfang des vierten Buches der „Dialoge" Gregors des Großen ein. Der Platz ist sinnvoll gewählt, denn Gregor bespricht in dem Buch das Schicksal der Seele, das sie nach dem Tode des Körpers erwartet, und erwähnt auch das Gleichnis nach Lukas. Auch hier sind es blühende Pflanzen, die den thronenden Abraham rahmen. Nur mit den Köpfen erscheinen die Seelen im Tuch, das der bärtige Vater im Schoß hält. Zu den sieben Erlösten bringt der Engel noch einen achten, der durch Tonsur als ein Mönch deklariert ist. Wiederum ist die Achtzahl symbolisch bedeutsam, weil auch nach der Sintflut „acht Seelen gerettet wurden durchs Wasser" (1. Petrus 3, 20).

Gleichzeitig ist für ein „Missale defunctorum" eine Miniatur in Regensburg (Abb. 45) gemalt worden (heute als Einzelblatt im Münchner Hauptstaatsarchiv, Klosterliteralien Obermünster 1, Lage 9, 2. Blatt).[82] In Medaillons an den vier Ecken umrahmen die vier Paradiesflüsse das Blatt, weil in dem Text zu Christus als Brunnen des Lebens gefleht wird, damit er den Frommen die „Weiden des Lebens" eröffne. Das Bild wird beherrscht von der Figur Abrahams, die sich inmitten der Seelen als Zentrum und Zielpunkt behauptet, indem sie nicht nur durch die Mandorla, sondern auch durch zwei Bögen als Throne für Körper und Füße geehrt wird. Drei Seelen in Form nackter Büsten bewahrt der nimbierte Vater im Tuch, und von allen Seiten bemühen sich Engel, ihm weitere Seelen auf Tüchern oder in Disken zu reichen. Ganz unten sind Seelen inmitten der paradiesischen Landschaft zu sehen, die man an Blumen und Vögeln erkennt.

Wesentlich später, um 1465, ist erst das Stundenbuch des Gysbrecht de Brederode entstanden, in dem sich zwei Seiten im Bildschmuck auf Seelen beziehen (Universitätsbibliothek Lüttich, Ms. Wittert 13, fol. 68v-69r; Abb. 46),[83] weil der Text zu den Totenvigilien gehört. Er beginnt mit der Initiale für D, die als Rachen der Hölle gezeigt wird. Die armen Seelen darin sind eingesperrt von den Dämonen, während der Rachen umspannt wird von einem Narren und einem Mädchen. Die Randleisten umspielt paradiesische Flora, in der sich jeweils ein Engel mit einer Seele beschäftigt. Zuoberst hält Christus zwei Kronen bereit, womit er die Seligen auszeichnen will. Das Blatt gegenüber betont in den Randleisten mehr die im Text genannten „Gefahren der Hölle". Deshalb sind Köpfe von Ebern bedrohliche Zeichen, obwohl auch hier aus Blüten erwachsene Büsten von

Seligkeit sprechen. Das Hauptbild zeigt Abraham thronend, vermutlich in himmlischer Aula. Drei Seelen sind betend im rettenden Tuch versammelt, wobei sich die rechte durch Brüste und Haar als weiblich erweist. Vier Engel umgeben den Thron und reichen weitere Seelen dem Vater. Das Ganze wird überstrahlt durch Licht aus den Wolken, in denen der kleine und segnende Christus erscheint, der nochmals gerahmt wird von Engeln mit Seelen im Arm.

Die Lütticher Handschrift stammt aus der Zeit, in der sich die Bilder von „Armenseelen" häufen, also von Seelen im Fegefeuer, denen durch irdische Hilfe Befreiung gewährt werden konnte. Man glaubte, durch Messen die Gnade des Himmels erflehen zu können. So rühmte man sehr die hier kompetente Ottilie als Heilige, die durch Gebete die Seele des Vaters aus dem Purgatorium befreit haben sollte. Ein Stich des Israhel von Meckenem von 1475 (B. 131; Abb. 47)[84] zeigt die „Tränenkapelle" des Odilienbergs, in der das Bild des Gekreuzigten darauf verweist, daß nur der Gott selbst die Erlösung bewirkt und daß die betende Heilige lediglich Fürbitterin sein kann. Hübsch drastisch klettert die Seele des Vaters, mit Locken und Bart wie im Leben, sogar mit der Krone des Herzogs, aus einer Luke im Boden, wobei ihr ein Engel ans Handgelenk faßt. Die Nacktheit allein ist ein Zeichen dafür, daß die Seele nicht körperlich da ist.

Viel häufiger zeigt man die Seelen von Gläubigen, die namenlos bleiben. So stammt von Dürer[85] die Zeichnung zu einem Gebetbuch des Kaisers Maximilian in der Münchner Staatsbibliothek (L. impr. m. 64, fol. 16r; Abb. 48). Im Fegefeuer werden erwachsene Menschen – als solche hat Dürer die Seelen des Textes verstanden – von Flammen gemartert, die Windköpfe schüren. Nur einem der Opfer gelingt es, aus eigener Kraft (so scheint es) gen Himmel zu springen, so daß ihn ein Engel empfängt. Unnahbar thront oben der christliche Gott als Herrscher der Welt, der segnend den Aufstieg der Seele begleitet. Die Kleinheit des Gottes veranschaulicht seine Distanz von der Erde.

Die Größe, in der hier die Seelen erscheinen (die auch schon beim Grabmalsentwurf für Clemens VII. so auffällig war), verweist nur darauf, daß die mittelalterliche Seelengestalt den Menschen der Neuzeit nicht mehr als glaubhaft erschien. Man suchte nach Alternativen und glaubte sie in einem Rückgriff auf heidnische Formen zu finden. So schuf für Verona, S. Fermo Maggiore, der Bildhauer Riccio[86] das Grabmal für die Della Torre (wohl 1516-1521), auf dem die Reliefs (heute im Louvre) das Schicksal der Seele ganz unchristlich zeigen. Die Seele als Putto benötigt als Fährmann ins Jenseits den Charon, und schließlich gelangt sie, nachdem sie im Fluß des Vergessens getrunken, in das Gefilde der Seligen, in das Elysium. Ungefähr gleichzeitig hat sich der Holländer Joachim Patinir auf einem Gemälde im Prado[87] zwar auch antikisch den Charon als Fährmann der Seele zum Thema genommen, sich aber keineswegs von der christlichen Erbschaft gelöst (Abb. 49). Die Fahrt von Charon und Seele erfolgt auf den Zuschauer zu, so daß sich das Ziel der Reise nicht ausmachen läßt. Denn links liegt das flache, von Seen und Wäldern bedeckte paradiesische Land, in dem man schon Seele mit Engeln lustwandeln sieht. Dagegen erhebt sich rechts ein dunkles, gebirgiges Land mit Bränden und mit einem Festungsturm. Hier wird gefoltert, und hier liegt ein Drache als Wächter. Die nackte und kleine Seelengestalt folgt diesem Schauspiel ohne Entsetzen und fühlt sich auch nicht zum Beten veranlaßt. Wozu das Bild einmal gedient und wer es bestellt hat, ist nicht bekannt.

Im Spätmittelalter versucht sich der Gläubige vielfach Christus zu nähern, wobei sich die Mystik als hilfreich erweist. Voraussetzung war, daß im 12. Jahrhundert bereits die Gestalten von Braut und Bräutigam[88] aus dem Hohelied Salomos auf die Seele und Christus gedeutet waren. Die minnende Seele wird seit dem 14. Jahrhundert eine Gestalt, mit deren Hilfe sich eine Verbindung des Menschen zu Gott ebenso sinnlich wie geistlich herstellen läßt. Daß diese minnende Seele auf Bildern erschien, wird zuerst 1334 bezeugt. Margarethe Ebner berichtet in diesem Jahr, daß ihr die genannte Gestalt in der Form erschienen sei, „als man sie malet".[89] Aus späteren Bildern[90] erschließt man, daß minnende Seelen in weiblicher Form und auch in verkleinertem Maßstab dargestellt waren, vielleicht sogar ohne ein typisches Merkmal. Der Kontext allein entschied über

ihre Identität. In einer Schlettstadter Handschrift (Stadtbibliothek, Hs. 69; Abb. 50), die erst um 1430 illustriert worden ist, hat ein volkstümlicher Zeichner namens Jakob Leistemacher[91] einen Traktat Ottos von Passau über die 24 Alten mit Zeichnungen verziert. Jeweils ist einer der Alten als Lehrer der minnenden Seele zu sehen, die – etwas kleiner als er – in langem Gewand auf dem Erdboden kniet.

Ein Psalmvers[92] bot durch das ganze Mittelalter hindurch immer wieder Gelegenheit, den lebenden Menschen schon dabei zu zeigen, wie er seine Seele Gott darbringt. Die Initiale zu Psalm 24 im Stuttgarter Psalter, die eine geflügelte Seele darstellt, ist schon erwähnt worden. Der Anfang des Psalms lautet: „Herr, ich erhebe meine Seele zu dir." Im 13. Jahrhundert ergibt sich für diese Stelle ein verbindliches Schema, indem man David als Dichter der Psalmen oder den Geistlichen mit der erhobenen Seele, und zwar im Profil, wiedergibt. Zum Beispiel ist es im Missale des heiligen Cornelius von Compiègne (Paris, Bibliothèque Nationale, Ms. lat. 17318, fol. 18r; Abb. 51)[93] ein kniender Mönch, der seine kleine, nackte und betende Seele emporhebt, so daß sie als Opfer wie auf dem Altar vor Christus erscheint, der oben frontal seinen Segen erteilt. Formal entspricht diese Szene der Darbringung Christi im Tempel,[94] denn hier reicht Maria den Sohn genauso dem Simeon, indem auch der Knabe gerade den Altar überragt. Dabei ist es sicher kein Zufall, daß man die Erhebung der Seele der Elevatio der Hostie gleichgesetzt hat, die nach der Wandlung zu dieser Zeit eingeführt wurde.[95] Wenn auf dem Bild nun ein Priester die kleine Figur emporhob, konnte der Gläubige darin sowohl die zu Christus gewordene Hostie als auch die Seele des Priesters erkennen. Eben dies war erstrebt, denn der Priester bezeugte somit durch das Bild, daß er seine Seele schon christusförmig zu machen gewillt war.

Zum Abschluß sei noch einmal vom Albanipsalter die Rede, den vor 1123 ein englischer Miniaturist ausgemalt hat (Hildesheim, St. Godehard).[96] Auf den Initialen wird immer aufs neue das Thema von David, der Seele und Gott variiert, wobei jeder Psalmvers ganz wörtlich ins Bild umgesetzt wird. Der eben gerade noch einmal genannte

Psalm 24,1 zeigt hier (p. 115) einen David, der gar nicht aktiv ist (Abb. 52). Vielmehr zieht ihm Christus, der sich auf dem kostbaren Lehnstuhl erst umdrehen muß, mit der Linken die Seele zum Munde heraus und segnet den Mann, der erstaunt seine riesigen Hände ausbreitet. Dafür ist auf p. 243 der Psalmist gar nicht bange, indem er den Christus am Ohr zupft und gleichzeitig auf die dem Munde entschlüpfende Seele verweist (Abb. 53). Hier liegen zwei Verse aus Psalm 85 (1 und 2) zugrunde, in denen es heißt: „Herr, neige deine Ohren zu mir und erhöre mich", sowie: „Bewahre meine Seele, denn ich bin heilig." Noch einmal kommt auf p. 81 die Seele aus dem Mund des Psalmisten, wo Dämonen, zum Teil mit tierischen Fratzen, ihr auflauern (Abb. 54). Darüber springt der bekleidete und wieder in richtiger Größe gezeigte Psalmist auf Christus zu, obwohl ihn ein Dämon am Kopf packt. Die Seele bezieht sich hier auf den dritten Vers des 7. Psalms („daß nicht der Löwe meine Seele raube"), während der zweite Vers das Ich des Psalmisten betrifft („errette mich vor all meinen Verfolgern").

Geradezu fordernd hält auf p. 324 der hier auch mit Nimbus gezeigte Psalmist dem über ihm stehenden Christus die Seele entgegen (Abb. 55), der auch fast gehorsam den Segen erteilt, weil der Psalmist mit der Linken auf das geschriebene Wort wie ein Ankläger hinweist (nach Psalm 118, 109: „Meine Seele ist immer in meinen Händen, und dein Gesetz vergesse ich nicht.") Noch lebhafter vollführt auf p. 189 die Seele den Gestus der Demütigung, den ihr der Psalmist suggeriert (Abb. 56), so daß sich auch hier der Christus herabneigt und mit seiner riesigen Hand segnet (nach Psalm 61, 2: „ist meine Seele vielleicht nicht Gott unterworfen?"). Zwei Seelen erscheinen auf p. 366, wofür zwei verschiedene Verse des Psalms 145 verantwortlich sind (Abb. 57). Nach Vers 4 „wird seine Seele ausfahren", weshalb rechts unter dem Sterbenden im Sarkophag die Seele als Vogel zum Munde herausfährt. Daneben steht David, der ganz exzessiv seine Arme in Kreuzform ausbreitet, um so als ein Vorläufer[97] Christi am Kreuz gesehen zu werden. Indem er die

Seele als Vogel berührt und gleichzeitig seine bekleidete Seele mit betenden Händen zu Christus emporhebt (nach Vers 2: „Lobe, meine Seele, den Herrn"), verkörpert er Christus, der auch im Leben und Sterben dem Vater vertraute. Schließlich erklärt sich die Szene auf p. 306 (Abb. 58) nur durch Lektüre des Psalmes (114, 3 und 4). Der Psalmist trägt als großer und bärtiger Mann seine Seele mit sich auf dem Rücken und weist mit der Linken auf das geöffnete Buch, in dem sein Gebet steht: „O Herr, befreie meine Seele." Im Vers davor sind „Schmerzen des Todes", „Gefahren der Hölle" genannt, aus denen der Maler die Feinde gemacht hat, die den Psalmisten steinigen wollen.

Wenn hier auch ein Künstler recht frei seinem Text gegenüber gewirkt hat, ist doch unverkennbar, daß sich sein Vorrat an Seelengestalten im Rahmen des aus der Antike geschöpften Vorrats bewegt. Die Nacktheit und die Kleinheit der Seele verweisen auf den zur Wiedergeburt bereiten Christen, der seinem Gott so ähnlich wie möglich zu werden versucht. Dabei ist die äußere Form genauso antikisch wie bei den verstirnten oder bei den als Vogel erscheinenden Seelen. Die Rolle der Seele ist immer durch Texte bestimmt, die stets von der Kirche fixiert sind. Als die Voraussetzung sine qua non hat zu gelten, daß Seelen von Gott geschaffene Wesen sind und deshalb auch nach dem Tode des Körpers zu Gott zurückkehren müssen, sofern nicht ein sündiges Leben die Sühne des Purgatoriums fordert. Die Kirche war darauf bedacht, die Belohnung des Himmels nicht nur für die Seele des Heiligen, sondern auch für die des frommen Gläubigen auf Bildern erscheinen zu lassen, damit die vermittelnde Rolle der Priester als Bindeglied zwischen den Menschen und Gott auch weiterhin unangetastet bliebe. Zudem strahlt der himmlische Lohn, der den Seelen der Heiligen und auch der Frommen auf Bildern zuteil wird, zurück auf die Erde und steigert den irdischen Ruhm der Erwählten. Als Ansporn für künftige Taten dient selbst die Kunst der Propaganda der Kirche, da diese allein über Gut und Böse befindet.

## Anmerkungen

[1] H.s'Jacob: Idealism and Realism. A Study of Sepulcral Symbolism, Leiden 1954, III. The Soul, S. 114-174. W. Kemp: Seele, Seelenreise, Seelengericht, Lexikon der christlichen Ikonographie 4, 1972, Sp. 138-145. D. de Chapeaurouge: Die Rettung der Seele. Genesis eines mittelalterlichen Bildthemas, Wallraf-Richartz-Jahrbuch 35, 1973, S. 9-54. Ders.: Die Rettung der Seele. Biblische Exempla und mittelalterliche Adaption, Vestigia Bibliae 2, 1980, S. 35-88. Die New Yorker Dissertation von Deborah Markow: The Iconography of the Soul in Medieval Art, Ann Arbor 1984 erfüllt nicht die Ansprüche ihres Titels

[2] De civitate Dei XXI, 10

[3] J.P. Migne: Patrologiae cursus completus, Series latina 110, Sp. 1113

[4] Migne, a.a.O., Sp. 1111

[5] A. Wilmart: L'opuscule inédit de Ratramne sur la nature de l'âme, Revue bénédictine 43, 1931, S. 219

[6] II, 16. Übersetzung von A. Krücke, Marburger Jahrbuch für Kunstwissenschaft 10, 1937, S. 15

[7] Die Geschichtsschreiber der deutschen Vorzeit, 22², Leipzig 1889, S. 9-11

[8] II, 13. Vgl. G. Haendler: Epochen karolingischer Theologie. Eine Untersuchung über die karolingischen Gutachten zum byzantinischen Bilderstreit, Berlin 1958, S. 71

[9] D. de Chapeaurouge: Einführung in die Geschichte der christlichen Symbole, Darmstadt 1984, S. 13-18

[10] L. Deubner: Götterzwang, Jahrbuch des archäologischen Instituts 58, 1943, S. 88-93

[11] Der Stuttgarter Bilderpsalter. Bibl. fol. 23. Württembergische Landesbibliothek Stuttgart, I-II, Stuttgart 1968 (Faksimilie-Ausgabe mit Kommentarband)

[12] S. Dufrenne: Les Illustrations du Psautier d'Utrecht. Sources et apport carolingien, Paris 1978 (Assoc. des Publ. près les Univ. de Strasbourg, 161)

[13] F. Steenbock: Der kirchliche Prachteinband im frühen Mittelalter, Berlin 1965, Kat. Nr. 19, Abb. 31

[14] R. Laufner – P.K. Klein: Trierer Apokalypse, Stadtbibliothek Trier, Graz 1970 (Vollständige Faksimile-Ausgabe)

[15] K.P. Stähler: Grab und Psyche des Patroklos. Ein schwarzfiguriges Vasenbild, Münster/W. 1967, S. 33, 38-39

[16] Sacramentarium Gelasianum, ed. H.A. Wilson, Oxford 1894, S. 86, S. 85

[17] V.H. Elbern in Zeitschrift des deutschen Vereins für Kunstwissenschaft 17, 1963, S. 148-149, Abb. 98

[18] G. Schiller: Ikonographie der christlichen Kunst I, Gütersloh 1966, S. 142, Abb. 353

[19] Faksimileausgabe: Codex Egberti der Stadtbibliothek Trier, ed. H. Schiel, Basel 1960, fol. 19v

[20] G. Leidinger: Miniaturen aus Handschriften der königl. Hof- und Staatsbibliothek in München, 1. Das sog. Evangeliarium Kaiser Ottos III., München o.J., Taf. 20

[21] H. Merki: Homoiosis theo. Von der platonischen Angleichung an Gott zur Gottähnlichkeit bei Gregor von Nyssa, Freiburg/Schweiz 1952 (Paradosis, VII)

[22] Sermo 63. Deutsch von W. Dürig: Imago. Ein Beitrag zur Terminologie und Theologie der römischen Liturgie, München 1952, S. 75-76

[23] Hexaemeron VI, 7, 43

[24] Zum folgenden S. Dufrenne: L'Illustration des psautiers grecs du Moyen-âge, Paris 1966

[25] W. Amelung – G. Lippold: Die Skulpturen des Vatikanischen Museums, III, 1, Berlin-Leipzig 1936, S. 11, Nr. 493, Taf. 28. E. Panofsky in Festschrift für Herbert von Einem, Berlin 1965, S. 202 mit Abb. 44, 2

[26] A. Goldschmidt – K. Weitzman: Die byzantinischen Elfenbeinskulpturen des X. bis XII. Jahrhunderts, II, Berlin 1934, Nr. 113

[27] Bulletin archéologique du comité des travaux historiques et scientifics, Paris 1904, S. 423-424, Taf. LI

[28] M.Schapiro: The image of the disappearing Christ, Gazette des Beaux-Arts 1943, 1, S. 135-152

[29] M. Durliat: Hispania Romanica, Wien 1962, S. 285, Abb. 109 (datiert in die Mitte des 12. Jahrhunderts). E. Panofsky: Grabplastik, Köln 1964, S. 65-66, Abb. 236 (datiert um 1100)

[30] Panofsky, a.a.O., S. 67, Abb. 241

[31] P.E. Schramm: Sphaira-Globus-Reichsapfel, Stuttgart 1958, S. 4

[32] B. Rupprecht: Romanische Skulptur in Frankreich, München 1975, S. 269

[33] Victoria A. Goldberg: Leo X, Clement VII and the immortality of the soul, Simiolus 8, 1975/76, S. 16-25 hat die Abhängigkeit von Michelangelo nicht bemerkt und kommt so zu einer abwegigen Deutung als Reflex des Pomponazzi-Streits

[34] Dazu zuletzt: N. Himmelmann: Ideale Nacktheit, Opladen 1985 (Abhandlungen der Rheinisch-westfälischen Akademie der Wissenschaften, 73), S. 36-39

[35] V.H. Elbern: Der karolingische Goldaltar von Mailand, Bonn 1952, S. 52-53

[36] M. Aurelius Cassiodorus: Vom Adel des Menschen („De anima"), deutsch v. L. Helbling, Einsiedeln 1965, S. 42

[37] Ausstellungskatalog: Karl der Große, Aachen 1965, Nr. 561

[38] H. Schrade: Die Vita des heiligen Liudger und ihre Bilder, Münster 1960, S. 30-34, Abb. 15

[39] W. Diekamp: Die Vitae Sancti Liudgeri, Münster 1881, S. 81-82

[40] Über das Leben Konstantins, übers. v. J. M. Pfättisch, Kempten-München 1913 (Bibliothek der Kirchenväter, IX), S. 5

[41] B. Colgrave: Two lives of Saint Cuthbert, Cambridge 1940, cap. 5

[42] Hrotsvit von Gandersheim: Sämtliche Dichtungen, München 1966 (Die Fundgrube, 19), S. 139 (dt. v. O. Baumhauer)

[43] Aeneis XII, 792-793

[44] Metamorphosen XV, 846

[45] C. Iulius Caesar, 88. Sueton: Cäsarenleben, dt. v. Max Heinemann, Stuttgart 1951[4] (Kröners Taschenausgabe, 130), S. 66

[46] C. Gnilka: Studien zur Psychomachie des Prudentius, Wiesbaden 1963 (Klassisch-philologische Studien, 27), S. 8

[47] J. Wilpert: Ein Cyklus christologischer Gemälde aus der Katakombe des heiligen Petrus und Marcellinus, Freiburg 1891, S. 49

[48] W. Neuß: Die Oranten in der altchristlichen Kunst, Festschrift Paul Clemen, Düsseldorf-Bonn 1926, S. 148. Hier auch die folgende Inschrift

[49] Adversus nationes II, 33

[50] F. Gregorovius: Die Grabdenkmäler der Päpste, Leipzig 1911[3], S. 11

[51] Moralia in Job XVII, 16

[52] Migne, a. a. O., 126, Sp. 1060

[53] F. X. Kraus: Kunst und Altertum in Elsaß-Lothringen, 3, Straßburg 1889, S. 166

[54] Panofsky, a. a. O., S. 66, Abb. 237

[55] Rudolf Schnyder: Das Kopfreliquiar des heiligen Candidus in St. Maurice, Zeitschrift für schweizerische Archäologie und Kunstgeschichte 24, 1965/66, S. 65-127

[56] Dialogi II, 37

[57] Georg Swarzenski: Die Salzburger Malerei von den ersten Anfängen bis zur Blütezeit des romanischen Stiles, Leipzig 1913, Abb. 338

[58] Acta Sanctorum Petri et Marcellini, in: Acta Sanctorum Junii 1, 1867, S. 169

[59] Elisabeth Dubler: Das Bild des heiligen Benedikt bis zum Ausgang des Mittelalters, St. Ottilien 1953, S. 56, Abb. 76

[60] E. C. Millar: La miniature Anglaise du Xe au XIIIe siècle, Paris-Bruxelles 1926, Pl. 53

[61] Das Leben des heiligen Franziskus von Assisi beschrieben durch den Bruder Thomas de Celano, übers. v. Ph. Schmidt, Basel 1919, S. 83

[62] S. Bonaventurae Opera omnia, Bd. 8, Quaracchi 1898, S. 547

[63] B. Kleinschmidt: Die Basilika S. Francesco in Assisi, Bd. 2, Berlin 1926, S. 133-134

[64] E. Maurer: Die Kunstdenkmäler des Kantons Aargau, Bd. 3. Kloster Königsfelden, Basel 1954, S. 183, Abb. 159

[65] J. Lutz – P. Perdrizet: Speculum humanae salvationis, Leipzig 1909, Taf. 17 und 99

[66] W. Hansmann: Die Apokalypse von Angers, Köln 1981, S. 107, Taf. 49

[67] J. Gardner: The Stefaneschi Altarpiece: a reconsideration, Journal of the Warburg and Courtauld Institutes 37, 1974, S. 57-103

[68] Markow, a. a. O., S. 34-43

[69] B. Brenk: Tradition und Neuerung in der christlichen Kunst des ersten Jahrtausends. Studien zur Geschichte des Weltgerichtsbildes, Wien 1966 (Wiener byzantinistische Studien, III), S. 149-152

[70] W. Neuß: Die Apokalypse des hl. Johannes in der altspanischen und altchristlichen Bibelillustration, Münster 1931, S. 135-136, Abb. 40

[71] F. Sühling: Die Taube als religiöses Symbol im christlichen Altertum, Freiburg 1930 (24. Supplementheft der Römischen Quartalschrift), S. 119

[72] F. von der Meer – C. Mohrmann: Bildatlas der frühchristlichen Welt, Gütersloh 1959, Abb. 466

[73] B. Bagatti: Uccelli nei pavimenti musivi delle cappelle funerarie Palestinesi, Rivista di archeologia cristiana 29, 1953, S. 207-214

[74] A. Grabar: Un thème de l'iconographie chrétienne: L'oiseau dans la cage, Cahiers archéologiques 16, 1966, S. 9-16. Ø. Hjort: L'oiseau dans la cage: exemples médiévaux à Rome, Cahiers archéologiques 18, 1968, S. 21-32

[75] Brenk, a. a. O., S. 118-120

[76] O. Pächt – C. R. Dodwell – F. Wormald: The St. Albans Psalter, London 1960, S. 7-9, Taf. 99

[77] M. Böckeler: Hildegard von Bingen. Wisse die Wege. Scivias, Salzburg 1954, S. 133-134, Farbtaf. 7

[78] J. Porcher: The Rohan Book of Hours, London 1959, S. 30 mit Farbtafel

[79] J. M. Plotzek: Das Perikopenbuch Heinrichs III. in Bremen und seine Stellung innerhalb der Echternacher Buchmalerei, Diss. Köln 1970, S. 178-180

[80] H. Jucker: Das Bildnis im Blätterkelch, Lausanne-Freiburg 1961

[81] C. Gaspar – F. Lyna: Les principaux manuscrits à peintures de la Bibliothèque Royale de Belgique, Bd. 1, Paris 1937, S. 80

[82] A. Boeckler: Die Regensburger-Prüfeninger Buchmalerei des XII. und XIII. Jahrhunderts, München 1924, S. 57, Abb. 89

[83] A. W. Byvanck – G. J. Hoogewerff: Noord-Nederlandsche Miniaturen, Den Haag 1925, S. 44, Nr. 104, Taf. 232

[84] A. Warburg: Israhel van Meckenem, Bonn 1930, Taf. 7

[85] W. Timm: Albrecht Dürer. Die Randzeichnungen Albrecht Dürers zum Gebetbuch Kaiser Maximilians, Dresden 1957, Taf. 9

[86] D. Blume: Antike und Christentum, in: Natur und Antike in der Renaissance, Frankfurt/M. 1985-1986, S. 112-121

[87] M. J. Friedländer: Die altniederländische Malerei, Bd. 9, Berlin 1931, Abb. 253

[88] O. Gillen: Braut und Bräutigam, Reallexikon zur Deutschen Kunstgeschichte, Bd. II, Stuttgart 1948, Sp. 1110-1124, vor allem Sp. 1110-1111 und 1115-1116

[89] R. Banz: Christus und die minnende Seele, Breslau 1908, S. 225

[90] F. O. Büttner: Imitatio pietatis. Motive der christlichen Ikonographie als Modelle zur Verähnlichung, Berlin 1983, S. 11 und 179-180

[91] A. Stange: Deutsche Malerei der Gotik, Bd. IV, München-Berlin 1951, S. 52

[92] F.-O. Büttner: Ad te, Domine, levavi animam meam. Bildnisse in der Wortillustration zu Psalm 24,1. In: Miscellanea codicologica F. Masai dicata, Gent 1979 (Les publications de Scriptorium, VIII), II, S. 331-343

[93] V. Leroquais: Les sacramentaires et les missels manuscrits des bibliothèques publiques de France, Paris 1924, Taf. XLVIII

[94] Schiller, a. a. O., S. 102

[95] J. A. Jungmann: Missarum sollemnia, Freiburg 1952³, I, S. 158; II, S. 256-262

[96] Pächt – Dodwell – Wormald, a. a. O. (wie in 76)

[97] Dies entspräche der Kreuzhaltung bei Jakob: R. Haussherr: Rembrandts Jacobssegen, Opladen 1976, S. 20-30

# Scientia de Anima: Die Seele in der Scholastik*

*Sven K. Knebel*

## 1. Ohne Aura

*Seele* ist, scholastisch, ein Wort ohne Aura.

Von den vielen möglichen Motiven, die sich zu der Vorstellung verdichten, als sei, wenn irgend, dann hier ans Eigentliche gerührt, hat die zwischen dem 13. und dem 17. Jahrhundert akademisch institutionalisiert gewesene Spekulation keines akzeptiert.[1] *Seele* nennt nicht, wie im Pantheismus aller Schattierungen, *das Absolute*.[2] Denn: „Eine Weltseele, die gibt es nicht",[3] und das seiner Substanz nach numinose *Seelenfünklein*, Motor jeder Gnosis, ist verpönt.[4] Verpönt ist die averroische Doktrin von einer überpersönlichen Gattungsvernunft, weil sie in eins mit Individualität und Leiblichkeit moralisch die Zurechnungsfähigkeit als Bedingung des Menschseins kassiert. Seele ist, wiederholt der Scholastiker so spröde wie beharrlich das aristotelische Orakel, der „Erstakt eines natürlichen, organisierten und potentiell lebendigen Körpers". Darum keine Seelentätigkeit, und wäre sie noch so sublim, die nicht irgendwie eine organische Basis hat.[5] Das ist nicht eine philosophische Lehrmeinung. Es ist kirchliches Dogma. 1311, auf dem Konzil zu Vienne, wird zum Ketzer, wer da in Zukunft noch behaupten wolle, die spezifisch menschliche Seele wäre nicht ihrem Wesen nach (*per se et essentialiter*) Form des menschlichen Leibes.[6] Im Klartext: Die Unsterblichkeit ist gerade nicht das Merkmal dessen, was ein Christ sich unter der Seele vorzustellen hat. Unsterblichkeitsbeweise werden immer mit einem Hautgoût behaftet bleiben.[7] *Seele* heißt auch nicht der Tempel der Selbstpräsenz. Weder ist, Augustin hin, Augustin her, dieses Etwas permanent[8] und intuitiv[9] ein bewußtes Ich noch unmittelbar durch sich selbst in sein eigenes Wesen ein-

geweiht: *anima cognoscit seipsam cognoscendo alia*.[10]

Wo *Seele* das Absolute nennt, wäre Psychologie „die Elementarwissenschaft".[11] Die scholastische Psychologie ist davon weit entfernt, schon darum, weil sie kein Monopol auf ihren Gegenstand hat. Aufgeteilt ist die Seele zwischen verschiedenen Disziplinen, von denen diejenige, die wir „Psychologie" nennen, von allen am wenigsten beansprucht, die Szene zu beherrschen. So lautet die Selbsteinschätzung einer Disziplin, die sich, als *scientia libri de anima*, bis an die Schwelle des 16. Jahrhunderts zu ihrer Krükke, den von ihr kommentierten aristotelischen drei Büchern *Über die Seele*, sogar bekennt. *Animastica* nannte sich, auch terminologisch ein Flop, dieser verschollene Kontinent.[12]

Im „animastischen" Diskurs geht es nicht direkt um die Seele, sondern um den beseelten Körper.[13] Er ist, trotz allem, Teil der Physik.[14] Das bedingt, daß er im Wissenschaftskanon die letzte Stelle einnimmt – nach der allgemeinen Physik, nach der Kosmologie, nach dem Traktat über das sublunare Entstehen und Vergehen –, und daß er bei dieser abgeleiteten Systemstelle noch nicht einmal systematisch selbständig ist, denn ohne ergänzende physiologische Abhandlungen kommt er nicht aus.[15] Zwar spielt, weil vom beseelten Körper handeln so viel heißt wie – nicht nur, aber – „vorzugsweise vom Menschen" handeln,[16] die Animastik innerhalb einer nichtquantifizierenden Physik auch wieder eine Hauptrolle.[17] Aber dieser Vorzug relativiert sich dadurch, daß sie gerade insofern kein Selbstzweck, sondern dazu bestimmt ist, anderen Disziplinen (der Ethik, der Metaphysik, der Theologie) zuzuarbeiten, welche jeweils in der Beziehung, in der sie ihnen assistiert, das Kommando haben. Was sie ist, ist sie durch Fragestellungen von außerhalb. Wie die

* Für ihre hilfreiche Kritik danke ich den Freunden Andreas Knop und Gerhard Poppenberg.

Seele ihr nur in Rücksicht auf den Leib zum Gegenstand wird, so ist die Animastik auch selber, als Disziplin, „rücksichtsvoll". Die Antworten, die sie gibt, transzendieren sie, und genauso ihre Prinzipien. Eingebettet in eine Akt-Potenz-Ontologie, dem Dogma untertan, kurrikular hintangesetzt und letztlich die Magd der Theologie, führt sie eine Existenz, welche ihr das Prädikat „sehr nützlich" einträgt.[18]

Kein Wunder, denn das, wovon in diesem Diskurs die Rede ist, ist in erster Linie ein Teil der Welt, – ein eminenter Teil zwar, weil es aus der korrupten Körperwelt in das Geisterreich hineinragt und damit weltanschaulich Scharnierfunktion hat, aber doch nicht davon ausgenommen, ein Ding unter anderen zu sein. Wenn eine Lücke im Weltzusammenhang klafft, wenn etwas die Kategorien der Welterfassung übersteigt, so ist der Name dafür *Gott*, nicht *Seele*. Die Seele unterliegt den Kategorien. Deswegen bleibt der Diskurs über die Seele subaltern. Daher der Positivismusvorwurf, den die antischolastische Polemik der frühen Neuzeit so pathetisch erheben wird. Für den Cartesianer gleicht die scholastische Philosophie einem, der von Kindesbeinen an in der Fremde geweilt hat und dann, endlich heimgekehrt, auch für das Vertrauteste nur Fremdwörter (*peregrina nomina*) hat. Weil sie sich so lange mit körperlichen und sinnfälligen Dingen aufgehalten hätten, würden die Scholastiker, wenn sie sich endlich der Betrachtung der menschlichen Seele zuwenden, sie *unkörperlich* und *unsichtbar* nennen, – als bildete sich einer ein, über die deutsche Sprache etwas gesagt zu haben, wenn er sie „nicht welsch" nennt.[19] Dieselbe Metaphorik bei einem anderen Neuzeitheros, dem mystisch inspirierten Chemiker Helmont.[20] Die Physik habe „nicht das geringste Licht in sich, so zum Selbst-Erkändtniß der Seele oder zu derselben Beschauung dienen könte, als bloß allein durch das... Nein sagen: Dasselbe aber ist so viel als eine Verzweiflung am Erkäntniß".[21] „Wenn nun der Anfang der Weißheit durch die Erkändtniß der Seele erwecket wird, so muß man nicht etwas weniges von dieser Lehre, die Seel betreffend, nach dem alten bißherigen Gebrauch nur hinten an die Lehre von natürlichen Dingen mit anhencken (*non est tradenda animae aliqualis doctrina pro*

*Physices epilogo, pro more olim servato*). Denn es ist falsch, daß aus der Erkändtniß vergänglicher Dinge wir unser Gemüt um so viel desto leichter sollen verstehen lernen."[22] „Denn alle körperliche Dinge sind zuförderst unserm Gemüthe etwas auswärtiges und frembdes (*extraneae ac peregrinae*), und also auch weiter entfernet von dem Gemüthe als das Gemüte von sich selber ist."[23] Der Topos, daß erst in dem Diskurs über die Seele der Geist heimgekehrt und sich selbst zurückgegeben sei, findet schließlich Eingang sogar ins Vorwort solcher animastischer Spätproduktionen, die hellhörig Anschluß an den Jargon der Zeit suchen.[24]

Dabei braucht es nicht einmal das Pathos der Innerlichkeit einer im engeren Sinn mystisch motivierten *introversio animae* zu sein, welches der scholastischen Animastik das Stigma der Selbstentfremdung aufdrückt. Ein regelmäßig wiederkehrendes Motiv dieser rapide umsichgreifenden Kritik an ihrer subalternen Stellung ist nämlich, unter dem Stichwort einer für vorrangig erachteten Kapazitätsausmessung unseres Intellekts, das erkenntniskritische: „... die Christliche Naturlehre lasse nicht zu, daß man vergängliche, frembde, weit entfernte und solche Dinge, deren Ursachen von fornen an verborgen sind, zu erkennen vor sich nehme und unterdessen bey solcher Betrachtung selbst nicht wisse, was man sey (*qualis sim ego contemplator*), was der Verstand sey und wie die Verstands-Würckung geschehe und bestehe. Zumahlen ja ein jedes Ding nicht erfasset wird, wie es an sich selbst ist, sondern nach der Art dessen, der es aufnimmt, das ist dessen, der es betrachtet (*non concipiatur qualis in se est, sed per modum recipientis, id est concipientis*). So dauchte mich demnach, ich müste vor allen Dingen beschauen das empfangende Wesen, welches die Dinge zu verstehen vor hat, was nemlich der Verstand und welcherley Art, auch wie beschaffen er sey in dem Werck des Betrachtens. Ferner, was denn dasjenige sey, darinnen der Verstand steckt, wie fähig (*capacitas*), wie kräfftig und von was Art dasselbe...."[25]

Daraus den Schluß zu ziehen, scheint ein leichtes: Sobald das erkennende Subjekt seiner selbst inne wird, d. h. sobald es als „heidnische" Weltverfallenheit eine kognitive Weltzugewandtheit ablehnt, die über die

Dinge dieser Welt als ihre eigene Bedingung vergessen hat, daß das Subjekt den Dingen prinzipiell zuvorkommt, hat es auch ein Ende mit der scholastisch subalternen Stellung des Diskurses über die Seele, und der Vorhang geht auf für den frühneuzeitlich augustinisierenden Gestus der *connaissance de Dieu et de soi-même*.

## 2. Tausend Jahre Streit um Glanz und Elend der Psychologie

Ein voreiliger Schluß. Wohl ist die scholastische *Seele* etwas profan Weltliches, und auch das Faktum der Selbstpräsenz, welches sie von der Masse der Gegenstände doch ausgenommen hätte, ist wie blind.[26] Es trifft jedoch nicht zu, daß ein Theorieprivileg der Psychologie über den scholastischen Vorstellungshorizont gegangen wäre. Bei *Aristoteles* hatte die Seele gerade durch das „Wissen" (εἴδησις, γνῶσις), welches es von ihr gibt, geglänzt: zum einen, weil dieses Wissen die höchste Dignität des Gegenstandes mit der höchsten ἀκρίβεια vereine, zum andern wegen seiner „großen Relevanz für die Wahrheit überhaupt". So steht es an prominenter Stelle, im Einleitungsabschnitt der Schrift *Über die Seele*.[27] Die Tradition übersetzt sich das folgendermaßen: „Wissen" – das ist „Wissenschaft" (ἐπιστήμη/scientia); ἀκρίβεια – das ist die „Sicherheit" (certitudo) einer Wissenschaft; und „Wahrheit" – das ist die Wahrheit „über" die Dinge,[28] wie sie sich in den Wissenschaften bricht. Die zwei Statuskoordinaten einer Wissenschaft werden für gewöhnlich an dem Vergleich zwischen Astronomie und Geometrie erläutert: Diese habe der andern die Strenge der Beweisführung, jene ihr hingegen den wissenswerten Gegenstand voraus. Inwiefern das Wissen von der Seele beides vereint und darauf einen Überlegenheitsanspruch gründen darf, ist zwar umstritten, forciert mag ferner seine eigene wie auch die Verwissenschaftlichung derjenigen „Wahrheit" sein, für die Aristoteles ihm Relevanz zuspricht, – unbestreitbar aber ist hier die zum theoretischen Gegenstand erkorene „Seele" zugleich ein für die theoretische Einstellung außergewöhnlicher Gegenstand. So außergewöhnlich, daß die Theologie es manchmal nicht mehr aushält

und die ganze Eloge kurzerhand auf sich selber bezieht.[29] Die Psychologie hätte es, danach zu urteilen, bequem zur „paradigmatischen" Wissenschaft bringen können. Das muß man sich vergegenwärtigen, wenn man begreifen will, warum es anders gekommen ist.

Was alles möglich gewesen wäre, bemißt sich nach den Vorgaben der Tradition, d. h. nach dem Corpus derjenigen Texte, die, außer daß sie bekannt, auch als zitierfähig anerkannt waren: außer Aristoteles noch vieles andere, nicht zum wenigsten Texte in bereits zweiter Potenz, Texte über Aristoteles, deren oft unterschätzter Einfluß daher rührt, daß sie, pluralistisch, nach Art jeder Tradition, für bestimmte Akzentuierungsmöglichkeiten sorgten. In diesem Sinn wird Aristoteles' Loblied auf die Psychologie von der spätmittelalterlichen Autoritätensammlung breit untermalt mit drei Sätzen, die sie der hochangesehenen spätgriechischen Paraphrase des *Themistios* entlehnt:[30] „Obwohl Aristoteles über vieles, über das man wohl der Bewunderung voll sein darf, gehandelt hat, muß man mehr doch als alles seine Abhandlung über die Seele schätzen." „... Außerdem fordert er uns zu diesem Studium auf, weil, wenn wir über irgendetwas anderes die Wahrheit gelernt haben, diese Wahrheit doch nicht der Start zu allem übrigen ist; während, wenn wir etwas von der Wahrheit über die Seele begriffen haben, das höchst aufschlußreich für alle Wahrheit sein wird, denn zu allen Teilen der Wissenschaft gibt sie bedeutende Anstöße."[31] „Die Seele, die sich selber erkennt, ist auch sonst glaubwürdig. Aber befangen in einer Täuschung über sich selbst, in bezug auf was sonst könnte sie dann noch für glaubwürdig gelten?"

Wenn die Psychologie aus dem gleichen Grund, aus dem Themistios sagt, daß „auch die anderen Wissenschaften ja von der Seele ihre Sicherheit haben",[32] sie alle darin übertrifft, dann darum, weil es hier um die *Gewißheit* geht. Die Psychologie begründet Gewißheit, da sie der Seele ihre Wahrheitsfähigkeit beglaubigt. Die „Wahrheit über die Seele" ist der elastische Punkt: nicht nur, weil sie systematisch, sondern weil sie der „Wahrheit über anderes" schon als deren Wahrheitsbedingung zuvorkommt. In der „Wahrheit über die Seele" koinzidiert die Schlüsselfunktion der Wissenschaft, bei der es liegt, sie herauszufinden, mit dem Gewißheitsfundament. Die Schlüsselfunktion, die die Psychologie bei Themistios hat, beschränkt sich nicht darauf, daß sich alles um die, kosmologisch als Zentralachse gedeutete, Seele dreht. Unter dem Eindruck des von der skeptischen Schule angemeldeten Zweifels an der „Erkennbarkeit" der Seele und daraus folgend der These, daß der Mensch unvermögend sei, überhaupt irgendetwas „sicher" (ἀκριβῶς) zu wissen,[33] kann der Aristotelesexeget des 4. Jahrhunderts gar nicht anders, als die überragende „Sicherheit" der Psychologie mit ihrer „Wahrheitsrelevanz" auf eine Weise zusammenschließen, die man später *transzendental* genannt haben würde.

Mit der, von scholastischen Psychologen zuerst auch gern zitierten,[34] Auslegung des Themistios ist bis an die Schwelle der Neuzeit als mit einer festen Option gerechnet worden.[35] Dennoch hat sie auf sonderbare Weise ihren Eindruck verfehlt. Spätestens seitdem man sich angewöhnt hat, in Themistios den Vorläufer des *Albertus Magnus* zu sehen,[36] war ihm das Patronat für die Ansicht aufgebürdet, wonach die von Aristoteles der Psychologie beigelegte „Sicherheit" keine interne, sondern, ähnlich wie bei der Glaubensgewißheit, dadurch außengarantiert wäre, daß das Objekt dieser Wissenschaft „die Quelle aller Gewißheit"[37] oder ein der Wissenschaft selber transzendentes „Licht" ist.[38] Themistios habe die der Psychologie eigene „Sicherheit" vergegenständlicht, d. h. entweder die Sache und den Diskurs über die Sache verwechselt[39] oder diesen absichtlich neutralisiert. Die Psychologie wäre so gesehen vielleicht zwar „an sich", nicht notwendig deswegen aber auch „für uns" von überlegener Sicherheit; selbst ersteres dann freilich nur unter Vorbehalten.[40] Und wissenschaftstheoretisch habe jedenfalls nicht sie, sondern, wenn schon, die Logik die Schlüsselfunktion. Nach aristotelischen Grundsätzen gelange unser Verstand nur über die Welterkenntnis zur Selbsterkenntnis – „falsch also ist, was Themistios behauptet, daß sich uns aus der Erkenntnis, welche die Bücher über die Seele vermitteln, die Erkenntnis und Sicherheit hinsichtlich des anderen ergäbe, da es sich vielmehr genau umgekehrt verhält".[41] Es programmatisch auf eine Inversion zugun-

sten der Psychologie anzulegen, gilt als gnostische Ketzerei.[42]

Hinter dem Mißerfolg des Themistios steckt indessen – derselbe scholastische Kritiker bekennt es in einem gelehrten Rückblick auf tausend Jahre Interpretation am Ende unumwunden –, daß es „kaum eine Aristotelesstelle" gibt, die der Tradition so viel Pein bereitet habe wie gerade dieses Loblied auf die Psychologie als Wissenschaft.[43] Entweder projizierte man die der Psychologie beigelegte „Sicherheit" lieber gleich in eine angenommene Immaterialität des Gegenstandes – mit der Folge, daß sich ihr wissenschaftlicher Vorzug einerseits aufs Weltanschauliche verkürzt und er es sich andererseits gefallen lassen muß, in der Beziehung von der reinen Geisterlehre auch noch relativiert zu werden. Oder man gab sie ganz preis, um dafür die Dignität des Gegenstandes irgendwie, sei es kompensatorisch, sei es optimierend, gegen das unterstellte wissenschaftliche Defizit aufzurechnen.[44]

Innerscholastisch ist die wissenschaftstheoretische Einlösung jenes Lobliedes nie wieder auch nur annähernd so energisch und umsichtig zugleich versucht worden wie in dem ältesten Kommentar zur Stelle, den wir überhaupt besitzen. Wenn der portugiesische Arzt *Petrus Hispanus*, prominent als Logiker und noch prominenter später als Papst (Johannes XXI.), aus Aristoteles den Schluß zieht: „Die Wissenschaft, die über die Seele befindet, ist allen Wissenschaften voranzustellen", will er mehr als nur ein Werturteil gefällt wissen. In einem umständlichen Vergleich mit allen konkurrierenden Ansprüchen macht er eine Bilanz auf, *inwiefern* die Psychologie unter *beiden* Gesichtspunkten, sowohl von ihrem Gegenstand (*a parte subjecti*) als auch von der Methode her (*a parte modi procedendi*), Priorität hat.[45]

Vom Gegenstand her gründet sie sich auf ein massiv anthropozentrisches Weltbild. Der, um dessentwillen nicht nur die Wissenschaften allein da sind, sondern um dessentwillen schlicht alles geschaffen ist, steht hier im Mittelpunkt: der Mensch, die Krone der Schöpfung.[46] Es gibt ihn unabhängig davon, daß er Gegenstand einer Wissenschaft ist. Andererseits gäbe es ohne ihn keine Wissenschaften, denn nicht nur existieren diese „in" der Seele, sondern die Seele konstituiert sie auch als solche, da der wissenschaftliche Gegenstand das Erzeugnis einer Abstraktion ist.[47] Hauptkonkurrentin der Psychologie ist die Metaphysik. Daß die Psychologie „vornehmer" ist, hat genau darin seinen Grund, daß der Metaphysik, sofern sie überhaupt wissenschaftsfähig ist, die zu einer solchen Abstraktion befähigte Seele zuvorkommt.[48] Sollte jene auf ihrem „metaphysischen" Vorrang beharren, so weiß sich dafür die Psychologie, da sie ihrerseits die Vermögensstruktur der Seele thematisiert, im Besitz des „Investigationsprinzips jedweder Wissenschaft":[49] Schon vom Gegenstand her etabliert sich der Prioritätsanspruch der Psychologie auf einer anderen Ebene als der, auf der die Metaphysik ihn ihr streitig machen könnte. Das „Prinzip und Fundament" aller Wissenschaften, unser „Zugang" zu ihnen, die Quelle ihrer „Gewißheit": Es wären dies indessen nicht die höchsten Prädikate, die der Gegenstand einer Wissenschaft auf sich vereinigt, wenn diese Wissenschaft den anderen nichts als den Gegenstand voraushätte.[50] Methodisch gesehen nun zeichnet sich die Psychologie dadurch aus, daß sie dem menschlichen Erkenntnisvermögen entgegenkommt. Sie ist aus zwei Gründen die recht eigentlich humane Wissenschaft. Vor allem ist sie eine Erfahrungswissenschaft. Während z. B. die Mathematik abstrakt deduziert, verfährt sie „auf eine uns nähere Weise", nämlich induktiv ausgehend von dem, was an Erscheinungen beobachtbar ist.[51] Das ist, mit Aristoteles, der zugleich natürliche und „sicherste" Weg, um zur Wissenschaft zu kommen.[52] Gewiß, wollte man Wissenschaftlichkeit an der rationalen Form, womöglich an deduktiver Beweisführung messen, so schnitte die Psychologie nicht besonders ab. Aber das wäre ein unzulässiger Maßstab, denn die ja nicht sinnlich erfaßbare Seele fällt überhaupt nur in den Bereich unserer Erkenntnisfähigkeit, sofern sie nicht von ihrem Wesen, sondern von ihren empirischen Wirkungen her in Betracht kommt.[53] Das genetisch Spätere rangiert methodisch vor. Das ist kein Manko, sondern ein Vorteil, weil die Psychologie es mit der Seele im Stadium ihrer Verwirklichung und folglich mit einer im Vergleich zu dem, worauf der analytische Regreß abzielt, gediegeneren Objektivität zu tun hat.[54] Indem man sich auf die Besonderheit ihres Gegen-

standes besinnt, erhält das zunächst methodologische Argument auch seine Pointe. Die Psychologie ist nämlich nicht allein eine induktive Wissenschaft – sie ist das Ideal einer solchen. Denn bei ihr sind der Gegenstand und die Seele, die ihn und seine Attribute zu erkennen hat, unmittelbar ein und dasselbe.[55] Dieser Satz über die für sie grundlegende Identität von Subjekt und Objekt im Verein mit der Autorität des Aristoteles (*illud quod dicit Aristoteles in littera*) ermutigt Petrus schließlich, von der These, daß die *Seele* das Gewißheitsfundament der Wissenschaften ist, zu der These überzugehen, daß die *Wissenschaft* von der Seele es sei, die in diesem Sinn „Einfluß" nimmt auf alle Wissenschaften.[56] Fragt man sich, wie eine selber der Physik untergeordnete Einzelwissenschaft dazu kommt, sich die seit jeher der Metaphysik vorbehaltene Rolle einer Superwissenschaft anzumaßen, so sei die Metaphysik daran zu erinnern, daß es sie nur von Gnaden des Intellekts gibt – daher habe die „Wissenschaft vom Intellekt" auch auf sie bezogen eine Fundierungsaufgabe. Im übrigen sei zu unterscheiden. Der Anspruch, welchen die Psychologie erhebt, gründe sich weder auf eine Universalität ihres Gegenstandes noch etwa darauf, daß sie als Wissenschaft voraussetzungslos wäre. Er ist streng erkenntnistheoretisch gemeint: Die Psychologie sichere die Wissenschaften durch „die Erkenntnis des Grundes der Erkenntnis".[57]

Man hat von Petrus Hispanus gesagt, er gehöre „eindeutig zu jenen Autoren, die dem traditionellen neuplatonischen Gedankengut durch die Übernahme aristotelischer Terminologie nur einen Aspekt der Aktualität, der Modernität der Philosophie hinzugewinnen".[58] So eindeutig ist das offenbar nicht, denn diese Lehre von der Schlüsselfunktion der Psychologie könnte nicht deutlicher von dem abstrakten Intellektualstandpunkt des neuplatonischen Gnostizismus geschieden sein: Schau ist kein Legitimationstitel, es herrscht der Geist der Empirie.

Gedämpft wurde die ihm eigene Zuversicht indessen durch die kritische Reflexion, daß wissenschaftliche Sicherheit noch etwas anderes ist als die allerdings unüberbietbare Gewißheit hinsichtlich des in die psychologische Induktion eingehenden Erfahrungsmaterials. Wissenschaftliche Sicherheit, wird eingewandt, bezieht sich auf die Validität der Kausalverknüpfungen.[59] Ich kann mir z.B. meines Sehakts noch so gewiß sein, wenn die Verbindung desselben und die Beschaffenheit dieser Verbindung zu dem, was wir über das Sehvermögen wissen wollen, unsicher bleibt, dann könne einer solchen Beweisführung unmöglich eine höhere Gewißheit als etwa einer mathematischen beigemessen werden. Gerade das aber würden wir nicht feststellen, daß es für uns auf dieser Ebene Gewißheit gibt, oder daß sie besonders leicht zu erzielen wäre. Ganz im Gegenteil, solche Schlüsse seien für uns überaus zweifelhaft, und das bestätige auch die Erfahrung, denn bei „sehr wenigen" psychologischen Problemen verfügten wir über sichere Lösungen, während es in der Physik und in mathematisch fundierten Wissenschaften, z.B. der Optik, schon mehr seien.[60] Die Mathematik sei an Exaktheit unerreicht. Bestreiten zu wollen, daß Aristoteles sie von dem Vergleich stillschweigend ausgenommen hat, wäre eine Übertreibung „ad maiorem doctrinam".[61] Aber gesetzt selbst, die Psychologie glänzte tatsächlich als analytisch-induktive Disziplin: damit ließe sich am wenigsten eine wissenschaftliche Überlegenheit rechtfertigen, wo doch bereits große Teile der Physik dem Vorbild der Mathematik nacheiferten und imstande seien, erfahrungsunabhängig zu deduzieren. Keine empirische Art der Beweisführung könne es damit aufnehmen, und wären die Tatsachen, auf die sie sich stützt, auch noch so gewiß (*quantumvis certis effectibus innitatur*).[62]

Die Wende markiert der Kommentar des *Thomas v. Aquin*, 1268. Von da an ging es mit dem Ansehen der Psychologie, gerade weil sie die Bastion eines mit dem herrschenden Wissenschaftsideal unvereinbaren Empirismus blieb, bergab. Thomas hat aus der überragenden „Sicherheit" der Psychologie mit Nachdruck eine nurmehr *vor*wissenschaftliche Existenzgewißheit gemacht. „Dies nämlich erfährt jeder in sich selbst, daß er eine Seele hat", glossiert er. „Die Wissenschaft von der Seele ist darum die ‚allersicherste', weil jeder in sich selbst erfährt, *daß* er eine Seele hat, und *daß* es in ihm seelische Leistungen gibt; aber zu erkennen, *was* die Seele ist, ist sehr schwierig."[63] Die „Sicherheit" schrumpft auf den Nullpunkt einer zwar unzweifelhaften, aber blinden und für das rationale Erkenntnisinteresse sterilen Tatsache.[64] Zwischen ihr und dem theoretischen Wissen um das Wesen der Seele im allgemeinen klafft ein Abgrund, so daß sich der orthodoxe Aristoteliker in der seltsamen Lage sehen wird, die Würde der Psychologie als Wissenschaft, auf die er nicht viel gibt, dennoch gegen einen seiner Herkunft nach ja augustinischen Existenzialismus[65] behaupten zu müssen: „Das ist doch dem, was Aristoteles meint, allzu fremd: *Daß* nämlich die Seele existiert, wird von Aristoteles in diesen Büchern nicht dargetan, denn das ist für uns eine Selbstverständlichkeit. Sondern dargetan wird ausschließlich, *was* sie ist, was uns ja höchst dunkel und unsicher ist. Nun aber meint Aristoteles so eine ‚Sicherheit', die die Wissenschaft von der Seele besitzt, wie er sie selber lehren wird, nicht die jener simplen Kenntnis, die wir ohnedies haben..."[66]

Das spätere Mittelalter verständigt sich daher auf einen Kompromiß. Die auf die Existenz der Bewußtseinstatsachen zugeschnittene empirische Gewißheit, die man von ihnen hat, fließt einerseits in den animastischen Diskurs ein und privilegiert ihn mit einer „Sicherheit", die er vielleicht zwar nicht den rein rationalen, aber, weil sie bei ihm auf der *inneren* Erfahrung beruht, den anderen physikalischen Disziplinen voraushat.[67] Andererseits darüber fallengelassen wird jeder Anspruch auf gesteigerte Wissenschaftlichkeit. Man notiert jetzt, daß Aristoteles selber von „Wissenschaft" gar nicht gesprochen hat; es fehlt nicht viel, und Psychologie sähe sich auf Selbsterfahrung reduziert.[68] Sie als Wissenschaft retten heißt daher von ihrem Gewißheitsbonus nur zögernd und höchstens am Rande Gebrauch machen: Introspektion geht dem *clare et distincte* im Grunde gegen den Strich.[69]

Parallel zu diesen Schwierigkeiten mit ihrer eigenen Wissenschaftlichkeit stellt sich auch bei der Frage, was die anderen Wissenschaften von ihr haben, eine bei Thomas noch kaum, später allerdings gern prunkvoll bemäntelte Ratlosigkeit ein. In der Hauptsache begnügt man sich mit dem frostigen Hinweis, daß mentale Inhärenz grundsätzlich in ihr Ressort fällt.[70] Dem hält eine an den Kommentar des Averroes anknüpfende Spekulation zwar entgegen, daß speziell die Ge-

nese unseres allgemeingültigen Prinzipien-
wissens psychologisch klärungsbedürftig
wäre.[71] Doch über die Erfolgsaussichten
dachte man zu zurückhaltend,[72] als daß es der
Psychologie eine Priorität im Sinne des Themistios hätte sichern können,[73] – „zumal ja
dieser allgemeine Nutzen kaum ins Gewicht
fällt und von Aristoteles in dieser Vorrede
berührt sein mag, um die Geneigtheit des Lesers zu gewinnen, indessen er in der Abhandlung selber an keiner Stelle darauf zurückkommt, denn schließlich können wir auch
ohne die Kenntnis der Seele die übrigen Disziplinen begreifen."[74]

Bloß Rhetorik: So lautet zuletzt, nüchtern
und ungeniert, das Urteil über Aristoteles'
Loblied auf die Psychologie. Es ist abgeprallt
an Skepsis und einem antignostischen Affekt, der von keinem privilegierten Zugang
zu uns selbst etwas wissen will: *nihil est in
intellectu, quod non fuerit in sensu*. Aber nur
ein Wille zur Wissenschaft, kein praktisch ge-
richtetes Heilsinteresse, von dem es immerhin denkbar gewesen wäre, daß es die christliche Beschäftigung mit der Seele beherrscht,
hat so frustriert werden können; an der Ri-
gorosität, mit der der scholastische Psychologe es sich von Anfang an versagt, allego-
risch zu reden,[75] ermißt man die Strenge
dieses Willens. Die Scholastik hat ihre
Gründe gehabt, die Psychologie hintanzuset-
zen. Wenn in der frühen Neuzeit eine Inversion gefordert wird, ist das gleichwohl weniger innovativ denn eine bestimmte Selbstinszenierung. Weder läßt sich die scholastische
Absage an einen Vorrang der Psychologie als
Ausdruck der Selbstvergessenheit deuten,
noch sind die Argumente, die Helmont zugunsten dieses Vorrangs anführen wird, ori-
ginell. Bei dem Argument, daß „ein jedes
Ding nicht erfaßt wird, wie es an sich selbst
ist, sondern nach der Art dessen, der es aufnimmt", handelt es sich um einen Grundsatz,
der nicht nur in dieser Allgemeinheit, sondern auch in seiner erkenntnistheoretischen
Zuspitzung Gemeingut war.[76] Neuigkeits-
wert hat ebensowenig die Kapazitätserfor-
schung des menschlichen Erkenntnisvermögens. Ein Traktat über die „naturalis capacitas cognoscendi", d. h. über die Diskrepanz
zwischen Wollen und Können und darüber,
daß der Verstand hienieden auf Sensation
und Reflexion als Erkenntnisquellen einge-

schränkt ist, gehört zum animastischen Stan-
dardrepertoire.[77] Erst „entdeckt" zu werden
hat der „subjektive Faktor" wahrlich nicht
nötig gehabt. Wenn die „Wahrheit über die
Seele" trotzdem nicht, à la Themistios, alles
zentriert, dann darum nicht, weil sie definitiv
erst zum Schluß kommt,[78] und weil die teleologische Projektion, die sich dann vielleicht
angeboten hätte, dem animastischen Diskurs
widerstrebt: Anstatt, gut griechisch, die
*Wahrheit*, regiert in ihm die physikalische
Kausalität.

# 3. Supranaturalistische
   Seelenphysik

Was *Seele* scholastisch nennt: nicht die abstrakte Definition, nicht das dem „ganzheitlichen Menschenbild" wie dem Mittelaltercli-
ché teure Schichtenmodell der Seele reicht da
heran; es hieße sie auf Züge festlegen, die,
bei Lichte besehen, damals schon ihrer Vergangenheit angehören. Auch die Vorstellung
von ihrer Gottebenbildlichkeit nicht; wenn
schon umgekehrt, was „Gott" heißt, führt auf
die Stammbegriffe Verstand und Wille. An
der offensiv vertretenen Überzeugung, daß
*Seele* ein Wort ist, welches bei Mensch und
Tier das Gleiche bedeutet, hätte man zwar
mehr als nur den antiken Sockel der scholastischen Beschäftigung mit ihr. Aber die geschichtliche Signatur dieser Beschäftigung ist
aus der Diskurspraxis selbst und deren seit
dem 14. Jahrhundert fest eingespielten Regeln zu erheben. Diese definieren die Bedingung, unter der von so etwas wie *Seele*
überhaupt hat die Rede sein können.

Scholastische Psychologie analysiert funktional unterscheidbare seelische Vollzüge
(„Akte"). Sie ist Aktpsychologie, keine Af-
fektenpsychologie, geschweige denn asketisch oder seelsorgerisch mit der Unterdrük-
kung der Triebnatur befaßt.[79] Konträr zu
Nietzsches Verdächtigung, „Seele" heiße das
Endprodukt der Instinkthemmung, steht
dem Mönch, in dessen Händen die Psychologie ja lag, die Seele nicht unter der Bestimmung des „schlechten Gewissens", sondern
unter Leistungsdruck. Ein Effekt, für den sie
allein aufkäme, ist die erbrachte Leistung
deswegen nicht.[80] Effekt ist sie schon, aber

einer, an dessen Zustandekommen außer dem Subjekt, d. h. einem bestimmten Seelenvermögen,[81] zwei andere Faktoren unmittelbar beteiligt sind: das Objekt, auf welches jenes sich entweder dadurch, daß es ihm vorstellig wird, oder irgendwie dynamisch bezieht[82] – und, zumindest still beteiligt, Gott. Die Leistung ist der gemeinsame Effekt dieser drei Faktoren.[83] Man spricht von einem *concursus*, d. h. von einer teilursächlichen Mitwirkung eben dadurch aufeinander auch bezogener und daher um den Gesamteffekt und seine Teileelemente konkurrierender Kräfte. Wahrnehmungspsychologisch z. B. muß von dem aktiven Anteil des jeweiligen Sinnes der passive unterschieden werden, den er an dem von außen verursachten Reiz hat.[84] Ähnlich auf der Verstandesebene. Zwar verschieben sich hier die Gewichte, weil der Verstand den gegenständlichen Konkurs selber erst für sich aufbereitet, dennoch bleibt in der Ordnung der Repräsentation das Vermögen grundsätzlich vom Objekt bestimmt.[85] Doch selbst insofern es aktiv konkurriert, etwa in Form von Aufmerksamkeitsenergie, kommt es für den Akt nicht auf, ohne daß noch andere Faktoren, z. B. ein erworbener Habitus[86] oder der Akt eines anderen Vermögens,[87] mit im Spiel wären. Scholastische Psychologie konstruiert also einen Erklärungsbedarf, dessen Ausgangselemente einen dynamischen Kalkül ergeben. Die Erörterung der Spielregeln dieses Kalküls nach Maßgabe der unterschiedlichen Typen seelischer Leistungen *ist* der animastische Diskurs. Nicht anders als durch dieses Spannungsdreieck um den Akt im Mittelpunkt tritt, was scholastisch *Seele* heißt, diskursiv in Erscheinung.

Der Schlüssel dazu ist die materiell zwar nur eine Seite, effektiv aber das ganze Dreieck beherrschende Idee der Repräsentation. Unter der Voraussetzung, daß das Vermögen sich niemals selber aktiviert, sondern immer aktiviert wird, unterscheidet man nämlich vor allem zwischen einer Mitwirkung, die auf Immediatpräsenz beruht, und einer durch Stellvertretung. Oberhalb der präsenzgebundenen Sinneswahrnehmung, wo die Direktaktivierung durch das Objekt aufhört, muß dessen Präsenz ja durch irgendetwas ersetzt gedacht werden.[88] Durch diese Überlegung wird die Analyse der Repräsentation zur Ur-

zelle der scholastischen Psychologie. Erstens macht sie es denkbar, auch sonst mit Kompensierbarkeiten zu argumentieren, um bestimmte Teilfaktoren einzuführen. Wenn z. B. der Habitus den Konkurs des Seelenvermögens teilweise „ersetzt", dann ist damit gesagt, daß er etwas „aktiv" beizusteuern hat.[89] Oder der Akt des einen Seelenvermögens „ersetzt", was dem Akt des anderen daran fehlt, daß er zustandekommt,[90] z. B. dem Glaubensakt, als einem Verstandesakt, an der erforderlichen Gewißheit: Dafür kommt der Wille auf. Zweitens hält die Logik der Repräsentation die Zahl der Teilfaktoren auch wieder streng unter Kontrolle, denn die Beweislast, daß sie nicht „überflüssig" ist, liegt allemal bei der für nötig gehaltenen Stellvertretung.[91] Nach denselben Sparsamkeitsgrundsätzen, nach denen sich jede aus einem Kompensationsbedarf hergeleitete Stellvertretung durch die Immediatpräsenz des Objekts erledigt, wird aber, drittens, deren Wirkung ihrerseits dann aufgehoben, wenn anstelle und unter Ausschaltung des Objekts Gott konkurriert. Auch das wiederum funktioniert jedoch nach dem Repräsentationsschema, denn durch diese – theologisch immer gewährleistete – souveräne Direktintervention wäre der Immediatkonkurs des Objekts ja hinreichend „ersetzt".[92]

So gesehen, da sie sich als die innere Konsequenz eines durch ein Spiel von Substitutionsfiguren und Kompensationsmechanismen bestimmten Kalküls erweist, verliert die Allmachtspekulation den Schein der Extravaganz. Am Probierstein der göttlichen Allmacht gelangt die scholastische Psychologie, wozu andernfalls keine Veranlassung bestanden hätte, zur Definition des unveräußerlichen Anteils, den das Subjekt an seiner eigenen, ihm aber, wie man sieht, entrückten Leistung hat. Es stellt sich die Frage, was an diesem Effekt kompensierbar ist, und was nicht. Nur unter der theologischen Prämisse, daß um der höheren Ehre Gottes willen der subjektive Faktor muß auf ein Minimum zu reduzieren sein, hat sich die Frage nach diesem Minimum stellen können. Der kritische Punkt, an dem Schulgegensätze aufbrechen, ist: Ob die natürliche Impotenz zu solchen Leistungen (Glaube, Liebe, Hoffnung), von denen das Seelenheil abhängt, durch die Gnade notwendig so kompensiert wird, daß das Subjekt trotzdem der Akteur bleibt? Die Thomisten haben das bejaht. In ihren Augen widerspricht es der „Lebendigkeit" eines Akts, daß er, statt aus dem Innern hervorgegangen, auch purer Allmachteffekt sein könnte: Mein Akt wäre nicht meiner, wirkte ich nicht an ihm mit.[93] Die Mehrheit war anderer Ansicht. In der Kontroverse, ob der sog. *Vitalakt* wesensmäßig, d. h. dergestalt von dem Subjekt abhängt, daß er ohne dessen Mitwirkung nicht würde hervorgebracht werden können, weiß sich der Skotismus mit dem Nominalismus einig, wenn er die Vitalakte so weit verdinglicht, daß er in dem Gedanken, sie könnten sozusagen in der Retorte produziert und als Vitalakte eingepflanzt sein oder auch beliebig transplantiert werden, nichts Widersprechendes findet.[94] Denn würde die „Lebendigkeit" einer Leistung deren wirkursächliche Abhängigkeit vom Subjekt besagen, könnte es nie „rein passiv" der Gnadenwirkung hingegeben sein.[95]

Wie der skotistische Psychologe in dem für ihn wichtigsten Kapitel, der Aktanalyse, mit charismatischen Knalleffekten experimentiert und die Produktion des Vitalakts sogar über die Unbeseeltheit eines Steins triumphieren läßt, hat das Paradox allerdings dialektisch den Sinn, die Annahme, es wäre, daß etwas *mein* Akt ist, eine Sache der Urheberschaft, in ihrer Kahlheit gerade bloßzustellen. Die „Lebendigkeit" eines Akts müsse auf die „Vitalpräsenz"[96] des intendierten Objekts bezogen werden. So gefaßt ist er *Erlebnis*: Sein Wesen liegt in seiner unaufhörlich betonten gegenständlichen Erfüllung.[97] Die genetischen Bedingungen einer Leistung gelten für total kompensierbar, weil ein Seelenleben, das ekstatisch darauf angelegt ist, Gegenstand göttlicher Betätigung zu sein, von sich aus und unbekümmert um die Urheberschaft seiner Erlebnisse davon als „nebensächlich" abstrahiert. So wird im Verdinglichungsrausch der physikalische Ansatz auf die Spitze getrieben und gleichzeitig transzendiert. Die ekstatische Struktur des Erlebnisses, in der dies geschieht, hat dabei, nicht weniger dialektisch, gerade dieses entmächtigte Subjekt mit einer neuen, und zwar einer Art von Aktivität belehnt, welche man, als das Fanal neuzeitlicher „Selbstbehauptung", ins cartesische *Cogito* zu projizieren

gewohnt ist: mit dem sich-etwas-Vorstellen *qua* „vor sich hin und zu sich her Stellen".[98]

Die Thomisten ihrerseits schließen zwar Allmachtdemonstrationen nicht aus, sie verkennen auch nicht, daß ein kognitiver Akt seinem Wesen nach davon abstrahiert, daß er mich zum Urheber hat, aber den so in doppelter Beziehung mir entfremdbaren Akt noch „lebendig" zu nennen, sträuben sie sich.[99] Das ist kein Zank um Worte. Denn der Terminus *actus vitalis* war von Anfang an zweideutig. Sein Eindringen in die scholastische Psychologie ist selber das Krisensymptom.

Im franziskanischen Milieu gegen 1330 aufgetaucht,[100] startet seine Karriere damit, daß er die Schranke zwischen kognitiven und Willensakten einreißt. Nicht nur vor Gott verliert der längst nur noch künstlich konservierte Unterschied zwischen visionärer und wollüstiger Hingabe seinen Sinn – auch in einer neuen Beziehung. Innerhalb des psychischen Gesamtinventars qualifiziert sich jetzt etwas vermögensübergreifend als „lebendig" durch das es begleitende Bewußtsein – *experientia*, wie *Adam Wodeham*, ein Schüler Ockhams, provozierend sagt.[101] Da nämlich das 14. Jahrhundert bei *experientia* an einen besonderen Erkenntnistyp denkt: einen Akt, der von dem Objekt unter demselben Gesichtspunkt gegenständlich terminiert wird, unter dem es auch kausal zu ihm konkurriert, d. i. seiner Immediatpräsenz,[102] leuchtete es zunächst nicht ein, wieso der Willensakt sich dem soll angleichen lassen. Nun hat aber eine solche präsenzabhängige Erfahrung – z. B. für die Schau der Seligen: daß Gott existiert – die Eigenart, daß sie sozusagen in sich zurückfedert und sich selber dadurch beglaubigt, daß sie *mir* präsent ist.[103] Genau diese intuitive Präsenz hat, nach Ansicht der Anhänger Wodehams, auch der Willensakt. Beide Akttypen werden vitalisiert und eingeschmolzen in dieselbe „experientia", weil es von nun an im genauen Sinn des Wortes *Erlebnisse* sind.[104] Eine Verinnerlichung, die umso leichter fiel, als schon seit einiger Zeit theologisch zweifelhaft war, ob die *experientia* an der „Realpräsenz eines existierenden Objekts" unbedingt einen Außenhalt haben muß. *Aureoli* hatte das bestritten und gemeint, dieser sei sogar natürlicherweise kompensierbar: Retentionsphänomene, Träume und Halluzinationen zeigten es ja.[105] Kurz, die Verdinglichung des Vitalakts, unter deren Parteigängern bis tief ins 17. Jahrhundert Aureoli immer ein offenes Ohr finden wird,[106] gipfelt im Absolutismus des Erlebnisses.

In den Augen des thomistischen Kritikers ist es blanke Begriffsverwirrung, wenn Adam Wodeham mit einem Vitalakt argumentiert, der Erlebnisstruktur hat: Was würde dann z. B. aus den Stoffwechselvorgängen?[107] Eine berechtigte Frage. Sie zeigt, was es gekostet hat, die Lebendigkeit einer Leistung, anstatt im Gegenhalt zur Gnade, gnadenkonform zu

denken. Die Heraufkunft des „Erlebnisses" und die Ausblendung des Somatischen sind komplementäre Vorgänge. Im 17. Jahrhundert zerbricht der von den Thomisten immerzu unterstellte einförmige Lebensbegriff. Von dem *physischen* wird bewußtseinsspezifisch ein *intentionales* Leben abgekoppelt.[108] Der Jesuit *Arriaga*, der diese Abkoppelung vollzogen hat, statuiert hier schneidend Äquivokation.[109] Durchschnitten war damit freilich auch der Lebensnerv der scholastischen Anthropologie. Der psychophysische Dualismus wird dem Diskurs über die Seele schon bald seine Bedingungen aufdiktiert haben.

## Anmerkungen

[1] „Perhaps because modern psychology is not often accorded the status of science, historians of science have tended to overlook the history of Psychology. Yet at the mediaeval universities, psychology formed a vital part of natural philosophy: the main psychological text to be used until the Seventeenth Century, Aristotle's *De anima*, was the first work of Aristotle's natural philosophy to which students at the University of Paris were exposed" (P. Marshall, „Parisian Psychology in the Mid-Fourteenth Century", *AHDLMA* 50 [1983], 101). Ch. H. Lohr, „Mediaeval Latin Aristotle Commentaries" *Trad* 23/30 (1967/74), *Latin Aristotle Commentaries II: Renaissance Authors*, Florenz 1988, verzeichnet aus dem 13. Jh. an die 40, aus dem 14. Jh. an die 60, aus dem 15. Jh. an die 70, aus dem 16. Jh. ca. 150 und bis 1650 noch einmal ca. 100 erhaltene Werke rein psychologischen Inhalts. Vgl. ferner B. Jansen, „Die scholastische Psychologie vom 16. bis 18. Jh." *Schol* 26 (1951), 342 ff.

[2] So z. B., im Klima der romantischen Naturphilosophie, C. A. Eschenmayer, *Psychologie in drei Teilen*, Stuttgart-Tübingen 1817/ND Frankfurt 1982, 23

[3] anima mundi... haec non datur (B. Mastrius/B. Bellutus OFM., *Philosophiae ad mentem Scoti cursus integer*, Venedig 1678. T. III. De gen. et corr. disp. VIII n. 38). Für den Moraltheologen „hat der Teufel den Philosophen den Glauben an eine Weltseele eingegeben, damit sie der Kreatur und Teilen der Welt Gottesdienst erweisen. Daher sind fast alle Platoniker entweder der Magie ergeben gewesen oder haben sie begünstigt" (L. Lessius SJ., *De just. et jure*, Venedig 1617, 492)

[4] Seit dem antimanichäischen Anathema des Concilium Bracarense i. J. 561, aufgrund dessen

1329 ein entsprechender Satz des Meister Eckhardt verketzert wird (*Enchir. symb.* [1937] nn. 235. 527 Denzinger). Vgl. Thomas v. Aquin OP., *Summa theol. I* q. 90 a. 1. In bezug auf die menschliche Seele gilt der Schöpfungsvorbehalt

[5] ... eo quod nulla sit operatio ipsius animae quae aliquo modo non indigeat organo corporali (Aegidius Romanus OESA., *In lib. de anima expos.* [ca. 1272], Venedig 1500/ND Frankfurt 1982 f. 2vb). Nach der Glosse des Johannes v. Glogau, Qq. lib. de anima, *StMed* 4 (1963), 38 Kuksewicz, geradezu eine „katholische Glaubenswahrheit"

[6] *Enchir. symb.* n. 481. Weiterführend Th. Schneider, *Die Einheit des Menschen. Die anthropologische Formel „anima forma corporis" ... Ein Beitrag zur Vorgeschichte des Konzils von Vienne* (= BGPhThMA N. F. Bd. 8), Münster 1973

[7] Vgl. E. Gilson, „Autour de Pomponazzi. Problématique de l'immortalité de l'âme en Italie au début du XVIᵉ siècle", *AHDLMA* 36 (1961), 173. Um zu beweisen, daß die Unsterblichkeit der Seele rational nicht zu beweisen sei, werden die üblichen Unsterblichkeitsbeweise von den Franziskanern Mastrius/Bellutus, *l.c.* t. III: De anima disp. I nn. 146-59, gleich dutzendweise zerpflückt. Vgl. die vorzügliche Darstellung bei E. Kessler, „The Intellective Soul", *The Cambridge History of Renaissance Philosophy*, Cambridge 1988, 509 f. Irreführend hingegen O. Pluta, *Kritiker der Unsterblichkeitsdoktrin in Mittelalter und Renaissance*, Amsterdam 1986

[8] Non defuerunt qui dicerent animam seipsam perpetuo cognoscere et intelligere... Haec tamen opinatio contra experientiam militat; nullus enim in se experitur continuatam animae suae cognitionem (F. Suarez SJ. [† 1617], *Tract. de*

*anima* IV, 5 n. 1). Dies ausdrücklich gegen Augustin

[9] Vgl. die ausführliche, zwischen augustinischen und aristotelischen Vorgaben sorgfältig abwägende Erörterung bei Thomas, *De veritate* q. 10 a. 8. „... soweit es sich indes um die Gestaltung der Psychologie als philosophisch-rationaler Disciplin handelte, war nicht Augustinus, sondern Aristoteles die massgebende Auctorität" (K. Werner, *Die augustinische Psychologie in ihrer mittelalterlich-scholastischen Einkleidung und Gestaltung*, ND Amsterdam 1964, 3). Autoritas D. Augustini non urget, quia loquitur secundum Platonicos (Mastrius/Bellutus, *l.c.* disp. V n. 85; disp. VI n. 194)

[10] „Sich selber erkennt die Seele, indem sie anderes erkennt. Bei der Erkenntnis ihrer selbst verfährt die Seele nämlich gleichsam analytisch. Zwar gehen die Vermögen aus der Seele hervor, und aus den Vermögen die Akte, und vermittelst der Akte erfolgt die Zuwendung zu den Objekten. Die Seele jedoch erkennt zuerst die Objekte, durch die Objekte den Akt, durch die Akte ihre Vermögen, und aus den Vermögen kann sie ihre eigene Substanz und Natur erkennen" (Aegidius Romanus, *l.c.* f. 30vb)

[11] Eschenmayer, *l.c.*, 2

[12] ... quaestio animastica, i. e. pertinens ad librum de anima (Antonius Andreas OFM. [† 1320], *Qq. super XII lib. Metaphysicae*, Venedig 1495 f. 37vb). Das im 17. Jh. eine Weile florierende Substantiv „Animastica" wird im 18. Jh. endgültig durch den aus dem protestantischen Raum stammenden Neologismus „Psychologie" verdrängt. Die Folgen dieser Verdrängung kann man studieren an E. Scheerer, Art. „Psychologie" in *Histor. WB d. Philosophie* Bd. 7, Basel 1989, 1599 ff.

[13] ... Pono duas conclusiones: prima est, quod anima non est subjectum in hoc libro; secunda, quod subjectum hujus libri est corpus animatum inquantum animatum (Alphonsus Vargas OESA. [† 1366], *Qq. sup. lib. de anima*, Florenz 1477 f. 5ra). Die Seele ist kein Gegenstand, der „secundum se considerandum proponatur" (J. Zabarella [† 1589], *Commentt. in III lib. de anima*, Frankfurt 1606/ND 1966 col. 16d)

[14] Unter den Argumenten, die F. Toletus SJ., *Comment. una cum qq. in III lib. de anima* (1575), Köln 1615/ND Hildesheim 1985 f. 4rb, dafür anführt, warum die Seele kein Gegenstand der Metaphysik ist: Sie sei kein Engel, und noch die abgeschiedene Seele habe „Sehnsucht" nach ihrem Leib

[15] ... ex quibus inferas hos libros de Anima re vera non constituere partem aliquam adaequatam philosophiae, nisi simul cum aliis libris sumantur, in quibus omnibus habetur completa tractatio corporis animati; nam sicut anima est ens dimidiatum non propter se consideratum in philosophia, sed in gratiam viventis quod constituit, ita et cognitio de anima non erit pars quaedam completa et principalis philosophiae (Mastrius/Bellutus, *l.c.* prooem. n. 3). ... libri isti de Anima non sunt integer tractatus, sed pars quaedam tractatûs de corpore animato (Ioannes a S. Thoma OP., *Curs. phil. thomist. Phil. nat. IV de ente mobili animato* [1635], Marietti 1948, 4 Reiser)

[16] ... de corpore animato et praecipue de homine disputatur (R. de Arriaga SJ., *Curs. phil.*, Antwerpen 1632. Dispp. in III lib. de anima prooem.)

[17] ... ordine enim doctrinae liber de anima non est primus inter libros naturales, sed tenet gradum sextum et dicitur sextus de naturalibus... Ordine tamen dignitatis hic est primus (Aegidius Romanus, *l.c.* f. 2rb)

[18] maxime utilis (Mastrius/Bellutus, *l.c.* n. 10). Abweichend nur Johannes v. Jandun († 1328), *Sup. lib. de anima subtiliss. qq.*, Venedig 1587/ND Frankfurt 1966 col. 19: Scientia de anima aliis scientiis serviliter utilis minime est, sed quasi aliarum princeps

[19] J. Clauberg, „Differentia inter Cartesianam et in Scholis vulgo usitatam Philosophiam" (1651) § 38, *Opp. omn. philos.*, Amsterdam 1691/ND Hildesheim 1968, 1226

[20] ... viri docti... eum... Verulamio, Boyleo, Galilaeo, Cartesio aliisque seculi XVII heroibus junxerunt (J. Brucker, *Historia crit. philos.*, Leipzig 1766, t. IV, 713)

[21] J.B. van Helmont († 1644), „Tract. de anima" § 4, *Schrifften* (Übers. Ch. Knorr v. Rosenroth), Sulzbach 1683/ND München 1971, 858

[22] Ebda., § 3; vgl. Clauberg, *l.c.* § 40

[23] Helmont, *l.c.* § 5. Anima humana... quaerit se in aliis, quoniam a seipsa quasi alienata et absens est (Th. Campanella, *Universalis philosophia*, Paris 1638/ND Turin 1961, T. III, 129)

[24] Th. Compton-Carleton SJ., *Philosophia universa*, Antwerpen 1649. Dispp. in III lib. Arist. de anima prooem.: Aggrediamur pulcherrimam Philosophiae partem..., utpote in qua humana mens in rebus exterioribus et quae corruptioni ut plurimum subjacent, hactenus vagata ac veluti peregrina, domum se tandem recipiens sibique, ut ita dicam, reddita... Das Collegium Conimbricense SJ., *Commentt. in III lib. de anima*, Lyon 1604, hält es für opportun, im Vorwort renaissancehumanistisch, mit Zitaten aus Platon, Plotin, Hermes Trismegistos, Ficino, Bessarion, Pico della Mirandola, den Ton der Salbung anzuschlagen. Zur Strategie dieser Dissimulation P. R. Blum, „*Apostolato dei Collegi*: On the Integration of Humanism in the Educational Programme of the Jesuits", *Hist. of Univ.* 5 (1985), 107 f.

[25] Helmont, *l.c.* §§ 9. 10. Ähnlich R. Descartes, *Œuvres t.* X, 396 f. Adam/Tannery; J. Locke, *An Essay concerning Human Understanding*, Oxford 1975, 45 f. Nidditch

²⁶ Die erbauliche Betrachtung „Mirabilis est sibi anima mea... Quomodo enim non sibi notissima, quae sibi praesentissima, sibi intima, sibi simillima?" (John Peckham OFM., *Tract. de anima* [ca. 1278], Florenz 1948, 3 Melani) bekommt zur Antwort, „quod licet anima in ratione entitatis sit sibi praesens, non tamen in ratione objecti" (P. Tartaretus, *Commentt. in lib. philos. nat.*, Venedig 1514/15 f. 93vG). Genausowenig folgt aus der Gottesgegenwart, daß die Seele fähig wäre, Gott sich „in ratione objecti" präsent zu machen (Ders., *IV Sent.*, Venedig 1583, 468)

²⁷ Aristoteles, *De anima* A 1, 402a1-6

²⁸ Simplikios, *In De anima* p. 8,1 Hayduck; Themistios, *In De anima* p. 1,25 Heinze

²⁹ Heinrich v. Gent († 1293), *Summae qq. ordinariarum*, Paris 1520/ND New York 1953 f. 57vE

³⁰ Les *„Auctoritates Aristotelis". Un florilège médiéval*, Louvain 1974 pp. 176/77 Hamesse. Themistios, *l.c.* p. 1,5-7; 1,24-2,1; 2,5-6. Zum Einfluß auf die Scholastik E. P. Mahoney, „Themistius and the Agent Intellect in James of Viterbo and other 13th Century Philosophers" *Aug* 23 (1973), 422 ff.

³¹ Si veritatem de anima cognovimus, valde introductorium est ad omnem veritatem. Nam ad omnes partes philosophiae insignes dat occasiones

³² Themistios, *l.c.* p. 1,19-20

³³ Sextus Empiricus (3. Jh.), *Pyrrh. Hypot.* II, 31-33. 58

³⁴ Thomas v. Aquin, *Sent. libri de anima* (1268), Rom 1984 p. 5, 117 ed. Leonina; Siger v. Brabant, *De anima intellectiva* (ca. 1274), Paris 1972, 70 Bazán; Johannes v. Jandun, *l.c.* col. 20. Später wieder Suarez, *Comment. una cum qq. in lib. Arist. „De anima"* t. I, Madrid 1978, 48 Castellote

³⁵ Zabarella, *l.c.* col. 14b; Toletus, *l.c.* f. 8vb („opinio Thomistarum" in dieser Ausgabe des oft aufgelegten Werkes ist vermutlich [vgl. f. 9va] ein Druckfehler)

³⁶ Thomas de Vio Kardinal Cajetan OP., *Commentt. in De anima* (1510) t. I, Rom 1938, 20; Zabarella, *l.c.* col. 14e

³⁷ ... Hac igitur ratione scientia de anima certissima dicitur,... Themistius... inquit..., cum Anima sit fons omnis certitudinis (Zabarella, *l.c.* col. 14cd)

³⁸ „Obwohl diese Wissenschaft für uns verborgene Prinzipien hat, da bekanntlich das Auge unseres Verstandes sich zu dem, was in Wirklichkeit das Alleroffenkundigste ist, verhält wie das Auge der Fledermaus zum Sonnenlicht, so ist doch in Wirklichkeit nichts offenkundiger als die Quelle und der Ursprung aller Erkenntnis, d. i. das Verstandeslicht in uns. In diesem Licht nämlich wird zertifiziert, was nur immer sicher gewußt wird, und als ‚gewiß‘ beurteilt wird etwas dann, wenn

es diesem Licht gemäß befunden wird... So ist es denn unzweifelhaft notwendig, daß ein erstes Licht, auf das die Prüfung des Wahren und Einsehbaren Bezug nimmt, in der Wirklichkeit existiert... Weil also die Seele durch den Bezug auf sich selber zertifiziert, was immer zu zertifizieren ist, muß auch die Wissenschaft von der Seele die allergewisseste sein und über die sichersten Beweise verfügen" (Albertus Magnus OP., *De anima* [nach 1261: *RThAM* 21 (1954), 312], Münster 1968, 4 ed. Colon.)

³⁹ Zabarella, *l.c.* col. 14bc, 15b

⁴⁰ Albertus autem Magnus Themistium sequens vult, quod hic sit sermo de certitudine secundum se; et pro tanto scientia de anima excellit alias, excepta divina, quia hic agitur de lumine intellectûs agentis secundum se certissimo (Cajetan, *l.c.*, 20; vgl. 22f.)

⁴¹ Zabarella, *l.c.* col. 15c. Ab Augustino sic definitur: Logica est ars artium, scientia scientiarum, quâ apertâ omnes aliae aperiuntur, et quâ clausâ omnes aliae clauduntur (Toletus, *Comment. una cum qq. in univ. Arist. Logicam*, Köln 1616, 5)

⁴² Vgl. die allergische Reaktion auf die Exposition des Simplikios (ca. 540), von der unterstellt wird, daß sie an die themistianische radikalisierend angeknüpft habe: Ipsa quidem Simplicii sententia quâ discrepat a Themistio, neque veritatis neque probabilitatis aliquid habet (Zabarella, *l.c.* col. 14e), ... Platonica potius quam peripatetica est (P. Duodo, *Peripateticarum de anima dispp. libri VII*, Venedig 1587, 15). Simplikios, *l.c.* p. 7,7-25, hatte, schon gestützt auf die Unterscheidung zwischen „an sich" und „für uns" sichereren Wissenschaften, durch den gnostisch als Rückkehr zu den Ursprüngen verstandenen Akt der „Selbstzuwendung" erreichen wollen, daß die Psychologie in dieser *doppelten* Beziehung von unübertrefflicher „Evidenz" sei

⁴³ ... Quod vero ad certitudinem cognitionis attinet, multo maioribus difficultatibus urgetur, quia non solum, si huius scientiae cum aliis comparationem faciamus, sed etiam, si ipsam secundum se consideremus, dictum hoc Aristotelis falsum esse videtur... Hoc igitur coegit interpretes Aristotelis varia excogitare sensa, ita ut vix ullus sit apud Aristotelem locus magis dubius ac controversus (Zabarella, *l.c.* col. 10a/f)

⁴⁴ *Trois Commentaires anonymes sur le traité de l'âme d'Aristote* (alle ca. 1270/77), Louvain-Paris 1971, 150/51 van Steenberghen; Cajetan, *l.c.*, 23/24. Kritisch zu dieser letztlich auf Johannes Philoponos zurückgehenden Tradition Zabarella, *l.c.* col. 11a/d

⁴⁵ Pedro Hispano, *Comentario al „De anima" de Aristoteles* (ca. 1240), Madrid 1944, 184 ff. Alonso. Zur historischen Einordnung vgl. R. A. Gauthier, *Préf. S. Thomae Aquinatis Opp. omn.* t. *XLV,1*, Rom 1984, 239* ff.

[46] ... quia propter animam est omnis scientia et ad ipsam ordinatur (Pedro Hispano, *l.c.*, 188). Illud subjectum scientiae est nobilius... propter quod facta sunt ea quae facta sunt in universo... Ergo scientia de homine vel de anima rationali est nobilior qualibet scientiâ (192)

[47] ... quia subjectum illius scientiae est principium abstractionis cuiuslibet scientiae... sicut anima est principium cuiuslibet abstractionis. Omnis autem scientia habetur per abstractionem (ebda. 187/88)

[48] Ebda. 186, 188

[49] ... scientia de anima habet nobilius subjectum quam metaphysica... Haec scientia est de anima quae per suas differentias est principium investigationis cuiuslibet scientiae (ebda. 188, 191)

[50] Omnis scientia cuius primum subjectum est principium et fundamentum omnium scientiarum per se et per suas differentias, et a qua sumunt omnes aliae certitudinem, est nobilior aliis et quantum ad nobilitatem subjecti et quantum ad modum demonstrandi. Haec est talis (ebda. 190) ... quia est de anima... quae in qualibet scientia est causa certitudinis et principium (199)

[51] A parte... modi demonstrandi est nobilitas inter scientias dupliciter: Uno modo, quia illa scientia procedit per causas magis abstractas a sensibilibus... Alio modo, quia illa scientia procedit per viam quae est proximior nobis et naturae, et sic haec scientia (sc. de anima) est nobilior..., quia objecta animae et operationes... sunt via demonstrandi (ebda. 191)

[52] Illa... scientia quae procedit per objecta animae, habet maximam certitudinem. Sed scientia de anima est huiusmodi (ebda. 199). Vgl. *Trois Commentaires*..., 398 Bazan: „Man beachte, daß die Weise des Wissenschaftserwerbs eine doppelte ist. Eine *a priori*..., und diese Weise, Wissenschaft über die Seele zu erlangen, ist gar nicht leicht. Eine andere ist, eine Wissenschaft *a posteriori* zu erlangen, d. h. daß wir... bei den Objekten ansetzen, von dort zu den Seelentätigkeiten übergehen, von denen zu den Vermögen, und von denen schließlich zur Seele selbst. Und dieser *modus procedendi* heißt *a posteriori* und ist nicht schwierig..."

[53] Pedro Hispano, *l.c.*, 200. Vgl. *Trois Commentaires*..., 24 Giele: Si non essent hae operationes animae, nihil sciremus de ea; et ideo animam cognoscimus non secundum se, sed secundum quod refertur ad ista... Ex his corollarie sequitur, quod animae vel substantiae, cuius nulla in nobis nec in eis quae circa nos sunt, apparet operatio, nullam huius habemus scientiam ex modo sciendi quem docet logica nostra, sc. viâ sensûs, memoriae, experimenti etc.

[54] ... scientia de anima... procedit... per objecta quae certiora sunt, nobiliora et priora quoad naturam perfectionis...; quia hoc modo actus et objecta praecedunt potentias (Pedro Hispano, *l.c.*, 188; vgl. 200)

[55] ... haec scientia certissimâ viâ procedit... propter rerum propinquitatem quae cognoscuntur ad animam; omnia enim quae determinantur in hac scientia, proximiora sunt animae cognoscenti, quam in alia scientia (ebda. 199f.) ... quia illa scientia procedit de rebus quae sunt immediatores animae cognoscenti, et in quantum [in hac] scientia idem est subjectum et illud quod debet cognoscere subjectum et passiones eius (189)

[56] ... quaeritur, utrum haec scientia influat iuvamentum et certitudinem super alias scientias? (ebda. 202). Die übliche Position z. B. bei Antonius Andreas, *l.c.* f. 2ra: Sicut... caelum influit in haec omnia inferiora, sic scientia *metaphysica* in omnes alias scientias humanas

[57] ... iuvamentum commune quod affert, est,... quod per ipsam acquiritur cognitio... causae cognitionis et firmae certitudinis in omni scientia... Et hoc modo ista scientia influit supra omnes alias certitudinem (ebda. 203f.)

[58] J. Kohlmeier, „*Vita est actus primus*. Ein Beitrag zur Erhellung der Geschichte der Philosophie der ersten Hälfte des 13. Jhs. anhand der Lebensmetaphysik des Petrus Hispanus" *FZPT* 16 (1969), 303

[59] Alii... dicunt propterea scientiam de anima esse certissimam quoad nos, quia ex sensibilibus objectis scilicet et actibus nostris certissimis nobis procedit... Sed hi falluntur..., quia certitudo quoad nos demonstrationis non attenditur penes certitudinem quoad nos rerum ex quibus proceditur, sed penes certiorem applicationem eius a quo proceditur, ad id ad quod proceditur, seu medii ad conclusionem (Cajetan, *l.c.*, 19, wohl unter Anspielung auf Gaetanus de Thienis, *Super libros de anima qq.* [1448], Venedig 1493 f. 2vb)

[60] ... inter partes philosophiae naturalis ista ambiguitatibus est plena, ut experientia testatur: paucarum namque admodum quaestionum certas habemus solutiones de anima, plures autem sunt in physicis et in mediis scientiis (Cajetan, *l.c.*, 18)

[61] P. Soncinas OP († 1494), *Qq. metaphysicales*, Venedig 1588/ND Frankfurt 1967, 25; Johannes v. Glogau, *l.c.*, 34

[62] Zabarella, *l.c.* col. 12a-c

[63] Thomas, *Sent. libri de anima* p. 5, 92; De veritate q. 10 a. 8 ad 8 in contr. D. Thomas... de certitudine non acquisita, sed supposita, non demonstrationis effectu, sed principio, sc. quaestionis an est, glossavit „certissimum" esse dicens nobis animam esse (Cajetan, *l.c.*, 19)

[64] Vgl. Aegidius Romanus, *l.c.* f. 2va: ... quia quilibet vertificatur et experitur in seipso, quod est et vivit et habet animam

[65] Intima scientia est quâ nos vivere scimus... Numquam ergo falli nec mentiri potest qui se vivere dixerit scire (Augustinus, *De trinitate* XV, 12 n. 21, CCSL 50a, 491). Daher wieder seit dem 14. Jh.: ... anima assentit huic „ego sum", et in

sic assentiendo non potest decipi... Anima naturaliter pro statu viae (d. h. vor dem Tod) potest cognoscere intuitive seipsam. Probatur, quia evidenter ante discursum novit anima etiam experimentaliter se esse et vivere. Nec in hoc potest falli, secundum Augustinum XV De Trinitate cap. 12... Immo quando fertur experimentaliter et intuitive super actus suos, videtur ferri in habitudinem ad seipsam, in convertendo se super seipsam dicendo „ego cognosco", „volo"... (Johannes Maior, *I Sent.*, Paris 1519 ff. 6va, 32vb)

66 Zabarella, *l.c.* col. 11d-e

67 Dico, quod Aristoteles, cum scientiam de anima dicit esse *certissimam*, non intendit illam scientiam comparare ad metaphysicam nec ad mathematicam, sed ad alias scientias naturales, inter quas ipsa est certissima..., inquantum ipsa est de operationibus animae quas in nobis ipsis experimur (Johannes Buridan [† 1358], *In Metaphysicen qq.*, Paris 1518/ND Frankfurt 1964 f. 4vb). ... Nec inconveniens videtur concedere, quod sit etiam eisdem certior quoad nos..., quia certitudo animastici discursûs super nostra intrinseca experientia fundatur, ceteri super extrinseca (Cajetan, *l.c.*, 22). Die Limitierung des Vergleichs auf den mit den *scientiae naturales* hat Aegidius, *l.c.* f. 2va, eingeführt. Unlimitiert, aber dafür unter Relativierung dieser spezifisch psychologischen Überlegenheit, bei Gaetanus de Thienis, *l.c.* f. 3ra (... scientiae mathematicae sunt certiores certitudine simpliciter scientiâ de anima..., tamen certitudine quoad nos scientia de anima excedit mathematicas et alias naturales); Lambertus de Monte Domini (s'Heerenberg), *Expos. salub. ca. III lib. de anima*, Köln 1498 f. 4ra (... scientia libri de anima... praeponenda omnibus aliis..., non tamen absolute, sed solum, si capiatur praecise certitudo quoad nos... Est enim de his quae experimur in nobis). Die von H. Schüling, *Die Geschichte der axiomatischen Methode im 16. und beginnenden 17. Jh.*, Hildesheim-New York 1969, 76f., diagnostizierte „Aufwertung der Erkenntnisgewißheit zu Beginn des 17. Jhs." berücksichtigt also weder, daß die Mathematik längst zum Gewißheitsideal avanciert war („omnes clamant mathematicam esse scientiam certissimam". Buridan, *Qq. super VIII Phys. lib.*, Paris 1509 f. 7ra), noch, daß die axiomatische Methode keineswegs die einzige Schiene gewesen ist, auf der diese Aufwertung sich hat vollziehen können

68 Notandum, quod Aristoteles vocat [402a4] hanc scientiam de anima *historiam*..., quia sicut in historiis traduntur aliqua quae in nobis experimur, ita scientia de anima est de his quae in nobis ita esse naturaliter experiuntur (Lambertus, *l.c.* f. 3vb). Vgl. Gaetanus, *l.c.* f. 2rb. Hier hat man also das Konzept der Erfahrungsseelenkunde, deren Entstehung bisher ins 18. Jh. verlegt wird (vgl. Scheerer, *l.c.*, 1601 ff.)

69 Mastrius/Bellutus, *l.c.* (De anima) disp. VI n. 200. S.J. Day, *Intuitive Cognition. A Key to the Significance of the Later Scholastics*, New York 1947, 123 ff., kann zwar auf den historisch engen Zusammenhang zwischen der Sicherung experimentell psychologischer Befunde und dem Konzept einer „intuitiven" Erkenntnis verweisen, aber auch in den Augen ihrer Propagandisten ist die durch sie ermöglichte Existenzaussage keine „distincta cognitio" (vgl. Tartaretus, *Phil. nat.* f. 93vG)

70 Aegidius, *l.c.* f. 2vb (... eo quod caetera talia habent esse in anima); Lambertus, *l.c.* f. 4rb

71 Averroes, *Commentt. in De anima*, Venedig 1562-74/ND Frankfurt 1962 f. 2r; *Trois Commentaires...*, 152/53 van Steenberghen; Johannes v. Jandun, *l.c.* col. 21; Cajetan, *l.c.*, 27 ff.

72 „... Auf welche Weise aber in uns die Erkenntnis der ersten Prinzipien generiert wird, ob durch die Tätigkeit des Intellectus agens, wie viele hier sagen, oder anders, ist höchst zweifelhaft" (Zabarella, *l.c.* col. 21d-e). Noch Suarez, *Commentaria*, 46, wird seine flexibler und modern anmutende Erklärung, wonach die Psychologie generell das Reflexionsvermögen schult und durch die so erhöhte Fähigkeit zur intellektuellen Selbstkontrolle auch einen praktischen Wert hat, illuminationsmetaphysisch überhöhen

73 Ausnahme: Johannes v. Jandun, *l.c.* col. 20. Erst die von den Jesuiten betriebene Psychologisierung der Logik läßt – indirekt – „alle Wissenschaften" aus der Psychologie Nutzen ziehen (Suarez, *l.c.*, 46). Aber auch so bleibt es bei der traditionellen Unterscheidung: ... non oportet quod, si cognitio de anima sit utilis ad omnem veritatem, quod ante omnem quaeratur, quia est ita utilis, quod non necessaria (*Trois Commentaires...*, 153 van Steenberghen)

74 Zabarella, *l.c.* col. 22b-d

75 Pedro Hispano, *l.c.*, 196

76 „Omne enim quod cognoscitur, non secundum sui vim, sed secundum cognoscentium potius comprehenditur facultatem", sagt der Kirchenlehrer Boetius (†524) an einer Stelle, auf die sich z.B. Thomas, *I Sent.* d. 38 q. 1 a. 2, bezieht. Ein neuplatonisches Axiom (J. Gruber, *Kommentar zu Boethius' „De consolatione philosophiae"*, Berlin-New York 1978, 398 f.) und in der Fassung „Omne quod recipitur, recipitur per modum recipientis" Mitte des 14. Jhs. eine „propositio quae a multis plurimum assumitur quasi maxima" (Gregor v. Rimini, *II Sent.*, Venedig 1522/ND New York 1955 f. 83rH)

77 In den für den Schulskotismus repräsentativen „De anima"-Disputationen (1643) des italienischen Franziskanerteams Mastrius/Bellutus [fortan: „M/B"] umfaßt dieser agnostizistisch gestimmte Traktat (disp. VI nn. 159-201) immerhin 15 Kolonnen à 90 Zeilen. Die Dynamisierung des Kapazitätsbegriffs, seine Öffnung für

die Vorstellung von einem infiniten Progreß, erfolgt innerhalb der Caritas-Problematik (vgl. Cajetan, *In II/II S. th. D. Thomae* q. 24 a. 7, Rom 1895, 183 ff. ed. Leonina)

78 Haec scientia quodammodo perficit alias, inquantum docet radicem unde omnes illae ortum habent (Suarez, *l.c.*, 46)

79 Die Animastik abstrahiert zwar von der Sexualität. Das ist aber kein Zeichen der Verdrängung. Im Einflußbereich des Pariser Spätnominalismus (Johannes Major, Jacques Almain, Juan de Celaya) wird der Geschlechtslust das ihr von Augustin eingeimpfte schlechte Gewissen regelrecht abgewöhnt: ... delectatio qua delectatio non est obiectum malum morale, sed potius ex eo praecise capite ... est obiectum amabile et quidem honeste, quia ut sic est bonum physicum hominis (Arriaga, *Curs. Theol.* t. V, Antwerpen 1649, 759). Sex nur um der Lust willen (solius voluptatis et delectationis causa) ist erlaubt (wie Mastrius, *IV Sent.*, Venedig ⁵1731, 470, noch am Vorabend der Repression des Jahres 1679 (*Enchir. Symb.* n. 1159) glaubhaft versichert, die unter Theologen mehrheitsfähige Position), Sex hinterm Altar kein Sakrileg (Lessius, *l.c.*, 581). Sogar das alttestamentarisch strenge Onanieverbot wird rücksichtsvoll gehandhabt (ebda., 583), wo der weibliche Orgasmus zum Geschlechtsakt, nach franziskanischer Lehre sogar zum Zeugungsakt (M/B, De gen. et corr. disp. 8 nn. 21-27), integral dazugehört. Den entscheidenden Schub verdankt diese Gleichberechtigung der weiblichen Sexualität dem von den Franziskanern (gegen den Widerstand der stockaristotelischen Dominikaner) propagierten Dogma von der unbefleckten Empfängnis: Die Muttergottes muß selber von der Erbsünde ausgenommen gewesen sein, damit sie auf Christus nicht hat übertragen werden können

80 Certum est nudam potentiam non esse principium sufficiens et completum ad eliciendum actum, sed requiritur objecti concursus (M/B De anima disp. IV n. 93)

81 Thomas, *S. th.* I q. 77 a. 1, mit der klassischen Unterscheidung zwischen der Seelensubstanz und ihren Operationsprinzipien. Der Trend geht (seit Buridan, *Qq. super X lib. Ethicorum*, Paris 1513 f. 41ra) allerdings dahin, diese zu entmachten und die Seele direkt aktiv werden zu lassen: Dicendum est animam immediate saltem partialiter concurrere ad actus vitales. Haec est communis recentiorum sententia. Eam tenet Nominalium et Scotistarum schola (Arriaga, *Curs. Phil.* De anima disp. III n. 6; die „recentiores" sind die Jesuiten, angeführt von Suarez, *Dispp. metaphysicae* disp. XVIII sect. 5 nn. 2-3)

82 Intellectus tendit per repraesentationem, voluntas per pondus vel impulsum (sc. in idem objectum) (M/B disp. II n. 51)

83 Objectum simul cum potentia intellectiva concurrit in eodem genere causae efficientis, ac etiam Deus ipse in ratione causae primae ad efficiendum actum intelligendi (M/B disp. VI n. 33)

84 M/B disp. IV nn. 13 ff.

85 ... repraesentativum objecti in causando non se tenet ex parte potentiae, sed ex parte objecti ... (M/B disp. VI n. 78)

86 ... habitus autem se tenet ex parte potentiae (ebda.). potentia et habitus sunt duae causae partiales actûs..., non tamen ex aequo concurrentes (M/B disp. III n. 44). „attentio"... dat intelligere concursum activum potentiae (disp. IV n. 15)

87 S. u. Anm. 90

88 Species intelligibilis *substituitur* loco objecti *ad supplendum* immediatum eius concursum (M/B disp. VI n. 107). Necessitas speciei tota attendi debet ex parte objecti *ad supplendum* nimirum eius concursum, ut alterius concausae necessario ad intellectionem requisitae... *Suppleri* debet eius praesentia per speciem (n. 82)

89 Habitus debet *supplere* concursum activum potentiae, qui nonnisi per alium concursum activum *suppleri* debet (M/B disp. III n. 40)

90 Si concurrit cognitio ad eius (sc. voluntatis) actum eliciendum, concurrit ut *supplens* vices objecti, ad instar quasi speciei cum intellectu, non autem ut supplens aliquem intrinsecum potentiae defectum (M/B disp. VII n. 164)

91 concursus speciei supervacaneus (M/B disp. VI n. 107)

92 ... si Deus *suppleret* totam activitatem objecti et tamen faceret notitiam terminari ad objectum in se praesens, esset intuitiva (M/B disp. VI n. 331)

93 ... Impossibile... est operationem vitalem meam non ab intrinseco meo esse, cum in hoc ratio meae vitae consistat: esset enim vitalis et non vitalis (Cajetan, *In I. p. S. th. D. Thomae* q. 26 a. 3 § 4). „De ratione actûs vitalis est, quod procedat a principio intrinseco vivente... Vitalitas enim actionum supernaturalium, quamvis formaliter procedat, ut quo, a principio supernaturali, radicaliter tamen dependet a vita naturali, quae procedit ab anima", erklären übereinstimmend die schärfsten Widersacher in den Gnadenstreitigkeiten (D. Alvarez OP., *De auxiliis divinae gratiae*, Rom 1610 disp. 68 nn. 8, 10; L. Lessius SJ., „Ad scriptum P. Christophori Cobos responsio" (1611), in X. M. Le Bachelet, *Prédestination et grâce efficace* t. II, Löwen 1931, 198)

94 Si Deus imprimeret nobis omnes actus vitales cognoscendi et diligendi, ita quod non efficerentur a nobis, adhuc tamen essent operationes nostrae, licet non operatae, i.e. factae a nobis (Adam Wodeham OFM., Sent. Prol. q. 2 a. 2, *Medioevo* 8 [1982], 122 Grassi). An actus vitalis pendeat ab anima essentialiter, ut sine illius concursu nequeat produci?... Dicendum est tamen

actûs istos non ita potentiis dependere, quin a Deo immediate non possint produci, sive in potentiis, sive in seipsis existentes, et hoc etiam ut vitales sunt... Haec conclusio expresse docetur a Scoto..., ipsum sequuntur Nominales omnes (M/B disp. II nn. 41-42). Seit dem eklektisch auf Ausgleich bedachten Pierre d'Ailly, *Tract. de anima* (ca. 1377/85), ed. O. Pluta, Amsterdam 1987, auch rein animastischer Lehrstoff

95  M/B disp. VI n. 15; disp. II n. 42. Compton-Carleton, *l.c.* disp. XXII sect. 5 n. 2, verteidigt in diesem Zusammenhang die Rechtgläubigkeit des „mere passive se habere"

96  „percipere vitaliter objectum" (M/B disp. II n. 31), „objecto vitaliter uniri" (disp. VI n. 37), „objectum potentiae vitaliter praesens", „vitalis praesentia" (disp. VII n. 151) sind, seit dem ausgehenden 14. Jh., die in diesem Zusammenhang üblichen Formeln

97  W. Hübener, *Studien zur Theorie der kognitiven Repräsentation in der mittelalterlichen Philosophie*, unv. Habil.-Schr. Berlin 1968, 643f.

98  Arriaga, *l.c.* disp. VI n. 26, spricht hier 1632 von einem „subjectum... capax repraesentare sibi objectum et attrahere illud ad se intentionaliter, ad quod non requiritur... actio physica". Ähnlich M/B disp. VI n. 37, die auch notieren, daß „trahere insinuat actionem quandam" (disp. V n. 205)

99  Th. Hurtado CRM., *Praecursor philosophiae disputans de anima*, Antwerpen 1641, 168; Ioannes a S. Thoma, *l.c.*, 350

100  Vgl. Franciscus de Mayronis OFM., *Conflatus in lib. Sent.*, Venedig 1520/ND Frankfurt 1966 ff. 26vL, 97 rB

101  ... omnis actus vitalis est quaedam experientia (sc. sui objecti, i.e. quo anima experitur tale objectum) (Adam Wodeham, *Lect. Oxon. I* [1330] d. 1 q. 3 a. 2 c. 2, laut Gregor v. Rimini OESA., *I Sent.* [1342], Venedig 1522 f. 25rH. Vgl. W.J. Courtenay, *Adam Wodeham. An Introduction to His Life and Writings*, Leiden 1978, 128; M. E. Reina, „Cognizione intuitiva ed esperienza interiore in Adamo Wodeham", *RSF* 41 [1986], 19ff., 211ff., die aber nicht auf den Begriff „Vitalakt" eingeht). Vgl. das kritische Echo bei Gregor, *l.c.* f. 26rB; Alphonsus Vargas OESA., *I Sent.* (1344), Venedig 1490/ND New York 1952 col. 184; Pierre d'Ailly, *l.c.* 83f. (und O. Pluta, *Die philosophische Psychologie des Peter von Ailly*, Amsterdam 1987, 119ff.)

102  Cognitio... intuitiva est objecti ut objectum est praesens in existentia actuali (Duns Scotus OFM., *Ord. I* d. 2 p. 2 n. 394 ed. Vat.)

103  Omnis notitia experimentalis est per se nota, cum ex ea experior me intelligere; sed intelligendo Deum intuitive experior me intelligere Deum intuitive; ergo est per se notum (sc. Deum esse) (Franciscus de Mayronis, *l.c.* f. 15vQ). Omnis notitia experimentalis est intuiti-

va...; sed notitia actûs intelligendi est experimentalis – experimur enim nos intelligere –; ergo ipse cognoscitur intuitive (f. 12rA)

104  Volitionem esse cognitionem... intelligitur..., quod sit quaedam experimentalis notitia sui ipsius veluti actus vitalis, quoniam omnis perceptibiliter sibi ipsi operans habet evidentiam se operari, et non oportet, quod per alium actum; igitur sic est de amore vel volitione... (Hugolin v. Orvieto OESA., *I Sent.* (ca. 1348/49), Würzburg 1980, 188 Eckermann). Während Alphonsus Vargas genau diese Unmittelbarkeit des Bewußtseinserlebnisses bestreitet

105  Petrus Aureoli OFM., *I Sent.* (1316), New York 1956, 198-206 Buytaert. Aureoli ist der Ontologe des Seins, wie es im Bewußtsein aufscheint (esse apparens). Sein Grundsatz: Omnis intelligens experitur rem sibi praesentem, dum eam cogitat (Ebda., Rom 1596, 625E). Über ihn Th. Kobusch, *Sein und Sprache*, Leiden 1987, 141ff.

106  ... cum Aureolo... Deus supplere potest efficacitatem causae efficientis... Ergo... esse poterit intuitiva visio objecti etiam absentis (C. Frassen OFM., *Scotus Academicus* t. I [1672], Venedig 1744, 299). 1611 die „opinio inter Recentiores communis" (A. Rubio SJ., *Commentt. in Arist. de anima*, lt. M/B disp. VI n. 337)

107  Non enim actus volendi aut vegetandi est experientia sui objecti, et tamen actus potentiae vegetativae est vitalis... Fallitur enim arguens nomine *actûs vitalis*. Actus enim ille dicitur vitalis, qui est actus viventis in quantum huiusmodi. Vivens autem dicitur quod a se movetur... Patet igitur, quod ad hoc, quod actus dicatur vitalis, non requiritur, quod ipse sit... experientia (Johannes Capreolus OP., *Defens. theol. D. Thomae Aqu.* t. I [1409], Toulouse 1900, 215f.)

108  Ratio vitalitatis in cognitione aliisque actibus vitalibus perfectis non consistit essentialiter in vita physica, hoc est in motu ab intrinseco..., sed in vita intentionali..., licet prout regulariter a nobis exercetur, annexam quoque habeat accidentaliter vitalitatem physicam (M/B disp. VI nn. 33, 40). Dixi nos non habere ullam experientiam vitalitatis quae sit productio, sed solum, quod per eos actus cognoscamus objectum (Arriaga, *Curs. Theol.* t. V, 501)

109  Statuimus vitam intentionalem... solum aequivoce convenire cum physica (Arriaga, *Curs. Phil. De anima* disp. VI nn. 18ff.). Arriaga, dessen Philosophiekurs es in der kritischen Zeit zwischen 1632 und 1669 auf elf Auflagen gebracht hat, erregte damit noch bei seinem eigenen Lehrer Widerspruch: ... haec distinctio inter vitam physicam et intentionalem videtur sine sufficienti fundamento nova ac propterea reiicienda. Eam esse novam constat, quia apud nullum est ex antiquis: omnes enim cum Aristo-

tele ponunt vitam ut sic in principio se ab intrinseco movente... (P. Hurtadus de Mendoza SJ., *Tractatus de scientia divina* [ca. 1635], Ms. UB Salamanca 62 f. 364r/v). Unter seinen Ordensgenossen nahmen Anstoß an der Äquivokationsthese nicht nur Gegner einer Verdinglichung des Vitalakts (z. B. F. de Oviedo SJ., *Curs. Phil.*, Lyon 1640. De anima contr. II pct. 2 n. 3), sondern selbst Befürworter (A. B. de

Quiros SJ., *Opus philosophicum*, Lyon 1666, 493 ff.). Aber es ist schon bezeichnend, einen wie schweren Stand die Jesuiten haben (in ihren Mémoires de Trévoux 4 [1704]/ND Genf 1968 p. 1949), sobald die im Cartesianismus betriebene Phänomenalisierung des eigenen Leibes, ganz im Stil der einst skotistischen Psychologie, supranaturalistisch argumentiert.

# Bibliographie

## Quellentexte

Aegidius Romanus: Super libros de anima, Venedig 1500/ND Frankfurt 1982

Abertus Magnus: Opera omnia, cura Instituti Alberti Magni Coloniensis B. Geyer praeside, Münster 1951 ff. Darin Bd. VII, 1: De anima, hg. C. Stroick, Münster 1968

Alphonsus Vargas Toletanus: In Primum Sententiarum, Venedig 1490/ND New York 1952

Derselbe: Quaestiones super libros de anima, Florenz 1477

Alvarez, D.: De auxiliis divinae gratiae et humani arbitrii viribus et libertate, Rom 1610

Antonius Andreas: Quaestiones super XII libros Metaphysicae, Venedig 1495

Aristoteles: De anima, with transl., introd., notes by R. D. Hicks, London 1907

Arriaga, R. de: Cursus Philosophicus, Antwerpen 1632

Derselbe: Disputationes theologicae in Secundam Secundae D. Thomae. Universi Cursus Theologici t. V. Antwerpen 1649

Augustinus: De trinitate libri XV, cura et studio W. J. Mountain, Turnholt 1968 (= CCSL 50/50a)

Averroes: Commentarii in De anima. Aristotelis Opera cum Averrois Commentariis Suppl. II, Venedig 1562, ND Frankfurt 1962

Cajetan, Thomas de Vio Kardinal: Commentaria in De anima Aristotelis, hg. I. Coquelle, vol. I, Rom 1938

Derselbe: Commentaria in Summam Theologiae. Thomas v. Aquin: Opera omnia jussu impensaque Leonis XIII, Bd. IV-XI, Rom 1888 ff.

Campanella, Th.: Universalis philosophia, Paris 1638/ND Turin 1961

Clauberg, J.: Opera omnia philosophica, Amsterdam 1691/ND Hildesheim 1968

Collegium Conimbricense: Commentarii in III libros de anima, Lyon 1604

Compton-Carleton, Th.: Philosophia universa, Antwerpen 1649

Denzinger, H.: Enchiridion symbolorum, definitionum et declarationum de rebus fidei et morum, Freiburg 1937

Descartes, R.: Œuvres, hg. Ch. Adam/P. Tannery, Paris 1877-1909, réédition Paris 1964-74

Duodo, P.: Peripateticarum de anima disputationum libri VII, Venedig 1587

Eschenmayer, C. A.: Psychologie in drei Teilen. Stuttgart-Tübingen 1817/ND Frankfurt 1982

Franciscus de Mayronis: Conflatus in libros Sententiarum, Venedig 1520/ND Frankfurt 1966

Frassen, C.: Scotus Academicus, seu Universa Doctoris Subtilis Theologica Dogmata, 12 Bde. Venedig 1744

Gaetanus de Thienis: Super libros de anima quaestiones, Venedig 1493

Gregor v. Rimini: Super Primum et Secundum Sententiarum, Venedig 1522/ND New York-Louvain-Paderborn 1955

Heinrich v. Gent: Summae quaestionum ordinariarum, Paris 1520/ND New York-Louvain-Paderborn 1953

Helmont, J. B. van: Ortus Medicinae, idest initia Physicae inaudita, Amsterdam 1652

Derselbe: Schrifften. Aufgang der Artzney-Kunst, hg. u. übers. Chr. Knorr v. Rosenroth, Sulzbach 1683/ND München 1971

Hugolinus de Urbe Veteri: Commentarius in quattuor libros Sententiarum, Bd. I, hg. W. Eckermann, Würzburg 1980

Hurtado, Th.: Praecursor philosophiae disputans de anima sensitiva, de sensibus internis etc., Antwerpen 1641

Hurtadus de Mendoza, P.: Tractatus de scientia divina. Ms. UB Salamanca 62

Johannes Buridanus: In Metaphysicen quaestiones, Paris 1518/ND Frankfurt 1964

Derselbe: Quaestiones super X libros Ethicorum Aristotelis ad Nicomachum, Paris 1513/ND Frankfurt 1968

Johannes Capreolus: Defensiones theologiae Divi Thomae Aquinatis t. I, de novo ed. cura et studio C. Paban/Th. Peguès, Toulouse 1900/ND Frankfurt 1967

Johannes Duns Scotus: Opera omnia, studio et cura Commiss. Scotist. praeside C. Balić, Vatikanstaat 1950 ff.

Johannes de Janduno: Super libros Aristotelis de anima subtilissimae quaestiones, Venedig 1587/ND Frankfurt 1966

Johannes Major: In Primum Sententiarum, Paris 1519

Johannes Philoponos: In Aristotelis de anima libros, hg. M. Hayduck, Berlin 1897 (= Commentaria in Aristotelem Graeca vol. XV)

Johannes a S. Thoma: Naturalis Philosophiae IV. pars: de ente mobili animato, hg. B. Reiser, Marietti 1948

John Peckham: Tractatus de anima, hg. Melani, Florenz 1948

Lambert de s'Heerenberg (de Monte Domini): Expositio saluberrima circa tres libros de anima, Köln 1498

Le Bachelet, X.-M.: Prédestination et grâce efficace. Controverses dans la Compagnie de Jésus au temps d'Aquaviva (1610-1613). Histoire et documents inédits. 2 Bde., Louvain 1931

Les „Auctoritates Aristotelis". Un Florilège médiéval, hg. J. Hamesse, Louvain 1974

Lessius, L.: De justitia et jure libri IV, Venedig 1617

Locke, J.: An Essay concerning Human Understanding, hg. P.H. Nidditch, Oxford 1975

Mastrius, B./Bellutus, B.: Philosophiae ad mentem Scoti cursus integer, Venedig 1678

Mastrius, B.: Disputationes theologicae in quartum librum Sententiarum, Venedig ⁵1731

Mémoires de Trévoux Jg. 1704, ND Genf 1968

Oviedo, F.: Cursus Philosophicus, 2 Bde., Lyon 1640

Pedro Hispano: Obras filosóficas t. II: Comentario al „De anima" de Aristoteles, hg. M. Alonso, Madrid 1944

Petrus Aureoli: Scriptum super Primum Sententiarum, hg. E.M. Buytaert, 2 Bde. New York-Louvain-Paderborn 1956

Derselbe: Commentariorum in primum librum Sententiarum pars secunda, Rom 1596

Petrus Tartaretus: Commentarii in libros philosophiae naturalis, Venedig 1514/15

Derselbe: Lucidissima Commentaria in quartum librum Sententiarum Ioannis Duns Scoti, Venedig 1583

Quiros, A.B. de: Opus philosophicum, Lyon 1666

Sextus Empiricus: Outlines of Pyrrhonism, with an Engl. transl. by R.G. Bury, London 1955

Siger de Brabant: Quaestiones in tertium de anima. De anima intellectiva. De aeternitate mundi, hg. B. Bazán (= Philosophes médiévaux t. XIII), Louvain-Paris 1972

Simplikios: In libros Aristotelis de anima, hg. M. Hayduck, Berlin 1882 (= Commentaria in Aristotelem Graeca vol. XI)

Soncinas, P.: Quaestiones metaphysicales, Venedig 1588/ND Frankfurt 1967

Suarez, F.: Commentaria una cum quaestionibus in libros Aristotelis de Anima (lat./span.), hg. S. Castellote, t. I, Madrid 1978

Derselbe: Opera omnia, 26 Bde., Paris 1856-66. Darin Bd. III: Tractatus de anima. Bd. XXV/XXVI (ND Hildesheim 1965): Disputationes metaphysicae

Themistios: In libros de anima, hg. R. Heinze, Berlin 1899 (= Commentaria in Aristotelem Graeca vol. V, 3)

Thomas v. Aquin: Opera omnia iussu impensaque Leonis XIII P.M. edita, Rom 1882ff. Darin Bd. XLV, 1: Sentencia libri de anima, hg. R. Gauthier, Rom 1984

Toletus, F.: Opera omnia philosophica. 5 Teile in 2 Bdn., Köln 1615-25/ND Hildesheim 1985

Trois Commentaires anonymes sur le Traité de l'âme d'Aristote, hg. M. Giele, F. van Steenberghen, B. Bazán (= Philosophes médiévaux t. XI), Louvain-Paris 1971

Zabarella, J.: De rebus naturalibus. In Aristotelis libros De anima, Frankfurt 1606/07/ND Frankfurt 1966

## Sekundärliteratur

Blum, P.R.: „Apostolato dei Collegi: On the Integration of Humanism in the Educational Programme of the Jesuits". *History of University* 5 (1985)

Courtenay, W.J.: Adam Wodeham. An Introduction to His Life and Writings, Leiden 1978

Cranz, E.: „The Renaissance Reading of the De anima". *XVIᵉ Colloque International de Tours: Platon et Aristote à la Renaissance* (Centre d'Études Supérieures de la Renaissance), Paris 1976

Day, S.J.: Intuitive Cognition. A Key to the Significance of the Later Scholastics, New York 1947

Gilson, E.: „Autour de Pomponazzi. Problématique de l'immortalité de l'âme en Italie au début du XVIᵉ siècle". *Archives d'histoire doctrinale et littéraire du Moyen Age* 36 (1961)

Grassi, O.: „Il problema della conoscenza di Dio nel Commento alle Sentenze di Adam Wodeham (Prologo e q. 1)". *Medioevo* 8 (1982)

Gruber, J.: Kommentar zu Boethius' „De consolatione philosophiae", Berlin-New York 1978

Hübener, W.: Studien zur Theorie der kognitiven Repräsentation in der mittelalterlichen Philosophie, unv. Habil.-Schrift Berlin 1968

Jansen, B.: „Die scholastische Psychologie vom 16. bis 18. Jahrhundert". *Scholastik* 26 (1951)

Kessler, E.: „The Intellective Soul". *The Cambridge History of Renaissance Philosophy*, hg. Ch.B. Schmitt, Cambridge 1988

Kobusch, Th.: Sein und Sprache. Historische Grundlegung einer Ontologie der Sprache, Leiden 1987

Kohlmeier, J.: „Vita est actus primus. Ein Beitrag zur Erhellung der Geschichte der Philosophie der ersten Hälfte des 13. Jahrhunderts anhand der Lebensmetaphysik des Petrus Hispanus". *Freiburger Zeitschrift für Philosophie und Theologie* 16 (1969)

Kuksewicz, Z.: „Die ägidianische Interpretation der Theorie der Seele bei Lambertus de Monte".

A. Zimmermann (Hg.) *Thomas von Aquin. Werk und Wirkung im Licht neuerer Forschungen* (= Misc. Mediaev. 19), Berlin 1988

Lohr, Ch.: „Mediaeval Latin Aristotle Commentaries". *Traditio* 23 (1967) ff.

Derselbe: Latin Aristotle Commentaries II: Renaissance Authors, Florenz 1988

Mahoney, E. P.: „Themistius and the Agent Intellect in James of Viterbo and other 13th Century Philosophers". *Augustiniana* 23 (1973)

Marshall, P.: „Parisian Psychology in the Mid-Fourteenth Century". *Archives d'histoire doctrinale et littéraire du Moyen Age* 50 (1983)

Pluta, O.: Kritiker der Unsterblichkeitsdoktrin in Mittelalter und Renaissance, Amsterdam 1986

Derselbe: Die philosophische Psychologie des Peter von Ailly. Ein Beitrag zur Geschichte der Philosophie des späten Mittelalters, Amsterdam 1987 (m. krit. Ed. von Petrus de Aillyaco, Tractatus de anima)

Reina, M. E.: „Cognizione intuitiva ed esperienza interiore in Adamo Wodeham". *Rivista di storia della filosofia* 41 (1986)

Scheerer, E.: „Psychologie". *Historisches Wörterbuch der Philosophie*, hg. von J. Ritter/ K. Gründer, Bd. 7, Basel 1989

Schneider, Th.: Die Einheit des Menschen. Die anthropologische Formel „anima forma corporis"... Ein Beitrag zur Vorgeschichte des Konzils von Vienne, Münster 1973 (= BGPhThMA N. F. Bd. 8)

Schüling, H.: Bibliographie der psychologischen Literatur des 16. Jahrhunderts, Hildesheim 1967

Werner, K.: Die augustinische Psychologie in ihrer mittelalterlich-scholastischen Einkleidung und Gestaltung, ND Amsterdam 1964

# Teil III

## Frühe Neuzeit

# Hexe – Seele – Dämon.
## Zur Transformationsproblematik der Seele zwischen 15. und 17. Jahrhundert

*Gerburg Treusch-Dieter*

## I

Dieser Text beschäftigt sich mit dem 1487 erschienenen Hexenhammer.[1] Doch sein Gegenstand ist nicht die „Hexe", sondern die Seele, deren Rettung die beiden Inquisitoren und Verfasser des Hexenhammers, Jakob Sprenger und Heinrich Institoris, „unter den Trübsalen der einfallenden Welt"[2] intendieren. Soweit sich in diesen Trübsalen die Moderne vorbereitet, ist es erwähnenswert, daß der Hexenhammer zwischen 15. und 17. Jahrhundert 29mal neu aufgelegt wird, womit er zu den meistgelesenen Büchern der beginnenden Moderne gehört. Nur scheinbar im Widerspruch steht dazu, was J. W. R. Schmidt, der Übersetzer des lateinischen Originals des Hexenhammers, schreibt, daß nämlich „der Malleus (sich uns) nur als der Schlußstein eines Baus (zeigt), an dem viele Jahrhunderte gearbeitet haben".[3] Denn im Hexenhammer manifestiert sich ein Transformationsprozeß, der nicht nur den Beginn der Moderne bezeichnet, sondern der auch die ihr vorhergehende Geschichte einschließt.

Bezogen darauf, daß der Hexenhammer ein Effekt dieser Geschichte ist, konstatiert J. W. R. Schmidt, daß „man es (bisher) für gewöhnlich verschmähte... der Ausbildung des... Lehrgebäudes der Dämonologie (im Hexenhammer) durch viele, viele Jahrhunderte nachzuspüren".[4] Obwohl, so wäre hinsichtlich des vorliegenden Textes hinzuzufügen, dieses Lehrgebäude für das Problem der Seele zwischen 15. und 17. Jahrhundert von konstitutiver Bedeutung ist. Der Grund für jenes Verschmähen ist zweifelsohne darin zu suchen, daß dieses Lehrgebäude untrennbar mit den Hexenverfolgungen der beginnenden Moderne verbunden ist. Sobald man jedoch die Frage stellt, inwiefern die Seele der Referenzpunkt dieser Verfolgungen ist, bietet es sich an, wie J. W. R. Schmidt einer

„bedingungslosen Verurteilung" des Hexenhammers entgegenzutreten. Da erst dann eine systematische Beschäftigung mit ihm möglich wird, der ihrerseits ein Anknüpfen am Selbstverständnis seiner Verfasser, den Inquisitoren und Dominikanern Jakob Sprenger und Heinrich Institoris, vorausgesetzt ist.

Sie sagen über sich und ihr „Werck", daß „aus unseren Kopff gar weniges, und fast nichts ist hinzugetan worden. Daher es nicht für unser Werck, sondern vielmehr für derjenigen geachtet wird, aus deren Worten fast alles und jedes zusammengetragen ist... indem wir nach der Weise der Ausschreiber gehandelt (haben)".[5] Ausgeschrieben wurden von Sprenger und Institoris in erster Linie die Bibel, Augustinus, Thomas von Aquin und Aristoteles. Dabei fundieren sie ihr Lehrgebäude der Dämonologie, dem im Hexenhammer durch die Jahrhunderte „nachzuspüren" ist, vor allem durch die Zeugungs- und Seelenkonstruktion des Aristoteles.[6]

Soweit die Umstrukturierung dieser Zeugungs- und Seelenkonstruktion zwischen 15. und 17. Jahrhundert das Thema des vorliegenden Textes ist, gilt allgemein, daß an die Stelle der objektiven Vernunft der antiken Philosophie und der christlichen Theologie mit der beginnenden Moderne die subjektive Vernunft der Reformation und der neuzeitlichen Wissenschaft, schließlich aber die der Aufklärung tritt.[7] Die vorliegende Untersuchung geht davon aus, daß dieser Transformationsprozeß, der die Konstitutionsproblematik der Seele entscheidend berührt, wahrscheinlich am genauesten aus dem Hexenhammer abzulesen ist. Ohne andere zeitgenössische Werke hinzuzuziehen,[8] wird sie sich deshalb, was ihre materiale Grundlage angeht, auf den Hexenhammer beschränken. Nicht, weil er die „Zusammenziehung sehr vieler Autoren ins Kurtze"[9] oder eine philosophisch-theologische Kompilation darstellt, sondern weil er als Handbuch der Inquisition fungierte.

Sprenger und Institoris, die Repräsentanten der Inquisition in Deutschland, deklarieren, daß sie „zur Rache der Bösen" und „zum Lobe der Frommen gesetzt (ist)... von Gott, welchem alle Ehre und Ruhm sey in Ewigkeit... Amen".[10] Der Hexenhammer zielt darum keineswegs unspezifisch auf „Hexerei" schlechthin. Er ist stattdessen sehr spezifisch auf „die Hexenketzerei" gerichtet, wie dies sowohl die Bulle „Summis desiderantis" des obersten Seelsorgers Papst Innozenz VIII. als auch ein Gutachten der Theologischen Fakultät in Köln dokumentieren, die beide, kraft ihrer Autorität, die Drucklegung des Hexenhammers legitimieren.[11] Sprenger und Institoris, denen „(für die) Lehren des göttlichen Worts... in dem Predigerorden (zu) kämpffen" obliegt,[12] rufen angesichts dieser „Hexenketzerei" aus: „O, wenn doch alles das fern von aller Wahrheit und erdichtet genannt werden könnte, und wenigstens die Kirche von so schrecklicher Besudelung frei bliebe!"[13]

Daß die Kirche von dieser Besudelung nicht frei geblieben ist, geht unter anderem daraus hervor, daß Luther drei Jahrzehnte nach dem Erscheinen des Hexenhammers seine Thesen an der Kirchentür von Wittenberg anschlägt.[14] Sprenger und Institoris ahnen diese Konsequenz. Weshalb sie, trotz ihrer Hoffnung, daß die „Hexenketzerei" fern von aller Wahrheit und erdichtet genannt werden könnte, konstatieren: „dem steht leider entgegen... die Lehrmeisterin Erfahrung, die uns nach den eigenen Geständnissen (der Hexen)... sicher gemacht hat, daß wir ohne Gefährdung des eigenen Heiles nicht mehr von der Inquisition abstehen können".[15]

Die vorliegende Untersuchung geht davon aus, daß sich in diesen durch die Inquisition produzierten Geständnissen ein Glaubensverbrechen ausspricht, das sich in der Seele vollzieht. Soweit dieses Glaubensverbrechens prinzipiell in nichts anderem als in der Absage an den göttlich sanktionierten Heilsapparat der mittelalterlichen Universalkirche besteht, wird angenommen, daß es die „einfallende Welt" dieser Universalkirche ist, die eine „flächendeckende" Diffundie-

rung der Ketzerei bedingt bis hin zu dem Punkt, wo sie aus theologischer Perspektive dogmatisch nicht mehr faßbar ist. In dem Maß aber, wie diese Ketzerei sich der theologischen Definition entzieht, wird ihr durch die Interpretation von Sprenger und Institoris die Hexerei hinzugefügt.

Diese vom Hexenhammer verfolgte „Hexenketzerei" ist grundlegend von dem zu unterscheiden, was der Canon Episcopi[16] vom 10. bis zum 15. Jahrhundert als Hexerei, die noch nicht mit Ketzerei verbunden ist, codiert. Denn der im Zuge der frühmittelalterlichen Christianisierung sich konstituierende Canon Episcopi, der im ausgehenden Mittelalter seine Gültigkeit verliert, ist von seinem Ansatz her auf die Verfolgung „heidnischer Elemente" gerichtet. Während der Hexenhammer, der mit Beginn der Moderne an die Stelle des Canon Episcopi tritt, die Verfolgung von Christen durch Christen, angesichts der in Konfessionen zerfallenden Universalkirche, legitimiert.

„Derohalben", so schreiben Sprenger und Institoris, „wann uns jemand wegen der Neuigkeit des Werkes zur Rede stellet, mit demselben lassen wir uns getrost in einen Streit ein. Er soll aber... wissen, daß dieses Werk zugleich neu und zugleich alt sei... Alt ist es gewißlich nach dem Inhalt und dem Ansehen. Neu aber in Ansehung und Zusammensammlung der Teile und der Verbindung derselben".[17] Diese neue Verbindung alter Teile soll das Problem lösen, wie die „Hexenketzerei" als Glaubensverbrechen verfolgt werden kann, obwohl sie mit der Seele vom Glauben der mittelalterlichen Universalkirche abgefallen ist. „Denn wohlgemerkt: diese Hexenketzerei ist nicht nur von anderen Ketzereien darin verschieden, daß sie nicht bloß durch ausdrückliche, sondern auch freiwillig geschlossene Pakte, auf jede Schmähung und Schädigung des Schöpfers und seiner Geschöpfe rasend begierig ist... sondern diese Hexenketzerei unterscheidet sich auch von jeder andern... darin, daß sie... den Namen maleficium, wie früher festgesetzt, bekommt von maleficere, dh. male de fide sentire."[18]

Entsprechend dieser Unterscheidung von „ausdrücklichen und freiwilligen Pakten" hier, dem „maleficium" dort, besteht die „Neuigkeit" des Hexenhammers darin, daß

Sprenger und Institoris die „Hexenketzerei" als kirchliches und weltliches Verbrechen codieren, das dogmatisch und dämonologisch zu erfassen ist. Denn die ausdrücklichen und freiwilligen Pakte sind auf den Glauben zu beziehen, der vom Wissen und Willen abhängig ist: der kirchlich-dogmatische Aspekt der Ketzerei. Das maleficium aber, das schon „früher" – nämlich im Canon Episcopi – festgesetzt wurde, wo es „heidnische" Hexerei bedeutete, wird jetzt von Sprenger und Institoris als male de fide sentire interpretiert. Als ein „Schlecht-vom-Glauben-denken", das kirchlich-dogmatisch nicht mehr zu erfassen und folglich dem weltlich-dämonologischen Aspekt zuzuordnen ist, der die „flächendeckende" Diffundierung der Ketzerei ausdrückt, die, so könnte im Unterschied zur „heidnischen" Hexerei gesagt werden, als „christliche" Hexerei oder als Säkularisierung des Glaubens expandiert.

Soweit in der „Hexenketzerei" beide Aspekte verbunden sind, resultieren daraus zwei Dimensionen dieses Glaubensverbrechens: eine kirchliche und eine weltliche, die zugleich auf den Glauben und auf das „Schlecht-vom-Glauben-denken" bezogen sind. Insofern sich dieses Glaubensverbrechen jedoch in der Seele vollzieht, ist auch sie, entsprechend ihrem physisch-metaphysischen Aufbau,[19] immer als doppelter Referenzpunkt der im Hexenhammer codierten Verfolgungen im Spiel. Weil die Seele physisch-metaphysischer Referenzpunkt des Glaubensverbrechens ist, auf das Sprenger und Institoris zielen, geht die vorliegende Untersuchung von einem doppelten, von einem esoterisch-exoterischen Diskurs des Hexenhammers aus, dem vorausgesetzt ist, daß seine Verfasser als Inquisitoren an den Glauben, den sie verfolgen, selbst gebunden sind. „Darum... handeln (sie) von (der Hexenketzerei) Ursprunge und ihrer verderblichen Vermehrung... mit der größten Sorgfalt so... daß (nur) das zuzulassen ist, was als mit der Vernunft vereinbar und den Überlieferungen der Schrift nicht zuwider befunden wird."[20]

Für diese von Aristoteles über Augustinus bis Thomas von Aquin reichenden „Überlegungen", auf die sich Sprenger und Institoris beziehen, ist konstitutiv, daß die Vernunft vom Körper fundamental abstrahiert. Geist und Materie, Metaphysisches und Physisches sind also einerseits unvereinbar. Andererseits muß jedoch eben darum ein geistiger Sachverhalt, wenn seine Transzendenz immanent begriffen werden soll, wie dies zweifelsohne die seelsorgerische Aufgabe von Sprenger und Institoris als Dominikaner ist, immer mittels eines materiellen Sachverhalts ausgedrückt werden. Das heißt, der materielle Sachverhalt fungiert als exoterisches „Beispiel" für eine esoterische Bedeutung, auf die dieses „Beispiel" verweist. In diesem Sinne wird in der vorliegenden Untersuchung der Diskurs des Hexenhammers als Gleichnisrede verstanden, von der Sprenger und Institoris explizit betonen, daß sie immer „mit Festhaltung an dem geistigen Inhalte der apostolischen Bulle... zu betrachten (ist)".[21]

Wird die den Hexenhammer legitimierende Bulle „Summis desiderantis" Papst Innozenz VIII. ihrerseits unter dem Aspekt gelesen, daß ihr geistiger Inhalt von dem in ihr ausgesprochenen materiellen Sachverhalt zu unterscheiden ist, obwohl sich dieser gleichzeitig auf jenen geistigen Inhalt bezieht, dann fallen zwei komplementäre Passagen auf. Zum einen heißt es: „nicht ohne große Beschwerung (ist es neulich) zu unsern Ohren gekommen... daß in... Städten, Ländern, Orten und Bisthümern sehr viele Personen beiderley Geschlechts... mit denen Teufeln, die sich als Männer oder Weiber mit ihnen vermischen, Mißbrauch machen... daß sie nicht zeugen, und... nicht empfangen, und die Männer, daß sie denen Weibern, und die Weiber, daß sie denen Männern, die eheliche Werke nicht leisten können, verhindern".[22] Zum andern heißt es, daß diese „Personen beiderley Geschlechts, ihrer eigenen Seligkeit vergessend, und von dem Catholischen Glauben abfallend... die ehliche Werke nicht leisten können... Über dieses den Glauben selbst, welchen sie bey Empfangung der heiligen Tauffe angenommen haben, mit Ehebrüchigem Munde verläugnen. Und andere... Sünden... durch Anstiftung des Feindes des menschlichen Geschlechts zu begehen... sich nicht förchten, zu der Gefahr ihrer Seelen."[23]

Geht man vom komplementären Verhältnis dieser beiden Passagen aus, dann ist es offensichtlich, daß in der Bulle Innozenz

VIII. im doppelten, im physisch-metaphysischen Sinne von Ehebruch und Ehehinderung die Rede ist. Diese Rede impliziert ein geistiges und ein materielles Zeugen der Seele: ein Zeugen durch Vernunft, die mit Wissen und Willen auf den Glauben bezogen ist; und ein körperliches Zeugen, das Begierde und sinnliche Wahrnehmung bestimmt. Diesem doppelten Zeugen der Seele entspricht die theologische Definition, daß die Seele mit Gott in der Taufe einen Ehebund schließt.[24] Von hier aus können Sprenger und Institoris das von ihnen verfolgte Glaubensverbrechen als physisch-metaphysisches Zeugungsverbrechen codieren, aus dem prinzipiell resultiert, daß „Personen beiderley Geschlechts... von dem Catholischen Glauben abfallend... die eheliche Werke nicht leisten können", obwohl sie „mit den Teufeln, die sich als Männer oder Weiber mit ihnen vermischen, Mißbrauch machen".

Das heißt, obwohl diese Personen zeugen, werden sie als zeugungsunfähig definiert. Weil die Ehe der Seele mit Gott, die ihrerseits das Modell für die Ehe von Mann und Frau abgibt, verhindert oder gebrochen ist. Indem jene Personen jedoch „mit denen Teufeln... Mißbrauch machen", die „als Männer oder Weiber" niemand anderes sind, als diese Personen, tritt ein Gegenbund an die Stelle des Ehebunds Seele – Gott. Für ihn ist konstitutiv, daß diese Personen oder Teufel „beiderley Geschlechts", vom „Catholischen Glauben abfallend", diesen mit „ehebrüchigem Munde verläugnen", wodurch nicht nur das Zeugen der Seele im Glauben in Frage gestellt ist, sondern auch das Zeugen von gläubigen Seelen.

Deshalb konstatieren Sprenger und Institoris, daß „unter allen Handlungen, die zu ihrer (der Hexenketzerei) Vervielfältigung dienen, zwei besonders wirksam sind, nämlich die mit den Incubi und Succubi und die schändliche Gelobung der Kinder".[25] Die Handlungen „mit den Incubi und Succubi" sind auf die Personen „beiderley Geschlechts" zu beziehen, die in der Bulle Innozenz VIII. mit „denen Teufeln (den Incubi und Succubi)... als Männer oder Weiber" gleichgesetzt werden. Offensichtlich aber sind diese Männer und Frauen nicht mehr bereit, den Glauben, den sie „bey Empfan-

gung der heiligen Tauffe angenommen haben", mittels der Taufe an ihre Kinder weiterzugeben. Sprenger und Institoris, für die der Referenzpunkt der Seele zugleich ein geistiger und ein materieller ist, codieren dies als „die schändliche Gelobung der Kinder" an den Teufel.

## II

Grundlegend für die Codierung des Glaubensverbrechens der „Hexenketzerei" als Zeugungsverbrechen ist die Aristotelische Zeugungs- und Seelenkonstruktion, in der sich Geist und Materie, Form und Stoff, Seele und Körper wie Männliches und Weibliches zueinander verhalten. Dabei entspricht die Funktionsweise dieser Zeugungs- und Seelenkonstruktion, wie sie insbesondere durch die theologische Autorität der Dominikaner, Thomas von Aquin, rezipiert wird, dem, daß die Seele mit Gott in der Taufe einen physisch-metaphysischen Ehebund schließt. Ob die Vernunft, oder der an Willen und Wissen gebundene Glaube der Bewegungsursprung der Seele ist: ihr geistiges Zeugen, das sich zum körperlichen Zeugen analog verhält, ist immer an den männlichen Samen gebunden, der die Transzendenz immanent repräsentiert.

Bei Aristoteles ist der männliche Samen „dadurch ausgezeichnet, daß er den Lebensquell hat... der in dem Geschöpf die Entwicklung einleiten... kann, während... (das Weibchen) nur Stoff bietet",[26] der sich entweder passiv dazu verhält, daß der männliche Samen die in ihm angelegte Form aktiviert, oder aber seinerseits zur Selbstbewegung fähig ist. Eben darum besteht „die Möglichkeit... daß das Männliche (gegenüber dem weiblichen Stoff) nicht die Oberhand gewinnt".[27] Womit die Vernunft ebenso wie „ein Geschöpf", das dem Vater gleicht, in Frage gestellt ist. Stattdessen „muß es... zur Geburt von Weibchen kommen".[28] Denn nur dann, wenn „der männliche Same mit (dem weiblichen Stoff)... fertig (wird)... zwingt er ihn in die eigene Form".[29] Wird er überwältigt, schlägt er ins Gegenteil um: „das Gegenteil zum Männchen aber ist das Weibliche",[30] in dem „die Natur schon gewissermaßen aus der Art geschlagen" ist.[31] Da das

Weibliche nur vermittelt über das Männliche, nicht aber unter dem Aspekt seiner stofflichen Selbstbewegung zur Erhaltung der Art imstande ist, die bei Aristoteles ausschließlich der Bewegungsursprung der Vernunft garantiert.

Allerdings führt die Selbstbewegung des weiblichen Stoffs noch „nicht in eine fremde Natur hinein".[32] Das heißt, das Weibliche ist, als Entartung der Art des Männlichen, noch „eine Naturnotwendigkeit, weil doch die Art erhalten bleiben muß".[33] Weshalb „in gewissem Sinn" bei Aristoteles „auch das Widernatürliche natürlich zugeht, wenn das Gestaltwesen (die männliche Form) den Stoff nicht zu bewältigen vermag".[34] Dieser „gewisse Sinn" ist im Diskurs des Hexenhammers in sich verkehrt. Da die Selbstbewegung des weiblichen Stoffs bei Sprenger und Institoris durchaus in eine „fremde Natur" hineinführt: in die „fremde Natur" der Hexe. Für sie gilt, daß das Widernatürliche nicht mehr natürlich, sondern daß das Natürliche widernatürlich zugeht. Dementsprechend interpretieren Sprenger und Institoris die Selbstbewegung des weiblichen Stoffs, die bereits bei Aristoteles „die Oberhand" der Vernunft oder des Männlichen verhindert, als Abfall von Gott, der in dem Maß widernatürlich ist, wie er die Natur der „Personen beiderley Geschlechts" überschreitet.

In diese Interpretation ist eingeschlossen, daß der Prototypus der Hexe zwar weiblich ist, soweit das Weibliche in der Aristotelischen Zeugungs- und Seelenkonstruktion Stoff ist. Da jedoch auch das Männliche aus dem Stoff des Weiblichen besteht, obwohl es der Repräsentat des Geistes ist, kann auch das Männliche Hexe sein. Damit korrespondiert, daß in der christlichen Theologie die Erbsünde von Eva auf Adam übertragen wird. Wenn aber die Bulle Innozenz VIII. die „Personen beiderley Geschlechts" Teufel nennt, dann ist dies davon die Umkehrung, daß beide Hexe sind. Nicht nur weil Eva, bevor sie die Erbsünde auf Adam überträgt, mit der Schlange, dem „Feind des menschlichen Geschlechts", kopuliert, sondern weil die Selbstbewegung des weiblichen Stoffs im Diskurs des Hexenhammers prinzipiell in eine „fremde Natur" hineinführt. Diese weibliche Widernatur, in der das Geschlecht in dem Maß „aufgehoben" ist, wie das Männ-

liche – und mit ihm Vernunft und Glauben – nicht „die Oberhand" gewinnt; diese weibliche Widernatur, die gleichzeitig nur geschlechtlich im Sinn von materieller Begierde funktioniert; diese weibliche Widernatur wird von Dämon und Hexe repräsentiert. Sie stellen zum physisch-metaphysischen Ehebund Seele – Gott den ausschließlich physischen, ehebrecherisch expandierenden Gegenbund dar.

Soweit Dämon und Hexe hier auf Adam und Eva, dort auf die Schlange und Eva zurückzuführen sind, gilt, daß „die Gesamtheit der Bosheiten", die im Hexenhammer verhandelt werden, sich vom „Falle der Engel" und von „den ersten Eltern" herleiten.[35] Doch ob die Begierde des Dämons nach Gott oder die Begierde Evas nach dem Dämon im Spiele ist, immer gilt, daß nicht das Männliche, sondern das Weibliche „die Oberhand" gewinnt. „Es ist dies jene weibische Zeit", rufen darum Sprenger und Institoris aus, „von der... vorhergesagt (ist), daß sie nicht so lange dauern wird, als sie bisher bestanden hat, da schon die Welt voll ist von Hurerei"[36] und von „Schandtaten bei den weibischen Männern, die keinen Glaubenseifer hatten".[37]

„Wir Prediger und Seelsorger müssen darauf achten und hinweisen, daß kein Opfer Gott angenehmer ist als der Eifer um die Seelen",[38] so Sprengers und Institoris' Postulat angesichts dieser Welt, die „sich zum Untergange neigt, überflutet von jeglicher Bosheit".[39] Nichtsdestotrotz basiert ihr Verfolgungskonzept darauf, daß „die Sünde nicht gehindert werden (darf)".[40] Der Widerspruch löst sich, weil „(Gott) auch... in den Sünden... lobenswert" ist.[41] Denn das „Wanken der Welt" liefert für Sprenger und Institoris nur den Beweis dafür, daß Gott diese Welt prästabiliert; daß er über jene weibische Zeit „die Oberhand" gewinnt. Da immer „drei Kräfte zusammen zu wirken haben: der Dämon, die Hexe, die göttliche Zulassung".[42]

Weil „Gott der allgemeine Vorsteher der Welt ist und... aus den besonderen bösen Dingen sehr viel Gutes hervorbringen kann, wie... aus den Werken der Hexen die Läuterung oder Prüfung des Glaubens der Gerechten",[43] kann er im allgemeinen oder metaphysisch garantieren, daß das Widernatürliche noch immer natürlich zugeht, auch wenn im Besonderen oder physisch das Natürliche bereits widernatürlich ist. „Ein Beispiel dafür haben wir... in den Geschehnissen... der Natur. Denn Schädigungen und Mängel, die in der Natur vorkommen, mögen sie auch gegen die Absicht der besonderen Natur des Betreffenden sein... so sind sie doch entsprechend der Absicht der allgemeinen Natur... Damit nämlich die Arten auf der Erde bewahrt bleiben, muß die Vernichtung des einen die Erhaltung des anderen sein: der Tod der Tiere nämlich erhält das Leben des Löwen".[44]

Daß das Leben des Allgemeinen oder der Kirche, die qua Inquisition zum „Löwen" geworden ist, nur noch durch die „Ausrottung der Hexen mit Bezug auf die letzten Mittel"[45] erhalten werden kann, erklärt sich nach Sprenger und Institoris durch den Unterschied, der zwischen den „anderen Ketzereien" und der „Hexenketzerei" besteht. Sie nämlich, die „Hexenketzerei", basiert auf dem besonderen, auf dem ausdrücklichen und freiwilligen Pakt mit dem Dämon, in dem sich die subjektive Vernunft der Moderne ankündigt, die die objektive Vernunft der göttlichen Naturordnung durchbricht und in eine „fremde Natur" hineinführt. Denn „sündigen können heißt, aus Freiheit des Willens von Gott sich entfernen... deshalb konnte weder Mensch noch Engel das empfangen, noch konnte ihm von Gott das mitgeteilt werden, daß er von Natur Freiheit des Willens hätte".[46]

Diese an keine göttliche Naturordnung mehr gebundene Freiheit des Willens steht im Hexenhammer zur Verhandlung an. Dabei gilt zwar weiterhin, daß sich die „Gesamtheit der Bosheiten" vom „Fall der Engel" und den „ersten Eltern" herleitet. Gleichzeitig aber stellen Sprenger und Institoris fest, daß „die Werke der Hexen... in verschiedener Hinsicht die Sünde des Engels und der ersten Eltern (überschreiten)".[47] Sie begründen diese Feststellung damit, daß die Sünden des Engels und der ersten Eltern „nicht schlecht an sich waren".[48] Die „Hexen und andere Sünder sündigen" jedoch, „indem sie das tun, was in jeder Hinsicht schlecht ist, sowohl an sich, als auch weil es verboten ist".[49] Sie sündigen so, daß es dogmatisch nicht mehr faßbar

und nur noch als male de fide sentire zu bezeichnen ist.

Dieses „Schlecht-vom-Glauben-denken" überschreitet die dogmatisch verbotene Sünde darin, daß es an sich nicht zu verbieten ist. Zwar ist auch die dogmatisch verbotene Sünde insofern nicht verboten, wie „Gott mit Recht erlaubt, daß der Mensch sündige oder versucht werde",[50] solange das Widernatürliche natürlich zugeht. Mit der aus der göttlichen Naturordnung gelösten Freiheit des Willens verhält es sich umgekehrt: hier geht das Natürliche widernatürlich zu. Darum wird das dogmatisch nicht mehr Faßbare dieser natürlichen Willensfreiheit von Sprenger und Institoris als Pakt mit dem Dämon codiert, dem das male de fide sentire vorausgesetzt ist. In ihm zeichnet sich ein Abfall vom Glauben in dem Sinn ab, daß sich der Mensch nicht mehr als Gottes Geschöpf, sondern als sein eigenes begreift. Sprenger und Institoris definieren stattdessen: „(da der Mensch) eine Kreatur ist, hängt sein Sein ab vom Schöpfer, wie das Verursachte von der Ursache seines Seins; Schaffen (jedoch) ist, etwas aus nichts machen: deshalb, wenn (der Mensch) sich selbst überlassen wird, zerfällt er, bleibt jedoch bewahrt, so lange er den Einfluß der Ursache annimmt".[51]

Diesen „Einfluß der Ursache" versuchen Sprenger und Institoris nicht zuletzt deshalb gegen die „einfallende Welt" und den „zerfallenden Menschen" zu retten, weil „das (auch) die letzte Zuflucht der Kirche ist, (das,) wozu sie nach dem göttlichen Gebote verpflichtet wird".[52] Dementsprechend verlangt die päpstliche Bulle „mit der höchsten Begierde... daß der Catholische Glaube... blühen möge... alle Ketzerische Bosheit... hinweg getrieben... und die Beobachtung eben desselben Glaubens in die Hertzen... um so stärker eingetrucket werde".[53] Aus diesem Grunde wird „ohngeachtet aller und jeder vorigen und diesem zuwiderseyenden Apostolischen Rechtsschlüssen und Verordnungen", der „Ausnahmezustand" erklärt, indem den Inquisitoren eine der päpstlichen analoge Hoheit und „neue völlige und freye Gewalt" zugesprochen wird, gegen jeden, ob höchsten oder niedrigsten Standes, „ungehindert" vorzugehen, dabei „die Hülffe des weltlichen Arms an(zu)ruffe(n)".[54] Die arbeitsteilige Verbindung von päpstlicher Inquisition und weltlicher Gerichtsbarkeit entspricht dem, daß die „Hexenketzerei" kirchlich und weltlich zusammengesetzt ist.

Sprenger und Institoris kommentieren darum im Hexenhammer: „Sache des geistlichen Richters ist (es), zu untersuchen und zu urteilen und Sache des weltlichen Richters, auszuführen und zu strafen, wenn das Urteil auf eine Strafe des Blutes hinausläuft... einmal... weil dies Verbrechen der Hexen nicht rein geistlich, sondern im Gegenteil... mehr bürgerlich ist, dann auch, weil man sieht, daß besondere Gesetze zur Bestrafung der Hexen bezüglich des ganzen Hergangs der Bestrafung herausgegeben worden sind",[55] womit sich Sprenger und Institoris explizit auf die Bulle beziehen, die ihrerseits feststellt, daß „keinem Menschen erlaubt sein (solle)", diesen besonderen Gesetzen „entgegen zu handeln".[56]

## III

Mit diesen alle in gleicher Weise einem Ausnahmezustand unterwerfenden Gesetzen korrespondiert, daß die „Hexenketzerei" in der Bulle und im Hexenhammer als „Seuche" bezeichnet wird: als „Seuche ketzerischen Unwesens" oder als „pestilentzische Ketzerei", die nahelegt, daß das verfolgte Glaubens- oder Zeugungsverbrechen in jedem Einzelnen epidemisch, als geheime Ursache oder Ansteckung, wirkt. Ausgehend davon, daß die „Hexenketzerei" als Seuche aufgefaßt wird, können die Momente, die Foucault in Überwachen und Strafen hinsichtlich der „Pest" herausarbeitet, einbezogen werden unter dem Aspekt, daß „die Pest das Modell der Disziplinierungen herbeigerufen hat",[57] die für die Machtmechanismen der Moderne konstituierend sind. Im Hexenhammer führen Sprenger und Institoris ein „Beispiel" ein, an dem diese Diziplinierungen abzulesen sind, hinter denen prinzipiell „die Angst vor den ‚Ansteckungen' (steht), vor der Pest, vor den Aufständen, vor den Verbrechen"[58] oder vor einer „flächendeckenden" Diffundierung der „Hexenketzerei", in der alle diese Momente enthalten sind:

„Ein Beispiel. Einer von uns Inquisitoren fand einen Ort, der infolge der Sterblichkeit unter den Menschen fast verödet war. Dort

ging das Gerücht, daß ein begrabenes Weib das Leichentuch, in welchem sie begraben war, nach und nach verschlänge, und die Pest nicht aufhören könnte, wenn jene nicht das Leichentuch ganz verschlänge und in den Bauch aufnähme. Nachdem ein Rat darüber abgehalten war, gruben der Schulze und der Vorsteher der Gemeinde das Grab auf und fanden fast die Hälfte des Leichentuches durch Mund und Hals hindurch bis in den Bauch gezogen und verzehrt. Als der Schulze das sah, zog er in der Erregung das Schwert, schlug der Leiche das Haupt ab und warf es aus der Grube, worauf die Pest plötzlich aufhörte... bei der angestellten Inquisition fand man, daß jenes Weib lange Zeit ihres Lebens eine Wahrsagerin und Zauberin gewesen sei."[59]

Diese noch lebende Tote repräsentiert als „Zauberein" die „Pest", mit der die Einführung der Inquisition an einem beliebigen Ort begründet wird, indem „(sich) die Macht... zur Abwehr eines außerordentlichen Übels (formiert)".[60] Dabei sind vier Momente hinsichtlich der durch die „Pest" herbeigerufenen Disziplinierungen zu unterscheiden. Erstens ist die Einführung der Inquisition mit einem Ausnahmezustand des entsprechenden Ortes verbunden, „der infolge der Sterblichkeit unter den Menschen fast verödet war". Zweitens wird entsprechend der Art und Weise, wie ein Glaubens- oder Hexenprozeß zu beginnen ist, ein „Gerücht" inszeniert, aufgrund dessen die Inquisition ermittelt, was Haft, Verhör und Folterung durch „individualisierende Aufteilungen"[61] einschließt. Drittens ist mit dieser Ermittlung „eine in die Tiefe gehende Organisation von Überwachungen und Kontrollen"[62] verbunden, die den „Rat" des Ortes einbezieht, was eine „Intensivierung und Verzweigung der Macht"[63] bedeutet. Sie schließt, viertens, die Verbindung von Inquisition und weltlicher Macht ein, wobei das Urteil des geistlichen Richters unerwähnt bleibt, dagegen die Hinrichtung der „Zauberin" durch den weltlichen Richter überbetont wird als „Beispiel" dafür, daß allen so geschieht, die den Tod oder die „Seuche des ketzerischen Unwesens in der Seele tragen und folglich ansteckend sind".

Seitens der Inquisition wird der ketzerischen Ansteckung, Vermischung und epidemischen Ausweitung mit Isolierung, Entmischung und individualisierender Internierung begegnet: Funktionsmechanismen der Disziplinierung, durch die für Sprenger und Institoris „die Einheit der menschlichen Gesellschaft empfohlen (wird), wonach ein Mensch um den andern ängstlich besorgt sein müsse, daß er nicht sündige... indem nämlich die Sünde eines übergeht auf alle, als ob alle ein Leib seien".[64] Dieser ansteckende Leib wird durch die Selbstbewegung des weiblichen Stoffs oder jene „Zauberin" repräsentiert, die mit ihrem Leichentuch die Einwohner des Ortes verschlingt, bis die Inquisition „die Oberhand" gewinnt.

Die „Pest" ist für die weltliche und geistliche Gewalt der „Hintergrund... das Bild für alle Verwirrungen und Unordnungen".[65] Deshalb ist „das Verbrechen der Hexen... der zeitlichen Schädigungen (wegen) und um des Glaubens willen, den sie verletzen", ein crimen mixtum, das „zur Untersuchung, Verurteilung und Bestrafung vor (die) Richter beider Parteien (gehört)".[66] Denn die „zeitlichen Schädigungen", von denen die Bulle „verderben, ersticken und umkommen machen" von „Weinberge, Obstgarten, Wiesen, Weyden, Getreide" und anderem aufzählt,[67] sind im exoterisch-esoterischen Diskurs des Hexenhammers immer auch als ewige Schädigungen im „Acker des Herrn" zu verstehen.[68]

Die physisch-metaphysische Beziehung zwischen zeitlicher und ewiger Schädigung läßt einen crimenologischen Zusammenhang zwischen „juristischer Annahme" und „natürlichem Sachverhalt" zu, mittels dessen die Inquisition vom Akzidentellen aufs Substantielle schließt. „Denn die Kirche kann nur nach dem urteilen, was klar zu Tage liegt; der Erkenner und Richter des Verborgenen ist ja Gott".[69] Es kann sich also „das, was im Verstande ist... nur ergeben aus äußerlich gesehenen oder bewiesenen Taten: folglich, wer derlei tut, ein solcher ist als Ketzer zu beurteilen".[70] Denn „er hat eine solche Tat getan, aus der sich ergibt, daß er selbst schlecht vom Glauben denkt",[71] weshalb er nicht nur „nach juristischer Annahme für einen Ketzer erachtet (wird)",[72] sondern auch „der Natur der Sache nach".[73] Sie allerdings ist nicht zu beweisen. Da sie dem Verborgenen angehört, jedoch nur Gott „das Innere

der Menschen sieht, die über das Innere nur urteilen können nach äußeren Erscheinungen".[74]

Wie immer Sprenger und Institoris sich legitimieren, daß sie vom Äußeren aufs Innere schließen: nichts anderes, als dieses Innere ist es, auf das sie zielen. Doch wenn es, wie sie behaupten, nur Gott zugänglich, also ein Schluß vom Äußeren aufs Innere letztlich unmöglich ist, wozu wird dann der crimenologische Zusammenhang zwischen „juristischer Annahme" und „natürlichem Sachverhalt" konstruiert? Offensichtlich, weil im natürlichen Sachverhalt ein widernatürlicher verborgen ist, der seinerseits nur der Inquisition zugänglich ist, soweit Sprenger und Institoris, unabhängig von Recht und Theologie, wie es dem Ausnahmezustand entspricht, sich als Dominikaner auf die „Nase" der „Hunde Gottes" verlassen, darauf, daß diejenigen, „die aufgrund des natürlichen Sachverhalts infiziert sind", nach „Ketzerei riechen... innerlich".[75] Je nach mäßigem, großem oder sehr großem Verdacht, der sich aus der „juristischen Annahme" ergibt, fängt die verseuchte Seele „der Natur der Sache nach" zu stinken an.

Als „Beispiel" kommt jenes Gefäß in Betracht, das auf unzähligen Hexendarstellungen, insbesondere aber auch einem Holzschnitt Hans Baldung Grien's von 1508, zu sehen ist. Dieses Gefäß ist zwischen die Schenkel einer Hexe plaziert, wo es das weibliche Geschlecht und die Selbstbewegung des weiblichen Stoffs repräsentiert, den dieses Gefäß als Kotfluß und Pesthauch aus sich entläßt.[76] Soweit diese stoffliche Selbstbewegung ebenso die weibliche Begierde ausdrückt, ist eine weitere Federzeichnung Griens von 1515 zu erwähnen, auf der eine breitbeinig stehende Hexe Kotfluß und Pesthauch direkt aus ihrem Geschlecht in den Rachen eines unter ihr liegenden Schlangendrachens entläßt, der sie umgekehrt mit eben diesem Kotfluß von hinten penetriert.[77] Ob jenes Gefäß oder das weibliche Geschlecht auf die Selbstbewegung des weiblichen Stoffs verweist, immer zeigt seine Begierde auch die „Pest" einer natürlichen Willensfreiheit an, die Grien auf einer Federzeichnung von 1514 dadurch karikiert, daß sich eine Hexe am Pesthauch ihres eigenen Geschlechts ansteckt, an dem sie sich aus „freiem Willen" eine Kerze entzündet: „Beispiel" für das Höllenfeuer, in dem sie brennen wird".[78]

Der crimenologische Zusammenhang von exoterischem und esoterischem Tatbestand eröffnet der Inquisition Ermittlungsmöglichkeiten, deren physisch-metaphysischen Funktionsmechanismus Sprenger und Institoris folgendermaßen formulieren: „wie das Äußere des Glaubens an dem Glaubensakte erkannt wird... und... das Äußere der Keuschheit am keusch leben... so kann die Kirche jemand als Ketzer angeben, indem sie untersucht, ob er bezüglich irgendeines Glaubensartikels eine Handlung des Erwägens oder des schlecht Denkens aufweist".[79] Die „Handlung des Erwägens" deutet auf den Abfall vom Glauben, der in der „Handlung... des schlecht Denkens" vollzogen ist. Beide Grade des Abfalls sind dort mit Ketzerei, hier mit „Hexenketzerei" gleichzusetzen, die, soweit die Analogie Glauben – Keuschheit auf den Ehebund Seele – Gott rekurriert, dort Ehehinderung, hier Ehebruch implizieren: die „Vermischung mit den Teufeln".

Folgt man der päpstlichen Bulle, dann sind es dieselben „Personen beiderley Geschlechts", die hier mit den Teufeln koitieren, andere dort am Koitieren mit Gott verhindern. Anders ausgedrückt: dieselben Personen gehören hier bereits einer Ketzergemeinde an, während sie dort andere missionieren. Wobei diese Mission zur Handlung des Erwägens, der Eintritt in eine Ketzergemeinde zur Handlung des schlecht Denkens führt, was Sprenger und Institoris wie folgt definieren: „wer einen Ketzer anbetet... (ist) selber ein Ketzer; aber wer den Dämon anbetet, sündigt schlimmer, als der, welcher einen Ketzer anbetet".[80] Der erste sündigt bezüglich eines Glaubensartikels, indem er eine „Handlung des Erwägens... aufweist"; der zweite sündigt ebenfalls bezüglich eines Glaubensartikels, doch indem er eine „Handlung... des schlecht Denkens aufweist", wobei „der Betreffende... tauft, ein lebendes Kind... tötet oder derartiges mehr" vollzieht.[81]

Wird der Dämon angebetet, dann wird in erster Linie gegen den Glaubensartikel „Ich bin der Herr, Dein Gott, Du sollst keine anderen Götter neben mir haben" gesündigt, was „Gott (selbst), da es... geistige Hurerei erzeugt... aus seinem Eifer heraus, den er um die ihm vermählten Seelen zeigt, wie der Gatte um die Gattin, verboten (hat)".[82] Stattdessen hat er innerhalb des Ehebunds mit ihm geboten: „die Ausstreuung des himmlischen Samens ist uns gegeben: wehe, wenn wir nicht streuen" – dann ist die Ehe mit Gott verhindert; „wehe, wenn wir schweigen"[83] – dann ist die Ehe mit Gott gebrochen. An die Stelle von Glauben und Keuschheit tritt die „Vermischung mit den Teufeln". Sie schließt einen Gegenbund der Seele mit „dem Säer allen Neides"[84] ein. „Und weil bei allen diesen immer der Glaube geschändet wird, weil man vom Dämon erwartet, was von Gott zu erwarten ist, deshalb gilt es immer als Abfall".[85]

Denn die Sünde gegen den Glaubensartikel „Ich bin der Herr, Dein Gott" ist immer „Verletzung der Göttlichen Majestät"[86] und damit ein crimen exceptissimum, das der „harte Kern" des crimen mixtum ist. Sprenger und Institoris unterscheiden darum den „Abfall mit Wort und Tat" oder einen „doppelten Abfall", der dem ausdrücklichen und freiwilligen Pakt mit dem Dämon entspricht, von „einem dritten (Abfall)", den „sie", die Ketzer als Hexen, „noch schweigend mitverstehen, nämlich den des Herzens".[87] Er entspricht dem male de fide sentire, das dem ausdrücklichen und freiwilligen Pakt mit dem Dämon vorausgesetzt ist. Jene schweigend mitverstandene „Herzensapostasie" ist es, auf die Sprenger und Institoris zielen. Sie ist das Verborgene, das Evidenz nur durch die Rede gewinnt; sei sie Lehre, Gerücht oder Geständnis. Darum führen Sprenger und Institoris in ihre Crimenologie, die den Schluß vom Äußeren aufs Innere zuläßt, eine Dämonologie ein, die, umgekehrt, den Schluß vom Inneren aufs Äußere möglich macht. Denn mit und durch die Dämonen wird das zum Ermittlungsgegenstand, was zwar der „Nase" der Inquisition nicht entgeht, aber erst durch ihr „Lehrgebäude der Dämonologie" positivierbares Wissen wird.

## IV

In diesem „Lehrgebäude" unterscheiden Sprenger und Institoris, was die Hierarchie der Dämonen (oder Engel) angeht, „vierfache Strafhandlungen": dienliche, schädliche, zauberische, natürliche. „Dienliche heißen solche, die durch den Dienst guter Engel, schädliche, die durch den Dienst böser Engel geschehen... zauberische heißen die, welche ein Dämon durch Hexen und Zauberer vollbringt... natürliche (die), die aus den Einflüssen der Himmelskörper... hervorgehen in Gestalt von Sterblichkeit, Unfruchtbarkeit der Äcker, Hagelschlag und ähnlichem":[88] zeitliche Schädigungen, die nur dann auf ewige verweisen, wenn der „Natur der Sache" nach in der göttlichen Naturordnung etwas widernatürlich zugeht.

Innerhalb dieser göttlichen Naturordnung kann „die Macht des Dämonen... nichts tun... ohne Zulassung Gottes",[89] soweit im Allgemeinen das Widernatürliche dennoch natürlich ist. Nichtsdestotrotz bewirkt der Dämon mit einer besonderen, nämlich der dritten Strafhandlung, die er „durch Hexen und Zauberer" oder durch „Personen beiderley Geschlechts" vollbringt, daß das Natürliche widernatürlich wird, insofern der Mensch zwar metaphysisch als Gottes Geschöpf entsteht, physisch aber sein eigenes ist. Das heißt, im Zeugungsakt geschieht die Verkehrung des Metaphysischen ins Physische, der allgemeinen Natur ins widernatürliche Besondere. Aus diesem Grund hat „Gott (hinsichtlich der )... auf den Mann und das Weib verteilten Vermehrung gesagt, daß... das Sakrament der Ehe unter Mitwirkung des Teufels durch die Hexenwerke geschädigt werden kann... (was) um so mehr bei jedem beliebigen anderen Liebesakt zwischen Mann und Weib möglich ist. Wenn aber gefragt wird, warum es gerade in und bei dem Liebesakte dem Teufel erlaubt sei, Zauberei zu üben und nicht bei anderen Handlungen des Menschen, so wird gesagt, daß... die Macht des Dämonen in den Lenden der Menschen liegt: weil unter allen Streiten die Schlachten des Streites am härtesten sind, wo ein fortwährender Kampf und selten Sieg ist".[90] Weshalb schon bei Aristoteles das Männliche gegenüber der Selbstbewegung des weiblichen Stoffs unterliegt, die jedoch noch nicht in eine „fremde Natur" hineinführt.

Bei Sprenger und Institoris führt die Selbstbewegung des weiblichen Stoffs in eine „fremde Natur" hinein, die nicht mehr nur das Weibliche, die auch das Männliche betrifft. Denn in dem Maß, wie diese stoffliche Selbstbewegung mit dem Abfall vom Glauben verbunden wird, ist in jenem „fortwährenden Kampf" zwischen Geist und Materie, Form und Stoff, Männlichem und Weiblichem die Art des Menschen als Gottes Geschöpf überhaupt durch Entartung in Frage gestellt. Denn der Abfall vom Glauben als „Herzenapostasie" schließt eine Gottlosigkeit ein, die in letzter Konsequenz auf die Ersetzung Gottes durch den Menschen „beiderley Geschlechts" verweist. Sprenger und Institoris antizipieren diese in eine „fremde Natur" des Menschen hineinführende Entwicklung der beginnenden Moderne, die sie verteufeln, indem sie die „Herzensapostaten" als Dämon und Hexe codieren, die nichts als die von Gott abgefallene „Macht... in den Lenden der Menschen", oder aber eine stoffliche Selbstbewegung des menschlichen Geschlechts als Incubus und Succubus repräsentieren.

Wenn aber der Abfall vom Glauben ein endgültiger ist, wie ist er dann noch als Glaubensverbrechen zu verfolgen? Wenn die Ehe Seele – Gott nicht mehr besteht, wie kann dann noch von Ehebruch die Rede sein? Ausgehend davon, daß zwar „die Macht des Dämonen in den Lenden der Menschen liegt", zum andern jedoch der in der Taufe geschlossene Ehebund Seele – Gott unauflöslich ist, gilt prinzipiell: Innerhalb der Ehe Seele – Gott wirkt der Dämon mittels der Hexe; außerhalb der Ehe Seele – Gott wirkt er, als Incubus und Succubus, allein. Damit steht fest, daß die auf die „Herzensapostasie" oder den Ehebruch bezogene Dämonologie immer an den rechtlich-theologischen Zusammenhang der „Ketzerei" oder Ehehinderung gebunden und crimenologisch zu untersuchen ist. Wie, dafür bringen Sprenger und Institoris das „Beispiel" von „einem Bräutigam, der ein Idol geheiratet und nichtsdestoweniger mit einem jungen Mädchen zu tun gehabt, das er jedennoch wegen des Teufels nicht erkennen konnte, der sich immer in einem angenommenen Körper dazwischen gelegt hatte".[91]

Entsprechend der „juristischen Annahme" hat der Bräutigam geheiratet. Sie verweist auf den „natürlichen Sachverhalt", der etwas Widernatürliches vermuten läßt: der Bräutigam kann seine Frau, das junge Mädchen, nicht erkennen. Crimenologisches, durch den Schluß vom Äußeren aufs Innere gewonnenes Fazit: die Ehe ist verhindert. Von hier aus wird die Dämonologie, zwecks Schluß vom Inneren aufs Äußere, eingeführt: der Bräutigam erkennt stattdessen ein Idol, den Teufel, der sich in dieser Gestalt zwischen die verhinderten Eheleute legt. Es folgt die Definition des Glaubens- oder Zeugungsverbrechens: der Bräutigam vermischt sich mit dem Teufel, der ein Succubus ist, was einschließt, daß der Bräutigam ein Incubus ist. Die Ehe Seele – Gott ist, wie die Ehe Mann – Frau, nicht nur verhindert, sie ist auch gebrochen. Der „doppelte Abfall" mit „Wort und Tat", und der „dritte", der schweigend mitverstanden wird, sind im Spiel: Herzensapostasie. Doch da der Teufel innerhalb der Ehe Seele – Gott und Mann – Frau mittels der Hexe wirkt, ist jenes junge Mädchen, die Braut, diejenige, von der die Ehehinderung ausgeht. Sofern jedoch ein Succubus an ihre Stelle getreten ist, liegt auch bei ihr Ehebruch hinsichtlich Gott und Mann vor. Auch sie ist mit „Wort und Tat" und mit dem „Herzen" vom Glauben abgefallen. Das Urteil kann nur lauten, daß sowohl sie wie ihr Mann, vor die Richter beider Parteien gehören, vor den kirchlichen Richter als Ketzer, vor den weltlichen Richter als Apostaten. Vollzug des Urteils: sie werden verbrannt.

Sprenger und Institoris' „Beispiel" impliziert eine im Hexenhammer an entscheidenden Argumentationspunkten wiederkehrende, exoterisch-esoterische Formel, vorgetragen als Anekdote, auf die dieses tausendseitige Werk, das „zugleich kurz und zugleich weitläufig (ist)",[92] insgesamt gebracht werden kann. Denn seine Weitläufigkeit erklärt sich nur aus „der Vielfalt der Materie" nicht durch die Einheit des Geistes, dessen Urteil ein apriorisches ist. Deshalb wird dem Hexenhammer vorangestellt, daß es „gut katholisch und sehr wahr ist, daß es Hexen gibt, welche mit Hilfe der Dämonen... wirkliche Hexenkünste vollbringen".[93] Eine Begründung des Hexenhammers, die, gegenüber dem Canon Episcopi, das Neue bezeichnet, vom den aus Sprenger und Institoris ihr „Lehrgebäude der Dämonologie" errichten. Denn der Canon Episcopi, der von seinem Ansatz her auf die Christianisierung „heidni-

scher" Elemente zielt, negiert „wirkliche Hexenkünste". Im Hexenhammer, der die Verteufelung von Christen durch Christen konzipiert, werden sie dagegen positiviert.

Dabei stellen Sprenger und Institoris klar, daß es ihnen keineswegs um „Gaukeleien und Phantasiestückchen" geht: „das (gehört) nicht zur Sache".[94] Sache der Inquisition ist es, wie der im Abfall mit Wort und Tat schweigend mitverstandene Abfall zum Reden zu bringen, wie „die unerforschliche Bosheit der Hexen" zu erforschen ist. Zwar ist sie prinzipiell auf „die Macht des Dämonen in den Lenden der Menschen zurückzuführen". Doch, wie sie funktioniert, wie sie Begierde und Vorstellung synthetisiert, dies ist herauszufinden, wenn das Verborgene im Inneren eines Menschen evident, wenn es „gerichtsverwertbares" Wissen werden soll, das im Geständnis ein zweiseitiges ist: die Gestehenden wollen wissen, was sie wissen sollen; der Richter muß wissen, was er wissen will.

Der Ausgangspunkt für Sprenger und Institoris' „Lehrgebäude der Dämonologie" ist, daß „die Vorstellungskraft... alle... inneren Kräfte umfaßt".[95] Von hier aus schließen Sprenger und Institoris mit einem „Beispiel" an das jedem zugängliche Wissen an, daß „ein Mensch über einen Balken gehen (kann)... der mitten auf dem Wege liegt; wenn er über ein tiefes Gewässer gelegt wäre, würde er nicht wagen, darüber zu gehen, weil sich seiner Seele die Vorstellung des Fallens lebhaft einprägt, welcher sein Leib und seine Gliederkraft gehorchen; aber nicht gehorchen sie ihm, stracks hinüberzugehen".[96] Aus diesem jedem zugänglichen Wissen folgern Sprenger und Institoris, daß „durch die Aufnahme von Eindrücken seitens der menschlichen Seele... sich der menschliche Leib (wandelt), so daß er kalt und heiß wird... ja, diese Wandelung... zu Krankheiten und zum Tode (führt)".[97]

Zur Systematisierung wird das nicht jedem zugängliche Wissen des Aristoteles' eingeführt, der „in seinem Buch de somno et vigilia die Ursache der Erscheinung der Träume durch örtliche Bewegung von Eindrücken erklärt; deshalb, weil, wenn ein Geschöpf schläft, das meiste Blut nach dem Hauptsitze des Fühlens hinabsteigt und zugleich die Bewegungen oder Eindrücke mit hinabsteigen, die aus den voraufgegangenen

Bewegungen der sensiblen Kräfte zurückgeblieben und im Geiste oder den sensiblen inneren Kräften aufgespeichert worden sind, welche die Phantasie der Einbildung ausmachen... es ist nämlich die Phantasie oder die Einbildung gleichsam die Schatzkammer der durch die Sinne aufgenommenen Formen",[98] womit die Wirklichkeit der Einbildung bewiesen ist.

Innerhalb dieser Beweisführung wird unmerklich der Dämon plaziert, der das repräsentiert, was sich dem Wissen entzieht. Denn, „was sich bei Schlafenden bezüglich der Erscheinungen von Träumen durch Bewegung der Geister ereignet... und zwar sprechen wir von einer örtlichen, inneren Bewegung im Kopfe und der Zellen des Kopfes – dies kann auch infolge einer ähnlichen durch die Dämonen bewirkten örtlichen Bewegung geschehen".[99] Damit bewegt sich das Unbekannte des Dämons zusammen mit einem bekannten, mehr oder weniger zugänglichen Wissen, das „mit der Vernunft vereinbar und den Überlieferungen der Schrift nicht zuwider" ist.

Jetzt kann das Unbekannte des Dämons wie das Bekannte auftreten, „nicht nur bei Schlafenden, sondern auch bei Wachenden... so daß diese sich irgendwelche Dinge einzubilden haben; und eine solche Einbildung oder Vorstellung wird eine innere Versuchung genannt werden",[100] die, wie vom Dämon, ebenso vom Menschen selbst ausgehen kann. Da „es kein Wunder ist, daß der Dämon das durch seine natürliche Kraft vermag, wenn jedweder Mensch, wenn er wacht und im Gebrauche der Vernunft ist, durch freiwillige Erregung... derartige Gestalten durch sich selbst herauführen kann, so daß er sich nach Wunsch irgendwelche Dinge vorstellt. Steht das fest, so ist auch die Sache mit dem Liebeswahne klar",[101] die immer mit innerer Versuchung verbunden ist: wie Ehehinderung und Ehebruch, die entsprechend dem „Beispiel" von „einem Bräutigam, der" etc. zu untersuchen ist.

Die „Sache mit dem Liebeswahne" ist die Sache der Inquisition schlechthin, da sie den im Abfall mit Wort und Tat schweigend mitverstandenen Abfall des Herzens impliziert. Doch, wenn im „Liebeswahne" die „örtliche, innere Bewegung... auch infolge einer ähnlichen durch die Dämonen bewirkten örtlichen Bewegung geschehen" kann, stellt sich die Frage, ob „(dann) der Dämon... dem Menschen in dem vorgestellten Gesichte nichts Neues darbieten könne?"[102] Anders ausgedrückt: was ist das Besondere, das Unbekannte im allgemeinen Bekannten des Liebeswahns, der als Formel und Anekdote funktioniert?

Wie das Besondere im Allgemeinen, das Unbekannte im Bekannten herauszufinden ist, ist ein Problem der Interpretation des Richters, der wissen muß, was er wissen will. Da „‚neu' zwiefach verstanden werden kann: einmal als ganz neu, sowohl an sich, als nach seinen Prinzipien; und danach kann der Dämon dem Menschen nichts Neues im vorgestellten Gesichte darbieten... Dann (aber) heißt etwas ‚neu' nach dem Gesichtspunkte des Ganzen, z. B. wenn wir sagen, es sei neu in der Vorstellung, daß jemand sich goldene Berge vorstellt, die er niemals gesehen hat, weil er jedoch sowohl Gold als auch Berg gesehen hat, so kann er sich durch natürliche Bewegung das Wahnbild eines goldenen Bergs vorstellen; und auf diese Weise kann der Dämon der Vorstellung etwas Neues bieten".[103]

Der Richter, der wissen will, was im ausdrücklichen Abfall mit Wort und Tat schweigend mitverstanden wird, muß auf den verborgenen Zusammenhang von Begierde und Vorstellung zielen, der, bevor ein Mensch explizit vom Glauben abfällt, implizit in seinem Inneren sich vollzieht. Wenn also „zum Beispiel... jemand sich goldene Berge vorstellt, die er niemals gesehen hat", dann ist dies „neu in der Vorstellung". Sie ist das Besondere und Unbekannte im allgemein Bekannten, daß „er... sowohl Gold als auch Berg gesehen hat". Begierde und Vorstellung sind folglich „durch natürliche Bewegung" synthetisiert, die jedoch zugleich eine widernatürliche ist, da aus ihr „das Wahnbild eines goldenen Bergs" resultiert. Die „natürliche" oder „örtliche, innere Bewegung" vollzieht sich demnach „auch infolge einer ähnlichen durch die Dämonen bewirkten örtlichen Bewegung". Fazit für das Problem der Interpretation des Richters: „auf diese Weise kann der Dämon der Vorstellung etwas Neues bieten", doch so, „daß es kein Wunder ist... (da) jedweder Mensch... derartige Gestalten durch sich selbst heraufführen kann... Steht das fest, so ist auch die Sache mit dem Liebeswahne klar."

Klar ist, daß Dämon und Mensch in der „Sache mit dem Liebeswahne" nicht zu unterscheiden sind. Zu klären ist dagegen für den Richter, ob diese „Sache" als Glaubens- oder Zeugungsverbrechen zu verfolgen ist oder nicht. Das heißt, ob die Macht des Dämonen nur in den Lenden oder auch in den Köpfen der Menschen wirkt? Ob Begierde und Vorstellung noch nicht mit Wort und Tat, oder schon mit Wort und Tat hinsichtlich des Abfalls von Gott verbunden sind? Ob Begierde und Vorstellung noch „ohne Hemmung des Gebrauchs des Verstandes, wie von der Versuchung gesagt ist", oder schon so funktionieren, „daß der Gebrauch der Vernunft gänzlich gehemmt ist"?[104]

Wenn „die Sache mit dem Liebeswahne" in den Lenden und Köpfen wirkt, wenn sie entsprechend der exoterisch-esoterischen Formel von „einem Bräutigam" etc. zu verfolgen ist, dann ist die Versuchung durch einen goldenen Berg, und der Glaube an einen solchen, hinsichtlich dessen zu unterscheiden, wie sich Begierde und Vorstellung zu Verstand und Vernunft verhalten. Bei Versuchung durch einen goldenen Berg liegt zwar „die Handlung des Erwägens" vor, die die Anbetung eines Ketzers impliziert, ebenso, daß der Anbetende selbst ein Ketzer ist; doch der Gebrauch des Verstandes ist ungehemmt, insofern die Ehe Seele – Gott noch nicht gebrochen, nur verhindert ist. Bei Glaube an einen goldenen Berg ist „die Handlung... des schlecht Denkens" im Spiel, die die Anbetung des Dämons, von dem „erwartet (wird), was von Gott zu erwarten ist", ebenso einschließt, wie, daß der Anbetende seinerseits ein Dämon ist. „Und solche heißen arreptitii, und daher arreptitius von arripio, arripis, weil arreptum (besessen) vom Teufel":[105] Der Gebrauch der Vernunft ist gänzlich gehemmt; die Ehe Seele – Gott ist gebrochen; geistige und körperliche Hurerei ist an ihre Stelle getreten. Hexendarstellungen zeigen sie auf dem „Hauptsitze des Fühlens", dem Bock, den Blick dem Schwanz statt dem Kopf zugekehrt und also mit gänzlich verkehrtem Sinn, durch die Lüfte reiten: eine „natürliche Bewegung", die zugleich das Widernatürliche schlechthin darstellt, obwohl sowohl „Bock" als auch „Luft" jeder schon gesehen hat.

## V

Obwohl damit im Sinne „gerichtsverwertbaren" Wissens geklärt ist, wie Begierde und Vorstellung mit Verstand und Vernunft im Glaubens- oder Zeugungsverbrechen zusammenhängen, konstatieren Sprenger und Institoris „Schwierigkeiten".[106] Denn es stellt sich die Frage, ob dieses Wissen nicht doch der Vernunft zuwider und mit den Überlieferungen der Schrift nicht vereinbar ist, wenn es davon ausgeht, daß „der Gebrauch der Vernunft gänzlich gehemmt" werden kann.[107] Dem steht entgegen, daß „der Wille einer vernunftbegabten Kreatur allein Gott unterliegt und er allein an ihm handeln kann".[108] Die Antwort auf diese Frage müßte folglich sein, daß der Gebrauch der Vernunft nicht gänzlich zu hemmen ist. Damit wäre jedoch der „harte Kern" des Glaubens- oder Zeugungsverbrechens in Frage gestellt: die Herzensapostasie, die in letzter Konsequenz auf die Ersetzung Gottes durch den Dämon oder Menschen zielt. Wäre die Antwort aber, daß die Vernunft gänzlich zu hemmen ist, dann würden Sprenger und Institoris selbst zu Herzensapostaten oder Vertretern der Gottlosigkeit, die sie verfolgen.

Sie fundieren zunächst das Argument, daß der Wille einer vernunftbegabten Kreatur allein Gott unterliegt, dadurch, „daß Gott allein in... die Wesenheit der Seele (schlüpfen kann)".[109] Bezogen auf die Aristotelische Zeugungs- und Seelenkonstruktion ist diese „Wesenheit" mit dem Verstand oder der Vernunft gleichzusetzen, die sich transzendent zum Körper verhält. Sprenger und Institoris nehmen diese Unterscheidung Seele – Körper vorerst auf, wenn sie präzisieren: „wir sagen (allerdings), daß Gott allein in die Seele schlüpfen kann",[110] „aber... wir sagen auch, daß ein Engel in den Körper schlüpft, besonders ein schlechter, wie bei Besessenen".[111] Wie aber soll es bei diesen dadurch, daß ein Dämon in ihren Körper schlüpft, zur gänzlichen Hemmung der Vernunft kommen, wenn die Vernunft sich transzendent zum Körper verhält?

Hier ist der Hinweis von Sprenger und Institoris aufzunehmen, daß „der Wille und auch der Verstand subjektiv in der Seele existiert",[112] weshalb er, „(der Verstand) je nachdem... etwas erfaßt als wahrhaft... oder (nur so) scheinend".[113] Wovon dieses subjektive „je nachdem" abhängig ist, erklären Sprenger und Institoris so: „wie nämlich der Verstand nur von einem guten Engel zur Erkenntnis des Wahren erleuchtet wird... so kann der Verstand von einem bösen (Engel) verdunkelt werden zur Erkenntnis des (nur) scheinbar Wahren".[114] Der subjektiv in der Seele existierende Verstand ist offensichtlich zum einen auf das Wahre, zum andern auf das nur scheinbar Wahre bezogen. Daß das Wahre mit der transzendent zum Körper sich verhaltenden Wesenheit der Seele, in die nur Gott schlüpfen kann, zu verbinden ist, liegt nahe. Demnach hängt das nur scheinbar Wahre mit einer dem Körper immanenten Wesenheit der Seele zusammen, der in der Aristotelischen Zeugungs- und Seelenkonstruktion der vegetative und sensitive, mit Begierde und Vorstellung verbundene Teil der Seele entspricht.

Es ist also diese dem Körper immanente Wesenheit der Seele, es sind diese „den körperlichen Organen angehefteten Kräfte", in die die schlechten Engel oder Dämonen schlüpfen: „und folglich können sie Eindrücke machen auf die Kräfte; daher folgt... ein solcher Eindruck auf den Verstand, da sein Objekt die Vorstellung ist... und folglich weiter auf den Willen, weil der Wille sein Objekt empfängt vom Verstande".[115] Daraus ergibt sich, daß der mit dem Willen verbundene, subjektiv in der Seele existierende Verstand, soweit er nicht auf das Wahre, sondern auf das nur scheinbar Wahre bezogen ist, unmittelbar von der Begierde und Vorstellung abhängt, weshalb er „von einem bösen (Engel) verdunkelt werden (kann)... und zwar durch Vermischung der Gestalten in den Sitzen des Sinnes... woraus eine ungewöhnliche Liebe zum nur scheinbar Guten folgt, nämlich körperliche Ergötzung, welche solche denn auch suchen":[116] die Besessenen oder arreptitii, deren Vernunft gänzlich gehemmt ist, weil sie mit Verstand, Willen und Begierde von Gott abgefallen sind.

Nach Sprenger und Institoris ist damit die Frage, ob die Vernunft gänzlich gehemmt werden kann, mit der Vernunft vereinbar und der Überlieferung nicht zuwider, beantwortet. Dabei beziehen sie die gänzliche Hemmung der Vernunft ausschließlich auf den subjektiv in der Seele existierenden Verstand, der, „je nachdem", durch Geist oder Materie, Gott oder Teufel, objektive Vernunft oder Besessenheit, transzendente oder körperliche Wesenheit der Seele, bestimmt wird. Diese Bezüge sind zweifelsohne mit Bewegungs- und Stoffursprung in der Aristotelischen Zeugungs- und Seelenkonstruktion zu vereinbaren. Dennoch gilt die grundlegende Differenz, daß bei Aristoteles kein subjektiver Verstand im vegetativ-sensitiven Teil der Seele existiert; daß es ausschließlich die transzendente Wesenheit der Seele, ihre objektive Form ist, die den Körper oder Stoff immanent bewegt. Auch dann, wenn diese männliche Form dem weiblichen Stoff gegenüber nicht „die Oberhand" gewinnt, ist es nur diese stoffliche Selbstbewegung ohne Verstand, von der die Form überwältigt wird. Dabei geht noch dieses Widernatürliche natürlich zu und führt nicht in eine „fremde Natur" hinein, weil die objektive Natur der Vernunft durch eine stoffliche Selbstbewegung ohne Verstand nicht gefährdet werden kann. Weshalb bei Aristoteles eine gänzliche Hemmung der Vernunft, der objektiven Vernunft, ausgeschlossen ist; eine subjektive Vernunft gibt es nicht.

Anders bei Sprenger und Institoris. Sie sehen sich mit einer subjektiven Vernunft konfrontiert, durch die die objektive Vernunft, Geist, Gott, transzendente Wesenheit der Seele, aufs äußerste gefährdet ist. Weshalb ihre Hemmung durch ein Wahnbild, ihre Verkehrung in eine Besessenheit durch Liebeswahn Sprengers und Institoris' seelsorgerisches und inquisitorisches Interesse ist, bis hin zur Ausrottung dessen, was sie als Herzensapostasie definieren; als Abfall von Gott mit all dem, was bisher auf ihn bezogen war: Verstand, Willen, Begierde. Doch in dem Maß, wie sich Verstand, Willen, Begierde mit der beginnenden Moderne mehr und mehr auf eine subjektive Vernunft beziehen, zeichnet sich in dieser Herzensapostasie eine Gottlosigkeit ab, von der man sagen könnte, daß sie nicht nur den Abfall des Menschen von Gott, sondern auch den Abfall Gottes vom Menschen einschließt. Da zwischen dieser Gottlosigkeit und Gott, zwischen subjektiver und objektiver Vernunft, bereits bei Sprenger und Institoris kein Zusammenhang mehr besteht, auch wenn sie postulieren, daß der Wille einer vernunftbegabten Kreatur allein Gott unterliegt, „der... sein Hauptziel und letztes Ende (ist)".[117]

Sprenger und Institoris selbst sind es, die dieses Haupt- und Endziel widerlegen, indem sie die gänzliche Hemmung der Vernunft dadurch beweisen, daß der Wille sein Objekt vom Verstand, dieser es von der Vorstellung, sie es von der Begierde, die Begierde aber ihr Objekt vom Dämon empfängt, der seinerseits durch die „örtliche Bewegung" der „durch die Sinne aufgenommenen Formen" nichts anderes bewirkt, als was „jedweder Mensch, wenn er wacht und im Gebrauch der Vernunft ist... kann".[118] Der Wille empfängt sein Objekt von dieser, mit dem Dämon identischen, subjektiven Vernunft, die sich desto mehr der objektiven Vernunft Gottes entzieht, je mehr sie durch die mit den Sinnen aufgenommenen Formen in eine „fremde Natur" hineinführt, die schließlich eine grundlegende Umstrukturierung der Aristotelischen Zeugungs- und Seelenkonstruktion zur Folge hat.

Der Transformationsprozeß, der sich mit dieser Umstrukturierung verbindet, ist nicht zuletzt darum aus dem Hexenhammer abzulesen, weil Sprenger und Institoris ihr Haupt- und Endziel einer Ausrottung der subjektiven Vernunft, wie sie die Herzensapostaten repräsentieren, durch die Explikation des Wirkens der Dämonen im Körper legitimieren. Dabei kehren die „Schwierigkeiten" der Frage wieder, ob die gänzliche Hemmung der Vernunft mit der Vernunft vereinbar sei. Die jetzt sich stellende Frage ist, ob „zwei Geister... an ein und demselben Orte sein können, nämlich definitiv... da schon die Seele im Haupte sitzt, wie könnten ebenda Dämonen sein?"[119] Wie in der Frage der Vernunft und ihrer Hemmung eine analytische Entmischung die Lösung sein sollte, so wird auch jetzt die allgemeine Wesenheit der Seele vom Besonderen der Dämonen unterschieden. Zwar „sagt man", so Sprenger und Institoris, „(der Dämon) schlüpfe in den Körper... weil er dort ist, wo er arbeitet... (aber) er arbeitet innerhalb der Grenzen der... körperlichen Wesenheit (der Seele)", die von ihrer trans-

zendenten Wesenheit unterschieden ist. „Daraus ergibt sich, daß der Körper Grenzen hat im doppelten Sinne".[120] Doppeltes aber kann nebeneinander bestehen.

Denn des Dämons „Handlung (ist) eine andere... als die Handlung der Seele, da die Handlung der Seele am Körper geschieht, daß sie ihn bilde und ihm Leben gebe; daher ist sie dort gleichsam wie die Form am Stoffe, nicht im Orte; der Dämon aber ist an solchem Orte, daß er an den Sinnesgestalten handele und ändere. Weil also keine Verwirrung der Handlungen unter ihnen stattfindet, deshalb können sie zugleich in demselben Teile des Körpers sein".[121] Offensichtlich repräsentiert die Wesenheit der Seele das Allgemeine: sie ist „ganz im Ganzen"[122] und nicht „im Orte". Während der Dämon „nicht ganz in jedem Teile des Körpers" ist,[123] aber jeweils „an solchem Orte, daß er an den Sinnesgestalten handele und ändere"; die Dämonen, die, „wo sie wirken, da auch sind",[124] repräsentieren das Besondere.

Es scheint, Sprenger und Institoris haben mit dieser analytischen Entmischung ihr Problem, wie „zwei Geister... an ein und demselben Orte sein können", ohne daß eine „Verwirrung der Handlungen" unter ihnen stattfindet, gelöst, indem sie der transzendenten und ungeteilten Wesenheit der Seele die dem Stoff immanenten Dämonen arbeitsteilig unterordnen. Würde sich in der Aristotelischen Zeugungs- und Seelenkonstruktion nicht bereits eine grundlegende Umstrukturierung ankündigen, die Lösung ginge auf, daß die allgemeine Seele, die „nicht im Orte" ist, die besonderen Dämonen „am Orte" wie die Form den Stoff bewegt. Doch wenn diese Lösung möglich wäre, würde sich die Frage nach einer „Verwirrung der Handlungen" zwische Seele und Dämon gar nicht stellen. Da sie sich aber stellt, und zwar unter der Bedingung, daß Seele und Dämon sich nicht wie Form und Stoff, sondern wie „zwei Geister" zueinander verhalten, die „nicht an ein und demselben Orte sein können", muß einer der Geister „im Haupte" weichen: entweder die subjektive oder die objektive Vernunft; entweder der Dämon oder die Seele.

Scheinbar im Widerspruch zum Haupt- und Endziel der Ausrottung der subjektiven Vernunft, wird von Sprenger und Institoris „im Haupte" nicht der Dämon, sondern die

Seele eliminiert. Denn sie beantworten die Frage: „da schon die Seele im Haupte sitzt, wie könnten ebenda Dämonen sein? Da ist denn zu sagen, daß der Sitz der Seele in den Mittelpunkt des Herzens verlegt wird".[125] Unter dem Aspekt, daß erst der Dämon „im Haupte" die Ausrottung der subjektiven Vernunft legitimiert, klärt sich der Widerspruch auf. Denn er ist die Voraussetzung des „doppelten Abfalls" der Ketzerei, die im ausdrücklichen und freiwilligen Pakt mit dem Dämon besteht und dabei noch jenen „dritten Abfall", nämlich den des Herzens, schweigend mitversteht: die Apostasie. Hätten Sprenger und Institoris dagegen den „Geist" der subjektiven Vernunft oder den Dämon eliminiert und die Seele nicht in den Mittelpunkt des Herzens verlegt, der „Geist" der objektiven Vernunft „im Haupte" wäre erhalten geblieben. Das Glaubens- oder Zeugungsverbrechen hätte sich aufgehoben.

Daß die Aufhebung des Glaubens- oder Zeugungsverbrechen im Hexenhammer nicht vorgesehen ist, verweist darauf, daß Sprenger und Institoris das, was sie verfolgen, produzieren. Dem entspricht die Theodizee des Hexenhammers, daß die Ausrottung der „Hexenketzerei" dem Lob Gottes dient; daß die gänzliche Hemmung der subjektiven Vernunft die objektive Vernunft garantiert, die als „Zulassung Gottes" vorausgesetzt ist. Die „einfallende Welt" der Universalkirche kann sich nur noch durch die Vernichtung von Christen durch Christen bestätigen. Indem jedoch diese Vernichtung sich durch den Dämon „im Haupte" der Verfolgten legitimiert, wird eben das, was Sprenger und Institoris zu retten vorgeben, abgeschafft: die transzendente Wesenheit der Seele, die „Form am Stoffe", die metaphysische Art des Menschen als Gottes Geschöpf. Soweit also die grundlegenden Umstrukturierungen, die sich mit Beginn der Moderne innerhalb der Aristotelischen Zeugungs- und Seelenkonstruktion vollziehen, aus dem Hexenhammer abzulesen sind, heißt das prinzipiell, daß durch die Inquisition eine Reduktion des von Gott abgefallenen Menschen auf seine physische Art zu verzeichnen ist, indem Sprenger und Institoris, um dem Dämon Platz zu machen, die Seele „im Haupte" eliminieren. Sie wird „in den Mittelpunkt des Herzens verlegt, wo sie allen Gliedern das Leben durch Einfließen mitteilt".[126] Während „(der Dämon) das Haupt und die Kräfte von vornherein besetzt".[127]

# VI

Die dem Körper immanente Wesenheit der Seele, wie sie Sprenger und Institoris in dem von Gott abgefallenen Menschen konzipieren, teilt den Gliedern ein organisches Leben mit, das auf keinen „Lebensquell" mehr verweist, wie er in der Aristotelischen Zeugungs- und Seelenkonstruktion „in dem Geschöpf die Entwicklung einleiten... kann".[128] Stattdessen ist die transzendente Wesenheit der Seele in eine immanente verkehrt, die auf den „Geist" der subjektiven Vernunft bezogen ist, die ihr Objekt von der Vorstellung empfängt. Die Vorstellung ihrerseits empfängt ihr Objekt von der Begierde, die ab jetzt den physischen „Lebensquell" hat, der in dem „Geschöpf" die Entwicklung einleiten kann, das nicht mehr Gottes Geschöpf, sondern eines des Menschen ist.

Ausgehend davon, daß diesem „Geschöpf", als gezeugtem oder zeugendem, der durch die Taufe, im Ehebund Seele – Gott, empfangene „Lebensquell" fehlt, wird von Sprenger und Institoris der Incubus-Succubus-Verkehr „beiderley Geschlechts" codiert. Er resultiert aus dem „Haß im Sakramente der Ehe unter den Gatten... durch Erkaltenlassen der Zeugungskraft, daß sie nicht imstande sind, für die Nachkommenschaft durch Gewährung und Erfüllung der ehelichen Pflichten zu sorgen".[129] Sie zeugen, doch „die Frauen (werden) niemals von den Incubi schwanger... ihre Bäuche schwellen gewaltig an, und wenn die Zeit der Niederkunft herangekommen ist, schwellen sie unter bloßer Ausstoßung vieler Windigkeit ab",[130] die nichts als die Zeugungsunfähigkeit des physischen „Lebensquells" der von Gott abgefallenen Begierde anzeigt: Kotfluß und Pesthauch; „Seuche des ketzerischen Unwesens", die die kirchliche „Nachkommenschaft" in dem Maß zunichte macht, wie sie weltlich expandiert.

Mit dem Incubus-Succubus-Verkehr codieren Sprenger und Institoris das Zeugungsverbrechen im Glaubensverbrechen: den Ehebruch, der „Hurerei" und damit die endgültige Verkehrung der „Ausstreuung des himmlischen Samens" in den irdischen Samen des „Säers alles Neides" impliziert. Ihn kann der Dämon durch „örtliche Bewegung", die nicht mehr als „Unfläterei" oder stoffliche Selbstbewegung ist, als „Incubus... durch den Coitus hineintun... und zwar nicht als einen von ihm selbst abgesonderten, sondern durch den dazu genommenen Samen irgend eines Menschen... so daß der Dämon, der beim Manne Succubus ist, bei dem Weibe Incubus wird".[131] Oder es „(könnte) ein Dämon... zu einem Weibe geschickt den Samen empfangen von einem Dämon, der zu einem Manne geschickt ist", der „anstelle des Samens des Mannes seinen Samen... dem Weibe gibt dadurch, daß er sich unterschiebt" etc.[132] Immer aber gilt, daß „den Dämonen bei solcher Zeugung nur die örtliche Bewegung gegeben ist, aber nicht die Zeugung selbst, deren Prinzip nicht in der Macht der Dämonen... liegt, sondern in der Macht dessen, wessen Same es war; daher ist auch das Geborene nicht das Kind des Dämonen, sondern eines Menschen". Wird also „gefragt, wessen Sohn der auf diese Weise Geborene sei, so ist es klar, daß er nicht der Sohn des Dämonen ist, sondern des Mannes (und seiner Frau)".[133]

Zwar wird die Zeugung Mann – Frau im Incubus-Succubus-Verkehr mit Zeugungsunfähigkeit gleichgesetzt. Dennoch können Sprenger und Institoris nicht konstatieren, daß das „Geborene" die bloße Ausstoßung von „Windigkeit" ist. Es ist ein „wahrer Tatbestand" im Sinne seiner „Natürlichkeit".[134] In der kompletten Dämonisierung der nicht mehr auf den metaphysischen „Lebensquell" Gottes bezogenen Zeugung zeichnet sich eine Entdämonisierung ab, eben weil sie aus dem physischen „Lebensquell" der von Gott abgefallenen Begierde hervorgeht. Ein Widerspruch bei Sprenger und Institoris kann dies verdeutlichen. Denn, wenn das „Prinzip (der Zeugung) nicht in der Macht der Dämonen... liegt, sondern in der Macht dessen, wessen Same es war", dann steht das im Gegensatz dazu, daß die „Zulassung Gottes" den Dämonen „gerade in und bei dem Liebesakte... erlaubt... Zauberei zu üben".[135]

Es läßt also offensichtlich die Macht Gottes gleichzeitig mit der „Macht des Dämonen

in den Lenden der Menschen" nach. Und zwar in dem Maß, wie Sprenger und Institoris die physische Reduktion von „Gottes-Geschöpf" betreiben, die auf eine „organische Wende" verweist. Da, sobald „die Zeugung selbst" dem Menschen gegeben ist, die „örtliche Bewegung" der Dämonen, die für sie „bei solcher Zeugung" noch übrig bleibt, vom organischen Leben nicht mehr zu unterscheiden ist, das die Seele im Mittelpunkt des Herzens allen Gliedern, und also auch den Zeugungsgliedern, „durch Einfließen" mitteilt. Man könnte demnach sagen, daß im Widernatürlichen des Incubus-Succubus-Verkehrs die Zeugung bereits als „natürlicher Effekt" auftritt: als Geschlechtsverkehr, der in die „fremde Natur" der Sexualität hineinführt.

Dieser „organischen Wende" im Zeugungsverbrechen entspricht eine „pathologische Wende" im Glaubensverbrechen. Sie ist im Zusammenhang von Begierde und Vorstellung oder darin vorgegeben, daß das Wirken des Dämons „nicht bloß an der Zeugungskraft, sondern (immer) auch an der Einbildung geschieht".[136] Die Einbildung oder Vorstellung empfängt ihr Objekt von der Begierde und ist ihrerseits das Objekt der Vernunft, auf deren gänzlicher Hemmung das Glaubensverbrechen im Zeugungsverbrechen basiert. Nichtsdestotrotz ist auch in der kompletten Dämonisierung der Vernunft eine Entdämonisierung festzustellen, wenn Sprenger und Institoris demonstrieren, wie die gänzliche Hemmung der Vernunft organisch funktioniert. Nämlich so, daß „der Dämon aus dem Gedächtnis, welches im hintersten Teile des Hauptes sitzt, die Gestalt eines Pferdes durch örtliche Bewegung dieses Wahngebilde hervorführt bis zum mittleren Teile des Hauptes, wo die Zelle der Vorstellungskraft ist, und folglich bis zum allgemeinen Sinne (des Verstandes), dessen Sitz im vorderen Teile des Hauptes ist". Indem sie dies demonstrieren und hinzufügen, daß die Dämonen „alles das... so plötzlich ändern und stören können, daß die Gestalten notwendig so erachtet werden, als wenn sie sich dem äußeren Auge darstellten", schlußfolgern sie: „ein Beispiel zeigt sich deutlich an dem natürlichen Defekte bei Gehirnkranken und anderen Verrückten".[137]

Sie entsprechen sich, der „natürliche Effekt" der Zeugung im Widernatürlichen des Incubus-Succubus-Verkehrs und der „natürliche Defekt" der Vernunft im Widernatürlichen ihrer gänzlichen Hemmung: Beide sind auf die organische Immanenz der Seele im Mittelpunkt des Herzens bezogen, die Begierde und Vorstellung, Zeugung und Vernunft, ein „natürliches" Leben „durch Einfließen" mitteilt. Deshalb gilt, daß der Dämon, der „das Haupt und die Kräfte (dieser Seele) von vornherein besetzt", in „natürlichen Funktionen täuscht... Aber diese Wahrheit stellt bezüglich des tatsächlichen Bestandes insofern nichts auf, als das alles geschieht durch Veränderung der Organe... bei deren Täuschung sich dann das Urteil des Sinnes irrt".[138] Sprenger und Institoris „(beweisen das) aus einigen natürlichen Vorgängen". Beispielsweise bei „Fieberkranken", denen „wegen der Infektion der Zunge (süßer Wein) bitter erscheint, woher der Geschmack getäuscht wird nicht bezüglich des wahren Tatbestandes, sondern bezüglich der Flüssigkeit". Oder z. B. bei Zeugungsunfähigen: „auch dort (besteht) keine Täuschung bezüglich des wahren Tatbestandes, daß da nämlich kein Glied angewachsen sei, sondern bezüglich des Sinnesorganes".[139]

Ob bei Fieberkranken, Zeugungsunfähigen, oder den arreptitii, die beides sind: immer trifft ein „natürlicher Defekt" zu, der an einem „natürlichen Effekt" gemessen wird. Organisches und Pathologisches, die hier auf Sexualität, dort auf Geisteskrankheit verweisen, sind verbunden. Beide sind in der kirchlich-weltlichen Codierung des crimen mixtum angelegt, das sich im Zuge der Moderne in das transformiert, was Foucault in Sexualität und Wahrheit[140] „Sex-Geheimnis" nennt. Durch seine Diskursivierung wird das Verborgene des Abfalls von Gott abgelöst durch das Verborgene des Sex, der mehr und mehr das Haupt und die Kräfte der Seele im Mittelpunkt des Herzens, analog dem Dämon, von vornherein besetzt. Dabei ist dieses „Sex-Geheimnis" immer weniger auf Glauben und Keuschheit und deren Verkehrung in Besessenheit und Hurerei, immer mehr dagegen auf Normalität und Pathologie, auf Krankheit und Gesundheit bezogen, während sich seine „Natürlichkeit" vollends entdämonisiert.

Gleichzeitig gilt für diese Entwicklung, daß die antik-christliche Zeugungs- und Seelenkonstruktion, deren Modell bei Aristoteles vorgegeben ist, sich endgültig destrukturiert. Ihre Entcodierung ist bereits aus dem Diskurs des Hexenhammers abzulesen. Da Ehehinderung und Ehebruch im Ehebund Seele – Gott die Indizien für eine „Hexenketzerei" sind, die sich „aus Freiheit des Willens von Gott (entfernt)". Noch aber ist das Modell dieser Zeugungs- und Seelenkonstruktion so weit verbindlich, daß die Verfolgung der „Hexenketzerei" greift. Obwohl Sprenger und Institoris schon das Paradigma des Organischen für das Dämonische einführen, um eben jenen Punkt im Inneren der Verfolgten zu erreichen, der mit jenem Modell nicht mehr zu erreichen ist: der schweigende Abfall von Gott, der sich außerhalb des Ehebunds Seele – Gott vollzieht. Weil er die Sünden des Engels und der ersten Eltern überschreitet und in eine „fremde Natur" hineinführt: in die der „modernen Psyche", die sich entscheidend durch die Diskursivierung des „Sex-Geheimnisses" konstituiert.

Sprenger und Institoris, die „Hunde Gottes", sind es, die diesen auch ihrem Wissen als Theologen entzogenen Punkt mit ihrer „Nase" aufspüren, um ihn, unter Einsatz der Folter, zum Reden zu bringen. Sie sind es, die die Dämonen als Hypothesen innerer Vorgänge konzipieren, um sie dann im Geständnis zu verifizieren. Soweit dieses Geständnis jedoch ein zweiseitiges ist, sind sie es, die deduktiv mit den Dämonen in die „feinsten Details der Existenz" eindringen. Während sie induktiv von den Dämonen der Gestehenden „die Handlungen der Menschen erfahren, welchen Leidenschaften sie... ergeben sind, indem sie umso stärker und wirksamer das, was sie erstreben, in ihrer Einbildung einprägen".[141] Sie, Sprenger und Institoris, sind es, die das Erfahrene in ihr „Lehrgebäude der Dämonologie" einsetzen, um jenen Punkt des male de fide sentire systematisch als Zielpunkt für ihren Angriff zu formulieren, bei dem sie durch die Dämonen „auf die inneren, den körperlichen Organen verknüpften Kräfte Eindrücke hervorbringen können, so (daß) durch diese Eindrücke, wie die Organe, so auch die Wirkung der Kräfte... verändert (werden)".[142] Dafür wird „die Seele, in die nur Gott schlüpfen kann", abgeschafft, zugunsten einer Seele, in die die Inquisition schlüpft: mit und durch die Dämonen, die in letzter Konsequenz nichts als die Diskursivierung einer „Seele" sind, die erst im Entstehen ist. Weil sich ihre „fremde Natur" außerhalb des Ehebunds Seele – Gott und seines Modells, der Aristotelischen Zeugungs- und Seelenkonstruktion, konstituiert.

Insofern Sprenger und Institoris die Transformation der „Sinnesgestalten" im Entcodierungsprozess dieser Zeugungs- und Seelenkonstruktion positivieren, um sie zu sanktionieren, sind sie es selbst, die an der Produktion der „modernen Psyche" grundlegend beteiligt sind. Sie schlüpfen in sie im Moment ihres Entstehens, wofür ihr „Sitz... in den Mittelpunkt des Herzens verlegt wird". Dabei projizieren Sprenger und Institoris auf ihre organische Definition, daß „sie allen Gliedern das Leben durch Einfließen mitteilt", deckungsgleich ihre dämonologische Konzeption: „als Beispiel dient die Spinne, die mitten im Netze sitzend, von allen Seiten her die Berührung spürt".[143] Kein Zweifel, dieses „Beispiel" repräsentiert die Inquisition in und außerhalb der Seele, im Mittelpunkt neuer, durch sie konstituierender Machtmechanismen, die prinzipiell auf nichts anderes als auf „Untersuchung", Ermittlung oder auf ein Wissen vom Menschen über den Menschen zielen, in dem sich die moderne Humanwissenschaft und ihre „ruhmlosen Archive"[144] ankündigen, deren „hündische" Methoden insbesondere da, wo sie schließlich „psychologische" werden,[145] im „Lehrgebäude der Dämonologie" von Sprenger und Institoris angelegt sind.

## Anmerkungen

[1] Jakob Sprenger, Heinrich Institoris, Der Hexenhammer (Malleus maleficarum), 5. Auflage, München 1986: 23. bis 28. Tausend (Die benutzte Ausgabe ist ein fotomechanischer Nachdruck der ersten deutschen Übersetzung des Hexenhammers von J. W. R. Schmidt, die erstmals in 3 Teilen im Verlag H. Barsdorf, Berlin 1906, erschienen ist)

[2] ebda. XLIV

[3] ebda. X

[4] ebda. VII-VIII

[5] ebda. XLVI

[6] vgl. GTD, Aristoteles (im Band)

[7] vgl. Günther Mensching, Totalität und Autonomie, Frankfurt 1971

[8] „Zeitgenössisch" ist hier in einem Umfang von ca. 150 Jahren zu verstehen: vor allem Hobbes und Descartes haben sich mit den psychischen Mechanismen des Menschen, insbesondere mit dem Verhältnis von Einbildungskraft und Begierde, beschäftigt, das auch im Hexenhammer verhandelt wird

[9] Jakob Sprenger, Heinrich Institoris, Der Hexenhammer a.a.O., XLVI

[10] ebda.

[11] Erscheinen der Bulle Innozenz VIII. am 5.12.1484; das Gutachten der Theologischen Fakultät, Köln, ist in: Jakob Sprenger, Heinrich Institoris, Der Hexenhammer a.a.O., XVIIff. enthalten

[12] ebda. XLV; Predigerorden = Dominikanerorden

[13] ebda. I, 39

[14] Luthers Thesen am 31.10.1517

[15] Jakob Sprenger, Heinrich Institoris, Der Hexenhammer a.a.O., I, 39

[16] vgl. Joseph Hansen, Quellen und Untersuchungen zur Geschichte des Hexenwahns und der Hexenverfolgungen im Mittelalter, Bonn, 1901

[17] Jakob Sprenger, Heinrich Institoris, Der Hexenhammer a.a.O., XLV-XLVI

[18] ebda. I, 38-39

[19] vgl. die dreistufige Seele bei Platon und Aristoteles: vegetative Stufe, sensitive Stufe, Stufe der Vernunft (vom Körper abgetrennt bzw. verhält sich transzendent zu ihm)

[20] Jakob Sprenger, Heinrich Institoris, Der Hexenhammer a.a.O., I, 39

[21] ebda. I, 38

[22] ebda. XXXVII

[23] ebda.

[24] vgl. ebda. II, 273

[25] ebda. I, 39-40

[26] Aristoteles, Über die Zeugung der Geschöpfe, übers. Paul Gohlke, Paderborn, 1959, S. 178

[27] ebda. S. 181

[28] ebda.

[29] ebda. S. 178

[30] ebda.

[31] ebda. S. 181

[32] ebda. S. 190

[33] ebda. S. 181

[34] ebda. S. 190

[35] Jakob Sprenger, Heinrich Institoris, Der Hexenhammer a.a.O., I, 163

[36] ebda. II, 215

[37] ebda. II, 103-104

[38] ebda. II, 273
[39] ebda. I, 28
[40] ebda. I, 174
[41] ebda.
[42] ebda. I, 38
[43] ebda. I, 166
[44] ebda. I, 166-167
[45] ebda. II, 273
[46] ebda. I, 169
[47] ebda. I, 174
[48] vgl. ebda. I, 179; I, 181
[49] ebda. I, 179
[50] ebda. I, 167
[51] ebda. I, 169
[52] ebda. II, 273
[53] ebda. XXXVI
[54] vgl. ebda. XL
[55] ebda. III, 29
[56] vgl. ebda. XLI
[57] Michel Foucault, Überwachen und Strafen, Frankfurt 1976, S. 254
[58] ebda.
[59] Jakob Sprenger, Heinrich Institoris, Der Hexenhammer a. a. O., I, 90
[60] M. Foucault a. a. O., S. 263
[61] ebda. S. 254
[62] ebda.
[63] ebda.
[64] ebda. I, 191
[65] M. Foucault a. a. O., S. 255
[66] Jakob Sprenger, Heinrich Institoris, Der Hexenhammer a. a. O., III, 7
[67] ebda. XXXVII
[68] ebda. XLIV
[69] ebda. III, 17
[70] ebda.
[71] ebda. III, 18
[72] ebda.
[73] ebda. III, 17
[74] ebda.
[75] ebda. III, 19
[76] vgl. Sigrid Schade, Schadenzauber und die Magie des Körpers, Worms 1983, S. 55, Abb. 18
[77] ebda. S. 120, Abb. 54
[78] ebda. S. 88, Abb. 33
[79] Jakob Sprenger, Heinrich Institoris, Der Hexenhammer a. a. O., III, 19-20
[80] ebda. III, 17
[81] ebda. III, 18
[82] ebda. II, 273
[83] ebda. I, 16
[84] ebda. I, 39
[85] ebda. I, 185
[86] ebda. I, 9
[87] ebda. I, 185
[88] ebda. I, 25-26
[89] ebda. I, 26
[90] ebda. I, 49-50
[91] ebda. I, 7-8
[92] ebda. XLV
[93] ebda. I, 10
[94] ebda. I, 10
[95] ebda. I, 22
[96] ebda.
[97] ebda. I, 24
[98] ebda. I, 114-115
[99] ebda. I, 116
[100] ebda.
[101] ebda.
[102] ebda. I, 155
[103] ebda.
[104] vgl. ebda. I, 116-117
[105] ebda. I, 117
[106] ebda. I, 119
[107] ebda.
[108] ebda. I, 125
[109] ebda. I, 123
[110] ebda.
[111] ebda. I, 124
[112] ebda. I, 119
[113] ebda. I, 124
[114] ebda. I, 123
[115] ebda. I, 124
[116] ebda. I, 123
[117] ebda. I, 255
[118] ebda. I, 116; vgl. außerdem I, 117
[119] ebda. II, 95
[120] ebda. I, 124
[121] ebda. II, 96
[122] ebda.
[123] ebda.
[124] ebda. II, 94
[125] ebda. II, 95-96
[126] ebda.
[127] ebda. II, 94
[128] vgl. Anmerkung 26
[129] ebda. I, 108-109
[130] ebda. II, 205
[131] ebda. I, 50
[132] ebda. I, 51
[133] ebda. I, 55 und I, 51
[134] vgl. ebda. I, 139
[135] vgl. Anmerkung 90
[136] ebda. I, 128
[137] ebda. II, 95
[138] ebda. I, 139
[139] ebda.
[140] vgl. Michel Foucault, Sexualität und Wahrheit, Frankfurt 1977
[141] Jakob Sprenger, Heinrich Institoris, Der Hexenhammer a. a. O., I, 117
[142] ebda. II, 94-95
[143] ebda. II, 93
[144] M. Foucault, Überwachen a. a. O., S. 246
[145] vgl. ebda. S. 249 ff.; außerdem G. Treusch-Dieter, Foucault – kein „Wegbereiter"? in: Wegbereiter der Historischen Psychologie, hg. Gerd Jüttemann, München-Weinheim 1988, S. 491 ff.

# „Gefährte der Seele, Träger des Lebens"
# Die medizinischen Spiritus im 16. Jahrhundert

*Michael Sonntag*

Im 16. Jahrhundert ist die Seele die große Vermittlerin zwischen dem unstofflichen, vollkommenen und unvergänglichen Reich des Geistes und letztlich Gottes, das sich jenseits der quinta essentia im stofflosen Raum befindet, und dem bedauerlichen Schicksal aller irdischen Dinge, ihre Existenz in einer groben Hülle aus stofflicher, höchst unvollkommener und vergänglicher Materie zu fristen. Zu diesem Zweck bedarf die unstoffliche Seele der Unterstützung durch „Vermögen" und „Instrumente", da sie nicht direkt auf Materie wirken kann. Zu diesen Instrumenten zählen die Spiritus der zeitgenössischen Medizin. An ihnen zeigt sich eines der wesentlichen Momente des Konflikts mit den aus der Antike tradierten bzw. den christlich-orthodoxen Seelenvorstellungen, in den das Denken des 16. Jahrhunderts gerät. Zugleich wird deutlich, wie zentrale Komponenten dieses Denkens auch nach der sog. „wissenschaftlichen Revolution" des 17. Jahrhunderts im Wissen vom Lebenden weiterwirken.[1]

## 1. Jean Fernel und die Wissenschaftshistoriographie

„Um Notwendigkeit und Substanz des Spiritus vollständiger aufzuzeigen, müssen wir uns der Lehren der alten Philosophen erinnern und diese wieder entfalten. Die Akademiker [d. h. die Neuplatoniker] waren die ersten, die, als sie erkannten, daß zwei vollständig ungleiche Naturen nicht miteinander verbunden sein können ohne das Dazwischentreten eines angemessenen Mittleren, angenommen haben, daß unsere Seele, geschaffen von dem höchsten Schöpfer aller Dinge, vor ihrer Emanation und Einsetzung in den festen und dichten Körper als einfaches Gewand einen bestimmten strahlenden, reinen und sternengleichen Körper übergestreift hat, der, unsterblich und ewig, niemals wieder losgelöst oder von ihr genommen und ohne den die Seele

nicht Bewohner unserer Welt werden könnte. Dann umgaben sie die Seele mit einem anderen Körper, ebenfalls fein (tenuis) und einfach, aber weniger rein, weniger strahlend und glänzend als der erste, nicht vom höchsten Schöpfer geschaffen, sondern zusammengesetzt aus einer Mischung der feineren Elemente, weswegen er luftartig und ätherisch (aërum & aetherum) genannt wird. Bekleidet mit diesen beiden Körpern wurde die Seele, indem sie in den gebrechlichen und sterblichen Körper eintrat, oder eher wie ein Verbannter in ein abscheuliches und dunkles Gefängnis geworfen wurde, ein Gast der Erde. Bis sie, diesem Gefängnis entkommen und freudig und frei zurückgekehrt in ihre Heimat (in patriam reversus), zu einem Mitbürger der Götter werde (civis deorum)."

Dieses Zitat stammt aus der Schrift *De naturali parte medicinae* des Pariser Mediziners Jean Fernel aus dem Jahre 1542.[2] Es versammelt im Bild von Astralleib und Spiritus in komprimierter Form die Topoi der alten Ordnung der Welt, die im 16. Jahrhundert den Höhepunkt ihrer nachantiken Formulierung, zugleich aber auch ihr Ende findet: die Entsprechung von Mikro- und Makrokosmos; die individuelle Seele als Teil der substantiellen Weltseele; der Körper als zeitweiliges irdisches Gefängnis der Seele; die hierarchische Ordnung des Kosmos in einen niederen stofflichen und einen unstofflich-geistigen Bereich, die aber in der neuplatonischen Kette der Wesen[3] kontinuierlich miteinander verbunden sind, durch das „angemessene Mittlere", den astralen Leib, und das Pneuma oder den Spiritus, der Mikro- und Makrokosmos miteinander verbindet.

Zunächst sei kurz rekapituliert, um wen es sich bei Jean Fernel handelt. 1497 in Amiens geboren, 1558 in Paris gestorben, war Fernel der bedeutendste Arzt und Mediziner im Frankreich des 16. Jahrhunderts. Er konnte es sich leisten, die ihm angebotene Position eines Leibarztes des Königs Henri II. in Fontainebleau unter Vortäuschung von Krankheitsgründen auszuschlagen, um in Paris weiter seinen Studien nachgehen zu können. Ohne sich deswegen den Zorn des Königs zuzuziehen. Und Fernel widmet seine Schriften weiterhin dem König, wie er sie ihm auch schon gewidmet hatte, als Henri noch Dauphin war. Dieser König soll von Fernel gesagt haben, solange er zugegen sei, verlaufe keine Krankheit tödlich. Ein Jahr nach Fernels Tod stirbt folglich auch Henri II. – allerdings an keiner Krankheit, sondern an einer Turnierwunde, die ihm eine in die Seite gerammte Lanze beigebracht hatte.

Fernel ist als Arzt so berühmt, daß noch 100 Jahre später seine heilende Hand als „manus ocellatae" gepriesen wird, so geschickt, als hätte sie Augen besessen. Und als 1794, im Jahre II der jungen französischen Republik, Amt und Titel eines „Officier de Santé" geschaffen werden, um die so lange Zeit getrennten Aufgaben von Arzt und Chirurg wieder zusammenzubringen, wird eine Medaille geprägt, die den größten Chirurgen des Landes, Ambroise Paré, und den größten seiner gewiß zahlreichen Ärzte zeigt, Jean Fernel.[4]

Nicht geringer ist seine Rolle als Autor medizinischer Schriften. Cabanis hält ihn noch im späten 18. Jahrhundert für „ein Genie, fähig zur Systematisierung des verstreutesten Wissens".[5] Und einer der bedeutendsten deutschen Medizinhistoriker sagt von den *De naturali parte,* Fernel habe hier „das gesamte überlieferte Wissen zum Thema der ‚res naturales' in einer bis dahin nicht dagewesenen systematischen Ordnung und Klarheit dargestellt" und damit „einen unübertroffenen Gipfel an innerer Ordnung und Systematik gewonnen. Hier wurde der Höhepunkt und Abschluß der gesamten antiken mittelalterlichen Physiologie erreicht". Fernel „dominierte solange, bis um die Mitte des 17. Jahrhunderts die sich durchsetzende Lehre Harveys vom Kreislauf des Blutes das ganze System zum Wanken brachte"[6].

Nun sagt Rothschuh aber auch, *De naturali parte* sei „gänzlich frei von Magie, Astrologie u. dgl.". Das mutet nach der eingangs zitierten Darstellung des Astralleibs in eben diesem Buch denn doch etwas sonderbar an. Man könnte zunächst meinen, der Historiograph hätte sich zur Erkenntnis durchgerungen, daß es sich dabei für die damalige Zeit in der Tat nicht um „Magie, Astrologie u. dgl.",

sprich: einen ganzen Haufen unverständlichen Aberglaubens, handelt. Aber dem ist nicht so, denn er rühmt gerade den wissenschaftlich-rationalen Fortschritt von Fernels 4 Jahre früher geschriebenem *De abditis rerum causis* hin zum „systematischen" *De naturali parte. De abditis rerum causis* („Von den verborgenen Ursachen der Dinge") handelt u. a. ausführlich vom Einfluß der Planeten und Gestirne, und zwar in Verbindung mit dem zentralen Thema des Buchs, den Krankheiten, ihren Ursachen und ihrer Behandlung. Was der Historiograph bei seiner Fortschrittsdiagnostik übersieht: Beide Werke sind ergänzend konzipiert. So daß Fernel im letzteren nicht noch einmal abhandeln muß, was er im ersteren schon beschrieben hat; statt dessen verweist er an den entsprechenden Stellen darauf. Auch gibt er *De abditis* noch *nach* 1542 in den Druck (1548), bald darauf sogar in einer überarbeiteten und längeren Ausgabe (1551). Sein Schüler Plancy schließlich gibt beide Bücher nach Fernels Tod zusammen in einem Band heraus, der *Universa Medicina* von 1567.

Der Historiograph hat also die Stelle über den Astralleib, und nicht nur diese, schlicht „überlesen": kennzeichnend für eine Historiographie, die in der Geschichte des Wissens immer nur das heutige Lehrbuchwissen und/oder dessen sog. „Vorläufer" sucht.[7] Selektiv und gleichsam teleologisch vorgehend, an heutigen Ergebnissen und Maßstäben orientiert, immer auf der Suche nach den ersten Bausteinen positiven Wissens. So daß die zeitgenössischen Strukturen und Ordnungen des Denkens, von denen her auch dessen einzelne Gegenstände nur rekonstruierbar wären, ausgeklammert, verschwiegen, verschüttet werden: Sie gehören nicht in die Tradition des Lehrbuchwissens. Weshalb man von ihnen oft genug weniger als nichts erfährt, da sie in Form der Diffamierung auftauchen. Als „Aberglaube", „Irrationalität" etc., die daher rühren, daß die Vernunft, und besonders die wissenschaftliche Vernunft, sich eben noch nicht durchgesetzt habe.

Diesem methodischen Aberglauben der Wissenschaftsgeschichtsschreibung gegenüber wird die folgende Studie nicht die üblichen und zwangsläufig anachronistischen Fragen der Art stellen, warum ein so „nüchterner", „ordentlicher" und gar „systematischer" Autor wie Fernel etwas so Absonderliches wie die Vorstellung vom Astralleib in sein Werk aufgenommen hat. Denn was als „Magie, Astrologie, Okkultismus u. dgl." oft schon mit der bloßen Wortwahl ins anrüchige Abseits der Vernunft gestellt wird, gehört im 16. Jahrhundert zur Ordnung des Denkens. Und viel verwunderlicher wäre es, wenn es bei einem Autor wie Fernel, der „über die Natur des ganzen Menschen" spricht, *nicht* auftauchen würde.

## 2. Die Spiritus

Über den Spiritus sagt Ficino, er gehöre zu den Instrumenten, durch die diejenigen, welche der Wahrheit und dem Höchsten Guten nachfolgen, die ganze Welt ermessen und begreifen können.

> „Ein Instrument dieser Art ist der Spiritus, der von den Ärzten beschrieben wird als ein bestimmter Dunst des Blutes, pur, fein, heiß und klar. Aus den feineren Teilen des Blutes durch die Hitze des Herzens gebildet, strömt er in das Gehirn, wo die Seele ihn beständig für die Aufgaben der inneren und der äußeren Sinne einsetzt. So dient das Blut dem Spiritus, der Spiritus den Sinnen, und schließlich die Sinne dem Verstand."[8]

In der Medizin des 16. Jahrhunderts sind die Spiritus die ersten, die direkten Instrumente der Seele bei der Verrichtung der leibseelischen Funktionen. Es gibt 3 (bzw. 4) Arten körperinnerer Spiritus, die den drei Vermögen oder Fakultäten der Seele zugeordnet sind:

- Der Spiritus naturalis wird in der Leber gebildet und dient Verdauung und Ernährung sowie der Bildung der Säfte (Galens pneuma physikon);
- der Spiritus vitalis wird im Herzen aus dem Blut und der eingeatmeten Luft gebildet; er dient den unwillkürlichen Bewegungen, Herz, Arterien (Puls, vis pulsifica) und Lungen, sowie der Verteilung der angeborenen Wärme im Körper und der Kühlung (pneuma zotikon);
- der Spiritus animalis wird an der Hirnbasis aus dem Sp. vitalis erzeugt, ins Gehirn und über die hohl gedachten Nerven in Muskeln und Sinnesorgane gebracht, wo er die motorische Aktivität und die Sinneswahrnehmung leitet, sowie die niederen seelischen Tätigkeiten wie die natürlichen Begierden, sensus communis und Imagination (pneuma psychikon);
- der Spiritus generationis oder seminalis schließlich ist im Samen enthalten und stellt, anders als der grobe Stoff selbst, der nur Baustoff ist, den eigentlichen, die Befruchtung aktivierenden Zeugungsstoff dar.

Um den Stellenwert des Spiritus in der Gesamtkonstruktion von Mensch und Kosmos im 16. Jahrhundert zu ermessen, muß man sich daran erinnern, daß hier der Kosmos *ein* zusammenhängendes Ganzes ist, das als solches selbst lebt, ein „Organismus" oder in den Worten des Platonischen *Timaios* (30b) „ein beseeltes und in Wahrheit mit Vernunft begabtes Lebendes". Dieses Lebende weist eine innere Ordnung auf, die sich hierarchisch erstreckt vom Höchsten Wesen über die intelligiblen Wesen (Engel und Dämonen bzw. gute und böse Dämonen) bis hinunter in die stoffliche Welt der Tiere und Pflanzen und schließlich der unbelebten Materie. In der Mitte dieser Ordnung findet sich der Mensch wieder, denn er ist stofflicher Natur, aus den 4 Elementen zusammengesetzt, aber er kann mit den Vernunftanteilen seiner Seele ins Reich des Intelligiblen hinübertreten bzw. sich ihm kontemplativ nähern. Zugleich vermittelt er als Mikrokosmos, der selbst ein parvus mundus, eine kleine Welt ist, die den Makrokosmos wiederholt, die Beziehungen zwischen der irdischen, sublunaren Welt und den höheren himmlischen Sphären, die er beide in sich selbst reproduziert.[9]

Von daher ist auch die „Physiologie" Fernels keine Physiologie im heutigen Sinne, sondern sie versucht, das leibseelische Gesamt zu umfassen, „da wir nicht nur über den Körper allein meditieren, sondern über den Menschen, der aus Körper und Seele besteht"[10]. Zwischen beiden besteht die bekannte hierarchische Beziehung: Die Seele ist der Grund für die Existenz des Körpers; alle körperlichen Teile und Funktionen sind zum Dienste der Seele auf das Zweckmäßigste gestaltet; die Lebensvorgänge und die körperlichen Leistungen werden von der Seele, nicht vom Körper selbst hervorgebracht.

Aber die Seele als unkörperliche Substanz kann nicht direkt auf die Körper wirken. Oder wie es eingangs hieß, „zwei vollständig ungleiche Naturen können nicht miteinander verbunden sein ohne das Dazwischentreten eines angemessenen Mittleren". Das gilt in der christlichen Orthodoxie wie in der Medizin. Im *Hexenhammer* heißt es,[11] daß man Körperliches nicht durch Geistiges vernichten könne, und „daß geistige Instanzen Körper nicht in irgendeine natürliche Form umwandeln können, außer durch Beihilfe eines anderen Agens", welches in diesem Falle die Dämonen sind. In der Medizin ist dieses Agens der Spiritus. In seinen verschiedenen körperinneren Formen stellt er die Instrumente und functiones für die facultates animae, die Vermögen der Seele. Er wirkt also als Vermittler zwischen Seele und Körper, zwischen Geistigem und Stofflichem: „Alles, was unkörperlich ist und unseren Sinnen entgeht", sagt Fernel, „und doch Einfluß auf uns und auf körperliche Dinge ausübt, tut dies durch das Mittel des Spiritus."[12]

Seine Wirkung ist von der der Elemente und Temperamente zu unterscheiden. Gewiß agieren in jedem lebenden Wesen die 4 Elemente, aus denen es zusammengesetzt ist (Erde, Wasser, Feuer, Luft), in konstanter Weise, die aus der Untersuchung ihrer Qualitäten (heiß, trocken, feucht, kalt) bzw. deren jeweiligen Kombinationen vollständig ableitbar ist. Aber diese Elemente, bzw. die elementale Konstitution, die das Temperament ausmacht, erklärt beileibe nicht alles. Oberhalb davon weisen alle lebenden Dinge den Spiritus auf, der direkt oder indirekt von den Sternen kommt und von diesen beständig beeinflußt werden kann. Er ist entscheidend beteiligt an Zeugung und Wachstum, an Sinneswahrnehmung und Bewegung, an Imagination und Phantasie, an allem, was einen lebenden von einem toten Körper unterscheidet. Er erst gibt den Lebewesen ihre ganze Form, ihre tota substantia, das, was sie zu einem lebenden Ganzen statt zu einer Ansammlung von Teilen macht. Darin sind ihm weder Seele noch Elemente gleich.

Bezüglich der Elemente sieht man das z. B. an gewissen Krankheiten.[13] Krankheit ist größtenteils natürlicher Ursache, eine Störung des Temperaments, des Gleichgewichts der vier kardinalen Qualitäten, eine Dyskra-

sie der Säfte. Aber über jede natürliche im Sinne elementaler Ursache hinaus gibt es Schädigungen der tota substantia (Fernel zitiert hier Galen), von der gesagt wird, sie sei schwer zu beschreiben, ähnele aber der aristotelischen Form. Die Krankheiten, die diese von den Himmeln mit der Seele gesandte Form und damit das Leben als ganzes angreifen, sind z. B. die Seuchen und die Pest. Diese Seuchen haben verschiedene Namen, aber ihnen ist gemeinsam, daß ihre unmittelbare Ursache immer unbekannt ist, außerhalb unserer Sinne, sagt Fernel, „okkult".

Die Überlegenheit des Spiritus über die Elemente zeigt sich auch am Tode und seiner Gegenüberstellung mit den Lebensphänomenen.[14] „Im Tode ist die Wärme des Körpers ausgelöscht, und was das lebende Ding war, wird kalt. So viel ist selbst den Sinnen offenkundig. Eine Berührung zeigt es. Es ist vielleicht nicht so offensichtlich bei den Pflanzen. Und doch gilt es auch für sie." Der Tod ist die Auslöschung der eingeborenen Wärme, die von der der Elemente zu unterscheiden ist: „Es ist der Wirkung dieser Wärme zu verdanken, daß die Schlange lebt, obwohl ihr Temperament kalt ist. So auch die Alraune und der Mohn und alle Kräuter von kaltem Temperament."

> „Die eingeborene Wärme ist der Wärme der Elemente überlegen... Wenn er bestimmt, was der Tod ist, sagt Aristoteles mit der Intuition eines Meisters, die Kälte des Todes entsteht nicht aus der bloßen Vernichtung des Temperamentes oder dem Übergewicht der Kälte der Elemente, sondern durch Verlust der eingeborenen Wärme. Die eingeborene Wärme ist die vitale Wärme, und wie das Licht hat sie kein Gegenteil. Dunkelheit ist nichts als Deprivation von Licht. Der Tod ist Deprivation der eingeborenen Wärme. Der Tod zeigt, daß diese Wärme kein Ergebnis einer bloßen Mischung der Elemente ist. Der Tod tritt ein und doch behält der Körper seine Elemente und die Gestalt aller seiner Teile. Wir erkennen unseren Freund, obwohl sein Leben nicht mehr da ist. Die eingeborene Wärme hat ihn geflohen. Sie ist daher nicht auf die Elemente zurückzuführen. Diese bilden immer noch den Körper. Daher muß die eingeborene, die vitale Wärme ihre Quellen anderswo haben."

Diese Quelle sind natürlich die Himmel, genauer der 8. Himmel, die Sphäre der Fixsterne, die auf die des Saturn folgt. Und es ist die

Sonne, über die diese Wärme zur Erde gelangt: in den Samen bzw. in den Spiritus/das Pneuma im Samen, und in die uns umgebende Luft (was die generatio aequivoca, die Zeugung niederer Tiere und Pflanzen „aus dem Nichts", aus Schlamm und Unrat, ermöglicht). Und Fernel zitiert Aristoteles: Sol et homo generant hominem.[15]

Eine notwendig vermittelte Beziehung zwischen Geist und Stoff gilt nicht nur in der Kleinen Welt, die der Mensch als Mikrokosmos ist, sondern auch in der Großen Welt des Makrokosmos. So ist der Astralleib oder häufiger der Spiritus mundi als makrokosmische Entsprechung und Quelle der körperinneren Spiritus das feinstoffliche „Gewand" oder „Fahrzeug", das „Gefährt" der Seele, das „angemessene Mittlere", das zwischen Geist und Stoff treten muß und das die Seele benötigt, um in den Körper eintreten zu können. *Im* Körper sind die körperinneren Spiritus das angemessene Mittlere, das die Seele benötigt, um auf den Körper wirken zu können. Folglich bestehen engste Beziehungen zwischen Astralleib, Spiritus mundi und den Spiritus im menschlichen Körper.

Der Spiritus mundi ist ein kosmischer Spiritus, der das gesamte Universum durchfließt. Als „erstes Instrument" der unstofflichen Weltseele überträgt er ihr Wirken auf die Körper und die stofflichen Dinge. Er gewährleistet somit die Beziehungen zwischen Himmeln und sublunarer Welt, ist Garant für das Leben der Welt und den Zusammenhang in allen ihren Teilen. Als Mittler zwischen der Weltseele und dem Körper der Welt ist er folglich

> „... ein sehr feiner Körper; als ob er nicht Körper und fast Seele wäre. Oder als ob er nicht Seele und fast Körper wäre. Seine Kraft enthält sehr wenig erdhafte Natur, aber mehr des Wassers, noch mehr luftartige und das Maximum an feuriger und Sternen-Natur ... Er belebt alles überall und ist die unmittelbare Ursache allen Werdens und aller Bewegung ..."[16]

Auch der Astralleib besteht aus einem sehr feinen leuchtenden Stoff, den Fernel „sternengleich" nennt. Er wäre also identisch mit dem Stoff der Sterne und Sphären (Äther, quinta essentia), der höchsten Form des Stofflichen überhaupt, durch die jede einzukörpernde Seele auf ihrem Weg zur Erde passagiert. Auch wo er bei anderen zeitgenössischen Autoren keineswegs identisch ist, war er jedenfalls bei seiner gemeinsamen Abwärtsbewegung mit der Seele starken Einflüssen der Himmelskörper ausgesetzt. Daher ist er bzw. der (bei Fernel) ebenfalls sternengleiche Spiritus auch nach der Einkörperung der Seele weiterhin empfänglich für die himmlischen Einflüsse. Da dem Menschen durch Astralleib bzw. Spiritus somit sternengleiches Stoffliches zukommt, kann Gleiches auf Gleiches wirken: eine der Ursachen für die sympathischen und antipathischen Beziehungen zwischen Sternen und Mensch und eine theoretische Begründung der Astrologie im 16. Jahrhundert.

Das hat aber zur Folge, daß nach der Einkörperung kaum mehr unterschieden wird zwischen Astralleib und medizinischen Spiritus; die Funktionen des ersteren ähneln denen der Spiritus, wenngleich mit mehr Betonung auf Imagination oder phantasia, also die niederen Seelenvermögen, weniger auf die gewöhnlichen physischen Funktionen. Darüber hinaus werden hier weitere Vermengungen alter Konzeptionen deutlich. So wiederholt z. B. Agrippa von Nettesheim, der berüchtigte „schwarze Magier" der Renaissance, in seiner *Geheimen Philosophie oder Magie* z. T. fast wörtlich Ficino (ohne ihn zu nennen; er bezieht sich auf Demokrit, Orpheus, die Pythagoräer und Zoroaster) und setzt dabei den Spiritus mit der quinta essentia und dem Aristotelischen Pneuma gleich.

> „Da nun die Seele das Primum mobile, selbständig und an und für sich beweglich, der Körper aber oder die Materie an und für sich bewegungslos und von der Seele selbst zu verschieden ist, deshalb ... ist ein Mittelding nötig, das gleichsam kein Körper, sondern sozusagen schon Seele, umgekehrt gleichsam keine Seele, sondern sozusagen schon Körper sein muß, und wodurch die Seele mit dem Körper verbunden wird. Ein solches Medium ist der Spiritus mundi, den wir als die Quintessenz bezeichnen, denn er besteht nicht aus den 4 Elementen, sondern steht als ein fünftes über und außer ihnen. Ein solcher Spiritus muß notwendig vorhanden sein, als ein Mittelding, wodurch die himmlischen Seelen den dichten Körper bewohnen und ihm wunderbare Gaben verleihen können. Dieser Spiritus ist im Weltkörper gerade von solcher Form, wie unser Spiritus im menschlichen Körper: denn wie die Kräfte unserer Seele durch den Spiritus den Gliedern sich mitteilen, so wird al-

les vermittelst der Quintessenz von der Kraft der Weltseele durchströmt... alle Zeugungs- und Samenkraft ist darin enthalten..."[17]

Letzteres bezieht sich offenbar auf die berühmte Stelle aus Aristoteles' *De generatione animalium:*

„Alle seelische Kraft scheint nun noch einen anderen Körper vorauszusetzen, der göttlicher ist als die sogenannten Urstoffe, und je nach dem Wert oder Unwert einer Seele richtet sich auch die Beschaffenheit dieses Urwesens. Es ist in allem Samen enthalten, was ja den Samen überhaupt erst fruchtbar macht, als sogenannte Wärme. Aber dies ist nicht Feuer oder gleichen Wesens, sondern die im Samen und seinem schaumigen Aufbau abgeschnittene Atem- und Lebensluft (pneuma), und deren Wesen entspricht dem Urstoff der Himmelskörper."[18]

In den menschlichen Körper gelangt der Spiritus also auch über den Samen, er ist daher bereits im Blut der Zeugungsfrucht vorhanden, wie die angeborene Wärme auch. Über die Verarbeitung der Nahrung wird er ständig neugebildet und überdies fortwährend mit der Atemluft aufgenommen, aus dem Spiritus mundi, der die Welt erfüllt. Was wiederum mit der Vorstellung vom Kosmos als lebendem Wesen zusammenhängt, das einen „Atem", ein belebtes und belebendes Prinzip hat: „Unzweifelhaft lebt die Welt und atmet", heißt es in Ficinos Plotin-Kommentar, „und wir können ihren Atem (den Spiritus mundi) aufnehmen..."[19] Im Körper wird er dann zu den drei körperinneren Formen des Spiritus umgewandelt. Auch bei Paracelsus, für den Ficino der „Italorum medicorum optimus" war, d. h. einer der wenigen medizinischen Autoren neben Hippokrates, die er nicht verdammte, ist die Luft verbunden mit dem „mysterium magnum", „der Mutter aller Dinge"; „dann im Luft ist die Krafft aller Leben".[20]

Den frühen Vorstellungen von Pneuma und Astralleib in der griechischen Antike kann hier nur spärlich nachgegangen werden.[21] Die Herkunft des Pneuma z. B. geht bis auf die Bilder des Mythos vom Leben als Wind, Atem usw. zurück (vgl. die mit dem Tode ausgehauchte Seele). Eine ausgebildete Pneumalehre ist dann Grundlage einiger wichtiger Schriften des *Corpus Hippocraticum,* der stoischen Lehre von den Affekten,

der aristotelischen und der stoischen Zeugungslehre und schließlich der Physiologie Galens. Hinsichtlich des Astralleibs beziehen sich die Autoren des 15. und 16. Jahrhunderts auf das Rosse- und Wagen- bzw. Wagenlenker-Bild der Seele (bzw. des Geistes) im Platonischen *Phaidros* (246a-b, 247 b) und auf den *Timaios* (41d-42d), aus denen auch der Begriff „Gefährt" oder „Fahrzeug" (ochema) kommt: Der Demiurg, heißt es im *Timaios,* „sonderte... eine der der Sterne gleichkommende Anzahl von Seelen aus, teilte jedem Sterne eine zu, belehrte sie, indem er gleichsam ein Fahrzeug ihnen anwies, über die Natur des Weltganzen und verkündete ihnen die unausweichlichen Gesetze."[22]

In den ersten nachchristlichen Jahrhunderten schließen vor allem die Neuplatoniker hier wieder an. Bei Plotin wird der Geist (nous) mit der einkörperungsfähigen „höheren Seele" in Beziehung gesetzt, wie schon Platon das edlere Pferd des Gespanns (Seele) als in Übereinstimmung mit dem Lenker (nous) sieht. Sie umgibt sich bei ihrem Abstieg auf die Erde mit Stoff vom Himmel, der Pneuma oder „niedere Seele" ist. Sein Schüler Porphyrios spricht vom Äther-(Astral-, Pneuma-)Leib, mit dem die Seele sich umhüllt und in einen irdischen Leib begibt. Dessen Schüler Jamblichos greift explizit die Platonische Vorstellung vom Astralleib als Fahrzeug der Seele wieder auf. Proclus schließlich verbindet in seinem *Timaios-*Kommentar das Gefährt des Platon mit dem Pneuma des Aristoteles und bezieht sich dabei wahrscheinlich auf die bereits zitierte Stelle aus Aristoteles' *De generatione animalium.* In dieser Tradition wird im 16. Jahrhundert auf die stoffliche Identität von Pneuma bzw. Spiritus und quinta essentia geschlossen.[23]

So werden hippokratische, platonische, aristotelische, stoische Elemente im Begriff des Spiritus zusammengeführt, dessen Bedeutung als Mittler zwischen Geist und Materie und zwischen Leib und Seele ständig wächst und in Medizin und Naturphilosophie des 16. Jahrhunderts einen Höhepunkt erreicht. Zusammenfassend wird deutlich, daß es der Spiritus ist, der den Kosmos zusammenhält und den Mikrokosmos lebensfähig macht:

1. er gewährleistet die Verbindung von Mikro- und Makrokosmos und bestimmt darin wesentlich die Position des Menschen als Mikrokosmos;
2. er vermittelt den Einfluß der himmlischen Sphären auf den Mikrokosmos;
3. er vermittelt zwischen dem irdischen Reich des Stofflichen und dem überirdischen Reich des Geistes und ist die Voraussetzung dafür, daß die Seele sich einkörpern und in den Körpern wirken kann;
4. er übernimmt wesentliche und lebensnotwendige Funktionen, die wir heute als physiologische und psychische bezeichnen würden, von Zeugung und Wachstum über Wahrnehmung und Bewegung bis zur Einbildungskraft, angefangen aber beim Leben selbst, dessen Quelle er ist;
5. er stellt die Ursachen für einen großen Bereich von Phänomenen des Lebens, der Krankheit und des Todes, die anders nicht zu erklären sind;
6. der Spiritus, nicht die Seele, ist der eigentliche Träger des Lebens und der Zeugung.

## 3. Spiritus und Seele

Offenbar gerät der Spiritus in eine Art Konkurrenz zur Seele. Bei manchen Autoren ist er deren identisches Doppel, so daß die Seele praktisch überflüssig wird (s.u.). Damit kommt auch der potentiell häretische Charakter der Spirituslehren ins Spiel. Er nimmt in dem Maße zu, in dem Funktion und Bedeutung des Spiritus auf Kosten der Seele zunehmen. Der Spiritus ist gleichsam ein halbseidener Gefährte der Seele, weil seine Natur zwischen Stoff und Geist schwankt, etwas Uneindeutiges und höchst Suspektes hat. Seine Mittel-Position, die als Mitte und Mittel die Welt zusammenhält, ist daher eine höchst gefährdete, denn sie macht nicht nur der Seele, sondern auch der Allgegenwart und dem Wirken Gottes Konkurrenz.

Zwar bleiben der Seele meist die höheren Funktionen des Intellekts und der Vernunft reserviert, die dem Reich des Geistes und damit Gott am nächsten stehen. Die vis imaginativa, die Einbildungskraft, die ja noch mit sinnlichen Bildern arbeitet, ist die höchste Stufe der internen Seelenhierarchie, die der Spiritus als Instrument der Seele in der Form des Spiritus animalis besetzen kann.

Aber das Problem der mangelnden Abgrenzbarkeit der diversen Formen und unterschiedlichen Traditionen dessen, was sich im 16. Jahrhundert unter dem Begriff des Spiritus versammelt, bleibt. Unter Umständen spielt er in die Bereiche der Magie und der Dämonenbeschwörung hinein. Denn Magie i. S. der spirituellen Beeinflussung des Stofflichen erfolgt über Dämonen, da Zeichen auf Talismanen, Gebete oder Gesänge nicht direkt körperliche Effekte zeitigen können: Ein Dämon muß dazwischentreten. Dämonen haben Körper von gleicher Natur wie der Spiritus. Sie sind sowohl Seele wie Spiritus und können daher sowohl Seele wie Spiritus des Menschen beeinflussen (Ficino).

So richtet sich die Unterscheidung zwischen weißer, d. h. guter, natürlicher, und schwarzer, böser Magie danach, was oder wer angerufen wird und wessen Einfluß durch die magischen Praktiken verstärkt werden soll. Bei Agrippa und Gohory z. B. beeinflussen die himmlischen Körper selbst nur den sterblichen Körper des Menschen; die Intelligenzen hingegen, die die Planeten bewegen, können auch die Seele beeinflussen.[24] Und Ficino unterscheidet die Dämonen als personalisierte vom impersonalen Spiritus mundi (bzw. den besonderen Spiritus der einzelnen Himmelskörper), der auf Körper und Spiritus des Menschen wirke, nicht aber auf die Seele. Die Dämonen anzurufen, wäre nach Thomas von Aquin schwarze Magie, die einen offenen oder verdeckten Pakt mit dem Teufel einschließt; den Einfluß des Spiritus mundi oder der Himmelskörper anzurufen, wäre nach Ficino weiße oder natürliche Magie, die ohne Dämonen auskommt.

Aber die Unterscheidungen sind schwierig zu treffen, und als weißer Magier wandert man auf einem schmalen Grat. Selbst die Kirche weiß bisweilen nur unbestimmten Rat. Während Thomas in den *Theologischen Summen* astrologische Vorhersagen und magische Praktiken verdammt (eben weil sie seiner Meinung nach Dämonen und den Pakt mit dem Teufel einschließen), spricht er in den *Summen gegen die Heiden* sehr viel moderater darüber. Und der Kardinal Cajetano verteidigt in seinem Kommentar der *Theolo-*

*gischen Summen* (1570) sogar die Astrologie und bestimmte Formen der Magie gegen das harte Urteil Thomas' (was sich später besonders Campanella zunutze machen wird[25]). Ein hartes Brot, das reine Reich des Geistes vom Staub des feinstofflichen Spiritus frei zu halten. Galen hatte die Alternative klar ausgesprochen:

> „Wenn wir etwas über die Substanz der Seele aussagen wollen, so müssen wir eines von zwei Dingen sagen: entweder daß sie der leuchtende und ätherische Körper ist, zu welcher Schlußfolgerung die Stoiker und Aristoteles logisch gelangen müssen, selbst wenn sie dies nicht wollen; oder daß es eine unkörperliche Substanz ist, und daß jener Körper [also für das 16. Jahrhundert der Spiritus oder der Astralleib] ihr erstes Fahrzeug (ochema) ist, durch welches Mittel (meson) die Seele Verbindung mit anderen Körpern erlangt."[26]

Wenn die christliche Orthodoxie in den folgenden Jahrhunderten hier eindeutig Position zu beziehen versucht, mag das an der Oberfläche gelingen, darunter aber schwelt ein unlösbarer Konflikt. Denn will man Seele und Spiritus miteinander identifizieren, müßte letztlich die Dualität von stofflicher Welt und Reich des Geistes preisgegeben werden. Die andere Alternative, Spiritus sanctus als reiner Geist und stoffliche Spiritus, die die Aufgaben der niederen Seelenvermögen verrichten, ist von vornherein uneindeutig und führt zur beschriebenen Reduktion von Bestimmung und Aufgabenbereich der Seele. In beiden Fällen steht ein Dogma und grundlegendes Fundament des christlichen Glaubens in Frage, nämlich letztlich die Teilung der Welt in ein stofflich-vergängliches Diesseits und ein immateriell-unvergängliches Jenseits. Daran ist aber nicht weniger als die göttliche Ordnung der Welt und die Existenzberechtigung der Kirche gebunden.

Wie unbewältigt das Dilemma bleibt und wie es unter dem scheinbar festgefügten Boden der Orthodoxie(n) immer wieder hervorbricht, zeigt sich auch dort, wo gar kein Problem vorhanden zu sein scheint, wie etwa in einem euphorischen Kommentar des Melanchthon zur Galenischen Alternative: „Galen sagt, wenn er über die Seele des Menschen schreibt, daß diese Spiritus entweder die Seele selbst sind, oder deren unmittelbare

Instrumente." Das „oder" ist fürwahr am Platze, denn wie gesehen sind die Spiritus im ersten Fall stofflich, zugleich aber ununterscheidbar von der doch unstofflichen Seele; im zweiten Fall sind sie immer noch stofflich, aber als Werkzeuge der Seele von ihr getrennt. Nur eines von beiden ist möglich. Wie aber fährt Melanchthon fort? Indem er die „oder"-Frage mit „ja" beantwortet:

> „Das ist mit Sicherheit wahr, und ihr Licht übersteigt das der Sonne und das aller Sterne; und was noch wunderbarer ist, daß in gottesfürchtigen Menschen der göttliche Geist selbst [also auch noch der Spiritus sanctus] sich mit eben diesen Spiritus vermischt, und durch sein göttliches Licht sie noch strahlender leuchten läßt, so daß ihre Gotteserkenntnis (agnitio Dei) klarer, ihr Aufstieg hin zu Ihm gestärkt und ihre Leidenschaft (motus) für Ihn glühender werden."[27]

Melanchthon ist also drauf und dran, nicht nur die immaterielle Seele, sondern auch noch den Heiligen Geist mit den stofflichen Spiritus zu vermengen. Das kann in jener Zeit durchaus schon mal den Kopf kosten.[28]

Das Problem der Vermengung von Spiritus und Seele, des Spiritus mundi mit seinen Abkömmlingen und des Spiritus im Sinne der höheren Seelenvermögen oder gar des Heiligen Geistes erweist sich also im 16. Jahrhundert als einigermaßen brisant. Es bleibt unmöglich, die medizinische Spirituslehre konsistent mit der christlichen Seelenlehre zu verbinden. Der Spiritus tendiert aufgrund seiner Mitte(l)-Stellung zu einer Funktionsdominanz, die kaum noch Raum läßt für eine transzendente und unkörperliche Seele.

Und auch die Position des Spiritus selbst zwischen Stoff und Geist bietet weiteren Anlaß zu Unklarheiten und Überschreitungen. Gewiß ist er körperlich, wenngleich vom Stoff der quinta essentia (bzw. diesem „entsprechend"). Aber wenn Fernel die Äquivalenz zum Pneuma betont und vom Spiritus sagt, er bedeute „in allen Sprache ‚Luft' oder ‚Atem'", dann fährt er fort: „...obwohl unsichtbar, produziert er Effekte. Darin ähnelt er sowohl dem Körperlichen wie dem Unkörperlichen. Er ist daher von einer mittleren Kategorie."[29] Sogar eine aufsteigende Bewegung des Spiritus im Körper ist möglich, die endgültig die Grenze zwischen unkörperlicher Seele und körperlichen Spiritus verwischt. So verfeinert das Gehirn sukzessive den einlaufenden Spiritus animalis, der u. a. die Sinnesleistungen vermittelt. Diese „Reinigungen" vom Stofflichen erfordern „innere Bewegungen" des Gehirns.[30] Denn die Sinneseindrücke sind zunächst nicht frei von grober Materie. Ihre Reinigung beginnt mit ihrer Ankunft im sensorium commune. Danach laufen sie weiter in den passiven Intellekt, nach einer Reihe weiterer Reinigungen sogar in den aktiven Intellekt, jetzt von allem Stofflichen befreit. Hier werden die Spiritus animales (oder das, wozu sie geworden sind) zu Begriffen und Konzepten, also Vernunftmomenten, schließlich gar zu universalen Begriffen und zu Ideen von den moralischen Werten.

Mit anderen Worten, die aufsteigende Bewegung des Spiritus animalis läßt ihn in einer Weise mit den höheren und höchsten seelischen Funktionen verschmelzen, daß hier kaum noch unterschieden werden kann. Tatsächlich zieht dann z. B. Telesio die Konsequenz, dem Spiritus als heißester, d. h. sensibelster und aktivster Form der Materie alle selbsterhaltenden Tätigkeiten des Menschen zuzuschreiben, also auch die Funktionen der Vernunft. Die Seele ist hier *nur* noch transzendent, d. h. beschränkt auf die über die bloße Selbsterhaltung hinausgehenden Werte. Sie läßt den Menschen mehr als nur selbsterhaltend sein und richtet seinen Blick auf Gott, die Ewigkeit u. dgl. Bei seinen Schülern setzt sich das fort; Donio und Persio identifizieren kurzerhand Seele und Spiritus; Bacon und Campanella behalten die unkörperliche Seele bei, aber der Spiritus denkt und fühlt selbst, wenn auch nur mit niederen Dingen befaßt.[31]

Und auch in der Zeugungstheorie Fernels muß die Seele böse Verluste hinnehmen. Für Fernel ist die Lebensseele der Eltern *nicht* Ursache derjenigen der Kinder. Auch wo Samen sind, können sie nicht ohne die Himmel zeugen. Auch tritt die Seele keineswegs bereits mit der Zeugung in den menschlichen Keim ein. Es sind vielmehr die Spiritus, die den wachsenden Embryo bilden. Erst im 4. Monat, nachdem die Bildung des Herzens und des Gehirns erkennbar ist, tritt über die Sonne die Seele hinzu.[32]

## 4. Spiritus und Leben

So läßt sich dem Werk Fernels eine paradigmatische Funktion im Feld des abendländischen Wissens vom Lebenden zwischen ausgehendem Mittelalter und beginnender Neuzeit zuschreiben, eine Art „Mittlerfunktion", vergleichbar der des in diesem Werk so bedeutsamen Spiritus. Gewiß ist Fernel kritisiert worden für die Reduzierung der Seele, die Expansion des Spiritus, die Vermengung beider, für die explizite Verbindung des Spiritus mit dem Astralleib bzw. generell für die kosmischen Determinanten des Spiritus. Aber *De naturali parte* wird für 100 Jahre *das* Textbuch der Physiologie darstellen. Und erinnern wir uns an die eingangs gerühmten Qualitäten Fernels: Er steht hier nicht nur für sich selbst, er hat vielmehr die im Spiritus als Mittler zwischen Stoff und Geist angelegten Konsequenzen des alten Wissens expliziert und die tradierte Konstruktion systematisch ausformuliert, gleichsam „ausgereizt". Es ist die alte Kosmologie selbst, die Ordnung des Denkens, mit dem Spiritus als implizitem Zentrum, das diese Ordnung zusammenhält, die durch ihre Explikation ihre internen Widersprüche offenbart. Ob Fernel das wollte oder nicht, und ziemlich sicher war es ihm nicht einmal bewußt: Er hat die immanenten Konflikte dieser Kosmologie gerade durch seine Systematisierungsbemühungen offengelegt.

Insoweit diese auf einer spezifischen und spezifisch labilen Unterscheidung von Geist, Seele und Materie beruhende Kosmologie auf Platon zurückgeht, mag man hier zumindest für das 16. Jahrhundert eine Bestätigung der Formel Whiteheads erkennen wollen, alles abendländische Denken stelle nur eine Fußnote zu Platon dar. Nur wird diese „Fußnote" dann und wann neu geschrieben. So macht im Laufe des Jahrhunderts das Problem der Verknüpfung von Stoff und Geist eine akute Krise durch und stößt an die Grenzen seiner überlieferten Konstruktion. Das Bemühen, die damit zusammenhängenden, in verschärfte Aufmerksamkeit gelangenden Phänomene mit den Mitteln der Vernunft zu erklären, gerät beständig in Konflikt mit der christlichen Orthodoxie. Dabei setzen die naturphilosophischen Ansätze der Magia naturalis, der Hermetik, des

Neuplatonismus usw. eine Bewegung in Gang, die interessanterweise gerade von ihren (neben der Orthodoxie) schärfsten Gegnern, den Mechanizisten des 17. Jahrhunderts,[33] fortgesetzt wird, nämlich eine zunächst stillschweigende Entmachtung Gottes zugunsten einer Immanenz der Natur selbst.

Unverkennbar ist mit der Aktivierung der „Zwischen-" und „Mitte(l)-Regionen" des Spiritus und der himmlischen Sphären eine zunehmende Tendenz zur Inaktivierung Gottes festzustellen, nicht als Schöpfer, aber als allgegenwärtiger und ständig wirkender Herrscher und Organisator der Natur. In *De abditis rerum causis* (S. 70) sagt Fernel, daß Platon, Aristoteles und die Heilige Schrift mit einer Kosmologie in Übereinstimmung stünden, dergemäß Gott nach dem Schöpfungsakt völlig inaktiv wird, mit der einzigen Ausnahme der Erschaffung der Seelen. Deren Einkörperung wie auch die Schaffung des Spiritus oder des Gefährts der Seele bleiben wie praktisch sämtliche natürlichen und okkulten Phänomene den „Helfershelfern" Gottes überlassen:

> „Was Gott einst als sein eigenes Werk begann, hat er nun, als sei er müßig (quasi feriatus), dem Himmel übergeben wie einem Aufseher, um es weiterzuführen. Und von welchen Dingen wir auch immer sagen, sie existierten durch natürliche Gesetze (naturae legibus), kommen diese doch an erster Stelle von Gott, der nun aber zweifellos sehr wenig selbst und direkt erschafft ohne die Intervention von Himmel, Natur und Samen, sondern der, nachdem er die natürlichen Gesetze geschaffen hat, alles durch den Himmel ausrichten läßt."

Das erinnert bereits an den ruhenden Gott Leibniz', der es nicht nötig hat, das einmal konstruierte Uhrwerk der Welt immer wieder aufzuziehen, um es in Gang zu halten: es läuft von allein.[34] Gerade diese Perfektion seines Werkes wird aber dazu führen, daß es in seinen Abläufen seines Schöpfers immer weniger bedarf. Die an dieser Stelle ans 16. Jahrhundert anschließende sog. „wissenschaftliche Revolution" des 17. Jahrhunderts erkennt daher eine Natur, die unter Absehung vom Wirken ihres göttlichen Schöpfers betrachtet und auf ihre immanenten Verlaufsgesetze untersucht werden kann. Das 17. Jahrhundert unterstellt dementsprechend

eine tiefe Regelmäßigkeit der Natur. Galilei weiß, daß sie ein vollkommen geordnetes Ganzes bildet, welches nach Notwendigkeit handelt und gegen die eigenen Gesetze nie verstößt und sich dabei stets der einfachsten unter den möglichen Mitteln und Wegen bedient.[35] Weil sie selbst geometrisch geordnet ist, ist die Geometrie auf sie anwendbar, und daraus ergibt sich die Sicherheit der Erkenntnis.

Auch für Descartes. Ähnlich wie Telesio trennt er Stoff und Geist voneinander, indem er einen scharfen Schnitt legt zwischen die Seele als reinem Geist, res cogitans, deren Sein nur im Denken besteht, und die Materie als bloßer körperlicher Ausdehnung, die rein mechanischen Gesetzen der Bewegung folgt. Freilich ist damit das Problem der Beziehung zwischen Stoff und Geist alles andere als „gelöst"; ganze Bibliotheken zeugen davon. Und auch der Spiritus, der vormalige Mittler zwischen Stoff und Geist, verschwindet im 17. Jahrhundert nicht aus den Diskursen. Auch aus dem des Descartes nicht; er macht hier, wie anderswo auch, vielmehr einen weitreichenden Form- bzw. Substanzwandel durch.

Jeder „böse Geist", sagt Descartes,[36] der „zugleich allmächtig und verschlagen" ist und „all seinen Fleiß daran" wendet, „mich zu täuschen, muß der Erkenntnis weichen". Diese ist im Denken gegeben, im nicht bösen, sondern „reinen Geist", und ihr fällt zuallererst die Einbildungkraft zum Opfer, die der höchstmögliche (orthodoxe) Einsatzort des Spiritus in der Hierarchie des Seelischen war, denn sie gehört *nicht* „zum Wesen meiner selbst, d. h. meines Geistes", da in ihr das Denken in seiner Reinheit sich auf den weniger reinlichen Körper bzw. das Stoffliche richtet, und nicht auf sich selbst.[37]

Was aber den Körper betrifft, so „ist es in keiner Weise erforderlich, hier ... eine vegetative oder sensitive Seele oder ein anderes Bewegungs- und Lebensprinzip anzunehmen als [das] Blut und [die] Spiritus [*esprits animaux*, die ‚Lebensgeister'], die durch die Hitze des Feuers bewegt werden, das dauernd [im] Herzen brennt und das keine andere Natur besitzt als alle Feuer, die sich in unbeseelten Körpern finden"[38].

Die Spiritus (animales) sind also nach wie vor vorhanden, als „Bewegungs- und Lebensprinzip", aber sie sind natürlich keine feinstofflichen Geister mehr, sondern kleine Korpuskel im Blut, „die wie ein sehr feiner Hauch oder vielmehr wie eine sehr reife und sehr lebhafte Flamme in großer Fülle beständig vom Herzen ins Gehirn aufsteigen, von dort durch die Nerven in die Muskeln übertragen werden und allen Gliedern ihre Bewegung verleihen"[39]. Rein mechanische Gründe führen dazu, sagt Descartes, daß diese feinsten Teilchen des Blutes

„... gleichzeitig nach allen Seiten in die Kammern des Gehirns ausströmen. Und so verlieren sie ohne weitere Zubereitung oder Veränderung, außer daß sie von den gröberen Teilen getrennt sind und außerdem die außerordentliche Geschwindigkeit behalten, die ihnen die Hitze im Herzen verliehen hat, die Eigenart von Blut und heißen jetzt die Spiritus animales.
Wenn nun diese Spiritus animales in die Kammern des Gehirns eindringen, gelangen sie von dort in die Poren seiner Substanz und durch diese Poren in die Nerven. Je nachdem, wo sie dort eintreten oder nur einzutreten versuchen, in die einen mehr als in die anderen, haben sie die Kraft, die Gestalt der Muskeln, in die diese Nerven einmünden, zu verändern und dadurch alle Glieder in Bewegung zu versetzen. So wie man es in den Gärten unserer Könige sehen kann, daß allein die Kraft, mit der das Wasser sich bewegt, wenn es aus der Quelle entspringt, hinreicht, um dort allerhand Maschinen in Bewegung zu versetzen oder sogar einige Instrumente spielen oder einige Worte aussprechen zu lassen, je nach der verschiedenen Anordnung der Röhren, durch die das Wasser geleitet wird."[40]

Bei allem Hin und Her der Mechanik sind also die Spiritus immer noch Mittler. Sie vermitteln die Bewegungen des Körpers, der eine mechanische Maschine ist. Als dessen Bewegungsprinzip sind sie auch sein Lebensprinzip, denn Leben besteht hier aus nichts anderem als (Ausdehnung und) linearer Bewegung. Was nicht weniger heißt, als daß der Spiritus hier vom Mittler zwischen Stoff und Geist zum Mittler zwischen Stoff und Leben wird, ein Leben, das hier ja nicht mehr von der Seele verliehen und beherrscht wird. Und dieses Leben oder die Natur als zeugende wird zum Problem der nächsten Jahrhunderte; diesem Leben, das sich auf so wundersame Weise selbst erzeugt, ist die Vernunft dauernd hinterher. Bis sie es im 19. Jahrhundert endlich ein- und im 20. überholt.

Es hieß eingangs in Rothschuhs Worten, die durch Fernel repräsentierte leibseelische Ordnung „dominierte solange, bis um die Mitte des 17. Jahrhunderts die sich durchsetzende Lehre Harveys vom Kreislauf des Blutes das ganze System zum Wanken brachte". Harvey ist der Entdecker des großen Blutkreislaufs und gilt der Wissenschaftshistoriographie als Paradebeispiel des wissenschaftlichen Revolutionärs, der aufgrund unerschütterlichen Zutrauens in die Ergebnisse der eigenen Beobachtung die verstaubten Dogmen der überkommenen Autoritäten ad acta legt. Man sollte also erwarten, hier werde den Spiritus nun endgültig der Garaus gemacht. Und tatsächlich, Harvey zeigt sich als ihr großer Kritiker. Scaliger, Fernel und andere, sagt er, hätten den Spiritus und die eingeborene Wärme erfunden,

„... die einen himmlischen Ursprung aufweisen und von himmlischer Natur sind, d. h. einen Körper haben, der höchst einfach, höchst subtil, höchst fein, höchst beweglich, höchst flüchtig, höchst leuchtend und ätherisch ist, und der teilhat an der quinta essentia. Aber unglücklicherweise sind sie bis jetzt nie in der Lage gewesen, zu zeigen, daß es einen solchen Spiritus gibt, oder daß er Dinge tun kann, die außerhalb der Kräfte der Elemente liegen, oder größere Dinge, als das Blut sie verrichtet. Nun wahrlich, ich, der ich mich von den Sinnen leiten lasse in der Untersuchung der Natur der Dinge, ich bin nie in der Lage gewesen, irgendeinen dieser Spiritus wo auch immer zu finden."[41]

Anderswo spricht er von der Vagheit und Vieldeutigkeit des Begriffs „Spiritus"; er erklärt die Spiritus zu einem deus ex machina; die sie anwenden, seien wie der ignorante Haufen, der nach den Göttern ruft, wenn er die Ursachen der Ereignisse nicht versteht. Fügen wir hier nur beiläufig an, daß Galilei bekanntermaßen dafürhält, gerade diejenigen, die sich bloß von ihren Sinnen leiten lassen, gehörten zu jenem ignoranten Haufen; akzeptieren wir in jedem Fall, Harvey sei also der große Kritiker der Spiritus. Aber wir sollten nicht glauben, er käme ohne sie aus. Nur daß sie nicht länger mehr als Spiritus auftauchen, sondern es ist nun das Blut, dem Harvey plötzlich all die Eigenschaften zuspricht, die bei Fernel der Spiritus aufweist.

„Tatsächlich", sagt Harvey, „ist es das Blut, in dem die ernährenden und empfindenden Akti-

vitäten zuerst erscheinen; in das die Wärme, das
erste und unmittelbare Instrument der Seele,
eingeboren ist; welches das gemeinsame Band
von Körper und Seele ist; und durch das, als
Vehikel [sic!], die Seele alle Teile des Körpers
beeinflußt."[42]

Nicht der Spiritus, sondern das Blut bilde den
Embryo; und weiter:

> „... jene exzellenten Attribute, welche die ge-
> lehrten Herren dem Spiritus und der eingebore-
> nen Wärme verliehen, gehören dem Blut al-
> lein... das dem Element der Sterne analog ist.
> Insoweit es Spiritus ist, ist es der Herd, die Göt-
> tin Vesta, die Gottheit des Haushalts, eingebo-
> rene Wärme, die Sonne des Mikrokosmos,
> Platons Feuer, nicht, weil es wie gewöhnliches
> Feuer leuchtet, brennt und zerstört, sondern
> weil es sich selbst ernährt und erhält und wächst
> durch seine rhythmische und unaufhörliche Be-
> wegung. Es verdient auch den Namen des Spi-
> ritus insoweit, ... als es alle Teile des Körpers
> ernährt, umsorgt und am Leben erhält... wahr-
> lich nicht anders, als die hohen Himmelskörper,
> Sonne und Mond, dieser niederen Welt Leben
> geben durch ihre kontinuierliche Kreisbewe-
> gung."[43]

Das Herz ist also die Sonne des Mikrokosmos, „der kleinen Welt Sonne";[44] die Korrespondenz von Mikro- und Makrokosmos
bleibt bei Harvey voll erhalten, samt der
himmlischen Einflüsse. Und seine Zeugungstheorie arbeitet mit dem magischen Prinzip
der Ähnlichkeiten, z. B. zwischen Gebärmutter und Gehirn, „weil jene den Foetus empfängt, wie dieses die Ideen". Fernels Fehler
war offenbar nicht etwa, über die Elemente
hinausgehende himmlische Kräfte in den Organismen anzunehmen, sondern sie einem
fiktiven Spiritus zuzuschreiben, statt dem tatsächlich existierenden und für alle sichtbaren
Blut.

Das mechanistische Paradigma des 17.
Jahrhunderts erhebt einen universellen Anspruch auf die Erklärung aller Körpervorgän-
ge. Aber es ist lediglich in der Lage, die
Bewegungen des Körpers und bestimmter
seiner Teile dort zu erhellen, wo diese in der
Tat mechanischen Gesetzen folgen.

> „Es wird oft behauptet", sagt François Jacob,
> „daß Harvey mit den Analogien von Herz und
> Pumpe, von Blutzirkulation und hydraulischem
> System zur Einführung des Mechanismus in der
> belebten Welt beigetragen hätte. Hiermit wird
> jedoch die Reihenfolge der Faktoren umgestellt.
> Tatsächlich ist das Herz nur deshalb der Analyse

zugänglich, weil es wie eine Pumpe funktioniert;
und nur weil sich die Blutzirkulation in Begriffen
von Volumen, Durchfluß und Geschwindigkeit
messen läßt, kann Harvey mit Blut ähnliche Experimente durchführen wie Galilei mit Steinen.
Nimmt Harvey jedoch das Problem der Zeugung
in Angriff, das nicht von dieser Art der Mechanik abhängt, so scheitert er" (Jacob 1972,
S. 71).

Fontenelle bringt die Probleme, die Mechanik und Maschinenmodell des Körpers mit
der Zeugung haben, in der ihm eigenen
Weise auf den Begriff:

> „Sie behaupten, daß die vernunftlosen Tiere
> ebenso Maschinen seien wie die Uhren? Aber
> stellen Sie eine männliche Hunde-Maschine ne-
> ben eine weibliche und Sie werden sehen, daß
> aus ihnen eine dritte kleine Maschine entstehen
> kann, während zwei Uhren ihr ganzes Leben
> lang beieinander sein können, ohne je eine dritte
> Uhr hervorzubringen."[45]

Eines der wichtigsten Probleme, für die der
Spiritus eine Lösung darstellte, bleibt also
bestehen, die Frage, wie die lebenden Wesen
in die Welt kommen, und was sie in dieser
Welt sich entwickeln und sich bewegen, sich
fortpflanzen und sich erhalten läßt. Die unbegrenzte Fülle, Mannigfaltigkeit und Komplexität des Lebenden spottet auf lange Sicht
den mechanistischen Erklärungen. Mit dem
vollzogenen Schnitt zwischen Seele und Körper muß man indes das Prinzip, das den
Spiritus ersetzen könnte, mehr und mehr im
Stofflichen selbst suchen. Aber man wird es
erst finden, als man gegen die mechanistische
Materietheorie die Besonderheit des lebenden Stoffes anzuerkennen bereit ist, die ihn
von den mechanischen Bewegungsgesetzen
ebenso emanzipiert wie von einer äußeren,
ihm aufgesetzten lebensspendenden Seele.
Das Lebende wird dann das sein, was mit
einem eigenen inneren Entwicklungsprinzip
ausgestattet und selbst in der Lage ist, „seinesgleichen hervorzubringen" (Lamarck).[46]
Erhalten bleibt die Idee des Spiritus – außer
im Geist des Weines – im männlichen Samen:
Noch fast bis ins 20. Jahrhundert hinein hält
sich hartnäckig die Vorstellung, im weiblichen Samen bzw. Ei sei der grobe Stoff enthalten, aus dem allein sich der künftige
Organismus aufbaut, der männliche Samen
bzw. das Sperma aber trage nicht materiell
zur Befruchtung bei, sondern wirke in irgendeiner spirituellen Weise lediglich akti-

vierend auf das Ei und veranlasse so seine Entwicklung. Nirgendwo sonst als in der geschlechtlichen Arbeitsteilung überlebt das Aristotelische Pneuma so lange.

## Anmerkungen

[1] Die folgende Darstellung orientiert sich in Teilen an Walker 1958a

[2] Fernel, De naturali parte medicinae, Buch IV, De spiritibus & de calido innato, Kap. 2. *De naturali parte* ist 1538 geschrieben und zuerst 1542 erschienen; 1567 erscheint es in der Fassung der *Physiologia* aus der *Medicina* von 1554 zusammen mit *De abditis rerum causis* (vor 1538 geschrieben; zuerst 1548 veröffentlicht) in *Universum Medicina*

[3] Zu Begriff und Geschichte der „Kette der Wesen" vgl. Lovejoy 1982

[4] Zur Biographie Fernels vgl. Sherrington 1974

[5] Zit. n. Sherrington 1974, S. 97

[6] Rothschuh 1969, S. 59 und 65

[7] Er hat sie wohl kaum „überlesen", sie ändert nur nichts an seiner Lesweise des Buches. Rothschuh neigt allerdings weniger zu Anachronismen und whiggischer Geschichtsschreibung als manch andere deutsche Medizinhistoriker. Man sieht das durchaus auch an seiner Beschäftigung mit Fernel

[8] Ficino 1576, I, 2, S. 496

[9] Vgl. die schöne Darstellung der Naturphilosophie des 16. Jahrhunderts bei Foucault 1971, S. 46ff.; s. a. Pagel 1982; Sonntag 1989

[10] Fernel, Praefatio zu Buch V („Facultates animae") der „De naturali parte"

[11] Sprenger & Institoris 1487, S. 31

[12] De abditis II, 7

[13] De abditis II, 10

[14] De naturali parte IV, 1; vgl. De abditis II, 7

[15] De abditis I, 7; der Aristoteles-Satz ist aus De physica 194b: Anthropos anthropon genna kai Ilios, Der Mensch und die Sonne bringen einen Menschen hervor. Auch hier (vgl. Anm. 22) ist die dt. Übersetzung indirekt: „Ein Mensch nämlich bringt einen Menschen hervor, aber auch die Sonne tut es" (S. 65)

[16] Ficino 1576, III, 3, S. 535

[17] Agrippa 1510, S. 41 f. (die dt. Übersetzung spricht von „Geist" anstelle von „Spiritus"). Gleichsetzungen von quinta essentia, Pneuma und Spiritus (und Astralleib) wie bei Agrippa und Fernel sind im 16. Jahrhundert verbreitet, im gleichen Maße wie die Wiederbelebung des Neuplatonismus, von dem sie sich herleiten. Sie sind aber nicht unumstritten; die Aristoteliker stehen ihnen ebenso ablehnend gegenüber wie die christliche Orthodoxie (vgl. Walker 1958a, S. 129f.). Ein Hauptargument: Fernels stoffliche Gleichsetzung von Spiritus und quinta essentia enthält den Widerspruch, daß die aristotelische quinta essentia eine unveränderliche und ewige Substanz darstellt, während die Spiritus im Körper verbraucht und ständig aus Blut und Luft erneuert werden. Wenn Aristoteles sage, so heißt es z. B. bei Joachim Cureus, das Pneuma *entspreche* (lat. „analog zu") dem Element der Sterne, dann *meine* er Entsprechung (Analogie) und *nicht* Identität

[18] Aristoteles, De generatione animalium 736b, dt. S. 87

[19] Ficino 1576, III, 3, S. 534. Ficino sagt selbst (S. 529), De vita coelitus comparanda sei ein Kommentar zu einem Buch von Plotin. Man ist sich nicht ganz einig, welches er meint (in Frage kommen z. B. Enneaden IV, 3 [Kristeller] und IV, 4 [Walker])

[20] Vgl. Pagel 1982, S. 218

[21] Vgl. dazu umfassend Pagel 1982, s. a. Putscher 1973

[22] Platon, Timaios 41d-e, dt. S. 164. Die Übersetzung ist reichlich indirekt; im gr. Original ist nicht metaphorisch die „Belehrung", sondern direkt der jeweilige Stern selbst das Gefährt der Seele. Im Phaidros ist der Lenker der Geist (nous), die Pferde sind die Seele, der Wagen wird später mit dem Pneuma (Astralleib etc.) in Verbindung gebracht

[23] Vgl. Dodds 1933, Appendix II: The Astral Body in Neoplatism

[24] Vgl. Walker 1958b, S. 103

[25] Vgl. ebda., S. 43 (Thomas und Cajetan), S. 203ff. (Campanella). Sowieso gibt das Verhalten der höchsten Dogmenhüter bisweilen zu tiefsinnigen Reflexionen über das Verhältnis von Theorie und Praxis Anlaß, wie eine von Walker (ebda., S. 105) berichtete Anekdote zeigt. Papst Urban VIII., der eine Bulle gegen die Astrologie erläßt, war zugleich bekannt dafür, daß er astrologische Horoskope von allen Kardinälen in Rom sammelte und sich habituell dem Vergnügen hingab, öffentlich ihre Todesdaten vorherzusagen. Aber ab 1626 begannen die Astrologen, seinen eigenen Tod vorherzusagen, und ab 1628 waren die Gerüchte über sein bevorstehendes Ableben in Rom in aller Munde. Die Spanier unterstützten diese Gerüchte nach Kräften und rührten die Trommel für das nächste Konklave: Urban betrieb pro-französische Politik in dieser Zeit. So erläßt er denn 1631 die Bulle. Die aber verdammt keineswegs die Astrologie generell, sondern lediglich Vorhersagungen des Todes von Prinzen *und besonders von Päpsten* (einschließlich ihrer Familienmitglieder bis zum dritten Grad der Blutsverwandtschaft: Einer seiner Neffen hatte einen Sohn,

der nach astrologischem Urteil gerade durch einen „schlechten Einfluß" bedroht war)

[26] Galen, De placitis Hippocratis et Platonis VII, 7.25 (= Bd. 2, S. 474; engl. S. 475)

[27] Melanchthon, De anima liber unus, Lyon 1555; zit. n. Walker 1958a, S. 121

[28] Auf Betreiben Calvins ist Miguel Serveto unter anderem auch aus gerade diesem Grunde auf dem Scheiterhaufen verbrannt worden. Melanchthon hat Calvin dazu in einem Brief seine Glückwünsche ausgesprochen

[29] De abditis II, 7

[30] De naturali parte VI („Functiones"), 10 und 14

[31] Vgl. Walker 1958b

[32] De naturali parte VII (Zeugungslehre), 13

[33] Mersenne z. B. verdammt alle Astrologie und Magie, dito anima mundi; der Spiritus mundi ist für ihn das Vehikel, das der Magier benutzt, um seine verdammungswürdigen Praktiken zu rechtfertigen. Mersenne räumt gründlich auf; alle Platoniker & Hermetiker werden verflucht: Ficino, Pico, natürlich Agrippa und Trithemius, Francesco Gorgi, Patrizzi, Bruno, Campanella und der noch lebende Robert Fludd. Alles in einem Buch, das das mathematisch-mechanische System einführen will, aber mit Bibeltexten gegen den Renaissance-Platonismus und die magia naturalis wettert (Marin Mersenne, Quae-stiones celeberrimae in Genesim..., Paris 1623; vgl. Yates 1978, S. 432ff.). Gassendi, der Mersenne in seinem Streit mit Fludd unterstützt, sagt, er bevorzuge eher noch den alten Aristotelismus als die nebulöse Wissenschaft dieser Leute, die komplette Ignoranten der Mathematik seien, die alles mit ihrer Lehre von der Weltseele vermengten und die überall Engel und Dämonen sähen

[34] Zur diesbezüglichen Kontroverse zwischen Leibniz und Newton vgl. Koyré 1980, S. 211ff.; s. a. Sonntag 1985

[35] Vgl. Kondylis 1981, S. 94

[36] Descartes, Meditationen, S. 19ff.

[37] Ebda., S. 65 (6. Meditation, 3)

[38] Descartes, Traité de l'homme, dt. S. 136

[39] Descartes, Discours de la méthode, dt. S. 89

[40] Descartes, Traité de l'homme, dt. S. 56

[41] Harvey, De generatione animalium, engl. S. 375

[42] Ebda., S. 249. Zu Galilei vgl. Cassirer 1971, S. 272

[43] Harvey, De generatione animalium, S. 381f.

[44] Harvey, Exercitatio, dt. S. 12

[45] Zit. n. Jacob 1972, S. 71

[46] Vgl. meinen Beitrag zur „Entstehung der Biologie" in diesem Buch, der als „Fortsetzung" dieser Passagen gelesen werden kann

## Bibliographie

Agrippa von Nettesheim, Heinrich Cornelius (1510). De occulta philosophia, dt. Die magischen Werke, Wiesbaden ²1985: Fourier

Aristoteles, De generatione animalium, dt. Über die Zeugung der Geschöpfe, hg. u. übers. v. P. Gohlke, Paderborn 1959: Schöningh

Aristoteles, De physica, dt. Physikalische Vorlesung, hg. u. übers. v. P. Gohlke, Paderborn ²1975: Schöningh

Cassirer, Ernst (1971). Das Erkenntnisproblem in der Philosophie und Wissenschaft der neueren Zeit, Bd. 1, Darmstadt: Wissenschaftliche Buchgesellschaft

Descartes, Traité de l'homme (L'homme, 1632; Descriptions du corps humain, 1648), dt. Über den Menschen, hg. u. übers. v. K. E. Rothschuh, Heidelberg 1969: Lambert Schneider

Descartes, Discours de la méthode (1637), dt. Von der Methode des richtigen Vernunftgebrauchs und der wissenschaftlichen Forschung, übers. u. hg. v. L. Gäbe, Hamburg 1960: Felix Meiner

Descartes, Meditationen über die Grundlagen der Philosophie, übers. u. hg. v. L. Gäbe, Hamburg 1960: Felix Meiner

Dodds, E. R. (1933). The elements of theology (Proclus Diadochus, Institutio theologica, gr. & engl.), Oxford ²1963: Clarendon Press

Fernel, Jean (1542). De naturali parte medicinae libri VII. Paris: Simon Colin

Fernel, Jean (1548). De abditis rerum causis libri II. Paris ²1551: Christian Wechel

Fernel, Jean (1554). Medicina (Physiologiae libri VII = [= überarbeitete und erweiterte Fassung der De naturali parte von 1542]; Pathologiae libri VII; Therapeutice libri III). Paris: Andreas Wechel

Fernel, Jean (1567). Universa Medicina (posthum; = Medicina von 1554 und De abditis von 1551). Paris: Andreas Wechel

Ficino, Marsilius (1576). De vita libri tres (zuerst Florenz 1489), Opera Omnia, Basel 1576. Nachdruck Turin 1962: Bottega d'Erasmo

Foucault, Michel (1971). Die Ordnung der Dinge. Eine Archäologie der Humanwissenschaften, Frankfurt/M.: Suhrkamp

Galenus, Claudius, De placitis Hippocratis et Platonis, gr. & engl. (On the doctrines of Hippocrates and Plato, transl. Phillip de Lacy), 3 Bde., Berlin (DDR) 1978-1984: Akademie-Verlag

Harvey, William (1628). Exercitatio anatomica de motu cordis et sanguinis in animalibus, dt. Die Bewegung des Herzens und des Blutes, übers. v. R. Töply, Leipzig 1910: J. A. Barth

Harvey, William (1651). Exercitationes de generatione animalium (engl. 1653), engl. tr. G. Whitteridge, Oxford 1981: Blackwell

Jacob, François (1972). Die Logik des Lebenden. Von der Urzeugung zum genetischen Code. Frankfurt/M.: S. Fischer

Kondylis, Panajotis (1981). Die Aufklärung im Rahmen des neuzeitlichen Rationalismus. Stuttgart: Klett-Cotta

Koyré, Alexandre (1980). Von der geschlossenen Welt zum unendlichen Universum. Frankfurt/M.: Suhrkamp

Lovejoy, Arthur O. (1982). The great chain of being. A study of the history of an idea, Cambridge/Mass.: Harvard University Press

Pagel, Walter (1982). Paracelsus. An introduction to philosophical medicine in the era of the Renaissance. Basel etc.: Karger

Platon, Phaidros, dt. Sämtliche Werke Bd. 4, Hamburg 1958, S. 7 ff.: Rowohlt

Platon, Timaios, dt. Sämtliche Werke Bd. 5, Hamburg 1959, S. 141 ff.: Rowohlt

Putscher, Marilene (1973). Pneuma, Spiritus, Geist. Vorstellungen vom Lebensantrieb in ihren geschichtlichen Wandlungen. Wiesbaden: Steiner

Rothschuh, Karl E. (1969). Das System der Physiologie von Jean Fernel (1542) und seine Wurzeln, in: ders., Physiologie im Werden, S. 59-65, Stuttgart: G. Fischer

Sherrington, Sir Charles (1946). The endeavour of Jean Fernel. Reprint Folkestone & London 1974: Dawsons of Pall Mall

Sonntag, Michael (1985). Deus qua machina. Gott und die Welt der Naturbeherrschung. In Ästhetik & Kommunikation 60, S. 112-128

Sonntag, Michael (1989). Die Zerlegung des Mikrokosmos. Der Körper in der Anatomie des 16. Jahrhunderts. In Kamper, D., & Wulf, Ch. (Hg.), Transfigurationen des Körpers, S. 59-86, Berlin: Reimer

Sprenger, Jakob, & Heinrich Institoris (1487). Malleus maleficorum. Der Hexenhammer, dt. v. J. W. R. Schmidt (zuerst 1906). München 1982: dtv

Walker, Daniel P. (1958a). The astral body in Renaissance medicine, Journal of the Warburg and Courtauld Institutes 21, 1958, S. 119-133

Walker, Daniel P. (1958b). Spiritual and demonic magic from Ficino to Campanella. London: The Warburg Institute

Yates, Frances A. (1978). Giordano Bruno and the Hermetic tradition. London: Routledge and Kegan Paul

# Renaissance: Weltseele und Kosmos, Seele und Körper

*Michael Stadler*

## 1. Weltseele und Kosmos

Das Theorem der Weltseele, in welcher geistesgeschichtlichen Epoche wir es auch immer antreffen – sei es in Platons Timaios, bei den Neuplatonikern oder bei Philosophen der Renaissance – ist für den gegenwärtigen Menschen, der gewohnt ist, in den Kategorien der modernen Wissenschaft zu denken, nur schwer verständlich. Die Rede von einer formenden, alles durchdringenden Kraft im Kosmos scheint ganz offenbar nicht die Kriterien zu erfüllen, die exakte Wissenschaft an ein Erklärungsmodell für Naturphänomene stellt, wie etwa Mathematisierbarkeit der Phänomene und experimentelle Verifikation oder Falsifikation. Deshalb haben auch Naturphilosophen, die auf das Theorem der Weltseele rekurrieren, wie Giordano Bruno oder Schelling, auf die *Methode* der modernen Naturwissenschaft kaum erkennbaren Einfluß genommen.[1] Die Annahme einer Weltseele als einer Größe, die in allen Dingen „webt", wird meist als eine rational kaum nachvollziehbare Naturmystik oder dichterische „Schwärmerei", eingestuft.[2] Dem steht entgegen, daß für bedeutende Denker und Naturphilosophen des 15. und 16. Jahrhunderts, die unter verschiedenen Aspekten als Vorboten des modernen Weltbildes gelten können – wie Nikolaus von Kues, Giordano Bruno, Francesco Patrizi oder Bernardino Telesio – die Theorie der Weltseele eine unverzichtbare rationale Erklärungsgröße war.

Der Versuch, den Begriff der Weltseele in den kosmologischen Entwürfen der Renaissance zu klären, erfordert es, jene Denkstrukturen paradigmatisch offenzulegen, die eine Annahme der Weltseele als *notwendig* erscheinen lassen. Um dies zu erreichen, ist zunächst die Grundintention der Lehre von der Weltseele ins Auge zu fassen, wie sie

schon in ihrer antiken Ausformung bei Platon erkennbar ist.

Die Seele (ψυχή) ist im antiken Denken Prinzip der Bewegung.[3] Diese Auffassung ist weit entfernt von dem durch das Christentum geprägten Verständnis einer Individualseele als separater Substanz. Dabei meint der Begriff der *Bewegung* nicht nur physikalische Bewegung, sondern umfaßt auch Veränderungen an den Gegenständen der Wahrnehmung, die Wandlung von Erscheinungsformen jeglicher Art, Prozeßhaftigkeit und Tätigkeit.[4] So umfaßt sie auch die Tätigkeit des Erkennens, des Wahrnehmens, des Denkens, des Schlußfolgerns.

Das Theorem der Weltseele hat die primäre Funktion, die Intelligibilität der Welt für das menschliche Erkennen strukturell zu sichern. Zumindest seit Platons Seelenlehre, die die Grundfunktionen der Seelentätigkeit unterscheidet und einteilt, gilt die Seele und ihr intellektiver „Teil" als das „Organ", das die Erkenntnisleistung vollbringt.[5] Die Tätigkeit des Erkennens, die Bewegung der intellektiven Seele, setzt Erkennbares voraus. Das dem Erkenntnisprozeß Gegebene muß so geformt, so strukturiert sein, daß es von der Seele erkannt werden kann. Es muß daher in bestimmter Weise den Erkenntnisformen der Seele entsprechen, ihr ähnlich sein. Ob der Erkenntnisakt rezeptiv oder aktivformend gefaßt wird, ist bei dieser Voraussetzung der Erkennbarkeit der Welt unerheblich. Das Theorem der Weltseele zielt also als erstes auf eine erkenntnistheoretische Voraussetzung jeglichen Welterkennens, welches das menschliche Denken für sich beansprucht, nämlich eine prinzipielle *Erkennbarkeit* von Welt. Diese Voraussetzung bestreiten nur der Agnostizismus und radikale Skeptizismus. Als Prinzip der Formung der Welt, das ihre Erkennbarkeit ermöglicht, wird die *Weltseele* angenommen. Erkennbarkeit der Welt heißt infolgedessen

Beseeltheit der Welt. So ist die Weltseele die Annahme eines Formprinzips, das die Form der Erkennbarkeit der Welt für die Vernunft gewährleisten soll. Weil aber alles Erkennen Strukturähnlichkeit voraussetzt, ist die Weltseele als „vernünftige Formkraft" verstanden, sie ist „Weltvernunft". Die erkenntnistheoretische Sicherung der Intelligibilität von Welt ist die Grundintention einer philosophisch orientierten Weltseelenlehre, wie sie vor allem in Platons Timaios entwickelt ist. Diese Intention muß auch für die Weltseelenlehre der Renaissance in Anschlag gebracht werden.[6] Über diese Grundintention hinaus sind zwei Bezugsgrößen zu beachten, die das Verständnis der Weltseele näher bestimmen: Zum einen ist dies der Seelenbegriff, nämlich die in der philosophischen Tradition der Seele zugesprochene Erkenntnisleistung. Der Begriff der Weltseele steht immer in einer bestimmten Analogie zur Erkenntnisleistung der menschlichen Seele. Zum anderen ist dies die Vorstellung, die man von Welt und Kosmos hat. Es ist entscheidend für den jeweiligen Begriff von der Weltseele, in welcher Art von Welt die Seele als Prinzip fungierend gedacht ist. Die Weltseele wird jeweils anders zu verstehen sein – wenn der Kosmos begrenzt vorgestellt wird und anders, wenn er unbegrenzt gedacht wird. Gerade hier kann am besten verdeutlicht werden, warum die Weltseelenlehre der Antike und der Renaissance entschieden auseinandergehalten werden müssen. Obwohl kein Zweifel darüber besteht, daß die antike Weltseelenlehre in der Renaissance hoch geschätzt und immer wieder zitiert wird – die Pythagoräer, Orpheus, Empedokles, aber vor allem Platon und Plotin gelten als die hauptsächlichen Quellen – ist eine gravierende Differenz zwischen antiker Kosmologie und dem kosmologischen Denken der Renaissance festzustellen. Diese Differenz liegt in der Frage der Begrenztheit oder Unbegrenztheit des Universums. Zwar kennt die Antike den Gedanken des Unendlichen, des Unbegrenzten, allerdings vorzüglich als serielle Unendlichkeit. Für die Antike gilt jedoch der „Wertvorzug der Finität".[7] Nur die begrenzte Form, die Gestalt, gilt als intelligibel. Das Grenzenlose, das Gestaltlose ist Chaos, ein Nichtsein (μὴ ὄv), Nichtintelligibles, Irreales. In der Renaissance dagegen

wird der Gedanke der Unendlichkeit des Universums als Denknotwendigkeit eingefordert, so bei Nikolaus von Kues und in forcierter Weise bei Giordano Bruno.

Die Schwierigkeiten, die sich bei der Erklärung der Weltseelenlehre ergeben, rühren großenteils daher, daß die Bezugsgrößen selbst, von denen her sich die jeweilige Bestimmung der Weltseele ergibt – die Vorstellungen vom Kosmos und die der menschlichen Seele zugesprochenen Leistungen – wiederum keine unabhängigen Größen darstellen. Sie stehen selbst in einem Bedingungsverhältnis zueinander. Gerade im Denken der Renaissance wird dies sehr deutlich. Ein Indiz dafür ist die in der Renaissance weit verbreitete *Hermetik,* die meist mit der Weltseelenlehre einhergeht, mit ihr systematisch verknüpft scheint. In den hermetischen Spekulationen werden Welt und die Reflexion auf menschliches Weltverstehen in einen Zusammenhang gerückt, der für neuzeitliches Denken, das Subjekt und Objekt streng trennt, nur schwer nachzuvollziehen ist.

Soll der Weltseelenbegriff der Renaissance geortet werden, so ist es unabdinglich, die philosophische Axiomatik der neuen Kosmologie der Renaissance zu skizzieren. Anders als das Mittelalter, in dem das aristotelisch-ptolemäische Weltbild durchgehend anerkannt ist, gibt es im 15. und 16. Jahrhundert und auch darüber hinaus kein einheitliches Weltbild. Die Renaissance ist vielmehr eine Epoche des Umbruchs, der Destruktion der überkommenen scholastischen Kosmologie und das Auftreten neuer, konkurrierender Weltvorstellungen.

Dennoch ist eine leitende Idee auszumachen, mit der die Destruktion des scholastischen Weltbildes eingeleitet wird. Dies ist nicht die Idee der Heliozentrik, sondern zunächst die Idee der Unendlichkeit des Universums. Aufgrund seiner Unendlichkeitsspekulation bringt bereits Nikolaus von Kues in seiner Schrift „De docta ignorantia" (1440)[8] die Säulen des aristotelisch-ptolemäischen Weltbildes ins Wanken.

Mit seiner Idee von Unendlichkeit[9] widerlegt er *erstens* die Unbewegtheit der Erde, *zweitens* bestreitet er ihre Zentralfunktion – sein unendlich-endliches Universum hat keine reale Mitte –, *drittens* behauptet er die Homogenität des Universums. Die Heliozentrik nimmt Nikolaus von Kues nicht an, und zwar aus den gleichen Gründen, aus denen er die Geozentrik ablehnt: Es gibt kein absolut Bewegungsloses im Universum und keine reale Mitte. – Dies ist eine Einsicht, die über Kopernikus hinausgeht.[10] Weiter forciert wurde die Kosmologie des Nikolaus von Kues von Giordano Bruno.

Hauptanliegen der Philosophie Brunos ist die Lehre von der Unendlichkeit des Universums. Der Philosoph aus Nola will mit seiner Lehre den Heliozentrismus des Kopernikus von einem bis dahin gravierenden Einwand befreien. Kopernikus hatte in seiner Schrift „De revolutionibus"[11] Heliozentrik hypothetisch behauptet. Er nahm damit gegenüber dem in der Scholastik herrschenden aristotelisch-ptolemäischen Weltbild einen Rollentausch vor: Statt der Erde wurde die Sonne Mitte des sich in Sphären schichtenden Kosmos. Dieser Kosmos war – wie es dem Sphärenmodell entspricht – begrenzt gedacht, nämlich durch die äußere unbewegte Sphäre der Fixsterne begrenzt. Hier entsteht für das heliozentrische System folgender Widerspruch: Wird die Erde als sich bewegend in einer Kreisbahn – wie die anderen Planeten – angenommen, so steht dem entgegen, daß sich für den Beobachter die Fixsterne nicht bewegen. Erst unter der Vorausgabe eines unendlich großen Universums, in dem die engen Grenzen der Sphären gesprengt werden, läßt sich dieser Widerspruch auflösen. Werden die Fixsterne als „unendlich" weit von der Erde entfernt angenommen, so kann die Eigenbewegung der Erde unberücksichtigt bleiben, weil sie zu gering ist, um die Blickperspektive auf die Fixsterne merkbar zu verändern. Trotz dieser argumentativen Stützung und seines massiven Eintretens für die Heliozentrik denkt Bruno die Sonne nicht als Mittelpunkt eines unendlichen Universums. Er nimmt vielmehr eine Unzahl von Sonnen an, die jeweils regionaler Mittelpunkt eines Planetensystems sind. Jedes Planetensystem ist für Bruno im engeren Sinne *eine Welt*. Deshalb spricht Bruno von unzähligen, *unendlichen Welten*. Das unendliche Universum Brunos zeichnet sich gerade dadurch aus, daß es keinen tatsächlichen Mittelpunkt kennt. Diesen Sachverhalt schildert Bruno eindringlich in der Schrift „Zwiegespräche vom unendlichen All und den Welten":

„Es genügt zu wissen, daß es ein unermeßliches Gefilde, einen zusammenhängenden Raum gibt, der alles in sich hegt und trägt, der alles durchdringt. In demselben sind zahllose dieser Welt ähnliche Weltkörper, von denen der eine nicht mehr in der Mitte des Universums ist, als der andere. Denn als unendliches All ist es ohne Zentrum und Umfang."[12]

In einem in dieser Art unendlich gedachten Universum gibt es nicht nur keine Mitte, sondern auch kein Oben und Unten – dies nicht nur in räumlichem Sinne, sondern auch in Hinsicht auf die Werthaftigkeit der Himmelskörper. Die Himmelskörper der oberen Sphären bestehen nicht aus einer edleren Substanz als die Erde.[13] Alle Himmelskörper bestehen aus den gleichen Elementen. Ihre Unterschiede beruhen lediglich auf der verschiedenen Zusammensetzung der Elemente.[14] Dies bedeutet aber auch, daß im gesamten Universum die gleichen Gesetze und Prinzipien herrschen. Gerade hierin ist die gravierende Differenz zu dem Modell eines Sphärenkosmos zu sehen. Physikalische Gesetze haben erst jetzt, in einem nunmehr homogen gedachten Universum, wahrlich universalen Charakter.

Das starke Interesse für die Weltseelenlehre bei den Naturphilosophen der Renaissance resultiert gerade aus dieser neuen Aufgabe, die sich aus der Auflösung des scholastischen Stufenkosmos ergibt: eine universale Gesetzlichkeit für eine homogen gewordene Welt zu finden.[15] Die Physik ist in ihrem Geltungsbereich nun nicht mehr auf den sublunaren Bereich beschränkt.[16] Erst mit der Vorausgabe einer homogen gewordenen Welt entsteht die Aufgabe allgemeiner Naturgesetze. Formal gesehen tritt uns die Weltseelenlehre entgegen als die Annahme eines allgemeinen Prinzips für das *gesamte* Universum. Gerade das Wiederaufgreifen der Weltseelenlehre der Antike in der Renaissance ist initiiert durch die Forderung einer Naturerklärung von universaler Qualität, wie sie durch die Auflösung des Sphärenkosmos möglich und notwendig wurde. Das Motiv, die Natur einheitlich zu erklären – das ganze Universum ist jetzt zu einer Natur geworden – zeigt sich auch darin, wie die Wirkungsweise der Weltseele verstanden wird. Sie ist nicht verstanden als formende Kraft, die von außen her der Materie Formen aufgeprägt und nur äußerlich wirkt – so wie der Handwerker sein Material formt –, sondern sie ist verstanden als eine *innere Wirkkraft*. Die Weltseele wird daher von Bruno „der innere Künstler" (artifice interno) genannt.[17] Gerade in der Forcierung des Immanenzgedankens ist eine weitere Differenz der Weltseelenlehre der Renaissance zu den antiken und spätantiken Lehren von der Weltseele zu erkennen.[18] Die Immanenz der Weltseele als bewirkende Ursache bedeutet zunächst: Die Natur soll aus sich selbst heraus erklärt werden. Alles Existierende hat das Prinzip der Bewegung, der Veränderung in sich, es ist als dessen inneres Gesetz aufzusuchen. Nicht mehr transzendente Ursachen müssen herangezogen werden, um das Weltgeschehen zu erklären, sondern die Welt bewegt sich aus sich heraus.

Der Immanenzgedanke verdeutlicht sich anhand der Bewegungstheorie: Es bedarf keines ersten unbewegten Bewegers, der die Welt wie ein Uhrwerk in Gang setzt.[19] In Konsequenz eines immanenten Bewegungsprinzips verwirft Bruno auch die Theorie der aristotelischen Ortsbewegung.[20] Deshalb wird das Universum als Lebewesen, als Organismus verstanden. Lebewesen ist dasjenige, das sich aus sich selbst bewegt, und Prinzip der Selbstbewegung ist in der philosophischen Tradition seit jeher die Seele. Der forcierte Immanenzgedanke führt auch zu der These von der Allbeseeltheit des Universums. Die Seele ist keine separate Kraft oder Form im Universum, sie ist nicht ein Teil des Universums – sondern sie ist in allen Teilen des Universums, und sie ist in den Teilen des Universums, auch in den kleinsten, ganz. Die Allbeseeltheit der Dinge vertritt Bruno in besonders provokanter Weise, wie der folgende Dialogausschnitt aus der Schrift „Von der Ursache, dem Prinzip und dem Einen" zeigt: „... nehmt ihr denn an, daß es überhaupt kein Ding gebe, welches keine Seele, und nicht zum wenigsten ein Princip und einen Keim des Lebens in sich hätte? Das gerade ist es, was ich ohne allen Abzug will."[21]

Die These von der Allbeseeltheit manifestiert sich in einem für das Denken der Renaissance typischen Axiom. Es ist der dem Anaxagoras[22] zugeschriebene Satz: Alles ist in allem (quodlibet in quolibet). Schon Cusa-

nus, von dem Bruno wesentliche systematische Momente seines Philosophierens übernimmt,[23] zählt dieses Axiom in der Schrift „De docta ignorantia" zu den tragenden Grundsätzen seines Philosophierens.[24] Ein weiteres Motiv der Weltseelenlehre wird damit deutlich. Es soll der Zusammenhang und das Zusammenwirken aller Dinge im Universum bis hin zu den kleinsten Teilchen gedacht werden. Das Universum wird als Totalität der Beziehungen der Dinge im Universum begriffen. Das Axiom „quodlibet in quolibet" besagt das Inne-sein (inesse) einer Sache in einer anderen. Dieses Inne-sein darf nicht im Sinne der aristotelisch-scholastischen Substanzontologie verstanden werden – hier wäre es paradox, daß eine separate Substanz in einer anderen wäre, dies würde gegen das Widerspruchsprinzip verstoßen, das den Substanzgedanken konstituiert. Der Formel „quodlibet in quolibet" – findet sie sich bei Denkern der Renaissance – darf also nicht mehr die scholastisch-aristotelische Substanzontologie als Verständnisrahmen unterlegt werden, auch dann nicht, wenn der Begriff „Substanz" weiterhin scheinbar ungebrochen Verwendung findet. „Inesse" ist ein Ausdruck für „Bezogensein". Der Satz „Alles ist in allem" bedeutet demgemäß, daß alles zu allem im Universum in Beziehung steht. Das Universum *ist* die Gesamtheit der Beziehungen. Daher ist das Universum in jedem der einzelnen Dinge. Das Universum ist – wie Nikolaus von Kues dies ausdrückt – in den einzelnen Dingen „verschränkt" (contracte).[25] Die Beziehungen, in denen die Dinge stehen, sind entgegen der aristotelisch-scholastischen Tradition nicht mehr bloß akzidentiell gedacht, sondern sie sind substantiell, also wesensbestimmend.

Das Paradigma für eine Beziehungsganzheit ist der Organismus, das Lebewesen. Seine einzelnen Glieder und Organe werden nicht als separate Teile eines Ganzen gedacht, sondern als Funktionen. „Funktion meint, daß eine Sache aufgeht in dem, was sie im anderen wirkt, ist Sein im anderen."[26] Der Organismus ist die Gesamtheit der Funktionen. Jede Wirkung eines seiner Glieder betrifft die anderen und die Gesamtheit, die der Organismus *ist*. Daher ist im Organismus jedes mit jedem in Beziehung oder „Jedes ist in jedem". Cusanus gibt dafür ein Beispiel:

„Ebenso sind alle Glieder im Fuß Fuß, insofern der Fuß unmittelbar im Menschen ist. Auf diese Weise ergibt sich, daß jedes Glied durch jedes andere Glied unmittelbar im Menschen ist und der Mensch, das Ganze, durch jedes Glied in jedem, genauso wie das Ganze in den Teilen durch jeden Teil in jedem ist."[27] Das Paradigma des Organismus ist in der Renaissance Bild zur Darstellung der aufkommenden Funktionsidee. Sie tritt an die Stelle des aristotelisch-scholastischen Substanzgedankens. In der Logik dieses Funktions- und Beziehungsdenkens ist ein Einzelnes nicht mehr als Substanz an und für sich, sondern nur mehr von der Totalität des Organismus her verstehbar. Von dieser Ganzheit heißt es, es sei das Universum, die Seele. Sie ist ungeteilt in jedem Einzelnen,[28] jedes Einzelne repräsentiert seinerseits die Totalität. Im Paradigma des Organismus fungiert die Weltseele offenbar als die Größe, welche die relationale Verknüpfung der Einzelnen gewährleistet und die den Ganzheitssinn erkennbar werden läßt, der ein Funktionsgebilde trägt. Dadurch, daß die Seele „in allem" ist, ist auch „Jedes in jedem"; die Immanenz der Seele ergibt erst den durchgehenden Charakter des Bezogenseins.[29] Von hier aus wird auch erkennbar, daß das starke Interesse der Renaissance-Denker an der hermetischen Lehre vom Mikrokosmos und Makrokosmos oder verwandter kabbalistischer Lehren,[30] wie die vom Universum als dem „großen Menschen" nicht bloß einem Hang zum Mystizismus entspringt, sondern durchaus im Rahmen der Bemühungen um den Funktionsgedanken steht. Die hermetischen und kabbalistischen Lehren dienen der bildlichen Darstellung des Funktionsgedankens. So muß auch die Rede von der Allbeseeltheit bei Giordano Bruno im Zusammenhang mit dem Paradigma des Organismus gesehen werden, der Verbildlichung des Funktionsdenkens sein will.

Nichts ist im Universum unbeseelt – dies bedeutet: Das Universum ist der *Form* nach in jedem seiner Teile. Die Form des Universums ist die *Weltseele.*[31] Der Formgedanke ist hier nicht mehr statisch gefaßt, sondern zunehmend dynamisch. *Form* meint die Prozeßkraft des Formens.

Versuchen wir nun, die bisher sichtbar gewordenen Intentionen und Motive der Welt-seelenlehre in ihrer begrifflich-systematischen Bearbeitung offenzulegen. Dies soll an der Philosophie Giordano Brunos durchgeführt werden, da bei ihm der Weltseelengedanke, im Verbund mit der Kosmologie, die weitaus ausführlichste begriffliche Behandlung erfährt und gerade die Weltseelenlehre Brunos in die philosophische Neuzeit hineinwirkt, so in die Naturphilosophie Schellings und Goethes.[32] Brunos Kampf gegen den Aristotelismus betrifft nicht nur die kosmologischen und physikalischen Thesen des Aristoteles – die Lehre von der Endlichkeit der Welt und die Theorie der Ortsbewegung – sondern sie zielt auch auf das Kernstück der aristotelischen Ontologie, den sog. *Hylemorphismus.* Materie und Form sind bei Aristoteles als die Prinzipien gedacht, die in ihrem Zusammentreten die Substanz konstituieren. Auch Bruno erkennt Materie und Form als Prinzipien des Wirklichen an:

„Des Nolaners Ansicht ist... *eine* Seele als formales Princip, welche alle Dinge bildet und gestaltet... *eine* Materie, aus der jedes Ding gemacht und gebildet wird..."[33]

Bruno faßt den Gedanken der Form als formende Vernunft, als Weltseele.[34] Die begriffliche Bestimmung der Weltseele ist deshalb anhand der Form-Materie-Spekulation Brunos zu entschlüsseln.

Im aristotelischen Denken sind Materie und Form so konzipiert, daß sie nicht aufeinander rückführbar sind. Dies zeigt sich deutlich im 7. Buch der Metaphysik, wo Aristoteles die Frage nach dem Wissen stellt und nicht zu entscheiden vermag, ob der Materie oder der Form der Vorzug zu geben sei. Gegen diesen Typus von Prinzipiendenken wendet sich die cusanische[35] und in ihrer Folge die Unendlichkeitsspekulation Brunos.

Materie und Form werden bei diesen Denkern auf einen Einheitsgrund zurückgeführt. Im Unendlichen fallen Materie und Form zusammen, sie *koinzidieren.* Die unendliche Form und die unendliche Materie sind als identisch gedacht. Cusanus und Bruno halten zwar an den Begriffen Form und Materie fest, doch in einem ganz anderen, dem Aristotelismus geradezu gegenläufigen Rahmen: Nicht mehr von der Dualität der Prinzipien ist auszugehen, sondern von ihrer Einheit, ihrer Koinzidenz im Unendlichen.

Von hier aus wird ein anderer Zusammenhang, ein anderes Zusammenwirken von Form und Materie denkbar, das eine neue Naturerklärung möglich macht.

Den Begriffen Form und Materie korrespondieren weitgehend die Bestimmungen des Aktes und der Potenz. Materie ist Potentialität, als Formloses ist sie ein Formbares, Möglichkeit zur Aufnahme von Formen. Erst durch das Hinzutreten der Form wird das bloß Formbare zu einem Wirklichen, zu einem konkreten Sein. Der Dualität von Form und Materie entspricht so eine Dualität von Wirklichkeit und Möglichkeit. Aus dieser Konzeption der Begriffe erwächst dem Aristotelismus die Schwierigkeit, daß der Materie, wird sie „rein" gedacht, als noch gänzlich ungeformte, sog. *„erste Materie"* (πρώτη ὕλη) keine Wirklichkeit zugesprochen werden kann.[36] Brunos Intention dagegen ist es, zu erweisen: „... daß die Materie nicht jenes prope nihil,[37] jenes reine, nackte Vermögen ohne Wirklichkeit, ohne Kraft und Energie sei."[38] Für Bruno ist die Materie nicht mehr nur eine rein passive Größe, nackte Möglichkeit, die der Verwirklichung, der Formierung harrt, die „Formen erbettelt",[39] sondern die Formen sind der Materie immanent, in ihr angelegt.[40]

Prozesse der Veränderung und des Wandels in der Natur werden daher nicht mehr verstanden als ein äußeres Aufprägen von Formen auf die Materie, sondern Veränderung ist nun Entfaltung, *explicatio*, Entwicklung der in der Materie angelegten Formen. Als Movens der Veränderung fungiert nicht mehr der Mangel (privatio) der Materie an Formen, sondern geradezu die Fülle der Formen in der Materie, die zu ihrer Verwirklichung streben. Der Aristotelismus hat das Zusammenwirken von Form und Materie, die physikalischen Prozesse des Werdens und der Veränderung in Analogie zum menschlichen Kunstschaffen begriffen, wie z. B. das Formen einer Statue aus Erz.[41] Hier wirkt die Form auf das Material äußerlich ein. Mit der Annahme der Immanenz der Formen in der Materie tritt an die Stelle der künstlichen Formung ein anderes Paradigma: Physikalische Prozesse des Werdens und der Veränderung werden nun begriffen analog dem organischen Wachstum, das die Formen aus sich hervorbringt, immer neue Formen gebiert.

Die Weltseele als Formprinzip wird daher im Gegensatz zum kunstschaffenden Menschen, der sein Material von außen her formt, „innerer Künstler"[42] genannt. Dies gilt nicht nur für den Bereich der Biologie, sondern für den gesamten Bereich der Physis.[43] Die Rede Brunos von der Beseeltheit der Natur erstreckt sich nicht nur auf Lebendes im biologischen Sinne, sondern die Seele ist das Formprinzip aller Dinge. So sind ihm die Welten, die Sonnensysteme beseelte, riesige Organismen.[44] Mißverstanden wäre Brunos Materie- und Formkonzeption allerdings, würde man in der Annahme der Immanenz der Form in der Materie eine Übergewichtung des Materieprinzips sehen, ein Aufgehen des Formgedankens in der Materie i. S. eines Materialismus.[45] Bruno selbst weist ganz entschieden eine Unterordnung des Formprinzips unter das Materieprinzip zurück. Er gesteht zu, selbst einmal dieser Meinung angehangen zu sein,[46] doch läßt er keinen Zweifel darüber aufkommen, daß für ihn das Formprinzip, ebenso wie das Materieprinzip substantielles Prinzip ist. Daher geißelt er in aller Schärfe jene Scholastiker, die unter dem Begriff der „substantiellen Form" den Formgedanken dennoch nur als Akzidenz der Materie begreifen:

„Freilich kann das nicht auch gelten von alledem, was bei Peripatetikern und ähnlichen Leuten ,substantielle Form' genannt wird und was in nichts anderem besteht, als in einer gewissen Zusammensetzung und Anordnung von Accidentien. Bei ihnen ist alles, was sie angeben können außer ihrer *materia prima*, nichts anderes als Accidens."[47]

Bruno denkt den Zusammenhang von Form und Materie bzw. Akt und Potenz in verschiedenen Modi. Er schließt sich weitgehend den Überlegungen des Nikolaus von Kues an, die dieser in der Schrift „De possest" entwickelt. Es finden sich in Brunos Ausführungen fast wörtliche Übernahmen aus den Texten des Nikolaus von Kues. Von Cusanus stammt auch die spezifische Begrifflichkeit, in der die Akt-Potenz- bzw. Form-Materie-Spekulation durchgeführt wird: Es sind dies die infiniten Formen von Können (posse) und Sein (esse), sowie die präsentische Form Ist (est). Bruno betrachtet den Begriff des Vermögens, der potentia, nicht mehr nur als rein passive Möglichkeit des ge-

formt werden Könnens – wie dies im aristotelischen Gedanken der Materie als *Substrat*
der Fall ist – sondern Vermögen heißt für ihn
auch Vermögen zur aktiven Formung. Passives und aktives Vermögen werden von Bruno
in einem Vermögensbegriff zsuammenge-
bracht. Dies ist der von Cusanus übernom-
mene Begriff des posse-esse (possere-esse-
re), des Sein-Könnens. Das Sein-Können ist
als Vermögen jedem konkret Seienden, jedem Ist (est) vorausgesetzt und kann von ihm
ausgesagt werden.

„So ist kein Ding, von dem man das Sein
aussagt, wovon man nicht auch das Sein-
Können aussagte, und das passive Vermögen
entspricht so gänzlich dem activen Vermögen, daß keines irgendwie ohne das andere
ist... Denn das eine Vermögen impliciert das
andre, ich will sagen, es setzt, selbst als sei-
end gesetzt, nothwendig das andre mit.“[48]

Bruno denkt das Vermögen nicht mehr nur
als passives Substrat, sondern als *Kraft,* die
sich selbst in Wirklichkeit zu versetzen vermag.[49] Das Sein-Können kann auch nicht von
der Verwirklichung getrennt gedacht werden, es ist keine von der Wirklichkeit sepa-
rierte Größe. Denn darin, daß dem Vermögen immer schon eine Konkretion einhergeht, besteht seine Wirklichkeit. Nur deshalb
läßt sich sagen: Das Sein-Können *ist.* Umgekehrt heißt dies: Jedes konkret Seiende ist
Sein-Können. Aber es ist in seiner Konkretion nicht alles, was es sein kann. Das konkret Seiende, das ist, zeigt sich als nur
eingeschränkte (contracte) Verwirklichung
des Sein-Könnens:

„Mögen sie (die Dinge) immerhin sein,
was sie sein können, so können sie doch vielleicht auch nicht sein und sicher etwas anderes oder auf andre Weise sein, als sie sind.
Denn kein anderes Ding ist alles das, was es
sein kann. Der Mensch ist das, was er sein
kann; aber er ist nicht alles das, was er sein
kann.“[50] Es gilt daher: „In den Erscheinungen der Natur sehen wir ferner nichts, was
etwas anderes wäre als das, was es in Wirklichkeit ist... dennoch ist es auch in diesem
seinem einzigen specifischen Sein niemals alles das, was ein beliebiges Ding sein
kann.“[51]

Das mit dem Begriff des Sein-Könnens bezeichnete Vermögen ist für Bruno immer
schon mit Aktualität verknüpft, und zwar als

eine im Konkreten eingeschlossene Potentialität. Das Seiende ist nicht mehr Compositum von Materie und Form im Sinne des
Aristotelismus, dem Bewegung und Veränderung nur akzidentiell zukommen und das
für substantielle Veränderung selbst nur wieder passives Substrat ist. Sein-Können als
aktive Kraft ist dem Seienden substantiell,
d. h. Bewegung und Veränderung sind für das
Seiende nunmehr substantiell. Die *substantia
prima,* das Seiende, ist nicht mehr durch eine
statische Form bestimmt, sondern es ist zur
dynamischen Größe geworden. Zielt die Erklärung der Naturdinge nicht mehr auf ein
statisches Sein, auf unveränderliches Wesen,
sondern soll das Sein der Dinge gerade als
Prozeßhaftigkeit bestimmt werden, so wird
die Annahme einer prozessualen Kraft kon-
zeptuell notwendig. Hier liegt der systematische Ort der Weltseele. Sie ist aktive Formkraft des Sein-Könnens. Erst der Blick auf
die Prozessualität verlangt nach einem Na-
turwissen, das nicht mehr Wesenswissen ist,
sondern ein Erkennen von Gesetzen als den
Regeln von Prozeßabläufen.

Betrachten wir nun weiter die systematischen Charakteristica der Weltseele anhand
des Begriffs „posse-esse“. Hierzu ist es notwendig, auf die Unendlichkeitsspekulation
Brunos einzugehen. Die Weltseele ist ja gedacht als Formkraft eines unendlichen Universums.

Brunos Lehre von der Unendlichkeit des
Universums entspringt nicht empirischen Beobachtungen. Die Unendlichkeit der Welt
kann nicht sinnlich wahrgenommen werden:
„Freilich gibt es keinen Sinn, der das Unendliche erschaute, keinen Sinn, der uns unmittelbar zwänge, darauf zu schließen, denn das
Unendliche kann kein Gegenstand der Sinneswahrnehmung sein.“[52]

Es sind gerade die Sinne, die die Welt in
einen Horizont eingrenzen, sie also finit vorstellen. Die Vernunft ist es, die über jede von
den Sinnen gezogene Grenze hinauszugehen
vermag. Die Vernunft, die ihre Strukturen
und ihre Möglichkeiten des Welterkennens
reflektiert, erkennt sich selbst als unendlich,
als prinzipiell unbegrenzbare Operabilität.
Der Intellekt ist notwendig so strukturiert,
daß er über jede gesetzte Grenze, über jede
bestimmte Determinante hinauszugehen
drängt,[53] sei dies eine räumliche Grenze, eine

Zahl oder jegliche andere bestimmte Größen:

„Nicht eitel ist daher das Vermögen des Geistes, immer Raum an Raum zu fügen, Masse an Masse, Einheit zu Einheit, Zahl zur Zahl...; so daß weder der täuschende Horizont des irdischen Auges, noch die erdichtete Sphäre der Phantasie im ätherischen Gefilde unseren Geist mehr einschränkt."[54]

Insbesondere ist es die Vorstellung des Raumes, an der das Fortschreiten der Vernunft ins Unendliche sichtbar wird. Für Bruno ist Raum nicht mehr der aristotelische Ortsraum, der den Körper als Oberfläche umgibt und ihm akzidentiell zugehört. Der Raum ist vielmehr eine eigenständige Größe und fungiert als Bedingung für die Aufnahme von Körpern.[55] Für einen solchermaßen „apriorisch"[56] gedachten Raum kann keine bestimmte Größe angegeben werden. Er kann nicht durch eine Sphäre begrenzt werden, denn er ist so groß, wie er gedacht werden kann. Da aber das Denken keine endliche Grenze mit Notwendigkeit in sich findet, weil es seiner Natur, der unendlichen Operabilität nach jede bestimmte Raumgrenze zu überschreiten vermag, ja sie mit jeder Setzung schon überschritten hat, begreift es den Raum als unendlich komparable Größe.[57] Der Beweis für die Unendlichkeit des Universums wird daher von Bruno zuerst aus der Verneinung des Gegenteils geführt. Dem Universum kann keine notwendige Grenze zugesprochen werden, deshalb ist es infinit. Jede behauptete Weltgrenze beruht lediglich auf der Setzung einer willkürlichen Grenze. Das Dogma einer finiten Welt ist daher eine Fesselung der Vernunft, ein „Kerker"[58] für das Vermögen des weltbegreifenden Geistes. Die Annahme des unendlichen Universums bedeutet für Bruno eine „Entfesselung" des Geistes, der den Kerker des finiten Sphärenkosmos sprengt und sich zum Unendlichen erhebt: „... daher mag es erlaubt sein, den Geist in seinem Vermögen zu betrachten, ins Unermeßliche zu fliegen, und zwar aus einem engen Kerker heraus, in dem er seit jeher festgehalten wird."[59] Im Vermögen des Intellekts zur endlosen Komparabilität der Begreifensakte liegt seine Unendlichkeit. Diese Unendlichkeit ist *potentielle* Unendlichkeit. Unendlich ist diese Potentialität, weil der Geist, das Denken sie in keinem seiner konkreten Akte ausschöpfen, beenden kann. Ebenso kann im Akt des Zählens mit keiner gezählten Zahl das Vermögen des Weiterzählens beendet werden; dieses ist entsprechend der Zahlenreihe infinit.[60] Unendliche Potentialität ist auch kein bloß leeres, unverwirklichtes Vermögen, da das Denken nur *in* seinen Akten besteht. Von daher ist sein Vermögen immer auch schon verwirklichtes Vermögen.

Diese Überlegungen zeigen, daß Brunos Konzeption von Potenz und Akt bzw. von Materie und Form auf einer Analyse der Prozessualität des menschlichen Denkens, der intellektiven Seele beruht. Analog dieser Struktur wird die Weltseele als Formkraft gedacht.

Weil das Vermögen menschlichen Denkens seine *vollständige* Aktualisierung nie erreichen kann, ist es unendlich. Daraus folgt notwendig, daß in der Idee potentieller Unendlichkeit deren vollkommene Aktualisierung negativ als Nichterreichbares mitgedacht ist – als die Idee aktualer Unendlichkeit bzw. absoluter Unendlichkeit. Dem Gedanken potentieller Unendlichkeit geht als Definitionsgröße einher die Idee aktualer Unendlichkeit. Die Idee absoluter Unendlichkeit kennt kein Außerhalb; sie ist alles, aber nicht in der Weise einer Summe als unendliche Quantität von Teilen. Sie wäre sonst über sich hinaus erweiterbar und somit destruiert. Die Idee aktualer Unendlichkeit ist alles, in vollkommener Differenzlosigkeit. Sie ist der Zusammenfall aller Gegensätze im Unendlichen, der Gegensätze von Möglichkeit und Wirklichkeit, groß und klein etc.[61] Aufgrund dieser Charakteristik ist sie nicht mehr positiv zu begreifen:

„Diese absoluteste Wirklichkeit, welche identisch ist mit dem absolutesten Vermögen, kann von dem Verständnis nur auf dem Wege der Negationen begriffen werden: d. h. sie kann nicht erfaßt werden, sofern sie alles sein kann, noch sofern sie alles ist. Denn die Vernunft, wenn sie verstehen will, muß sich eine verstandesmäßige Vorstellung bilden, sich ihr anähnlichen, sie nach sich messen, mit sich ausgleichen. Alles das ist hier unmöglich."[62]

Die Idee absoluter Unendlichkeit markiert die Grenze des Denkens. Sie kann daher nicht als Gegenstand des Denkens verstanden werden, sondern als reflexiv erfragte Bedingung des Denkens, die nie völlig eingeholt oder hintergangen werden kann. Sie ist Prinzip des Denkens, aber nicht nur des Denkens, sondern der Wirklichkeit, des Universums schlechthin. In der Begrifflichkeit neuzeitlichen Philosophierens könnte man sie als Einheit von Subjekt und Objekt bezeichnen. Im Rekurs auf aktuale Unendlichkeit, in deren negativem Erfassen der menschliche Geist sein Erkenntnisvermögen als potentiell unendlich bestimmt, zeigt sich ein entscheidender Wesenszug der Kosmologie Brunos: Sie ist nicht nur „objektive" Kosmologie, sondern eine Kosmologie, in der die Begreifensstrukturen des menschlichen Geistes mitreflektiert werden. Dies gilt generell für das Denken der Renaissance: Die Unendlichkeit der Welt ist Ausdruck für die Unendlichkeit des Erkennens.[63] Das Universum, die Welten sind nicht fremdes Objekt, sondern das Universum ist immer Universum des weltbegreifenden menschlichen Geistes, der sich in der von ihm begriffenen Welt weiß und so selbst Welt ist. „Die Vernunft begreift sich als Teil der Welt und zugleich als Subjekt des Verstehens von Welt."[64]

Dieser „renaissance-typische Gedanke"[65] läßt eine, gegenüber dem neuzeitlichen kritischen Philosophieren unterschiedliche Intention deutlich werden: Das sich selbst inspizierende Denken analysiert sich nicht als weltloses Subjekt, sondern als Subjekt, das immer auch schon Welt ist. Die Strukturen des Erkennens werden nicht erschlossen in Abstraktion von Welt, in methodischer Isolierung des Subjekts. Es liegt hier eine Denkform vor, deren Spezifikum gegenüber neuzeitlichem Philosophieren gerade darin besteht, daß sie keine strikte Subjekt-Objekt-Trennung vollzieht, sondern vielmehr einen ursächlichen Zusammenhang von Denken und Welt zu ihrer erkenntnistheoretischen Voraussetzung erhebt. In der Renaissance treffen wir auf eine Vielzahl von Sprachbildern, Metaphern und Analogien, in denen dieser Typus von Weltdenken zur Darstellung gebracht werden soll. Es ist z. B. die mehrmals erwähnte Hermetik oder auch die immer wieder aufgegriffene Spiegelmetaphorik, in der Welt und Denken als zwei gegenübergestellte Spiegel vorgestellt werden, so daß eines immer Spiegelbild des anderen ist. Das Theorem der Weltseele gründet in dieser spezifischen Denkform. Die Weltseele wäre daher falsch verstanden, würde man in ihr lediglich eine objektive Größe, eine Art objektiven Geist in den Dingen erblicken. Die oft abwertende Charakterisierung der Weltseelenlehre als „Animismus"[66] scheint von diesem Fehlverständnis geleitet zu sein. Das Fehlverständnis ergibt sich allerdings fast notwendig, wenn man renaissance-typische Denkformen allein von den Voraussetzungen und Axiomen der neuzeitlichen Subjektphilosophie her bewertet.

Wie ist nun der erkenntnisphilosophische Sinn des organischen Weltparadigmas weiter aufzuschlüsseln, um der theoretischen Valenz der Weltseelenlehre gerecht zu werden? Diesen Sinn zeigen insbesondere die erkenntnisphilosophischen Reflexionen von Nikolaus von Kues und Giordano Bruno. Es ist die Intention dieser Denker, den Erkenntnishorizont des menschlichen Denkens „zu vermessen"[67] – eine Intention, die durchaus als erkenntniskritisch zu kennzeichnen ist, sich aber offensichtlich einer anderen Denkform bedient als der neuzeitliche Kritizismus. In der Selbstreflexion des Geistes bleibt Welt nicht ausgeschlossen. Das Selbsterkennen impliziert ein Welterkennen. Dieser Sachverhalt ist auch umkehrbar. Erkannt wird Welt nach Maßgabe des Seins des Geistes, der sich als Einheit von Vermögen und Verwirklichung, als eine dynamische Kraft weiß. Der Geist, das Denken ist ein Vermögen, das sich aus eigener Kraft expliziert. In diesem Geistverständnis wurzelt das organische Weltverständnis. Bewegung und Veränderung der Physis sind als Entwicklung und Entfaltung einer Kraft verstanden, die der Natur selbst inne ist, ihr wesentlich ist. Das Wesen der Dinge ist nicht mehr ihr statisches Sein, sondern ihre Bewegungskraft und Prozeßhaftigkeit. Eines geht in ein anderes über, jede einzelne Figuration des Wirklichen ist nur Moment einer dynamischen Totalität, das Sein der Dinge geht in ihrer Funktion auf. Die Dynamik des Denkens wird letztlich Paradigma für die Prozeßhaftigkeit der Welt. Das Denken, das seine eigene Struktur aufsucht, nimmt für diese Struktur Allgemeingültigkeit in Anspruch. Mit dem Theorem der Weltseele wird jedoch die Allgemeinheitsstruktur des Geistes nicht allein – wie im neuzeitlichen Denken – den Subjekten zugesprochen und so rationale Interkommunikation erkenntnistheoretisch begründet, sondern der Allgemeinheitsanspruch des Denkens, die Gesetzlichkeit seiner Struktur wird gewissermaßen verweltlicht. Der Geist wird Weltseele und so Garant rationaler Welterkenntnis. Die Weltseele wäre daher falsch verstanden, würde man sie in die Nähe eines positiven Naturgesetzes rücken oder sie an diesem Gedanken messen. Sie kann nur als erkenntnisphilosophisch gefaßte Bedingung für die gesetzmäßige Erkennbarkeit der Natur als gesamte gelten. Die wissenschaftsgeschichtliche Leistung des Weltseele-Theorems der Renaissance liegt in der Dynamisierung und Funktionalisierung der Welt sowie in der Verheißung ihrer rationalen Erkennbarkeit – eine offenbar nicht einholbare Verheißung, betrachtet man die Entwicklung der modernen Naturwissenschaften. Das Einsetzen der modernen Naturwissenschaften scheint gerade verbunden zu sein mit der „Desanthropomorphisierung"[68] der Welt, also mit der Ablösung eines organischen Weltdenkens hin zu einem mechanischen Funktionsmodell.

Auch die Wiederbelebung des Weltseele-Gedankens in der Naturphilosophie Schellings, die durch Bruno mitinitiiert gelten darf, rührt nicht an diesen Sachverhalt. Man wird aus heutiger Sicht jedoch zugestehen müssen, daß das Paradigma des Organismus ein Funktionsmodell von wesentlich höherer Komplexität darstellt als das Bild der Weltmaschine. Das an der mechanischen Kraftwirkung orientierte Kausalitätsdenken der klassischen Naturwissenschaften sieht sich heute der Kritik ausgesetzt, unfähig zu sein, die hochkomplexe Vernetzung von Naturvorgängen zu durchschauen und damit zur Vernichtung von Lebensgrundlagen beizutragen.

## 2. Seele und Körper

So sehr auch die Weltseelenlehre der Renaissance von platonischem und neuplatonischem Gedankengut mitinitiiert ist, so gegengesetzt scheint es sich bei dem Problemkreis Seele – Körper zu verhalten. Hier bildet die Psychologie des Aristoteles, insbesondere

seine Schrift „Über die Seele" (Περὶ ψυχῆς) die Grundlage der Auseinandersetzung. Dies läßt sich schon an den zahlreichen Kommentaren und weiteren Schriften zu ihrer Interpretation ablesen, die in diesem Zeitraum verfaßt wurden.[69] Im Gegensatz zur Kosmologie, wo die bedeutendsten Denker der Renaissance in scharfem Widerspruch zum Weltbild des scholastischen Aristotelismus stehen, ist offenbar auf dem Wissensfeld der Psychologie eine Kontinuität zum Aristotelismus auszumachen. Die Kontinuität zeigt sich schon ganz vordergründig in der Weiterführung der bereits in der Scholastik aufgebrochenen Kontroverse um die Kommentierung der Seelenlehre des Aristoteles durch den Araber Averroes. Diese Diskussion wird in der Renaissance weitergeführt als die Frage nach der Sterblichkeit oder Unsterblichkeit der Seele. Es ist eine Frage, die dazu verleitet, die Psychologie der Renaissance von theologischen Problemstellungen dominiert[70] zu sehen.

„... das Problem der Unsterblichkeit der Seele ist für viele von uns heute kein philosophisches, sondern ein theologisches Problem und bringt die psychologische Diskussion in der Renaissance insgesamt in den Verdacht, einem Scheinproblem gewidmet gewesen zu sein."[71]

Um diesem nachhaltig wirkenden Verdacht entgegenzutreten, soll die Problemkonstellation systematisch aufgefächert werden, die sich aus der Rezeption der Psychologie des Aristoteles ergibt und die das Feld der Seele-Körper-Diskussion in der Renaissance markiert.

Ausgangspunkt hierfür ist die Bestimmung des Aristoteles in „De anima": Die Seele ist eine Entelechie des belebten Körpers. (ἐντελέχεια ἡ πρώτη σώματος φυσικοῦ δυνάμει ζωὴν ἔχοντος.[72])

Hiermit ist für die Scholastik, aber auch für die Psychologie der Renaissance das Begriffsfeld vorgegeben, innerhalb dessen das Seele-Körper-Verhältnis geklärt werden soll: nämlich als ein Verhältnis von Materie und Form.

Eine zweite systematische Konstante ist die Einteilung des Seelischen nach seinen zu leistenden Funktionen. Aristoteles geht zunächst – ebenso wie Platon – von einer Dreiteilung aus: von der vegetativen, der animalischen und der denkenden Seele. Es ist zu beachten, daß Aristoteles auch die Möglichkeit einer weiteren Ausdifferenzierung dieser Einteilung erwägt und sogar als notwendig aufzeigt,[73] so die Differenzierung einer aufnehmenden und einer tätigen Operation der denkenden Seele (intellectus possibilis und intellectus agens).[74]

Aus dieser Grundkonstellation ergeben sich für die an Aristoteles orientierte Psychologie eine Reihe von Problemstellungen: Das aristotelische Materie-Form-Denken läßt Materie und Form nur als Compositum wirklich sein. Materie und Form sind korrelativ aufeinander bezogen; sie können nicht jeweils für sich selbst existieren, so wird auch mit dem einen das andere destruiert. Die Konsequenz für eine Seelenlehre, die das Verhältnis von Seele und Körper als ein Form-Materie-Verhältnis denkt, liegt offen zutage: Ist die Seele *forma corporis,* so ist sie an einen jeweils konkreten Körper gebunden und vergeht mit ihm, – eine Konsequenz, die anscheinend Aristoteles selbst nicht für den gesamten Bereich des Seelischen zu ziehen gewillt war. In seiner Schrift „Über die Seele" thematisiert Aristoteles die Seele hauptsächlich als Naturgegenstand, im Rahmen der Naturphilosophie. Erfragt werden die Formen des organischen Seins in ihren Funktionen der Lebenserhaltung und Reproduktion, wozu bei den höher entwickelten Lebewesen auch die Leistungen der Wahrnehmung zu rechnen sind. Erst durch diese Leistungen kann die Erhaltung des Lebens, die Nahrungsaufnahme gesichert werden. Hier, im Bereich der vegetativen und animalischen Seele, die Wahrnehmungsleistungen zu erbringen imstande ist, findet das Materie-Form-Konzept seine strenge Anwendung. Nicht entschieden ist jedoch, ob der denkende, erkennende Seelenteil in gleicher Weise wie der vegetative und wahrnehmende als an die Materie, den Körper gebundene Form zu denken ist. Damit steht in Frage, ob der denkenden und erkennenden Seele auch ein vom Körper separates Sein zuzusprechen ist und sie somit den Körper überdauernd, also unsterblich zu denken sei.[75] Wenn die denkende Seele unsterblich sein soll, so folgt aus dieser Annahme die weitere Frage: Hat sie als *individuelle* Seele als unsterblich zu gelten oder ist sie nur als *universelle* Vernunft unvergäng-

lich? Die zweite Position wird gemeinhin als „Averroismus" gekennzeichnet. Gegen die These einer nur überindividuellen Unsterblichkeit der erkennenden Seele setzen sich bereits Theologen und Philosophen der Scholastik heftig zur Wehr, so etwa Thomas von Aquin und Duns Scotus. Sie behaupten die christliche Doktrin der Unsterblichkeit der Individualseele; diese wird ihnen zu einer vom Körper separierbaren Substanz. In der Renaissance wird die gänzliche Leugnung der Unsterblichkeit der Seele, die Auffassung, daß die denkende Seele als substantielle Form des Körpers mit diesem vergeht, unter dem Titel „Alexandrismus" diskutiert – nach dem spätantiken Aristoteles-Kommentator Alexander von Aphrodisias.[76] Kennzeichen des Renaissance-Aristotelismus ist es gerade, daß er gegenüber der Scholastik verstärkt auf die spätantiken Aristoteles-Kommentare zurückgreift.[77] Einen Höhepunkt erreicht der Streit um die Unsterblichkeit der Seele in der Renaissance mit der von Pietro Pomponazzi verfaßten Schrift „De immortalitate animae"[78] (1516) und in den dieser Schrift folgenden Kontroversen.[79]

Führen wir uns daher die Intention dieser Schrift vor Augen, um von der zunächst theologisch erscheinenden Fragestellung zu der eigentlich psychologischen Problematik vorzudringen. Zur Entstehung seiner Schrift „De immortalitate animae" berichtet Pomponazzi, im Rahmen einer Vorlesung darauf hingewiesen zu haben, daß Thomas von Aquin in der Frage der Unsterblichkeit der Seele mit der Auffassung von Aristoteles differiere. Ein Schüler habe ihn daraufhin aufgefordert, seine Meinung zu diesem Thema darzulegen.

Entscheidend ist nun die methodische Restriktion, unter die Pomponazzi seine Untersuchung von Anfang an stellt: Er will die Frage nach der Unsterblichkeit der Seele nur mit Argumenten der „natürlichen Vernunft" überprüfen.[80] Dieses Kriterium schließt alle Gründe für die Annahme der Unsterblichkeit der Seele aus, die sich aus der Offenbarung ableiten. Pomponazzi will damit nicht Glaubenswahrheiten bestreiten oder als falsch zurückweisen – was er immer wieder zu seiner Rechtfertigung betont – sondern er fordert das Recht ein, die Seelenlehre als eine von der Theologie unabhängige Wissenschaft zu betreiben, die allein einer rationalen Argumentation verpflichtet ist. Er kommt in seiner Untersuchung zu dem Ergebnis, daß die Unsterblichkeit der Seele mit Gründen der natürlichen Vernunft nicht zu beweisen ist. In dieser Kontroverse um die Unsterblichkeit der Seele spielt die Intention, die Seelenlehre aus der Dominanz der Glaubensfragen zu lösen, eine gewichtige Rolle. Es soll eine klare Trennung zwischen Offenbarungs- und Vernunftwissen herbeigeführt werden, eine Bestrebung, die schon sehr früh in der Psychologie der Renaissance auszumachen ist.[81] Zu fragen ist, von welchem systematischen Interesse die Seelenlehre in der Renaissance geleitet ist, welche Aufgabe ihr zugeteilt wird. Die Philosophie der Renaissance ist mit den erkenntnistheoretischen Problemstellungen des ausgehenden Mittelalters konfrontiert. Als die das 14. und 15. Jahrhundert weitgehend beherrschende Denkrichtung kann der Nominalismus[82] angesehen werden. Er markiert eine kritische Haltung gegenüber den Möglichkeiten menschlichen Erkennens, indem er grundsätzlich die Möglichkeit adäquater Erkenntnis der extramentalen Wirklichkeit bestreitet. Die erkenntnisleistenden Allgemeinbegriffe werden als bloße *Nomina* aufgefaßt, bei denen nicht gesichert ist, daß sie die Dinge, auf die sie sprachlich bezogen sind, ihrem Sein entsprechend abbilden. Der Nominalismus zerschneidet das Band der Ähnlichkeit zwischen ontologischer Ordnung und den Strukturen des Erkennens. Diese, aus der Spätscholastik überkommene, erkenntnistheoretische Hypothek steht in der Renaissance zur Aufarbeitung an. Sie evoziert ein verstärktes Überdenken der Grundfragen des Erkennens, das Zustandekommen individueller Wahrnehmung, ihr Verhältnis zum Allgemeinheitsanspruch des Erkennens sowie dessen Sicherung und Geltungsbereich. Erkenntnistheorie als spezifische Wissenschaft vom Wesen, den Prinzipien und Grenzen des Erkennens kennt die Renaissance noch nicht.[83] Dieser Begriff ist wohl erst von E. Reinhold[84] geprägt worden. In der Renaissance wird die Seelenlehre zunehmend zu jener Disziplin, innerhalb derer erkenntnistheoretische Fragestellungen behandelt werden. Wahrnehmen, vorstellen, urteilen, erkennen im weitesten Sinne werden als Funktionen der Seele untersucht. Die Psychologie der Renaissance kann deshalb als „Erkenntnispsychologie" charakterisiert werden. Ihr Interesse ist: „... offenbar die psychologische Rekonstruktion des Erkenntnisprozesses in seiner Spannung zwischen Individualität des Erkenntnisaktes und Universalität der Erkenntnis, zwischen Materialität des Sinnlichen und Immaterialität des Geistes, zwischen passiver Rezeption der extramental gegebenen kontingenten Realität und aktiver Konstitution eines intramentalen notwendigen Erkenntnisinhaltes."[85]

Läßt man den theologischen Aspekt der Frage nach der Unsterblichkeit der Seele außer Betracht, so zeigt sich das Unsterblichkeitsproblem als eine erkenntnistheoretische Fragestellung: als die Frage nach der Begründung der Allgemeingültigkeit des Wissens. Soll Wissen allgemeingültig sein – wie logische Prinzipien oder mathematische Axiome – so kann es nicht zeit- und raumgebunden sein. Wenn Wissen eine Funktion der intellektiven Seele ist, so erscheint es zwingend, daß ihr die gleichen Qualitäten zugesprochen werden müssen: Raum- und Zeitungebundenheit.

Der Erkenntnisprozeß ist jedoch an Sinnlichkeit, Wahrnehmung und Erfahrung gebunden. Er bedarf des sinnlichen Materials. Dies heißt auch, der von der intellektiven Seele zu leistende Erkenntnisprozeß bedarf eines individuellen Körpers. Er ist an dessen sensitive Leistungen gebunden und damit an dessen Sterblichkeit.

Die Frage nach der Unsterblichkeit oder Sterblichkeit der intellektiven Seele markiert ein erkenntnistheoretisches Dilemma: Soll der Allgemeinheitsanspruch des Wissens aufrechterhalten werden, mit seiner Konnotation zeitlicher und räumlicher Unabhängigkeit, so scheint die Annahme einer intellektiven Seele mit den gleichen Qualitäten notwendig zu werden. Sie muß als Subjekt der Erkenntnis universell, unvergänglich, immateriell sein. Soll aber die Erkenntnis als kausaler Prozeß, der bei der sinnlichen Wahrnehmung anhebt, rekonstruiert werden, so ist der gesamte Mensch, das konkrete Individuum Subjekt und die intellektive Seele wird als *forma corporis* verstanden. Sie ist unter dieser Voraussetzung nicht vom Körper losgelöst zu denken und vergeht mit

diesem. Der Anspruch auf Allgemeingültigkeit der Erkenntnis ist jedoch mit dem singulären Akt eines individuellen Subjekts nicht
zu erklären. In der Spannung dieser beiden
systematischen Positionen bewegt sich die
Renaissance-Psychologie. Sie stehen sich gegenüber als „Averroismus" und „Alexandrismus". In ihrer Kommentierung der Schrift
„De anima", insbesondere des 4. und 5. Kapitels des 3. Buches kommen der Araber
Averroes (Ibn Rusd, 1126-1198), der „Kom-
mentator" für das Mittelalter und der spätantike Aristoteles-Kommentator Alexander
von Aphrodisias (2. bis 3. Jahrhundert nach
Christus) zu unterschiedlichen Interpretationen. Der Intellekt, sowohl als *intellectus
agens* wie als *intellectus possibilis* ist nach
Averroes ein einziger für alle Menschen. Er
ist universal, immateriell, unsterblich und bedient sich instrumental der individuellen
Körper. Er verhält sich zum Körper wie der
Steuermann zum Schiff.

Alexander von Aphrodisias dagegen setzt
den *intellectus agens* mit Gott gleich und bestimmt den *intellectus possibilis* als *forma
corporis*, die unzertrennlich mit der Materie,
dem Körper verbunden ist und mit diesem
vergänglich ist.

Der weitaus bekannteste Vertreter des
Alexandrismus ist der schon genannte Pomponazzi. Ganz noch im Stil scholastischer
Disputationen führt er die Frage der Unsterblichkeit der Seele durch. Alle zu diesem
Fragenkomplex bekannten Thesen werden
aufgeführt, einander gegenübergestellt,
schließlich widerlegt oder als wahr bzw.
wahrscheinlich ausgewiesen. Pomponazzi
stellt seiner Untersuchung einen Gedanken
voran, der sich zwar auch schon in anderen
geistesgeschichtlichen Epochen findet, der
aber für die Renaissance zum anthropologischen Topos avanciert: Es ist die Rede von
der Doppelnatur,[86] von der Mitte-Stellung
des Menschen. Für Pomponazzi ist die Mitte-
Stellung des Menschen – so der Titel des ersten Kapitels seiner Schrift – die zwischen
sterblich und unsterblich.[87] Die Untersuchung „Über die Unsterblichkeit der Seele"
will daher zeigen, wie diese Doppelnatur des
Menschen zu verstehen ist. Pomponazzi stellt
insgesamt sechs Thesen zur Frage der Unsterblichkeit vor, die er in aller Ausführlich-
keit diskutiert. Die zweifelsohne wichtigste

Position, gegen die er sich wendet, ist folgende: Die unsterbliche Seele ist nur eine, die
vielen individuellen Seelen sind jedoch sterblich.[88] Diese Ansicht wird Averroes und Themistius, einem spätantiken Rhetor und Aristoteles-Kommentator (ca. 317-388 n. Chr.)
zugeschrieben. Im 4. Kapitel führt Pomponazzi eine Reihe von Gründen gegen diese
Meinung an. Sein Hauptargument ist, daß
nach unserer Erfahrung der Intellekt unabhängig vom Körper keinerlei Akte des Erkennens auszuüben vermag. Dies schließt
auch eine Erkenntnisweise des Intellekts aus,
in der sich dieser der sinnlichen Wahrneh-
mungsleistung nur *instrumental* bedient.
Denn auch dies würde schließlich zur Annahme zweier getrennter Erkenntnissubjekte
führen.[89] Seine eigene Meinung stellt Pomponazzi im 9. Kapitel der Schrift vor. Dort heißt
es: „Der menschliche Intellekt ist in allen seinen Tätigkeiten Akt des organischen Körpers, da er immer von einem Körper abhängt, wie von einem Objekt."[90]

Der Begriff „Objekt" ist hier noch nicht im
neuzeitlichen Sinne zu verstehen und besagt
vielmehr das, was wir heute „Subjekt" nennen. Wiederum in moderner Begrifflichkeit
könnte man von „Intellekt" als von einer
„Funktion des Körper-Subjekts" sprechen,
eine Funktion, die mit der Zerstörung ihres
Subjekts erlischt.

In welcher Hinsicht ist nach Pomponazzi
der Mensch bzw. der Intellekt dennoch „unsterblich" zu nennen? Von der Immaterialität, Unsterblichkeit des Intellekts redet er im
Zusammenhang mit dem Vermögen der
Selbsterkenntnis des Intellekts.[91] Selbsterkenntnis kann von keinem der Sinnesvermö-
gen erbracht werden.[92] Nur dem Intellekt
kommt es zu, Universales, also Immaterielles
zu erkennen.[93] Dennoch ist seine Erkenntnis
des Universalen nicht einfach (simpliciter),[94]
keine unmittelbare Erkenntnis. Er vermag
sich das Allgemeine nur im Singulären zu ver-
sichtbaren. So steht der Intellekt seiner Erkenntnisweise nach tatsächlich in der Mitte
zwischen materieller, singulärer Erkenntnis
und immaterieller, universaler Erkenntnis.[95]
In seiner Erkenntnistätigkeit vermittelt der
Intellekt Universales und Singuläres, ohne
jedoch Universales und Singuläres jeweils
unabhängig, für sich, zu erkennen. Die Rede
von der Unsterblichkeit und Immaterialität

hat also allein den Sinn, die Funktion, die Leistung des Intellekts zu charakterisieren und bedeutet keine Aussage über die Existenz des Intellekts als eine vom Körper separierbare Substanz. Der Intellekt kann Universales, das Individuelle Überdauernde im Vergänglichen erkennen, ohne selbst unsterblich zu sein. Es ist die Ewigkeit des Gedankens und nicht des Denkenden.[96] Weitere Vertreter der naturphilosophischen Richtung des Alexandrismus sind: Giulio Castellani (1528-1586), Francesco Piccolomini (1520-1604), Jacobo Zabarella (1533-1589).[97] Als ihr Hauptvertreter gilt in der neueren Forschung Simone Porzio (1497-1554).[98] Porzio schließt sich weitgehend den Positionen Pomponazzis an; er geht dennoch über diese hinaus, indem er den Gedanken der Seele als *forma corporis* weiter dynamisiert. Für Simone Porzio ist die intellektive Seele weder Form noch Substanz: er bestimmt den Intellekt im Gefälle der Begriffe δύναμις und ἐνέργεια.[99] Die Verwirklichung (ἐνέργεια) ist die Bewegung des *intelligere,* als deren Ende und Vollendung er den aristotelischen Begriff *Entelechie* (ἐντελέχεια) denkt. Für ihn wird der Akt des menschlichen Erkennens als Bewegungsablauf verstehbar und die Seele dadurch zu einer prozeßhaften Größe. Wahrnehmungs- und Erkenntnisvorgänge lassen sich nunmehr analog den organischen Prozessen im Rahmen der Naturphilosophie erklären. Bei Porzio wird sehr deutlich, daß in der Naturphilosophie des Alexandrismus der Gedanke der Seele als separate geistige Substanz zurückgedrängt und abgewiesen wird. Das Seele-Körper-Verhältnis verhärtet sich dadurch nicht zu einem unauflöslichen Dualismus getrennter Substanzen. Die Auffassung der Seele als einer Funktion, als eines Prozesses, der unablöslich an die organischen Akte gebunden ist, nur in diesen zu wirken vermag, eröffnet den Weg zu einer Psychologie, die das Seelische in seiner empirischen Manifestation erfaßbar erklärt.

Eine geradezu gegenläufige Seelenvorstellung verbindet sich mit dem Titel „Averroismus". Hier ist der Blick nicht auf die individuellen Prozesse des Erkennens gerichtet. Die intellektive Seele wird als überindividuelle Erkenntnisstruktur aufgesucht.

Zunächst ist jedoch festzuhalten, daß die Position des Averroismus bisher in der For-

schung nur minimal definiert ist.[100] Demnach stellt der Averroismus weder in der Scholastik noch in der Renaissance ein ausgebildetes System dar.

Entsprechend umstritten ist daher, wer und in welchem Maße als Averroist zu gelten habe[101] und welche Kriterien hier anzulegen sind. Gemeinhin gelten die Annahme einer „doppelten Wahrheit", die These von der Ewigkeit der Welt und schließlich die Lehre von der Einheit des Intellekts als Merkmale einer averroistischen Position. Das Interesse gilt hier allein der Annahme eines einheitlichen Intellekts, vielfach auch als „Monopsychismus" gekennzeichnet.[102] Die Bezeichnung „Monopsychismus" ist allerdings geeignet, die Unterschiede zwischen Gattungsvernunft und Weltseelenlehre einzuebnen.[103]

Die Sicherung des Notwendigkeitscharakters von Wissen, seiner Allgemeingültigkeit, erfordert im weitesten Sinne die Annahme gleicher Erkenntnis- und Verstehensstrukturen aller jener Subjekte, die an den Erkenntnis- und Verstehensprozessen beteiligt sind. Dieser Forderung wird der Averroismus damit gerecht, daß er erklärt: Es ist ein einziger Intellekt, der in allen Menschen erkennt. Der Seelenbegriff des Averroismus zielt auf die Begründung der Allgemeingültigkeit des Wissens, allerdings wird der die Erkenntnis von Allgemeinem ermöglichende Einheitsgrund nicht – wie in der Neuzeit – als *apriorische Form* aufgesucht, sondern als *separate Form.* Er ist gedacht als geistige Entität, als eine Wirklichkeit für sich, die den individuellen Subjekten nur beiwohnt (forma assistens).

In dieser strengen Ausprägung treffen wir den Averroismus in der Renaissance nur noch selten an – so etwa bei Marco Antonio Zimara (1460-1532).[104] Grund hierfür dürften Probleme systematischer Natur sein, die sich aus einer radikal-averroistischen Position ergeben, insbesondere die Frage, wie das Verhältnis zwischen einer separaten universellen Vernunft und den individuellen Körpern gedacht werden soll. Wird der Intellekt als separate Form aufgefaßt und nicht korrelativ an die Materie, den Körper gebunden – wie bei Pomponazzi – so verbleiben Intellekt und Körper in einem Nebeneinander, allerdings mit der Gewichtung, daß der Körper ein eher beiläufiges Akzidenz der Vernunftseele ist.

Aus dieser Konzeption folgt eine Nivellierung von Individualität. Für das Erkennen heißt dies, daß der sinnlichen Wahrnehmung im Erkenntnisprozeß nur eine sehr untergeordnete Rolle zugestanden wird. Von daher erklärt sich die Tendenz der dem Averroismus nahestehenden Renaissance-Philosophen, das Wirken der allgemeinen Vernunft im individuellen Subjekt nicht mehr als Verhältnis von separater Form zur Materie zu fassen, sondern am neuplatonischen Partizipationsgedanken zu orientieren. Daraus ergibt sich vielfach eine äußerst komplexe Vermischung von averroistischen und platonisierenden Positionen, so etwa bei Agostino Nifo (1473-1538).[105] In diesen Konzeptionen wird der menschliche Intellekt zum Abbild oder Progressus der universellen Vernunft. Er rückt wiederum in die *Mitte* zwischen universeller Vernunft und Sinnlichkeit.

Auch hier wird deutlich, daß die Bestimmung der Seele an ihrer Erkenntnisfunktion orientiert ist, und diese Funktion kann nicht sinnvoll erklärt werden, wird Erkennen einseitig nur als universeller oder nur als individueller Akt verstanden. Es ist die Intention der Renaissance-Psychologie – von welcher Seite her auch immer – die Seele in dieser Spannung von Allgemeinheit und Individualität zu halten. Ja, sie ist in der Rede von der Mitte als diese Spannung zu bestimmen. Sie umspannt die Extreme: Sie ist weder universal noch individuell; sie ist weder nur immateriell noch nur materiell – denn sie ist die Funktion, welche diese Extreme vermittelt.

Klar ersichtlich ist diese Funktion der

Seele bei Marsilio Ficino (1433-1499).[106] Es ist Ficinos Absicht, die „Teilung der Welt in zwei Sekten, in die der Alexandristen und die der Averroisten",[107] argumentativ zu überwinden. Die Seele wird von Ficino in die Mitte gestellt, zwischen Gott und den Engel einerseits und die Qualität und den Körper andererseits.[108] „Mitte" bedeutet, daß die Seele alles, Gott, Engel, Qualität, Körper, zugleich ist.[109] Dieses Schema stellt nicht mehr eine ontologische Weltordnung im mittelalterlichen Sinne dar,[110] es ist vielmehr eine analytische Auffächerung der verschiedenen Leistungen der Seele. „Gott" und „Engel" bedeuten hier die Fähigkeit, Prinzipien und Universales zu erkennen; Qualität und Körper meinen die Fähigkeit zur Erkenntnis des konkret Sinnlichen. Auch an der Seelenlehre Ficinos läßt sich ablesen, von welchen denkerischen Tendenzen die Bestimmung der Seele in der Renaissance geleitet ist: nämlich von einer zunehmenden Entsubstantialisierung des Seelengedankens hin zur Bestimmung der Seele als einer Funktion. Erkennbar ist auch, daß die Seele nicht nur in dem binären Rahmen Seele-Körper bestimmt wird, sondern als *Mitte,* also gleichabständig zu zwei Bezugsgrößen – wie auch immer diese begrifflich gefaßt sein mögen. Die Seele wird so zu einer die Extreme verbindenden Funktion. Hier, in dieser ternaren Denkweise, ist auch der gravierende Unterschied zu einem Zwei-Substanzen-Dualismus Descartes'scher Provenienz zu sehen, der für das Seelenverständnis der Neuzeit prägend wurde.

## Anmerkungen

### 1. Weltseele und Kosmos

[1] Vgl. J. Kirchhoff, Schelling (1982) 103
[2] Beispiele für solche oder ähnliche Beurteilungen der Philosophie und Naturlehre Giordano Brunos finden sich in: F.J. Clemens, Giordano Bruno und Nikolaus von Cues (1847) 222; W. Windelband, Geschichte der Neueren Philosophie (1904, 3. Aufl.) Bd. I, 69; F. Überweg, Grundriß der Geschichte der Philosophie (1924, 12. Aufl.) Bd. III, 50; M. Bergfeld, Giordano Bruno (1929) 94, 134; J. Hirschberger, Geschichte der Philosophie (1969, 8. Aufl.) Bd. II, 37f.; A. Koyré, Von der geschlossenen Welt zum unendlichen Universum (1969) 58f.

[3] Siehe H. Heimsoeth, Die sechs großen Themen der abendländischen Metaphysik und der Ausgang des Mittelalters (1981, 7. Aufl.) 90f.
[4] So darf im Kontext platonischen Denkens die Seele als das den sichtbaren Kosmos durchwaltende Bewegungsprinzip nie als bloßes Lebensprinzip verstanden werden, sondern meint auch immer, ja hauptsächlich, die Seele als erkennende Bewegung. Siehe H.G. Gadamer, Idee und Wirklichkeit in Platos Timaios (1974) Sitzungsberichte der Heidelberger Akademie der Wissenschaften, 2. Abhandlung
[5] Vgl. Platon, Politeia IV. Buch, 435aff.
[6] Vgl. Nikolaus von Kues, De docta ignorantia, liber secundus (D. ign.) Schr. I, 372; PI 19r: „Et

ita modus essendi in anima mundi est, secundum quem dicimus mundum intelligibilem."

Die Schriften des Nikolaus von Kues werden zitiert nach der Ausgabe: Nikolaus von Kues, Philosophisch-theologische Schriften, hg. von L. Gabriel, 3 Bde. (1964 ff.) und der dreibändigen Pariser Ausgabe von 1514

[7] Siehe H. Heimsoeth, Die sechs großen Themen (1981, 7. Aufl.) 61 f.

[8] Siehe Nikolaus von Kues, De docta ignorantia II, insbes. Kap. 11 Schr. I, 388 ff.; PI 20 v ff.

[9] Vgl. A. Koyré, Von der geschlossenen Welt zum unendlichen Universum (1969) 16: „Dennoch war es Nikolaus von Kues, der letzte große Philosoph des ausgehenden Mittelalters, der als erster die mittelalterliche Kosmos-Vorstellung verwarf und dem oft genug das Verdienst – oder das Verbrechen – zugeschrieben wird, er habe die Unendlichkeit des Universums behauptet."

[10] Siehe E. Hoffmann, Das Universum von Nikolaus von Cues. Mit Textbeilagen von Raymond Klibansky; Sitzungsberichte der Heidelberger Akademie der Wissenschaften, Cusanus-Studien I (1930) 1-45

[11] Nicolaus Copernicus, De revolutionibus orbium coelestium, Libri VI (1543) Ein früherer Entwurf der Schrift war bereits 1514 bekannt (Commentariolus)

[12] Giordano Bruno, Zwiegespräche vom unendlichen All und den Welten. Übers. von L. Kuhlenbeck (1904, 2. Aufl.) 110 (Zwieg.)

[13] N. v. Kues, De docta ignorantia II, Kap. 11 Schr. I, 396 f.; PI 21 v f.

[14] Bruno, Zwieg. 101

[15] So etwa bei Bernardino Telesio (1508/9-1588) Siehe S. Otto, Renaissance und frühe Neuzeit (1984) 222 ff.

[16] So wurde gegen das Fernrohr des Galilei von den Aristotelikern eingewandt, daß die optischen Gesetze, wie sie im sublunaren Bereich gelten, nicht für den translunaren Bereich beansprucht werden können

[17] Giordano Bruno, Von der Ursache, dem Prinzip und dem Einen. Aus dem Italienischen übers. von L. Lasson, hg. von P. R. Blum (1982, 6. Aufl.) 30 (Causa)

[18] Vgl. W. Beierwaltes, Einleitung in: Giordano Bruno, Von der Ursache, dem Prinzip und dem Einen (1982, 6. Aufl.) XIV ff.

[19] Bruno, Zwieg. 47

[20] Siehe P. R. Blum, Aristoteles bei Giordano Bruno (1980) 79 ff.

[21] Causa 36 ff.

[22] Anaxagoras, Diels, Die Fragmente der Vorsokratiker II (1956, 8. Aufl.) Fragment 6, 15 ff.

[23] Siehe H. Rombach, Substanz, System, Struktur. Die Ontologie des Funktionalismus und der philosophische Hintergrund der modernen Wissenschaft. Bd. I (1981, 2. Aufl.) 269: „Die hauptsächlichen Lehren, die Bruno vom Cusaner übernommen hat, sind die folgenden: 1. die Lehre vom Maximum; 2. von der coincidentia oppositorum; 3. von der Einheit des Alls; 4. vom Einen in Allem und Allem in Einem; 5. die Relationalität; 6. die mathematische Symbolik. Diese ergeben den Zusammenhang des Funktionalismus."

[24] N. v. Kues, De docta ignorantia II, Kap. 5 Schr. I, 344; PI 15.
Bruno, Causa 37

[25] N. v. Kues, De docta ignorantia II, Kap. 4, Schr. I, 330; PI 15r

[26] H. Rombach, Substanz, System, Struktur (1981, 2. Aufl.) 163

[27] N. v. Kues, De docta ignorantia II, Kap. 5 Schr. I, 348; PI 16r. „... et ita omnia membra in pede, inquantum pes immediate in homine, ut quodlibet membrum per quodlibet immediate sit in homine et homo sive totum per quodlibet membrum, sit in quolibet, sicut totum in partibus est per quamlibet in qualibet."
Zu dieser Stelle notiert H. Rombach, Substanz System, Struktur (1981, 2. Aufl.) 209: „Hier ist der Funktionalismus als Bild in fast völliger Schärfe erfaßt."

[28] Bruno, Causa 44: „Wenn es heißt, die Weltseele und die universale Form sind überall, so ist das nicht körperlich oder der Ausdehnung nach zu verstehen; – denn so sind sie und können sie auch nicht in einem Theile sein; – sondern sie sind geistig überall ganz."

[29] Vgl. P. R. Blum, Aristoteles bei Giordano Bruno (1980) 83: „Wieder einmal auch zeigt sich im Ergebnis, daß Bruno die Wirkungs- und Bewegungsweise der Seele funktional versteht: alles Einzelseiende ist durch den strukturellen Zusammenhang mit allem und dem Ganzen bestimmt."

[30] Anzeichen dafür ist die Übersetzung des Corpus hermeticum 1471 durch Marsilio Ficino. Zu dieser Thematik: E. Cassirer, Individuum und Kosmos in der Philosophie der Renaissance (1977, 5. Aufl.) 115 ff.; D. P. Walker, Orpheus, the Theologian and Renaissance Platonists, in: Journal of the Warburg and Courtauld Institutes 16 (1953) 100-120. F. A. Yates, Giordano Bruno and the Hermetic Tradition (1964)

[31] Bruno, Causa 39: „Die Weltseele ist also das constituirende Formalprincip des Universums und dessen, was es enthält; d. h. wenn das Leben sich in allen Dingen findet, so ist die Seele Form aller Dinge; ..."

[32] Siehe W. Beierwaltes, Einleitung in: Von der Ursache, dem Prinzip und dem Einen (1982, 6. Aufl.) XXXIV.-XL.

[33] Bruno, Causa 60

[34] Ebd. 39

[35] N. v. Kues, De Beryllo. Kap. 28, Schr. III, 56 ff.; PI 189 v ff.

[36] Vgl. Aristoteles; Metaphysik, 1029a 20 ff.; 1032b 3; 1035a 8; 1036a; 1042a 25 f.; Physik 192a 2-6

37 Siehe Augustinus, Confessiones XII, 6

38 Bruno, Causa 88, vgl. 41

39 Ebd. 43

40 Ebd. 39

41 Aristoteles, Metaphysik 1029a „Ich verstehe aber unter Materie z. B. das Erz, unter Gestalt die Figur seiner Form, unter dem aus beiden (Zusammengesetzten) die Bildsäule als konkretes Ganzes." Übersetzung H. Bonitz, neubearbeitet von H. Seidl (1980)

42 Bruno, Causa 30

43 Bruno, Zwieg. 21

44 An der organischen Weltauffassung entzündet sich die Kritik an der Physik Brunos. Siehe H. Rombach, Substanz, System, Struktur I (1981, 2. Aufl.) 287

45 In die Richtung eines Materialismus ist z. B. die Materiekonzeption Brunos von E. Bloch gedeutet. E. Bloch, Vorlesungen zur Philosophie der Renaissance (1972) 36 f.

46 Bruno, Causa 51 f.

47 Ebd. 58

48 Ebda. 66

49 Zur Transformation des aristotelischen Materie-Form-Dualismus zu einem Begriff von *Kraft* siehe: E. Cassirer, Das Erkenntnisproblem in der Philosophie und Wissenschaft der Neueren Zeit. Bd. I (1922, 3. Aufl.) 293 f.

50 Bruno, Causa 67

51 Ebd. 69

52 Bruno, Zwieg. 28

53 E. Cassirer, Das Erkenntnisproblem, Bd. I (1922, 3. Aufl.) 269

54 Bruno, Zwieg. 23

55 Ebd. 33 „Hinsichtlich des unendlichen Raumes also steht fest, daß er eine Möglichkeit zur Aufnahme von Körpern ist."

56 Siehe H. Rombach, Substanz, System, Struktur Bd. I (1981, 2. Aufl.) 267 ff. Zur Differenz gegenüber dem aristotelischen Raum siehe: P. R. Blum, Aristoteles bei Giordano Bruno (1980) 29 ff.

57 Siehe M. Stadler, Unendliche Schöpfung als Genesis von Bewußtsein. Überlegungen zur Geistphilosophie Giordano Brunos, in: Phil. Jahrbuch (1986/1) insbesondere 53-56

58 Giordano Bruno, Das Aschermittwochsmahl. Übers. von F. Fellmann (1981) 91

59 Giordano Bruno, Acrotismus seu rationes articulorum physicorum. Übers. von S. Otto, Renaissance und frühe Neuzeit (1984) 332

60 In gleicher Weise kann das Denken Raum an Raum fügen, Masse zu Masse addieren usw. Siehe Bruno, Zwieg. 33

61 Bruno, Causa 68

62 Ebd. 70

63 Siehe A. Heller, Der Mensch der Renaissance (1982) 427

64 S. Otto, Renaissance und frühe Neuzeit (1984) 334

65 Ebd.

66 Vgl. H. Rombach, Substanz, System, Struktur (1981, 2. Aufl.) 287

67 Vgl. M. Stadler, Zum Begriff der mensuratio bei Cusanus. Ein Beitrag zur Ortung der cusanischen Erkenntnislehre, in: Miscellanea Mediaevalia Bd. 16/1 (1983) 118-131

68 A. Heller, Der Mensch der Renaissance (1982) 434

**2. Seele und Körper**

69 C. Lohr, Renaissance Latin Aristotle Commentaries, in: Studies in the Renaissance 21 (1974); Renaissance Quarterly 28 (1975); 29 (1976); 30 (1977); 31 (1978); 32 (1979); 33 (1980); 35 (1982)

70 Vgl. Giovanni di Napoli, L'immortalitá dell' anima nel Rinascimento (1963)

71 E. Keßler, Von der Psychologie zur Methodenlehre. Die Entwicklung des methodischen Wahrheitsbegriffes in der Renaissancepsychologie, in: Zeitschrift für philosophische Forschung Bd. 41/4 (1987) 548

72 Aristoteles, Über die Seele 412b 5 f.

73 Ebd. 432a 15 ff.

74 Ebd. 430a 10 ff.

75 Ebd. 430a 15-25

76 In der Darstellung dieser Auseinandersetzungen orientieren sich die folgenden Ausführungen an: E. Keßler: The Concept of Psychology, in: The Cambridge History of Renaissance Philosophy, ed. by Ch. B. Schmitt; Q. Skinner (1988) 455-534

77 Siehe P. O. Kristeller, Humanismus und Renaissance I (1974) 44

78 P. Pomponazzi, De immortalitate animae, hg. von G. Morra (1954). Während der Abfassungszeit dieses Artikels stand mir nur die ältere Ausgabe von M. Ch. G. Bardili (1741) zur Verfügung. Die Seitenangaben beziehen sich auf diese Ausgabe

79 Siehe E. Garin, Polemiche pomponazziane. In: Riv. crit. di storia della filos. 27 (1972)

80 Pomponazzi, De immortalitate animae, 2

81 So bei einem der frühesten Renaissance-Psychologen Blasius von Parma (Biagio Pelacani de Parma)

82 Als Begründer eines strengen Nominalismus gilt Wilhelm von Ockham. Vielfach werden im Mittelalter und in der Renaissance Vertreter des Nominalismus als „Ockhamisten" bezeichnet

83 A. Heller, Der Mensch der Renaissance (1982) 468

84 Siehe Historisches Wörterbuch der Philosophie, hg. von J. Ritter (1971 ff.)

85 E. Keßler, Von der Psychologie zur Methodenlehre (1987) 549

86 Siehe S. Otto, Renaissance und frühe Neuzeit (1984) 337 ff.

87 Pomponazzi, De immortalitate animae, cap. 1; 2 „... hominem esse ancipitis naturae medium inter mortalia et immortalia."

[88] Ebd. cap. 3; 5: „... animum immortalem esse unum numero, mortalem vero esse multiplicatum, quem modum Themistius et Averroes insecuti sunt."

[89] Ebd. cap. 4; 12. Cap. 9; 42

[90] Ebd. cap. 9; 45 „At intellectus humanus in omni suo opere est actus corporis organici, cum semper dependeat a corpore, tanquam objecto."

[91] Ebd. cap. 9; 48: „... potest intellectus reflectere supra seipsum..."

[92] Ebd.

[93] Ebd. „... potest.. discurrere, et universaliter comprehendere, quod virtutes organicae et extensae minime facere quaeunt.."

[94] Ebd. cap. 9; 49

[95] Ebd.

[96] E. Cassirer, Das Erkenntnisproblem Bd. I (1922, 3. Aufl.) 113

[97] E. Garin, Der italienische Humanismus (1948) 165 ff.

[98] E. Keßler, Von der Psychologie zur Methodenlehre (1987) 552 f.

[99] Simon Portius, De mente humana disputatio (1551) 10

[100] P. O. Kristeller, Humanismus und Renaissance I (1974) 37

[101] P. O. Kristeller, Humanismus und Renaissance II (1975) 126

[102] Vgl. E. Renan, Averroès et l'averroisme (1861)

[103] Noch undifferenzierter ist der Begriff Monismus, wie er auch in Hinsicht auf Averroes bei J. Seifert, Leib und Seele. Ein Beitrag zur philosophischen Anthropologie (1973) 186, Verwendung findet

[104] E. Garin, Der italienische Humanismus (1947) 176

[105] E. Keßler, Von der Psychologie zur Methodenlehre (1987) 555

[106] Marsilio Ficino, Théologie platonicienne de l'immortalité des âmes. Hg. v. R. Marcel, 3 Bde., (1964-70)

[107] S. Otto, Renaissance und frühe Neuzeit, (1984) 261

[108] Marsilio Ficino, Theologia Platonica, Buch III, cap. II „... wollen wir alles wiederum in fünf Stufen zusammenfassen, indem wir Gott und die Engel auf die höchste Stufe der Natur stellen, den Körper und die Qualität auf die unterste, die Seele aber in der Mitte zwischen die höchsten und die untersten;" Übers. S. Otto, Renaissance und frühe Neuzeit (1984) 262 f.

[109] Ebd. 269 „Weil sie am Göttlichen hängt, während sie über die Körper herrscht, ist sie die Herrin der Körper, nicht ihre Begleiterin. Das ist das größte Wunder in der Natur. Alles übrige unter Gott ist jeweils ein einzelnes für sich: Sie ist alles zugleich."

[110] Im Gegensatz dazu P. O. Kristeller, Die Philosophie des Marsilio Ficino (1972) 57

# Pietismus

*Michael Reiter*

## 1. Einführung

Was die Seele sei, darum wird seit jeher gestritten. Mannigfaltige Behauptungen und Beweise hat man für und wider ihre Existenz vorgetragen. Bald blieb einzig die skeptische Frage übrig, ob es die Seele überhaupt gebe und wozu man sie brauche. Und heute müssen wir uns fragen lassen, was wir eigentlich meinen, wenn wir das Wort „Seele" weiterhin verwenden. Wir geraten dabei in nicht geringe Erklärungsnöte.

Man hat dem 18. Jahrhundert verschiedene Signaturen verliehen. So wurde es auch als das Jahrhundert der Seelenforschung gekennzeichnet. Unzählige Veröffentlichungen zur empirischen und rationellen Psychologie, zur Experimentalseelenlehre, zur Erfahrungsseelenkunde dokumentieren die Versuche, die Seele als wissenschaftliches Erkenntnisobjekt zu konstituieren. Mediziner, Iatrophysiker wie Iatrochemiker suchten sie im Körper als eine physikalische oder chemische Funktion und ließen die Operateure nach den entsprechenden Organen fahnden. Auf die Überforderung der materialistischen Theorien antworteten spiritualistische Theorien. Vitalismus und Animismus (G. E. Stahl) erklärten die Seele zu einer immateriellen Lebenskraft, einer Kraft, die jenseits aller chemischen und physikalischen Gesetze wirke und Leben spende. Die Seele flieht seitdem vor dem operativen, physiologischen Zugriff und hört auf, Objekt von Naturwissenschaften zu sein. Andere Wissenschaften wie Philosophie, Psychologie etc. übernehmen die Erblast Seele. Autobiographien, Tagebücher, Briefe, die vielen literarischen Seelenzergliederungen und diätetischen Anweisungen beschäftigen sich mit ihr. Prediger, Beichtväter, Erbauungsschriftsteller und Pädagogen führen sie im Munde. Und schließlich machen die Pietisten die Seele zum Gegenstand frommer Techniken wie Bußkampf und Bekehrung. Den Pietismus des 18. Jahrhunderts erklärt man deshalb auch als Übergang von der kirchlichen Seelsorge zur Psychologie.

Im folgenden sollen am Beispiel einer pietistischen Erzählung über die fromme Seele Beobachtungen und Überlegungen gesammelt werden, die jenes Interesse an der Seele im Zeitalter der Aufklärung verdeutlichen können. Anhand der pietistischen Seelendiskurse und Seelenpraktiken kann man die Umkonstituierung der Seele zum Organ der religiösen, moralischen und ästhetischen Gefühle verfolgen. Dabei muß man genauer nach der Ordnung jener Gefühle fragen und wird feststellen, daß „Seele" erstens die Affektrepräsentation von Sozialordnungen meint. Zweitens protestiert die fromme Seele gegen eine moderne Welt, die von den neuen Antagonismen staatlicher Verwaltung und bürgerlicher Geschäftskonkurrenz bestimmt wird. Man appelliert an die Erinnerung von vergangenen Solidarordnungen, allerdings in einer Weise, die sie kompatibel macht mit ihrem Gegenteil, den neuzeitlichen Imperativen von Markt und Staat. Insofern arbeitet der Pietismus an der Modernisierung mit. Das Organ der Gefühle übernimmt dabei die Last der Modernisierungsfolgen und trägt sie als innere Konflikte aus. Entsprechend unfriedlich geht es in der frommen Seele zu. Die folgende Erzählung führt sie tatsächlich als ein Schlachtfeld vor. Als einen Schauplatz erbitterter Kämpfe. In wiederholten Erklärungsanläufen und auf Umwegen, die immer wieder auf diese Erzählung als Referenztext zurückkommen, soll deutlich werden, auf welche Weise Frömmigkeitsbewegungen wie der Pietismus die Konflikte der Modernisierung verarbeiten.

## 2. Kampf um die Seele

„Ein berühmter und mächtiger König hat drei Töchter gehabt, welche mit Namen hießen Glaube, Hoffnung und Liebe; diesen gab er eine schöne Stadt ein, nämlich die Menschenseele. In derselbigen Stadt sind drei Schlösser vorhanden, die Vernünftigkeit, die Begierlichkeit und die Zornmütigkeit; hat er also der ersten Tochter das erste, der anderen das andere, und der dritten das dritte Schloß zum Wohnsitz eingeräumt. In die Vernünftigkeit wurde der Glaube verlegt, weil die Vernunft vom Glauben muß beherrscht werden, wenn dieser rechter Art sein solle. Der Begierlichkeit ward die Hoffnung vorgesetzt, weil wir nicht sollen begehren, was wir sehen, sondern nur was wir hoffen. Der Zornmütigkeit ward die Liebe zur Regiererin zugeteilt, weil das Feuer der Tugend das Naturfeuer im Zaum halten, ja in eine lobwürdige Brünstigkeit zum Guten wider das Böse verwandeln muß. Sobald diese drei Regentinnen ihre Schlösser bezogen, hat eine jede das ihrige nach Vermögen geziert und zugerichtet.

Der Glaube setzte zur Hausverwaltung im Schloß der Vernünftigkeit die Klugheit, daß diese der Vernunft nicht zu viel Macht lasse, sondern dieselbe in den von dem Glauben bestimmten Grenzen beständig innen hielte. Damit aber diese Hausverwalterin desto getroster im Hause hantieren dürfte, hat sie ihr den Gehorsam zugesellt, und auf daß der Gehorsam Fortgang in seinen Geschäften habe und unter der Arbeit ausdauern könnte, hat sie noch ferner die Geduld zugegeben. Desgleichen hat sie zu den obigen hinzugetan die Beurteilung, damit die untere Familie der Bewegungen und Sinnlichkeiten desto besser möchten regiert und eingeteilt werden. Nächstdem, auf daß alles ... ehrbarlich und ordentlich herginge, hat sie die Ordnung beigefügt. Letztlich ... hat sie zum Türhüter die Zucht bestellt.

Die Hoffnung hat ihrem Schloß zur Haushalterin vorgesehen die Mäßigkeit, daß dieselbe ihr möchte das gehörige Recht erhalten und alles unter ihre Botmäßigkeit bezwingen. Auf daß sie nun die Unterfamilie der Willensneigungen und aller Begierden behutsam gubernieren könnte, hat sie ihr die Unterscheidung beigeordnet. Weiter hat sie auch wider die Lust des Fleisches die Enthal-tung, wider die Lust der Augen die Überwindung seiner selbst und wider das hoffärtige Leben die Demut den oben benannten hinzugegeben. Zum Türhüter aber hat sie gesetzt das Stillschweigen.

Die Liebe hat ihre Behausung, so gegen Mittag gelegen, folgendermaßen eingerichtet. Das ganze Hauswesen hat sie ihrer Freundin der Gottseligkeit anvertraut und derselben ihr ganzes Recht überlassen, wobei sie untergeben hat zu nötiger Dienstleistung die Leibesreinigkeit samt den wohlanständigen Übungen als da sind das Lesen, die Betrachtung, das Gebet, die geistlichen Empfindungen u. d. g. Unter dem Tor hat sie den Frieden zum Hüter bestellt, damit der Jammer nicht könnte hineinkommen und die in der Wohnung der Liebe lieblich spielenden Kinder des Friedens verunruhigen ... Nachdem sie nun also in ihren Schlössern solches angeordnet, haben sie zum gemeinschaftlichen Oberamtmann der ganzen Stadt den freien Willen erkoren und auf dessen Einsetzung sind sie wieder zu ihrem Herrn Vater dem König zurückgekehrt.

Als nun der Widersacher die gute Anstalt und Herrlichkeit dieser Stadt wahrgenommen, ist er in Neid entbrannt und hat angefangen, derselben hinterlistig nachzustellen. Damit er nun hineinkommen möchte, hat er zwei der vornehmsten Einwohner, nämlich die Beurteilung und Unterscheidung mit Geld bestochen und ist vermittelst ihrer Hilfe mit seinem ganzen Heer durch die Tore der Vernünftigkeit und Begierlichkeit eingebrochen. Der freie Wille, welcher zum Oberamtmann der Stadt vorordnet gewesen, ward in Eisen und Bande geschlagen, die Hüter wurden im Schloß der Vernünftigkeit von ihrem Posten heruntergeworfen und anstatt des Glaubens ward die Gotteslästerung hineingelegt. Mit dieser sind zugleich eingedrungen der Widerspruch, die Verrückung und Verwirrung und ein ganzer Haufe solches Gesindes; da denn ein jedes geraubt, was ihm gelüstet, und ist in der Vernünftigkeit nichts von Vernunft übrig geblieben. Den Torhüter, die Zucht, hat man umgebracht, und mithin hat jedermann Erlaubnis bekommen, nach Gefallen aus- und einzulaufen.

In das Haus der Hoffnung (welches die Begierlichkeit gewesen) ist Frau Üppigkeit eingezogen und hat alles in Besitz genommen, das Oberste zuunterst gekehrt, auch der Fleischeslust die Enthaltung, der Augenlust die Überwindung seiner selbst, dem hoffärtigen Leben die Demut zu verspotten und mit Füßen zu treten übergeben, den Torhüter, das Stillschweigen hat sie erwürgt und mit jedermann aus- und einzugehen Freiheit erteilt. Die Mäßigkeit aber und ihre verschwisterten Tugenden hat sie teils getötet, teils ins Gefängnis geworfen, teils ins Elend verjagt. Hierauf ist man in das obere Schloß hinaufgestiegen, hat den Torhüter, den Frieden (der zugleich die höchste Seligkeit in Verwahrung hatte) hingerichtet und den Jammer eingelassen. Die Hoffart hat sich obenan gesetzt, und die Gottseligkeit gottloser Weise herunter gestürzt, auch alle ihre und des Friedens Hausgenossen entweder zum Tode oder zum exilio verurteilt: Daher geht jetzt wer nur will in das Heiligtum des Herrn hinein, alles was vorhin heilig gewesen... ist jetzt entweiht... So groß vorhin die Herrlichkeit dieser Stadt gewesen, so groß ist jetzt ihre Schmach.

Unter dieser Zerrüttung kommt die traurige Botschaft vom Verlust der Stadt vor die königlichen Prinzessinnen. Dieselben erschrecken hierüber und fallen ihrem Herrn Vater zu Fuße mit Bitten, er wolle ihnen Hilfe leisten. Der Vater entschuldigt sich und klagt über den freien Willen, daß derselbe unfleißig gewesen. Sie antworten aber, o lieber Vater, was kann der freie Wille ohne die behilfliche Gnade! Hierauf spricht der Vater: So will ich denn Gnade geben, allein ich muß die Furcht voraus senden, denn diese soll jener den Weg bereiten. Die Furcht fährt aus von dem Angesicht des Herrn und kommt vor die Stadt, in der Hand haltend den Stab der Zucht. Sie findet aber das Tor der Schwierigkeit verschlossen und mit den Riegeln der bösen Gewohnheit verwahrt. Zudem steht auch unter dem Tor ein frecher Torhüter, nämlich die fleischliche Lust, welche der Furcht mit harten und schimpflichen Worten zusetzt. Diese aber läuft mit der Zuversicht getrost an, zerbricht die Riegel der bösen Gewohnheit, reißt die Pforte der Schwierigkeit nieder, ergreift den obbemeldeten Torhüter, die fleischliche Lust, und schlägt ihn mit dem Stab der Zucht bis auf den Tod. Darauf steckt sie auf der Pforte das Zeichen der ankommenden Gnade empor

und setzt die ganze Stadt in Schrecken. Hiernächst hält die Gnade ihren Einzug und bringt den ganzen himmlischen comitat der Tugenden wieder mit. Der feindliche Haufe verschwindet, die Tugenden aber nehmen ihre bekannten Posten wieder ein. Die Beurteilung und die Unterscheidung treten hervor, beklagen, daß sie sich haben betrügen lassen und bitten um Verzeihung. Der freie Wille kriecht aus dem Gefängnis heraus und eilt seiner Beherrscherin entgegen als verhoffend, daß er unter dem Reich der Gnade nun recht frei werden solle. Die königlichen Prinzessinnen lassen eine Mahlzeit in ihren Häusern zubereiten und die Tische in gute Ordnung setzen. Auf dem Tisch des Glaubens wird aufgetragen das Brot des Elends und das Wasser der Angst neben den anderen Speisen der Buße. Auf dem Tische der Hoffnung wird aufgestellt das Brot der Stärkung und das Öl der Fröhlichkeit neben den übrigen Trostspeisen. Auf dem Tisch der Liebe wird vorgesetzt das Brot des Lebens und der Wein der Freude samt allen Lieblichkeiten des Paradieses. Nun ziehen sie völlig ein, leben wohl und bewahren die Stadt." (Stryk 1704, Vorrede)

## 3. Die fromme Seele: Ein gesellschaftlicher Ordnungsentwurf

Wir haben hier ein reichhaltiges Vexierbild vor uns. Die Requisiten der Erzählung führen uns zunächst in eine kriegerische Welt. Mächte marschieren auf und besetzen eine Stadt. Sie richten Verwaltungsapparate ein und verteilen Zuständigkeiten. Exakte Kompetenztrennungen und Reglements sorgen für den reibungslosen Ablauf einer rationellen Herrschaft. Das Netz der Kontrollen ist feinmaschig gestrickt. Aber es hat auch Schwachstellen in der Gestalt von unzuverlässigen Funktionären. Die schwächsten sind gerade jene, auf die man sich am meisten verläßt: der freie Wille, die Urteilskraft, die Vernunft, das Begehren. Zu allem Übel ist die Stadt auch noch von konkurrierenden Mächten umstellt. Im Innern korrupte Funktionäre, außen der Feind, so läßt sich der Einbruch von Widersachern nicht lange verhindern. Mit Bestechung und Gewalt verschafft sich die feindliche Gegenmacht tatsächlich Zutritt in die Apparate, sie zettelt Aufstand, Palastrevolte und Staatsstreich an und etabliert sich mit der Einrichtung eines neuen Herrschaftsapparats. Das Spiel von Triumph und Niederlage ist damit noch nicht zuende. Das Blatt wendet sich wieder, auch die neuen Herren müssen weichen. Die gestürzten Machthaber gewinnen die Stadt zurück. Die wechselnden Eroberungen enden schließlich mit dem Sieg der Partei, die als die gute, als die Partei der guten Ordnung ausgewiesen ist. Soweit der äußere Handlungsablauf.

Je nachdem, welchen Blick wir auf diese Erzählung werfen und welchen ihrer vielen Metaphern und Gleichnisse wir uns anschließen, sehen wir etwas anderes; eine Affektenlehre, die Verfassung des religiösen Subjekts, einen staatlichen Ordnungsentwurf und schließlich eine Geschichtsphilosophie. Die Seele erscheint als innerer Staat. Und der Staat als entäußerte und institutionalisierte Affektordnung. Die Seele als Schauplatz erbitterter Kämpfe zwischen Mächten, die in wechselnder Besetzung Obrigkeit und Untertan, Staatsmacht und Volk, Stadt und Land, Landadel und Bauer, Stammesmitglied und Bürger, Agrarier und Händler repräsentieren können. Und der Staat als entäußerter Austragungsort widerstreitender affektiver Mächte.

Wir haben hier ein raffiniert gearbeitetes Modell moralischer Subjektivität vor uns, ein Seelenmodell, in welches die Konflikte der Vergesellschaftung unter modernen Verhältnissen eintragbar sind. Vexierbildartig legen sich ein gesellschaftlicher Ordnungsentwurf und eine moralische Affektsszenerie ineinander. Man behandelt die Seele also noch nicht als Privatsphäre, noch nicht als abgeschlossenen subjektiven Innenraum, zu dem es keinen Zutritt gäbe. Im Gegenteil. Mit einer paradoxen Formulierung könnte man sagen, die Seele eröffnet einen subjektiven Binnenraum der Gesellschaftlichkeit. Die Seele bildet das Scharnier zwischen einzelnem Privatmann und gesellschaftlicher Allgemeinheit, zwischen Untertan und Staat. Sie bietet den Stützpunkt einer bestimmten sozialen Ordnung im Subjekt und wirkt zugleich als eine soziale Ordnungsmacht, um die gestritten

wird. Die Seele funktioniert als Organ der Vergesellschaftung.

Die erste These dieser Lesart lautet: Mit dem Seelenmodell werden Vergesellschaftungsmodelle diskutiert. Ich muß nun einige Bemerkungen darüber nachtragen, inwiefern die vorliegende Erzählung sich überhaupt im Umkreis des Pietismus ansiedeln läßt, inwiefern hier also von einem pietistischen Seelenmodell und einem implizit diskutierten pietistischen Gesellschaftsentwurf gesprochen werden kann.

Der Autor unseres Referenztextes hält sich zunächst anonym, gibt aber als Gewährsmann seiner Erzählung einen im Pietismus geläufigen Mystiker aus der Hochscholastik (Bernhard v. Clairvaux) an. Die Anonymität blieb nicht lange gewahrt. Zedlers Universallexikon von 1744 weist Johann Samuel Stryk als den Autor aus. Er war Mitglied einer bekannten Juristenfamilie und gehörte als Professor der Rechte zur Gründergeneration der Universität in Halle. Dort habe er sich den Ruf der Frömmigkeit, des Fleißes und großer Deutlichkeit im Lehren erworben, berichtet Zedler und zählt etwa einhundert Veröffentlichungen von ihm auf. Stryk arbeitete auch in der Gutachterkommission zum berühmten Halleschen Pietistenstreit um die sogenannten Adiaphora mit. Deren abschließendes Gutachten brachte den Pietisten einen günstigen Ausgang ihres Streits mit der altlutherischen Orthodoxie ein, es folgt den Argumenten der Pietisten. Es läßt sich heute nicht mehr rekonstruieren, welchen Anteil Stryk an der Formulierung dieses Gutachtens hatte. Da es aber neben anderen auch mit seinem Namen gezeichnet ist, kann man annehmen, daß er es mitgetragen hat.

Einer der Anlässe des viele Jahre andauernden und mit zwei Höhepunkten ausbrechenden Pietistenstreits waren Predigten des August Hermann Francke. In ihnen warf er seinen orthodoxen Kollegen öffentlich Amtspflichtverletzungen vor. Er habe noch „von keinem Menschen gehört, der durch ihre Predigt wahrhaftig bekehrt wäre" (Franck 1699, 94), so faßt er später in einem Rechtfertigungsschreiben seine Vorwürfe zusammen. Er könne deren Amtsführung insgesamt „nicht für zulänglich erkennen, eine unbußfertiges und unwiedergeborenes Herz von

seinem Elend und Verderben recht zu überzeugen... Auch befinde ich, daß den Leuten
nicht recht, noch zulänglich die Mittel angezeigt werden, wie sie aus ihrem innerlichen
Elende und verderbten Zustande in einen
rechten neuen und besseren Zustand versetzt
werden könnten." Das Programm des Pietismus fordert die „Bekehrung" des Sünders
und dessen Eintritt in einen „besseren Zustand". Damit wird zugleich die Behauptung
vorgetragen, daß die in den Amtskirchen übliche Glaubens- und Disziplinierungspraxis
nicht geeignet sei, solche Veränderung zu bewerkstelligen. Anläßlich einer dieser Predigten wenden sich die Angegriffenen mit einer
Beschwerde an die Behörden in Berlin. Sie
werfen Francke den „Eingriff in ein fremdes
Amt" (Kramer 79) vor. Das ist zunächst tatsächlich der Ton, auf den in Berlin gehört
wird. Dort baut man gerade die zentralstaat-
lichen Verwaltungen aus. Detaillierte Kom-
petenzverteilungen und minutiöse Vorschriften sollen die Macht der einzelnen Beamten
in wohldefinierten Schranken halten. Mit
den entsprechenden Amtsreglements werden sie von oben kontrollierbar. Francke
durchbreche die Kontrollhierarchie und habe
öffentlich die „Stadtprediger also erwähnt,
als ob sie ihr Amt nicht recht führten oder
nichts taugten" (ebd.). Das sei eine Amtsan-
maßung, denn in der Kirche werden, wie im
gesamten preußischen Staat, Beamte nur von
oben kontrolliert. So komme allein der unmittelbar vorgesetzten Behörde, dem Konsi-
storium in Halle, die Kirchenaufsicht zu.
Diese Behörde ersucht nun um obrigkeitlichen „Schutz" (80) vor Franckes Angriffen
von unten, die das unzuständige Kirchenvolk
als Kontrollmacht gegen die kirchlichen Obrigkeiten zu mobilisieren drohen. Man möge
„ihn dahin anweisen, daß er... sich um das
Ministerium und deren Zuhörer in Zukunft
nicht bekümmern solle" (ebd.). In Berlin
reagiert man entsprechend. Man setzt eine
Untersuchungskommission ein und läßt Gutachten anfertigen. Das Gutachten, an dem
Stryk beteiligt war, folgt der preußischen
Staatsräson, es rügt Franckes Eingriff in
übergeordnete Kompetenzen und bekräftigt
nocheinmal, daß niemand „sich einer Inspek-
tion über den andern, da sie ihm nicht anvertraut ist, anmaßen" (Kommissionsbericht 15)
dürfe.

Beim letztlich für die Pietisten glücklichen
Ausgang des Streits ist allerdings ein anderer
Gesichtspunkt ausschlaggebend gewesen,
den Francke in einem Rechtfertigungsschreiben erfolgreich vorbringen konnte. Darin
gibt er der Auseinandersetzung eine neue
Stoßrichtung. Er wirft seinen Kollegen die
Vernachlässigung erzieherischer Funktionen
vor. Dafür hat der frühe absolutistische Staat
ebenfalls offene Ohren. Der Fall nimmt sozusagen eine bildungspolitische Dimension
an. Der anfängliche Verdacht, hier trete
Francke in die Fußstapfen antiobrigkeitli-
cher, religiös-sozialer Volksbewegungen, ist
damit nicht entkräftet.

Franckes Kulturkritik knüpft an alte Klagen über das allgemeine Verderben der Welt
an. Diese Klagen vergleichen zwischen der
gesellschaftlichen Wirklichkeit und einem
biblizistischen Lebensmodell. Als Ergebnis
dieses Vergleichs wird ein unversöhnlicher
Widerspruch zwischen der weltlichen und der
christlichen Ordnung festgestellt. Die orthodoxen Lutheraner waren im Rahmen ihrer
Zwei-Reiche-Lehre bereit, weite Bereiche
des gesellschaftlichen Lebens von den religiösen Imperativen zu entlasten und als
„Adiaphora", der für das Seelenheil indiffe-
renten Angelegenheiten aus dem religiösen
Zugriff zu entlassen. Die Pietisten bestreiten
die Existenz von heilsneutralen Bereichen.
Ihr biblizistischer Fundamentalismus fordert, daß alle gesellschaftlichen Sphären von
den religiösen Imperativen durchdrungen
werden.

In einem der frühpietistischen Klage- und
Erbauungsbücher heißt es: „Wann man das
Leben der jetzigen Welt gegen Christi Lehre
und Leben hält, so befindet sichs augen-
scheinlich, daß das Leben des meisten Teils
der Welt gar wider Christum ist. Dann was ist
aller Menschen Leben jetzt denn Geiz...
großes Ansehen... Krieg, Uneinigkeit...
das ganze Leben der Weltkinder zu dieser
Zeit ist nichts dann Weltliebe, eigene Liebe,
eigene Ehre, Eigennutz. Dagegen ist Christus und sein Leben nichts anderes denn eitel
reine lautere Gottes- und Menschenliebe...
Verschmähung der Welt und aller weltlichen
Ehre, Reichtums und Wollust, Verleugnung
seiner selbst, ein stetig Kreuz... Nun spricht
Christus: wer nicht mit mir ist, der ist wider
mich. Das Leben aber der jetzigen Welt ist

nicht mit Christo. Es stimmt nicht mit ihm überein." (Arndt Buch I, Kap. 10, S. 86 ff.)

An solche Klagen knüpft Francke an und formuliert denselben Widerspruch zwischen beiden Welten. Er hat die einzelnen Stände im Auge, in die sich die feudale Gesellschaft gliedert. Im Ersten Stand, der Staatsklasse, habe wegen mangelnden Glaubens „der Teufel sein Reich, Regiment und Regierung unter den Königen, Fürsten und Herrn und aller Obrigkeit, da bei ihnen nichts denn eitel Greuel ist" (Francke 1704, 71). Dem Verdacht, mit solchen Diagnosen in die Fußstapfen der seit Müntzer fortlebenden antiobrigkeitlichen Volksbewegungen zu treten, beugt Francke mit der Versicherung vor, es handele sich bei all seinen Klagen um „keine Despektierung des Regierstandes an ihm selbst, den Gott verordnet hat". Es gehe nicht um die Existenz von Obrigkeiten, sondern um die individuelle Art und Weise, wie die Herren ihre Handlungsspielräume nutzen. Auch der Dritte Stand, der sogenannte Hausstand der Handwerker und Bauern, sei gleichermaßen „voller Greuel an Neid und Haß, Geiz und Ehrgeiz, Fluchen und schwerem Huren und Ehebrechen, Fressen und Saufen, Zanken und Rechten, Betrug und Falschheit, Unrecht und Tückischheit, Fürwitz und Hoffart, Spielen und Müßiggehen, Unaufrichtigkeit und Heuchelei, und... dergleichen ungöttliche, unchristliche und ungeistliche Laster und Sünden mehr" (ebd.). Die Diagnosen sind für Obrigkeit und Untertanen dieselben. Die Leistung der Begriffe, die Francke verwendet, besteht darin, mehrere Perspektiven miteinander verknüpfbar zu machen. Es kann der Blick des Untertans auf die Obrigkeit gemeint sein, deren feudale und staatsabsolutistische Zwänge auf ihm lasten. Es kann der Blick des Volks auf sich selbst gemeint sein, soweit es nach den Verwüstungen des Dreißigjährigen Kriegs um die Herstellung kollektiver Verbindlichkeit und verläßlicher sozialer Beziehungen ringt. Und es kann der Blick der Obrigkeit auf den Untertan gemeint sein, der nicht gehorcht, sondern sich den herrschaftlichen Anordnungen entzieht, eigensinnig seinen Beschäftigungen nachgeht und den Befehlen so weit wie möglich, mal listig, mal aufständisch eigene Interessen entgegensetzt. Dazu gehört nicht zuletzt auch der Blick des Fürsten auf den eigenen korrupten Beamtenapparat, auf die widerständigen intermediären Mächte, die Landstände, die Steuerzahler und Abgabepflichtigen, die alle nicht so wollen, wie der Fürst will. Franckes Text erlaubt es jeder der miteinander im Streit liegenden Parteien, ihre eigene Perspektive darin wiederzuerkennen. Er verknüpft die von jeder Gesellschaft zu lösenden Aufgaben sozialer Verläßlichkeit mit den Stabilitätsproblemen vertikaler Herrschaftsordnungen. Diese Perspektivverschränkung gibt seinem Protest eine für die preußische Obrigkeiten akzeptable Form. Die indidividuelle Verfassung der Seele, und nicht die privatwirtschaftliche oder herrschaftliche Ordnung kann als „Quelle des Verderbens" ausfindig gemacht werden. Individuellem moralischem Versagen sind fortan alle Konflikte um obrigkeitliche Willkür und privatwirtschaftliche Konkurrenzen zuzurechnen. Soziale Konflikte gelten ebenso wie persönliche Zwistigkeiten als Ausdruck unmoralischer Eigenschaften einer nicht bekehrten Seele. Die religiöse Pädagogik der Glaubenserneuerung, der Neuordnung der Seele bietet sich hier als Universallösung aller Konflikte an. Das mit der richtigen Seelenordnung ausgestattete religiöse Subjekt funktioniert gleichermaßen gut in den anvisierten Ordnungen. Es ist ein verläßlicher Partner im bürgerlichen Geschäftsverkehr, ein guter Freund in persönlichen Beziehungen, ein williger Untertan für die Herren, ein gnädiger Herr für die Untertanen usw. Die fromme Umorganisation der Seele präsentiert sich schließlich als sozialpolitisches Moralisierungsunternehmen, als ein „großes Projekt zu einer Universalverbesserung in allen Ständen" (Francke 1704). Die Kirche erweitert sich zur pädagogischen Anstalt, zur Institution der Erwachsenenbildung und „Auferziehung der Jugend" (76). Francke arbeitet an der Wende zum pädagogischen Zeitalter des 18. Jahrhunderts mit und baut an einer bürgerlichen Ordnung: die Anfänge eines großen Waisenhauses, einer Manufaktur, eines Handelskonzerns, eines Arbeitshauses, einer Schule, wo Bibelunterricht mit Realienunterricht, Religion mit Arbeitsdisziplin verknüpft sind.

Das von Stryk mitverfaßte Gutachten folgt weitestgehend den pietistischen Forderungen. Es spricht wie die Pietisten von Bußkampf und Bekehrung. Es plädiert für die Wiedereinführung guter Werke und enthält auch eine eindeutige Stellungnahme gegen die Adiaphora. Damit gibt es nichts in der Lebensführung, was nicht heilsrelevant ist. In jedem Augenblick, an jedem Ort und nicht nur unter der monopolisierten Sakramentsveranstaltung der Kirchen steht der Glaube auf dem Spiel. Daraus könnte man allerdings – und dies wurde in den religiös-sozialen Bewegungen immer wieder versucht – die Schlußfolgerung ziehen, daß man weder Reichtum anhäufen noch Karrieren im Staat anstreben dürfe und daß Reichtum wie Macht gleichermaßen verwerflich seien. Die Gutachterkommission kennt diesen Streit. Sie reagiert entsprechend und schlägt einen Kompromiß vor, der für den Pietismus charakteristisch ist: Es sei „nichts verwerflich, wenns mit Danksagung empfangen wird" (Kommissionsbericht 21). So sei nicht der Reichtum selbst, sondern nur der Wille, reich zu werden, verwerflich: „ambitiones oder mutationes, wenn sie auf besser Einkommen und größere Ehre eigentlich angesehen, sind absolut sündlich und mit der göttlichen vocation nicht compatibel."[1] Auch nicht die Macht im Staat, sondern der Wille zur Macht sei verwerflich. Die Pietisten formulieren wie alle religiös-sozialen Bewegungen einen Widerspruch zwischen beiden Welten, rufen aber nicht mehr zum kulturkritischen Exodus auf. Sie ermöglichen vielmehr deren Übereinstimmung auf dem Feld der Gesinnungen und Bedeutungen. Sie stellen die Seelenordnung her, die die religiösen Imperative mit den gesellschaftlichen Verkehrsformen in Übereinstimmung zu bringen vermag. Die Dankbarkeit wird dabei eine entscheidende Rolle spielen.

Das pietistische Projekt muß Stryk persönlich beeindruckt haben. Er ist im Bereich der juristischen Beamtenausbildung tätig und versucht, es auf seinen Bereich zu übertragen. Er bedauert beispielsweise in einer seiner Vorlesungsankündigungen, daß die Kompetenzen und Zuständigkeiten zwischen den Fakultäten der Theologie und Jurisprudenz zu genau verteilt seien. So genau, daß „tätiges Christentum" und „wahre Frömmigkeit" (Stryk 1700) aus dem Bereich der Jurisprudenz strikt ausgeschlossen bleiben. Dagegen vertritt er die Auffassung, daß „die

Lehre von der Gottseligkeit... der wahrhafte Grund unserer Jurisprudenz ist oder doch sein soll". Auch Stryk verbindet damit ein sozialpolitisches Projekt. Er möchte gegen die „Laster in statu politico" die „Pflicht eines frommen politici" setzen. Es hänge schließlich von der moralischen Verfassung der Juristen ab, wie die Gesetze ausgelegt, welche Ratschläge den Fürsten gegeben und wie Recht gesprochen wird. Unter dem Schutzmantel des Rechts könne fast jedes Verbrechen begangen werden, „kein Affekt ist so groß, welchen ein gottloser Richter an den Parteien sub colore justiciae nicht ausüben kann". Das Recht selbst bürge nicht für Gerechtigkeit. Deshalb bedürfe es der ergänzenden Instanz des Glaubens und des Unterrichts in „Gottseligkeit". Er will zeigen, daß zwischen der „wahren und ungeheuchelten Gottseligkeit" und der staatlichen Ordnung keinerlei Widerspruch bestehen müsse, sie seien vielmehr vollauf kompatibel und man müsse nur untersuchen, „wie es anzufangen, daß beide Stücke mit einander verknüpft werden mögen".

Die Zeitgenossen halten Stryk, den Autor unserer Seelenerzählung, zurecht für einen Pietisten. Über solche biographischen Details hinaus gibt es noch weitere Indizien, die unseren Text als pietistisch kennzeichnen können. Er ist eine Art Vorrede, eine Verlagsankündigung und eröffnet eine Schriftenreihe, die 1704 unter dem Titel „Licht und Recht" zu erscheinen beginnt. Sie versammelt tatsächlich alle Begriffe und Stichworte, mit denen die Frömmigkeitsbewegungen auf die Veränderungen in Staat und Gesellschaft reagierten. Johann Georg Walch, der zeitgenössische Chronist der Religionsstreitigkeiten, faßt den erbaulichen Inhalt der Schrift von Stryk kurz folgendermaßen zusammen: „das ganze Werk der Bekehrung müsse seinen Anfang in dem Willen haben" (Walch V, 166). Sie schlägt die Themen und das Vokabular der frommen Erbauungsliteratur an: das Verderben der Menschen, die Errettung durch Bekehrung, Tod und Wiedergeburt, die Ohnmacht der Vernunft, die Verwandlung des Willens. Die einleitende Erzählung über die menschliche Seele soll – so kündigt der Autor selbst sie an – „sowohl den Ursprung des besondern und allgemeinen Verderbens der Menschen, als den Weg, die Art und Weise und die Mittel, daraus errettet zu werden, mit lebendigen Farben abgemalt erkennen" (Stryk 1704, 8) lassen. Die vielen besonderen Verderbnisse werden zunächst zu einem einheitlichen Ursprung des Verderbens der Menschen verdichtet. Diese Diagnose läuft auf einen charakteristischen Heilungsvorschlag hinaus. Darin werden Mittel und Wege gewiesen, nicht wie man sich selbsttätig aus dem Verderben aufhelfen könnte, sondern Mittel und Wege, um daraus gerettet zu werden. Die passivische Formulierung zeichnet den guten Pietisten aus und trennt ihn von den Aufklärungsprojekten. Die Rettung aus den beklagten Nöten steht nicht in eigener Macht. Sie muß als Gnade von oben erwartet werden. Stryk führt anschließend eine kritische Auseinandersetzung mit den zwei großen Naturmächten, auf die zeitgenössische Aufklärungsphilosophen zu setzen wagen. Zur Begründung von Ordnungsentwürfen dienen der Aufklärung nicht mehr die göttlichen Offenbarungen, sie greift vielmehr auf das sogenannte Licht der Vernunft und auf das sogenannte Recht der Natur zurück. Unser Autor verspricht, Vernunft und Recht daraufhin zu prüfen, inwieweit sie kollektive Verbindlichkeit herzustellen vermögen. Er kündigt zugleich an, beides mit einer Ordnung zu übertreffen, welche dem Leser „künftig viele Zeit und Unkosten ersparen könne, so er als ein im Finstern tappender auf das studium luminis und juris naturae corruptae würde gewandt haben".[2] Der Leser erfährt hier schon, was der Autor von den Ordnungsprinzipien der Aufklärung hält. Vernunft und Recht seien korrupt, auf sie könne man sich nicht verlassen, mit ihnen tappe man im Dunkeln. Wir haben hier den Typus von Vernunft- und Aufklärungskritik vor uns, der in den Frömmigkeitsbewegungen verbreitet ist. Gegen Vernunft und Recht, deren vergesellschaftende Macht bestritten wird, setzen sie affektive Mächte. Das fromme Christentum zentriert die Affekte um Glauben und Liebe und arbeitet eine entsprechende Seelenordnung aus. Freier Wille und Gnade sind die rätselhaften, sich zunächst widersprechenden Stichworte, mit denen diese Ordnung in unserer Referenzerzählung gekennzeichnet wird.

## 4. Zwei Ordnungsprinzipien: Freier Wille und Dankbarkeit

Die Referenzerzählung von Stryk stellt die Seele als einen Ort vor, der von fremden Mächten erobert, besetzt und kolonisiert werden kann. Sie ist das Terrain, wo Kämpfe um die innere Herrschaft über Menschen ausgetragen werden. Im Herrschaftsraum der Seele befinden sich zunächst die Naturmächte der Vernunft, des Begehrens und der Aggressivität, die „Brünstigkeit zum Bösen". Diesen drei Naturmächten werden drei neue Herren, genauer drei Regentinnen und weibliche Mächte vorgesetzt: Glaube, Liebe und Hoffnung. Sie bringen eine grundsätzliche Umorganisation der Affekte und eine neue Ordnung des Willens mit sich. Von nun an beherrscht der christliche Glaube die Vernunft, die christliche Hoffnung ersetzt das Begehren und die christliche Liebe hält die Aggressivität so in Schach, daß sie sich verwandeln muß in die „Brünstigkeit zum Guten". Der Glaube holt sich Unterstützung von der Klugheit, der Urteilskraft, dem Gehorsam, der Geduld, der Ordnung und der Zucht. Dieses Ensemble von Kontrollmächten umstellt die Vernunft und bändigt sie. Ohne solche Bändigung – so warnt der Autor – drohe die Vernunft als eine Stimme der Kritik nur in „Widerspruch", „Verrückung" und „Verwirrung" zu führen. Ähnlich sieht es bei den beiden anderen Naturmächten des Begehrens und der Aggression aus. Gegen das Begehren wird neben der christlichen Hoffnung ebenfalls ein Aufgebot von Hilfstruppen mobilisiert: die Unterscheidung, die Mäßigkeit, die Enthaltsamkeit, die Überwindung seiner selbst, die Demut und das Stillschweigen. Derart umstellt bleibt vom Begehren und seinen vielfältig angestrebten Lüsten nicht viel mehr übrig als eine Hoffnung, die auf Gnadengeschenke wartet. Diese Hoffnung lebt von einer eigentümlichen Umkehrung. Sie unternimmt keine Erfüllungsanstrengungen mehr im Vertrauen auf die eigene Kraft. Die Kraft des Begehrens ist vielmehr an die Anstrengung des Verzichts umgesetzt. Die Hoffnung vertraut dann auf ein imaginiertes Versprechen, daß bei hinreichendem Verzicht das, worauf man verzichtet hat, schließlich doch als Gnadengeschenk eintreffen wird. Auch gegen die Aggression wird mobilisiert. Die Liebe versammelt die Mächte der Gottseligkeit, der Leibeshygiene und der geistlichen Übungen. Es bleibt dann eine Agape übrig, aus der die aggressiven und fordernden Momente des Eros ausgetrieben worden sind.

Die Umorganisation der Seelenmächte mündet in die Gnadenordnung von Glaube, Liebe und Hoffnung. Der freie Wille hütet diese Ordnung. Der Status des freien Willens ist eines der auffälligsten Details unserer Referenzerzählung. Der freie Wille wird zunächst eingesetzt als der oberste Statthalter, der die gesamte Einrichtung der Seelenstadt zu verantworten hat. Er ist von einer merkwürdigen Schwäche gezeichnet. Nachdem die Widersacher die Stadt erobert haben, schlagen sie ihn als einen der ersten in Eisen und Bande. Das Einfallstor der Widersacher waren Vernunft und Begehren, Urteilskraft und Unterscheidungsvermögen gewesen, offenbar alles unzuverlässige Helfer und sogar Gegenspieler des freien Willens. Auf die Klage über die Schwäche des freien Willens antwortet die Erzählung mit einer Ohnmachtszuweisung: „was kann der freie Wille ohne die behilfliche Gnade". Der freie Wille bewirkt offenbar aus eigener Macht gar nichts. Die vernünftigen ebenso wie die begehrlichen Momente des Willens scheinen Momente seiner Unfreiheit zu sein. Was ist hier unter Freiheit zu verstehen? Die Freiheit des Willens wird noch rätselhafter, wenn man die zweite Bestimmung hinzunimmt: Nachdem die erste vertriebene Kolonialmacht die Seelenstadt zurückerobert hat, kriecht der freie Wille aus dem Gefängnis heraus „und eilt seiner Beherrscherin entgegen als verhoffend, daß er unter dem Reich der Gnade nun recht frei werden solle". Wie kann der Wille durch die Herrschaft der Gnade frei werden? Was ist hier unter Gnade zu verstehen?

Der Referenztext macht diese Zusammenhänge nicht deutlich, er geht vielmehr von deren Selbstverständlichkeit aus. Wir stoßen hier an die Grenzen seiner Darstellungskraft. Nur so viel läßt sich festhalten: der freie Wille resultiert aus einer spezifischen Freisetzung. Freiheit meint hier nicht die Chance, Vernunft und Begehren in die Tat umzusetzen und zu verwirklichen. Im Gegenteil. Freiheit streift Vernunft und Begehren ab. Der freie Wille ist frei von Begehren und Vernunft. Um diesen Vorgang der Freisetzung genauer beschrieben zu sehen, müssen wir auf andere Texte zurückgreifen. Es bietet sich an, Schriften zu verwenden, die weit verbreitet waren und deren Kenntnis man auch in den Fällen annehmen kann, wo sie nicht ausdrücklich genannt und zitiert werden. Dies gilt beispielsweise für die bereits erwähnten Vier Bücher vom wahren Christentum des Erbauungsschriftstellers Johann Arndt. In ihnen werden Überlegungen zum freien Willen und zur Gnadenordnung vorgetragen, die unseren Text klären können.

Arndt beschreibt den Vorgang der Freisetzung des Willens als einen Vorgang der „Entleerung". Dieses Konzept knüpft an Formen der Willensbearbeitung und Seelenmodellierung an, die in den Bewegungen der Mystik geläufig sind. Arndt trägt folgendes Subjektmodell vor. Das Subjekt verfüge über zwei Seelenvermögen: Verstand und Wille. Umstritten ist nun der rechte Gebrauch dieser Seelenvermögen. Deren falscher Gebrauch – so haben wir bereits gesehen – wird für die gesellschaftlichen Konflikte und das Leid in der Welt verantwortlich gemacht. Wie sieht der rechte Gebrauch von Verstand und Willen aus, wie kommt man dazu, diese Seelenvermögen auf rechte Weise zu nutzen? „Da gehört nun eine freie stille und ruhige Seele zu. Dann wird aber die Seele ruhig und stille, wenn sie sich von der Welt abwendet." (Arndt I, Vorrede, 5) Wille und Verstand sind frei, wenn sie sich von der Welt abwenden. Die Freisetzung von der Welt und die Austreibung der Welt aus dem Willen sind Resultat ungeheurer Anstrengungen. „Die Zeichen aber einer solchen Seele, die der Welt abgestorben ist, sind diese: Wenn ein Mensch in allen Dingen... die eigene Liebe dämpft, des Fleisches Begierde tötet, die Wollust der Welt flieht, sich für den geringsten Menschen achtet... sich nicht erhebt, wenn er gelobt wird, sich auch nicht betrübt, wenn er gescholten wird, alles geduldig leidet, und über niemand klagt" (a. a. O., 7). Darunter darf man sich zunächst keinen Gewinn vorstellen. „Denn die rechte Vollkommenheit eines christlichen Lebens... ist nicht, wie etliche meinen, eine... große... Freude... sondern sie ist die Verleugnung deines eigenen Willens... und Erkenntnis deiner eigenen Nichtigkeit" (a. a. O., 8). Der freie Wille stellt sich als ein Wille heraus, der zunächst nichts mehr will, außer das Nichtwollen. Das ist die Freiheit des „aufgeopferten Willens" (a. a. O., 7). Die Erzählung von Stryk mobilisierte zur Befreiung des Willens die Furcht und die Zucht, beides Mächte, die die besetzte Seelenstadt leerfegen sollen. Was bleibt nach der Entleerung übrig? Wieso ist dieser entleerte Wille in der Lage, die Last der Vergesellschaftung zu tragen? Wieso kann man von ihm die Universalverbesserung der sozialen Verhältnisse erwarten? Wie soll schließlich eine Vergesellschaftung über Vorgänge der Entleerung und der damit korrespondierenden Vereinzelung und Verinnerlichung zustande kommen?

Die Entleerung des Willens führt nicht, wie man zunächst annehmen könnte, in Tatenlosigkeit und Passivität. Im Gegenteil. Ungeheure Anstrengungen begleiten sie. Die Rettung aus den beklagten Nöten steht nicht in eigener Macht, sie muß vielmehr als Gnadengabe erwartet werden. Sie verlangt konzentriertesten Einsatz von Mitteln, die aber alle nur darauf vorbereiten, die heilsame Gnade als Geschenk in Empfang zu nehmen. Die willentliche und verstandesgeleitete Eigenaktivität des Subjekts wird reserviert für Vorbereitungen auf das Ergriffenwerden durch eine Macht, die nicht in der Reichweite des selbstmächtigen Subjekts liegt. Die Worte „Gott" und „Gnade" meinen diese Macht. Die angestrengte Willensentleerung bereitet auf ihren Einzug vor. Die Subjekte werden von ihr schließlich unwiderstehlich ergriffen und in die Pflicht genommen. Sie stellt eine Forderung, der man sich nicht entziehen kann. Man hat ihr unter allen Umständen zu genügen, sie ist unabweisbar, unbedingt. Erst eine solche Macht scheint gesellschaftliche Synthesis zu garantieren. Der Glaube ist der subjektive Beitrag zu diesem spezifischen Vergesellschaftungsvorgang. Mit der Glaubensanstrengung macht man sich zu einem medialen Subjekt. Gesellschaftliche Synthesis findet statt im Modus des Ergriffenwerdens. Und die Ergriffenheit gilt als vergesellschaftende Ordnungsmacht.

Die paradoxe Verbindung von Selbsttätigkeit und Ergriffenheit ist ein Problem, das den ganzen Text von Arndt durchzieht. An zwei strategischen Stellen greift Arndt auf Konstruktionen zurück, die mit naturphilosophischen Metaphern spielen. Sie betreffen gerade die Willensentleerung und die vergesellschaftende Gnadenordnung. Die erste naturphilosophische Metapher ist die des horror vacui. Sie transportiert das Versprechen, daß die Entleerung des Willens nicht in der Leere endet, sondern auf eine Fülle vorbereitet, die sicher kommen wird. „Die Natur leidet keine leere Statt, sie erfüllt alle Dinge mit ihr selbst. Es müßte eher die Natur brechen, ehe etwas leeres in ihr sein und bleiben sollte; und durch dies Prinzipium, Grund und Mittel sind große Künste erfunden worden. Also wenn der Mensch sein Herz gar ausleert von der Weltliebe, eigenen Willen, Lüsten und Begierden... so kanns Gott nicht lassen, er muß die leere Statt mit seiner göttlichen Gnade, Liebe, Weisheit und Erkenntnis erfüllen. Willst du aber voll sein dieser Welt, so bist du leer der himmlischen Dinge." „Die Schuld aber ist nicht Gottes, der sich erbeut, seinen heiligen Geist über alles Fleisch auszugießen, sondern des Menschen, der den Grund seines Herzens nicht bereitet. Die größte Bereitung aber, den heiligen Geist zu empfangen, ist, wenn das Herz... ausgeleeret wird von den Creaturen... Darum laß dein Herz ja nicht an den Creaturen hangen, weder inwendig noch auswendig, weder an deiner eigenen Liebe, noch an deinem eigenen Willen, sondern lauter an Gott: so hast du das allergrößte und nützlichste Werk vollbracht... soll Gott eigentlich und adelig in dir wirken, so ist vonnöten, daß du ihm Statt und Raum gibst, und daß deine Affekte ruhen, und du Gott leidest. Soll Gott in dir reden, so müssen alle Dinge in dir schweigen... Daß du alle Zufälle des Kreuzes und Trübsals, wo sie auch herkommen, und was es sei, inwendig oder auswendig, als von Gott dir zugeschickt, ohne alle Mittel annehmest, und nicht anders annehmest, als daß dich Gott dadurch bereiten will, zu ihm selber, und zu seinen großen Gaben." (Arndt I, 16,1-4).

Die ergreifende Macht bricht in den entleerten Willen aufgrund eines natürlichen horror vacui ein und erfüllt ihn. Ihr Einbruch ordnet den Willen durch eine unabweisbare Verpflichtung. Um die Willensverpflichtung zu beschreiben, greift Arndt ein weiteres Mal auf Naturmetaphern zurück. Dort heißt es, daß die Natur die göttlichen Offenbarungen ersetzen könne. Auch die Ungläubigen, die über keine heiligen Schriften wie die Bibel verfügen, könnten der Natur eine entsprechende Lehre entnehmen. Natur und Offenbarung lehren dasselbe. Wiederholt betont Arndt, „... daß wir neben dem Wort Gottes und dem Buch der h. Schrift auch können überzeugt werden in unserem Herzen und Gewissen, aus dem Buch der Natur und aus dem Licht der Natur, daß wir Gott zu lieben schuldig sein... und solch Argument aus der Natur überzeugt alle Menschen, er sei Heide oder Christ, Gläubig oder Ungläubig, und kanns auch kein Mensch widerlegen". (Arndt IV, 338) Diese Schuldigkeit, Gott zu lieben, resultiere aus einer naturrechtlichen Verpflichtung zur Dankbarkeit. Die christliche Offenbarung appelliert ebenso wie Naturrecht und Vernunft an die Dankesverpflichtung des Gabentauschs. „Es ist natürlich, daß zwischen einem Geber und Nehmer eine Liebe entstehe, die da entspringt aus dem Geber zu dem Nehmenden und hinwieder aus dem Nehmer zum Gebenden" (a. a. O., 221). Der Gnadenbegriff spielt mit der Erinnerung an Reziprozitätsobligationen in Austauschverhältnissen. „Sintemal eine natürliche Verpflichtung entsteht zwischen einem Geber und Nehmer, denn dieselbige Obligation ist das Fundament, Ursprung, ja ein unauslöschliches natürliches Licht, dabei erkannt mag werden, was der Mensch Gott schuldig sei" (a. a. O., 250).

Arndt braucht also das alltägliche Wissen um den Tausch, wenn er näher zu erläutern versucht, was unter den Gnadenwirkungen des Glaubens zu verstehen sei. Er erklärt die Menschen zu Wesen, die unter der „natürlichen Obligation" (a. a. O., 254) der Dankbarkeit leben. Diese Verpflichtung bezieht sich aber nicht nur auf Tauschvorgänge zwischen Gesellschaftsmitgliedern, Arndt überträgt sie auf ein imaginiertes Austauschverhältnis zwischen Mensch und schenkendem Gott. Dazu beutet er jenes philosophische Staunen aus, daß etwas ist und nicht vielmehr nichts, daß wir uns weitgehend auf die Welt verlassen können und immer wieder Hilfsmittel finden, daß wir Gesellschaften gründen können und über Kräfte und Fähigkeiten verfügen, die wir nicht selbst geschaffen ha-

ben. So kann er die Natur selbst in eine verpflichtende Gabe umdeuten. Alle den Menschen zur Verfügung stehenden Dinge seien ihnen gegeben und zur Nutzung überlassen. Aus der Gegebenheit der Welt folge die Dankesverpflichtung für die Welt. Diese Konstruktion vermutet hinter allem Vorhandenen ein „Gegebensein" und hinter allem Gegebenen das große Subjekt eines „Gebers": „Gott erzeigt und beweist uns durch alle Creatur seine Liebe und wir nehmen seine Wohltaten an, darum machen wir uns verpflichtet" (a. a. O., 338f.). „Denn alle Kreaturen und die ganze Welt erzeigen alle ihre Dienste dem Menschen... damit ermahnen sie nun den Menschen, daß er hinwieder das Beste das er hat und vermag, Gott ihrem Schöpfer wieder gebe aus dem Fundament der natürlichen Obligation" (a. a. O., 254). „Dieweil nun aus dem Geben und Nehmen eine natürliche Verpflichtung und Obligation entsteht zwischen dem Geber und Nehmer... Diene und Danke ihm täglich dafür... Soviel Wohltat du empfängst, so viel bist du mit Dank verpflichtet dem Schöpfer." (a. a. O., 223 ff.)

Wer sich dieser Ordnung entzieht, verkörpert das Böse schlechthin. Der böse Mensch „verläßt sich auf sich selbst, auf seine Weisheit, Vermögen und Stärke, welches die größte Blindheit ist. Aus dieser Blindheit quillt her Verachtung Gottes und Sicherheit... Wie der Teufel sich auf seine Weisheit und Macht verläßt, und sich selbst regiert, also hat er des Menschen Seele auch vergiftet, die sich auf ihre Weisheit und Macht verläßt und sich selbst regieren will... wie der Teufel... undankbar ist gegen seinen Schöpfer." (a. a. O., 462f.) Das Böse ist der Austritt aus der Dankesobligation oder die Zurückweisung der Gnadengabe.

Unter der Gotteserfahrung ist also ein Verpflichtungserlebnis der Dankbarkeit zu verstehen. Der leere Wille füllt sich durch die Dankesobligation als einer ergreifenden Gnadenmacht. Sie bezieht sich nicht nur auf den Schöpfungsaspekt des Gottesbegriffs, der die menschliche Existenz in der Natur zu einem Geschenk erklärt. Nach dem Sündenfall fungiert der Gott auch als Ordnungsfaktor und Gesetzgeber, als Richter und Gesetzeshüter, als Urteilsmacht und Strafinstanz, dem man für seine Regelungskompetenz zu danken hat. Angesichts der sündhaften conditio humana mit ihren zwangsläufigen Verstößen gegen Gesetz und Ordnung tritt dann noch ein Gnadengott auf, der die Gerichtsstrafen auf sich nimmt und das stellvertretende Opfer bringt. Und darüber hinaus wurde in heiligen Schriften ein heiliger Geist niedergelegt, ein Textsinn, der sich dem verständigen Leser offenbart. So häuft das Christentum Geschenke und Dankesverpflichtungen aufeinander und kombiniert sie im trinitarischen Gottesbegriff. Die Annahme solcher Gnadengaben ordnet die Seele um und erfüllt den entleerten Willen durch ein vergesellschaftendes Ergriffenheitserlebnis der Dankbarkeit: „eine stete Vollbringung des Willens Gottes, inbrünstige Liebe des Nächsten" (Arndt I, Vorrede, 8), „nicht, daß er damit etwas bei Gott verdiene, sondern daß er dankbar sei. Opfere Gott Dank" (Arndt I, 3,8). „Darum gedenkt er auch also: Ich will aus schuldiger Dankbarkeit meinem lieben Gott zu Ehren meinem Nächsten wieder also werden, wie mir Christus worden ist. Alle meine Gaben, Weisheit, Verstand, Reichtum, Trost, soll wieder meines Nächsten werden, gleichwie Christi Güter mein worden sind." (a. a. O., 3, 10)

Solche Überlegungen lassen das im hier untersuchten Seelendiskurs anvisierte Vergesellschaftungsmodell deutlicher werden. Mit Dankesverhältnissen sind zunächst Tauschverhältnisse gemeint, die anders als der Warentausch funktionieren: Der Tausch von zu Dank verpflichtenden Geschenken stiftet ein System der wechselseitigen Obligation, wohingegen der Äquivalententausch von Waren und Geld die Beteiligten als wechselseitig Fremde voraussetzt und ebenso wieder entläßt. Güter und Dienste, die hier getauscht werden, nehmen nicht die Bedeutung von restlos substituierbaren Äquivalenten, sondern von einander ablösenden Geschenken und Gegengeschenken an. Im Unterschied zum Warentausch könnte man hier von einem Verhältnis des Geschenketausches sprechen. Der Begriff der Dankbarkeit faßt eine Subjektqualität, die einer über den einzelnen Tauschakt hinausgehenden Verpflichtung entspricht. Ein Geschenk wäre der erste Schritt, ein System wechselseitiger Obligation aufzurichten. Mit der Dankbarkeit nimmt der Beschenkte das Angebot an und

tritt seinerseits in die Obligation ein. Geschenk und Dank sind Tauschhandlungen, die die Bedeutung eines Versprechens annehmen: performative Akte von Gemeinschaftsgründung. Vielleicht ist das Gefühl, ein Geschenk, eine Wohltat, ein Opfer überhaupt nicht so erwidern zu können, daß es vollständig abgegolten wäre, das entscheidende Indiz dafür, daß hier nicht nur aufgerechnet, sondern eine dauerhafte und verläßliche vergesellschaftende Bindung geknüpft wird.

Der Glaube spielt auf solche Verhältnisse an und überträgt sie in eine vertikale Ordnung. Die Vertikale monopolisiert die Reziprozitätsobligationen und gibt die Welt von ihnen frei. In der sozialen Wirklichkeit ist man von Verpflichtungen der Wechselseitigkeit entlastet, aber nur, um in eine höhere Pflicht genommen zu werden. Ziel der Glaubensbemühungen ist der abstrakte, gegenstandslose Dank, die indifferente Haltung der Dankbarkeit. Das bedeutet, daß der Dank nicht mehr auf tatsächlich erwiesene Wohltaten im Verhältnis sozialer Wechselseitigkeit antworten muß. Er geht an ihnen vorbei. Die Wirklichkeit wird sozusagen transparent, Dank gilt dem durch sie hindurchscheinenden und in allen ihren Augenblicken anwesenden Heilsgeschehen. Der Gläubige besitzt die Fähigkeit, jedes Ereignis so lange umzudeuten, bis ihm die erleichternde Antwort gelingt, er sei Gott dankbar dafür. Es offenbart sich ihm überall der Fingerzeig Gottes. Er wird alles, was ist, mit „Sinn" ausstatten und alles, was ihm widerfährt, als „Botschaft Gottes" annehmen. Die Bewährung des Glaubens besteht darin, sich von keinem noch so schmerzlichen Ereignis beirren, sondern nur bestätigen zu lassen.

In den realen Sozialverhältnissen bewegen sich die Gläubigen so, als ob sie einer anderen, höheren Pflicht genügen. Ohne Ansehen der Person sollen sie den „Menschen" in jedem anderen lieben, also das, was ihn zum Gleichen unter Gleichen vor Gott macht: seine Sündhaftigkeit und Erlösung. Damit verschwinden die Besonderheiten, die soziale Positionierung und alle Antagonismen aus dem Blick. Der Kultus des abstrakten Menschen erlaubt es, ewige Gleichheit unter ihnen herzustellen und alle Unterschiede bestehen zu lassen. Er macht sie transparent für eine höhere Ordnung. Das Objekt der Liebe ist in gewissem Sinne gleichgültig geworden. Tatsächlich funktioniert der auf diese Weise zum Mitglied einer Gemeinschaft der Gläubigen Erhobene als bloßer Anlaß für einen unendlichen Liebesdienst, der nicht ihm gilt. An ihm wird die Ersatzhandlung vorgenommen, mit der man ein in der Vertikalen gegebenes und dort unerwiderbares Geschenk beantwortet. Da man seinen Dank nicht mehr dem Gott selbst abstatten kann – er nimmt keine Opfer mehr an – wird in den diesseitigen Verhältnissen stellvertretend geleistet, was eigentlich dem Gott gebührt. Die vertikale Ordnung der Gottesbeziehung fügt die Gläubigen zu einem imaginären Gemeinwesen zusammen, das alle internen Wechselseitigkeiten und Solidarzwänge auflösen kann. Die vereinzelten Einzelnen verbindet einzig ihre gemeinsame Dankespflicht gegenüber einer dritten, übergeordneten Macht. Alle sind sie gleichermaßen von oben beschenkt, nach oben dankbar und tragen ihre Schuld im Dienst einer stellvertretenden Nächstenliebe ab.

Diese spezifische Art und Weise, Solidarverhältnisse zu leben, fordert einen Preis. Sie setzt horizontale Solidarordnungen außer Kraft und stimmt ersatzweise in ein universalisiertes Herrschaftsverhältnis ein. Die Wechselseitigkeit des Schenkens ist in der Vertikalen zum Richter- und Gnadengott unterbrochen, es handelt sich um einseitige Verhältnisse. Ein Geschenk, welches so groß ist, daß man es erwidern muß, es aber nicht erwidern kann, ist eine Form der Demütigung. Wer durch die Annahme des übergroßen Gnadengeschenks in diese Obligation eintritt, wird zum lebenslangen Schuldner, muß sich unterwerfen und hat die Initiative an jemanden abgegeben, der einzig die Macht über solche Gaben besitzt. Die Dankbarkeit des Gläubigen imaginiert Solidarverhältnisse in einem Akt der Unterwerfung. Es handelt sich um eine Verknüpfung von Freiwilligkeit und Unterwerfung: freiwillige Unterwerfung und unterworfene Freiwilligkeit. Die Seele mit ihrer Dankesordnung steht für einen Typus von sozialer Verbindlichkeit, der sich mit den modernen Verhältnissen der bürgerlichen Gesellschaft unter dem absolutistischen Staat gut verträgt, und zugleich die

Einsprüche dagegen erinnernd und verinnerlichend aufnehmen kann.

## 5. Die fromme Moral: Affektrepräsentation von Reziprozitätsverhältnissen

Man hüte sich, die Seele für eine Illusion zu halten. Sie existiert, sie hat eine Wirklichkeit und sie wird ständig produziert. Es verhält sich mit der Seele ähnlich wie mit Gott und Göttern, die zur gesellschaftlich verbindlichen Existenz gebracht werden, indem man von ihnen spricht und ihnen Opfer bringt. Auch die Seele existiert, indem man von ihr spricht und sie zum virtuellen Objekt vielfältiger Praktiken macht. Im 18. Jahrhundert hängt das Wissen um die Seele zusammen mit der Entfaltung neuer Formen der Vergesellschaftung, die für die europäische Neuzeit kennzeichnend geworden sind. Der Staat strukturiert sich nach und nach als Verwaltungsrationalismus von oben nach unten durch, er behandelt die Individuen der Gesellschaft als seine Untertanen und konstituiert sie als seine „Subjekte". Der Umbau der sozialen Ordnung findet im Gefolge der Durchsetzung von Geldverkehr und Privateigentum, von Justiz und Polizei statt. Diese Vorgänge begleitet ein Transformationsprozeß von nicht minderer Bedeutung. Er ist der Evolution in Richtung auf einen zentralisierten Staat in gewisser Weise entgegengesetzt und ergänzt ihn: die Individualisierungen der bürgerlichen Subjektkonstitution. Dazu gehört einerseits die Entwicklung von Kontrolltechniken, welche sich auf die Individuen als vereinzelte Einzelne richten. Wenn der Staat jener Zeit eine zentralisierende Macht ist, könnte – und hier folge ich einem Vorschlag von M. Foucault – die Seelsorge die ergänzende individualisierende Macht sein. Um die Körper, an den Körpern und schließlich in den Körpern finden eine Reihe von Kontrollen statt, deren virtueller Brennpunkt die Seele ist. Foucault hat in seinen historischen Untersuchungen über die Gefängnisse gezeigt, wie im Rahmen der Ökonomisierung und Humanisierung des Strafens die entsprechenden Kontrolltechniken einen neuen Gegenstand finden: das verantwortliche Subjekt, den Willen, den Geist, das Spiel von Vorstellungen und Zeichen, die mit zwingender Gewißheit im Geiste aller zirkulieren. Unter Seele sei schließlich das Korrelat einer spezifischen Herrschaftstechnik zu verstehen. Die Seele: Stützpunkt einer Macht über den Körper, die ihn zum freiwilligen Gehorsam zwingt. Als Funktionäre dieser Herrschaft sind die Pfaffen, die Erzieher, die Psychologen und die Psychiater tätig. Als deren Instrumente wirken die Prozeduren der Bestrafung, der Überwachung, der Züchtigung und des Zwangs. Und deren Orte sind die Gerichte, die Gefängnisse, die Psychiatrien, die Beichtstühle, die Kanzeln und die Schulen. Die Körper finden sich umstellt von auf ein imaginäres Innere focussierten Kontrollen. Sie verdoppeln den Körper durch eine Seele. Die Seele: ein Effekt der modernen Herrschaftsordnung. Die Seele: Gefängnis des Körpers, so lautet Foucaults beunruhigende These.

Dem von Foucault minutiös beschriebenen Verwaltungszugriff auf die Gesellschaft kommen Moralisierungen von „unten" entgegen, die sich widerständig der neuen Ordnung einpassen. Moral ist dort eine Weise, wie Individuen stellvertretend für eine in Gegensätzen zerrissene und ihrer alten sozialen Kontrollmacht enteignete Gesellschaft so etwas wie Gemeinschaftlichkeit, Solidarität und Reziprozität imaginieren. Sie kann sich – wie wir gesehen haben – gleichermaßen richten gegen die entfesselte Konkurrenz der Privateigentümer, gegen die Rücksichtslosigkeit der aus den feudalen Kompromissen entlassenen Obrigkeiten, gegen den ungehorsamen Eigensinn der Untertanen, kurz gegen jeden, der nicht die vorgeschriebene Ordnung selbsttätig von sich aus reproduziert. Dabei konkurrieren verschiedene Bewegungen um die Definition dieser Ordnung und um die Formen dieser Moral. Gemeinsam ist diesen Bewegungen die Orientierung auf etwas Inneres: auf die Ordnung der Seele, auf die Ordnung der Gefühle und Imaginationen.

Der Pietismus steht in einer komplizierten Frontstellung zwischen Landeskirchenregiment und Laien, zwischen Untertanenvolk, Landständen und absolutistischem Staat, zwischen frühbürgerlichen Eigentums- und Marktverhältnissen und alten familialen und feudalen Solidartraditionen. Er schlägt noch

einmal das Christentum als „Projekt einer Universalverbeserung in allen Ständen" (Francke) vor. Man versucht, die Differenzierung der modernen Gesellschaft zu verhindern und die religiösen Verpflichtungen wieder über alle Bereiche auszudehnen. Das gläubige Subjekt zeichnet sich durch ein System von Imaginationen aus, welches alle seine Handlungen begleiten können soll. Handele so, als ob mit jeder Handlung ein Stück der Dankesschuld abgetragen werden könnte, so lautet der fromme kategorische Imperativ. Das „ich danke" muß alle Vorstellungen eines Gläubigen begleiten können, so ließe sich in Anlehnung an Kant die fromme Subjektkonstitution formulieren. Die Seele wird Ort des unendlichen Versuchs, angesichts beliebiger Ereignisse das Gefühl der Dankbarkeit auf Dauer zu stellen. Es handelt sich also um ein Subjekt- und Vergesellschaftungsmodell, das mit der Affektrepräsentation alter Verpflichtungsverhältnisse spielt und sie für die bürgerliche Welt nutzbar zu machen versucht. „Geschenketausch" und „Dankespflicht" sind die Konzepte, um die es zentriert ist. In einem individuellen, allein vor dem christlichen Gott zu rechtfertigenden Lebensentwurf jedes Einzelnen soll stellvertretend für die zerrissene Gesellschaft deren Solidarordnung in der Innerlichkeit eines guten Willens und einer gläubigen Seele wiederhergestellt werden. Die unzähligen Autobiographien der Pietisten zeugen von der Attraktivität und Schwierigkeit dieses Unternehmens. Sie führen die gesellschaftlichen Antagonismen als individuelle Zerreißprobe in die Verfassung des religiösen Subjekts ein, zu dessen Arsenal der Selbstkontrolle der Bußkampf, der Durchbruch, die Wiedergeburt, die Erweckung gehören werden. Man kann die sogenannte Verinnerlichung lesen als die Übersetzung von Solidarordnungen in Bedeutungssysteme und Imaginationsleistungen, in symbolische Handlungen und performative Akte einer stellvertretenden Gesellschaftsgründung.

Das religiöse Organ der Seele wird dabei zum ästhetischen Organ der Gefühle und zum moralischen Organ der Verpflichtbarkeit. Die Pietisten arbeiten an einer Technologie von entsprechenden Vorstellungen und Bildern, von Affekt- und Gefühlsabfolgen. Was unter den sozialreformerischen Gesichtspunkten an den frommen Gefühlsabfolgen besonders interessiert hat, war ihr moralisch verpflichtender Effekt. Jede Moral hat mit dem Problem zu tun, wie der Tugendkatalog des Sollens in das empirische Wollen freigesetzter Individuen eingetragen werden kann. Erst mit dieser Verankerung wird der Tugendkatalog auch in Situationen, in denen zwingende soziale Kontrollen außer Kraft gesetzt sind, von jedem Einzelnen selbsttätig, „freiwillig" reproduziert und erfüllt. Das fromme Subjektmodell tritt mit dem universalisierten Anspruch auf, das bloße Sollen des Gesetzes überwunden und durch ein moralisiertes Wollen übertrumpft zu haben. Das Gefühl der Dankbarkeit ist dafür das wichtigste Mittel.

Eine Predigt des pietistischen Gemeindegründers N. L. Zinzendorf (1700-1760) reflektiert die Wirkungen des Systems frommer Imaginationen unter dem redenden Titel: „Vom tun was man kann und wollen was man soll" (25. 4. 1746, Zeister Reden Nr. 7, Werke III). Wie Arndt betont er „daß ein Kind Gottes nichts will... es will aber auch nichts... Das heißt denn unser Wille: Vater sprich du nur: ich will; so ist's dictum factum." (a. a. O., 55). Nichts wollen heißt auch hier, den eigenen Willen frei zu machen für einen anderen, stärkeren Willen, dem man sich in einer Weise unterordnet, die unbelastet ist von einer kränkenden Niederlage im Kampf der Willen um Anerkennung. Hierzu soll ein Exerzitium verhelfen, welches die Unterwerfung unter einen fremden Willen als Dankesdienst für eine imaginäre Vorleistung denkbar macht. „Wenn sie nun sagen; es heißt aber, du sollst... so sprechen wir, das kann wohl sein, daß wir sollen und müssen... Aber wie klingt das, wenn man's nun recht beim Lichte besieht, so heißt das nichts anderes, als ich darf... lieben... ich darf arm sein... ich darf von allem unnützen Besitzen, Haben und Vergnügen... mich los machen, Gott lob und dank." (19. 2. 1747, Gemeinrede, Werke IV, 177) Umstandslos trägt Zinzendorf in diese Konstruktion sowohl den Tugendkatalog des bürgerlichen Wirtschaftens wie die Gehorsamszumutungen für die Untertanen in Staat und Ökonomie ein. Der Glaube bietet eine Erfahrungsverarbeitungsweise an, die gleichermaßen für Herren und Untertanen, für Reiche und Arme zuge-

schnitten ist. Sie verwandelt mit Hilfe der christlichen Zentralimagination unterschiedslos alle zugemuteten Pflichten in freiwillige Leistungen. „Das alles sind keine Pflichten mehr, man sagt im Neuen Testament nicht mehr: du sollst demütig, du sollst keusch, du sollst freigiebig, du sollst arbeitsam sein; sondern: Ich bin durch das Blut des Sohnes Gottes vom Hochmut, von der Lust, vom Geiz, von der Faulheit erlöst: ich darf demütig, ich darf keusch, ich darf genügsam, ich darf arbeitsam sein" (zit. n. G. Reichel 1911, 155). Wem es gelingt, aus den Verlusten und Niederlagen, die er zu erleiden hat, Geschenke zu machen, der imaginiert sich als handelndes Subjekt auch dort noch, wo er real in Hilflosigkeit und Ohnmacht gebannt ist. Ihm wird auch in bedrückendsten Verhältnissen nie etwas genommen, sondern er hat immer schon gegeben. Und er hat nicht nach dem leicht zu enttäuschenden Prinzip des *do ut des* gegeben, um künftig etwas zu gewinnen, sondern er hat nur einen Teil seiner untilgbaren Dankesschuld abgetragen. Hieran knüpft die Moral der Uneigennützigkeit an. Man kann – und das zeigt den Realismus der christlichen Konstruktion – tatsächlich uneigennützig sein, wenn der Nutzen in Gestalt der Erlösung und des ewigen Lebens bereits übererfüllt ist. Der idealistische Humanismus vergißt die realistische Kehrseite aller Moral der Uneigennützigkeit. Er verwirft die imaginierte Erfüllung in einem unglaubwürdigen Jenseits, ohne aber auf deren Effekte verzichten zu wollen.

Die fromme Konstruktion hat eine Schwachstelle, die mit den schärfsten Sanktionen bewacht wird. Man kann sich vor der verpflichtenden Ergriffenheit durch die Weigerung schützen, in die Dankesobligation einzutreten. Man weist die göttlichen Heilsgeschenke, von denen erzählt wird, zurück oder nimmt sie achselzuckend gleichgültig an. Das ist der Weg, den schließlich die Aufklärung wählt und radikalisiert. Das aufgeklärte, autonome Subjekt läßt sich kein Heil schenken, es leistet selbst, wozu es im Christentum einer fremden Hilfe bedarf. Es erarbeitet sich, was es braucht, oder erobert und raubt es sich, und ist dafür zu keinem Dank verpflichtet. Es schließt Verträge, es gründet Arbeitsgemeinschaften und Interessenkoalitionen, und läßt sich durch kein noch so großes Geschenk in Verpflichtungsverhältnisse zwingen. Der Vertrag wird zu seinem bevorzugten Modell gesellschaftlicher Wechselseitigkeit (Rousseau). Dazu gehört natürlich das Selbstbewußtsein, Verträge eingehen und zu vertraglichen Kompromissen etwas anbieten zu können. Dieser aufklärende Ausweg ist auch Zinzendorf bewußt. Er baut daher auf jene Schutzvorkehrung, die schon die paulinisch-lutherische Rechtfertigungstheologie benutzt hatte, bei aller Sündenvergebung durch das stellvertretende Opfer eine Sünde auszunehmen: die ungesühnte und unsühnbare Sünde wider den Geist. Das wäre die Abweisung des christlichen Gnadengeschenks, die Eintrittsweigerung in das mit dem Heilsangebot eröffnete Obligationsverhältnis. Die ewige Strafe droht demjenigen, der auf die geschenkte Erlösung vom Gottesgericht und die mit ihr verknüpfte Verpflichtung verzichtet. Sie droht dem, der nicht dankt. In letzter Instanz wartet ein repressiver Apparat, der allerdings auch wieder nur auf dem bloßen Glauben an ein Endgericht beruht.

Diese Schwachstelle ist mit der Aufklärung ein Skandal geworden. Aber man bewegt sich weiterhin in einem vergleichbaren Vergesellschaftungsmodell und sucht unter dem Stichwort der Vernunft nach unbedingten Verpflichtungen der Moral (Kant). Oder man arbeitet schließlich in Kunst und Metaphysik an den entsprechenden Erlebnissen bedingungsloser Ergriffenheit, die weder vernünftig, noch christologisch gebändigt ist. Wo wir heute noch das Wort „Seele" verwendet sehen, können wir darunter die Erblast jener wiederkehrenden Bedürfnisse verstehen.

## Bibliographie

Johann Arndt, 1606 ff.: Vier Bücher vom wahren Christentum, Braunschweig

August Hermann Francke, 1704: Der große Aufsatz. Schrift über eine Reform des Erziehungs- und Bildungswesens als Ausgangspunkt einer geistlichen und sozialen Neuordnung der Evangelischen Kirchen des 18. Jahrhunderts. Hg. Podzeck, Berlin/DDR, 1962

August Hermann Francke, 1699: Bekenntnis von dem Ministerio zu Halle in Sachsen. In: Kramer, 1875, Neue Beiträge

Kommissionsbericht, 1700: Bericht dessen, was wegen der zwischen dem evangelisch-lutherischen Geistlichen von der Universität und Stadt ministerio in Halle eine zeithero geschwebten Differenzen durch von seiner Churft. Durchl. zu Brandenburg gnädigst vorordnete Commission abgehandelt und zu dero Beruhigung in göttlichem Segen ausgerichtet worden. Cölln a. d. Spree; In: Varia theologica Nr. 11, 1693-1701 (Staatsbibliothek Preußischer Kulturbesitz Berlin, Signatur Bd 8560/11)

Gustav Kramer, 1875: Neue Beiträge zur Geschichte August Hermann Franckes. Halle

Gerhard Reichel, 1911: Zinzendorfs Frömmigkeit im Licht der Psychoanalyse. Eine kritische Prüfung von Oskar Pfister: „Die Frömmigkeit des Grafen" und ein Beitrag zum Verständnis der extravaganten Lehrweise Zinzendorfs. Tübingen

Johann Samuel Stryk, 1700: Vorlesungsankündigung „Über das sel. Herrn v. Seckendorffs Christenstaat der studirenden Jugend zu Halle ein neues Collegium" in: Varia theologica Nr. 11, 1693-1701 (Staatsbibliothek Preußischer Kulturbesitz Berlin Bd 8560/20)

Johann Samuel Stryk, 1704: Licht und Recht. Erste Entdeckung. o. O.

Johann Georg Walch, 1733: Historische und theologische Einleitung in die Religionsstreitigkeiten außerhalb der evangelisch-lutherischen Kirche. Cannstadt (Repr.) 1972

Nikolaus Ludwig Zinzendorf, 1962: Hauptschriften. Hg. Bayreuther/Meyer, Hildesheim

# Teil IV

## Aufklärung und Romantik

# Vernunft und Selbstbehauptung.
## Zum Begriff der Seele in der europäischen Aufklärung

*Günther Mensching*

Die Epoche der Aufklärung lebte von der Idee der Autonomie der Menschen, deren praktischer Verwirklichung alle Wissenschaft dienen sollte. Gegen überlieferte Bevormundung die Regel des Denkens und Handelns selbst zu setzen, ist die durchgängige Absicht einer historischen Bewegung, die im 17. Jahrhundert als theoretische Neuorientierung begann und im 18. Jahrhundert, alle zivilisatorischen Bereiche durchdringend, mit der Herrschaft der Vernunft die fortgeschrittenste Philosophie überall Wirklichkeit werden lassen wollte. Indem die Menschen des europäischen Kulturkreises sich in der Praxis anschicken, die Bedingungen ihres eigenen Lebens planmäßig, d. h. nach theoretischer Einsicht, gesellschaftlich zu produzieren, treten sie in ein neues Verhältnis zu ihrer Geschichte. Alle überkommenen politischen und gesellschaftlichen Institutionen sowie deren theoretische Legitimationen verfallen, wenn sie auf nichts als auf die Tradition sich berufen können, der radikalen aufklärerischen Kritik. Die Spur der Vernunft in der historischen Überlieferung ist erst in genauer Analyse der tatsächlichen Entwicklung aufzudecken. Geschichte, die mehr ist als die klassische Vorstellung der zyklischen Wiederholung des Gleichen, tritt erst in der Aufklärung als genuiner Gegenstand der theoretischen Beschäftigung ins Bewußtsein. Der geistige Fortschritt, der sich hierbei feststellen läßt, dient dann zur Richtschnur, nach der sich ein weltbürgerlicher Zustand herstellen läßt, in dem die in der Menschheit angelegte Autonomie vollkommen entfaltet wäre.

Die Selbstbestimmung, die die Aufklärung in allen sozialen Verhältnissen und in deren politischer und rechtlicher Form verwirklichen wollte, setzt organisierte und technisch anwendbare Naturerkenntnis voraus. Nur wenn die Naturgesetze bekannt sind, läßt sich aus diesem Wissen die Naturbeherr-

schung vervollkommnen. Hierin sah die Aufklärung die materiale Bedingung der menschlichen Freiheit, denn nur Subjekte, die über die natürlichen Ressourcen ihres Lebens planmäßig verfügen, sind in der Lage, den Reichtum zu produzieren, der in gerechter Verteilung das Gewaltverhältnis unter den Menschen beseitigen hilft. Das Bewußtsein, daß die Entwicklung der Naturwissenschaft die gesellschaftlichen Produktivkräfte in früher undenkbarem Maße steigern würde, setzt die Aufklärung in ihren konsequentesten Vertretern zu jener Überzeugung in unversöhnlichen Gegensatz, welche die diesseitige Ordnung durch übernatürliche Kräfte gestiftet und dieses Verhältnis von Natur und Übernatur in vermeintlich unantastbaren Herrschaftsverhältnissen sich ausdrücken sah.

Sind die Lehren der Naturwissenschaft wahr, weil sie sich in der Erfahrung fortschreitend bestätigen und beginnt das gesellschaftliche Leben der Menschen durch die Anwendung der neuen Erkenntnisse sich merklich zu ändern, so drängt sich der Aufklärung der Gedanke geradezu auf, daß womöglich alle nur erschließbaren Bereiche des Wissens nach denselben Prinzipien organisiert sind. Wenn das traditionelle, theologisch begründete Weltbild seit Newton keine wissenschaftliche Stütze mehr finden kann, dann ist zu fragen, ob die göttlichen Gesetze in der moralischen Welt nicht ebenso hinfällig sind wie in der physischen. So erschien es aussichtsreich, die Wissenschaft vom Menschen in Analogie zur erfolgreichen Naturwissenschaft zu entwickeln. Eine immanente Erklärung der Natur war für die fortgeschrittene Aufklärung vorausgesetzt, wenn von der politischen Emanzipation der Menschen die Rede war.

Für das aufklärerische Verständnis der Freiheit ist es kennzeichnend, daß die Insistenz auf der naturwissenschaftlichen Erklärbarkeit aller für geistig gehaltenen Phänomene, auf den natürlichen Determinanten des Handelns, der kollektiven und individuellen Emanzipation von den naturwüchsigen Bedingungen realer Unterdrückung den Weg bereiten soll. Die dogmatische Behauptung einer menschlichen Willensfreiheit, die an ein individuelles geistiges Agens gebunden sein sollte, erkannte die Aufklärung als einen Vorwand, unter dem die Individuen mit Gewalt zur Rechenschaft gezogen werden konnten. Der Appell an das Gewissen und die Drohung mit ewigen Strafen nach dem physischen Ende der Individuen hatten im 18. Jahrhundert nur noch die Funktion, die Botmäßigkeit gegenüber einer anachronistischen Herrschaftsform zu erzwingen. Dagegen zog die Aufklärung zu Felde, indem sie nachzuweisen suchte, daß die lückenlose Wirksamkeit der Naturgesetze die notwendige Bedingung für die Geltung des Gesetzes der Freiheit sei. Ein unberechenbarer Willkürgott hat auf den natürlichen Gang der Welt keinen Einfluß. Unter dieser Voraussetzung gelten die Theorien der Erziehung und der Gesetzgebung der Aufklärung als Anwendungen der Naturwissenschaft.

Auf der Höhe der Aufklärung schreibt in diesem Sinne Holbach in seinem „System der Natur": „Befragen wir die Vernunft, die man schändlich verleumdet und herabgewürdigt hat; betrachten wir aufmerksam die sichtbare Welt, und sehen wir, ob sie nicht ausreicht, um über unbekannte Bereiche der Geisterwelt urteilen zu können; vielleicht werden wir finden, daß man kein Recht gehabt hat, zwischen beiden einen Unterschied zu machen und daß man ohne Gründe zwei Reiche getrennt hat, die gleichermaßen unter der Herrschaft der Natur stehen."[1] Erweckt die starke naturalistische Komponente nicht nur der materialistischen Aufklärung zunächst den Anschein, als werde die Dignität der Menschen gegenüber der äußeren Natur aufgelöst, so lehrt doch das aufklärerische Denken insgesamt, daß die rationale Erklärung alles Seienden, die nur nach dem Modell der Naturwissenschaft erfolgen kann, überall den praktischen Sinn hat, die Heteronomie der politischen Herrschaft zu bekämpfen. Die Selbstbestimmung, die die Menschen gesellschaftlich und individuell ausüben sollen, setzt ein Selbst voraus, dem die fortschreitende Erkenntnis der Natur zugute kommt, indem es das fraglose Zentrum darstellt, das Subjekt der technischen Anwendung der Naturgesetze.

Die aufklärerische Anthropologie bezieht sich, wenn auch die Positionen der Autoren in vielen Einzelheiten einander entgegengesetzt sind, auf das Vermögen der Selbstbehauptung, das alle physischen und moralischen Eigenschaften des Menschen bestimmt. Einsicht in die Gesetzmäßigkeit der menschlichen Natur ist bei allen Aufklärern nicht ein introspektiv zu erreichendes Ziel, sondern vielmehr das Mittel, durch das die Unfreiheit sich aufheben läßt. Vernunft, die objektiv zu erreichende Ziel ist, stellt somit subjektiv ein Mittel hierzu dar. Da aber nach der gesellschaftstheoretischen Einsicht der Aufklärung die Unterdrückung des Einzelnen nicht in jeweils individueller Abhängigkeit zu anderen Personen besteht, sondern in der Verfassung der Gesellschaft als ganzer, muß das Vermögen zur Selbstbehauptung nicht nur individuell verstanden werden, sondern auch als eine kollektive Kraft, die der Vernunft Allgemeinheit verschaffen kann, indem sie die Gesellschaft umwälzt.

Der Begriff, den die Aufklärung vom Menschen hat, ist demnach nicht durch ein Wesen bestimmt, das selbst unveränderliche Substanz ist und aus dem seine Vermögen abgeleitet werden können. Soll angegeben werden, was die Menschen innerlich zu dem macht, was sie sind, so ist nach aufklärerischer Überzeugung zunächst ihre äußere Determination mit naturwissenschaftlichen Mitteln zu bestimmen. Physische und moralische Erscheinungen sind nicht Ausdruck eines immer schon fertigen inneren geistigen Dinges, das der äußeren Welt mit einem gegliederten Apparat von Vermögen entgegentritt; vielmehr sind die Vermögen umgekehrt aus physischen Gesetzen abzuleiten. Was die vielen auf diese Weise erklärbaren Vorgänge bei den einzelnen Menschen zur Einheit organisiert, ist im 18. Jahrhundert nicht mehr unzweifelhaft gegebener Gegenstand einer wissenschaftlichen Disziplin. Deren Objekt sind vielmehr primär nur Erscheinungen, auf deren Gesetz geschlossen werden muß. Aber dieses Vorgehen führt nicht zu einer Seele, die dem antiken und christlichen Verständnis entspricht. Wenn auch der Begriff der Seele in Literatur und Philosophie der Aufklärung sich allenthalben finden läßt, so verweist er doch selbst bei Autoren wie Voltaire und Kant, die dem Materialismus kaum zuzurechnen sind, nicht auf etwas Selbständiges, vom steten Wechsel des materiellen Lebensprozesses Unberührbares. Die Seele ist nicht der wahrhaft seiende Wesenskern des Menschen, der alle seine zeitlichen Erscheinungsweisen überdauert. Im Verlaufe einer in sich folgerichtigen Entwicklung der Argumente wird die Seele von einem per se existierenden geistigen Ding im Menschen zu einem funktionellen Einheitsprinzip körperlicher Prozesse. Nur soweit sich diese vielfältigen Bewegungen des Körpers und des traditionell für geistig gehaltenen Erkenntnisvermögens auf eine und dieselbe Person beziehen, ist die synthetische Funktion des Einheitstiftens als Seele anzusehen.

Die platonisch orientierten Schulen der europäischen Philosophie verstanden die Seele als ein Abbild des Allgemeinen, der Weltseele, in den Einzelmenschen. Unvergänglich und, Platon selbst zufolge, auch ohne Anfang in der Zeit, sollte sie dem Leibe nur akzidentiell verbunden sein. Der Körper war vielmehr nur als vergängliches Vehikel verstanden, dessen die Seele sich bediente, ohne von ihm abzuhängen. Die Individualität der Menschen hat nach diesem antiken Verständnis kein substantielles Prinzip, denn unvergänglich ist nicht die einzelne Seele, sondern nur ihr Vernunftvermögen, das bei allen Menschen gleich ist, da sie dem ideellen Kosmos selbst entstammen sollte.

Dieser überindividuellen Vergegenständlichung des menschlichen Wesens haben sich die Philosophie des Aristoteles und die von ihr begründete Tradition entgegenzustellen versucht. Als Form mit der Materie des Körpers zum individuellen Menschen vereinigt, sollte die Seele dessen Seinsakt darstellen. Damit war sie streng genommen an seine Endlichkeit gebunden; eine separate Existenz, die dem Körper vorhergeht und ihn überdauert, konnte ihr nicht zukommen. Im unaufhörlichen Wechsel von Entstehen und Vergehen individuiert die Materie die allgemeine und spezifische Form, eine Konkretion, die sich mit dem Tode des Individuums aufhebt. Zwar ist nach streng aristotelischer Lehre das Wesen des Individuums als solches

nicht bestimmbar, aber diese Tradition vertrat ebenso wie die platonische eine Substanzenmetaphysik. Was sich im Wechsel erhält, ist die allgemeine Form selbst, die als species intelligiblis vielfältige Verbindungen mit Materie eingeht. Das Individuelle erhielt bei Aristoteles kaum größeres Gewicht als im platonischen Denken.

Das Christentum, dem es um das ewige Schicksal des Einzelnen zu tun war, mußte in seiner Seelenlehre schließlich beide Traditionen vereinigen, um das Dogma von der individuellen Seele, die geschaffen und doch unsterblich sein sollte, philosophisch denkbar zu machen. Nach den frühen mittelalterlichen Jahrhunderten, in denen es auf das Individuum außer der religiösen Verkündigung noch weniger ankam als in der Antike, hat das hoch- und spätmittelalterliche Bewußtsein die Realität des Individuums in Philosophie und Theologie erneut zu reflektieren versucht. Theoretisch war es darum zu tun, die metaphysische Substanz des Menschen als solchen mit der unbezweifelbaren Realität des Einzelnen in Einklang zu bringen. Diese Aufgabe hat die Seelenlehre am Ende des 13. Jahrhunderts zwar gesehen, aber nicht zu lösen vermocht. War die Seele als das Prinzip verstanden, das den menschlichen Leib zu dem seiner Art entsprechenden Leben bewegt, so konnte dies nur ein jeweils individuelles Agens sein. Wird dieser Akzent einseitig betont, so gibt es zwischen den Seelen gar kein reales Band, eine jede wäre der anderen vollkommen fremd. Zudem wäre sie als Lebenskraft des individuellen Körpers mit diesem endlich. Andererseits konnte die menschliche Seele nicht numerisch eine für alle Individuen, also gleichsam eine Gattungsseele sein, wenn die Erlösung der einzelnen Menschen denkbar sein sollte. So blieb nur die Lehre übrig, daß das menschliche Wesen, das in der Seele zum Ausdruck kommt, in der Vereinigung mit dem Körper individuiert sei, zugleich aber in der Bestimmung der Vernünftigkeit als allgemeine Substanz über das Individuum hinausweise.

In allen diesen Lehren, von denen die Aufklärung sich polemisch absetzt und sich ebendarum auf sie bezieht, ist die Seele unter verschiedenem Akzent als Substanz vergegenständlicht und von der materiellen Individualität abgehoben. Darin kam über alle

Differenzen der antiken und mittelalterlichen Schulen hinweg zum Ausdruck, daß das Wesen aller weltlichen Dinge stets höheren Ranges sein sollte als ihre existierende Besonderheit. Sie war im Grunde das in die Individuen versenkte Göttliche, das zu seinem Ursprung zurückstrebt. Insofern war die Seele nach antiker und mittelalterlicher Auffassung gar nicht subjektiv, sondern der Funken des objektiven göttlichen Logos. Dies kam auch darin zum Ausdruck, daß die Operationen dieser so verstandenen Seele sämtlich der Erkenntnis des Allgemeinen, letzthin Göttlichen, zu dienen hatten, nicht aber auf das Individuum bezogen waren. Der Gedanke der Selbsterhaltung und der individuellen Autonomie, die hierzu erforderlich ist, war dem frühen Mittelalter ganz fremd und mußte erst allmählich gewonnen werden.

Das moderne Bewußtsein, das in der Aufklärung voll entfaltet ist, hat von Anbeginn gegen die Verabsolutierung des Allgemeinen opponiert. Die traditionelle Metaphysik, deren Teil die Seelenlehre ist, wurde von der nominalistischen Denkrichtung liquidiert. Die apriorischen und rein objektiven Wesenheiten, die als das verstanden wurden, wodurch die Dinge allererst ihr Sein haben können, wurden entmythologisiert. So galten sie nur mehr als logische Ordnungsbestimmungen, als subjektive Hilfsinstrumente, vermöge derer die Einzeldinge vom menschlichen Verstand benannt und denkökonomisch identifiziert werden können.

Ihre nachhaltigste Bestätigung erhielt die moderne Denkweise im Sturz des Überlieferten ptolemäischen Weltbildes: Offensichtlich entstammte die gesamte Kosmologie, die doch eine gänzlich übermenschliche Realität zu betreffen schien, der menschlichen Einbildungskraft. Es war indessen ein und dieselbe Formation des Bewußtseins, die die kosmologische Hierarchie der Sphären und deren spekulative Grundlage zu Fall brachte.

Für die Anthropologie hatte dieser Umbruch des traditionellen zum modernen Bewußtsein zur Folge, daß die Seele nicht mehr als das substantielle Wesen des Menschen verstanden werden konnte, welches den äußeren Aktionen und inneren Vorgängen als Bewegungsprinzip zugrundeliegt. Die Seele, die dem Makrokosmos als Mikrokosmos analog gesetzt worden war, mußte ihre Bestim-

mung einbüßen, denn die metaphysische Begründung für die Hierarchie der Seelenvermögen hatte ihre Evidenz verloren. Die anima intellectiva, in der das Gattungswesen des Menschen höchste Realität haben sollte, ist für das neuzeitliche Denken ein Begriff, in dem sich ein verkehrtes menschliches Selbstverständnis bekundet: Die Menschen haben ihr eigenes Wesen in fälschlich vergegenständlichter Form in das Schema der Substanzen eingefügt, welches ja insgesamt als verdinglichtes Produkt ihrer eigenen intellektuellen Tätigkeit erkannt sein sollte. So wenig wie die natürlichen Dinge ein intelligibles, in Begriffen ausdrückbares Wesen haben sollten, war die Überzeugung von einer dinghaften und zugleich immateriellen Substanz zu halten. Je weniger die Seele ein immaterielles Ding in einer intelligiblen Naturordnung sein konnte, desto mehr bildete sich umgekehrt das Bewußtsein individueller Subjektivität im modernen Sinne, die, innerer wie äußerer Erfahrung fähig, ihren natürlichen und gesellschaftlichen Bedingungen entgegentritt.

Im Übergang vom Rationalismus zum Materialismus der radikalen Aufklärung des 18. Jahrhunderts wird deutlich, daß auf der historisch unwiderruflich erreichten Basis des Nominalismus die Restauration eines substantiellen Begriffs der Seele unmöglich ist. Das Denken Descartes' ist hierfür der eindringlichste Beleg. Obwohl seine theoretische Absicht auf den Nachweis gerichtet ist, daß Seele und Körper getrennt sind, bereitet die Ausführung dieser dualistischen Metaphysik der naturalistischen Entmythologisierung der Seele den Weg, denn die radikale Distinktion, die Descartes zwischen Seele und Körper vornimmt, beraubt fast alle Lebensvorgänge ihrer Bestimmtheit durch die Seele und führt sie einer Erklärungsweise zu, die sowohl auf die aristotelische Lehre von der Seele als Form und Akt des Körpers und aller seiner Teile als auch auf die platonische Überzeugung, die Seele sei mit dem Körper nur äußerlich vereinigt, verzichten kann. Was Descartes als Seele vom Körper separiert und zur Substanz erhebt, ist nur ein Residuum, das in den naturphilosophischen Partien seines Werkes negativ bestimmt ist. Umgekehrt sind alle körperlichen Vorgänge, die gemeinhin als Äußerungen des Lebens verstanden werden, ohne die stete Wirksamkeit einer geistigen Substanz zu erklären: „Und ebenso, wie eine aus Rädern und Gewichten zusammengesetzte Uhr nicht weniger genau alle Gesetze der Natur beobachtet, wenn sie schlecht angefertigt ist und die Stunden nicht richtig anzeigt, als wenn sie in jeder Hinsicht dem Wunsche des Anfertigers genügt, so verhält sich auch der menschliche Körper, wenn ich ihn als eine Art Maschine betrachte, die aus Knochen, Nerven, Muskeln, Adern, Blut und Haut so eingerichtet und zusammengesetzt ist, daß auch wenn gar kein Geist in ihr existierte, sie doch genau dieselben Bewegungen hätte, die jetzt in ihm nicht durch die Herrschaft des Willens und also nicht durch den Geist erfolgen."[2]

Der menschliche Körper ist wie der anderer Lebewesen ein bloßer Automat, dessen Funktionen mit der Methode der mathematischen Naturwissenschaft hinreichend zu bestimmen sind. Selbst die Bewegung des Herzens und weithin die Leidenschaften sind physisch erklärbare Vorgänge. Was die Wirkung eines geistigen Seelenvermögens sein sollte, führt Descartes auf die Aktion der Lebensgeister zurück, die er als materielle Agentien verstand: „Alle Bewegungen, die wir machen, hängen, ohne daß unser Wille dazu etwas beiträgt, [...] nur von der Zuordnung unserer Glieder und vom Strom der Lebensgeister ab, die, durch die Erhitzung im Herzen ausgelöst, in natürlicher Weise im Hirn und dann in den Nerven und den Muskeln erfolgen: in gleicher Weise wie die Bewegung einer Uhr allein aus der Kraft ihrer Feder und der Gestaltung ihres Räderwerkes erzeugt wird."[3]

Dem Körperautomaten, dem als solchem gar keine Seele innewohnt, steht nach Descartes eine Seele gegenüber, deren Funktion im Denken besteht. Dies ist eine residuale Bestimmung, in der der klassische Begriff des höchsten Seelenvermögens, der anima intellectiva, aufgenommen und doch gänzlich verändert ist. War die traditionelle Intellektseele als das Vermögen zu verstehen, die den Dingen innewohnenden Wesenheiten abstraktiv aus dem Sinnenmaterial als Begriffe zu gewinnen und, von allen akzidentiellen Momenten getrennt, untereinander zu durchgängiger Erkenntnis zu verbinden, so hat die Cartesianische Seele diese Beziehung

zu den Gegenständen außer ihr eingebüßt. Primär ist sie als Denken nur ihrer selbst gewiß, während die Inhalte des Bewußtseins von sich aus keinerlei notwendige Übereinstimmung mit den Dingen haben. Da es nach Descartes' „Meditationen" zunächst sogar zweifelhaft ist, ob überhaupt Gegenstände außerhalb der denkenden Seele existieren, ist diese genötigt, durch die rein immanente Bewegung der ihr gegebenen Gedanken die Existenz und die Bestimmtheit der materiellen Außenwelt zu beweisen. Dabei sind es die mathematischen Ideen und deren Verknüpfung zu Sätzen und Beweisen, die denselben Grad an Klarheit und Deutlichkeit mit sich führen wie die Selbstgewißheit des denkenden Ich. Zwar hat Descartes die theoretische Gewißheit der Außenwelt durch seine Version des ontologischen Gottesbeweises zu stützen versucht, aber das Ergebnis dieser Argumentation bestätigt nur den Dualismus der Substanzen, der der späteren Entwicklung der Vorstellung von der Seele die Richtung wies.

In letzter Konsequenz stand der Cartesianischen Lehre zufolge eine auf quantitative Extension reduzierte und nach mechanischen Gesetzen bewegte Materie einem Geist gegenüber, der diese Gegebenheiten denkend bestimmt, ohne direkt von Körperlichem affiziert zu sein. Aus der fundamentalen Verschiedenheit von Körper und Geist soll sogar die Unsterblichkeit der Seele aufs Neue bewiesen sein. Die Seele ist so letzthin reines zum Punkt geschrumpftes Selbstbewußtsein, dem nicht einmal der Körper, dem es individuell zugeordnet ist, eine genuine Quelle von Wahrnehmung und Erkenntnis ist: „Wenn man prüft, wer wir sind, wir, die wir jetzt davon überzeugt sind, daß es nichts außerhalb unseres Bewußtseins gibt, das wahrhaft ist oder existiert, so sehen wir deutlich, daß weder die Ausdehnung, noch die Gestalt, noch die Ortsbewegung, noch ähnliches, was man dem Körper zuschreibt, zu unserer Natur gehört, sondern nur das Denken."[4] Abgesehen davon, daß es nach diesen Prämissen unmöglich ist, die Individualität der Seele zu begreifen, da ihre Akte doch in allen Menschen gleich sein müssen, ist die Zusammensetzung des Menschen aus den beiden Substanzen nur unter äußerst künstlichen weiteren Hypothesen denkbar. Indem Descartes den Sitz der Seele in die Zirbeldrüse verlegt,[5] muß er – zumindest in der Affektenlehre – eine materialistische Erklärung für die Tätigkeit der Seele geben.

Wenn ihr Inbegriff, die reine Selbstgewißheit des Ego cogito zum Ansatzpunkt einer neuen, der Autorität der Tradition ledigen Erkenntnis- und Wissenschaftstheorie wurde, die alle Psychologie hinter sich ließ und deshalb dem deutschen Idealismus, dem konsequentesten der Neuzeit, die spekulative Grundlage lieferte, so muß der strikte Dualismus bei Descartes doch erkennen lassen, wie die Beziehung der Substanzen zu denken sei. Eine These über dieses Verhältnis bedeutet aber, daß die irreduzibel erscheinende Zweiheit sich tendenziell auflöst. Wenn der Seele, die doch unräumlich sein sollte, ein Ort im Körper zugewiesen wird, so wird die denkende Substanz, da sie nicht ein ungebunden freischwebender Dämon sein soll, in eine Beziehung zum Körper gesetzt, aus der ihre Wirkungen auf die materielle Substanz erklärbar sind. Lassen sich hierzu aber überhaupt keine Aussagen machen, dann verdanken sich die Wirkungen einer kausalen Mechanik, die Descartes sonst nur im Bereich der materiellen Natur gelten läßt. Um der Einheit des Erklärten willen nimmt die Erklärung ungewollt materialistischen Charakter an: „Halten wir jetzt aber fest, daß die Seele ihren Hauptsitz in der kleinen Drüse in der Mitte des Hirns hat, von wo sie auf den ganzen übrigen Körper mittels der Lebensgeister, der Nerven und selbst des Blutes wirkt, das bei der Prägung der Lebensgeister mitwirkt und sie über die Arterien in die Glieder bringt."[6] Soll die Wirkung schlüssig aus der Ursache erklärt werden, so kann diese nicht gänzlich anderer Natur sein als jene: „Die Maschine unseres Körpers ist so konstruiert, daß allein daraus, daß diese Drüse unterschiedlich durch die Seele oder eine andere Ursache bewegt ist, sie die umgebenden Lebensgeister in die Poren des Gehirns schickt, die sie durch die Nerven und Muskeln weiterleiten, mittels derer sie dann die Glieder bewegen."[7]

In den naturphilosophisch konzipierten Partien des Descartesschen Œuvres deutet sich die Reduktion der als spirituell vorgestellten Seele auf materielle Prozesse an; aber auch der für genuin cartesianisch geltende Dualismus bietet der traditionellen Auffassung von der Seele keine Stütze mehr. In einer auf bloße Qualität reduzierten materiellen Welt ist der menschliche Körper selbst nur Ausdehnung, dem als Seele nur der affektlose Vollzug von Gedanken gegenübersteht, welche in einem seiner selbst gewissen Ich, das Descartes eben wegen seiner Selbstgewißheit für substantiell hielt, vereinigt sind. Zwischen diesen beiden Momenten kann es keine unio substantialis mehr geben. Die Parallelität körperlicher und geistiger Akte, die Descartes durch die göttliche Güte und Weisheit garantiert sieht, ist überhaupt erst denkbar nach der Abstraktion von allen qualitativen Momenten in Denken und Gedachtem: Das einzige Merkmal, das hiernach der Materie notwendig inhäriert, ist die Ausdehnung, und die mathematischen Urteile sind die einzigen, deren Evidenz dem methodischen Zweifel standhält. Da sie aus sich selbst evident sind, können sie ihrem Gegenstande angemessen sein, wenn dieser tatsächlich nur mathematisch faßbare Bestimmungen aufweist.

In dieser mechanistischen Konzeption, die das Verhältnis von Seele und Körper mitumfaßt, kann es eine teleologische Bestimmung nicht geben. Trotz der theologischen Argumente in den „Meditationen" gibt es weder ein universales Telos des Weltganzen noch einen immanent wirksamen Zweck eines ihrer Teile. Die Welt ist vielmehr ein Gefüge mechanischer Kräfte, die nach göttlichem oder menschlichem Plan aus der ausgedehnten Substanz Maschinen zu bilden vermögen. In diesem Weltbild kündigt sich die Umwälzung der Produktionsverhältnisse an, in der die Natur zum Substrat ihrer eigenen Beherrschung wird. Gegen diese Natur behauptet sich ein Subjekt, das ihre Gesetze erkennt und anwendet. Da die Maschinen in der Produktion die Bewegungen menschlicher Körper ersetzen, konnte der Körper nicht substantiell beseelt sein. Nachdem alle für seelisch gehaltenen Regungen als physisch angesehen werden müssen, kann der Inbegriff der denkenden Seele nur mit dem Prinzip der Selbsterhaltung zusammenfallen. Das Ich wird nach Descartes letzthin zur materielosen Zelle, die sich kalkulierend in einer als berechenbar enträtselten Natur behauptet.

Die Selbstgewißheit wird bei Descartes zum unerschütterlichen Fundament allen künftigen Wissens, ohne daß die Beziehung des individuellen Selbstbewußtseins zu den gegebenen Gegenständen eigens thematisch würde. Das Ich, das im Zweifel seiner selbst gewiß wird, ist in den „Meditationen" immer schon als eine allgemeine Entität verstanden, an der das individuelle Ich in einer bei Descartes dunkel bleibenden Weise partizipiert. Deshalb wird auch nicht nach dem Verhältnis gefragt, in dem das eine selbstbewußte Individuum zu den anderen steht. Die gesellschaftstheoretische Dimension, die sich in der Neuzeit aus der kritischen Auflösung der vormals zur Seele verdinglichten menschlichen Essenz ergibt, hat Descartes nicht direkt reflektiert. Dennoch liegt in seiner dualistischen Metaphysik der Ursprung der aufklärerischen Gesellschaftstheorie, innerhalb derer im 18. Jahrhundert der Begriff der Seele allein expliziert wird.

Die Position der radikalen Aufklärung des 18. Jahrhunderts ist aus den Kontroversen erwachsen, welche die Cartesianische Philosophie in der vorhergehenden Epoche hervorgerufen hatte. So hatte der Dualismus zwei Richtungen befördert, den Occasionalismus und den pantheistischen Substanzmonismus Spinozas. Die rationalistischen Denker, die der Zweisubstanzenlehre gefolgt sind, mußten das Problem lösen, wie die beiden Substanzen, Körper und Geist, einander entsprechen können. Da eine wechselseitige Einwirkung nach den Prämissen nicht möglich ist, so ist die Parallelität von Körper und Geist anzunehmen: Beide verhalten sich wie zwei gleichgehende Uhren. Wenn der Körper keine Aktion der Seele veranlassen kann und die Seele umgekehrt auch nicht die bewegende Ursache des Körpers ist, so hat die scheinbare Einheit beider in einem Menschen eine diesem transzendente Ursache. Nur Gott kann die Vermittlung der Substanzen nach dem Gesetz der gelegentlichen Ursache leisten. In dieser Theorie, die aus der Cartesianischen Lehre konsequent erwuchs, ist deren aufklärerischer Impuls in einen erneuten theologischen Dogmatismus zurückgenommen, denn hier ist es nicht das Selbstbewußtsein, das sich auf sich stellt und die Natur rational zu beherrschen strebt, vielmehr stellen die Substanzen bei Geulincx und noch mehr bei Malebranche bloß passive Entitäten dar, die der göttlichen Einwirkung jede Bestimmtheit verdanken. So schreibt Malebranche: „Wenn wir irgendetwas Sinnfälliges gewahr werden, so findet sich in unserer Vorstellung eine Empfindung und eine reine Idee. Die Empfindung ist eine Modifikation unserer Seele, welche Gott in uns verursacht. [...] Was die Idee betrifft, welche mit der Empfindung verbunden ist, so ist sie in Gott. Wir sehen sie, weil es ihm gefällt, sie uns zu entdecken. Er verbindet die Empfindung mit der Idee, wenn die Gegenstände gegenwärtig sind, damit wir sie auch nun für gegenwärtig halten und uns zu den Empfindungen und Leidenschaften gewöhnen, welche wir in Beziehung auf sie haben müssen."[8] Die radikale Aufklärung hat diese Position als Apologie der Unfreiheit verstanden, denn wenn jeder Bewußtseinsinhalt seine Beglaubigung durch Gott erhalten muß, dann ist die menschliche Autonomie ein Hirngespinst. Zudem erwies sich die Position des Occasionalismus als innerlich widersprüchlich.[9]

Die Aporien des Cartesianischen Dualismus und dessen occasionalistische Konsequenzen hat Leibniz zu vermeiden versucht, indem er das gesamte Universum als eine Zusammensetzung unendlich vieler unteilbarer und unvergänglicher Substanzen verstand. Diese Substanzen, die Leibniz Monaden nannte, sind gleichsam individuelle Seelen, die durch innere Vorgänge, klare oder verworrene Perzeptionen, bestimmt sind. Nach außen fensterlos, stellt jede Monade in innerer Tätigkeit das Universum vor. Das ist nach Leibniz möglich, weil die Perzeptionen aller Monaden durch prästabilisierte Harmonie miteinander verbunden sind.

Die menschlichen Seelen gehören nicht einem anderen Genus von Substanz zu, sondern sie sind nur durch die Grade der Bewußtheit ihrer Perzeptionen voneinander und vor allem von den Tierseelen und den Monaden der Körperwelt unterschieden. Der artbestimmende Unterschied der menschlichen Seelenmonade besteht im Selbstbewußtsein, das Leibniz Apperzeption nennt. Aus der Perzeption, die als innerer Zustand die der Monade äußeren Dinge darstellt, ist die Apperzeption nicht ableitbar. Sie ist die reflexive Erkenntnis dieses inneren Zustandes.

Nach dem Satz des zureichenden Grundes, nach dem jede Seelenmonade denkt, sind die Monaden insgesamt göttlichen Ursprungs. Wenngleich Leibniz das klarere oder verworrenere Bewußtsein der verschiedenen Monaden auch mit einem ihnen entsprechenden Körper in ursprüngliche Parallele setzt, so ist die Welt doch wesentlich ein beseelter Kosmos, dessen Partikel teils Bewußtsein, teils Selbstbewußtsein haben. Wenn er seine Monadenlehre auch in verschiedenen Versionen vorgetragen hat, so läßt sich aus den vielen Nuancen seiner Theorie dennoch festhalten, daß Leibniz die Substantialität der Seele gegen alle mechanistischen Einwände nur hat retten können, indem er außer den Monaden und den Erscheinungen in ihrem Inneren keine andere Realität zugestand. Damit schien der ausschließende Gegensatz von mechanischem Körper und denkender Seele vermieden und außerdem die Individualität des reflektierenden Selbstbewußtseins metaphysisch begründet. Die Probleme aber kehren auch im Leibnizschen Denken wieder: So bleibt die Beziehung des Bewußtseins auf die Außenwelt so unklar wie im Cartesianismus. Zudem ist die numerische und qualitative Vielfalt der Monaden aus der Einheit, die ihr zureichender Grund sein soll, nicht deduzierbar.

Deshalb hat die Philosophie Spinozas den Cartesianischen Dualismus der Substanzen aufgelöst. Denken und Ausdehnung setzt er zu Attributen der einen Substanz herab, in der Gott und die Natur ineins fallen. Der Pantheismus sollte das Problem beseitigen, das die occasionalistische Position zu absurden Konsequenzen genötigt hatte. Ist der transzendente Gott, der die Parallelität von Seele und Körper in jedem Augenblick herstellen soll, in die Immanenz der natürlichen Welt eingezogen, so kann es auch keine unüberbrückbare metaphysische Verschiedenheit von Leib und Seele geben. Denken und Ausdehnung sind als Attribute ebenso unveränderlich wie die Substanz, der sie zugehören. Die menschlichen Individuen sind Modifikationen der in allem präsenten Substanz. Sie lassen sich unter dem Attribut des Denkens und dem der Ausdehnung betrachten, als dessen partikuläre Einheit sie objektiv existieren. Die Substantialität der Seele ist demnach metaphysisch ein Schein, der aus der subjektiven Betrachtungsweise resultiert. Die ontologische Einheit der Modi und Attribute der Substanz gestattet es, die wechselseitige Einwirkung beider Momente aufeinander zu begreifen. Seelisches und Körperliches sind nur uns erscheinende Momente des Einen und bilden deshalb nach der Lehre Spinozas keinen Gegensatz. Die eine Substanz individuiert sich im einzelnen Menschen, der ein an die Körpermaterie gebundenes Selbstbewußtsein hat, das mit ihr zugrunde geht: „Da der Mensch ein geschaffenes endliches Ding usw. ist, ist das, was er vom Denken hat, und was wir Seele nennen, notwendigerweise eine Modifikation des Attributs, das wir Denken nennen, ohne daß zu seinem Wesen irgend ein anderes Ding gehörte und zwar so sehr, daß wenn diese Modifikation zunichte wird, auch die Seele vernichtet wird, obschon das vorangehende Attribut unveränderlich bleibt. Auf dieselbe Art ist auch das was der Mensch von der Ausdehnung hat und was wir Körper nennen, nichts anderes als eine Modifikation des anderen Attributs, das wir Ausdehnung nennen; wenn diese Modifikation vernichtet wird, ist der menschliche Körper nicht mehr, obschon das Attribut der Ausdehnung gleichfalls unveränderlich bleibt."[10]

Fallen nach Spinoza das reflektierende Selbstbewußtsein und sein materieller Träger nicht radikal auseinander, bilden sie vielmehr im existierenden Individuum eine jeweils räumlich und zeitlich begrenzte Einheit, so wird eine Psychologie möglich, die die gesellschaftliche Bestimmtheit der Seele und ihrer Zustände zu entdecken beginnt. Obwohl sein Substanzmonismus dem Individuum wenig Bedeutung zumißt, artikuliert Spinoza doch in der Affektenlehre der „Ethik" die Naturgesetze der Gemütszustände, um die individuellen Bedingungen des gesellschaftlichen Lebens der Menschen zu bestimmen.

Spinozas Anthropologie betrachtet den Menschen bereits wie die Materialisten als ein Wesen, das allen Naturgesetzen gehorcht. Die „Ethik" ist geradezu der fortlaufende Nachweis, daß die Seele hiervon keine Ausnahme macht: „Es ist unmöglich, daß der Mensch kein Teil der Natur sei, und daß er bloß solche Veränderungen erleiden könne, die durch seine Natur allein eingesehen werden können und deren adäquate Ursache er ist."[11] Das Grundgesetz dieser Naturlehre, das Spinoza besonders am Menschen demonstriert, ist das der Selbsterhaltung: „Jedes Ding strebt, soviel an ihm ist, in seinem Sein zu beharren. [...] Das Streben, mit dem jedes Ding in seinem Sein zu beharren strebt, ist weiter nichts als die wirkliche Wesenheit des Dinges selbst."[12]

In diesem Begriff der Selbsterhaltung sind bereits im 17. Jahrhundert alle Reflexionen über die Seele zentriert. Aller theologischer Argumente ungeachtet, mit denen die Rationalisten ihre Systeme zu stützen suchten, ist die Seele schon in dieser ersten Periode der Aufklärung vollkommen entmythologisiert. Sie ist nicht mehr der allein der Erlösung bedürftige und hierzu fähige geistige Wesenskern des Menschen, dessen irdische Existenz der Mißachtung verfiele. Sie ist aber noch nicht das romantische Refugium einer Innenwelt für das bürgerliche Subjekt des 19. Jahrhunderts, das der Aufklärung und der sie treibenden politischen Intention resignierend oder in gewollter Reaktion entsagt hat. Zwar bleibt die Seele, wie in der Tradition, wesentlich als Denken bestimmt, aber dieses jeweils in einem Individuum wirkende Vermögen ist an dessen vitale Interessen gebunden. Die Affekte, in denen diese Interessen sich ausdrücken und der kalkulierende Verstand, der sie nach den gegebenen äußeren Umständen durchsetzt, sind die Momente des Begriffs der Seele, die das Zeitalter der bürgerlichen Emanzipation vereinigt hat.

Hierbei treten zwei Momente untereinander in ein Spannungsverhältnis: Einerseits der Anspruch des Individuums auf sein materielles Glück, das gegen eine transzendente Morallehre und deren irdische Nutznießer erkämpft werden muß; andererseits die aus Vernunft geplante Einrichtung einer gesellschaftlichen Allgemeinheit, die den Anspruch der Individuen begrenzt, seine Einlösung aber zugleich überhaupt erst ermöglicht.

Bevor der radikalen Aufklärung des 18. Jahrhunderts für kurze Zeit der Balanceakt gelang, diese Motive miteinander in Einklang zu setzen, trat in der rationalistischen und empiristischen Philosophie die Seite der Unvereinbarkeit des individuellen Interesses an gesteigerter Selbstbehauptung und der politischen Ordnung hervor.

Wenn nach Spinoza die Menschen als natürliche Wesen notwendigerweise den Affekten unterworfen sind, so geraten sie ebenso notwendig in Konflikt untereinander.[13] Da die Affekte sämtlich der Selbsterhaltung dienen, welche die stärkste in den Individuen wirkende Kraft ist, so bedarf es einer Gewalt, die deren Destruktivität eindämmt, so daß die Individuen ihre Selbsterhaltung nur von der Reproduktion einer gesellschaftlichen Macht erwarten können, der sie einen Teil ihrer vitalen Interessen opfern müssen. Daher ist auch die politische Zentralgewalt, die die Affekte der Einzelnen unterdrückt und kanalisiert, eine notwendige Bedingung ihrer Selbsterhaltung. Ihre Einrichtung erfolgt nicht, weil es einen Geselligkeitstrieb gäbe, sondern aus Vernunftgründen. Der Einzelne muß die Präsenz der Zentralgewalt in sein vernünftiges Kalkül einbeziehen, durch das er seine Existenz mit dem geringsten Aufwande zu erhalten und zu steigern vermag. Die Vernunft wird damit zum Instrument der Selbsterhaltung, gerade auch dort, wo sie über das Individuum hinausweist und die Einrichtung des Staates um des individuellen Interesses willen befördern muß.

Im Rahmen seiner materialistischen Anthropologie hat Hobbes diesen Gedanken zum Zentrum seiner Staats- und Gesellschaftstheorie gemacht. Danach wird Seele das Vermögen im einzelnen Menschen genannt, seiner Antriebe Herr zu sein, um den Körper unversehrt zu behaupten. Dieses Verständnis der Seele ist am Begriff der Souveränität orientiert, der auf die Herrschaft des Einzelnen über sich selbst und auf die politische Zentralgewalt angewendet wird: „Beinahe alle, die den Staat und die Bürger mit dem Menschen und seinen Gliedern vergleichen, sagen, daß der Inhaber der höchsten Gewalt im Staate sich zu diesem wie das Haupt zu dem ganzen Menschen verhalte. Zudem erhellt [...], daß der Inhaber dieser Gewalt [...] sich zu dem Staat nicht wie das Haupt, sondern wie die Seele zum Körper verhält."[14]

So wie in der Natur alle Körper nur auf die Fortsetzung ihres Zustandes hin geordnet sind, so steht auch der Mensch, dessen Leben Hobbes ebenso mechanisch erklärt wie Des-

cartes, unter dem Gesetz der Selbsterhaltung, das alle seine Handlungen bestimmt
und deshalb auch die Grundlage des Naturrechts bildet: „Das natürliche Gesetz ist also,
um es zu definieren, das Gebot der rechten
Vernunft in betreff dessen, was zu einer möglichst langen Erhaltung des Lebens und der
Glieder zu tun und zu lassen ist."[15]

Die Vernunft, die Hobbes als das Vermögen des richtigen Kalkulierens bestimmt, ist
hierbei das Instrument, das die Menschen im
Unterschied zu den Tieren zu ihrer Selbstbehauptung einsetzen können. Sie bildet, anders als bei Descartes, nicht einmal mehr
einen residualen Begriff der Seele. Im Gegenteil, Hobbes reduziert sie wie alle anderen scheinbar nichtmateriellen Vorgänge auf
die Mechanik, die bei ihm alle Teile der Philosophie bestimmt. Da es nach Hobbes letzthin nur Einzeldinge, in der Natur Atome, in
der Gesellschaft isolierte Individuen, gibt,
sind die Allgemeinbegriffe nicht auf ein seiendes Allgemeines bezogen, sondern nur Benennungen, die sich aus Konventionen herleiten und womöglich nur aus pragmatischen
Gründen getroffen wurden. Der einzige Zusammenhang mit der Realität besteht zwischen dem Namen und der Vorstellung, mit
der er assoziativ verknüpft ist. Dieser Nexus
ist aber ein materieller Prozeß: „Wie aber,
wenn nun vielleicht das ganze Schließen
nichts anderes als eine Verknüpfung und Verkettung von Namen oder Benennungen
durch das Wörtchen ,ist' besagt? Woraus sich
ergeben würde, daß wir durch Begriffe und
Schlüsse überhaupt nichts über die Natur der
Dinge, sondern lediglich über ihre Beziehungen etwas feststellen; nämlich, ob wir die
Namen der Dinge gemäß den ursprünglichen
Vereinbarungen und Festsetzungen verknüpfen oder nicht. Ist das der Fall, wie es ja sein
könnte, so hängt das Denken von den Namen, der Name von der Vorstellung, die
Vorstellung doch wohl, wie ich meine, von
der Bewegung körperlicher Organe ab; daher Geist und Denken nichts anderes als eine
Bewegung in gewissen Teilen des organischen Körpers sein dürften."[16]

In der Konsequenz dieser nominalistischen
Konzeption liegt es, daß Hobbes den Begriff
der Seele entsubstantialisiert und ihn als willkürlich definierte Einheit von Lebensfunktionen bestimmt: „Von einer Seele gibt es

überhaupt keine Idee, sondern wir schließen
auf etwas, das dem menschlichen Körper einwohnt und ihm die Lebensbewegung gibt,
vermittelst derer es empfindet und sich bewegt; und dies, was es auch sei, nennen wir
Seele, ohne eine Idee davon zu haben."[17]

Wenn nach Hobbes die Selbsterhaltung
der Bestimmungsgrund der Rationalität ist,
so muß der Einzelne seine diesem Zwecke
dienenden Kräfte reflektieren und die der anderen in seine Überlegung einbeziehen.
Wenn dies jeder tut und der unvermeidbare
Interessenkonflikt durch eine starke Staatsgewalt reguliert wird, dann ist das Optimum
der gesellschaftlichen Verhältnisse erreicht.
Der Begriff „Seele" bezeichnet somit sowohl
im einzelnen Menschen wie im politischen
Zusammenhang die Instanz, die das Gleichgewicht der überall wirkenden mechanischen
Kräfte herstellt und garantiert. Im Einzelmenschen leistet die Seele als Vernunft die
Realitätsprüfung, um die Affekte, die sämtlich physische Vorgänge sind,[18] zum Vorteil
des Körpers zu wenden, in dem sie sich abspielen. Zumeist müssen sie als „Störungen"
angesehen werden, weil sie „die richtige
Überlegung beeinträchtigen".[19]

Die Analogie zum politischen System zieht
Hobbes deutlich selbst. Wenn der Staat auch
erst durch einen Vertrag der ihn gründenden
Individuen zustandekommt, so ist er als ganzer doch ein künstlicher Körper, dessen Seele
die monopolisierte Gewalt darstellt: „Durch
Kunst wird jener große Leviathan geschaffen, genannt Gemeinwesen oder Staat, [...]
der nichts anderes ist als ein künstlicher
Mensch, wenn auch von größerer Gestalt und
Stärke als der natürliche, zu dessen Schutz
und Verteidigung er ersonnen wurde. Die Souveränität stellt darin eine künstliche Seele
dar, die dem ganzen Körper Leben und Bewegung gibt."[20]

Der Hobbessche Begriff der Seele als der
souveränen Gewalt im Körper ist von der
Vorstellung bestimmt, daß ein Zustand natürlicher Unordnung durch eine Gewalt, die
größer ist als alle Einzelkräfte, soweit geordnet sein müsse, daß die Einzelkräfte zur Erhaltung des Körpers zusammenwirken.
Diese Integration aller Kräfte in das mechanische System des Körpers ist die genuine
Leistung der Seele, so wie die Staatsgewalt
den Antagonismus der Individuen und ihrer

Gruppierungen unter Gewaltdrohung zu neutralisieren hat, um den Fortbestand des Gesellschaftsvertrages und des daraus resultierenden Staatskörpers zu sichern.

Der gesellschaftliche Naturzustand, den Hobbes als Krieg aller gegen alle bestimmte, hat ihm zufolge sein Komplement im Gewirr der widerstrebenden Affekte, die die Seele zum Frieden zu zwingen hat wie der absolute Monarch die Konflikte der Gesellschaft. Die Hobbessche Anthropologie und Gesellschaftslehre, wie auch die Spinozas, wollen den Absolutismus, die im 17. Jahrhundert fortschrittlichste Staatsform, legitimieren. Nur scheinbar die ungebrochene Fortsetzung feudaler Herrschaft, ist der Absolutismus in Wirklichkeit die politische Organisationsform, unter deren Schutz das Bürgertum, von jeher in konkurrierende Interessengruppen zerfallen, für eine begrenzte Periode den Gang seiner Geschäfte stellen konnte. Der Staat, der sich aus Gründen der Machterhaltung noch religiös verklärt, ist in der Praxis gänzlich diesseitig, eine heilsgeschichtliche Funktion kommt ihm nicht mehr zu.

Komplementär hierzu ist die Seele in den zu dieser Zeit modernsten Theorien nicht mehr als das Objekt der heiligmachenden Gnade verstanden, sondern weit mehr als die Instanz, die äußere gesellschaftliche Realität mit den individuellen Dispositionen in Übereinstimmung zu bringen. In der Konsequenz der seit dem Ende des Mittelalters sich vollziehenden Neubewertung des Individuums wird auch der für die Moderne besonders kennzeichnende Bereich der inneren Erfahrung entdeckt, in dem sich der Einzelne seiner eigenen Interessen, Gefühle und Stimmungen bewußt wird. Die Artikulation dieser Erfahrung, die das Individuum in sich selbst macht, ist aber seine Reaktion auf die Welt außer ihm. In dem Maße, in dem es vom Einzelnen abhing, welche Stellung in der bürgerlichen Gesellschaft er einnahm, mußte er seine eigenen Vorteile und Fehler erkennen, sich seines individuellen Unterschiedes gegenüber den anderen Konkurrenten und Kontrahenten bewußt werden.

Selbsterhaltung, die im 17. Jahrhundert vornehmlich als Behauptung des Einzelwesens nach außen verstanden wurde, umfaßt im 18. Jahrhundert zunehmend das Innere des zum Selbstbewußtsein erwachten Subjekts: Seine Selbsterhaltung erfordert die Herrschaft über innere Kräfte, die das Subjekt oft nur bedingt als die seinen anerkennen kann. Diesen Widerspruch zu einer stets problematischen Lösung zu bringen, um das Subjekt zur Selbstbehauptung nach außen zu befähigen, ist die Leistung jener Funktion, die auch im 18. Jahrhundert Seele genannt wird. Die Dynamik der Triebe ist indessen noch kein Thema der Aufklärung, sondern vielmehr die Leistungen des Ichs, die den bürgerlichen Charakter epochal geprägt haben. Der Preis, der sowohl historisch wie individuell hierfür bezahlt werden mußte, ist erst der späteren Aufklärung zu Bewußtsein gekommen: Im Hedonismus der Materialisten kommt zum Ausdruck, daß die Souveränität der Vernunft ihr Ziel im Glück der Individuen hat und nicht durch bloße Unterdrückung der Triebe erkauft sein darf.

Der Raum der inneren Erfahrung des Subjekts, in dem sich die bürgerliche Vorstellung von der Seele artikuliert, wird in dem Maße entdeckt, in dem der Liberalismus ökonomische Realität wird. Zunächst ein Erfordernis des Konkurrenzkampfes, wird die Seele als Organ der Selbsterhaltung zum Ort der Moralität und schließlich zur Quelle aesthetischen Selbstbetruges. Denn das Subjekt, das seiner selbst als Individuum bewußt wird, muß feststellen, daß es sich aus eigener Kraft behaupten muß. In konsequenter aufklärerischer Reflexion aber gelangt es zu der Gewißheit, daß sein Wohl von der Gesellschaft abhängt, die es zusammen mit anderen Individuen bildet und die deshalb mehr ist als die Summe ihrer Teile.

Im Zeitalter der bürgerlichen Revolution wird die Seele weiterhin als Organ der Selbsterhaltung begriffen, aber zugleich auch als der Schauplatz der moralischen Reflexion, durch die das individuelle Motiv des Handelns mit dem allgemeinverbindlichen Vernunftgesetz zur Übereinstimmung gebracht werden soll. Kants kategorischer Imperativ ist die radikalste Formulierung einer Denkfigur, die bereits die Aufklärung beherrscht. In den moralphilosophischen Reflexionen der Enzyklopädisten geht es um die Entfaltung des Gedankens, daß der verstockte Egoist sein Ziel letzthin nicht erreicht, weil das individuelle Glück das der größten Zahl voraussetzt: „Der vernünftige Mensch muß also einsehen, daß es in seinem Interesse liegt, tugendhaft zu sein. Tugend ist nur die Kunst, durch Förderung der Glückseligkeit anderer sich selbst glücklich zu machen. Ein tugendhafter Mensch ist derjenige, der solchen Wesen Glück bereitet, die fähig sind, es ihm zurückzugeben."[21]

Zu diesem Gedanken, der seine Herkunft aus dem mechanischen Kalkül und aus dem bürgerlichen Äquivalenzprinzip nicht verleugnet, kommt es, nachdem die Moralisten die vielfältigen Erscheinungen des Selbstbewußtseins untersucht und auf seine Grundkräfte reduziert hatten. Ebensowenig wie die systematische Philosophie des 17. Jahrhunderts können die aphoristischen Schriftsteller die Seele als Substanz begreifen. Ohne daß La Rochefoucauld zum metaphysischen Begriff der Seele Stellung genommen hätte, ist doch offensichtlich, daß alle psychischen Phänomene in seinen Reflexionen gesellschaftliche Sachverhalte sind. Die alles beherrschende Kraft ist der amour-propre, der sich in den verschiedensten Verhaltensweisen der Menschen versteckt, auch in solchen, die scheinbar ganz altruistisch sind.

Die Entdeckung La Rochefoucaulds und anderer Moralisten wie La Bruyère ist der Unterschied zwischen dem wirklichen aber verleugneten inneren Motiv des individuellen Handelns und der erklärten Absicht. So ist es nicht die überkommene höfische Tugend, sondern die Selbstliebe, die den Einzelnen unter dem Schein des moralisch Guten vor allem für sich selbst sorgen läßt: „Gerechtigkeitsliebe ist bei den meisten Menschen nur Besorgnis, Ungerechtigkeiten zu erleiden."[22] Sogar die Affekte, deren destruktive Komponente bei Hobbes deutlich wird, haben nach La Rochefoucauld die Funktion des Selbstschutzes, zuweilen auf eine Weise, die dem Subjekt verborgen ist: „Es ist, als ob die Natur, welche die Organe unseres Körpers so weise eingerichtet hat, um uns glücklich zu machen, uns auch den Stolz zugeteilt hätte, um uns den Schmerz zu ersparen, unsere Mängel kennenzulernen."[23]

Anders als bei Hobbes, nach dessen Anthropologie die Affekte vornehmlich zu unterdrücken sind, stehen diese in der moralistischen Literatur unter dem Gesetz der Selbsterhaltung, das sich unter dem Schein gesellschaftlicher Tugend verbirgt. Dabei muß das Subjekt die innere psychische Realität vielfach verleugnen, denn das traditionelle Verständnis der Tugend gerät in Widerspruch mit einem Selbstbewußtsein des Individuums, das sein eigenes Glück erstrebt und hierbei mit sich allein ist.

Für die radikale Aufklärung des 18. Jahrhunderts leitet dieses Bestreben nicht allein die Affekte, sondern sogar die Vernunft. Einig mit Hobbes über die Materialität der als Seele bezeichneten Vermögen, widersprechen die Aufklärer jedoch dem Absolutismus der seelischen Souveränität, der die Affekte im Konfliktfall weichen müssen. Ist der amour-propre die beherrschende seelische Kraft, so ist sie auf das diesseitige materielle Glück gerichtet. Die aufgeklärte Vernunft hat hieran ihre einzig legitime Orientierung: „Die Vernunft ist die Kenntnis des wahrhaften Glücks und der Mittel, die fähig sind, es herzustellen."[24]

Die Menschen sind materielle Wesen, welche ihr Glück erstreben und den Schmerz meiden. Die Materie, die beim Menschen nach materialistischer Überzeugung die Fähigkeit des Empfindens und Denkens hat, ist eben darum auf das diesseitige Glück hingeordnet. Die Unterdrückung der Affekte, die in der Tradition zuerst aus religiösen Gründen, dann aber, im Zeitalter der Bewußtwerdung des Individuums, aus Gründen der Selbsterhaltung erfolgen sollte, hat weder die Individuen noch die Gesellschaft befördert. Das Streben nach Glück ist deshalb nicht nur legitim, sondern seine Entfesselung ist geradezu geboten, um einen humanen Zustand herzustellen. Alle psychologischen Reflexionen der Aufklärung sind auf dieses politischpraktische Interesse bezogen: „Physische Seelen und physische Bedürfnisse verlangen ein physisches Glück und wirkliche Gegenstände, die den Hirngespinsten vorzuziehen sind, mit denen man so viele Jahrhunderte lang unseren Geist abgespeist hat. Wir müssen für das Physische des Menschen sorgen, es ihm angenehm machen, und bald werden wir sehen, daß seine Moral besser und glücklicher, seine Seele friedlich und heiter und sein Wille durch natürliche und faßliche Beweggründe, die man ihm zeigt, zur Tugend bestimmt wird."[25]

Die Selbstbehauptung des Individuums, zu der es seine Vernunft betätigen muß, ist hiernach nicht bloß der Kampf jedes Einzelnen um das bloße Dasein, sondern vielmehr der allgemein anzuerkennende Motor einer Vergesellschaftung, die die materielle Basis des Glücks allen Individuen gleichermaßen zugänglich machen will. Die verhärtete Partikularität der Selbstsucht ist nach La Mettrie geradezu Dummheit, da doch das Glück in physischer Empfindung besteht, deren bewußte Wahrnehmung aber gesellschaftlich bestimmt ist: „In den Augen wohlgeratener Personen vermehrt sich das Glück, wenn man es teilt und gemeinsam genießt. Man bereichert sich in gewisser Weise durch die Wohltat, die man anderen tut, man nimmt an der Freude teil, die man jemandem verschafft. Daß dies so ist, entspricht der Menschenwürde. Es genügt nicht, daß die Tugend nur die Schönheit der Seele ist; um uns dazu zu bringen, von dieser Schönheit Gebrauch zumachen, mußte der Seele geschmeichelt werden, daß sie schön sei, vor allem mußte sie dafür gehalten werden und daran Vergnügen finden; so wie eine schöne Frau Schmeichelei und Zärtlichkeiten der Liebe teils aus Eitelkeit, teils in der Erwartung der folgenden Lust genießt, zudem aber getrieben ist, sich in dem Bild, das ihr Charme in anderen erweckt, selbst zu lieben."[26]

In diesem „raffinement de l'amour-propre",[27] nicht allein in der gewalttätigen Behauptung des seiner selbst bewußten Wesens, besteht die Tätigkeit jener Funktionen, die in der Aufklärung Seele genannt werden können. Bewußtsein und Empfindungsfähigkeit, die nach den konsequenten materialistischen Theorien seelische Eigenschaften darstellen, inhärieren hierbei nicht einer von Materie unabhängigen Substanz. Vielmehr bekämpfen die radikalen Aufklärer den Cartesianischen Dualismus als ein „System der Spiritualität". Die Seele, zu der dieses Denken gelangen kann, hat Holbach als eine bloße Abstraktion bestimmt, deren Unabhängigkeit von der Materie nicht beweisbar sei: „Das System der Spiritualität, so wie man es heute vertritt, verdankt Descartes alle seine angeblichen Beweise: obgleich man schon vor ihm die Seele für spirituell gehalten hatte, ist er doch der erste, der den Satz aufgestellt

hat, daß das, was in uns denkt, von der Materie verschieden sein muß, woraus er folgert, daß unsere Seele oder das was in uns denkt, ein Geist sei, das heißt eine einfache und unteilbare Substanz. Wäre es nicht natürlicher gewesen zu schließen, daß die Materie denken könne oder der besonderen Modifikation fähig sei, die wir das Denken nennen, weil der Mensch, der Materie ist und Ideen nur von der Materie hat, die Fähigkeit besitzt, zu denken."[28]

Im Gegensatz zu seiner eigenen materialistischen Lehre vom Leben und dessen bewegenden Kräften hatte Descartes die Idee der substantiellen Seele zu retten versucht. Die einzig allem Zweifel enthobene Eigenschaft dieser Substanz war aber nur, überhaupt Gedanken zu haben. Die Reduktion, vermöge derer Descartes zur res cognitans zu gelangen glaubt, führt zu einer tautologischen Bestimmung, denn die Verschiedenheit der Gedanken und Affekte, die die Seele haben kann, ist für deren Substantialität gleichgültig. Wie deren Verschiedenheit zustandekommt, wenn nicht durch die Einwirkung materieller Gegenstände, muß für Descartes unerklärbar bleiben. Darum und weil die Einwirkung der nichtmateriellen Substanz auf den Körper nicht begreiflich war, haben die Materialisten die Seele als Funktion des Körpers bestimmt: „Wenn wir unsere Seele oder die Triebfeder, die in uns selbst wirkt, ohne Vorurteile betrachten, so werden wir zu der Überzeugung gelangen, daß sie zu unserem Körper gehört, daß sie von ihm nur durch Abstraktion unterschieden werden kann, daß sie nur der Körper selbst ist, betrachtet im Hinblick auf einige seiner Funktionen, die er seiner besonderen Natur und Gestaltung verdankt."[29]

Die Seelenlehre der Aufklärung ist insofern negativ, als sie keinen Gegenstand mehr hat, dem wie einem Ding Prädikate beizulegen wären. Darin zieht sie aus theoretischen und geschichtlichen Entwicklungen die Konsequenz, welche lange vor dem 18. Jahrhundert begonnen hatten und doch erst in dieser Epoche zu einer expliziten wissenschaftlichen Orientierung führten. Hatten die rationalistischen und empiristischen Denkrichtungen die Seele bereits soweit entsubstantialisiert, daß die materialistische Aufklärung als deren Bestimmung nur noch bestimmungsloses Denken vorfand, so setzt doch auch der cartesianische Begriff der denkenden Substanz die traditionelle Wesensmetaphysik insofern fort, als das reine Denken unabhängig von jeder Beziehung auf die Realität außer ihm hypostasiert wid. Ein derart unbestimmter Begriff kann aber nicht Ausdruck einer realen Sache sein, der ohne Beziehung zu Sinnlichem Substantialität zukommen könnte: „Die Lehre von der Spiritualität zeigt uns in Wirklichkeit nur eine inhaltlose Idee oder vielmehr nur ein Fehlen jeglicher Ideen. Was bedeutet dem Geist eine Substanz, die nichts von dem hat, was unseren Sinnen erkennbar wäre? Kann man sich denn wirklich ein Ding vorstellen, das, nicht selbst materiell, dennoch auf die Materie wirkt, ohne Berührungspunkte oder Verwandtschaft mit ihr zu haben, und das durch materielle Organe vom Dasein der Dinge unterrichtet wird und selbst Antriebe von der Materie erhält?"[30]

Der aufklärerische Materialismus hat in der substantiell verstandenen Seele eine leere Verdoppelung des Menschen erkannt, welche kein Phänomen zu erklären vermag. Die Hypostasierung der verdinglichten differentia specifica des Menschen führt vielmehr zu einer Verwirrung, von der die traditionelle Herrschaft profitiert: „Man hat sich eine Menge willkürlicher Hypothesen ausgedacht, um die Einheit von Seele und Körper zu erklären. Da es schließlich unmöglich war, einen Ausweg aus dem Irrgarten zu finden, in den man geraten war, als man den Menschen zu einem Doppelwesen machte und annahm, in ihm selbst befinde sich ein von ihm selbst verschiedenes Wesen, ist man allen diesen Schwierigkeiten aus dem Weg gegangen, indem man sagte, diese Vereinigung sei ein großes Mysterium."[31]

Die Aufklärung zieht hier die radikale Konsequenz aus der nominalistischen via moderna, die dem traditionellen Substanzdenken das Fundament entzogen hatte. Stellt sich heraus, daß die metaphysische Form, die ein Lebewesen zum Menschen bestimmt, nur logisch, durch begriffliche Abstraktion von dem Substrat getrennt werden kann, in dem sie existiert, ohne daß diese Trennung der inneren Struktur entsprechen muß, so wird die Bestimmung des Menschen zu einem Problem, zu dem Metaphysik und Theologie

nichts mehr beitragen können. Ist deren affirmative Lösung falsch, so erscheint nur die fortgeschrittene Wissenschaft eine Antwort geben zu können: Physiologie und Gesellschaftstheorie sollen die inneren Motive des menschlichen Handelns erklären. Nur wenn die vermeintliche Geistigkeit mit den naturwissenschaftlich erforschbaren Prinzipien in einen Kausalnexus gebracht ist, können die tatsächlichen Handlungsweisen der Menschen begriffen werden.

Hierzu sollten auch die neuen Theorien beitragen, die in der Aufklärung über die Identität der Individuen und der Arten vorgetragen wurden. So versucht Diderot in seinem Dialog „D'Alemberts Traum" eine materialistische Erklärung für die Kontinuität des Gedächtnisses. Maupertuis entwickelt in seinem „Système de la nature" eine Vererbungslehre, die spekulativ die Ergebnisse vorwegnimmt, die in der Biologie erst mehr als hundert Jahre später bestätigt werden konnten: Wenn es nicht metaphysische Formen sind, welche die Konstanz der Arten bestimmen, dann müssen materielle Partikel die Arteigenschaften – beim Menschen also auch die Denkfähigkeit – von den Eltern auf die Kinder in gesetzmäßiger Weise übertragen.[32]

Was die traditionelle Seelenlehre wie ein Ding behandelte, ist in der Aufklärung eine funktionale, nur im Prozeß bestehende Einheit unterschiedener Momente. Die vielfältigen Affekte und deren Zusammenhang untereinander, deren sich das Subjekt bewußt wird, die Wechselwirkung dieser Affekte mit dem Körper, sowie die Beziehung der Sinnesempfindungen zu den logischen Operationen sind in der Aufklärung Gegenstände der Forschung, die diese Objekte nicht als Wirkungen einer hiervon unabhängigen Seele ansieht, sondern vielmehr als konstitutive Momente des Seele genannten synthetischen Vermögens, welches seinerseits eine Funktion der Materie ist: „Der Körper, betrachtet im Hinblick auf einige seiner Funktionen, die in Wahrheit schwerer erkennbar sind als andere, heißt Seele."[33]

Diese Funktionen bestehen in der Fähigkeit zur Synthesis, durch die eine Person sich als Einheit ihrer Affekte begreifen kann, die zugleich körperliche Zustände sind: „Offen gesagt, weiß ich nicht, ob die Seele jemals tätig ist, ohne vorher passiv gewesen zu sein, obwohl sie auf den Körper wirkt und ihn ohne Zweifel durch eine Bewegung bestimmt, die ihr eigen ist. Denn es scheint mir, daß die Seele, um tätig zu sein, den Eindruck der Lebensgeister aufnehmen muß, welche ihrerseits durch körperliche Vermögen beeinflußt werden. Dies hat vielleicht manche dazu veranlaßt zu behaupten, daß die Seele dermaßen vom Temperament und von der Verfassung der Organe abhängt, daß sie sich nur zusammen mit ihnen vervollkommnet und verschönert."[34]

La Mettrie hat in diesem Sinne zu einer Naturgeschichte der Seele beitragen wollen. Die physiologische Grundlage aller psychischen Prozesse ist sein erster Untersuchungsgegenstand. Ist die Seele hiernach die funktionale Einheit aller sensitiven Prozesse, so sind doch nach La Mettries genuin aufklärerischer Überzeugung hiermit noch nicht alle Bestimmungen der Seele bezeichnet. Ihr eignet vielmehr außerdem die Fähigkeit, die Person vermöge der Synthesis ihrer Affekte zum Subjekt von Gesellschaft zu machen. Das Subjekt, dessen Autonomie La Mettrie wie die gesamte Aufklärung erkämpfen möchte, ist ihrer nur in der Einheit seiner mannigfaltigen Zustände fähig. Aber diese seelischen Zustände sind nur zu einem Teil der Physiologie des Individuums immanent, zum anderen sind sie Resultate seines Lebens in Gesellschaft.

Was die Aufklärung seelische Eigenschaften nennt, bildet sich demnach in der Auseinandersetzung des physiologisch bereits prädeterminierten Wesens mit der Gesellschaft außer ihm. Die Bestimmung des Menschen ist also nicht bereits in sich fertig, weil sie sich aus Naturgesetzen ergibt, sondern ein je individuelles Resultat der gesellschaftlich geprägten Lebensgeschichte: „Die inneren Ursachen des Glücks sind allen Menschen als Individuen eigen; deshalb müssen sie vor den äußeren Ursachen abgehandelt werden [...] Es ist dem Menschen natürlich zu empfinden, weil er ein belebter Körper ist; aber es liegt so wenig in seiner Natur, gelehrt und tugendhaft zu sein wie prunkvoll gekleidet zu sein. Wenn Wahrheit, Tugend, Wissenschaft, alles was gelernt und äußerlich erworben ist, voraussetzt, daß das Gefühl des Menschen, den man unterrichtet, schon ge-

bildet ist, so kann ich von jenen glänzenden Vorzügen nur reden, wenn ich untersucht habe, ob das bloße Gefühl ohne jedes Beiwerk nicht schon die Glückseligkeit des Menschen ausmachen könnte. Erst danach käme dann das Glück durch die Ehre, den Reichtum und die Lust."[35]

Die individuellen Eigenschaften der Menschen, welche im 19. Jahrhundert zur Domäne der Psychologie wurden, sind in der Aufklärung gesellschaftlich bestimmt und können folglich auch nur in einer Gesellschaftstheorie begriffen werden. Der aufklärerische Begriff der Seele zeigt somit das gesellschaftliche Verhältnis an, in dem das physische Individuum habituell zur Allgemeinheit steht. Die Seele vollbringt, ohne Substanz zu sein, die Synthesis der physiologischen Dispositionen des Individuums so, daß sie mit den vielfältigen äußeren Einflüssen die Einheit einer Person konstituieren, die sich in Gesellschaft behaupten kann. Wenn dies nicht auf den Hobbesschen Krieg aller gegen alle hinauslaufen soll, dann kommt es darauf an, den natürlichen Egoismus so zu formen, daß er eine gesellschaftliche Qualität annimmt.

Die Bedingungen hierfür zu erforschen hat sich Helvétius zum Ziel gesetzt. Schon in seinem ersten großen Buch „De l'esprit" hat er dieses Interesse deutlich ausgesprochen: „Ich sage, daß alle Menschen nur nach Glück streben; daß man sie von diesem Streben nicht abbringen kann; daß es unnütz wäre, dies zu versuchen, und gefährlich, es mit Erfolg zu tun; daß man daher die Menschen nur glücklich machen kann, wenn man das persönliche Interesse mit dem allgemeinen vereint. Wenn dieser Grundsatz feststeht, dann ist klar, daß die Moral nur eine eitle Wissenschaft ist, wenn man sie nicht mit der Politik und der Gesetzgebung zusammenbringt."[36]

Die materielle Grundlage aller seelischen Regungen ist für Helvétius wie für die anderen Materialisten des 18. Jahrhunderts die physische Empfindungsfähigkeit, die den Menschen mit der gesamten organischen Natur verbindet. Denn die Materie, die deren sämtlichen Gestalten zugrundeliegt, ist durch Irritabilität gekennzeichnet und ist insofern von der cartesianischen res extensa unterschieden, – ein Aspekt, der besonders in Diderots naturphilosophischen Aphorismen hervorgehoben wird. In diesem Punkte Locke und nicht Descartes folgend haben die Aufklärer den naturalen Grund aller Affekte und der Operatioinen des Denkens in der Empfindungsfähigkeit gesucht. So hat Helvétius vor allem die moralphilosphischen und sozialpsychologischen Konsequenzen aus dem englischen Empirismus gezogen, während Condillac die sensualistische Erkenntnistheorie Lockes aufnimmt und über sich hinaustreibt.[37]

Alle seelischen Fähigkeiten des Menschen sind auf die „sensibilité physique" bezogen. Lust und Schmerz sind deshalb die Grundaffekte, deren Antagonismus Denken und Handeln bewußt und unbewußt bestimmt. Indem das Individuum Lust erstrebt und den Schmerz meidet, sucht es sich in der physischen Natur zu behaupten. Es ist das Recht jedes Individuums, dieses unauslöschliche Bedürfnis nach Glück zu befriedigen: „Das Glück scheint ganz beseelt, ganz erfüllt vom Gefühl. Indem die Natur hierdurch allen Menschen das gleiche Recht, den gleichen Anspruch auf Glück gegeben hat, bindet sie alle an das Leben und läßt sie ihr Dasein lieben."[38] Das heißt zugleich, daß keine politische Macht ein trügerisches Jenseits an die Stelle der physischen Erfüllung setzen darf. Im Hedonismus, der Helvétius mit La Mettrie, Diderot und vielen weniger bekannten Denkern verbindet, löst sich die neuzeitliche Philosophie von dem asketischen Grundzug, der auch im Rationalismus noch wirksam ist. Sie wird zu einer rein säkularen Wissenschaft, die keinem Absoluten mehr dienstbar sein will. Die vom vorrevolutionären Bürgertum erstrebte Autonomie hätte – wäre sie nur Wirklichkeit geworden – auch das Ende der Religion und zumal der religiös begründeten Moral bedeutet.

Die physiologische Grundlage der seelischen Zustände, welche das Individuum als Lust empfindet, hat La Mettrie untersucht. Wenn er hierbei zu dem Resultat gelangt, daß das Lustgefühl selbst rein physischer Natur sei, so bedeutet dies nicht, daß alle Formen, in denen es bewußt wird, ebenso aus dem physiologischen Material abgeleitet werden können. Vielmehr geben nach Helvétius Erziehung und Gesetzgebung den Grundaffekten ihre Form, unter der sie in Gesellschaft immer schon auftreten. Helvétius greift auf La Rochefoucauld zurück, indem er das Bewußtsein des Strebens nach Lust Selbstliebe nennt. Erst hierdurch gewinnt der physiologische Prozeß eine seelische Bedeutung: In der Abwehr des Schmerzes und im Streben nach Lust, welche beim Menschen beide nicht ohne den Verstand erfolgreich sein können, bildet sich erst der Charakter. Dies ist indessen kein rein innerlicher Entwicklungsprozeß, sondern das Ergebnis gesellschaftlicher Kräfte, auf deren Einwirkung das Individuum reagiert, indem es die ihm eigenen seelischen Eigenschaften herausbildet: „Die physische Empfindungsfähigkeit hat in uns das Streben nach Lust und die Abneigung des Schmerzes hervorgebracht. [...] Lust und Schmerz haben dann in den Herzen aller Menschen den Keim der Selbstliebe versenkt und ihn zum Aufblühen gebracht. Aus seiner Entwicklung entspringen die Leidenschaften, von denen alle unsere Tugenden und Laster abstammen."[39]

Im Zusammenwirken von Selbstliebe und gesellschaftlicher Bestimmung, welche Helvétius für genauso naturwissenschaftlich erfaßbar hielt wie die Gesetze der anorganischen Natur, ergibt sich die individuelle Seele. War die Individualität für die traditionelle und noch für die rationalistische Philosophie ein unlösbares Problem, so ist es für die Aufklärung nach der Auflösung der substanzmetaphysischen Bestimmung der Seele leichter, die Individualität der Person zu begreifen. Da es eingeborene Ideen ebensowenig geben kann wie ein dem Menschen innewohnendes und für sich fertiges Wesen, so ist die Seele, welche in den Schriften der radikalen Aufklärer als Charakter bestimmt ist, einer Entwicklung unterworfen, in der vielfältige Faktoren eine jeweils einmalige Verbindung eingehen.

Die naturgesetzliche Präformation jedes Charakters geschieht durch die Selbstliebe, welche aber nie ungeformt auftritt, sondern sich bei jedem Individuum nur in den Gestalten äußert, die ihr die familiäre und schulische Erziehung in einem gegebenen politischen System aufgeprägt haben: „Von allen Gefühlen ist dieses das einzige seiner Art: wir verdanken ihm unsere Wünsche, alle unsere Leidenschaften, die nur die Anwendung des Gefühls der Selbstliebe auf diesen oder jenen Gegenstand sind. Diesem Gefühl, das verschieden abgewandelt wird, je nach der Erziehung, die wir erhalten, der Regierung, unter der wir leben, den Lagen, in denen wir uns befinden, müssen wir die erstaunliche Vielfältigkeit der Leidenschaften und Charaktere zuschreiben."[40]

In diesen Reflexionen, die die gesellschaftliche Genesis der menschlichen Individualität demonstrieren, wird zugleich die moderne Perspektive einer Entwicklungspsychologie eröffnet: Was der einzelne Mensch innerlich ist, kann gar nicht abschließend angegeben werden, ebensowenig wie das letzte Ziel der Menschheit als ganzer. Gewiß ist nur, daß sich die menschliche Gattung durch die Tätigkeit der Individuen auf dem Wege des unumkehrbaren Fortschritts befindet. Von Romantik und Reaktion von jeher angefeindet, bedeutet der Fortschritt, den die Aufklärung planmäßig herbeiführen wollte, daß der naturwüchsige Egoismus in der Reflexion auf die Bedingungen seiner wirklichen Befriedigung zu einer Triebkraft wird, die die allgemeinen Verhältnisse so einrichtet, daß der Egoismus aller befriedigt werde. Individuelle Selbstbehauptung wäre dann an eine allgemein wirklich gewordene Vernunft gebunden.

Das politische Engagement der Aufklärung hängt mit ihrer atheologischen Seelenlehre zusammen. Wenn die Menschen nicht ein göttlicher Funke in ihrem Inneren auf eine Gemeinschaft hinordnet, in der alle Rangunterschiede aufgehoben sind, so muß die subjektive Vernunft, welche primär nur ein Organ der Selbstbehauptung darstellt, den universalen Bürgerkrieg abwenden, indem sie erkennt, daß die individuelle Emanzipation ihre notwendige Bedingung im Glück aller hat. Wenn die Untersuchungen der Aufklärung über den Zusammenhang zwischen den individuellen Dispositionen und den Kräften, die sie gesellschaftlich prägen, auch oft nur wenig konkrete Einzelheiten enthalten, so ist doch klar, daß die destruktive Kraft des Egoismus in einer Gesellschaft verschwinden würde, in der nicht ein Individuum gegen die anderen sich durch Gewalt und List behaupten muß. Das Vernunftinteresse der Selbsterhaltung fordert deren Einrichtung. In dieser Perspektive verlöre die aufklärerische Seelenlehre ihren Gegenstand; denn nur unter den Bedingungen der bürgerlichen Konkurrenz ist das Individuum zu den Reaktionsbildungen genötigt, durch die es sich zugleich behauptet und deformiert.

Im Zeitalter des Zerfalls des bürgerlichen Selbstbewußtseins, das die Aufklärung wie keine andere geistige Epoche artikuliert hatte, bleibt einer Psychologie, die ihre aufklärerische Tradition fortsetzt, nur die Analyse der Konflikte, in denen sich das Individuum durch Verleugnung und Verdrängung und durch neurotische Symptombildungen behauptet. Ihre Kriterien gewinnt diese Wissenschaft freilich nicht an einem trügerisch positiven Bild von Gesundheit und seelischer Ganzheit, sondern am Leiden der Einzelnen.

Von der Aufklärung zur Metapher herabgesetzt, deren aesthetische Verwendung schon im 19. Jahrhundert zum Kitsch verkam, wurde die substantielle Seele schließlich zu einem Versatzstück im Mythos des 20. Jahrhunderts. Als „Einheit von Blut und Geist", „innere Rasse" oder „innerer Führer"[41] tritt an die Stelle des neuzeitlichen Prinzips der Autonomie eine Form der Hörigkeit, in der das Subjekt seine eigene Liquidierung als Überwindung der modernen Rationalität feiert.

## Anmerkungen

[1] Holbach, System der Natur, S. 16f.
[2] Descartes, Meditationen, S. 72f.
[3] Descartes, Die Leidenschaften der Seele, Art. 16, S. 31f.
[4] Descartes, Die Prinzipien der Philosophie, I, § 8, S. 3
[5] Descartes, Die Leidenschaften der Seele, Art. 31-35
[6] l.c., Art. 34, S. 57

[7] l.c., S. 59. Eine rein mechanische Darstellung der Lebensphänomene hat Descartes selbst geliefert; s. Descartes 1969
[8] Malebranche, Erforschung der Wahrheit, 3. Buch, 2. Teil, Kap. 6 (= 1920, Bd. 1, S. 381f.)
[9] So kritisiert Holbach die augustinisch inspirierte Illuminationslehre Malebranches mit deutlich ideologiekritischem Akzent: „Wenn Gott das

gemeinsame Band von Seele und Körper ist: woher kommen dann so viele falsche Ideen, so viele Irrtümer, mit denen der menschliche Geist angefüllt ist? Woher stammen die Auffassungen, die den Theologen zufolge Gott so sehr mißfallen? Könnte man den Pater Malebranche nicht fragen, ob es nicht Gott gewesen sei, ‚in' dem Spinoza sein System gesehen hatte?" (Holbach, System der Natur, S. 120)

10 Spinoza, Kurze Abhandlung von Gott, dem Menschen und seinem Glück, S. 131. Dem bei Spinoza wie in jeder Prinzipienphilosophie unlösbaren Problem, wie die all – eine Substanz aus sich auch nur virtuell verschiedene Modifikationen hervorbringt, kann hier nicht nachgegangen werden

11 Spinoza, Ethik, IV. Teil, 4. Lehrsatz, S. 194

12 l.c., III. Teil, 6. und 7. Lehrsatz, S. 118

13 vgl. Spinoza 1907

14 Hobbes, Vom Bürger, S. 146

15 l.c., S. 86f.

16 Hobbes, Einwände gegen die Meditationen des Descartes, S. 169

17 l.c., S. 173

18 „Es bestehen nun die Affekte in verschiedenen Bewegungen des Blutes und der Lebensgeister, indem diese sich in verschiedener Weise bald ausbreiten, bald zu ihrer Quelle zurückfließen; Ursachen dieser Bewegungen sind die Vorstellungen von Gut und Übel, die durch die Gegenstände im Geiste hervorgerufen werden." (Hobbes, Vom Menschen, S. 30)

19 l.c., S. 29

20 Hobbes, Leviathan, S. 5

21 Holbach, l.c., S. 234

22 La Rochefoucauld, Maximen und Reflexionen, Aph. 76

23 l.c., Aph. 36

24 Holbach, Système social, Bd. I, S. 17 (Übers. von mir, G.M.)

25 Holbach, System der Natur, S. 79

26 La Mettrie, Discours sur le Bonheur, S. 106 (Übers. von mir. G.M.)

27 l.c., S. 109

28 Holbach, System der Natur, S. 78

29 l.c., S. 76

30 l.c., S. 78

31 Holbach, Briefe an Eugenie, S. 128

32 vgl. hierzu: Diderot, Gespräche mit d'Alembert, S. 525ff. und Maupertuis, Système de la nature, S. 136ff.

33 Holbach, l.c., S. 130

34 La Mettrie, Traité de l'Âme, S. 95 (Übers. v. mir. G.M.)

35 La Mettrie, Discours sur le bonheur, S. 88f. La Mettrie, dem seit jeher abwechselnd grober Materialismus, intellektueller Nihilismus und sittenzersetzender Amoralismus vorgeworfen wird, hat die materielle Grundlage allen Glücks scharf hervorgehoben, aber dennoch erschöpft sich die Lust nicht in einem physiologischen Prozeß. Sie ist vielmehr ohne das Bewußtsein gar nicht möglich: „Allein der Mensch, das vernünftige Wesen, kann sich zur Lust erheben: Welch schöneres, welch großartigeres Erbteil der Vernunft könnte es geben? Der Mensch ist im Universum durch seinen Geist ausgezeichnet. Ein zartes Unterscheidungsvermögen, ein geläuterter Geschmack haben den Menschen zum vollkommensten, d.h. zum glücklichsten Wesen gemacht, indem sie seine Empfindungen verfeinert und in gewisser Weise durch die Reflexion verdoppelt haben." (La volupté, Oeuvres phil., Bd. 2, S. 241f. Übers. von mir. G.M.)

36 Helvétius, De l'esprit, S. 249 (Übers. von mir. G.M.)

37 Die erkenntnistheoretischen Schriften Condillacs verfolgen teilweise direkt die Motive, die Locke in seinem „Essay concerning human understanding" exponiert hatte, so besonders der „Traité des sensations". Hier wird der Versuch unternommen, die affektiven und intellektuellen Fähigkeiten der Menschen analytisch direkt aus den verschiedenen Arten von Sinnesempfindungen herzuleiten. Der früher entstandene „Essai sur l'origine des connaissances humaines" gelangt bereits zu der Einsicht, daß die sensualistische Herleitung der Verstandesoperationen den Verstand als integrales Vermögen immer schon voraussetzt und deshalb dessen Genese nicht darstellen kann.

38 La Mettrie, Discours sur le bonheur, S. 97

39 Helvétius, De l'esprit, S. 138f.

40 Helvétius, Vom Menschen, seinen geistigen Fähigkeiten und seiner Erziehung, S. 199

41 Vgl. Grunsky, 1935, S. 46, 75ff., 110.

## Bibliographie

Descartes (1955). Die Prinzipien der Philosophie, übers. v. A. Buchenau. Hamburg: Meiner.

Descartes (1965). Meditationen, übers. v. A. Buchenau. Hamburg: Meiner.

Descartes (1969). Über den Menschen, sowie Beschreibung des menschlichen Körpers, hg. u. übers. v. K. E. Rothschuh. Heidelberg: Lambert Schneider.

Descartes (1984). Die Leidenschaften der Seele, übers. v. K. Hammacher. Hamburg: Meiner.

Diderot (1961). Gespräche mit d'Alembert. Philosophische Schriften Bd. 1. Berlin: Aufbau.

Grunsky, H. A. (1935). Seele und Staat. Die psychologischen Grundlagen des nationalsozialistischen Sieges über den bürgerlichen und bolschewistischen Menschen. Berlin: Junker & Dünnhaupt.

Helvétius (1795). De l'esprit. Oeuvres complètes, Bd. 2. Paris: Didot.

Helvétius (1972). Vom Menschen, seinen geistigen Fähigkeiten und seiner Erziehung, übers. v. G. Mensching, Frankfurt/M.: Suhrkamp.

Hobbes, T. (1959). Vom Bürger, übers. v. G. Gawlick. Hamburg: Meiner.

Hobbes, T. (1959). Vom Menschen, übers. v. G. Gawlick. Hamburg: Meiner.

Hobbes, T. (1967). Einwände gegen die Meditationen des Descartes. In ders., Vom Körper. Hamburg: Meiner.

Hobbes, T. (1976). Leviathan, übers. v. I. Fetscher. Frankfurt/Berlin/Wien: Ullstein.

Holbach (1773). Système social, Bd. 1. London.

Holbach (1959). Briefe an Eugenie, übers. v. F.-G. Voigt. Berlin: Neues Leben.

Holbach (1959). System der Natur, übers. v. F.-G. Voigt. Berlin: Aufbau.

La Mettrie (1774). Traité de l'âme. Oeuvres philosophiques, Bd. 1. Berlin.

La Mettrie (1774). Discours sur le bonheur, Oeuvres philosophiques, Bd. 2, Berlin.

La Mettrie (1774). La volupté. Oeuvres philosophiques, Bd. 2. Berlin.

La Rochefoucauld (1947). Maximen und Reflexionen, übers. v. F. Hörlek. Stuttgart: Reclam.

Malebranche (1920). Erforschung der Wahrheit, übers. v. A. Buchenau. München: G. Müller.

Maupertius (1751). Système de la nature, ou essai sur la formation des corps organisés. Oeuvres Bd. 2, S. 136ff. Lyon: Bruyset.

Spinoza (1907). Abhandlungen vom Staate, übers. v. C. Gebhardt. Leipzig: Dürr.

Spinoza (1963). Ethik, übers. v. O. Baensch. Hamburg: Meiner.

Spinoza (1965). Kurze Abhandlung von Gott, dem Menschen und seinem Glück. übers. v. C. Gebhardt. Hamburg: Meiner.

# Logik der Subjektivität und Natur der Vernunft. Die Seelenkonzeptionen der klassischen deutschen Philosophie

*Dieter Sturma*

## 1. Einleitung

Die Epoche der klassischen deutschen Philosophie von Kant bis Hegel ist in der philosophischen Theoriegeschichte ohne Beispiel. In knapp 40 Jahren entstehen die Hauptwerke Kants, die idealistischen Systeme von Fichte, Schelling und Hegel sowie eine Vielzahl bedeutender philosophischer Arbeiten von anderen Theoretikern. Der Kant und den Deutschen Idealismus umfassende zeitliche Abschnitt ist darüber hinaus die wissenschaftsgeschichtliche Epoche vor dem disziplinären Auseinandertreten von Philosophie und Psychologie, das sich in theoretischer Hinsicht für die Möglichkeiten individuellen und gesellschaftlichen Selbstverständnisses überaus nachteilig ausgewirkt hat. Der im 19. Jahrhundert unternommene Versuch, die Psychologie unter dem programmatischen Titel einer ‚Psychologie ohne Seele‘ wissenschaftlich zu emanzipieren, ist zugleich der Beginn eines merkwürdigen, von gegenseitigen Mißverständnissen und Fehleinschätzungen geprägten Spannungsverhältnisses. Erst in neuerer Zeit sind im Rahmen der Philosophie der Psychologie wieder Anstrengungen unternommen worden, diese künstliche Konkurrenzsituation argumentativ aufzulösen.

Werden in diesem Zusammenhang Kants Verdienste um die Aufklärung psychologischer Sachverhalte nur selten bestritten, so gilt für den Deutschen Idealismus geradezu das Gegenteil. Er wird gemeinhin für jenes dogmatische Lehrgebäude gehalten, gegen das sich die empirisch ausgerichtete Psychologie mühsam zu behaupten hatte. Ohnehin ist es das generelle rezeptionsgeschichtliche Schicksal des Deutschen Idealismus, daß Urteile über ihn häufig an begrifflichen Oberflächlichkeiten orientiert sind und seine theoretischen Intentionen dabei in das Gegenteil verkehrt werden. Ein frühes Beispiel für derartige Fehldeutungen ist Jean Pauls Kritik an Fichtes Wissenschaftslehre, der unterstellt wird, sie sei eine Theorie abstruser individualistischer und egozentrischer Selbstsetzungen, obwohl Fichte gerade *gegen* eine solche Position argumentiert.

Es ist eine anspruchsvolle Aufgabe, gegen den Zeitgeist Themen zu exponieren und deren argumentative Hintergründe zu rekonstruieren, die vordergründige Ursachen für hartnäckige Vorurteile gegenüber der traditionellen Philosophie insgesamt sind, das gilt in besonderem Maße für den philosophischen Begriff der Seele. Bei näherer Betrachtung zeigt sich allerdings, daß der Begriff der Seele seiner internen Verfassung nach gegenwärtigen Argumentationsweisen keinesfalls äußerlich gegenübersteht. Der begriffslogische Status von ‚Seele‘, einer allgemein für anachronistisch gehaltenen Bestimmung, und der von ‚Unbewußtem‘ oder ‚Unterbewußtsein‘ – prominente Termini gegenwärtiger psychologischer Theorien – ist strukturell zumindest ähnlich; sie stimmen darin überein, daß sie kein direkt identifizierbares Korrelat haben, aber dennoch eine deskriptive und explikative Funktion erfüllen sollen. Während dieser begriffslogische Sachverhalt im Fall der Seele als Anachronismus interpretiert wird, gilt er im Fall des Unbewußten u. ä. als Kennzeichen einer innovativen Erweiterung psychologischer Analysen.

Will man sich dem sachlichen Potential traditioneller Theorien stellen, dann müssen kritische Impulse zunächst einmal zurückgehalten und verkannte Argumentationen zur Darstellung gebracht werden, um damit nicht zuletzt die Umrisse eines rezeptionsgeschichtlich induzierten theoretischen Verlustes aufzuzeigen. Denn die gegenwärtige Theoriesituation der Moderne ist nicht nur Resultat von theoretischen Verdrängungen, sondern eben auch von unverstandenen Ausgrenzungen. Dieser Sachverhalt läßt sich eindrucksvoll an den Seelentheorien der klassischen deutschen Philosophie demonstrieren. Diese fungieren in ihrer Gesamtheit gleichsam als seelentheoretische Enzyklopädie; in ihnen wird implizit ein Resümee der langen Geschichte des Begriffs ‚Seele‘ gezogen, deren wirkungsmächtige Theorieperspektiven Platons Bestimmung der Seele als körperunabhängiges Lebensprinzip, Aristoteles' Begriff der Seele als Entelechie, als zweckgerichtetes, sich selbst realisierendes Lebens- und Bewußtseinsprinzip, sowie Descartes' Leib-Seele-Dualismus gewesen sind. Kants, Fichtes, Schellings und Hegels Reflexionen zum Begriff der Seele setzen sich noch einmal mit dem systematischen Potential dieser Ansätze auseinander, wobei insbesondere die konzeptualen Schwierigkeiten des Seelenbegriffs offenkundig werden. Es werden in diesem Zusammenhang aber auch Argumentationen entwickelt, die noch bzw. wieder in der gegenwärtigen Theoriesituation philosophischer Psychologie von Bedeutung sind.

Es ist noch darauf hinzuweisen, daß der Begriff ‚Seele‘ spätestens mit Kants Erkenntniskritik seine vorrangige philosophische Bedeutung verloren hat, von den Vertretern des Deutschen Idealismus wird er daher oft nur beiläufig behandelt. Für die klassische deutsche Philosophie war argumentativ ausgemacht, daß die Vorstellung einer identifizierbaren Entität qua Seele schon aus theoretischen Gründen völlig haltlos ist. Eine weitere explikative Verwendungsweise des Begriffs ‚Seele‘ sollte nur noch im Rahmen von grundsätzlich erweiterten Argumentationskontexten erfolgen. Eine Theorie der Seele im engeren Sinne wurde nicht mehr zum Themenbereich der Philosophie gezählt, – in dieser Hinsicht ist die klassische deutsche Philosophie eine ‚Philosophie ohne Seele‘. Gleichwohl läßt sich aus ihren vielfältigen Überlegungen zum Seelenproblem ein konturierter Argumentationszusammenhang gewinnen. Seine wesentlichen philosophiegeschichtlichen Stationen sind Kants Paralogismenkritik in der ‚Kritik der reinen Vernunft‘, Fichtes und Schellings Reflexionen zur immanenten Ewigkeit in den Schriften um 1800 sowie die Anthropologie in Hegels 1817 zum ersten Male erschienenen ‚Enzyklopädie der philosophischen Wissenschaften‘.

## 2. Kant: Das Verschwinden der Seele

Die von Descartes unter subjektivitätstheoretischen Vorzeichen unternommene Suche nach der formalen Struktur von Wahrheit, die gemeinhin als erste explizite Manifestation der Philosophie der Neuzeit gedeutet wird, hat auch auf die Seelentheorie folgenreich gewirkt. Descartes macht gelegentlich seines radikalen Zweifels an den Möglichkeiten einer rechtfertigungsfähigen Bezugnahme auf Gegenstände, Zustände und Ereignisse die Entdeckung, daß mit Ausnahme des Falls unmittelbaren Selbstbewußtseins alle propositionalen Einstellungen menschlichen Bewußtseins der Möglichkeit nach bezweifelbar sind. Nur wenn ich den Satz ‚ich bin‘ bzw. ‚ich denke‘ ausspreche oder in Gedanken fasse, kann ein Irrtum prinzipiell ausgeschlossen werden. Der sprachliche Ausdruck meiner Selbstgewißheit kann zum jeweiligen Zeitpunkt seiner Äußerung nicht sinnvoll negiert werden, denn der Satz ‚ich existiere nicht‘ setzt faktisch immer schon die Existenz voraus, die mit ihm bestritten werden soll.

Descartes hat in dieser Eigenschaft des Selbstbewußtseins die Grenze – noch nicht die Auflösung – jedes möglichen Zweifels gesehen. Selbstbewußtsein ist für Descartes das Paradigma einer klaren und deutlichen Idee, die formal von keinerlei skeptischen Erwägungen erschüttert werden kann.

In explikativer Hinsicht hat er dem unmittelbaren Selbstbewußtsein allerdings noch mehr zugetraut. Descartes hat geglaubt, aus dem Satz ‚ich denke‘ den Satz ‚ich bin ein denkendes Ding‘ bzw. ‚ich bin eine denkende Substanz‘ ableiten zu können. Der Sachverhalt, daß die unmittelbare Selbstgewißheit zweifelsfrei eben nur besagt, daß ich existiere und denke, während alle weiteren inhaltlichen Bestimmungen nach wie vor unter dem generellen Irrtumsverdacht stehen, hat Descartes zu dem Schluß geführt, er sei ein Wesen, von dem mit Ausnahme der bloßen Existenz und des Bewußtseins alles andere, also auch alle Bestimmungen der eigenen körperlichen Erscheinungsweise abgetrennt werden können, was nichts anderes bedeuten kann, als daß ich nur in der Form eines ausschließlich denkenden Wesens selbständig bin: ‚sum substantia cogitans'[1].

Descartes hat auf diese Weise den so folgenreichen Dualismus von Psychischem und Physischem in die neuzeitliche Wissenschaft eingeführt. Diesem Dualismus zufolge eröffnet sich im selbstreferentiellen Denken bzw. in der Introspektion ein Bereich, der von grundsätzlich anderer Natur ist als der raumzeitlicher Erfahrungsgegenstände. Im Zentrum dieses Bereichs, so lehrt die Descartes nachfolgende ‚rationale Psychologie', steht die Seele, die in der Theorie von all denjenigen Bestimmungen freigehalten werden muß, die mögliche Prädikate körperlicher Bestimmungen sind. Die ‚rationale Psychologie' hat allerdings durchaus Eigenschaften und Bestimmungen der Seele ausgemacht, die diese allenfalls noch mit Gott oder ähnlichen übernatürlichen Wesen teilen sollte, nämlich neben Substantialität und Immaterialität noch Simplizität, Personalität und Unsterblichkeit. Der ‚rationalen Psychologie' ist gegenwärtig gewesen, daß alle geistreichen Untersuchungen und feinen Distinktionen auf dem Gebiete der Seelentheorie letztlich davon abhängen, ob die Selbständigkeit der Seele bewiesen werden kann; Beweise dieser Voraussetzung stehen denn auch im Vordergrund ihrer theoretischen Bemühungen. Erst Kant hat in der ‚Kritik der reinen Vernunft' diesen Versuchen in systematisch ausgeführten Argumentationsgängen die philosophische Grundlage entzogen. Mit Kants Kritik kommt der Prozeß wachsender Skepsis gegenüber dem Dogma von der Seelensubstanz zu einem vorläufigen Abschluß. Dieser Prozeß hatte seinen Ausgang in der angelsächsischen Philosophie genommen. Lockes Einwand, daß von der Substanz schlechthin nicht zu sagen sei, was sie an sich ist, wird bei Hume für den Begriff der Seelensubstanz in gleichsam phänomenologischer Konkretion radikalisiert. Hume macht darauf aufmerksam, daß unter allen Daten und Ereignissen des Bewußtseins sich nicht eine Vorstellung befindet, die ausschließlich als Korrelat der Seele oder des Ich einstehen könnte. Wann immer ich auf meine Bewußtseinszustände reflektiere, finde ich Vorstellungen bestimmten Inhalts, aber niemals ist darunter nur eine zu identifizieren, deren Inhalt mein Ich ist.[2]

Kant hat Hume darin zustimmen können, daß es kein identifizierbares Datum für die Seele gibt, er hat jedoch Hume seinerseits vorrechnen müssen, daß diese phänomenologische Entdeckung von ihm völlig falsch gedeutet worden ist. Kant nimmt in kritischer Absicht den auf Descartes zurückgehenden Gedanken auf, daß das ‚ich denke' der alleinige Text der ‚rationalen Psychologie' sei. Im weiteren zeigt er aber, daß es nicht der Sinn des ‚ich denke' ist, ein Seelenobjekt zu indizieren, sondern, und das ist das entscheidende Argument gegen den egologischen Skeptizismus Humes, als oberstes logisches Prinzip eines jeden Falls von Erfahrung zu fungieren; es ist das logische Gesetz der Subjektivität. Das ‚ich denke' muß alle meine Vorstellungen begleiten können, wenn diese als Daten bedeutungsvoller Erfahrung figurieren sollen. Nur wenn das, was gedacht wird, eine interne Beziehung zu dem hat, der denkt, und dieser wiederum sich seiner Identität in bezug auf die mannigfaltigen Inhalte seines Denkens bewußt werden kann, können sich Erfahrungszusammenhänge konstituieren. Ein Bewußtsein von Zuständen und Ereignissen kann nur dann vorliegen, wenn der sich in der Zeit entfaltenden Mannigfaltigkeit von Bewußtseinsdaten ein identisches Subjekt entspricht, über das diese aufeinander bezogen werden können, anderenfalls müßte es so viele Bewußtseinssubjekte geben wie es verschiedene Bewußtseinsinhalte gibt, d. h. es gäbe gar kein Bewußtsein. Die von Kant als notwendige Bedingung von Erfahrung ausgemachte Selbstreferenz des Bewußtseins hat die Identität des Selbstbewußtseins zur Voraussetzung, die ihre Explikation in einer Theorie der Synthesis findet, der zufolge sich das Subjekt des Bewußtseins deswegen nicht in der Mannigfaltigkeit seiner Vorstellungen verliert, weil es deren Verlauf formal selbst strukturiert und auf sich selbst zurückbezieht. Das Kennzeichen der Seele qua Subjekt des Bewußtseins ist dementsprechend die spontane, reguläre und selbstreferentielle Synthesis.[3]

Von dem ‚ich denke' sagt Kant im weiteren, daß es nicht ein Erfahrungszustand im Sinne einer wie auch immer zusammengesetzten Vorstellung, sondern logisch einfach sei. Und in dieser Hinsicht darf man auch von der Seele als einem logisch einfachen Subjekt sprechen, nur muß dabei beachtet werden, daß die Einfachheit des Gedankens ‚ich denke' eben nicht zusammenfällt mit der Simplizität einer Seelensubstanz. Kant weist nachdrücklich darauf hin, daß strikt unterschieden werden muß zwischen dem epistemologischen Funktionsbegriff ‚ich denke' und einem Gegenstand des Denkens, der vermittels dieses Begriffs gedacht wird. Wird dieser Unterschied verkannt, verwechselt man die epistemologischen Implikationen des Selbstbewußtseins mit Aussagen über den Träger des Selbstbewußtseins, und genau dieser Fehler liegt der Seelenlehre der ‚rationalen Psychologie' zugrunde, wie Kant nachdrücklich vorführt. Diese hat nicht erkannt, daß aus dem Bewußtsein ‚ich bin' kein Satz über mich als einer Person im raumzeitlichen oder gar im metaphysischen Bereich folgt. Derartige Sätze können nur den Status von synthetischen Erfahrungszuständen haben; Selbstbewußtsein ist dagegen ein Zustand, dessen Sinn darin besteht, unabhängig von jedem möglichen Bewußtseinsinhalt unmittelbare Selbstgewißheit auszudrücken. Diese Selbstgewißheit kann nach Kants Überzeugung theoretisch in die logischen Bestimmungen der Einheit und Identität ausgelegt werden, keinesfalls aber in Prädikate einer Seelensubstanz oder eines ‚Ichobjekts'. Selbstbewußtsein und Selbsterkenntnis sind zwei grundsätzlich verschiedene Bewußtseinsphänomene. Selbstbewußtsein ist das unmittelbare selbstreferentielle Bewußtsein der eigenen Existenz, während Selbsterkenntnis die Behauptung eines Sachverhalts in bezug auf meine personale Erscheinungsweise in Raum und Zeit ist, und eine solche Behauptung ist synthetisch, d. h. ihr Wahrheitsgehalt folgt nicht unmittelbar aus den Begriffen, in denen sie ausgedrückt wird.

Kants Erkenntniskritik ist in zweierlei Hinsicht letal für die ‚rationale Psychologie'. Zunächst kann Kant nachweisen, daß die Voraussetzung einer Seelensubstanz auf Begriffstransformationen beruht, durch die logische Bestimmungen vermittels ‚außerlogischer' Interpretationen vergegenständlicht werden, wodurch aus dem prädikativ leeren Satz ‚ich denke' eine deskriptive Aussage über eine Seelensubstanz wird. Kants Kritik geht aber noch weiter, denn mit der Aufdekkung des logischen Sinns des ‚ich denke' kann

er auch zeigen, daß die Instanz des Denkens, ob Ich oder Seele, aufgrund ihrer konstitutiven Funktion in Erfahrungszuständen selbst kein Erfahrungsobjekt sein kann. Will ich nämlich die Instanz des Denkens zum Gegenstand des Denkens machen, so ist sie dabei immer schon vorausgesetzt, d. h. ich drehe mich in einem beständigen Zirkel um sie herum. Am logischen Ort der Seele, der in der philosophischen Tradition mit Begriffen wie Substantialität, Immaterialität, Simplizität und Personalität ausgefüllt worden ist, steht Kant zufolge nur ein ‚=x'[4]. Das ‚ich denke' ist als Gesetz der Subjektivität der Schlüssel zum theoretischen Verständnis aller Erfahrungszustände, es ist aber nicht der Weg zur Objektivierung eines Ich oder einer Seele.

Die Paralogismenkritik ist nicht Kants letztes Wort zum Seelenproblem gewesen. Zuweilen um den Preis der Inkonsequenz hat sich Kant noch des öfteren daran versucht, dem Begriff der Seele einen Sinn jenseits seiner Kritik an der ‚rationalen Psychologie' zu geben. Nachdem Kant in der ‚Kritik der reinen Vernunft' sein kritisches Geschäft mit dem Ausschluß der prominenten traditionellen Theorien der ‚rationalen Psychologie', der Kosmologie und der ‚rationalen Theologie' aus dem Kanon rechtfertigungsfähiger Argumentationsverfahren abgeschlossen hat, wendet er sich noch einmal den Grundbegriffen ‚Seele', ‚Welt' und ‚Gott' zu. Er billigt diesen Begriffen nunmehr den Status von regulativen Ideen zu, d. h. Ideen, die zwar keine möglichen Objekte der Erfahrung repräsentieren, durch die aber einer Mannigfaltigkeit von Erfahrungsdaten eine systematische Einheit angesonnen werden kann. Für den Bereich der psychologischen Philosophie ist eine derartige Idee eben der Begriff der Seele, von dem ich inhaltlich zwar nichts wissen kann, der als *„focus imaginarius"*[5] den divergierenden Erscheinungsformen des selbstreferentiellen Wissens gleichwohl eine Richtungslinie gibt. Weil die Kenntnis einer Summe meiner Eigenschaften nicht zusammenfällt mit dem internen Sinn meiner personalen Identität, muß ich im Falle der Selbsterkenntnis die Idee der Seele als „einer einfachen selbständigen Intelligenz"[6] immer schon voraussetzen. In dieser Bestimmung findet Kants implizite Tendenz, bei allem egologischen Agnostizismus einen substantialen Subjektbegriff doch immerhin für hypothetisch denkbar zu halten, eine ausdrückliche Manifestation. Kant stellt heraus, daß die regulativen Ideen seine erkenntniskritische Position keineswegs wieder einschränken; er hat sich aber genötigt gesehen, der sich mit dieser Position scheinbar zwangsläufig einstellenden ‚Anmaßung der Sinnlichkeit‘, alleiniger sinnstiftender Bereich der Wirklichkeit zu sein, durch den negativen Gebrauch regulativer Ideen entgegenzutreten.

Bei allen begrifflichen Erwägungen hält Kant jedoch mit Nachdruck daran fest, daß Begriffe, die eine epistemologische Explikationsfunktion erfüllen, nicht in inhaltliche Bestimmungen umgedeutet werden können. Damit ist einer ‚Psychologie aus dem Begriff‘ generell widersprochen. Psychologische Aussagen können Kant zufolge sinnvollerweise nur als empirische Deskriptionen auftreten, was impliziert, daß die Psychologie niemals den Status einer exakten Wissenschaft analog den Naturwissenschaften oder der Logik erlangen kann. Diese These Kants ist wesentlich durch seine Lehre vom inneren Sinn bestimmt, die besagt, daß Erlebnisse oder psychische Ereignisse unter der Bedingung der Zeit stehen. Sie sind kontinuierlich wechselnde Bestimmungen, denen nichts Bestimmbares im Sinne von Objekten der äußeren raumzeitlichen Erfahrung entspricht, – „in dem was wir Seele nennen, ist alles im kontinuierlichen Flusse“[7]. Der Zeitablauf der Bewußtseinsinhalte ist das für Kant entscheidende Strukturmerkmal psychischer Phänomene, und weil diese wesentlich durch die Bedingung der Zeit präformiert werden, können sie nicht unter die zeitunabhängigen Gesetze der mathematischen Naturwissenschaften gebracht werden. Diese dem Anschein nach recht akademisch ausfallende Distinktion darf hinsichtlich ihres Argumentationspotentials nicht unterschätzt werden. Einmal ungeachtet der Probleme, die mit dem von Kant unterstellten Bewußtseinsmodell zusammenhängen, liegt ihnen die Einsicht zugrunde, daß Bewußtsein und damit rationales Verhalten nicht in der Theorieperspektive der mathematischen Naturwissenschaften bestimmbar sind, – einem derartig strukturierten Theorieansatz gelten noch heute die Bemühungen nicht-reduktionisti-

scher Theorien auf dem Gebiete der philosophischen Psychologie. Hat Kant im Grunde genommen auch nur beabsichtigt, die Psychologie in ihren wissenschaftlichen Ansprüchen zu beschränken, so hat er doch einen entscheidenden Aspekt der Verstehbarkeit menschlicher Existenz aufgedeckt, nämlich den der wissenschaftlichen Irreduzibilität von Subjektivität. Für diese Irreduzibilitätsthese kann Kants Erkenntniskritik sowohl epistemologische wie psychologische Gründe aufbieten. Kant hat in diesem Sachverhalt allerdings kein Einfallstor für Irrationalismen, welcher Art auch immer, gesehen, er hat ihn vielmehr für den logischen Ort menschlicher Autonomie gehalten.

Schon in der Paralogismenkritik hat Kant die einzig mögliche Konsequenz aus seiner kritischen Analyse des Seelenbegriffs gezogen: um Selbsterkenntnis erlangen zu können, „bleibt uns nichts übrig, als unsere Seele an dem Leitfaden der Erfahrung zu studieren und uns in den Schranken der Fragen zu halten, die nicht weiter gehen, als mögliche innere Erfahrung ihren Inhalt darlegen kann“[8]. Kants ‚Anthropologie in pragmatischer Hinsicht‘, die zu einem Zeitpunkt erschien, als die ersten Systeme des Deutschen Idealismus schon vorlagen, ist entsprechend in vielen Teilen eine Sammlung deskriptiven Materials, die der Intention nach aber immer zusammengebracht wird mit auf Autonomie ausgerichteten reflektierten Selbstverhältnissen vernünftiger Individuen. Und es ist diese Begriffskonstellation, die Kants psychologische Betrachtungen, trotz der oft anachronistisch anmutenden Befunde, in der gegenwärtigen Theoriesituation der Philosophie der Psychologie, insbesondere im Hinblick auf Abgrenzung gegenüber reduktionistischen Ansätzen, theoretische Relevanz verleiht. Kant hat eine Konzeption pragmatischer Vernunft entworfen, die Menschenkenntnis weder als privates Unterfangen noch als inkriminierende Motivforschung betreibt. Damit der Mensch zum Bewußtsein dessen gelangen kann, „was *er* als freihandelndes Wesen aus sich selber macht, oder machen kann und soll“[9], muß er sich durch Vernunft über die Welt und die Beziehung der Menschen untereinander orientieren. Weil die interne Logik der Subjektivität das faktische Weltverhältnis der vernünftigen Individuen inhaltlich noch gar nicht berührt, müssen die Selbsterkenntnis- und Selbstverständigungsprozesse in weitergehenden Kontexten erfolgen. Selbsterkenntnis ist ein soziales Phänomen, kein intimes Verhältnis zur eigenen Seele.

## 3. Fichte: Der Übergang zum Ich

Kants Untersuchungen und Überlegungen zum ,ich denke' sind für die Philosophie seiner idealistischen Nachfolger im allgemeinen wie für ihre Behandlung der Seelenproblematik im besonderen schlechthin entscheidend gewesen. Mit Kants Argumentationen zum systematischen Gehalt des ,ich denke' wird ein philosophischer Reflexionsprozeß eingeleitet, in dem die Individualitätskonstante ,Seele' durch den Begriff ,Ich' ersetzt wird. In den Argumentationen des Deutschen Idealismus wird der Begriff des Ich schließlich in einem derartig spekulativen Sinne gedeutet, daß in ihm die Aspekte individueller Personalität verschwinden.

Von Kants Theorie ist gesagt worden, daß sie eine ,Philosophie ohne Seele' sei, sie ist aber vor allem eine Theorie, die Selbstreferenz zum höchsten logischen und systematischen Prinzip erhebt; und es ist dieser Gedanke, der neben der kantischen Moralphilosophie überaus folgenreich auf den Deutschen Idealismus gewirkt hat. Die idealistischen Nachfolger Kants sind von seinen spekulativen Intuitionen überzeugt gewesen, die argumentative Ausführung haben sie allerdings für inkonsequent und verbesserungswürdig gehalten. Sie haben es insbesondere als Skandalon der Philosophie angesehen, daß Kant den Gegensatz von Gegebenem und Gedachtem als feste Größe philosophischer Reflexion etabliert hat. Auch habe er es versäumt, so die Kritik, das Selbstbewußtsein, das er doch in seiner Lehre von der logischen Funktion des ,ich denke' zum obersten Prinzip von Erkenntnis erhöht hat, an sich selbst aufzuklären. Wenn Kant richtigerweise darlegt, daß alle unsere epistemischen Ansprüche sich nur aus der Struktur des Selbstbewußtseins qua interner Logik der Subjektivität rechtfertigen lassen, dann muß, und hier setzt vor allem Fichtes

Kritik ein, unverständlich bleiben, warum er das Phänomen des Selbstbewußtseins in seinen Grundvoraussetzungen unaufgeklärt läßt.

Fichte hat diese Defizite des kantischen Denkens dahingehend interpretiert, daß sie nur Symptome eines noch nicht zum ,wahren Idealismus' vorgedrungenen Reflexionsstandes der Erkenntniskritik seien. Nach Fichte darf der ,wahre Idealismus' allein das Wesen der Intelligenz, das im Selbstbewußtsein offenkundig wird, voraussetzen, um dann im weiteren das Selbstbewußtsein bzw. das ,ich denke' in seinem Zustandekommen aufzuklären. In der Darlegung des Zustandekommens von Selbstbewußtsein hat Fichte den Schlüssel zur Explikation jeglichen Weltverständnisses gesehen. Wegen dieser ,clavis fichteana', wie die zentrale Gedankenfigur Fichtes von Jean Paul trotz ironischer Intentionen ganz zurecht so bezeichnet worden ist, hat Fichtes Philosophie schon zu dessen Lebzeiten umstrittene Popularität erlangt. Sie ist verbreitet worden in einer verzeichneten Gestalt der Lehre des sich selbst setzenden ,absoluten Ich', die in völliger Verfälschung des sachlichen Gehalts der Argumentationen Fichtes nicht nur außerhalb fachwissenschaftlicher Kontexte dem philosophischen Idealismus zu trauriger Berühmtheit verholfen hat. Gleichwohl ist selbst in differenzierter philosophiegeschichtlicher Perspektive einzugestehen, daß Fichtes theoretisches Programm in gleichem Maße anspruchsvoll wie riskant ist, darin allenfalls noch dem Denken Schellings und Hegels vergleichbar. Fichte hat gemeint, daß die Gedankenfigur, mit der das Zustandekommen von Selbstbewußtsein erklärt werden kann, hinreichend ist, unser Verhältnis zur Welt bzw. zu allem anderen außer uns grundsätzlich aufzuklären und damit auch jenen Sachverhalt, der dem frühen Deutschen Idealismus insgesamt anstößig gewesen ist, nämlich die im Denken scheinbar unableitbare Differenz von gegebenen und gemachten Vorstellungen. Diese Differenz kann nach Fichtes Überzeugung in der Theorie dessen, was die Struktur des Selbstbewußtseins ausmacht, deduziert werden.

Den Auskünften Fichtes zufolge ist es Kants praktische Philosophie gewesen, die ihm den Weg zum ,wahren' Idealismus gewiesen hat; in ihr macht Fichte jenen Begriff einer ‚absoluten Freiheit‘ aus, der im Kontext der Selbstbewußtseinsproblematik zum entscheidenden Movens der philosophischen Spekulation wird. Die Analyse der Tatsachen des Bewußtseins hat Fichte zu der Überzeugung geführt, daß der Begriff unbedingter Freiheit in weit konsequenzenreicherer Weise interpretiert werden kann, als Kant im Rahmen seiner praktischen Philosophie zu tun bereit gewesen ist. Im Anschluß an die kantischen Gedanken zur Logik der Subjektivität, zum Zusammenwirken von Spontanität und Synthesis des Subjekts des Bewußtseins in seinen Erfahrungsprozessen, bestimmt Fichte die Tatsachen des Bewußtseins als in einer Tathandlung begründet. Demnach ist Bewußtsein nicht Gegebenheit, sondern wesentlich Freiheit, d. i. Unbedingtheit und Aktivität. Dieser Sachverhalt wird offenkundig durch das Selbstbewußtsein, das für Fichte nichts anderes besagt als „ich bin nur thätig"[10]; im Selbstbewußtsein sieht die Intelligenz sich selbst zu und entdeckt dabei ihre reine Tathandlung.

Damit nimmt die philosophische Auslegung von Descartes' Entdeckung der Eigentümlichkeit des Selbstbewußtseins eine radikale Wendung. Von Descartes bis Kant hat die Orientierung an der unbezweifelbaren Selbstgewißheit und den konstruktiven Synthesisleistungen des Subjekts des Bewußtseins im Vordergrund gestanden. Fichte legt nunmehr dar, daß es nicht ausreicht, dem Selbstbewußtsein seine prinzipielle Infallibilität zu bestätigen oder funktionale Strukturen der Subjektivität offenzulegen, die konstitutiv dafür sind, daß das Bewußtsein nicht so vielfarbig ist, wie es Vorstellungen hat. Die Aussage, daß das Ich im Selbstbewußtsein nicht durch anderes bestimmt wird, sondern bestimmend ist, enthält letztlich schon die Grundfigur des ‚wahren‘ Idealismus, es kommt daher nur noch darauf an, diesem Gedanken eine konsequente argumentative Ausführung zu geben. Grundsätzlicher Ausgangspunkt hat dabei die mit dem Selbstbewußtsein explizit werdende Unbedingtheit des Ich zu sein, ihr hat die philosophische Reflexion gleichsam als einer methodischen Fluchtlinie nachzugehen.

Die von Descartes erstmals theoretisch in die Philosophie der Neuzeit eingeführte un-

mittelbare Gewißheit des Selbstbewußtseins wird von Fichte exemplarisch für den gesamten Deutschen Idealismus als Indiz für die Unbedingtheit des Denkens bzw. der Vernunft gedeutet. In einer derartigen Argumentationsperspektive gerät die bestimmende Funktion des Ich im Selbstbewußtsein nahezu zwangsläufig zur absoluten Selbsttätigkeit eines nicht-empirischen, „reinen Ich"[11]. Wird zudem das Selbstbewußtsein als epistemische Grundstruktur akzeptiert, dann gewinnt die unbedingte Selbsttätigkeit des Ich geradezu totalitäre Ausmaße, denn die Entgegensetzung von Gegebenem und Gedachtem ist nach dieser Voraussetzung des fichteschen Idealismus nicht mehr wie bei Kant ein schlechthin gesetztes Faktum, sondern eine Tatsache des Bewußtseins, die im Hinblick auf die Selbsttätigkeit des Ich ein sekundäres Phänomen ist. Fichte definiert die Entgegensetzung von Gegebenem und Gedachtem im Bewußtsein als Entgegensetzung *des* Bewußtseins, das seinerseits die Selbsttätigkeit des ‚absoluten Ich‘ zur Voraussetzung hat. In diesem Bestimmungsverhältnis findet die auch noch von Kant akzeptierte These, daß ohne Selbstbewußtsein gar kein Bewußtsein möglich sei, schließlich ihre entschiedene spekulative Ausformung.

Fichte hat sich angesichts dieses Argumentationspotentials berechtigt gesehen, ontologischen Problemen im Rahmen idealistischer Begriffskonstellationen eine neue Interpretation zu geben. Dabei ist es ihm nicht darum gegangen, einen Beweis für die Behauptung zu liefern, daß das Ich die Welt realiter erschafft – ein auch für Fichte völlig absurder Gedanke –, vielmehr ist es seine Intention, zu zeigen, daß das, was das Bewußtsein für wirklich hält, also die Realität ‚für uns‘, aufgrund seines subjektiven Ortes wesentlich ein mentaler Sachverhalt sei. Realität entsteht demnach für uns nicht durch äußerliche Affektionsverhältnisse, sondern durch das Streben des Ich, seine potentielle Unendlichkeit mentaler Bestimmungen inhaltlich bestimmt auszufüllen. Auf dieser Selbsttätigkeit des Ich gründet sich Fichtes exponiertester These zufolge „die Möglichkeit unseres Bewusstseyns, unseres Lebens, unseres Seyns für uns, d. h. unseres Seyns, als Ich"[12]. Allein im Rahmen dieses mentalen Grundsachverhalts kann von einer Entgegensetzung von Gedachtem und Gegebenem, Subjekt und Objekt o. ä. die Rede sein, und nur in diesem Sinne hat Fichte seine These verstanden wissen wollen, daß ‚das Ich *sich* ein Nicht-Ich entgegensetzt'.

Es ist noch darauf hinzuweisen, daß Fichtes Ichreflexionen keineswegs von dem ‚ich' handeln, mit dem wir in philosophisch unverdächtiger Weise auf uns Bezug nehmen. Fichtes Begriff der Selbsttätigkeit des Ich entspricht kein konkreter Fall von Selbstbewußtsein, er bezieht sich vielmehr auf das Selbstverhältnis vor dem faktischen ‚ich denke', – darin ist er Kants Bestimmungen zur Logik der Subjektivität vergleichbar, die ebenfalls keine empirisch identifizierbaren Bewußtseinszustände bezeichnen. Die Idee der Selbsttätigkeit des Ich bleibt dem theoretisch unbefangenen Bewußtsein zunächst verschlossen, sie ist Fichte zufolge eine spekulative Notwendigkeit und tritt nur in der philosophischen Reflexion auf. Die Welt des ‚absoluten Ich' ist eine spekulative Welt, die nicht um ihrer Wirklichkeit willen mit der Alltagswelt konkurriert, sie manifestiert sich in einem philosophischen System, in dem der Sachverhalt intelligenter und selbstbewußter Existenz seine konstruktive Erklärung erfährt.

Ausgehend von Kants Philosophie findet im Deutschen Idealismus eine konzeptuale Transformation von der Seele zum Ich statt, d. h. das Argumentations- und Explikationspotential von Individualitätskategorien, das in der philosophischen Tradition weitgehend unter dem Titel ‚Seele' thematisiert worden ist, wird nunmehr unter dem Begriff des Ich angesprochen, der dabei aber keineswegs ausschließlich als Individualitätskonstante fungiert. Der individualistische Denotationsbereich des Seelenbegriffs wird vielmehr über spekulative Ichbestimmungen in allgemeine Abstraktionsverhältnisse aufgelöst. Das ‚empirische Ich' ist in der Lehre des Deutschen Idealismus nicht länger wie bei Kant Ausgangs- und Endpunkt der philosophischen Reflexion, in systematischer Hinsicht ist es nur noch Durchgangsstation allgemeiner Vermittlungsprozesse, sei es des ‚absoluten Ich' oder des ‚absoluten Geistes'. Die Herausbildung des spekulativen Idealismus verflüchtigt den systematischen Ort des Seelenbegriffs. Der Sinn von Individualitäts-

kategorien wird allein unter der Voraussetzung und in der Perspektive allgemeiner Reflexionsbestimmungen definiert. Mit dem frühen Deutschen Idealismus vollzieht sich eine grundlegende Veränderung der theoretischen Einstellung zum Subjektivitätsproblem. Die epistemologische und an Erfahrungsprozessen orientierte Theorieperspektive tritt gegenüber spekulativen und abstrakt-integrativen Systementwürfen zurück.

## 4. Fichte, Schelling: Geschichte des Selbstbewußtseins und immanente Ewigkeit

Indem der Deutsche Idealismus die epistemologische Subjektivitätstheorie zum spekulativen Idealismus steigert, wird eine Argumentationsfigur im Zentrum der systematischen Philosophie etabliert, der zufolge Individualitätskategorien logisch und ontologisch sekundäre Bestimmungen sind, die allein als vergehende Manifestationsformen einer transindividuellen und reflexiven Vernunft in der Gestalt des ‚absoluten Ich' oder ‚absoluten Geistes' auftreten können. Dieses Bestimmungsverhältnis betrifft nachdrücklich die idealistische Semantik des Begriffs ‚Seele', der in der Tradition als individuelles Lebens- und Bewußtseinsprinzip die exponierteste Individualitätskonstante gewesen ist. Die Kritik des Deutschen Idealismus richtet sich dabei gleichermaßen gegen unzulässige Hypostasierungen individueller Bestimmungen wie gegen einseitig psychologisch motivierte Untersuchungs- und Argumentationsverfahren. Fichte, Schelling und Hegel akzeptieren Kants These, daß die Psychologie im strikten Sinne keine wissenschaftliche Disziplin sei. Auch die von Kant vorgegebene kritische Position gegenüber der traditionellen Seelenlehre wird vom Deutschen Idealismus nicht mehr aufgegeben. Der Deutsche Idealismus unterscheidet sich aber von der kantischen Theorie darin, daß er versucht, mit dem Begriff der Seele neue und weiterreichende Argumentationsperspektiven zu erschließen.

Kann von der Philosophie des Deutschen Idealismus im allgemeinen gesagt werden, daß sie dem Selbstverständnis nach die umfassendste Theorie der Objektivität der Vernunft ist, so gehört der von ihr verwandte Begriff der Seele wesentlich in den nur schwer explizierbaren Bereich der Naturgeschichte der Vernunft. Ablesbar ist das vor allem an Schellings Naturphilosophie und an Hegels Anthropologie, die gleichsam die Vorgeschichte der Anwesenheit des sich selbst entfaltenden Geistes in den potentiell vernünftigen Individuen theoretisch ‚nachliefern‘.

Es ist Schelling gewesen, der in den Deutschen Idealismus den naturphilosophischen Gedanken der Vorgeschichte der Vernunft eingebracht hat. Noch unter dem Eindruck von Fichtes wirkungsmächtiger Ichmetaphysik exponiert Schelling eine entwicklungslogische Theorie der sich zum selbstbewußten Geist entfaltenden Seele: „was aber die Seele anschaut, ist immer ihre *eigne, sich entwickelnde Natur* ... So bezeichnet sie durch ihre eignen Produkte, für gemeine Augen unmerklich, für den Philosophen deutlich und bestimmt, den Weg, auf welchem sie allmählich zum Selbstbewußtseyn gelangt. Die äußere Welt liegt vor uns aufgeschlagen, um in ihr die Geschichte unseres Geistes wieder zu finden.“[13]

Schelling gibt dem idealistischen Grundgedanken, daß eine Beziehung auf sich nur durch die Beziehung auf anderes möglich sei, eine naturphilosophische Interpretation. Das in der äußeren Erfahrung Thematisierte ist Manifestation der „Geschichte des Selbstbewußtseyns“[14]. Schelling schließt damit zunächst noch an Fichtes Projekt einer ‚pragmatischen Geschichte des menschlichen Geistes‘ an.

Die naturphilosophische Theorieperspektive führt Schelling jedoch schon bald zu Positionen, die über den von Fichte vorgezeichneten Themenbereich des Idealismus weit hinausgehen. Schelling gelangt zu der Überzeugung, daß die Bedeutung des philosophischen Naturbegriffs nicht nur darin bestehen kann, konstruktives Mittel der entwicklungslogischen Selbsterfassung des Geistes zu sein. Die Programmatik einer Geschichte des Selbstbewußtseins muß Schelling zufolge notwendigerweise auf die ‚transzendentale Vergangenheit‘ des Selbstbewußtseins stoßen, denn das existentiell aufgeklärte Bewußtsein, das Descartes konzeptual in der wirkungsmächtigen Formel des unbezweifelbaren ‚ich denke‘ bzw. ‚ich bin‘ zusammengefaßt hat, setzt nicht bloß idealiter seine äußere Natur, sondern findet sie materialiter bereits vor. Rückblickend auf die Wandlungen seiner Philosophie beschreibt Schelling jene Einsicht, die ihn schließlich von Fichtes Idealismus weggeführt hat: „... indem das Ich zum *individuellen* wird – was eben durch das Ich bin sich ankündigt – angekommen also bei dem *Ich bin*, womit sein individuelles Leben beginnt, erinnert es sich nicht mehr des Wegs, den es bis dahin zurückgelegt hat, denn da das Ende dieses Wegs eben erst das Bewußtseyn ist, so hat es (das jetzt individuelle) den Weg zum Bewußtseyn selbst bewußtlos und ohne es zu wissen zurückgelegt. Hier erklärt sich die Blindheit und Nothwendigkeit seiner Vorstellungen von der Außenwelt, wie dort die Gleichheit und Allgemeinheit derselben in allen Individuen. Das Individuelle Ich findet in seinem Bewußtseyn nur noch gleichsam die Monumente, die Denkmäler jenes Wegs, nicht den Weg selbst.“[15]

Die Natur ist der unbewußte Geist, der das Prinzip jener identischen Produktivität ist, die Natur und Bewußtsein gleichermaßen formiert. Aus diesem Grunde kann das Bewußtsein eben aus der Natur als emergentes Phänomen hervorgehen, womit schließlich auch verständlich wird, daß trotz der mannigfaltigen inhaltlichen Verschiedenheiten der Vielzahl individueller Bewußtseinsformen zwischen diesen dennoch strukturelle Gleichheit herrscht. Schelling hat diesen Sachverhalt in der These zusammengefaßt, daß die Natur als sichtbarer Geist und der Geist als unsichtbare Natur zu begreifen seien. Die Natur ist demnach nicht das Andere, Entgegengesetzte von Bewußtsein und Vernunft, sondern deren Vorgeschichte. Selbst die ausschließlich materiale Natur ist intern vernünftig bestimmt, andernfalls wäre der entwicklungslogische Weg von der nicht bewußten Natur zur verstehenden Intelligenz nicht möglich gewesen. Wenn von der Natur der Vernunft die Rede sein soll, so das Resultat von Schellings naturphilosophischer Reflexion, dann ist das nicht möglich, ohne über die Vernunft der Natur zu befinden, – ein Gedanke, der auch Hegel beeindruckt hat, was insbesondere an seiner Seelenkonzeption ablesbar ist.

Die naturphilosophische Version der retrospektiven Geschichte des Selbstbewußtseins bleibt in progressiver Hinsicht allerdings offen. Bei der Bestimmung des Seelenlebens als dem Ziel- und Endpunkt des Naturlebens bleibt der fragilste Teil der Philosophie der Seele, nämlich das Unsterblichkeitsproblem bzw. die Beantwortung der Frage ‚was wird von den vernünftigen Individuen bleiben?‘ zunächst unberührt. Die These von der Unsterblichkeit der Seele hat ihren sachlichen Grund in der Transformation des Prinzips der intellektuellen Unbedingtheit vernünftiger Individuen auf deren personale Selbsterhaltung. Durch Kants Nachweis, daß die Theoreme der traditionellen Seelentheorie auf begriffslogischen Fehlschlüssen beruhen, ist die Konsequenz nahegelegt, das Problem der Unsterblichkeit der Seele als Scheinproblem abzutun, denn wie soll noch einem ‚etwas = x‘ eine postmortale Existenz zugesprochen werden können, wenn argumentativ ausgemacht ist, daß es von ihm keinen inhaltlich interpretierbaren Begriff geben kann. Nun ist auffällig, daß selbst Kant gar nicht bereit gewesen ist, diese Konsequenzen ohne weiteres zu ziehen. Kant hat vielmehr im Rahmen seiner berühmten und umstrittenen Postulatenlehre behauptet, daß vom Standpunkt der praktischen Vernunft die Unsterblichkeit der Seele nicht nur möglich, sondern geradezu gefordert sei. Begreift man vernünftige Individuen als essentiell moralische Wesen und berücksichtigt man, daß unter den Bedingungen der endlichen Existenz mit all ihren emotiven Unwägbarkeiten eine völlig an der moralischen Gesetzgebung ausgerichtete Lebensführung nicht zu erwarten ist, dann muß, so Kant, eine praktische Fortschreibung der Existenz der vernünftigen Individuen über ihren körperlichen Tod hinaus umwillen ihrer moralischen Vollkommenheit postuliert werden. Dieser ‚dogmatische Überschritt zum Übersinnlichen‘ soll Kant zufolge die Endgültigkeit des Todes in moralisch-praktischer Hinsicht relativieren. Es scheint, Kant habe den Gedanken nicht abwehren können, daß moralische Argumentationen und Forderungen angesichts der Gewalt des Faktischen und Emotiven sowie dem daraus folgenden

Auseinandertreten von moralischer Einstellung und personalem Glück zu akademisch ausfallen. Das Auseinanderfallen von moralischer Einstellung und einem Zustand von Glückseligkeit hat Kant mit seiner ethischen Postulatenlehre für korrigierbar oder doch zumindest für relativierbar gehalten. Das Postulat der postmortalen Existenz soll gleichsam Trost und Ansporn für eine moralische Lebensweise unter tendenziell unmoralischen Bedingungen sein. Kritiker Kants haben in der Postulatenlehre eine entscheidende Inkonsequenz in seiner ansonsten so rigorosen praktischen Philosophie gesehen. Vor allem der frühe Deutsche Idealismus hat Kant mit spinozistischer Schärfe vorgerechnet, daß das moralisch Erforderliche in seiner Verwirklichung nicht von irgendwelchen Gratifikationsmechanismen abhängen darf, die vernünftigen Individuen würden sonst nicht aus Moralität, sondern aus eudämonistischem Eigennutz handeln; das moralisch Geforderte muß aber aufgrund seiner unbedingten Verbindlichkeit völlig ungeachtet der Konsequenzen für das jeweilige handelnde Individuum vollbracht werden.

Bei allem gesteigerten ethischen Rigorismus ging die Programmatik des frühen Deutschen Idealismus gleichwohl nicht so weit, auf den Anspruch der metaphysischen Dignität der Person zu verzichten. Er hält an der idealistischen Grundüberzeugung fest, daß Philosophie immer auch reflektierter Widerstand gegen das Faktum der Sterblichkeit vernünftiger Individuen ist. Reflexion ist der idealistischen Intention nach die intellektuelle Überlegenheit gegenüber der dumpfen Gewalt des Naturlebens. Nur in der Art und Weise, wie diese metaphysische Dignität der Person konkret zu begreifen sei, unterscheiden sich die Vertreter des Deutschen Idealismus, die im übrigen in diesem Punkte keineswegs einer Meinung gewesen sind, grundsätzlich von der kantischen Position.

Der Deutsche Idealismus radikalisiert Kants kritische Seelentheorie. Er akzeptiert nur den systematischen Gehalt der erkenntniskritischen Theorie der Logik der Subjektivität, in Teilen geradezu polemisch setzt er sich über die kantische Postulatenlehre und die Erwägungen zur individuellen Heilserwartung hinweg. Das, was an Aussagen über den Seelenbegriff rechtfertigungsfähig ist, soll seine argumentative Ausführung nur unter dem Vorzeichen der Immanenz und Aktualität intelligenter Existenz im ,diesseitigen' Leben finden. Insbesondere gegen die eudämonistischen Tendenzen in Kants praktischer Philosophie behauptet der Deutsche Idealismus die Eigenkausalität von Moralität und Vernunft. Grundsätzlich wird dabei unterstellt, daß vernünftig bestimmte Handlungen Selbstverhältnisse der praktischen Vernunft seien, die die Struktur der Selbstbeziehung des Unbedingten im Bedingten bzw. in der Endlichkeit der Person haben. Die Existenz des vernünftigen Individuums wird insofern definiert durch den Gegensatz von Absolutem, d.i. Unbedingtem, und Endlichem; während das endliche Individuum in der Zeit vergeht, ist die absolute Vernunft überindividuell und zeitlos. Ausgehend von dieser grundsätzlichen Position haben die Vertreter des Deutschen Idealismus versucht, das Problem der Unsterblichkeit der Seele ohne Rückgriff auf eine individuelle postmortale Heilsgeschichte, aber auch ohne Leugnung der Virulenz des Spannungsverhältnisses von endlichem Dasein intelligenter Existenz und Natur der Vernunft zu lösen.

Die Theoriegeschichte des Deutschen Idealismus ist in vielfältiger Weise verschlungen. Von ihren freundschaftlichen Anfängen und argumentativen Gemeinsamkeiten entwickeln sich die Akteure dieser philosophischen Epoche zu theoretischen Gegnern. Zudem haben sie ihre eigenen Systementwürfe vielfältigen Modifikationen und Umänderungen unterzogen. Die gegenseitigen Rezeptionen sind dabei schon bald von Abgrenzungen und durch eigene Positionen bedingte einseitige Sichtweisen bestimmt gewesen. Hinter den oberflächlichen Gemeinsamkeiten verbirgt sich ein merkwürdig monologisches Argumentieren. Die Bürde der selbst auferlegten systematischen Ansprüche hat wohl kein wirkliches Einlassen auf die Theorie des anderen gestattet. Über all diese Gegensätze hinweg erhält sich aber gerade hinsichtlich des Problems der Unsterblichkeit der Seele ein gemeinsamer Zug, ein Sachverhalt, der insbesondere im Falle von Fichte und Schelling deutlich hervortritt. Beide entfalten in ihren Schriften um und nach 1800 – zur Zeit ihres theoretischen Bruchs – unabhängig voneinander ein Konzept für das Unsterblichkeitsproblem, das man unter dem Titel ,immanente Ewigkeit' zusammenfassen kann.

Der Schlüssel für das Unsterblichkeitsproblem kann dem Deutschen Idealismus zufolge nur in der Neubestimmung des Verhältnisses von menschlicher Gattung und einzelner Person liegen. Die menschliche Gattung objektiviert sich in ihrer Geschichte, die ungeachtet der Kette offensichtlicher Fehlleistungen zunächst Ausdruck von Freiheit und Vernunft in dem Sinne ist, daß sich eine Kontinuität von Manifestationen der Rationalität innerhalb der Natur und gegen deren Zwänge etabliert hat. Entsprechend definiert der Deutsche Idealismus als wesentliche Bestimmung der menschlichen Gattung, daß sie sich mit Freiheit ,zum reinen Abdruck der Vernunft' ausbildet bzw. auszubilden hat[16], und es ist diese Bestimmung, die auch das Dasein der einzelnen Person essentiell formieren soll. Fichte weist die Vernunft exemplarisch aus als „das einzig mögliche, auf sich selber beruhende und sich selber tragende Daseyn und Leben"[17]; im Reich der Natur mag alles extern verursacht sein, die Vernunft ist unbedingt, d. h. ihr Sinn ist nicht von externen Ursachen abhängig, – dieser Sachverhalt betrifft im übrigen noch nicht das Problem der konkreten Realisierung der Vernunft. Für den Deutschen Idealismus ist Vernunft das nicht auf ausschließliche Naturverhältnisse reduzierbare Medium intelligenter Existenz, insofern ist sie weder eine spezifische Art des Denkens noch eine Eigenschaft, die Personen zu- oder abgesprochen werden kann. Vernunft ist vielmehr eine Dimension, durch die intelligente Existenz als Möglichkeit und Wirklichkeit in die Welt tritt.

Aus dem dimensionalen Charakter der Vernunft ergibt sich unmittelbar eine argumentative Entgegensetzung zu jeder Form eines sozial sich ausgrenzenden Individualismus: „es ist der grösste Irrthum und der wahre Grund aller übrigen Irrthümer, welche mit diesem Zeitalter ihr Spiel treiben, wenn ein Individuum sich einbildet, dass es für sich selber daseyn und leben, und denken und wirken könne"[18]. Die menschliche Gattung ist nicht einfach die Summe ihrer Exemplare, sondern sie ist materialiter und idealiter der Grund der sozialen Existenz der Personen.

Aus diesem Sachverhalt zieht Fichte die rigorose sozialethische Forderung, daß das nach Grundsätzen der Vernunft selbstbestimmte Leben darin bestehe, „dass die Person in der Gattung sich vergesse, ihr Leben an das Leben des Ganzen setze und es ihm aufopfere"[19]. Dieses Postulat ist nun keineswegs im Sinne einer Aufopferungsmetaphysik zu verstehen; daß die Personen als endliche Wesen vergehen müssen, ist ihnen gewiß, offen ist dagegen, ob für das endliche Dasein personaler Existenz eine sinnstiftende Instanz ausgemacht werden kann. Der einzige Kandidat für eine derartige Instanz ist dem Deutschen Idealismus zufolge die menschliche Gattung bzw. die sich in ihr manifestierende Vernunft. Angesichts der erkenntniskritischen Destruktion der in der Tradition üblichen Beweiswege für die Substantialität und Unsterblichkeit der Seele kann deren ‚Rettung' nur in dem Prinzip liegen, das von dieser Kritik nicht erreicht wird, nämlich in der Vernunft als der intellektuellen Bedingung der Kritik. Fichtes sozialethisches Postulat intendiert dementsprechend die bedeutungsvolle Realisierung der metaphysischen Dignität der einzelnen Person, nicht etwa deren Aufopferung.

Die vernünftigen Individuen „können in aller Ewigkeit nicht werden, was sie nie waren, oder sind, *Wesen an sich*"[20]; das Problem der Unsterblichkeit der Seele kann insofern nur innerhalb der endlichen Existenz gelöst werden, denn der Unbedingtheit der Vernunft steht immer die externe Bedingtheit der Selbsterhaltung der Personen als Naturwesen gegenüber. Deshalb ist auch die Vorstellung einer Unsterblichkeit qua unendlich fortgesetzter Existenz der endlichen Person völlig irreführend, eine solche Unsterblichkeit wäre nur die unendlich verlängerte Endlichkeit, keinesfalls aber das substantiale Ereignis, das mit einer derartigen Vorstellung gemeinhin verbunden wird. Im Gegenzug zu diesem endlichen Begriff von Unendlichkeit entwickeln Fichte und Schelling einen gänzlich anders gearteten Ewigkeitsbegriff, der dem im Deutschen Idealismus vorherrschenden geschichtsphilosophischen Bestimmungsverhältnis von menschlicher Gattung und Person existentielle Züge hinzufügt. Intern ist der Begriff der immanenten Ewigkeit definiert als die von der Seele in der

Zeit aktualisierte Zeitlosigkeit: „dieses Ewige der Seele aber ist nicht ewig wegen der Anfang- oder wegen der Endlosigkeit seiner Dauer, sondern es hat überhaupt kein Verhältnis zu der Zeit. Es kann daher auch nicht unsterblich heißen in dem Sinn, in welchem dieser Begriff den einer individuellen Fortdauer in sich schließt."[21]

Theoretischer Ausgangspunkt dieses Ewigkeitsbegriffs ist der in epistemologischen und subjektivitätstheoretischen Kontexten entwickelte Begriff der Tathandlung. Er ist bei Fichte Ausdruck für die Konstitutionsleistungen der vernünftigen Subjekte hinsichtlich dessen, was für sie die Welt ist. Schelling hat diesen Sachverhalt schon früh in der Perspektive des immanenten Ewigkeitsbegriffs gedeutet: „die Seele bringt also unaufhörlich die Vorstellung eines Universums hervor, obgleich sie es in keinem einzelnen Momente darzustellen vermag."[22] Über das hinaus, was das Bewußtsein von Augenblick zu Augenblick explizit weiß oder wissen kann, konstituiert die Reflexion implizit immer schon eine mentale Dimension, die den formalen Weltbegriff vernünftiger Individuen ausmacht. Unendlichkeit und Ewigkeit sind in dieser Argumentationsperspektive keine quantitativ oder chronologisch interpretierbaren Bestimmungen, sondern totalitäre Entgrenzungsbegriffe. Potentiell hat das Bewußtsein keine Grenze, denn indem es diese reflektiert, muß es, so die idealistische Gedankenfigur, *idealiter* schon über sie hinaus sein, anderenfalls könnte es von ihr nichts wissen. Ewigkeit erfüllt sich insofern nicht in der Zeit, sie ist eine zeitlose Qualität der Unbedingtheit des Bewußtseins bzw. der impliziten Unendlichkeit der Reflexion.

Der semantische Sinn des Begriffs immanenter Ewigkeit enthält per definitionem nicht den Gedanken einer über die endliche Existenz hinaus verlängerten Heilsgeschichte der individuellen Seele. Im Anschluß an Kants Lehre von den spontanen und selbstreferentiellen Funktionen des Denkens sowie Fichtes Begriff der Tathandlung wird die Bedeutung der immanenten Ewigkeit aus der These abgeleitet, daß das Denken vermittels seines spekulativen Vermögens imstande sei, eine immanente Totalität zu konstruieren und die Grenzen des von ihm konkret Erfahrenen intellektuell zu relativieren. Ewigkeit und Unbedingtheit sind in diesem Sinne Kennzeichen einer immanent reflektierten Totalität, nicht Grenzbegriffe der endlichen Erfahrung. Weil das Denken aufgrund seines spekulativen Vermögens sich über die endlichen Bedingungen der Existenz hinwegsetzen kann, ist ein chronologischer Ewigkeitsbegriff, ohnehin eine aporetische Bestimmung, als argumentatives Ziel überflüssig, denn eine endlich definierte Sorge erreicht intellektuell die immanente Totalität dieses Ewigkeitsbegriffs erst gar nicht; zudem bliebe ein ausschließlich endliches Denken relativ auf die physische Selbsterhaltung der Personen und wäre insofern nicht frei, eine Möglichkeit, die der Deutsche Idealismus niemals ernsthaft diskutiert hätte.

Es ist dieser epistemologisch motivierte Ewigkeitsbegriff, durch den Fichte und Schelling das Unsterblichkeitsproblem auflösen wollen. Über die praktischen Konsequenzen dieses Begriffs äußert sich Fichte geradezu emphatisch: „nicht erst, nachdem ich aus dem Zusammenhange der irdischen Welt gerissen seyn werde, werde ich den Eintritt in die überirdische erhalten; ich bin und lebe schon jetzt in ihr, weit wahrer als in der irdischen; schon jetzt ist sie mein einziger fester Standpunct, und das ewige Leben, das ich schon längst in Besitz genommen, ist der einige Grund, warum ich das irdische noch fortführen mag. Das, was sie Himmel nennen, liegt nicht jenseits des Grabes."[23] Mit der Konzeption immanenter Ewigkeit reagiert Fichte auch auf die metaphysische Angst, auf die Gefahren existentieller Leere. Sein Ewigkeitsbegriff ist insofern mehr als die säkular geläuterte Version einer theologisch vorbelasteten Bestimmung. Nach Fichte erschließt sich die immanente Ewigkeit virtuell der Person in jedem Moment ihrer Existenz durch die Teilhabe an der intellektuellen Freiheit und Vernunfttätigkeit der menschlichen Gattung. Die Auferstehung des Körpers ist dagegen kein denkbares Ereignis, und alle Hoffnungen, die sich mit einer derartigen Vorstellung verbinden, beruhen auf theologisch induzierten Täuschungen. Die vernünftigen Individuen sind nicht unsterblich, sondern sie haben für die Dauer ihrer reflektierten Existenz an der intellektuellen Ewigkeit der menschlichen Gattung teil. Die intellektuelle Ewigkeit verlangt von den einzelnen Personen angesichts ihrer natürlichen Vergänglichkeit eine naturalistisch aufgeklärte Todesverachtung; daß sie imstande sind, eine derartige Todesverachtung von sich abzufordern, kann als Indiz für ihre Substantialität und metaphysische Dignität gelten, die sich insofern praktisch erweisen und eines theoretischen Beweises nicht bedürfen.

Der intellektuelle Grund dieser Todesverachtung ist der „Blick der Ewigkeit", der „in jedem Einzelnen das ganze unendliche All"[24] umfaßt. Todesfurcht entsteht demgegenüber nur in einer Seele, die mit zeitlichen, zufälligen und vergänglichen Dingen erfüllt ist; sie hat die Tyrannei des Augenblicks zu ihrem Prinzip gemacht, und sie verliert sich deshalb in der chaotischen Mannigfaltigkeit qualitativ unterschiedslos vergehender Zustände. Was der Tyrannei des Augenblicks und der dumpfen Unmittelbarkeit des Lebens widersteht, ist dem Deutschen Idealismus zufolge der vernünftig bestimmte, nicht extern verursachte Wille der Person. Dieser Autonomiegedanke beherrscht in praktischer Hinsicht die Semantik des Begriffs immanenter Ewigkeit. Fichte hat den internen Zusammenhang von immanenter Ewigkeit und vernünftig bestimmten Willen explizit offengelegt: „die übersinnliche Welt ist keine zukünftige Welt; sie ist gegenwärtig; sie kann in keinem Puncte des endlichen Daseyns gegenwärtiger seyn, als in dem andern; nach einem Daseyn von Myriaden Lebenslängen nicht gegenwärtiger seyn, als in diesem Augenblicke ... Mein Wille, den ich selbst, und kein Fremder, in die Ordnung jener Welt füge, ist diese Quelle des wahren Lebens und der Ewigkeit."[25]

Die Gegenwart des Übersinnlichen im Sinnlichen droht die einzelne Person jedoch zu zerreißen, denn ihrer Seele wird auf diese Weise zugemutet, ein Doppelleben zu führen: einmal als Prinzip des natürlichen Lebens, zum anderen als Prinzip der Gegenwart des Absoluten, Unbedingten, im Bedingten. Schelling hat dieses Problem der Zerrissenheit intelligenter Existenz klar ausgesprochen, und es ist seine Intention, die intellektuellen Gründe für das zerrissene Bewußtsein durch es selbst wieder außer Kraft zu setzen. Schelling greift bei dem Versuch der Aufhebung der intellektuellen Zerrissenheit des endlichen Bewußtseins auf eine platonistisch akzentuierte Seelentheorie zurück, in der der Gedanke der immanenten Ewigkeit tendenziell wieder hinter entwicklungslogische Überlegungen zurücktritt.[26] Mit ausdrücklichem Verweis auf Platon entwirft Schelling eine Entwicklungslogik der Seele, deren Telos die Befreiung der Seele von den Fesseln des Körpers und der Sinnlichkeit ist. Konsequenterweise spricht er denn auch von der Natur als dem verworrenen Scheinbild gefallener Geister. Ontologisch und psychologisch sich manifestierende Individualität ist nach Schelling das Gegenbild des Absoluten, und die Schöpfung ist entsprechend als ein Abfall vom Absoluten, nicht etwa als positive Setzung zu begreifen. In seinem Abfall gewinnt das Individuierte jedoch Selbständigkeit. Diese Freiheit ist „noch die letzte Spur und gleichsam das Siegel der in die abgefallene Welt hineingeschauten Göttlichkeit"[27]. Hieraus leitet Schelling die praktische Lehre ab, daß die Seele als das gefallene Göttliche im Menschen bestrebt ist, das Absolute wiederzugewinnen, und das kann Schelling zufolge nur dadurch geschehen, daß „sie dem Sinnenleben absterbe"[28], was aber auch unvermeidlich das Verschwinden des bestimmten Bewußtseins zur Konsequenz hat.

In Texten der späten Philosophie Schellings, in denen seine ursprünglich naturphilosophischen Intentionen kosmologische und theistische Gestalt annehmen, findet sich sogar der Versuch, das idealistische Theorem der immanenten Ewigkeit in einen Begriff personaler postmortaler Existenz umzudeuten. Angesichts des insgesamt in Schellings Philosophie entfalteten Argumentationspotentials nimmt dieser Versuch geradezu groteske Züge an. Insbesondere Hegel hat in seiner Seelentheorie die Verwicklungen und Fehlschlüsse aufgezeigt, die zu den dualistischen Konzeptionen der Person – seien sie nun platonistischer oder cartesianischer Provenienz – führen bzw. aus ihnen hervorgehen. Gleichwohl darf in diesem Zusammenhang nicht die sachliche Problemstellung übersehen werden, die Schelling zu dem gleichsam verzweifelten Versuch der Rettung der Seele getrieben hat. Schelling und wohl auch Fichte waren nicht davon überzeugt, daß eine rigorose spekulative Verflüchtigung des Seelenbegriffs, die offenbar in der Konsequenz des argumentativ durchgeführten

philosophischen Systemgedankens liegt, man denke nur an Hegel, das letzte Wort der Philosophie zum Problem des existentiell wachen Bewußtseins und seiner metaphysischen Angst sein kann. Und das schon aus dem Grunde, weil die klassische deutsche Philosophie in weit ausholender Weise auf die Fragestellung antworten will, die Schelling zum Ende seines philosophischen Denkweges ausgesprochen hat: „gerade Er, der Mensch, treibt mich zur letzten verzweiflungsvollen Frage: warum ist überhaupt etwas? warum ist nicht nichts?"[29] Könnte auf diese Frage nur in der Weise geantwortet werden, daß es die Funktion vernünftiger Individuen sei, als Durchgangsstation eines letztlich unbegreifbaren Absoluten zu fungieren, dann müßte das Bewußtsein, das das vernünftige Individuum aus den unbewußten Naturzusammenhängen erhebt, diesem als unerträgliches Verhängnis erscheinen. Es muß bezweifelt werden, ob die vor allem von Schelling in den Deutschen Idealismus eingebrachten Reflexionen zur existentiellen Grenzsituation der endlichen Person durch geschichts- oder sozialphilosophische Verweise im buchstäblichen Sinne aus der Welt geschafft werden können.

Der existentielle Begriff immanenter Ewigkeit hat jedoch keine wirkliche argumentative Ausformung gefunden. Insgesamt ist der Deutsche Idealismus davon ausgegangen, daß das Vergehen der individuellen Seele durch die Konstruktion einer ewigen Vernunft hinreichend kompensiert werden kann, die ihre konkrete Manifestation in dem Gelingen der vernünftig bestimmten Geschichte der Menschheit findet bzw. finden soll. Gelingen kann das ‚Projekt Menschheit' aber immer nur als Selbsterhaltung intelligenter Existenz, also als die progressive Etablierung einer institutionell sich nach vernünftigen Grundsätzen selbst bestimmenden Gesellschaft, – das bloße Überleben der Menschheit, das vielen mittlerweile als Sieg der Vernunft gelten würde, wäre für den Deutschen Idealismus in diesem Zusammenhang noch nicht ausreichend. Mißlingt aber das ‚Projekt Menschheit', dann verschwindet die Person nicht nur in existentieller Hinsicht, sie wäre nicht einmal die vergangene Instanz der autonomen Geschichte der Menschheit gewesen. Die Fortdauer der

Menschheit mag ohnehin für die in der Zeit vergehenden Individuen keine wirklich hoffnungsträchtige Vorstellung sein, immerhin wäre aber zu erwägen, ob diese Vorstellung für einen wenig egoistisch und individualistisch ausgerichteten Menschen nicht als geschichtsphilosophischer Trost einstehen könnte, – jenseits dieser Perspektive erstreckt sich die bewußtlose Existenz der Natur, gegen die die klassische deutsche Philosophie von Kant bis Hegel zumindest implizit in jedem ihrer Texte argumentiert, und sie entfaltet dabei auch jene Gedankenfigur, der zufolge der Mensch sterblich, aber ewig ist.

## 5. Hegel: Natur der Vernunft

Die gemeinhin mit dem Begriff der Seele verbundenen Qualitäten der substantialen Individualität und Unsterblichkeit werden von Hegel von vornherein als verschwindende Bestimmungen ausgewiesen. Entsprechend ist er auch nicht bereit, den psychischen und existentiellen Aspekten endlicher Subjektivität philosophische Virulenz zuzubilligen. Hegel hält sich in diesem Zusammenhang an eine rigorose Auslegung des Gattungsverhältnisses. Das, was das Individuum als solches im Gegensatz zu intersubjektiven und objektiven Bestimmungen definiert, ist einer allgemeinen Realität nicht angemessen. Die Unangemessenheit des Einzelnen zur Allgemeinheit der Gattung ist der Keim seines Todes, seiner abstrakten Negation, und es ist die wesentliche Bestimmung seiner Individualität, vergehen zu müssen, – der Tod des Einzelnen ist die Macht der Gattung. Zudem ist schon aus begriffslogischen Gründen die Vorstellung einer individuellen Unendlichkeit in sich aporetisch, denn die Unendlichkeit ist „als das Negative der Endlichkeit und damit der Bestimmtheit überhaupt, als das leere Jenseits bestimmt"[30].

Angesichts dieser eliminativen Position hinsichtlich der Möglichkeiten der metaphysischen Subsistenz des Einzelnen und eingedenk dessen, daß die Seelenproblematik seit Kants Paralogismenkritik nicht mehr zum epistemologisch gesicherten Themenbestand philosophischer Analyse gezählt werden kann, muß es überraschen, daß Hegel wieder auf den Begriff der Seele in systematischen Argumentationskontexten rekurriert. Hegels Theorie der Seele ist aber keineswegs ein Rückfall in eine vorkritische Philosophie, ihre Pointe ist vielmehr die, daß sie unter Berücksichtigung aristotelischer Überlegungen zum Verhältnis von Vernunft, Entelechie und Natur die subjektivitätstheoretischen Dualismen platonistisch und cartesianisch orientierter Theorien unterläuft.

Hegels Grundüberzeugung hinsichtlich der konzeptualen Erfassung von Subjektivität läßt sich formelhaft dahingehend zusammenfassen, daß Subjektivität weder an sich selbst aufgeklärt werden könne noch unmittelbar der Königsweg zur Wahrheit sei. Damit widerspricht Hegel den theoretischen Grundannahmen, die allgemein in der bewußtseinsphilosophischen Epoche von Descartes über Kant bis hin zu Fichte unterstellt worden sind, – allerdings ist anzumerken, daß zumindest die beiden letztgenannten Philosophen diesen Voraussetzungen nicht vorbehaltlos gegenübergestanden haben. Schon aus Kants Erkenntniskritik ist zu entnehmen, daß der Gedanke einer reinen Selbstbeziehung epistemologisch haltlos ist; die Beziehung des Denkens auf sich selbst ist immer nur unter der zumindest impliziten Voraussetzung einer Beziehung auf anderes möglich. Dieses Bestimmungsverhältnis bezüglich des Sachverhalts der Selbstreferenz des Denkens ist für den nachkantischen Idealismus verbindlich geblieben. Hegels Theorie kann in diesem Sinne als eine Theorie des Absoluten gelesen werden, die entsprechend der Gedankenfigur, daß das Absolute nur in seinem Anderssein bei sich selbst sein kann, die sukzessive Auslegung von Selbst- und Fremdbeziehungen bis zu deren Totalität ist. Natur- und Geistesgeschichte werden bei Hegel nach der Gesetzmäßigkeit einer konservierenden Transformation der Gestalten des endlichen Daseins in allgemeine Zustände des Geistes qua selbstreferentieller Vernunft konstruiert, wobei Hegel zufolge diese Gestalten nicht negiert, sondern ‚aufgehoben' werden.

Hatte die philosophische Theorie der Neuzeit ihren zentralen Begriff ‚Subjektivität' zunächst nur um den Preis der aporetischen Entgegensetzung von Geist und Natur bzw. Seele und Körper gewinnen können, was zwangsläufig zur Folge hatte, daß Subjektivität zum vorrangigen Bereich für die Einlösung kognitiver Ansprüche erhöht werden mußte, so wird bei Hegel die Subjektivitätstheorie zur grundsätzlichen Selbstkritik und Selbstbegrenzung erweitert. Für Hegel ist Subjektivität aufgrund ihres offensichtlich begrenzten und endlichen Charakters nicht aus sich selbst verstehbar. Exemplarisch für diesen Sachverhalt ist das Leib-Seele-Problem, das Hegel zufolge durch die unreflektierte Absolutsetzung endlicher Subjektivität zustande kommt, was eben zu einer einseitigen Subjektivitätstheorie und damit zu unauflösbaren begrifflichen Entgegensetzungen führt. Hegels ausgeführte Seelentheorie ist der Intention nach die Darlegung der theoretischen Haltlosigkeit des Cartesianismus sowie der Nachweis, daß dessen exponiertestes Problem, das Leib-Seele-Problem, ein Scheinproblem ist.

Gegenüber dem Phänomen menschlicher Subjektivität verfährt Hegels Philosophie gleichwohl nicht-reduktionistisch. ‚Subjektivität' wird zunächst in der Form eines logisch-konstruktiven Bestimmungsverhältnisses zum methodischen Movens des systematischen Argumentationsganges gemacht, d. h. sie wird in ein logisches Konstruktionsprinzip der sukzessiv sich entfaltenden Selbstreferenz des Geistes, der reflexiven Vernunft, uminterpretiert. Selbstreferenz hat dabei die formale Struktur der negativen Beziehung auf sich. Ihr exemplarisches Modell ist die Subjektivität qua selbstreferentieller Negativität, die sich nur in der Beziehung auf anderes auf sich selbst beziehen kann. Daher spricht Hegel von der Negativität als dem „*Wendungspunkt* der Bewegung des Begriffs", der fortschreitenden Selbstentfaltung des vernünftigen Potentials der Wirklichkeit. Negativität „ist der *einfache Punkt der negativen Beziehung* auf sich, der innerste Quell aller Tätigkeit, lebendiger und geistiger Selbstbewegung, die dialektische Seele, die alles Wahre an ihm selbst hat, durch die es allein Wahres ist; denn auf dieser Subjektivität allein ruht das Aufheben des Gegensatzes zwischen Begriff und Realität und die Einheit, welche die Wahrheit ist"[31]. Diese spekulative Begriffskonstellation bedeutet für die theoretische Selbsterfassung der Subjektivität, daß sie nur in einem logisch-konstrukti-

ven Verfahren gelingen kann, keinesfalls in einer einseitigen psychologischen Betrachtungsweise. Was sich vorderhand als hybride Vernachlässigung empirischer Analysen von Subjektivität ausnimmt, deren Möglichkeit Kant immerhin noch zugestanden hat und die sich zu Zeiten Hegels bereits zu einer wissenschaftlichen Disziplin zu formieren beginnen, erweist sich als Konsequenz methodischer Überlegungen, denen sich die Psychologie noch heute zu stellen hat.

Hegel beklagt den schlechten und vernachlässigten Zustand der Psychologie seiner Zeit. Ihm zufolge ist die empirische Psychologie, unter die letztlich auch Kants ‚Anthropologie in pragmatischer Hinsicht' zu rechnen ist, ein Sammelsurium von Zufälligkeiten, das noch uninteressanter sei als das Aufzählen der Arten von Insekten, Moosen usw.[32] Hegels Kritik an der empirischen Psychologie richtet sich vor allem gegen ihre wissenschaftstheoretische Inkonsistenz, gegen ihre unreflektierte Orientierung an Oberflächlichkeiten sowie gegen ihre vermeintliche Voraussetzungslosigkeit. Bereits Hegel kritisiert den ‚Mythos des Gegebenen', der sich in der Überzeugung der ‚Empiriker' dokumentiert, sie würden sich nur vorurteilslos an Tatsachen halten. Hegel zeigt, daß der vordergründige Rekurs auf unmittelbare Phänomene nur die Illusion eines Dogmatikers in der Gestalt eines ‚Empirikers' ist, der die Vermittlungsprozesse der Manifestationen von Subjektivität nicht erkennt und deswegen meint, davon ausgehen zu können, daß keine vorhanden seien.

Gegenüber der unzusammenhängenden Partikularisierung der Erscheinungsformen von Subjektivität durch herkömmliche psychologische Untersuchungen will Hegel „den Begriff in die Erkenntnis des Geistes wieder einführen"[33], d. h. er will die psychischen Phänomene wieder in ihren Abhängigkeits- und Vermittlungsprozessen begreifen und sie nicht länger mehr unmittelbar als Quasiobjekte behandeln. In diesem Projekt einer konkreten – für Hegel einer spekulativen – Psychologie kommt dem Begriff der Seele eine überaus bedeutsame Rolle zu, bezeichnet er doch den theoretischen Fluchtpunkt, in dem Natur und Geist konvergieren. Hegel weist in diesem Zusammenhang nachdrücklich auf ‚die Bücher des Aristoteles über die

Seele' hin; während der Cartesianismus Subjektivität im unmittelbaren analytischen Zugriff glaubte erklären zu können, behandelte Aristoteles die Seele noch im Kontext erweiterter naturphilosophischer Überlegungen, was nach Hegel entschieden sachgerechter ist.

Es ist Aristoteles' Deutung der Seele als Entelechie, als funktionales Subjekt des Körpers, die auf Hegel folgenreich gewirkt hat, was ihn im übrigen der Position von Leibniz annähert, der die Strukturbestimmung der Entelechie zum Zentrum seiner Philosophie gemacht hat. Weil die Entelechie als auf die Eigenzwecke ausgerichtete Aktivität des Körpers nicht jenseits physischer Bestimmungen angesiedelt sein kann, sondern ihnen immanent sein muß, eröffnet sich mit ihr eine Argumentationsperspektive, durch die der strikte Dualismus von Geist und Natur, wie ihn Platonismus und Cartesianismus lehren, aufhebbar ist.

Hegel vollzieht mit seiner philosophischen Psychologie, der Philosophie des subjektiven Geistes, den Übergang von der Naturphilosophie zur Philosophie des Geistes, die ausgehend von den Gestalten menschlicher Subjektivität, die sukzessiv in der ‚Anthropologie', der ‚Phänomenologie des Geistes' und der ‚Psychologie' entfaltet werden, und vermittels der Deduktion der Manifestationen des objektiven Geistes wie Recht, Moralität und gesellschaftliche Institutionen den spekulativen Kulminationspunkt seiner Philosophie, die Theorie des absoluten Geistes, des in seinen materialen und intellektuellen Abhängigkeitsbeziehungen vollständig reflektierten philosophischen Zustand, argumentativ erreicht. Der Begriff der Seele des Menschen findet dabei in der ‚Anthropologie' seine explizite Behandlung, in der das anthropologische Thema ‚Mensch' der Theorie nach auf die Analyse seiner Seele reduziert wird. In der Philosophie des subjektiven Geistes hat die Theorie der Seele die Funktion, von der Natur zum Geist überzugehen, d. h. in ihr soll zur Darstellung gebracht werden, wie Bewußtsein und Vernunft in der Welt zustande kommen bzw. zustande kommen konnten. Hierin zeigt sich schließlich die ganze Radikalität des Anspruchs der hegelschen Philosophie; dort, wo der Cartesianismus und auch noch die kritische Philosophie

Kants Subjektivität als unableitbare Größe gesetzt haben, versucht Hegel – darin nur noch mit Schelling vergleichbar – zu zeigen, wie Subjektivität aus ihren Gründen hervorgeht. Der Theorie der Seele wird dabei die anspruchsvolle Aufgabe zugewiesen, die Emergenz von Bewußtsein und Vernunft aus der Natur darzustellen. Die Semantik von Hegels Begriff der Seele hat ihren philosophischen Ort im Bereich der Grenze zwischen den Formen des Lebens und des Bewußtseins.

Wenn Bewußtsein und Vernunft aus der Natur qua emergenter Prozesse hervorgehen können, dann ist das ein entschiedener Hinweis darauf, daß die Naturprozesse auch vernünftige oder zumindest vernunftkompatible Strukturen haben. Für Hegel gibt es infolgedessen keine strikte Entgegensetzung von Natur und Geist, die Analysen von Naturprozessen betreffen vielmehr immer schon den Stellenwert der Vernunft *in* der Natur. Daher kann Hegel auch wieder an die klassischen Bestimmungen der ‚anima vegetativa' und der ‚anima sensitiva' anschließen, also Bestimmungen, die die Seele als ein Naturprinzip begreifen, das nicht auf menschliche Subjektivität begrenzt werden kann. Die Vernunft in der Natur gewinnt allerdings mit dem Phänomen menschlicher Subjektivität eine neue Qualität. Kann von der Seele allgemein gesagt werden, sie sei das Prinzip des Lebendigen schlechthin, so muß für die menschliche Seele ein Spezifikum gegeben sein, das sie als genuin dem Bereich menschlicher Subjektivität zugehörig ausweist, und das letztlich den Unterschied zum bloß vegetativen und sensitiven Lebensprinzip ausmacht. Was die menschliche Seele vom animalischen Lebensprinzip unterscheidet, ist Hegel zufolge ihr Vermögen, sich zu expliziter Vernunftbestimmtheit zu entfalten, – – „in der *Seele erwacht* das *Bewußtsein*; das Bewußtsein *setzt sich als Vernunft*"[34] –, und diese Bestimmung zur Vernunft realisiert sich in einer transindividuellen Reflexivität, die als allgemeine Struktureigenschaft von Subjektivität auftritt, d. h. die allgemeine menschliche Gattungsbestimmung ist der Möglichkeit nach Gegenstand reflektierter Selbstverhältnisse, die virtuell von allen vernünftigen Individuen aktualisiert werden können. Entsprechend fällt Hegels Theorie der Seele, die sich argumentativ an der Grenze zwischen Philosophie der Natur und Philosophie des Geistes bewegt, in der Architektonik des philosophischen Gesamtsystems auf die Seite des Geistes, denn die menschliche Seele ist zwar ein naturbestimmtes Phänomen, sie geht aber nicht in natürlicher Weise aus der Natur hervor.

Weil die Semantik des Begriffs ‚Seele' von Hegel in der Perspektive möglicher Vernunftbestimmtheit festgelegt wird, hat ‚Seele' implizit immer schon eine subjektivitätstheoretische Bedeutung, die nicht graduell aus Naturprozessen abgeleitet werden kann. Dies ist die Lücke zwischen Naturphilosophie und Philosophie des Geistes, die auch Hegels Emergenztheorie nicht schließen kann. Zudem ist das Movens von Hegels Seelentheorie der spekulative Entelechiegedanke, der den Begriff der Seele von vornherein in die Fluchtlinie der Selbstoffenbarung des Geistes bringt, – der Geist setzt die Natur als seine Welt. Der subjektivitätstheoretische Kulminationspunkt dieses Prozesses ist schließlich der Übergang von der Seele zum expliziten Bewußtsein.

Gerade die Grenzstellung der Seele zwischen dem Reich der Natur und dem Reich des Geistes verleiht Hegels Argumentationen auch im Lichte der gegenwärtigen philosophischen Psychologie, die an der Entwicklung einer integrativen Theorie naturalistischer und subjektivitätstheoretischer Bestimmungen einen Forschungsschwerpunkt hat, besonderes theoretisches Gewicht. Darüber hinaus kommt Hegel das Verdienst zu, den offenbar unvermeidlich ambivalenten Charakter des Seelenbegriffs Analysen unterzogen zu haben, die vorschnelle Schlußfolgerungen nach der einen oder anderen Seite vermeiden. Zumindest der Intention nach will Hegel das Verhältnis von Natur und Geist nicht einseitig auflösen, sondern darlegen, „daß und wie Natur und Geist sich durch sich selbst aufeinander beziehen"[35]. Ihm zufolge eröffnet sich mit dem Begriff der Seele denn auch nicht schon unmittelbar die Dimension eines sich transparenten Bewußtseins oder gar die der Vernunft. Die Seele hat die formale Struktur einer bewußt- und verstandeslosen Individualität, – „diese Stufe des Geistes ist für sich die Stufe seiner Dunkelheit, indem sich ihre Bestimmungen nicht

zu bewußtem und verständigem Inhalt entwickeln; sie ist insofern überhaupt formell."[36] Die Emergenz des Bewußtseins aus der Natur vollzieht sich über das Erwachen der Seele, das aber noch kein Erwachen zu einem über sich aufgeklärten Bewußtsein, sondern zunächst nur die Manifestation des Unbewußten ist, – das Erwachen der Seele ist der „Schlaf des Geistes"[37]. Die Seele verhält sich zu ihrer eigenen Entwicklung in subjektivitätstheoretischer Hinsicht passiv. Sie ist Zentrum eines emotiv-dynamischen Bereichs des Mentalen, der sich nicht mit dem des potentiell sich transparenten Bewußtseins deckt.

Hegels Theorie der Seele ist wesentlich Theorie des Unbewußten[38], einem philosophischen Theoriestück, das trotz bedeutender Beiträge zum Unbewußten, etwa von Leibniz und Spinoza, bis dahin kein exponiertes philosophisches Thema gewesen ist, ein Umstand, an dem sich bis heute wenig geändert hat, nicht zuletzt wegen der vordergründigen Wirkung der psychoanalytischen Theorie des Unbewußten. ‚Seele' hat bei Hegel die generelle Bedeutung eines naturalistischen vorlogischen Bewußtseinsprinzips. Der Bestimmung nach ist sie hinsichtlich ihrer Naturbestimmtheit „zum *individuellen Subjekte* vereinzelt"[39], d. h. sie ist ein Modus der Eigenschaften des Individuums. Entsprechend wird die Seele des vernünftigen Individuums von Hegel als relativ auf die jeweiligen Kontexte der materialen und gesellschaftlichen Lebenswelt, der Lebenszeit und der Lebensgeschichte begriffen. Als Immaterialität und Lebendigkeit der körperlichen Natur der vernünftigen Individuen ist sie zugleich Grundlage und Voraussetzung der vielfältigen Gestalten der Subjektivität. Es zeichnet Hegels Theorie der Seele aus, daß in ihr das Unbewußte sowohl deskriptiv als auch explikativ aufgefaßt wird. In epistemologisch ausgerichteten Theorien ist der Unterschied zwischen explizitem Bewußtsein und Unbewußtem durch graduelle Bestimmungen von Aufmerksamkeitszuständen erklärt worden, wie bei Kant, oder weitgehend unberücksichtigt geblieben, wie bei Descartes. Für Hegel ist dagegen das Unbewußte nicht bloß die Abwesenheit von Aufmerksamkeitszuständen, sondern eine psychophysische Wirklichkeit. Hegel deutet die Seele in der Form des Unbewußten als reelle Einheit, in der Zustände und Ereignisse des individuellen Lebens als Momente eines einheitlichen Prozesses der wechselseitigen Entfaltung von Einheit und Veränderung aufgefaßt werden. In diesem Sinne ist die unbewußte Seele der allgemeine kontinuitätsstiftende Hintergrundbereich individueller Lebensformen über die Zeit hinweg, die reelle Einheit der lebensgeschichtlichen Veränderungen des vernünftigen Individuums. Die Seele ist zwar potentiell vernünftig, im Modus des Unbewußten hat sie aber eine vorlogische Struktur, die die naturalistische Grundlage rationaler Verhaltensdispositionen bildet. Als Gattungsbestimmung der Menschen ist die Seele die vorlogische Konstitutionsbedingung für die Entwicklung und Erhaltung intelligenter Existenz.

Die zentralen Bestimmungselemente von Hegels Begriff der Seele, vorlogischer Bewußtseinsmodus, Individualität und Veränderlichkeit, haben bedeutsame anthropologische Konsequenzen; von daher rechtfertigt sich sogar noch die von Hegel mit spekulativen Intentionen vollzogene Reduzierung des Gegenstandsbereichs der Anthropologie auf das Thema ‚Seele‘. In Hegels Argumentationen wird der Begriff der Seele dazu verwandt, die spezifische Konstellation von Emotivem und Rationalem in der Subjektivität der vernünftigen Individuen als psychophysische Größe zu definieren. ‚Seele‘ ist insofern bei Hegel ein eminent subjektivitätskritischer Begriff. Mit ihm wird vorgeführt, daß aufgrund der internen Verfassung der vernünftigen Individuen als Naturwesen das Projekt subjektivitätstheoretisch motivierter rationaler Selbstaufklärung notwendig scheitern muß. Dort, wo Kant noch mit erkenntniskritischen und anthropologischen Vorbehalten operiert hat, weist Hegel nach, daß der Mensch im Kern emotiv verfaßt ist. Diese emotive Verfassung ist nicht einfach der vernachlässigbare Rest eines ansonsten sich selbst transparenten Bewußtseins, sondern geht als Naturbestimmtheit in die Sinnzusammenhänge und Verhaltensorientierungen der Individuen mit ein. Die Natur der vernünftigen Individuen ist Hegel zufolge wesentlich umfangreicher als der Bereich möglicher psychologischer Selbstaufklärung: „so kann der Mensch nie wissen, wie viele Kenntnisse er in der Tat *in sich hat*, ob er sie gleich vergessen

habe; – sie gehören nicht seiner Wirklichkeit, nicht seiner Subjektivität als solcher, sondern nur seinem an sich seienden Sein an.“[40] Nach Hegel kann es keine Selbsterkenntnis im engeren psychologischen Sinne geben. Rationalität ist nur ein Teilbereich menschlicher Subjektivität. Hegels Theorie des Unbewußten ist hierin entschieden radikaler als die von Freud inaugurierte psychoanalytische Theorie des Unbewußten. Hegel läßt nicht die Möglichkeit offen, das Unbewußte durch psychologische Finten einer rationalen Interpretation zuzuführen. Das Unbewußte liegt jenseits möglicher analytischer Zugriffe.

Der Nachweis der Selbsttäuschungen einseitiger rationalistischer Selbstaufklärung scheint Beliebigkeiten derart nach sich zu ziehen, daß umstandslos nicht deutlich gemacht werden kann, wie im Falle menschlichen Verhaltens zwischen den Bereichen expliziten Bewußtseins und des Unbewußten bzw. zwischen den Bereichen des Rationalen und Emotiven konkret differenziert werden kann. Hegel würde diese Unbestimmtheit aber nicht auf die Seite der Theorie schlagen, sondern auf die ihres Gegenstandes. Vernünftige Individuen sind immer auch Naturwesen und daher offen für mannigfaltige Einflüsse, welcher Art auch immer, und ihre Unbestimmtheit und Willkür ist geradezu ihr Charakteristikum. An diesen Sachverhalt ist schon deswegen zu erinnern, weil in diesem Zusammenhang die Vermutung aufkommen könnte, die Seele sei virtuell so etwas wie die Manifestation der Stimme der unterdrückten Natur. Hegels Begriff der Seele hat sicherlich auch den Sinn, als unbewußte mentale Dimension die immanente Naturgeschichte innerhalb der Individualität der Einzelnen zu repräsentieren, nur ist für Hegel die Seele vor allem ein emergentes Phänomen und gerade kein möglicher Rückweg zu einer ‚besseren Natur‘. Nach Hegel ist die Seele „der *existierende* Begriff, die Existenz des Spekulativen“[41], d.h. mit der Seele beginnt jener Prozeß der Selbstentfaltung der Vernunft, den Hegel der Intention nach in seiner Philosophie des Geistes darstellt. Er hat deshalb gemeint, unterstellen zu können, daß die natürliche Bedingtheit des Menschen in dem Maße der Ausbildung ihrer geistigen Fähigkeiten an Bedeutung verlieren wird.

Die Selbstentfaltung der Vernunft in Natur und Geschichte ist Hegel zufolge kein Grund für ein Unbehagen in der Kultur. Mag der Mensch auch in schmerzlicher Grenzstellung zwischen Natur und Geist sein Leben fristen, um schließlich als endliches Wesen aufgrund seiner ‚Unangemessenheit zum Dasein des Allgemeinen' in der Zeit zu vergehen, die endliche Existenz des Menschen hat für Hegel dennoch eine progressive Qualität: „wo er herkommt, es ist von der Natur; wo er hingeht, – es ist zu seiner Freiheit."[42] Hegels Theorie des Unbewußten will nicht vor der ‚unterirdischen Naturgeschichte' der vernünftigen Individuen kapitulieren; deren Naturbedingtheit soll vielmehr in das Gegenteil, in die Etablierung einer Menschheitsgeschichte qua sukzessiver Realisierung der Vernunft in der Geschichte umschlagen. In diesem Projekt der Menschheit bleiben die Einzelnen gleichwohl verschwindende Größen, die aufgrund ihrer Endlichkeit und Naturbedingtheit weder die Vermittlungsprozesse der sich objektivierenden Vernunft im ganzen überschauen noch zum vollen Verständnis ihrer selbst gelangen können, wie Hegels Theorie der Seele nachdrücklich aufzeigt, – der Sache nach findet damit sogar noch der Umstand, daß Hegel in diesem Zusammenhang auf die psychologische und existentielle Verfassung der vernünftigen Individuen keine Rücksicht nimmt, seine theoretische Rechtfertigung.

## 6. Epilog

Die Epoche der klassischen deutschen Philosophie bietet theoriegeschichtlich kein einheitliches Bild. Während Kant in seiner Philosophie noch an die Gewißheiten der Alltagserfahrung anknüpft, macht der Deutsche Idealismus seine Argumentationen von der Idee eines Absoluten abhängig, das seiner Wirklichkeit nach von ganz anderer Qualität sein soll als die Wirklichkeit unserer Alltagswelt. Im Unterschied zu Fichte und Schelling hat allerdings Hegel noch versucht, den Begriff des Absoluten trotz seiner vordenklichen Wirklichkeit auf den konkreten Lauf der Erfahrungen und der Geschichte der gesellschaftlichen Zustände zu beziehen;

dabei ist ein Theorieprogramm entstanden, das noch heute in den Geistes- und Sozialwissenschaften eine bemerkenswerte Wirkung ausübt.

Was die Epoche der klassischen deutschen Philosophie uns heute gleichwohl so entfernt erscheinen läßt, ist ihr unerschütterliches Vertrauen in die Idee einer zur Vernunft bestimmten menschlichen Gattung. Der dabei vorausgesetzte Vernunftbegriff ist der des abendländischen Kulturverständnisses; weder Kant noch der Deutsche Idealismus hätten sich irgendeine Form der Relativierung der Idee der Vernunft vorstellen können. Gerade die Relativierung des Vernunftbegriffs ist aber ein theoriegeschichtliches Kennzeichen der Gegenwart. Insbesondere im Hinblick auf andere Kulturformen und auf das Auseinandertreten von Idee der Vernunft und Faktizität der Geschichte gilt die idealistische Vernunftkonzeption als fragwürdig. Die idealistischen Philosophen hätten jedoch in solchen Vorbehalten kaum Revisionsgründe für ihre grundsätzlichen Positionen gesehen. In heutiger Perspektive repräsentiert die klassische deutsche Philosophie denn auch ein gänzlich anders geartetes Verständnis von Gesellschaft und Wirklichkeit, gegen das sich die gegenwärtige und ihrerseits in hohem Maße fragwürdige gesellschaftliche Faktizität verschließt.

Rückblickend auf die Versuche der theoretischen Aufklärung von Subjektivität wird man nicht behaupten können, daß die den idealistischen Systemen nachfolgende positivistisch orientierte ‚Psychologie ohne Seele' eine wirklich sachgerechte Erneuerung gewesen ist, zumal deren programmatische Formel schon deshalb irreführend ist, weil die Philosophie zumindest bereits seit Kant eine ‚Philosophie ohne Seele' gewesen ist. Die klassische deutsche Philosophie hat aus der epistemologischen Kritik des Seelenbegriffs jedoch kein positivistisches Programm zur theoretischen Auflösung von Subjektivität abgeleitet; daß der Begriff der Seele möglicherweise ein Stück unreflektierter mentaler Verdinglichung ist, bedeutet noch nicht, daß die Probleme ausgeräumt sind, die hinter der theoriegeschichtlichen Etablierung dieses Begriffs stehen, – ein Umstand, der den idealistischen Philosophen klar vor Augen gestanden hat. Von Kant bis Hegel ist versucht worden, Subjektivitätsbestimmungen als Ausgangs- und Bezugspunkte weitergehender Argumentationen neu zu definieren. Diese Neubestimmungen enthalten ein Argumentationspotential, das in seinen kritischen Konsequenzen, vor allem im Hinblick auf die Vielzahl reduktionistischer Ansätze gegenwärtiger Philosophie und Psychologie, noch keine angemessene Behandlung gefunden hat.

Im Falle der Seelenproblematik ist herauszustellen, daß die theoretische Verflüchtigung des Begriffs der Seele umso schwerer fällt, je nachdrücklicher sich die Frage ‚was bleibt von den Individuen?' aufdrängt. Zwei Antworttypen sind nahegelegt: der Nachweis der substantialen Eigenständigkeit und der der Unsterblichkeit der Individuen, in welcher Form auch immer. Hegel hat beide Typen verworfen und das Seelenproblem auf naturalistische Weise behandelt. Kant, Fichte und Schelling haben dagegen in dem durch diese Antworttypen vorgegebenen theoretischen Umfeld versucht, zu rechtfertigungsfähigen Seelenkonzeptionen zu gelangen, Substantialität und Unsterblichkeit in striktem Sinne haben sie allerdings nicht für mögliche personale Eigenschaften gehalten. Die in diesem Zusammenhang sowohl bei Kant als auch im Deutschen Idealismus zutage tretende antiindividualistische Tendenz ist durch die Einsicht motiviert, daß personale Selbständigkeit und Selbstbestimmung dann völlig mißverstanden werden, wenn damit das in der gegenwärtigen Alltagserfahrung so verbreitete Selbstverständnis gemeint ist, daß zumindest in psychologischer Hinsicht die einzelne Person das Zentrum einer um sie rotierenden Welt sei. Vor allem gegen derartige Vorstellungen haben die idealistischen Philosophen ihren Vernunftbegriff aufgeboten, und in dieser Perspektive sollte man ihre Idee der Vernunft verstehen und sie nicht etwa als Produkt einer Hybris des Geistes verzeichnen. Nur im Rekurs auf den Begriff einer intersubjektiven und objektiven Vernunft erschien ihnen die Endlichkeit des Daseins erträglich. Hierin ist die klassische deutsche Philosophie entgegen allem Anschein konsequent realistisch, sie hält sich an die Tatsachen des Lebens: der Mensch entsteht in der Natur, und er vergeht in der Natur, offen ist nur, welchen Sinn intelligente Existenz angesichts ihrer Vergänglichkeit haben kann. In den idealistischen Theorien ist versucht worden, die kurze Spanne intelligenter Existenz im Rückgriff auf die Idee der vernünftigen Kontinuität von Gesellschaft und Geschichte argumentativ bis aufs äußerste auszureizen. Und bis heute ist noch zu klären, in welchem Sinne des Ausdrucks ‚Natur der Vernunft' dieses idealistische Projekt gescheitert ist bzw. gescheitert sein soll. Ist es die Natur der Vernunft, die die Menschen über sich selbst täuscht? Oder ist es die Natur der Vernunft, die die Menschen immer wieder in Naturgeschichte zurückdrängt?

## Anmerkungen

1 Siehe R. Descartes, Meditationes de prima philosophia, Hamburg 1977, Med. II
2 Siehe D. Hume, A Treatise of Human Nature, Oxford 1978, Book I, Part IV, Sec. VI
3 Siehe I. Kant, Kritik der reinen Vernunft, Hamburg 1971, B 129-169 (‚Transzendentale Deduktion der reinen Verstandesbegriffe'); zu ‚Selbstreferenz' und ‚Synthesis' bei Kant siehe D. Sturma, Kant über Selbstbewußtsein. Zum Zusammenhang von Erkenntniskritik und Theorie des Selbstbewußtseins, Hildesheim/Zürich/New York 1985, Kap. II
4 Siehe I. Kant, a.a.O., B 404
5 I. Kant, a.a.O., B 672
6 I. Kant, a.a.O., B 710
7 I. Kant, a.a.O., A 381
8 I. Kant, a.a.O., A 382
9 I. Kant, Gesammelte Schriften (Akademieausgabe), Band VII, Berlin 1968, S. 119 (‚Anthropologie in pragmatischer Hinsicht')
10 J.G. Fichte, Werke (Nachdruck der von I.H. Fichte hrsg. Sämmtlichen u. Nachgelassenen Werke), Berlin 1971, Band I, S. 466
11 J.G. Fichte, a.a.O., Band I, S. 467
12 J.G. Fichte, a.a.O., Band I, S. 227
13 F.W.J. Schelling, Sämtliche Werke (Stuttgarter Gesamtausgabe), Stuttgart 1856-1861, Band I, S. 263
14 F.W.J. Schelling, a.a.O., Band I, S. 382
15 F.W.J. Schelling, a.a.O., Band X, S. 94f.
16 Vgl. J.G. Fichte, a.a.O., Band VII, S. 17
17 J.G. Fichte, a.a.O., Band VII, S. 23
18 Ebd.
19 J.G. Fichte, a.a.O., Band VII, S. 35

[20] J.G. Fichte, a.a.O., Band VII, S. 25

[21] F.W.J. Schelling, a.a.O., Band VI, S. 60

[22] F.W.J. Schelling, a.a.O., Band I, S. 384

[23] J.G. Fichte, a.a.O., Band II, S. 283

[24] J.G. Fichte, a.a.O., Band VII, S. 235

[25] J.G. Fichte, a.a.O., Band II, S. 289

[26] Zum Folgenden siehe F.W.J. Schelling, a.a.O., Band VI, S. 11-70

[27] F.W.J. Schelling, a.a.O., Band VI, S. 39

[28] Ebd.

[29] F.W.J. Schelling, a.a.O., Band XIII (= 2. Abt. Band I), S. 7

[30] G.W.F. Hegel, Wissenschaft der Logik (hrsg. v. G. Lasson), Band I, Hamburg 1975, S. 135

[31] G.W.F. Hegel, a.a.O., Band II, S. 496; vgl. D. Henrich, Hegels Grundoperationen. Eine Einleitung in die „Wissenschaft der Logik", in: Guzzoni, K./Rang, B./Siep, L. (Hrsg.), Der Idealismus und seine Gegenwart, Hamburg 1976

[32] Siehe G.W.F. Hegel, Phänomenologie des Geistes (hrsg. J. Hoffmeister), Hamburg 1952, S. 225; vgl. auch S. 224: „Die beobachtende Psychologie, welche zuerst ihre Wahrnehmungen von den *allgemeinen Weisen*, die ihr an dem tätigen Bewußtsein vorkommen, ausspricht, findet mancherlei Vermögen, Neigungen und Leidenschaften, und indem sich die Erinnerung an die Einheit des Selbstbewußtseins bei der Hererzählung dieser Kollektion nicht unterdrücken läßt, muß sie wenigstens bis zur Verwunderung fortgehen, daß in dem Geiste, wie in einem Sakke, so vielerlei und solche heterogene einander zufällige Dinge beisammen sein können, besonders auch da sie sich nicht als tote ruhende Dinge, sondern als unruhige Bewegungen zeigen."

[33] G.W.F. Hegel, Enzyklopädie der philosophischen Wissenschaften im Grundrisse (hrsg. von F. Nicolin/O. Pöggeler), Hamburg 1975, § 378

[34] G.W.F. Hegel, a.a.O., § 387

[35] G.W.F. Hegel, Werke (Theorie-Werkausgabe), Band XI, Frankfurt/M. 1971, S. 525 (‚Fragment zur Philosophie des Geistes')

[36] G.W.F. Hegel, Enzyklopädie, § 404 Anm.

[37] G.W.F. Hegel, a.a.O., § 389

[38] Vgl. R. Wiehl, Seele und Bewußtsein. Zum Zusammenhang von Hegels „Anthropologie" und „Phänomenologie des Geistes", in: Guzzoni, K./Rang, B./Siep, L. (Hrsg.), a.a.O.

[39] G.W.F. Hegel, a.a.O., § 395

[40] G.W.F. Hegel, a.a.O., § 403 Anm.

[41] Ebd.

[42] G.W.F. Hegel, Werke, Band XI, Frankfurt/M. 1971, S. 528

## Literatur

Descartes, R. (1977). Meditationes de prima philosophia. Hamburg: Meiner

Fichte, J.G. (1971). Werke (Nachdruck der von I.H. Fichte hg. Sämmtlichen und Nachgelassenen Werke). Berlin: de Gruyter

Guzzoni, K./Rang, B./Siep, L. (Hrsg.) (1976). Der Idealismus und seine Gegenwart. Hamburg: Meiner

Hegel, G.W.F. (1952). Phänomenologie des Geistes, hg. v. J. Hoffmeister, Hamburg: Meiner

Hegel, G.W.F. (1971). Fragment zur Philosophie des Geistes. In Werke (Theorie-Werkausgabe) Bd. XI, S. 517-550. Frankfurt/M.: Suhrkamp

Hegel, G.W.F. (1975). Enzyklopädie der philosophischen Wissenschaften im Grundrisse, hg. v. F. Nicolin & O. Pöggeler. Hamburg: Meiner

Hegel, G.W.F. (1975). Wissenschaft der Logik, 2 Bde., hg. v. G. Lasson. Hamburg: Meiner

Henrich, D. (1976). Hegels Grundoperation. Eine Einleitung in die „Wissenschaft der Logik". In Guzzoni et al. 1976, S. 208-230

Hume, D. (1978). A Treatise on Human Nature. Oxford: Oxford University Press

Kant, I. (1968). Anthropologie in pragmatischer Hinsicht. In Gesammelte Schriften (Akademieausgabe), Bd. VII, S. 117-333. Berlin: de Gruyter

Kant, I. (1971). Kritik der reinen Vernunft. Hamburg: Meiner

Schelling, F.W.J. (1856-1861). Sämtliche Werke (Stuttgarter Gesamtausgabe). Stuttgart: Cotta

Sturma, D. (1985). Kant über Selbstbewußtsein. Zum Zusammenhang von Erkenntniskritik und Theorie des Selbstbewußtseins. Hildesheim/Zürich/New York: Olms

Wiehl, R. (1976). Seele und Bewußtsein. Zum Zusammenhang von Hegels „Anthropologie" und „Phänomenologie des Geistes". In Guzzoni et al. 1976, S. 424-451

# Die Romantische Seele

## Jochen Hörisch

„Um also zu träumen, seyd nüchtern."

HERDER, Adrastea

## 1. Der Traum der Vernunft und die Vernunft des Traums

„In Paris träumten verträumte Doktrinäre mit grausamer und blutiger Konsequenz alle Möglichkeiten des Rationalismus zu Ende, während auf deutschen Universitäten ein Buch nach dem anderen die stolze Hoffnung des Rationalismus, daß es für den Verstand nichts Unerreichbares gebe, untergrub und zerstörte. (...) Jena am Ende des achtzehnten Jahrhunderts. (...) Überall dröhnt die Erde von Schlachten, vom Zusammenbruch ganzer Welten, aber in einer kleinen deutschen Stadt kommen ein paar junge Menschen zusammen, zu dem Zwecke, aus diesem Chaos eine neue, harmonische, alles umfassende Kultur zu schaffen"[1]. Eine bemerkenswerte Inversionsfigur steht am Beginn des berühmten Novalis-Essays, den Georg von Lukács – damals machte er noch Gebrauch von seinem feudalen Namen – in den Mittelpunkt seines 1910 in Ungarn und 1911 in Deutschland erschienenen Buches *Die Seele und die Formen* stellte: er, der später zum entschiedensten Kritiker der *Zerstörung der Vernunft*[2] wurde, läßt – eigenartige Verdoppelung – „verträumte Doktrinäre träumen." Verträumte Doktrinäre träumen am Ende des achtzehnten Jahrhunderts den rationalistischen Traum der Vernunft: „daß es für den Verstand nichts Unerreichbares gebe." Ohne Schlaf aber ist auch der Traum des Rationalismus nicht zu haben. Und daß der Schlaf der Vernunft Ungeheuer gebärt, hatte Goyas ungeheures Denkbild dem Übergang vom 18. zum 19. Jahrhundert vielsinnig zu begreifen aufgegeben (s. Abb. 59).

Der Titel dieses 1797/98 entstandenen Denkbildes ist so doppeldeutig wie seine Motive: el sueno de la razon produce monstruos. Das spanische Wort ,sueno' bedeutet zugleich Schlaf und Traum; und so bleibt schon die titelgebende Inschrift, auf die der Vernünftige sein müdes und verwirrtes Haupt lagert, von abgründiger Unentschiedenheit. Ob Monstren ent- und auferstehen, wenn die Vernunft ihre wache Aufmerksamkeit preisgibt und zu träumen anhebt, oder ob Ungeheuerliches geschieht, wenn sie nach großen Anstrengungen ihren gerechten, jedenfalls kaum vermeidbaren Schlaf findet, muß offenbleiben. Wie immer der Betrachter auch lesen mag, was dem, den er betrachtet, zu lesen unmöglich ist: Goyas Radierung macht eindringlich deutlich, daß die Vernunft mehr mit dem Schlaf, dem Traum und den Monstrositäten zu tun hat, als ihrem rationalistischen Selbstverständnis lieb sein kann. Ist es doch die Vernunft (und nicht etwa die schiere Unvernunft oder die Phantasie), die da schläft und träumt und eben die Monstren erzeugt, die sie überwunden zu haben glaubt. Goyas Denkbild macht hintersinnig klar, daß es für den wachen Verstand in der Tat Unerreichbares gibt – nicht aber für die träumende Vernunft. Denn sie führt auch in die monströsen Gefilde, in die sie sicher nicht gelangen wollte.

In den abgründigen Bildraum, den Goya eröffnet, ist Schrift, das Erzmedium von Rationalität und Aufklärung, vieldeutig eingelassen. Eine Art beschrifteter Theater-Vorhang fällt, wie ein Vergleich mit der bedeutenden und sehr selbständigen Vorstudie zeigt, vor dem Arbeitstisch des Malers nieder (Abb. 60). Keines der Wesen, die den Bildraum bevölkern, kann diese Schrift lesen. In der vorbereitenden Zeichnung aber ist das Gesicht des Schlafenden – man hat in ihm Züge von Goya entdecken wollen[3] – selbst unter den monströsen Traumfiguren. Der

Vernünftige begegnet träumend sich selbst – als vielfältiges Monster. In der endgültigen Radierung sind diese Revenants verschwunden. Doppeldeutige Schrift ist an die Stelle der Doppelgänger getreten. So wiederholt sich in der Zusammenstellung von Bild und Schrift der Bruch, den die Radierung wie die vorbereitende Studie beschwören: wie mit einem Bruchstrich sind Schrift und Bild, Vernunft und Traum, Festes und Bewegtes, Hell und Dunkel, Menschliches und Monströses voneinander geschieden. Und doch – der Bildtitel schreibt es untilgbar ein – gehören sie als das je andere ihrer selbst zusammen. Genau auf dem Bruchstrich, der übrigens auch den Ober- vom Unterkörper scheidet, aber ruht der Kopf dessen, der da Vernunft schlafen und träumen läßt.

Daß der Mensch ein „wunderlicher Bruch" sei, hat wenige Jahre, bevor Goyas epochale Radierung entstand, ein Roman in aller glänzenden Klarheit ausgesprochen, den die Romantiker zu Recht mitsamt der „französischen Revolution und der Fichteschen Wissenschaftslehre" zu den „größten Tendenzen des Zeitalters"[4] zählten: Goethes 1795/96 erschienener Roman *Wilhelm Meisters Lehrjahre*. In ihm finden sich Wendungen, die den Impulsen von Goyas Bild auf die erstaunlichste Weise entsprechen. U. a. diese: In einem Gespräch mit seinem „vernünftigen" Jugendfreund Werner, der Kaufmann zu werden entschlossen ist, verteidigt Wilhelm seine scheinbar so unvernünftige Verfallenheit an Poesie und Theater mit durchaus vernünftigen Argumenten. Vermag doch allein „die empfängliche, leichtbewegliche Seele des Dichters" den Traum der Vernunft und des Lebens wach zu erfahren: „wenn die andern wachend träumen und von ungeheuren Vorstellungen aus allen ihren Sinnen geängstigt werden, so lebt er den Traum des Lebens als Wachender"[5].

Unvernünftig ist demnach nicht, wer hellwache Aufmerksamkeit für das kultiviert, was am Leben Traum ist, sondern wer, weil er wach ist, nicht zu träumen glaubt. Ihn, der den Traum der Vernunft träumt, die sich als das gänzlich andere des Traumes mißversteht, werden „ungeheure Vorstellungen" ängstigen. Denn ihm, der das andere der Vernunft und damit auch diese selbst ausschließt, ist die ebenso vernünftige wie poetische

Grundeinsicht verwehrt, die Goethes Roman später so lakonisch wie eindringlich keinen anderen als „verständigen, geistreichen, lebhaften Menschen" zuspricht: daß nämlich „die Summe unsrer Existenz, durch Vernunft dividiert, niemals rein aufgehe, sondern daß immer ein wunderlicher Bruch übrigbleibe"[6].

Diesen Rest, dieses resistente Überbleibsel, diesen „wunderlichen Bruch" nennen die Romantiker ‚Seele‘. Sie, die aufmerksamsten unter den zeitgenössischen Goethelesern und -bewunderern, können sich auch dabei auf Goethe berufen. So heißt es im *Gesang der Geister über den Wassern*, den Goethe 1779 während seiner Schweizreise angesichts der Staubbachfälle bei Lauterbrunnen schrieb:

> Des Menschen Seele
> Gleicht dem Wasser:
> Vom Himmel kommt es,
> Zum Himmel steigt es,
> Und wieder nieder
> Zur Erde muß es,
> Ewig wechselnd.
> (...)
> Seele des Menschen,
> Wie gleichst du dem Wasser!
> Schicksal des Menschen,
> Wie gleichst du dem Wind![7]

Ohne den Versuch der Vernunft, „die Summe unsrer Existenz" zur übersichtlich handhabbaren Größe zu dividieren, ist diese Seele nicht zu bestimmen. Ist doch die Seele selbst von der Vernunft codiert. Wobei die Romantiker allerdings die aufregende Entdeckung machen, daß vernünftige Codierungen gänzlich andere Effekte haben können als die, die ihnen intentional mitgegeben wurden. Nichts wäre in diesem Zusammenhang unangemessener, als in den Romantikern vernunftverachtende Seelenschwärmer zu vermuten. Vielmehr vermuten sie in der Seele das andere der Vernunft. Das *andere* der Vernunft, aber eben auch das andere der *Vernunft* – eine Ambiguität, die schon der berühmte Traum von der blauen Blume bebildert, mit der *Heinrich von Ofterdingen* den Anfang seiner romantischen Erfahrungen macht. Denn in aller Deutlichkeit stellt dieser Traum dem Traum der Vernunft die Vernunft des Traumes gegenüber. Und das schon einfach deshalb, weil die Rede dieses Traums noch davon zu handeln weiß, worüber die Vernunft nur schweigen kann. Der romantische Diskurs über die Seele hat den Bereich des Aussagbaren unabsehbar erweitert und ganz neue Weisen des Sprechens erschlossen. Er darf schon deshalb vernünftig heißen.

## 2. Träume eines Geistersehers oder: Kritik der unreinen Vernunft

Die Seele ein „wunderlicher Bruch", des Menschen Seele ein zerstäubender Wasserfall, der ewig zwischen Himmel und Erde wechselt – wer so denkt und dichtet, steht schnell im Verdacht, unvernünftig zu sein. Wer auf solche Weise Geister sieht und Seelen besingt, muß sich zumal den Vorwurf gefallen lassen, hinter die rationalistische Kritik an den *Träumen eines Geistersehers* zurückzufallen, die Kant in seiner Schrift von 1766 vorgetragen hatte. In ihr heißt es gleich eingangs: „Das Schattenreich ist das Paradies der Phantasten. Hier finden sie ein unbegrenztes Land, wo sie sich nach Belieben anbauen können. Hypochondrische Dünste, Ammenmärchen und Klosterwunder lassen es ihnen an Bauzeug nicht ermangeln."

Wie unseriös dieses phantastische Schattenreich errichtet ist, macht Kant alsbald deutlich. Beruht es doch durchweg auf Kategorienfehlern, auf Vermengungen dessen, was einfach nicht zusammengehört. Kants grundsätzliches Argument dazu ist von strahlender Konsequenz: wenn ich Geister sehe und höre, so sehe und höre *ich* Geister.

Wo ich empfinde, da *bin* ich. Ich bin ebenso unmittelbar in der Fingerspitze wie in dem Kopfe. Ich bin es selbst, der in der Ferse leidet und welchem das Herz im Affekte klopft. Ich fühle den schmerzhaften Eindruck nicht an einer Gehirnnerve, wenn mich mein Leichdorn peinigt, sondern am Ende meiner Zehen. Keine Erfahrung lehrt mich, einige Teile meiner Empfindung von mir entfernt zu halten, mein unteilbares Ich in ein mikroskopisch kleines Plätzchen des Gehirns zu versperren, um von da aus den Hebezug meiner Körpermaschine in Bewegung zu setzen, oder dadurch getroffen zu werden. Daher würde ich einen strengen Beweis verlangen, um dasjenige ungereimt zu finden, was die Schullehrer sagten: meine Seele ist ganz im ganzen Körper und ganz in jedem seiner Teile.[8]

So stark Kants Argument ist und so schlüssig es an die herrschende rationalistische Meinung der „Schullehrer" anknüpfen kann, so auffallend und eben nur für den Rationalismus selbstverständlich ist doch seine Voraussetzung: es macht intensiven, ja exzessiven Gebrauch von der ersten Person Singular („ich") und dem dazugehörigen Possessivpronomen („mein"). Und es schließt somit kategorisch aus, daß andere an dem Ich Anteil haben, das immer schon ganz „meines" ist. Damit ist aber zugleich der Preis genannt, den die rationalistische Austreibung der Geister fordert: Mit den Geistern verlassen der, die und das Andere den Körper, das Bewußtsein und die Seele des Ich, das Kant denn auch fortan „unteilbar" nennt. Ob aber der Körper, das Bewußtsein, die Seele und der Geist, die ich erfahre, a priori „meine" sein müssen, und ob die Feststellung, dem sei unabdingbar so, gar ein analytisches Urteil ist (wie Kant stillschweigend unterstellt), steht den Romantikern, die die Abgründe des wunderlichen Bruchs „Seele" auszuloten antreten, eben noch dahin. Und dies nicht etwa aus schierer Lust am Irrationalen, sondern aus gut erwogenen Gründen (wie denn überhaupt nur eine Vernunftkritik überzeugend sein kann, die vernünftiger als die kritisierte ist): ist doch schon die Grammatik dieser possessiven Wendung problematisch, weil sie das „unteilbare Ich" in ein besitzendes und ein besessenes aufteilt.

Mein Bewußtsein, meine Seele, mein Körper, mein Ich (um von der ebenso häufig anzutreffenden wie schier widersprüchlichen Prägung „mein Unbewußtes" zu schweigen) – welche Instanz kann denn ohne den Preis der Teilung von Besitz und Besitzendem sagen, ihr gehöre das, was da Ich heißt? Den Romantikern gilt deshalb gerade die rationalistisch verstandene Seele buchstäblich als besessene. Der possessive und obsessive Traum der Vernunft erzeugt eben nicht bloß besitzende, sondern auch besessene Ungeheuer. Aus dem Dilemma der besessenen Teilung des unteilbaren Ichs hilft auch das Gegenargument nicht heraus, das Ich besitze sich selbst und sei im vollen Besitz seiner Kräfte. Tritt doch bei solchen Wendungen die Teilung des vorgeblich unteilbaren Ich mit schizoider Stringenz zu Tage. Und ob Selbstbeherrschung im ursprünglichen Sinn nicht undurchsichtiger, dunkler, opaker, in diesem Sinne vernunftwidriger und deshalb kritikbedürftiger ist als manifeste Fremdherrschaft, ist romantische Fragen immerhin wert.

Auch Kant selbst ist sich der Reinheit seiner Sache in diesem heiklen Punkt nicht gänzlich sicher. Ja, er macht sogar ein hochgradig bemerkenswertes Zugeständnis. Denn der ebenso schlagenden wie voraussetzungsreichen Kritik der Vernunft zum Trotz ist, wie Kant erschreckt und irritiert feststellen muß, das Reich der Geister für viele von hoher Attraktivität. Kants immer erneut bewunderswerte intellektuelle Redlichkeit spürt – durchaus vernunftkritisch – den Gründen dieser phantastischen Hartnäckigkeit nach. Denn auch für ihn steht das factum brutum außer Frage: Es gibt, so seine Prägung 30 Jahre vor Goyas Titelgebung, „Träumer der Vernunft" und solche, die „wachende Träumer"[9] sind. Und es kann, ja es muß sie geben, weil „die Verstandeswaage" selbst so rein nicht urteilt, wie es den Rationalisten lieb sein müßte: „Die Verstandeswaage ist doch nicht ganz unparteiisch, und ein Arm derselben, der die Aufschrift führet: Hoffnung der Zukunft, hat einen mechanischen Vorteil, welcher macht, daß auch leichte Gründe, welche in die ihm angehörige Schale fallen, die Spekulationen von an sich größerem Gewichte auf der anderen Seite in die Höhe ziehen"[10].

Ein bemerkenswert aufrichtiges Eingeständnis, das durch den folgenden Satz noch unterstrichen wird: „Dieses ist die einzige Unrichtigkeit, die ich nicht wohl heben kann, und die ich in der Tat auch niemals heben will." Die Romantiker aber wollen diese „Unrichtigkeit" beheben. Denn sie fürchten um die „Hoffnung der Zukunft", die nach dem monolithischen und besessenen Bilde einer allein herrschenden Vernunft eingerichtet ist. Einer Vernunft zudem, die das, was an ihr unvernünftig ist, systematisch vergessen macht. Und die romantischen Kritiker des Rationalismus haben in die Verstandeswaagschale nicht etwa einen parteiischen Willen, sondern ein bemerkenswertes Argument zu legen. Danach ist es kein durch Wachrütteln schnell zu verflüchtigendes Traumprodukt, wenn viele Geister den einen Geist bedrängen. Die Wiederkehr der verdrängten vielen Geister hat vielmehr statt, weil der eine Geist

des einen unteilbaren Ich eine gespaltene Schimäre ist. Denn „mein Ich", „meine Seele" und „mein Bewußtsein" kann ich ohne den Preis der Selbstverdoppelung und also -spaltung nicht haben. Das läßt die vielen Geister wiederkehren, die die Kritik der reinen Vernunft austreiben wollte.

Das verbindliche Reich nur eines Geistes ist gespenstischer als das Reich, in dem zuvor viele Geister für alte und neue Unübersichtlichkeiten sorgten. Die romantische Kritik an dem Projekt des reinen Geistes, unsre Existenz durch Vernunft zu dividieren, hat Grund zu der Annahme, daß allein eine Kritik der unreinen Vernunft der Gemengelage gerecht wird, in der unter vielem anderen mehr auch Existenzen mit Geist, Leib und Seele vorkommen. Die romantische Seele ignoriert diese Kritik nicht. Wenn sie im Zeitalter nach der kantischen Metaphysikkritik, deren reine Präzision eins ist mit den Scheidungen, die sie bewirkt, Himmel und Erde noch in Beziehung setzt, so tut sie dies wie in einem der berühmtesten romantischen Gedichte überhaupt ausdrücklich und durchgängig im Irrealis. Aber auch im Bewußtsein, daß die Seele ihren Ort nicht in „meinem Ich" hat, sondern daß sie ortlos schweift:

Es war, als hätt der Himmel
Die Erde still geküßt,
Daß sie im Blütenschimmer
Von ihm nun träumen müßt.

Die Luft ging durch die Felder,
Die Ähren wogten sacht,
Es rauschten leis die Wälder,
So sternklar war die Nacht.

Und meine Seele spannte
Weit ihre Flügel aus,
Flog durch die stillen Lande,
Als flöge sie nach Haus.[11]

„Als flöge sie nach Haus." Die romantische Seele ist nirgendwo und überall zu Hause. „,Wo gehn wir denn hin'? ,Immer nach Hause.'"[12]. So heißt es im *Heinrich von Ofterdingen*. Wer, wohin auch immer er gehen mag, nach Hause geht, kann keinen Ort haben, den er „seinen" nennen mag. Die romantische Seele ist halt- und ortlos. Auch wenn sie, wie in Eichendorffs Zeilen, mit dem Possessivpronomen versehen ist, gehört sie doch keinem ortbaren und unteilbaren Ich zu. Vielmehr ist sie, die schweifende, der Effekt von Begegnungen und Verschränkungen, die sich nicht possessiv zurechnen lassen. Und deshalb gehört die romantische Seele vielen Subjekten zu, die gleichermaßen schweifend, teilbar und wunderlich gebrochen sind.

Mit einer bemerkenswerten Gegenführung zu Kants Unteilbarkeitsargument haben die frühen Romantiker auch das Dilemma aller subjektzentrischen Theorieentwürfe zu lösen versucht. „Ich = Nicht-Ich – (dies ist der) höchste Satz aller *Wissenschaft* und *Kunst*", notiert Novalis, um anschließend diese Einsicht noch zu radikalisieren: *„Ich bin Du*"[13] – ein Satz, dem eine steile Karriere in den avancierten Strömungen der Literatur (Symbolismus, Surrealismus) und der Theorie (bis hin zu Lacans semiologischer Psychoanalyse) bevorsteht. Daß das Ich teilbar und seine Seele ein „wunderlicher Bruch" sei, daß es ohne Anderen sich gar nicht erst ausdifferenzieren könnte und also nicht wäre – das ist das Elementarstück jeder romantischen Kritik der unreinen Vernunft. In der Frühphase romantischer Seelenerforschung entdeckt, hat es bis in hoch- und spätromantische Verse hinein immer wieder eindringlichen Ausdruck gefunden. Nicht etwa „meine Seele", sondern „Du meine Seele", die du am Ort des oder der Anderen bist, besingen Verse von Friedrich Rückert, die Schumanns Vertonung (op. 25 Nr. 1) unvergeßlich gemacht haben:

Du meine Seele, du mein Herz
Du meine Wonn', o du mein Schmerz,
Du meine Welt, in der ich lebe,
Mein Himmel du, darein ich schwebe,
O du mein Grab, in das hinab
Ich ewig meinen Kummer gab.
Du bist die Ruh, du bist der Frieden,
Du bist vom Himmel mir beschieden.
Daß du mich liebst, macht mich mir wert,
Dein Blick hat mich vor mir verklärt,
Du hebst mich liebend über mich,
Mein guter Geist, mein beßres Ich![14]

Eindringlicher noch als in diesen Versen ist die ursprüngliche romantische Einsicht: „Ich bin Du" in Wagners *Tristan* besungen worden. Spielt in Rückerts Zeilen das „Du" der Anrede an „meine Seele" in das „Du" des/r Anderen hinüber, so sind die ekstatisch Liebenden der späten Oper andere in jedem Sinne geworden. Durch die Wunschmusik

des zweiten Aufzuges hindurch sind die stammelnden Worte eines „überseligen Träumens" zu vernehmen, die stets erneut der Erfahrung des anderen und der anderen Erfahrung Ausdruck zu verleihen suchen. Diese Erfahrung läßt es nicht einmal mehr zu, von „unsrer Liebe" zu sprechen: „Unsre Liebe? / Tristans Liebe? / Dein' und mein', / Isoldes Liebe?" Das sind schlechthin unangemessene Kategorien für diejenigen, die sich selbst nicht nur an den oder die Andere, sondern an das heterologe Andere der Liebe überhaupt verloren haben. Die da fragen: „Bin ich's? Bist du's?" zieht es „ewig heim, / in ungemeßnen Räumen / übersel'ges Träumen. / Du Isolde, / Tristan ich, / nicht mehr Tristan, / nicht Isolde; / ohne Nennen, ohne Trennen, / neu Erkennen, / neu Entbrennen; / endlos ewig / ein-bewußt: / heiß erglühter Brust / höchste Liebeslust!"

Man mag diese Stammel-Lyrik, die das „übersel'ge Träumen" ekstatisch feiert, belächeln – wenn man sie liest und nicht hört. Doch es dürfte schwer fallen, Dichtung zu benennen, die dichter, verdichteter das auszudrücken vermag, was der Diskurs der Theorie die Exzentrizität des Subjekts nennt. Was aber die Romantiker stets erneut besingen, braucht keine theoretische Rekonstruktion zu scheuen. Nicht umsonst ist es eben die romantische Epoche gewesen, die Reflexion und Kunst erstmals vorbehaltlos zusammengebracht hat. Und in der Tat verfügen die romantischen Seelen-Lieder über ein Argument zur Theorie der Subjektivität und des Selbstbewußtseins, das ebenso stark wie bis heute nicht hinreichend beachtet ist. Es ist kein Zufall, daß es zumeist in den Gattungen ertönt, denen traditionell die Schilderung, ja Beschwörung von Stimmungen anvertraut ist: dem Gedicht und dem Lied.

Das Argument ist phänomenologisch wohl fundiert und lautet: Wo immer das Phänomen ichhafter Selbstbezüglichkeit, des Seiner-selbst-Inneseins vorliegt, liegt gestimmte Selbstbezüglichkeit vor. Wer seiner selbst bewußt und inne ist, ist sich irreduzibel seiner selbst bewußt als einer, der etwa glücklich, traurig, sehnsüchtig oder stolz gestimmt ist. Ohne diese oder jene Gestimmtheit ist menschliches Selbstbewußtsein nicht zu haben. Gestimmtheit tritt also nicht zum Selbstbewußtsein hinzu, ichhafte Selbstbezüglichkeit ist vielmehr immer schon gestimmtes Bewußtsein. Dies dürfte übrigens eine der wenigen wirklich problematischen Grenzen zwischen natürlicher und künstlicher Intelligenz sein: Computer können selbstrekursive Funktionen (nach)schalten und auch die Halteprobleme von Endlosschleifen lösen, aber sie können ihrer selbst insofern nicht bewußt sein, als sie über die Gestimmtheit nicht verfügen, die von Selbstbewußtsein untrennbar ist. Computer können eben nicht Heimweh haben, zu Hause sein, stolze und kühne Trauer oder kleinbürgerliche Schrumpfmelancholie empfinden. Sie sind – der dümmste Einwand gegen die künstliche Intelligenz mag der Wahrheit einsam nahe sein – in der Tat seelenlos.

## 3. Romantische Psycho-Logik

Die Einsicht in die Gleichursprünglichkeit von Gestimmtheit und Selbstbezüglichkeit rechtfertigt den frühromantischen Entwurf einer unreinen Vernunft, in der Geist, Leib und (so oder so gestimmte) Seele unlösbar ineinander verschränkt sind. Die Seele ist der Ort, an dem diese Verschränkung und die Exzentrizität des Ich manifest wird. Nichts wäre deshalb in diesem Zusammenhang unzutreffender, als den romantischen Einsichten ein substantialistisches Seelen-Verständnis zu unterstellen. Umgekehrt – weil die Seele nirgends und schon gar nicht in einem unteilbaren Ich zu Hause ist, kann sie, das schöne oder schreckliche Einfallstor des Anderen, als codierte und codierende unbewußte Funktion begriffen werden. Wie Seelen, Stimmungen und Bewußtseinslagen codiert werden können, hat wiederum Goethes Bildungsroman den Zeigenossen paradigmatisch vorgeführt. Enthält er doch die „Bekenntnisse einer schönen Seele", die ebenso empfindsam wie genau darüber Archiv führt, wie sie wurde, was sie ist: eine schöne Seele.

Seelen sind nicht von des Schöpfers reiner Hand gesetzt – sie werden semiotechnisch produziert. Im Fall der schönen Seele des Bildungsromans u.a. durch Bildung, genau gesteuerte Lese- und Schreibpraxis, Gebets- und Beichtübungen und die Verpflichtung zu genauester Selbstbeobachtung, die ständig mit Fremdbeobachtungen zu vergleichen ist. Resultat solcher Selbstbeobachtung aber ist alles andere als ein sich selbst durchsichtiges Ich. Und so ist es gewiß kein Zufall, daß Friedrich Schlegel eine methodische Grundeinsicht romantischer Seelenforschung wiederum an Goethes Roman *Wilhelm Meisters Lehrjahre* entwickelt hat. Heißt es doch in seiner Rezension so lapidar wie konsequenzenreich: „Jedes vortreffliche Werk, von welcher Art es auch sei, weiß mehr als es sagt, und will mehr als es weiß"[15]. Eine bemerkenswerte These: Wissen und Aussagen bzw. Wollen und Wissen kommen danach gerade in „vortrefflichen Werken, welcher Art sie auch seien", nie zur präsentischen Deckung. Sie differieren vielmehr unabschließbar und entbinden dadurch das Spiel, dessen Logik die Romantiker eigentlich entdeckt haben: das Spiel des Unbewußten.

Begriff und Sache des ‚Unbewußten' erleben um und seit 1800 zunehmend eine hohe Konjunktur. Schelling und Carus waren unter den romantischen Theoretikern diejenigen, die am einläßlichsten das unbewußte Auseinanderdriften von Wissen, Sagen und Wollen analysiert haben. „Der Schlüssel zur Erkenntnis vom Wesen des bewußten Seelenlebens liegt in der Region des Unbewußten"[16], heißt es denn auch gleich zu Beginn des Hauptwerkes von Carus, das 1846 erschien und den programmatischen Titel *Psyche* trägt. Dieser Titel zeigt auch begriffsgeschichtlich an, daß mit den romantischen Entdeckungen aus der (theologisch okkupierten) Seele eine (eben psycho-logisch thematisierbare) Psyche geworden ist. Die Geschichte dieser Transformation hat Odo Marquard[17] sorgfältig nachgezeichnet. Und er hat auch deutlich machen können, wie eng der strukturale Verwandtschaftgrad zwischen dem – wie er es nennt – „ersten Psychologismus" der romantischen Naturphilosophie und dem „zweiten Psychologismus" Freuds ist. Beide richten sich gegen die „reinen" Philosophien, die ihnen unmittelbar vorausgegangen sind (Kant und die Folgen bzw. Neukantianismus und Husserls Phänomenologie); beide könnten, wenn sie Interesse an verdeckten Vorläuferschaften hätten, an halbvergessene Traditionen anknüpfen (die Romantiker an die empirische Psychologie besonders von Karl Philipp Moritz; Freud an seine romantischen Vorfahren); und beide verdanken sich Bündnissen zwischen ästhetischen, philosophischen und ärztlichen Ansätzen (Carus war Arzt, Schelling dilettierte als Mediziner).

Stärker noch als Freud aber geht die romantische Psychologie von der Geschichtlichkeit des Unbewußten aus: *Zur Entwicklungsgeschichte der Seele* – diesen Untertitel hat Carus seinem voluminösen Hauptwerk beigegeben. Die argumentativen Möglichkeiten dieser programmatischen Wendung aber hat er kaum genutzt. Denn er bezieht – ähnlich wie Schelling – den Begriff ,Entwicklungsgeschichte' auf Spekulationen welt-, natur- und gattungsgeschichtlicher Art. Die theoretische Inthronisierung literarischer Einsichten fordert auch hier ihren Preis. Denn die poetischen und aphoristischen Texte der Romantik begreifen die Geschichtlichkeit der Seele und des Unbewußten radikaler. Wenn nämlich das Unbewußte – wie die frühen Romantiker entdeckten und Lacan später pointierte – „der Diskurs des anderen" ist, so ist es notwendigerweise auch von hoher historischer Varianz. Wer nämlich im Namen der Ideale, Autoritäten und Gewohnheiten, die sich selbst immer schon als vernünftige verstehen, das „ewige Bruchstück", das der Mensch auch Schelling zufolge ist[18], bespricht, erzieht, beobachtet, begehrt, mit Ge- und Verboten umstellt, variiert außerordentlich. Und dementsprechend variiert auch die Seele, die der Effekt dieser Codierungen ist.

Die Romantiker können auf der Grundlage dieser Einsicht Psychologie im strengsten Sinne entwerfen: sie zeichnen die Weisen nach, in denen die Psyche logifiziert wird. Ihre poetische Psychologie ist eine Psycho-Logik, die die Codierungen der Seele analysiert und – an dieser Codierung alsbald teilhat. Spätestens mit Heines *Buch der Lieder* ist die romantische Seele in das Zeitalter ihrer massenhaften Reproduzierbarkeit eingetreten. Sie verträgt sich im 19. Jahrhundert glänzend mit der allgemeinen Schulpflicht, der Kleinfamilie und der Industrialisierung. Und sie wird so inflationär wie diese. Aus schönen, wenngleich schon standardisierten poetischen Wendungen können dann sogar wissenschaftsmethodische Maximen werden.

Ich will meine Seele tauchen
In den Kelch der Lilie hinein;
Die Lilie soll klingend hauchen
Ein Lied von der Liebsten mein.[19]

So erklingt es bei Heine und Schumann; und fast so liest es sich in einem der einflußreichsten Methodenbücher der Geisteswissenschaften des 19. Jahrhunderts. In Droysens *Historik* von 1868 heißt es unter der Überschrift „Die historische Methode": „Von dem logischen Mechanismus des Verstehens unterscheidet sich der Akt des Verständnisses. Dieser erfolgt unter den dargelegten Bedingungen als unmittelbare Intuition, als tauche sich Seele in Seele, schöpferisch wie die Empfängnis in der Begattung"[20]. „Als tauche sich Seele in Seele" – so kann aus der Entdeckung, daß die Seele ein „wunderlicher Bruch" sei, in dem sich die Präsenz des anderen im Ich geltend macht, ein scheinwissenschaftliches Vereinigungsfest werden. Auch dieser verständigungsselige Trug hat, da auf breiter akademischer Front gelehrt und in die Gymnasien weitergetragen, teil an der Produktion von gestimmten Seelen.

Bewußt gesteuert und koordiniert sind diese und andere historisch variable Instanzen der Codierung des wunderlichen Seelenbruchs gewiß nicht. Vielmehr ist dieser Bruch überdeterminiert. Man kann diese Überdetermination Freiheit nennen und damit zu enthusiastischen Mißverständnissen ermutigen. Man kann aber auch darauf vertrauen, daß die Elemente dieses wunderlichen Bruchs eine selbstbezügliche Binnenkomplexität ausbilden, die sie zu mehr macht als zu bloßen Relaten der Relation, die da Intersubjektivität und später Kommunikation heißt. Vernünftig ist die frühe romantische Analyse der Seele auch deshalb, weil sie weiß, daß diese Benennungen zur Disposition nichtableitbarer Deutungen stehen und also mehr oder weniger sympathische facons de parler sind. Und weil sie weiß, daß es ein (vernünftiges) Recht auf (vernünftige) Selbstverkennungen und die Träume der Vernunft gibt. Das Recht auf Selbstverkennung aber entdeckt nur eine Vernunft, die so wach ist, daß sie weiß, wie gerne sie schläft und träumt.

Die Neoromantik um 1900 nimmt das im Laufe des 19. Jahrhunderts halbvergessene Projekt der Analyse dessen, was an der auf-

geklärten Vernunft und der Seele anders ist,
als es ihnen träumt, erneut auf. Und so werden wieder Zeilen möglich, die in enger Allianz mit der alten romantischen Seelen- und
der neuen Psycho-Analyse lesbar sind:

## Liebes-Lied

Wie soll ich meine Seele halten, daß
sie nicht an deine rührt? Wie soll ich sie
hinheben über dich zu andern Dingen?

Ach gerne möcht ich sie bei irgendwas
Verlorenem im Dunkel unterbringen
an einer fremden stillen Stelle, die
nicht weiterschwingt, wenn deine Tiefen
schwingen.
Doch alles, was uns anrührt, dich und mich,
nimmt uns zusammen wie ein Bogenstrich,
der aus zwei Saiten *eine* Stimme zieht.
Auf welches Instrument sind wir gespannt?
Und welcher Geiger hat uns in der Hand?
O süßes Lied.[21]

## Anmerkungen

[1] G. Lukács: Zur romantischen Lebensphiloso-
phie; in: Die Seele und die Formen. Neu-
wied/Berlin 1971, S. 64
[2] G. Lukács: Die Zerstörung der Vernunft. Neu-
wied/Berlin 1962
[3] Vgl. W. Hofmann: Goya – Traum, Wahnsinn,
Vernunft. München 1981, S. 24-27
[4] F. Schlegel: Athenäum-Fragment 216; in: Kritische Friedrich-Schlegel-Ausgabe Bd. II, Hg. H.
Eichner. Paderborn 1967, S. 198
[5] Goethe: Wilhelm Meisters Lehrjahre, Hamburger Ausgabe Bd. 7. München 1981 (10), S. 83
(II/2)
[6] Ebda., S. 270 (IV/18)
[7] Hamburger Ausgabe Bd. 1, S. 143
[8] Kant: Träume eines Geistersehers, erläutert
durch Träume der Metaphysik; Werke in 10
Bdn., Hg. Weischedel, Bd. 2. Darmstadt 1968,
S. 931f. (A 20). Den letzten Satz hat Kant gesperrt drucken lassen
[9] Ebda., S. 952f. (A 59, 60)
[10] Ebda., S. 961 (A 75). Die Wendung ‚Hoffnung
der Zukunft‘ ist bei Kant gesperrt
[11] Eichendorff: Mondnacht; in: Werke, Hg.
W. Rasch. München 1971, S. 271f. Die romantische Geste des Schweifens hat R. Zons analysiert: „Schweifen“ – Eichendorffs „Ahnung und
Gegenwart“; in: H.-G. Pott (Hg.): Eichendorff
und die Spätromantik. Paderborn etc. 1985,
S. 39-68
[12] Novalis: Heinrich von Ofterdingen, Hg. J. Hörisch. Ffm. 1986 (2.), S. 161
[13] Novalis: Logologische Fragmente, in: Schriften
II, Hg. R. Samuel, H.J. Mähl, G. Schulz. Stuttgart 1965, S. 542f.

[14] F. Rückert: Widmung; in: D. Fischer-Dieskau
(Hg.): Texte deutscher Lieder – Ein Handbuch.
München 1968, S. 426
[15] F. Schlegel: Über Goethes Meister; in: a.a.O.
1967, S. 140. Vgl. dazu J. Hörisch: „Ein höherer
Grad an Folter“ – Die Weimarer Klassik im
Lichte der Frühromantik; in: H.-J. Simm (Hg.):
Literarische Klassik. Ffm. 1988, S. 410-420
[16] C.G. Carus: Psyche – Zur Entwicklungsgeschichte der Seele (1846), Hg. L. Klages. Jena
1926, S. 1. Zur romantischen Traumtheorie und
-poesie vgl. u.a.: Beguin: L'âme romantique et
le rêve. Paris 1937; J. Bousquet: Les thèmes du
rêve dans la littérature romantique. Paris 1964;
E. Lenk: Die unbewußte Gesellschaft – Über
die mimetische Grundstruktur in der Literatur
und im Traum. München 1983, S. 218ff.
[17] O. Marquard: Transzendentaler Idealismus –
Romantische Naturphilosophie – Psychoanalyse. Köln 1987
[18] Schelling: System des transcendentalen Idealismus (1800); in: Ausgewählte Werke – Schriften
von 1799-1801. Darmstadt 1967, S. 608
[19] Heinrich Heine/R. Schumann: Dichterliebe
(op. 48, Nr. 5); in: D. Fischer-Dieskau (Hg.):
a.a.O., 1968, S. 145
[20] Droysen: Historik – Vorlesungen über Enzyklopädie und Methodologie der Geschichte, Hg. R.
Hübner. Darmstadt 1972, S. 329 (§ 11)
[21] Rilke: Liebes-Lied – Neue Gedichte; in: Sämtliche Werke, Hg. E. Zinn, Bd. 2. Ffm. 1975,
S. 482

## Bibliographie

Beguin, A., L'âme romantique et le rêve, Paris
1937
Bousquet, J., Les thèmes du rêve dans la littérature
romantique, Paris 1964

Carus, C.G., Psyche – Zur Entwicklungsgeschichte der Seele (1846), hg. v. L. Klages, Jena
1926

Droysen, G., Historik. Vorlesungen über Enzyklopädie und Methodologie der Geschichte, hg. v.
R. Hübner, Darmstadt 1972

Eichendorff, Werke, hg. v. W. Rasch, München
1971

Fischer-Dieskau, D. (Hg.), Texte deutscher Lieder, München 1968

Goethe, J. W., Wilhelm Meisters Lehrjahre, Hamburger Ausgabe Bd. 7, München [10]1981

Heine, H. & Schumann, R., Dichterliebe (op. 48,
Nr. 5), in: Fischer-Dieskau 1968, S. 145

Hofmann, W., Goya – Traum, Wahnsinn, Vernunft, München 1981

Hörisch, J., „Ein höherer Grad an Folter" – Die
Weimarer Klassik im Lichte der Frühromantik,
in: H.-J. Simm (Hg.), Literarische Klassik,
Frankfurt/M. 1988, S. 410-420

Kant, I., Träume eines Geistersehers, erläutert
durch Träume der Metaphysik, Werke in 10
Bdn., hg. v. W. Weischedel, Bd. 2, Darmstadt
1968

Lenk, E., Die unbewußte Gesellschaft – Über die
mimetische Grundstruktur in der Literatur und
im Traum, München 1983

Lukács, G., Die Zerstörung der Vernunft, Neu-
wied/Berlin 1962

ders., Die Seele und die Formen, Neuwied/Berlin
1971

Marquard, O., Transzendentaler Idealismus – Romantische Naturphilosophie – Psychoanalyse,
Köln 1987

Novalis, Logologische Fragmente, in: Schriften II,
hg. v. R. Samuel, H.-J. Mähl & G. Schulz,
S. 542 ff., Stuttgart 1965

ders., Heinrich von Ofterdingen, hg. v. J. Hörisch,
Frankfurt/M. 1986

Rilke, R. M., Liebes-Lied – Neue Gedichte, in:
Sämtliche Werke, hg. v. E. Zinn, Bd. 2, Frank-
furt/M. 1975

Rückert, F., Widmung, in: Fischer-Dieskau 1968,
S. 426

Schelling, F. W. J., System des transcendentalen
Idealismus (1800), in: Ausgewählte Werke.
Schriften von 1799-1801, Darmstadt 1967

Schlegel, F., Kritische Ausgabe Bd. 2, hg. v. H.
Eichner, Paderborn 1967

Zons, R., „Schweifen" – Eichendorffs „Ahnung
und Gegenwart", in: Pott, H.-G. (Hg.), Eichendorff und die Spätromantik, Paderborn etc.
1985

# Herzblut und Maskenspiel.
## Über die empfindsame Seele, den Briefroman und das Papier

*Lothar Müller*

## 1. Einleitung

Zu den Tableaus des 18. Jahrhunderts gehören die Bilder, auf denen Bücher und Briefe, Lesende und Schreibende zu sehen sind. Die Kupferstiche führen uns mit der ihnen eigenen Freude am Detail die Requisiten, die Interieurs und die Gesten der Lust am Briefeschreiben vor Augen. Sie erzählen die Geschichte einer Passion, sie illustrieren einen tausendfach geschriebenen, endlosen Text. Da ist die Feder, die übers Papier eilt. Da ist die schreibgewandte Hand, von der sie geführt wird. Da strömen die Worte, nicht enden wollend, aus der von Gedanken und Gefühlen überquellenden Seele, Stunde um Stunde, Blatt um Blatt, bis der Morgen graut. Wie oft steht ein erschöpftes „I have written all night" als Postscriptum unter einem Brief von Anna Howe an Clarissa Harlowe! Die Empfindsamkeit und das Briefeschreiben gehören zusammen, sie spiegeln sich ineinander, sind unzertrennlich wie Zwillinge und leidenschaftlich ineinander verliebt, wie Julie und St. Preux in Rousseaus *Nouvelle Héloise*. Die epochale Bedeutung dieser Leidenschaft verkennt, wer das Ensemble aus empfindsamer Seele, Feder und Papier allzu weich nachzeichnet und in seinem inneren Beziehungsreichtum unterschätzt. Denn weder ist Empfindsamkeit gleich Sentimentalität, noch sind ihre Tränen lediglich Zeichen ihrer Schwächlichkeit und Haltlosigkeit, noch ist die Feder ein schlichtes Instrument des „Ausdrucks". Das Papier, die stets aufnahmebereite weiße Fläche, auf der sich Tränen und Tinte gelegentlich mischen, ist nicht nur ein stiller stummer Diener, der alles arrangiert, damit die Seele sich aussprechen kann. Denn auch vom Brief und vom Papier gilt, was von der Geschichte der Metaphern gilt, in denen die Seele zur Sprache gebracht wird: daß die Bilder und Formen, in denen

sich die reflexive Erschließung des Seelischen vollzieht, zugleich als Faktoren der Richtungsbestimmung seiner Geschichte begriffen werden müssen. Diese Geschichte ist nicht als „objektive" historische Entwicklung einer vorgängig als Substanz gedachten Seele zu verstehen, die sich in den Formen ihrer Versprachlichung lediglich vergegenständlicht. Vielmehr sind die Umschreibungen dessen, was Seele heißen soll, und nicht zuletzt der Vorgang des Schreibens selbst Teil ihrer Produktion und Modellierung. Die europäische Empfindsamkeit ist in diesem Sinne ein Faktor der Dynamisierung in der Produktionsgeschichte der modernen Seele. Sie läßt sich als diskursive Explosion im Prozeß der Versprachlichung und Verschriftlichung der Seele beschreiben. Der Briefroman ist ein Hauptschauplatz sowohl der quantitativen Extensivierung wie der qualitativen Intensivierung und Differenzierung dieses Prozesses. Die Interpretation seiner inneren Struktur und Entwicklung als Organon von Empfindsamkeit ist daher als Versuch gedacht, die Analyse literarischer Formen in die Perspektive historischer Anthropologie zu rücken. Ausgangspunkt ist die im ersten Abschnitt skizzierte Erfolgsgeschichte der Empfindsamkeit im Kontext der europäischen Aufklärung. Dem folgen einige Überlegungen zur Poetik des Briefromans, die ganz aus der Binnenperspektive dieser Form des Erzählens ohne Erzähler argumentieren. Im dritten und letzten Abschnitt schließlich findet sich ein knapper Ausblick auf die thematischen Zentren in der Erfolgsgeschichte des Briefromans im 18. Jahrhundert: die Regulierung von Nähe und Distanz, die Erotisierung des Schreibens und Lesens im Dreieck Mann – Frau – Brief und schließlich die Polarität von Aufrichtigkeit und Lüge, Vertrauen und Verrat, Herzblut und Maskenspiel.

## 2. Aufklärung und Empfindsamkeit

*Die Vermittlung zwischen Kopf und Herz*

Früher las sich die Geschichte der Empfindsamkeit wie ein bürgerliches Familiendrama. Der Verstand des frühen und mittleren 18. Jahrhunderts trat darin als ein allzu gestrenger Vater auf, gegen den ungefähr ab 1750 die jüngere Generation in Gestalt der empfindsamen Seele die Rechte des Herzens mit Taschentuch und Tränen verteidigte. Eher werde sie wie Clarissa das elterliche Haus verlassen als ebenfalls in den philosophischen Rationalismus einheiraten wie ihre Mutter, die ach so vernünftige Aufklärung der ersten Jahrhunderthälfte. Gegen deren Mahnungen überließ sich die Tochter beim Spaziergehen in der freien Natur wie beim Romanelesen und Briefeschreiben den Exaltationen ihrer Gefühlswelt. Am Ende soll sie mit einem romantischen Jüngling auf und davongegangen sein.

In der neueren Literaturgeschichtsschreibung wird dieses Stück nicht mehr gegeben. Aus der Opposition von ‚raison' und ‚sentiment', Aufklärung und Empfindsamkeit, die etwa im Horizont der französischen Präromantik-These das 18. Jahrhundert in zwei wesensverschiedene Hälften zerlegte, wurde eine durchgehende Parallelität und Komplementarität (vgl. Baasner, 1988). In ihrem Kern erscheint Empfindsamkeit nicht mehr als Protest gegen den Rationalismus der Aufklärung, sondern als Element von Aufklärung selbst. Jeder Schematismus einer handlichen Polarisierung von Gefühl und Verstand wird durch diesen Revisionsprozeß, für den vor allem die Arbeiten Gerhard Sauders repräsentativ sind, erschwert (vgl. Sauder, 1974). Indem beide als komplementär erkannt wurden, änderten sich die Begriffe von Aufklärung und Empfindsamkeit selbst, wurden sie und mit ihnen ihre Zentralfiguren komplexer. Längst sind an Richardsons Clarissa auf Kosten des Klischees schlicht-naiver Tugendhaftigkeit und Gefühlsunmittelbarkeit ihre analytischen, reflexiv-rationalen und rhetorischen Qualitäten sichtbar geworden, und an Voltaire, der lange als Inbegriff des französisch-lupenreinen Rationalismus und Meister der ironischen Zersetzung von sentiment durch esprit und Intellekt galt, hat man immer deutlicher die Züge des „philosophe sensible" hervortreten lassen (vgl. Baasner, 1988, 140ff.).

Das Ideal der Balance von Kopf und Herz und die Sehnsucht nach einer Parallelführung der Verbesserung beider geben der Aufklärung ihr inzwischen reich dokumentiertes empfindsames Profil. Durch die Einsicht in ihre Vereinbarkeit mit dem Rationalismus wie in ihre Funktion als Forum der Selbstauslegung von Aufklärung differenziert sich der Begriffsinhalt von Empfindsamkeit und erfährt ihre Geschichte eine chronologische Streckung. Ihr Zenit in der zweiten Hälfte des 18. Jahrhunderts ist nicht mehr die privilegierte Ressource für die historiographische Rekonstruktion des Begriffs, die Identifizierung ihrer rousseauistischen bzw. nach-rousseauistischen Formulierung mit Empfindsamkeit schlechthin ist aufgelöst. So zeichnen neuere begriffsgeschichtliche Untersuchungen zum facettenreichen Spektrum der „sensibilité" deren Auf- und Umwertungsgeschichte ab dem 17. Jahrhundert und im Kontext der französischen Klassik nach (vgl. zum folgenden Wolf, 1984; Baasner, 1988). Als Erbin der selten vorkommenden scholastischen sensibilitas, die ihren Ort als mittleres Vermögen zwischen „anima vegetalis" und „anima intellectiva" hatte, war die erstmals im frühen 14. Jahrhundert nachweisbare „sensibilité" von Beginn an offen sowohl für physische wie moralisch-seelische Konnotationen gewesen. Die physische Empfindungsfähigkeit im Sinne von Reizbarkeit, also etwa das Vermögen der sinnlichen Wahrnehmung von Temperaturunterschieden, gehörte zu ihrem überlieferten Begriffshorizont. Diese Affinität zur Sphäre der Sinnlichkeit, also von „sensible" und „sensuel", ist zwar in der kirchlichen Moraldiskussion des 17. Jahrhunderts noch gegenwärtig als Hintergrund für die Skepsis gegenüber der sensibilité, zugleich aber verschieben Texte wie Mlle de Scudérys anti-stoische Reflexionen über die Liebe und Romane wie Mme de Lafayettes *La Princesse de Clèves* das Bedeutungszentrum stark in die Richtung eines primär der Seele verbundenen Fühlens. Die Rückbindung an die physische

Natur ist damit nicht aufgehoben, wohl aber die Tendenz zur Privilegierung des seelisch-moralischen Bedeutungsspektrums eingeleitet. Sie ist der Anstoß zur Aufwertung der sensibilité im späten 17. und frühen 18. Jahrhundert. Die Stationen dieses Prozesses müssen hier nicht im einzelnen nachvollzogen werden: die aristokratisch-antiabsolutistische Ausdifferenzierung der sensibilité als exklusive Qualität eines tugendhaften Seelenadels, der das Ideal wahrhaft-zärtlicher Liebe und Freundschaft kultiviert; der Übergang von den aristokratisch-höfischen Bedeutungsschattierungen zur aufklärerischen Empfindsamkeit des 18. Jahrhunderts bei Marivaux, in dessen Komödien die Spannung zwischen der Rhetorik der Liebesturniere einerseits und den gewissermaßen beiseitegesprochenen Regungen der gegen ‚raison‘ und ‚amour propre‘ profilierten sensibilité andererseits jeden der beiden Pole in sich kompliziert; der Siegeszug der Empfindsamkeit auf dem Theater von Voltaire bis hin zu Diderot und den Beiträgen Beaumarchais' zum *genre sérieux*.

Die empfindsame Seele, die „âme sensible", erreicht innerhalb der angedeuteten Entwicklung schon vor 1750 ihre Schlüsselposition für das Menschenbild der Aufklärung. Bereits bei Marivaux, der den Begriff prägt, hat sie eindeutig positive Konnotationen.

Die chronologische Streckung und perspektivische Streuung, die für neuere historiographische Rekonstruktionen der Empfindsamkeit typisch ist, kompliziert jede monokausale Theoretisierung ihrer Genese. Alle Versuche, die Empfindsamkeit im Blick auf ihre Verschmelzung mit religiös geprägten Traditionen von Introspektion und Selbstreflexion als Säkularisationsprodukt zu deuten, erweisen sich als zu wenig säkular (vgl. Sauder, 1974). In England steht der offensichtlichen Affinität von Richardsons Romanen zum asketisch-sinnenfeindlichen Puritanismus die weltfreundliche Emphase gegenüber, mit der Shaftesbury in seiner „moral sense" – Theorie der Empfindsamkeit den optimistischen Prospekt einer von Vernunft und moralischem Gefühl gemeinsam geforderten und von der im Kern guten menschlichen Natur ermöglichten Welt der Harmonisierung von Egoismus und Altruismus eröffnet. In Frankreich mag die produktive Aneignung der englischen Empfindsamkeit durch den Jansenismus befördert worden sein, dessen Weltfeindschaft sich mit derjenigen des Puritanismus verbinden konnte. Doch ist die französische sensibilité zugleich und vor allem ein Kind der heimischen preziösen Salonkultur des 17. Jahrhunderts. In Deutschland schließlich ist zwar der Pietismus mit seinen Bekenntnisbriefen und skrupulösen Tagebüchern ein bedeutsames Element im Prozeß der methodischen Verschriftlichung von Innerlichkeit, aber erst durch die Aneignung der englischen und französischen theoretischen wie literarischen Vorbilder tritt auch hier die Empfindsamkeit ihren kulturellen Siegeszug an und entfaltet ihre Funktion für die Selbstbegründung und Selbstbestimmung von Aufklärung. Daß das Wort „empfindsam" in Deutschland erst durch Lessings Übersetzungsvorschlag für Laurence Sternes „Sentimental Journey" (1768) geprägt wird, ist ein Hinweis auf die besondere Bedeutung des kulturellen Imports gerade für die deutsche Empfindsamkeit. In England selbst wiederum wurde Sternes Auslegung von „sentimental", die sich zu Richardsons Puritanismus in ironische Distanz setzt, als Reflex „kontinentaler", sprich französischer Beeinflussung beargwöhnt. Auch dies belegt, wie sehr die Karriere der Empfindsamkeit eingebettet ist in die Verdichtung der sprach- und nationenübergreifenden Austauschbeziehungen zwischen den Literaturen des Aufklärungszeitalters. Die Empfindsamkeit ist europäisch und epochal.

## Empfindsamkeit als Tugend

Bleiben wir noch ein wenig beim französischen Beispiel, bei der Aufwertung und diskursiven Ausdifferenzierung der ‚âme sensible‘. Die tendresse, die Zärtlichkeit, ist ohne Zweifel eine ihrer wichtigsten Bundesgenossinnen, von den Idealisierungen der Liebe in den aristokratischen Salons des 17. Jahrhunderts bis zu den Komödien Marivaux'. Doch gilt die sensibilité über die Empfänglichkeit für ‚wahre Liebe‘ und ‚wahre Freundschaft‘ hinaus zugleich als Disposition spontaner Moralität. Die empfindsame Seele ist von Beginn an als Mitleidsorgan gedacht. Ihre Erfolgsgeschichte im 18. Jahrhundert ist nicht zuletzt die Geschichte ihrer Verschmelzung mit der aufklärerischen Diskussion über die bestmögliche Vermittlung von moralischer Norm und menschlicher Natur. Um 1750 ist die Akzentuierung von sensibilité als Triebkraft zur Entwicklung einer künftigen allgemeinen Moralität, in der Vernunft und Gefühl, Kopf und Herz miteinander harmonisieren, bereits Allgemeingut. Diese Funktion der Beglaubigung einer optimistischen Parallelführung von individueller Natur-Tugend-Balance und Vervollkommnung der Gattung kann die sensibilité nicht zuletzt deshalb so gut erfüllen, weil sie den stürmischen Leidenschaften und exzessiven Affekten gegenüber als Instanz der Dämpfung der Triebe und Begünstigung wohltemperierter Artikulationen des Gefühls gedacht ist (vgl. Baasner, 1988).

Die Integration der Empfindsamkeit ins Tugendprogramm der Aufklärung ist für ihre diskursive Universalisierung von entscheidender Bedeutung. Sie trägt nicht nur zu ihrer quantitativen Karriere und Entwicklung zum unablässig kursierenden Schlagwort bei, sondern erweitert und universalisiert den Begriffsinhalt auch in qualitativer Hinsicht. Denn als Bundesgenossin von ‚humanité‘ und ‚sociabilité‘ ist die sensibilité nicht mehr eine selten-kostbare Eigenschaft einiger weniger Exponenten des Seelenadels, sondern natürliche Mitgift jeden menschlichen Wesens. Ihre Moralisierung geht mit ihrer Universalisierung zum Anthropologicum einher. Dem entspricht die soziale Öffnung des Reflexionsraumes, in dem sie kultiviert wird. An die Stelle der exklusiven aristokratischen Zirkel des späten 17. Jahrhunderts tritt das gemischte große Publikum des 18. Jahrhunderts mit seiner Tendenz zur Erschließung immer neuer Leserschichten.

An den metaphorischen Oppositionen, deren Schubkraft diesen Prozeß der diskursiven Universalisierung befördert, lassen sich die sozialutopischen Implikationen der Empfindsamkeit leicht ablesen. Sie steht auf Seiten des Weichen gegen das Harte, des Löslich-Flüssigen gegen das Trockene, Starre und Feste, des Warmen und Lebendigen gegen das Kalte und anorganisch Steinerne. In den Tränen findet diese Metaphorik ihr Natursubstrat, sie gelten als das Echtheitssiegel

der empfindsamen Seele. Ihr reichliches Strömen legt es verführerisch nahe, die Sympathie für das Weiche als Verweichlichung zu vereindeutigen und die Empfindsamkeit insgesamt als Figur der Machtlosigkeit und Schwäche zu interpretieren. Ein Blick auf die Tränen, die von klassischen literarischen Figuren der Empfindsamkeit wie Richardsons Clarissa oder Rousseaus Julie vergossen werden, zeigt jedoch, daß das Weinen trotz aller seiner Exaltiertheiten in der zweiten Hälfte des 18. Jahrhunderts das Profil der Charaktere gerade nicht auswäscht und ins passiv Schluchzende verfließen läßt, sondern umgekehrt als Ausweis seelischer Stärke und moralischer Kraft intendiert ist. Clarissas „steadiness of mind" im Konflikt mit ihrer Familie wird durch ihr Weinen in den aussichtslosen Unterredungen mit der Mutter gerade nicht untergraben, sondern auch dort noch stumm zum Ausdruck gebracht, wo ihr das Argumentieren verboten und die stillschweigende Unterwerfung unter die väterliche Autorität abverlangt wird. Und im Zentrum des reich nuancierten Tränenflusses der *Nouvelle Héloise* steht nicht ein larmoyanter Selbstgenuß der Weinenden, sondern die hochgespannnte Energie, mit der sie zwischen Glück und Tugend, Erfüllung und Verzicht, elegischer Erinnerung und utopischer Idylle ein stets prekäres Gleichgewicht zu wahren suchen (vgl. Jüttner, 1981, 54). Das Weinen ist Bewegung – durch Freude, Schmerz, Rührung – und zugleich bewegend. Selbstachtung und Mitleid sind seine Pole, es entbindet nicht nur selbstreflexive, sondern zugleich soziale Energien. Als Sprache der Bewegung ist das Weinen eine Kraft der Auflösung von Starrheit nicht nur im psychologischen, sondern zugleich im sozialen und indirekt politischen Sinn der Verflüssigung und Erosion von Standesgrenzen und vertikaler Autorität, wie sie vor allem die Väterfiguren vertreten, zugunsten der in den Gattungshorizont eingezeichneten Vision sympathetisch-horizontaler Sozialbeziehungen (vgl. Wegmann, 1988).

Nicht anders als die Ineinssetzung der Aufwertung des Weinens mit larmoyanter Tränenseligkeit hat ihre Beziehung auf die Polarisierung von „starkem" und „schwachem" Geschlecht zur assoziativen Verknüpfung von Empfindsamkeit und Schwäche beigetragen. Doch ist auch hier Vereindeutigung der Preis für die suggestive Plausibilität. Zwar ist unbestreitbar, daß im 18. Jahrhundert der Diskurs über die Empfindsamkeit eine Vielzahl normativer Festschreibungen dessen mit sich bringt, was als „Natur" und soziale Bestimmung der Frau zu gelten habe, doch verdeckt jede Fort- und Festschreibung der konventionellen Geschlechterpolarität die strategisch-aktiven, selbstbewußt-utopischen und hochgradig rationalitätsgetränkten Elemente im Bedeutungsgewinn der weiblichen Leserinnen, Heldinnen und Autorinnen (vgl. Meise, 1983; Meise, 1989).

Die Assoziierung von Empfindsamkeit und Schwäche findet in ihrer soziologischen Deutung als Phänomen von Handlungshemmung, Machtverlust oder Machtverzicht ihre anspruchsvollste Formulierung. Die sozialhistorische Diagnose der erzwungenen politischen Abstinenz ihrer Trägerschichten wird dabei zum Zentrum der genetischen Erklärung von Empfindsamkeit. Der Zusammenhang zwischen Gesellschaftsstruktur und Affektmodellierung ergibt sich durch ein Kompensationsmodell. Es vermittelt zwischen der politischen Sphäre und dem jeweils analysierten Typ der Aufwertung von Innerlichkeit, handle es sich nun konkret um die eher weltnahe Resignation, aus der in den Salons der gescheiterten aristokratischen Fronde die Kultivierung der sensibilité im Frankreich des 17. Jahrhunderts erwächst, oder um Weltflucht, Hypertrophie der Reflexion und Melancholie im deutschen Bürgertum des 18. Jahrhunderts (vgl. Lepenies, 1969, 185-213). In beiden Fällen erscheint die Empfindsamkeit als Resultat von Handlungshemmung und die Innerlichkeit als ein Ort der Passivität und des Rückzugs, den man eher auf Fluchtwegen als aus freien Stücken erreicht.

Kompensationstheorien weisen stets dem, was sie erklären, den Status eines eigentlich nicht Gemeinten zu, das seinen Sinn vor allem darin hat, funktionales Äquivalent für das nicht erreichbare Eigentliche – in diesem Fall die aktive Teilhabe an Macht und Politik – zu sein. In die genetische Erklärung der Empfindsamkeit mittels der Soziologie von Passivität geht diese Akzentuierung des Gegenstandes als reaktives, durch die Verschiebung eines genuinen Interesses beschreibbares Phänomen deutlich ein. Denn sie privilegiert die melancholisch-individualistischen Züge der Empfindsamkeit auf Kosten dessen, was man ihre explorativ-kolumbianische Seite nennen könnte. Diese wird vor allem in der Affinität von Empfindsamkeit und Anthropologie greifbar, die im Kontext der aufklärerischen Suche nach einem Naturfundament der Moraldiskussion große Bedeutung gewinnt. Zum einen ist diese Affinität eine Art Ankerwerfen des philosophischen Optimismus, der in der unter allen Überformungen letztlich guten menschlichen Natur Rückhalt für den Gedanken der Perfektibilität der Gattung sucht und findet. Zum anderen aber wird die Suche nach einer Naturbasis für die Empfindsamkeit und ihre Tugendprospekte wirksam als Überführung des Postulats der Aufklärung des Menschen über sich selbst in empirische Psychologie. In die Emphase, mit der die französische Anthropologie oder in Deutschland die Erfahrungsseelenkunde als Projekte der Kartographierung der inneren Natur des Menschen auftreten und den Diskurs über die Seele zu einem perpetuum mobile machen, sind dabei charakteristische Motive von Beunruhigung eingelassen. Die reine Neugier des Wissenwollens verbindet sich mit dem zunehmenden Interesse der Ärzte, Anthropologen und literarischen Autoren an den Schattenseiten der menschlichen Natur. Gerade diejenigen Phänomene des Seelenlebens oder des Zusammenhangs zwischen physischer und seelisch-geistiger Konstitution ziehen besondere Aufmerksamkeit auf sich, die dem Projekt einer parallelen Verbesserung von Kopf und Herz und dem Bündnis von Aufklärung und innerweltlichem Glück entgegenstehen könnten. Die Erforschung der Krankheiten des Körpers wie der Seele wird zum wichtigsten Modell von Selbstaufklärung. Die empfindsame Aufwertung des Mitleids wird in diesem Kontext zur explorativen Energie. Mitleid findet nicht nur im Theater als ästhetische Rührung, sondern zugleich im Aufschwung der Wissenschaften vom Menschen als analytische Blickschärfung seinen Ausdruck. Die kranke Seele tritt in reich nuanciertem Profil an die Seite der schönen Seele. Dies Bündnis von Empfindsamkeit und empirischer Psychologie hat nicht den Charakter einer Rückzugsbewegung, sondern den eines Äquivalents zur Erschließung neuer Welten im Zeitalter der Entdeckungen. Die anthropologischen Erkundungen der Vielfalt menschlicher Natur durch die Reisenden der Aufklärung erhalten in den Unternehmungen zur Exploration der Seele ein Pendant. Die kasuistischen Fallstudien der empirischen Psychologen setzen selbstbewußt den alltäglichen Nahbereich als Expeditionsziel gegen die exotisch-abenteuerliche Ferne, die intensive Beobachtung gegen die extensive Entgrenzung des Horizonts, die Mikroskopie der inneren gegen die Teleskopie der äußeren Natur (vgl. Sauder, 1974; Müller, 1987).

Die Kenntnisnahme ihrer begriffsgeschichtlichen Metamorphosen im Kontext der Aufklärung des 18. Jahrhunderts und die immer deutlicher sichtbar werdende Bandbreite der Empfindsamkeit zwischen aktiver kultureller Normsetzung und resignativem Eskapismus, Geselligkeitsideal und Nobilitierung der Einsamkeit, ästhetischer Lust an der eigenen Rührung und moralischer Selbstverpflichtung des Mitleids als sozialer Tugend, eskapistischem und explorativem Aufschwung der Versprachlichung der Seele erschweren ihre eindeutige kausale Zuordnung als Epiphänomen vorgängiger sozialhistorischer Prozesse. Das gilt vor allem für die Zentrierung ihrer genetischen Erklärung auf die Emanzipationsgeschichte des Bürgertums, sei Empfindsamkeit nun als Begleitphänomen seines erfolgreichen Aufstiegs gedacht oder als Reflex auf die Hindernisse, die ihm entgegenstehen. Die Debatte hierüber hat zumindest ergeben, daß von einem exklusiv bürgerlichen Charakter der Empfindsamkeit keine Rede sein kann. Zudem ist über den Aufweis von Unschärfen der sozialhistorischen Lokalisierung hinaus grundsätzliche methodische Kritik an der Repräsentationslogik geübt worden, die die Empfindsamkeit immer schon als Epiphänomen einer teleologisch gefaßten ‚objektiven' Entwicklungsgeschichte, sei es einer Klasse oder einer als Erfahrungs- und Ursprungskonstellation gedachten Welt der Gefühle, erscheinen läßt, um sie dann kausal an diese Teleologie zu binden. Vor allem Nikolaus Wegmann hat vorgeschlagen, die Erfolgsgeschichte der Empfindsamkeit nicht mehr als Ursprungsgeschichte zu schreiben und die historisch-genetische in eine diskursanalytische Perspektive zu überführen. „Die nicht zugängliche Frage nach der ursprünglichen Entstehung von Empfindsamkeit ist in die Frage nach den Gründen für ihren Erfolg umzuformulieren." (Wegmann, 1988b, 357f.)

## Empfindsamkeit oder Empfindelei?

Auf dem Hintergrund von Luhmanns systemtheoretischem Modell soziokultureller Evolution und Foucaults Diskursbegriff hat Wegmann in diesem Sinne die „Diskurse der Empfindsamkeit" als Erfolgsgeschichte ihrer rhetorischen Strategien untersucht. Nicht erst, *was* sich unter dem Titel Empfindsamkeit an Evolution der kulturellen Normen vollzieht, sondern *daß* so viel über sie geredet und geschrieben wird, ist aus dieser Perspektive relevant. Der Textcharakter der Empfindsamkeit, der so ins Zentrum des Blickfelds gerät, wird nicht als Medium des „Ausdrucks", sondern der Formierung und Normierung von Gefühl, Wahrnehmung und Erfahrung analysiert.

An die Stelle der Kritik der Empfindsamkeit als „Flucht in die Innerlichkeit" tritt die analytische Rekonstruktion der suggestiven „Diskurspraktiken", mit denen sie sich als indirekt politische Kraft der Opposition und zugleich als wirkungsmächtige Instanz „sanfter Vergesellschaftung" formiert. Wegmann zeigt dies an literarischen und publizistischen Texten, in denen das empfindsame, die Ständegesellschaft virtuell transzendierende Verhaltensideal von Zärtlichkeit, Sympathie und Offenheit sich als präzis-polemische Negation politischer Klugheit und höfischer „Interaktionsrationalität" profiliert. Die Diskursanalyse akzentuiert an den Texten und Gesten der Empfindsamkeit die rhetorische Variation, Selektion und Differenzierung eines „sozialen Orientierungs- und Wiedererkennungsmusters, das als kultureller Imperativ die (Selbst-) Wahrnehmung des Subjekts und seiner Position zur Gesellschaft diszipliniert". (Wegmann, 1988a, 26) Der Vorzug dieser Perspektive liegt vor allem darin, daß sie die emphatischen Selbstbegründungen von Empfindsamkeit als Fiktionen durchschaubar macht. Das gilt auch für die Basisopposition, die auf alle anderen abfärbt, mit denen die Empfindsamkeit sich selbst umschreibt: die Polarität „natürlich" – „künstlich". Sie ist mit der Differenz Natur – Kunst keineswegs identisch, sondern gewinnt ihre prominente Funktion gerade durch die Überblendung der ästhetischen, der anthropologischen und der sozialen Schattierungen im Begriff des Natürlichen, der als Ausdrucks-, Verhaltens- und Kommunikationsideal dem Künstlich-Artifiziellen und Konventionellen gegenübergestellt wird.

Der Status der Tränen in der Kultur der Empfindsamkeit ist hierfür exemplarisch. Als physischer Niederschlag innerer Bewegung vermitteln sie zwischen anthropologisch gefaßter „Natur" des Menschen, etwa seiner spontanen Mitleidsfähigkeit, und der Welt der Sprache. Ja, die Tränen werden selbst zu einer Sprache zwischen Stummheit und Rede und überbieten die Sprache der Worte, indem sie sie entweder bedeutungssteigernd umspülen oder auch dort noch die Regungen der empfindsamen Seele zum Ausdruck bringen, wo die Worte versagen. So findet die Empfindsamkeit in den Tränen ihre expressive Utopie: eine Sprache, die zugleich „Natur" ist. Als spontan und unwillkürlich hervorbrechende Körperflüssigkeit sind die Tränen Natur im anthropologischen Sinn, und sie sind zugleich „natürliche" Sprache im Sinne der unmittelbaren Identität von Erfahrung und Zeichen. So stehen sie symbolisch für das empfindsame Kommunikationsideal von Aufrichtigkeit, Unmittelbarkeit und Gefühlsnähe der Rede und polemisch gegen die Allianz von Konvention, Konversation und Rhetorik. Im Kontrast von heißen Tränen und kaltem Raisonnement geht zugleich die Polarität von Wärme und Kälte in die Opposition der natürlichen gegen die artifizielle Sprache ein.

Interessant ist nun, wie sich die Funktion der Schlüsselkategorie „Natur" und der Polarität „natürlich – künstlich" innerhalb der Erfolgsgeschichte der Empfindsamkeit verschiebt. Zunächst dient sie vor allem als Schubkraft der Selbstkonstitution und polemischen Profilierung gegen ein vorausgesetztes „Außen" der Konvention, der strategisch-politischen Klugheit, der zeremoniellen Steifheit und Starrheit, der gefühlsarmen Rhetorik etc. Dies Schema der Innen-Außen-Differenz wird in dem Maße von der Funktion der Binnendifferenzierung überla-

gert, in dem die Scheidung von Empfindsamkeit und Empfindelei als die von natürlich-legitimer und hypertroph-illegitimer Empfindsamkeit an Bedeutung gewinnt. Dies ist in Frankreich spätestens mit der Welle modischer Nachahmungen und Trivialisierungen von Rousseaus „Nouvelle Héloise" seit den 60er Jahren des 18. Jahrhunderts der Fall, in Deutschland vor allem seit den 70er Jahren (vgl. Baasner, 1988, 332ff.; Doktor/Sauder, 1976, 197-216). Mehr oder minder therapeutisch, pädagogisch oder ironisch wird die Empfindelei als „Affe" der Empfindsamkeit attackiert und dem Bild eines unterschobenen Bastards angeglichen, der ersichtlich aus der Art geschlagen ist. In dieser ausufernden Debatte um die Grenzziehung zwischen „wahrer" und „falscher" Empfindsamkeit lassen sich vor allem zwei Hauptstränge beobachten. Beide verlagern die Spannung zwischen dem „Natürlichen" und „Unnatürlichen" in den Horizont der Empfindsamkeit selbst, beide argumentieren parallel und unisono, doch auf unterschiedlichem Terrain. Die erste Variante der Kritik „falscher" Empfindsamkeit läßt sich als Kritik der Hypertrophie des Gefühls umschreiben. Ihr Zentrum ist die Diagnose des gestörten Gleichgewichts zwischen Kopf und Herz, auf die hin das Bündnis von Aufklärung und Empfindsamkeit ausgerichtet ist. Kritisiert wird die Entleerung der Empfindsamkeit von gesellschaftlichen und moralischen Zwecken, ihre Reduktion zu einem abstrakten Modell des Selbstgenusses. So gilt die Verzärtelung als Übertreibung und Verzerrung der Zärtlichkeit, die Tränenseligkeit als hemmungslos gewordene Lizenz des Weinens, die „Empfindelei" insgesamt als exaltierte Perversion wahrer Empfindung.

Die Hypertrophie des Gefühls wird im Kontext dieser Negativumschreibungen der verlorenen Balance, in denen sich die Diskurse der Empfindsamkeit mit denen der kranken Seele und der Hypochondrie überschneiden, sowohl als extensive Inflationierung wie als intensive Radikalisierung der Sprache des Herzens diagnostiziert. Die Kritik am modisch gewordenen „joy of grief" etwa meint eher die inflationäre Minimalisierung der Anlässe, aus denen die stets locker sitzenden Tränen vergossen werden, während der Verdacht allzu radikaler Beherzigung der Lehren der Empfindsamkeit exemplarisch in der Debatte um den „Werther" durchgespielt wird (vgl. Wegman, 1988a).

Das Übermaß der Gefühle, das in Goethes Roman der Held mit selbstzerstörerischer Konsequenz entfesselt, verstößt nicht nur gegen das Sanftheitsgebot und die empfindsame Begrenzung und Herabstimmung von Leidenschaft und amour passion auf wohltemperierte Ausdrucksformen, sondern zugleich und vor allem gegen das Grundgesetz aufklärerisch formulierter Empfindsamkeit insgesamt: ihre Sozialverträglichkeit. Wenn die Tränen ihre kommunikative Funktion verlieren, die empfindsame Seele die Brücken zur Geselligkeit abbricht und sich eher in die Einsamkeit zurückzieht als ihre zum Absolutismus des Herzens vorangetriebenen Ansprüche aufzugeben, dann schlägt die hypertrophe Radikalisierung und Intensivierung des Bündnisses von Empfindsamkeit und Treue zur emphatisch-unmittelbaren Sprache der Natur um in die grenzüberschreitende „Krankheit zum Tode". Die Kritik an dieser Grenzüberschreitung ist vor allem Kritik an der ästhetischen Nobilitierung des Selbstmords. Sie erfolgt nicht nur aus theologischer Perspektive. Denn der Selbstmörder geht mit dem Leben so um, wie es in der bürgerlichen Ökonomie nicht erlaubt ist: verschwenderisch. Er mißachtet die Koppelung „wahrer" Empfindsamkeit an die Sittlichkeit des Homo oeconomicus. Im „Werther-Fieber" werden die Bilder der Lektüre zu lebenden Bildern. Kleider, Gebärden und Sätze des literarischen Helden wandern ein in den Alltag der Leser. Gelegentlich treibt ein empfindsamer Jüngling im gelb-blauen Werther-Aufzug das Zitat des gelesenen Lebens so weit, daß er ihm sein eigenes opfert. In den Exzessen empfindsamer Lektüre ist das Echo auf die von aufgeklärten Kritikern diagnostizierte Hypertrophie der Gefühle auf charakteristische Weise mit der Neigung zur Inszenierung, Ritualisierung und Standardisierung des Lebens im Zitat verschränkt. Die prätendierte Unmittelbarkeit der „Sprache des Herzens" steht in Spannung zu diesen Techniken der Konventionalisierung, in denen sich die Extensivierung der Buchkultur und die Intensivierung der Gefühlskultur durchdringen. Die zweite Variante der Kritik illegitimer Empfindsamkeit ist aus dieser Perspektive zu verstehen. In ihrem Zentrum steht – in paradoxer Komplementarität zur Diagnose der Gefühlshypertrophie und verlorenen Balance – die Verdächtigung von „Empfindelei" als „Affektation" und „erkünstelte Empfindung". Der Empfindsame ist gerührt, der Empfindler spielt den Gerührten. So wandert das Künstliche in der Negativakzentuierung des Unecht-Artifiziellen in die Empfindsamkeit selbst ein. Mit Vehemenz mobilisiert sie nun das „Natürliche" als Abgrenzungskriterium gegen die Ausläufer ihres eigenen Erfolgs und zumal gegen das „modische" Bündnis von Leben im Zitat, Schauspielerei und Empfindelei. Denn verliert die Empfindsamkeit durch ihre hypertrophe Radikalisierung die Balance, so durch ihre Ästhetisierung ihren Anspruch auf Authentizität und Unmittelbarkeit, auf die Kongruenz von Seele und Ausdruck. In der Empfindelei schlägt die Sprache des Herzens um in die uneingestanden rhetorische Beschwörung abwesender Gefühle. Goethe läßt seine ‚dramatische Grille' vom *Triumph der Empfindsamkeit* (1777/1786) um einen Sack von Büchern tanzen. Ihr Held, ein empfindsamer Jüngling, liebt eine künstliche Puppe, die sich am Ende als eine kleine Bibliothek der einschlägigen Lesestoffe zu erkennen gibt. Dort, wo das Herz zu sein hätte, ist sie ausgestopft mit Exemplaren der *Nouvelle Héloise*, des *Werther* und des *Siegwart*, der in Deutschland eine Spitzenstellung einnimmt, was die Zahl vergossener Tränen pro Druckseite angeht.

Der Künstlichkeitsverdacht, der vor allem in der pädagogischen, popularphilosophischen und anthropologisch-erfahrungsseelenkundlichen Abgrenzung der Empfindsamkeit gegen ihre „affektierte" Schwester eine große Rolle spielt, dient nicht nur ihrer Sozialverpflichtung und der Abwehr ästhetischer Verselbständigung. Er dient zugleich der Bewahrung einer Illusion. Denn indem innerhalb dieser diskursiven Grenzziehungen die Polarität des Natürlichen und des Artifiziellen zur Deckung gebracht wird mit der zwischen „wahrer" Empfindsamkeit und Empfindelei, kann unreflektiert bleiben, daß die Spannung zwischen Aufrichtigkeit/Authentizität und Rhetorik/Maskenspiel der paradoxe Kern von Empfindsamkeit insgesamt ist und nicht erst ein Begleitphänomen ihres

Modischwerdens oder ihrer Trivialisierung. Denn die zentrale Utopie der Empfindsamkeit, das wortreich beschworene Ideal einer unmittelbar gegebenen Einheit von Seele/Gefühl/Innerlichkeit einerseits und „antirhetorischer" Sprache des Herzens andererseits ist eine Fiktion, die zwar auch an der Unaufrichtigkeit scheitern kann, in jedem Fall aber an den Gesetzen der Sprache scheitern muß. „Der angestrengte Sprung aus der Rhetorik endet nur in einer neuen Rhetorik des Authentischen, Ursprünglichen und Naiven... Denn entgegen allen Versuchen, durch suggestive Bildlichkeit die Vorstellung eines ursprünglichen Redestroms ins Leben zu setzen, nach der die empfindsame Sprache sich gleichsam von selbst, ohne Konvention Bahn bricht, steht die letztlich nicht aufhebbare Realität von Sprache als einem arbiträren Spiel von Signifikant und Signifikat entgegen." (Wegmann, 1988a, 82)

Die „Sprache der Empfindung" ist eine virtuelle Größe, scheinhaft auch dort, wo sie nicht im Sinne illusionistischer Täuschung als einer „natürlichen" Ausdrucks- und Repräsentationslogik folgend maskiert ist. Vor allen Debatten über die Empfindelei und noch ehe es den Begriff der Empfindsamkeit gibt, ist in Klopstocks Lyrik und in Herders Entwürfen und Skizzen zur Theorie der Ode (1764/65) diese Einsicht eingeschlossen (vgl. Herder, 1985, 57-100; Menninghaus, 1989, 336 ff.). Sie soll im folgenden auf dem Terrain von Brief und Briefroman fruchtbar gemacht werden, also dort, wo die literarische Empfindsamkeit ihr Maximum an „anti-rhetorischer" Unmittelbarkeit erreicht.

## 3. Die Poetik des Briefromans

### Der Brief als Spiegel der Seele

Eine der ältesten Bestimmungen des Briefes ist seine Umschreibung als halbierter Dialog. In der griechischen Antike bestimmt diese Perspektive, für die der Brief gewissermaßen Fortsetzung und Ersatz des unterbrochenen Gesprächs mit den Mitteln der Schrift ist, die Epistolartheorie. Es ist mit Blick auf den Freundschaftskult der Empfindsamkeit nicht verwunderlich, daß Autoren wie Gellert in ihren Reformbemühungen, die den Brief als

genuines Feld der „Natürlichkeit" gegen „Künstlichkeit" und „Unnatürlichkeit" stellen, auf den antiken Topos vom Gesprächscharakter des Briefeschreibens zurückgreifen. Der empfindsame Brief und der Briefroman des 18. Jahrhunderts leben so offensichtlich von der Neuerschließung und Intensivierung der überlieferten Dialogfunktion, daß es scheint, als könnten sie nur von hier aus angemessen begriffen werden. Doch ist schlecht beraten, wer der Formel vom Brief als halbiertem Dialog allzu umstandslos folgt. Denn sie verdeckt die grundlegende Paradoxie des Briefes: er ist eine Mitteilungsform, deren dialogische Intention sich nur in ihrem formal monologischen Charakter realisieren kann. Dieser monologische Charakter wird auch nicht dadurch aufgehoben, daß, wie häufig im empfindsamen Brief, der Adressat als im Prozeß des Schreibens anwesende Figur fingiert wird, die der Briefautor anspricht, deren Reaktionen er vorwegnimmt und auf deren imaginierte Einwände hin er antwortet oder seinen Gedanken eine andere Wendung gibt. Alle Selbstangleichungen des Briefes an die Dialogsituation sind imprägniert vom Monologischen. Seine nicht hintergehbare Voraussetzung bleibt noch in der extremen grammatischen und psychologischen Ausrichtung auf den Freund, die Geliebte, den zu erweichenden Vater oder den als Verräter erkannten Vertrauten die Abwesenheit des Adressaten. Wer einen Brief schreibt, ist mit sich selbst allein. Er führt kein Gespräch, er beschreibt ein weißes Blatt Papier. Zwar ist sein Gegenüber virtuell anwesend, aber – und dies ist eine essentielle Bestimmung des Briefs – der Briefschreiber kann von diesem Gegenüber nicht unterbrochen werden. Die Abwesenheit des Angesprochenen erleichtert ihm nicht selten die Formulierung seiner Wünsche, Träume und Ängste, der Geständnisse seiner Liebe oder auch ihres Erlöschens. Die Entfaltung der empfindsamen Briefkultur ist die Verwandlung der Abwesenheit des Adressaten aus einem Mangel in eine Stärke. Zum Schauplatz der Konstitution von Intimität, der Modellierung von Innerlichkeit und der Versprachlichung, Komplizierung und Differenzierung der Seele wird der Brief nicht zuletzt durch die Kultivierung seiner formal monologischen Qualität. Ebensosehr aus der Distanz selbst wie aus der Funktion ihrer Überbrückung gewinnt der empfindsame Brief seine Intensität und die Spannung zwischen seinen beiden Polen: Mitteilungsform und Medium der Selbstreflexion seiner Verfasser zu sein.

Nicht weniger charakteristisch als die Intensität der dialogischen Hinwendung zum Freund, zur Freundin und Vertrauten ist für die Briefkultur des 18. Jahrhunderts die Konsequenz, mit der das Getrenntsein vom Adressaten zum emphatischen Alleinsein des Schreibenden zugespitzt wird. Samuel Richardson, dessen Forderungen an das Verfassen von „familiar letters" für die Formgeschichte des empfindsamen Briefes von prägender Bedeutung sind, schreibt an eine seiner zahlreichen weiblichen Korrespondenzpartnerinnen: „the pen is jealous of company. It expects, as I may say, to engross the writer's hole self; every body allows the writer to withdraw: it disdains company; and will have the entire attention" (vgl. Ball, 1971, S. 26). In den Räumen, in die sich zurückzieht, wer einen Brief schreiben will, führt die Feder „eifersüchtig" das Regiment. Zur empfindsamen Intensivierung des Briefeschreibens gehört die Tendenz zur Separation dessen, der schreibt. Aus den Briefen und Romanen des 18. Jahrhunderts läßt sich eine reich nuancierte Topographie des Schreibens herauslesen, die mehr ist als neutrale Hintergrundsvoraussetzung. In die Briefe geht das jeweilige Sonderklima des Ortes ein, an dem sie geschrieben werden. Man denke nur an die fast figürliche Rolle, die Clarissas ‚closet' in Richardsons großem Roman spielt oder an die Bedeutung der Klosterzelle für die weiblichen Heldinnen des Briefromans von den *Lettres portugaises* bis zu Diderots *La Religieuse*. Es gibt Orte, die Fluchtburgen und Festungen sind, idyllische Inseln freischwebender Kontemplation und Schreibtische, an denen der Verführer, etwa Lovelace oder Valmont, die Feder wie ein Feldherr führt, der seine Zeilen in Schlachtordnung bringt.

Das ungestörte Alleinsein des Schreibenden mit der Feder, das Richardson propagiert, damit im Brief das „whole self" zur Sprache kommen kann, beinhaltet nicht nur die Forderung nach einem Raum der Konzentration, sondern weitet zugleich den Zeit-horizont aus, vor dem das Schreiben stattfindet. Die empfindsame Tendenz zum „endlos" langen Brief ist das extensive Komplementärphänomen zur Intensivierung durch räumliche Separation. Im Leben der empirischen Korrespondenten wie im imaginären Raum der Romane entstehen große Zeitblöcke des Schreibens „über sich selbst", Orte des Reflexivwerdens von Innerlichkeit, an denen sich der Anteil der mit Schreiben verbrachten Zeit an der Lebenszeit insgesamt zugleich erhöht. Nicht nur durch die Häufigkeit, mit der Briefe gewechselt werden, sondern auch durch diese Ausdehnung der dem Einzelbrief gewidmeten Zeit gewinnt das Schreiben im Leben an Bedeutung. In der Zeit, die das Briefeschreiben verschlingt, bildet sich ein Rhythmus der monologischen Hinwendung auf den dialogisch vorgestellten Adressaten heraus, der sich von dem des gesprochenen Dialogs eben durch seinen Schriftcharakter unterscheidet. Daß er nicht spricht, sondern schreibt, eröffnet dem Briefautor Möglichkeiten des Abbrechens und Unterbrechens, des Fortführens und Annullierens, der Revision und des Selbstkommentars, die nach ihren eigenen Gesetzen und nicht denen des gesprochenen Dialogs funktionieren. Erscheint die Schrift aus der Perspektive des Gesprächs als indirektes Substitut der Worte, der Briefwechsel als verzögernde Dehnungs- und Komplikationsform ihres leichten Hin- und Hergehens zwischen physisch präsenten Partnern, so wächst der empfindsame Brief gerade dadurch über die Funktion des Informationsmediums und den Status als Dialogsurrogat hinaus, daß er die durch seinen Schriftcharakter gegebenen Lizenzen extensiv wie intensiv nutzt und ausdifferenziert. Für die Interpretation des Briefes als Medium der Konstitution und Komplizierung empfindsamer Innerlichkeit ist es entscheidend, daß sie die Komplexität des Zusammenspiels von monologischen und dialogischen Elementen nicht zugunsten einer funktionalen Generalformel reduziert. In der Karriere des Briefes und Briefromans im 18. Jahrhundert sind als dynamische Elemente der Formentwicklung alle drei Grundbestimmungen wirksam: die dialogische Intentionalität, die monologische Formalstruktur und die Schriftlichkeit der Realisierung beider (vgl. Altman, 1982).

Es gehört zur „anti-rhetorischen" Selbststilisierung der Empfindsamkeit, daß sie das subtile Formbewußtsein, mit dem sie den Brief als ideales Ausdrucksorgan für die „Sprache des Herzens" kultiviert, durch die suggestive Polarisierung von Konvention und Stilideal der „Natürlichkeit" verdeckt. So erscheint der empfindsame Brief nicht als Ort der Produktion und Modellierung einer neuen, um Privatheit und Intimität zentrierten Ausdruckskonvention, sondern als Ort der Befreiung seiner Autoren von jeder „äußeren" Norm zugunsten der unverstellten Versprachlichung der Innenwelt. Im Mittelpunkt dieser engen assoziativen Verknüpfung von Brief und Unmittelbarkeit, von Anwesenweit der sich artikulierenden Seele und Abwesenheit konventioneller Regeln der Artikulation steht der Topos vom Brief als „Spiegel der Seele". Nicht anders als die Formel vom halbierten Dialog entstammt er der Antike, und er spielt schon im 16. und vor allem 17. Jahrhundert eine wichtige Rolle für die Forderung nach Schlichtheit und „Natürlichkeit" des Prosastils, die vor allem in der Epistolartheorie ihr Zentrum hatte.

Samuel Richardsons Begründungen für die Wahl der Briefform in seinen Romanen knüpfen an diese Tradition der Fortschreibung des antiken Epistolartopos an. Seine Selbstkommentare umschreiben den Brief als ein Verfahren der Kristallisation der reich nuancierten Innenwelt momentaner Eindrücke und spontaner Seelenbewegungen. Je geringer der zeitliche Abstand zwischen dem Leben und seiner Verschriftlichung, um so größer ist die Ergiebigkeit dieses Verfahrens. Die temporale Unmittelbarkeit gilt gewissermaßen als günstigster Einfallswinkel für das Auffangen der Seele im Schriftspiegel. Ausdrücklich hat Richardson das „writing to the moment" mit seinen „instantaneous Descriptions and Reflections" gegenüber der rückschauend-autobiographischen Erinnerung an das gelebte Leben vom Ende her für überlegen erklärt. Die Zeitdistanz, der Rückblick auf eine überwundene Gefahr glättet und beruhigt den Ausdruck, während das Schreiben im Klima der Gefahr selbst nicht nur ihre lebendigere Anschauung ermöglicht, sondern zugleich mehr vom Inneren des Schreibenden enthüllt, als dieser selbst weiß und beabsichtigt. Unmittelbarkeit und Aufrichtigkeit

hängen so aufs engste zusammen, und zwar ist mehr noch als sein Autor der Brief selbst Garant dieser Aufrichtigkeit und Authentizität. Er ist Spiegel der Seele auch dort, wo im Selbstbewußtsein des Verfassers blinde Flekken sein mögen. Richardsons Romane sind Demonstrationen des Doppelcharakters der im „writing to the moment" angezielten Unmittelbarkeit. In ihnen sind die Briefe der Figuren „Spiegel der Seele" und zugleich analytische Sonde ihres Autors. Der Effekt der nach dem Modell des Seelenspiegels geschriebenen Briefe im Roman ist also nicht nur die extreme Annäherung des Lesers an die Figuren, die Verwandlung der Briefzeilen in Spuren einer hochgradig verdichteten Gegenwartserfahrung, sondern zugleich die Einübung eines Blicks, der im Text auf der Suche nach einer Tiefenstaffelung von Motiven ist, deren Wahrnehmung eine Lektüre „zwischen den Zeilen" verlangt. Richardson kultiviert so mit dem expressiven zugleich das analytische Potential des „writing to the moment".

## Vom Brief zum Briefroman des 18. Jahrhunderts

Neu an Richardsons Romanen ist nicht der Rückgriff auf den Topos vom Brief als Spiegel der Seele überhaupt, sondern die Energie, mit der er ihn zur literarischen Produktivkraft macht. Als Herauswachsen aus Richardsons eigener Praxis als Briefschreiber und aus seiner Arbeit an einem Briefsteller für „familiar letters" erscheint seine Entwicklung zum Romanautor zunächst. Und in der Tat steht die Mimikry mit der sich ausbreitenden Briefkultur an der Wiege des Briefromans, so wie die Infrastruktur des empirischen Postverkehrs eine seiner Hintergrundsvoraussetzungen ist. Der geraubte oder verlorengegangene Postsack ist eine der beliebtesten Herausgeberfiktionen im englischen Briefroman vor Richardson. Die Grenzen zwischen Praxis des Briefeschreibens und Roman sind in beiderlei Hinsicht durchlässig. So wandern bei Richardson Briefe aus der eigenen weitgespannten Korrespondenz in leicht veränderter Form in die Romane ein, und umgekehrt nehmen diese die Funktion von Briefstellern wahr. *Pamela* und *Clarissa* dürften wie die *Nouvelle Héloise* Rousseaus zu den einflußreichsten Kollektionen von Musterbriefen der Epoche gehört haben.

Diese wechselseitige Durchdringung von Brief und Briefroman im Prozeß der Ausprägung und kulturellen Etablierung des empfindsamen Stilideals kann nun freilich über die elementaren Differenzen zwischen beiden nicht hinwegtäuschen. Sie betreffen vor allem das Verhältnis Autor – Text – Leser. Einen nur scheinbar trivialen Hinweis auf diese Statusdifferenz gibt die implizite Spannung von Handschrift und Druck, die jedem Briefroman inhärent ist. Sie läßt sich zunächst physiognomisch formulieren: der Roman nivelliert die in ihm vorausgesetzten individuellen Handschriften der Figuren, deren Briefe er mitteilt, zugunsten des uniformen Schriftbildes. Die Außenhaut des Briefes, seine sprechende Oberfläche, die im 18. Jahrhundert noch konkurrenzlos von der Handschrift gebildet wird, rückt als virtuelles Bild hinter die gedruckte Buchseite. Der „Spiegel der Seele" geht in den Satzspiegel ein. Wie oft ist in den Briefromanen von der Feder die Rede, wie oft erbebt St. Preux im Blick auf „die geliebten Züge" der Handschrift Julies, noch ehe er den Brief gelesen hat, wie oft reflektieren die Figuren über den Niederschlag ihrer Verwirrung, ihrer Angst oder ihrer Eile im Schriftbild ihres Briefes! All diese Mimikry mit der Physiognomik der abwesenden Handschrift wird durch den Druck dementiert, aber sie erzeugt mit dem virtuellen Bild der Schriftzüge auf Briefpapier zugleich die Suggestion, das schwarze Zeilenband der gedruckten Lettern sei nur der Stellvertreter des eigentlichen Briefes, auf den hin die Buchseite gewissermaßen durchsichtig wird. Samuel Richardson, Drucker und Romancier in Personalunion, hat in diesem Sinne die Techniken der Typographie zur „lebendigen" Konterkarierung der Momente von Nivellierung, Entindividualisierung und Abstraktion im Druckbild eingesetzt (vgl. Watt, 1974, 228 ff.).

Der Adressat des Romans ist das anonyme Publikum, der des Briefes ein individueller Empfänger. Die physiognomische Differenz von Handschrift und Druck wird überlagert vom Kontrast zwischen der Atmosphäre des Privaten, die den Brief umgibt, und dem Blickfeld der Öffentlichkeit, in dem der Roman steht. Zwar gähnt zwischen beiden kein Abgrund, denn die empfindsame Korrespondenz kennt durchaus das Zirkulieren der Briefe durch mehrere Hände, und der Freundschaftskult umfaßt die Adressierung auch höchst privater Geständnisse an den Kreis der Bundesgenossen literarischer Geselligkeit. Doch steht trotz dieser weichen Exklusivitätsgrenze intimer Kommunikation, die eine begrenzte Öffentlichkeit erlaubt, die mit dem Druck einhergehende Vervielfältigung des potentiellen Lesers im Roman in dem Maß in Spannung zum Charakter des Briefes, in dem dieser die Atmosphäre von Geheimnis, Vertrauen und rückhaltloser Offenheit intensiviert. Diese Spannung ist zwar nur scheinhaft, da ja auch der emphatisch seinen Geheimnischarakter reklamierende Brief im Kontext des Briefromans auf seine Veröffentlichung hin geschrieben ist, aber dennoch muß sie aufgelöst werden, wenn das virtuelle Bild der „hinter" dem Roman existenten handschriftlichen Fassung der mitgeteilten Korrespondenz nicht verblassen soll.

Die selbstbewußte Lösung Richardsons, der im „Author's Preface" zu *Clarissa* methodisch begründet, warum er dem Publikum seine „history of a young lady" in Form einer Korrespondenz, als „series of letters" anbietet, ist im 18. Jahrhundert eher die Ausnahme. In der Regel reflektieren die Vorreden die Spannung zwischen Druck und Handschrift und damit die Nicht-Selbstverständlichkeit des Briefromans durch das mehr oder minder doppelbödige Spiel mit der Herausgeberfiktion. Sie kann wie in Goethes *Werther* den Autor im Chronisten verschwinden lassen, der für die Authentizität des Briefpaketes bürgt, oder wie in Rousseaus *Nouvelle Héloise* und in Laclos' *Liaisons dangereuses* den Zweifel am dokumentarischen Charakter der mitgeteilten Korrespondenz selbst artikulieren und doch zugleich die Möglichkeit suggestiv offenlassen, der folgende Roman in Briefen sei im Sinne der Kritik des 18. Jahrhunderts am „Romanhaften" gar kein Roman.

Indem er Mimikry betreibt mit der empfindsamen Kultivierung des Briefes als Spiegel der Seele und die Differenz zwischen Handschrift und Druck virtuell überspielt, partizipiert der Briefroman am anti-rhetorischen Klima, das den Brief im 18. Jahrhundert umgibt. Er ist daher zu recht als „Kunst einer gewollten Kunstlosigkeit" (Voßkamp, 1971, 85) apostrophiert worden. Seine Künstlichkeit läßt sich nicht zuletzt deshalb aussichtsreich maskieren, weil sich im Briefroman der Erzähler ganz hinter seinen Stoff zurückzuziehen scheint. Die Figuren treiben in ihrem Briefeschreiben den Roman voran, in dem ein Erzähler so wenig anwesend zu sein scheint wie der Theaterautor auf der Bühne. Er zieht als Herausgeber den Vorhang auf, dann erzählt der Roman sich selbst, und die Fußnoten, in denen der Herausgeber gelegentlich noch einmal auftaucht, verstärken den Eindruck, daß hier eine Stimme „von außen" in den Roman hineinspricht. Weil der Leser den Figuren im Briefroman so unmittelbar und ohne erkennbare Vermittlung oder Anwesenheit eines Dritten begegnet, kann er sich in ein so intim-intensives Verhältnis zu ihnen setzen, wie es Diderot als Richardson-Leser und die Rezeptionsgeschichte der *Nouvelle Héloise* und des *Werther* bezeugen.

Die Nähe der Figuren zum Leser wie der Schein des sich selbst erzählenden Romans resultieren zum einen daraus, daß der Autor sich die Maske der jeweils schreibenden Figur anlegt, zugleich aber aus seiner unsichtbaren Allgegenwart eben dort, wo nur leere weiße Fläche zu sein scheint: im Raum zwischen den Briefen. Hier verwandelt sich der Herausgeber, Redakteur oder Bearbeiter aus dem fiktiven Knecht der mitgeteilten Briefe in den Herrn des Romans. Der elementare Kontext, in dem jeder empirische Brief auch dann steht, wenn er an seiner eigenen Literarisierung arbeitet, ist der des Lebens. Die Kommentare in einer gedruckten Briefanthologie haben nicht zuletzt die Funktion, diesen Kontext, durch dessen Wegfall Namen unkenntlich und Anspielungen unauflösbar werden können, zu rekonstruieren. Im Briefroman gibt es diesen Kontext nicht, hier verweisen die Briefe nicht auf ein „Leben", als dessen Echo sie gelten können, sondern nur aufeinander, und es gehört zur Kunst des Romanautors, aus dem Verweisungsspiel der Briefe untereinander den Schein einer Welt zwischen und „hinter" den Briefen zu erzeugen. Zumal im polyphonen Briefroman, wie er mit Richardsons *Clarissa*

erreicht ist, verliert die romanimmanente Wirklichkeit dadurch, vor allem soweit sie „Ereignis" ist, alles Unproblematisch-Gegebene. Sie wird porös, schillernd je nach dem Einfallswinkel, in dem sie in einen Brief eingeht, hineingezogen in die Techniken der Subjektivierung. In der Richardson-Philologie konnte daher ernstlich sogar darüber debattiert werden, ob dem Schlüsselereignis in *Clarissa*, der Vergewaltigung der Heldin durch den Verführer Lovelace romanimmanente Wirklichkeit zweifelsfrei zugesprochen werden kann oder nicht (vgl. Myer, 1986, 13f.).

Die Lektüre eines Briefromans ist die Lektüre eines Textes, in dem die Figuren selbst wesentlich mit Lesen und Schreiben beschäftigt sind. Die Konstellation dieser Lektüre beinhaltet die strukturelle Verdoppelung der Figur des Lesers. Jedem der Leser eines Briefes *im* Roman ist der Leser *des* Romans bei- und übergeordnet. Der privilegierte Standpunkt des letzteren ist der perspektivische Fluchtpunkt, auf den hin die Anordnung der Briefe und Lektüren im Roman organisiert ist. Der Leser des Briefromans rückt so in den Status eines ideellen Gesamtvertrauten aller darin vorkommenden Briefschreiber. Das für den Briefroman konstitutive Verweisungsspiel zwischen Einzelbrief und Brieffolge ist in seinen Regeln von dieser Überordnung des Romanlesers über die romanimmanenten Leser der Briefe bestimmt. Zumindest einige der formalen Techniken, mit denen der Briefroman den Oberflächeneindruck als „aus dem Leben gegriffener" Unmittelbarkeit erzeugt, seien kurz angedeutet: die Folge von Briefen einer Einzelfigur, die polyperspektivische Verschachtelung, die Verknüpfung von Einzelbrief und Zeitstruktur und die Funktion der Briefe als Requisit und Handlungsträger.

Aus der Folge von Briefen, die sie im Voranrücken des Romans an einen oder mehrere Adressaten schreibt, wächst das Bild einer Einzelfigur im Briefroman heraus. Indem der Leser teilhat an ihrem Verwobensein in den Gang der Handlung, an ihren wechselnden Stimmungen, Tonhöhen, Selbst- und Fremdeinschätzungen entsteht die nuancierte Plastizität ihrer Gegenwart. Der Autor des Romans kann das Klima der kontinuierlichen Selbstauslegung und die Einladung zur psychologischen Introspektion intensivieren, indem er die Stimme der Einzelfigur in Richtung auf eine monologische Erzählstruktur privilegiert. Dies geschieht in Richardsons Erstling *Pamela*, wo die Affinität dieses Romantyps zum Tagebuch auch dadurch sinnfällig wird, daß er tatsächlich vom Brief zum „journal" voranschreitet. Doch ist hier die Tendenz zum Monologischen zum einen dadurch relativiert, daß den Briefen Pamelas an ihre Eltern einige, wenn auch wenige in umgekehrter Richtung gegenüberstehen, zum zweiten dadurch, daß die Heldin immer wieder von Briefen, vor allem Mr. B's berichtet, die sie selbst empfangen hat, und zum dritten dadurch, daß in den Briefen Pamelas die Adressaten stets als konturierte Figuren gegenwärtig sind, auf die hin sie schreibt. Demgegenüber verblaßt Wilhelm, an den die Briefe im *Werther* gehen, zu einer kaum Gestalt gewinnenden Figur, deren abstrakte Existenz nur den Hintergrund abgibt, vor dem die Brieffolge Werthers ihre Geschlossenheit und Leuchtkraft gewinnt. Sie wird nicht zuletzt dadurch verstärkt, daß auch hier die Differenz zwischen Wilhelm, dem romanimmanenten Leser und dem Leser des Romans wirksam wird, obwohl es so scheinen mag, als schlüpfe letzterer einfach in die Rolle des ersteren. Zum Faktor der Verdichtung wird hier die unterschiedliche Lesezeit, die für beide gilt. Wilhelm „empfängt" die Briefe im sukzessiven Rhythmus der vergehenden Tage, Wochen und Monate, der Leser kann sie in einer Nacht verschlingen.

Das Verhältnis von Einzelbrief und Brieffolge gewinnt in dem Maße an potentieller Kompliziertheit, in dem sich die Zahl der Briefschreiber und -adressaten erhöht. So ergeben sich im polyperspektivischen Briefroman Möglichkeiten der Parallelführung und Kontrastierung, der stummen Kommentierung und des Aufbaus von Wissensdifferenzen sowohl der Figuren untereinander wie im Verhältnis des externen Lesers zu jeder Einzelfigur, die in der Entwicklungsgeschichte der Form von Richardson bis zu Laclos mit großer Virtuosität genutzt wurden. Der Eingangsbrief der *Liaisons dangereuses*, in dem die junge Cécile Volanges, eines der künftigen Opfer der Libertins, ihre ersten Eindrücke vom Leben in Paris schildert, wird rückblickend noch naiver, als er „an sich" schon ist, nachdem der Leser gleich im zweiten Brief mit dem Briefstil Madame de Merteuils bekanntgeworden ist. Solche Überlagerungen der Lektüre des Einzelbriefs durch das imaginäre Stimmengewirr seiner nahen oder fernen Nachbarn lassen dem gerade gelesenen Text eine Bedeutungsfülle zuwachsen, die er nicht „von sich aus" hat, sondern erst durch seine spezielle Position im Kontext der anderen Textpassagen gewinnt. Es mag sein, daß erst ein Brief von Lovelace an Belford rückblickend das Bedeutungsspektrum in einem Brief von Clarissa an Anna Howe entfaltet.

Dieses subtile Spiel der Verweisungen und polyperspektivischen Vervielfältigung der Lesearten des Einzelbriefs gewinnt seinen Reichtum nicht zuletzt aus dem Umgang, den der Briefroman mit der Zeit macht. Dies meint zunächst den Aufbau eines Zeithorizonts des Gesamtromans, vor dem die Einzelbriefe stehen. Es ist für den Eindruck von Rhythmus, Tempo und Frequenz der mitgeteilten Korrespondenz bedeutsam, daß im Raum von Rousseaus *Nouvelle Héloïse* 13 Jahre verstreichen und in *Clarissa* nur eines. Wichtig ist aber vor allem, wie die Briefe in die verstreichende Zeit eingelassen sind. Denn die Chronologie ist im Briefroman ein Instrument des Erzählens, nicht nur ein Faden, auf den die Einzelbriefe aufgereiht werden. Die Vielzahl von Zeiten, in die der Brief eingebunden ist, lassen sich aus der Perspektive des Romans fruchtbar machen sowohl für die Einlösung der Formel vom Brief als Spiegel der Seele wie für die Verknüpfung der Briefe untereinander.

Da gibt es die Zeit der Abfassung des Briefes, die Zeit seiner Übermittlung, die Zeit seiner Ankunft und die Zeit seiner Lektüre. Jede dieser Zeiten läßt sich segmentieren, dehnen und zusammenziehen, unterbrechen und mit der Zeit der erzählten Geschichte koppeln. Mancher Brief Clarissas nimmt eine andere Wendung, nachdem er durch ein Ultimatum unterbrochen wurde, das ihre Familie ihr gestellt hat. Ein wichtiger Brief an Lovelace wird von diesem bewußt aus dem geheimen Versteck nicht abgeholt, um Clarissa zur mündlichen Unterredung zu zwingen. Mancher Brief erreicht den Adressaten, kann oder darf aber von diesem nicht schon im Moment der Ankunft gelesen werden.

Die Zeit der Lektüre wiederum kann die ganze Skala von ruhiger Versenkung und immer neuer Wiederholung bis zur vorzeitigen Störung und Verhinderung durchlaufen. Und zugleich ist es möglich, daß der Brief in jeder der Zeiten, die er durchläuft, eine Metamorphose und Bedeutungsänderung erfährt. Das gilt etwa für Briefe, die zu verhindern suchen, was kurz nach ihrer Absendung eintrifft, ehe sie ihren Adressaten erreichen. Die Briefe werden durch Ereignisse und Einsichten, die ihren Weg kreuzen, interpretiert. Auf diesen Effekt hin geschrieben ist der letzte Brief Clarissas an Lovelace, den sie in dem Bewußtsein verfaßt, daß der Adressat ihn erst nach ihrem Tod erhalten und lesen wird.

Die Beobachtungen zur Bedeutung der romanimmanenten Zeitstruktur als Faktor der perspektivischen Komplizierung leiten unmittelbar über zur auffälligen Rolle der Briefe als materielle Requisiten im Raum des Romans. Wie er suggestiv das virtuelle Bild der Handschrift heraufruft, so gibt der Briefroman auch dem physischen Hin und Her der Briefe gern eine unübersehbare Präsenz. Wenn Richardson an einem der Höhepunkte der *Clarissa* die Zettel und halb zerrissenen Briefentwürfe der Heldin nach ihrer Vergewaltigung typographisch über die Buchseite verstreut, dann ist das Zurückgeworfenwerden der passionierten Briefschreiberin auf eine Stummheit, aus der sie langsam erst wieder zu einer zunächst noch „abgerissenen" Sprache findet, in der Zerstückelung des Papiers endrucksvoll kommentiert. Wie Feder und Schreibpult sind Papier, Umschlag, Aufschrift, Siegel und Stempel bedeutungstragende Elemente, so wenn Madame de Merteuil bei Laclos ihre Kriegserklärung an Valmont nachlässig auf den Rand desselben Briefes schreibt, den dieser ihr geschickt hatte und den er postwendend zurück erhält. So werden die materiellen Elemente des Briefverkehrs als „sprechende Details" zu Elementen der Bedeutungskonstitution im Text des Romans. Die dialogische Intentionalität, die monologische Form ihrer Realisierung, der Schriftcharakter und die Materialität des Briefes werden im Briefroman zu Elementen einer literarischen Form, die den Aufbau komplizierter, tiefgestaffelter und nuancenreicher Innenwelten ihrer Figuren

begünstigt. Die Intensität, mit der er an der Kultivierung der empfindsamen „Sprache des Herzens" und an der Erkundung der menschlichen „Natur" teilhat, ist ebensosehr Element der Erzeugung wie des Ausdrucks der empfindsamen Seele. Denn diese entsteht nicht zuletzt im Prozeß der Lektüre, die den Lesern mit der Einsicht in die ausgedehnte Innenwelt der Figuren zugleich das eigene Innere neu erschließt.

## 4. Die Polarität des Briefromans

*Nähe versus Distanz*

Briefe können Distanz überbrücken, aber auch herstellen. Sie können als Porträt ihres Verfassers intendiert sein, aber auch als seine Maske. Die Proteusnatur des Briefes erlaubt es nicht, ihm feste, substantiell definierbare Eigenschaften zuzuschreiben, sondern verlangt bipolare Umschreibungen, die seiner funktionalen Flexibilität Rechnung tragen. Zu den Metaphern, die sich leicht einstellen, wenn Brief und Briefwechsel auf die Polaritäten Anwesenheit/Abwesenheit, Trennung/Zusammenführung, Eröffnung/Abschließung oder Kontinuität/Unterbrechung bezogen wird, gehören Brücke und Tür. In einem Essay des Soziologen Georg Simmel ist die Differenz zwischen beiden wie folgt gefaßt: „Während in der Korrelation von Getrenntheit und Vereinigung die Brücke den Akzent auf die letztere fallen läßt und den Abstand ihrer Fußpunkte, den sie anschaulich und meßbar macht, zugleich überwindet, stellt die Tür in entschiedener Weise dar, wie das Trennen und das Verbinden nur die zwei Seiten ebendesselben Aktes sind. ... Dadurch, daß die Tür gleichsam ein Gelenk zwischen den Raum des Menschen und alles, was außerhalb desselben ist, setzt, hebt sie die Trennung zwischen dem Innen und dem Außen auf. Gerade weil sie auch geöffnet werden kann, gibt ihre Geschlossenheit das Gefühl eines stärkeren Abgeschlossenseins gegen alles Jenseits dieses Raumes, als die bloße ungegliederte Wand. Diese ist stumm, aber die Tür spricht." (Simmel, 1984, 9) Die innere Spannung des Briefromans im 18. Jahrhundert resultiert nicht zuletzt daraus, daß er den Brief über seine Funktion der „Überbrückung" von Distanz hinaus zur „Tür" im Sinne Simmels macht, zur sich öffnenden oder schließenden Grenze zwischen Innen und Außen, die die physisch-räumliche Dimension von Nähe und Distanz zur psychologisch-sozialen in engste Beziehung setzt.

Die Intensität der Selbstreflexion und analytischen Durchdringung der Leidenschaft wird in den *Lettres portugaises* (1697), die für den monologischen Briefroman formprägend gewesen sind, von der Unerreichbarkeit des Adressaten hervorgetrieben. Während die Nonne an ihren Geliebten schreibt und zugleich die Problematik der Sündhaftigkeit ihrer Liebe entfaltet, weiß sie lange Zeit nicht, ob sie von ihm nur getrennt oder gänzlich verlassen ist. Die Brieffolge endet, als sie die Gewißheit erhält, daß letzteres der Fall ist. Es ist charakteristisch, daß der polyphone Briefroman des 18. Jahrhunderts in Richardsons *Clarissa* wie in Rousseaus *Nouvelle Héloise* und Choderlos de Laclos' *Liaisons dangereuses* die psychologische Dimension der Nähe/Distanz – Polarität gerade nicht an die unüberbrückbare räumliche Separation der Schreibenden bindet. Vielmehr gehen hier oft Briefe zwischen Autoren und Adressaten hin und her, die sich so nahe sind, daß sie zugleich Gesprächspartner sind oder doch sein könnten. Daß die Briefe geschrieben werden, resultiert nicht aus der physischen Unmöglichkeit des Dialogs, sondern aus der psychologischen Notwendigkeit, die Kommunikation in einen Bereich zu verlagern, der von der leibhaftigen Anwesenheit der Partner *entlastet* ist. Briefe setzen nicht nur Gespräche fort, sondern sind auch dem *Schweigen* verbündet, indem sie das in ihm nicht Gesagte formulierbar machen. Der Übergang zum Briefeschreiben ist oft die Überschreitung einer Schwelle, hinter der *schreibbar* ist, was nicht *sagbar* wäre. Das gilt vor allem für Liebeserklärungen. Madame de Tourvel in den *Liaisons dangereuses* dürfte das, was Valmont ihr schreibt, nicht anhören, ohne ihn zu unterbrechen. Sie kann aber, wie verstohlen auch immer, im Brief zu Ende lesen, was er ihr zu sagen hat. Aus der Parallelität der Ordnung der Briefe und der Begegnungen im Gespräch entsteht so die Spannung, die den Roman vorantreibt. Das Haus der Harlowes, an das am Beginn von *Clarissa* der Roman über weite Strecken gebunden ist, ist ein weiteres Beispiel für diese Überordnung der inneren über die äußere Separation. Es ist eine Welt der geschlossenen Türen, die manchmal halb geöffnet, der Gespräche, die beim Eintreten Clarissas abgebrochen werden. Daß die Heldin mit ihren Verwandten schriftlich korrespondiert, obwohl sie mit ihnen unter einem Dach lebt, läßt durch das englische Landhaus das Echo eines imaginären Türeöffnens und -zuschlagens hallen. Nachdem sie auf ihr Zimmer verbannt wurde und ihr die Verfügung über die Schlüssel des Hauses entzogen wurde, bleibt Clarissa nur das Briefeschreiben in ihrem ‚closet'. Die klimatischen Bedingungen der Gespräche mit Vater, Mutter oder Schwester sind dadurch gesetzt, daß sie immer am Rande des Abbruchs der mündlichen Kommunikation geführt werden. In einer mustergültigen Studie über die Bedeutung der Räume in *Clarissa* hat Christina Marsden Gillis die innere Topographie von Harlowe Place mit seinen Türen, Schlüsseln, Fluren, Treppen, unteren und oberen Zimmern und ihren Zugängen in Beziehung gesetzt zur introspektiven Intensität des Briefeschreibens der Heldin unter den Bedingungen des „enclosed space" und gezeigt, wie „privacy" und „intimacy" hier auf dem Hintergrund des Auseinanderklaffens von räumlicher Nähe und psychologischer Distanz erwachsen (vgl. Gillis, 1986, 17-34).

Der erste Satz des ersten Briefes in Rousseaus *Nouvelle Héloise*, in dem St. Preux seiner Schülerin Julie seine Liebe eröffnet, lautet: „Ich merke wohl, Mademoiselle, ich muß Sie fliehen." („Il faut vous fuir, Mademoiselle, je le sens bien..."), (Rousseau, 1978, 31). Auch hier wird der Brief zum Instrument der Komplizierung des Verhältnisses von räumlicher Nähe und Distanzgebot. Der Satz behauptet, das Geständnis der Liebe als Einsicht in die Notwendigkeit der Trennung von der Geliebten zu formulieren, aber er beugt sich nur scheinbar der Unmöglichkeit einer Aufhebung der – nicht zuletzt sozialen – Distanz. Er leitet einen Brief ein, der eher als Auftakt eines Briefwechsels denn als Abschiedsbrief gelesen werden will, und arbeitet so an der Realisierung der „unmöglichen" Liebe. Er ist ein Element von Annäherung und Distanzaufhebung, obwohl er die Entfernung seines Autors verspricht.

Die Funktion des Briefwechsels als Instrument der Regulierung von Nähe und Distanz läßt sich am ersten Buch der *Nouvelle Héloise* deshalb so gut studieren, weil hier jeder Brief eingelassen ist in den vorausgesetzten Hintergrund einer parallel zum Schreiben verlaufenden kontinuierlichen Begegnung der Liebenden in sozialen Räumen, in denen sie sich nicht *als Liebende* begegnen können. Nicht das Gespräch, sondern der Brief erschließt den Raum für die Aufhebung dieses Mangels. Zwar bleiben die ersten Briefe St. Preux' ohne Antwort, aber das Schweigen, auf das sie stoßen und das sie wortreich reflektieren, ist keine „ungegliederte Wand" (Simmel), sondern eine geschlossene Tür, die sich jederzeit öffnen kann und sich tatsächlich öffnet, als die angekündigte Abreise ernst zu werden droht. Die Intensität dieser empfindsamen Liebe lebt vom Schriftcharakter ihrer wechselseitigen Geständnisse. Die räumliche Trennung der Liebenden ist nicht Voraussetzung, sondern Konsequenz der Briefe. St. Preux's kleine Fluchten und verordneten Entfernungen in die Bergwelt des Wallis, nach La Meillerie, nach Paris und schließlich bis ans Ende der Welt heben die durch die Briefe erreichte Nähe nicht auf, sondern sind gerade in der Raumdistanz rückgebunden an die Kontinuität des Verschmelzungswunsches. Das Fernrohr, mit dem St. Preux von Meillerie aus das Haus Julies beobachtet, ist ein Verwandter seiner Briefe, ein Instrument der Herstellung von Nähe.

Es sollte deutlich geworden sein, daß zur Leistungsfähigkeit des Briefromans als Organon der extensiven Versprachlichung, reflexiven Komplizierung und intensiven Psychologisierung von Nähe und Distanz sein doppeltes Register der Bedeutungskonstitution gehört: das, was in den Briefen steht, wird stets kommentiert durch die vorgängige Bestimmung, daß sie überhaupt geschrieben werden. Das Bewußtsein dieses doppelten Registers ist in den Romanen selbst seit Richardson präsent und prägnant formuliert. Die anfängliche Korrespondenz zwischen der Heldin und Lovelace in *Clarissa*, von der der Leser des Romans nur erfährt, daß sie gänzlich unverfänglich sei und von Clarissa nur aus gewissermaßen diplomatischen Gründen zur Entspannung des Verhältnisses zwischen Lovelace und den Harlowes geführt werde, erhält durch Anna Howe einen Kommentar, der die Problematik der Briefe von ihrem Inhalt auf die vorgängige Tatsache ihrer puren Existenz verschiebt: „Already, in order to restrain him from resenting the indignities he has received and which are daily offered him, he has prevailed upon you to correspond with him privately. I know he has nothing to boast of from *what* you have written. But is not his inducing you to receive his letters, and to answer them, a great point gained? – By your insisting that he should keep this correspondance private, it appears that there is *one* secret, that you do not wish the world should know; and *he* ist master of that secret. He is indeed *himself*, as I may say, the secret! – What an intimacy does this beget for the lover! – How is it distancing the parent!" (Richardson, 1985, 71) Die Briefe sind nicht nur Gradmesser von Nähe und Intimität, sie produzieren vielmehr die Nuanciertheit der Übergänge auf der fein abgestimmten Intensitätsskala von Distanz und Nähe – und damit im Falle einer Verführungssituation des Risikos – auch dort, wo ihre regulative Kraft im Blick auf das Verhältnis von Autor(in) und Adressat(in) zunächst unbemerkt bleibt. In ihrem großen Rekapitulationsbrief, den Julie als Madame de Wolmar im III. Teil der *Nouvelle Héloise* an ihren ehemaligen Geliebten schreibt, begreift sie in diesem Sinne nicht erst ihren „Fall", sondern schon das Geschrieben- und Gelesenwerden des ersten Briefes im Roman als ein Ursprungsvergehen, aus dessen Eigendynamik der Zusammenbruch der mühsam stabilisierten Distanz mit Notwendigkeit resultierte. „Vergebens hielt ich Sie durch eine angenommene Kälte fern, wenn wir allein waren; gerade dieser Zwang verriet mich: Sie schrieben. Anstatt Ihren ersten Brief ins Feuer zu werfen oder ihn meiner Mutter zu bringen, wagte ich, ihn zu öffnen. Das war mein Vergehen und alles Übrige die notwendige Folge." (Rousseau, 1978, 355)

## Eindeutigkeit versus Zweideutigkeit

Blicke, Briefe und Berührungen sind im Briefroman gegeneinander durchlässige Sphären. Sie intensivieren sich wechselseitig und verweisen aufeinander. Die Briefe und der Körper, um den bei Rousseau wie bei Richardson das Schreiben wie die Lektüre zentriert sind, sind Konkurrenten und Verbündete zugleich. In den *Liaisons dangereuses* ist diese Ausrichtung der im Brief erfolgenden Regulierung von Nähe und Distanz auf die physische Vereinigung der Körper die Voraussetzung, unter der die Libertins sowohl ihre eigenen Briefe schreiben wie die der anderen lesen. So interpretiert die Marquise de Merteuil einen Brief, in dem Madame de Tourvel die Avancen Valmonts abweist: dem Wortlaut gesteht sie eine überaus geschickte Verteidigung der Distanz zu, erkennt aber zugleich an der *Länge* des Briefs und an den Anknüpfungsmöglichkeiten, die er bewußt oder unbewußt dem Adressaten bietet, den Selbstwiderspruch von expliziter Abweisung und implizitem Wunsch nach Fortsetzung der Korrespondenz. Die naive Cécile de Volanges plaudert aus, wie sehr das doppelte Register dieses Briefromans auf die Ersetzung der Briefe durch die Körper abgestimmt ist. „Seitdem ich seinen Brief gelesen habe, bin ich so voller Freude, daß ich nichts anderes mehr denken kann. Ich las ihn viermal hintereinander und schloß ihn dann in meinen Schreibtisch ein. Ich kann ihn auswendig. Als ich dann im Bett lag, habe ich ihn mir so oft hergesagt, daß an Schlafen nicht zu denken war. Wenn ich die Augen schloß, sah ich Danceny vor mir, wie er mir selber alle die Worte sagte, die ich soeben gelesen hatte. Erst sehr spät schlief ich ein; und kaum war ich erwacht – es war noch sehr früh –, als ich seinen Brief wieder vornahm, um ihn nach Herzenslust zu lesen. Ich trug ihn in mein Bett und habe ihn dann geküßt, wie wenn... Es ist vielleicht nicht recht, einen Brief zu küssen, aber ich konnte nicht anders." (Choderlos de Laclos, 1959, 51)

Kaum jemals, so schreibt Anne-Marie Jaton in ihrer erhellenden Lektüre der *Liaisons dangereuses*, habe sich eine literarische Form bereitwilliger und subtiler in den Dienst des Erotischen gestellt als der Briefroman. (Jaton, 1983, 38) Die Körper allein wären stumm und sprächen nur die Sprache der Sinne. In den Briefen kommen sie auch dort zur Sprache der Worte, wo von ihnen nicht ausdrücklich die Rede ist. Die Sinne und ihr Begehren geraten ins reflexive Spiegelkabinett der Worte, Interpretationen, Umschreibungen und Andeutungen, und zugleich werden Reden, Schreiben und Lektüre nachhaltig imprägniert von der stummen Sprache der Sinne. Sinnentaub müßte ein Leser sein, der diesen Doppeleffekt aus Intellektualisierung und Diskursivierung des physischen Sex und der Erotisierung von Reflexion und Sprache nicht bemerkte. Dies gilt nicht etwa nur für die offensive Konfrontation von Empfindsamkeit und erotischem Zynismus bei Laclos, sondern schon für Richardson. Die Erotisierung des Schreibens und Lesens der Briefe in *Clarissa* und die virtuose Handhabung des doppelten Registers der Briefe haben immer wieder Lektüren des Romans provoziert, die sich der überaus kalkulierten Rezeptionssteuerung des Autors und damit der puritanischen Tugendpropaganda wie der christlichen Märtyrerhagiographie entziehen, um sich ganz der geheimen Korrespondenz von empfindsamer Seele und Körper zu widmen. Von D. H. Lawrence stammt die pointierte Formulierung dieser Lektüreperspektive: „Boccaccio at his hottest seems to me less pornographical than *Pamela* or *Clarissa Harlowe*" (vgl. Myer, 1986, 12). Die These, Richardson sei „more pornographical than Boccaccio" ist nur sinnvoll als Überordnung der *Zweideutigkeit* über die *Eindeutigkeit*. Dies ist in der Tat eine Formel, die sich nicht nur für die Erschließung der Richardson-Rezeption, sondern zugleich für die Formgeschichte des Briefromans insgesamt fruchtbar machen läßt. Denn sowohl im moralischen Sinn der Überblendung von Tugend und Laster wie im ästhetischen der strukturellen Mehrdeutigkeit ist für den Briefroman Zweideutigkeit konstitutiv. Als Abbau von Eindeutigkeit des psychologischen Profils der Romanfiguren gilt die Kunst Richardsons schon dem Inbegriff seines empfindsamen Lesers, Diderot: „Er leuchtet mit der Fackel tief in die Höhle hinein. Er lehrt uns raffinierte und unlautere Motive erkennen und zeigt uns, wie sie sich verstecken und verbergen hinter anderen, lauteren Motiven, die sich sofort als solche zeigen. Er haucht das erhabene Phantom an, das am Eingang der Höhle steht, und der häßliche Mahr, den es verhüllt hat, kommt zum Vorschein." (Diderot, 1967, 405)

Das ‚erhabene Phantom' der neueren *Clarissa*-Interpretationen von Ian Watts „The rise of the novel" (1957) bis zu den dekonstruktivistischen Lektüren der 70er und 80er Jahre ist die Heldin selbst und mit ihr der Roman insgesamt. Laden die Träume, die Richardson Clarissa und Lovelace träumen läßt, zur psychoanalytisch informierten demaskierenden Lektüre ein, so die Formgesetze des Briefromans zur dekonstruktivistischen Exemplifizierung der Nicht-Kontrollierbarkeit des Signifikats und des Verschwindens jeder stabilen „Wirklichkeit" und „Bedeutung" im Stimmengewirr der Briefe untereinander (vgl. vor allem Warner, 1979 und Castle, 1982). Der plausible Kern dieser gelegentlich allzu forciert „gegen den Strich" lesenden Revisionen des ‚erhabenen Phantoms' ist die Herauspräparierung des Zusammenspiels von Komplexitätsgewinn und psychologischer Zweideutigkeit der Figuren mit der strukturellen Zweideutigkeit der Form des Romans, in dem sie sich bewegen.

## Aufrichtigkeit versus Lüge

Von der Durchdringung beider Aspekte der Zweideutigkeit soll hier abschließend mit Blick auf diejenige Polarität die Rede sein, die in Brief und Briefroman das Gegenstück zu der von Nähe und Distanz ist: die Polarität von Aufrichtigkeit und Lüge.

Als Richardson in seinen Begründungen für die Wahl der Briefform im Roman auf den Topos vom Brief als Spiegel der Seele zurückgriff, legte er, wie gezeigt, besonderen Nachdruck auf den temporalen Aspekt von Unmittelbarkeit. Die Zeit, die zwischen einem Ereignis und seiner Verschriftlichung verstreicht, gilt ihm gewissermaßen als Zeit der Trübung des Spiegels. Darum ist die Ausrichtung des Briefes auf das „writing to the moment" nicht nur mit der Wendung gegen die störende Anwesenheit eines Erzählers, sondern zugleich mit der Begrenzung der Verwendung von „narrative letters" verbunden. Das Eingeschlossensein der Figuren in die Gegenwart des Schreibens erhält den Status einer Versuchsanordnung, die den bestmöglichen Einblick in die Seele erlaubt. Der Brief wird in dem Maß zum Ort und Garanten der Wahrheit über seinen Autor, in dem dieser

sein Schreiben im Echoraum der Bewegungen seines Herzens und seiner Seele als Prozeß der Mitschrift des Inneren stattfinden läßt. Das leere weiße Papier und die Feder sind im Raum *Clarissas* der immer präsente stumme Imperativ des Briefeschreibens. Er wird nicht durch eine äußere Instanz, sondern durch die Schreibende selbst eingeführt. Mit Sorgfalt hat Richardson darauf geachtet, daß das Ausmaß von Zeit, das seine Figuren dem Briefeschreiben widmen, in ihrer individuellen Psychologie als wahrscheinlich verankert ist. Auf dem Hintergrund der steten Schreibbereitschaft wird das Bündnis von temporaler Unmittelbarkeit und Aufrichtigkeit geschlossen. Richardsons Kommentar zu den Briefen von Lovelace, die in der ausführlichen Inhaltsangabe der dritten Auflage von *Clarissa* die Lektüre steuern, lassen erkennen, wie stark im „writing to the moment" die Anteile von nicht-intentionaler Aufrichtigkeit sein können. Die epochale Wirksamkeit, die das Bündnis von Empfindsamkeit, Authentizität und Brief durch Rousseaus *Nouvelle Héloise* gewinnt, resultiert demgegenüber aus der Intensivierung und Radikalisierung der intentionalen Aufrichtigkeit, der sincérité und ihres Konzentrationspunktes, des Geständnisses (aveu). Deren handlungsstrukturierende Funktion in der *Nouvelle Héloise* hat vor allem Roland Galle herausgearbeitet (vgl. Galle, 1986). Er zeigt, wie der Briefroman bei Rousseau zum Ort der Etablierung eines neuen Niveaus von Aufrichtigkeit wird, dessen virtuelles Ideal Julie mit der Ineinssetzung von Liebesschwur und absoluter Transparenz des Herzens formuliert. Die Ewigkeit der Liebe läßt sich nicht durch einen Schwur versichern, wohl aber die Treue zur sincérité: „Schwöre mir also, mein süßer Freund, nicht bei der Liebe – ein Eid, den man nur alsdann hält, wenn er überflüssig ist –, sondern bei jenem heiligen Namen der Ehre, den Du so hoch achtest, schwöre mir, daß ich niemals aufhören werde, Deines Herzens Vertraute zu sein, *und daß darin keine Veränderung vorgehen wird, von der ich nicht zuerst benachrichtigt werden soll.*" (Rousseau, 1978, 109; Herv. von mir – L. M.)

Die sincérité wird in Rousseaus Roman nicht nur in den Briefen zwischen den Liebenden zur normativen Instanz, die die empfindsame Seele auf die rückhaltlose Versprachlichung aller ihrer Regungen verpflichtet, also etwa von St. Preux verlangt, daß er Julie über sein Abenteuer bei den Kokotten von Paris ausführlich Bericht erstattet. Sie ist zudem die regulative Idee, die über der Idylle von Clarens schwebt. Den Weg dorthin säumen Geständnisse: Sogar einem Fremden, dem Engländer Bomston, eröffnet Julie ihre Liebe zu St. Preux, das Geständnis ihrem Ehemann, Monsieur Wolmar gegenüber bringt das Modell der ménage à trois hervor, und der Vater der Heldin, der alte Baron d'Etange ist eine Gegenfigur zu den Empfindsamen nicht nur wegen seines halsstarrigen Adelsstolzes, sondern zugleich wegen seiner Unfähigkeit, zum Adressaten eines möglichen Geständnisses seiner Tochter zu werden. Die sincérité ist eine der Varianten jener geschichtsphilosophisch rückgebundenen Transparenz, auf deren Bedeutung im Werk Rousseaus Jean Starobinski eindringlich aufmerksam gemacht hat. (Vgl. Starobinski, 1988) Bis in seine Topographie hinein ist der Briefroman Rousseaus an die Polarität von sincérité/Transparenz einerseits und Maske/Opakheit gebunden: die Bergwelt des Wallis mit ihrer reinen, klaren und durchsichtigen Luft ist polemisch zur schwülen Luft in den Boudoirs in Spannung gesetzt, wie die langen, empfindsamen Briefe der abgeschieden lebenden Provinzbewohner gegen die kurzen Billetts der Weltleute. Gerade weil die empfindsamen Seelen auf die Metapher des einander Durchsichtigwerdens verpflichtet sind, muß jeder Rest von Undurchsichtigkeit die Idylle von Clarens empfindlich tangieren. In der Tat wird das Transparenzgebot, das Wolmar dem Neuankömmling St. Preux als Lebensregel von Clarens eröffnet, entscheidend in Frage gestellt durch das Schlußgeständnis Julies im letzten Brief an St. Preux vor ihrem Tode. Indem sie ihrem ehemaligen Geliebten die Fortexistenz ihrer Liebe gesteht, auf deren Vergangenheitscharakter doch die Idyllik ihres Lebens als Frau und Mutter in Clarens beruhte, gibt sich die Transparenz der Idylle rückwirkend als „Täuschung" zu erkennen. So stößt in Rousseaus Roman die im Angesicht des Todes ganz zu sich selbst kommende sincérité zum Abschied von ihren eigenen Illusionen vor. Die Konsequenz, mit der Rousseau in die Formu-

lierung des Transparenzideals die Widersprüchlichkeiten seiner Realisierung eingezeichnet hat, tut der Emphase keinen Abbruch, mit der sein Roman das Klima der Aufrichtigkeit um den empfindsamen Brief herum verdichtet und im tausendfachen Leserecho kulturell verbindlich gemacht hat. Daß im Vergleich zur Physiognomik des Stils in Richardsons *Clarissa* oder Laclos' *Liaisons dangereuses*, die den Individualstil der Figuren zum Äquivalent für die Differenzen der individuellen Handschriften werden lassen, die *Nouvelle Héloise* stilistisch so homogen wirkt, hat mit der Abwesenheit von Figuren zu tun, die die sincérité prinzipiell aufkündigen. Der poetische Strahlenglanz um die empfindsame Seele duldet keine mächtige Opposition. Zwar gibt es auch hier im Sinne der Handlungslogik und des Zitats von Abaelard und Heloise einen Verführer, aber es ist charakteristisch für die *Nouvelle Héloise*, daß auch dieser Verführer Teil des empfindsamen Ensembles ist. Mit anderen Worten: der Grund für die stilistische Homogenität der *Nouvelle Héloise* ist die Abwesenheit des Bösen. In der letzten Fußnote, die der „Herausgeber" dem Roman beigefügt hat, wird dies ausdrücklich als Vorzug der Briefsammlung hervorgehoben. Das Interesse, das sie zu erwecken vermag, ist „rein und ohne einen unangenehmen Beigeschmack; weil es nicht durch verruchte Taten, durch Verbrechen erregt wird, noch mit der Qual des Hasses vermischt ist. Ich begreife nicht, welches Vergnügen man daran finden kann, sich eine verworfene Figur auszudenken und sie zu schildern, sich, indem man sie vorstellt, an ihre Stelle zu setzen und ihr den strahlendsten Glanz zu verleihen. ... Wie mich dünkt, müßte man darüber stöhnen, zu einer so grausamen Arbeit verdammt zu sein; diejenigen, die sich daraus eine Lust machen, müssen doch vom Eifer für das allgemeine Wohl ganz verzerrt werden! Ich für mein Teil bewundre aufrichtig ihre Talente, ihren großen Geist; doch ich danke Gott, daß er sie mir nicht verliehen hat." (Rousseau, 1978, 782)

Der Herausgeber nennt zwar als Beispiel für künstliche Erzeugung des Bösen das Verfassen von Abscheulichkeiten im Trauerspiel, im Kern aber beinhaltet seine Nachbemerkung den Satz: ich bin nicht Richardson, ich bin – zum Glück – unfähig, einen Lovelace zu erfinden. Die Verwandlung des Lovelace in eine Leerstelle erscheint in der Nachbemerkung vor allem als ein Akt der Moral. Sie ist aber zugleich und vor allem ein Akt der ästhetischen Kalkulation, der suggestiven Verdichtung des Klimas der sincérité durch den Ausschluß ihres Gegenpols: der intentional und selbstbewußt agierenden Täuschung, Maskierung, Lüge, Fälschung etc. Deren Niveau wird mitbedingt von dem der Aufrichtigkeit. Darum werden die Abgründe von Verrat im Briefroman umso tiefer, je höher der Anspruch auf Wahrhaftigkeit wird, der im Topos vom Brief als Spiegel der Seele gesetzt ist. Mit der Konventionalisierung der empfindsamen Sprache und der Entfaltung einer Rhetorik der Aufrichtigkeit, die wegen ihrer Verpflichtung auf die Unmittelbarkeit des Ausdrucks als Eroberung eines Reichs jenseits aller Rhetorik mißverstanden werden kann, entstehen Formen der Lüge und des Verrats, die dem neu herausgebildeten Typus des Vertrauens kongenial sind. Die *Liaisons dangereuses* von Choderlos de Laclos lassen sich aus dieser Perspektive als Gipfel und Fluchtpunkt der Form des Briefromans im 18. Jahrhundert interpretieren. Er zieht zum einen die Summe aus den formalen Errungenschaften des polyphonen Konstruktionstypus seit Richardson und treibt zugleich die Spannung von Aufrichtigkeit und Lüge, Herzblut und Maskenspiel auf die Spitze. War bei Rousseau die Position des „Verbrechers" zur Leerstelle geworden, so ist sie bei Laclos gleich doppelt besetzt mit der Marquise de Merteuil und dem Vicomte de Valmont. Valmont aber ist keineswegs nur eine Reprise des Lovelace aus Richardsons *Clarissa*. Vielmehr ist er ein Verführer, der Richardson *und* Rousseau gelesen hat und auf dem dadurch vorgegebenen Niveau agiert. Der Raum, in dem er sich bewegt, ist durch den kulturellen Siegeszug des Bündnisses von Empfindsamkeit und sincérité bestimmt, den die *Nouvelle Héloïse* so nachhaltig befördert hatte. Die durch Valmont und Merteuil bezeichnete Konstellation ist die des Maskenspiels im Brief, also an einem Ort, der von der Aura umgeben ist, Spiegel der Seele zu sein. Die materiale Spannung von Empfindsamkeit und Libertinage schlägt sich formal als rhetorisch-strategisches Eindringen

der Lüge ins Allerheiligste der Aufrichtigkeit nieder. Dabei sind die Figuren des Bösen nicht etwa schon mit dem Hinweis auf ihre Amoralität erfaßt. Denn sie provozieren nicht nur im Gehalt ihrer Sätze die empfindsame Moral, sondern zugleich in der Form ihrer Artikulation die Sehnsucht nach der Identität von Gefühl und Sprache, aus der heraus der empfindsame Brief entstanden ist. Laclos' Roman kassiert den Vertrauensvorschuß, den der Leser ihm zu geben bereit ist. Die wirksamste Waffe der Bösen in den *Liaisons dangereuses* ist ihr Formbewußtsein. Die Libertins Merteuil und Valmont sind hochreflektierte Spezialisten des Schreibens und Lesens, versehen mit jenem „new sense of textuality", den man an der zweiten Vorrede zu Rousseaus Briefroman beobachtet hat (vgl. Paul de Man, 1979, 204).

Schon das Drama zwischen Lovelace und Clarissa wird dadurch vorangetrieben, daß der Verführer das Briefeschreiben, die große Stärke seines Opfers, korrumpiert. Die Herrschaft über den anderen gewinnt, wer zum Herrn des Briefwechsels wird. Einer der bedeutendsten Erfolge Lovelaces im Kampf um die Eroberung Clarissas ist daher das Abfangen und Umschreiben eines wichtigen Briefes der Vertrauten Clarissas, Anna Howe. Wichtig ist dies nicht nur als Akt der Handlungsintrige, sondern zugleich als Indiz für die Möglichkeit der Mimikry von Verrat und Vertrauen. Diese Möglichkeit resultiert ebensosehr aus den Fähigkeiten Lovelaces als Autor wie als Intrigant. Der Intrigant beschafft sich den Brief, der Autor *schreibt ihn um*. Dies nicht nur in dem Sinn, daß er ihm einen Inhalt gibt, der seinen Zwecken dient. Sondern zugleich im Sinn der Mimikry des Stils. Denn es reicht nicht aus, daß er die Handschrift Anna Howes fälscht und etwaige Auffälligkeiten dadurch maskiert, daß er einige Sätze einbaut, die deren mangelnde Sorgfalt plausibel machen. Wichtiger ist, daß der Brief vor den Augen der überaus subtilen Briefleserin Clarissa als Brief Anna Howes bestehen kann. Lovelaces Selbstmaskierung als Anna Howe steht unter den Bedingungen der Kunst, die Diderot an Richardson rühmt: „Niemals wird ein Mensch, der Geschmack hat, einen Brief von Frau Norton für einen Brief von einer der Tanten Clarissas halten, niemals den Brief von der einen Tante für den

Brief der anderen Tante oder von Frau Howe, niemals ein Billett von Frau Howe für ein Billett von Frau Harlowe, obgleich es vorkommen kann, daß sich diese Personen in der gleichen Lage befinden und die gleichen Gefühle in bezug auf ein- und denselben Gegenstand hegen. In diesem unsterblichen Buch findet man – wie in der Natur im Frühling – keine zwei Blätter, die denselben Farbton hätten. Welch unendliche Mannigfaltigkeit von Nuancen!" (Diderot, 1967, 411)

Der empfindsamen „Sprache des Herzens", wie sie mit Rousseaus *Nouvelle Héloise* vorgegeben war, stehen die Libertins in den *Liaisons dangereuses* gegenüber wie Lovelace dem abgefangenen Brief der Anna Howe. So wie Valmont in der Lage ist, Tränen zu weinen, die als Tränen der Rührung gelten können und ihm in den Augen Madame de Tourvels die Aura des ‚Homme sensible' verschaffen, so betreibt er in seinen Briefen an sie Mimikry mit der Sprache der Empfindsamkeit. Es gehört zur schriftstellerischen Virtuosität und zum Formbewußtsein der Libertins, daß sie selbst eine Theorie dessen entwickeln, was sie in ihren Briefen praktizieren. Im kritischen Kommentar zu einem Liebesbrief Valmonts an Madame de Tourvel, bei der Empfindsamkeit, Bildung und Moralität zu eng miteinander verwoben sind, als daß sie eine so leichte Beute werden könnte wie die naiv-empfindsame Cécile de Volanges, formuliert die Marquise de Merteuil das Anspruchsniveau der Mimikry von Stil und Empfindung, hinter dem sie Valmont in seinem Brief zurückbleiben sieht: „Es gibt in der Liebe nichts Schwierigeres, als etwas zu schreiben, das man nicht fühlt – ich meine, es so zu schreiben, daß es glaubwürdig klingt. Gewiß, man bedient sich der gleichen Worte; aber man fügt sie nicht in der rechten Art aneinander, oder vielmehr: man fügt sie nur aneinander, und darin liegt der Unterschied. Lesen Sie ihren Brief noch einmal durch; es herrscht darin eine Ordnung, die Sie mit jedem Satz verrät. Ich will gern glauben, daß ihre Präsidentin nicht gewitzt genug ist, um das zu merken. Aber was tut's? Die Wirkung ist darum nicht weniger verfehlt. Das ist der Mangel der Romane; der Verfasser gibt sich alle erdenkliche Mühe, um warm zu werden; aber der Leser bleibt kalt. *Die neue Héloise* ist der einzige Roman, der von dieser Regel eine Ausnahme bildet; und trotz dem Talent des Verfassers hat diese Beobachtung mich immer zu der Meinung bewogen, daß die Geschichte im Grunde wahr ist." (Choderlos de Laclos, 1957, 89)

Die Bewunderung für den Briefroman Rousseaus teilt die Marquise de Merteuil mit ihrem Autor Laclos. Es ist bedeutsam, daß sie wie das zeitgenössische Publikum überhaupt ihr Lob vor allem darauf gründet, daß hier eine Sprache gefunden sei, die sich in nicht überbietbarer Nähe zu den Gefühlen befindet, von denen sie spricht. Ihre Vermutung, daß die *Nouvelle Héloise* „im Grunde wahr" sei, schließt *innerhalb* des Sprachideals der Empfindsamkeit von der Vollkommenheit seiner Realisierung auf die Authentizität des Romans. Doch ist der implizite Gedanke, daß Julie und St. Preux kaum erfunden sein können, weil sich die Unmittelbarkeit ihrer Sprache nicht fingieren läßt, gerade nicht die Pointe der Passage. Ihr Problem ist komplizierter: sie unterstellt die empfindsame Auffassung der direkt aus dem Herzen oder der Seele fließenden Worte als Ausgangspunkt und fragt sich doch im selben Atemzug, ob und wie sich diese Unmittelbarkeit fälschen läßt. Wie kann man „etwas schreiben, das man nicht fühlt"? Oder: wie muß Rousseau verfahren sein, wenn er Julie und St. Preux erdichtet hat? Die Frage zielt auf eine im Horizont der Empfindsamkeit selbst unmögliche Operation, auf die Trennung der Sprache des Herzens vom Herzen. Angezielt ist die Lösung des Zugleich von Sprache und Gefühl bei Aufrechterhaltung des Scheins ihrer Verbundenheit in der Sprache dessen, der sie trennt. Die Verbesserung der Briefe Valmonts hat als asymptotische Annäherung ihres Stils an das bei Rousseau erreichte Niveau zu erfolgen. Die Feder muß die Innenwelt der empfindsamen Seele aus sich selbst heraus aufs Papier bringen. Die *sincérité* wird zur Aufgabe nicht der Seele, sondern des Stils. Nur so können die Briefe erreichen, daß die empfindsame Adressatin den Rückschluß von den Worten auf die Existenz der Gefühle vollzieht. Diderot hatte mit Blick auf Richardson bestritten, daß eine solch vollendete Trennung des Briefs von dem Referenzpunkt, auf den er zu verweisen behauptet, möglich sei: „Wenn in der tiefsten Seele der Person, die er einführt, ein dunkles

Gefühl verborgen ist, gilt es genau hinzuhören: dann hören Sie nämlich eine Dissonanz heraus, die dieses Gefühl verrät. Denn Richardson hat erkannt, daß die Lüge nie völlig der Wahrheit gleichen kann – eben weil das eine die Wahrheit ist und das andere die Lüge." (Diderot, 1967, 405)

Indem Laclos' Roman die erfolgreiche Arbeit der Libertins an der Verwandlung von sincérité aus einem Garanten der Authentizität von Gefühlen in einen Stil der Maskierung ihrer Abwesenheit zeigt, arbeitet er selbst an der Austreibung der Unmittelbarkeitsfiktion aus der Kultur der Empfindsamkeit. Die *Liaisons dangereuses* überführen die „Erziehung des Lesers", mit der Rousseaus Roman sich sein Publikum geschaffen hatte, in die zweite Potenz. Indem Laclos systematisch den Rückschluß vom Text der Briefe auf die textjenseitige Welt der Gefühle kompliziert und die Spannung von Herzblut und Maskenspiel zu seinem zentralen Thema macht, erzieht er die empfindsamen zeitgenössischen Leser zum Formbewußtsein der Libertins – und es besteht kein Grund, daran zu zweifeln, daß er dies aus durchaus moralischen Erwägungen tat.

In den *Liaisons dangereuses*, dieser aufklärerischen Schule des Mißtrauens, in der zugleich die Fortschreibung und Kritik der Empfindsamkeit betrieben wird, erreicht der Briefroman als Form der Zweideutigkeit seinen Höhepunkt. Der 48. Brief, der exemplarisch für diese Verschränkung von moralischer Zweideutigkeit und Zweideutigkeit der Lektüre stehen kann, sei hier abschließend kommentiert. Er spielt virtuos mit der Differenz zwischen romanimmanentem Leser und Leser des Romans. Denn der letztere weiß

bei der Lektüre, was die Adressatin, Madame de Tourvel, nicht ahnt: daß Valmont ihn auf dem nackten Körper der Kokotte Emilie geschrieben hat während einer Liebesnacht, die als Hintergrundsvoraussetzung jede Zeile des Briefes „zweideutig" im durchaus pornographischen Sinne werden läßt. Valmonts Lust beim Schreiben dieses Briefes ist ein Vorgriff auf die Überwindung der Empfindsamkeit durch den Spezialisten für das Zusammenspiel von Körper und Schreiben. „Ich finde es spaßhaft, ihr einen Brief aus dem Bett, ja fast aus den Armen einer Dirne zu schicken, einen Brief, bei dessen Niederschrift ich mich durch die vollkommenste Untreue unterbrach und indem ich ihr einen genauen Bericht über meine Situation und meine Aufführung erstattete." (Choderlos de Laclos, 1957, 129) Virtuoser als in diesem Brief ist in keinem Roman des 18. Jahrhunderts die Sprache der empfindsamen Seele zugleich realisiert und in die Sprache der physischen Liebe übersetzt worden. Die Zweideutigkeit geht hier über die einfache Maskierung des erotischen durch den empfindsamen Text verwirrend hinaus. Denn der Roman läßt durchaus die Interpretation zu, daß Valmont *weniger* eindeutig als Libertin spricht als es scheint, und daß er Madame de Tourvel womöglich ‚aufrichtiger' liebt, als er der Marquise de Merteuil gegenüber zugeben kann, die die erste Leserin des Briefes sein wird, ehe ihn Madame de Tourvel erhält. Es gehört zur Frivolität des Briefes, daß er tatsächlich als „Spiegel der Seele" seines Verfassers gelesen werden kann: des Libertin und des Stilisten und womöglich auch des ernsthaften Liebhabers, der sich hinter beiden Masken verbirgt.

## *Bibliographie*

Altman, Janet Gurkin (1982). Epistolarity. Approaches to a Form, Ohio State University Press: Columbus, Ohio 1982

Baasner, Frank (1988). Der Begriff ‚sensibilité' im 18. Jahrhundert. Aufstieg und Niedergang eines Ideals, Heidelberg Carl Winter Universitätsverlag, 1988

Ball, Donald L. (1971). Samuel Richardson's Theory of Fiction, Mouton, The Hague – Paris 1971

Castle, Terry (1982). Clarissa's Ciphers. Meaning and Disruption in Richardson's *Clarissa*, Cornell University Press, Ithaca and London, 1982

Choderlos de Laclos, Pierre Ambroise (1959). Les Liaisons dangereuses, Préface, Commentaires et Notes de Beatrice Didier, Le Livre de Poche, Paris 1987; dt. Gefährliche Liebschaften, München, Winkler Verlag, 1959

De Man, Paul (1979). Allegories of Reading. Figural Language in Rousseau, Nietzsche, Rilke and Proust, New Haven and London, Yale University Press, 1979

Diderot, Denis (1967). Éloge de Richardson (1762). In: Ästhetische Schriften, Hrsg. Friedrich Bassenge, Band I, Aufbau-Verlag, Berlin und Weimar 1967

Doktor, Wolfgang/Sauder, Gerhard. Empfindsamkeit. Theoretische und Kritische Texte. Reclam Verlag, Stuttgart 1976

Galle, Roland (1986). Geständnis und Subjektivität. Untersuchungen zum französischen Roman zwischen Klassik und Romantik, Wilhelm Fink Verlag, München 1986

Gillis, Christina Marsden (1986). The Paradox of Privace. Epistolary Form in *Clarissa*, University Presses of Florida Gainesville 1986

Herder, Johann Gottfried (1985). Von der Ode (Dispositionen, Entwürfe, Fragmente). In: ders., Frühe Schriften 1764-1772. Herausgegeben von Ulrich Gaier, Deutscher Klassiker Verlag, Frankfurt am Main 1985

Jaton, Anne-Marie (1983). Le corps de la liberté. Lectures de Laclos, L'Age d'Homme – Karolinger, Wien 1983

Jüttner, Siegfried (1983). Weinende Herzen. Die Natur der Tränen in der *Nouvelle Héloise* von Rousseau. In: Das weinende Saeculum. Colloquium der Arbeitsstelle 18. Jahrhundert, Carl Winter Universitätsverlag, Heidelberg 1983

Lepenies, Wolf (1969). Melancholie und Gesellschaft, Suhrkamp Verlag, Frankfurt/Main 1969

Menninghaus, Winfried (1989). Klopstocks Poetik der schnellen „Bewegung". In: Friedrich Gottlieb Klopstock, Gedanken über die Natur der Poesie, Insel Verlag, Frankfurt 1989

Müller, Lothar (1987). Die kranke Seele und das Licht der Erkenntnis. Karl Philipp Moritz' *Anton Reiser*, Athenäum Verlag, Frankfurt 1987

Müller, Wolfgang G. Der Brief als Spiegel der Seele. Zur Geschichte eines Topos der Epistolartheorie von der Antike bis zu Samuel Richardson. In: Antike und Abendland, 26, 1980

Myer, Valerie Grosvenor (Ed.), (1986). Samuel Richardson: Passion and Prudence. Vision and Barnes & Nobles, London/Totowa NJ, 1986

Richardson, Samuel (1985). Clarissa or The History of a young Lady. Edited with an Introduction and Notes by Angus Ross, Penguin Books, London 1985

Rousseau, Jean-Jacques (1978). Julie ou La Nouvelle Héloise. Lettres de deux amans, habitans d'une petite ville au pied des Alpes, Amsterdam 1761. In: Oeuvres complètes, II, Gallimard Pléiade, Paris 1964

Julie oder Die neue Héloise. Briefe zweier Liebenden aus einer kleinen Stadt am Fuße der Alpen. In der ersten deutschen Übertragung von Johann Gottfried Gellius, Winkler Verlag, München 1978

Sauder, Gerhard (1974). Empfindsamkeit. Band I. Voraussetzungen und Elemente, Metzler Verlag, Stuttgart 1974

Wegmann, Nikolaus (1988a). Diskurse der Empfindsamkeit. Zur Geschichte eines Gefühls in der Literatur des 18. Jahrhunderts, Metzler Verlag, Stuttgart 1988

Wegmann, Nikolaus (1988b). Zurück zur Philologie? Diskurstheorie am Beispiel einer Geschichte der Empfindsamkeit. In: Jürgen Fohrmann/Harro Müller (Hrsg.), Diskurstheorien und Literaturwissenschaft, Suhrkamp Verlag, Frankfurt 1988

Wolf Werner (1984). Ursprünge und Formen der Empfindsamkeit im französischen Drama des 18. Jahrhunderts (Mariveaux und Beaumarchais), Peter Lang Verlag, Frankfurt/Bern/New York/Nancy 1984

# Teil V

# Die Wissenschaften

# Die Seele und das Wissen vom Lebenden. Zur Entstehung der Biologie im 19. Jahrhundert

*Michael Sonntag*

## 1. Das Virus

Gegen Ende seiner *Entstehung der Arten* stellt Darwin eine Suggestivfrage, die er sogleich selbst beantwortet: „Welche Grenzen können einer Macht gezogen sein, die während langer Zeiten aufs strengste die ganze Konstitution, den Bau und die Lebensgewohnheiten der Geschöpfe prägt, das Gute begünstigt und das Schlechte ausmerzt? Ich sehe nichts, was diese Macht verhindern könnte, langsam und wunderbar eine jede Form ihren verwickelten Lebensverhältnissen anzupassen."[1]

Diese „Macht" ist die natürliche Auslese oder Selektion, die Darwin als Mechanismus der Evolution der Lebewesen erkennt. Damit ist nach einem Jahrhundert entscheidender Veränderungen der späte Scheitelpunkt der abendländischen Geschichte des Wissens vom Lebenden erreicht. Was jahrtausendelang nur als Mysterium und als Werk übernatürlicher Mächte zu denken war, was zuletzt noch in der Physikotheologie als das wunderbare und perfekte Werk Gottes adoriert wird (Paley 1805), das erscheint nun selbst als Macht, in einer nahezu unveränderten Metaphorik, die in einer ebenso winzigen wie unermeßlichen Verschiebung die Natur an die Stelle Gottes setzt; das Leben, das vom unscheinbarsten Grashalm bis zur Komplexität des menschlichen Gehirns nichts ist als das Produkt des Lebens selbst. Die Schöpfung entledigt sich ihres Schöpfers in dessen letzten Refugien und offenbart ihrerseits eine *produktive* Macht, die bis dahin außer bei den Biologen höchstens als die *zerstörerische* Macht der Naturgewalten figurierte.

So epochal erscheint einigen Zeitgenossen diese Umwälzung, und zugleich so unvertraut für die gängigen Denkraster, daß sie zu den prominenten Beispielen aus der Physik greifen, um ihrer Würdigung den angemessenen Ausdruck zu verleihen. Den „Newton des Grashalms" nennt Haeckel Darwin in Anspielung an Kant, den „Kopernikus der organischen Welt" du Bois-Reymond. Man kennt die damit verbundenen Motive der diversen neuzeitlichen Desillusionierungen: Kopernikus habe Erde und Mensch vom Zentrum der Welt an einen beliebigen Ort irgendwo im Universum und mitten unter die Planeten versetzt; Darwin habe den Menschen mitten unter die Tiere plaziert, von denen er abstammt und denen er gleicht.

Aber vielleicht wäre der Vergleich mit Laplace relevanter, dem Vollender der Kosmologie Newtons, der auf Napoleons Frage, welche Rolle Gott in seinem Universum spiele, geantwortet haben soll, er, Laplace, „benötige die Hypothese Gott nicht mehr". Niemals hätte sich Darwin zu einem solchen Wort hinreißen lassen; tatsächlich aber benötigt auch er hinsichtlich der Frage, wie die ganze Vielfalt, Komplexität und die zweckmäßigen Formen der Lebewesen entstehen konnten, diese „Hypothese" nicht mehr. Der großen Macht jedoch, die an deren Stelle tritt, läutet mit ihrer Entdeckung auch bereits von ferne die Stunde ihrer Abdankung.

Der allgegenwärtige Vergleich, dem die lebenden Wesen im 18. Jahrhundert unterzogen werden, das in ihnen die Räder und Hebel seiner mechanischen Maschinen wiedererkennt, litt von jeher unter dem Umstand, daß Maschinen nach einem Plan und für bestimmte Zwecke gebaut sind. Wer also hat dann all diese so wunderbar zweckmäßigen lebenden Maschinen gebaut? Der Mechanizismus verweist diese Frage, auf die die Antwort der Zeit nur Gott lauten kann, in den Bereich der letzten Gründe, denen nachzugehen nicht Aufgabe der wahren Wissenschaft sei. Wenn aber im 19. Jahrhundert den lebenden Maschinen schließlich das Kunststück gelingt, das noch keiner Maschine gelang: *sich selbst* hervorzubringen; wenn an die Stelle des Schöpfers die Natur als ihr eigener Werkmeister tritt, die als solcher nach keinem vorgegebenen Plan, sondern, wie es manchen scheint, nach dem Prinzip des „blinden Zufalls" verfährt, dann kann diese sich selbst hervorbringende Natur in ihren Produktionsprozessen belauscht werden; die biologische Forschung wird gleichsam zur Werkspionage, deren Betreibern das Ziel aller Ziele vor Augen steht: das bewußt und planvoll nachzubauen, was da „blind", aber als gelungenes Produkt alle Tage an allen Orten erzeugt wird.

„Es ist vollständig vergeblich", sagt 1867 John Tyndall, den Zeitgenossen bekannt als „Feldmarschall der materialistischen Streitkräfte", „zu versuchen, die Erforschung der aktuellen und der möglichen Funktionen von Materie und Kraft aufzuhalten. Verlassen Sie sich darauf, wenn ein Chemiker dadurch, daß er die geeigneten Materialien in einer Retorte oder einem Schmelztiegel zusammenbringt, ein Baby machen könnte, dann täte er das auch. Es gibt kein moralisches oder physikalisches Gesetz, das ihm das verbietet."[2]

Man weiß, welche Aufregung die erste Synthese einer organischen Verbindung verursacht, als Wöhler 1828 im Labor Harnstoff erzeugt. Zum ersten Mal ist künstlich hergestellt, was bis dahin nur der lebende Organismus erzeugen konnte. Zur Jahrhundertmitte macht mit du Bois-Reymond, Ludwig, Brücke und Helmholtz auch in Deutschland ein Reduktionismus sich lautstark bemerkbar, der die Phänomene des Lebenden sämtlich auf die physikochemischen Eigenschaften der unbelebten Materie zurückführen will. Heute leben die damit verbundenen Ansprüche und Versprechungen nur noch im Traum der Molekularbiologen weiter, und in den Profiten der chemischen Industrie. Immer wieder hat die Komplexität des Lebenden die Prophezeiungen des Reduktionismus ihrer Voreiligkeit überführt.

„Nachbauen" kann man die Organismen bis heute nicht. Die biotechnischen Strategien haben sich daher verschoben. Mit der Aufdeckung der biochemischen Konstitution der organischen Wesen und insbesondere mit der Entschlüsselung von Struktur und Funktion der chromosomalen Träger der Erbinformation und des genetischen Codes hat sich die Möglichkeit aufgetan, in die biologischen Steuerungsmechanismen selbst einzugreifen. Man ist gleichsam vom energetischen Primat der 2. Hälfte des 19. zum informationellen Primat der 2. Hälfte des 20. Jahrhunderts übergegangen, und von der Reduktion (auf zusammensetzende Elementarbausteine) zur Simulation (der Steuerungsprozesse in funktionalen Entitäten). Man hat einen uralten Traum der Menschheit dadurch abgewandelt realisiert, daß man die elementaren organischen Strukturen nicht nachbaut, sondern benutzt, wie sie sind und sich in ihr „Kommunikationssystem" einschaltet, wie das Virus in das genetische Programm der Wirtszelle.

Dabei bleibt es nicht beim Symbolischen, bei Simulation und Kommunikation, sondern es geht um *Produktion*, wie beim Virus auch. Das Virus programmiert die Wirtszelle dahingehend um, nicht mehr *ihres*-, sondern *seines*gleichen zu produzieren. Ganz ähnlich entstehen die gentechnologisch manipulierten Substanzen und Wesen, die vom organischen System nach dem menschlich vorgegebenen Modell erzeugt werden.[3] Die techné, die Kunst, besteht darin, die Natur dazu zu bringen, ihrerseits das nachzubauen, was sie von sich aus nie produzieren würde, was ohne sie aber nach wie vor keine menschliche techné zu verfertigen in der Lage wäre. Seltsam, wie hier die einfachsten und die komplexesten Wesen, Virus und Mensch, die gleiche Strategie verfolgen; paradox, daß die letztliche „Beherrschung" des organischen Stoffes ausgerechnet dadurch möglich wird, daß man wie die einfachsten Formen allen Lebens verfährt.

Insoweit diese bio-techné der lebenden Natur gegenüber sich verhält, wie das Virus gegenüber der Wirtszelle, manifestiert sich hier gleichsam auf mikrologisch-handwerklicher Ebene, was auch makrologisch im Verhältnis moderner Industriegesellschaften zur Natur als parasitär aufscheint, als Unterwerfung und Ausbeutung. Fast scheint es nicht mehr zufällig, wenn ausgerechnet in dieser Phase der Strategien dem Lebenden gegenüber ein Virus auf den Plan tritt, das sich nahezu bis zur Perfektion entwickelt hat, d. h. im Moment kaum angreifbar scheint. Dabei verhält sich, was das Aids-Virus im Organismus anrichtet, die Lahmlegung des Immunsystems, geradezu spiegelbildlich zu dem, was seit langem global mit der Natur angerichtet wird. Offenbar kopiert mittlerweile nicht nur der Mensch die Strategien des Lebenden, sondern dieses auch die seinen.

Insofern jener uralte Traum zum Alptraum zu werden droht, gebiert abermals ein Schlaf der Vernunft die Ungeheuer; ein Schlaf freilich, der in der aufgeweckten Form technischer Rationalität daherkommt. Die Bemächtigung der elementaren Grundlagen des Lebens indiziert für das Wissen vom Lebenden das, was Foucault für die politischen Strategien der modernen Gesellschaften als Überschreiten der „biologischen Modernitätsschwelle" bezeichnet hat, in denen es inzwischen „um die Existenz der Gattung selber geht. Jahrtausende hindurch ist der Mensch das geblieben, was er für Aristoteles war: ein lebendes Tier, das auch einer politischen Existenz fähig ist. Der moderne Mensch ist ein Tier, in dessen Politik sein Leben als Lebewesen auf dem Spiel steht" (Foucault 1977, S. 170 f.).

Um die Existenz der Gattung geht es längst auch in den Errungenschaften des Wissens vom Lebenden und ihren kommerziellen, politischen und nicht zuletzt militärischen Verwertungen. Tatsächlich ist, um Darwins Frage 130 Jahre später erneut zu beantworten, inzwischen der Mensch selbst – bzw. die Form seiner gesellschaftlichen Existenz, die sich ihrerseits als Macht formiert – die Grenze jener Macht, die Darwin in der Natur erkennt. Die Entfernung des Schöpfers auch aus der lebenden Natur verleiht ihr zunächst ihre Autonomie und die Fähigkeit zur Selbsterzeugung, macht sie in gewisser Weise zu einem komplexen, selbsttätigen und selbstgenügsamen Automatismus, der dennoch anders beschaffen ist, als menschlich hervorgebrachte Automatismen es je sein könnten. Zugleich aber fallen damit auch die letzten Grenzen, die den Zugriff des Wissens in die Schranken gewiesen und dem Eingriff in das Schöpfungswerk Einhalt geboten haben. Das Lebende ist dem menschlichen Eindringen in seine Abläufe, Funktionen und Wirkungsweisen und ihrer Umfunktionierung ausgeliefert.

Die Geschichte der Seele kommt hier insofern ins Spiel, als die Emanzipation des Lebenden von Gott einerseits, den Gesetzen der rohen Materie andererseits mit der endgültigen Erübrigung der Seele zusammenfällt, die bis dahin nach dem Vorbild des Aristoteles das „Prinzip des Lebenden" war für die, die den Versprechungen des Mechanizismus angesichts der Komplexität und Mannigfaltigkeit, Organisation und Zweckmäßigkeit der lebenden Wesen mißtrauten. Tatsächlich gründet aber auch der Mechanizismus seine Versprechungen auf die Seele, wenngleich in negativer Weise, indem er gewisse Beziehungen umkehrt, gewisse Eigenschaften austauscht. Er entwickelt kein neues Konzept des Lebenden; er verleiht lediglich der rohen Materie einige der Eigenschaften, die bis dahin Privileg der Seele waren. La Mettrie spricht von der Materie in der gleichen Metaphorik, wie seine Zeitgenossen von der Seele. Was bis dahin allein die Seele vermochte, die Wesen entstehen, sich entwickeln, sich bewegen zu lassen, wird ihrem blanken Gegenprinzip, dem rohen Stoff übertragen. Dieser Stoff vermag nichts anderes, als gewisse Eigenschaften zu besitzen und wirken zu lassen, die bis dahin Wirkungen der Seele waren. Ein tatsächlich neuer Lebensbegriff wird erst im späten 18. und frühen 19. Jahrhundert möglich. Mit der Entstehung der Biologie in dieser Zeit, also vor Darwin, wird das Leben selbst zum eigenständigen Gegenstand eines positiven Wissens.

## 2. Das Primat: Seele versus Stoff

Vor dem späten 18. Jahrhundert gibt es keine Biologie. Das heißt nicht einfach nur, daß es den Begriff noch nicht gibt. Vielmehr gibt es auch kein eigenständiges Wissen vom Lebenden und keinen genuinen Gegenstand eines solchen Wissens. Es fehlt die Kenntnis von den großen organischen Funktionen und ihren Zusammenhängen, von den die lebenden Dinge als solche von der rohen Materie prinzipiell unterscheidenden Eigenschaften. Die niederen Tiere entstehen aus Schlamm und faulendem Stoff; die großen Gesteine bilden gewachsene Formationen und zählen zu den Wesen. Noch für die *Encyclopédie* ist das Leben nicht viel mehr als das Gegenteil des Todes. Es verdankt sich einer dem Stoff ein- oder aufgepflanzten Seele oder es ist nichts als die mechanische Wirkung der physikalischen Gesetze des rohen Stoffes. Die sichtbaren Formen des Lebenden sind Gegenstand einer Ordnungswissenschaft (*historia naturalis*), deren Klassifikationskriterien an den äußeren Erscheinungen haften und bei Linné mit der „Essenz" oder dem „Wesen" in Zusammenhang stehen, das das Werk des Schöpfers in ihnen zurückgelassen hat. Das Wissen vom Lebenden schwankt zwischen Mechanizismus und Animismus, und Aristoteles ist allerorten noch gegenwärtig.

Für Aristoteles sind Seele und belebter Körper nicht unabhängig voneinander zu denken, denn die Seele ist das „Prinzip der belebten Wesen".[4] Zu leben bedeutet, eine Seele zu haben.[5] Die Seele ist die Verbindung von Form- und Zweckursache, die Entelechie des Lebewesens. Sie konstituiert das Wesen und die Verwirklichung des Körpers,[6] der seinerseits ein *organon*, ein Werkzeug der Seele ist.[7] Die Verbindung ist also hierarchisch: die Seele bewirkt und bewegt; der Körper leidet und wird bewegt. Zwar gilt: „Leben nennen wir Ernährung, Wachstum und Verfall aus sich selbst."[8] Aber damit es dazu kommt, muß der Stoff beseelt, die Seele eingekörpert sein: das Leben ist Leben nur durch die Seele. Der Körper, die Materie, enthält lediglich die *Möglichkeit*, beseelt, bewegt usw. zu werden. Der Stoff lebt *nicht* „aus sich selbst", ist nicht aktuale Wirklichkeit als Form. Diese verleiht ihm erst die Seele, „als die Form eines natürlichen Körpers, der potentiell Leben besitzt."[9] So bilden erst „die Seele und der Leib miteinander das Lebewesen", in einer untrennbaren Einheit wie „das Wachs und das Gepräge", der Stoff und die Form.[10]

Wie bewegt die Seele den Körper? Die natürlichen Dinge sind für Aristoteles diejenigen, die den Ursprung ihrer Bewegung in sich selbst tragen.[11] Ausgangspunkt aller Bewegung im Kosmos ist der unbewegte Beweger.[12] Der Seele werden die Züge des unbewegten Bewegers der Einzelwesen verliehen. Selbst immateriell und unbewegt,[13] bewegt sie den Körper „durch eine Art Entschluß und Gedanke",[14] also durch „Denken, Einbildung, Absicht, Wille, Entschlossenheit, Begierde".[15] Sie lassen sich auf die Vernunft und vor allem auf das „Strebungsvermögen" zurückführen.[16] Es ist als ein Werkzeug der Seele körperlich zu denken. Allgemein bewegt die Seele die körperlichen Lebewesen mittels des *pneumas*,[17] das daher stofflich sein muß, als „das bewegt Bewegende gegenüber dem Unbewegten".

Aber der Stoff, der das Pneuma bildet, steht dem Göttlichen näher als der Stoff der 4 Elemente; er ist dem Stoff der *quinta essentia* vergleichbar.[18] Das im Mikrokosmos, im lebenden Körper wirkende Pneuma als Werkzeug der Seele entspricht also dem makrokosmischen Äther, dem bewegt Bewegenden, das zwischen dem unbewegten Beweger und den Gestirnen wirkt. Mit seiner Hilfe bewegt die Seele den Körper, und im Körper bewegt sie, was sich potentiell bewegen kann, d. h. nicht nur die körperlichen Verrichtungen, sondern auch Affekte, Gedanken usw.

Was die Lebewesen in Bewegung setzt und hält, das Prinzip hinter all ihrem Tun und Leiden, ist also transzendent vermittelt, sowohl in den Abläufen, die es bewirkt, als auch in seinen Antrieben. So auch die wie die Seele zum Leben unweigerlich gehörende eingeborene Wärme, die sich dem Pneuma verdankt, das im männlichen Samen enthalten ist und das wir mit der Atemluft aufnehmen. Ohne Seele, Pneuma und vitale Wärme gibt es kein Leben.

Die Seele ist also Prinzip des lebenden Körpers, und nicht wie später sein Gegenprinzip. Bis ins 18. Jahrhundert hinein verleiht sie den lebenden Dingen ihre Form und ihr Leben. Alle Teile und Funktionen des Körpers sind zum Dienste der Seele so zweckmäßig gestaltet wie überhaupt möglich. Das zu betonen wird Galen im 2. nachchristlichen Jahrhundert nicht müde, der im kunstvollen Bau des menschlichen Körpers das vollendete Werk des Schöpfers preist. Galen systematisiert und erweitert die Vorstellung vom Pneuma als Werkzeug der Seele. Im naturphilosophischen und medizinischen Wissen der folgenden Jahrhunderte latinisieren sich die verschiedenen Formen des Pneuma zu den *Spiritus*, die es der immateriellen Seele ermöglichen, auf den Körper einzuwirken. Spätestens im 16. Jahrhundert kommt es dabei zu eigentümlichen und unorthodoxen Nivellierungen der Hierarchie zwischen der Seele und ihren Werkzeugen. Das (fein-)stoffliche Moment steht kurz davor, die Herrschaft über die körperlichen Verrichtungen und die niederen seelischen Vermögen zu übernehmen.[19]

Es scheint daher nur konsequent, wenn Descartes einen scharfen Schnitt legt zwischen die Seele als nunmehr reinem Geist, *res cogitans*, deren Sein nur im Denken gegeben ist, und die Materie als bloßer körperlicher Ausdehnung, *res extensa*, die rein mechanischen Gesetzen der Bewegung folgt. Die Seele verliert die Herrschaft über das Leben und die körperlichen Funktionen.

Descartes spricht vom Feuer und der Hitze des Herzens wie weiland Aristoteles, aber es ist kein Feuer von besonderer stofflicher Qualität mehr, sondern vom gleichen Prinzip wie die Feuer, die in den Kaminen brennen. Die körperliche Wärme entsteht auf mechanischem Wege aus der Verschmelzung der männlichen und weiblichen Samenflüssigkeiten; es ist die gleiche Wärme, wie sie entsteht, wenn das Heu gärt, oder „wie in jungen Weinen, wenn sie aufwallen". Nicht mehr die Seele, sondern diese von ihr völlig unabhängige stoffliche Körperwärme ist das Prinzip des Lebenden. Es gilt, „daß der Tod niemals durch Fehlen der Seele eintritt",[20] sondern umgekehrt „die Seele nur entflieht, wenn man stirbt",[21] und man stirbt, weil diejenige Wärme entschwindet, die im Herzen ist, „solange wir leben" und die „das körperliche Prinzip aller Bewegungen unserer Glieder ist."[22] Mittels dieser Wärme werden die subtilen und schnell beweglichen Teile des Blutes zu den Spiritus umgebildet,[23] und sie führt auch zur Ausbildung von Organen und zum Wachsen des Embryos.[24]

Die Bewegungen der Tiere sind rein mechanische Reflexe, ohne daß noch eine Seele im Spiel wäre, ebenso, mit Ausnahme der Willkürhandlungen, die des Menschen. Bei ihm gibt es eine Wirkung der Seele auf den Körper an jenem besonderen Ort der Zirbeldrüse, als „siège principial" der Seele von Descartes offenbar deshalb erwählt, weil sie die einzige unpaarige Struktur des Gehirns darstellt. Die Seele wirkt von dort „auf den ganzen übrigen Körper mittels der Lebensgeister, der Nerven und selbst des Blutes",[25] indem sie „wie der Quellmeister", der die künstlichen Fontänen in den Gärten des Königs bedient, die Zu- und Abflüsse der Spiritus reguliert.[26] Die genaue Beschaffenheit

dieses Zugriffs vom Geistigen auf das Stoffliche bleibt indes dunkel.

Vor allem in den zeugungstheoretischen Schriften wird die Beschränktheit des mechanistischen Ansatzes deutlich, der die Eigenschaften der lebenden Wesen nur insoweit zu erfassen vermag, wie in ihnen die der unbelebten Welt oder der handwerklichen Fertigkeiten sich spiegeln.[27] Mannigfaltigkeit, Komplexität und Zielgerichtetheit des Lebenden lassen sich nicht in der Einfachheit von Hebeln und Räderwerken und linear bewegten Partikeln abbilden, die nichts weiter tun, als einen einmal erhaltenen Bewegungsimpuls zu transportieren. Bei Descartes ist die Embryogenese nicht durch eine Seele oder eine aristotelische forma, auch durch keinen *ursprünglichen* Spiritus verursacht, den es in der korpuskulären res extensa nicht gibt. Auf rein mechanischem Wege bauen die Teilchen des Blutes unter Einfluß der Wärme sukzessiv den zukünftigen Körper auf, erst das Herz, dann das Gehirn usw. Warum und auf welche Weise sie das tun, bleibt offen. Der Mechanizismus muß an dieser Stelle wie überall in der belebten Welt auf Gott zurückgreifen. Die nur physikalischen Gesetze sind ohne die Mitwirkung eines *bereits organisierten* Stoffes nicht imstande, ein Lebewesen zu bilden. In jener Zeit aber kann diese ursprüngliche Organisation sich nur der Schöpfung verdanken: die Zweckmäßigkeit der Vorgänge in der belebten Natur bleibt göttlichen Ursprungs.

In diesem Zusammenhang entsteht die Präformationstheorie, derzufolge Gott alle jemals existierenden Lebewesen bereits zum Zeitpunkt der Schöpfung erschaffen hat. Die Exemplare einer jeden Art sind in den männlichen und/oder weiblichen Samenflüssigkeiten der Eltern immer schon en miniature, aber komplett, enthalten, in einer langen Reihe von Generationen bis zurück zur Schöpfung. Adam und Eva enthalten die gesamte zukünftige Menschheit in ihren Keimen, Miniaturausgaben aller Menschen, die zwischen Schöpfung und Jüngstem Gericht je geboren sein werden. Diese „Einschachtelungstheorie" entspricht der mechanistischen Konzeption: Die Lebewesen sind ursprünglich in der Schöpfung entstanden; alle weitere Generationenfolge geht auf keine eigentliche Zeugung zurück, sondern auf die durch die männliche Samenflüssigkeit oder ihr Verschmelzen mit der weiblichen induzierte Anregung des bereits vorhandenen Wesens zur „Entfaltung" und „Entwicklung". Im 18. und bis ins 19. Jahrhundert ist dies, was man als „Evolutionstheorie" bezeichnet: Die Wesen entwickeln sich embryologisch in mechanischer „Ausfaltung" ihrer schon vorhandenen Teile, sie entstehen niemals neu. Diese „Evolutionstheorie" ist also der Darwins genau entgegengesetzt: Sie bezieht sich auf die Ontogenese und sie impliziert die Unveränderlichkeit der Arten.

Präformationisten wie Malpighi und Swammerdam behaupten, daß „es in der Natur niemals Zeugung gibt, sondern nur eine Verlängerung oder ein Wachsen von Teilen."[28] Maupertuis erklärt demgegenüber die karthesianische Version der Zeugung für gescheitert und hält die Präformationstheorie für unvereinbar mit gewissen Phänomenen der Vererbung. Er geht auf Descartes zurück, indem er eine Mischung aus beiden elterlichen Samenflüssigkeiten als Ausgangspunkt der embryologischen Entwicklung annimmt. Aber Descartes habe durch nichts erklären können, *wie* aus einer solchen „mélange" ein vollentwickelter Foetus heranwachsen kann (Maupertuis 1756, S. 85).

Die Lücken des Mechanizismus sind der Einfallsort für die Vitalismen, die im späten 17. und im 18. Jahrhundert so vielgestaltig sind, wie es Namen gibt für dasjenige Prinzip, welches in der Vollkommenheit der Lebewesen sich auswirkt und ihnen in der Hierarchie der Dinge ihren Platz oberhalb der unbelebten Welt zuweist. Unter diesen Prinzipien bleibt auch die Seele im Spiel. Hartsoeker und vielen nach ihm erscheint es absurd, die Lebewesen so zu sehen, als ob „alles fast ausschließlich durch die Kräfte der Mechanik und ohne Vermittlung einer Seele und einer Intelligenz geschähe."[29]

## 3. Das Leben

Als sich am Anfang des 19. Jahrhunderts die Biologie konstituiert, geschieht das in einem schmalen Raum des Denkens zwischen Mechanizismus und Vitalismus, in dem diese sich überschneiden und zugleich voneinander abstoßen. Wenn es auch beider historischer Wirkung brauchte, um die Möglichkeit einer Biologie als Wissenschaft vom Leben zu eröffnen, erscheint diese doch in Abhebung von ihnen. In Abhebung vom Vitalismus, weil keine transzendenten oder übersinnlichen Mächte dieses Leben durchziehen und ihm seine Eigenschaften verleihen. In Abhebung vom Mechanizismus, weil das Lebende keine bloße Widerspiegelung der Mechanismen der unbelebten Welt darstellt. Zugleich ist aber die mechanistische Analyse der Teile ebenso unverzichtbar geworden, wie die Frage nach dem tatsächlichen „Prinzip des Lebenden" dringlich.

Damit das Wissen eine Theorie des Lebenden und die Praxis seiner Erforschung geben kann, muß ihm das Leben allgemein sein darin, daß es sich durch etwas auszeichnet, das sämtlichen Lebewesen zukommt und diese als solche sowie den Gegenstand einer ebenso allgemeinen Erkenntnis konstituiert, die allen Bereichen dieses Wissens gemeinsam ist. Es muß aber auch spezifisch sein, insofern es durch eben diese allgemeinen Merkmale vom nicht-lebenden Stoff ebenso zu unterscheiden ist, wie es sich damit von seiner Abhängigkeit von ihm übergeordneten belebenden, beseelenden usw. metaphysischen Instanzen befreit. Das Leben wird zum spezifischen Gegenstand eines Wissens, dem es den Anspruch auf eine eigenständige und nicht etwa der Physik oder der Theologie untergeordnete Disziplin verleiht.

Für den Mechanizismus des 17. und 18. Jahrhunderts sind die Gegenstände der Physiologie nicht das Leben und nur indirekt die Lebensvorgänge. Die großen, lebensnotwendigen Körperfunktionen sind nur bruchstückhaft bekannt. Erst im späten 18. Jahrhundert werden sich Atmung und Verdauung der Analyse öffnen. Bis dahin sind es in erster Linie die *Teile* des Körpers, die Organe, die der Analyse ihrer Mechanik zugeführt werden können; das Herz, das wie eine Pumpe arbeitet; damit verbunden der Blutkreislauf, der Volumen, Fließmengen und -geschwindigkeiten aufweist. Die besondere Eigenschaft, die dem Ganzen zukommt, zu dem die Teile sich ineinandergreifend zusammensetzen und die das 19. Jahrhundert Leben nennen wird, ist bis ins späte 18. Jahrhundert kaum erkennbar. Für den Mechanizismus ist Leben nichts weiter als materielle Ausdehnung und lineare Bewegung; die Lebewesen kommen auf die gleiche Weise zustande und funktionieren nach den gleichen Prinzipien, wie die Maschinen gebaut werden und funktionieren. Sie haben nur einen etwas begabteren Baumeister.

Das 17. und das 18. ziehen wie das 16. Jahrhundert keine scharfen Grenzen zwischen dem Belebten und dem Unbelebten. Noch für Buffon setzt sich gemäß der aus der Antike tradierten „großen Kette der Lebewesen"[30] das Lebende übergangslos ins Unbelebte fort. Man kann „von dem vollkommensten Geschöpfe bis zu dem unförmlichsten Stoffe, von dem am besten eingerichteten Thiere bis zu dem rohesten Mineral auf fast unmerklichen Stufen hinabsteigen..." (Buffon 1837, S. 86). Und für Bonnet bildet „die scheinbare Organisation der blättrigen [Gesteine], die gleichsam in Schichten und Schelfern zertheilet sind, wie die Schiefer, der Talkstein u. s. f. ingleichen der faserigten, die aus Fäden, wie der Amianth [eine Asbestart] zusammengesetzt sind," die Stellen, „wo man von den festen leblosen, zu den festen organischen Körpern übergeht." Nimmt man gar „die steinigten Meerpflanzen zu Hilfe", betrachtet man „ihr Treiben von innen, ihren Röhrenbau, ihre astige Structur, ihre Blüthen und Saamen", so bleibt kein Zweifel, „daß diese Meerpflanzen der Ring an der Kette sind, welche die Steine mit den Pflanzen verbindet" (Bonnet 1766, S. 37).

Aber das heißt nicht, daß in allen Reichen unterschiedslos die gleichen Gesetze gelten. Wo Maupertuis den Mechanizismus im Bereich des Lebenden ablehnt, muß er an die Stelle korpuskularer Nahwirkungen etwas setzen, das besser in der Lage ist, vor allem Zeugung und Wachstum der Lebewesen zu erklären. Ein Modell dafür stammt zunächst wieder aus der Physik. Newtons Gravitationstheorie gibt von der Beziehung der Körper im Raum nicht nur in Termini von Masse und Bewegung, sondern auch ihrer wechselseitigen Anziehung als Fernwirkung Rechnung. In den chemischen Untersuchungen des 18. Jahrhunderts zeigen die zusammengesetzten Substanzen ähnliche Wirkungen in den „Affinitäten", die die Partikel unterschiedlicher Stoffe aneinander binden. Diese Bindung ist nicht mehr magischen Charakters, sondern eine Eigenschaft der Materie,

die man im Versuch demonstrieren kann. Allein durch korpuskulare Nahwirkung ist sie nicht zu erklären. Maupertuis sieht darin eher eine Analogie zur Gravitation. Zwei Substanzen besitzen eine Tendenz zur Vereinigung aufgrund ihrer chemischen Affinität („rapports"). Kommt eine dritte hinzu, mit größerer Affinität für eine der beiden, so „vereinigt sie sich mit ihr, während sie sie zugleich veranlaßt, sich von der anderen zu lösen." „Warum, wenn diese Kraft in der Natur existiert, sollte sie nicht auch in der Bildung der Teile der Tiere wirken?" (Maupertuis 1756, S. 89).

Tatsächlich bestehen die lebenden Wesen offenbar aus Teilchen, die von Kräften zusammengehalten werden. Aber die bewundernswerte Fähigkeit der Organismen, ihresgleichen ständig aufs neue in der gleichen wohlorganisierten Form hervorzubringen, läßt auch die Rede von den Teilchen einem ständigen Schwanken zwischen den physikalischen und den besonderen, dem Lebenden vorbehaltenen Fähigkeiten verhaftet bleiben. Buffon spricht von „organischen Molekülen" und der „inneren Gußform" (moule intérieur), nach deren Modell sie sich zu den Teilen des Körpers zusammensetzen. Was sie nur können, wenn sie ihrerseits bereits Merkmale des Lebenden aufweisen. Dennoch vollzieht sich ihre Tätigkeit im Organismus unter Einwirkung einer „durchdringenden Kraft" (force pénétrante), die in allen organischen Körpern wirkt und mit der Schwerkraft zu vergleichen ist.[31] Der späte Maupertuis hingegen hält die Anziehung zwischen den Partikeln organisierter Körper nicht mehr für vergleichbar mit der Gravitation Newtons. Er spricht daher von „lebenden Partikeln", die in sich selbst schon die zielgerichteten Eigenschaften besitzen, die die Gesetze der Physik dem Stoff nicht zu verleihen vermögen. „Eine gleichförmige und blinde Anziehung, über alle Materie verteilt, kann nicht erklären, wie die Partikel geordnet werden, um auch nur den einfachsten Körper zu formen. Wenn alle die gleiche Tendenz, die gleiche Kraft haben, sich miteinander zu verbinden, warum bilden dann diese ein Auge und jene ein Ohr?" Niemals werde man die Bildung eines organisierten Körpers allein durch die physikalischen Eigenschaften der Materie erklären können.[32]

## Die Organisation

So lösen sich in der 2. Hälfte des 18. Jahrhunderts die physikalischen Analogien für
die Zeugung wieder auf; die Modelle der unbelebten Natur bieten keine hinreichende
Erklärung der elementaren Lebensphänomene. Demgegenüber macht die Anwendung von Begriffen und Methoden der Chemie auf die Lebensvorgänge zwei große
Körperfunktionen der Analyse zugänglich,
Atmung und Verdauung. „Réaumur und
Spallanzani können die Erforschung der Verdauung in Angriff nehmen, weil diese nach
Réaumur ‚ausschließlich durch die Aktion eines Lösungsmittels und die von ihm ermöglichte Fermentation wirkt.' . . . Ähnlich kann
Lavoisier die Atmung nur deshalb begreifen,
weil die Atmung eines Vogels und die Verbrennung einer Kerze ähnliche Studienobjekte darstellen; ihre Analyse erfordert die
gleichen Begriffe, Techniken und Maße. Die
Parallele der Verbrennung veranlaßt Lavoisier, die Atmung mit anderen Funktionen in
Verbindung zu bringen . . . So verbindet er
Atmung und Verdauung . . . Er verbindet die
Atmung mit dem Blutkreislauf . . . Schließlich findet er sogar einen Zusammenhang
zwischen Atmung und Transpiration, um die
unvermeidliche Temperaturerhöhung infolge
eines ständigen Feuers zu vermeiden" (Jacob
1972, S. 50f.).

Damit beginnt sich das Bild von den Lebewesen grundlegend zu verändern. Wenn Lavoisier die Atmung allgemein als Verbrennung bei niederen Temperaturen bestimmt
und mit der Verdauung verknüpft, dann
folgt daraus, daß jedes Lebewesen, unabhängig von seiner Form und dem Ort seiner
Existenz, bestimmte Fähigkeiten aufweisen
muß. Es muß in der Lage sein, Nährstoffe
und Sauerstoff aus der Umgebung aufzunehmen, es muß die Schlacken der Verbrennung
ausscheiden, es muß seine Temperatur regeln können. Das sind Leistungen, die man
aus seiner sichtbaren Gestalt nicht ohne weiteres ablesen kann. Sie werden im Innern
der Organismen in einem komplexen Zusammenspiel der Organe verrichtet. Diese
wiederum können daher keine selbständig
agierenden Teile mehr sein, als die der Mechanizismus sie untersucht hatte. Das Lebewesen bildet vielmehr ein zusammenhängen-

des Ganzes mit einer Vielzahl kooperieren-
der Strukturen und interdependenter Funktionen. Es unterhält, wie Reil sagt, „eine
zweckmäßige Konspiration aller Teile zur
Erhaltung des Ganzen" (1795, S. 29). Im
normalerweise verborgenen Schauspiel der
fundamentalen Prozesse, die sein Leben ausmachen, offenbart es eine grundsätzliche
Organisation. „Ihre Eigenschaften erhalten
die Lebewesen durch ein Spiel von Beziehungen, die im geheimen die Teile verbinden, damit das Ganze funktioniert. Es repräsentiert die hinter der sichtbaren Struktur
verborgene Organisation. Jetzt erst kann die
vom 19. Jahrhundert als Leben bezeichnete
Idee einer Gesamtheit der den Lebewesen
vorbehaltenen Eigenschaften Fuß fassen"
(Jacob 1972, S. 52).

Die offenbar alle lebenden Wesen aus-
zeichnende Organisation macht den Organismus zu einer Gesamtheit voneinander abhän-
giger Teile und Eigenschaften, die nicht
isoliert betrachtet werden dürfen. „Die Maschienen, welche der Gegenstand unserer
Nachforschungen sind," sagt Cuvier (1809,
S. VIII), zeichnen sich vor allen anderen Maschinen aus, denn sie „können nicht ohne
gänzliche Zerstörung aus einander genommen werden." Im Innern der lebenden Maschinen herrscht eine grundlegende Wechselwirkung und Interdependenz, denn „die
Abänderungen jeder ihrer Hauptfunktio-
nen" werden „einen ähnlichen Einfluß auf
alle übrigen haben; – so weit erstreckt sich
das Zusammentreffen und die Harmonie unter allen Theilen eines lebenden Körpers"
(S. 15). Auch die verschiedenen Arten der
Tiere hängen in komplexer Weise miteinander zusammen, denn mit seinen besonderen
Organen kann jedes von ihnen „angesehen
werden als eine besondere Maschiene, welche allen anderen Maschienen beygeordnet
ist, durch deren Ganzes diese Welt entsteht"
(ebd.).

Der Organismus fügt sich damit zugleich in
eine Welt ein, in der er lebt und überlebt,
indem er auf der Basis seiner großen Körperfunktionen ein Netz von Beziehungen mit
dem unterhält, was Lamarck „die Umstände" nennt, Boden, Klima, Wasserhaushalt
usw. Am Ende des 18. Jahrhunderts tritt daher auch eine radikale Umschichtung in den
allgemeineren Vorstellungen vom Lebenden

zutage. Es gibt nicht mehr die drei Reiche des Tierischen, des Pflanzlichen und des Mineralischen, die sich an ihren Rändern überschneiden und die ununterbrochene Kontinuität der Natur offenbaren. Es gibt nurmehr zwei Welten, die eher scharf voneinander zu scheiden sind, organische und anorganische Welt.

Lamarck kann die Prinzipien, die eine solche Scheidung möglich und notwendig machen, in den Begriffen des Stofflichen selbst formulieren. Demnach gibt es zunächst „eine große Anzahl von Körpern", „die aus einer rohen, toten Materie zusammengesetzt sind." Sie entstehen „durch das Aneinandersetzen von Substanzen, die bei ihrer Bildung mitwirken, und nicht durch die Wirkung irgendeines inneren Entwicklungsprinzips. Diese Wesen nennt man allgemein *anorganische* oder *mineralische* Wesen." Davon unterscheiden sich die Lebewesen, die „organischen Wesen": „Andere Wesen sind mit für bestimmte Funktionen vorgesehenen Organen ausgestattet und besitzen ein stark ausgeprägtes Lebensprinzip sowie die Fähigkeit, ihresgleichen hervorzubringen" (Lamarck 1778, S. 1f.).

Das Organische ist von nun an das, was aus sich selbst heraus, aufgrund seiner besonderen Eigenschaften, atmet, sich ernährt, wächst und sich fortpflanzt. Treviranus und Lamarck prägen unabhängig voneinander 1802 den Begriff der Biologie zur Kennzeichnung einer neuen Wissenschaft, die nicht mehr die Pflanzen und Tiere als Angehörige bestimmter Klassen der Lebewesen untersucht, sondern das Lebewesen als solches, das durch eine bestimmte Ausstattung und Organisation seiner Körperstrukturen und -funktionen die spezifischen Merkmale des Lebenden aufweist. Das Grundprinzip dessen, was von nun an die Biologie sein wird, fragt nach dem, was alle Lebewesen *als* Lebewesen miteinander verbindet. „Alles", sagt Lamarck (1815, S. 49f.), „was den Pflanzen und Tieren generell gemein ist, ebenso wie alle Fähigkeiten, die jedem dieser Wesen eigen sind, muß ohne Ausnahme den einzigen und umfassenden Gegenstand *der Biologie* darstellen ... Die Gesichtspunkte der Biologie sind vollständig unabhängig von den Unterschieden, die Pflanzen und Tiere gemäß ihrer Natur und gemäß ihrer Beschaffenheit besitzen und den Fähigkeiten, die gewissen Tieren zu eigen sein können."

Das Leben selbst wird zum eigentlichen Gegenstand der Analyse von Pflanze und Tier. Daß sie ein „inneres Entwicklungsprinzip" besitzen und „die Fähigkeit, ihresgleichen hervorzubringen", unterscheidet von nun an die Wesen von den Dingen, von den Mineralien und den unbelebten Stoffen im allgemeinen, aber auch von den Maschinen. Denn es schließt ein, wie Kant sagt, daß die Lebewesen nicht nur organisierte Wesen sind, sondern daß vor allem sie *sich selbst* organisieren. „Ein organisiertes Wesen ist also nicht bloß Maschine: denn die hat lediglich *bewegende* Kraft; sondern [es] besitzt in sich *bildende* Kraft, und zwar eine solche, die [es] den Materien mitteilt welche sie nicht haben (sie organisiert): also eine sich fortpflanzende bildende Kraft, welche durch das Bewegungsvermögen allein (den Mechanism) nicht erklärt werden kann."[33]

Diese den Wesen innwohnenden „Prinzipien" und „Kräfte" zeigen sich außer in der Zeugung vor allem in Wachstum und Fortpflanzung; die lebenden Körper werden von ihnen in organisierter Form gebildet und zusammengehalten gegen äußere, auf ihre Zerstörung drängende Wirkungen. Für das frühe 19. Jahrhundert wird das Leben zum Prinzip eines Kampfes gegen Zerstörung: für Bichat als „Gesamtheit der sich dem Tod widersetzenden Funktionen", für Cuvier als Kraft, die „den Gesetzen" Widerstand leistet, „welchen die todten Körper unterworfen sind."[34]

Daß in den Lebewesen nicht einfach nur die Gesetze wirken, „welchen die todten Körper unterworfen sind", sondern diesen Wesen eigentümliche und unter ihnen universell verbreitete Eigenschaften, wäre ohne den antike Muster tradierenden vitalistischen Einspruch gegen den mechanistischen Rigorismus der Hebel und Räderwerke nicht denkbar geworden. Eine Art „Vitalismus" ist der Boden des Denkens, auf dem mit „mechanistischen" Methoden der Analyse das Feld der neuen Biologie bestellt wird. Das Wissen vom Lebenden wird nicht erst mit den physiologischen Reduktionismen der Jahrhundertmitte und die Biologie nicht erst mit Darwin zur Wissenschaft. Sie formiert sich als positives Wissen im Übergang zum 19.

Jahrhundert unter „teleologischen" und „vitalistischen" Vorzeichen. Aber es ist nicht mehr der Vitalismus animistischer Prägung, der der Materie eine Seele oder ein übernatürliches Prinzip eingepflanzt sieht, das den Wesen ihr Leben erst verleiht. Sondern ein „materialistischer Vitalismus", der die besonderen Eigenschaften des Lebenden anerkennt, sie aber in der Organisation der lebenden Materie selbst begründet sieht. Im Übergang zum 19. Jahrhundert bedarf es keiner Seele mehr, um die Lebewesen hervorzubringen, zu erhalten und zu vermehren und die Vielfalt ihrer Formen zu erzeugen. Mit ihren den „Umständen" so harmonisch entsprechenden Strukturen und dem organisierten Zusammenspiel ihrer Organfunktionen lassen sie sich ohne den Hinblick auf ihre Zweckmäßigkeit nicht verstehen. Aber diese liegt nicht mehr in einer Bestimmung für oder durch die Seele; sie beginnt, mit dem Leben selbst und seiner Erhaltung identisch zu werden und die dicke Schicht der transzendenten Einkleidungen abzuwerfen. Jene „Prinzipien" und „Kräfte" zeigen sich als Eigenschaften eines „autonomen" Lebens, das sich nun zwischen Seele und rohem Stoff ansiedelt wie weiland die Seele zwischen Geist und Materie. Sie sind dem Leben selbst immanent, das darin besteht, sie hervorzubringen.

Wenn weder die physikalischen Gesetze der Materie noch das Wort oder der Wille Gottes den Embryo erzeugen und sich entwickeln, die Tiere sich bewegen und die Pflanzen wachsen lassen, was dann? Offenbar nichts anderes als das Leben selbst. Im späten 18. Jahrhundert wird deutlich, daß es bestimmte, dem Lebenden vorbehaltene Eigenschaften gibt, die mit der besonderen Organisation lebender Materie zu tun haben. Durch die bloße physikochemische Zusammensetzung der Wesen sind sie nicht zu erklären. Sie müssen aus dieser Zusammensetzung hervorgehen, ohne aber darauf reduzierbar zu sein, und ohne andererseits den Wirkungen einer Seele zugeschrieben werden zu können. „Warum leben nicht auch die Steine", fragt Reil, „die Vauconsonschen Automaten und die Kempelschen Schachspieler, wenn zum Leben nichts weiter gehört, als daß man eine Seele oder einen Lebensgeist in eine tote Materie hinein-

pflanzt? Warum hat nie ein Mensch Kürbisse getragen, nie ein Esel geweissagt, und nie die Eiche ihre Äste nach Willkür bewegt, wie das Tier seine Glieder?" (Reil 1795, S. 10)

Weder in einer Seele noch in den physikalischen Gesetzen der Materie ist das Prinzip des Lebenden aufzufinden, sondern in „der *Mischung und Form* der Materie liegt der Grund der körperlichen Erscheinungen der Natur überhaupt und der Tiere. Die körperlichen Erscheinungen der Tiere sind eigentümlich: auch die Materie muß eigentümlich sein, die diese Erscheinungen hervorbringt... Der Stoff der belebten Natur unterscheidet sich merklich von dem Stoffe der toten Natur."[35] Seine hervorstechende Fähigkeit ist die, seinesgleichen hervorzubringen, oder allgemeiner die „Fähigkeit zu einer eigentümlichen Bildung". „In dieser Fähigkeit der organischen Materie liegt der Grund der Zeugung des Wachstums, der Ernährung und Reproduktion..." (Reil 1795, S. 30)

Reil wiederholt hier eine allgemeine Erfahrung jener Zeit, die spätestens seit Trembleys Versuchen mit Polypen immer schärfer ins Bewußtsein dringt: daß die Lebewesen in erstaunlicher Weise in der Lage sind, sich selbst zu erzeugen – als unterschiedliche Individuen; als zusammengehörige Gattung; in Erneuerung ihrer Teile bei Verletzung und Verstümmelung (wofür sich im 18. Jahrhundert der Begriff der *Reproduktion* herausbildet, bevor er für die Fortpflanzung in Gebrauch kommt). Seit Jahrhunderten, ja seit Jahrtausenden hat man die embryologischen Vorgänge bei der Bildung der Wesen untersucht, ohne ihren Geheimnissen auf die Spur zu kommen. Sie verlaufen wie nach einem Plan und offenbaren Eigenschaften, die ansonsten nur der Vernunft zukommen. Um diese Eigenschaften zu erklären, entschließt sich das späte 18. Jahrhundert, ihre Besonderheiten anzuerkennen, sie aber nicht außerhalb der materiellen Zusammensetzung zu suchen, sondern in der den Lebewesen eigentümlichen komplexen Organisation.

Blumenbach argumentiert 1781 aufgrund verschiedener Beobachtungen von Regenerationsphänomenen an Pflanzen und niederen Tieren gegen die Präformation. Statt der „eingewickelten Keime" Hallers und Bonnets postuliert er einen „Bildungs-Trieb (Nisus formativus)": „Daß in allen belebten

Geschöpfen vom Menschen bis zur Made und von der Ceder bis zum Schimmel herab, ein besondrer, eingebohrner, lebenslang thätiger würksamer Trieb liegt, ihre bestimmte Gestalt anfangs anzunehmen, dann zu erhalten, und wenn sie ja zerstört worden, wo möglich wieder herzustellen. Ein Trieb (oder Tendenz oder Bestreben, wie mans nur nennen will) ... der eine der ersten Ursachen aller Generation, Nutrition und Reproduction zu seyn scheint..." (S. 12 f.)

Blumenbach betont nachdrücklich, daß der Bildungstrieb weder „mit den chimischen Fermentationen und der blinden Expansion, oder anderen blos mechanischen Kräften", noch mit der alten *vis plastica* oder Caspar F. Wolffs *vis essentialis* etwas zu tun habe, die er, besonders wo sie noch mit den Spiritus arbeiten, den okkulten Qualitäten für nahe hält. Der Bildungstrieb existiert demgegenüber nicht außerhalb der materiellen Teile, auch wenn er durch sie allein nicht zu erklären ist. Eine seiner Hauptevidenzen ist, daß Größe, Länge, äußere Gestalt von Organismen und Organen stark variieren, nicht aber ihre Struktur und Organisation. Es muß also im Innern dieser Organismen etwas geben, was diese Organisation artspezifisch immer wieder neu hervorbringt. Man sieht das vor allem an der „Reproductionskraft" der Pflanzen und niederen Tiere, d. h. an ihrer Fähigkeit, verletzte oder abgetrennte Teile wieder zu ersetzen. War nicht Trembleys Polyp in der Mitte durchgeschnitten worden, nur um alsbald aus beiden Teilen wieder vollwertige Vertreter seiner Art hervorzubringen? Wie will man solche Phänomene mit „eingewickelten Keimen" erklären? Sollten etwa im Urpolypen, als Gott ihn schuf, schon die besonderen Keime, und auch noch in zweifacher Ausfertigung, enthalten gewesen sein, die tausende von Jahren auf Trembleys Messer gewartet haben, um dann sogleich die neuen Polypen zu bilden? Wie soll man angesichts solcher Behauptungen ernst bleiben können?[36]

Statt dessen ist also ein dem Lebenden selbst innewohnender *Nisus formativus* als „eine der ersten Ursachen aller Generation, Nutrition und Reproduction" anzusehen. Damit ist, wie Kant an Blumenbach schreibt, vereint, was jedermann für unvereinbar hielt, nämlich das physikochemische und das

teleologische Prinzip.[37] Für Kant ist der Organismus im Hinblick auf seine materiale Konstitution und seine äußeren Abläufe ebenso eine Maschine, wie für fast das gesamte 18. Jahrhundert. Aber für die den Lebewesen spezifischen Fähigkeiten der Zeugung, des Wachstums, der Regeneration usw. muß man ihre Organisation, anders als bei den Erzeugnissen der Technik, *voraussetzen*. Sie können daher teleologisch reflektiert werden, als „Naturzwecke": „... ein Ding existiert als Naturzweck, wenn es von sich selbst (wenngleich in zwiefachem Sinne) Ursache und Wirkung ist."[38] Beispiel ist der Baum, der sich selbst erzeugt „der Gattung nach" (Generation), aber auch als Individuum (Wachstum). „Zu einem Dinge als Naturzweck wird nun *erstlich* erfordert, daß die Teile (ihrem Dasein und der Form nach) nur durch ihre Beziehung auf das Ganze möglich sind."[39] Das gilt aber für jedes technische Erzeugnis auch, daher „wird *zweitens* dazu erfordert: daß die Teile desselben sich dadurch zur Einheit eines Ganzen verbinden, daß sie von einander wechselseitige Ursache und Wirkung ihrer Form sind."[40] Die Wesen enthalten also ihre eigene Ursache und Wirkung *in sich selbst*, in Gestalt ihrer interagierenden und dabei den Organismus entwickelnden Teile. Sie sind *organisierte und sich selbst organisierende* Wesen: *„Ein organisiertes Produkt der Natur ist das, in welchem alles Zweck und wechselseitig auch Mittel ist."*[41]

Die teleologische Konzeption ist hier ein Mittel des Verstandes, sich Phänomene begreiflich zu machen, die mit kausalmechanischen Mustern der Naturerklärung nicht vereinbar sind; sie behauptet nicht, daß in den lebenden Wesen zwecksetzende Instanzen existieren und für Kausalerklärungen herangezogen werden können. Denn „genau zu reden ... hat die Organisation der [belebten] Natur nichts Analoges mit irgend einer Kausalität, die wir kennen."[42] Blumenbachs Bildungstrieb ist in diesem Sinne für Kant ein regulatives Prinzip, das dazu dient, „die Erscheinungen [der Natur] unter Regeln zu bringen, wo die Gesetze der Kausalität nach dem bloßen Mechanism nicht zulangen."[43]

Nicht zulangend ist z. B. die Rückführung auf die physikochemische Konstitution. Kielmeyer gibt ein Beispiel: Nervenfasern könnten womöglich durch die chemische Analyse in ihrer Zusammensetzung geklärt werden. Aber das erklärt noch nicht die besondere Struktur, zu der die Teile sich organisieren, und nicht die spezialisierte Funktion im tierischen Organismus, die sie im Laufe der Embryogenese übernehmen.[44] Karl Ernst von Baer begründet in diesem Sinne die „embryologische Schule", zu der u. a. Heinrich Rathke, Johannes Müller und Rudolph Wagner zählen. Embryologische Untersuchungen dienen dazu, die bildenden Prinzipien in ihren Wirkungen zu studieren, d. h. ein komplex organisiertes System dadurch zu verstehen, daß man seinen Entwicklungsprozeß verfolgt. Niemand, der sich mit dieser Entwicklung beschäftigt, wird behaupten können, sie lasse sich aus der physikochemischen Zusammensetzung der beteiligten Stoffe oder den physikalischen Gesetzen der Materie ableiten (von Baer 1828).

Wenn es um die Besonderheiten der lebenden Wesen geht, wenn unverkennbar ist, daß sie „den Gesetzen, welchen die todten Körper unterworfen sind, zu widerstehen und sogar auf eine diesen Gesetzen ganz entgegengesetzte Weise auf alles was sie umgiebt zu wirken scheinen", dann zögert auch ein vitalistischer Verfehlungen gänzlich unverdächtiger Autor wie Cuvier nicht, diese Besonderheiten als „*Leben* oder *Lebenskraft*" zu bezeichnen (1809, S. 1f.). Sie widersteht vor allem den „Wahlverwandtschaften", den chemischen Affinitäten, die die Organismen in ihrer Kohärenz gefährden. Die „den Verwandtschaften überlegene Kraft", deren Wirksamkeit „erst im Augenblick des Todes" versiegt und die „das Wesentliche" des Lebens ausmacht, greift über den Organismus hinaus und hält ihn in einem konstanten Stoffaustausch mit seiner Umgebung, in einem „beständigen, fortdauernden und innerhalb gewisser Gränzen vor sich gehenden Kreislauf, von aussen nach innen und von innen nach aussen" (S. 4). Sie ist auch verantwortlich für die Zeugung, denn es war „die Lebenskraft des Körpers, dem" die Wesen „vorher angehörten", „welche sie so weit entwickelte, daß sie fähig wurden, für sich allein zu leben." So wird also „ganz deutlich, daß... das Leben nur von dem Leben erzeugt werde und daß es gar kein anderes gebe, als dasjenige, was in ununterbrochener Folge

von lebenden Körpern in lebende Körper übergegangen ist" (S. 6).

Wenn die Lebewesen also Maschinen sind, dann sind es ganz besondere Maschinen. Sie „übertreffen die von uns verfertigten" durch willkürliche Bewegung und Empfindung, durch die Zeugung und „durch ein inneres Prinzip der Unterhaltung und der Wiederersetzung, was in dem Zusammentreffen der die Ernährung des Körpers besorgenden Verrichtungen besteht, d. h. der *Verdauung, Absorbtion, Cirkulation, Respiration, Transpiration* und der *Ausleerungen...*" (S. 16). Dafür ist eine „Lebenskraft" verantwortlich zu machen, die als regulatives Prinzip die dem Lebenden in seiner gesamten Ausdehnung zukommenden eigentümlichen Fähigkeiten repräsentiert, die aus dem organisierten Ganzen der Teile hervorgehen.[45]

Johannes Müller (1835, S. 24f.), setzt für die Lebenskraft weiterhin den Namen Seele ein, „die nach vernünftigem Gesetz sich äussernde Kraft der Organisation selbst", die „zweckmässig, aber nach blinder Nothwendigkeit" operiert, und die daher von den „mit Bewusstsein verbundenen Seelenäusserungen" zu unterscheiden ist. Dieser „unbewußte" Anteil der Seele bestimmt folgerichtig die niederen Formen des Seelenlebens. „Die bewusstlos wirkende zweckmässige Thätigkeit wirkt auch in den Erscheinungen des Instinktes. Cuvier sagt dazu sehr schön und verständlich, dass die Thiere beim Instinkt gleichsam von einer angebornen Idee, von einem Traum verfolgt werden. Allein dasjenige, was diesen Traum erregt, kann nur die nach vernünftigem Gesetz wirkende organisierende Kraft, die Endursache eines Geschöpfes selbst seyn."

## Die Zelle

Kurz vor der Jahrhundertmitte wird von Liebig und Berzelius die Wirkung der Lebenskraft im Zusammenhang mit den chemischen Vorgängen im Körper präzisiert, bevor sie, wesentlich auch durch die Erklärungsleistungen der Zellentheorie, mehr und mehr aus den Diskursen verschwindet. Die chemischen Analysen der organischen Prozesse[46] zeigen, daß man die Lebenskraft als eine den chemischen Bindungen entgegenwirkende

Eigenschaft der organismischen Gewebe ansehen muß. Denn diese Bindungen, Affinitäten, Kohäsionen in der anorganischen Materie, die den Organismen als Nahrung dient, müssen durch organische Prozesse überwunden werden, um die Nahrung verarbeiten und verwerten zu können. Anderenfalls wäre der Tod die Folge. „Die Lebenskraft bewirkt eine Zersetzung dieser Nahrungsstoffe; sie hebt die Kraft der Anziehung auf, die zwischen ihren kleinsten Theilchen unausgesetzt thätig ist" und setzt sie in neuer, den Erfordernissen des lebenden Körpers angemessener Weise wieder zusammen (Liebig 1842, S. 200). Wie bei Cuvier kann sie keinem einzelnen Organ und keinem besonderen Teil des Körpers zugeschrieben werden. „Sie ist eine Eigenschaft des Wesens in seiner Gesamtheit, ein Charakteristikum des Ganzen, das nach Liebig aus dem ‚Zusammentreten seiner Elementartheilchen in einer gewissen Form' hervorgeht. Sie hängt unmittelbar von der Organisation der Lebewesen ab" (Jacob 1972, S. 107).

Zwischen den Molekülen und den Organen kennt man schon seit langem intermediäre Strukturen, die als potentielle Grundeinheiten des lebenden Körpers womöglich ihrerseits eine komplexe Organisation aufweisen. So galt dem 18. Jahrhundert die Faser als grundlegender Baustein des lebenden Organismus. Trotz ihrer Elementarität scheint sie komplex strukturiert und funktionsrelevant so, daß sie dem Organismus dessen Eigenschaften verleihen kann. „Die kleinste *Fiber*, das kleinste *Fäserchen*, können selbst als unendlich kleine Maschienen angesehen werden, die ihre eigenthümlichen Verrichtungen haben. Die ganze, die grosse Maschiene entsteht so aus einer Sammlung erstaunlich zahlreicher *Maschienchen*, deren Wirkungen alle zu einem gemeinen Zweck einstimmen und zusammenlaufen" (Bonnet 1770, S. 372).

Tatsächlich unterscheiden sich die Fasern in ihrem Verhalten von allen unbelebten Stoffen. Sie zeigen sogar Leistungen, die man bis ins 18. Jahrhundert der Seele zuzuschreiben geneigt war, wie die von Haller so genannte „Irritabilität" der Muskelfasern oder die „Sensibilität" der von Nervenfasern versorgten Körperteile (Haller 1753). Liegt nicht die Annahme nahe, daß die Faser zu-

sammengesetzt sein muß, um so komplexe Eigenschaften aufweisen zu können? Das Messer des Anatomen kann auf diese Frage keine Antwort geben. Die „elementare Faser", ein Gebilde mehr der Vernunft als der Sinne (Haller 1759, S. 4), bleibt eher als Bedingung der organismischen Fähigkeiten erfordert, als daß sie im anatomischen Aufbau tatsächlich nachweisbar wäre. Daß Haller eine einzige Faserart annimmt, die in ihren Verflechtungen und Verdichtungen den gesamten Organismus aufbaut, ist für Bichat nicht mehr akzeptierbar. „Schon ein oberflächlicher Blick wird zum Überzeugen hinreichen, daß [die] Organe verschieden sind, daß ihre Verschiedenheit nicht allein in der besonderen Richtung und Durchkreuzung ihrer Fibern, sondern in der Natur dieser Fibern selbst zu suchen sey, daß ihre Zusammensetzung, wie ihr Gewebe, verschieden seyen" (Bichat 1802, S. 4).

Man kann also nicht mehr wie Bordeu im 18. Jahrhundert dem einzelnen Organ ein eigenes individuelles Leben zuschreiben. Viele Organe haben nicht nur ein, sondern mehrere „Leben", nämlich Funktionen, weil sie aus mehreren Faserarten, aus verschiedenen Geweben bestehen. Folglich muß man das eigenständige Leben den Geweben zusprechen, die den gesamten Körper bilden und innerhalb dieses Körpers sich zu den Organen verdichten. Die Organe sind also nach zwei Seiten zu betrachten. Man muß ihre strukturellen und funktionalen Verbindungen mit anderen Teilen des Körpers betrachten, um etwas über ihre Rolle im Gesamtorganismus aussagen zu können. Man muß aber auch ihre Zusammensetzung aus (gegebenenfalls unterschiedlichen) Geweben berücksichtigen, um etwas über ihre Eigenschaften zu erfahren.

Damit verschieben sich abermals die Vorstellungen über das Verhältnis zwischen einem lebenden Ganzen und den es konstituierenden Teilen unterhalb der Ebene der Organe. So repräsentiert die von Bichat auf den Begriff gebrachte Kontinuität des Gewebes die Totalität oder Ganzheitlichkeit des Organismus, die das beginnende 19. Jahrhundert voraussetzen muß. Man kann die Lebewesen nicht unbegrenzt zerkleinern, wenn man etwas über sie erfahren will, denn sie sind nicht einfach nur die Summe ihrer

Teile. Die embryonale Genese folgt nicht den Gesetzen der Addition von Teilen. Das Ganze ist mehr oder jedenfalls etwas anderes als ein Haufen aufeinander- oder zusammengesetzter Bausteine; es wird vom einen zum anderen Ende von einer tiefgreifenden und komplexen Organisation durchlaufen.

Damit verändert sich aber auch die Natur dieser Teile. Aus bloßen additiven Komponenten werden sie ihrerseits zu eigenständigen Trägern der Lebensprozesse. Denn auf der Basis der Organisation der Lebewesen und der Universalität der großen Körperfunktionen im Tier- und Pflanzenreich kann man die einfachsten und die komplexesten Wesen miteinander in Verbindung bringen. Sie alle sind vom gleichen Leben mit den gleichen elementaren und lebensnotwendigen Prozessen durchzogen. Es liegt daher nahe, ein allen diesen Wesen gemeinsames Grundelement anzunehmen. Das aber kann kein einfacher Baustein mehr sein, den man nur vervielfältigen und aufeinanderfügen müßte, um die tierischen und pflanzlichen Körper zu bilden. Es muß vielmehr selbst bereits die Haupteigenschaften des Lebenden besitzen.

Am Anfang des 19. Jahrhunderts steht nach wie vor außer Zweifel, daß alle natürlichen Wesen in irgendeiner Weise miteinander in Zusammenhang stehen. Aber was sie verbindet, kann keine transzendent vorgegebene lineare Kette und einfache Hierarchie, kann nicht mehr die im 18. Jahrhundert allgegenwärtige „Stufenleiter der Natur" sein (und noch nicht die gemeinsame Abstammung). Die Natur, so zeigt sich der vergleichenden Anatomie Cuviers, macht offenbar doch Sprünge. Sie kennt nicht nur einen, sondern mehrere sich grundsätzlich voneinander unterscheidende Baupläne des Tierreichs, die „Stämme". Was die Tiere miteinander verbindet, muß also in ihrem Aufbau oder ihrer Organisation unterhalb der Ebene ihrer Organe liegen, gleichsam in einer Kontinuität des Gewebes selbst. Dem Leben als allgemeinem Besitz aller Wesen muß ein ähnlich allgemeines Substrat als Basis seiner sich in den Lebewesen äußernden Eigenschaften zugrundeliegen.

Tatsächlich scheint zunächst Bichats „Gewebe" dieses Substrat zu sein, mit je spezifischen Eigenschaften bei Pflanze und Tier.

Aber auch dieses „Gewebe" ist seinerseits zusammengesetzt, und seine Leistungen basieren für Bichat auf „vitalen Eigenschaften".[47] Demgegenüber stellt sich zwischen 1820 und 1840 heraus, daß die seit Hookes mikroskopischen Untersuchungen „bekannte" Zelle[48] nicht nur in gewissen Geweben vorkommt; Schwann, Schleiden und andere erkennen die Zelle als grundlegende Einheit des Aufbaus und der Fähigkeiten des Gewebes aller Lebewesen, ob Pflanze, Tier oder Mensch.

Für den Erfolg der Zellentheorie ist entscheidend, daß die Zelle selbst bereits alle Eigenschaften des Lebenden besitzt und als notwendiger Ausgangspunkt für den Aufbau jedes organisierten Körpers gelten muß. Leben beruht weniger auf einer organismischen Totalität, als auf einem gleichsam unabhängigen Leben jeder einzelnen Zelle. Es muß nicht erst aus dem Zusammenkommen von Molekülen oder sonstigen Teilen zu einem Ganzen eine Kraft entstehen, die den Organismus die Nährsubstanzen aus der Umgebung aufnehmen und in seinen Stoffwechsel einfügen läßt. Vielmehr sind bereits in jeder Zelle die Moleküle so angeordnet, daß sie befähigt sind, andere Moleküle aus der Umgebung aufzunehmen und ihnen die für Ernährung und Wachstum notwendigen Bestandteile zu entnehmen. „Der Grund der Ernährung und des Wachstums", heißt es daher bei Schwann (1910, S. 190), „liegt nicht in dem Organismus als Ganzem, sondern in den einzelnen Elementarteilen, den Zellen." Neben diesem „ganz selbständigen" Leben führt die Zelle ein zweites, „mittelbares", so Schleiden (1838, S. 138), „in so fern sie integrirender Theil einer Pflanze geworden."

Die Zelle ist – wie der Mensch – zugleich Individuum und Teil einer Sozietät. Virchow wird das in eine der ungezählten Analogien zwischen individuellem und sozialem Organismus fassen und mit liberalem Unterton festhalten, „...dass die Zusammensetzung eines grösseren Körpers immer auf eine Art von gesellschaftlicher Einrichtung herauskommt, eine Einrichtung socialer Art, wo eine Masse von einzelnen Existenzen aufeinander angewiesen ist, aber so, dass jedes Element für sich eine besondere Thätigkeit hat, und dass jedes, wenn es auch die Anregung zu seiner Thätigkeit von anderen Theilen her empfängt, doch die eigentliche Leistung von sich ausgehen lässt" (1858, S. 12f.).

Die Zelle ist „nicht blosses Formelement, nicht blosser Baustein"; entscheidend ist, „daß in ihr die Kräfte walten, deren Wirkungen als Lebenserscheinungen sich geltend machen" (Hansen 1897, S. 26). Für Johannes Müller geht das Leben nicht erst aus der Harmonie und Interaktion der Teile hervor, sondern ist schon im Keimmaterial enthalten und verleiht ihm die so charakteristische organische Fähigkeit der Bildung des Körpers (1835, S. 22f.). Für Virchow erscheint „*jedes Thier ... als eine Summe vitaler Einheiten*, von denen jede den vollen Charakter des Lebens in sich trägt" (1858, S. 12).

Nicht nur der individuellen Ontogenese, auch der Zeugung und der Reproduktion der Arten gibt die Zellentheorie eine Erklärung. Sobald das weibliche Ei und der männliche Samen als Zellen identifiziert werden, sobald die Aufmerksamkeit sich auf das Zellinnere und schließlich den Zellkern richtet, wird die Befruchtung als eine Verschmelzung von Keimzellen, die embryologische Genese als eine organisierte Vermehrung von Körperzellen durch Teilung und Differenzierung erkennbar. Für Virchow steht fest, „*dass überhaupt keine Entwicklung de novo beginnt, dass wir also auch in der Entwicklungsgeschichte der einzelnen Theile, gerade wie in der Entwicklung ganzer Organismen, die Generatio aequivoca zurückweisen.* So wenig wir noch annehmen, dass aus sabburalem Schleim ein Spulwurm entsteht, dass aus den Resten einer thierischen oder pflanzlichen Zersetzung ein Infusorium oder ein Pilz oder eine Alge sich bilde, so wenig lassen wir in der physiologischen oder pathologischen Gewebelehre es zu, dass sich aus irgend einer unzelligen Substanz eine neue Zelle aufbauen könnte. Wo eine Zelle entsteht, da muß eine Zelle vorausgegangen sein, ebenso wie das Thier nur aus dem Thiere, die Pflanze nur aus der Pflanze entstehen kann" (1858, S. 25).

Am Ende des Jahrhunderts hält Oscar Hertwig die Erkenntnis für die „größte Errungenschaft" der Biologie, daß Pflanzen und Tiere aus Zellen, „aus zahllosen kleinen Elementarorganismen" aufgebaut sind. Anatomie und Physiologie hätten durch die Zellen- und Protoplasmatheorie ein festes Fundament erhalten, „wie die Chemie durch die Lehre von den Atomen und Molecülen."[49] Tatsächlich gibt die Zelle der Biologie den gemeinsamen Gegenstand aller ihrer Verzweigungen. „Die Biologie hat mit der Zelle ihr Atom gefunden. Es gibt keinen einzigen Aspekt der Erforschung der Lebewesen, der nicht von der Zellentheorie transformiert worden wäre" (Jacob 1972, S. 133). Während Liebig am Konzept der Lebenskraft festhält (vgl. z. B. 1842, S. 1), schaffen gerade seine nahrungsphysiologischen Studien in Verbindung mit der Zellentheorie die Voraussetzungen dafür, die Lebenskraft zu erübrigen. Sie wird nach einem zeitgenössischen Wort „zur metabolischen Kraft der Zelle".[50]

## Die Physiologie

Im Laufe des 19. Jahrhunderts wird die Dampfmaschine zu einem Modell für den Organismus und seine energetischen Funktionen. Nicht nur, weil sie einen eigenständigen Antrieb hat und mechanische Energie in Form von Bewegung erzeugt. Sie zeigt auch die alltägliche Übertragung von Wärme in mechanische Arbeit. Diese Konvertibilität wird auch an anderen physikalischen Phänomenen sichtbar. Die von den chemischen Vorgängen in der Voltaschen Säule induzierte Elektrizität erzeugt Wärme und Licht und bewirkt die chemische Dissoziation. Die Konvertibilität von Elektrizität und Magnetismus wird ebenso erkennbar, wie die von Magnetismus und mechanischer Arbeit. Das läßt vermuten, daß die meisten und wahrscheinlich alle physikalischen Prozesse miteinander konvertibel sind. Wenn man als gemeinsames Maß der Konvertibilität die geleistete Arbeit in genauen Zahlenwerten ausdrückt, kann man bei interagierenden physikochemischen Prozessen ihre Energierelationen angeben. Äquivalente Mengen mechanischer Arbeit z. B. erzeugen immer äquivalente Mengen Elektrizität oder Wärme oder chemische Veränderungen. Diese Prinzipien lassen sich auf die Organismen übertragen.

Man hatte bald nach Lavoisier festgestellt, daß die langsame Verbrennung von Kohlenstoff und Wasserstoff bei der Atmung nicht ausreicht, um die gesamte Wärmeproduktion des Organismus zu erklären und wendet sich ab etwa 1820 verstärkt der Nahrung und ihrer Umwandlung in den Verdauungsprozessen zu. Liebig untersucht die Kalorienwerte verschiedener Nahrungsmittel, Joule bestimmt experimentell das mechanische Äquivalent der Kalorie. Mayer, Joule, Helmholtz lassen auch für den Organismus die Geltung des Energieerhaltungssatzes vermuten: In den organismischen Umwandlungen der verschiedenen Energieformen bleibt die Gesamtmenge der Energie konstant. Am Ende des Jahrhunderts ist der Organismus eine Energiekonversionsmaschine geworden. Atmung und Nahrung liefern die Ausgangsstoffe; im Organismus werden sie in verwertbare Substanzen ab- und umgebaut, wobei die freigewordene Energie in Bewegung und Wärme umgesetzt und an die Umgebung zurückgegeben oder in anderer Form im Körper gespeichert wird. Es ist kein lebendes Wesen mehr denkbar, das nicht in spezifischen energetischen Beziehungen zu seiner Umwelt steht. „Die kalorimetrischen Untersuchungen der neuern Zeit", stellt Verworn fest (1897, S. 46), „haben gezeigt, daß bei jedem erwachsenen Thier ein vollkommen dynamisches Gleichgewicht besteht, d. h. daß genau dieselbe Energiemenge, welche als chemische Spannkraft mit der Nahrung in den Körper eintritt, bei der Lebensthätigkeit des Thieres den Körper auch wieder verläßt."

Gerade auf der Basis solcher physikochemischen Untersuchungen der Organismen und der Beziehungen, die sie zu ihrer Umgebung unterhalten, emanzipiert sich die Physiologie von der Physik. Claude Bernard behauptet von sich, er gehöre „zu jenen, die annehmen, daß die Gesetze der Physik und Chemie im Organismus nicht verletzt werden; aber andererseits glaube ich, daß trotz der Unveränderlichkeit der chemischen *Gesetze* die chemischen *Prozesse* variabel und in manchen Fällen fähig sind, eine solche Individualität zu zeigen, daß sie zu besonderen physiologischen Prozessen werden."[51] Der Körper ist ein funktionelles Ganzes; seine Organe reagieren auf kein Lebensprinzip, sondern aufeinander. Wenn die Teile relativ unabhängig von den Variabilitäten der Um-

gebung sind, so zeigt das die Leistungsfähigkeit der Regulationsmechanismen ihres „milieu intérieur" mit seinen „besonderen physiologischen Prozessen". Ihre Stabilität ist kein statischer Zustand, sondern ein dynamisches Gleichgewicht anabolischer und katabolischer Prozesse, das gegen die Variabilitäten und Störungen der physikochemischen Umgebung, des äußeren Milieus, aufrechterhalten wird. Das innere Milieu ist das Blut, als Verteiler von Nährstoffen und Energieträgern zur Versorgung der zellulären Aktivität. Daher „entspricht es der Wahrheit, daß das Tier der Luft in Wirklichkeit nicht in der athmosphärischen Luft lebt, der Fisch nicht im Wasser, der Wurm nicht im Sand. Die Athmosphäre, das Wasser, die Erde bilden eine zweite Hülle um das Substrat des Lebens herum, das schon durch die Blutflüssigkeit geschützt ist, die überall hinfließt und eine Art ersten Schutzwall um alle lebenden Teile bildet" (Bernard 1879, S. 5).

Zu den Spezifika der Lebensphänomene zählt also die durch das innere Milieu gegebene „Elastizität, die es dem Leben gestattet, in mehr oder weniger ausgedehnten Grenzen den Störungsursachen des umgebenden Milieus zu widerstehen."[52] Die Rezeption der Zellentheorie in einem ganzheitlichen Sinne wird erkennbar, demzufolge der Organismus ein Milieu für seine Teile bereitstellt und das Milieu aus den Teilen einen Organismus macht. „In der Epoche", sagt Canguilhem (1968, S. 249), „in der Lamarckismus und Darwinismus wenn auch auf unterschiedliche Weise zur Untersuchung tendieren, durch welche Mechanismen die lebenden Wesen dem äußeren Milieu unterworfen sind, erarbeitete Claude Bernard die Theorie der Funktionen, durch die sich die Lebewesen immer weniger passiv abhängig von ihrem Lebensmilieu machen."

## Die Evolution

Als Darwins Theorie der Evolution durch natürliche Auslese erscheint, gibt sie auch die Erklärung für die gemeinsame zelluläre Konstitution aller Lebewesen: sie beruht auf gemeinsamer Abstammung. Darwin und Wallace setzen die Fortpflanzung der Lebewesen in den Rang eines Ersten Prinzips, das Vergangenheit, Gegenwart und Zukunft der lebenden Welt bestimmt, Garant der Dauer der Arten und zugleich Ursache ihrer Veränderlichkeit. Der unbegrenzten Fruchtbarkeit des Lebenden steht aber die Auslesefunktion der natürlichen Umwelt gegenüber. War bis dahin die Seele bereits aus der Substanz des Lebenden verschwunden, das sich durch seine organisierte Komplexität, nicht durch sein Wesen von der unbelebten Materie unterscheidet, so entledigt sich das Lebende nun auch in seiner Herkunft seiner theologischen Verkleidungen. Wie mannigfaltig seine Formen immer sind, es ist von nun an gewiß, daß sie sich nicht nur aus den gleichen Elementen zusammensetzen; sie bilden auch ein einziges komplexes, aber zusammenhängend rekonstruierbares System genealogischer Verzweigungen, ausgebildet im Laufe unzähliger Generationen über die Mechanismen der Fortpflanzung und unter dem selektiven Druck der Umgebungsbedingungen und ihrer Veränderungen. Vielfalt, Komplexität und Zweckmäßigkeit der organischen Formen benötigen auch in ihrer nunmehr stammesgeschichtlichen Genealogie keinen Schöpfer mehr; sie gehen im Laufe unvorstellbarer Zeiten aus dem Leben selbst hervor. Auch wenn Darwin die abschließende Widerlegung der generatio aequivoca durch die Experimente Pasteurs Schwierigkeiten bereitet – wenn das Leben immer nur aus sich selbst entsteht, wie ist es dann ursprünglich entstanden? –, wird doch dieses bleibende Problem keinen Rückgriff auf eine höhere Intelligenz oder Macht mehr erfordern. Die phylogenetische Entwicklung der Lebewesen selbst läßt sich vor dem Hintergrund gegebener individueller Variation mit der Auslesefunktion der natürlichen Umwelt schon jetzt prinzipiell erklären – wenngleich gerade die Selektion das eigentlich Neue und Umstrittene an Darwins Theorie darstellt; ihre allgemeine Anerkennung wird bis fast in die Mitte des 20. Jahrhunderts auf sich warten lassen, als die „Synthese" mit den Gesetzen der Genetik möglich wird.[53]

Die Selektionstheorie bedeutet indessen nicht, wie Haeckel und viele nach ihm glauben, die endliche Verbannung der Zweckmäßigkeit aus dem Reich des Lebenden. Es geht weniger um die Zweckmäßigkeit selbst, als um ihren epistemologischen Status. Mit Darwin ist eine Teleologie abgedankt, die sich auf vitalistische Finalursachen, auf End-Zwecke und höhere Mächte beruft. Die natürliche Auslese erklärt in ihrer neuen „mechanischen" Gestalt einer „Naturgeschichte" die Existenz zweckmäßiger Formen; sie *erklärt* die Zweckmäßigkeit, statt sie zu negieren. „Mit dem Selektionsprinzip", so Weismann, „war das Rätsel gelöst, wie es denkbar sei, daß das Zweckmäßige *ohne Eingreifen einer zwecksetzenden Kraft* zustande kommt."[54] Die gegebene Zweckmäßigkeit der organischen Formen und die Vorstellung einer durch kausale Notwendigkeit determinierten Natur widersprechen also einander nicht. Wright (1967) verweist darauf, daß der „Darwinsche Prozeß des fortwährenden Ineinanderspielens eines zufälligen [genetische Variation] und eines selektiven Vorganges [natürliche Auslese] ... nicht auf halbem Wege zwischen reinem Zufall und reinem Determinismus steht, sondern ... in seinen Konsequenzen gänzlich verschieden von beiden" ist. „Nur indem die Individuen als Mittel und Zweck zugleich gedacht werden, erscheint die Artbildung nicht als unbegreiflicher Zufall, sondern als gesetzlich beschreibbarer Prozeß" (Fellmann 1978, S. 294).

Auch Cassirer faßt die Theorie der Evolution durch Selektion als „regulatives Prinzip der biologischen Erkenntnis" i.S. Kants auf (1957, S. 182). „Daß der Zweck als eine selbständige Potenz, als eine eigene Naturkraft, die neben oder über den physikalisch-chemischen Kräften steht, ein ‚Fremdling in der Naturwissenschaft' (*Kritik d. Urteilskraft*, § 77) sei, war also seit der *Kritik der Urteilskraft* mehr und mehr anerkannt worden. Die eigentliche Frage ... bestand darin, ob die *Kategorie* der Zweckmäßigkeit als ein eigentümliches *Ordnungsprinzip* in der wissenschaftlichen Beschreibung und Darstellung der Lebenserscheinungen ihren Platz behaupten könne oder ob sie entbehrlich geworden sei und ein für alle Mal ausscheiden könne ... [Im Darwinismus] haben die Zweckbegriffe ihren festen Platz; sie erweisen sich nicht nur als zulässig, sondern als schlechthin unentbehrlich ... keine frühere biologische Theorie [hat] dem Zweckbegriff eine solche Bedeutung beigemessen und ihn mit solchem Nachdruck vertreten..."[55]

## Die Seele

Den Tieren hatte bereits Descartes die Seele abgesprochen. Im System universeller Abstammungsbeziehungen muß sich nun auch der Mensch eine niedere Herkunft nachsagen lassen. In der *Abstammung des Menschen* versichert Darwin, daß der Mensch mit all seinen zivilisatorischen Errungenschaften und „seinem gottähnlichen Verstand ... in seinem Körperbau immer noch die unaustilgbaren Zeugnisse seines niedrigen Ursprungs erkennen läßt" (1871, S. 274). Zuvor hat er bereits nachdrücklich geltend gemacht, daß dieser „niedrige Ursprung" auch für die „geistigen Fähigkeiten" anzunehmen ist.

Freud, der sich selbst einmal mit Darwin (und Kopernikus) in eine Reihe (der großen Desillusionisten) gestellt hat, schließt hier an. Wenn der Verstand des Menschen gottähnlich ist, dann nur deshalb, weil die Götter ihrerseits menschliche Projektionen sind (1974, S. 150ff.). Tatsächlich regiert im „Kern unseres Wesens ... das dunkle *Es*"; in ihm „wirken die organischen *Triebe*, selbst aus Wirkungen von zwei Urkräften (Eros und Destruktion) in wechselnden Ausmaßen zusammengesetzt und durch ihre Beziehung zu Organen oder Organsystemem voneinander differenziert" (1953, S. 53). Die aus „Trieben" und „Kräften" resultierende Dynamik der Seele verweist uns aber nicht nur aufs Organische und unsere Abkunft aus dem Tierreich. Noch darüber hinaus ist sie „Ausdruck der *konservativen* Natur des Lebenden" überhaupt (ebd.), dem qua Todestrieb der Drang zur Rückkehr ins Anorganische innewohnt.

Damit ist der Kreis zur „toten Materie" geschlossen. Ausgerechnet dem Analytiker der Seele zeigt sich, daß den komplexesten Formen, die eine Milliarden Jahre während Evolution hervorgebracht hat, ein Streben in die Dunkelheit vor den Anfängen innewohnt, eine Sehnsucht nach dem trockenen Schoß des Unbelebten. Ausgerechnet die Seele, nachdem sie von der Transzendenz abgeschnitten und aus dem Lebenden verbannt ist, soll in ihren Schicksalen Aufschluß über gewisse dunkle Mächte geben, die in allem Lebenden wirken. Dieser gewaltsame Zusammenschluß dessen, was ein Jahrhundert des neuen Wissens vom Lebenden gerade mühsam auseinanderdifferenziert hatte, Seele, Leben, Tod, ist gewiß nicht leicht verdaulich. Es sei denn, man nimmt an, daß hier eine Entwicklung auf den Punkt gebracht wird, in der zwar das Leben sich von der Seele, aber die Seele sich nicht vom Lebenden abschneiden kann, ohne Gefahr zu laufen, die eigenen Existenzgrundlagen zu verspielen. Im Laufe des 19. Jahrhunderts kommt es demnach zu einer Umkehrung der Verhältnisse: Die Seele ist nicht mehr der Geber der Formen und des Lebens; vielmehr ist das Leben seinerseits zur Voraussetzung für die Existenz der Seele als Gegenstand eines sich wissenschaftlich gebenden Wissens (der Psychologie) geworden. Der untergründige Biologismus Freuds ist daher kein Ausdruck eines „szientifischen Selbstmißverständnisses", sondern indiziert die Bedingung der Möglichkeit einer psychoanalytischen „Theorie der Seele".

Wie aus dem Leben die Seele hervorgehen soll, bleibt zwar ein Rätsel. Du Bois-Reymond beläßt es in seinen reiferen Tagen bei den 7 Weltwundern, während er den Übergang von anorganischer zu organischer Materie nach wie vor für prinzipiell erklärbar hält.[56] *Daß* aber die seelischen Phänomene auf eine materielle Grundlage, und zwar die des Nervensystems oder Gehirns zurückgehen, ist dem späten 19. Jahrhundert unzweifelhaft. Carl Ludwig macht das schon 1852 auch dort deutlich, wo er ungewöhnlich vorsichtig formuliert. „Die Apparate, welche die Bedingungen der seelischen Leistungen enthalten sollen, werden verschieden gedeutet. Nach der einen Gruppe der Hypothesen, liegt den geistigen Funktionen eine besondre Substanz, die Seele, zu Grunde, welche dem Lichtäther ähnlich, zwischen den wägbaren Massen der Hirnsubstanz schwebt, und mit dieser so verkettet ist, daß ihre Veränderungen mit denjenigen der Hirnsubstanz Hand in Hand gehen, wie das auch der Physiker vom Lichtäther und den ihn umgebenden Stoffen annehmen muß. Damit aber diese Hypothese alle Erscheinungen erläutere, verlangt sie den nicht mehr naturwissenschaftlich zu rechtfertigenden Zusatz, daß der Seelenäther aus inneren Gründen (willkührlich) veränderlich sey. Die Anhänger der zahllosen Stufen realistischer Weltanschauung haben sich, in so fern sie sich überhaupt zur

Bildung einer Vorstellung entschließen konnten, darüber geeinigt, daß die Seelenerscheinungen resultiren aus einer gewissen Summe in Hirn und Blut enthaltener Bedingungen, weil mit dem Entstehen, der Entwicklung und dem Vergehen des Hirns und mit dem Wechsel in der Blutzusammensetzung Verstand, Empfindung und Wille kommen, schwinden oder sich ändern."[57]

Über das Zwischenstadium des „Nervensaftes" (Borelli) waren die animalischen Spiritus des 16. und 17. Jahrhunderts von der vis nervosa, der „nervösen Kraft" des 18. Jahrhunderts abgelöst worden. Noch Haller bleibt bei der Saftidee und hält die Nerven für hohl. Du Bois-Reymond zeigt dann zwischen 1843 und 1849 die animalische Elektrizität als nachweisbares Medium der Nerventätigkeit auf. Als Helmholtz experimentell die Leitungsgeschwindigkeit von Nervenfasern bestimmt, glaubt niemand mehr an einen stofflichen Transport als Übertragungsprinzip in den Nerven (während andererseits auch die Lichtgeschwindigkeit als Indiz für ein überstoffliches Prinzip der Impulsfortleitung ausscheidet).

Während seit Haller das *ganze* Gehirn als Sitz der Seele angesehen wurde, triumphiert der Lokalisationismus, als Broca 1861 das aktive Sprachvermögen einem genau umgrenzten Bereich in der dritten frontalen Hirnwindung zuordnen kann. Frisch und Hitzig führen die Technik der direkten elektrischen cerebralen und corticalen Stimulation in die experimentelle Methodik ein und zeigen 1870, daß die vorderen Regionen des Säugetierhirns motorische, die hinteren dagegen sensorische Funktionen haben. Die psychischen Leistungen, so zeigt sich mehr und mehr, hängen offenbar von umschriebenen Zentren der Großhirnrinde ab. Gleichwohl läßt sich ein strenger Lokalisationismus isolierter Funktionen nicht durchhalten. Aber die integrativen Fähigkeiten des Gehirns, wie sie etwa Hughlings Jackson postuliert, bedürfen keiner Seele als ordnendem Prinzip, sondern beruhen auf einem hierarchischen System von mehr oder weniger komplexen und differenzierten Hirnstrukturen und -funktionen, die sich durch ihr unterschiedliches phylogenetisches Alter erklären lassen.

Rudolph Wagner hatte bereits 1854 bündig die Konsequenzen formuliert, die der an der Philosophie orientierten und akademisch ihr zugehörigen Psychologie aus Biologie und Physiologie erwuchsen. „Mehr und mehr haben unter den Naturforschern und insbesondere den Physiologen die materialistischen Ansichten Verbreitung und Boden gewonnen, mehr und mehr schwindet der Glaube an eine substantielle Seele und der Versuch, die Psychologie vollkommen in die Naturwissenschaft aufzulösen, ist für Den, welcher in der Signatur der Zeit zu lesen versteht, der wahrscheinliche Gang der nächsten Zukunft."[58]

Tatsächlich kann man nach Darwin das Gehirn und seine Produkte wie jedes andere Organ behandeln. Es hat eine Phylogenese wie z. B. der Magen und die Verdauungsfunktionen, und man kann es artvergleichend untersuchen. Das Verhalten der verschiedensten Lebewesen ist auf diese Weise miteinander in Beziehung zu setzen. Die folglichen Schlüsse vom Tier auf den Menschen bilden eine wesentliche Grundlage für die über Funktionalismus und Behaviorismus sich institutionalisierende amerikanische Psychologie.

Den physiologischen Reduktionisten geht es seit 1847 wieder um die „elementaren Bausteine und Funktionen der tierischen Maschine", um „einfache Anziehung und Abstoßung", wie Ludwig sagt, aus der alles zu erklären sein soll.[59] Für du Bois-Reymond ist die Kraft nicht Ursache, sondern Maß der Bewegung. Wenn Helmholtz gezeigt hat, daß die Summe der Kräfte im Körper konstant ist, bleibt kein Platz für zusätzliche „Lebenskräfte". Es gibt nur die Kräfte, die an mechanischen Partikeln und ihrer Bewegung zu messen sind.[60]

Dennoch ist Wagners Prophezeiung der naturwissenschaftlichen Auflösung der Psychologie nur zur Hälfte richtig. Denn die Seele wird zum Bewußtsein[61] und die Psychologie zur Residenz der aus der Biologie entlassenen „Kräfte" und ihrer nun keineswegs mehr nur als regulative Prinzipien gedachten Verwandten. Die Kräfte überleben oberhalb des Organischen, in seinen Verlängerungen ins Unstoffliche, als seelische bzw. psychische Kräfte, die einen „seelischen Apparat", der räumlich, aber stofflos ist (Freud 1968, S. 221), zum Funktionieren bringen. Bereits Reil hatte das Selbstbewußtsein als *psychi-*

*sche* Grundkraft ausgerufen, das „Organ des Zusammenhanges unserer Existenz" (1803, S. 54f.). Eschenmayer überträgt die Kräfte Kielmeyers in das System seiner Psychologie (1817). Unter dem Einfluß der romantischen Naturphilosophie, wie etwa bei Carus, werden die ehemals der organischen Materie zugeschriebenen „Kräfte" als „unbewußte Kräfte" des Seelenlebens zu Gegenspielern des bewußten Willens, wie sie schließlich paradigmatisch Freud in seiner Theorie des Unbewußten formuliert. Darüber hinaus übernehmen sie flächendeckend die Aufgabe, das Seelenleben, das gegen Ende des Jahrhunderts zum Gegenstand einer sich institutionalisierenden Disziplin mit wissenschaftlichem Anspruch wird, zu energetisieren, ihm eigenständigen Antrieb und eine immanente Dynamik zu verleihen. Bald wird es von Kräften, Trieben, Instinkten, Motiven und ähnlichen antreibenden Agenzien in den sich schnell verzweigenden psychologischen Schulen nur so wimmeln.

Die Psychologie wird mit dem Ende des 19. Jahrhunderts zum Terrain der simplifizierten, ins Seelische verlängerten Versionen dessen, was dem Wissen vom Lebenden am Anfang des Jahrhunderts zu seiner Autonomie verholfen hatte. Sie etabliert sich zugleich aber auch über noch rigorosere Varianten eines funktionalen Reduktionismus. Ein Beispiel dafür ist der Reflexbegriff. Pflüger hatte 1853 noch eine „Rückenmarksseele" angenommen, und zwar aus den gleichen Gründen, aus denen Prochaska vor ihm an der alten Vorstellung eines sensorium commune festgehalten hatte: um die offensichtliche Organisiertheit und Zweckmäßigkeit der Reflexaktionen erklären zu können.[62] Tatsächlich hat sich die Vorstellung isolierter Reflexsegmente, die gleichsam additiv sich zum Verhalten des Organismus zusammenschließen, in der Physiologie anders als in der Psychologie nie durchsetzen können. Als Sherrington (1906) aus seinen Experimenten die Theorie der „integrativen Funktion des Nervensystems" gewinnt, wird deutlich, daß ein Reflex kein isolierter peripherer Akt ist, sondern immer unter Einfluß höherer neuronaler Zentren steht, und daß die Gesamtverfassung des Organismus für Auslösung und Wirkung eines Reflexes von großer Bedeutung ist. Es bedarf hierfür keiner Rücken-

marksseele (sondern der ganzheitlichen Sicht auf die Funktionsweise des Nervensystems), aber selbst die Vorstellung einer Rückenmarksseele steht der tatsächlichen Arbeitsweise des Nervensystems näher als die Reduktion auf Einzelreflexe. Während aber Sherrington daher den Reflexbegriff lediglich als eine „nützliche Fiktion" ansieht, als regulatives Prinzip zur Erklärung des Verhaltens spinalisierter bzw. decerebrierter Säugetierpräparate, das noch nicht einmal auf das unversehrte Tier, geschweige denn auf den Menschen mit seinem noch komplexeren Nervensystem anwendbar ist, wird eben dieser Reflex in seiner reduziertesten Form zum Basiskonzept des Behaviorismus, der für lange Zeit die Psychologie dominieren wird und mit derlei Mitteln das gesamte menschliche Verhalten zu erklären beansprucht.

## 4. Die Monstren

Inzwischen ist insbesondere über die Entwicklung der Molekularbiologie einerseits, die Strategie der restlosen Ausbeutung der natürlichen Ressourcen andererseits die belebte Natur zu einer Art selbsttätigem Mechanismus geworden, dem nicht mehr mit Kants vorsichtigem Begriff einer uns fremden Kausalität begegnet wird, sondern der eine Art bessere Technologie darstellt, die sich und ihre Produkte selbst erzeugt und in die dennoch nach Belieben eingegriffen werden kann. So ergibt sich das bittere Paradox, daß die Biologie zu Beginn des 19. Jahrhunderts entstanden ist aus der endlichen Anerkennung der selbstordnenden und selbstreproduktiven Fähigkeit des Lebenden, und am Ende des 20. Jahrhunderts in Bio- und Gentechnologien mündet, in denen dieses autonome Moment des Lebenden in menschliche Hand genommen wird. Insofern sie imstande sind, alles außer Kraft zu setzen, was von der Zellentheorie über Embryologie und Morphologie bis zur Evolutionstheorie je als konstitutives Moment des Lebenden galt, indizieren sie weniger den Fortschritt, als das Ende der Biologie, die zur Biotechnologie wird.

Wenn noch Virchow sagt, der Stoff selbst sei „werkthätig", dann betont er gerade das genuine Moment des eigenständigen, sich selbst zeugenden Lebens, das in einem technischen Bild erscheint, das aber technisch gerade nicht faßbar ist; es kann nicht nachgebaut werden (1862, S. 26, S. 28). Das kann man auch heute nicht, aber man kann in die genetischen und funktionalen Steuerungsmechanismen eingreifen. Was dabei herauszukommen droht, hat bereits Kant in den dunkelsten Bildern beschrieben.

> „Nun ist es klar: daß, wenn der Zauberkraft der Einbildung, oder der Künstelei der Menschen an tierischen Körpern ein Vermögen zugestanden würde, die Zeugungskraft selbst abzuändern, das uranfängliche Modell der Natur umzuformen, oder durch Zusätze zu verunstalten, die gleichwohl nachher beharrlich in den folgenden Zeugungen aufbehalten würden: man gar nicht mehr wissen würde, von welchem Originale die Natur ausgegangen sei, oder wie weit es mit der Abänderung desselben gehen könne, und, da der Menschen Einbildung keine Grenzen erkennt, in welche Fratzengestalt die Gattungen und Arten zuletzt noch verwildern dürften. Dieser Erwägung gemäß nehme ich es mir zum Grundsatze, gar keinen in das Zeugungsgeschäft der Natur pfuschenden Einfluß der Einbildungskraft gelten zu lassen, und kein Vermögen der Menschen, durch äußere Künstelei Abänderungen in dem alten Original der Gattungen oder Arten zu bewirken, solche in die Zeugungskraft zu bringen, und erblich zu machen. Denn, lasse ich auch nur einen Fall

dieser Art zu, so ist es, als ob ich auch nur eine einzige Gespenstergeschichte oder Zauberei einräumte. Die Schranken der Vernunft sind dann einmal durchbrochen; und der Wahn drängt sich bei Tausenden durch dieselbe Lücke durch."[63]

Gute 200 Jahre später hat die Technik die Einbildungskraft weit hinter sich gelassen. Das Wissen vom Lebenden hat die Türen in Bereiche aufgestoßen, die von keinerlei Grenzen mehr umstellt sind. Den organischen Formen mag man ihre Zweckmäßigkeit belassen, solange man nur Darwin mit gutem Gewissen dahingehend auslegen kann, im Reiche des Lebenden sei der blinde Zufall der Demiurg. Das verleiht dem menschlichen Zugriff offenbar mindestens ebenso blinde Rechte. Inzwischen stellt sich aber längst die Frage nach der Zweckmäßigkeit der menschlichen Unternehmungen selbst. Es könnte sonst sein, daß uns die selbst geschaffenen Fratzengestalten über den Kopf wachsen – wenn sie's nicht schon längst tun. „In einem Universum ohne Schöpfung und Zweck", sagt François Jacob (1972, S. 16), „kennt der Ehrgeiz der Biologen keine Schranken mehr." Seltsam nur, daß sich das ausgerechnet darin zeigt, daß die Homunculi und die Monstren wieder auferstehen.

## Anmerkungen

[1] Darwin 1859/1976, S. 652 (Mitte des Schlußkapitels)
[2] Zit. n. Mendelsohn 1985, S. 18. Genauso 50 Jahre später Jacques Loeb:„Ich habe die Empfindung, daß nur technische Umstände unserer jungen Wissenschaft daran schuld sind, daß die künstliche Herstellung von lebender Materie noch nicht gelungen ist" (zit. n. Cassirer 1957, S. 213)
[3] Wobei Viren ja tatsächlich ein gebräuchliches technisches Mittel sind, um das manipulierte genetische Material in die Zielzellen zu bringen
[4] De anima 402 a; dt. S. 257
[5] ebd., 413 a 21; dt. S. 288: „... daß das Beseelte und das Unbeseelte sich durch das Leben unterscheiden."
[6] ebd., 412 b 10 ff.; dt. S. 286
[7] ebd., 413 a 21 ff.; dt. S. 288. „In Wirklichkeit muß die Kunst die Werkzeuge und die Seele den Leib haben, den sie braucht" (407 b 24; dt. S. 273)

[8] ebd., 412 a 13; dt. S. 285
[9] ebd., 412 a 20; dt. S. 285
[10] ebd., 412 a 10 ff., 412 b 5 ff.; dt. S. 285 f.
[11] De physica 192 b 13 ff.; dt. S. 58; De coelo 268 b 15 f.; dt. S. 57
[12] Metaphysik 1071 b ff. (Buch XII, 6 f.); dt. S. 309 ff.
[13] De anima 408 b 30; dt. S. 276
[14] ebd., 406 b 35; dt. S. 270
[15] De motu animalium 700 b 17 f.; dt. S. 14 f.
[16] ebd., 700 b 19; dt. S. 15; De anima 433 a 18 ff.; dt. S. 341
[17] De motu animalium 703 a 5 ff.; dt. S. 20 f.
[18] De generatione animalium 736 b 30 ff.; dt. S. 87
[19] Vgl. dazu meinen Beitrag „Gefährte der Seele..." in diesem Band
[20] Descartes, Passions de l'âme, Art. 6; dt. S. 9
[21] ebd., Art. 5; dt. S. 9
[22] ebd., Art. 8; dt. S. 15
[23] Traité de l'homme, dt. S. 54

[24] ebd., dt. S. 165

[25] Passions de l'âme, Art. 34; dt. S. 57

[26] Traité de l'homme, dt. S. 57

[27] Harvey 1651/1981; für Descartes vgl. den 2. Teil des *Traité de l'homme*, dt. S. 137 ff. und die früher geschriebenen *Primae Cogitationes*. Übrigens zweifelt Descartes selbst gegen Ende seines Lebens an der Realisierbarkeit des eigenen Programms. In einem seiner letzten Briefe spricht er davon, „nahezu alle Hoffnung verloren" zu haben, die „Ursachen der Selbst-Bildung der Tiere zu finden" (zit. n. Kemp Smith 1963, S. 361)

[28] Jan Swammerdam, Miraculum Naturae (1672), zit. n. Glass 1968, S. 43

[29] Nicolas Hartsoeker, Cours du physique Bd. 7 (1730), zit. n. Jacob 1972, S. 47

[30] Zur Geschichte der „Großen Kette der Lebewesen" und der „Stufenleiter der Natur" vgl. Lovejoy 1982

[31] „...denn auf dieselbe Weise, wie die Kraft der Schwere das Innere jedes Stoffs durchdringt, ebenso dringt die Kraft, welche die organischen Stoffe der Nahrung fortstößt oder anzieht, auch in das Innere der organischen Körper und führt durch ihre Thätigkeit jene Theile in das Innere der Körper hinein..." (Buffon 1839, S. 662)

[32] Maupertuis, Système de la nature, S. 146 f. Dem Maupertuis der *Vénus physique* zufolge enthalten beide Samenflüssigkeiten verschiedene Arten von Partikeln, jeweils dazu bestimmt, einen anderen Teil des zukünftigen Körpers aus sich hervorgehen zu lassen. Sie werden in ihren Aktionen durch innewohnende Anziehungskräfte gesteuert, die differenziert wirken: jedes Partikel zieht gerade diejenigen anderen Partikel am stärksten an, die bezogen auf die Bildung des Foetus seine „Nachbarn" sind. Im *Système de la nature* reicht ihm dies offenbar nicht mehr hin, um das „wunderbare Arrangement" der organisierten Körper zu erklären, und er spricht den Partikeln selbst Leben und „Begehren, Abneigung und Gedächtnis" zu (S. 147)

[33] Kant, Kritik der telelogischen Urteilskraft, S. 486 (B 293; A 288 f.)

[34] Xavier Bichat, Récherches physiologiques sur la vie et le mort (1800), zit. n. Jacob 1972, S. 102; Cuvier 1809, S. 1

[35] Reil 1795/1910, S. 9 (Hervorhebung von mir)

[36] Blumenbach 1781/1971, S. 72. Zu Trembleys Polyp und seiner Bedeutung im 18. Jahrhundert vgl. Roe 1981, S. 9-12

[37] Kant, Gesammelte Schriften Bd. 11, S. 185

[38] Kant, Kritik der telelogischen Urteilskraft, S. 482 (B 286; A 282)

[39] ebd., S. 484 (B 290; A 286)

[40] ebd., S. 485 (B 291; A 287)

[41] ebd., S. 488 (B 295 f.; A 292). Identisch bei Alexander von Humboldt: „So ist im Organismus alles wechselseitig Mittel und Zweck" (1860, S. 224)

[42] Kant, a. a. O., S. 487 (B 292; A 289)

[43] ebd., S. 470 (B 269; A 265)

[44] Carl Friedrich Kielmeyer, Allgemeine Zoologie, oder Physik der organischen Körper, zit. n. Lenoir 1982, S. 52

[45] In diesem Sinne zitiert Cuvier Kant, demzufolge „die Ursache der Art oder Existenz bei jedem Theile eines lebenden Körpers in dem Ganzen enthalten ist, während bey todten Körpern jeder Theil sie in sich selbst trägt" (S. 5). Man muß im frühen 19. Jahrhundert nicht notwendig „Vitalist" sein, wenn man von der Lebenskraft spricht oder wenn man teleologisch argumentiert. Es geht hier um epistemologische und methodologische Konzepte, die angesichts der besonderen Eigenschaften der lebenden Wesen entworfen und daher am prägnantesten vielleicht von der Embryologie vertreten werden. Die Verbindung von teleologischem und „materialistischem" Ansatz in der 1. Hälfte des 19. Jahrhunderts hat auf die Biologie nicht nur in Deutschland großen Einfluß ausgeübt (vgl. Lenoir 1982). Ihre Vertreter waren politisch und weltanschaulich zumeist alles andere als „Materialisten". In ihrer Bekämpfung durch den physiologischen Reduktionismus seit der Mitte des Jahrhunderts, in der sich auch politische und gesellschaftliche Kontroversen ausdrücken, liegt einer der Gründe für die historiographische Vernachlässigung dieses Ansatzes. Im Zuge der diesbezüglichen Polemiken wurde er kurzerhand in die Ecke der romantischen Naturphilosophie gerückt und von einer Wissenschaftsgeschichtsschreibung der Einfachheit halber gleich dort belassen, die vielfach nicht in der Lage war, die althergebrachten und um die Gottesposition (Naturphilosophie) zentrierten Teleologien von den auf Kant zurückgehenden „kritischen" Teleologien zu unterscheiden. Schließlich scheint mit Darwins Evolutionstheorie jedes teleologische Moment in der Biologie überflüssig zu werden. Aber gerade die ist eine nach wie vor sehr umstrittene Frage, deren Beantwortung davon abhängt, was man unter „Teleologie" versteht (s. u.; vgl. Cassirer 1957, S. 195-222; Ayala & Dobzhansky 1974; Lenoir 1982, S. 6 f. und dortige Literatur. Zur romantischen Naturphilosophie in der Biologie des 19. Jahrhunderts vgl. Mendelsohn 1964; als zeitgenössisches Beispiel einer methodologisch zentrierten Erörterung der Teleologie vgl. Lotzes (1842) Artikel über die Lebenskraft). Die Entwicklung der Biologie wird vielfach auf einen Siegeszug des sog. „Tatsachendenkens", der verbesserten Beobachtungsmittel (achromatische Mikroskope, Färbetechniken), auf die Durchsetzung des Experiments usw. zurückgeführt. Aber es gibt keine ernstzunehmende Kontroverse in der Biologie des 19. Jahrhunderts, in der nicht auf beiden Seiten experimentelle und Beobachtungsresultate ins Feld geführt worden wären. Interessanterweise sind sich die Biologen, die ihre eigene historische Schulung haben

(Evolutionstheorie, Embryologie), der epistemologischen und historischen Dimensionen ihres Gegenstandes sehr viel bewußter (vgl. z.B.
Dobzhansky 1974) als viele ihrer Historiker. Im
übrigen stellt neben der Evolutionsbiologie gerade die Embryologie nach wie vor ein Zentrum
des antireduktionistischen Lagers dar, mit guten
Gründen. Trotz einer unendlichen Reihe von
aufgebrochenen Hühnereiern, die sich durch die
Geschichte ziehen, in allen Stadien ihrer Entwicklung untersucht, bleibt bis heute und selbst
für einen sowjetrussischen Biologen „die Entwicklung des Kükens im Ei immer noch ... ein
wahres Wunder" (S.L. Astaurov, zit. n.
Senglaub 1985, S. 578)

[46] Zur Entwicklung der chemischen Analyse orga-
nischer Verbindung vom 18. Jahrhundert bis
Liebig 1842 vgl. Holmes 1963. Zu Berzelius' und
Liebigs Fassungen einer „katalytischen" bzw.
„Lebenskraft" vgl. Lenoir 1982, S. 150ff.

[47] Was Magendie, Bichats schärfsten Kritiker, zur
schieren „Verzweiflung über die Zukunft unserer Kunst" bringt (Phénomènes physique de la
vie, 1842, Bd. 2, zit. n. Hall 1975, S. 127)

[48] Hooke 1667. Hooke spricht meist von „Poren",
aber auch von „cellula", Kämmerchen. Die tatsächliche Bedeutung der Zelle wird erst ab dem
2. Viertel des 19. Jahrhunderts erkennbar

[49] Oscar Hertwig, Die Entwicklung der Biologie
im 19. Jahrhundert, Vortrag vor der 72. Versammlung der Gesellschaft Deutscher Naturforscher und Ärzte, Aachen 1901, zit. n. Querner
1972, S. 187. Zur Revision der Zellentheorie
nach 1840 vgl. Geison 1969

[50] C. Schmidt, Zur vergleichenden Physiologie der
wirbellosen Thiere, Braunschweig 1845, zit. n.
Wagner 1857, S. 57

[51] Bernard zit. n. Toulmin & Goodfield 1970,
S. 369

[52] Bernard zit. n. Canguilhem 1968, S. 249

[53] Dobzhansky 1937, das wichtigste Werk der Evolutionstheorie nach Darwins *Entstehung der Arten*. Zur Entwicklung der Evolutionstheorie
nach 1900 und zu ihrer „Synthese" (mit der Genetik) in den 40er Jahren vgl. Senglaub 1985;
s.a. Mayr 1984, S. 455ff.

[54] Zit. n. Mayr 1984, S. 414; Hervorhebung von
mir

[55] Cassirer 1957, S. 172f., S. 174. In diesem Sinne
bezeichnet Cassirer Darwin gar mit Oscar Hert-
wigs Worten als den „allergrößten Teleologen"
(ebd.)

[56] Du Bois-Reymond 1849, S. XLIV; 1871, S. 30,
S. 84f.

[57] Ludwig, Lehrbuch der Physiologie des Menschen Bd. 1, zit. n. Wagner 1857, S. 58f.

[58] Rudolph Wagner, Menschenschöpfung und See-
lensubstanz, Vortrag vor der 31. Versammlung
Deutscher Naturforscher und Ärzte 1854, zit. n.
Engelhardt 1972, S. 71

[59] Vgl. Lenoir 1982, S. 217ff. Ein Herr Schultz-
Schultzenstein moniert 1862 auf der Versammlung Deutscher Naturforscher und Ärzte in
Karlsbad in seinem Vortrag über die „Bedeutung von Leben und Tod in der Wissenschaft"
die „Durchführung der physikalisch-chemischen
Ansichten über Leben und Tod", womit „die
cosmologische Physiologie die Gestalt" anneh-
me, „welche man auch mit dem Namen Materialismus belegt." Zu ihr „gehört nun vor Allem
die Ansicht, dass Menschen wie Thiere nichts als
Maschinen seien, und dass die Lebensthätigkei-
ten durch Vergleichung mit verschiedenen Maschinen erklärt werden sollen. Man nennt so den
Menschen eine laufende Windmühle, den hüp-
fenden Frosch eine Repetiruhr, den Fisch ein
Cartesianisches Teufelchen, das Pferd eine loco-
motive Dampfmaschine, das Huhn einen zwei-
beinigen wandelnden Ofen, das Gehirn einen
elektrischen Telegraphen, das Herz eine Pumpe,
die Nieren ein Sieb, wie es schon zu Bellinis,
Hales, Boerhaaves Zeiten geschah." Die ehren-
werte Versammlung läßt sich freilich von solchen Nachzüglern nicht mehr dreinreden. Zu
einem weiteren Vortrag desselben Herrn heißt
es im Versammlungsbericht lakonisch: „Auf die
Bemerkung des Herrn Präsidenten [Czermak],
dass bei der prinzipiellen Differenz zwischen
den Anschauungen der Section und denen des
Herrn Redners eine Discussion zu weit führen
würde, unterblieb dieselbe" (Zitate nach Rudolph 1972, S. 160f.)

[60] Diese gegen die „Teleomechanisten" (Lenoir)
wie Liebig, Lotze, Bergmann und Leuckart gerichtete Argumentation geht indes am Ziel vorbei, da auch sie keine Kräfte im Sinne wirkender
Ursachen annehmen, sondern eine Lebenskraft
wenn überhaupt dann wie zuletzt Liebig als regulatives Prinzip im Rahmen einer vorgegebenen Organisation und Zweckmäßigkeit der Organismen und ihrer Funktionen sehen (vgl.
Lenoir, a.a.O.)

[61] Vgl. Sonntag 1988, S. 51ff.

[62] Vgl. dazu Canguilhem 1968b, S. 300f.

[63] Kant, Bestimmung des Begriffs einer Menschenrasse, S. 72 (A 401f.)

## Bibliographie

Aristoteles, De motu animalium, dt. Über die Bewegung der Lebewesen/Über die Fortbewegung der Lebewesen, übers. v. J. Kollesch, Werke Bd. 17, hg. v. H. Flashar, Darmstadt 1985: Wissenschaftliche Buchgesellschaft

–, De generatione animalium, dt. Über die Zeugung der Geschöpfe, hg. u. übers. v. P. Gohlke, Paderborn 1959: Schöningh

–, De physica, dt. Physikalische Vorlesung, hg. u. übers. v. P. Gohlke, Paderborn ²1975: Schöningh

–, Metaphysik, dt. hg. u. übers. v. F.F. Schwarz, Stuttgart 1970: Reclam

–, De coelo und De anima, dt. in Vom Himmel, Von der Seele, Von der Dichtkunst, hg. u. übers. v. O. Gigon, München 1983: dtv

Ayala, Francisco J. & Theodosius Dobzhansky (eds.), Studies in the philosophy of biology. Reduction and related problems, Berkeley & Los Angeles 1974: University of California Press

von Baer, Karl Ernst, Über Entwicklungsgeschichte der Thiere. Beobachtung und Reflexion, Königsberg 1828: Bornträger

Bernard, Claude, Leçons sur les phénomènes de la vie, Bd. 2, Paris 1879: Baillière

Bichat, F. Xavier, Abhandlung über die Häute im allgemeinen und die verschiedenen Häute im besonderen, dt. v. C.F. Dörner, Tübingen 1802: J.F. Heerbrandt

Blumenbach, Johann Friedrich, Über den Bildungstrieb und das Zeugungsgeschäfte, Göttingen 1781, Nachdruck Stuttgart 1971: G. Fischer

Bonnet, Charles, Contemplation de la nature, dt. Betrachtung über die Natur, Leipzig 1766: J.F. Junius

–, Palingénésie philosophique, dt. Herrn C. Bonnets Philosophische Palingenesie Oder Gedanken über den vergangenen und zukünftigen Zustand lebender Wesen, übers. v. J.C. Lavater, Bd. 1, Zürich 1770: Orell, Geßner, Füeßli & Cie.

Buffon, George Louis Leclerc, Comte de, Histoire naturelle, Paris 1749ff., dt. Büffon's sämmtliche Werke, übers. v. H.J. Schaltenbrand, Bd. 1, Köln 1837; Bd. 3, Köln 1839: Expedition von Büffon's Naturgeschichte

Canguilhem, Georges, La constitution de la physiologie comme science, in: ders., Études d'histoire et de philosophie des sciences, S. 226-273, Paris 1968: J. Vrin

–, Le concept de réflexe au XIXᵉ siècle, in: ders., Études d'histoire et de philosophie des sciences, S. 295-304, Paris 1968b: J. Vrin

Cassirer, Ernst, Das Erkenntnisproblem in der Philosophie und Wissenschaft der neueren Zeit, Bd. 4, Von Hegels Tod bis zur Gegenwart, Stuttgart 1957: Kohlhammer

Cuvier, Georges, Leçons d'anatomie comparée (1800), dt. Vorlesungen über vergleichende Anatomie, hg. v. C. Duméril, 1. Theil, übers. v. L.H. Froriep & J.F. Meckel, Leipzig 1809: P.G. Kummer

Darwin, Charles, Die Entstehung der Arten durch natürliche Zuchtwahl (engl. 1859), dt. v. C.W. Neumann, Stuttgart 1976: Reclam

–, Die Abstammung des Menschen (engl. 1871), dt. v. H. Schmidt, Stuttgart 1982: Kröner

Descartes, Primae cogitationes circa generationem animalium, Oeuvres (Adam & Tannery) Bd. 11, S. 499-538, Paris 1967: J. Vrin

–, Traité de l'homme (L'homme, 1632; Descriptions du corps humain, 1648), dt. Über den Menschen, hg. u. übers. v. K.E. Rothschuh, Heidelberg 1969: Lambert Schneider

–, Discours de la méthode (1637), dt. Von der Methode des richtigen Vernunftgebrauchs und der wissenschaftlichen Forschung, übers. u. hg. v. L. Gäbe, Hamburg 1960: Felix Meiner

–, Meditationen über die Grundlagen der Philosophie, übers. u. hg. v. L. Gäbe, Hamburg 1960: Felix Meiner

–, Passions de l'âme (1649), dt. Die Leidenschaften der Seele, hg. u. übers. v. K. Hamacher, Hamburg 1984: Felix Meiner

Dobzhansky, Theodosius, Genetics and the origin of species, New York 1937: Columbia University Press

–, Chance and creativity in evolution, in: Ayala & Dobzhansky 1974, S. 307-337

Du Bois-Reymond, Emil, Untersuchungen über thierische Elektricität, Berlin 1849: Reimer

–, Über die Grenzen des Naturerkennens und die Sieben Welträtsel, Leipzig 1871: Veit

von Engelhardt, Dietrich, Naturphilosophie und Wissenschaftstheorie auf den Versammlungen Deutscher Naturforscher und Ärzte in der 2. Hälfte des 19. Jahrhunderts, in: Querner & Schipperges 1972, S. 68-87

Eschenmayer, Carl August, Psychologie in drei Theilen als empirische, reine und angewandte, Tübingen 1817, Nachdruck Frankfurt/M./Berlin/Wien 1982: Ullstein

Fellmann, Ferdinand, Darwins Metaphern, Archiv für Begriffsgeschichte 21, 1978, S. 285-297

Foucault, Michel, Sexualität und Wahrheit Bd. 1: Der Wille zum Wissen, Frankfurt/M. 1977: Suhrkamp

Freud, Sigmund, Abriß der Psychoanalyse, Frankfurt/M. 1953: S. Fischer

–, Die Frage der Laienanalyse, Gesammelte Werke Bd. 14, Frankfurt/M. 1968, S. 207-286: S. Fischer

–, Die Zukunft einer Illusion, Studienausgabe Bd. 9, Frankfurt/M. 1974, S. 135-189: S. Fischer

Geison, Gerald L., The protoplasmic theory of life and the vitalist-mechanist debate, Isis 60, 1969, S. 273-292

Glass, Bentley, The germination of the idea of biological species, in: B. Glass, O. Temkin & W. L. Strauss Jr. (eds.), Forerunners of Darwin: 1745-1859, S. 30-48, Baltimore 1968: Johns Hopkins University Press

Hall, Thomas S., History of general physiology, 600 B.C. to A.D. 1900, Vol. 2, Chicago/London 1975: University of Chicago Press

von Haller, Albrecht, Von den empfindlichen und reizbaren Teilen des menschlichen Körpers (De partibus corporis humani sensibilius et irritabilius, Göttingen 1753), dt. v. K. Sudhoff, Leipzig 1922: J. A. Barth

–, Herrn Albrecht von Hallers Anfangsgründe der Physiologie des menschlichen Körpers, a. d. Lat. übers. v. J. S. Haller, Bd. 1, Berlin 1759: Voß

Hansen, Adolph, Zur Geschichte und Kritik des Zellenbegriffes in der Botanik, Giessen 1897: Ricker

Harvey, William, Exercitatio anatomica de motu cordis et sanguinis in animalibus (1628), dt. Die Bewegung des Herzens und des Blutes, übers. v. R. Töply, Leipzig 1910: J. A. Barth

–, Exercitationes de generatione animalium (lat. 1651, engl. 1653), engl. tr. G. Whitteridge, Oxford 1981: Blackwell

Holmes, Frederic L., Elementary analysis and the origins of physiological chemistry, Isis 54, 1963, S. 50-81

Hooke, Robert, Micrographia, or some physiological descriptions of minute bodies … (1665), Nachdruck New York 1961: Dover

von Humboldt, Alexander, Ansichten der Natur, Bd. 2, Stuttgart/Augsburg 1860: Cotta

Jacob, François, Die Logik des Lebenden. Von der Urzeugung zum genetischen Code, Frankfurt/M. 1972: Fischer.

Kant, Immanuel, Gesammelte Schriften, Ausgabe der Königlich Preußischen Akademie der Wissenschaften Bd. 11, Berlin/Leipzig 1922: de Gruyter

–, Kritik der teleologischen Urteilskraft, Werke in 12 Bänden, hg. v. W. Weischedel, Bd. 10, Frankfurt/M. 1968: Suhrkamp

–, Bestimmung des Begriffs einer Menschenrasse, Werke in 12 Bänden, hg. v. W. Weischedel, Bd. 11, S. 63-82, Frankfurt/M. 1968: Suhrkamp

Kemp Smith, N., New studies in the philosophy of Descartes, London 1963: MacMillan

de Lamarck, Jean Baptiste, La flore Française, Bd. 1, Paris 1778: Imprimérie Royale

–, Histoire naturelle des animaux sans vertèbres, Bd. 1, Paris 1815: Verdière

Lenoir, Timothy, The strategy of life. Teleology and mechanics in nineteenth century German biology, Dordrecht etc. 1982: Reidel

von Liebig, Justus, Die Thier-Chemie oder die organische Chemie in ihrer Anwendung auf Physiologie und Pathologie, Braunschweig 1842: Vieweg

Lotze, Hermann, Leben, Lebenskraft, in: Rudolph Wagner (Hg.), Handwörterbuch der Physiologie, Bd. 1, S. IX-LVIII, Göttingen 1842: Dieterich

Lovejoy, Arthur O., The great chain of being. A study of the history of an idea, Cambridge/Mass. 1982: Harvard University Press

de Maupertuis, Pierre Louis Moreau, Vénus physique, contenant deux dissertations, l'une sur l'origine des hommes et des animaux; et l'autre sur l'origine des noirs (zuerst anonym Den Haag 1745), Oeuvres Bd. 2, Lyon 1756, Nachdruck Hildesheim 1965, Bd. 2, S.1-133: Olms

–, Système de la nature: essai sur la formation des corps organisés, Oeuvres Bd. 1, Lyon 1756, Nachdruck Hildesheim 1965, Bd. 2, S. 137-184: Olms

Mayr, Ernst, Die Entwicklung der biologischen Gedankenwelt. Vielfalt, Evolution und Vererbung, Berlin etc. 1984: Springer

Mendelsohn, Everett, The biological sciences in the nineteenth century: some problems and sources, History of Science 3, 1964, S. 39-59

–, The origin of life and the materialism problem, Révue Métaphysique et de Morale 90, 1985, S. 15-28

Müller, Johannes, Handbuch der Physiologie des Menschen, Bd. 1, Coblenz 1835: Hölscher

Paley, William, Natural theology, or evidences of the existence and attributes of the Deity, collected from the appearances of nature (1805), The Works, vol. 4, London 1819: Rivington

Querner, Hans, Probleme der Biologie um 1900 auf den Versammlungen der Deutschen Naturforscher und Ärzte, in: Querner & Schipperges 1972, S. 186-202

–, & H. Schipperges (Hg.), Wege der Naturforschung 1822-1972 im Spiegel der Versammlungen Deutscher Naturforscher und Ärzte, Berlin etc. 1972: Springer

Reil, Johann Christian, Von der Lebenskraft (1795), Nachdruck Leipzig 1910: J. A. Barth

–, Rhapsodien über die Anwendung der psychischen Curmethode auf Geisteszerrüttungen (1803), Nachdruck Amsterdam 1968: Bonset

Roe, Shirly A., Matter, life, and generation. Eighteenth-century embryology and the Haller-Wolff debate, Cambridge etc. 1981: Cambridge University Press

Rudolph, Gerhard, Die Physiologie auf den Versammlungen der Deutschen Naturforscher und Ärzte von der Gründung bis zum Jahr 1890…, in: Querner & Schipperges 1972, S. 147-170

Schleiden, Matthias Jacob, Beiträge zur Phytogenesis, in: Archiv für Anatomie, Physiologie und wissenschaftliche Medicin (hg. v. J. Müller), 1838, S. 137-175

Schwann, Theodor, Mikroskopische Untersuchungen über die Übereinstimmung in der Struktur und dem Wachstum der Tiere und Pflanzen (1839), Nachdruck Leipzig 1910: Engelmann

Senglaub, Konrad, Die Vorgeschichte und Entwicklung der „synthetischen" Theorie der Evolution – Verzweigungen und Verflechtungen biologischer Disziplinen, in: I. Jahn, R. Löther & K. Senglaub (Hg.), Geschichte der Biologie, S. 553-578, Jena 1985: G. Fischer

Sherrington, Charles S., The integrative action of the nervous system, New Haven 1906: Yale University Press

Sonntag, Michael, Die Seele als Politikum. Psychologie und die Produktion des Individuums, Berlin 1988: Reimer

Toulmin, Stephen & June Goodfield, Materie und Leben, München 1970: Goldmann

Verworn, Max, Allgemeine Physiologie. Ein Grundriss der Lehre vom Leben, Jena ²1897: G. Fischer

Virchow, Rudolf, Die Cellularpathologie in ihrer Begründung auf physiologische und pathologische Gewebelehre (1858), Nachdruck Hildesheim 1966: Olms

–, Ueber die mechanische Auffassung des Lebens, in: ders., Vier Reden über Leben und Kranksein, S. 1-33, Berlin 1862: Reimer

Wagner, Rudolph, Der Kampf um die Seele vom Standpunkt der Wissenschaft, Göttingen 1857: Dieterich

Wright, Sewall, Comments on the preliminary working papers of Eden and Waddington, in: D.S. Moorhead & M.M. Kaplan (eds.), Mathematical challenges to the Neo-Darwinian interpretation of evolution, Philadelphia 1967, S. 117-120: Wistar Institute Press

# Zwischen Kant und Freud: Die Institutionalisierung der Psychologie als selbständige Wissenschaft

*Klaus-Jürgen Bruder*

## 1. Der Diskurs der Medizin

Im Verlauf des 19. Jahrhunderts beginnt sich die Psychologie als selbständige Wissenschaft herauszubilden. Sie löst sich aus dem philosophischen Diskurs, in dem sie jahrhundertelang beheimatet war und etabliert sich als Naturwissenschaft. Ihre „Institutionalisierung" ist zwar Ende des 19. Jahrhunderts noch nicht abgeschlossen, aber die Entscheidungen sind vor der Jahrhundertwende gefallen. Und wenn auch die heutige Psychologie nicht mehr die des 19. Jahrhunderts ist, so bewegt sie sich doch so sehr im damals abgesteckten Rahmen, daß Robinson (1976) sagen kann, sie sei lediglich eine ‚footnote' zu der des 19. Jahrhunderts.

In ihr hatten Wilhelm Wundt (1831-1920) und sein Leipziger Institut eindeutig die Führung. Die Ausbildung oder Arbeit im Wundtschen „Labor" (gegründet 1879) war das entrebillet für die Teilnahme an den Diskussionen, die zur Herausbildung und Institutionalisierung der „Neuen" Psychologie führen sollten. Diese Diskussionen wurden im wesentlichen in Deutschland geführt. Darauf konzentriert sich der folgende Beitrag. Die Entwicklung in den USA, die die Führungsrolle im 20. Jahrhundert übernehmen sollen, wird nur soweit skizziert, daß die spezifische Differenz zur deutschen Entwicklung aufgezeigt werden kann, die dann in der Psychologie des 20. Jahrhunderts sich entfaltete. Wundt war von Ausbildung und Forschung her Physiologe und besetzte in Leipzig (seit 1875) einen Lehrstuhl für Philosophie. Dies charakterisiert bereits sehr treffend den Status der Psychologie (und der Philosophie) zu dieser Zeit: Die Forschungsfragen der neu entstehenden „wissenschaftlichen" Psychologie waren nicht die der bisherigen Philosophie, sondern der Physiologie, vor allem der Sinnesorgane und -empfindungen.

Aber mit ihren Antworten beanspruchten die (physiologischen) Psychologen gleichwohl, die Fragen der Philosophie zu beantworten, in erster Linie die der Erkenntnistheorie, Fragen nach der Beziehung zwischen Wahrnehmung und Denken, Erkenntnis und Urteilsbildung.

Die „Neue" Psychologie übernahm von der Physiologie nicht nur die Fragestellungen und die „exakten" (= experimentellen) Methoden, sondern auch „das Prestige einer gut-etablierten mächtigen deutschen Wissenschaft" (Turner 1982, 153). Dieses Prestige verdankte die Physiologie einer ähnlichen Übertragung, und zwar der Methoden und Erklärungsmodelle der Naturwissenschaft, vor allem der Physik, auf das Gebiet der Medizin. Die physikalische Mechanik lieferte das Modell für das normal funktionierende und für das pathologisch veränderte Nervensystem.

In ihrer Erforschung der Sinnesorgane stoßen die Physiologen: Johannes Evangelista Purkinje (1787-1869, seit 1823 in Breslau, ab 1850 in Prag), Ernst Heinrich Weber (1795-1878, seit 1818 in Leipzig), Johannes Müller (1801-1858, seit 1833 in Berlin) auf Erscheinungen, die, obgleich durch körperliche Vorgänge hervorgerufen, bereits auf das Gebiet des Psychischen verweisen: Empfindungen, Wahrnehmungen, die sie mit den Begriffen der Physiologie zu erfassen und zu erklären versuchen.

Ende der 40er Jahre trat eine Gruppe junger Physiologen aus dem Berliner Institut von Johannes Müller mit dem programmatischen Anspruch auf, die Physiologie „auf eine chemisch-physikalische Grundlage zu stellen und auf die gleiche Stufe wie die Physik zu erheben" (Shrycock 1947, 167): Hermann Helmholtz (1821-1894), der später als „Reichskanzler der Physik" apostrophierte Autor der Theorie der „Erhaltung der Kraft" (1847), bei dem Wundt seit 1858 in Heidelberg Assistent gewesen war; Emil DuBois-Reymond (1818-1896), der Propagandist der Gruppe, der mit einer Arbeit über „Tierische Elektrizität", kurz nach Helmholtzens Arbeit hervorgetreten war; Ernst Wilhelm Brücke (1819-1892), der gemeinsam mit Helmholtz daran arbeitete, alle Kräfte auf die der Anziehung und Abstoßung kleinster Partikel zu reduzieren. Brücke ging 1849 nach Wien, wo er die physiologische Lehrkanzel an der Medizinischen Fakultät erhielt. Er wurde einer der Lehrer Freuds. Carl Ludwig (1816-1895) schließlich, der aus Marburg zu dieser Gruppe stieß, kam von der organischen Chemie. Auch er erhielt (1855) eine Lehrkanzel für Physiologie in Wien (an der Militärakademie des Josephinums) und kam 1865, 10 Jahre vor Wundt, nach Leipzig.

Bernfeld (1944, 442) schreibt über diese Gruppe: Sie war „von Anfang an ... von einem wahren Kreuzzugsgeist beseelt". Er zitiert DuBois-Reymond, der 1842 geschrieben hatte: „Brücke und ich, wir haben uns verschworen, die Wahrheit geltend zu machen, daß im Organismus keine anderen Kräfte wirksam sind, als die gemeinen physikalisch-chemischen..."

Die „neue Physiologie" richtete sich zugleich gegen die Tradition der „romantischen" Medizin, vertreten durch Carl Gustav Carus (1789-1869, Leibarzt des sächsischen Königs in Dresden), Christian Friedrich Nasse (1778-1851, Bonn), Christoph Wilhelm Hufeland (1762-1836, Berlin), Johann Christian August Heinroth (1773-1843). Die romantische Medizin ging zwar ebenso von einer („wesenhaften") Einheit von Mensch und Natur aus. Aber ihre Vorstellungen waren in der „Naturphilosophie" begründet (Schelling 1797, 1798; Kant 1786, 1790; u. a.). Die der Einheit von Mensch und Natur zugrundeliegenden Gesetze waren für sie nicht die mechanischen der (naturwissenschaftlichen) Physik, sondern geistiger Natur. Die Erscheinungen der Natur und des Lebens betrachteten sie als Produkte eines gemeinsamen Prinzips: der „Weltseele" (Schelling), die aus sich selbst die Materie, die lebendige Natur und das Bewußtsein des Menschen schaffe. Die Prozesse dieser Erschaffung und Erhaltung unterscheiden sich fundamental von der Bewegung der physischen Körper und der Verbindung der chemischen Elemente. Sie drückten vielmehr eine teleologische Entwicklung aus, das Wirken einer „Lebenskraft", die die Natur durchwalte und den Lebensprozeß auf die Realisierung des normalen Organismus hin lenke. Menschliches Leben wird als Teilhabe an dieser Teleologie, an der kosmischen Bewegung in der Natur verstanden. Deshalb sei diese auch dem Menschen verstehbar: durch Intuition. Das Individuum wirke frei in der willentlichen Erfüllung seiner vorherbestimmten Funktion in der Entwicklung des Universums, in Übereinstimmung mit den letzten Zwecken der Natur. Diese Teleologie werde verwirklicht durch das dynamische Wechselspiel antagonistischer Kräfte, die einander ergänzen, im Sinne von Polaritäten (Tag/Nacht, männlich/weiblich, Gesundheit/Krankheit, Unbewußtes/Bewußtes).

Auch die Physiologie wurde in solchen Polaritäten gefaßt: Wachen und Schlaf, vegetative und animalische Sphäre, Hirn und Gangliensystem. Als polar entgegengesetzte Erscheinungen eines einzigen lebendigen Prinzips waren sie für die romantische Medizin das Unterpfand für die Richtigkeit der von ihr verfolgten „ganzheitlichen" Betrachtung des Lebens, des Menschen („Psycho-Somatologie"), als Miteinander von Leib und Seele (Nasse 1822), von Gesundheit und Krankheit als – polar entgegengesetzte – Erscheinungen desselben lebendigen Prinzips.

Wir begegnen diesem Denken in Polaritäten nicht erst bei Freud wieder (wie Jones 1955, II, 318 zeigt), sondern auch bei der Gruppe um Helmholtz, DuBois-Reymond usw. Auch die beiden Kräfte der Anziehung und Abstoßung sind nach dem polaren Modell gedacht, ebenso wie die Theorie über die „Erhaltung der Kraft" ihre Wurzel in der naturphilosophischen „Lebenskraft" hat (s. Breger 1982), trotz der entgegengesetzten Behauptung DuBois', „der Satz von der Erhaltung der Energie ist mit der Existenz einer Lebenskraft unvereinbar" (1848, zit. n. Brozek & Diamond, 1976, 749). Mit dem „Gespenst der Lebenskraft", das „endlich gebannt werden" müsse (DuBois-Reymond), war, im Gewand des Kampfes der naturwissenschaftlichen gegen die (spekulative) philosophische Erklärung, ein anderes „Gespenst" gemeint, das vertrieben werden mußte: das des Denkens selbst, des „Selbstbewußtseins" und des „Unbewußten". Wenn „wissenschaftliche Erklärung" die Reduktion der natürlichen Prozesse auf Materie in Bewegung bedeutete, gelenkt durch Kräfte der Anziehung und Abstoßung, gemäß dem Gesetz der Erhaltung der Energie, so ginge es, wie Bernfeld schreibt, nicht mehr (nur) um Hypothesen für wissenschaftliches Arbeiten, sondern (ebenso) um „Weltanschauung". Die Naturwissenschaft wurde zur Weltanschauung erhoben, sie wurde zum „absoluten Organ der Kultur" und die Geschichte der Naturwissenschaft zur „eigentlichen Geschichte der Menschheit" (Du Bois-Reymond 1886, 249).

Den entscheidenden Einschnitt in dieser Entwicklung bildete das Jahr 1848 bzw. seine Folgen. Das Selbstbewußtsein der Physiologen gründete sich nicht nur auf den Erfolg der Medizin (Senkung der Sterblichkeitsraten), nicht nur auf die Übertragung der Begriffe und Denkmodelle der Naturwissenschaften (Physik und Chemie), dem dieser Erfolg zugeschrieben wurde, sondern war auch politisch begründet. Naturwissenschaft war als Grundlage der Industrialisierung diejenige unter den Wissenschaften, auf die sich das Selbstbewußtsein des Bürgertums stützen konnte. Die Generation von Helmholtz, Du Bois, Brücke und Ludwig ist die der bürgerlichen Revolution von 1848; der Geist der Emanzipation des Bürgertums beseelte auch sie, und die junge Physiologie in erster Linie. Noch Wilhelm Wundt berichtet in seiner Biographie von der für ihn wichtigen Erinnerung an das Aufpflanzen des Freiheitsbaumes durch die badischen Revolutionäre. Er erlebte, damals 17jährig, die kurzen Tage der badischen Republik, sympathisierte mit Robert Blum, dem Abgeordneten im Bundestag zu Frankfurt und er erlebte schließlich auch das Zusammenschießen der Republik durch die preußischen Truppen.

Die politischen und gesellschaftlichen Folgen der Niederschlagung der 48er Revolution sind bekannt. Durch sie wurde das geistige und kulturelle Klima in den deutschen (und österreichischen) Staaten tiefgreifend verändert. Die Bourgeoisie hat ihre Träume von politischer Emanzipation begraben, und hat sich der siegreichen Macht Preußens gebeugt, hat versucht und schließlich erreicht, unter ihrem „Schutz" – gegen das 1848 mitkämpfende Proletariat – ihre ökonomische Basis auszubauen und allmählich ihre Teilhabe an der Macht zu erreichen. Auch Wilhelm Wundt, der bisher „schlechte Schüler", besinnt sich und stürzt sich auf sein Studium (Anatomie) unter den Fittichen seines Onkels (in Tübingen).

Die Naturwissenschaften, die für die Entfaltung der Ökonomie zuständig waren, wurden jetzt die bürgerlichen Wissenschaften par excellence, die Wissenschaften der „Befreiung" – der Produktivkräfte. Die Wissenschaft der politischen Befreiung, die Philosophie, hatte ausgedient. Wenn die Bürger fortan philosophische Interessen hatten, dann nicht mehr solche der Befreiung, sondern des Ressentiments, der Rechtfertigung des Sich-Arrangierens, des „Komforts in Weltanschauungsfragen" (Lukacs 1954).

Die Naturwissenschaften mußten so ganz natürlich die Führung übernehmen; ihnen fiel das Recht zu, die Fragen zu „entscheiden", die bisher – philosophisch – kontrovers diskutiert worden waren. Und sie taten dies, nicht ohne ihre eigene (philosophische) Nabelschnur abzuschneiden, vor allem in der Medizin (und Physiologie). Sie wurden „entpolitisiert".

Die Methoden der „exakten" Naturwissenschaften, die Messung, das Experiment versprachen diese Entpolitisierung. Nur was im Rahmen experimenteller Vorkehrungen, isoliert vom sozialen, historischen (und damit politischen) Kontext, insofern „objektiv" beobachtbar, intersubjektiv, „wiederholbar" war, wurde als „Datum" der Wissenschaft zugelassen. Die Wissenschaft sollte durch Experiment und Statistik die „phänomenale" Welt reduzieren auf die „Prinzipien" von „Ordnung", „Gesetz", „Vorhersagbarkeit".

Vom Standpunkt der „Objektivität" wurde alles, was sich dieser Reduktion nicht subsumieren ließ, was bei dieser Abstraktion abgeschnitten wurde, als „Metaphysik" (im Sinne Comtes), als „Spekulation" (seitdem ein Synonym für „unwissenschaftlich") abgewertet.

Für die Philosophie bedeutete dies, Kant (und Hegel) zu „revidieren", sie einzuschränken auf „Erkenntnistheorie". Die führende Figur in diesen Versuchen war Rudolf Hermann Lotze (1817-1881), Nachfolger Herbarts in Göttingen (seit 1844), der selbst eine „Medizinische Psychologie oder Physiologie der Seele" (1852) geschrieben hat. Er ersetzte die naturphilosophischen Konzepte der Lebenskraft und der Gestaltungskraft durch „regulative" Prinzipien der „Zwecke", „Funktionen" und „Werte". Ihnen komme keine teleologische Erklärungskraft zu, sondern sie seien lediglich Ausdruck der Ziele wissenschaftlicher Forschung. Zusätzlich erfordere wissenschaftliche Erklärung zwei weitere Faktoren: mechanische „Gesetze" und empirische „Fakten". Diese auf Erkenntnistheorie reduzierte Philosophie konnte ihrerseits die (selber reduzierte) Physiologie als „wissenschaftliche" Grundlage gebrauchen und deren Ausgreifen auf psychologische Fragestellungen begründen. „Die an theoretisch-spekulativem Denken entfaltete Vernunft gebildeter Eliten [wird] durch quantitative Verfahren [ersetzt]" (Brückner 1982, 157).

Diese „Logik" der kapitalistischen Produktion wird mit dem Zurückdrängen des Bürgertums aus der politischen Arena verstärkt. Bürgerliches Denken wurde beschränkt auf den Umkreis, den die Entfaltung der Industrialisierung vorzeichnete. „Vernunft" steckte in der „Technologie"; dies verstärkte das technisch-naturwissenschaftliche Gewicht innerhalb der Wissenschaften, ihren „Positivismus". Technologie ist aber auch eine Herrschaftsform. „Die technologischen Sprünge in der Industrie ... antworten auch auf ‚Eigenwilligkeit und Widerspenstigkeit‘ der Arbeiterschaft" (Brückner 1982, 160). Insofern steckt im Positivismus nicht nur die Selbstreduzierung des – bürgerlichen – Intellektuellen, seine Unterwerfung unter die (siegreiche) Macht, sondern zugleich die Angst vor der Widerspenstigkeit (der Arbeiterschaft), welche die soziale Unruhe verkörpert, der sie selber abgeschworen haben und die nun ihre Beruhigung stören könnte, die sie durch ihre Allianz mit der Macht erreicht haben. Diese doppelte Abwehr ist bereits bei Comte, dem Begründer des Positivismus, vorhanden. Er hatte aus der Erfahrung der französischen Revolution heraus geschrieben. Weil die Erfahrung der Generation von 1848 und deren Verarbeitung der Comtes so sehr entsprach, konnte diese auch sein Programm des „Fort-

schritts" im Rahmen der etablierten Ordnung" übernehmen, bildete dieses die Grundlage des Positivismus in den Wissenschaften vom Leben. Kapitalistische Industrialisierung ist zugleich selbst ein Abstraktionsprozeß, „eine Loslösung individueller Lebensprozesse von den Apparaturen der politisch-ökonomischen Steuerung, der Regelsysteme der Gesellschaft" (Brückner, 162), sie entwertet mit der Zerstörung gewohnter Lebensverhältnisse die alten Orientierungsmuster und Gewohnheiten. Es entsteht ein (neues) Bedürfnis nach Erklärung, nach Orientierung, das die Naturwissenschaften und die naturwissenschaftlichen Wissenschaften vom Leben zu befriedigen versprachen (s. a. Braverman 1974, Chorover 1985).

## 2. Der philosophische Diskurs

Das Eindringen der Physiologie in den Bereich der Philosophie ist nicht nur dem „Imperialismus" einer „erfolgreichen" Naturwissenschaft zuzuschreiben (Ben-David & Collins 1966), sondern wurde von seiten der Philosophie selbst begrüßt. Die Philosophie rezipierte sehr schnell die experimentellen Ergebnisse der Physiologie, sie erwartete sich davon Antworten auf ihre eigenen Fragen: nach dem Zusammenhang von (subjektiver) Wahrnehmung und (objektiver) Realität, nach der (naturwissenschaftlichen) Erklärung der Prozesse des Denkens und der adäquaten Bildung von Urteilen, die sie selbst bereits als Fragen nach der Beziehung von sensorischer Stimulation und „psychologischer" Entsprechung (Empfindung) formulierte, in physiologischen Vorstellungen also.

Vorbereitet wurde diese Rezeption durch die Forderung nach einer „empirisch begründeten" Psychologie von Johann Friedrich Herbart (1776-1841), Kants Nachfolger in Königsberg (seit 1809), Jakob Friedrich Fries (1773-1843) in Jena, Friedrich Eduard Beneke (1798-1854) in Berlin. Von Beneke stammt auch der Begriff „Neue Psychologie", den Wundt später übernehmen wird. Sie alle versuchten, Kants Einwände gegen die Möglichkeit einer „wissenschaftlichen

Psychologie" zu „widerlegen", indem sie diese als Handlungsanleitungen für die Entwicklung einer wissenschaftlichen Psychologie umdeuteten (Leary 1982). Kant hatte in der „Kritik der reinen Vernunft" (1781) die Möglichkeit einer rationalen (das war für ihn: einer wissenschaftlichen) Psychologie mit dem Argument bestritten, ein rationales Wissen über die Natur der Seele, des Ich sei nicht zu erreichen. Das ,Ich denke', mit all dem alles Denken über die Substantialität und Identität der Seele und ihrer Beziehung zur Welt beginne, basiere auf Erfahrung a posteriori, nicht auf Vernunft a priori, und Erfahrung könne nicht die Grundlage für eine rationale Wissenschaft von der Natur der Seele sein. Es bleibe nur, uns auf jene Fragen zu beschränken, die die Grenze der Erfahrung nicht überschreiten, mit anderen Worten, Psychologie könne nur eine „empirische" Wissenschaft sein, eine Beschreibung der Phänomene der Seele, sie könne nur rekurrieren auf induktives Sammeln von (Erfahrungs-)Daten a posteriori, ihre „Gesetze" können deshalb lediglich „Gesetze der Erfahrung" sein. Die Voraussetzung für a priori gültige Gesetze der Vernunft: die Anwendung der Mathematik auf die empirischen Daten, sei bei den Daten der Psychologie nicht erfüllt, denn diese existierten nur in zeitlicher, nicht in räumlicher Ausdehung. Schließlich könne Psychologie ihre Phänomene nicht experimentell kontrollieren. Die Beobachtungen, die dem Psychologen zugänglich seien, haben eine nur beschränkte Reichweite: der Akt der Beobachtung verändert das Beobachtete, die inneren Zustände eines anderen sind uns nicht zugänglich, die Berichte des Individuums selbst über seine eigenen psychischen Phänomene sind nicht exakt.

Wir werden sehen, daß gegen Ende des Jahrhunderts diese Argumente von William James wieder aufgegriffen werden gegen die in der Zwischenzeit etablierte naturwissenschaftliche Psychologie und daß James daraus die Forderung ableiten wird, Psychologie müsse sich der Subjektivität der Erfahrung des konkreten Individuums öffnen, in ihr allein liege „alles dramatische Interesse" (1896).

Zu Beginn des Jahrhunderts, am Anfang der Entwicklung der Psychologie zur Natur-

wissenschaft, wurden Kants Argumente als Herausforderung aufgegriffen, Psychologie „neu zu gründen": auf a priori gültige Kategorien (Fries 1807, 1820/21), auf Mathematik (Herbart 1824) und auf das Experiment (Beneke 1833). Das Interesse an einer solchen naturwissenschaftlichen Psychologie „widerlegte" die entgegenstehenden Argumente. Worin war dieses begründet?

Bei Herbart erscheint es als Interesse an der „Verwissenschaftlichung der Erziehung". Als Pädagoge, der von Pestalozzi beeindruckt war, interessierte ihn die „planvolle Ausbildung" der Fertigkeiten des Zöglings, woraus die Notwendigkeit wissenschaftlicher Erforschung der Prozesse des Lernens und des Denkens sich ergeben haben könnte. Aber in der Bedeutung der Erziehung bestand kein Dissenz zu Kant. Erziehung nimmt bei Kant vielmehr eine zentrale Stellung ein: in der Bildung des (autonomen) bürgerlichen Individuums. Um zur Freiheit zu gelangen, müsse der Bürger aufgeklärt sein, „d. h. frei zur Herrschaft über sich selbst gelangen", wie Brückner (1982, 125) erläutert. Angesichts und in der Folge der französischen Revolution wird bei Kant die Frage der Herstellung und Sicherung der nun bürgerlichen Herrschaft neu diskutiert. Er verlegt Herrschaft ins Individuum selbst, in die Vernunft, als Instanz der Selbststeuerung, die die bürgerliche Hegemonie durch die ihr unterworfenen Subjekte selbst sichert. Das verweist Kant auf Erziehung. „Das Individuum (wird) autonom, wenn es sich ... an sprachlich artikulierten Werten oder Normen ,bildet', das heißt sie verinnerlicht". Das „setzt nicht Dressur (das heißt den Erwerb von sittlichen Reflexen) voraus, sondern Denken, Reflexion. Erziehung muß aufgeklärte Anleitung zur Selbstprüfung in allen praktischen Fragen sein" (Brückner, 126). Herbart ergänzte dieses Konzept von Erziehung als umfassende sittliche Bildung durch Aufklärung durch – obrigkeitsstaatliche – „Zucht". Sie sei für die Festlegung des durch sittliche Bildung erworbenen Charakters unumgänglich. Sittliche Bildung allein genügte Herbart nicht, sie könne nur die „Richtigkeit des Charakters" erreichen, nicht dessen „Festigkeit, Härte und Unverwundbarkeit". Das geringere Vertrauen Herbarts in die herrschaftssichernde Funktion von Bildung allein läßt den äußeren Zwang wieder hervortreten, den Kant durch moralischen Zwang, durch die „bloße Vorstellung der Pflicht" ablösen wollte. Dadurch treten auch die besonderen historischen Bedingungen hervor, unter denen bürgerliche Hegemonie in Preußen sich durchgesetzt hat, die gesellschaftlichen Kräfte, auf die diese sich stützen mußte: der (aufgeklärte) Obrigkeitsstaat einerseits, die Entwicklung der (Natur-)Wissenschaften andererseits.

Die Reform von Staat und Erziehung, in deren Kontext die Pädagogik Herbarts steht (Stein/Hardenberg, Humboldt) war nicht durch die Demokratie der Massen, sondern durch den Sieg Napoleons (1807) erzwungen worden. Und die durch diesen Sieg geschenkte Zeit für die Erfüllung der Träume des aufgeklärten Bürgertums war nur von kurzer Dauer. Napoleon wurde wieder vertrieben und schließlich besiegt, und zwar durch ein reaktionäres Bündnis mit den Mächten des ancien regime: Österreich und Rußland. Nicht die Demokratie (die Kant und Fichte erhofften) hatte den Sieg errungen, sondern die Metternichsche Restauration, nicht der aufgeklärte, sondern der Obrigkeitsstaat sans phrase. Dieser kann der „Zucht" nicht entbehren. (Zucht verlangte auch „Turnvater" Jahn, aber für die körperliche Ertüchtigung der Jugend in der Vorbereitung der Befreiungskriege. Weil aber die „Befreiung", an der diese Jugend wesentlich beteiligt war, ein Sieg der österreichisch-russisch-preußischen Restauration wurde, erhielt auch diese „Zucht" ihre restaurative Interpretation im Nachhinein. Allerdings ließ sich die Jugend nicht darauf reduzieren, wie die Bewegung der Burschenschaften zeigen sollte). Zucht als von außen kommender Zwang verlangt für den aufgeklärten Herbart die Kenntnis der – psychologischen – Mechanismen ihrer Wirkung.

Die Notwendigkeit der Einordnung (der Jugend) in eine nicht von ihr gewählte staatliche Ordnung stand bei der Forderung nach einer neuen, einer wissenschaftlichen Psychologie Pate. Die Notwendigkeit der Beherrschung der (inneren) Natur des Menschen, der Jugend, ebenso wie die Reduzierung des Bürgers auf Ökonomie (im Rahmen der vorgegebenen staatlichen Ordnung), deren wissenschaftliche Produktivkraft die Naturwissenschaften wurden, ließ die Realisierung des Projekts einer wissenschaftlichen Psychologie im Horizont der Naturwissenschaften erwarten. Der Fortschritt der (naturwissenschaftlichen) Physiologie drängte alle Hoffnungen in die Richtung der physiologischen Untersuchungen und (experimentellen) Methoden. Wilhelm Wundt wurde der Fürsprecher dieser Position während der 60er und 70er Jahre.

## 3. Die Epochenschwelle der „wissenschaftlichen" Revolutionen

Doch der inhaltliche Durchbruch zu einer neuen Psychologie war vor Wundt bereits dem Leipziger Physiker Gustav Theodor Fechner (1801-1878) gelungen (Sprung & Sprung 1980, 284). Aufbauend auf dem „Maß der Empfindlichkeit" des Physiologen Weber (1846) stellte er eine logarithmische Beziehung zwischen Reiz und Sinnesempfindung fest. In den 1860 veröffentlichten „Elementen der Psychophysik" beanspruchte Fechner mit dieser Beziehung die „exacte Lehre" vom „functionellen Zusammenhang von Leib und Seele, Physischem und Psychischem" formulieren zu können (1860, II, 553). Reiz und Empfindung als Daten der „körperlichen Außenwelt" und des „Psychischen" ließen durch die zwischen ihnen bestehende und empirisch feststellbare Beziehung auf die Beziehung zwischen Psychischem und „körperlicher Innenwelt", d.i. die Beziehung zwischen Seele und Körper, schließen. Schließlich sah sich Fechner durch die gesetzmäßige Beziehung zwischen Reiz und Empfindung in der Annahme bestätigt, „daß im Psychischen dieselben Kräfte walten wie im Physischen", daß „also hier nichts den Gesetzen der Erhaltung der Kraft Zuwiderlaufendes zu sehen" ist (I, 40). Diese Übertragung des Gesetzes der Erhaltung der Kraft auf das Gebiet des Psychischen wird später für Freuds Theorie des psychischen Apparats eine zentrale Stellung einnehmen; wie Freud selbst schreibt, habe er sich „in wichtigen Punkten an diesen Denker angelehnt" (1925, GW 14, 86).

Das Jahr 1860, in dem Fechners „Psychophysik" erschien, war allerdings in einem viel weitreichenderen Sinn ein einschneidendes in der Geschichte der Psychologie und der Wissenschaften vom Leben. In diesem Jahr wurde Darwins „On the Origin of Species by Natural Selection" (1859) ins Deutsche übersetzt. Dieses Buch lenkte die Diskussion in eine neue Richtung.

Die Theorie der „Evolution", die entwicklungsgeschichtliche Betrachtung des Lebens, sollte das Denken in der 2. Hälfte des 19. Jahrhunderts bestimmen, wenngleich Darwin lediglich, wie Sulloway (1979) feststellt, „eine naturwissenschaftliche Bestätigung für viele früher rein spekulative und philosophische Tendenzen im Denken des 19. Jahrhunderts beisteuerte" (356), so der Vorstellung unbewußter und irrationaler Aspekte des Willens, wodurch die späte Anerkennung Arthur Schopenhauers (1788-1860) „Die Welt als Wille und Vorstellung" (1819) befördert wurde. Schopenhauers Postulierung von zwei Grundtrieben, dem lebenserhaltenden und dem sexuellen, finden sich in Darwins Überlebens- und Fortpflanzungstrieb wieder. Der Einfluß Schopenhauers auf Freud (über Eduard von Hartmanns [1842-1906] „Philosophie des Unbewußten" [1869]) ist bekannt. Darwin förderte die Entstehung der (Entwicklungs-)Psychologie des Kindes (William Preyer 1882, Karl Groos 1899, James Mark Baldwin 1895, Stanley Hall 1883, Hippolyte Taine 1876), der Tierpsychologie (George John Romanes 1883, Edward L. Thorndike 1898), der Sexualwissenschaft und die Beachtung der Sexualität in der Entstehung psychischer Störungen durch die Psychopathologie (Richard von Krafft-Ebing 1877, 1886, Albert Moll 1891, Hall 1904), um nur die wichtigsten Auswirkungen im Bereich der Psychologie zu nennen. Der ungeheure Einfluß Darwins und des Darwinismus auf alle Bereiche der Wissenschaft und der Gesellschaftsbetrachtung, der weit über die wissenschaftliche Diskussion reichte und ihn zum meistgelesenen Autor des Jahrhunderts machte, nicht nur in den Händen der neuen Eliten gegen die alte Elite (Kirche und Aristokratie) und gegen die Massen, sondern in den Händen der Bevölkerung, vor allem der Arbeiter (in Deutschland vor allem in der durch Ernst Haeckel [1834-1919] popularisierten Gestalt) selbst, liegt wohl in der Tatsache begründet, daß er, in der klassi-

schen Formulierung von Engels, gesellschaftliche Zustände in die Natur, in die Tierwelt überträgt und von dort eine „naturwissenschaftliche" Bestätigung für jene beschafft, gesellschaftliche „Gesetze" als „Naturgesetze" auszugeben gestattet. Die Popularität dieser Gleichsetzung von Menschen- und Tierwelt in weiten Kreisen der Bevölkerung mag durch die Einrichtung der Zoologischen Gärten in zahlreichen europäischen Großstädten befördert worden sein (Regentspark London 1828, Berlin 1838, bis zu: Hannover 1865). Sie wurden zum vielbesuchten Vergnügungsort, wo man „das Leben im Zoo als Spiegel des menschlichen Lebens" erkennen zu können glaubte (Ueding 1977, 127). Der „Kampf ums Dasein", der für Darwin die „Natural Selection" steuerte – soziale Realität in der viktorianischen Gesellschaft –, war bereits ein von dieser Gesellschaft gern benutztes Schlagwort, lange vor dem Erscheinen von Darwins Theorie, und hat ihn sicher nicht unbeeinflußt gelassen, wie er umgekehrt dieses Schlagwort in den Rang einer (natur-)wissenschaftlichen Erkenntnis erhob. Darwin selbst schreibt die Idee Thomas Malthus' „Essay on the Principles of Population" (1798) zu, den er 1838, zwei Jahre nachdem er von seiner Forschungsreise zurückgekehrt war, gelesen hatte, und der höchst beunruhigt darüber gewesen war, daß die „zügellosen Zeugungsgewohnheiten" der verelendeten Massen in den englischen Industriedistrikten durch die Zahl ihrer Nachkommenschaft (= biologische Tüchtigkeit) das Überleben der herrschenden Klassen bedrohen könnten. Daß das räuberische Verhalten der viktorianischen Gesellschaft nur der natürliche und unvermeidliche Ausdruck des Kampfes ums Dasein sei, den alle Arten führten, ist allerdings erst die Theorie des „Sozialdarwinismus" von Herbert Spencer (1820-1903). Spencer schaltete sich in England direkt in den Kampf um die Sozialgesetzgebung ein, lehnte diese ab mit dem Argument, das Elend der unteren Schichten sei in Mängeln ihres moralischen Charakters begründet und dieser sei Ausdruck ihrer angeborenen biologischen Minderwertigkeit, woraus sich umgekehrt ihre schamlose Ausbeutung als Mittel zur Hebung der Moral rechtfertigen ließ (s. Chorover 1979). Spencer schrieb selbst auch ein psychologisches

Lehrbuch (1855), das vor allem in den USA einflußreich war.

Verglichen mit Darwin war Fechners Einfluß weniger spektakulär. Dennoch hat er das für die Institutionalisierung der Psychologie entscheidende Stück beigetragen: das „psychophysische" Experiment, für Fechner selbst nur der unwichtigere Teil seiner Arbeit und Wundt (1901) zufolge nur einer „taktischen Änderung" in Fechners Forschungs- und Veröffentlichungsarbeit zu verdanken. Zeit seines Lebens beschäftigen ihn „Gedanken über die Dinge des Himmels und des Jenseits vom Standpunkte der Naturbetrachtung", wie der Untertitel seines „Zend-Avesta" von 1851 lautet, über das „Leben nach dem Tode" (1836), das ihm, ebenso wie das Leben vor der Geburt, nur durch eine „Bewußtseinsschwelle" von dem der irdischen Existenz getrennt erschien; alle 3 „Stufen des Lebens" bildeten ein einziges Kontinuum.

Es waren dies Betrachtungen in der Tradition der Naturphilosophie, die durch den Siegeszug der Naturwissenschaften in den Bereich der Mystik abgedrängt wurden. Man schreibt sie einer mehrjährigen psychotischen Krise zu, die Fechner in der Mitte seines Lebens zur Einstellung seiner Lehrtätigkeit zwang – obwohl man damit eher Ursache und Folge verkehrt. Nach seiner Genesung hält Fechner die Erscheinungen, Visionen der Phantasie und der Träume als die „Tagesansicht" der „Nachtansicht" der Vernunft – der Naturwissenschaften und des gesellschaftlichen Alltags – entgegen (1879). Er formuliert mehrere universal gültige „Prinzipien" wie das „Lust-Prinzip" (1846), das „Prinzip der Tendenz zur Stabilität" (Konstanz und Wiederholung) (1873), die, wie seine Vorstellung von der psychischen Energie, von Freud übernommen bzw. in sein System, vor allem in die Traumdeutung (1900) und die ihr folgenden Arbeiten eingebaut werden.

## 4. Wilhelm Wundt und die Gründung der experimentellen Psychologie

Als Wilhelm Wundt 1879 das erste „psychologische Labor" eröffnete, war alles zu diesem einschneidenden Schritt zur Institutionalisierung der Psychologie Notwendige bereits vorhanden. Wundt selbst war an dem der „Gründung" der Psychologie vorangehenden wissenschaftlichem Diskurs seit den 60er Jahren beteiligt gewesen. Von der Ausbildung her Mediziner, lehrte er (seit 1857 in Heidelberg) „experimentelle Physiologie", „medizinische Physik", „mikroskopische Anatomie", aber auch „Anthropologie", „Ethnographie" und „Naturgeschichte der Rassen und Völker". 1862 veröffentlichte er mit seinen „Beiträgen zur Theorie der Sinneswahrnehmung" und 1863 mit seinen „Vorlesungen über die Menschen- und Tierseele" sein Programm einer „wissenschaftlichen Psychologie".

„Wissenschaftliche Psychologie" hieß für ihn, und darin stand er vollkommen in der Diskussion seiner Zeit, die Methoden der Naturwissenschaften, das Experiment und die Statistik, auf die Fragestellungen der Psychologie anzuwenden. Er begründete dies nicht nur forschungsstrategisch, sondern auch inhaltlich. Nicht nur sei der Fortschritt der Naturwissenschaften mit dem Fortschritt ihrer Untersuchungsmethoden verbunden (1862, XI), sondern der Gegenstand der Psychologie sei selbst als ein „Naturphänomen" aufzufassen, die „Seelenlehre (also) als eine Naturwissenschaft", woraus sich die Anwendung der experimentellen Methoden (der Naturwissenschaften) rechtfertige (XXVII), ja zwingend ergebe: nur im Experiment seien die Naturgesetze zugänglich, weil man nur dort die Ursachen und die Folgen überschauen könne.

Dies entsprach dem Denken der Physiologen, die sich dem Gebiet des Psychischen zugewandt hatten. Trotzdem hat Wundt später (1921) eine grundsätzliche Differenz zu ihnen behauptet, vor allem zu Helmholtz. Dieser habe die Theorie der Sinneswahrnehmung aus der Beschäftigung der Psychologen in eine Aufgabe der Naturwissenschaften umwandeln wollen, während „mir von Anfang an die Sinneswahrnehmung als ein psychologisches Problem vor Augen schwebte" (161).

Tatsächlich bestand die Differenz ursprünglich hinsichtlich der Frage, ob Psychologie als eigene Wissenschaft (Wundt) oder nur als „Beitrag zur Reform der Philosophie"

(Helmholtz) zu konzipieren sei. Von daher ergab sich die Differenz in bezug auf den Gegenstand. Um Psychologie als eigene Wissenschaft zu begründen (wenn auch nicht losgelöst von der Philosophie – diesen Schritt vollzog erst die nächste Generation der Psychologen) mußte Wundt ihren Gegenstandsbereich weiter definieren. Die psychophysischen Untersuchungen rechtfertigen nicht die Einrichtung eines eigenen Labors, wie Fechner gegen Wundt einwandte; deren Fragen seien in den nächsten 10 Jahren erforscht. Wundt beanspruchte für die Psychologie, neben der Untersuchung der „einfacheren" psychischen Vorgänge (Sinneserfahrung, Wahrnehmung), dem Gebiet der „physiologischen Psychologie", auch die der „höheren psychischen Vorgänge und Entwicklungen" (Denken, Lernen). Damit setzte er sich in Gegensatz zu Helmholtz, der den Bereich des Denkens aus der naturwissenschaftlich-physiologischen Untersuchung ausgeschlossen hatte. Aber in diesem methodischen Vorbehalt stimmte Wundt mit Helmholtz überein; auch er war davon überzeugt, daß die höheren psychischen Vorgänge nicht mit Hilfe des Experiments zu erforschen seien (im Gegensatz zur nachfolgenden Psychologen-Generation). Wundt schwebte ein indirekter Weg vor: die Erforschung ihrer Produkte", der Sprache, Mythen und Sitten der Völker („Völkerpsychologie"). Die Analyse dieser „allgemeingültigen Geisteserzeugnisse" sei eine ebenfalls „exakte Methode". Sie könne sich die Tatsache zunutze machen, daß hier „die Geschichte selbst experimentiert" habe (1874, 4). Damit hat Wundt das Gebiet der Psychologie weiter definiert, als heute üblich. Es umfaßte auch Bereiche, die heute von anderen Wissenschaften beansprucht werden (Ethnologie, Soziologie, Anthropologie, Sprachwissenschaften). Die vereinheitlichende inhaltliche Klammer war der gemeinsame Gegenstand der „psychischen Vorgänge und Entwicklungen".

Psychologie derart definiert setzte eine „psychologische Reinterpretation" der physiologischen Forschung voraus (s. Woodward 1982, 177) und schließlich eine Modifikation des Experiments, zu der Fechner bereits die Voraussetzungen geliefert hatte. Das psychologische Experiment war nicht mehr einfach das physiologische, sondern verband dieses mit der „Selbstbeobachtung". Der Selbstbeobachtung seien allerdings die psychischen Vorgänge nicht direkt zugänglich, sondern nur deren „fertige Arbeit". Von diesen der Selbstbeobachtung gegebenen (zugänglichen) Erscheinungen ausgehend seien die diesen zugrundeliegenden Prozesse zu erschließen, durch Analyse des „zusammenhängenden Ganzen" in seine „Elemente" und die Ermittlung der Gesetze, die dessen Entstehung bewirken. Das Experiment war die methodische Vorkehrung der Objektivierung der Ergebnisse der Selbstbeobachtung mittels gleichzeitig erhobener „objektiver" Daten (Messen von Reaktionszeiten, Registrieren von Puls- und Atemfrequenz). „Selbstbeobachtung" relativierte ihrerseits die Bedeutung der (physiologischen) Meßdaten. Psychische Vorgänge seien nicht zu reduzieren auf die der Physiologie zugänglichen (bio-physikalischen und bio-chemischen) Ursachen und Wirkungen. Die Axiome der Mechanik seien auf jene nicht anwendbar, psychische Vorgänge unterliegen gesetzmäßigen Beziehungen eigener Art, „psychischer Kausalität" (1884) des Prozesses des (Bewußt)-Werdens.

Damit wandte sich Wundt zugleich gegen die „assoziationstheoretische" Erklärung der psychischen Vorgänge durch den britischen Empirismus bei John Stuart Mill (1806-1873). Dieser, der unter Rückgriff auf Locke, Berkeley, Hume in den (Sinnes-)Empfindungen ebenfalls die „Elemente" der „psychischen Tatsachen" gesucht hatte, hatte ihre Verbindung (zu Vorstellungen) nach dem Prinzip der „Assoziation" erklärt. Wundt, der die „Elemente" als Produkt der Analyse (der zusammenhängenden Welt der Erfahrung) betrachtete, schrieb die Bildung der Vorstellungen dagegen dem „schöpferischen Prozeß" der „Apperzeption" aus den „unvollständigen Daten" der sensorischen Erfahrung zu.

Der Bezugsrahmen Wundts war immer noch, wenngleich anders als bei Helmholtz, die Erkenntniskritik Kants. War es Helmholtz um eine sinnesphysiologische Neubegründung gegangen, so stand Wundts psychologische Reinterpretation der Sinnesphysiologie im Kontext der „Erneuerung des Deutschen Idealismus". Diese bedeutete eine zweifache Revision: hinsichtlich der Dimension des praktischen Handelns und hinsichtlich der des Unbewußten. Für Helmholtz stand die Untersuchung der physiologischen Bedingungen der Erkenntnis (noch) im Zusammenhang mit Fragen des Handelns. Die auf die Philosophie der Sinne gestützte Erkenntnislehre sollte den Menschen anweisen, zur Tat zu schreiten, um der Wirklichkeit sicher zu werden (zit. n. Topel 1980, 305). Für Wundt dagegen ging es immer weniger um die Beziehung zwischen Erkenntnis und Handeln, sondern immer ausschließlicher um die „Strukturen des Bewußtseins". Damit war zugleich die unbewußte Dimension der „psychischen Vorgänge" ausgeschlossen, von der auch Wundt ursprünglich noch ausgegangen war, als er (1862) schrieb „Was ins Bewußtsein kommt, ist nur die fertige Arbeit ... der Schauplatz der wichtigsten Seelenvorgänge (liegt) in der unbewußten Seele" (5). Helmholtz dagegen hat bis zuletzt an seiner Annahme „unbewußter Schlußfolgerungen" festgehalten.

In dieser theoretischen Einengung spiegelt sich zugleich die praktisch-politische, der Rückzug der bürgerlichen Intelligenz aus der Sphäre des politischen Handelns. Wundt, der in den 60er Jahren als Abgeordneter der Fortschrittspartei im Badischen Landtag und im Arbeiterbildungsverein tätig gewesen war, gab beides vor seiner Berufung nach Leipzig auf. Finster (1980, 377) gibt als Gründe dafür die „zunehmende Politisierung der Arbeiterbildungsvereine" und die „Positionsschwächung seiner (Wundts) Partei" an. Und Arnold (1980) schreibt „die Psychologie entstand nicht unabhängig von den Klassenkämpfen der Zeit, nicht isoliert von den an Heftigkeit zunehmenden ideologischen Auseinandersetzungen zwischen Materialismus und Idealismus ... An ihren Hochschulen ließ (die Bourgeoisie) es nicht zu, daß die materialistische Philosophie einen Lehrstuhl erhielt. Bereits in den 60er Jahren ... bestand für Wundt als Dozent an einer staatlichen Hochschule ... kein Zweifel, daß die „neue" Philosophie eine idealistische sein müsse." (319)

In diesem Rahmen entwickelte Wundt sein Programm der „neuen" Psychologie. Sein Rückzug aus der politischen Arena führte ihn zur Verlagerung seines Engagements auf den hochschulpolitischen und wissenschaftsorganisatorischen Horizont, zum Aufbau seines

Labors und der Heranbildung eines Kreises von „Schülern" – im Vertrauen darauf, daß die politischen Geschäfte innerhalb der Gesellschaft geregelt seien: durch die Bismarcksche Staatsgründung. Für diese nahm Wundt auch – in seinen rechtsphilosophischen Schriften und im Rahmen der Völkerpsychologie – Partei. Im Gegensatz zu den Ideen der Aufklärung und der (bürgerlichen) Demokratie seit 1789 habe „das neue Reich ... seine Verfassung nicht auf allgemeine Reflexionen über Bürger-Menschenrechte gegründet, sondern auf das Rechtsgefühl und das Pflichtbewußtsein einer durch Sitte, Bildung und geschichtliche Erlebnisse verbundenen Volksgemeinschaft." (1890, 69) Und nur dieses Leben „in der staatlichen Volksgemeinschaft, der wir angehören", das „das Gebiet der uns zunächst obliegenden Pflichthandlungen umschließt, ist das wahre Leben. Alle Tugend geht darin auf, in dieser Gemeinschaft sich selbst als Person zu vergessen" (ebd. 63). Eine für einen Bürger unerhörte Selbstpreisgabe, die nur verstehbar wird, wenn man bedenkt, daß Wundt damit nicht allein stand. Er vertrat nur die Haltung praktisch der gesamten Professorenschaft im Deutschen Reich, die im klaren Bewußtsein, ihre privilegierte Stellung dem Staat zu verdanken, ihre „Bürger-Menschenrechte" in dessen Hand legten und ihm ergeben dienten – bis zur Offenbarung ihres Bankrotts 1914, als sie sich mit ihren Aufrufen, Vorträgen, Broschüren (Spranger 1914, 1916; Wundt 1915, Külpe 1915; um nur die wichtigsten der Psychologen zu nennen), ihren Unterschriftenaktionen und der Rückgabe englischer Auszeichnungen zur „Mobilmachung der Geister" (Meinecke) für den Krieg hergaben.

Zu dieser Zeit hatte Wundt bereits den Höhepunkt seines Einflusses überschritten. Die nächste Generation von Psychologen akzeptierte weder Wundts breiten methodischen Zugang (seine „Völkerpsychologie" wurde nicht rezipiert) noch die von Wundt geforderte Beschränkung des Experiments auf die Untersuchung der „einfachen psychischen Vorgänge". Hermann Ebbinghaus (1850-1909) in Breslau, später in Halle, Georg Elias Müller (1850-1934) in Göttingen wandten das Experiment auf die Untersuchung des „Gedächtnisses" an, Oswald

Külpe (1862-1915) in Würzburg, Alexius Meinong (1853-1920) in Graz auf die des „Denkens". 1890 gründete Ebbinghaus eine Konkurrenzzeitschrift („Für Psychologie und Physiologie der Sinnesorgane') zu Wundts „Philosophischen Studien" (seit 1883), in der er die Gegner von Wundts „Wendung zur Philosophie" sammelte. Auch Helmholtz veröffentlichte dort. 1904 gründete G. E. Müller die „Gesellschaft für experimentelle Psychologie". Diese Reduzierung der Psychologie auf die experimentelle und die gleichzeitige Ausdehnung des Experiments auf die „höheren geistigen Vorgänge" blieb – von philosophischer Seite – nicht unwidersprochen: Wilhelm Dilthey (1833-1911) bezeichnete die experimentelle Psychologie als „Psychologie ohne Seele". Psychologie als Wissenschaft der „inneren Erfahrung" könne nicht experimentell (mit dem Anspruch der „Erklärung") vorgehen, sondern müsse deskriptiv („verstehend") sein (1894, GS V, 195). Damit wandte er sich aber bereits gegen Wundt und dessen Anwendung des (psychophysischen) Experiments auf das Gebiet der Psychologie. Ebenso hatte sich Franz Brentano (1838-1917) bereits 1874 in seiner „Psychologie vom empirischen Standpunkt" kritisch gegenüber Wundt geäußert. Im selben Jahr, in dem Wundt seine „Grundzüge der physiologischen Psychologie" veröffentlichte, wandte sich Brentano gegen die „Spekulation über hypothetische physiologische Mechanismen", die ebenso zu vermeiden sei wie „metaphysische Spekulation". Es gebe nur wenige physiologisch sichere Tatsachen, die Licht auf psychologische Phänomene werfen könnten.

## 5. William James und die Kritik der experimentellen Psychologie

Diese zum Teil sehr polemisch geführten Diskussionen wurden nie richtig zu Ende geführt, sondern einfach abgeschnitten durch die „behavioristische Revolution", mit der Watson den Gegenstand der Psychologie als „Wissenschaft vom Verhalten" neu definierte und damit – sicheinbar – jegliche Verbindung zur Philosophie abschnitt. Damit wurde die Psychologie, wie Koch (1985, 22) formuliert, „an american enterprise", die – aufgrund der Hegemonie der USA im 20. Jahrhundert – schließlich auch die europäische, vor allem die deutsche Psychologie bestimmen sollte. Watson brach allerdings nicht nur mit der Tradition der deutschen Psychologie, sondern zugleich mit der, die sich in den USA selbst bereits entwickelt hatte. Wenden wir uns zunächst dieser zu, und zwar ihrem herausragenden Vertreter William James (1842-1910), der in Harvard (Cambridge, MA) lehrte. Dieser hatte 1890 in seinen „Principles of Psychology" den umfassendsten Versuch veröffentlicht, in die Diskussion der experimentellen Psychologie der Zeit die philosophische Kritik aufzunehmen. Den Ausgangspunkt seiner Darstellung bildet die „Erfahrung des Subjekts". Sie liefere uns nicht jene „Sinnesdaten", von denen die (physiologische) Psychologie ausging. Die Sinnesdaten seien vielmehr erst das Ergebnis einer Abstraktion aus der unmittelbar gegebenen Erfahrung.

Unsere unmittelbare Erfahrung lasse uns unser Denken und Fühlen, unser Bewußtsein als ununterbrochenes Fließen gewahrwerden. Aus diesem „Strom des Bewußtseins" heben wir einzelne Momente heraus, durch „selektive Aufmerksamkeit", entsprechend unseren Bedürfnissen, unseren praktischen und ästhetischen Interessen, abhängig vom Kontext, in dem wir uns befinden. Wir vernachlässigen dabei anderes, was ebenfalls in diesem Strom vorhanden ist. Durch die reflektierende Rückbeziehung auf den Strom der vorausgegangenen Erfahrung zergliedern wir diesen in einzelne Fragmente, wir beleuchten Einzelheiten beziehungsweise wir schaffen diese durch Fokussierung, durch die zugleich die Umgebung des Herausgehobenen ins Dunkel falle.

Das so Herausgehobene benennen wir mit Begriffen. Mit ihrer Hilfe ordnen wir unsere Erfahrung, machen sie kommunizierbar. Aber wir zerstören damit zugleich ihre Unmittelbarkeit, schneiden ihren Zusammenhang mit dem Nichtkommunizierbaren ab. Die einheitliche Wirklichkeit der Erfahrung wird zerlegt in (objektive) „Wirklichkeit" und (subjektive) „Erfahrung", eine Trennung, die durch die Wissenschaft verabsolutiert wird.

Indem James auf die Erfahrung des Subjekts rekurriert, bestreitet er den „Objektivitätsanspruch" wissenschaftlicher Aussagen. Sie haben ihre Funktion, nicht anders als die Abstraktionen des Subjekts selbst, im Kontext von Interessen (des Theoretikers): eine „pragmatische" Funktion. Ihr „Wahrheitskriterium" ist das des „Erfolgs". Dieser entscheidet über die Brauchbarkeit („pragmatische Wahrheit") theoretischer Aussagen wie in der Alltagssituation des praktischen Handelns. Diese Relativierung des Wahrheitsanspruchs von Theorien dient nicht der Auflösung von „Wahrheit" selbst, sondern widerspricht dem Anspruch von Theorien, die „Wahrheit" zu besitzen, der „Objektivierung" ihrer interessengebundenen Aussagen und ihrem Herrschaftsanspruch. Damit befreit James das Subjekt aus den Fesseln theoretischer Präskription und für dessen eigene „subjektive" Wahrheit. Diese gründet in dem Glauben an die eigene „individuelle Realität und schöpferische Kraft". Zu diesem Glauben müsse jede Philosophie zurückkommen, von ihm müsse die Psychologie ausgehen. Psychologie wird damit aus dem naturwissenschaftlichen Kontext wieder herausgelöst und in den philosophischen zurückgeführt, in den einer Philosophie der radikalen Subjektivität. Sie verdankt ihren Anstoß der erneuten Kantrezeption, durch den Neukantianismus Charles Renouviers, dessen Theorie der Willensfreiheit James die Kraft gab, sich vom (natur-)wissenschaftlichen Determinismus der theoretischen Systeme zu befreien, in erster Linie von dem Spencers. Er weist den Determinismus als „unmoralisch" zurück, denn er bestreite die Möglichkeit des Subjekts, in die Gestaltung seiner Verhältnisse einzugreifen, er fordere vielmehr dazu auf, sich dem „Lauf der Dinge" fatalistisch anzuvertrauen.

Mit diesem „Lauf der Dinge" war James nicht einverstanden. Er sah, wie viele seiner Zeitgenossen, die Entstehung der großen Kapitalgesellschaften in den 90er Jahren, den – gerade angesichts der relativen Prosperität – sich weitenden Graben zwischen Arm und Reich mit anderen Augen als Spencer. Dieser hatte den „free enterprise" als Verwirklichung des unvermeidlichen „struggle for life" gerechtfertigt, durch den zugleich die Entwicklung der Gesellschaft zu einem komfortablen Elysium, unabhängig vom Einfluß der Menschen, verwirklicht werde. James dagegen sah in dieser Entwicklung, und vor allem in der imperialistischen Haltung der USA im Krieg gegen Spanien 1898 ein alarmierendes Zeichen, daß „Amerika von seinem ursprünglichen moralischen Kurs abgekommen war" (Marcell 1974, 32). Er setzte seine Hoffnungen auf „die Herrschaft des Friedens und eine Art von sozialistischem Gleichgewicht" (1910, 286).

In dieser Stoßrichtung gegen die (Spencersche, „sozialdarwinistische") Apologie des „Regimes des freien Wettbewerbs" zeigt sich die gesellschaftskritische Implikation der Jamesschen Philosophie der radikalen Subjektivität.

Die Subjektivität war zugleich aber für James nichts unproblematisch Gegebenes, sie mußte vielmehr erst erkämpft werden gegen die Übermacht der Verhältnisse, durch den „Glauben an die eigene Kraft", durch, wie James in den „Varieties of Religious Experience" (1902) schrieb, die „Zweite Geburt". James verallgemeinert damit seine Erfahrung der persönlichen Krise Ende der 60er Jahre, aus der er sich durch diesen Glauben, unterstützt durch die Lektüre von Renouviers Abhandlungen, befreit hatte. Zugleich verarbeitet er darin die Beobachtungen der zu jener Zeit berühmten psychiatrischen Schulen von Paris (Charcot, Janet) und Nancy (Liébault, Bernheim) des „geteilten Selbst". Ihre Untersuchungen über Somnambulismus, Trance und Hypnose, Hysterie und Depersonalisation wurden in den 80er Jahren, zur Zeit der Abfassung der „Principles", sehr breit diskutiert, gerade unter den Intellektuellen der Ostküste. James hat sich selbst sehr intensiv mit diesen „psychic phenomena" beschäftigt. Er war befreundet mit James Jackson Putnam, dem Spiritus rector der amerikanischen „dynamischen Psychiatrie", und bewegte sich in jenem Kreis von Ärzten und Therapeuten, der später als „Boston School of Psychotherapy" bekannt wurde und der mit seiner Arbeit den Boden für die Rezeption der Psychoanalyse in den USA vorbereitete. James hat auch selbst die Hypnose praktiziert. 1889 nahm er am 1. Kongreß für experimentelle und therapeutische Hypnose in Paris teil, an dem auch Freud teilgenommen hatte und auf dem der Streit zwischen Bernheim und Janet über die (generelle oder nur spezifische) Anwendbarkeit der Hypnose ausgetragen wurde.

James' Interesse richtete sich auf die Gemeinsamkeiten dieser pathologischen Phänomene mit den alltäglichen Erscheinungen – des Vergessens, der falschen Erinnerung, der Träume. Die pathologischen Erscheinungen zeigten für James nur in extremer Form die allgemeinen Möglichkeiten unseres Bewußtseins, der „Spaltung der Persönlichkeit" – und der Herstellung ihrer Einheit: der „Zweiten Geburt". Sie dienten ihm, wie den französischen Psychiatern, als Beleg für die Existenz des Unbewußten, das James allerdings – im Unterschied zu Freud – als „die unterbewußte Fortsetzung unseres bewußten Lebens" versteht (1902). Das Unbewußte war für James ein „persönliches Unbewußtes" (Taylor 1982), an die Erfahrung des Individuums gebunden, wenn auch diesem nicht mehr zugänglich, außer in Momenten der Inspiration oder der Krise.

## 6. Der andere Diskurs – der Diskurs über die anderen

Dieser von James eröffnete Horizont einer Psychologie des konkreten Individuums wurde von der weiteren Entwicklung der Psychologie nicht ausgefüllt. Er wurde vielmehr wieder zugeschüttet durch die Rückwendung des Behaviorismus, die John Broadus Watson (1878-1958) mit dem Gestus des revolutionären Neubeginns vortrug. Watson trat 1913 mit dem Versprechen auf, die Psychologie endgültig zur Naturwissenschaft zu machen, dadurch daß er sie ausschließlich auf das bloß „Beobachtbare" beschränkte. Und beobachtbar sei nur das „Verhalten". Alles andere, womit sich die Psychologie bisher beschäftigt hatte: das Bewußtsein, Wille, Gefühl, Vorstellungen, sei nicht beobachtbar und könne deshalb nicht Gegenstand (natur-)wissenschaftlicher Untersuchung sein. Indem sich die Psychologie von diesem Ballast philosophischer „Spekulation" trenne, sei die Trennung von der Philosophie vollzogen.

Watson hat damit aber nicht nur eine methodische Veränderung vorgeschlagen, sondern zugleich eine des Gegenstands. Dieser wird von der Methode her bestimmt, von der Möglichkeit, ihn mittels der vorgegebenen Methode zu erfassen.

Die Definition des Gegenstands von der Methode her schneidet die Psychologie nicht nur vom philosophischen Diskurs ab, in dem sie sich entwickelte, sondern stellt sie in einen anderen Zusammenhang, in dem das a priori der Methode seinen Sinn erhält: den der „Anwendung". Und auch Watson begründete seinen Schritt nicht nur mit dem theoretischen Argument, die Psychologie müsse als Naturwissenschaft konzipiert werden, sondern mit dem praktischen, Psychologie müsse beitragen zum „praktischen Leben des Menschen". Ihr Ziel sei „die Vorhersage und Kontrolle des Verhaltens". Damit bekommt „Praxis" allerdings selbst eine veränderte Bedeutung, aus der sich die Übertragung naturwissenschaftlicher Vorstellungen überhaupt erst rechtfertigt. Es ist nicht mehr die durch (philosophische) Reflexion angeleitete Praxis des Subjekts, der noch Helmholtz verpflichtet war, sondern die Praxis eines anderen, dessen, der das Verhalten vorhersagt und kontrolliert, mit Hilfe der Anwendung der Methoden der Psychologie. Das Individuum wird zum Objekt, gleich der äußeren Natur, wie diese der Anwendung der Methoden der Naturwissenschaft unterworfen. In dieser Veränderung der Perspektive, in dieser Verlängerung der Herrschaft der Naturwissenschaft über die „Natur" des Menschen, liegt die Trennung der Psychologie von „philosophischer Spekulation" begründet. Es ist nicht die Trennung von Philosophie schlechthin, sondern von der Philosophie der Praxis des Subjekts. An ihre Stelle tritt die „Philosophie" des Operationalismus, die Philosophie nicht einfach der Naturwissenschaft, sondern der Verallgemeinerung naturwissenschaftlichen Vorgehens auf die Anwendung der Wissenschaften vom Leben – in der Hand des „social engineer". „Kontrolle und Vorhersage des Verhaltens" bedeutet für ihn „social control", Kontrolle der Menschen innerhalb der gesellschaftlichen Ordnung und ohne auf deren „Selbstkontrolle" zu rechnen. Deshalb der Verzicht auf das „Bewußtsein". Kontrolle durch die Bedingungen des Verhaltens selbst, so daß dieses deren „Reflex" ist („Konditionierung").

Bei Watson war diese ‚radikale' Veränderung der Perspektive verbunden mit einem völlig neuen Untersuchungsdesign. Seiner Herkunft aus der ‚animal psychology' gemäß experimentierte Watson mit Versuchstieren, nicht mit Menschen. Das hinderte ihn zwar nicht, seine Experimente auch mit seinem Sohn Albert zu machen, aber das hatte weder theoretische noch praktische Konsequenzen für die Konzipierung seines Behaviorismus. Es machte ihm keine Schwierigkeiten, das, was er jeweils beobachtete, gleichzusetzen mit „Verhalten". Dieser Wechsel der Untersuchungs-„Subjekte" rechtfertigte, das Bewußtsein aus der Psychologie auszuschließen. Zugleich war damit ein wesentliches (soziales) Charakteristikum des Wundtschen Experiments aufgegeben (s. Danziger 1985). In Leipzig waren die Untersuchungssubjekte Kollegen und Studenten aus dem Institut. Sie fungierten nicht als bloßes Medium der Datengewinnung, sondern als – gleichberechtigte – Partner im wissenschaftlichen Produtionsprozeß. Die Rollen von Untersucher und Untersuchungssubjekt waren reversibel, nicht starr festgelegt, der Untersucher konnte Untersuchungssubjekt im Experiment seines Kollegen/Studenten sein, der bei ihm Untersuchungssubjekt gewesen war. Der wissenschaftliche Rang der Untersuchungsergebnisse wurde nicht am Status des Untersuchers, sondern am Untersuchungssubjekt festgemacht, dessen Name wird deshalb in der Veröffentlichung mitgeteilt. Es wird auch dadurch dokumentiert, daß Wundt selbst, nachdem das Leipziger Labor etabliert war, kaum noch als Untersucher, wohl aber als Untersuchungssubjekt auftrat.

Diesen Status gleichberechtigter Partner im wissenschaftlichen Diskurs können naturgemäß Versuchstiere im behavioristischen Experiment nicht einnehmen. Zwischen Untersucher und Untersuchungstier besteht eine – biologisch begründete – Hierarchie. Entscheidend ist aber nun, daß dieses hierarchische Verhältnis sich auch dann nicht ändert, wenn der Behaviorist sich der Untersuchung menschlichen Verhaltens zuwendet, wenn Menschen als Untersuchungssubjekte dienen. Hier ist aber die Hierarchie nicht biologisch, sondern sozial begründet. Sie wird durch die experimentelle Anordnung erst hergestellt.

Die Übertragung der Ergebnisse und Methoden des behavioristischen Experiments auf den gesellschaftlichen Alltag rechnet allerdings mit der Tatsache der sozialen Hierarchie in der Gesellschaft selbst, in Arbeit, Ausbildung, Beziehungen von Autorität und Unterordnung. Insofern spiegelt das behavioristische Experiment eine Grundstruktur gesellschaftlicher Beziehungen wider, aber sie wird nicht als solche expliziert, sondern in die „Natur", in die „Gesetze des Verhaltens" verlegt.

Das psychologische Labor als „sozialer Mikrokosmos" – diese Charakterisierung galt auch für Wundts Labor. Aber in einem entscheidend anderen Sinn. Es war sozusagen eine „Demokratie der Gelehrten", allerdings um den Preis ihres Abschlusses nach außen, weder war der Zugang jedem in demokratischer Weise offen, noch entsprach die „Demokratie der Gelehrten" einer demokratischen Gesellschaft außerhalb des Psychologischen Instituts. Es war ein elitärer Kreis der „Mandarine" (Ringer 1969). Die Diskussionen, die dort geführt wurden, wurden (deshalb) nicht im Blick auf ihre Übertragung (Anwendung) in der Gesellschaft außerhalb geführt. Wundt, ebenso wie sein „Vertreter" in den USA: Edward Bradford Titchener (1867-1927) an der Cornell University, haben sich immer gegen die „Anwendung der Psychologie" gewehrt. Das entsprach dem Selbstverständnis sowohl ihrer gesellschaftlichen Position, der (politischen) Alltagspraxis enthoben zu sein, als auch ihrer Diskussion, die im Gewand der Verständigung über die zu entwickelnde junge Wissenschaft der Psychologie eine Selbstverständigungsdiskussion über das (bürgerliche) Individuum war. Dessen Praxis war die Praxis des Selbstbewußtseins.

Watsons Modell entwickelte sich in einem anderen politisch-kulturellen Kontext. In ihm war die Anwendung der Wissenschaft für die soziale Praxis selbstverständlich: im Kontext des Pragmatismus der Sozialreform. Sein Zentrum war Chicago. Die dortige Universität, in den 90er Jahren gegründet, versammelte engagierte junge Wissenschaftler, die sich der Verbesserung der Lage der städtischen Arbeiter und der sozialen Randgruppen widmeten. John Deweys (1859-1952) „progressive Pädagogik" hat hierin ihr Motiv, ebenso wie George Herbert Meads (1863-1931) Entwicklung der Soziologie aus der Sozialarbeit. Die mit atemberaubendem Tempo wachsende Industriemetropole des Mittleren Westens war ihr „Untersuchungslabor". Für Dewey bedeutete „Anwendung" der Wissenschaft Teilnahme an der Praxis der Sozialreform, Teilnahme am politischen Diskussionsprozeß, nicht Übertragung ihrer Ergebnisse und Methoden in einem technischen Sinn.

Watsons Stunde kam erst nach dem Niedergang der Reformbewegung, er hatte sich nicht an dieser Praxis beteiligt. Sein Versprechen war, die Ziele der Reformbewegung mit anderen Mitteln zu erreichen, nicht mittels politischer Arbeit selbstbewußter Subjekte, sondern durch die Anwendung wissenschaftlicher Methoden in der Hand von Experten, die die Bedingungen einrichten sollten, daß die Menschen sich in Freiheit entwickeln können – nicht in der „Freiheit der Freiheitsfanatiker ... sondern gemäß der behavioristischen Freiheit": der „Änderung der Persönlichkeit mit Hilfe einer Veränderung der Umwelt" (1930, 294f.).

Diese „Veränderung der Umwelt" soll allerdings die gesellschaftlichen Verhältnisse nicht antasten. Es geht um „Veränderung der Persönlichkeit" nicht der Verhältnisse. Durch „Konditionierung" soll das Verhalten an diese angepaßt werden.

Der Behaviorismus ist ein Paradigma der Sicherung von Herrschaft, das „akademische Gegenstück zum Sozialen Behaviorismus" der „fortgeschrittenen Industriegesellschaft" (Marcuse 1964). Allerdings nur ein anderes als das des Idealismus (Kants): Konditionierung tritt an die Stelle der „Internalisierung", der Übernahme der Kontrolle in eigene Regie. Deshalb die Trennung von der Philosophie (des Selbstbewußtseins). Es ist das Modell für die „Massen".

Es ist nicht das einzige. Und es ist das liberale Modell, es löst (zwar nicht vollkommen, sondern nur programmatisch) das der Aussonderung der Nicht-Angepaßten, von der Norm Abweichenden ab.

Auch dieses (ältere) Modell ging in die „Anwendung" der Psychologie ein: in Gestalt der Test-Diagnostik (McKeen Cattell 1860-1944: 1890; Alfred Binet 1857-1911: 1903; William Stern 1871-1938: 1900; Lewis

M. Terman 1877-1956: 1916). Die „wissenschaftliche Rechtfertigung der Aussonderungspraxis wird auf die Untersuchungen von Sir Francis Galton (1822-1911) über die Vererbung persönlicher Eigenschaften, individueller Unterschiede (vor allem: der „Intelligenz") zurückgeführt (1869). Indem Galton an Hand der Familienstammbäume berühmter Wissenschaftler, Künstler, Politiker, Richter, Kleriker zeigte, daß diese die Abkömmlinge von ebenfalls renommierten Richtern, Staats- und Kirchenmännern waren, glaubte er den Nachweis erbracht zu haben, nicht daß das Amt, die soziale Stellung, Macht und Reichtum vererbt würden, sondern die „geistige Begabung", die zu deren Erwerb nötig sei. Das war noch der Versuch der Selbstrechtfertigung der viktorianischen Elite durch die Behauptung, die soziale Hierarchie sei in der natürlichen Hierarchie der Begabungsunterschiede begründet. Aber es führte bei Galton selbst bereits zur Begründung der „Eugenik", Bemühungen, die „Untüchtigen", die ja ihre Untüchtigkeit ebenfalls weitervererbten, zu zwingen, weniger Kinder zu haben, und die „Tüchtigen" dazu zu ermuntern, ihre Nachkommenschaft zu vergrößern (Galton 1883). 1898 sorgte zum ersten Mal ein Sterilisationsgesetz (im US-Staat Michigan) für die Kastration aller Insassen der staatlichen Anstalt für Schwachsinnige und Epileptiker sowie aller Personen, die zum dritten Mal wegen eines schweren Verbrechens verurteilt waren (Chorover 1979, 68).

Der Aufschwung der Eugenik (und der Intelligenz-Test-Bewegung) fiel in den USA zusammen mit dem raschen Anstieg der Zahl europäischer Einwanderer, vor allem aus ost- und südeuropäischen Ländern, und war begleitet von steigendem Druck in Richtung sozialer Konformität. Kulturelle Differenzen vermischten sich mit dem Interesse der amerikanischen organisierten Arbeiterschaft an der Bewahrung ihrer Privilegien und der Unternehmer an qualifizierten, durch die Industrialisierung bereits sozialisierten Arbeitskräften. Um der „Einwandererflut" zu begegnen, wurde erstmals 1875 ein Bundesgesetz erlassen, das „unerwünschte Fremde" ausschließen sollte: Tagelöhner, Sträflinge, Prostituierte. Es wurde 1882 auf „Irre und Schwachsinnige" ausgedehnt, 1903 auf Epileptiker und 1907 auf „Geistesschwache und Zurückgebliebene" (Chorover, 91). Bei der Aussonderung, die seit 1892 bereits im New Yorker Ankunftshafen vorgenommen wurde und die ausschließlich nach Kriterien der äußeren Erscheinung und des Verhaltens urteilte, spielten kulturelle Differenzen einerseits und die demoralisierende Wirkung der unter unmenschlichen Bedingungen verlaufenen Überfahrt die entscheidende Rolle. Aber auch nachdem psychologische Tests verwendet wurden, im großen Stil zum ersten Mal nach dem Eintritt der USA in den 1. Weltkrieg („Army Alpha", „Army Beta": Terman, Yerkes), änderte sich das nicht wesentlich. Die Tests setzten sich aus Items zusammen, denen der Unterrichtsstoff des amerikanischen Schulsystems zugrunde lag. Ihre Anwendung bedeutete eine soziale Diskriminierung jener, die in einem anderen Land geboren oder „ungebildet" nach den Kriterien des amerikanischen Schulsystems waren. Die Ergebnisse der Testuntersuchung, die zur Auswahl der Einberufenen durchgeführt worden waren, wurden darüber hinausgehend im Sinn der Theorie der angeborenen Intelligenz-Unterschiede interpretiert: Die Einwandererkinder aus Süd- und Osteuropa und die Schwarzen konnten als „weniger intelligent" dargestellt werden (Yerkes 1921). Vor allem in den Jahren nach dem Krieg, als der Kampf gegen alles „Unamerikanische" geführt wurde, ließen „wissenschaftliche" Ergebnisse, wie die der Army-Test, entsprechende diskriminierende Maßnahmen rechtfertigen.

Die Wendung der Psychologie zur „Anwendung" – in der Hand des „social engineer" – ist kein spezifisch amerikanisches Problem, sondern eines der modernen Industriegesellschaft. Die Psychologie wird eingespannt in die Versuche, Probleme des gesellschaftlichen Zusammenhalts mit (sozial-)technischen Mitteln zu lösen bzw. die (sozial-)technische Lösung politischer Probleme wissenschaftlich zu legitimieren. Zu diesem Zweck muß die Psychologie selbst auf Technik reduziert werden, auf ihre (experimentellen) Methoden. Diese sind es, die auf die Lösung sozialer Probleme angewendet werden, nicht die Psychologie selbst. Dennoch hat die Psychologie diese Übertragung selbst mit vorbereitet, insofern sie die Anwendbar-

keit experimenteller Techniken auf die Gebiete des Psychischen, der „Beeinflussung der Gefühle, Gedanken, Willensentschlüsse und Gemütsbewegungen" (Münsterberg 1912, 4), der Veränderung, Vorhersage, Steuerung und Kontrolle des Verhaltens (Watson) demonstriert hatte. Sie hat damit schrittweise ihren Gegenstand selber reduziert, ausgeschlossen, was mit ihren experimentellen Techniken nicht erfaßbar war: zunächst das Unbewußte (bei Wundt), dann auch die bewußten psychischen Erscheinungen.

## 7. Freuds Spiegelung der Diskurse – die Verdrängung und ihre Remythologisierung

Wenn Freud gegen Ende des Jahrhunderts das „Unbewußte" wieder in die psychologische Diskussion einführt, so verstößt er damit in skandalöser Weise gegen die Gesetze der scientific community: das experimentell nicht Erfaßbare als Gegenstand wissenschaftlicher Untersuchung zu präsentieren. Indem er das – im Verlauf der Geschichte der Psychologie – Verdrängte wieder ans Licht bringt, enthüllt er zugleich die experimentellen Anordnungen als Vorkehrungen zur Verdrängung (s. Devereux 1967). Freud war dazu in der Lage, weil er selbst nicht den Zwängen der experimentellen Reduzierung unterlag, weil er aus dem Kreis der Universitätsgelehrten gedrängt worden war. Ursprünglich hatte Freud durchaus eine wissenschaftliche Karriere im Sinn gehabt. Sechs Jahre lang hatte er (1876-82) im physiologischen Labor von Ernst Brücke gearbeitet und eine Reihe neuroanatomischer Untersuchungen veröffentlicht. Durch Brücke, einem der vier Physiologen aus dem Berliner Institut von Johannes Müller, die in den 40er Jahren die Physiologie auf naturwissenschaftliche Basis zu stellen proklamiert hatten, erhielt Freud diese Physiologie (der „Hemholtz-Schule") aus erster Hand vermittelt. Keiner habe ihn stärker beeinflußt als Brücke, bekennt Freud in seinen Erinnerungen (1925, 35). Und Bernfeld (1944) schreibt, Freud habe „in gewisser Weise" weder den Forschungsgegenstand noch die Methode preisgegeben, auf die ihn Brücke gelenkt hatte. „Ungeachtet der neuartigen, revolutionären Züge der Psychoanalyse, ist sie im Kern doch eine Fortsetzung der Arbeit, der Freud bei Brücke nachgegangen war" (449).

Freud und Josef Breuer (1842-1925) übernehmen in den „Studien über Hysterie" (1895) das neurologische Konzept der intrazerebralen Erregung, die in den Leitungsbahnen des Gehirns lokalisiert wird und die physikalische Vorstellung einer bestimmten Energiemenge, die der „psychischen Arbeit" zur Verfügung stehe und durch diese auf einem bestimmten Niveau gehalten werde: durch „Abfuhr" von „Überschußenergie" mittels geeigneter Reflexmechanismen. Diese Abfuhr ist die physikalistische Erklärung für „Lust", die Steigerung der Energie die der „Unlust". Die Abfuhr kann versagt werden, etwa im Zusammenhang mit der psychischen „Abwehr" von unerträglichen Vorstellungen. Dann wird der Erregungsbetrag (Affektbetrag) in somatische Kanäle „konvertiert" (Konversions-Hysterie), die normalerweise durch im Nervensystem eingebaute „Widerstände" davor geschützt sind. Im Falle der Konversion brechen diese zusammen: ein Kurzschluß im normalen Fluß des elektrischen Fluidums (Bernfeld, 438ff.; Sulloway 1979, 104ff.).

Im Versuch, die Hysterie im Rahmen des physikalistischen Modells zu erklären, steht Freud durchaus noch im Bannkreis Brückes und seiner Arbeit. Aber ebenso ist nicht zu übersehen, daß er sich davon zu entfernen beginnt. Er hat sich einem außerhalb liegenden Gebiet zugewandt, auf das er durch die Aussichtslosigkeit, seine Arbeit im physiologischen Labor fortzusetzen, gestoßen wurde und das zugleich durch die Aufsehen erregenden Arbeiten der französischen Psychiatrie nicht nur Freud Ansichten und Absichten in eine neue Richtung lenkte. Durch ein Stipendium bei Charcot im Winter 1885/86, das ihm Brücke verschafft hatte, hatte Freud Gelegenheit, die neuesten Forschungen über Hysterie und die Anwendung der Hypnose kennenzulernen. Charcot zeigte die Analogie zwischen hypnotisch induzierten Lähmungen und hysterischen Dysfunktionen. Er schloß daraus auf eine psychogene Ursache der hysterischen Symptome. Diese seien von Vorstellungen abhängig, die vom normalen Wachbewußtsein isoliert und im „Unbewußten", dem „zweiten Bereich des Seelenlebens", verwurzelt waren.

Aus dem Raum der Psychiatrie war das Unbewußte nie so weitgehend verbannt wie aus dem psychologischen Labor. Es war zugelassen unter den besonderen Bedingungen der Klinik, die es zugleich einsperrte. Die an seiner Untersuchung Beteiligten waren, anders als im psychologischen Labor Wundts, nicht gleichberechtigte Partner eines wissenschaftlichen Diskurses über einen alle gleichermaßen betreffenden Gegenstand, sondern den untersuchenden Ärzten standen die Untersuchten in der Rolle der Patienten gegenüber, die zudem in ihrer Mehrzahl aus unteren sozialen Schichten kamen. Während sie mit einem Leiden kamen und dem Interesse, davon geheilt zu werden, trafen sie auf andere, die das Wissen (und die Macht) hatten, über Heilung (und Befreiung) zu entscheiden, und die über dieses Interesse hinaus das an der Vergrößerung ihres Wissens (und ihrer Macht) hatten. Diese Ungleichheit in bezug auf Untersuchungsgegenstand, Untersuchungsinteresse und soziale Herkunft war eingebettet in die Hierarchie der Klinik, in der der „patron" wie ein absolutistischer Fürst an der Spitze seines Hofstaates von Ärzten über das Volk der Patienten gebietet. Hinter diesen Distanzwällen geschützt, konnte man sich dem Unbewußten der anderen, der Patienten, zuwenden, nicht als einem allgemeinen Gegenstand, sondern als einem besonderen, „pathologischen" und – im Falle der Hysterie – „weiblichen". Es waren in den allermeisten Fällen Frauen, die durch die – männlichen – Ärzte untersucht und behandelt wurden. Mit Hilfe der Hypnose wurde der Zugang zu *ihrem* Unbewußten erzwungen, unter Ausschaltung des Bewußtseins der Patientinnen.

Von diesem Modell muß Freud in dem entscheidenden Punkt abweichen, daß er nicht im Raum der Klinik, sondern außerhalb arbeiten muß, ohne die Schutz- und Herrschaftssysteme einer – totalen – Institution. Das hat Auswirkungen auf seine Praxis und auf seine Theorie. Die Entstehung der „Psychoanalyse" – der Begriff taucht zum ersten Mal 1896 auf – ist verbunden mit dem Verzicht auf die Technik der Hypnose. An ihre

Stelle tritt die freie Assoziation. Sie erforderte ein größeres Ausmaß an psychischer Arbeit auf seiten des Therapeuten, um jene „psychische Kraft bei dem Patienten zu überwinden…, die sich dem Bewußtwerden (Erinnern) der pathogenen Vorstellungen widersetze" (1895: GW 1, 268): die „Abwehr" (Verdrängung). Die Theorie der Verdrängung wurde zum Kernstück der psychoanalytischen Theorie des „Kräftespiels im menschlichen Seelenleben" (1925: GW 14, 54), des Zugangs zum Unbewußten.

Freud kann sich bei seinem Versuch, das Verdrängte wieder ans Licht zu bringen, auf die aus der psychologischen Diskussion verdrängte (natur-)philosophische und anthropologische („romantische Medizin") Tradition stützen (Carus, Fechner, Hartmann, Nietzsche, Schopenhauer). Von daher ist deshalb auch die Geschichte der Institutionalisierung der Psychologie als Geschichte der Verdrängung zu lesen, der Verdrängung dessen, was sich den Zwängen des (naturwissenschaftlichen) Experiments nicht fügt. Diese theoretische Verdrängung verweist auf die der Geschichte, auf die Geschichte der (universitären) Intelligenz im 19. Jahrhundert. Das was sich nicht ins Experiment bringen ließ, was in ihrer Philosophie aufbewahrt war, waren die Hoffnungen (der bürgerlichen Klasse) auf – politische – Emanzipation. Diese wurden zerschlagen in den Etappen der (durch den äußeren Feind erzwungenen) Reform des Obrigkeitsstaats, Zurücknahme der Reformen (und Reformversprechungen) nach 1815 durch die Restauration, erneute Reformversprechungen nach 1830, der gescheiterten Revolution von 1848, der „Verwirklichung" der – ökonomischen – Pläne des Bürgertums durch Bismarck, unter gleichzeitiger politischer Entmündigung, des Triumphs des preußischen Obrigkeitsstaats 1871 und der Betäubung durch den „Gründerboom". Mit dem Rückzug ins Labor wurde der politischen Niederlage ausgewichen, mit der Erlangung einer „mandarinhaften" Reputation der Universitätswissenschaft wurde sie verdrängt.

Diese Geschichte hat Freud *zwar* nicht aufgerollt, sondern in Form der Gattungsge-

schichte quasi naturalisiert und in den heroischen Gestalten der griechischen Sage, in denen das historisch gestimmte Bürgertum sich selbst spiegelte, neu inszeniert. Aber Freud brachte das Produkt dieser Geschichte ans Licht, das, was sich in der „Innerlichkeit" davon niederschlug, auf die sich das bürgerliche Individuum zurückzog, die Kosten der „Verinnerlichung" (von Herrschaft) für das Individuum, und besonders für die Frau. Freud läßt uns die Geschichte der Verinnerlichung rekonstruieren, die Kant zu Beginn des Jahrhunderts dem bürgerlichen Individuum aufgegeben hatte, die aber anders als von diesem vorgestellt sich abgespielt hat: nicht als freie Entscheidung, sondern als erzwungener Rückzug in die von (politischer) Öffentlichkeit und Diskussion getrennte Privatheit der Familie, der Nichtöffentlichkeit des Geschäfts, der „Demokratie" der Aktiengesellschaft und der wissenschaftlichen Forschungsstätten.

Das psychologische Labor ist ein getreuer Spiegel dieser Entwicklung. Abgeschnitten von der gesellschaftlichen Praxis werden dort die „psychischen" Funktionen und Strukturen des (Bewußtseins des) Individuums untersucht, das durch seine Reduzierung auf den Raum des Labors als Vertreter der Gattung Mensch zu gelten beansprucht und dabei auch jene psychischen Prozesse – der Verdrängung – ausklammert, durch die diese Reduzierung dem Bewußtsein entzogen wurde.

Verinnerlichung als Übernahme der Herrschaft in eigene Regie bezog sich ausschließlich aufs bürgerliche Individuum. Die andere Klasse war davon ausgeschlossen, ebenso aus dem psychologischen Labor. Sie kam erst ins Blickfeld der Psychologie durch den Behaviorismus und die Testpsychologie. Beiden liegen andere Modelle der Sicherung von Herrschaft zugrunde, nicht das der Verinnerlichung, sondern der sozialen Kontrolle durch ihre Arbeits- und Lebensbedingungen selbst („Konditionierung"), bzw. der Aussonderung derjenigen, die sich dieser Kontrolle nicht fügen. Das gehört in die Geschichte der bereits institutionalisierten Psychologie.

## Bibliographie

Arnold, A. 1980. Wundts Philosophie und Psychologie im Widerstreit. In: Meischner, W. & Metge, A. (Red.) Wilhelm Wundt – progressives Erbe, Wissenschaftsentwicklung und Gegenwart. Leipzig, 316-322

Baldwin, J.M. 1895. Mental Development in the Child and the Race. Methods and Processes. New York

Beneke, F.E. 1833. Lehrbuch der Psychologie als Naturwissenschaft. Berlin

– 1845. Die neue Psychologie. Berlin

Ben-David, J. & Collins, R. 1966. Social Factors in the Origins of a new Science: The Case of Psychology. Amer. Sociol. Rev. 31, 451-465

Bernfeld, S. 1944. Freud's Earliest Theories and the School of Helmholtz. The Psychoanalytic Quarterly 3, 341-362 (zit. n. Psyche 1981, 5, 435-455)

Binet, A. 1903. L'étude experimentale de l'intelligence. Paris

Braverman, H. 1974. Labor and Monopoly Capital: The Degradation of Work in the Twentieth Century. New York

Breger, H. 1982. Die Natur als arbeitende Maschine. Zur Entstehung des Energiebegriffs in der Physik 1840-1850. Frankfurt

Brentano, F. 1874. Psychologie vom empirischen Standpunkt. Leipzig

Brozek, J. & Diamond S. 1976. Die Ursprünge der objektiven Psychologie. In: Die Psychologie des 20. Jahrhunderts. I: Die europäische Tradition. Balmer, H. (Hg.) Zürich, 721-819

Bruder, K.J. 1973. Entwurf der Kritik der bürgerlichen Psychologie. Frankfurt

– 1982. Psychologie ohne Bewußtsein. Frankfurt

Brückner, P. 1982. Psychologie und Geschichte. Berlin

Carus, C.G. 1846. Psyche. Zur Entwicklungsgeschichte der Seele. Pforzheim

Cattell, J.M. 1890. Mental Test and Measurement. Mind 15, 373-381

Chorover, S.L. 1979. From Genesis to Genocide. The Meaning of Human Nature and the Power of Behavior Control. Cambridge (dt.: Die Zurichtung des Menschen. Frankfurt 1982)

– 1985. Psychology in Cultural Context. The Division of Labor and the Fragmentation of Experience. In: Koch, S. & Leary, D.E. (ed.) A Century of Psychology as Science. New York, 870-879

Danziger, K. 1980. Wundt and the Two Traditions of Psychology. In: Rieber, R.W. (ed.) Wilhelm Wundt and the Making of a Scientific Psychology. New York, 73-88

– 1985. The Origins of the Psychological Experiment as a Social Institution. Amer. Psychologist 40, 2, 133-140

Darwin, C.R. 1859. On the Origin of Species by Means of Natural Selection, or, The Preservation of Favoured Races in the Struggle for Life. London

– 1871. The Descent of Man, and Selection in Relation to Sex. London

– 1877. A Biographical Sketch of an Infant. Mind 2, 285-294

Devereux, G. 1967. Angst und Methode in den Verhaltenswissenschaften. München

Dilthey, W. 1894. Ideen über eine beschreibende und zergliedernde Psychologie. Sitzungsber. Preuß. Akad. Wiss. (in: GS V)

Du Bois-Reymond, E. 1848. Untersuchungen über die thierische Elektrizität. Berlin

– 1886. Reden in Zwei Bänden. Leipzig (1912)

Ebbinghaus, H. 1885. Über das Gedächtnis: Untersuchungen zur experimentellen Psychologie. Leipzig

Fechner, G.T. 1836. Das Büchlein vom Leben nach dem Tode. Dresden

– 1846. Über das höchste Gut. Leipzig

– 1851. Zend-Avesta. Gedanken über die Dinge des Himmels und des Jenseits vom Standpunkte der Naturbetrachtung. Leipzig

– 1860. Elemente der Psychophysik. Leipzig

– 1873. Einige Ideen zur Schöpfungs- und Entwicklungsgeschichte der Organismen. Leipzig

– 1879. Die Tagesansicht gegenüber der Nachtansicht. Leipzig

Finster, R. 1980. Zu einigen Aspekten der Bildungspolitik Wilhelm Wundts. In: Meischner, W. & Metge, A. (Red.) Wilhelm Wundt – progressives Erbe, Wissenschaftsentwicklung und Gegenwart. Leipzig, 374-385

Fries, J.F. 1807. Neue Kritik der Vernunft. Heidelberg

– 1820/21. Handbuch der psychischen Anthropologie oder die Lehre von der Natur des menschlichen Geistes. Jena

Freud, S. 1900. Die Traumdeutung (G.W. 2/3)

– 1925. Selbstdarstellung (G.W. 14, 31-96)

– und Breuer, J. 1895. Studien über Hysterie (G.W. 1, 75-312)

Galton, F. 1869. Hereditary Genius. London

– 1883. Inquiries into Human Faculty and its Development. London

Grauman, C.F. 1980. Wundt vor Leipzig – Entwürfe einer Psychologie. In: Meischner, W. & Metge, A. (Red.) Wilhelm Wundt – progressives Erbe, Wissenschaftsentwicklung und Gegenwart. Leipzig, 63-77

Groos, K. 1899. Die Spiele des Menschen. Jena

Haeckel, E. 1868. Natürliche Schöpfungsgeschichte. Berlin

– 1877. Anthropogenie oder Entwicklungsgeschichte des Menschen. Gemeinverständliche Vorträge über die Grundzüge der menschlichen Keimes- und Stammes-Geschichte. Leipzig

– 1899. Die Welträtsel. Gemeinverständliche Studien über monistische Philosophie. Bonn

Hale, M. Jr. 1980. Human Science and Social Order. Hugo Münsterberg and the Origins of Applied Psychology. Philadelphia

Hall, S. 1883. The Contents of Children's Minds on Entering School. Princeton Rev., 11, 249-272

– 1904. Adolescence: Its Psychology and Its Relations to Physiology, Anthropology, Sociology, Sex, Crime, Religion and Education. New York

Hartmann, E. von 1869. Philosophie des Unbewußten. Berlin

Helmholtz, H. von 1847. Über die Erhaltung der Kraft. Berlin

Herbart, J.F. 1824/25. Psychologie als Wissenschaft, neu gegründet auf Erfahrung, Metaphysik und Mathematik. Königsberg

James, W. 1890. Principles of Psychology. New York

– 1896. Will to Believe. Works Vol. 6, 13-33

– 1902. The Varieties of Religious Experience. New York

– 1910. Memories and Studies. New York (1911)

Jones, E. 1955. The Life and Work of Sigmund Freud. New York

Kant, I. 1781. Critik der reinen Vernunft. Riga

– 1786. Metaphysische Anfangsgründe der Naturwissenschaft. Riga

– 1790. Critik der Urtheilskraft. Berlin und Libau

Koch, S. 1985. Wundt's Creature at Age Zero – and as Centenarian. Some Aspects of the Institutionalization of the „New Psychology". Foreword to: Koch, S. & Leary, D.E. (eds.) A Century of Psychology as Science. New York, 7-35

Krafft-Ebing, R. von 1877. Über gewisse Anomalien des Geschlechtstriebs und die klinischforensische Verwertung derselben als eines wahrscheinlich functionellen Degenerationszeichens des centralen Nerven-Systems. Archiv f. Psychiatrie 7, 291-312

– 1886. Psychopathia sexualis. Eine klinisch-forensische Studie. Stuttgart

Külpe, O. 1904. Versuche über Abstraktion. Ber. 1. Kongr. exp. Psychol., 56-68

– 1915. Die Ethik und der Krieg. Leipzig

Leary, D.E. 1982. Immanuel Kant and the Development of Modern Psychology. In: Woodward, W.R. & Ash, M.G. (ed.) The Problematic Science. Psychology in Nineteenth-Century Thought. New York, 15-42

Lotze, R.H. 1852. Medizinische Psychologie oder Physiologie der Seele. Leipzig

Lukacs, G. 1954. Die Zerstörung der Vernunft. (Darmstadt und Neuwied 1962)

Malthus, T.R. 1798. An Essay on the Principle of Population, as It Affects the Future Improvement of Society. London

Marcell, D.W. 1974. Progress and Pragmatism. Westport

Marcuse, H. 1964. Der eindimensionale Mensch. (Neuwied und Berlin 1967)

Meinong, A. von 1899. Über Gegenstände höhrer Ordnung und deren Verhältnis zur inneren Wahrnehmung. Z. Psychol. Physiol. Sinnesorgane 21, 181-271

Moll, A. 1891. Die conträre Sexualempfindung. Berlin

Müller, G.E. & Schumann, F. 1894. Experimentelle Beiträge zur Untersuchung des Gedächtnisses. Z. Psychol. Physiol. Sinnesorgane 6, 81-90, 275-338

Müller, G.E. & Pilzecker, A. 1900. Experimentelle Beiträge zur Lehre vom Gedächtnis. Z. Psychol. Physiol. Sinnesorgane, Suppl. 1

Münsterberg, H. 1912. Psychologie und Wirtschaftsleben. Leipzig

Nasse, R. 1822. Grundzüge der Lehre von dem Verhältnis zwischen Seele und Leib in Gesundheit und Krankheit. Nasses Z. psych. Ärzte 1, 15-35

– 1823. Die Aufgabe der Anthropologie. Nasses Z. Anthr. 1, 1-29

Preyer, W. 1882. Die Seele des Kindes. Beobachtungen über die geistige Entwicklung des Menschen in den ersten Lebensjahren. Leipzig

Ringer, F.F.K. 1969. The Decline of German Mandarins. The German Academic Community 1890-1933. Cambridge, MA

Robinson, D.N. 1976. An Intellectual History of Psychology. New York

Romanes, G.J. 1883. Mental Evolution in Animals. London

Schelling, F.W. 1797. Ideen zu einer Philosophie der Natur. Leipzig

– 1798. Von der Weltseele. Hamburg

Schopenhauer, A. 1819. Die Welt als Wille und Vorstellung. (2. Auflage 1844, wiederabgedruckt in Sämtliche Werke. Leipzig 1873/74)

Seidler, E. 1976. Die Medizin und ihre Auswirkungen auf Freud. In: Die Psychologie des 20. Jahrhunderts. I: Europäische Tradition Balmer, H. (ed.) Zürich, 701-720

Shryock, R.H. 1947. Die Entwicklung der modernen Medizin. Stuttgart

Spencer, H. 1855. Principles of Psychology. New York

Spranger, E. 1914. Welchen Sinn hat es, jetzt zu studieren. Akad. Rundsch. Leipzig, 1914/15, 142-146

– 1916. Das humanistische und politische Bildungsideal im heutigen Deutschland. Berlin

Sprung, L. & Sprung H. 1980. Weber – Fechner – Wundt. Aspekte zur Entwicklungsgeschichte einer neuen Wissenschaft, der Psychologie. In: Meischner, W. & Metge, A. (Red.) Wilhelm Wundt – progressives Erbe, Wissenschaftsentwicklung und Gegenwart. Leipzig, 282-301

Stern, W. 1900. Über die Psychologie der individuellen Differenzen. Ideen zu einer „Differentiellen Psychologie". Leipzig

Sulloway, F.J. 1979. Freud, Biologist of the Mind.

Beyond the Psychoanalytic Legend. New York (dt. Köln-Lövenich 1982)

Taine, H. 1876. Note sur l'acquisition du langage chez les enfants et dans l'espèce humaine. Revue Philosophique 1, 5-23

Taylor, E. 1982. William James on Exceptional Mental States. The 1896 Lowell Lectures reconstructed. New York

Terman, L. M. 1916. The Measurement of Intelligence. Boston

Thorndike, E. L. 1898. Animal Intelligence: An Experimental Study of the Associative Processes in Animals. Psychol. Rev. Monogr. 2, 1-109

Topel, R. 1980. Helmholtz und Wundt – Zwei Beiträge zur Theorie der Sinneswahrnehmung. In: Meischner, W. & Metge, A. (Red.) Wilhelm Wundt – progressives Erbe, Wissenschaftsentwicklung und Gegenwart. Leipzig, 302-315

Turner, R. S. 1982. Helmholtz, Sensory Physiology, and the Disciplinary Development of German Psychology. In: Woodward, W. R. & Ash, M. G. (ed.) The Problematic Science. Psychology in 19th-Century Thought. New York, 147-166

Ueding, G. 1977. Wilhelm Busch. Das 19. Jahrhundert en miniature. Frankfurt

Ungerer, G. A. 1980. Wilhelm Wundt als Psychologe und Politiker. Psychol. Rdsch. 31, 99-110

Watson, J. B. 1913. Psychology as the Behaviorist Views It. Psychol. Rev. 20, 158-177

– 1930. Behaviorism. New York (dt.: Köln 1968)

Weber, E. H. 1846. Tastsinn und Gemeingefühl. In: Wagner, R. (Hg.) Handwörterbuch der Physiologie, 3; 2, 481-588. Braunschweig

Woodward, W. R. 1982. Wundt's Program for the New Psychology: Vicissitudes of Experiment, Theory, and System. In: Woodward, W. R. & Ash, M. G. (eds.) The Problematic Science. Psychology in 19th-Century Thought. New York, 167-197

Wundt, W. 1862. Beiträge zur Theorie der Sinneswahrnehmung. Leipzig

– 1863. Vorlesungen über die Menschen- und Thierseele. Hamburg

– 1874. Grundzüge der physiologischen Psychologie. Leipzig

– 1884. Über psychische Causalität und das Prinzip des psychophysischen Parallelismus. Philos. Studien 10

– 1890. Über den Zusammenhang der Philosophie mit der Zeitgeschichte. Eine Centenarbetrachtung. Deutsche Rdsch. 4

– 1901. Gustav Theodor Fechner. Rede zur Feier seines 100jährigen Geburtstags. Leipzig

– 1915. Die Nationen und ihre Philosophie. Ein Kapitel zum Weltkrieg. Leipzig

– 1921. Erlebtes und Erkanntes. Stuttgart

Yerkes, R. M. (ed.) 1921. Psychological Examining in the United States Army. Mem. Nat. Acad. Sci., No. 15

# Systemimmanenz als Ursache der Dauerkrise „wissenschaftlicher" Psychologie

*Gerd Jüttemann*

„Die vornehmste Aufgabe des Psychologen, zu deren Lösung ihn seine Wissenschaft immer mehr befähigt und ermutigt, besteht in der unbeirrbaren Bemühung um den Aufweis der Komplexität seelischer Vorgänge. Insofern ist er in erster Linie ein Anwalt der Vielfalt menschlicher Innerlichkeit im Kampf gegen ihre Standardisierung zugunsten eines glatten Verlaufs der äußeren Dinge" (Hans Thomae 1977, S. 14).

## 1. Einleitung

Im Rahmen einer aktuellen psychologiegeschichtlichen Darstellung gibt E. Scheerer folgende Einschätzung der Psychologie „am Ende des 20. Jahrhunderts"[1]:

„Gemessen am Inhalt ihrer Forschungsliteratur, beschäftigt sich die Psychologie derzeit (1986) überwiegend mit der Bearbeitung von Detailproblemen und der Formulierung, Überprüfung und Revision von Theorien begrenzter Reichweite. Sie weist damit die von Th. S. Kuhn[2] beschriebenen Merkmale des ‚Normalzustands' einer Wissenschaft auf, verfügt allerdings nicht, wie von Kuhn als hierfür konstitutiv angesehen, über ein allgemein anerkanntes Paradigma[3]. Vielmehr enthält sie nach wie vor eine Reihe miteinander konkurrierender theoriezentrierter Forschungsprogramme[4], die mit dem Anspruch auftreten, die Psychologie in ihrem gesamten Umfang zu erfassen – wobei mit der Möglichkeit zu rechnen ist, daß die Gegenstandsbestimmung der Psychologie durch das jeweilige Programm selbst vorgenommen wird."

Der vorliegende Beitrag weist zum einen die hier von Scheerer geäußerte Zirkularitätsvermutung als berechtigt nach, daß die verschiedenen vorhandenen Psychologiesysteme die Bestimmung des zu erforschenden Gegenstands selbst, d. h. *systemimmanent* vornehmen. Zum anderen wird aufgezeigt, daß durch diese Zirkularität die gegenwärtigen „Psychologien" als wissenschaftlich un-

begründet erscheinen und sich damit in letzter Konsequenz die Notwendigkeit ergibt, den Anspruch auf Wissenschaftlichkeit derartiger Systeme überhaupt aufzugeben.

Damit wird zugleich die *Ursache* jener *Dauerkrise*[5] der Psychologie enthüllt, die darin zum Ausdruck kommt, daß diese Disziplin zwar durch Ablösung von der Philosophie zu einer Einzelwissenschaft, d. h. für die analysierende Erforschung eines spezifischen Gegenstands zuständig wurde, diese Aufgabe aber bis heute nicht erfüllt. Die Annahme, daß eine Dauerkrise dieser Art tatsächlich vorliegt und auf eine zentrale Ursache zurückzuführen ist, wird bereits durch die anhaltende Konkurrenz der beiden großen Richtungen der (gesamten) Psychologie, der Empirischen Psychologie auf der einen und der Psychoanalyse und ihrer Verzweigungen auf der anderen Seite, nahegelegt. Allein diese bisher unüberwindlich scheinende Spaltung läßt auf ein schwieriges Basisproblem grundlagenwissenschaftlicher Forschung schließen, das nachstehend präzisiert und damit zugleich einer möglichen Lösung näher gebracht werden soll.

## 2. Was bedeutet „Systemimmanenz"?

Die wissenschafts*kritische* und zugleich wissenschafts*geschichtliche* Betrachtung, um die es sich im vorliegenden Zusammenhang handelt, beginnt mit der Einführung des Begriffs „Systemimmanenz".

*Systemimmanenz*, die als Ursache einer als Stagnationsprozeß aufzufassenden Dauerkrise aufgedeckt werden soll, entsteht im Bereich der Psychologie, dem im folgenden stets auch die psychoanalytischen Konzepte zugeordnet werden[6], *als Folge der Errichtung starrer und „verkürzter", relativ unvereinbar nebeneinander bestehender Systeme, von denen ausgehend der Aufbau eines einzigen „unverkürzten", gegenstandsangemessenen wissenschaftlichen Systems nicht (mehr) möglich ist.* Insofern sind systemimmanente Ansätze auch nicht als unvollständige, sondern als verfehlte „wissenschaftliche" Konzeptionen zu verstehen. So gesehen läßt sich die bisherige Geschichte der Psychologie allenfalls als eine Geschichte der gescheiterten Systeme[7] darstellen und es ist unklar, ob diese „Krisengeschichte" später einmal als eine *vor*wissenschaftliche oder sogar nur als eine *pseudo*wissenschaftliche Erscheinungsphase der Disziplin deklariert werden wird.

Wissenschaften bzw. einzelne wissenschaftliche Ansätze gelten als *Systeme*, die sich prinzipiell durch „Offenheit" auszeichnen. *Offenheit* meint hier zunächst einmal ganz allgemein, daß diese Systeme für den Erkenntnisfortschritt offen sind. Im grundlagenwissenschaftlichen Zusammenhang bedeutet Offenheit aber außerdem *Veränderungsoffenheit*, und zwar insofern, als im Laufe eines streng gegenstandsangemessen durchzuführenden Forschungsprogramms eine Modifizierung der konstituierenden Bedingungen des Systems und damit auch ein Wandel des Systems selbst möglich sein muß. Demgegenüber sind immanente Systeme geschlossenen Behältern vergleichbar, die unverbunden nebeneinander stehen und deren Inhalte (additiv) zunehmen können, ohne daß sich dadurch an der Qualität der Inhalte oder an der Form der einzelnen Behälter etwas ändert.

Der Begriff „Systemimmanenz" kennzeichnet somit eine besondere Kategorie von nicht entwicklungsfähigen Systemen, die vor allem in *grundlagen*wissenschaftlicher Hinsicht fragwürdig erscheinen. Derartige Systeme sind in der Psychologie zahlreich anzutreffen und besitzen eine bisher nicht erkannte oder nicht zugegebene fortschrittshemmende Wirkung.

Die Geschlossenheit psychologischer Systeme *wird durch die Fixierung von Menschenbildern erzeugt, welche die Systeme zugleich definieren.* Aus diesen anthropologischen Axiomen resultiert nicht nur, wie noch zu zeigen sein wird, ein *Sackgasseneffekt*, sondern vor allem auch eine grundsätzliche und schwerwiegende *Gültigkeitsproblematik*,

die bisher nicht genügend beachtet worden ist.

Die Menschenbilder, um die es hier geht, erscheinen z. T. nicht in Form expliziter Annahmen, sondern lassen sich nur indirekt aus der systembegründenden Entscheidung für einen methodologischen Monismus erschließen. In diesem Zusammenhang bemerkt Thomae (1969, S. 13), es sei im Hinblick „auf die wissenschaftliche Entwicklung der Psychologie in den letzten 80 Jahren festzustellen, daß eine irgendwie geartete Annahme über den ‚Menschen im ganzen' in jeder noch so objektivierenden Psychologie steckt. Lersch hat diese Annahmen als ‚implizite Menschenbilder' bezeichnet (1958). Doch sind solche impliziten Menschenbilder abgesehen von jeder theoretischen Ausrichtung schon mit der Anwendung bestimmter Methoden gegeben."

Jean-Paul Sartre hatte schon sehr früh erkannt, welche unselige Rolle immanente Systeme, die durch die Konzentration auf eine bestimmte Arbeitsmethode entstehen, in der Psychologie spielen. Die Beschreibung dessen, was *er* für das Basisproblem der Psychologie hält, ist zugleich eine Veranschaulichung der „pathologischen" Qualität dieser Systeme:

> „Die Psychologen machen sich ja nicht klar, daß es ebenso unmöglich ist, das Wesen zu erreichen, indem man Vorfälle anhäuft, als zur Einheit zu gelangen, indem man der Geraden von 0.99 unendlich Ziffern hinzufügt. Wenn es nur ihr Ziel ist, Detailkenntnisse zu akkumulieren, so gibt es nichts dazu zu sagen; man sieht lediglich das Interesse solcher Sammelarbeiten nicht. Aber wenn sie in ihrer Bescheidenheit von der an sich lobenswerten Hoffnung beseelt sind, daß man später, auf der Basis ihrer Monographien, eine anthropologische Synthese realisieren wird, dann befinden sie sich in vollem Widerspruch mit sich selbst."[8]

Diese Sätze wurden erstmalig 1939 veröffentlicht. Lehren zog man daraus nicht. Im Gegenteil: Die große Zeit der Anhäufung von trivialen und irrelevanten Untersuchungsergebnissen begann in der europäischen Psychologie erst ca. 20 Jahre später. An die Dezimalzahl von 0.99 wurden, um bei der Metapher zu bleiben, seit dieser Zeit tatsächlich unendlich viele Ziffern hinter dem Komma angehängt, ohne daß jemals vor dem Komma die Zahl 1 (als Symbol für die

Einheit des Gegenstands) erreicht worden wäre.

Die nomologisch orientierte traditionelle Psychologie, im folgenden auch „Nomologische Psychologie"[9] genannt, hat dieses Defizit entweder akzeptiert oder gar nicht als Defizit erkannt und unbeirrt in der einmal eingeschlagenen Richtung weitergearbeitet. Im deutschsprachigen Raum begann die besondere Aufschwungphase dieser Psychologie 1959, d. h. in dem Jahr, in dem das erste sogenannte „Ostertreffen"[10] der experimentell arbeitenden Psychologen und Psychologinnen in Marburg stattfand.

Kritik an der einseitigen und für die Praxis fast bedeutungslosen, aus einer Vervielfältigung von Minimalergebnissen bestehenden Forschungsproduktivität regte sich in der Zeit der Studentenbewegung, also etwa seit 1967.[11] Holzkamp (1970) nahm diese Kritik auf und begründete die Kritische Psychologie, die jedoch nur auf eine begrenzte Resonanz stieß. Zu Beginn der achtziger Jahre entwickelte sich in der Psychologie eine breitere Skepsis gegenüber der vorherrschenden Forschungspraxis und dem damit verknüpften „Alleinvertretungsanspruch" der Nomologischen Psychologie. Diese Skepsis trat, wie Dörner (1983, S. 24) meint, vor allem als ein „latentes Mißbehagen" in Erscheinung:

„Es [das latente Mißbehagen] zeigt sich z. B. in den Fluchtbewegungen in die klare Welt der reinen Methodik oder in die Computerspielerei. Hier wird z. T. Forschung betrieben nach dem Grundsatz: Für jede Lösungsmethode gibt es ein Problem! Das Mißbehagen zeigt sich in der Geschwindigkeit, in welcher neue Themen: ‚Kognitionstheorie', ‚Handlungstheorie', ‚Emotionstheorie', ‚Ökopsychologie' usw. einander abwechseln und jeweils enthusiastisch als ‚Stein der Weisen' begrüßt werden."

Wellek hatte bereits 1957[12] Probleme vorausgesehen, die sich für die Psychologie aus dem einseitigen Ausbau der Nomologischen Psychologie ergeben würden, und hatte die Entstehung dieser Probleme vor allem auf jenen Methodenmonismus zurückgeführt, der die *positivistische* Arbeitsweise kennzeichnet. In welcher Weise dieser methodologische Monismus systemische Geschlossenheit erzeugt, läßt sich sehr gut anhand von drei *Grundannahmen* nachvollziehen, die von Wright (1974, S. 18) zur Illustration der positivisti-

schen Forschungsstrategie wie folgt präzisiert hat:

„Eine der Grundannahmen des Positivismus ist der *methodologische Monismus* bzw. die Idee von der Einheit der wissenschaftlichen Methode inmitten der Verschiedenartigkeit des Gegenstands wissenschaftlicher Untersuchungen. Eine zweite Grundannahme besteht in der Ansicht, daß die exakten Naturwissenschaften, insbesondere die mathematische Physik, ein methodologisches Ideal bzw. einen methodologischen Standard setzen, an dem der Entwicklungs- und Perfektionsstand aller anderen Wissenschaften, einschließlich der Humanwissenschaften, zu messen sei. Eine dritte Grundannahme ist schließlich eine charakteristische Auffassung von wissenschaftlicher Erklärung. Solche Erklärung ist, in einem weiten Sinne, ‚kausal'. Sie besteht konkreter gesagt in der Subsumtion individueller Sachverhalte unter hypothetisch angenommene allgemeine Naturgesetze, einschließlich Gesetze der ‚menschlichen Natur'. Finalistische Erklärungen, d. h. Versuche, Tatsachen mit Hilfe von Intentionen, Zielen und Zwecken zu erklären, werden entweder als unwissenschaftlich abgelehnt oder es wird zu zeigen versucht, daß sie bei entsprechender Eliminierung ‚animistischer' oder ‚vitalistischer' Relikte in Kausalerklärungen transformiert werden können."

Es ist die dritte der genannten Grundannahmen, also der mit dem „methodologischen Monismus" untrennbar verknüpfte nomologische Erklärungsansatz, der in der traditionellen Psychologie die Ursache für die Entstehung von Systemimmanenz bildet, und zwar aufgrund der allgemeinen Verabredung, daß ausschließlich diesem Erklärungsansatz Geltung einzuräumen sei[13]. Diese Konvention läßt sich zugleich als Anwendung des *Inversionsprinzips*[14], d. h. als unzulässige Umkehrung des Verhältnisses von Gegenstand und Methode darstellen. Unzulässig ist diese Umkehrung vor allem deshalb, weil damit eine Entscheidung für einen speziellen Erklärungsansatz getroffen wird, ohne daß dieser Ansatz vorher auf seine Gegenstandsangemessenheit hin überprüft worden wäre, also ohne nachzuweisen, daß der Mensch tatsächlich vollständig oder zumindest im wesentlichen naturgesetzlich gesteuert ist und infolgedessen eine maschinenähnliche „Funktionsweise" besitzt.

Die Konzentration auf den nomologischen Erklärungsansatz ist gleichbedeutend mit der Kreation eines einseitigen Menschenmodells, eines „homo nomologicus", aus dem sich ein höchst anfechtbares wissenschaftliches System herleitet, dessen Immanenz erzeugende Geschlossenheit ausschließlich auf dieser Kreation beruht. Graumann und Métraux (1977) haben verdeutlicht, wie künstlich und lebensfern sich der Gegenstand einer Psychologie nach dem „Modell der Naturwissenschaft" (a. a. O., S. 30) darstellt. Die Autoren sprechen zu recht von der „Erledigung des Subjekts" (S. 32) und fordern, „das Subjekt unverkürzt in die Forschung einzubringen" (S. 33). Den Verzicht der (experimentellen) Psychologie darauf, diese Forderung zu erfüllen, bezeichnen sie als einen „Reduktionismus". Daraus ist ableitbar, daß der *methodologische Monismus* einer einseitig naturwissenschaftlich ausgerichteten Psychologie, die sich auf den experimentellen Zugang zu ihrem Gegenstand beschränkt, einem *anthropologischen Konstruktivismus* gleichkommt, dessen besondere Schwäche darin besteht, daß er sich zugleich als ein *anthropologischer Reduktionismus* erweist.

Geht man nun davon aus, daß einerseits das Menschenbild, das der Experimentellen Psychologie[15] zugrundeliegt, und andererseits dasjenige der faktorenanalytisch orientierten Persönlichkeitsforschung oder auch die impliziten oder expliziten Menschenbildannahmen der verschiedenen psychoanalytischen Ansätze usf. unvermeidbarerweise reduktionistisch sind, dann kann man verallgemeinernd feststellen: der *anthropologische Reduktionismus* „verkürzter" und somit „falscher" Systeme läßt jene Immanenz entstehen, die sich als die späterhin nicht mehr ausräumbare Ursache einer krisenhaften Entwicklung des jeweiligen Systems bzw. einer darauf aufbauenden Psychologie erweist. *Die Permanenz der Krise bisheriger Psychologie beruht auf der Immanenz der Systeme und diese Immanenz wiederum auf der systembegründenden und im Verlauf des Forschungsprozesses nicht mehr aufhebbaren Fixierung anthropologisch-reduktionistischer Menschenbilder bzw. Modellkonstruktionen.*

Nachzutragen ist, daß sich der anthropologische Reduktionismus der Nomologischen Psychologie keineswegs nur auf die Ausklammerung des Subjekts beschränkt. Ein eng damit verknüpftes, zusätzlich in Erscheinung tretendes anthropologisches Defizit dieser Psychologie besteht darin, daß der naturgesetzliche Erklärungsansatz mit tragenden Prinzipien unseres Lebens, wie z. B. Freiheit oder Verantwortung, kaum vereinbar ist. Weitere defizitäre Aspekte des nomologisch-psychologischen Menschenmodells, die mindestens ebenso schwerwiegend sind, werden darin erkennbar, daß der gesellschaftlichen Bedingtheit[16] und der Historizität[17] des Psychischen keine Rechnung getragen wird.

Die genannten Einschränkungen sind aber nicht die Folge, sondern die tiefere Ursache der bestehenden Systemimmanenz, und zwar insofern, als es sich hier gleichsam um die Konstruktionsfehler des homo nomologicus handelt, also eines Menschenmodells, von dem man zu keinem Zeitpunkt hätte annehmen dürfen, daß es sich zur Begründung eines gegenstandsangemessenen wissenschaftlichen Psychologiesystems eignen könnte.

Der Einführung des Begriffs „Systemimmanenz" soll die bisher weitgehend unwirksam gebliebene Wissenschaftskritik der Psychologie vorantreiben und einen Prozeß weitgehender Umgestaltung (oder Neugestaltung) sowohl der grundlagenwissenschaftlichen als auch der anwendungswissenschaftlichen Psychologie einleiten. Hierfür ist die allgemeine Anerkennung der Aussage notwendig, daß die beschriebene *Systemimmanenz* – bzw. die (additive) Immanenz aller immanenten Systeme – tatsächlich das Basisproblem der Psychologie bzw. die Ursache der Dauerkrise dieser Disziplin bildet. Diese Schlußfolgerung erscheint allerdings angesichts der beiden wichtigsten (negativen) Konsequenzen der Systemimmanenz als zwingend. Diese oben bereits angedeuteten Konsequenzen sind:

1. Die früher oder später stagnierend verlaufende Entwicklung innerhalb der Systeme (*Sackgasseneffekt*).
2. Die wissenschaftliche Fragwürdigkeit der Systeme und damit auch der systemintern gewonnenen psychologischen „Erkenntnisse" (*Gültigkeitsproblematik*).

Der *Sackgasseneffekt* bedarf in diesem Zusammenhang nur einer kurzen Erläuterung.

Er zeigt sich zunächst einmal darin, daß die Ergebnisse einer in unausweichlicher Weise *intern* betriebenen Forschung die systemfixierende anthropologische Ausgangsannahme prinzipiell nicht zu modifizieren vermögen. Dieses Defizit, das oben mit Hilfe der zitierten Ausführungen Sartres zu veranschaulichen versucht wurde, besteht gleichsam bereits im Augenblick der Begründung eines Systems.

Die ebenfalls hervorgehobene *Gültigkeitsproblematik* ist schon deshalb ungleich wichtiger als der *Sackgasseneffekt*, als es hier um den Nachweis der Unvertretbarkeit nahezu aller Wissenschaftsauffassungen geht, die heute im Gesamtbereich der Psychologie anzutreffen sind. Die Gültigkeitsproblematik steht im Mittelpunkt des vorliegenden Beitrags und wird jetzt ausführlich erörtert.

## 3. Systemimmanenz stellt Wissenschaftlichkeit infrage

Die *Gültigkeitsproblematik* umfaßt mindestens *vier* Gründe für den Zweifel an der Wissenschaftlichkeit immanenter Systeme und damit auch der psychologischen Aussagen, die innerhalb derartiger Systeme gewonnen werden.[18] Diese Gründe, die nicht unabhängig voneinander zu sehen sind, stellen sich im einzelnen wie folgt dar:

*Erster Kritikpunkt: Das Analysedefizit*

Die Nomologische Psychologie wird zu einer „Psychologie ohne Gegenstand" (Herzog 1984, S. 1), sofern sie erklärt, die Frage nach dem Gegenstand nicht beantworten zu können.[19] In diesem Sinne äußert sich Westmeyer (1973, S. 39) zur Frage nach dem Gegenstand der Psychologie: „Die Frage wäre nur beantwortbar, wenn bereits abgeschlossene Gegenstandserkenntnis vorläge."

Gegen diese Formulierung ist nicht viel einzuwenden. Sie läßt aber außer acht, daß im Hinblick auf den Gegenstand nomologischer Forschung immer schon ein Vorverständnis in der bindenden Annahme vorliegt, der Mensch sei entweder vollständig naturgesetzlich gesteuert oder aber sein Verhalten könne ausschließlich naturgesetzlich erklärt

werden. Da dieses Vorverständnis jedoch, wie im vorangegangenen Abschnitt bereits dargelegt wurde, offensichtlich unzureichend ist, geht die Nomologische Psychologie von einem inadäquaten Gegenstand aus, d. h. sie erforscht nicht den vorfindbaren, sondern einen von ihr selbst produzierten Menschen und errichtet auf seiner Basis ein *künstliches*, von Immanenz bedrohtes psychologisches System.

Für die Untersuchungsresultate, die im Rahmen des Systems der Nomologischen Psychologie gewonnen werden, kann deshalb grundsätzlich nicht der Anspruch erhoben werden, sie seien im Sinne der grundlagenwissenschaftlichen Zielsetzung einer Analyse des tatsächlichen Gegenstands als Erkenntnisfortschritt zu verstehen. Angemessen wäre es vielmehr, die Nomologische Psychologie mit Wittgenstein als ein *Sprachspiel* und zugleich mit Foucault als einen *Diskurs* aufzufassen, der zwar eine enorm gegenstandskonstituierende, aber keineswegs eine entdeckungswissenschaftliche Bedeutung besitzt.

Die erkennbare Analyseabstinenz eines einzelnen Systems ist jedoch nicht bereits ein Hinweis auf seine völlige wissenschaftliche Unvertretbarkeit, sondern zunächst nur ein Indiz für seine *grundlagen*wissenschaftliche Irrelevanz; denn jedes konstruierte System vermag sehr wohl einen (u. U. sogar sehr hohen) *anwendungs*wissenschaftlichen oder praktischen Wert zu besitzen. Es ließe sich in diesem Zusammenhang auf den von Vaihinger (1911) begründeten *Fiktionalismus* verweisen. Fiktionen sind danach in dem Maße wissenschaftlich unproblematisch, in dem sie sich als justifizierbar herausstellen, d. h. in dem gezeigt werden kann, daß sie einen Beitrag zum Fortschritt der Wissenschaft leisten. Da daraus folgt, daß nicht justifizierbare Fiktionen ebenso eliminiert werden müssen wie nicht verifizierbare Hypothesen (a. a. O., S. 150 und 190), kann für immanente Systeme immer nur dann wissenschaftliche Geltung beansprucht werden, wenn ihre Nützlichkeit außer Zweifel steht.

So könnte etwa zugunsten des faktorenanalytisch begründeten Systems der traditionellen Persönlichkeitsforschung behauptet werden, es habe seine Brauchbarkeit in diagnostischer Hinsicht unter Beweis gestellt.

Dies ist allerdings nicht deshalb richtig, weil hier ein sehr adäquates Modell des Menschen bzw. der menschlichen Psyche vorläge (es ist eher ein Extrem der Inadäquatheit), sondern ausschließlich deshalb, weil dieses Modell, das die Verarbeitung quantitativer Daten und damit die Begründung einer „harten" Forschungsstrategie[20] erlaubt, für eine weit verbreitete diagnostische Praxis tragende Bedeutung besitzt. Man kann allerdings auch darüber streiten, ob diese Diagnostik wirklich so leistungsfähig ist, wie ihre Befürworter annehmen.

Wissenschaftlich unhaltbar ist jedoch die Anwendung der Faktorenanalyse im Bereich der Persönlichkeitspsychologie, und zwar dann, wenn versucht wird, eine gefundene Faktorenstruktur als Gegenstandsmodell *des* (ganzen) Menschen aufzufassen und auf diese Weise den „Faktorenmenschen" aus der Taufe zu heben. Tatsächlich liegt ein derartiger Versuch überall dort vor, wo das faktorenanalytische „Persönlichkeitsmodell" als Lehrinhalt des Grundlagenfachs Persönlichkeitspsychologie oder als Kapitelüberschrift in den grundlagenwissenschaftlich gemeinten Überblickswerken der Persönlichkeitspsychologie abgehandelt wird.[21] Solange aber diese kritikwürdige Situation besteht, muß der Wissenschaftlichkeitsanspruch der traditionellen Persönlichkeitspsychologie mit recht angezweifelt werden.[22] Das Faktorengebilde ist eine Konstruktion, die bestenfalls eine instrumentell zweckmäßige Fiktion darstellt, aber kein adäquates Modell des Menschen.

Was für die faktorenanalytische Persönlichkeitspsychologie gilt, gilt in gewissem Sinne auch für die Konzepte der Psychoanalyse und gleichfalls für *nicht*-psychoanalytische, aber ebenfalls „therapierelevante" Persönlichkeitsansätze. Die systembegründende Fixierung anthropologischer Annahmen erweist sich dabei in allererster Linie als ein Hindernis, dem Gesichtspunkt der Historizität des Psychischen Rechnung zu tragen.

Grundsätzlich ist zu beachten, daß sich der Begriff „Analyse" auf mindestens *drei* verschiedene Prozesse beziehen läßt: nämlich *erstens* auf die entdeckungswissenschaftliche Erforschung biopsychologisch einzuordnender Abläufe, *zweitens* auf die historische Rekonstruktion von Diskursen über psychische Aspekte und damit auf die Untersuchung der Veränderung von Mentalitäten[23], Gefühlen[24], Gewohnheiten[25], Verhaltensweisen[26] u. v. a. m. und *drittens* auf die Beschreibung und Erklärung von individualhistorisch zu betrachtenden Vorgängen (wie z. B. Lebenslaufentwicklungen).

Es sind die an zweiter und dritter Stelle genannten Analysearten, die in einer einseitig naturwissenschaftlich betriebenen Psychologie keinen Platz haben können, da Experimente wiederholbar sein müssen und sich daher nur auf Gegenstände beziehen dürfen, die prinzipiell *ungeschichtlich* sind.

## Zweiter Kritikpunkt: Artefakteproduktion

Unter einem Artefakt versteht man für gewöhnlich ein „Methodenerzeugnis", das eine wahre bzw. wissenschaftlich fundiert erscheinende Aussage nur vortäuscht. Dabei geht es in der Regel um eine falsche Methodenanwendung.[27] Zur Unterscheidung von diesen „einfachen" Artefakten erscheint die Bildung einer eigenständigen Kategorie von „systemspezifischen" Artefakten sinnvoll, zumal die schadenstiftende Wirkung der zuletzt genannten Art von Scheinerkenntnissen potentiell wesentlich größer ist als die Wirkung einzelner fehlerhaft gewonnener Untersuchungsresultate im Sinne „einfacher" Artefakte.

Es ist die zu große Differenz zwischen der zu untersuchenden Realität einerseits und den darauf bezogenen Modellen andererseits, also die weitreichende Gegenstandsunangemessenheit der errichteten Psychologiesysteme, die den Verdacht begründet, daß die meisten (oder gar alle) „systemspezifisch" hervorgebrachten Forschungsergebnisse in *grundlagen*wissenschaftlicher Hinsicht wertlos sind und schon aus diesem Grunde nur Artefakte darstellen. Das schließt aber nicht aus, daß es sich hier gelegentlich im *anwendungs*wissenschaftlichen Verständnis um nützliche Artefakte handelt, für die sich eine Rechtfertigungsbasis ergibt, sofern man überzeugend nachweisen kann, daß sie z. B. in der Diagnostik oder in der Therapie gute Dienste leisten. Gigerenzer

(1984, S. 52) hebt in diesem Zusammenhang die „modellbildende Funktion" der Faktorenanalyse und anderer deskriptiver Statistiken hervor und meint:

> „Die in ihnen [den Statistiken] enthaltenen numerischen Operationen (z. B. Mittelwertstransformation in der Produkt-Moment-Korrelation) besitzen Bedeutung im Hinblick auf den jeweils untersuchten Gegenstand. Sie ‚erzeugen' *inhaltliche Implikationen* und modellieren dadurch den untersuchten Gegenstand selbst (vgl. meine *Implikationsthese*, Gigerenzer, 1978). Um sicher zu gehen, daß der so modellierte Gegenstand mit dem vom Forscher intendierten Gegenstand übereinstimmt, sind diese Implikationen in jeder Untersuchung neu zu analysieren. Somit existieren in jeder empirischen Untersuchung *zwei* Definitionen des Gegenstandes der Messung, zum einen jene, welche durch die verwendeten numerischen Systeme bzw. Operationen *impliziert* wird, und zum anderen jene, welche das forschende Subjekt *intendiert*. Divergieren beide, so führt dies zu ‚*Divergenz-Artefakten*' (Gigerenzer, 1978). Die weit verbreitete Fehlinterpretation einfacher numerischer Operationen bis hin zu komplexen ‚Methoden' als *Werkzeuge* anstatt als *theoretische Eingriffe in den zu untersuchenden Gegenstand* führt konsequent zu Forschungsartefakten, deren Ausmaß bisher unübersehbar ist" (Hervorh. i. Orig.).

Für Gigerenzer befindet sich die Psychologie trotz der von ihm beschriebenen „Forschungsartefakte" gegenwärtig noch *nicht* in einer Krise. Er erwartet diese vielmehr erst für die Zukunft, und zwar im Zuge einer „Wende zur modellbildenden Funktion" (a. a. O., S. 53). Unter Berufung auf Scheuch und Zehnpfenning (1974, S. 97) bewertet er diese Wende als „eine *wissenschaftliche Krise* im Sinne von Kuhn (1973²), welche den ‚normalen' Gang der Wissenschaft erschüttert" (Gigerenzer 1984, S. 53; Hervorh. i. Orig.). Diese Erschütterung ist allerdings bis heute noch nicht eingetreten.

## Dritter Kritikpunkt: Verletzung des Postulats der Wertfreiheit

Vor allem für grundlagenwissenschaftliche Erkenntnisse im Sinne einer Beschreibung von Wirklichkeit wird die Gültigkeit des Postulats der Wertfreiheit von Wissenschaft behauptet.[28] Es ist für den grundlagenwissen-

schaftlichen Bereich der Psychologie auch sinnvoll, die Aufrechterhaltung dieses Postulats zu fordern. Soll nun der Prozeß der Entstehung und Veränderung des Gegenstands der Psychologie sowohl unter Einsatz von naturwissenschaftlichen als auch unter Anwendung von historischen Analysestrategien rekonstruiert werden, dann empfiehlt es sich, streng darauf zu achten, daß keine vorausgehenden Bewertungen, keine ideologischen Voreingenommenheiten das Resultat der Analyse beeinflussen. Es ist einzig das Ziel zu verfolgen, das biologisch oder historisch (und meist nur in „vermischter" Form) Vorfindbare angemessen zu untersuchen und so wertneutral wie möglich zu beschreiben.

Das aber verlangt eine besondere Vorsicht im Umgang mit Menschenbildern und deshalb den Verzicht auf Forschungsansätze, die von Systemimmanenz bedroht sind. Denn alle künstlich konzipierten Menschenbilder enthalten unvermeidbarerweise versteckte Bewertungen und zwar insofern, als wesentliche Seiten des Menschen möglicherweise keine Berücksichtigung finden, während die vom jeweiligen Modellkonstrukteur – implizit oder explizit – in das Zentrum seiner „Theorie" gerückten Annahmen ein unangemessen großes Gewicht erhalten.

So läßt sich generell folgern, daß systemintern gewonnene psychologische Erkenntnisse mit dem Postulat der Wertfreiheit von Wissenschaft unvereinbar sind und die Wissenschaftlichkeit der zugrundeliegenden Forschung ebenso grundsätzlich infrage stellen wie das jeweils systembegründende Menschenbild selbst. Bleibt jedoch die wissenschaftliche Fragwürdigkeit von Forschungsergebnissen unerkannt und werden „falsche" Wahrheiten als „wissenschaftlich begründet" weitergegeben, dann beginnt der Bereich der fahrlässigen oder gezielten Fehlinformation. Wissenschaft verkommt zur Ideologie.

Tatsächlich existieren die verschiedenen nebeneinander bestehenden Psychologiesysteme auch nur deshalb, weil sie Anwender und Anhänger besitzen, die in der Regel nicht nur an die Nützlichkeit, sondern auch an den Wahrheitswert der Systeme bzw. der aus diesen abgeleiteten Aussagen *glauben*. So sind die einen „gläubige" Nomologen und die anderen ebenso „gläubige" Psychoanalytiker bzw. Freudianer, Jungianer, Adlerianer usw. Hinzu kommen die Vertreter der zahlreich vorhandenen (nicht oder nicht im engeren Sinne psychoanalytischen) Therapierichtungen. Allein die Reichhaltigkeit des Angebots und die Notwendigkeit der Wahl lassen erahnen, wie sehr die verschiedenen Systeme der Psychologie mit Glaubensrichtungen vergleichbar sind.

Versteht man alle Ansätze der Psychologie grundsätzlich als Glaubenslehren, dann verliert allerdings der Aspekt der Systemimmanenz seine Bedeutung, da religiöse Systeme zugestandenermaßen stets *immanente* Systeme sind. Damit hängt zusammen, daß Religionen und Sekten einen systemimmanenten Wahrheitsbegriff entwickeln und bewahren müssen, um ihre Existenz zu sichern. Die Beachtung des gleichen Überlebensprinzips steht aber einer Wissenschaft nicht gut an.

Möglicherweise hat die Psychologie, gewollt oder ungewollt, immer auch dazu gedient, religiöse Bedürfnisse zu stillen, für die im Zeitalter einer nachlassenden Attraktivität der Kirche keine originär religiösen „Befriedigungsmöglichkeiten" mehr bestehen. Insofern besitzt die gegenwärtige Psychologie, ähnlich wie die Soziologie, ihrer kulturellen Funktion nach eine Art *Zwischenposition*. Während die Soziologie in diesem Zusammenhang auch als eine *dritte* Kultur[29] verstanden worden ist, die sich *zwischen* Wissenschaft und Literatur ansiedeln konnte, läßt sich für die bisherige Psychologie unter Hinweis auf die Vielgestaltigkeit ihrer Erscheinungsformen durchaus behaupten, daß sie eine Zwischenstellung *zwischen Wissenschaft und Glaubenslehre* einnehme.

## Vierter Kritikpunkt: Unerwünschte psychogenetische Konsequenzen

Die Produkte der Psychologie werden selten kritisch betrachtet, sondern – im Gegenteil – häufig genug unkritisch „konsumiert". So partizipieren die verschiedenen Psychologien (einschl. der Psychoanalyse) in hohem Maße an einem Prozeß, den man als *historische Psychogenese*[30] bezeichnen kann. Dieser Prozeß bezieht sich auf „die Wandlung und Differenzierung derjenigen psychischen Strukturen, Strukturanteile und psychisch relevan-

ten Konzepte, die in historischer Zeit bzw. im Laufe des je individuellen Sozialisationsgeschehens vollständig oder teilweise *erworben* werden" (Jüttemann 1988c, S. 507).[31]

Erstaunlicherweise setzt der Prozeß der historischen Psychogenese aber keineswegs voraus, daß die zur Geltung gebrachten Annahmen wissenschaftlich gesichert sind. Selbst gefälschte Ergebnisse erzeugen ungeahnte Wirkungen und häufig genug sind, auch in der Psychologie, Fälschungen dieser Art in gesellschaftspolitischer Absicht vorgenommen und in Umlauf gesetzt worden.[32] In diesen Fällen läßt sich die erzeugte Wirkung jedoch wieder rückgängig machen, wenn die Fälschung aufgedeckt wird. Anders stellt sich die Situation aber dann dar, wenn historisch-psychogenetische Wirkungen nicht aufgrund gezielter Betrugsmanöver, sondern „lediglich" aufgrund von Veröffentlichungen zustandegekommen sind, die trotz ihrer unzulänglichen wissenschaftlichen Fundierung auf ein breites und nachhaltiges Interesse stoßen. Das ist natürlich nur dann möglich, wenn die Adressaten für so gehandhabte „wissenschaftliche Aussagen" besonders aufnahmebereit und infolgedessen nicht zu kritisch eingestellt sind. Diese Voraussetzungen liegen jedoch innerhalb der verschiedenen psychologischen Systeme (bzw. zugehörigen Anwendungsbereiche) regelmäßig vor, und zwar deshalb, weil die betreffenden Systeme bereits historisch-psychogenetisch wirksam geworden sind und *die Beteiligten* am jeweiligen wissenschaftlichen Sprach- oder Praxisspiel, d.h. sowohl die „Produzenten" als auch die „Konsumenten" von systemrelevanten Aussagen, bereits eine einschlägige Sozialisation erfahren haben.

Es geht dabei um historisch-psychogenetische Konsequenzen, die zum einen Teil als günstig zu beurteilen sind, zum anderen Teil aber als problematisch gelten müssen. So dürfte etwa der Annahme kaum auszuweichen sein, daß die (potentiell) positive Effektivität von Psychotherapie im Zusammenhang mit dem apostrophierten Sozialisationsprozeß zu verstehen und als historisch-genetische Konsequenz durchaus zu begrüßen ist. Es muß aber bedenklich stimmen, daß Psychologiesysteme ganze Lebensformen prägen und sogar den Charakter sektie-

rerischer Glaubenslehren annehmen können. Unter diesem Gesichtspunkt sind somit
psychogenetische Konsequenzen, die auf
eine verfehlte Wissenschaftsentwicklung zurückgehen, als unerwünscht anzusehen.

Ebensowenig ist zweifelhaft, daß eine Wissenschaft, die sich in den Dienst eines Herr-
schaftssystems stellt, gleichermaßen instrumentell und zirkulär wird und damit ihre
originär wissenschaftliche bzw. innovative
Qualität einbüßt. Deshalb gilt es, in „aufklärerischer" Absicht Funktionalisierungsten-
denzen dieser Art mit Hilfe historischer Analysen entgegenzuwirken. So läßt sich die Notwendigkeit einer *Überwindung von Systemimmanenz* gerade mit zunehmendem Psychoboom als eine fundamental bedeutsame
Aufgabe einer wissenschaftlichen Psychologie erkennen.

## 4. Die grundlagenwissenschaft-
liche Erscheinungsebene
der Dauerkrise

Man darf ziemlich sicher sein, daß in keiner
anderen Disziplin zur Kennzeichnung des
wissenschaftlichen Entwicklungsstands so oft
das Wort „Krise" verwendet wurde wie gerade in der Psychologie. Deshalb könnte man
angesichts der trotzdem sehr mächtig gewordenen Institution „Psychologie" sogar auf die
Idee kommen, hierin lediglich ein Zeichen
für die Entbehrlichkeit aller grundlagenwissenschaftlichen psychologischen Forschung
zu sehen und den hervortretenden Widerspruch als unwichtig abzutun.

Im vorliegenden Zusammenhang wird diesem Widerspruch jedoch eine besondere Bedeutung beigemessen, auch wenn – mit einer
Ausnahme (siehe unten) – darauf verzichtet
wird, die verschiedenen „Krisendarstellun-
gen" in der Vergangenheit der Disziplin refe-
rierend wiederzugeben. Selbst auf Karl Büh-
lers immer noch aktuelle Ausführungen von
1927 über „Die Krise der Psychologie"[33] soll
nicht näher eingegangen werden.

Dennoch ist die hier mit Hilfe des Begriffs
„Krise" entwickelte „Kritik"[34] umfassend angelegt. Die Rede von einer „Dauerkrise" der
Psychologie verweist darauf, daß die grundlagenwissenschaftliche Psychologie, um die

es zunächst geht, nicht zu einem schon länger
zurückliegenden Zeitpunkt aus einem stabilen in einen instabilen Zustand übergewech-
selt und auf diese Weise in eine Krise geraten
ist. Vielmehr wird – weitgehender – das Bestehen einer Krise seit den Anfängen der
Disziplin behauptet.

Sichtbarster Ausdruck dieser Dauerkrise
ist die zeitliche Aufeinanderfolge verschie-
denartiger, im Grunde unvereinbarer Psychologiesysteme, von denen keines in der
Lage war, einen kontinuierlichen wissenschaftlichen Erkenntnisprozeß in Gang zu
setzen. Drüe (1963, S. 7f.) hat einmal gezeigt, in welchem Maße das Unvermögen der
Psychologie, aus sich heraus eine inhärente
Forschungstradition aufzubauen, ein negati-
ves Charakteristikum der Disziplin darstellt:

> „In der Psychologie . . . bedeutet fast jeder For-
> schername ein neues System, ein mit allen an-
> deren Systemen unverträgliches System. Carte-
> sischer Dualismus, Hobbes'scher Materialis-
> mus, Spinozistischer Monismus, Locke'sche
> innere Erfahrung, Kantische Anthropologie,
> Herbartische Vorstellungsmechanik, Fech-
> ner'sche Psychophysik, Pawlow'sche Reflexolo-
> gie, Watson'scher Behaviorismus usw., sie alle
> wollen das Seelische – mehr oder weniger – wis-
> senschaftlich erfassen, aber keine dieser Lehren
> ist mit einer anderen der genannten vereinbar in
> der Weise, daß eine als Ergänzung oder Vervoll-
> kommnung einer anderen angesehen werden
> könnte. Es ergab sich in der Geschichte der Psy-
> chologie keine zu vereinbarende Folge von Leh-
> ren, die zu einer Einheit zusammengewachsen
> wären und zu einer Psychologie in der Form
> kontinuierlich höher steigender Entwickeltheit
> geführt hätte, so daß diese Psychologie in sich
> ein festes und weit verzweigtes Feld von sich
> gegenseitig fundierenden Axiomen, Theorien
> und speziellen Methoden vereinigt hätte."

Drüe, der sich in dieser Hinsicht u.a. auf
Avenarius und Jaspers[35], vor allem aber auf
Husserl[36] beruft, spricht von „einer permanenten Krise in der Psychologie der Neuzeit"[37] und glaubt den Grund für diese Krise
darin erkennen zu können, daß sich „die Psychologie nicht am Leitfaden des Psychischen
ausgerichtet"[38] habe.

Tatsächlich ist die *phänomenologische* Position, die Drüe vertritt, u.a. dadurch ausgezeichnet, daß der Frage nach dem Psychischen, als dem – aus der Sicht der Phänomenologie – allein adäquaten Gegenstand der

Psychologie, eine zentrale Bedeutung eingeräumt wird. Das Ziel, die Psychologie von
der Phänomenologie her grundlegend zu er-
neuern, hat sich jedoch bis heute als unerreichbar erwiesen. Es kann hier nicht näher
auf die Frage eingegangen werden, welche
Gründe dafür maßgebend waren. Im übrigen
erscheint die Annahme gerechtfertigt, daß
die Phänomenologische Psychologie ihren
entscheidenden Beitrag zur Begründung einer unzweifelhaft wissenschaftlichen und außerdem erkenntnisfördernden Psychologie
erst in der Zukunft leisten wird.[39]

Für die gegenwärtige Verlaufsphase der
Dauerkrise der Disziplin ist weniger, wie in
früherer Zeit, die von Drüe hervorgehobene
rasche zeitliche Aufeinanderfolge verschie-
denartiger „Psychologien" als vielmehr die
große Vielfalt der unvereinbar *nebeneinander* bestehenden Psychologiesysteme charakteristisch.

Selbst innerhalb „zusammengehöriger"
Bereiche existieren relativ eigenständige Ansätze nebeneinander. So hat Cronbach (1957,
1975) in kritischer Absicht darauf hingewiesen, daß die Empirische Psychologie aus zwei
nicht ineinander überführbaren Systemen
besteht, nämlich aus der inferenzstatistisch
vorgehenden Experimentellen Psychologie
mit einem naturgesetzlichen Erklärungsansatz auf der einen Seite und aus der korre-
lationsstatistisch oder faktorenanalytisch
orientierten Persönlichkeitsforschung mit einem dispositionellen Erklärungsansatz auf
der anderen Seite.

Noch wesentlich vielfältiger stellen sich die
Verhältnisse im Bereich der Psychoanalyse
dar, der sich als eine kaum noch überschau-
bare Ansammlung von Systemen erweist, da
jedes Persönlichkeitsmodell bzw. jede Mo-
dellvariante ein selbständiges System begründet. Wyss (1977) unterscheidet in diesem
Zusammenhang mehr als 50 Ansätze. Über
den Bereich der Psychoanalyse hinaus existiert ferner eine ganze Reihe von weiteren
„therapierelevanten" Persönlichkeitsmodellen, die entweder nur eine entfernte Verwandtschaft zu psychoanalytischen Modellen
besitzen oder die völlig unabhängig von der
Psychoanalyse entwickelt worden sind. So
hat Benesch (1988) mehr als 250 verschiedene Therapieformen aufgelistet, die bereits
eine stärkere Beachtung gefunden haben.

Wenn man bedenkt, daß fast jedes dieser therapeutischen Konzepte auf einer eigenständigen Persönlichkeitsauffassung beruht, die
immer auch eine anthropologische Festlegung enthält und dem jeweiligen Konzept
Systemcharakter verleiht, dann entsteht eine
adäquate Vorstellung von der Vielfalt der innerhalb der gesamten Psychologie vorhandenen immanenten Systeme und von der Berechtigung der Annahme, daß sich darin eine
krisenhafte Entwicklung und ein *Basisproblem* der Disziplin ausdrücken.

Allerdings ist in diesem Zusammenhang zu
berücksichtigen, daß für viele neuere Thera-
pieansätze explizit kein *grundlagen*wissenschaftlicher Anspruch erhoben wird und die
dazugehörigen Persönlichkeitsmodelle deshalb auch nicht in den einschlägigen Überblickswerken der (bisherigen) Persönlichkeitspsychologie erscheinen. Inwieweit aber
die Systemimmanenz dieser Ansätze auch in
*anwendungs*wissenschaftlicher Hinsicht Defizite bedingt, soll erst im nächsten Abschnitt
untersucht werden. Unstrittig dürfte es jedenfalls sein, daß mit der Inflation der Therapieformen inzwischen auch eine Dauerkrise der Psychotherapie bzw. der Klinischen
Psychologie begonnen hat.

Als Anzeichen für eine Verschärfung der
*grundlagen*wissenschaftlichen Krise ist neben
der allgemein steigenden Anerkennung der
Psychoanalyse das von Dörner registrierte
„latente Mißbehagen" an der einseitig nomologisch ausgerichteten Psychologie anzusehen, über das oben bereits berichtet wurde.
Diese Unzufriedenheit ist in den letzten Jahren noch größer geworden und hat 1989 zur
Entstehung einer „Erneuerungsinitiative"[40]
geführt. Für Februar 1991 ist die Gründung
einer pluralistisch orientierten neuen wissenschaftlichen Gesellschaft im deutschsprachigen Raum geplant.[41]

Eine weitere Pluralisierung der Psychologie bedeutet jedoch nicht schon das Ende der
Dauerkrise dieser Disziplin, sondern beschwört – zumindest zunächst – sogar die
Gefahr herauf, daß sich die Lage noch zu-
spitzt, sofern nicht die Chance genutzt wird,
die Befreiung von den Fesseln der nomolo-
gisch-wissenschaftlichen Erstarrung zum Anlaß zu nehmen, konsequent nach den *Ursachen* der Dauerkrise zu fragen und einen
völlig neuen Anfang zu setzen.

Wenn lediglich eine weitere Liberalisierung der Psychologie angestrebt würde, und zwar mit dem Ziel, allen vorhandenen „Psychologien" zu einer wissenschaftlichen Legitimation und einer akademischen Präsenz zu verhelfen und gleichzeitig den bestehenden Freiraum anthropologischer Konstruktionstätigkeit auszuweiten, dann wäre eine derartige Entwicklung jedenfalls abzulehnen, und zwar schon deshalb, weil sie auf den Beginn einer *Zerfallskrise*[42] der Disziplin und damit wahrscheinlich auf einen baldigen Ruin der gesamten *Institution* „Psychologie" hinauslaufen müßte. Eine „Erneuerung" wäre jedenfalls nicht zu erwarten. Laufen die Veränderungsbemühungen jedoch darauf hinaus, daß der vorherrschende Dogmatismus vor allem der Nomologischen Psychologie seine Bedeutung verliert, der Aufbau einer gegenstandsangemessenen Forschungspraxis konsequent in Angriff genommen wird und die Kongresse der neuen Gesellschaft in dieser Hinsicht zu einer fruchtbringenden Auseinandersetzung zwischen den verschiedenen Gruppierungen führen, dann könnte u.U. sogar mit einer baldigen Beendigung der Dauerkrise gerechnet werden.

Diese Überlegungen abschließend läßt sich festhalten, daß es sich bei der beschriebenen Dauerkrise offenbar nicht um eine „Aufbaukrise" im Bühlerschen Sinne handelt. Dieser Befund offenbart zugleich die Notwendigkeit einer Radikalisierung der Kritik. Es erscheint möglich, diese Kritik unter Hinweis auf die bereits erläuterte *Gültigkeitsproblematik* zu leisten.

Die auf diese Weise erreichbare ursachenklärende Verdeutlichung des Basisproblems „wissenschaftlicher " Psychologie läßt eine Zurückweisung der *grundlagen*wissenschaftlichen Ansprüche u.a. der Nomologischen Psychologie, der faktorenanalytischen Persönlichkeitsforschung und der psychoanalytischen Konzepte unumgänglich erscheinen. Aber erst dann, wenn folgerichtig auch die Eliminierung dieser Ansätze aus dem *grundlagen*wissenschaftlichen Bereich vollzogen sein würde, wäre der Weg frei für eine fundamentale Neuorientierung unter Einbeziehung von bereits jetzt vorhandenen Forschungsrichtungen, die *nicht* durch Systemimmanenz belastet sind. Dazu gehören u.a. der biographische Ansatz, die Historische

Psychologie und die – weiterzuentwickelnde – Phänomenologische Psychologie.

Die Geschichte der grundlagenwissenschaftlichen Psychologie beginnt mit der Entstehung bzw. mit der erst noch zu vollziehenden „Verknüpfung" dieser Ansätze im Rahmen einer *gegenstandsangemessenen* Forschungskonzeption. Vom erfolgreichen Ausbau einer integrativen *grundlagen*wissenschaftlichen Psychologie wären zugleich positive Einflüsse auf die *anwendungs*wissenschaftliche Psychologie und damit auf die Praxis zu erwarten.

## 5. Die anwendungswissenschaftliche Erscheinungsebene der Dauerkrise

Die mögliche Unterscheidung zwischen Anwendungswissenschaften und Grundlagenwissenschaften wird im allgemeinen aus der Ansicht abgeleitet, daß Anwendungswissenschaften auf praktische Zwecke hin ausgerichtet sein müßten, während Grundlagenwissenschaften zweckfrei, d.h. gleichsam als eine um ihrer selbst willen durchzuführende „Wahrheitssuche" zu betreiben seien und ihre Zielsetzung deshalb nur darin bestehen könne, etwas schon Vorfindbares, in „natürlichen" oder „kulturellen" (bzw. „vermischten") Wachstumsprozessen Entstandenes, zu erforschen. Im Sinne dieser Unterscheidung lassen sich Anwendungswissenschaften und Grundlagenwissenschaften prinzipiell relativ selbständig nebeneinander entwickeln. Das hätte auch innerhalb einer Gesamtdisziplin „Psychologie" geschehen können. Doch dieser Prozeß verlief in der Psychologie anders. Es kam zu einer extremen Dominanz der grundlagenwissenschaftlichen Psychologie und damit zu einer Problematik, zu der Kornadt auf dem 1984 in Wien durchgeführten Kongreß der DGfP als scheidender Präsident in seinem „Lagebericht" bemerkte (Kornadt 1985, S. 18):

> „In dem Maße, in dem Psychologie zur Grundlage eines Berufes wurde, hätte man eigentlich auch die Entwicklung einer angewandten Forschung erwarten können, so wie neben der Physik eine Ingenieurwissenschaft entstanden ist. Psychologische Forschung ist jedoch im wesentlichen Grundlagenforschung geblieben, d.h. primär theoretisch orientiert und auf verallge-

meinerbare Erkenntnisse ausgerichtet. Für die berufliche Tätigkeit der Psychologen ist das ein Problem; für die Dauer wird es aber auch eines für die Reputation der Wissenschaft in einer Gesellschaft, die hohe Erwartungen an sie hat. Das Problem besteht in der Kluft, die prinzipiell zwischen Ergebnissen der Grundlagenforschung und den Voraussetzungen zur Lösung praktischer Probleme besteht (s. hierzu jedoch auch Herrmann 1970, 1973)."

In dieser Äußerung wird deutlich, daß die Krisensituation der anwendungswissenschaftlichen Psychologie in einem fundamentalen Entwicklungsdefizit sichtbar wird bzw. in dem bisherigen Unvermögen dieser Teildisziplin in Erscheinung tritt, eine eigene Struktur zu gewinnen (u. a. durch den Ausbau einer spezifischen Methodologie) und zu wissenschaftlichem Ansehen zu gelangen (vgl. hierzu auch Mummendey 1988). Deshalb kommt man nicht umhin, auch von einer *Dauerkrise* der *anwendungs*wissenschaftlichen Psychologie zu sprechen.

Kornadt stellt, gleichsam zur Überwindung dieser Krise, eine Reihe von Forderungen auf, zu denen auch die beiden folgenden gehören:

1. „Angewandte Forschung müßte von vornherein von der Komplexität des Problemfelds ausgehen, wie sie der vorwissenschaftlichen Erfahrung entspricht" (Kornadt 1984, S. 19).
2. „Neben der Grundlagenforschung muß eine Angewandte Forschung im Sinne einer Technologieforschung betrieben werden, die Handlungsregeln und vor allem Hintergrundwissen bereitstellt und das für den jeweiligen Handlungsbereich spezifisch erforderliche praktische Wissen über Randbedingungen ebenfalls ermittelt und vermittelt" (Kornadt 1988, S. 19).

Diese Forderungen klingen pausibel, doch steht zu befürchten, daß Kornadt dabei lediglich an eine nomologisch orientierte Forschung gedacht hat, die von *Systemimmanenz* bedroht bliebe.

In der gegenwärtigen Diskussion des Verhältnisses, das in der Psychologie zwischen dem grundlagenwissenschaftlichen und dem anwendungswissenschaftlichen Bereich besteht, scheint jedenfalls unstrittig zu sein, daß dieses Verhältnis u. a. deshalb änderungsbedürftig ist, weil die Anwendungsfächer eine

*eigene* Forschung bisher kaum betrieben haben. Stattdessen wurde „Angewandte Psychologie" als Unternehmen einer mehr oder weniger *direkten* Anwendung *grundlagen*wissenschaftlicher Erkenntnisse in der Praxis verstanden und betrieben. Zu diesen „Erkenntnissen" gehörten zum einen die Ergebnisse der nomologisch-psychologischen Forschung und zum anderen die vor allem in der Psychodiagnostik und in den verschiedenen Therapierichtungen zum Zuge kommenden „Theorien" der Persönlichkeit, bei denen es sich, wie bereits dargelegt wurde, eigentlich nur um mehr oder weniger beliebig konstruierbare Gegenstandsmodelle handelt.

Es zeigt sich somit (auch) an dieser Stelle, in welchem Maße in der Psychologie ein *Denken in Systemen* vorherrscht und sogar die Bereitschaft besteht, selbst sehr anfechtbare Systeme praktisch umzusetzen. Zugleich wird offenbar, daß vor allem dieses *Denken in Systemen* die konsequente Entwicklung einer anwendungswissenschaftlichen Forschung überflüssig erscheinen ließ und insofern die tiefere Ursache der *anwendungs*wissenschaftlichen Dauerkrise der Psychologie bildet.

Zur Verdeutlichung dieses Zusammenhangs sei auf das Beispiel der Psychodiagnostik verwiesen: Hier gilt die Zuordnung[43] der Psychometrie zum faktorenanalytischen Persönlichkeitsmodell, der projektiven Verfahren zum psychoanalytischen Ansatz, der Verhaltensanalyse zur behavioristischen Lerntheorie, des Rep-Tests zum Konzept der „personalen Konstrukte"[44] usf. So wird prinzipiell mit der konsequenten Orientierung an *basalen* Persönlichkeitskonzepten das grundlagenwissenschaftliche Problem der Systemimmanenz in den Bereich der Diagnostik übernommen. Doch die Folgen sind hier andere als die, welche wir in grundlagenwissenschaftlicher Hinsicht kennengelernt haben. Denn es besteht die Möglichkeit, die ursprünglich *grundlagen*wissenschaftlich konzipierten Systeme, die den verschiedenen Diagnostikformen zugrundeliegen, als *anwendungs*wissenschaftliche auszugeben[45], d. h. sie als Fiktionen im Sinne des oben erörterten Fiktionalismus zu betrachten und damit nur noch ihre Nützlichkeit als Kriterium der Bewertung ihrer Wissenschaftlichkeit zuzulassen.

Deshalb ist es im Bereich der Diagnostik (oder – hierzu analog – im Bereich der Therapie) nicht die Frage der wissenschaftlichen Berechtigung des Vorgehens, d. h. die *Gültigkeitsproblematik*, auf welche die Direktanwendung von Persönlichkeitsmodellen bzw. das Vorliegen von Systemimmanenz in erster Linie verweist. Im Vordergrund steht hier vielmehr der Zweifel an der wissenschaftlichen *Hochwertigkeit* der aus dieser Modellanwendung resultierenden Praxis. Vor allem die Kritik an der mangelnden Wirklichkeitsnähe (im Sinne von Alltags- und Lebensnähe) und an der relativen Simplizität der Modelle gibt zur Vermutung einer nur begrenzten Nützlichkeit der Konzepte Anlaß.

Solche Kritik trifft die Diagnostik in besonderer Weise und hat dazu geführt, daß sich dieses Anwendungsfeld der Psychologie nach Ansicht vieler Fachvertreter[46] in einer schweren Krise befindet. Auf die Argumente der einschlägigen Autoren kann hier nicht im einzelnen eingegangen werden, doch es ist auffällig, daß es sich in der Regel um Argumente handelt, die eigentlich immer schon zutrafen. Daraus wäre allerdings zu folgern, daß der Zustand der Diagnostik nicht erst neuerdings, sondern – im Sinne einer *Dauerkrise* – von Anfang an problematisch gewesen sein muß.

Im Bereich der Psychotherapie ist die Entwicklung nicht minder krisenhaft verlaufen. Sichtbarster Ausdruck einer schon immer bestehenden und daher unüberwindlich scheinenden Kalamität sind hier der von Kiesler (1966) als Omnipotenzanspruch interpretierte *Uniformitätsmythos*, den nahezu jede Therapieschule zur Erlangung bzw. zur Bewahrung von Autonomie (und zugleich im Sinne der Herstellung einer besonderen Art von Systemimmanenz) mit ihrem Konzept zu verbinden trachtet, und die eng damit im Zusammenhang zu verstehende geringe Forschungsaktivität, welche die meisten dieser Schulen gleichermaßen kennzeichnet. Mit zunehmender Vielfalt der Therapierichtungen hat sich diese Krisensituation eher noch verschärft.

Insgesamt hat die Vergangenheit gezeigt, daß in der Psychologie eine allzu enge Anbindung der Praxis an die (vermeintliche) Grundlagenarbeit nicht der richtige Weg sein kann. Ebenso verfehlt ist sicher aber auch die von Herrmann und Kornadt ausgesprochene Empfehlung, eine möglichst autonome anwendungswissenschaftliche Psychologie aufzubauen; denn die von ihnen in diesem Zusammenhang als vorbildhaft hervorgehobenen Ingenieurwissenschaften[47] sind von der Grundlagenwissenschaft „Physik" keineswegs unabhängig. Vielmehr war die Physik, wie sich an vielen Beispielen erläutern ließe, die entscheidende „Wegbereiterin" der Ingenieurwissenschaften. Hätte sie nicht existiert, so wäre, wie man vermuten darf, in den Ingenieurwissenschaften eine Entwicklung wahrscheinlich gewesen, die einen Vergleich mit den Verhältnissen in der Alchimie zugelassen haben würde.

Bezogen auf die Psychologie soll damit *zweierlei* behauptet werden: Zum einen dürfen die *grundlagen*wissenschaftliche und die *anwendungs*wissenschaftliche Psychologie nicht isoliert werden, sondern müssen – allerdings mehr oder weniger weitläufig – miteinander verbunden bleiben. Zum anderen muß die grundlagenwissenschaftliche Psychologie innerhalb eines so zu verstehenden Zusammenhangs eine vorbereitende und fundierende Funktion übernehmen können, die der Funktion der Physik im Hinblick auf die Ingenieurwissenschaften weitgehend entsprechen könnte. Für die Gegenwart ist in dieser Hinsicht jedoch festzustellen, daß sowohl die grundlagenwissenschaftliche wie auch die anwendungswissenschaftliche Psychologie, und zwar nicht zuletzt infolge der hier verdeutlichten Problematik der Systemimmanenz, vom Ziel einer (weitläufigen) wechselseitigen Beeinflussung noch sehr weit entfernt sind. Allenfalls könnte in kritischer Absicht die Vergleichbarkeit der – niedrigen – Entwicklungsstufen als ein möglicher Zusammenhang hervorgehoben werden.

## 6. Ein Anthropologismus und seine Hintergründe

Wenngleich gezeigt werden konnte, daß sich die Psychologie offensichtlich seit langem auf einem Irrweg befindet und dieser Zustand auf der Existenz immanenter Systeme beruht, ist damit noch keineswegs eine vollständige Erklärung des als Dauerkrise bewerteten Geschehens geleistet worden. Tatsächlich bildet die beschriebene *Systemimmanenz* nur die psychologie*intern* wirksam werdende Ursache der Fehlentwicklung. So entsteht die Frage nach den außerdisziplinären, im weitesten Sinne *gesellschaftlichen* Entstehungsbedingungen der zu kritisierenden Situation.

In diesem Zusammenhang ist grundsätzlich davon auszugehen, daß ein gesellschaftlicher Bedarf für die Begründung und den relativ raschen Ausbau der *Institution* „Psychologie" vorlag (Thomae 1977; Sonntag 1988). Dieser Bedarf und die damit einhergehenden wissenschaftlichen „Erkenntniserwartungen" beschleunigten nicht nur die Produktion von einschlägig verwertbaren Systemen, sondern waren zugleich eine wesentliche Voraussetzung für die rasche Verbreitung und relativ unkritische Aufnahme neuer Ansätze in der Psychologie.

Ein anderer Grund für die entstandne Dauerkrise ist in einer zeittypischen geistigen Modeströmung zu erkennen, die als *Anthropologismus* bezeichnet werden könnte. So berichtet der Philosoph O. Marquard (1965) über eine die Gegenwart beherrschende allgemeine anthropologische Orientierung, die er im Sinne einer Distanzierung von *historischen* Erklärungen zugunsten einer Betonung *natürlicher* Ursprünge definiert. Offensichtlich ist von dieser neuen Aufgeschlossenheit, die Marquard als „Wende zur Natur" (a. a. O., S. 218) charakterisiert und vor allem im Hinblick auf die Gegenwartsphilosophie untersucht, auch die Psychologie stark beeinflußt worden. Da im Zuge dieser Wende das allgemeine Interesse an anthropologischen Modellkonstruktionen rasch zunahm, konnte sich die Psychologie an der Bereitstellung derartiger „Theorien" mit großem Erfolg beteiligen. Allerdings scheint die Psychologie auch eine anthropologische Herausforderung für die Philosophie bedeutet zu haben, wie die zeitweilige Attraktivität der sog. „philosophischen Anthropologie"[48] zeigt.

Es ist im übrigen zu vermuten, daß der Anthropologismus der traditionellen Psychologie noch andere Wurzeln besitzt als die von Marquard beschriebene „Wende zur Natur" in der Philosophie. Hier ist vor allem an gesellschaftliche Einflüsse zu denken, die nicht direkt, sondern auf dem Umweg über die mächtige *Institution* „Psychologie" wirksam

geworden sind. Dieser Prozeß, d. h. die zunehmende Bedeutung der *Institution* „Psychologie" (oder „Psychoanalyse"), brachte die Disziplin sogar in eine gefährliche Praxisabhängigkeit, die sich nicht zuletzt darin zeigte, daß der wissenschaftliche Irrtum einer vielfältigen Produktion von Systemimmanenz unbemerkt blieb bzw. aus wissenschafts- und berufspolitischen Gründen nicht zugegeben werden konnte.

Ein weiterer Erklärungshintergrund für die als *Anthropologismus* apostrophierten Verzerrungstendenzen im psychologischen Denken ist unmittelbar psychischen Ursprungs. Es handelt sich dabei um eine spezifische Art von Suggestibilität, und zwar um jene suggestive Wirkung, die von Persönlichkeitsbeschreibungen aller Art ausgeht und dazu führt, daß man die Plausibilität der Darstellungen zu hoch veranschlagt und die reale Angemessenheit psychologischer Porträts stark überschätzt. Die Evidenzerlebnisse, die dabei erfahren werden, beruhen somit letzten Endes auf einer Selbsttäuschung.

Diese Suggestibilität, die man vielleicht eine *psychodiagnostische Suggestibilität* nennen könnte, erzeugt offenbar die Bereitschaft, nicht nur individuelle Begutachtungen[49] und differenzierende Typenbeschreibungen[50], sondern auch allgemeine persönlichkeitspsychologische (anthropologische) Modellkonstruktionen allzu schnell und vorbehaltlos als „wahr" anzuerkennen. Hier liegt eine besondere Form der Vorurteilsbildung vor, die bei „Alltagsmenschen" ebenso verbreitet zu sein scheint wie bei Vertretern der Psychologie und die u. a. auch die Entstehung persönlicher Vorlieben für eine spezielle Psychologie zu erklären vermag. Eine derartige Affinität oder „Wahlverwandtschaft" hat jedoch stets sowohl *gesellschaftlich*-historische als auch *individual*-historische Hintergründe, so daß das Phänomen der „psychodiagnostischen Suggestibilität" historisch-psychologisch und biographisch-vergleichend untersucht werden könnte.

## 7. Ausblick

Die vorangegangenen Überlegungen dürften gezeigt haben, daß sich die Frage nach der

Ursache der Dauerkrise „wissenschaftlicher" Psychologie mit dem Hinweis auf die offensichtliche Immanenz der vorhandenen Systeme adäquat beantworten läßt. Diese Antwort bedeutet aber auch, daß es um die wissenschaftliche Anerkennbarkeit dieser Systeme schlecht bestellt ist, und zwar vor allem dann, wenn der Anspruch eines *grundlagen*wissenschaftlichen Erkenntniswerts erhoben wird. Damit bestätigt sich zugleich der Verdacht, den viele Anhänger und Anhängerinnen der Psychologie immer schon gehegt haben: daß es sich vor allem bei den großen Traditionen dieser Disziplin, die mit den Begriffen „Empirischer Psychologie" und „Psychoanalyse" verbunden sind, primär nicht um wissenschaftliche Richtungen, sondern um (versteckte) „Glaubenslehren" und „Herrschaftssysteme" handelt.

Insgesamt lassen sich, sieht man einmal von Splittergruppen ab, für die z.B. eine Konzentration auf vorübergehend aktuelle Forschungsprogramme im Bereich der Empirischen Psychologie oder eine Orientierung an sehr speziellen therapeutischen Strategien innerhalb der Psychoanalyse charakteristisch ist, in der gegenwärtigen Psychologie *vier* verschiedene *Lager* oder *Konfessionen* unterscheiden. Dabei kann es kaum überraschen, daß der „Konfessionszugehörigkeit", wie eine genauere Beobachtung der Psychologenschaft zeigt, auch bestimmte „Mentalitäten" oder „Charaktertypen" entsprechen.

Das *erste* Lager bilden die *Empirischen Psychologen*. Sie glauben an den Fortschritt der nomologisch oder auch faktorenanalytisch orientierten Forschungsarbeit und grenzen sich scharf gegen die Psychoanalyse ab.

Das *zweite* Lager besteht aus den Anhängern der *Psychoanalyse*. Sie grenzen sich scharf ab gegenüber der Empirischen Psychologie und deren Tochter, der Verhaltenstherapie.

Das *dritte* Lager umfaßt die *Gemischt-Konfessionellen*, die entweder einem weitgehenden bzw. totalen Liberalismus das Wort reden oder an die „Wiedervereinigung" von Psychoanalyse und Empirischer Psychologie glauben und nach Möglichkeiten suchen, die bestehende Kluft zu überbrücken. In dieser Gruppe finden sich u.a. auch solche Therapeuten, die sich für eine Verknüpfung von Psychoanalyse und Verhaltenstherapie aussprechen, und jene Psychoanalytiker, die sich um eine Übernahme der statistisch orientierten Forschungsstrategien der Empirischen Psychologie in den Bereich der Psychoanalyse bemühen.

Im *vierten* Lager sind dann die konsequenten *Erneuerer* der gesamten Psychologie anzutreffen, d.h. diejenigen, die davon überzeugt sind, daß sich zwar *keine* der drei vorstehend genannten Richtungen durchsetzen kann, es aber dennoch notwendig ist, eine „einheitliche" Psychologie aufzubauen. Sie sind deshalb bereit, noch einmal *ganz von vorn* anzufangen, und zugleich entschlossen, sich dabei nicht auf eine bestimmte Methode, sondern ausschließlich auf den Gegenstand zu konzentrieren.

*Gegenstandsangemessene Forschung* bedeutet allerdings für *grundlagen*wissenschaftlich tätige Psychologen und Psychologinnen etwas anderes als für die *anwendungs*wissenschaftlich interessierten Fachvertreter und Fachvertreterinnen. Während für die erste Gruppe das Problem besteht, eine Übereinkunft darüber erzielen zu müssen, was als vorgefundener, zweckfrei zu untersuchender „Gegenstand" gelten soll, haben es die Anwendungswissenschaftler insofern etwas leichter, als sie von konkreten Aufgabenstellungen ausgehen können. Für sie bedeutet *Gegenstands*angemessenheit soviel wie *Fragestellungs*angemessenheit.

In der vorliegenden theoretischen Untersuchung hat sich *Systemimmanenz* als eine wesentliche Ursache kritikwürdig erscheinender Verhältnisse nicht nur in der Psychologie des ausgehenden 19. Jahrhunderts, sondern auch des (bisherigen) 20. Jahrhunderts herausgestellt. Dabei zeigte sich u.a., daß die bereits von F. A. Lange proklamierte und im 20. Jahrhundert dann im Anschluß an Pawlow und Watson konsequent verwirklichte Idee einer „Psychologie ohne Seele"[51] für den offensichtlich fehlgeschlagenen Versuch, eine *wissenschaftliche* Psychologie zu begründen, in besonderer Weise ausschlaggebend war. Indem man nicht nur den Begriff „Seele" vermied, sondern in radikaler Weise die Gegenstandsbetrachtung durch eine (bloße) Methodenanwendung ersetzte, entstanden die unvollkommenen Menschenbilder der einerseits experimentell und andererseits faktorenanalytisch vorgehenden traditionellen Psychologie. Als Folge der Orientierung an inadäquaten Menschenmodellen entfernte sich die Psychologie dann immer weiter von ihrer eigentlichen Forschungsaufgabe und damit von der Möglichkeit einer Einordnung als Wissenschaft.

Das aber berechtigt zu der Vermutung, daß es gegenwärtig eher angemessen ist, von der Vorgeschichte als von der Geschichte *der* wissenschaftlichen Psychologie zu sprechen, zumal die wenigen unverdächtigen, von Systemimmanenz unbelasteten Ansätze, mit denen sich berechtigte Hoffnungen für die Forschung verbinden[52], noch keine breitere Anerkennung gefunden haben.

Allerdings würde eine erfolgreiche *Erneuerung* der Psychologie einen – nicht nur programmatischen – Zusammenschluß dieser (und einiger anderer) Ansätze erfordern. Gelingt diese Erneuerung, dann besteht für die Psychologie die Chance, ihre eigentümliche Bedeutung als *Sonderkultur* „zwischen Wissenschaft und Glaubenslehre" zu verlieren und sich zu einer ernstzunehmenden Wissenschaft zu entwickeln.

Die Zeit ist jedenfalls inzwischen reif für die Reflexion auf eine *Psychologie ohne Systemimmanenz* bzw. eine *Psychologie ohne Systeme*. Angeblich wissenschaftliche Aussagen oder Untersuchungsergebnisse, die sich auf Menschen beziehen, die in der Wirklichkeit gar nicht vorfindbar sind und somit reine Kunstprodukte repräsentieren, dürfen in der Psychologie nicht länger hingenommen werden. Stattdessen ist, gleichsam im zweiten Anlauf, der Versuch zu unternehmen, den tatsächlich anzutreffenden Menschen psychologisch zu erforschen.

Gegenwärtig liegt jedoch noch kein vollständiges Konzept darüber vor, wie dies im einzelnen geschehen sollte und wie somit eine veränderte Psychologie aussehen könnte. Der seit einiger Zeit in der Psychologie aktuelle Terminus „qualitative Forschung"[53] ist vor allem als Gegenbegriff zur traditionellen, entweder auf dem hypothetico-deduktiven Beweisverfahren oder auf dem korrelationsstatischen Ansatz beruhenden „quantitativen" Methodologie zu verstehen, kann aber nur als eine eher pauschale und unscharfe Bezeichnung für die neue Orientierung verwendet werden. Es lassen sich jedoch einzelne Gesichtspunkte aufzeigen, die für eine grundlegend zu modifizierende oder teilweise bereits modifizierte psychologische Forschungspraxis Bedeutung besitzen.

Der Rahmen der vorliegenden Arbeit zwingt allerdings zu einer bloßen Auflistung von Gesichtspunkten, die eine nicht-systemimmanente Psychologie zu berücksichtigen hat. Die vorangegangenen Überlegungen dürften jedoch den Weg dafür gewiesen haben, wie die nachstehend genannten Gesichtspunkte im einzelnen zu erläutern sind:

1. Gegenstandsangemessenheit des Vorgehens
   a) Das *Inversionsprinzip*[54] außer Kraft setzen.
   b) Theorieoffenheit sicherstellen.
   c) Tragfähige Beschreibungen vornehmen.
   d) Begriffe klären.
   e) Vom erlebenden Subjekt ausgehen.
   f) Alltagsnähe beachten (Prozeßanalyse).
   g) Ereignis- und individuumzentriert forschen (vorausgehende *Verallgemeinerungen*[55] vor allem anthropologischer Art konsequent unterlassen, um die Entstehung von Systemimmanenz zu vermeiden).
   h) Auf eingreifende Komplexitätsreduktionen verzichten.

2. Reflexivität des Vorgehens
   a) Implikationen der jeweiligen Zielsetzung präzisieren.
   b) Transparenz des Untersuchungsprozesses herstellen.
   c) Kommunikative Einflüsse kontrollieren.
   d) Lebensweltbezüge offenlegen (Relevanz familialer und anderer sozialer Strukturen einschließlich der gesellschaftlichen „Verankerung" der Individuen diskutieren).
   e) Selbstreferentielle Aspekte berücksichtigen (u. a. im biographischen Zusammenhang).
   f) Die Historizität und Diskursivität des Psychischen im Blick haben (*gegenstandkritische*[56] Forschung).

g) Konsequenzen des Leib-Seele-Dualismus hinterfragen.

h) Interpretative Aussagen absichern (Ablehnung subjektivistischer Auswertungsstrategien).

Unschwer erkennbar ist, daß die Erfüllung dieser „Forderungen" einen *Paradigmenwechsel*[57] herbeiführen und eine Psychologie entstehen lassen werden, die im wesentlichen eine geistes- und kulturwissenschaftlich geprägte Psychologie sein dürfte. Etwas weniger deutlich zeichnet sich ab, wie sich in dieser Richtung – vor allem mit Hilfe der Forschung – eine (einzige) Psychologie entwickeln soll, die gleichsam an die Stelle des gegenwärtig vorhandenen Überangebots von mehr oder weniger unvereinbar nebeneinander bestehenden Psychologien treten kann.

Keinesfalls erschöpft sich die hier bestehende Aufgabenstellung darin, das zu tun, was der traditionellen Psychologie bisher ebenso wenig gelungen ist wie der Psychoanalyse: nämlich *die Hermeneutik und die Phänomenologie (auch) für die Psychologie unzweifelhaft „wissenschaftsfähig" und „forschungstragend" zu gestalten.* Denn die „neue" Psychologie darf nicht, wie die weitgehend gescheiterte *objektive* Psychologie, ihre Identität auf dem Wege der Inversion des Verhältnisses von Gegenstand und Methode bzw. der Standardisierung ihrer Forschungsstrategie (vgl. Ewert, 1983, S. 32 ff.) gewinnen. Dazu bedeutet auch, daß man *quantitative* Strategien so z.B. der Datenerhebung – dort einsetzen muß, wo der Gegenstand bzw. die Fragestellung es erfordern.

Eine methodenpluralistisch orientierte und gegenstandszentrierte einheitswissenschaftliche Psychologie muß als ein realisierbares Ziel erscheinen, wenn man sich vergegenwärtigt, daß bei aller Vielgestaltigkeit und Unbestimmbarkeit des Gegenstands, um den es geht, dessen relative Geschlossenheit doch (zumindest in individueller Hinsicht) außer Frage steht. Diese Tatsache könnte die Verwendung einer zugleich umfassend und spezifisch gemeinten Gegenstandsbezeichnung rechtfertigen, und zwar auch dann, wenn der Versuch, den Gegenstand *definieren* zu wollen, zum Scheitern verurteilt sein würde. Die Einführung einer derartigen Bezeichnung erscheint sogar unverzichtbar, wenn man bedenkt, daß es sich immerhin um einen Gegenstand handelt, der einer ganzen akademischen Disziplin nach ihrer Abspaltung von der Philosophie ein dauerhaftes einzelwissenschaftliches Existenzrecht sichern soll.

Aber warum dann einen neuen Terminus „einführen"? Vielleicht kann man sich ja darauf einigen, den bereits vorhandenen Begriff beizubehalten und diesen erklärtermaßen zu einer lediglich ungefähren Kennzeichnung eines Gegenstands zu verwenden, zu dessen Wesen es gehört, niemals ganz konkret „gegeben" zu sein und trotzdem eine unbestreitbare Einheit zu repräsentieren. Ist es nicht gerade diese Besonderheit, die der Begriff „Seele" anklingen läßt und diesem eine immer noch aktuelle Bedeutung verleiht?

## Anmerkungen

[1] Die 1986 vorgenommene Einschätzung wurde erst 1989 veröffentlicht, und zwar im Rahmen eines Wörterbuchartikels (Scheerer 1989, S. 1644)

[2] Scheerer verweist hier auf Kuhn (1962)

[3] Scheerer verweist hier auf Palermo (1971) und Briskman (1972)

[4] Scheerer verweist hier auf Herrmann (1976)

[5] Der Begriff „Ursache" wird in einem weiten Sinne und somit nicht in der engen naturwissenschaftlichen Bedeutung verwendet, die Hume festzulegen versucht hat: vgl. hierzu die Begriffs-Diskussion bei v. Wright (1974). Der Be-

griff „Dauerkrise" findet sich u.a. bei Aschenbach (1984, S. 12). Vorher schon war vor allem in der Phänomenologie von einer anhaltenden Krisensituation der Psychologie ausgegangen worden. Hierüber berichtet u.a. Drüe (1963), der das betreffende Kapitel wie folgt überschreibt: „Die phänomenologische Unterstellung einer permanenten Krise in der Psychologie der Neuzeit." (a.a.O., S. 7)

[6] Der Terminus „Psychologie" dient dabei als Sammelbegriff für verschiedene Psychologien. Dabei ist es naheliegend, auch die psychoanalytischen Ansätze einzubeziehen, die ohnehin syn-

onym immer auch als *Psychologie* bezeichnet werden (vgl. „Tiefenpsychologie", „Dynamische Psychologie", „Metapsychologie", „Analytische Psychologie", „Komplexe Psychologie", „Individualpsychologie")

[7] Drüe (1963, S. 33) formuliert: „Die Geschichte der Psychologie der Neuzeit besteht in der ununterbrochenen Krise der nicht zu Ende gedachten Systeme"

[8] Vgl. Sartre (1982, S. 258). Dieser Essay, der 1939 erstmalig veröffentlicht wurde, war ursprünglich als Teil eines umfassenden phänomenologisch-psychologischen Werkes vorgesehen, das Sartre aber nicht erscheinen ließ

[9] „Nomologische Psychologie" steht hier für die aktuelle naturwissenschaftlich orientierte Psychologie, von der Herrmann (1979, S. 17) sagt, daß sie „überall in der Welt vorwiegend als eine *nomologische Wissenschaft* betrieben wird." Vgl. auch die Gegenüberstellung der Begriffe „Nomologische Psychologie" und „Historische Psychologie" bei Jüttemann (1988b, S. 3ff.)

[10] Vgl. Thomae (1977, S. 41) und Traxel (1985)

[11] Vgl. u. a. die Aufzeichnung einer öffentlichen kritischen Stellungnahme zur Psychologie von – der damaligen Studentin – Irmingard Staeuble aus dem Sommer 1967 (Holzkamp 1970, S. 215ff.) und den Bericht über den Kongreß der Deutschen Gesellschaft für Psychologie 1968 in Tübingen und hier die Darstellung von Graumann über Ablauf und Inhalt eines sensationell verlaufenen Symposions zum Thema „Psychologie und politisches Verhalten" (1969, S. 106-132; vgl. auch S. IV des Kongreßberichts)

[12] Vgl. Wellek (1959). Wellek hat seine Ausführungen auf dem Kongreß 1957 in Bonn in erweiterter Form und mit einer etwas veränderten Überschrift 1959 (2. Auflage 1970) als selbständige kleine Broschüre herausgegeben

[13] Diese „Verabredung" entstand im deutschsprachigen Raum im Zuge jener Bewegung, die mit den Ostertreffen – vgl. Anmerkung 10 – ihren Anfang nahm, und führte zur Ausbildung einer allgemeinverbindlichen Identität, über die Ewert (1983, S. 32ff.) berichtet. Zur Bewahrung dieser Identität dient ein wohldurchdachtes Sozialisationsprogramm für die nachrückenden Generationen, auf dessen wissenschaftspolitische Implikationen und bedenkliche Folgen u. a. Köckeis-Stangl (1980, S. 345) aufmerksam gemacht hat

[14] Der Begriff wurde vom Verfasser eingeführt (vgl. Jüttemann 1983, S. 36). Vgl. das Verdikt der Kritischen Theorie, die „den Vorrang der Sache vor der Methode postuliert" (Wellmer 1969, S. 13)

[15] Experimentelle Psychologie wird hier als „Nomologische Psychologie" – vgl. Anmerkung 9 – verstanden und ist in ihrer modernen Ausprägung dem hypothetico-deduktiven Modell (vgl.

Ewert 1983, S. 34f.) der Beweisführung verpflichtet. Dadurch wird der Gegenstand der Experimentellen Psychologie, die von einer großen Mehrheit der wissenschaftlich tätigen Psychologen gegenwärtig noch für alle Teildisziplinen der traditionellen Psychologie als grundlegend angesehen wird, auf den naturgesetzlichen Erklärungsansatz reduziert. Das Psychische wird dabei implizit als *Naturkonstante* (Nitschke 1986, S. 31) und der Mensch als „mechanistisches Modell" (Schneewind 1982, S. 113ff.) aufgefaßt

[16] Vgl. u. a. Graumann (1988)

[17] Vgl. u. a. Jüttemann (1986, 1988a, 1988d)

[18] Der Begriff „Gültigkeitsproblematik" bezieht sich hier nicht auf den speziellen testtheoretischen Begriff „Gültigkeit" (oder „Validität"). Vielmehr geht es um den allgemeinen Prozeß der Erkenntnisgewinnung in der Psychologie und um die Frage nach der wissenschaftlichen Anerkennbarkeit von Forschungsstrategien, die zwar methodologisch unangreifbar sein mögen, wie z. B. der Falsifikationismus, aber dennoch zu einer Produktion „unsinniger" Ergebnisse führen können

[19] Vgl. hierzu die Herrmann-Kirchhoff-Kontroverse (Eberlein und Pieper 1976) und die besondere Rolle der „hypothetischen Konstrukte" in der Psychologie (MacCorquodale 1948; Hörmann 1964; Herrmann 1969, S. 30ff. und Jüttemann 1972)

[20] Diese Strategie ist jedoch trotz der Verarbeitung „harter" Daten sehr umstritten: vgl. u. a. Kalveram (1970) und Kempf (1972)

[21] Vgl. u. a. Hall & Lindzey (1957), Lersch und Thomae (1960), Pervin (1970), Maddi (1972), Hjelle & Ziegler (1976), Magnusson & Endler (1977), Schneewind (1982/1984), Fisseni (1984)

[22] Vgl. Jüttemann (1989)

[23] Sprandel (1972); Honegger (1977); Iggers (1978); Erbe (1979); Hinrichs (1982); Reichhardt (1982); Sellin (1985); Raulff (1986, 1987)

[24] Zum Bereich „Gefühle" vgl. u. a. Febvre (1977)

[25] Zum Bereich „Gewohnheiten" vgl. u. a. Funke (1958) und Rath (1988)

[26] Zum Bereich „Verhaltensweisen" vgl. u. a. Nitschke (1981)

[27] Über die weite Verbreitung von Artefakten dieser Art in der Psychologie berichten u. a. Bungard und Lück (1974), Lück und Bungard (1978); Gigerenzer (1978, 1981); Gigerenzer und Strube (1978); Bungard (1980)

[28] Unter Berufung auf Max Weber ist die Forderung, Wissenschaft müsse werturteilsfrei betrieben werden, immer wieder – und manchmal im Zusammenhang mit einer Kritik an marxistischen Gegenpositionen bzw. an der Kritischen Theorie – erneuert worden: vgl. Albert und Topitsch (1971), Thiel (1972), Tenbruck (1972);

Prim und Tilmann (1973); Groeben und Westmeyer (1975). Allerdings haben einige dieser Autoren eine Relativierung des Postulats vorgeschlagen

29 Vgl. Lepenies (1985)

30 Dieser Begriff wurde vom Verfasser (Jüttemann 1988c, S. 507) in Anlehnung an Norbert Elias (1978): „Über den Prozeß der Zivilisation. Soziogenetische und psychogenetische Untersuchungen" eingeführt

31 In einer vielleicht noch prägnanteren Weise könnte man hier auch von *Psychosynthese* sprechen, wenn dieser Begriff nicht als Bezeichnung für eine spezielle psychoanalytische Therapieform bereits vergeben wäre. (Allerdings wäre es sogar korrekt, den Begriff „Psychoanalyse" generell durch den Begriff „Psychosynthese" zu ersetzen, da die in diesem Bereich möglichen Aussagen keine analysierende, sondern eine systembegründende und systemkonstruierende Bedeutung besitzen, sofern es dabei um Aussagen über *den* Menschen geht.) Der Begriff „Psychosynthese" verweist auf den psychotherapeutischen Ansatz des italienischen Nervenarztes R. Assagioli (vgl. Assagioli 1965 und Crampton 1983). Maeder (1959) hatte vorher schon den Begriff „Psychosynthese" zum Bereich der „Psychogogik" in Beziehung gesetzt. Erstmalig hatte D. Bezzola (1907) „Psychosynthese" als psychotherapeutische Methode deklariert, die er als „Modifikation" der Psychoanalyse verstand

32 Ein herausragendes Beispiel sind die Fälschungen des (sogar in den Adelsstand erhobenen) englischen Psychologen C. Burt, der nicht nur komplette Untersuchungen, sondern auch die hierzu veröffentlichenden Mitarbeiter frei erfand (vgl. Broad & Wade 1982)

33 Ein Neudruck des so betitelten Buches, den Hubert Rohracher mit einem Geleitwort versehen hat, erfolgte 1978 (Bühler 1978)

34 Bühler erwähnt im Vorwort zur ersten Auflage die gemeinsame etymologische Wurzel von „Kritik" und „Krise" und bemerkt: „Dieses Buch ist auf Kritik gestellt, um die Krise der Psychologie zu überwinden" (Bühler 1978, S. IX)

35 Avenarius (1927) mit den „Bemerkungen zum Begriff des Gegenstands der Psychologie", insbesondere S. 160; Jaspers (1946), insbesondere S. 262

36 Dies betrifft in erster Linie Husserl (1954)

37 Drüe 1963, vgl. die Überschrift zum 7. Kapitel („Die phänomenologische Unterstellung einer permanenten Krise in der Psychologie der Neuzeit"), S. 7

38 A. a. O.

39 Vgl. Herzog, M & Graumann, C. F.: Sinn und Erfahrung. Phänomenologische Methoden in den Humanwissenschaften. Heidelberg (i. Druck): Asanger

40 Vgl. den „Aufruf der Initiativgruppe für eine Er

neuerung der Psychologie". Veröffentlicht u. a. in „Psychologie Heute" (1989, Heft 12)

41 Im Februar 1990 fand in Berlin eine Tagung der „Initiativgruppe für eine Erneuerung der Psychologie" statt, auf der beschlossen wurde, im Februar 1991 in Berlin den Gründungskongreß für eine neue wissenschaftliche Gesellschaft abzuhalten

42 Vgl. Bühler (1978, S. 1), der die Lage der Psychologie im Jahre 1927 folgendermaßen bewertet: „Denn so ist es in der Gegenwart: ein rasch erworbener und noch unbewältigter Reichtum neuer Gedanken, neuer Ansätze und Forschungsmöglichkeiten hat den krisenartigen Zustand der Psychologie heraufbeschworen. Es ist, wenn nicht alles täuscht, keine Zerfalls-, sondern eine *Aufbaukrise*, ein emarras de richesse, wie er das Ausholen zu einem umfassenden Gemeinschaftswerke begleiten kann"

43 Das Wort „Zuordnung" verweist auf die enge Beziehung, die gerade im Bereich der Psychodiagnostik zwischen bestimmten Formen von Diagnostik auf der einen Seite und den diesen Formen gleichsam zugrunde liegenden und deshalb vor allem im Auswertungszusammenhang unverzichtbaren Persönlichkeitsmodellen auf der anderen Seite besteht. Demgegenüber ist die Beziehung zwischen speziellen Therapieformen und den „zugehörigen" Persönlichkeitsmodellen wesentlich weitläufiger. Westmeyer (1976, 1977) spricht in diesem Zusammenhang von einer „heuristischen" Funktion der Persönlichkeitsmodelle (vgl. auch Jüttemann 1989)

44 Vgl. u. a. G. A. Kelly (1955) und Bannister & Fransella (1971)

45 Vgl. Jüttemann (1989, S. 192)

46 Vgl. u. a. Bühler & Allen (1971); Keupp (1972); Bersoff (1973); Mischel (1973); Lang (1975); Hersen & Bellack (1976); Pulver, Lang & Schmid (1978); Hilke (1984), Jüttemann (1984)

47 Den Vergleich zwischen der Physik und den Ingenieurwissenschaften stellt nicht nur Kornadt (1985, S. 18) in dem zitierten Text, sondern auch bereits Herrmann (1979, S. 165) an. Vgl. auch die allgemeinen Ausführungen von Herrmann (a. a. O., S. 137 ff.) über das Verhältnis der Grundlagenwissenschaften zu den Anwendungswissenschaften

48 Hier sind insbesondere Max Scheler, Helmuth Plessner und Arnold Gehlen zu nennen

49 Ein bekanntes Beispiel ist die große Bereitschaft auch intellektuell geschulter Bevölkerungsschichten, „unspezifische" graphologische Gutachten als individuell bedeutsam und sogar als extrem zutreffend zu beurteilen (vgl. Meili 1955, S. 14 f.)

50 Als Beispiel kann der weitverbreitete Glaube an die Existenz von Sternzeichen-Typen gelten (vgl. Pawlik und Buse 1979)

51 Die vielzitierte Formulierung „Psychologie

ohne Seele" stammt von F.A. Lange (1866, Bd. II, S. 474). Auch Wilhelm Wundt hat zur Verbreitung dieser Formulierung stark beigetragen. Aus der „Psychologie ohne Seele" hat sich später eine „Psychologie ohne Gegenstand" (W. Herzog 1984, S. 1ff.; vgl. auch die Herrmann-Kirchhoff-Kontroverse: Eberlein und Pieper 1976) entwickelt. K.-J. Bruder (1982) kennzeichnet die Tradition des Behaviorismus als eine „Psychologie ohne Bewußtsein" (vgl. hierzu auch Thomae 1969, S. 9f.)

[52] Hierzu gehören aller Voraussicht nach u.a. der Biographische Ansatz (Thomae 1968, Jüttemann & Thomae 1987), die Historische Psychologie (vgl. Jüttemann 1988a und 1988d) und die Phänomenologische Psychologie (Herzog und Graumann, i. Dr.)

[53] Beispiele für qualitative Datenerhebungs- und Datenaufbereitungsmethoden enthält u.a. der Sammelband von Jüttemann (1985). Beispiele für qualitative Forschungsstrategien stellen u.a. die *Induktive Diagnostik* (Jüttemann 1985a) und die *Komparative Kasuistik (Jüttemann 1990) dar*

[54] Vgl. Anmerkung 14

[55] G. Politzer hat an den Verallgemeinerungen, wie sie in der experimentell orientierten, traditionellen Psychologie vorgenommen werden, Kritik geübt und geglaubt, u.a. daran den vorwissenschaftlichen Charakter dieser Psychologie erkennen zu können. Er schreibt hierzu: „Der vorwissenschaftliche Charakter besteht zusammengefaßt in der Tatsache, daß die ‚wissenschaftliche' Psychologie die natürliche Ordnung der Dinge umgekehrt hat und in der entgegengesetzten Art vorgeht, wie die empiri-

schen Wissenschaften üblicherweise vorgehen. Gewiß, die Psychologie muß – wie jede posistive Wissenschaft – zu Allgemeinheiten gelangen und, wenn man will, zu Betrachtungen über allgemeine Funktionen. Allein, sie muß zu Allgemeinheiten *gelangen*, zudem auf dem Wege der Generalisierung, aber nicht mit den Allgemeinheiten *beginnen*, wie es die ‚wissenschaftliche' Psychologie tut" (Politzer 1974, S. 52). Der Philosoph Kurt Hübner kritisiert die Verallgemeinerung der „verstehend" vorgehenden Philosophen (und Psychologen) und führt hierzu aus: „...was hier *näher* unter dem Allgemeinen zu verstehen sei, darüber sind sich die Philosophen des Verstehens nicht nur nicht einig, sondern sie haben davon auch nur mehr oder weniger verschwommene, zumindest aber nicht genauer bestimmte Vorstellungen. Manche sprechen ein wenig unklar von vieles umfassenden ‚Ganzheiten' organischer, pflanzenhafter Art, andere sehen darin Bedeutungs- oder Wirkungszusammenhänge des Lebens usf. Um solche Dunkelheiten beschreiben, umschreiben, durchdringen zu können, müssen dann auch besondere Fähigkeiten der Einfühlung des Verstehens, des Ahnens, ja der Divination beschworen werden" (Hübner 1978, S. 307; Hervorh. i. Orig.)

[56] Vgl. Jüttemann (1988c)

[57] Im Sinne von Kuhn (1962). Allerdings würde es sich hier dann tatsächlich um einen Paradigmenwechsel und nicht um eine jener Theorieveränderungen handeln, die in der Psychologie immer wieder gern zu einem Paradigmenwechsel hochzustilisieren versucht werden (vgl. Westmeyer 1981, S. 124f.)

## Bibliographie

Albert, H. & E. Topitsch (Hrsg.), Werturteilsstreit. Darmstadt 1971

Aschenbach, G., Erklären und Verstehen in der Psychologie. Zur methodischen Grundlegung einer humanistischen Psychologie. Bad Honnef 1984: Bock & Herchen

Assagioli, R., Psychosynthesis. New York 1965 (dtsch: Hb. der Psychosynthesis 1978)

Aufruf der Initiativgruppe zur Erneuerung der Psychologie. Abgedr. u.a. in Psychologie heute, Heft 12, 1989

Avenarius, R., Der menschliche Weltbegriff. Leipzig 1927, 4. Auflage

Bannister, D. & F. Fransella, Inquiring man. The Theory of personal Constructs, Harmondsworth (Middlesex, England) 1971: Penguin Books Ltd. (deutsch: Der Mensch als Forscher (Inquiring Man). Die Psychologie der persönlichen Konstrukte. Münster 1981: Aschendorff)

Benesch, H., Klinische Psychologie. In: Handwörterbuch Psychologie, hrsg. von R. Asanger

& G. Wenninger. München-Weinheim 1988, 4. Auflage: Psychologie Verlags Union

Bersoff, D., Silk purses into sow's ears: The decline of psychological testing and a suggestion for its redemption. American Psychologist 28, 892-899

Bezzola, D., Zur Analyse psychotraumatischer Symptome. Journal Psychol. Neurologie 8, 1907, 204-219

Briskman, L.B., Is a Kuhnian analysis applicable to psychology? Sci. Stud. 2, 1972, 87-97

Broad, W. & N. Wade, Betrayers of the Truth. Fraud and Deceit in the Halls of Science. New York 1982: Simon and Schuster (deutsch: Betrug und Täuschung in der Wissenschaft. Basel-Boston-Stuttgart 1984: Birkhäuser)

Bruder, K.-J., Psychologie ohne Bewußtsein. Die Geburt der behavioristischen Sozialtechnologie. Frankfurt 1982: Suhrkamp (stw)

Bühler, K., Die Krise der Psychologie, 1927. Neudruck: Frankfurt/M.-Berlin 1978: Ullstein

Bühler, K. & M. Allen, Introduction to humanistic psychology. Belmont 1971: Brooks & Cole

Bungard, W. (Hrsg.), Die „gute" Versuchsperson denkt nicht. Artefakte in der Sozialpsychologie. München 1980: Urban & Schwarzenberg

Bungard, W. & H. E. Lück, Forschungsartefakte und nicht-reaktive Meßverfahren, Stuttgart 1974: Teubner

Crampton, M., Psychosynthese. In: R. J. Corsini (Hg.), Hb. der Psychotherapie. Weinheim-Basel 1983: Beltz

Cronbach, L. J., The two disciplines of scientific psychology. American Psychologist 12, 1957, 671-684

Cronbach, L. J., Beyond the two disciplines of scientific psychology. American Psychologist 30, 1975, 116-127

Dörner, E., Empirische Psychologie und Alltagsrelevanz. In: G. Jüttemann (Hg.), Psychologie in der Veränderung. Perspektiven für eine gegenstandsangemessenere Forschungspraxis. Weinheim 1983: Beltz

Drüe, H., Edmund Husserls System der phänomenologischen Psychologie. Berlin 1963: de Gruyter

Eberlein, G. & R. Pieper (Hg.), Psychologie – Wissenschaft ohne Gegenstand? Frankfurt/M. 1976: Campus

Elias, N., Über den Prozeß der Zivilisation. Frankfurt/M. 1978, 6. Auflage, 2 Bde.: Suhrkamp

Erbe, M., Zur neueren französischen Sozialgeschichtsforschung. Die Gruppe um die „Annales". Darmstadt 1979. Wissenschaftl. Buchges.

Ewert, O., Ansprache zur Eröffnung des XXXIII. Kongresses der Deutschen Gesellschaft für Psychologie. In: G. Lüer (Hg.), Bericht über den 33. Kongreß der DGfPs in Mainz 1982, Bd. 1, S. 31-36, Göttingen 1983: Hogrefe

Febvre, L., Sensibilität und Geschichte. Zugänge zum Gefühlsleben früherer Epochen. In: M. Bloch, F. Braudel, L. Febvre u. a., Schrift und Materie der Geschichte, Vorschläge zur systematischen Aneignung historischer Prozesse, hrsg. von C. Honegger. Frankfurt/M. 1977: Suhrkamp

Fisseni, H.-J., Persönlichkeitspsychologie. Auf der Suche nach einer Wissenschaft. Göttingen 1984: Hogrefe

Funke, G., Gewohnheit. In: Archiv für Begriffsgeschichte, Bd. 3, Bausteine zu einem historischen Wörterbuch der Philosophie, hrsg. von E. Rothacker. Bonn 1958: Bouvier

Gigerenzer, G., Artefakte in der dimensionsanalytischen Erfassung von Urteilsstrukturen. Zeitschrift für Sozialpsychologie 9, 1978, 110-116

Gigerenzer, G., Messung und Modellbildung in der Psychologie. München 1981: Ernst Reinhardt (UTB)

Gigerenzer, G., Messung, Modellbildung und die „Kognitive Wende". In: M. Amelang & H.-J. Ahrens (Hg.), Brennpunkte der Persönlichkeitsforschung, Bd. 1, Göttingen 1984: Hogrefe

Gigerenzer, G. und Strube, G., Zur Revision der üblichen Anwendung dimensionsanalytischer Verfahren. Zeitschrift für Entwicklungspsychologie und pädagogische Psychologie 1978, 10, 75-86

Graumann, C. F., Symposion II: Psychologie und politisches Verhalten. In: M. Irle (Hg.), Bericht über den 26. Kongreß der Deutschen Gesellschaft für Psychologie in Tübingen 1968, Göttingen 1969: Hogrefe

Graumann, C. F., Der Kognitivismus in der Sozialpsychologie – Die Kehrseite der „Wende". Psychologische Rundschau, 39, 1988, 83-90

Graumann, C. F. & A. Métraux, Die Phänomenologische Orientierung in der Psychologie. In: K. Schneewind (Hg.), Wissenschaftstheoretische Grundlagen der Psychologie. München-Basel 1977: Reinhardt (UTB)

Groeben, N. & H. Westmeyer, Kriterien psychologischer Forschung. München 1975: Juventa

Hall, C. S. & G. Lindzey, Theorien der Persönlichkeit, 2 Bde. München 1978: Beck (Original: Theories of personality. New York-London-Sydney-Toronto 1957: John Wiley & Sons)

Heinemann, W., Das Subjekt als Objekt. Anmerkungen über Objektive und Subjektive Psychologie. Psychol. Rdsch. 39, 1988, 125-135

Herrmann, T., Lehrbuch der empirischen Persönlichkeitsforschung. Göttingen 1969: Hogrefe

Herrmann, T., Die Psychologie und ihre Forschungsprogramme. Göttingen 1976: Hogrefe

Herrmann, T., Psychologie als Problem. Stuttgart 1979: Klett-Cotta

Hersen, M. & A. Bellack (Hg.), Behavioral assessment: A practical handbook. Oxford 1976: Pergamon Press

Herzog, M. & C. F. Graumann, Sinn und Erfahrung. Phänomenologische Methoden in den Humanwissenschaften. Heidelberg (i. Druck): Asanger

Herzog, W., Modell und Theorie in der Psychologie. Göttingen 1984: Hogrefe

Hilke, R., Handlungstheoretisch orientierte psychologische Diagnostik: Ausweg aus der Krise der psychologischen Diagnostik. In: G. Jüttemann, Neue Aspekte klinisch-psychologischer Diagnostik. Göttingen 1984: Hogrefe

Hinrichs, E., Zum Stand der historischen Mentalitätsforschung in Deutschland. In: E. Hinrichs & G. Wiegelmann (Hg.), Sozialer und kultureller Wandel in der ländlichen Welt des 18. Jahrhunderts. Wolffenbüttel 1982: Herzog-August-Bibliothek

Hjelle, L. A. & D. J. Ziegler, Personality: Theories, basic assumptioms, research and applications. New York 1976

Hörmann, H., Aussagemöglichkeiten psychologischer Diagnostik. Göttingen 1964

Holzkamp, K., Kritische Psychologie. Frankfurt/M. 1972: Fischer

Honegger, C. (Hrsg.), Geschichten im Entstehen. Notizen zum Werdegang der Annales. In: M. Bloch, F. Braudel, L. Febvre u.a., Schrift und Materie der Geschichte. Vorschläge zur systematischen Aneignung historischer Prozesse. Frankfurt/M. 1977: Suhrkamp

Hübner, K., Kritik der wissenschaftlichen Vernunft. Freiburg u. München: Alber

Husserl, E., Die Krisis der europäischen Wissenschaften und die transzendentale Phänomenologie (Husserliana Band IV). Haag 1954

Iggers, G.G., Die Tradition der Annales in Frankreich: Geschichte als integrale Humanwissenschaft. In: G.G. Iggers (Hg.), Neue Geschichtswissenschaft. München 1978: dtv

Jaspers, K., Allgemeine Psychopathologie, Berlin 1946, 4. Aufl.

Jüttemann, G., Was nützen Eigenschaftskonstrukte? Psychologische Rundschau, 2, 1972, 9-114

Jüttemann, G. (Hg.), Psychologie am Scheideweg. Teilung oder Vervollständigung? In: Jüttemann G. (Hg.), Psychologie in der Veränderung. Perspektiven für eine gegenstandsangemessenere Forschungspraxis. Weinheim 1983: Beltz

Jüttemann, G. (Hg.), Neue Aspekte klinisch-psychologischer Diagnostik. Göttingen 1984: Hogrefe

Jüttemann, G. (Hg.), Qulitative Forschung in der Psychologie. Grundfragen, Verfahrensweisen, Anwendungsfelder. Weinheim 1985: Beltz

Jüttemann, G., Induktive Diagnostik als gegenstandsangemessene psychologische Grundlagenforschung. In: G. Jüttemann (Hrsg.), Qualitative Forschung in der Psychologie. Weinheim 1985a: Beltz

Jüttemann, G. (Hrsg.), Die Geschichtlichkeit des Seelischen. Der historische Zugang zum Gegenstand der Psychologie. Weinheim 1986: Beltz

Jüttemann, G., Die geschichtslose Seele – Kritik der Gegenstandsverkürzung in der traditionellen Psychologie. In: G. Jüttemann (Hrsg.), Die Geschichtlichkeit des Seelischen. Weinheim 1986a: Beltz

Jüttemann, G. (Hrsg.), Wegbereiter der Historischen Psychologie. München-Weinheim 1988a: Beltz-Psychologie Verlags Union

Jüttemann, G., Vorbemerkungen des Herausgebers. In: G. Jüttemann (Hrsg.), Wegbereiter der Historischen Psychologie. München-Weinheim 1988b: Beltz-Psychologie Verlags Union

Jüttemann, G., Historische Psychologie in gegenstandskritischer Absicht. In: G. Jüttemann (Hrsg.), Wegbereiter der Historischen Psychologie. München-Weinheim 1988c: Beltz-Psychologie Verlags Union

Jüttemann, G., Historische Psychologie. In: R. Asanger & G. Wenninger (Hrsg.), Handwörterbuch Psychologie. München-Weinheim 1988d, 4. Auflage: Psychologie Verlags Union

Jüttemann, G., Reduktionismen der Modellbildung in der traditionellen Persönlichkeitspsychologie. In: H.-J. Ahrens & M. Amelang (Hrsg.), Biologische Funktionen individueller Differenzierung. Beiträge zum Verhältnis von Psychologie und Biologie, Brennpunkte der Persönlichkeitsforschung, Bd. 2. Göttingen 1989: Hogrefe

Jüttemann, G. (Hrsg.), Komparative Kasuistik. Heidelberg 1990: Asanger

Jüttemann, G., u. Thomae, H. (Hrsg.), Biographie und Psychologie. Berlin und Heidelberg 1987: Springer

Kalveram, K.Th., Über Faktorenanalyse. Kritik eines theoretischen Konzepts und seine mathematische Neuformulierung. Archiv für Psychologie, 122, 1970, 92-118

Kelly, G.A., The psychology of personal constructs, Bd. 1 und 2, Norton 1955

Kempf, W., Zur Bewertung der Faktorenanalyse als psychologische Methode. Psychologische Beiträge, 14, 1972, 610-625

Keupp, H., Psychische Störungen als abweichendes Verhalten. München 1972: Urban & Schwarzenberg

Kiesler, D.J., Some myths of psychotherapy research and the search of a paradigm. Psychological Bulletin 1966, 65, 110-136 (deutsch in F. Petermann [Hrsg.] Psychotherapieforschung). Weinheim 1977, S. 7-50: Beltz

Köckeis-Stangl, E., Methoden der Sozialisationsforschung. In: K. Hurrelmann und D. Ulich (Hrsg.), Handbuch der Sozialisationsforschung. Weinheim 1980, S. 321-370: Beltz

Kornadt, H.-J., Zur Lage der Psychologie. In: D. Albert, Bericht über den 34. Kongreß der Deutschen Gesellschaft für Psychologie in Wien 1984, Band 1, Göttingen 1985: Hogrefe

Kornadt, H.-J., Möglichkeiten und Probleme der Anwendung und politischen Umsetzung psychologischer Forschungsergebnisse. In: F. Lösel & H. Skowronek (Hrsg.), Beiträge der Psychologie zu politischen Planungs- und Entscheidungsprozessen. Weinheim 1988: Deutscher Studien Verlag

Kuhn, Th.S., The Structure of Scientific Revolutions, Chicago 1962: University (deutsch: Die Struktur wissenschaftlicher Revolutionen, Frankfurt 1967: Suhrkamp; zweite revidierte und um das Postskriptum von 1969 ergänzte Auflage: 1973)

Lange, F.A., Geschichte des Materialismus und Kritik seiner Bedeutung in der Gegenwart, 2 Bde., 1866

Lepenies, W., Die drei Kulturen. Soziologie zwischen Literatur und Wissenschaft. München-Wien 1985: Hanser. (Taschenbuchausgabe Reinbek b. Hamburg 1988: Rowohlt)

Lersch, Ph., Philosophische und psychologische Anthropologie. Ber. 21. Kongreß Dt. Gs. Psychol. Göttingen 1958: Hogrefe

Lersch, Ph. & H. Thomae (Hrsg.), Persönlichkeitsforschung und Persönlichkeitstheorie, Band 4, Handbuch der Psychologie. Göttingen 1960, 2. Auflage: Hogrefe

Lück, H. E. & W. Bungard, Artefakte und die Höflichkeit im sozialwissenschaftlichen Forschungsbetrieb. Gruppendynamik 1978, 9, 2-10

MacCorquodale, K. & P. E. Meehl, On a distinction between hypothetical constructs and intervening variables, Psychol. Review, 1948, 95-197

Maddi, S. R., Personality Theories. Homewood, Illinois 1976, 3. Auflage: Dorsey Press

Maeder, A., Heilung und Entwicklung im Seelenleben, 1918

Magnusson, D. & N. S. Endler (Hrsg.), Personality at the crossroads: Current issues in interactional psychology, Hillsdale 1977: Lawrence Erlbaum

Marquard, O., Zur Geschichte des philosophischen Begriffs „Anthropologie" seit dem Ende des 18. Jahrhunderts. In: Collegium Philosophicum, Studien Joachim Ritter zum 60. Geburtstag, hrsg. von E.-W. Böckenförde u. a., Basel-Stuttgart 1965: Schwabe & Co (Wiederabdruck in: O. Marquard, Schwierigkeiten mit der Geschichtsphilosophie. Aufsätze. Frankfurt 1973: Suhrkamp)

Meili, R., Lehrbuch der psychologischen Diagnostik, Bern-Stuttgart 1955, 3. Auflage: Huber

Mischel, W., On the empirical dilemmas of psychodynamic approaches: Issues and alternatives. Journal of Abnormal Psychology, 82, 1973, 335-344

Mummendey, H. D., Zur Kritik der Anwendungsorientierung in der Psychologie. In: Lösel, F. und Skowronek, H. (Hrsg.), Beiträge der Psychologie zu politischen Planungs- und Entscheidungsprozessen. Weinheim 1988: Deutscher Studien Verlag

Nitschke, A., Historische Verhaltensforschung. Stuttgart 1981: Ulmer (UTB)

Nitschke, A., Voraussetzungen für eine Historische Psychologie. In: G. Jüttemann (Hrsg.), Die Geschichtlichkeit des Seelischen. Weinheim 1986: Beltz

Palermo, D. S., Is a scientific revolution taking place in psychology? Sci. Stud. 1971, 135-155

Pawlik, K. & L. Buse, Selbst-Attribuierung als differentiell-psychologische Moderatorvariable: Nachprüfung und Erklärung von Eysencks Astrologie-Persönlichkeits-Korrelationen. Zeitschrift für Sozialpsychologie 10, 1979, 54-69

Pervin, L. A., Persönlichkeitstheorien. München 1981: Reinhardt (Original: Personality: Theorie, Assessment and Research). New York 1970, 1975: Wiley & Sons

Politzer, G., Kritik der klassischen Psychologie. Köln 1974: EVA

Prim, R. & H. Tilmann, Grundlagen einer kritisch-

rationalen Sozialwissenschaft. Heidelberg 1973: Quelle & Meyer (UTB)

Pulver, U., A. Lang & F. W. Schmid, Ist Diagnostik verantwortbar? Wissenschaftler diskutieren Anspruch, Möglichkeiten und Grenzen psychologischer Erfassungsmittel, Bern-Stuttgart 1978: Huber

Rath, N., Zweite Natur. Begriff und Problem. Unveröffentlichte Habil.-schrift. Universität Bochum 1988

Raulff, U., Die Annales E.S.C. und die Geschichte der Mentalitäten. In: G. Jüttemann (Hrsg.), Die Geschichtlichkeit des Seelischen. Weinheim 1986: Beltz

Raulff, U. (Hrsg.), Mentalitäten-Geschichte. Berlin 1987: Wagenbach

Reichardt, R., Für eine Konzeptualisierung der Mentalitätshistorie. In: E. Hinrichs & G. Wiegelmann (Hrsg.), Sozialer und Kultureller Wandel in der ländlichen Welt des 18. Jahrhunderts. Wolffenbüttel 1982: Herzog-August-Bibliothek

Sartre, J.-P., Die Transzendenz des Ego. Philosophische Essays 1931-1939. Reinbek b. Hamburg 1982: Rowohlt

Scheerer, E., Psychologie. In: J. Ritter & K. Gründer (Hrsg.), Historisches Wörterbuch der Philosophie, Band 7, Basel 1989: Schwabe

Scheuch, E. K. & Zehnpfenning, H., Skalierungsverfahren in der Sozialforschung. In: R. König (Hrsg.), Handbuch der empirischen Sozialforschung, Bd. 3a. Stuttgart 1974: Enke

Schneewind, K. A., Persönlichkeitstheorien. Darmstadt, 2 Bände 1982/84: Wissenschaftliche Buchgesellschaft

Sellin, V., Mentalität und Mentalitätsgeschichte. Historische Zeitschrift, 241, 1984, 555-598

Sonntag, M., Die Seele als Politikum. Berlin 1988: Reimer

Sprandel, R., Mentalitäten und Systeme. Stuttgart 1972: Union

Tenbruck, F. H., Zur Kritik der planenden Vernunft. Freiburg-München 1972

Thiel, Ch., Grundlagenkrise und Grundlagenstreit. Meisenheim/Glan 1972

Thomae, H., Das Individuum und seine Welt. Göttingen 1968: Hogrefe (2. veränderte Auflage: 1988)

Thomae, H., Vita Humana. Beiträge zu einer genetischen Anthropologie. Frankfurt/M.-Bonn 1969: Athenäum

Thomae, H., Psychologie in der modernen Gesellschaft. Hamburg 1977: Hoffmann & Campe

Traxel, W., Die Wiederbelebung der Experimentellen Psychologie in der Bundesrepublik Deutschland. In: D. Albert (Hrsg.), Bericht über den 34. Kongreß der Deutschen Gesellschaft für Psychologie in Wien 1984. Göttingen 1985: Hogrefe

Vaihinger, H., Philosophie des Als Ob. Berlin 1911: Reuther und Reichard

Wellek, A., Der Rückfall in die Methodenkrise der

Psychologie und ihre Überwindung. Göttingen 1959: Hogrefe

Wellmer, A., Kritische Gesellschaftstheorie und Positivismus. Frankfurt 1969: Suhrkamp

Westmeyer, H., Kritik der psychologischen Unvernunft. Stuttgart-Berlin-Köln-Mainz 1973: Kohlhammer

Westmeyer, H., Verhaltenstherapie: Anwendung von Verhaltenstheorien oder kontrollierte Praxis? In: P. Gottwald & Ch. Kraiker (Hrsg.), Zum Verhältnis von Theorie und Praxis in der Psychologie. Sonderheft I/1976 der „Mitteilungen der GVT e. V." Bochum 1976

Westmeyer, H., Kommentar zu „Das Ende der Ideologie in der Verhaltensmodifikation", Beitrag von J. T. Dunlap & L. R. Lieberman. In: H.

Westmeyer und N. Hoffmann (Hrsg.), Verhaltenstherapie. Grundlegende Texte. Hamburg 1977: Hoffmann & Campe

Westmeyer, H., Zur Paradigmendiskussion in der Psychologie. In: W. Michaelis (Hrsg.), Bericht über den 32. Kongreß der Deutschen Gesellschaft für Psychologie in Zürich 1980, Bd. 1. Göttingen 1981: Hogrefe

Wright, v. G. H., Explanation and Understanding. New York 1971: Cornell University Press (deutsch: Erklären und Verstehen. Frankfurt/M. 1974: Athenäum)

Wyss, D., Die tiefenpsychologischen Schulen von den Anfängen bis zur Gegenwart. Göttingen 1977, 5. Auflage: Vandenhoeck & Ruprecht

# Zwischen Philosophie und Wissenschaft. Anmerkungen zum historischen Stellenwert der Psychoanalyse

*Christian Schneider*

## 1. Einleitung

Wahrscheinlich ist der Satz, die Menschheit mache ihre großen Entdeckungen dann, wenn sie sie „brauche", eine der grundlegenden Illusionen jeder Geschichtsbetrachtung. Jenseits des in diesem Satz angelegten Determinismus immerhin eröffnet sich die Möglichkeit, rekonstruktiv Problemkonstellationen abzutasten, die es allerdings erlauben, die genannten „großen Entdeckungen" als Antworten auf Fragen zu verstehen, die mit einer gewissen Notwendigkeit am Problemhorizont geschichtlicher Abschnitte auftauchen.

In der Geschichte der Wissenschaften hat sich die Anschauung herausgebildet, daß ihre entscheidenden Wendepunkte „Brüche" bezeichnen, in denen – um im Bild zu bleiben – eine Inkongruenz von Frage und Antwort zur Erscheinung kommt. Zweifellos stellt die „Entdeckung des Unbewußten" einen solchen Bruch im Gefüge der Wissenschaft dar, gleichgültig ob man der auf ihr aufbauenden Lehre nun den Rang eines Paradigmas zusprechen will oder nicht.

Die Freudsche Theorie der Psychoanalyse als „Wissenschaft des Unbewußten" bezeichnet in jedem Fall einen Wende- oder Bruchpunkt innerhalb der Geschichte der Wissenschaften, der in erheblichem Maße dazu beigetragen hat, nicht nur diese oder jene Korrektur einer innerszientifischen Teilperspektive vorzunehmen, sondern der eine generelle Umorientierung dessen zur Folge hat, was heute unter dem scheußlichen Namen „Menschenbild" abgehandelt wird. Nichts geringeres ist der Anspruch Freuds selber gewesen[1], und er macht neugierig darauf, zu erfahren, an welchen Problemen, welcher „Frage" sich jene Lehre entwickelte, die mit der Prätention auftritt, eine – wie auch immer unvollständige – „Antwort" darauf zu geben, was denn „der Mensch" sei. Geht man dabei von der Basisvermutung aus, die – neugestellte – Frage habe am fraglichen historischen Punkt nicht nur *eine* Antwort sollicitiert, so ist es wissenschaftsgeschichtlich interessant, einen Blick auf den Zeithorizont zu werfen, in dem die Frage nach „dem Unbewußten" gleichsam als Bedingung der Möglichkeit einer Antwort auftauchte. Es taucht damit zugleich das Problem auf, sich alternativer Antwortmöglichkeiten zu versichern, die im gleichen thematischen Kontext formuliert wurden.

Wenn Methode, um mit Benjamin zu reden, „Umweg" ist, so taugt für eine Untersuchung des historischen Stellenwerts der Psychoanalyse möglicherweise gerade die Prüfung in zeitlicher Kontiguität zu ihr stehender Ansätze, um die Spezifität der Freudschen Lehre vom Unbewußten herauszuarbeiten.

## 2. Hartmanns Philosophie des Unbewußten

Eduard von Hartmanns „Philosophie des Unbewußten" eignet sich für einen solchen „Umweg" durchaus nicht wegen des zu Vergleichen einladenden Titels, sondern in erster Linie deswegen, weil ihr Verfasser als akademischer Außenseiter – hierin in der Tat Freud vergleichbar – für die Einordnung seines großen dreibändigen Werks in den Zeitzusammenhang der Philosophie einen schärferen Blick hatte, als er den meisten Vertretern des philosophischen „mainstreams" bei ähnlichem Anlaß gegeben war. Im nicht lange vor seinem Tode im Jahre 1906 verfaßten Vorwort zur 12. Auflage der „Philosophie des Unbewußten" bemerkt v. Hartmann, daß sein 1869 erstmals erschienenes Werk „in dem Jahrzehnt von 1870 bis 1879 (...) ,Mode war'"; dies sei allerdings nicht „den Philosophen, noch den Theologen, noch den Naturforschern" zu verdanken, sondern „lediglich dem literarisch interessierten Publikum."[2] Dieses Interesse sei in den 80er Jahren nicht zuletzt dadurch abgeflaut, „dass der sceptische und agnostische Neukantianismus um diese Zeit auf den deutschen Universitäten zur Herrschaft gelangt war und dem Publikum seine Verachtung aller Speculation und Metaphysik als eines völlig unwissenschaftlichen Gebahrens eingeimpft hatte." (LV) Demgegenüber vermerkt v. Hartmann nun, zu Beginn des 20. Jahrhunderts, eine neue Wendung des zeitgenössischen Denkens: „Eine wesentlich veränderte Zeitstimmung hat überhaupt in den letzten Jahren andere Voraussetzungen für die Beurteilung meines Systems zu Tage gefördert. Alle Welt ist des unfruchtbaren Agnosticismus müde, und alle Einzeldisciplinen der Philosophie beginnen einzusehen, dass sie sich in Sackgassen verrannt haben, aus denen nur die Metaphysik ihnen den Ausweg zeigen kann. Schon sehnt man sich wieder nach Metaphysik, aber noch wagt man nicht, sie mit fester Hand zu ergreifen." (LVI)

Nimmt man diesen Abriß der – eine ganze Generation umspannenden – Rezeptionsgeschichte der Hartmannschen Theorie als korrektes Spiegelbild einer sich ändernden philosophischen „Zeitstimmung"[3], so lassen sich daraus exemplarisch einige Aufschlüsse nicht nur für die Rezeption einer philosophischen Theorie des Unbewußten gewinnen, sondern auch einige Fingerzeige auf ein wissenschaftliches Problembewußtsein, das v. Hartmann selbst nicht zuletzt in der seit den 60er Jahren währenden permanenten Umarbeitung seines bekanntesten Werks repräsentiert. Denn die „Sehnsucht nach Metaphysik" ist, wie der Autor etwa am Beispiel der Naturwissenschaften zeigt, kein Spezialproblem des philosophischen ivory tower, sondern Ausdruck einer Situation, die dadurch bestimmt wird, daß die Bereiche des Alltagsbewußtseins, der Philosophie und der Naturwissenschaften immer mehr auseinandertreten. Die diagnostizierte „Sehnsucht nach Metaphysik" als Phänomen der Zeitstimmung ist, wie stets, die Chiffre für das, was konservative Geister als eine „Sinnkrise" zu bezeichnen pflegen, die in allen Bereichen des gesellschaftlichen Lebens sich äußert. Als deren Reflex erkennt v. Hartmann etwa das wiederauflebende In-

teresse an einer teleologischen Betrachtungsweise der Naturerscheinungen gegenüber dem reinen Kausalismus der „mechanistischen Weltanschauung", die aufkeimende Kritik des Darwinismus, des Kantischen Formalismus in der Ethik, schließlich den Wunsch nach einer „autosoterischen" Religionsphilosophie, die „aber die Selbsterlösung des Menschen als eines bloß natürlichen nicht durchzuführen (vermag) und (...) sich deshalb auf die Wirksamkeit göttlicher Kräfte im Menschen angewiesen (sieht), die ohne übernatürliche Magie nur unter concret-monistischen Voraussetzungen möglich ist" (ebd.).

Alle diese Hinweise lassen sich zu dem Befund verdichten, die konstatierte „Krisis der europäischen Wissenschaften" bestehe im Fehlen eines zentralen „Synthesebegriffs", der nicht nur das große metaphysische Erbe der Ideen von Gott, Freiheit und Unsterblichkeit theoretisch einzulösen gestatte, sondern diese Ideen selber mit dem erreichten Stand des positiven Wissens in einer Weise zusammenzubringen habe, die im Begriff der Metaphysik zugleich den problematisch gewordenen Begriff „des Menschen" neu zu denken hätte. Nicht weniger als diesen gesuchten Synthesebegriff repräsentiert das Hartmannsche „Unbewußte", dessen Ahnenschaft von Spinoza über Leibniz und Kant bis zu Schelling und Hegels Idee des Absoluten Geistes reicht, die letztendlich mit dem positiven Begriff des Unbewußten identifiziert wird. Wird so das Unbewußte zum metaphysischen Substanzbegriff par excellence aufgewertet, so kritisiert Hartmann seine bisherige „Begründung" in der klassischen Philosophie. Dies wird – methodisch – in der Kritik an Schelling am deutlichsten: „Im Gegensatz zu der deductiven und dialectisch-constructiven Methode Schellings habe ich mich deshalb in methodologischer Hinsicht an die Induction der modernen Natur- und Geschichtswissenschaften so eng angeschlossen, als der Inhalt der philosophischen Wissenschaften dies gestattet." Hartmann begründet dieses Vorgehen nicht nur aus dem Wesen dieses Unbewußten selber, sondern aus dem unübersehbaren Fortschritt der induktiven Naturwissenschaften, die sich nun dem Reichtum des spekulativen Denkens der großen philosophischen Systeme als „wiederum ebenbürtig" erwiesen: „Wir sind an diesem Puncte in der Geschichte der Wissenschaften angelangt, wo sich schon die ersten Vorläufer [von Induktion und Spekulation] begegnen, wie zwei Bergleute, die sich aus sich unterirdisch begegnenden Stollen durch die sie noch trennende Wand hindurch klopfen hören." (10)

Aus dieser Sachlage ergibt sich für Hartmann das der „große(n) und zeitgemäße(n) Aufgabe" einer *Verbindung von induktiver und deduktiver Methode* – sprich: Naturwissenschaften und Philosophie – angemessene Motto: „Speculative Resultate nach inductiv-naturwissenschaftlicher Methode!" (11) In ihm verdichtet sich die Aufgabe, die „an speculativer Erschöpfung leidende Philosophie" mit den Geboten der positiven Wissenschaft so zu versöhnen, daß diese sich gleichsam als Geburtshelfer einer neuen Metaphysik bewähren können.

Dieser methodologische Balanceakt wiederum ist mit dem sachlichen Problem des Unbewußten insofern verbunden, als zu seiner Erkenntnis ein Bewußtsein des „Gegensatzes" notwendig sei, das sich erst spät – und das meint auf dem Hintergrund einer naturwissenschaftlich angeleiteten „Aufklärung" – auch dem Alltagsverstand mitteile. Nach Hartmanns Erkenntnismodell ist die Möglichkeit, das Unbewußte als geheimen Antrieb der Menschheitsgeschichte denken zu können – und d. h.: seine Existenz in vollem Umfang anzuerkennen –, Ausdruck einer Entmischung von „natürlichem Verstand" und disziplinärem Denken. Er exemplifiziert dies am Beispiel der Leib-Seele-Problematik, die den Gegensatz von Natur und Geist in einem langen Prozeß der Erkenntnis herauszuarbeiten hatte: „Denn der natürliche Mensch fühlte als Naturwesen Leib und Seele in sich als Eins, er anticipirte instinctiv diese Identität, und seine bewusste Verstandesarbeit musste erst weit gediehen sein, ehe er sich von diesem Instinct soweit lossagen konnte, um die ganze Tragweite jenes Gegensatzes zu erkennen. (...) Was dürfen wir uns wundern, dass der Gegensatz des Unbewussten und Bewussten noch viel weniger dem natürlichen Verstande einfällt und daher noch viel später in der Geschichte der Philosophie zum Durchbruch kommt, ja dass heute noch die allermeisten Gebildeten einen

für närrisch halten, wenn man von unbewusstem Denken spricht. Denn das Unbewusste ist dem natürlichen Bewusstsein so sehr terra incognita, dass es die Identität von Vorstellen und sich einer Sache bewusst sein, für ganz selbstverständlich und zweifellos hält." (13 f.)

So reizvoll es wäre, den vielfältigen philosophischen Bezügen des Hartmannschen Denkens nachzugehen, insbesondere die Implikationen seines Begriffs des Unbewußten en detail zu diskutieren, die man tatsächlich in einigen zentralen Punkten als eine Art „Vorwegnahme" wichtiger Bestandteile der Freudschen Konzeptualisierung lesen könnte[4], wollen wir unser Augenmerk auf etwas anderes, nämlich den *indikatorischen Stellenwert des Hartmannschen Entwurfs* konzentrieren. Stark zusammengefaßt läßt sich sagen:

1. Hartmanns Philosophie zeigt an, daß der Begriff des Unbewußten sich als „*Synthesebegriff*" eignet, der, anders als die „klassischen" Konzepte der Philosophie, deren angesichts des Fortschritts der (Natur-)Wissenschaften greifbar werdendes Dilemma als „Supertheorie" zu schlichten verspricht.

2. Das von ihm konstatierte „metaphysische Bedürfnis" seiner Zeit verweist auf eine „Sinnkrise", die sich in Philosophie und Wissenschaft reflektiert, nicht aber auf diese Gebiete beschränkt ist. Die Krise des metaphysischen Denkens führt zur Notwendigkeit einer „*Öffnung*" der Philosophie zu den Naturwissenschaften.

3. Das drückt sich methodisch in der Forderung nach einer *Einheit von Spekulation und Induktion* aus. Dieses methodische Desiderat quittiert den bislang verkannten Umstand, daß ein Großteil der menschlichen Existenz – deskriptiv und dynamisch – „unbewußt" ist.

Inhaltlich erhält Hartmanns Einführung des Unbewußten als Synthesebegriff seine besondere Pointe dadurch, daß in ihm die von Schelling aufgegriffene und seine Naturphilosophie begründende Idee einer „unbewußten" natura naturans als schöpferischer Urkraft sich mit der erkenntnistheoretischen Intention verknüpft, es als ein Vermögen vorzustellen, das die Kantische Trennung von

Anschauung und Begriff nach dem – für Kant selber „unmöglichen" – Modell der „intellektuellen Anschauung" aufzuheben in der Lage wäre. Die Folie für ein solches Unterfangen ist aber zweifellos die Hegelsche Philosophie, der lediglich der „Formfehler" angekreidet wird, in der „absoluten Idee" das Schellingsche „ewig Unbewußte" einsinnig nach „der Seite des Logischen oder der Vorstellung" (23) fortentwickelt und damit den Bezug auf „Natur" unterbunden zu haben. Implizit wird damit Hegel zur Last gelegt, sich um die Konsequenz seines Gedankens, insbesondere aber um die Möglichkeit gebracht zu haben, jene methodische Öffnung zu den positiven Wissenschaften zu bewirken, die Hartmann anstrebt.

Die oft gewählte Kennzeichnung der Freudschen Theorie als eine „Psychologie des Unbewußten" enthält fraglos eine *Verkürzung*, sofern damit eine disziplinäre Subsumtion verbunden wird, die sich am Zustand der zeitgenössischen Psychologie bemißt. Sie ist fraglos richtig, wenn das label „Psychologie" in der Weise verstanden wird, daß es sich bei ihr um eine wissenschaftliche Reflexionsform handelt, von der sich zunächst – unbeschadet einer genaueren wissenschaftstheoretischen Bestimmung – sagen läßt, sie sei weder – wie nach landläufigem Verständnis die Medizin – den Naturwissenschaften noch – wie die Philosophie – dem geisteswissenschaftlichen Bereich umstandslos zuzurechnen. Erst die nähere Bestimmung dessen, was unter „dem Unbewußten" zu verstehen sei, erlaubt eine wissenschaftstheoretische Verortung der Psychoanalyse als „Psychologie des Unbewußten" im Zusammenhang der Adäquanz von Methode und Gegenstand. Von ihr wiederum ist eine Diskussion des historischen Stellenwerts der Psychoanalyse gerade dann nicht abzulösen, wenn unsere an Hartmann gewonnene Vermutung, die Einführung des Begriffs des Unbewußten indiziere sowohl eine bestimmte wissenschaftliche Krisenlage als auch den Versuch ihrer Lösung im Sinne einer Synthese von Geistes- und Naturwissenschaften, mutatis mutandis auch für die Theorie Freuds gelte.

Zur weiteren Diskussion scheint es auch hier sinnvoll, von einer exemplarischen Position auszugehen, statt sich auf das weithin unfruchtbare Spiel einzulassen, die mittlerweile ausfernde Debatte um den logischen Status der Psychoanalyse auch nur skizzenhaft zu reproduzieren.

1956 hielt der bekannte Psychoanalytiker Robert Waelder vor der American Psychoanalytic Association einen bemerkenswerten Vortrag mit dem Titel „Freud und die Geschichte der Wissenschaften".[5] Er versucht dabei, zwei Problembereiche der Psychoanalyse und ihrer Entwicklung näher einzukreisen: nämlich erstens die – damals noch nicht so ermüdende – *Frage nach dem wissenschaftstheoretischen Status der Psychoanalyse* zu klären und zweitens dem Problem nachzugehen, wie die *relative Stagnation* der noch jungen Wissenschaft nach Freuds Tod zu erklären sei. Dieser zweite Aspekt soll uns hier nicht weiter beschäftigen. Der erste dagegen eröffnet in der Behandlungsart Waelders eine interessante Perspektive, die in der heutigen wissenschaftstheoretischen Diskussion, die darauf abhebt, Freud entweder zum Naturwissenschaftler oder zum Geisteswissenschaftler par excellence zu stilisieren, weitgehend außer acht gelassen wird.

Waelder geht davon aus, daß Freud in der Lage gewesen sei, „die Kluft zwischen Natur- und Geisteswissenschaften weitgehend zu überbrücken", und zwar deswegen, weil es ihm gelungen sei, die von der Philosophie des 19. und 20. Jahrhunderts geforderte „reinliche" Scheidung zwischen „höheren" und „niederen" Lebenserscheinungen zu überwinden. Damit ist gemeint, daß eine Blickweise wie die psychoanalytische einen intimen Zusammenhang zwischen den normalerweise strikt getrennten Bereichen der intelligiblen und der empirischen Person herstellt, oder, anders formuliert: daß sie es methodisch verschmäht, die Manifestationen des objektiven Geistes strikt von ihrer empirischen Genesis zu lösen.

Waelder versucht, die Fähigkeit zu dieser „Synthese" mit einer bestimmten disziplinären Einstellung zu begründen: „Es ist gewiß kein Zufall, daß es ein Arzt war, der das zustandegebracht hat; der Kliniker stand ja immer dem Leben in seiner Komplexheit näher als der Laboratoriumsforscher. Er war nicht in der Lage, einen Fall als zu komplex abzuweisen oder aufs Eis zu legen; er mußte seine

Kranken nach bestem Können behandeln und mußte Entscheidungen auf Grund von höchst unvollständigem Wissen treffen und seinen Kurs auf Grund von Wahrscheinlichkeiten steuern."

Diese Bemerkungen enthalten für unsere weiteren Überlegungen zwei wesentliche Hinweise: Zum einen unterstellt Waelder, die Psychoanalyse *repräsentiere* eben jene Synthese, die Hartmann mit seiner „Philosophie des Unbewußten" intendierte; zum anderen verknüpft er das Gelingen dieser Synthese mit einer bestimmten disziplinären Perspektive: der des Arztes. Unter der Hand erweist sich diese Annahme sogar als prädispositiv für den Charakter der gesamten Freudschen Konzeption: Ausgehend von der naturwissenschaftlich geprägten Basis ärztlicher Praxis wird die Psychoanalyse umstandslos zur „Naturwissenschaft der Geschichte".

Folgt man dieser genetischen Reduktion nicht, ließe sich Waelders Einlassung zu der These zuspitzen: Die Psychoanalyse als Psychologie des Unbewußten nimmt, analog zu der Hartmannschen Intention, den *logischen* Rang einer „Vermittlungstheorie" ein. Dies gelingt ihr aber paradoxerweise nur, *weil sie aus einer disziplinären Perspektive sich entwickelte*, die den traditionell der Philosophie vorbehaltenen Anspruch auf Vermittlung der Wissensformen *nicht* für sich reklamiert. Sie wäre insofern, bei vergleichbarer Ausgangslage, hinsichtlich ihrer theoretischen Basis das exakte Widerspiel der Hartmannschen Programmatik. Eben das wird genauer zu prüfen sein.

## 3. Das Unbewußte bei Freud

Besteht die Schwäche der denkwürdigen Einlassung Waelders darin, die Freudsche Theorie ausschließlich – und reduktiv – unter dem Aspekt der Methode zu betrachten und sich, jedenfalls im Rahmen des zitierten Textes, keine Rechenschaft über den *Zusammenhang* von Gegenstand der Erkenntnis und Methode abzulegen, so scheint es zwingend, *sich zunächst des Gegenstands der Psychoanalyse auf dem Niveau der Freudschen Konzeptionalisierung zu versichern*, um dann in einem zweiten Schritt die „Konzeptionsfra-

ge" historisch zu diskutieren, d.h. auf die ominöse „Entdeckung" des Unbewußten einzugehen.

Erst im Zusammenhang beider Denkschritte wird die zeitgebundene Problemstellung auf der einen, die differentia specifica des Freudschen Ansatzes auf der anderen Seite deutlich werden und damit ein Licht auf den historischen Stellenwert der Psychoanalyse werfen. Insbesondere wird erhellen, daß sich in der Freudschen Theorie ein bestimmter methodischer Standort mit einer „philosophischen" Option verschränkt, die einen Vergleich mit dem eingangs diskutierten Hartmannschen Ansatz nahelegt. Vorwegnehmend kann gesagt werden, daß eine Übereinstimmung dieser Ansätze insofern vorliegt, als beide von einer Kritik des Bewußtseinsbegriffs ausgehen. Der Bewußtseinsbegriff, so könnte man diese Übereinstimmung formulieren, ist – sei's als philosophischer, sei's als psychologischer – zu schwach geworden, um den Gedanken einer „Autopoiesis des Menschen" sowohl auf der Ebene des Individuums als auf der der Gattung zu tragen. Unter diesem Aspekt ist es lohnenswert, sich die zentrale „metapsychologische" Arbeit[6] Freuds über den Stammbegriff seiner Theorie, die Studie „Das Unbewußte" von 1915 im Hinblick auf seine methodologischen Implikationen näher anzuschauen. Diese Diskussion erfolgt nicht so sehr in der Absicht, den Begriff des Unbewußten hinsichtlich seiner „Inhalte" zu klären, als vielmehr unter dem Aspekt, seinen *systematischen*, gleichsam *logischen* Stellenwert für die Freudsche Theorie in erkenntnistheoretischer Hinsicht zu skizzieren. Diesem Vorhaben kommt der Aufbau des Textes entgegen, denn dessen erster Abschnitt hat erklärtermaßen den Status einer „erkenntnistheoretischen Grundlegung" der Psychoanalyse. In ihm wird zudem – nicht nur terminologisch – deutlich, an welches philosophische System sich die Freudschen Ausführungen anlehnen.

Ausgangspunkt der Überlegungen zur „Rechtfertigung des Unbewußten"[7] ist die „bei Gesunden als bei Kranken" gleichermaßen zu konstatierende Tatsache, daß „die Daten des Bewußtseins in hohem Grade lückenhaft sind" (125); daß nicht nur die analytische Erfahrung mit Phänomenen wie Fehlhandlungen, Träumen oder Symptomen, sondern „unsere persönlichste tägliche Erfahrung (...) uns mit Einfällen bekannt-(macht), deren Herkunft wir nicht kennen, und mit Denkresultaten, deren Ausarbeitung uns verborgen geblieben ist. Alle diese bewußten Akte bleiben zusammenhanglos und unverständlich, wenn wir den Anspruch festhalten wollen, daß wir auch alles durchs Bewußtsein erfahren müssen, was an seelischen Akten in uns vorgeht." (ebd.) Diese ex negativo getroffene Rechtfertigung der Annahme eines – neutral formuliert: – „Nicht-Bewußten" führt dann zu einer konsequenten Diskussion seiner Erkennbarkeit. Bereits der kurze Vorspann zum Text setzt am Erkenntnisproblem, und zwar in einer spezifischen Prägung, an: „Wie sollen wir zur Kenntnis des Unbewußten kommen? Wir kennen es natürlich nur als Bewußtes, *nachdem es eine Umsetzung oder Übersetzung in Bewußtes erfahren hat.*" (125, Herv. C.S.)

Diese Formulierung zeigt an, daß das Unbewußte als solches, „an sich" nicht zu haben ist. Seine Kenntnis ist Konstitutionsleistung des Erkennenden, im engeren Sinne: des Analytikers, also an seine spezifischen Erkenntnisinstrumente gebunden[8]: Weder läßt es sich „anschauen", noch präexistiert es als „Form" dem Bewußtsein. Es ist zunächst vielmehr Resultat eines Schlusses: Wir müssen „die *erschlossenen* unbewußten Akte interpolieren" (126), um den Sinn der seelischen Akte verstehen zu können.

Freud legitimiert dieses Verfahren so: „Gewinn an Sinn und Zusammenhang ist aber ein vollberechtigtes Motiv, das uns über die unmittelbare Erfahrung hinaus führen darf." (ebd.) Diesem rein erkenntnistheoretischen Motiv, von Freud in der sehr vorsichtigen Formulierung „...über die *unmittelbare* Erfahrung hinaus führen *darf*" eingeführt, folgt ein Beweisgrund aus dem Feld des „Praktischen": „Zeigt es sich dann noch, daß wir auf die Annahme des Unbewußten ein erfolgreiches *Handeln* aufbauen können, durch welches wir den Ablauf der bewußten Vorgänge zweckdienlich beeinflussen, so haben wir in diesem Erfolg einen unanfechtbaren Beweis für die Existenz des Angenommenen gewonnen. Man muß sich dann auf den Standpunkt stellen, es sei nichts anderes als eine *unhaltbare Anmaßung*, zu fordern, daß

alles, was im Seelischen vorgeht, auch dem Bewußtsein bekannt sein müsse." (ebd., Herv. von Freud)

Diese Wendung gegen eine reine Bewußtseinspsychologie bewegt sich auf der formalen Argumentationsebene strikt im Rahmen der Kantischen Vernunftkritik, die es als „Anmaßung" (KdrV, 33) ausgibt, die Dinge jenseits des Feldes der Erfahrung, also „sofern diesen (unseren) Begriffen korrespondierende Anschauung gegeben werden kann" (30), erkennen zu wollen. Die Kantische „Einschränkung aller nur möglichen spekulativen Erkenntnis der Vernunft auf bloße Gegenstände der Erfahrung" steht bei ihm allerdings unter dem notwendigen Vorbehalt, „daß wir eben dieselben Gegenstände auch als Dinge an sich selbst wenn gleich nicht *erkennen*, doch wenigstens müssen *denken* können." (31) Als Denknotwendige korrespondieren sie den Ideen der reinen Vernunft, die im praktischen Gebrauch ihre mögliche Realität beweisen.

Die Kritik jener „Anmaßung" des spekulativen Vermögens hat gerade den Zweck, die Möglichkeit einer „praktischen Erweiterung der reinen Vernunft" zu sichern. Nicht nur konstituieren die unerkennbaren Dinge an sich als Ideen tatsächlich den Sinn und Zusammenhang der Erkenntnis, sondern vielmehr auch die Möglichkeit, den *noumenalen Standpunkt* als *mögliche* historische Realität zu setzen und damit jenseits der kausalbestimmten Erscheinungswelt das Reich „intelligibler Ursachen" zu retten, denen allein eine „Kausalität aus Freiheit" zugewiesen werden kann.[9]

Hält man sich diesen Zusammenhang vor Augen, so bekommen die Freudschen Äußerungen einen besonderen Sinn: Die Kritik der Bewußtseinspsychologie, Gegenstand des ersten Abschnittes der kleinen metapsychologischen Schrift, soll nachweisen, daß es eine dem Bewußtsein transzendente Qualität des Seelischen gibt, die sich der Reichweite seiner Mittel entzieht. Eben das markiert der Hinweis auf die „unhaltbare Anmaßung" einer Identifikation des Seelischen mit dem Bewußtsein. Gleichwohl wird diese Qualität als unverzichtbarer Grund aller psychischen Aktion angenommen und vorausgesetzt. Man muß sie sich also *denken* können: eben weil sie „Sinn und Zusammenhang" psychoanalytischer Erkenntnis konstituiert. Nur funktioniert sie nicht nach den Maßstäben bewußter Tätigkeit.

Dieser regulative Wert des Unbewußten aber wird konstitutiv, sofern Teile der bewußten Tätigkeit als durch es bestimmt aufgewiesen werden können. Die „praktische Erweiterung" der spekulativen Annahme wäre dementsprechend der psychoanalytische Prozeß. Denn hier erweist sich, unter Erkenntnisbedingungen, der „noumenale Antrieb" des Unbewußten in der „Kausalität", die es der bewußten Person und ihren Aktionen auferlegt. Die psychoanalytische Kur bezeichnet die „Erkenntnismöglichkeit" der Ursachen dieser Kausalität, allerdings immer unter der Maßgabe, daß in diesem Prozeß das Unbewußte bereits nach Kriterien des Bewußten, als *übersetztes* „erkannt" wird: Insofern bleibt ihm *theoretisch* der Charakter des „an sich" Unerkennbaren, *praktisch* aber wird es „erfahrbar". Daher die Rede vom Schritt über die „unmittelbare Erfahrung hinaus". Noch steht sie im Bann des Kantischen Verbotskanons.

Systematisch kann man daher die „Idee" des Unbewußten bei Freud in erkenntnistheoretischer Hinsicht auf derselben Ebene ansiedeln, auf der Kant die Idee der Vernunft als „ein Analogon von einem Schema der Sinnlichkeit" (KdrV, 580) exponiert. Diese systematische Notwendigkeit des Unbewußten hebt jedoch für Freud – auch hier gilt die strukturelle Analogie zur Kantischen Erkenntnistheorie – keineswegs seinen „dunklen" Charakter auf, der nach der Umarbeitung der Theorie des psychischen Apparats in der Bestimmung des „Es" folgendermaßen dargestellt wird: „Es ist der dunkle, unzugängliche Teil unserer Persönlichkeit; das wenige, was wir von ihm wissen, haben wir durch das Studium der Traumarbeit und der neurotischen Symptombildung erfahren und das meiste davon hat negativen Charakter, läßt sich nur als Gegensatz zum Ich beschreiben. Wir nähern uns dem Es mit Vergleichen, nennen es ein Chaos, einen Kessel voll brodelnder Erregungen. Wir stellen uns vor, es sei am Ende gegen das Somatische offen, nehme da die Triebbedürfnisse in sich auf, die in ihm ihren psychischen Ausdruck finden, wir können aber nicht sagen, in welchem Substrat." (Neue Folge, S. 511)

Gegenüber dieser theoretischen Aussage ist es der praktische Anspruch der analytischen Kur, sich den Schritt zur „Erweiterung" der spekulativen Erkenntnis vorzubehalten.

Die weitere Kritik an der Bewußtseinspsychologie in der Studie von 1915 folgt der mit der Ding-an-sich-Problematik des Unbewußten inaugurierten Differenz von Wesen und Erscheinung. Gegen die bewußtseinspsychologischen Einwände gegen die Existenz eines Unbewußten führt Freud ins Feld, es sei wichtig, „sich klarzumachen, daß der Einwand auf der nicht ausgesprochenen, aber von vornherein fixierten Gleichstellung des Bewußten mit dem Seelischen" ruhe, um dann diese Identifizierung in einem expliziten Rekurs auf die Sprache der Logik zu kritisieren: „Diese Gleichstellung ist entweder eine *petitio principii*, welche die Frage, ob alles Psychische auch bewußt sein müsse, nicht zuläßt, oder eine Sache der Konvention, der Nomenklatur. Es bleibt nur die Frage offen, ob sie sich als so zweckmäßig erweist, daß man sich ihr anschließen muß."

Die weitere Rechtfertigung der Legitimität, von der Annahme eines Unbewußten auszugehen, weist die verschwiegene *methodische* Grundlegung einer Hypostasierung des Bewußtseins als allgemeines (und unüberschreitbares) Phänomen auf: sie bestehe in nichts anderem als einem Analogieschluß:

> „Die Annahme des Unbewußten ist aber auch eine völlig *legitime*, insofern wir bei ihrer Aufstellung keinen Schritt von unserer gewohnten, für korrekt gehaltenen Denkweise abweichen. Das Bewußtsein vermittelt jedem einzelnen von uns nur die Kenntnis von eigenen Seelenzuständen; daß auch ein anderer Mensch ein Bewußtsein hat, ist ein Schluß, der *per analogiam* auf Grund der wahrnehmbaren Äußerungen und Handlungen dieses anderen gezogen wird, um uns dieses Benehmen des anderen verständlich zu machen. (Psychologisch richtiger ist wohl die Beschreibung, daß wir ohne besondere Überlegung jedem anderen außer uns unsere eigene Konstitution, und also auch unser Bewußtsein, beilegen und daß diese Identifizierung die Voraussetzung unseres Verständnisses ist.) Dieser Schluß – oder diese Identifizierung – wurde einst vom Ich auf andere Menschen, Tiere, Pflanzen, Unbelebtes und auf das Ganze der Welt ausgedehnt und erwies sich als brauchbar, solange die Ähnlichkeit mit dem Einzel-Ich eine überwälti-

gend große war, wurde aber in dem Maße unverläßlicher, als sich das andere vom Ich entfernte. Unsere heutige Kritik wird bereits beim Bewußtsein der Tiere unsicher, verweigert sich dem Bewußtsein der Pflanzen und weist die Annahme eines Bewußtseins des Unbelebten der Mystik zu. Aber auch, wo die ursprüngliche Identifizierungsneigung die kritische Prüfung bestanden hat, bei dem uns nächsten menschlichen anderen, ruht die Annahme eines Bewußtseins auf einem Schluß und kann nicht die unmittelbare Sicherheit unseres eigenen Bewußtseins teilen."

Tatsächlich berührt sich diese „transzendentale" Argumentation Freuds nicht nur mit Hartmanns Gedanken, zur Erkenntnis des Unbewußten als substantielle Antriebskraft sei das späterworbene Bewußtsein des „Gegensatzes" von Bewußtem und Unbewußtem notwendige Voraussetzung, sondern der „psychologische" Exkurs über den Abbau des Animismus kann als empirischer Beweisgrund für die Notwendigkeit verstanden werden, mit der Hypothese eines Unbewußten zu arbeiten. Auf der „logischen" Ebene leitet Freud aus seiner Argumentation die naheliegende Konsequenz ab, das skizzierte analogische Verfahren der Identifikation und Projektion auf das Subjekt selbst zu wenden: „Die Psychoanalyse fordert nun nichts anderes, als daß dieses Schlußverfahren auch gegen die eigene Person gewendet werde, wozu eine konstitutionelle Neigung allerdings nicht besteht."

Diese Forderung bedeutet nichts anderes, als die Mittel von Objekterkenntnis in eine mögliche Figur der Selbstreflexion zu integrieren. Auch hier wäre es verführerisch, den psychologischen und philosophischen Implikationen dieses Postulats nachzugehen. Wir wollen uns auf den Hinweis beschränken, daß die dunkle Schlußwendung des Zitats auf ein „Erkenntnishindernis" aufmerksam macht, dessen anthropologisches Korrelat von Freud unter dem Stichwort einer „mangelnden Kultureignung des Menschen" etwa zum selben Zeitpunkt diskutiert wird.[10] Verfolgen wir hingegen, welche Konsequenz Freud aus der Anwendung des vorgeschlagenen Verfahrens zieht, so wird die formale Verwandtschaft des Freudschen Denkens zur Kantischen Vernunftkritik um ein weiteres Stück ergänzt: „Geht man so vor, so muß man sagen, alle Akte und Äußerungen, die ich an mir bemerke und mit meinem sonstigen psychischen Leben nicht zu verknüpfen weiß, müssen beurteilt werden, *als ob* sie einer anderen Person angehörten, und sollen durch ein ihr zugeschriebenes Seelenleben Aufklärung finden."

Im oben zitierten Abschnitt der „Kritik der reinen Vernunft", der die Ideen der reinen Vernunft als „Analogon von wirklichen Dingen" bzw. „eines Schemas der Sinnlichkeit" auswies, wird in der Folge deren „Endabsicht" untersucht und angesichts der „Objekte" dieser Ideen der Sinn der „Analogie" verdeutlicht. Diese Objekte sind Ich, Welt und Gott. In allen Fällen verfährt die Vernunft nach dem Prinzip der „Vernunfteinheit" als der „Einheit des Systems", die ihr nicht objektiv zu einem Grundsatz, sondern subjektiv zur Maxime dient, „um sie über alles mögliche empirische Erkenntnis der Gegenstände zu verbreiten". (590) Dieser regulative Grundsatz terminiert regelmäßig in einem „als ob" darin, daß die Vernunft ihrer Idee einen Gegenstand *gibt*, „der aber durch keine Erfahrung gegeben werden kann". Im Zusammenhang der Diskussion des „ersten Objekts" der Vernunftideen, des „Ichs" als Seele, führt Kant die „Prinzipien der systematischen Einheit in Erklärung der Erscheinungen der Seele" als „psychologische Idee" ein, die als das Schema eines regulativen Begriffs „alle Bestimmungen als in einem einigen Subjekt, alle Kräfte, so viel als möglich, als abgeleitet von einer einigen Grundkraft" betrachtet. Diese „Als-ob-Betrachtungsweise", die aus systematischen Gründen die „Erklärungsgründe in diesem Subjekte ... auf ein einziges Prinzip" zurückführt, konstituiert eine transzendentale Figur der Selbstreflexion eben durch die Unterstellung von „Einheit". Bei Freud erscheint sie in typischer Verkehrung: Seine methodische Anweisung, die eigenen abgespalteten psychischen Akte so zu beurteilen, „als ob sie einer anderen Person angehörten", bezeichnet den Hiatus, der jede Form der Selbstreflexion im Sinne der Bewußtseinspsychologie von psychoanalytischer Erkenntnis trennt. Das im Unbewußten „gefangene" Bewußtsein verhindert die Akzeptanz von Strebungen, die in Rücksicht auf die bewußte Einheit der Person nicht anerkannt werden können, verhindert Selbstreflexion im Sinne der Psychoanalyse: „Die Erfahrung zeigt, daß man dieselben Akte, denen man bei der eigenen Person die psychische Anerkennung verweigert, bei anderen sehr wohl zu deuten, d. h. in den seelischen Zusammenhang einzureihen versteht. Unsere Forschung wird hier offenbar durch ein besonderes Hindernis von der eigenen Person abgelenkt und an deren richtiger Erkenntnis behindert."

Das von Freud listig vorgeschlagene Verfahren, dem Bewußtsein nicht integrierbare Akte so zu behandeln, „als ob" sie einer anderen Person zugehörten, mündet aber über die daraus resultierende logische Konsequenz der dann zwingenden Annahme eines „zweiten Bewußtseins"[11] (für das allerdings gelten müßte, daß es a.) seinem Träger selber eben „nicht bewußt" wäre, b.) die Möglichkeit der Annahme weiterer „Bewußtseine" ad infinitum implizierte und c.) regelhaft dem „eigenen" Bewußtsein nicht kompatibel wäre) in die Notwendigkeit der Akzeptanz des Unbewußten, und zwar als unabspaltbarer Teil der *Einheit der Person*.[12]

Erst an diesem Punkt erlaubt sich Freud, explizit auf die Verwandtschaft seines Erkenntnisproblems mit dem Kantischen hinzuweisen:

„Es bleibt uns in der Psychoanalyse gar nichts anderes übrig, als die seelischen Vorgänge für an sich unbewußt zu erklären und ihre Wahrnehmung durch das Bewußtsein mit der Wahrnehmung der Außenwelt durch die Sinnesorgane zu vergleichen. Wir hoffen sogar aus diesem Vergleich Gewinn für unsere Erkenntnis zu ziehen. Die psychoanalytische Annahme der unbewußten Seelentätigkeit erscheint uns einerseits als eine Fortbildung des primitiven Animismus, der uns überall Ebenbilder unseres Bewußtseins vorspiegelte, und andererseits als die Fortsetzung der Korrektur, die Kant an unserer Auffassung der äußeren Wahrnehmung vorgenommen hat. Wie Kant uns gewarnt hat, die subjektive Bedingtheit unserer Wahrnehmung nicht zu übersehen und unsere Wahrnehmung nicht für identisch mit dem unerkennbaren Wahrgenommenen zu halten, so mahnt die Psychoanalyse, die Bewußtseinswahrnehmung nicht an die Stelle des unbewußten psychischen Vorganges zu setzen, welcher ihr Objekt ist. Wie das Physische, so braucht auch das Psychische nicht in Wirklichkeit so zu sein, wie es uns erscheint. Wir werden uns aber mit Befriedigung auf die Erfahrung vorbereiten, daß die Korrektur der inneren Wahrnehmung nicht ebenso große Schwierigkeiten bietet wie die der äußeren, daß das innere Objekt minder unerkennbar ist als die Außenwelt."

Wenn Freud sich hier als „Fortsetzer" der Kantischen Erkenntniskritik begreift, so ist das – wie der gesamte argumentative Duktus des Textes über das Unbewußte zeigt – durchaus mehr als Koketterie. Strukturverwandtschaften zwischen dem Kantischen und dem Freudschen Denken lassen sich tatsächlich im gesamten Œuvre des Begründers der Psychoanalyse ausmachen. Eine andere – weit über die reine Erkenntnisproblematik hinausgreifende und implizit an die Hartmannsche Substanzialisierung des Unbewußten als metaphysischer Zentralkategorie anknüpfende – Problematik aber steckt in jenem zweiten von Freud genannten „Erkenntnismodell", an das die psychoanalytische Annahme der unbewußten Seelentätigkeit anschließt: Das Problem des Animismus verweist de facto auf den Ursprung des metaphysischen Denkens.

Um Mißverständnisse zu vermeiden: Freud war weder Kantianer noch Neukantianer, insgesamt sein Interesse an Philosophie durchaus mäßig. Es wäre schlichter Nonsense, anderes behaupten zu wollen.[13] Gleichwohl macht unsere nach dem Modus einer philosophischen „Als-ob-Immanenz" erkenntnistheoretisch pointierte Rekonstruktion der Freudschen Konzeptionalisierung des Unbewußten – und nur das sollte ihr Sinn sein – die unübersehbare Prägung des Freudschen Denkens durch eine bestimmte philosophische Tradition deutlich. Sie zeigt darüber hinaus sowohl die Differenz der für Freud maßgeblichen „philosophischen Rahmenparadigmatik" gegenüber Hartmann als auch einen gewissen „Systemanspruch", der sich weder auf die von Waelder vorgeschlagene Auffassung der Psychoanalyse als „Naturwissenschaft der Geschichte" herunterbringen noch genetisch auf den methodischen Ansatz „des Arztes" zurückführen läßt. Diesen beiden Aspekten soll aber nun unsere Aufmerksamkeit gelten, denn sie bezeichnen – zusammen mit der ebenfalls von Waelder ins Spiel gebrachten Bemerkung über die Wahlverwandtschaften zwischen „Philosophie und Temperament" (s. o.) – einen durchaus wesentlichen Zusammenhang, der insbesondere bei der „Entdeckung" des

Unbewußten durch Freud ein wichtige Rolle gespielt hat.

Tatsächlich ist die Behauptung nicht übertrieben, die „Entdeckung" des Unbewußten durch Freud sei auf dem Boden der Naturwissenschaften erfolgt. Nicht zuletzt auf diesen Tatbestand geht die maßgebliche Differenz zwischen dem philosophischen Synthesebegriff Hartmannscher Prägung und jener Konzeption des Unbewußten zurück, die die Psychoanalyse begründet. Auf dem Hintergrund der eingangs geführten Diskussion über den Hartmannschen Begriff des Unbewußten wird zu prüfen sein, warum es eben nicht ein blaublütiges philosophisches Konzept gewesen ist, dem in der Tat der Charakter eines Synthesebegriffs zumindest insofern zugesprochen werden kann, als die von ihm ausgelöste Diskussion paradigmatisch für das Verhältnis von Natur- und Geisteswissenschaft geworden ist.

Die Frage, warum Hartmann heute als ein fast vergessener philosophischer Sonderling, Freud hingegen als einer der geistigen Väter des 20. Jahrhunderts angesehen wird, hat Schlüsselcharakter nicht nur für die Bestimmung des historischen Stellenwerts der Psychoanalyse, sondern für das Schicksal von „Theorietypen" im Hinblick auf ihre praktische Relevanz und Akzeptanz. Es wäre im übrigen vorschnell, diese „praktische" Qualität von Theorien allein auf die Dignität ihrer Erkenntnisse oder ihren – etwa politischen oder ökonomischen – Nutzwert zu reduzieren; sie hängt vielmehr – das sei hier als rein formales Kennzeichen eingeführt – von der spezifischen Konstellation ab, in der theoretische Antworten auf Zeitfragen treffen.

Wie immer man die „Geburtsstunde" der Psychoanalyse datieren mag – etwa, wie es sich eingebürgert zu haben scheint, mit dem Erscheinen der „Vorläufigen Mitteilung" (1893)[14] – ihre Entstehung ist, hinsichtlich der Empiriebasis, nicht von Freuds ärztlicher Tätigkeit zu trennen. Und man kann gar nicht entschieden genug hinzufügen, daß der Autor der „Studien über Hysterie" zum Zeitpunkt ihrer Publikation auf eine fast zwanzigjährige Forschungstätigkeit im naturwissenschaftlichen Bereich zurückblicken konnte, die allein ausgereicht hätte, um eine solide wissenschaftliche Karriere zu begründen.

Der Neurologe, der im damals neueröffneten Gebiet der Gehirnanatomie „hochqualifizierte Forschungsarbeiten" (Ellenberger) durchgeführt hatte, war bereits mit Studien über das Nervensystem und die Medulla oblungata hervorgetreten, hatte eine neuartige, für die mikroskopische Arbeit wichtige Färbetechnik erfunden, eingehende Untersuchungen über das Kokain als Anästhetikum geleistet, galt als unbestrittene Kapazität für die Cerebrallähmungen bei Kindern und wird heute als Autor eines Buches über die Aphasien zu den Wegbereitern der auf diesem Gebiet einschlägigen Forschung gerechnet.[15] Das Verzeichnis der wissenschaftlichen Publikationen Freuds enthält mehr als fünfzig Titel *vor* dem Erscheinungsdatum der „Studien".

Wenn man also post festum das Freudsche Œuvre in eine prä-psychoanalytische und eine psychoanalytische Phase aufteilt, so kann die letztere kaum nach dem Modell einer „Parthenogenese" vorgestellt werden. Vielmehr ist davon auszugehen, daß es der streng naturwissenschaftlich sozialisierte Arzt – der allerdings zeitlebens niemals einen Hehl aus seiner Abneigung gegenüber der ärztlichen *Praxis* gemacht hat – war, der das Unbewußte „entdeckte". Diese Feststellung ist weniger trivial, als sie auf den ersten Blick erscheinen mag. Es ist nämlich gerade die Verschränkung einer eindeutig theoretischen Ausrichtung in der neurologischen Forschung mit dem – im übrigen aus sehr äußerlichen Gründen – ergriffenen Beruf des ärztlichen Praktikers, die sich als maßgeblich für das Entstehen eines psychoanalytischen Konzepts des Unbewußten erweisen sollte. Denn allein im Rahmen der Freudschen Tätigkeit als neurologischer *Forscher* wäre es kaum zu einer „notwendigen Hypothese" geworden.

Waelder hat mit seiner Betonung des ärztlichen Standpunkts insofern recht, als es eine spezifische Qualität der *praktischen* Beobachtungen gewesen ist, die am Anfang der weitreichenden Annahme eines „Unbewußten" gestanden hat. Und zwar einer Beobachtung, die erstens nicht im Rahmen der Forschung, sondern des *Heilens* gemacht wurde, zweitens aber zu einer „Hypothese" sich nur verdichten konnte, weil Freud seinem Selbstverständnis nach kein „Berufsheiler" gewesen ist, vielmehr immer wieder den einzelfallbezogenen Rahmen der ärztlichen Therapie verlassen hat, um das in ihm gewonnene Material in durchaus spekulativer Weise zum Gegenstand weitreichender „Kausalvermutungen" zu machen.

Ellenberger macht, bezogen auf Freuds prä-psychoanalytische Phase, zwei Bemerkungen, die in diesem Zusammenhang von Relevanz sind. Zum einen weist er darauf hin, daß Freuds am Anfang seiner wissenschaftlichen Laufbahn stehende mikroskopische Arbeiten eine völlig neue Sichtweise erzwungen hätten: eine Änderung der Wahrnehmungsgewohnheiten, von deren Schwierigkeiten wir uns heute kaum mehr ein Bild zu machen verstehen: „Die Arbeit mit dem Mikroskop war eine Schule der wissenschaftlichen Askese und Selbstverleugnung. Agassiz hat sehr gut beschrieben, welch langes und mühsames Einüben der Augen, der Hand und des Verstandes nötig ist, bevor man mit dem Mikroskop oder dem Teleskop wirklich gut arbeiten kann:

> „... Ich glaube, daß nicht allgemein bekannt ist, wie schwierig die mikroskopische Beobachtung ist und wieviel mühsame Vorbereitung allein dazu erforderlich ist, die Seh- und Fühlorgane für diese Arbeit tauglich zu machen ... Es sieht so einfach aus, wenn ein Mann sich hinsetzt und durch ein Glas Objekte betrachtet, das ihm alles so vergrößert, daß er es sehen kann. Es gibt jedoch auf dem Gebiet der mikroskopischen Forschung Gegenstände, die so schwer zu sehen sind, daß der Student vor Beginn seiner Untersuchung eine besondere Diät einhalten muß, so daß nicht einmal der Herzschlag in seinen Arterien die Stetigkeit seines Blicks stört, und daß der Zustand seines Nervensystems so ruhig ist, daß seine ganze Gestalt stundenlang seinem fixierten und konzentrierten Blick strikt gehorcht."

Oft ist jahrelanges Training notwendig, bevor der junge Wissenschaftler seine erste Entdeckung machen kann."[16]

Wir wollen diesen Hinweis nicht überstrapazieren, aber zweifellos ist ihm zu entnehmen, daß im Rahmen dieser praktischen Sozialisation auf der Ebene der *Forschung* eine Blickweise geschult wird, die von der Alltagsbeobachtung abweicht. Es ist übrigens interessant, daß sehr wohl Freuds Lehrer mit den Resultaten seiner mikroskopischen Arbeit zufrieden gewesen sind, nicht

aber Freud selbst; und dies offenbar aufgrund ihrer objektiven Begrenztheit. In diesem Zusammenhang ist der zweite Hinweis von Ellenberger wichtig, nämlich der auf Freuds in seiner gesamten wissenschaftlichen Laufbahn belegbaren „Tendenz, kühne Verallgemeinerungen zu machen" (654). So unbefriedigend im allgemeinen der Rekurs auf ein „Forschertemperament" – in diesem Fall den spekulativen, verallgemeinernden Zug des Freudschen Denkens – für die Erklärung einer Theoriegenese auch sein mag, so rächt es sich doch immer, die „empirische Person" eines Forschers als reines Epiphänomen oder „Kontingenzfaktor" für die Rekonstruktion seines Werks auszublenden. Im Zweifelsfall erklärt er – wenn es gelingt, die „subjektiven" Faktoren auf dem Horizont der „objektiven": disziplinären oder zeitbestimmten Einflüsse abzubilden – mehr als die rein rationalistische, im Prinzip immer mit dem Konzept der „intelligiblen Person" arbeitende wissenschaftsgeschichtliche Deduktion alten Stils.[17]

So betrachtet ist es vielleicht doch mehr als ein bloßes Aperçu, daß das in der Person Freuds vereinigte Zusammenspiel von disziplinärer Ausbildung und „wissenschaftlichem Temperament" geradezu wie der Idealtyp jener von Hartmann postulierten „Persönlichkeit" erscheint, die ihm zufolge allein in der Lage wäre, eine Natur- und Geisteswissenschaften integrierende Theorie zu entwickeln, als deren Vorläufer sich seine „Philosophie des Unbewußten" versteht. Nicht nur könnte man das Hartmannsche Motto: „Speculative Resultate nach induktiv-wissenschaftlicher Methode" als gleichsam „natürliche" Konsequenz der von Ellenberger an Freud konstatierten Mischung von einsozialisierter Wissenschaftsgesinnung und „charakterbestimmter" Denkhaltung begreifen. Ohne Zweifel gilt für Freud die Hartmannsche Kennzeichnung der Integrationsqualität, „beide Seiten mit gleicher Liebe und Hingebung erfaßt" zu haben.

Es ist ganz unzweifelhaft, daß das Spielen mit solchen Koinzidenzen zu geradezu märchenhaften Konstruktionen nach dem „Prodromos-Messias-Modell" ausarten kann. Nichtsdestotrotz lassen sie sich in nüchterne Aussagen übersetzen, die einigen Erkenntniswert besitzen. Versteht man die Hartmannsche Forderung nach einer Wissensintegration als Kritik der gängigen „Produktionsweise" von Wissenschaft, so erweist sich seine Diagnose, es fehle an einer – bei ihm personal gedachten – Verbindung der prominenten Methoden und Denkansätze, implizit als Indiz für den erreichten Stand der wissenschaftlichen „Produktivkräfte". Keineswegs ist es ein Zufall, daß die Hartmannsche Methodenreflexion im Rahmen einer Theorie des Unbewußten stattfindet. Wie Erdheim gezeigt hat, war das Kokettieren mit einem hinter den Bewußtseinsbegriff führenden Vermögen ein typisches Finde-siècle-Phänomen.[18] Gerade die *mangelnde* Reflexion auf den methodischen Status dieses allenthalben herumgeisternden „Unbewußten" hat zur Folge gehabt, daß es in diesem Zusammenhang – Freuds theoretische Anstrengung ausgenommen – allenfalls zu „mystischen" Konstruktionen gekommen ist, die, dem Geniekonzept der klassischen idealistischen Philosophie und speziell dem Schellingschen Erbe folgend, weitgehend in den Bereich einer fragwürdigen „Ästhetik" eingesperrt blieben.[19] Insofern nötigen die augenfälligen Koinzidenzen zwischen Hartmann und Freud keineswegs zu irrationalistischen Annahmen. Sie belegen vielmehr präzise den Umstand, daß die *Rede* vom Unbewußten konsequenter Ausdruck einer wissenschaftlichen (und gesellschaftlichen) Krisen- und Umbruchsituation gewesen ist, seine „*Entdeckung*", d. h. die in eine Theorie überführte Beobachtung von Phänomenen, die aus den Annahmen einer den Bewußtseinsbegriff verabsolutierenden Philosophie oder Psychologie nicht zu erklären sind, das Resultat einer in den gängigen Produktionsweisen der Wissenschaft nicht aufgehenden Arbeit des Begriffs gewesen ist.[20] Der historische Stellenwert der Psychoanalyse liegt deshalb nicht zuletzt darin, ein neues Paradigma des *Verhältnisses* von Wahrnehmung und Begriff geschaffen zu haben.

Wir kehren damit zu dem Problem zurück, auf welchen spezifischen Faktoren die Freudsche „Wahrnehmung" des Unbewußten fußte und rekurrieren erneut auf die von Waelder ins Spiel gebrachte Rolle des Arztberufs für den Brückenschlag von Geistes- und Naturwissenschaften.

# 4. Ärztliche Praxis und Psychoanalyse

Die bisher genannten Faktoren für eine andere Wahrnehmung von Phänomenen, die vor Freud umstandslos einer „naturwissenschaftlichen Erklärung" unterzogen wurden, ist dabei um mehrere Elemente zu ergänzen. Zum ersten wäre dies der besondere Charakter der „Objekte", an denen sich die psychoanalytische Anschauungsweise bildete: die Hysterikerinnen, denen Freud selber eine „Mitproduktivität" an der Ausbildung seiner Theorie explizit zuerkannte. Diese Betrachtung führt direkt ins Feld der ärztlichen Praxis. Zum zweiten sind es konstituierende Bestandteile der Freudschen „Wahrnehmungsbasis", die nicht in der bisher erwähnten neurologischen Ausbildung, aber auch nicht im professionellen Status des Arztes aufgehen. Gerade wenn man die besondere Bedeutung des psychoanalytischen „Initialobjekts", der Hysterie, angemessen würdigt, wird deutlich, daß der Beginn der psychoanalytischen Erkenntnis durch eine Wahrnehmung-Objekt-Verschränkung gekennzeichnet ist, die typologisch eng mit der oben, bei der Erwähnung der veränderten Wahrnehmungseinstellung in der mikroskopischen Arbeit zusammenhängt. Es geht dabei um die Koinzidenz zweier „neuer Blickweisen", die erst auf dem Boden der ärztlichen Praxis möglich und erst auf dem Hintergrund einer Integration wissenschaftlicher Methoden – ganz im Sinne der Hartmannschen Forderung – fruchtbar wird. Als historisches Indiz dient uns dabei die Tatsache, daß sich in der „heißen" Phase der Herausbildung der psychoanalytischen Theorie zwei prima vista ungleichnamige Projekte: die Hysteriebehandlung und der neuronentheoretisch orientierte „Entwurf einer wissenschaftlichen Psychologie", zeitlich überdecken. In den „Studien über Hysterie" notiert Freud:

„Ich bin nicht immer Psychotherapeut gewesen, sondern bin bei Lokaldiagnosen und Elektroprognostik erzogen worden wie andere Neuropathologen, und es berührt mich selbst noch eigentümlich, daß die Krankengeschichten, die ich schreibe, wie Novellen zu lesen sind, und daß sie sozusagen des ernsten Gepräges der Wissenschaftlichkeit entbehren. Ich muß mich damit trösten, daß für dieses Ergebnis die Natur des Gegenstandes offenbar eher verantwortlich zu machen ist als meine Vorliebe; Lokaldiagnostik und elektrische Reaktionen kommen bei dem Studium der Hysterie nicht zur Geltung, während eine eingehende Darstellung der seelischen Vorgänge, wie man sie vom Dichter zu erhalten gewohnt ist, mir gestattet, bei Anwendung einiger psychologischer Formeln doch eine Art von Einsicht in den Hergang einer Hysterie zu gewinnen. Solche Krankengeschichten wollen beurteilt werden wie psychiatrische, haben aber vor letzteren eines voraus, nämlich die innige Beziehung zwischen Leidensgeschichte und Krankheitssymptomen, nach welcher wir in den Biographien anderer Psychosen noch vergebens suchen."[21]

In diesem Abschnitt ist stichwortartig versammelt, welche Einflußelemente neben der naturwissenschaftlichen Erziehung für die Entwicklung des Neurologen zum „Psychotherapeuten" von Bedeutung gewesen sind: Sie spiegeln sich im Erstaunen über die „Form" der Krankengeschichten, die auf die „Natur des Gegenstandes" zurückgeführt wird; im Hinweis auf die „dichterische" Darstellung, die jedoch nur im Zusammenhang mit den „psychologischen Formeln" zur „Einsicht" in eine Krankheitsgenese führt; in der Reflexion auf den Zusammenhang von „Leidensgeschichte" und „Krankheitssymptom", von dem in dieser Formulierung noch offen bleibt, ob er „Formprodukt" oder Resultat der genannten „Natur des Gegenstandes" sei.

Was Freud an seinen hysterischen Patientinnen wahrnahm, war ein abweichendes Verhalten, das als solches so lange unentschlüsselbar bleiben mußte, wie es auf ein Symptom reduziert und damit von seiner „Geschichte" isoliert wurde. Die ästhetische Form der „Geschichte" (Novelle) als Darstellungsmittel des „Dichters" wiederum muß solange als wissenschaftlich unzureichendes Medium verstanden werden, wie es nicht gelingt, sie als die Darstellungsform einer realen (Leidens-)Geschichte aufzufassen, die nicht mehr unter beliebigen „Erzählzielen" steht, sondern auf ein spezifisches Resultat, einen Ausdruck: das Symptom, „verdichtet" ist. Ein „mikroskopischer", vom alltäglichen abweichender Blick ist nötig, um eine Focussierung zustandezubringen, die es erlaubt, die Geschichte mit der „Lokaldiagnostik" zu verbinden und diese wiederum

auf dem Hintergrund der „Natur des Gegenstandes" mit Hilfe der „psychologischen Formeln" fruchtbar zu machen.

Freuds spezifische „Wahrnehmungsbereitschaft" ist kein naturwissenschaftliches Derivat, obwohl der junge Arzt, der sich mit hysterischem Leiden konfrontiert sieht, von Haus aus Naturwissenschaftler ist. Sondern diese Wahrnehmungsbereitschaft ist untrennbar verknüpft mit einem „Formgefühl", das nicht „den Arzt" Freud kennzeichnet, sondern den akademischen Außenseiter, der die großen „Erzähler" Goethe und Shakespeare zu seinen Hausgöttern erkoren hatte.[22] Freuds Verwunderung darüber, daß sich seine Krankengeschichten wie Novellen lesen ließen, ist selber Ausdruck des Tatbestands, daß die Wissenschaften vom Menschen eben keine „Natur-Wissenschaften" sein können, sofern man ihre „Gegenstände" keiner methodischen Reduktion unterwirft, sondern als das begreift, was sie sind: Sprechende, Handelnde, Leidende: Produkte und Produzenten von „Geschichte" – und Geschichten.

So apokryph der Hinweis auf den – die Wahrnehmungsbasis auch des Klinikers Freud mitkonstituierenden – „transzendentalen Bildungshorizont", der nicht zuletzt in jenem „Formgefühl" sich äußert, sein mag: ohne ihn bleibt ein Verständnis der Genese der „Psychologie des Unbewußten" blind.[23] Aber der „gebildete" Mediziner, der im Jahr der Publikation der „Studien" und Niederschrift des „Entwurfs" seinem Freunde Fließ mitteilt, daß er jetzt endlich, „seitdem ich auf die Neurosen gestoßen bin", der „Psychologie, von jeher mein fern wirkendes Ziel, (...) um soviel nähergerückt (bin)" (130), ist und bleibt doch unverrückbar Naturwissenschaftler, sofern es um den methodischen Anspruch geht, die erkannten Symptome auf ihre Ursachen zurückzuführen.

Aber auch hier zeigt sich das permanente Ineinandergreifen vom „Induktivismus" der ärztlichen Praxis und dem spekulativen Überhang des „Systembildners", der Hypothesenbildung konsequent als eine „Form der Übertreibung" begreift. Das ebenfalls in einem Brief an Fließ mitgeteilte „Manuskript B" zur „Ätiologie der Neurosen" enthält folgende methodisch aufschlußreiche Bemerkung: „Daß die Neurasthenie eine häufige Folge abnormen Sexuallebens ist, darf als bekannt gelten. Die Behauptung aber, die ich aufstellen und an den Beobachtungen prüfen möchte, ist die, daß die Neurasthenie überhaupt *nur* eine sexuelle Neurose ist. Mit Breuer habe ich für die Hysterie einen ähnlichen Standpunkt vertreten. Die traumatische Hysterie war bekannt; wir sagten dann: Jede Hysterie, die nicht eine hereditäre ist, ist eine traumatische. So nun für die Neurasthenie; *jede* Neurasthenie soll eine sexuelle sein.“[24]

Diese *vor* der sexualtheoretischen Wende der Hysterieauffassung geschriebenen Zeilen machen noch einmal deutlich, daß die „ärztliche Erfahrung“ immer schon durch vorgängige Hypothesenbildung mitkonstituiert ist: Sie ist in der Tat Konstituens und Konstitutum in einem. H. Hartmann hat dieses Faktum zurecht unter dem Aspekt der „Wechselwirkung zwischen der klinischen Beobachtung und der Theorie“ mit dem – von seinem adligen Namensvetter thematisierten – Induktions-Spekulationsproblem in Zusammenhang gebracht: „Bei seinem [Freuds] ständigen Interesse für beide Seiten der Psychoanalyse geschah es häufig, daß die Hypothesenbildung der Beobachtung vorausging. Diese Tatsache ist hier von Wichtigkeit, denn es ist charakteristisch für sein frühes Denken, daß es in mancher Hinsicht seinem klinischen Werk vorausging.“[25]

Dieses Wechselspiel von Beobachtung und Hypothese – erst beides zusammengenommen wäre im strengen Sinne „Erfahrung“ – macht, indem zum dritten die „literarische Bildung“ als prominente Möglichkeit, aus der kulturellen Tradition zu schöpfen, hinzutritt, die „Form“ des Freudschen Denkens aus. Ihr verdankt sich jene „notwendige Hypothese“ des Unbewußten, die als Scharnierkategorie – kantisch ausgedrückt: als „Schema eines Begriffs“ – die synthetische Leistung bezeichnet, „Bild“ und „Begriff“ zusammenzubringen.

Nirgends läßt sich das besser demonstrieren als am Ursprungsproblem der Psychoanalyse, der Sexualität, das als ätiologische Größe erstmals ebenfalls im Kontext der Hysteriebehandlung zutagetrat und der dunklen Ahnung Freuds über das „Rätsel des Königs Ödipus“, welches jederman(n) in sich selber verspüre, zugrundeliegt. Die literarische As-

soziation, die ihn – in ästhetisch übersetzter Form – den *allgemeinen* „Zwang“ dieser im sophokleischen Drama verarbeiteten Konstellation spüren läßt, hat ihre maieutische Funktion nicht nur auf der Ebene der Theoriebildung, sondern – auf dem Hintergrund der oben skizzierten „Wechselwirkung“ – auch auf dem Niveau der „Wahrnehmung“, des klinischen Blicks.

Pointiert gesagt: Die literarische Assoziation hilft auch dem Kliniker Freud, das überhaupt wahrzunehmen, was für die ärztliche Sichtweise seiner Zeitgenossen tabu war: das sexuelle Moment in den neurotischen Bildungen. Um die Pointierung verallgemeinernd auf die Spitze zu treiben: Das *Analogiepotential* der kulturellen, im ästhetischen Produkt sich äußernden Tradition vertritt – schon und gerade beim jungen Freud – das „Allgemeine“, Kulturtypische, das später in den großen kulturtheoretischen Spekulationen explizit zum theoretischen Gegenstand wird. Implizit – und das ist hervorzuheben – steht es am *Anfang* des Freudschen psychoanalytischen Denkens. Die „Sexualitätshypothese“ ist im strengen Sinne eine Erfahrungstatsache: als Erkenntnisbedingung zunächst eine Übertreibung und als solche „Prämisse“ der Forschung: „Du hast recht“, schreibt Freud 1894 an Fließ, „der Zusammenhang der Zwangsneurose mit dem Sexuellen liegt nicht immer so klar zutage. Ich kann Dir versichern, er war bei meinem Fall II auch nicht leicht zu finden; wer ihn nicht so monoideistisch wie ich gesucht hätte, hätte ihn übersehen.“[26] Sexualität als regulative – „monoideistisch“ verfolgte – Idee aber führt in doppelter Weise auf den Begriff der „Verdrängung“ und den des Unbewußten. Jenseits ihrer „klinischen“ Bedeutung beim Studium der Ontogenese des einzelnen tritt sie als ein „kollektiv Verdrängtes“ zutage, das gerade in den sublimsten Bildungen des menschlichen Verstandes, der Wissenschaft, als Manko und Tabu sich geltend macht, dagegen auf der unreglementierten Erfahrungsebene der „Alltagswahrnehmung“ als ein „offenes Geheimnis“ immer schon präsent ist. Als Statthalter dieser Erfahrung erweist sich paradoxerweise die „durchgearbeitete Form“ der Literatur.

Das ist erläuterungsbedürftig. Freud hat später, im Besitz gesicherten analytischen

Wissens, nicht gezögert, der „natürlichen" Erfahrung der Ammen und Kinderfrauen mit dem Phänomen der kindlichen Sexualität ebenso gegenüber den durch Verdrängung und Verleugnung geprägten Anschauungen der Wissenschaften ihr Recht wiederzuerstatten, wie die Erkenntnis des Unbewußten als selbstverständlichen Besitz der im Zuge der okzidentalen Rationalisierung „so verachteten Laienärzten, Naturheilkünstlern und Mystikern" anzusehen. Insofern darf man seine fundamentalen theoretischen Erkenntnisse durchaus als eine Rehabilitierung der „Alltagserfahrung" begreifen.[27] Um diese Erfahrung aber als „Erkenntnis" formulieren und für die Forschung fruchtbar machen zu können, war der „Umweg" über die Klinik (als Beobachtungsbasis) und die Naturwissenschaft (als Propädeutikum einer „anderen" Blickweise, s. o.) nötig. Der entscheidende „Geburtshelfer" zu dieser revolutionären Betrachtungsweise aber ist die literarische Erfahrung insofern, als in ihr in „durchgearbeiteter", d. h. gegen die kulturell inszenierten Widerstände „genießbarer" Form[28] das kollektiv verdrängte Wissen Ausdruck finden kann.

In eben diesem Sinne ist Freuds Bemerkung zu verstehen, die Psychoanalyse habe eigentlich nichts Neues erkannt, sondern dem bestehenden Wissen nur „etwas Neues hinzugefügt". Es ist keine Übertreibung zu sagen, daß in dieser „Konjektur" der historische Stellenwert der Psychoanalyse bestehe. Der apostrophierte „Umweg" aber schlägt den Bogen zurück zu einer „Philosophie des Unbewußten", wenn auch nicht in der Hartmannschen Lesart.

## 5. Die metapsychologische Betrachtungsweise Freuds

In der 1935, also gegen Ende seines Lebens verfaßten „Nachschrift" zur sogenannten „Selbstdarstellung" begreift Freud seine Lebensleistung explizit nach dem Modell eines großartigen Umwegs. Dort kommentiert er seine Einschätzung, daß er nach 1923 „keine entscheidenden Beiträge mehr zur Psychoanalyse geliefert" und alles Spätere schadlos hätte wegbleiben können, folgendermaßen:

„Dies hing mit einer Wandlung bei mir zusammen, mit einem Stück regressiver Entwicklung, wenn man es so nennen will. Nach einem lebenslangen Umweg über die Naturwissenschaften, Medizin und Psychotherapie war mein Interesse zu jenen kulturellen Problemen zurückgekehrt, die den dereinst kaum zum Denken erwachten Jüngling gefesselt hatten."[29]

Faktisch hat diese Formulierung kryptomnestische Qualität. Im Brief vom 1. 1. 1896 schreibt Freud an sein „alter ego" Fließ[30], auf dessen Beispiel er zurückführt, „intellektuell die Kraft gewonnen (zu haben), meinen Urteilen zu vertrauen, auch wo man mich allein läßt"[31], ganz im Sinne der Aufspaltung von Ego und Alter Ego: „Ich sehe, wie Du auf dem Umwege über das Arztsein Dein erstes Ideal erreichst, den Menschen als Physiologe zu verstehen, wie ich im geheimsten die Hoffnung nähre, über dieselben Wege zu meinem Anfangsziel, der Philosophie, zu kommen. Denn das wollte ich ursprünglich, als mir noch gar nicht klar war, wozu ich auf der Welt bin."[32]

Es ist also durchaus keine Reprojektion, wenn der in seinem Bemühen um die „Aufklärung der Neurosen" von seinen Berufskollegen als „Monomane" begriffene Forscher, in der „deutliche(n) Empfindung, an eines der großen Geheimnisse der Natur gerührt zu haben", sich nicht als Arzt, sondern als „Philosoph" versteht, der die – den Kulminationspunkt seiner theoretischen Anstrengung bezeichnende – Wortschöpfung „Metapsychologie" in Analogie zur Metaphysik als eine „hinter das Bewußtsein führende" Psychologie vorstellt.[33] Der Philosoph „ex intentione" hat sich freilich nie mit einem Schulphilosophen verwechselt und sich deshalb das Schicksal des Dilettanten erspart. Und auch, wenn er später immer wieder seine „Inkompetenz" in philosophischen Fragen betont, durchaus sie mit einer gewissen Verächtlichkeit gegenüber der Disziplin kaschiert hat, so hat er sich trotzdem nicht gescheut, in einer Mischung aus Hybris und Einsicht in die Notwendigkeit für die ärztlichen Zuhörer seiner Vorlesungen zur Einführung in die Psychoanalyse eine „philosophische Hilfswissenschaft" für die Analyse zu fordern.

Der Statthalter dieser „philosophischen Hilfswissenschaft" aber ist nichts anderes als die Metapsychologie, deren erstes geplantes Stück Freud – wiederum in einem Brief an Fließ – folgendermaßen ankündigt: „Im nächsten Monat beginnt dann das letzte philosophische Kapitel, vor dem mir bangt, für das ich auch wieder lesen muß."[34]

Der „Philosoph ex intentione" und Arzt „ex professione" ist das Vexierbild der oben diskutierten Forderung Hartmanns. An ihm löst sich ein Stück weit das Rätsel, warum das Postulat einer Philosophie des Unbewußten sich nicht auf dem Boden der Philosophie selber, sondern im Bereich der Naturwissenschaft und des Arztberufs einlösen konnte. Nach dem Stand und dem „Geist" der zeitgenössischen Philosophie war der „Umweg" über ihn notwendig, um dem Verblendungszusammenhang zu entgehen, der sich – Hartmann hat das gespürt – in den akademischen Weisen der Verwaltung des überkommenen Wissens und seiner Formen etabliert hatte und noch die Arbeit der Begriffsbildung selber tingiert. Dieser „Zeitgeist" mag durch den „Außenseiter" Freud in entscheidenden Punkten überwunden worden sein – er wirkt jedoch inwendig gerade dort weiter, wo das Selbstverständnis, dem vorhandenen Wissen lediglich etwas „hinzuzufügen", zugunsten des – theoretisch allerdings notwendigen – Anspruchs zurücktritt, ein „System" eigener Art zu schaffen: in der Metapsychologie.

Nicht zufällig findet sich die „klassische Definition" der Metapsychologie in jener, von uns auf ihre erkenntnistheoretische Dimension hin diskutierten Schrift „Das Unbewußte" von 1915. Dort heißt es: „Wir werden es nicht unbillig finden, die Betrachtungsweise, welche die Vollendung der psychoanalytischen Forschung ist, durch einen besonderen Namen auszuzeichnen. Ich schlage vor, daß es eine *metapsychologische* Darstellung genannt werden soll, wenn es uns gelingt, einen psychischen Vorgang nach seinen *dynamischen, topischen* und *ökonomischen* Beziehungen zu beschreiben" (140, Herv. i. O.).

Die Rede von der „Vollendung der psychoanalytischen Forschung" macht deutlich, daß das Unterfangen Metapsychologie tatsächlich den Systemanspruch repräsentiert, der im Begriff der Metaphysik mitschwingt.

Es ist vielleicht nicht überflüssig, auf die seltsame Zwittergestalt der Freudschen Definition der Metapsychologie kurz näher einzugehen. Auf der einen Seite bleibt sie im Rahmen einer erkenntnistheoretischen Bestimmung, wie die Rede von der „Betrachtungsweise" deutlich macht: Es geht zunächst um nicht mehr als einen Darstellungs-Modus. Auf der anderen Seite macht Freud just mit dieser Formulierung faktisch einen bedeutsamen Schritt über die im ersten Abschnitt des Textes exponierte „reine" Erkenntnisproblematik hinaus. Mit der metapsychologischen Modellbildung soll nicht nur der Anspruch auf eine „Architektonik der Erkenntnis" eingelöst werden, sondern implizit avanciert mit ihr das Unbewußte von einer regulativen Idee zu einem (metaphysischen) Substanzbegriff. Das wird deutlich, wenn man sich den Status des Unterfangens Metapsychologie vor Augen führt. Es kennzeichnet „nichts anderes und nicht weniger als die Substanz seiner [Freuds] Wissenschaft vom Unbewußten".[35] Diese wissenschaftliche, den Status innerhalb der Freudschen Lehre betreffende „Substanz" aber korrespondiert de facto mit einer Substanzialisierung des Gegenstandes.

Was in der oben zitierten Stelle noch unproblematisch in Termini einer „Darstellungsweise" ausgesagt wird, die dazu dienen soll, die Funktionsweisen des Unbewußten – denn darum geht es – begrifflich zu erfassen, verändert sein Gewicht, wenn es darum geht, das Unbewußte gegen das Bewußtsein *systematisch* abzugrenzen: „In dem Maße, als wir uns zu einer metapsychologischen Betrachtung des Seelenlebens durchringen wollen, müssen wir lernen, uns von der Bedeutung des *Symptoms* ‚Bewußtheit' zu emanzipieren."[36] Indem das Reich des Bewußten „Symptom" wird, avanciert das Unbewußte – wie im übrigen alle seine weiteren Bestimmungen zeigen[37] – zum „Begründenden" gegenüber dem symptomalen Gehalt aller bewußten Erscheinungen. Insofern bedeutet die klassische Formulierung der metapsychologischen Darstellungsweise nichts anderes als die – auf der Ebene der deskriptiven Möglichkeiten bezeichnete – Konzeptualisierung einer „Substanz", die in ihren „Modis" begriffen wird.

Faktisch konfligiert diese unter der Hand eingeführte Substanzialisierung mit dem zentralen Stück der Freudschen Lehre, von dem aus die „Entdeckung" des Unbewußten einst ihren Ausgang genommen hatte: mit der Theorie der Verdrängung.[38] Das erscheint umso erklärungsbedürftiger, als der Vorschlag Freuds, für die nach den Gesichtspunkten von Dynamik, Topik und Ökonomie orientierte Betrachtungsweise den Namen einer „metapsychologischen" zu wählen, eben in jenem Abschnitt des Textes erscheint, der sich mit dem Problem der Verdrängung auseinandersetzt. Zum Verständnis des genannten Konflikts muß vorab darauf hingewiesen werden, daß der Begriff der Verdrängung auf die allerersten Anfänge der Psychoanalyse zurückgeht:[39] Als klinischer Terminus folgte er mit Notwendigkeit aus der in den (Hysterie-)Behandlungen auftretenden Widerstandsphänomenen und ist untrennbar mit der Auffassung einer sexuellen Ätiologie der Neurosen verknüpft.

Wenn nun, wie Freud in der – zeitlich und logisch dem von uns diskutierten Text direkt vorangehenden – Schrift „Die Verdrängung" noch einmal betont, „Verdrängung und Unbewußtes (…) in so großem Ausmaße korrelativ" seien (108), daß die weitere Diskussion des Verdrängungsmechanismus von der metapsychologisch fundamentalen Klärung der „Differenz von Unbewußt und Bewußt" abhängig sei, so ergibt sich in der Folge die Schwierigkeit, den *Vorgang* der Verdrängung einer *Instanz* zuzuordnen. Genau dies aber führt auf das Kernproblem der Metapsychologie schlechthin, nämlich die Reflexion auf das *Verhältnis* von Substanz und Modis, die in der oben zitierten „Definition" der metapsychologischen Betrachtungsweise schlicht unterschlagen wird. Logisch führt diese Diskussion zunächst in einen Zirkel: ist das Unbewußte das Ergebnis der Verdrängungsoperation, so kann es nur als *Konstituiertes* begriffen werden. Dann aber wäre, unter der von Freud gemachten Voraussetzung, daß „eine Vorstellung nur verdrängt werden (kann), wenn sie von bereits unbewußten Inhalten angezogen wird und gleichzeitig von einer höheren Instanz aus eine Aktion erfolgt"[40], nicht zu klären, worin diese „bereits unbewußten Inhalte" bestehen könnten. Es müßte also ein „Unbewußtes" vorausgesetzt werden, das *nicht* aus dem Vorgang der Verdrängung erklärt werden könnte.

In diese logische Not des Verhältnisses von Verdrängung und Unbewußtem tritt nun bei Freud der Begriff der „Urverdrängung", der im Text von 1915 tatsächlich unmittelbar *vor* der Einführung des Metapsychologie-Begriffs ins Feld geführt wird. Im Begriff der Urverdrängung verdichtet sich das logische Problem eines Begriffs des Unbewußten, gegenüber dem „Bewußtheit" als „Symptom" erscheint, insofern, als er zum einen tatsächlich nur als Konstituiertes gedacht werden kann, wenn er nicht zur ubiquitären – d. h. klinisch wertlosen – „Ursubstanz" sich verflüchtigen soll, andererseits aber doch – im Sinne der systematischen Kritik an der Bewußtseinspsychologie – als alle bewußten Phänomene „Begründendes" verstanden werden muß. Freuds „Definition" der Metapsychologie, die sich stracks an die Diskussion der Urverdrängung anschließt und die Problematik des Verhältnisses von Verdrängung und Unbewußtem durch die Einführung des ökonomischen Gesichtspunkts zu schlichten bemüht[41], bedeutet faktisch einen Kompromiß zwischen der logischen Notwendigkeit, das Unbewußte zum Ursprung jeder psychoanalytisch relevanten ätiologischen Reihe zu machen und der klinischen – mit der eigenen Forschungsweise korrespondierenden – Forderung, an ihm seinen „Produktcharakter" als Sediment des historischen Prozesses der Verdrängung aufweisen zu können. Metapsychologie hat insofern tatsächlich den Status einer Metaphysik, die sich – aus praktischen Erwägungen – nicht mehr die Unschuld eines „absoluten Ursprungs" leisten, aber doch nicht auf ihn verzichten kann.

Das Konstrukt der Urverdrängung – einer der dunkelsten Teile der Freudschen Lehre – bezeichnet den Indifferenzpunkt von „philosophischem" System und klinischer Forschung. An ihm wird der strategische Wert jener „Betrachtungsweise" faßbar, die in einem Modell des psychischen Apparats den *Zusammenhang* von Geschichte und Schicksal, Kultur und Natur darstellen möchte, ohne sich in eine „Letztbegründung" flüchten zu wollen. So inkonsistent dies auch in der Exposition der „metapsychologischen Darstellung" von 1915 erscheinen mag, so bleibt es doch eine der größten Leistungen Freuds, die Idee des Historischen nicht dem Zwang eines – wie auch immer zu denkenden – „Ursprungs" geopfert zu haben.[42]

In der Formulierung von 1915 fällt jedoch zunächst die Verlegenheitslösung ins Auge. Auch sie hat ihre Geschichte. Und zwar eine solche, die noch einmal anzeigt, daß die Idee der Metapsychologie bei Freud ab ovo mit einem „philosophischen", auf Systematik zielenden Anspruch verbunden war, den er in späteren Bemerkungen so gerne hinter dem Hinweis auf das „Vorläufige" aller psychoanalytischen Erkenntnis, ihrer permanenten Revisions- und Erweiterungsbedürftigkeit zu verstecken pflegte.

Zur weiteren „Geschichte" der Metapsychologie gehört auch das gleichsam in Schüben auftretende Interesse Freuds an der systematischen Vollendung seiner Lehre. In der Frühphase taucht der Terminus „Metapsychologie" außerhalb der Fließ-Korrespondenz nur an einer Stelle auf, hier allerdings in so typischer Weise, daß sie im Zusammenhang wiedergegeben werden soll. In der „Psychopathologie des Alltagslebens" heißt es bei der Abhandlung des Aberglaubens:

> „Ich glaube in der Tat, daß ein großes Stück der mythologischen Weltauffassung, die weit bis in die modernsten Religionen hinein reicht, nichts anderes ist als *in die Außenwelt projizierte Psychologie*. Die dunkle Erkenntnis (sozusagen endopsychische Wahrnehmung) psychischer Faktoren und Verhältnisse des Unbewußten spiegelt sich – es ist schwer, es anders zu sagen, die Analogie mit der Paranoia muß hier zu Hilfe genommen werden – in der Konstruktion einer *übersinnlichen Realität*, welche von der Wissenschaft in *Psychologie des Unbewußten* zurückverwandelt werden soll. Man könnte sich getrauen, die Mythen vom Paradies und Sündenfall, von Gott, vom Guten und Bösen, von der Unsterblichkeit u. dgl. in solcher Weise aufzulösen, die *Metaphysik* in *Metapsychologie* umzusetzen. (...) Der Aberglaube erscheint nur so sehr deplaciert in unserer modernen naturwissenschaftlichen, aber noch keineswegs abgerundeten Weltanschauung; in der Weltanschauung vorwissenschaftlicher Zeiten und Völker war er berechtigt und konsequent."[43]

Diese Bemerkung ist in vielerlei Hinsicht aufschlußreich, denn sie enthält einige Motive des Freudschen Denkens, die gerade im Zusammenhang der „Ursprungsfrage" und des Verhältnisses von Geschichte und System zeitlebens für den Entdecker der Psychoanalyse eine entscheidende Rolle gespielt haben: nicht zuletzt dort, wo es darum geht, den systematischen Anspruch der Psychoanalyse, wie ihn die Metapsychologie repräsentiert, *gegen* deren Reduktion auf Therapie festzuhalten.

Zum Status der Metapsychologie ist – gerade in den letzten Jahrzehnten – viel geschrieben worden; nicht zuletzt deshalb, weil an ihr, der von Freud als „Vollendung" seiner Lehre begriffenen „Systematik", sich scheinbar am plausibelsten der wissenschaftstheoretische Stellenwert der Psychoanalyse herausarbeiten läßt. Die hier begonnene Diskussion ist von Mißverständnissen und Fehldeutungen nicht verschont geblieben. Einige dieser Mißverständnisse lassen sich ausräumen, wenn man die Freudsche Lehre unter dem Gesichtswinkel ihres *historischen* Stellenwerts betrachtet und sich dabei nicht scheut, den Aspekt der *Intentionen* Freuds auch bei der geltungslogischen Würdigung seines Werks einzubeziehen. Jedenfalls wird die wissenschaftstheoretische Debatte gerade der Metapsychologie dem mit ihr gesetzten Anspruch nicht gerecht, wenn sie sie nicht gleichermaßen unterm Aspekt des Verhältnisses von Theorie und Empirie sowie als Produkt von Intentionen begreift, die gerade auf dem Hintergrund des Gegenstandes der Psychoanalyse sich in Gestalt jener hinter das Bewußtsein führenden Psychologie nur in problematischer und „paradoxer" Weise realisieren konnten. Schließlich aber – und das wird am leichtesten vergessen – gerät jede Diskussion der Freudschen Entwürfe zu einer Metapsychologie in eine unhaltbare argumentative Schräglage, die versucht, ihre Funktion von der analytischen *Praxis* zu isolieren.

Auf diesem Hintergrund muß die Metapsychologie-Konstruktion Freuds als ein Wechselbalg erscheinen, der in keiner Weise das Gleichgewicht zwischen dem in ihr untergebrachten Anspruch auf eine systematische – „philosophische" – Fundierung der Psychoanalyse und ihrer – von psychoanalytischen Praktikern betonten – Funktion als heuristisches, Praxis *und* Forschung anleitendes „Manual" zu halten in der Lage ist. Ein Stück weit klärt sich dieser Zusammenhang, wenn man versucht, die „Schichten" auseinanderzuhalten, die in ihr amalgamiert sind.

Tatsächlich kann die Metapsychologie auf der Ebene der psychoanalytischen Forschung als die Einlösung des Hartmannschen Desiderats einer Verbindung von Induktion und Spekulation angesehen werden, von der er die Zukunft einer „Philosophie" des Unbewußten abhängig machte. Wie stark auch immer man in ihm den „philosophischen Zeitgeist" am Werke sehen möchte, so ist doch unverkennbar, daß damit ein allgemeines Problem angesprochen wird, das gerade heute wieder die Diskussion über das Verhältnis von Natur- und Geisteswissenschaften beherrscht. Wie sehr es subjektiv – meinethalben als historischer „Kontingenzfaktor" – in den Freudschen Intentionen auf eine „philosophische" Vollendung seiner Lehre sich niedergeschlagen hat, konnten wir hier nur andeuten. Dieser „intentionale Überschuß" aber sollte nicht vernachlässigt werden, wenn man den Anspruch aufrechterhalten will, die Diskussion über Psychoanalyse aus der erkenntnislogischen Pattsituation herauszuführen, die derzeit die wissenschaftstheoretische Debatte kennzeichnet.[44] Nach wie vor kommt dabei der Freudschen Metapsychologie-Auffassung eine zentrale Rolle zu.

Wenn etwa Habermas sie als Ausdruck eines „szientistischen Selbstmißverständnisses" begreift, so trifft er wohl einen entscheidenden Punkt insofern, als er damit den Bruch zwischen Freudscher Forschungs- und Darstellungweise kenntlich macht: Wenn er also Metapsychologie letztendlich als eine „falsche" Übersetzung von hermeneutisch gewonnenen Erkenntnissen in ein nach dem Modell der Naturwissenschaften gebildetes „System" auffaßt[45], so verkennt er damit letztlich doch den spezifischen Zusammenhang von Praxis und Theoriebildung, der die Psychoanalyse kennzeichnet. Der – bei Freud immer wieder mit dem Erkenntnisanspruch der Philosophie konnotierte – „Systemüberschuß", der in der Metapsychologie Ausdruck findet, ist ein – gerade in dieser Formbestimmtheit – nicht fortzudenkendes Movens des ganzen Unterfangens Psychoanalyse. Es schließt das „Übersetzungsproblem" ab ovo ein. *Jede* sprachliche Umgangsweise mit dem Unbewußten und seinen Abkömmlingen stößt – aufgrund der Natur ihres Gegenstandes – notwendig an die Grenze des Diskursiven.[46]

Es ist aber letztlich nicht das naturwissenschaftliche Modelldenken, sondern die Intention auf eine *Vermittlung* von naturwissenschaftlicher und hermeneutischer Erkenntnisweise *in* einem Theorietyp, der sich an die Systementwürfe der großen Philosophie anlehnt, der für die Metapsychologie konstitutiv wird. Die Metapsychologie als das *Analogon einer Philosophie* zieht in sich den Widerspruch zusammen, der notwendig aus dem Anspruch resultieren muß, mit der „Psychologie des Unbewußten" einen Theorie und Praxis umgreifenden Typus des Wissens zu schaffen[47], der weder der Wissenschaft noch der Philosophie bruchlos zugeordnet werden kann.

Tatsächlich kann die Metapsychologie in gewisser Weise nur als Paradoxon bestehen Ihr perennierendes „Übersetzungsproblem" signalisiert nicht nur das prinzipielle Dilemma jeder Form systematischen Denkens, sondern – und das ist für eine Diskussion der Psychoanalyse wesentlich – das Brüchigwerden der von Freud rehabilitierten und für seine Forschungsweise maßgeblichen „Alltagserfahrung". Indem die metapsychologische Begrifflichkeit nicht mehr die am Einzelnen offenbarte Spannung von lebensgeschichtlich Besonderem und Allgemeinem, von „Intimität und sozialem Leid" (Lorenzer) zu halten vermag, revoziert sie notgedrungen ein Stück weit das Pathos der Erkenntnisweise Freuds zugunsten seines Systemanspruchs. Diese Paradoxie aber ist nichts anderes als der getreue Ausdruck dessen, wofür die Psychoanalyse als Ganzes steht und was letztlich ihren historischen Stellenwert ausmacht: eine letzte Form der „Vermittlungsphilosophie" zu sein, die im Konzept des Unbewußten noch einmal zusammenzudenken versucht, woran nicht nur die in sie eingehenden „Fachdisziplinen", sondern auch die zeitgenössischen Abkömmlinge der „großen Philosophie" gescheitert sind.[48]

Wollte man dieses Paradoxon, das nicht nur die Metapsychologie, sondern die ganze Freudsche Lehre betrifft, positiv formulieren, so wäre an die Waeldersche Erkenntnis anzuknüpfen, die sie als Synthese von Natur- und Geisteswissenschaften ausweist.[49] Nach dem Abdanken der großen Philosophie bleibt ihr, auf dem prosaischen Boden der Wissenschaften, der Rang einer „Wissenschaft sui generis".

## Anmerkungen

[1] Vgl. etwa: Vorlesungen zur Einführung in die Psychoanalyse, Studienausgabe, S. 283f., wo Freud die Psychoanalyse mit der „kopernikanischen Wende" vergleicht

[2] Dieses und alle weiteren Hartmann-Zitate nach: E. v. Hartmann, Philosophie des Unbewußten, 12. Auflage, Leipzig 1923

[3] Natürlich könnte man der Hartmannschen Einschätzung in einigen nicht ganz unwesentlichen Punkten widersprechen. So ist es etwa fragwürdig, ob es wirklich erst in den 80er Jahren zur Hegemonie des Neukantianismus gekommen sei. Im Ganzen ist Hartmanns Zeitdiagnose jedoch zuzustimmen

[4] Vgl. etwa Hartmanns Unterscheidung von „relativem" und „absolutem Unbewußtem", die einen ähnlichen Stellenwert hat wie die von Freud eingeführte Differenz von „Vorbewußtem" und „Unbewußtem"; seine Diskussion des Zusammenhangs von Unbewußtem und Sexualität, die Darstellung des Verhältnisses von Bewußtsein und Unbewußtem und schließlich die erkenntnistheoretische Bedeutung der Annahme eines Unbewußten. Die Liste solcher Kontiguitäten zur Freudschen Theorie ließe sich verlängern

[5] Waelder 1957

[6] Zum Begriff der Metapsychologie s. u.

[7] So ist dieser erste Abschnitt des Textes überschrieben

[8] Zwar exponiert Freud die Erkenntnisproblematik des Ubw zunächst im allgemeinen Sinne, jedoch bezieht er sich im weiteren konsequent auf den „analytischen Standpunkt" seiner wissenschaftlichen Erschließung

[9] Daher gilt, in der Auflösung der dritten Antinomie: „Denn sind Erscheinungen Dinge an sich selbst, so ist Freiheit nicht zu retten". Das Reich der Empirie ist nicht identisch mit dem Wahren

[10] Vgl. etwa den Brief an Lou Andreas-Salomé vom 25.11.1914: „Mein geheimer Beschluß war: da wir die gegenwärtig höchste Kultur nur mit einer enormen Heuchelei behaftet sehen, so taugen wir organisch nicht für diese Kultur. Wir haben abzutreten, und der oder das große Unbekannte hinter dem Schicksal wird ein solches Kulturexperiment einmal mit einer anderen Rasse wiederholen"

[11] Nur nebenbei sei hier vermerkt, daß der junge Freud in den „Studien über Hysterie" mit dem an die Annahme eines „zweiten Bewußtseins" erinnernden Gedanken einer „unbewußten zweiten Intelligenz" gespielt, ihn aber letztlich doch verworfen hat. Vgl. GW 1, S. 272

[12] Auch hier ließe sich eine Parallele zur Kantischen Vernunftkritik ausmachen, und zwar zum Problem der ursprünglichen Einheit der transzendentalen Apperzeption im identischen „Ich denke, das alle meine Vorstellungen muß begleiten können"

[13] Wir schließen uns hier im wesentlichen der – mit einer Fülle von Freud-Zitaten belegbaren – Anschauung der Herausgeber der Freud-Studienausgabe an, die in der Vorbemerkung zum eben diskutierten Aufsatz klarstellen, „daß Freuds Interesse an dieser Annahme [unbewußter seelischer Vorgänge] niemals ein philosophisches war – obwohl philosophische Probleme zweifellos und unvermeidlich eng daran anschließen. Sein Interesse war vielmehr ein praktisches. Er fand, daß er ohne diese Annahme außerstande sei, eine Vielfalt von Erscheinungen, auf die er gestoßen war, zu erklären oder auch nur zu beschreiben. Tatsächlich eröffnete ihm diese Annahme allererst den Zugang zu einem ungemein fruchtbaren neuen Erkenntnisbereich" (S. 121f.). Zur – partiellen – Korrektur der Annahme, Freud sei an „philosophischen Fragen" ausschließlich desinteressiert gewesen s. u.

[14] „Über den psychischen Mechanismus hysterischer Phänomene; Vorläufige Mitteilung"; später wiederabgedruckt als erster Teil der „Studien über Hysterie", GW 1, S. 81ff.

[15] Vgl. Jones 1960, I, S. 261f. und Ellenberger 1973, S. 649ff.

[16] Ellenberger 1973, S. 650; das Zitat stammt aus Louis Agassiz: Methods of Study in Natural History, Boston 1882

[17] Leider ist das auch nach der „wissenschaftsgeschichtlichen Wende" Kuhns und der sich daran anschließenden Diskussion immer noch keine Trivialität

[18] Vgl. Erdheim 1985

[19] Vgl. dazu Ch. Schneider: Anmerkungen zum Verhältnis von Psychoanalyse und Kunst, in: fragmente 20/21, S. 229ff.; als exemplarische historische Position, die ebenfalls an den Kant-Schellingschen Geniebegriff anknüpft, aber der methodologischen Diskussion große Aufmerksamkeit schenkt: Windelband 1914, S. 386f.

[20] In der wissenschaftlichen Auseinandersetzung um den Begriff des Unbewußten zeigt selbst noch die ablehnende Haltung einzelner Forscher die Unwiderruflichkeit der von Hartmann vertretenen Notwendigkeit seiner Annahme als „Urphänomen". Dasselbe gilt für das von ihm thematisierte Methodenproblem und die beobachteten „Konvergenztendenzen" von Philosophie und Naturwissenschaft. So lehnt etwa Mach bei der Diskussion um „ererbte Vorstellungen" bei Lebewesen jede „Mystik des Unbewußten" mit der Begründung ab, daß hier „eine Psychologie im Spencer-Darwinschen Sinne auf Entwicklungslehre gegründet, aber auf positiver Detailforschung fussend, (...) reichere Resultate als alle bisherigen Speculationen" verspreche (E. Mach, Analyse der Empfindungen,

S. 64), um dann aber doch der Hartmannschen Diagnose in entscheidenden Punkten beizupflichten. Trotz seiner strikt antispekulativen Haltung, die ihn „zur Ausscheidung aller müssigen, durch die Erfahrung nicht controlirbaren Annahmen, vor allem der *metaphysischen* (im Kant'schen Sinne)" anhält und eine „erkenntnistheoretische Wendung" bei der Behandlung „aller möglichen physischen und psychischen Erlebnisse" postulieren läßt, kann er die ‚zentripetale' Tendenz des wissenschaftlichen und philosophischen Zeitgeistes nicht leugnen: „Heute sehe ich nun, dass eine ganze Anzahl Philosophen, Positivisten, Empiriokritiker, Vertreter der immanenten Philosophie, und auch sehr vereinzelte Naturforscher, ohne voneinander zu wissen, Wege eingeschlagen haben, welche bei aller individuellen Verschiedenheit fast in einem Puncte convergiren" (Vgl. Vorwort zur 4. Auflage, 1902, S. VI)

Windelband diskutiert das Auftauchen des „modernen Emotionalismus" als einen „Versuch des Ausgleichs" der Polarität von intellektualistischer und voluntaristischer Psychologie und begreift ihn als eine Zeiterscheinung, die, wie alle „antiintellektualistischen Theorien der modernen Psychologie", die Gefahr einer „Selbstzerstörung der zugrundeliegenden Gesamtansicht" der Wirklichkeit in sich trage. Wenn „heutzutage vielfach das *Unbewußte* als der Grundstock des Seelenlebens angesehen" werde, so stehe diese Hypothese „in einem eigentümlichen Gegensatz zu dem Ergebnis der historischen Entwicklung, worin das Merkmal des Bewußtseins (cogitatio) als das Wesentliche am Begriffe der Seele übrig geblieben war" (a. a. O., S. 119). Windelband stellt damit genau die Situation dar, die Freud, der sich bewußt als Repräsentant dieses „eigentümlichen Gegensatzes" begreift, etwa in der Einleitung zu seinen Vorlesungen beschreibt; ja er bezieht sich in diesem Zusammenhang sogar explizit, wenn auch negativ, auf dieselben historischen „Erkenntnismodelle", an die Freud *positiv* anknüpft: „Die Aufhebung des primitiven ‚Animismus', die Entseelung der Natur durch die Wissenschaft ist ein unaufhaltsamer, von den Dichtern oft beklagter Vorgang." Die Einführung des Unbewußten, sei es „als psychologische oder als metaphysische Hypothese", aber führe regelmäßig auf „metapsychische Probleme", die die alten Schwierigkeit der Metaphysik erneut aufwürfen: „Liegt darin also der Anfang einer Neubildung des Seelenbegriffs, so muß man im Auge behalten, daß das Unbewußte dem Begriff nach niemals erlebt oder erfahren, in keiner Weise begrifflich gegeben, sondern immer nur hypothetisch zur Erklärung von Vorgängen und Zuständen des Bewußtseins angenommen ist, die sonst völlig unbegreiflich erscheinen. Diese Hypothese darf aber nur angewendet werden, wenn es auf ir-

gendeine Weise ausgeschlossen ist, physische Realitäten als die Bedingungen für jene bewußten Zustände anzunehmen, die durch unbewußte ihre Erklärung finden sollen. Hier liegen methodische und sachliche Schwierigkeiten, vielleicht sogar Unmöglichkeiten vor, die zum großen Teil für den unfertigen Zustand der psychologischen Theorien von heute verantwortlich sind. Sie haben auch ihre metaphysische Tragweite insofern, als sie in letzter Instanz darauf hintreiben, neben dem Physischen und dem Psychischen ein drittes Reich, jene Region des Unbewußten zu statuieren, die mit keiner der beiden andern zusammenfallen und als eigne Wirklichkeit gelten soll, obwohl sie, ihrem Begriffe nach nicht erfahrbar, inhaltlich nur in Analogie zu einer der beiden andern Wirklichkeitsarten, nämlich der psychischen angenommen wird." (119f.)

Windelband nimmt in seiner Diskussion des Unbewußten explizit Bezug auf Hartmann, erwähnt jedoch Freud an keiner Stelle. Umgekehrt erscheinen die von Freud in den Jahren 1915/16 verfertigten Arbeiten wie „Das Unbewußte" und die Einleitung zu den Vorlesungen geradezu wie „Antworten" auf die Windelbandsche Schrift, die 1914 veröffentlicht wurde

[21] GW 1, S. 227

[22] Vgl. Fließ-Briefwechsel, S. 410

[23] Geradezu ein Musterbeispiel für die Verschränkung von klinischem Spürsinn, wissenschaftlichem Systematisierungswunsch und literarischer Bildung ist die „Entdeckung" des Ödipuskomplexes im Zusammenhang der Freudschen „Selbstanalyse" und der Arbeit an der „Traumdeutung". Vgl. Brief an Fließ vom 15. 10. 1897

[24] S. 27

[25] H. Hartmann, Ich-Psychologie, Stuttgart 1972

[26] S. 59 f.

[27] Und, im Falle des Mystikers, eben jener Erkenntnisweise, die E. v. Hartmann als wesentlichen Bestandteil der „speculativen Seite" einer Theorie des Unbewußten vorbehielt

[28] Eben diese Form der Durcharbeitung hat Freud später als die Grundlage der dichterischen Produktionsweise, „die eigentliche Ars poetica" bezeichnet

[29] Selbstdarstellung, S. 98. Es ist nicht nur eine Frage des „Geschmacks", sondern der wissenschaftstheoretischen Verortung der Psychoanalyse, ob man die ja gerne als „philosophisch" apostrophierten Spätschriften Freuds als einen bloßen Appendix seines „klinischen" Werks oder als dessen Vollendung begreifen will. Die Formulierung läßt beide Möglichkeiten offen. Bezogen auf die Intentionen des frühen Freud ist eine Antwort freilich vorgezeichnet

[30] „Es ist eben keine besondere Gunst des Schicksals, daß ich ungefähr fünf Stunden im Jahr für Gedankenaustausch mit Dir habe, wo ich den

Anderen kaum entbehren kann und Du der einzige Andere, der alter, bist." S. 66

[31] S. 165

[32] Ebd. Interessant an dieser Aufspaltung ist, daß Freud sich im Dialog mit Fließ, den in seiner Kompetenz maßlos überschätzten Mediziner, regelmäßig in die Position des medizinischen *Laien* begibt: „Für mich bleibst Du der Arzt, der Typus des Mannes, dem man vertrauensvoll sein Leben und das der seinigen in die Hände legt." (127) Hingegen: „Ich habe nicht genug gelernt, um Mediziner zu sein, in meiner medizinischen Entwicklung gibt es einen Riß, der später mühsam geknüpft worden ist. Ich konnte gerade noch so viel lernen, daß ich Neuropatholog wurde." (10) Diese Aufspaltung ist wichtig für die Konnotationen des Freudschen „Laienbegriffs". Vgl. dazu: Krovoza/Schneider: Freuds Kulturtheorie und die Frage der Laienanalyse

[33] „Es scheint mir, als ob mit der Theorie der Wunscherfüllung nur die psychologische Lösung gegeben wäre, nicht die biologische, oder besser, metapsychische. (Ich werde Dich übrigens ernsthaft fragen, ob ich für meine hinter das Bewußtsein führende Psychologie den Namen Metapsychologie gebrauchen darf.)" Fließbriefe, S. 329

[34] S. 402

[35] Vgl. Görlich 1987, S. 35

[36] S. 151, Herv. C. S.

[37] Vgl. etwa den Hinweis auf seine „Zeitlosigkeit" (145) oder die Redeweise von seinen „Abkömmlingen" (149), schließlich auch die Bemerkung: „Den Inhalt des Ubw kann man einer psychischen Urbevölkerung vergleichen. Wenn es beim Menschen ererbte psychische Bildungen, etwas dem Instinkt der Tiere Analoges gibt, so macht dies den Kern des Ubw aus." (154)

[38] Auch wenn es als überflüssig erachtet werden könnte, soll an dieser Stelle ausdrücklich darauf hingewiesen werden, daß der genannte „Konflikt" keiner Absicht Freuds folgt, sondern Resultat eines der Freudschen Theorie inhärenten *logischen* Problems ist. Über die Bedeutung der Verdrängungstheorie als „Grundpfeiler" der Freudschen Lehre vgl. z. B. GW X, S. 54

[39] Auch wenn der frühe Freud nicht eindeutig zwischen „Verdrängung" und „Abwehr" unterscheidet. Beide Termini werden z. T. synonym verwandt

[40] Laplanche & Pontalis 1972, S. 578

[41] Tatsächlich bezeichnet der ökonomische Gesichtspunkt, den Freud an dieser Stelle zur Ergänzung von Topik und Dynamik einführt, um darauf die metapsychologische Betrachtungsweise als die Synthese aller drei Aspekte zu explizieren, das Problem der „Begründung" in seiner einfachsten Gestalt; insofern nämlich, als mit ihm die Frage nach einer („ursprünglichen") Energie und ihren Verteilungswegen angeschnitten wird

[42] In einer nicht weniger apokryphen Äußerung wird das Konstrukt der Urverdrängung von Freud 1926 konsequent ins Terrain des *Prähistorischen* als dem Schnittpunkt von Geschichte und (phylogenetisch konstituiertem) Schicksal verlagert. Im Text „Hemmung, Symptom und Angst" wird die Idee der Urverdrängung mit der Hypothese assoziiert, daß „die Affektzustände (...) dem Seelenleben als Niederschläge uralter traumatischer Erlebnisse einverleibt (sind) und (...) wie Erinnerungssymbole wachgerufen werden". (239) Die Prähistorie erhält damit die Funktion eines „Als-ob-Ursprungs", in dem die in der Logik repräsentierte „Macht der Ursprünge" (K. Heinrich) als denknotwendiges Derivat einer nicht mehr nachvollziehbaren Geschichte sich erweist; einer Geschichte, die so opak geworden ist, daß sie *wie* eine logische, nicht weiter determinierte Macht wirkt. Dieser Gedanke hat Freud sein Leben lang beschäftigt. In der berühmten Fallgeschichte des „Wolfsmanns" etwa erwähnt er „die phylogenetisch mitgebrachten Schemata, die wie philosophische ‚Kategorien‘ die Unterbringung der Lebenseindrücke besorgen" und fährt dann fort: „Ich möchte die Auffassung vertreten, sie seien Niederschläge der menschlichen Kulturgeschichte. (...) Wo die Erlebnisse sich dem hereditären Schema nicht fügen, kommt es zu einer Umarbeitung derselben in der Phantasie, deren Werk im einzelnen zu verfolgen, gewiß nutzbringend wäre. Gerade diese Fälle sind geeignet, uns die selbständige Existenz des Schemas zu erweisen. Wir können oft bemerken, daß das Schema über das individuelle Erleben siegt." (GW XII, S. 155) Vgl. in diesem Zusammenhang auch die späte Schrift „Konstruktionen in der Psychoanalyse" von 1937, in der diese Einsicht zum einen therapeutisch gewendet wird, zum anderen – auf der Ebene der Theorie – die vielleicht radikalste Formulierung des Verhältnisses von Onto- und Phylogenese, Individuum und Kultur impliziert

[43] GW IV, S. 287 f., Alle Hervorhebungen im Original

[44] Denn nicht zuletzt in ihr wird auch über den *historischen* Stellenwert der Psychoanalyse „entschieden". Die Formulierung „Pattsituation" soll kennzeichnen, daß die Diskussion derzeit an einen Punkt gelangt ist, an dem die jeweiligen „Psychoanalyse-Rekonstruktionen" sich gegeneinander im Sinne inkompatibler „Sprachspiele" abdichten, die in erster Linie Ausdruck unterschiedlicher wissenschaftlicher Kulturen sind

[45] Vgl. Habermas 1968

[46] Grünbaum kreidet diese Argumentation allen, die die Psychoanalyse hermeneutisch rekonstruieren, als „petitio principii" an. Das ist – von seiner Argumentationsebene aus – ebenso schlüssig wie – vom Standpunkt der hermeneutischen Interpretation – unumgänglich

[47] Darauf hebt letztendlich das von Freud so betonte „kostbare Junktim von Forschen und Heilen" ab

[48] Deutlich wird das insbesondere in Freuds spä-
tem kulturtheoretischen Werk, das wir hier leider nicht diskutieren können

[49] Innerhalb der Psychoanalyse ist der Gedanke
dieser Synthese auf der Ebene der Forschungs-
logik am klarsten von Ferenczi vertreten worden, der – auch dies ließe sich wiederum auf das
Hartmannsche Desiderat beziehen – die Forderung eines „Utraquismus", d. h. die Einkreisung
des Gegenstands der Humanwissenschaften sowohl von seiten der Natur – als auch der Geisteswissenschaften aufrichtete

## Bibliographie

Ellenberger, H., Die Entdeckung des Unbewußten, Bern, Stuttgart 1973

Erdheim, M., Die gesellschaftliche Produktion
von Unbewußtheit, Frankfurt/Main 1985

Freud, S., Vorlesungen zur Einführung in die Psychoanalyse und Neue Folge, Frankfurt/M. 1969,
Studienausgabe, Bd. I

ders., Das Unbewußte, ibid., Bd. III

ders., Die Verdrängung, ibid., Bd. III

ders., Selbstdarstellung, Frankfurt/M. 1971

ders., Studien über Hysterie, GW I, S. 81ff.

ders., Briefwechsel mit Lou Andreas-Salomé,
Frankfurt/M. 1966

ders., Briefe an Wilhelm Fließ, Frankfurt/M.
1986

Görlich, B., „So muß denn doch die Hexe dran".
Über die Erkenntnisfunktion der Freudschen
Metapsychologie. In: Belgrad u. a. (Hrsg.), Zur
Idee einer psychoanalytischen Sozialforschung,
Frankfurt/M. 1987

Grünbaum, A., Die Grundlagen der Psychoanalyse, Stuttgart 1988

Habermas, J., Erkenntnis und Interesse, Frank-
furt/M. 1968

Hartmann, H., Ich-Psychologie, Stuttgart 1972

v. Hartmann, E., Philosophie des Unbewußten,
3 Bde., Leipzig 1923

Jones, E., Das Leben und Werk von Sigmund
Freud, 3 Bde., Bern, Stuttgart 1960

Kant, I., Kritik der reinen Vernunft, Wiesbaden
1956

Laplanche, J. & Pontalis, J.-B., Das Vokabular der
Psychoanalyse, Frankfurt/M. 1972

Mach, E., Die Analyse der Empfindungen, Jena
1903

Nunberg, H./Federn, E. (Hrsg.), Protokolle der
Wiener Psychoanalytischen Vereinigung, 4
Bde., Frankfurt/M. 1976

Schneider, C., Anmerkungen zum Verhältnis von
Psychoanalyse und Kunst. In: fragmente 20/21,
S. 229ff.

Waelder, R., Freud und die Geschichte der Wissenschaft. In: Psyche 11 (1957), S. 210ff.

Windelband, W., Einleitung in die Philosophie,
Tübingen 1914

ders., Die Hypothese des Unbewußten, Heidelberg 1914

# Die stumme Seele
## Im Spiegel der Psychosemiologie

*Michael Wetzel*

„Als Philomele ihrer Zunge beraubt war, webte sie die Geschichte ihrer Leiden in ein Gewand und schickte es ihrer Schwester, welche, es auseinanderhüllend, mit furchtbarem Stillschweigen die gräßliche Erzählung las. Die stummen Charaktere sprachen lauter als Töne, die das Ohr erschüttern, weil schon ihr bloßes *Dasein* von dem schändlichen Frevel zeugte, der sie veranlaßt hatte." (Karl Philipp Moritz)

„W.A.S.T.E.: WE AWAIT SILENT TRISTERO'S EMPIRE!" (Thomas Pynchon)

## 1. Analytiker und Sprachwissenschaftler

Im Herbst des Jahres 1920 reist ein junger, 26jähriger Mann von Genf nach Wien. Sein Ziel ist die Berggasse 19, das mittlerweile renommierte Zentrum für ‚Seelenzergliederung', wo er bald darauf auf dem Divan des Mannes liegen wird, der kurz zuvor auf einem Psychiatriekongreß in Den Haag entscheidenden Einfluß auf ihn gewonnen hat.

Der Name des jungen Mannes ist *Raymond de Saussure*, und jener Wiener Nervenarzt, der fortan in seinem Seelenleben die Stelle eines Vaters einnehmen wird, ist natürlich niemand anders als *Sigmund Freud*. Freud und Saussure, dieses Namenspaar erzeugt einen Widerhall, der für gewisse Ohren Musik ist. Sie läßt sogleich an einen dritten Namen denken, den *Jacques Lacans*, für den dieser Zweiklang die Erkennungsmelodie jener humanwissenschaftlichen Einsicht ist, die am Anfang unseres Jahrhunderts das moderne Selbstverständnis erschütterte: die Entdeckung einer dem bewußten Eingriff des Subjekts entzogenen, es jedoch bestimmenden Struktur des Sprechens und Begehrens. *Strukturalismus* und *Psychoanalyse* entsprechen einander darin, daß sie das Bewußtseinsmodell autonomer Subjektivität von ihren jeweiligen Seiten (Sprache und Unbe-

wußtes) her desillusionieren und dezentrieren (vgl. Wetzel 1985 a), wobei neben der gemeinsamen Berufung auf heterogene Determinanten der so genannten ‚conditio humana' vor allem die zeitliche Parallele frappiert. Umso überraschender ist es, daß es zu keinerlei Kontakt untereinander gekommen ist: Weder Ferdinand de Saussure noch der um nur ein Jahr ältere Sigmund Freud nahmen die Arbeiten der anderen Seite zur Kenntnis. Lacan führt hier die räumliche Distanz als Erklärung an:

„Genf 1910, Petersburg 1920 – das sagt genug, weshalb Freud dieses Instrument gefehlt hat. Es wird aber durch dieses Manko der Geschichte nur noch interessanter, daß die das Unbewußte regierenden, von Freud als Primärprozeß beschriebenen Mechanismen sich genau mit den Funktionen decken, die dieser Schule zufolge bestimmend sind für die radikalsten Sprachwirkungen..." (Lacan 1960, S. 173)

Nur geographische Gründe können aber nicht allein für die wechselseitige Agnosie verantwortlich sein, wo es selbst den Söhnen der Gründergeneration nicht vorbehalten sein sollte, die historische Lücke der Synchronie zu schließen. Denn jener Lehranalysand Freuds und nachmalige Psychoanalytiker Raymond de Saussure war niemand anders als der Sohn des Begründers der strukturalen Sprachanalyse. Mit welchem Entsetzen mußte aber Roman Jacobson bei einem Treffen mit ihm 1940 in New York feststellen, daß er von der Arbeit und gar der Bedeutung seines Vaters nicht die geringste Ahnung hatte (Roudinesco, 1986, S. 365). Offensichtlich hatte auch Freud wenig Interesse an der realen Vaterfigur seines Analysanden bekundet, und so scheiterte denn am Vater-Sohn-Konflikt die historische Chance, Strukturalismus und Psychoanalyse zu einer Personalunion zu bringen.

Immerhin hatte es den Sohn des einen unbewußt schon ins andere Lager getrieben, während Freud nur von einem „*sprachwissenschaftlichen* Interesse für die Psychoanalyse" (Freud, 1913, S. 403) sprach – und von keinem umgekehrten. Erst die dritte Generation feierte dann selbstbewußt die „Hochzeit von Sprache und Unbewußtem" (Deleuze 1969, S. 7) – allerdings um den Preis einer Akzentverschiebung, die diese Wahlverwandtschaft im Namen einer Diskontinuität im Verlauf beider Wissenschaften stiftet. Was sich nämlich seit ungefähr den 50er Jahren, und zwar vorwiegend im französischen Sprachraum, als das spezifische Terrain der *Psychosemiologie* herausbildet, zeugte von einer Annäherung beider Disziplinen durch die Verschiebung auf einen besonderen, von der traditionellen Lesart abgehobenen und in der wechselseitigen Beeinflussung freigelegten Gesichtspunkt. Für die Linguistik ist er im Begriff der *Semiologie*, für die Psychoanalyse in dem des *Strukturalen* markiert, d. h., auf der einen Seite kommt es zur Betonung des Zeichenbegriffs als grundlegend für alle Bereiche der Sprachanalyse, auf der anderen im selben Sinne zu der des Strukturbegriffs, wie ihn wiederum Lacan vom zeichentheoretischen Algorithmus der saussureschen Unterscheidung eines bezeichnenden und eines bezeichneten Moments programmatisch formuliert:

> „Ein Psychoanalytiker muß sich ungezwungen auf die fundamentale Unterscheidung des Signifikanten und des Signifikats einlassen und damit beginnen, sich mit den beiden Netzen vertraut zu machen, die sie aus einander nicht überschneidenden Relationen bilden. Das erste Netz, das des Signifikanten, ist die synchrone Struktur des sprachlichen Materials, insofern jedes Element darin seine Bestimmung genau dadurch erfährt, daß es von anderen unterschieden ist, ... Das zweite Netz, das des Signifikats, ist der diachrone Komplex der konkret gesprochenen Diskurse, welcher historisch auf ersteres reagiert, so wie dessen Struktur seinen Weg bestimmt. Was hier dominiert, ist die Einheit der Bedeutung, die sich als niemals in eine reine Indikation des Redens auflösbar, sondern immer auf andere Bedeutung verweisend erweist. ... Allein der Signifikant garantiert die theoretische Kohärenz des Ganzen als Ganzes." (Lacan 1955, S. 414)

Umgekehrt macht sich für die Linguistik im Begriff der Semiologie – ganz anders etwa als in dem der Psycholinguistik – ein strukturelles Moment geltend, das von der Psychoana

lyse das *Unbewußte* genannt wird. Zwar gibt es, wie Jacobson nachgewiesen hat (Jacobson 1978), in den Sprachwissenschaften bereits schon vor Freud diese Kategorie, die hier zur Kennzeichnung all derjenigen sprachlichen Leistungen diente, die einer willentlichen und vor allem individuellen Beeinflussung durch die Sprecher entzogen sind; deutlich geht es dabei jedoch um ein Unbewußtes der *Sprache* (als System) und nicht der *Sprecher*, das zudem in dieser objektiven Daseinsweise mehr in der Tradition philosophischer Seelenmetaphysik (E. v. Hartmann) als der einer Sprache des Begehrens steht.

Entscheidend für einen sprachlichen Zugang zum Unbewußten ist vielmehr die Dimension der Kommunikation. Was dem Bewußtsein, genauer dem Selbstbewußtsein entzogen ist, bestimmt sich andererseits als dasjenige, wovon der andere wissen kann. In diesem Sinne sagt Hönigswald zurecht über den Begriff des Unbewußten: „seiner Struktur nach erfüllt er eben Bedingungen, die sich in der Idee des ,anderen' verkörpern" (Hönigswald 1937, S. 457). Er impliziert damit immer schon die Anknüpfung „an den Begriff der Sprache" (ebd.) mit seiner a priori inter- oder transsubjektiven Funktionsweise, was dem strukturalistischen Gesichtspunkt einer dem einzelnen Bewußtsein entzogenen generellen Sprachfunktion dann erlaubt, den im therapeutischen Praxisbezug bedingten individualpathologischen Horizont der Psychoanalyse entscheidend zu erweitern. Lévi-Strauss zieht später die Konsequenz dieser Amalgamierung von strukturalistischer und psychoanalytischer Denkweise in der Formulierung der dann leitmotivisch werdenden „*symbolischen Funktion*":

> „Das Unbewußte hört auf, der unnennbare Zufluchtsort der individuellen Besonderheiten zu sein, der Aufenthaltsort einer einzigartigen Geschichte, die aus jedem von uns ein unersetzliches Wesen macht. Es beschränkt sich auf einen Ausdruck, mit dem wir eine Funktion bezeichnen: die symbolische Funktion, die zwar spezifisch menschlich ist, die sich aber bei allen Menschen nach denselben Gesetzen vollzieht..." (Lévi-Strauss 1958, S. 223)

Mit dieser Bestimmung des unbewußten Seelenanteils als einen Gesetzeszusammenhang, dessen Funktion nach dem Modell symbolischer Systeme – wovon die gesprochene

Sprache nur eins unter anderen ist – zu begreifen ist, trifft Lévi-Strauss den Grundgedanken der Psychosemiologie: *das Begreifen unbewußter Prozesse nach zeichentheoretischen Gesetzmäßigkeiten.* Zwar läßt die *„metadisziplinäre"* (Urban/Kudszus 1981, S. 3) Engführung beider Methoden aus der wechselseitigen Korrektur der Einzelperspektive etwas spezifisch Neues hervorgehen, zugleich wird darin aber immer Bezug genommen auf die ursprüngliche Anlage eines gemeinsamen Nenners: Gegen eine durch Nichtanerkennung, Ignoranz und Verkennung gekennzeichnete Tradition sowohl von Psychoanalyse als auch von strukturaler Linguistik versteht sich die Psychosemiologie immer zugleich als „Rückkehr zu Freud und Saussure" (vgl. Weber 1978, S. 20 ff.) – eine Rückkehr allerdings zu den mehr anathematischen Motiven der beiden Disziplinen.

Der deskriptive Gehalt der psychosemiologischen Rückkehr löst sich folglich in präskriptiver Form ein, fordert also systematisch eine *Relektüre* vor allem der frühen, fundierenden Werke. Wiedergelesen werden sollen die Züge jenes begrifflichen Komplexes, der in eigentümlicher und bei Freud wie bei Saussure gleich insistenter Weise um die Stichworte *Schrift und Seele* kreisen. Bekannter dürften die Belegstellen im freudschen Werk sein, das immer wieder im Zusammenhang des Versuchs, den sprachlichen Status unbewußter Prozesse zu bestimmen, auf Schriftmodelle kommt. Von der frühen Analogie des Traums mit einem anagrammatischen Rebus, einer „Bilderschrift" (Freud 1900, S. 283), bis zu späten des psychischen Apparates mit jenem wundersamen Notizblock (Freud 1925) hält sich durch, was als „sprachwissenschaftliches Interesse" explizit formuliert wird:

> „Wenn wir daran denken, daß die Darstellungsmittel des Traumes hauptsächlich visuelle Bilder, nicht Wörter, sind, so wird uns der Vergleich des Traumes mit einem Schriftsystem noch passender erscheinen als der mit einer Sprache." (Freud 1913a, S. 404)

Und hier trifft sich Freud vice versa mit Saussure, der seine Ausführungen zum Schriftsystem in einer Beschreibung des Entstellungscharakters, ja überhaupt der Irrationalität von Schriftlichem gipfeln läßt, deren Tendenz eine psychoanalytische Behandlung des Problems geradezu postuliert:

> „Das einleuchtende Ergebnis von dem allen ist, daß die Schrift die Entwicklung der Sprache verschleiert; sie ist nicht deren Einkleidung, sondern ihre Verkleidung." (Saussure 1916, S. 35)

Der Psychoanalytiker dürfte hier zumindest aufhorchen, wenn von der „pathologischen Erscheinung" (ebd., S. 37) die Rede ist, und an der Stelle, wo Saussure nur sehr kurz – aber für die spätere Entwicklung von nachhaltiger Wirkung – Begriff und Konzept der *Semiologie* als Wissenschaft vom „Leben der Zeichen im Rahmen des sozialen Lebens" einführt (ebd., S. 19), nennt er die *„allgemeine Psychologie"* als relevante Disziplin, bzw.: „Sache der Psychologie ist es, die genaue Stellung der Semiologie zu bestimmen" (ebd.).

## 2. Psychosemiologie

Sucht man nach einer gemeinsamen Wurzel der beiden Momente von Psychosemiologie, so wird man am ehesten in der Geschichte der *Medizin* fündig. Nicht nur Psychoanalyse und Linguistik, sondern – wie der italienische Historiker Ginzburg zu zeigen wußte – die Humanwissenschaften insgesamt erfahren Ende des 19. Jahrhunderts einen Paradigmenwechsel, der eine alte medizinische Methode neu und in umwälzender Weise fruchtbar werden läßt: die *Spurensicherung* (Ginzburg, 1983 und 1985). Die drei Beispiele, die Ginzburg auswählt, sind Freud, Conan Doyle – der Erfinder der legendären Detektiv-Figur *Sherlock Holmes* – und Morelli, ein nur wenigen – unter ihnen aber Freud – bekannter Kunsthistoriker, der mit Hilfe von anatomischen Detailstudien für die Geschichte der Malerei eine völlig neue Werkzuschreibung vornehmen konnte (vgl. Wetzel 1985 b). Alle drei waren von Hause aus Mediziner und von daher mit der jahrtausendealten Kunst der Diagnostik von *Symptomen* vertraut, d. h. dem Entziffern von körperlichen Phänomenen als *Zeichen* für andere bzw. für einen nach bestimmten Gesetzmäßigkeiten erfolgenden Entwicklungsprozeß von Phänomenen. Die dabei gemachte Voraussetzung oder Unterstellung, es herrsche zwischen den Teilen des Organismus sowie zwischen ihm und seiner Umwelt eine *„Kommunikation"*, die die daran beteiligten Elemente zu einem *„System"* verbinde (Sebeok 1984, S. 40), läutet die Geburtsstunde der Semiotik ein – und das auf dem Gebiete der Medizin: Es war *Hippokrates*, der als einer der ersten die Spuren im Körper zu sichern und in einen signifikanten Zusammenhang zu bringen begann. In ihnen schreibt der Körper gleichsam selbst seine Krankengeschichte, lesbar aber nur für den, der der Zeichen und ihrer Kombinatorik mächtig ist (vgl. Eco 1980, S. 277). Dieses Gespür für die – wie es noch zu Beginn der Neuzeit bei *Paracelsus* heißt – *„Signaturen"* der Naturkräfte ist durchaus dem der *Detektive* oder auch der *Jäger* vergleichbar, wie Ginzburg, Sebeok und Eco nicht müde werden zu betonen (vgl. Eco/Sebeok 1985). So kommt es etwa Freud ganz entschieden darauf an, „auf kleine Anzeichen zu achten" (Freud 1968, S. 267) und durch „Detailarbeit die Kenntnis" von den pathologischen Prozessen zu erwerben (Freud 1913b, S. 438). Was aber dieses *Indizienparadigma* gerade gegen Ende des 19. Jahrhunderts über alle traditionelle Gelehrtheit triumphieren läßt und eine umfassende „semiologische Wende" auslöst (vgl. Wetzel 1988), ist eine neuartige technische Armierung des diagnostischen Blicks, der nunmehr durch Medien der Aufzeichnung und der Reproduktion ins Reich der Mikroprozesse und der Mikroprozessoren – avant la lettre – gelenkt wird.

Die luziden Untersuchungen Foucaults zur Entstehung der modernen klinischen Medizin im 19. Jahrhundert konstatieren für diese Epoche die zunehmende Konsolidierung einer „Souveränität des Blicks" (Foucault 1972, S. 102), mit der das ganze Feld der Spurensicherung der Suprematie eines *visuellen Rechts auf Einsicht* unterworfen wird:

> „Der Blick vollendet sich in seiner eigenen Wahrheit und hat zur Wahrheit der Dinge Zugang, wenn er sich schweigend auf sie richtet und um das Gesehene herum alles verstummt. Der klinische Blick hat die paradoxe Fähigkeit, eine Sprache zu vernehmen, während er ein Schauspiel wahrnimmt." (ebd., S. 121f.)

Diese Auszeichnung des Schweigens als Eröffnung eines Schauplatzes, auf dem sich die Wahrheit enthüllt, wäre zweifellos nicht denkbar gewesen, ohne daß neue technische Apparaturen das Auge im doppelten Sinne ‚bewaffnet' hätten, um den Siegeszug im Kampf um die Wahrheit anzutreten. Gedacht ist ganz real an die medientechnische Zurüstung des Blicks durch die *Photographie*, später dann durch die *Cinematographie*, die nicht nur den Gegenstand unbeschränkt reproduzierbar werden läßt, sondern vor allem auch durch die Vergrößerungs-, Ausschnitts- und Montagemöglichkeiten Einblicke ins Ungesehene und auch Unerhörte vergönnt (vgl. Wetzel 1989).

Mittels Photolinsen schraubt sich der klinische Blick in die Windungen der semiotischen Kanäle, über die die disparatesten, ja differentiellsten Phänomene insgeheim miteinander korrespondieren. Sichtbar wird eine mikrologische Szenerie, in der stumme Verweisungen den Geheimcode der Krankheiten signalisieren. Auf diese Weise lernt Freud in der *Salpêtrière* Charcots die dort mit dem Einsatz modernster Medientechnik aufgezeichnete Photogrammatik der hysterischen Körper kennen (vgl. Kittler 1985, S. 282f. und Schneider 1985), die, wie Charcot erkannte, in der „Theatralisierung der Symptome" (Roudinesco 1986, S. 35) und nicht in der Ordnung der Rede sich mitteilen. Und auf der anderen, der sprachwissenschaftlichen Seite macht bereits vor Saussures Nachweis eines autonomen Algorithmus der Signifikantenverkettung der amerikanische Semiotiker *Peirce* am Beispiel der Photographie deutlich, daß die so genannten „indexikalischen Zeichen", die in einem realen Verhältnis zu dem von ihnen Bezeichneten stehen (Peirce selbst führt das Beispiel der Krankheitssymptome an), ihren semiotischen Informationswert unabhängig und sogar gegen die Absicht ihrer Produzenten erhalten (Peirce 1983, S. 65; Sebeok 1984, S. 42).

Jenseits von Bewußtsein und Wahrnehmung eröffnet sich also der Schauplatz mikrologisch überkomplexer Zusammenhänge, die keineswegs bloß ins Register der Bezeichneten fallen, sondern mit der aktiven und kreativen Funktion von Zeichenstiftung ausgezeichnet sind. Zugleich fällt damit die metaphysisch zwischen *Körper* und *Seele* aufgerichtete Barriere, die jetzt in ein *psychosomatisches Ausdrucksverhältnis* zueinander treten: Die Konfigurationen und Sensationen der Körperteile – wobei diese Partialisierung nicht fein genug ausfallen kann – ,schreiben' die Botschaften der Seele, die selbst Codierungsfunktion übernimmt: Die Psyche ist, wie Freud feststellt, ein psychischer „Apparat", einem „Mikroskop" oder einem „photographischen Apparat" vergleichbar (Freud 1900, S. 541). Daß der von diesem Apparat zum Zwecke der Archivierung von „Dauerspuren" (ebd., S. 542) benutzte Code immer ein Geheimcode ist und die Körperschrift immer eine *Kryptographie*, wird bereits durch die von Saussure benannte *Simulations*- bzw. *Dissimulationstendenz* der Schrift angedeutet, hinter der sich nichts anderes verbirgt als die Alterität dieser Speichertechnik zu den bewußten Repräsentationskriterien von Identität und Stringenz. Von diesem Standpunkt der *Diskurse* aus, d.h. der öffentlich-rechtlichen, mit Habermas gesprochen „kompetenten" Kommunikation, erweist sich die Schrift der Seele nur als *Absenz*, markiert sie eine andere Szenerie der Rede in ihrem *Verstummen*. In diese Nischen von Sprachzerfall und -zerstörung stößt die kriminalistische Detektion der *Anomalien* gezielt vor (vgl. Schneider 1986, S. 23) und entdeckt hier, wo man bisher den Ausfall von System oder die Willkür blinder Natur wähnte, die Spuren eines semiotischen Gedächtnisses. Eindrucksvoll bringt Freud diese Erfahrung auf den Begriff einer *Archäologie*, der die stummen Monumente der Vergangenheit mit einem Male in ihrem immanenten Verweisungszusammenhang – so wie der Traum als Rebus – sprechend werden:

„Nehmen Sie an, ein reisender Forscher käme in eine wenig bekannte Gegend, in welcher ein Trümmerfeld mit Mauerresten, Bruchstücken von Säulen, von Tafeln mit verwischten und unlesbaren Schriftzeichen sein Interesse erweckte. Er kann sich damit begnügen zu beschauen, was frei zutage liegt, dann die in der Nähe hausenden, etwa halbbarbarischen Einwohner auszufragen, was ihnen die Tradition über die Geschichte und Bedeutung jener monumentalen Reste kundgegeben hat, ihre Auskünfte aufzeichnen und – weiterreisen. Er kann aber auch anders vorgehen, er kann Hacken, Schaufeln und Spaten mitgebracht haben, die Anwohner für die Arbeit mit diesen Werkzeugen bestimmen, mit ihnen das Trümmerfeld in Angriff nehmen, den Schutt wegschaffen und von den sichtbaren Resten aus das Vergrabene aufdek-

ken. Lohnt der Erfolg seine Arbeit, so erläutern die Funde sich selbst; die Mauerreste gehören zur Umwallung eines Palastes oder Schatzhauses, aus den Säulentrümmern ergänzt sich ein Tempel, die zahlreich gefundenen, im glücklichen Falle bilinguen Inschriften enthüllen ein Alphabet und eine Sprache, und deren Entzifferung und Übersetzung ergibt ungeahnte Aufschlüsse über die Ereignisse der Vorzeit, zu deren Gedächtnis jene Monumente erbaut worden sind. *Saxa loquuntur!*" (Freud 1896, S. 426f.)

Mit dieser Entdeckung des unerhörten Sprechens der stummen Zeugen fixiert sich das Interesse sowohl auf linguistischer wie psychoanalytischer Seite vorrangig auf die *Aphasieforschung* (vgl. Freud 1891, und Jacobson 1944). Sie ist zuerst *via regia* zum Unbewußten, dem keine direkte Stimme verliehen ist, das dafür aber umso mehr der *räumlichen* bzw. *raumzeitlichen* Struktur der Schrift verpflichtet ist. In ihr zieht sich der Ausdrucksprozeß, die Ein- oder Aufschreibung, buchstäblich in die Länge, ohne auf diesem Um- oder Transitweg jedoch bei einer eigentlichen Verlautbarung anzukommen. So konzentriert sich der frühe Freud ganz auf dieses Verstummen, diese Störung der verbalen Mitteilung bei seinen Patienten, um an dieser Stelle seine Sinne für das weniger ans Ohr als vielmehr ans Auge sich wendende „*Mitsprechen*" der Symptome (Freud 1895, S. 301) zu schärfen. Den Wechsel des Mitteilungsmediums als Rebellion gegen das „leere Sprechen" (Lacan 1953, S. 92) der bewußten Semantiken lesend, entwickelt er ein der saussureschen Dualität von Signifikant und Signifikat frappant analoges Modell zweier Assoziationsketten, deren eine die *Objekt*- und die andere die *Wortvorstellung* generiert. Beide Begriffe sollen später in der Metapsychologie von entscheidender Bedeutung für die Differenzierung der zwei Prinzipien des psychischen Geschehens sein, anders jedoch als später wird hier, im Kontext der Aphasieforschung, die „*Sprachleistung*" im Verhältnis beider Momente zueinander gesehen, das Freud auch *symbolisch* nennt:

„Die Sprachleistung ist gewissermaßen nur ein Spezialfall der allgemeinen Hirnrindenleistung, die gleichfalls in Association von verschiedenartigen Wahrnehmungsresten (Erinnerungsbildern) besteht. Wie dort das ‚Wort' sich als Associationscomplex darstellt, so hier das ‚Object', nur dass die Associationen, die das Wort zusammensetzen eine beschränkte Anzahl haben, während die ‚Objectassociationen' ihrer Zahl nach unbestimmt sind. Zwischen ‚Object' und ‚Wort' besteht eine jener Beziehungen die wir ‚symbolisch' nennen. Jedem Objecte ist ein Wort als ‚Symbol' associirt. Wir erhalten ein vollständiges Bild der Sprachassociationen erst, wenn wir die Association mit dem Object hinzunehmen." (Freud 1893a, S. 522)

Erst beide Momente zusammen, also die Assoziation der beiden ihrerseits assoziativen Komplexe Ding und Wort, machen das Sprachliche aus. Freud steht damit in großer Nähe zu den Überlegungen Saussures, der ebenfalls auf der Einheit der beiden, bei ihm als Signifikant und als Signifikat bezeichneten Momente des Zeichens insistiert. Weder das Denken, als die der Objektvorstellung zugrundeliegende Tätigkeit, noch die Lautmasse als Matrix der Wortvorstellungen verfügen über konkrete oder diskrete Einteilungen, bevor sie durch die Sprache miteinander verknüpft werden:

„Die Sprache hat also dem Denken gegenüber nicht die Rolle, vermittelst der Laute ein materielles Mittel zum Ausdruck des Gedanken zu schaffen, sondern als *Verbindungsglied* zwischen dem Denken und dem Laut zu dienen..." (Saussure 1916, S. 133)

Infolgedessen ist es auch nicht denkbar, daß reine Objektvorstellungen ohne Worte existieren, oder allgemeiner formuliert, daß Denken ohne Sprache geschieht. Gerade die Aphasie-Forschung hat zeigen können, daß mit der Sprachstörung auch die Vorstellung versagt bzw. Störungen immer nur Teilbereiche innerhalb des Sprachkomplexes betreffen. Entsprechend differenziert auch Freud die s. g. Wortvorstellung nach den vier Kategorien aus, die ihm, über Charcot vermittelt, von Ribot her bekannt gewesen sein dürften (vgl. Roudinesco 1986, S. 36f.): Klangbild, Lesebild, Bewegungsbild und Schriftbild (vgl. Freud 1891, S. 76). Wo Worte fehlen, kommt es zu keinem Verlassen des Sprachlichen überhaupt, sondern zu einer Ersatzbildung, die immer noch im Rahmen dessen bleibt, was Freud als „Geist der Sprache" bezeichnet: „L'hystérique que ne sait pas parler n'a pas de motif pour oublier l'intelligence du langage" (Freud 1893b, S. 51).

„Speechless (...) but not unlettred" (Lydon 1980, S. 211), so läßt sich die Situation

auch prägnanter ausdrücken, die Freud auf den sublimen und oszillierenden Begriff der „*Umschreibung*" (Freud 1893a, S. 525), deren spezifische Leistung einer „physiologischen Ersatzfunktion" bei psychogenem Mutismus, wenn „Schreiben vikariierend für das Sprechen" eintritt (Freud 1905, S. 199), im doppelten Sinne von ‚*circum*skribierendem' Ersatz und von ‚*trans*skribierender' Modifikation besteht. Besonders in den nachfolgenden, durch den Briefwechsel mit Fließ dokumentierten Jahren beschäftigt nun Freud dieser Zusammenhang der unterschiedlichen sprachlichen Leistungen der Seele. Das Bewußtsein, „besser: Bewußtwerden", wird primär als „*Wortbewußtsein*", als „Zulaß zu den assoziierten Wortvorstellungen" definiert (Freud 1985, S. 199). Diese Zulassung ist aber nur ein nachträglicher Umschreibungsakt in einer langen und prinzipiell unbegrenzten Kette von *Niederschriften*, die jenseits bzw. ausgeschlossen vom gedächtnislosen weil spurlosen Bewußtsein ihre Aufzeichnungen niederlegen:

„W sind Neuronen, in denen die *Wahrnehmungen* entstehen, woran sich Bewußtsein knüpft, die aber an sich keine Spur des Geschehenen bewahren. *Bewußtsein und Gedächtnis schließen sich nämlich aus.*

Wz [Wahrnehmungszeichen] ist die erste Niederschrift der Wahrnehmungen, des Bewußtseins ganz unfähig, nach Gleichheitsassoziationen gefügt.

Ub (Unbewußtsein) ist die zweite Niederschrift, nach anderen, etwa Kausalbeziehungen angeordnet. Ub-Spuren würde etwa Begrifferinnerungen entsprechen, ebenfalls dem Bewußtsein unzugänglich.

Vb (Vorbewußtsein) ist die dritte Umschrift, an Wortvorstellungen gebunden, unserem offiziellen Ich entsprechend. Aus diesem Vb werden die Besetzungen nach gewissen Regeln bewußt, und zwar ist dieses sekundäre *Denkbewußtsein* ein der Zeit nach nachträgliches, wahrscheinlich an die halluzinatorische Belebung von Wortvorstellungen geknüpft, so daß die Bewußtseinsneurone wieder Wahrnehmungsneurone und an sich ohne Gedächtnis wären." (ebd., S. 218)

Entscheidend für die Möglichkeit des Umschreibens ist hierbei das Verhältnis der „*Übersetzung*" unter diesen verschiedenen Niederschriften, d. h. die Tatsache, daß „von Zeit zu Zeit das vorhandene Material von Erinnerungsspuren eine Umordnung nach neuen Beziehungen, eine Umschrift erfährt", da „das Gedächtnis nicht einfach, sondern mehrfach vorhanden ist, in verschiedenen Arten von Zeichen niedergelegt" (ebd., S. 217).

Mit diesem, im bald darauf fertiggestellten *Entwurf* zu einer Psychologie weiterverfolgten Modell der Seele als *Palimpsest* hat Freud gleichsam den Grundstein zu einer Psychosemiologie gelegt. Hier erweist er sich als nicht nur Biologe sondern vor allem *Semiologe der Seele*: Einer krud naturalistischen Reduzierung des Seelenlebens auf instinkthafte Sinnlichkeit gegenüber demonstriert er die vigilen Übersetzungskünste und die hochsensible Speicherkapazität der unbewußten Archivierungen, und gegen eine Identifizierung mit dem selbst erinnerungslosen, weil nur den Augenblick seines Ergehens bewohnenden, gesprochenen Wort führt er die materiellen Substrate, Auf- und Umschreibesysteme, ins Feld. Schlüsselbegriff dieser semiologischen Synthese von Psychologie und Physiologie ist die *Phantasie*, die als gleichsam sprachliche Einbildungskraft jene Assoziation zwischen Wörtern und Dingen, besser zwischen Signifikanten und Signifikaten leistet, wobei diese Synthese keineswegs im Dienste einer Idee von Einheit steht, sondern vielmehr im chemischen Sinne als elementare Fusion und Dekomposition der aufgezeichneten Spuren erfolgt:

> „Die Phantasien entstehen durch unbewußte Zusammenfügung von Erlebnissen und Gehörtem nach gewissen Tendenzen. Diese Tendenzen sind, die Erinnerung unzugänglich zu machen, aus der Symptome entstanden sind oder entstehen könnten. Die Phantasiebildung geschieht durch Verschmelzung und Entstellung analog der Zersetzung eines chemischen Körpers mit einem anderen zusammengesetzten. Die erste Art der Entstehung ist nämlich die Erinnerungsfälschung durch Zerteilung, wobei gerade die zeitlichen Verhältnisse vernachlässigt werden. (...) Das eine Teilstück der gesehenen Szene wird dann mit einem Teilstück der gehörten zur Phantasie vereinigt, während das freigewordene Teilstück eine andere Verbindung eingeht. Damit ist ein ursprünglicher Zusammenhang unauffindbar gemacht. ... Dafür sind unbewußte Dichtungen vorhanden, die der Abwehr nicht unterlegen sind." (ebd., S. 263/4)

Die unbewußte Spurensicherung schreibt also nicht einfach einen schon existenten Text bzw. Sinn, wie unter dem Diktat einer Stimme, auf, sondern Text und Sinn entstehen erst im Akt der Niederschrift selbst. Damit sind aber Wiedergabe und Entstellung schlicht ununterscheidbar: Die „unbewußten Dichtungen" verdichten nicht nur das signifikante Netz zwischen bestimmten Wort- und Sachvorstellungen zu einer konstanten Geschichte, sondern weben ein feinmaschiges, *überdeterminiertes* Netz, das virtuell alle Elemente der beiden Assoziationsketten miteinander verbindet. Freud vergleicht die Texte dieser unbewußten Dichtungen immer wieder mit Romanen, doch genauer genommen schreiben sie *Programme* für unzählige Romanversionen und -typen, die fürs Psychische alle gleich real und berechtigt sind.

## 3. Verbalität und Non-Verbalität in der Psychoanalyse

„Language has rarely been more visible than in the tics, the paralyses, the coughs, the false pregnancies, the *arc de cercle* of the hysteric." (Lydon 1980, S. 211) So findet Freud bei der *hysterischen Symptombildung* somatische Niederschriften vor, die auf dem Wege der „symbolisierenden Konversion" unabhängig vom Abstraktionsniveau Teilaspekte von Wortassoziationen am eigenen Leibe inszenieren: Eine Patientin symptomatisiert ihre Angst um das „rechte Auftreten" in fremder Gesellschaft durch heftige Schmerzen im rechten Fuß, eine andere schreibt den „durchbohrenden Blick" ihrer Großmutter in lang anhaltenden und wiederkehrenden Kopfschmerzen fest (vgl. Freud 1895, S. 249-251). Aber nicht nur Phänomene der Übertragung von Wortvorstellungen aufeinander, sondern auch solche der Verschmelzung durch direkte *anagrammatische Dekomposition* fallen Freud auf. Für letztere weiß er mit dem berühmten Beispiel, das sein Vergessen des Malernamens *Signorelli* schildert, sich selbst als Fall zu zitieren (Freud 1898): Die unbewußte und die Verdrängung auslösende Assoziation des Namens mit den bedrohlichen Momenten von Tod und Impotenz, die für die Erinnerung mit dem Satz „Herr, was ist da zu sagen" verknüpft ist, setzt eine Isolierung der Buchstaben voraus, also eine rein graphische und nicht semantische Bearbeitung der Wörter, um das einen neuen Sinn gebende Wort *Signor* dann in das deutsche *Herr* zu übersetzen. Daß dadurch aber, über die Zwischenglieder „*Herz*egowina und *Bos*nien", die Decknamen *Botticelli* und *Boltraffio* relevant werden, demonstriert, in welchem Maße hier buchstäbliche und nicht an Wortsinn gebundene Mechanismen vorherrschen.

Noch einmal wird deutlich, daß die „*Substitution* durch Mittel- oder Kompromißvorstellungen" (ebd., S. 525) keinesfalls einen Rückgriff auf außersprachliche, bildhafte Sachvorstellungen vornimmt. Nach diesem Wert betrachtet ergäben die Mittelglieder eine inkohärente Reihe ohne Sinn und Bedeutung. Als Schriftzeichen aber stehen sie in einem Zusammenhang, den Freud auch „*Kontiguitätsassoziation*", d.h. „eine Verdrängung mit Ersetzung durch etwas Benachbartes (im örtlichen und zeitlichen Zusammenhange)" (Freud 1899, S. 536) nennt – „so wie in der Schrift *a* und *b* nebeneinander gesetzt bedeutet, daß daraus die Silbe ab gebildet werden soll" (Freud 1905, S. 198). *Die Traumdeutung* mit ihrer systematischen Differenzierung der semiotischen Mechanismen des Unbewußten in die beiden Funktionsweisen des psychischen Apparates: *Verdichtung und Verschiebung* – in der noch einmal das überdeterminierte *double bind* von Physik und Poetologie nachhallt – trägt dieser semiologischen Faktur explizit Rechnung. Immer wieder ist vom *Buchstäblichen* die Rede, wo es um die Spuren unbewußter Mechanismen geht. Letztere setzen bei den kleinsten diskreten Einheiten an, die, unabhängig vom semantischen Kontext, in ihrem isolierten Vorstellungswert (Signifikat) für neue Kombinationen oder Substitutionen genutzt werden.

Freud entwickelt diese Aspekte der Traumarbeit im Kapitel D des VI. Buches der Traumdeutung unter dem Titel: „*Die Rücksicht auf Darstellbarkeit*". Daß bei dieser Verschiebung vom abstrakt Begrifflichen zum anschaulich Konkreten des Ausdrucks ein Rückgriff auf sprachunabhängiges Bildmaterial geschehe, wird dabei freilich an keiner Stelle unterstellt. Dennoch unterscheidet der 15 Jahre später veröffentlichte metapsychologisch grundlegende Aufsatz „*Das Unbewußte*" mit seiner Ersetzung des Spuren-

Modells durch das der „*Repräsentanzen*" eine klare Trennung von Darstellbarkeit und Sprache. Die topische Anschauung weicht einer funktionalen, die nicht mehr mit virtuellen Nieder- oder Umschriften operiert, sondern nur noch solche Spuren für relevant erachtet, die libidinöse Besetzungen aufweisen. Entsprechend dieser militärischen Intentionalität des Psychischen wird an deren Modifizierbarkeit bzw. *Mobilität* jetzt die Überdeterminiertheit der unbewußten Dichtungen festgemacht, während die Ebene der Niederschriften relativ unbeweglich bleibt. Übergänge zwischen den Systemen entstehen „nicht durch eine neue Niederschrift, sondern durch eine Zustandsänderung, einen Wandel in der Besetzung" (Freud 1915, S. 279). Die Vielfalt der virtuellen Texte verwandelt sich so in die unbegrenzte Möglichkeit ihrer *Anordnung*, als deren treibende Kraft die Besetzungsintensität fungiert, die nunmehr für die Verdichtungs- und Verschiebungsleistung einsteht:

> „Es herrscht eine weit größere Beweglichkeit der Besetzungsintensität. Durch den Prozeß der Verschiebung kann eine Vorstellung den ganzen Betrag ihrer Besetzung an eine andere abgeben, durch den der Verdichtung die ganze Besetzung mehrerer anderer an sich nehmen. Ich habe vorgeschlagen, diese beiden Prozesse als Anzeichen des sogenannten psychischen Primärvorganges anzusehen." (ebd., S. 285/6)

Gerade dieser in genetischer Absicht eingeführte Begriff des Primärvorganges soll sich aber als ausgesprochen unglückliche Wortwahl erweisen, insofern durch sie die archäologische Arbeit durch eine paläontologische Perspektive überformt wird. Als gälte es, die Spuren einer vor-zivilisatorischen, noch naturbelassenen Ur-Geschichte der Seele zu sichern, dringt Freud auf eine rückschließende Entkoppelung von *Sinn* und *Kraft*: Allen am Wortkörper orientierten Modifikationen wird ein relativ hohes Maß an Bewußtsein (das Freud zugleich einer gewissen Unabhängigkeit von der Objektbesetzung korreliert) zugesprochen, während als Bestimmung für die unbewußten Prozesse nur die *sprachlose Intensität* fixierter Objektbesetzungen übrig bleibt. An die Stelle der früheren synthetischen Einheit der Apperzeption im Symbolischen tritt die Besetzung als ein drittes Kriterium der psychischen Relevanz, das Wort- und Sachvorstellungen unabhängig voneinander intensivieren kann. Seine anfänglichen semiologischen Modellbildungen außer Acht lassend, spricht Freud jetzt sogar vom Unbewußten als dem Ort der *„direkten Sacherinnerungsbilder"* und *„eigentlichen Objektbesetzungen"* (ebd., S. 300), die also nicht nur durch abbildrealistische Sachhaltigkeit sondern auch durch historische Authentizität ausgezeichnet sind, d. h. die eigentlich gar keine Umschrift oder Übersetzung zulassen. Das ist vielmehr Effekt der nachträglichen, sekundären Bearbeitung des Bewußtwerdens, für deren Wirksamkeit Freud allerdings wiederum den sprachferneren Ersatzbegriff der „Über*besetzung*" wählt:

> „Mit einem Male glauben wir nun zu wissen, wodurch sich eine bewußte Vorstellung von einer unbewußten unterscheidet. Die beiden sind nicht, wie wir gemeint haben, verschiedene Niederschriften desselben Inhalts an verschiedenen psychischen Orten, auch nicht verschiedene funktionelle Besetzungszustände an demselben Orte, sondern die bewußte Vorstellung umfaßt die Sachvorstellung plus der zugehörigen Wortvorstellung, die unbewußte ist die Sachvorstellung allein. Das System *Ubw* enthält die Sachbesetzung der Objekte, die ersten und eigentlichen Objektbesetzungen; das System *Vbw* entsteht, indem diese Sachvorstellungen durch die Verknüpfung mit den ihr entsprechenden Wortvorstellungen überbesetzt wird. Solche Überbesetzungen, können wir vermuten, sind es, welche eine höhere psychische Organisation herbeiführen und die Ablösung des Primärvorganges durch den im *Vbw* herrschenden Sekundärvorgang ermöglichen." (ebd.)

Auf der Ebene dieser Argumentation nimmt es nicht wunder, daß namentlich die deutschsprachige Tradition der Psychoanalyse sich schwer getan hat mit jener „Hochzeit von Sprache und Unbewußtem". Freud selbst hat die Weichen für die „Desymbolisierung" des Unbewußten gestellt (vgl. Lorenzer 1970, sowie Jappe 1971, S. 101), wobei sich darin bereits der späte Gegensatz von anpassungsflexiblem *Ich* und konservativ-fixiertem *Es* abzeichnet. Demgegenüber steht die in Frankreich geläufigere psychosemiologische Analyse zugleich in der Tradition einer philosophischen Lektüre, die sich paradoxerweise auf den deutschen Denker bezieht, der im Zusammenhang mit der Psychoanalyse gern als Kronzeuge eines Triebnaturalismus zitiert wird. Und doch hat niemand so deutlich wie *Friedrich Nietzsche* gezeigt, daß die Wiederkehr der Intensität (vgl. Wetzel, 1986) alles andere ist als das Chaos blinder Elementarmächte. Zugrunde geht in ihr *eine* Anordnung von Zeichen, jedoch nur, um einer anderen, wenngleich qualitativ verschiedenen Platz zu machen. Das, was dann bei Nietzsche als „Triebsemiotik" rekonstruiert werden kann (Klossowski 1969, S. 85), zeichnet sich aber umgekehrt zu Freud gerade durch eine Metastabilität aus, deren Fehlen Nietzsche am erstarrten Code des Bewußtseins vermißt. Seine Aufgabe ist die *Repräsentation*, was ihm jedoch nur gelingt, indem es das, was die Wahrheit in Wahrheit ist, nämlich „ein bewegliches Heer von Metaphern, Metonymien, Anthropomorphismen" (Nietzsche 1873, S. 314) zu einer kanonischen Zuordnung von Wort und Sinn erstarren läßt.

Das Stichwort zur Wiederfindung der Intensitätsspur von Erinnerungen lautet also *Rhetorik*, die Enthüllung einer Rhetorik des Unbewußten – was dem freudschen Archaismus-Verdikt offenkundig zuwider läuft, andererseits den Zusammenhang seiner Überlegungen zum sogenannten Primärprozeß wiederaufnimmt. Denn wenn hier von Rhetorik die Rede ist, so geht es dabei keineswegs um die Anrufung eines intentionalen Schliffs des sprachlichen Ausdrucks, sondern gerade um die intensive Aufladung von Sprache mit Emotionalität, Situativität und Taktik. Andererseits kommen, wie schon mehrfach betont, bei all diesen, gleichermaßen für die unbewußten Mechanismen spezifischen, mehr oder weniger geregelten oder impulsiven Übertretungen der diskursiven Ordnung keine außersemiologischen Größen ins Spiel, geht es statt um die Abwesenheit von Zeichen vielmehr um einen anderen Umgang mit ihnen. Das Charakteristikum der Intensität kündet hier von einer anderen *Ökonomie der Zeichen*, einer *„libidinösen Ökonomie"* (vgl. Lyotard 1974), die das logisch geregelte Spiel der Zeichen entschränkt und die ungeregelte und unerhörte Macht einer *Materialität des Diskurses* einbrechen läßt. Sie ist es, was im Okkupationsakt der Wortvorstellungen, genauer der semantisch wohlgeordneten Artikulation ausgeschlossen bzw. verdrängt wird, um sodann die *Arsenale der Seele* mit einer Rhetorik zu bestücken, die keineswegs mehr vor der Grenze der Artikulation halt macht:

> „Das Sprechen erfordert, was den Prozeß der Stimmbildung angeht, u. a. den Ausschluß extremer Intensitäten (Röcheln, Schreien, langsame Mono-Tonie, Keuchen, Lachen, Niesen…), was aber nicht gleichbedeutend ist mit dem Ausschluß des „Körpers", der selbst nur Produkt einer relativ schwach regulierten Ordnung ist, sondern lediglich den Ausschluß unvorhersehbarer Intensitätsverschiebungen in der Stimmhöhle betrifft." (Lyotard 1973, S. 63)

Die diskursive Über*besetzung* nimmt also nicht rein physische Positionen ein, sie *übersetzt* vielmehr eine intensive Ausdrucksrelation, die etwa, wie im Falle der Dora-Analyse Freuds, „Husten mit Stimmlosigkeit" sein kann (vgl. Freud 1905, S. 198), in eine qualitativ andere, entintensivierte oder extensive Aussagenformation. Das Bewußtsein spannt über dem semiologischen Verweisungsgeflecht der von den Dingen ins Gedächtnis eingegrabenen Spuren eine Oberfläche der Repräsentation aus, auf der wir uns, wie Freud es formuliert, „mit den Wörtern an Stelle der Dinge begnügen müssen" (Freud 1915, S. 302). Einen reinen Zugang zu den Dingen, jenseits der expressiven Verweisungen, gibt es nicht, vielmehr dominieren im Bewußtsein die Wörter die Vorstellungen, hängt die Ordnung der Dinge hier von diskursiven Anordnungen ab, die die Dinge in ihrem Verhältnis untereinander wie Wörter behandeln. Hingegen herrscht in den unbewußten Zeichenverkettungen die umgekehrte Tendenz vor, nämlich eine Behandlung der Wörter wie Dinge, was sie aus ihrer extensiv-linearen Anordnung der sinnvollen Rede herauslöst und in intensive Größen mit einer schier unendlichen potentiellen Vieldeutigkeit verwandelt. Bezeichendes wird Bezeichnetes, konstative Akte zu performativen und umgekehrt, die grammatikalischen und lexikalischen Abgrenzungen unterliegen einer transversalen Durchlässigkeit, die neue Assoziationen zuläßt, „also eine Kartographie neuer Regionen des akustischen, aber auch des chromatischen, skulpturalen, politischen, erotischen und sprachlichen Raumes, welche dank ihrer *Zeichenhaftigkeit* von Triebströmen besetzt und durchquert werden, die der Libido neue Möglichkeiten zur

Intensivierung bieten…" (Lyotard 1974, S. 73).

Natürlich ist das Unbewußte „nicht aus Wörtern gemacht, sondern aus Sachspuren, wobei die Wörter selbst nur Dinge sind" (Laplanche 1989, S. 109), aber diese Sachhaltigkeit verdankt sich allein der expressiven und anagrammatischen Intensivierung des Seelenlebens. Im übrigen nennt Freud selbst die Besetzung der diskursiven Materialität als ein Spezifikum der Traumarbeit:

> „Worte werden vom Traum überhaupt häufig wie Dinge behandelt und erfahren dann dieselben Zusammensetzungen wie Dingvorstellungen." (Freud 1900, S. 301 f.)

Gerade die Zusammensetzungen dieser an anderer Stelle auch als „Organsprache" (Freud 1915, S. 297) bezeichneten Vorstellungen geraten dann aber zunehmend aus dem Blickfeld: Freud konzentriert sich nur auf die vertikale Zuordnung von Wort und Sache, bei der sich alle Bewegung auf der oberen Ebene des Verbalen abspielt, während das horizontale Verhältnis der Sachvorstellungen zueinander bzw. ihr Übergehen ineinander, genauer genommen ihre textuelle Verwobenheit, statisch wirkt. Hier wird allein der reinen Besetzungsenergie Flexibilität zugestanden: als einer quasi vor-zeichenhaften subjektiven Be*stimm*ungskraft. Wollte man dabei zumindest an der semiologischen Minimalforderung einer buchstäblichen Ordnung festhalten, so zeigt sich diesbezüglich jedoch, daß Freud über das paulinische Gegensatzverhältnis der Sinnmedien nicht hinausgeht: Der Buchstabe tötet, läßt die Bedeutung nur in mortifizierter Starre erscheinen, der Geist und sein Medium, die Stimme, dagegen beleben und erfüllen mit immer neuem Sinn. In der Tat gleicht Freuds Triebtheorie hier funktional metaphysischen Subjektivitätsentwürfen, und zwar vor allem in ihrer Tendenz zur Hintergehung einer zeichenhaften Materialität des Psychischen. Zu denken ist in erster Linie an die Phänomenologie *Edmund Husserls*, dessen Hauptwerk, *Logische Untersuchungen*, nicht von ungefähr im selben Jahr wie Freuds Traumdeutung erschien und von daher eine besondere Aufmerksamkeit verdient. Auffällig dominiert auch in der phänomenologischen Analyse psychischer Vorgänge ein Vorbehalt gegenüber dem Wort, das es im Namen der Sachen zu hintergehen gilt:

> „Wir wollen uns schlechterdings nicht mit ‚bloßen Worten‘, das ist mit einem bloß symbolischen Wortverständnis, zufrieden geben … Wir wollen auf die ‚Sachen selbst‘ zurückgehen…" (Husserl 1900, Bd. II, S. 5f.)

Der gleiche Fundamentalgestus, der sich nicht mit sekundären Übersetzungen zufrieden geben will, sondern das Original einfordert, und die gleiche Überzeugung, daß es sich bei diesem Original nur um eine vor aller Bezeichnung liegende Sache (Freuds „eigentliche Objektbesetzung") handle. So läßt Husserl seine Analyse zwar mit dem basalen Informationswert der *„Anzeichen"* (vgl. ebd., S. 25) beginnen, aber nur, um deren Beschränktheit und Unbeweglichkeit zu demonstrieren: Was sie als materiale Spuren der Dinge oder Sachverhalte von *Ausdrükken* im eigentlichen Sinne unterscheidet, ist ihre Unmotiviertheit, anders gesprochen das Fehlen eines bedeutungsverleihenden Bestimmungsaktes seitens des Subjekts. Erst durch die „Bedeutungsintentionen" (ebd., S. 38) des transzendentalen Subjekts wird aus bloßen Entitäten Sinn. Wenngleich das Subjekt bei Husserl niemals die Grenzen des Bewußtseins überschreitet, so übt es dennoch unter der Benennung der *Intention* die gleiche B*estimm*ungsfunktion aus, die bei Freud Besetzung heißt.

Abgeschattet wird dabei die Möglichkeit einer Bedeutungskonstitution auf der Ebene der Anzeichen selbst – wobei Husserl jedoch, wie Derrida ausführlich gezeigt hat (vgl. Derrida 1962 und 1967a), materialiter das ganze Arsenal der Semiologie entfaltet, nur um über das dem Subjekt vorbehaltene Monopol der Repräsentation alle Sinneffekte nachträglich aneignen zu können. Die Beherrschung desjenigen Mediums, das über sprachliche Präsenz gebietet, nämlich der *Stimme*, wird reprojiziert auf ein ursprüngliches Verhältnis von subjektiver Intention und idealer Bedeutung. Zwischen diesem transzendentalen Signifikat, das den Ausdruck seiner konstitutiven Eigenkraft beraubt, und dem phonematischen Diskurs, der das Spiel der Bedeutung im Präsenzcharakter der Verlautbarung bzw. Verbalisierung entscheidet, geht die stumme Verweisungspan-

tomime der Zeichen gleichsam zugrunde. Dem Schweigen der Schrift, diesem „Abwesend- und Unbewußt-Werden des Subjekts", welches zugleich die „Abwesenheit der Sache und des Referenten" einschließt (Derrida 1967b, S. 120f.), wird die Bedeutung der Rede übergeordnet. Und zwischen jenem Schweigen der Phänomene und der Autorität der bedeutenden und bedeutsamen Stimme wird der Pakt geschlossen, der Freuds therapeutisches Modell aus der Abkehr von der charcotschen Theatralisierung der Symptome hervorgehen läßt. Die psychoanalytische wie die phänomenologische Deutung verdankt sich einem doppelten Zum-Schweigen-Bringen der Seele:

> „Das phänomenologische ‚Schweigen‘ kann sich also bloß durch einen doppelten Ausschluß oder eine doppelte Reduktion wiederherstellen: durch den Ausschluß der Beziehung zum anderen in mir als Medium der anzeigenden Mitteilung und durch die Reduktion des Ausdrucks als späterer, höherer und äußerer Schicht auf die Schicht des Sinns. Im Verhältnis zwischen diesen beiden Ausschließungen läßt die Instanz der Stimme ihre eigentümliche Autorität hörbar werden." (Derrida 1967a, S. 125)

## 4. Die Seele als sprachverarbeitender Apparat

Ausgehend von frühen Modellen der Seele als Aufzeichnungs- und – moderner gesprochen – *Word-Processing*-Apparat, wie er bei Freud nur noch einmal auftaucht (vgl. Freud 1925), bleibt jene semiologische Spur in der Psychoanalyse zu sichern, die sich der Übercodierung durch das ideale Verhältnis von authentischer Objektbesetzung und restituierender Stimme entzieht. Das Verstummen der Seele, wie in den hysterischen Symptomen der Aphasie und Aphonie, erweist sich in dieser Hinsicht auch als territoriale Defensivstrategie gegen die Okkupationsversuche der Stimme – also als das, was Freud konsequent *„Abwehr"* nennt. Aber es bleibt in ihr nicht reaktiv befangen, sondern entwickelt neue *Semiotechniken*, die dem Abwesenheitsmodus des Unbewußten entsprechen. Die Weise, mit „Abwesenden zu korrespondieren" ist aber, wie schon Freud weiß, die Schrift: Schreiben ist das *„Mittel*, sich mit

dem Abwesenden in Verkehr zu setzen"
(Freud 1905, S. 199). Schrift ist das Medium,
in dem Körper und Zeichen koinzidieren,
und, wie Derrida in seiner Geschichte der
Post erkannte, das Lustprinzip besteht genau
darin, sich dem Senden, dem Schicken, anders gesprochen dem Geschick der Telekom-
munikation zu überlassen (Derrida 1980,
S. 117).

Diesen Bahnen einer bewußtlosen Körper-
innervationen und sinnlosen Wortassoziationen gemeinsamen *Korrespondenz* des
Buchstabens gefolgt zu sein, ist gerade das
Verdienst der analytischen Arbeit Lacans. Er
entdeckt in der abendländischen Tradition
der Rhetorik das Archiv bzw. genauer das
*missing link* zwischen Triebphysiologie und
Sprachabstraktion: die *Insistenz des Buchstabens im Unbewußten* auf ihren beiden hauptsächlichen Achsen, der *Metapher* und der
*Metonymie*. Damit greift Lacan genau
Freuds Problem der vertikalen Zuordnung
von Sach- und Wortvorstellung auf und löst
es auf die transversale Weise der von der
Traumdeutung vorgegebenen indirekten
Ausdrucksmechanismen von *Verdichtung*
und *Verschiebung*, indem er sie, mit Saussure, der Einheit des Zeichens aus Signifikat
und Signifikant überantwortet: Die bei Freud
strukturell verklärte Formel von der Behandlung der Dinge *wie* Wörter wird im Algorithmus des Zeichens formalisierbar, in dem
Bezeichnendes und Bezeichnetes ihre Positionen beliebig tauschen können. Was diffe-
riert bzw. insistiert sind die beiden Positionen, deren Differenz jedoch in der analogen
Struktur relativiert wird. Gleichwohl beharrt
Lacan auf dieser Parallelität, die sich nicht
zugunsten einer Ebene entscheiden läßt. Das
Unbewußte ist *wie* eine Sprache strukturiert:

> „Ich sage *wie*, um nicht zu sagen ..., daß es
> durch eine Sprache strukturiert ist. Das Unbe-
> wußte ist strukturiert wie die Gruppierungen,
> um die es sich in der Mengentheorie handelt, wie
> Buchstaben sind." (Lacan 1975, S. 46 f./52 f.)

Bei den Buchstaben geht es hier also um den
Zeichenwert und nicht um phonologische
Einheiten. Entsprechend gilt die freie Zirkulation der Elemente in *Anagrammen*, die
eine semantische Vielzahl von Lesarten, entsprechend dem jeweiligen Mengenkalkül,

*verstatten*. Eine entscheidende Voraussetzung ist für Lacans Anschluß an Saussure zu
machen: die Radikalisierung der vertikalen
Differenz in horizontaler Hinsicht! Lacan
nimmt hier das Arbitraritätsverdikt der
strukturalen Sprachanalyse ernst, demzufolge es keine natürliche Zuordnung der heterogenen Bereiche von Lauten und Vorstellungen gibt, sondern, mit Lacan gesprochen,
die Signifikate ständig unter den Signifikanten gleiten. Das einzige Entscheidungskrite-
rium ist die horizontale Totalität, innerhalb
derer allein *Kontext* und *Paradigmatik* die
sinnkonstitutiven Schnitte setzen. Echte Signifikanten sind solche, „die nichts bedeuten
können" (Lacan 1981, S. 27), was aber nur
bedeutet, daß sie alles Mögliche bedeuten
können. Damit wird aber keine Willkür des
Bedeutens unterstellt – was sich wiederum
auf eine vorsprachliche Instanz, also wieder
auf eine subjektive Intention beriefe –, sondern die Geschlossenheit der Signifikanten-
struktur gerade unterstrichen: Die beiden
Gesetze, mit denen sie Kontext und Paradigmatik regelt, lauten *Differenz* und *Relation*.
Bereits Saussure hat sie als das serielle An-
reihungsprinzip der „Syntagmen" und das
assoziative Beziehungsprinzip der „Paradigmen" bestimmt (vgl. Saussure 1916,
S. 147 ff.), wobei im ersteren der Unterschied zwischen den einzelnen Elementen
der Struktur ihre Stellung und Abfolge bestimmt und das zweite mehrere Elemente
zusammenfaßt.

Der entscheidende Schritt über eine bloße
lexikalische Strukturbeschreibung hinaus erfolgte dann durch Jacobsons Beobachtungen
wiederum aphasischer Sprachstörungen, die
ihn dazu führten, die beiden Operationen der
Kontextbildung und der Selektion, die bereits im Zusammenhang der Freudschen Ge-
dächtnistheorie unter der Benennung „Kontiguitätsassoziation" und „Substitution" weiter oben auftauchte, mit den rhetorischen
Stilfiguren der Metonymie und Metapher in
Verbindung zu bringen und dergestalt als
fundamentale semiologische Bahnungen anzusetzen:

> „1. KOMBINATION. Jedes Zeichen ist aus konsti-
> tuierenden Zeichen zusammengesetzt bzw.
> kommt nur mit anderen Zeichen vor. Das
> heißt, daß jede sprachliche Einheit zugleich
> als Kontext für einfachere Einheiten dient

bzw. ihren eigenen Kontext in einer komplizierten sprachlichen Einheit findet. ...

2. SELEKTION (Auswahl, Entscheidung). Eine Entscheidung zwischen zwei Möglichkeiten setzt voraus, daß die eine Möglichkeit für eine andere, welche der ersten in einer Hinsicht gleichwertig und in einer anderen Hinsicht nicht gleichwertig ist, eingesetzt werden kann. Selektion und Substitution sind zwei Erscheinungsformen derselben Operation." (Jacobson, 1956, S. 121)

Im syntagmatischen Verhältnis der *Metonymie* schiebt sich die Bedeutung gleichsam auf, gerät unter die Herrschaft eines benachbarten Signifikanten, ohne sich jedoch zu verändern. Lacan prägt hierfür die Formel „Wort für Wort" (Lacan 1957, S. 30): Ein Signifikant tritt an die Stelle eines anderen, wobei ihr Austausch durch das innerstrukturelle Moment einer Relation der Art Ursache-Wirkung, Teil-Ganzes etc. geprägt ist, ohne sich um die entsprechenden Sachvorstellungen zu bekümmern. Demgegenüber inszeniert die *Metapher* eine Überschreitung der Grenze zwischen Signifikant und Signifikat, indem sie zwei Vorstellungen durch die Substitution eines Signifikanten *unter* einen anderen verdichtet. Hier geht also der Signifikant selbst in die Position des Signifikats über: Die Sachvorstellung wird als signifikantes Ensemble lesbar.

Sowohl in den *Kombinationen* als auch in den *Selektionen* verweisen also Signifikanten auf Signifikanten, ohne daß man bei einer reinen Bedeutung – als objektive Entsprechung – ankäme; immer insistiert die buchstäbliche Einheit des *Signifikanten*, d. h. der lautlichen, phonetischen Einteilung von semiologischen Verkettungen. Wiederum dominiert also ein Prinzip – vorsichtig formuliert – *akustischen Ursprungs* die Stummheit der Seele! Von daher ist es nicht verwunderlich, daß gerade an diesem regulativen Primat des Signifikanten die vehementeste Kritik laut wurde. Läßt sich die gesamte Kombinatorik einer unbewußten Rhetorik doch auf ein Primat der Stimme zurückführen? Oder verdankt sich die Leistung der psychosemiologischen Mechanismen nicht gerade einem eigenwilligen *Entzug*, der konstitutiv ans Verstummen gebunden ist, das Verstummen des Diskurses vor der nicht mehr repräsentierbaren Überfülle metaphorischer Übertragungen, der Mehrwertproduktion ih-

res Zuges ins Ungewisse, ihrer mehr der Absenz verpflichteten Intensität entschränkter Semiotechniken:

> „Vielleicht zieht sich die Metapher zurück, in ihren Entzug, man müßte sagen, in ihre Entzüge; sie zieht sich zurück von der Szene der Welt, sie entzieht sich ihr im Moment ihrer übermäßigen Ausbreitung, im Augenblick, in dem sie jede Grenze überschreitet. Ihr Entzug hätte somit die paradoxale Form einer unbotmäßigen und überbordenden Insistenz, einer überschwänglichen Remanenz, einer eindringlichen Wiederholung, die jeweils durch einen zusätzlichen Zug (trait), einen weiteren Gang, einen Rück-gang und einen *doppelten Zug (retrait)* den Zug (trait) markiert, den sie im Text hinterlassen haben wird." (Derrida 1979, S. 319)

Die Frage, die dieser Entzug veranlaßt, ist zweifellos auch eine *pragmatische*. Wie bei der allbekannten Ballade vom „Zauberlehrling" stellt sich auch hier, bei der unbewußten Semiose, das Problem der Begrenzung der Geister, die man rief. Begrenzt werden müssen sie aber, wenn eine Deutung zutreffen d. h. eine Kombination oder Selektion notwendig sein soll, oder man muß fragen: Sind unbewußte Zeichenwirkungen überhaupt interpretierbar, oder stellt sich jede Interpretation eine *Verkürzung* und *Verkennung* des Spiels der Verweisung dar?

Stellt man mit Lacan das Gleiten des Signifikanten in Rechnung, so wird deutlich, daß jede Entscheidung über Referenz die *Intervention eines Dritten* voraussetzt, durch die ein bestimmter Signifikant mit einem bestimmten Signifikat notwendig verbunden bzw. in einer bestimmten Signifikatsposition festgehalten wird. Auf der Ebene der Wortvorstellungen ist dieses Dritte die grammatikalische und lexikalische Ordnung der Sprache, die, historisch zwar variabel, eine feste Zuordnung von Wörtern und Sachen regelt. Damit bewegt man sich jedoch auf der Ebene der geschlossenen Repräsentation des Bewußtseins. Kaum überschreitet man dieses Dispositiv – und sei es auch nur in Richtung einer poetischen Freiheit der Sprache –, so erweist sich ein solches semantisches Prinzip schon als unmöglich, genauer als unangemessen.

An genau dieser Frage *offener* oder *geschlossener* Verweisung scheiden sich dann auch die Geister der psychosemiologischen Theorie, wobei das Jahr 1975 einen deutlichen Schnittpunkt – im doppelten Sinne des Wortes – bilden sollte. Parallel veröffentlichten nämlich damals Derrida seine lange zurückgehaltene Kritik an der lacanschen Doktrin in Form einer minutiösen Relektüre von Poes *Der entwendete Brief* und Lacan seine spektakuläre Vorlesung *Encore*, in der er Derridas Einwänden quasi zuvorzukommen scheint, um sie zugleich zu bestätigen. Vorbereitet war Lacan auf Derridas Angriffe nicht nur durch eine längere Fußnote in einem früheren Interview Derridas (Derrida 1972, S. 159ff.), sondern vor allem auch durch die profunde Ausarbeitung und Applikation der derridaschen Kritik durch seine beiden Schüler Lacou-Labarthe und Nancy (vgl. 1973). Der springende Punkt ist die Verwendungsweise des Begriffs *Signifikant* und die heran sich knüpfende Frage nach der *Materialität des Diskurses*. Unauffällig verwandelt nämlich Lacan den Rekurs auf Saussures Auffassung der Sprache als symbolische Ordnung von aufeinander bezogenen Signifikanten und Signifikaten in die Rede von dem im doppelten Sinne *singulären* Signifikanten. Weniger, daß damit die vertikale Dichotomie in der genannten rhetorischen Weise von Kombination und Substitution vereinfacht wird, als vielmehr die auf der horizontalen Ebene der diskursiven Verkettung angesiedelte These von der *Identität* und *Insistenz* des Signifikanten versteht Derrida als unzumutbare und unangemessene Reduzierung der unbewußten Textualität. Für Lacan ergibt sich eine jede Insistenz des Buchstaben im Unbewußten allein aufgrund einer bestimmten „Materialität des Signifikanten" dergestalt, daß er „einzigartig" ist und infolgedessen „eine Teilung nicht zuläßt" (Lacan 1956, S. 22). Er schafft nicht nur, sondern *ist* „Einheit" (ebd., S. 23), womit deutlich wird, daß die Summe der möglichen Sinnwirkungen immer im Bezug auf ihn begrenzt und determiniert ist. Bei allem Gleiten und Springen bleibt die Festlegung eines die Interpretation nach Wahr- und Falschheit entscheidbar machenden „Weges", „der ihm eigen ist":

> „Ein Zug, durch den sich hier seine Inzidenz als Signifikant bestätigt. Denn wir haben begreifen gelernt, daß der Signifikant sich nur in einer Verschiebung erhält, die mit unseren Tagesnachrichten in Laufschrift oder mit den rotierenden Gedächtnissen unserer Maschinen-die-wie-

Menschen-denken vergleichbar ist, weil er alternierend funktioniert, indem sein Prinzip fordert, daß er seinen Ort verläßt, um zirkulär zu ihm zurückzukehren." (ebd., S. 28f.)

Diese Entscheidung zugunsten einer unzerstörbaren und unwandelbaren Identität des Signifikanten kann Lacan aber nur treffen, indem er, Freuds Sexualtheorie folgend und der sich daraus ergebenden Fixierung ‚authentischer' Triebobjekte vergleichbar, eine Referenz einführt bzw. voraussetzt, die den semiologischen Verweisungen heterogen ist und sie von außen her beschränkt. Denn dieser Signifikant, der – wie Lacan an anderer Stelle ausführt – „bestimmt ist, die Signifikatswirkungen in ihrer Gesamtheit zu bezeichnen" (Lacan 1958, S. 126), dieser „privilegierte Signifikant" (ebd., S. 128), dem sich alle anderen Signifikanten unterordnen, ist nichts anderes als der *Phallus*, d.h. eine – wenn auch nicht körperlich reale – historisch und machtpolitisch erigierte Struktur des Begehrens. Und an diesem *Phallo-* oder *Androzentrismus* macht Derrida dann auch seine Kritik fest.

Zunächst einmal werden all die Werte resümiert, die Lacans – uneingestanden – hermeneutische Entzifferung des Unbewußten absichern und sie andererseits vom Sprachmodell des kurrenten, bewußten Diskurses ununterscheidbar machen: Ein wiedererkennbarer und – erreichbarer *Ursprung*, ein erkennbares und erreichbares *Ziel* sowie eine gesicherte und vorgeschriebene *Zirkulation* markieren eine strukturelle Ordnung, eine Ökonomie der Wahrheit, in welcher der Sinn festen Bestimmungen unterliegt (vgl. Derrida 1975, S. 212-217). Und es sind allemal Be*stimm*ungen, die dem Signifikanten seine Unteilbarkeit und Authentizität sichern, um den Preis jedoch, daß diese unteilbare Singularität der signifikanten Materialität eine „*Idealisierung*" (ebd., S. 243) erfährt. Nur als idealisierter Effekt der Bedeutung als „transzendentaler Signifikant" (S. 245) vermag er die laut Derrida nämlich ständig überbordende, sich teilende, zerstreuende und entziehende Bewegung des semiologischen Bedeutens auf ein ihr zugrundeliegendes, identisches Wahrheitssubstrat zurückzuführen. Und dieses Zurückführen weist auf nichts anderes zurück als auf die authentische Rede der *Stimme*, den „*logos* als *phoné*" (S. 242), in der das textuelle Moment der Schrift des Unbewußten wieder aufgehoben wird. Dies genau weist Derrida als das Prinzip der Insistenz des Buchstabens bei Lacan aus: „die Aufhebung der Schrift im System des Sprechens" (S. 245), die „Artikulation dieser Logik des Signifikanten über eine phonozentrische Interpretation der Letter" (S. 246):

> „Die Stimme ruft von selbst eine derartige Interpretation hervor: sie hat die phänomenalen Charaktere der Spontaneität, der Präsenz bei sich, der Rückkehr zu sich. ... Die stimmliche ‚Letter' wäre also ebenfalls unteilbar, stets identisch mit sich selbst, welches auch die Zerstückelung ihres Körpers sein möge. Diese Integrität kann ihr nur durch ihr Band zu der Idealität eines Sinns gesichert werden, in der Einheit des Sprechens." (ebd., S. 244)

Diesem Phonozentrismusvorwurf begegnet nun Lacan in seiner genannten Vorlesung mit einer radikalisierten Theorie der *Lektüre*, die jedoch eine Differenz von *Lesen* und *Vernehmen* einführt, in der sich genau die Bewegung der Idealisierung wiederholt. Daß der Buchstabe sich nur lese, sich nur als topologische Ansammlung begreifen lasse, wie Lacan nicht müde wird, unter Verweis auf die jüngsten Entwicklungen der mathematischen Mengenlehre zu betonen (Lacan 1975, S. 31 ff.), dient nur dazu, eine grundlegende Differenz zum Sinn zu markieren. Lesen könne man auch im großen „Buch der Welt" so wie der Vogel in den Wolkenformationen, folgert Lacan in Richtung auf Derridas semiologisches Modell: aber daß zum Beispiel „die Schwalbe den Sturm liest", „ist nicht ausgeschlossen", „aber sicher ist es auch nicht" (ebd., S. 42). Die Einsicht, die hier über die Schrift geboten wird, ist die, „daß das Signifikat nichts zu tun hat mit den Ohren, sondern allein mit der Lektüre dessen, was man vernimmt von Signifikantem. ... Was man vernimmt, das ist der Signifikant. Das Signifikat, das ist der Effekt des Signifikanten." (S. 38)

Anders formuliert, die Schrift ist der Effekt des Sprechens, Bedeutung, Referenz stellt sich erst im Dazutreten der Stimme ein. Und derer gibt es „nur vom Ein" (ebd., S. 138), genauer gesprochen zwar einem „summenden Schwarm" von Signifikanten, die aber alle auf die Funktion des Einen zurückgehen:

> „Das S¹, der *essaim*, Herrensignifikant, ist das, was die Einheit sichert ... Er ist die signifikante Ordnung ... Das Ein ... ist etwas, das unentschieden bleibt zwischen dem Phonem, dem Wort, dem Satz, ja sogar dem Denken. Es ist das, um das es geht in dem, was ich Herrensignifikant nenne." (ebd., S. 156)

Vor genau diesem *Herrensignifikanten* gilt es aber die Seele zu schützen, wenn es darum geht, ihr Verstummen zu verstehen. Dieses Verstehen ist nämlich nicht anders zu bewerkstelligen, als daß man auf die letztendliche Geste der Bloßlegung verzichtet und sich vielmehr der Materialität des Diskurses *als Materialität* anvertraut. Für Derrida heißt das, nicht nur die Materialität des jeweiligen Trägers der Sendung oder Botschaft, sondern vor allem auch die Ungesichertheit und Ungeschütztheit, die Nicht-Feststellbarkeit der Aufzeichnung ernst und als *Chance* zu nehmen. Es gibt kein Zeichen, das sich nicht teilen, verdoppeln, vervielfältigen, fälschen, zerstören oder entstellen ließe, das nicht, auf etwas bestimmtes verweisend, in dieser Verweisung auf eine vom Signifikanten nicht mehr nachvollziehbare Weise ablenkbar bzw. *disseminierbar* wäre (vgl. Derrida 1975, S. 254/261). Daß sie eben auch nicht ankommen, sich umschreiben, sich aufschieben und partialisieren kann, kurz *daß sie schweigen kann*, macht ja gerade das Spezifische der Schrift der Seele aus, der – wie Derrida schon früh bei Freud zu lesen weiß – „Graphie, die nie der Rede unterworfen, ihr äußerlich und nachträglich ist" (Derrida 1967c, S. 305). Was sich als Metonymie und Metapher der Rede entzieht, ist immer „Metapher der nicht-phonetischen Schrift" (ebd.), einer „metaphonetischen, nicht-linguistischen, a-logischen Lithographie" (ebd., S. 317)!

Es schreibt sich, ohne Ursprung, Ziel und gebahnten Weg. Das Unbewußte – so, mit einem der Lacan-Kritik affinen Impetus, Deleuze und Guattari – öffnet eine *Fluchtlinie*, die nicht ein Scheitern oder Zurückweichen vor der Wahrheit darstellt, sondern die *Relativität* der symbolischen Ordnung des Signifikanten aufdeckt. Auch die Autoren des *Anti-Ödipus* (Deleuze/Guattari 1972) optieren für eine semiologische Ordnung des Unbewußten, die nicht der Insistenz des Signifikanten unterliegt. Ihr Begriff ist der der *Produktion*, der „Wunschmaschinen" als dem ökonomischen Grundprinzip des Unbewußten (ebd., S. 11). Wie in Derridas Kategorien der Verdoppelung, der endlosen Teilbarkeit, der Irrung etc. geht es auch hier um die Hintergehung einer psychosexuellen Ordnung, die nunmehr als ödipale benannt wird. Die semiologische Ordnung der Schrift im Unbewußten wäre demgegenüber, wie mit der auch von Derrida geschätzten Melanie Klein formuliert wird, *schizoid*: Sie unterliegt immerfort Spaltungen, Abzweigungen, kehrt nie zu sich zurück und wahrt nie eine vorgezeichnete Bahn oder eine vorgegebene Identität:

> „Wenn hier Schrift vorliegt, so die des Realen selbst, eigenartig polyvok und nie bijektiv, linearisiert; eine transkursive, keine diskursive Schrift: der gesamte Bereich der ‚realen Unorganisiertheit' der passiven Synthesen, in dem vergeblich nach etwas Ähnlichem wie dem Signifikanten geforscht würde..." (ebd., S. 50)

Mit aller und nahezu positivistischer Deutlichkeit insistieren Deleuze und Guattari auf der Differenz von Semiologie und Symbolik. Es gibt *„prä-signifikante", „kontra-signifikante", „post-signifikante"* Zeichensysteme (Deleuze/Guattari 1980, S. 147ff.), nichts belegt eine Repräsentation des Signifikanten, außer eine gegebene historische *Politik der Zeichen*, gegen die aber gerade das Verstummen der Seele seine Strategie entfaltet hat. Die Psychoanalyse hat deren Spur entdeckt und in der Semiologie den Schlüssel – im kryptologischen Sinne – gewonnen. Ein Fehler wäre es jedoch, zu meinen, daß der entschlüsselte Klartext doch nur von dem spräche, was man auch ohne diesen Umweg hätte sagen können. Die psychosemiologische Schrift der stummen Seele spricht eine andere und wieder eine andere Sprache, die sich nicht in den kurrenten Diskurs übersetzen läßt, die überhaupt nicht diskutiert, sondern in der Weise eines atopischen (um nicht zu sagen: utopischen) Versprechens konkurriert. Sie ist so real wie die algorithmischen Potenzierungen unseres Wissens durch artifizielle Intelligenz, und so imaginär wie die Wahrheiten, die sich aus diesen Simulationen potentieller Verweisungen ergeben.

Das Unbewußtwerden der Seele, ihr Verstummen, ist nicht allein der Anfang des Gedächtnisses, sondern es ist vielleicht auch das Ende der *‚Stimme des Herrns'*: Statt sie diskursiv im Namen einer mit dem Aggressor sich identifizierenden kommunikativen Kompetenz zu restituieren, sollte man sie im Grab der Erinnerung ruhen lassen und dem *Scheitern* seine *Chance* lassen:

> *„La limite entre la conscience et l'inconscient, voire entre le moi inconscient et l'autre de la conscience, c'est peut-être cette possibilité pour mes chances d'être une malchance et pour ma méchance d'être en vérité une chance."* (Derrida 1983, S. 28)

## Bibliographie

Deleuze, Gilles (1969): Logique du sens. Paris 1968
– /Guattari, Felix (1972): Anti-Ödipus. Kapitalismus und Schizophrenie 1. Frankfurt/M. 1974
– /Guattari, Felix (1980): Mille plateaux. Capitalisme et schizophrénie. Paris 1980
Derrida, Jacques (1962): Husserls Weg in die Geschichte am Leitfaden der Geometrie. München 1987
– (1967a): Die Stimme und das Phänomen. Frankfurt/M. 1979
– (1967b): Grammatologie. Frankfurt/M. 1974
– (1967c): Freud und der Schauplatz der Schrift. In: Die Schrift und die Differenz. Frankfurt/M. 1976
– (1972): Positionen. Graz/Wien/Köln 1986
– (1975): Der Fakteur der Wahrheit. In: Die Postkarte, 2. Lieferung. Berlin 1987
– (1979): Der Entzug der Metapher. In: Romantik, Literatur und Philosophie. Ed. V. Bohn. Frankfurt/M. 1987

– (1980): Die Postkarte. Von Sokrates bis an Freud und jenseits. Berlin 1982
– (1983): MES CHANCES. Au rendez-vous de quelques stéréophonies épicuriennes. In: Tijdschrift vor Filosofie No. 45/1
Eco, Umberto (1980): „The sign revisited". In: Philosophy and Social Criticsm Nr. 7, H. 3/4
– (1985): (ed. zusammen mit T. A. Sebeok) Der Zirkel oder im Zeichen der Drei: Dupin, Holmes, Peirce. München 1985
Foucault, Michel (1972): Die Geburt des ärztlichen Blicks. Frankfurt/Berlin/Wien 1981
Freud, Sigmund (1891): Zur Auffassung der Aphasien. Wien 1891
– (1893a): Aphasie. In: Diagnostisches Lexikon für praktische Ärzte Bd. 1. Wien 1893 (Nachdruck in : Psyche 6, 1987)
– (1893b): Etude comparative des paralyses motrices organiques et hystériques. G. W. I
– (1895): Studien über Hysterie (zus. mit J. Breuer). G. W. I

- (1896): Zur Ätiologie der Hysterie. G. W. I
- (1898): Zum psychischen Mechanismus der Vergeßlichkeit. G. W. I
- (1899): Über Deckerinnerungen. G. W. I
- (1900): Die Traumdeutung. G. W. II/III
- (1905): Bruchstück einer Hysterie-Analyse. G. W. V
- (1913a): Das Interesse an der Psychoanalyse. G. W. VIII
- (1913b): Einige Bemerkungen über den Begriff des Unbewußten. G. W. VIII
- (1915): Das Unbewußte. G. W. X
- (1925): Notiz über den „Wunderblock". G. W. XIV
- (1985): Briefe an Wilhelm Fließ 1887-1904. Ungekürzte Ausgabe. Ed. J. M. Masson. Frankfurt/M. 1986
Ginzburg, Carlo (1983): Spurensicherung. Der Jäger entziffert die Fährte, Sherlock Holmes nimmt die Lupe. Freud liest Morelli – die Wissenschaft auf der Suche nach sich selbst. In: Spurensicherungen. Über verborgene Geschichte, Kunst und soziales Gedächtnis. Berlin 1983
- (1985): Indizien – Morelli, Freud und Sherlock Holmes. In: Der Zirkel oder im Zeichen der Drei: Dupin, Holmes, Peirce. Ed. U. Eco/T. Sebeok. München 1985
Hönigswald, Richard (1937): Philosophie und Sprache. Problemkritik und System. Nachdruck Darmstadt 1970
Jacobson, Roman (1944): Kindersprache, Aphasie und Lautgesetze. Frankfurt/M. 1972
- (1956): Zwei Seiten der Sprache und zwei Typen der aphatischen Störungen. In: Aufsätze zur Linguistik und Poetik. Ed. W. Raible. Frankfurt/M./Berlin/Wien 1979
- (1978): Über die linguistische Einstellung zum Problem des Bewußtseins und des Unbewußten. In: Semiotik – Ausgewählte Texte. Ed. E. Holenstein. Frankfurt/M. 1988
Kittler, Friedrich A. (1985): Aufschreibesysteme 1800/1900. München 1985
Klossowski, Pierre (1969): Nietzsche und der Circulus Vitiosus Deus. München 1986
Lacan, Jacques (1953): Funktion und Feld des Sprechens und der Sprache in der Psychoanalyse. In: Schriften I. Olten 1973
- (1955): La chose freudienne ou sens du retour à Freud en psychanalyse. In: Ecrits. Paris 1966
- (1956): Das Seminar über E. A. Poes „Der entwendete Brief". In: Schriften I. Olten 1973
- (1957): Das Drängen des Buchstabens im Unbewußten oder die Vernunft seit Freud. In: Schriften II. Olten 1975
- (1958): Die Bedeutung des Phallus. In: Schriften II. Olten 1975
- (1960): Subversion des Subjekts und Dialektik des Begehrens im Freudschen Unbewußten. In: Schriften II. Olten 1975
- (1975): Das Seminar von Jacques Lacan. Buch XX. Encore. Weinheim 1986
- (1978): Das Seminar von Jacques Lacan. Buch XI. Die vier Grundbegriffe der Psychoanalyse. Olten 1978
- (1981): Le séminaire de Jacques Lacan. Livre III. Les psychoses. Paris 1981
Lacou-Labarthes, Philippe/Nancy, Jean-Luc (1973): Le titre de la lettre. Paris 1973
Laplanche, Jean (1989): Der Strukturalismus vor der Psychoanalyse. In: Luzifer-Amor. Zeitschrift zur Geschichte der Psychoanalyse. 1. Jahrgang, H. 1. Tübingen 1988
Lévi-Strauss, Claude (1958): Strukturale Anthropologie. Frankfurt/M. 1972
Lydon, Mary (1980): Visible language: Freud's imprint. In: Visible Language XIV/3
Lyotard, Jean-François (1973): Über eine Figur des Diskurses. In: Intensitäten. Berlin o.J.
- (1974): Ökonomie des Wunsches (Economie libidinale). Bremen 1984
Nietzsche, Friedrich (1873): Über Wahrheit und Lüge im außermoralischen Sinn. In: Werke Bd. III. Ed. K. Schlechta. München 1969
Peirce, Charles S. (1983): Phänomen und Logik des Zeichens. Ed. H. Pape. Frankfurt/M. 1983
Roudinesco, Elisabeth (1985): La bataille de cent ans. Histoire de la psychanalyse en France 1885-1935. Bd. 1. Paris 1986
Saussure, Ferdinand de (1916): Grundlagen der allgemeinen Sprachwissenschaft. Ed. C. Bally/A. Sechehaye. Berlin 1967
Schneider, Manfred (1985): Hysterie als Gesamtkunstwerk. Aufstieg und Fall einer weiblichen Semiotik. In: Merkur 439/440. Stuttgart 1985
- (1986): Die erkaltete Herzensschrift. Der autobiographische Text im 20. Jahrhundert. München 1986
Sebeok, Thomas A. (1984): Symptome, systematisch und historisch. In: Zeitschrift für Semiotik. Bd. 6, H. 1/2. Tübingen 1984
Urban, Berndt/Kudszus, Winfried (1981): Psychoanalytische und psychopathologische Literaturinterpretation. Einleitung. Darmstadt 1981
Weber, Samuel M. (1978): Rückkehr zu Freud. Jacques Lacans Entstellung der Psychoanalyse. Frankfurt/Berlin/Wien 1978
Wetzel, Michael (1985a): Autonomie und Authentizität. Untersuchungen zur Konstitution und Konfiguration von Subjektivität. Frankfurt/M. 1985
- (1985b): Spurenentsicherung. Ginzburg, Derrida und Foucault als Leser Freuds. In: Fragmente 17/18. Kassel 1985
- (1986): Intensität. Vorüberlegungen zu einer Überschreitung subjektiver Zeit. In: Zeitbegriffe. Hg. v. G. Heinemann. München 1986
- (1989): Verweisungen. Der semiologische Bruch im 19. Jahrhundert. In: F. Kittler/G. C. Tholen: Arsenale der Seele. Literatur- und Medienanalyse 1. München 1989

# Teil VI

## Thematische Zentren

# „Drum prüfe, wer sich ewig bindet…"
## Zur Entstehung von Intimität und Gefühl im modernen Familienleben

*Christiane Koch*

## 1. Einleitung

Was eine „Familie" ist, davon hat der moderne Mensch eine mehr oder weniger eindeutige Vorstellung. Ein ebenso klares Bild steht ihm zur Verfügung von dem, was man unter einer „Hausfrau" zu verstehen hat oder was die Liebe zwischen Eheleuten ausmacht (respektive: ausmachen sollte). Und daß eine Mutter ihr Kind heiß und innig liebt, das ist ihm ganz und gar selbstverständlich.

All diese Elemente sind, genau betrachtet, Synonyme für die heutige Form des Privatlebens, die geprägt ist durch familiäre und familienähnliche Varianten des Zusammenlebens. Daß der moderne Alltag gespalten ist in ein öffentliches Berufsleben, das dem Unterhalt der Sozialeinheit Familie dient (den auch heute noch weitgehend der Mann übernimmt), und eine von der Erwerbswelt möglichst umfassend abgesonderte Intimsphäre, die Familie selbst (die im allgemeinen von der Frau betreut und gestaltet wird), diese Antipoden heutiger „zivilisierter" Lebensweise erscheinen den familiengeprägten Individuen der Jetztzeit als Naturkonstanten[1], die es notwendigerweise in dieser Form schon immer gegeben haben muß.

Daß dem nicht so ist, sondern daß „Familie" mit all ihrer Emotionalität und Innerlichkeit ein sogar recht junges Produkt der Geschichte, Folge nämlich der Industrialisierung, ist, wird sich im folgenden erweisen. Gleichzeitig soll erklärt und beschrieben werden, wie sich die uns geläufige Form zwischenmenschlichen Zusammenlebens in einem vor ca. 200 Jahren einsetzenden Prozeß allmählich herausgebildet hat.

Um die Komplexität dieser nahezu alle gesellschaftlichen Bereiche umfassenden Wandlung zu reduzieren, um also die Vorgänge greifbarer und verständlicher zu machen, wird die Entstehung der modernen Familie exemplarisch an ausgewählten Charakteristika dargestellt. Dazu habe ich zwei wesentliche familiäre Bereiche ausgewählt, die sowohl die sachliche und materielle Grundlage der Familiengenese verdeutlichen, als auch die Entfaltung des psychologischen Binnenklimas ausleuchten können:

Die *Form der familiären Arbeit* gibt hier den ersten Indikator familiärer Spezifik ab; *Art und Inhalt zwischenmenschlicher Beziehungen*, das Verhältnis zwischen Mann und Frau ebenso wie das Verhältnis zum Kind, sind die beiden anderen Stränge, an deren Veränderung eine Neuordnung des familiären Lebens zu verfolgen ist. Der Blickwinkel, unter dem ich diese neuere Geschichte der Familie betrachten will, ist der der Frau! Sie ist die Zentralfigur der unter einem Dache lebenden sozialen Einheit Familie und die Schöpferin all der Gefühlsbande und Heimeligkeiten, die die moderne Familie – zumindest ihrem Ideal nach – kennzeichnen. Ihre Aufgaben und ihre Position innerhalb dieses zwischenmenschlichen Zusammenschlusses sollen daher näher beobachtet werden.

Schließlich muß vorab erwähnt werden, daß es sich im wesentlichen um *bürgerliche* Phänomene handelt, genauer gesagt um gesellschaftliche Entwicklungen, die zuerst in der Bourgeoisie stattgefunden haben und erst allmählich (und auch nicht vollständig) von den unteren Sozialschichten übernommen wurden.

Begeben wir uns also in medias res und schauen uns zunächst an, wie die „Familien" der vorindustriellen Gesellschaft strukturiert waren.[2]

## 2. Vater, Mutter und Kind in der vorindustriellen Gesellschaft

Justus Möser hat in einer beeindruckenden Schilderung in den „Osnabrücker Intelligenzblättern" Rolle und Bedeutung der Frau (hier der Bäuerin) in der vorindustriellen Gesellschaft charakterisiert, indem er den Platz beschrieb, den sie innerhalb des Hauses einnahm:

> „Der Herd ist fast in der Mitte des Hauses, und so angelegt, daß die Frau, welche bei demselben sitzt, zu gleicher Zeit alles übersehen kann. Ein so großer und bequemer Gesichtspunkt ist in keiner andern Art von Gebäuden. Ohne von ihrem Stuhle aufzustehen, übersieht die Wirtin zu gleicher Zeit drei Türen, dankt denen, die herein kommen, heißt solche bei sich niedersetzen, behält ihre Kinder und Gesinde, ihre Pferde und Kühe im Auge, hütet Keller, Boden und Kammer, spinnet immerfort und kocht dabei. Ihre Schlafstelle ist hinter diesem Feuer, und sie behält aus derselben eben diese große Aussicht, sieht ihr Gesinde zur Arbeit aufstehen und sich niederlegen, das Feuer abbrennen und verlöschen, und alle Türen auf- und zugehen, hört ihr Vieh fressen, die Weberin schlagen und beobachtet wiederum Keller, Boden und Kammer. Wenn sie im Kindbette liegt, kann sie noch einen Teil dieser häuslichen Pflichten aus dieser Schlafstelle wahrnehmen. ... Der Platz bei dem Herde ist der schönste unter allen."[3]

In den hier charakterisierten architektonischen Besonderheiten des niederdeutschen Bauernhauses sind die wichtigsten Funktionselemente des Frauenlebens vor der bürgerlich-industriellen Ära vergegenständlicht. Die „Hausmutter", wie man die Frau in dieser Rolle nennt, befand sich in der räumlichen Mitte des Gebäudes. Ganz anders als die später im Hause aus Öffentlichkeit und Unterhaltswirtschaft verschwundene Familienfrau, nahm sie innerhalb der familiären Wirtschaftseinheit eine exponierte Stellung ein. Was ihre Arbeit betrifft, so kamen ihr Koordinationsaufgaben ebenso zu wie unmittelbare Produktionsfunktionen. Ihr unterstand der Herd, was wesentlich mehr hieß als kochen, war er doch Bestandteil einer umfangreichen Kette von Tätigkeiten zur Nahrungsmittelproduktion. Diese Frauen bewirtschafteten den Gemüsegarten und versorgten meist das Vieh; sie besorgten die Bevorratung, Lagerung und Konservierung der Lebensmittel. Auch die häusliche Textilherstellung war ihr Ressort. Dazu gesellten sich soziale Aufgaben wie die Überwachung des Gesindes, der Kinder und der Besucher. Die Hausherrin der vorindustriellen Zeit hatte also ein umfangreiches Arbeitsfeld innerhalb der häuslichen Produktion abzudecken, und diese Aufgabenzuweisung beschränkte sich nicht auf die ländlichen Bevölkerungsteile, sondern traf auch auf die zünftige Meistersfrau in den Städten zu.

Zur „Familie" gehörten unter solchen Produktionsbedingungen alle Personen, die an der Bewirtschaftung des Anwesens bzw. der Zunftstelle beteiligt waren. Blutsverwandtschaft war hier nur ein sekundäres Kriterium. „Familie", man spricht für diesen historischen Zusammenhang mittlerweile besser vom *„Ganzen Haus"*, war eine wirtschaftende Einheit, deren Größe sich nach der des zu versorgenden Besitzes richtete und nicht nach der Zahl der zufällig vorhandenen Blutsgenossen.

So sachlich die Familienzugehörigkeit, so nüchtern gestalteten sich auch die zwischenmenschlichen Familienbeziehungen. Mann und Frau fanden unter solchen Bedingungen nicht aus Liebe zusammen. Eheschließungen richteten sich vielmehr nach ökonomischen Gesichtspunkten, vor allem danach, was die Ehepartner zum existenten Besitz beizusteuern hatten[4]. (Folglich war eine Heiratserlaubnis durch die Obrigkeit, ohne die niemand eine Ehe schließen durfte, davon abhängig, ob Mittel zum Unterhalt des Paares und ihres zu erwartenden Anhanges vorhanden waren, z. B. eine freie Hof- oder Zunftstelle.) Nicht minder gering aber schätzte man die erheiratete Arbeitskraft; da das Gelingen der familiären Produktion von einer sorgfältigen Arbeitsteilung zwischen den Geschlechtern abhing, bestand ein Zwang zur Rollenergänzung[5], d. h. Mann und Frau benötigten sich als Arbeitskräfte wechselseitig. Mehrfache Wiederverheiratung angesichts hoher Sterblichkeitsquoten, die besonders die Frauen trafen, war daher nicht ungewöhnlich.

Das wohl markanteste Beispiel in diesem Zusammenhang schildert Lena Christ, deren Großvater von seinem 23. bis zum 79. Lebensjahr 14 Ehen geschlossen und 39 Kinder gezeugt hat. Bis auf zwei wurden sämtliche Frauen zumeist durch zahlreiche Kindsgeburten oder Krankheiten verschlissen und starben.[6]

Die Anziehungskraft der zu freienden Person ging unter solchen Umständen vom Besitz aus – und von der Fähigkeit zur Ausübung der vorgeschriebenen Funktion. Das heißt, körperliche Leistungsfähigkeit, manifestiert etwa in einer korpulenten Figur, stand den Bauers-, Kätners- und Meistersfrauen gut an!

Auch das Verhältnis zum Kind war nicht durch das bestimmt, was wir unter „Mutterliebe" verstehen. Kinder waren mehr eine Last denn Freude, und sie galten als Kinder nur so lange, wie sie noch der besonderen Betreuung bedurften und nicht als Arbeitskräfte einsetzbar waren. Man erzog sie auch nicht, sondern ließ sie quasi von selber aufwachsen. Viele starben durch Vernachlässigungen und falsche Pflege. Wer es sich leisten konnte, übergab den Säugling einer Amme, die ebensowenig kindgemäß verfuhr und ebenfalls zur Erhöhung der Kindersterblichkeit beitrug.

Zwar waren die ökonomischen und emotionalen Beziehungen innerhalb der vorindustriellen Familien der verschiedenen Stände höchst unterschiedlich begründet; als Prinzip der Feudalzeit aber kann man eine von ökonomisch-sachlichen Verhältnissen geprägte zwischenmenschliche Beziehungsstruktur festhalten, die gefühlsmäßige Kontakte entweder ganz ausschloß oder in außerfamiliäre Sphären verbannte. Die berühmten Konkubinen des Adels beispielsweise sind ein Produkt dieser Verhältnisse.

All das änderte sich mit der Industrialisierung grundlegend.

## 3. Die Entwicklung der Familie im 18. und 19. Jahrhundert

Dabei ist zunächst die Veränderung des familiären Wohnraumes von entscheidender Bedeutung. Die bislang vorherrschende Form der familiären Wirtschaftseinheit verschwand allmählich und mit ihr auch die beschriebene produktive und observierende Funktion der Hausmutter. Erwerbs- und Familienleben trennten sich und bildeten zwei differente gesellschaftliche Welten, in denen sich Mann und Frau ergänzend gegenüberstanden, in anderem Sinne freilich als im vorindustriellen „Ganzen Haus", in dem sie arbeitsteilig an ein und demselben Gegenstande, dem Besitz, gewirtschaftet hatten. Nur oblag dem Mann allein die Pflicht zum Unterhalt seiner Lieben, während die Frau, von produktiven Aufgaben befreit, in der Familie das ihre tat. Ökonomisch hieß das: Die Produktion der Lebensmittel, die vorher gemeinsam bewerkstelligt worden war und zumeist in der unmittelbaren Herstellung von Naturalien und Gebrauchsgegenständen bestanden hatte, wandelte sich mit der Industrialisierung zum Gelderwerb, der nicht im und mit dem Hause, sondern anderwärts und meist im Dienste anderer absolviert wurde. *Berufsarbeit* war damit entstanden, und zuständig dafür war der Mann.

Auf der anderen Seite gab es jetzt das Haus als ein ganz neues Ressort, die sog. Reproduktionssphäre, in der all das getan wurde, was abseits von der produzierenden und verwaltenden Arbeit (der Männer) notwendig war, um den Bestand der Gesellschaft zu erhalten. Die damit ins Leben gerufene *Hausarbeit* sorgte für die physische und psychische Wiederherstellung der männlichen Arbeitskraft: er erhielt sein Essen und eine Wohnung, in der er sich ausruhen, es sich gemütlich machen konnte, und er bekam die nötige seelische Zuwendung der Frau. Hinzu kam nun aber auch die generative Reproduktion, d.h. Zeugung, Geburt und Aufzucht von Kindern.

Mit diesen neuen, ans Haus gebundenen Aufgaben war aus dem feudalen „Ganzen Haus" die „Familie" im modernen Sinne geworden; und dieses neuartige Arbeitsgebiet fiel unter den Zuständigkeitsbereich der Frau. Sie sollte nun *Hausfrau, Ehefrau und Mutter* sein.

Die funktionelle Teilung von Produktions-/ Erwerbs- und Reproduktionsarbeit, die die ökonomische Ursache für die Entstehung der modernen Familie ist, brachte eine Reihe sehr einschneidender Veränderungen für die in, mit und für diese Sozialform lebenden Menschen mit sich, die nun genauer behandelt werden sollen.

## Die Frau als Hausfrau

Während der ersten Hälfte des 19. Jahrhunderts war die Arbeit der Hausfrau nach heutigen Maßstäben noch unvorstellbar umfangreich und umständlich. Sie mußte Nahrungsmittel herstellen, z.B. auch in städtischen Gebieten einen eigenen Garten bebauen; sie mußte die Produkte verarbeiten, konservieren und lagern, und all das nahezu ohne Hilfsmittel, denn es gab weder Strom noch technische Geräte, die die Arbeit erleichtert hätten[7].

Unendliche Mühe bereitete allein schon das tägliche Feuermachen in einer Zeit, in der es nicht einmal Streichhölzer gab, nur Feuerstein und Zunder. Ähnliche Anstrengungen verursachten auch Kleidung und Wäsche, die die Frauen ohne Nähmaschine nähen und ohne Waschmaschine reinigen mußten[8]. Die meisten Dinge des täglichen Lebens verfertigte man selbst. Zu kaufen gab es angesichts noch unentwickelter Marktverhältnisse nur wenig. Das änderte sich erst mit Expansion der Produktion gegen Ende des Jahrhunderts, die die Verbilligung und massenhafte Produktion von Gebrauchsgegenständen einleitete und den Umfang der Hausfrauenarbeit erheblich reduzierte und vereinfachte. Die Hausfrau fand allmählich Zeit zur schöpferischen Gestaltung ihres neuen Arbeitsbereiches.

Diese Freisetzung von Arbeits- und Energiepotenzen allerdings hatte für die Frau, ihr Tun und ihr Selbstverständnis folgenschwere und nachhaltige Konsequenzen. Die Zuweisung des Hauses als weibliche Arbeitssphäre bedeutete nämlich nicht nur Entlastung von Unterhaltssorgen, sie wurde zugleich auch zur fesselnden Klammer. Hausfrauentätigkeit war ab sofort die einzig zulässige bürgerliche Frauenbeschäftigung. Ihr Selbstwertgefühl, ihre Anerkennung und all ihre Erfolgserlebnisse hatte sie von nun an in diesem Bereich zu suchen. Und tatsächlich: sie stürzte sich mit Elan und Phantasie auf ihr neues Schaffensgebiet. All ihren Ehrgeiz setzte sie in die Ausgestaltung der häuslichen Sphäre und in die Perfektionierung ihrer häuslichen Arbeit.

Sie erfand z.B. das „Selbstgebackene"! Wer kennt ihn nicht, den Stolz der rechtschaffenen Hausfrau auf das Selbstgemach-

te? Viel Hausfrauenschweiß und -fleiß werden bis heute Jahr für Jahr investiert in das Einmachen von Obst und Gemüse, gar noch gekauftem, das es im Supermarkt nebenan billig und von guter Qualität zu erstehen gibt. Da inkorporiert sich die Hausfrauenehre in der Schwarzwälder-Kirsch-Geburtstagstorte, die keiner so gut gelingt wie „Muttern", und da wagt es nicht einmal die Hausfrau-wider-Willen, die das gutsituierte Bürgertum kennt, zuzugeben, daß das köstliche kalte Büfett oder Menü für die feinen Gäste den Theken des Herrn Feinkost-Müller und nicht dem eigenen Kochtopf entstammt. Wehe der Frau, die es wagt, gekaufte Weihnachtsplätzchen im Angesicht des Baumes zu servieren! Von der Staubschicht auf nie benutzten Bücherregalen oder gar weithin sicht- und fühlbar auf Nippestischchen und Blumenbank dezent zu schweigen...

Kurz, die Frauen des 19. Jahrhunderts begannen, ihre häusliche Tätigkeit zu kultivieren. Je mehr die industriellen Möglichkeiten ihr zeitliche Freiheiten gewährten, desto mehr ließen die Hausfrauen sich beherrschen von dem frisch kreierten Ideal der guten Hausfrau. Gemäß der vom Bürgertum verfolgten Devise, daß ein guter Mensch sparsam, fleißig, rast- und ruhelos zu sein habe, den Frauen dieser Schicht aber Emsigkeit außer Haus und als Berufsbetätigung verboten war, entfalteten sie eben auf dem ihnen zugeteilten Terrain die der herrschenden Moral entsprechende Tatkraft und schufen damit den Kultus des „Hausbackenen", der bis zum heutigen Tag sein Unwesen treibt.[9]

Den Kulminationspunkt dieser Entwicklung bildeten in der Gründerzeit die Damen des Großbürgertums. Sie waren von jeglicher Arbeit freigestellt, auch von der Hausarbeit, die von Dienstmädchen erledigt wurde. Ihre Aufgabe war es, den gesellschaftlichen Status des Mannes zu repräsentieren, und das hieß, seinen beruflichen Erfolg unter Beweis zu stellen. Neben den üblichen Formen ostentativen Reichtums (Haus/Wohnung, Kleidung, Schmuck etc.) versinnbildlichte sich dieser vor allem in der nichtstuenden Person der Gattin. Das Bürgertum demonstrierte, daß man(n) es sich leisten konnte, die Frau von jeder ernsthaften und notwendigen Arbeit fernzuhalten, also auch von gesellschaftlich notwendigen Reproduktionspflichten in

Form der Hausarbeit. Die Damen des besseren Bürgertums hatten buchstäblich die Pflicht zum demonstrativen Nichtstun. Und das wollte gekonnt sein, denn auch in diesen Kreisen war Tugendhaftigkeit oberstes Gebot und auch hier galt Faulheit als moralischer Makel. Die Devise war also, ostentativ nichts zu tun und dennoch fleißig in Aktion zu sein. Die Lösung dieses Widerspruchs war einfach: Man verhalf der Handarbeit zur Blüte! Die Damen ergingen sich in der eifrigen Erstellung von allerlei Nutzlosigkeiten.

> „...wenn z. B. die fleißige Tochter eines reichen Hauses über einen großen, buntgestickten Tischteppich eine Schutzdecke mit mühsam alt deutschen Mustern ausnäht, welche die Maschine bereits ebenso schön vorzuweben versteht, und welche das Fräulein einzig zu dem Zwecke nochmals *übernäht, um eine Handarbeit zu machen.* Auf dieser Schutzdecke liegt abermals ein perlenbestickter Untersatz. Auf demselben steht eine gemalte Schale. In derselben steckt ein künstlich gemachtes Blumenbouquet. Neben der Schale liegen noch zwei gemalte Mappen, ein gestickter Visitenkartenteller..."[10]

Um gemütliche Wohnausstattung oder den Spaß an kreativer Betätigung kann es hier kaum gegangen sein. Solche Arbeiten hatten die einzige Funktion, in ihrer gänzlichen Nutzlosigkeit eine von aller Mühsal befreite Damenhaftigkeit zu symbolisieren.

Weibliche Handarbeit entpuppte sich in dieser extremen Handhabung als die alltagskulturelle Konsequenz der räumlichen und funktionellen Verbannung der Frauen ins familiäre Innen. Indem ihnen ein Schaffen auf anderen Gebieten verwehrt wurde, schufen sich die Bürgerfrauen ihr eigenes Feld, auf dem sie konkurrieren, Leistung erbringen und produktive Fähigkeiten ausleben konnten. Teile der Hausarbeit, und dazu zählten besonders die eigentlich überflüssigen, entwickelten sich schlicht dadurch zu unentbehrlichen Arbeiten, daß sie zu Vehikeln einer Ideologie der guten – und d. h. vielbeschäftigten – Hausfrau umfunktioniert wurden.[11]

Gleiches galt für einen weiteren wichtigen Bereich der modernen Familie: die Wohnkultur. Mit der Trennung von Arbeitsplatz und Wohnraum und der Verwaltung des letzteren durch die Hausfrau begannen die Kreise, die es sich leisten konnten, um die Wende zum 19. Jahrhundert eine neue, zunächst rein bürgerliche Wohnkultur zu entwerfen. Die *Küche*, im vorindustriellen „Ganzen Haus" noch Zentrum der Kommunikation, nunmehr Arbeitsplatz der modernen Hausfrau, wurde ausgelagert aus dem eigentlichen Wohnbereich[12]. (In dieser Raumfrage im engeren Sinne manifestiert sich nicht zuletzt die strikte Scheidung in Arbeits- (auch Hausarbeits-)Bereiche und Privat-, d. h. Freizeitsphäre, die uns in anderem Zusammenhange nochmals beschäftigen wird[13].)

Zugleich wurde die Wohnsphäre ausdifferenziert. Es entstanden die unterschiedlichen Zimmer, denen ganz festgefügte Funktionen zuerkannt wurden, etwa das *Wohnzimmer*, das als „gute Stube" mehr der Repräsentation als seinem Namen Ehre machte und auf das viel Geld und haushaltspflegerische Mühe verwandt wurde. Man baute spätestens ab der Gründerzeit auch *Badezimmer*, die den wachsenden Erkenntnissen über den Zusammenhang von Körperhygiene und Gesundheit Rechnung trugen, gleichzeitig aber eine neue Sphäre individueller Privatheit erschlossen, einen Ort, der nicht zuletzt der wachsenden Körperfeindlichkeit und sexuellen Prüderie des Bürgertums den adäquaten und notwendigen Rückzugsraum bot.

Ähnliches gilt für das *Schlafzimmer*, in dem unter riesigen Federbetten all das geschah, was keiner ansprechen, ja nicht einmal denken durfte... Möglichst kahl gehalten, entbehrte es all der liebevoll gestalterischen Sorgfalt, die die Hausfrau in den anderen Räumen walten ließ. Unter Observation durch höhere Instanzen in Gestalt des Kruzifix und unter dem tröstenden Schutz pastellgetönter Engel und Muttergottesfiguren stand die geteilte Bettstatt. Vielfach verfügten diese Zimmer nicht einmal über die *Möglichkeit* einer Heizung, was nur zu gut versinnbildlicht, wie die Vorstellungen von einem „anständig" kühlen ehelichen Sexualleben aussahen.

Eine neue Errungenschaft war auch das *Kinderzimmer*, Reflex auf die Entdeckung, soziale und psychologische Entwicklung der Kindheit, die unten detaillierter zur Sprache kommen wird. Daß Kindern ein nur für sie reservierter Spiel- und Betätigungsraum zur Verfügung gestellt wurde, in dem sie jenseits der Unterhaltsnöte der Außenwelt leben und lernen und auf eben diese vorbereitet werden konnten, ist ein Phänomen, dessen Erfindung sich das biedermeierliche Bürgertum zugute halten kann.[14]

Mit dieser mittlerweile ganz selbstverständlichen Ausdifferenzierung der modernen Wohnwelt wurde im 19. Jahrhundert die Grundlage geschaffen für ein komplizierter werdendes Beziehungsleben zwischen den Familienmitgliedern, aber auch für ein Spannungsfeld zwischen Privatsphäre und Öffentlichkeit, das in seinen vielen Facetten hier nicht ausführlich behandelt werden kann. Für die Funktion der Frau innerhalb dieses Gebildes, genannt Wohnung[15], ist in unserem Zusammenhang wichtig, daß sie quasi seine Erfinderin und Gestalterin gewesen ist. Sie und ihr erwachtes Bedürfnis nach Bearbeitung des häuslichen Bereiches verhalfen der modernen Architektur und nicht zuletzt der Möbelmode und ihrer ständigen und nachhaltigen Veränderung zur Blüte. Frauen kümmerten sich, wie oben schon angedeutet, um Raumschmuck jeglicher Form, sie kreierten die Zimmerblumenkultur, kurz: sie nahmen sich all der Dinge an, die nach heutigem Verständnis Räume wohnlich und nutzbar machen.

Und: Sie avancierten zur Putzfrau! Der neue Lebensraum Wohnung wollte in Ordnung und sauber, d.h. vorzeigbar gehalten werden. Wie in den Küsten des „Selbstgebackenen" und in der Handarbeit entdeckte die bürgerliche Hausfrau auch in ihrer Wohnung ein Mittel, nicht nur ihr Können und ihre Kreativität unter Beweis zu stellen, sondern auch dem Diktat emsiger Rührigkeit nachkommen zu können. Reinlichkeit und Ordnungsliebe sind seither *das* sichtbare Prädikat jeder guten und ehrbaren Hausfrau. Planmäßig eingeknickte Sofakissen, keimfrei saubere Fuß- und Teppichböden vom Keller bis unter den Dachboden gelten als Ausweis respektabler Weiblichkeit.

Wen nimmt es Wunder, wenn derlei Anforderungen mit neurotischen Reaktionen gekontert werden? Bis heute ist die Zahl der Frauen keineswegs gering, die all ihr Selbstbewußtsein in den Glanz eines penibel aufgeräumten Hauswesens legen und mit diesem Lebensinhalt auch ihre gesamte Umwelt zu traktieren verstehen.

Ein solches Exemplar hat Theodor Lessing in der Figur seiner Tante, einer Bankiersgattin, verewigt, „deren Horizont rechts begrenzt war von ihrer Speisekammer und links von ihrer Waschküche. Nie wieder habe ich eine Frau gesehen von solcher Hausfrauenwütigkeit wie meine Tante Fanni. Wer zu ihr kam, der wurde im Hause herumgeführt vom Keller bis zum Boden, vom Boden bis zum Keller, damit er den guten Zustand des Haushaltes begutachten möge. Außer zu einem kurzen Spaziergang in den Abendstunden verließ Tante Fanni nie ihr häusliches Kloster. War sie auf Reisen, so übertrug sie ihren Reinlichkeitsfimmel auf die Hotelzimmer. Sie führte im Koffer immer mit sich: Staubbesen, Wischtücher, Putzpulver, Bürsten, Lappen und all dergleichen. Ihre zierliche Gestalt schoß von einem Zimmer in das andere wie ein Eichhörnchen, das in der Trommel lärmt... Immer bosselte, rieb und räumte sie in den peinlich gepflegten Wohnräumen, derweil ihre Kinder, drei Töchter und ein Sohn, aufwuchsen unter der Obhut der Tante Elise, beständig gewaschen und geschrubbt. ...

Es würde mich nicht wundern zu hören, daß Tante Fanni gar nicht ein menschliches Wesen, sondern eine Gliederpuppe mit Uhrwerk gewesen ist, denn ihre Reden und all ihre Sorgen waren zeitlebens immer dieselben."

Nie hat sie dieses zwanghafte und mechanistische Verhalten aufgegeben, weder nach dem Tode ihres Mannes noch später im Hause der Tochter – stets blieb sie die gänzlich weltfremde putzende Tante Fanni, die sie einmal geworden war.[16]

Putzzwang und Hygieneticks sind die unvermeidlichen Begleiterscheinungen einer familiären Innerlichkeit, die den Frauen dort, und nur dort, ihren Platz zuweist.

Was aber ist, wenn sie dieses Eingebettetsein ins Haus einmal satt hatten, wenn sie einmal heraus, sich austauschen wollten? Zu welchen Formen der Kommunikation haben die „Herrinnen des Hauses" gegriffen? Meine Behauptung lautet: Sie haben den Kaffeeklatsch erfunden!

Die private Kommunikation der vorindustriellen Gesellschaft hat im Vergleich zu den Zeiten nach der Industrialisierung stets problemlos stattfinden können. Sie war quasi integriert in den Arbeitsablauf und geknüpft an die Orte der feudalen Infrastruktur. Während, mit und durch die tägliche Beschäftigung traf man sich: am Brunnen, wenn man Wasser holte, beim Waschen, auf der Bleiche, im Backhaus, auf dem Felde. Ein Wohnen im heutigen Sinne, in Gestalt der räumlichen Abgeschlossenheit familiärer Intimität gab es nicht. Die Häuser waren, wie oben gezeigt wurde, entsprechend anders konstruiert und aufgeteilt als die heutigen, eine strenge Trennung zwischen privat und öffentlich unbekannt. Weder die Bäuerin noch die Handwerkersfrau blieb isoliert und fernab vom Geschehen der Arbeits- und Männerwelt, verwiesen auf ein Zuhause, das von Konkurrenznöten und Existenzsorgen nichts wissen sollte.

Hinzu kommt, daß die Feudalwirtschaft auch keine Differenzierung machte zwischen Arbeitszeit und Freizeit. Zwar kannte man kaum die Arbeitshatz der Moderne; eine Tageszeit nur zum Ausruhen und Erholen nach des Tages Müh' gab es aber praktisch auch nicht. Dafür sind die so gern zitierten Spinnstuben ein eindrucksvoller Beleg. Hier verband man die notwendige Arbeit (meist die der Frauen) mit geselligem Beisammensein, sei es daß man sich mit dem anderen Geschlecht vergnügte, sei es zum Geschichten erzählen, zum Zwecke der Verbreitung des neuesten Tratsches und der neuesten Nachrichten.

All das, dieser quasi von selbst stattfindende Austausch des einzelnen mit seiner engeren und weiteren Umgebung, fiel mit der Entstehung der modernen Familie zumindest für die Frauen fort. Ledige wie Verheiratete wurden ins Haus gesteckt, dessen Tür sich hinter ihnen schloß. Hier allein hatten sie ihren Tätigkeitsbereich, der sie vielfach den ganzen Tag bis spät in die Nacht hinein beanspruchte, und nur selten führte ihre Arbeit sie aus der Arbeitsstätte Haus heraus. Die neuen bürgerlichen Moralvorstellungen taten ein übriges und erklärten die Abgeschlossenheit des Hauses zum Hort fraulicher Tugenden und zum Schutz des Weibes vor jeglicher Unbill. Damit war der Frau der außerhäusliche Kontakt, womöglich gar zum Vergnügen und in der Nähe fremder Männer, untersagt.

Zwar waren als Folge der Umwandlung kommunaler Kommunikationsstrukturen und begünstigt durch die Ausbreitung kolonialer Genußmittel Kaffeehäuser u. ä. aus dem Boden geschossen, in denen man sich traf, sich informierte, unterhielt, amüsierte und allerlei Spiele spielte. Das war jedoch nur den Männern vorbehalten. Eine anstän-

dige Frau, vielleicht sogar eine junge, im Café, das galt als anrüchig und unerhört.

Ausgehen durfte die Bürgerfrau mit ihrem Manne und unter dessen sorgfältiger Aufsicht, beispielsweise zu den zahlreichen Gesellschaften der Gründerzeit oder ins Theater. Solche Auftritte zählten zu den offiziellen Verpflichtungen einer Dame der besseren Kreise, gehörten sozusagen in ihr Arbeitsprogramm und waren nicht unbedingt ein Vergnügen. Einem Kommunikationsbedürfnis jedenfalls konnten sie nur beschränkt Rechnung tragen. Zudem betraf das nur die sehr geringe Zahl der Großbürgerfrauen des Kaiserreiches. Die Gattin des Mittelstandsbürgers blieb vorwiegend zu Hause, langweilte sich redlich und träumte von den großartigen Ereignissen in den Gartenlaubengeschichten der Marlitt.

Da kam ihnen, salopp formuliert, der rettende Gedanke: Wieso taten sie sich nicht einfach zusammen? Wenn Hausfrauen sich untereinander trafen, war doch beiden Seiten geholfen: der gesellschaftlichen Moral und dem menschlichen Bedürfnis nach Entspannung und Kommunikation. So kam der Kaffeeklatsch in die Welt!

Er ist in der uns geläufigen Form ein ursprünglich deutsches Phänomen, eine äußerst praktische Erfindung. Möglicherweise ist die Tatsache, daß diese Einrichtung so vielfältige Bedürfnisse zu befriedigen vermag, der Grund, weshalb sich diese weibliche Institution, obwohl ursprünglich eine sehr bürgerliche Angelegenheit, so weit in die verschiedenen Schichten der Bevölkerung verbreitet und sich bis zum heutigen Tage so hartnäckig gehalten hat.

Ein Arbeitersohn berichtet aus den zwanziger Jahren:

> „Meine Mutter hatte regelmäßig – Mittwoch kann es gewesen sein – Kränzchen. Da kamen die Kränzchenschwestern. Dann haben sie Kaffee getrunken. ... Das ging immer umschichtig. Damals waren es vier, fünf Kränzchenschwestern... Die brachten ihren Kuchen natürlich alle selber mit, bloß, daß eine Tasse Kaffee gekocht wurde."[17]

Nicht allein, daß sich hier über jeden Verdacht erhaben (wenn auch von Männerseite arrogant belächelt) die sonst im Haus versteckten und voneinander isolierten Frauen treffen und ihrem Bedürfnis nach Austausch und Tratsch Rechnung tragen konnten. Gleichzeitig hatte man hier auch die Gelegenheit, ungeniert miteinander zu konkurrieren und gesellschaftliche Positionen festzulegen: um die braven, klugen und gelungenen Kinderchen, um das Eigentum und seine Ausstattung, um Ausschmückung und Sauberkeit der heiligen Familienhallen und heutzutage auch um das neue Auto oder gar den Zweitwagen.

Die Entstehung der Familie und ihrer Innerlichkeit schuf also im Bereich der häuslichen Arbeit kulturelle Phänomene, die als Ventil interpretiert werden müssen für die strikte Festsetzung der Frauen auf den Bereich von Haus und Familie. Diese Einkreisung hatte aber nicht nur arbeitsbezogene Konsequenzen. Sie veränderte auch die zwischenmenschlichen Beziehungen der Familienmitglieder untereinander entscheidend.

## Die Entstehung
### einer familiären Gefühlswelt

Mit der Kreation des Heimes nämlich war der nötige sachliche Rahmen geschaffen, der es der Hausfrau ermöglichte, eine weitere gänzlich neuartige Funktion zu übernehmen: Im trauten Heime, verborgen hinter den intimen Mauern der neugestalteten Wohnstatt, leistete sie nun *Liebesdienste* für die Ihren.

Dazu verlieh ihr die Gedankenwelt des späten 18. Jahrhunderts ein neues „Image": Sich dem Gefühl und Rührseligkeiten ergebend und ganz dem Inneren, der Seele, zugetan, stilisierten besonders die deutschen Dichter und Denker seit dem Sturm und Drang die Frau zum Hort alles Emotionalen. Goethe beispielsweise erfand den Topos „des ewig Weiblichen" und umgab darin die Frau und das durch sie symbolisierte Gefühl mit der Aura des schlechthin Guten. Man wurde „romantisch" und verehrte in den Frauen nicht nur die Schönheit, sondern vor allem auch das altruistisch Gebende, eben das liebende Element.

Das freilich war nicht nur Huldigung, sondern durchaus ein Anspruch, den die sich entwickelnde bürgerliche Gesellschaft an ihre Frauen stellte: Fortan nämlich *sollten und mußten* die Frauen schön und gut und selbstlos liebend sein! All ihr Interesse hatten

sie auf das Emotionale hin zu kanalisieren, Innerlichkeit war ihr Geschäft, während Rationalität und die weltlichen Geschäfte einzig dem Mann oblagen[18]. Die Verbannung der Frau in den häuslichen Bereich machte dabei klar, in welche Richtung sich das neue Metier der Liebedienerin zu wenden hatte: Gegenstand ihrer gefühlsmäßigen Zuwendungen sollte einzig die Familie, also Ehemann und Kinder sein[19].

## Liebe zwischen Mann und Frau

Erstmals verdienten die Verhältnisse zwischen den Familienmitgliedern den Namen Zusammenleben. Ihr Beisammensein fand nun außerhalb der Welt des Erwerbs statt, in einer entstehenden Privatsphäre, in der Emotionalität mehr und mehr Platz greifen und immer diffiziler und ausgefeilter werden konnte. Die erste wesentliche Veränderung in diesem Zusammenhang fand zwischen den Geschlechtern statt.

Die Enge der gemeinsamen familiären Lebensweise, die Unmittelbarkeit unter dem Verdikt des Aufeinanderangewiesenseins der beiden gesellschaftlichen Sphären von Produktion/Unterhalt und Reproduktion machten ein neuartiges Verhältnis der Protagonisten dieser Funktionen notwendig. Der gemeinsam zu bewirtschaftende Besitz konnte nun nicht mehr, wie in vorindustriellen Zeiten, die Klammer zwischen Mann und Frau sein, die den dauerhaften Bestand der Familie gewährleistete. Etwas überspitzt und profan formuliert, trat an die Stelle dieses materiellen Bindegliedes die Liebe zwischen Mann und Frau.

Es war ein neuer Gedanke, daß der Lebensbund auf dem freiwilligen und emotional begründeten Entschluß der beteiligten Individuen basieren sollte. Die Entwicklung des bürgerlichen Eherechts spiegelt die allmähliche gesellschaftliche Verallgemeinerung der Liebesidee wider.[20] Zwar dauerte es in der Praxis bis weit in unser Jahrhundert hinein, bis liebende Paare tatsächlich jenseits von Besitz-, Mitgift- u. ä. Überlegungen, ausschließlich geleitet von ihren gefühlsmäßigen Erwägungen, zur Heirat schreiten durften. Dennoch war die Idee, daß die Ehe eine durch Gefühle getragene und gehaltene Instanz sein solle, bereits zu Beginn des 19. Jahrhunderts weitgehend anerkannt. Selbst wenn Paare, deren Verbindung aus materiellen oder Standesgründen unerwünscht war, sich nur selten durchsetzen konnten und sich häufig gegen den Willen ihrer Familien zusammentaten[21], zumindest dem Ideal nach heiratete das Bürgertum aus Liebe und aus freien Stücken[22].

Dabei ist allerdings nicht unwichtig, den *Inhalt* dieser neu entdeckten und akzeptierten Gefühlsbetontheit der Geschlechtsbeziehungen zu analysieren. Es fällt nämlich auf, daß die Emotionen dem Inhalt und Grunde nach weniger die geliebte Person, das geliebte Individuum meinten (und auch nicht dem Ideal nach meinen sollten!); eheliche Liebe war und ist vielmehr die Liebe zur Tugendhaftigkeit des Liebesobjektes. Sie klopfte sozusagen den Gefühlsgegenstand daraufhin ab, ob er/sie den Anforderungen einer bürgerlichen Ehe standhielt. (Darin wird im übrigen klar, weshalb oben der Heiratsgrund „Liebe" als „Ersatz" für die materiell begründete Bindung der vorindustriellen Zeit charakterisiert wurde.) War zuvor das Kriterium der Heiratsfähigkeit die Existenz einer Subsistenzgrundlage, so ist es in der bürgerlichen Ehe das Vorhandensein der entsprechenden charakterlichen und auch handwerklichen Tugenden. So funktional das Prinzip von Besitzerhalt und -erweiterung, so wenig zweckfrei ist die moderne Idee der „freien" Liebe als Grundsubstanz der Ehe!

Wie sah sie nun aus, diese Tugendhaftigkeit, die geliebt zu werden verdiente? Sie enthielt schlicht alle wesentlichen Persönlichkeitswerte, die nötig waren, um den geschlechtsgebundenen Part innerhalb der modernen familiären Arbeitsteilung zu übernehmen[23].

Für den „liebenswerten Mann" hieß das, er mußte, um heiratsfähig zu sein und geliebt werden zu können, alle Eigenschaften mitbringen, die ein Behaupten in der Welt des Berufes erforderten. Er mußte Durchsetzungsvermögen, Stärke, Härte und Mut besitzen, vernünftig und wissend sein, d. h. sich *nicht* ausschlaggebend, und vor allem nicht an unpassender Stelle, von Gefühlen lenken lassen. Zielstrebig und hartnäckig sollte er sein Ziel verfolgen, was beispielsweise auch in der gesellschaftlichen Norm manifest wird,

daß *er* es nur sein durfte, der beim Kennenlernen erste Tuchfühlung und bei der Eheanbahnung die Initiative ergriff. Eine Frau, die gleiches offensichtlich tat, galt entsprechend als unweiblich, nicht liebens- und heiratenswert und hatte sich den Gepflogenheiten bürgerlichen Anstandes bereits prinzipiell verweigert[24].

Die Austüftelung von Geschlechtsmerkmalen, die der Liebe wert sein sollen, machte auch vor einer geschlechterdifferenten Art des Liebens selbst nicht Halt. So galt es als „unmännlich", sich der Liebe ganz und gar zu ergeben, sie zum Inhalt des eigenen Sinnen und Trachtens zu machen.

> „Unser Freund Bernhard scheint nur für seine Braut und in ihr zu leben. Diese Liebe ist mir fremd, ich gestehe das offen. So kann ich unmöglich lieben. Mein ganzes Wesen sträubt sich bei diesem Gedanken. So lieben auch meistens nur Frauen, so liebt auch meine Emilie. Aber meine Lebenskreise sind weiter gemessen, meine Thätigkeit hat ein grösseres Feld, das sie nicht für die Geliebte baut. Es gibt ein Wirken, dem ich in der Not sogar die Geliebte, freilich nicht die Liebe opfern könnte, aber nicht umgekehrt könnte ich um der Geliebten willen auf jenes Wirken verzichten. Ich male ihr keine Täuschungen vor. Sie weiss dies. Und dennoch liebe ich sie fürwahr ganz innig, mehr als irgend einen andern Sterblichen."[25]

Eine besondere Qualität der Frau ist es folglich, die Liebe zum Manne zu ihrem höchsten und einzigen Zwecke zu machen. Für sie wird die Liebe zur Arbeit![26]

Um diesen höchst maßlosen Anspruch erfüllen zu können, mußte die Frau in ihren Tugenden das genaue Gegenteil des Mannes sein. Fleißigkeit, die sich dann in den beschriebenen Kanälen hausfraulichen Schaffens austobte, Güte und Bescheidenheit und vor allen Dingen Opfermut waren die herausragenden Qualitäten der heiratsfähigen Bürgerjungfer. Geist war nicht gefragt – der störte nur das Gefühl. Klaglos und fraglos sich ins Schicksal der Frau finden, sich bedingungslos und alltäglich für die Familie einsetzen, alles für sie tun (ein Faktor, der im Zusammenhang mit der Mutterschaft noch relevant wird), das machte die Frau attraktiv.

Da sind beispielsweise bereits in den Autobiographien des 19. Jahrhunderts die rührenden Geschichten von altruistischen Privatkrankenschwestern, die die Verwandtschaft gesund und die Eltern „zu Tode" gepflegt haben, worin sich nichts schöner als ihre Reife zur Ehe versinnbildlicht:

> Eine sonderbare Kinderkrankheit bricht in einem bürgerlichen Hause aus. Sofort „eilte die jüngere Schwester Henriette, das sorgsame, geschäftige Jettchen, eine blühende zwanzigjährige Jungfrau, zur Pflege... Holtzmann (ein junger Arzt, der sich für den Fall interessiert.) sieht in dem gefährdeten Krankenhaus die junge anmutige Pflegerin..., wie sie im einfachen Hauskleid, ein weißes Häubchen um das dichte, blonde Haar, eine weiße Schürze vorgebunden, ruhig und unermüdlich, verständnisvoll und völlig unbekümmert um die naheliegende Gefahr eigener Ansteckung von Bett zu Bett wandert, diesem kranken Jungen den verordneten Heiltrank reichend, jenen mit ein paar freundlichen Worten, auch einer treffenden Scherzrede aufmunternd. Die wackere, hochgemute Erscheinung inmitten so viel Leids fesselt den jungen Arzt... Nach Frankfurt zurückgekehrt, kann Holtzmann die rührige Pflegerin nicht mehr vergessen: sie wäre wohl dem Arzt eine rechte Gehülfin in seinem schweren Berufe. Rasch entschlossen wirbt er um das deutsche Mädchen aus der Pfalz; nach Jahresfrist holt er sie als seine liebe Frau heim."[27]

Zweckmäßiger und funktionsgebundener kann man eine Liebesheirat kaum betreiben!

Die *Möglichkeit* zu freier Gefühlsentfaltung zwischen den Geschlechtern war in der Idee der modernen bürgerlichen Ehe durchaus angelegt. Ihre Realität allerdings war und ist von sehr funktionalen Gesichtspunkten beherrscht, die der Person vielfach wenig Raum zu individueller Gestaltung und Ausleben lassen.

Der *Sexualität* blieb unter solchen Bedingungen wenig Freiheit. Das 19. Jahrhundert war von geradezu unglaublicher Prüderie. Alles Geschlechtliche galt als unanständig und wurde, so weit es ging, verdrängt, aus der Öffentlichkeit und selbst dem intimeren Familienleben verbannt, und zwar in räumlich zu verstehendem Sinne, denkt man etwa an die lustfeindliche Konstruktion und Einrichtung des Schlafzimmers[28].

Aufklärung fand überhaupt nicht statt. Die jungen Mädchen blieben den physiologischen Veränderungen der Pubertät hilflos,

weil unwissend, ausgeliefert. Ohne Unterstützung überließ man sie den Ängsten, die das unerwartete und unbekannte Eintreffen der ersten Menstruation verursachte. Schwangerschaft und Geburt, selbst wenn sie in der Familie stattfanden, wurden verheimlicht und mit der albernen Erfindung vom Klapperstorch, der demnach ein ganz und gar modernes bürgerliches Bild ist, mystifiziert und vor allem entsexualisiert.[29] Schutz der weiblichen Reinheit im mentalen und physischen Sinne war die oberste Devise der Mädchenerziehung. Das führte dazu, daß viele Frauen gänzlich unwissend in die Ehe geschickt wurden. (Nicht wenige landeten aus reiner Unkenntnis um Inhalt und Folgen ihres Tuns im falschen vorehelichen Bette und gingen damit der wesentlichen Voraussetzung für eine Ehe, der körperlichen und geistigen Unschuld, verlustig.) Viele dieser kindlich gehaltenen Bräute rannten in der Hochzeitsnacht entsetzt zu ihren Eltern zurück, die sie meist rücksichtslos zurückbrachten und damit nicht selten ein lebenslanges Martyrium zwischen den beiden Ehepartnern in Gang setzten.

Denn wenn auch den Männern andere Freiheiten eingeräumt wurden, sehr viel besser erging es auch ihnen nicht, was die wenig behutsame Einführung in die „Geheimnisse" der menschlichen Sexualität angeht. Auch sie erlebten kaum Aufklärung, mit der sie vielleicht die gänzliche Unbedarftheit der frisch Angetrauten sanft hätten auffangen und leiten können. Sie wurden vielmehr meist selbst sehr unsanft ins kalte – besser vielleicht gesagt: heiße – Wasser geworfen. Dienstmädchen z. B. waren beliebte und von den (sonst so prüden) Eltern geduldete „Probeobjekte", die bei etwaigen Folgen einfach entlassen und oft nicht einmal mit einem Entgelt abgespeist wurden. Auch die Mädchen der unteren sozialen Schichten sprangen hier in die Bresche (manch eine sicher in der Hoffnung, daß das Wunder einträte und die Liebe zur Person über die Liebe zur Tugend und zum Stand, wenn schon nicht bei ihren Leidensgenossinnen, so doch bei ihr obsiegen würde). Durch diese Form der institutionalisierten, eher heimlich bzw. jenseits des sonst üblichen gesellschaftlichen Verkehrs betriebenen außer- und vorehelichen Sexualität entstand für die Männer des Bürgertums der

Eindruck, daß geschlechtliche Liebe in der Ehe nie der Lust und dem liebenden Verhältnis der Ehepartner dienstbar sein könne, sondern entweder ein jenseits der gesetzlichen Bindung betriebenes Laster oder aber eine mehr oder minder süße Pflicht gegenüber dem Eheweib sei, die vorwiegend der Zeugung von rechtmäßigem Nachwuchs diene.

Diese Einstellung zur ehelichen Sexualität änderte sich erstmals in den zwanziger Jahren unseres Jahrhunderts, als zur Rettung des bedroht gewähnten Instituts Ehe eine öffentliche Kampagne zur Sexualreform ins Leben gerufen wurde. Eigentlicher Ausgangspunkt dieser Entwicklung war offenbar weniger der Bestand des Lebensbundes selbst, als vielmehr die Sorge um die Masse des nationalen Nachwuchses und die Funktionalität der Familie.

> „Das eigentliche Ziel der Mediziner, Sozialfürsorger, Sozialisten, Kommunisten und Frauenbewegten, die sich in der Weimarer Republik für eine Liberalisierung des sexuellen Kodex einsetzten, bestand darin, die Ehe als allgemein wünschbare Lebensform attraktiver zu gestalten und erotisch zu reformieren ... Indem (mit und nach dem 1. Weltkrieg) ... der Arbeitsmarkt prinzipiell auch Frauen ... die Möglichkeit gebe, ihren Lebensunterhalt selber zu verdienen, verliere die Ehe ihren Zwangscharakter und verlange nach anderen, weniger materiell definierten Bindungen. Die erotische Erziehung der Ehepartner sei daher als Mittel zu begreifen, den sozialen und ökonomischen Auflösungstendenzen, die sich in einer rapide zunehmenden Scheidungshäufigkeit äußerten – auf 1000 Eheschließungen kamen 1901/05 21, 1921/25 schon 62 Scheidungen –, zu wehren und die Stabilität dieser auch für eine moderne Gesellschaft unverzichtbaren Institution zu sichern."[30]

Selbst wenn sie als positiver Wert affirmiert wurde, war die Sexualität nicht Mittel des Individuums, sondern Stabilisationsmaterial für das Rechtsinstitut Ehe.

Eine Funktion der Sexualität ist zweifellos die Zeugung von Nachwuchs. Die Ideologie und Praxis der modernen Familie hat in diesem Zusammenhang die *Mutterschaft* als eine der zentralen Geschlechtsfunktionen der Frau kreiert. Bei diesem historisch neuartigen Phänomen, das nach modernem Familienverständnis wohl die nachhaltigste Veränderung durchlaufen hat, will ich zum Schluß verweilen.

## Mutterschaft: die Entdeckung der Mutterliebe

Mutterschaft war, wie oben angedeutet, kein Sozialphänomen der vorindustriellen Epoche. Erst die Trennung von Erwerbsarbeit und Reproduktionsarbeit in der Familie machte eine intensive Beschäftigung der Frau mit dem Kinde möglich. Die intime, von der „Welt" abgeschottete Sphäre des Privathauses schuf den adäquaten Rahmen für eine sich bildende und vertiefende Beziehung zwischen Mutter und Kind, deren Interaktionsmuster im Verlaufe des 19. Jahrhunderts immer ausgefeilter und komplizierter wurden. Wichtig ist, daß – ebenso wie in der Ehe – auch auf diesem Gebiet das *Gefühl* in den Mittelpunkt rückte. Die Liebe zum Kind galt von da an als die höchste und reinste Form weiblicher Emotionalität; in dieser Funktion steht sie im gesellschaftlichen Bewußtsein sogar weit über der geschlechtlichen Liebe. (Man sieht, nebenbei bemerkt, an dieser Betrachtungsweise nur zu gut, daß sexuell gefärbte Gefühlshaftigkeit nach wie vor einen moralischen Makel trägt, insgeheim als unstatthaft und schmutzig gilt!)

Das erste historische Zeichen von beginnender Mutterliebe war die allgemeine Desavouierung des Ammenwesens[31]. Die Gesellschaft des späten 18. Jahrhunderts machte das Stillen durch die leibliche Mutter, das zuvor verpönt war, salonfähig. Frauen, die ihren Nachwuchs von nun an nicht selber nährten, gerieten mehr und mehr ins Kreuzfeuer der Kritik. Die Sorge um das gesundheitliche Wohl des Kindes kam in dieser mit staatsphilosophischen Argumenten betriebenen Kampagne zum Tragen; erstmals kümmerte man sich um das Überleben des staatsbürgerlichen Nachwuchses.

Für die zwischenmenschlichen Verhältnisse, speziell die entstehende Beziehung zwischen Mutter und Kind, hieß das, daß die Frau nun sowohl die physische Nähe zum Säugling, manifestiert im Stillakt, schätzen und genießen lernte, gleichzeitig aber auch eine innere – seelische – Verbindung zum Kinde aufbaute. Das neue Ideal war die in jeder Hinsicht symbiotische Verknüpfung von Mutter und Kind. Die personale Enge und die Festigkeit des Kontaktes stand nun weit über den Vorstellungen von weiblicher

Schönheit (die sich die straffen Brüste erhalten wollte) und über der persönlichen Ungebundenheit, die gerade den Damen der führenden Stände durch das Ammenwesen ermöglicht worden war.

Die Mutter trat also in das Leben des Kindes und war ihm von klein auf durch ihre Nähe präsent. Damit war ein Vertrauensklima geschaffen, das den Müttern der Feudalzeit (zumindest den produktiv arbeitenden) schon aus Zeitmangel verwehrt geblieben war. Eine sehr weitgehende persönliche Bindung, die eine nie gekannte Intimität und emotionale Offenheit voraussetzte, umspannte nun Mutter und Kind. Dazu zählte auch, daß allmählich Zärtlichkeiten, verbale und physische, auch nach dem unmittelbaren Hätschelalter, ausgetauscht werden konnten und daß sich Bezeugungen der Zuneigung zum Kinde nicht mehr der Lächerlichkeit aussetzen mußten.

Es dauerte allerdings noch fast ein ganzes Jahrhundert und benötigte eine Menge an pädagogischen und psychologischen Überlegungen, bis sich ein ungezwungenes Verhalten zwischen Mutter und Kind durchsetzen konnte. Prinzipiell waren die an der Wende zum 19. Jahrhundert erst „frisch gebackenen" Familienmitglieder – das spiegelt das extrem verklemmte Sexualverhalten deutlich wieder – noch gänzlich ungeübt im Umgang mit Gefühlen und interpersoneller Nähe.

So erkannten beispielsweise die ab der Gründerzeit verfaßten bürgerlichen Autobiographien die körperliche Nähe der Mutter eindeutig als positiven Wert an und charakterisierten deren zärtliche und liebevolle Zuwendung, ihre lobende und Leistung fordernde Anteilnahme am kindlichen Leben als mütterlich adäquates Verhalten. Dabei sprachen sie für ihre eigene Person allerdings eher von einem Ideal, denn von erlebter Wirklichkeit. Denn tatsächlich waren diese für uns heute eher „typischen", ja quasi-natürlichen Mütterlichkeitsmerkmale nicht einmal im so innig scheinenden Biedermeier realisierbar. Die Mütter umgaben sich damals noch mit schmerzlich spürbarer Strenge und blieben kühl distanziert.

Wilhelm von Kügelgen beispielsweise beschreibt nicht ohne Bitterkeit die äußere Gleichmütigkeit und Strenge seiner Mutter, von der er sich zwar sicher geliebt glaubte, nur fehlte ihm die dazugehörige psychische und köperliche Nähe (er behilft sich mit dem Glauben, diese habe dem Charakter der Mutter nicht entsprochen): „Es lag nicht in ihrer Natur, die Zärtlichkeit zu zeigen, die sie im Herzen trug, sie tändelte nie mit mir und ließ mir keine Unart durch, aber sie erschreckte mich auch nie durch Launen und Heftigkeit, und gab mir das Bewußtsein, daß niemand in der Welt mich lieber habe als sie. Zum höchsten Lohn für außerordentliche Tugend durfte ich einen Kuß auf die Stirn von ihr erwarten, und dieser war von so durchgreifender Wirkung, daß mein Vater es mir gleich anzusehen pflegte, wenn er in's Zimmer trat."[32]

Zu Beginn unseres Jahrhunderts allerdings waren liebevolle Zuwendung, demonstrierte Zuneigung und Zärtlichkeit weitverbreitete praktizierte gesellschaftliche Standards, zumindest deutet darauf die durchgängig kritische Haltung hin, die dem Fehlen solcher Zuwendung entgegengebracht wird. Mutterliebe ist also spätestens im 20. Jahrhundert ein gelebter Wert.

Die moderne Gesellschaft entdeckte das Kind als Individuum mit Persönlichkeit und Charakter, das es zu fördern und zu entwickeln galt. Es war nun nicht mehr die niedliche und komische Vorzeigepuppe, an deren Schönheit sich besonders der feudale Adel zu delektieren beliebt hatte. Das hatte zur Konsequenz, daß man sich in nahezu jeder Hinsicht mit der kindlichen Entwicklung auseinanderzusetzen begann. Pädagogik und Psychologie nahmen ihren Aufschwung als wissenschaftliche Disziplinen und gaben ihre neu gewonnenen Erkenntnisse sehr unmittelbar und wirkungsvoll zur Erprobung an das bürgerliche Publikum weiter, das sie begierig aufgriff und anwandte.

Der Mutter wurden in diesem Zusammenhang ganz neue Leistungen abverlangt. Als nunmehr zentraler Bezugsfigur hing von ihr ganz wesentlich der Erfolg, sprich die Entwicklung des Kindes und seine gelungene Einpassung an die wachsenden Erfordernisse der Industriegesellschaft ab. Sie mußte daher in die Lage versetzt werden, ihren Nachwuchs zu lenken, zu leiten und seine Anlagen familiär und gesellschaftlich nutzbringend zu entfalten. Das bedeutete: Die Frau, die Mutter werden sollte, mußte selbst gefördert werden, weshalb die moderne Gesellschaft die Mädchenbildung erfand, ausbaute und institutionalisierte. Es wurde der Frau ein gewisses Maß an Bildung und Wissen zuerkannt, ja für notwendig befunden, um die Ausübung der neuartigen Erziehungspflichten zu gewährleisten.

Dazu gehörte sowohl die charakterliche Aus- und Fortbildung, die eine souveräne und moralisch integre Mutterpersönlichkeit hervorbringen sollte. Dazu zählte aber genauso ein Wissensfundus, der über die Rezitation frommer Bibelsprüche hinausgehen mußte. Zur Aufgabe der Mutter war es nämlich geworden, ihren Kindern die ersten sittlichen Prinzipien und die ersten Wissenselemente zu vermitteln (was zu Zeiten eines noch in den Kinderschuhen steckenden Schulsystems besonders wichtig für die anzugehende Karriere war). Sie war also zur Vorschullehrerin avanciert, die das ABC beibrachte, die ersten Leseübungen trieb und die Anfangsgründe der Zahlenkunst legte.

Als Gefühls- und Moralinstanz hatte sie zugleich die seelisch-emotionalen und sittlichen Normen der Industriegesellschaft zu vermitteln, wozu vorwiegend die Welt der Phantasie das erste und nachhaltigste Mittel abgab. Die uns heute so altehrwürdig erscheinenden Kinder- und Hausmärchen der Gebrüder Grimm sind zu Anfang des 19. Jahrhunderts in der uns bekannten Form entstanden – nicht zuletzt zu dem Zwecke, den braven und unartigen Kindern des Bürgertums mittels phantastischer Bilder und Welten die nötige Portion moderner Moralität unversehens und unbemerkt einzuverleiben.

Auch der *Vater* wurde von der modernen Gesellschaft geboren. Anders als die Mutter, die seither die Sphäre der Moral und der Gefühlshaftigkeit abbildet, Sanftmut, Weichheit und Güte symbolisiert, also quasi die Personifikation der höheren sittlichen Instanzen darstellt, vertritt der Vater die eher profanen Tugenden und Gebräuche der Welt, die sich in seiner Existenz als Berufstätigem manifestieren. Entsprechend anders lauten die ihm zugedachten und zugewiesenen Charaktereigenschaften: Seine Person beherrschen die Aktionsprinzipien der Konkurrenz, deren Ausdruck Strenge, Härte, Rücksichtslosigkeit gegen die eigenen Schwächen und Gefühle (analog aber auch gegen die der anderen) und Rationalität (wider die Emotionalität der Mutter) sind.

Nicht umsonst hat noch das BGB von 1900 im Normalfalle den Vater zum gesetzlichen Vertreter seiner Kinder erhoben[33] (zwar war als Beruf der Frau das Hausfrauen- und Mutterdasein ausgewiesen, letzte Entscheidungsinstanz in Fragen der Kinderfürsorge und -erziehung stand aber nur der verwitweten oder geschiedenen Frau zu[34], ein testamentarisch bestimmter „Beistand" konnte ihr selbst dieses Recht faktisch aus der Hand nehmen). Der Vater vertrat in der Familie des 19. Jahrhunderts das Gesetz und die Welt der Öffentlichkeit, und er wurde sehr folgerichtig als Jurisprudenz und Exekutionsinstanz bei für notwendig erachteten Strafmaßnahmen wider die Kinder gebraucht. Er war die sanktionierende Autorität, deren Worten und Taten (Einbleuen von Anstand und Wissen durch Prügel waren und sind schließlich ein probates Erziehungsmittel!) der nötige Nachdruck zukam und die die Mutter nur allzu gerne zu Hilfe rief, und sei es nur als Drohung...

Wie wirkungsvoll der strafende Vater als Buhmann gegen kindliche Unbotmäßigkeit einsetzbar war, demonstriert Ludwig Ganghofer. Er schikaniert eine Tante, die sich in ihrer Not nicht anders zu helfen weiß als mit der Drohung: „‚Das sag ich deinem Papa, wenn er kommt.‘ Ich weiß nicht, ob der Vater in diesem Augenblicke wirklich heimkam, oder ob nur meine Phantasie beim Gedanken an die Hundspeitsche eine Kutsche rollen hörte. Sicher weiß ich nur, daß ich erschrocken ... flüchtete..."[35]

Zugleich trat sie immer wieder als tröstende und mildernde Instanz dem rasenden väterlichen Zorne, den sie, wie gesagt, nicht selten durch Anzeigen von kindlichen Verfehlungen selbst entfacht hatte, entgegen. Als rechte Mutter, einer Löwin gleich, bot sie dem hilflos ausgelieferten Kinde ihren Schutz an – und oft auch ihr Stillschweigen bei Missetaten. Auch auf diese Weise vertiefte sie das enge Vertrauensverhältnis zum Kind, indem sie sich zu seiner Verbündeten gegen die Forderungen der im Vater personifizierten Welt machte.

August Sperl stellt dieses Ideal eines bedingungslosen Vertrauensverhältnisses eindrucksvoll dar (wie die kindliche Realität tatsächlich aussah, spielt für die hiesige Betrachtung keine Rolle): „Der Knabe hatte nie eine Heimlichkeit irgendwelcher Art vor seiner Mutter. Das war ein wundervolles Verhältnis gegenseitigen bedingungslosen Vertrauens. Hatte man etwas begangen, das auf dem zarten Gewissen lastete, war in der Schule nicht alles glatt gelaufen, eine Rüge gefallen – zur Mutter, zur Mutter und alles, alles vom Herzen heruntergebekannt! Oh, wie schmeckte dann das Essen, wie leicht ging der Atem. Aber freilich – Vater und Mutter waren eins, und wenn der Urteilsspruch der Mutter lautete, das mußt du dem Vater sagen, dann wurde die Angelegenheit schon schwieriger. – ,Mama, bitte sag du's ihm!' – ,O nein, du selbst mußt es sagen.'"[36]

Durch die Arbeits- und Funktionsteilung der beiden Elternteile in Mutter = Seele, Gefühl, Schutz und Vater = Härte, Vernunft, Strafe unterschied sich das emotionale Verhältnis der beiden Ehepartner zum Kinde sehr wesentlich. Dem Vater fehlte, seiner Rolle entsprechend, jene gefühlsbetonte, innige und bedingungslose Nähe zum Kinde, die der Mutter-Kind-Symbiose immanent ist. Strenge, Härte und Tadel, dazu aufrechte Prinzipientreue, strikte Selbst-Disziplin und penible Befolgung der Weltenregeln, das waren seine Handlungsmaximen. Ganz anders als die Mutter, die eher Milde und Güte verkörperte und sich bisweilen auch Prinzipienlosigkeit nachsagen lassen konnte, ohne im Ansehen zu sinken. Die von ihr verlangte blinde Liebe zum Kinde enthielt auch die Devise, im Zweifelsfalle zu seinen Gunsten gegen jedes Gesetz zu entscheiden. So wird beispielsweise die autobiographische Elterndarstellung, die ja ein Spiegel der emotionalen Standards und des Bewußtseins der jeweiligen Zeit ist, beherrscht von der Furcht, auch der Ehrfurcht vor dem gestrengen, unbarmherzigen, aber gerechten Vater, während die Mütter fast allesamt wenig Respekt und intellektuelle Anerkennung finden; dafür aber gebührt ihnen um so mehr, manchmal fast unbegründet scheinende, blinde und tiefe Kindesliebe!

Im Zuge der fortschreitenden Industrialisierung wurde das Muttersein mehr und mehr zum Fulltime-Job für die im häuslich-familiären Bereich beschäftigten Frauen. Je mehr die eigentliche Hausarbeit durch Fertigprodukte ersetzt und durch technische Hilfsmittel erleichtert wurde, umso mehr verlagerten sich die Pflichten der Frau auf den psychologischen und erzieherischen Binnenbereich

der Familie. Deshalb spricht man heutzutage berechtigterweise nicht mehr von „Haus-" sondern präziser von „*Familienfrauen*"!

Zu ihrer Hauptaufgabe wurde zunehmend die Mutterschaft. Die gesellschaftliche Vorstellung verlangte immer nachdrücklicher, daß die Frau sich ganz und gar dem Kinde widme, eine Symbiose mit ihm einginge, die sie vollständig okkupierte.

Nicht ohne Grund schätzt die moderne Gesellschaft das Opfer der Mutter sehr hoch, wohl wissend, daß dieses nach der genannten Prämisse der mütterlichen Selbstaufgabe innerhalb der Symbiose in jedes Mutterleben notwendig hineinprogrammiert ist, ist doch die Abnabelung des Kindes aus der mütterlichen Klammer – die Aufhebung der Symbiose im Erwachsenwerden – identisch mit dem Sinnverlust im Frauenleben. Was dem Kinde als Befreiung erscheint, wird durch das Postulat der innigen Mutter-Kind-Verschmelzung zum unersetzlichen Verlust für das „Mutterherz". Damit übrigens sind neurotische Reaktionen mit absoluter Sicherheit in das eine oder andere Frauenleben eingeplant, zu deren wohl häufigsten die Selbstmorde und Suizidversuche von Frauen zählen, deren Kinder die schützenden Mutterflügel verlassen haben (möglicherweise hat sich auch noch der Mann dem ehelichen Treuepostulat entzogen) und die nun damit ihrer einzigen Aufgabe verlustig gegangen sind. Was gerne unverfrorenerweise der Physis angelastet wird, daß nämlich die biologischen Umstellungen des Klimateriums diese „weiblichen" Depressionszustände verursachten, liegt meiner Ansicht nach in nichts anderem als der gesellschaftlichen Setzung begründet, eine „richtige" Frau habe sich der weiblichen Aufgabe der Liebe zum Kinde und zum Manne mit Haut und Haar zu stellen.

Wir finden also in der Mutterschaft dasselbe Phänomen wieder wie im Verhältnis zwischen Frau und Mann innerhalb der modernen Familienverfassung: Es ist allgemein anerkannt, ja selbstverständlich, daß der Mann sich vor allem dem Berufe widmet, daneben aber auch durchaus private, ganz persönliche Interessen zu pflegen berechtigt ist – etwa ein oft zeitaufwendiges und teures Hobby. Die Familie darf er durchaus als „wichtige Nebensache" betrachten und behandeln.

Das gleiche Betätigungsfeld, quasi die „Berufsebene" der modernen Familienfrau, soll und hat für sie eine andere, alles andere ausschließende Wichtigkeit. Mann und Kindern soll sie liebend zu Diensten sein, was nur machbar scheint, wenn sie jedes davon abweichende Eigeninteresse aufgibt. Liebe wird für sie eben zum Beruf!

So hat, und dies sei mein Fazit, eine gegenüber dem Feudalzustand durchaus fortschrittlich zu nennende gesellschaftliche Konstruktion, die monderne Familie, nur sehr peripher all die Möglichkeiten genutzt, die mit ihr vielleicht zu praktizieren wären. Zwar sind in der Privatheit und Intimisierung der Familie, die stattgefunden hat, mancherlei Varianten der individuellen Entfaltung angelegt; vor allem dem Kinde und seiner Förderung kam diese Entwicklung, wie wir gesehen haben, sehr zupaß. Unbestritten ist auch, daß die „Emotionalisierung der Familie"[37] allenthalben und in beinahe allen wesentlichen familiären Bereichen sichtbar und spürbar geworden ist, Haushalt und Wohnung, Mann und Kind werden, wie gezeigt, mit Liebe versorgt und behandelt. Dieser Trend zu der dem Individuum dienstbaren und gefühlsbetonten Privatsphäre ist in vielen Fällen auf Kosten desjenigen Familienmitgliedes gegangen, das diesen intimen Binnenbereich, das Zuhause, in dem der Einzelne sich niederlassen und „Mensch" sein kann, schafft und bewahrt: Auf der Strecke blieb hier die Frau und ihre persönliche Entfaltung.

Das, denke ich, sollte Anstoß genug sein, über neue Formen des privaten Miteinander nachzudenken. Erste Ansätze dazu sind mit neuen Ideen zur Umgestaltung der Geschlechterteilung in der Arbeitswelt, etwa Teilzeitarbeit für Frauen *und* Männer, bereits gelegt.

## Anmerkungen

[1] Vgl. dazu die Kritik Heidi Rosenbaums an den auch in der Familienwissenschaft grassierenden Vorstellungen von menschlicher „Familiarität" u.a. in der Einleitung zu Rosenbaum, Heidi (Hg.): Seminar: Familie und Gesellschaftsstruktur. Materialien zu den sozioökonomischen Bedingungen von Familienformen. 2. Auflage, Frankfurt 1980, S. 9f.

[2] Die Realität der feudalen Gesellschaft geht natürlich über das hier darstellbare Spektrum an Lebensformen hinaus. Es muß also betont werden, daß hier kein Anspruch auf Vollständigkeit erhoben wird. Vielmehr habe ich nur die Varianten aufgegriffen, die für die spätere Entwicklung wesentlich waren

[3] Möser, Justus: Sämtliche Werke, III, S. 143. Zit. nach Weber-Kellermann, Ingeborg: Die deutsche Familie. Versuch einer Sozialgeschichte. Frankfurt 1974, S. 91f.

[4] Was den Bauern in Form von Land und Vieh als Besitzvergrößerung zukam, das war für den Städter der zu erheiratende Zunftplatz o.ä.

[5] Vgl. u.a. Mitterauer, Wolfgang: Auswirkungen von Urbanisierung und Frühindustrialisierung auf die Familienverfassung am Beispiel des österreichischen Raumes. In: Conze, Werner (Hg.): Sozialgeschichte der Familie in der Neuzeit Europas. Neue Forschungen. Stuttgart 1976, S. 53-146

[6] Christ, Lena: Erinnerungen einer Überflüssigen. Wien, Leipzig 1939, S. 69-72

[7] All das fand erst im Verlaufe unseres Jahrhunderts breiteren Eingang in die Haushaltungen auch der unbemittelten Massen. In den zwanziger Jahren beispielsweise war erst knapp die Hälfte aller Berliner Haushalte mit elektrischem Strom versorgt

[8] Die Nähmaschine war zwar 1845 erfunden worden, hielt aber erst Jahrzehnte später Einzug in die Stuben vieler Familien. Waschmaschinen, die tatsächlich merkliche Erleichterung brachten, gibt es gar erst seit den dreißiger Jahren des 20. Jahrhunderts

[9] Es gibt gerade in der letzten Zeit wieder zunehmend Werbespots, die auf diesen Hausfrauengeist rekurrieren, indem entweder die Produkte zum Selbermachen einladen oder aber Waren angeboten werden, die so gut wie selbst gemacht sein sollen

[10] Weber, Mathilde: Über die sozialen Pflichten der Familie. Gesammelte populäre Aufsätze. 2. Auflage, Berlin 1886, S. 136 (Hervorhebung im Original)

[11] Die armen Bürgerfrauen hatten unter diesem gesellschaftlichen Faulheitsgebot zu leiden, mußten sie doch das nebenher zu beschaffende Unterhaltsgeld heimlich erwirtschaften. Das geschah nicht selten durch textile Heimarbeiten, die es erlaubten, formell den Schein der nutzlos werkelnden Dame aufrechtzuerhalten. (Vgl. dazu Koch, Christiane: Wenn die Hochzeitsglocken läuten… Glanz und Elend der Bürgerfrauen im 19. Jahrhundert. Diss. Marburg 1985, S. 313ff.)

[12] Erst die modernen Kleinwohnungen unternehmen den Versuch, die weibliche Arbeitsstelle wieder in das familiäre Innenleben zu integrieren, indem sie einerseits räumliche Verbindungen zum Wohnzimmer schaffen oder beides – Wohnen und Hausarbeiten – in der sog. „Wohnküche" funktionell verknüpfen. Vgl. dazu Scheid, Eva: Die Küche – die Fabrik der Hausfrau. Diss. Marburg 1985

[13] Vgl. unten zur modernen Variante weiblicher Kommunikation, dem Kaffeeklatsch, S. 412 ff.

[14] Vgl. Weber-Kellermann, Ingeborg: Die gute Kinderstube. Zur Geschichte des Wohnens von Bürgerkindern. In: Niethammer, Lutz (Hg.): Wohnen im Wandel. Beiträge zur Geschichte des Alltags in der bürgerlichen Gesellschaft. Wuppertal 1979, S. 44-64

[15] Gemeint ist mit diesem Begriff das System von Funktionen, die mit dem räumlichen Gebilde zusammenhängen. Das Einfamilienhaus gilt in diesem Sinne auch als „Wohnung". Es enthält dieselben Räumlichkeiten mit identischen Aufgaben

[16] Lessing, Theodor: Einmal und nie wieder. Lebenserinnerungen. Prag 1935, S. 31 ff.

[17] Bajohr, Stefan: Vom bitteren Los der kleinen Leute. Protokolle über den Alltag Braunschweiger Arbeiterinnen und Arbeiter 1900 bis 1933. Köln 1984, S. 190

[18] Daß diese ideologische Forderung an die Frauen, schön, dumm und lieb zu sein, nicht ohne Gegenwehr von weiblicher Seite abging, zeigen all die harten Kämpfe und Auseinandersetzungen von Beginn des 19. Jahrhunderts an um die intellektuelle Leistungsfähigkeit der Frau und um ihre Beteiligung an den „weltlichen" Sphären, beruflichen wie politischen, der entstehenden bürgerlichen Gesellschaft

[19] Diese uns heute selbstverständliche Verknüpfung von Häuslichkeit und Gefühlsseligkeit mußte in einem historischen Prozeß erst in das gesellschaftliche Bewußtsein integriert werden. Von Caroline Schlegel-Schelling beispielsweise wird kolportiert, sie und ihre halbwüchsige Tochter hätten sich vor Lachen geschüttelt, als sie zum ersten Male von der „züchtigen Hausfrau" in Schillers Glocke lasen. Was der Großmüttergeneration von heute die Tränen der Rührung in die Augen trieb, evozierte im Jahre 1799 wahre Lachanfälle

[20] Vgl. Weber, Marianne: Ehefrau und Mutter in der Rechtsentwicklung. Eine Einführung. Tübingen 1907

[21] Die Beispiele hierfür in der Literatur sind zahlreich. Vgl. dazu Koch, Wenn die Hochzeitsglocken läuten... Vor allem die Ausführungen zur ersten Hälfte des 19. Jahrhunderts enthalten hierzu eine Reihe von Exempeln

[22] Entsprechend wurde auch die Trennung aus Gründen der Abneigung (oder wegen neuer Liebe) – die Scheidung – gesetzlich und faktisch möglich

[23] Nicht zufällig entsprechen diese moralischen Qualitäten des/der Geliebten dem im 18./19. Jahrhundert erfundenen theoretischen Konstrukt der sog. „Geschlechtscharaktere", die dem Geschlecht jeweils naturhaft psychologische Merkmale und Verhaltensweisen andichten wollen. Es handelt sich dabei um den (ideologisch äußerst gelungenen) Versuch, die gesellschaftliche Scheidung in Produktions- und Reproduktionsfunktion und ihre geschlechtsmäßig arbeitsteilige Verortung in Mann=Welt und Frau=Haus wissenschaftlich zu verobjektivieren. Vgl. dazu Hausen, Karin: Die Polarisierung der „Geschlechtscharaktere". Eine Spiegelung der Dissoziation von Erwerbs- und Familienleben. In: Conze, Werner (Hg.): Sozialgeschichte der Familie in der Neuzeit Europas. Neue Forschungen. Stuttgart 1976, S. 363-393

[24] Konsequenterweise sehen die Kriterien für die außereheliche Liebe ganz anders aus. Sie blieb vor allem den Männern vorbehalten und galt für sie als die heimliche Befreiung aus den Fesseln der ehelichen Tugendhaftigkeit, weshalb dort ansonsten ungebührliche weibliche Aktivität durchaus gern gesehen war

[25] Bluntschli, Johann Caspar: Denkwürdigkeiten aus meinem Leben. (Hg.: Rudolf Seierlein). Nördlingen 1884, S. 108

[26] Vgl. Bock, Gisela und Barbara Duden: Arbeit aus Liebe – Liebe als Arbeit. Zur Entstehung der Hausarbeit im Kapitalismus. In: Frauen und Wissenschaft. Beiträge zur Sommeruniversität für Frauen. Berlin 1976, S. 118-199

[27] Dalton, Hermann: Lebenserinnerungen. Bd. 1, Berlin, 1906, S. 105 f.

[28] S. o. S. 411

[29] Vgl. Weber-Kellermann, Ingeborg: Frauenleben im 19. Jahrhundert. Empire und Romantik, Biedermeier und Gründerzeit. München 1983, S. 108 ff.

[30] Frevert, Ute: Frauen-Geschichte. Zwischen Bürgerlicher Verbesserung und Neuer Weiblichkeit. Frankfurt/Main 1986, S. 188

[31] Eine sehr aufschlußreiche Untersuchung der Geschichte der Mutterschaft hat Badinter erarbeitet: Badinter, Elisabeth: Die Mutterliebe. Geschichte eines Gefühls vom 17. Jahrhundert bis heute. München 1981

[32] Kügelgen, Wilhelm von: Jugenderinnerungen eines alten Mannes. 6. Abdruck, Berlin o.J., (Erstauflage 1870), S. 33 f. Bemerkenswert an Kügelgens Elternbeschreibung ist übrigens, daß hier der Vater, was die Emotionalität anlangt, fast besser davonkommt als die Mutter, ein Umstand, der sich vermutlich der Tatsache verdankt, daß die gesellschaftlichen Rollenbilder zu Kügelgens Jugendzeit, er wurde 1802 geboren, noch nicht fest standardisiert waren

[33] Auch wenn hier bereits erstmals explizit eine elterliche anstelle der ausschließlich väterlichen Gewalt vorgesehen war. Vgl. Marianne Weber, Ehefrau und Mutter in der Rechtsentwicklung, Kap. V zum bürgerlichen Gesetzbuch

[34] Letzteres auch nur, wenn der Mann durch Verbrechen der elterlichen Gewalt verlustig gegangen war!

[35] Ganghofer, Ludwig: Lebenslauf eines Optimisten. Bd. 1: Buch der Kindheit. 27. Auflage, Stuttgart 1920, S. 137f.

[36] Sperl, August: Ahnenbilder und Jugenderinnerungen. München 1922, S. 246f.

[37] Dieser Begriff stammt von Shorter, Edward: Die Geburt der modernen Familie. Reinbek 1977

## Zitierte und ausgewählte Literatur zur Geschichte der Familie

Badinter, Elisabeth: Die Mutterliebe. Geschichte eines Gefühls vom 17. Jahrhundert bis heute. München 1981

Bajohr, Stefan: Vom bitteren Los der kleinen Leute. Protokolle über den Alltag. Braunschweiger Arbeiterinnen und Arbeiter 1900 bis 1933. Köln 1984

Bluntschli, Johann Caspar: Denkwürdigkeiten aus meinem Leben. (Hg.: Rudolf Seierlein). Nördlingen 1884

Bock Gisela und Barbara Duden: Arbeit aus Liebe – Liebe als Arbeit. Zur Entstehung der Hausarbeit im Kapitalismus. In: Frauen und Wissenschaft. Beiträge zur Sommeruniversität für Frauen. Berlin 1976, S. 118-199

Bovenschen, Silvia: Die imaginierte Weiblichkeit. Exemplarische Untersuchungen zu kulturgeschichtlichen und literarischen Präsentationsformen des Weiblichen. 2. Aufl., Frankfurt 1980

Conze, Werner (Hg.): Sozialgeschichte der Familie in der Neuzeit Europas. Neue Forschungen. Stuttgart 1976

Christ, Lena: Erinnerungen einer Überflüssigen. Wien, Leipzig 1939

Dalton, Hermann: Lebenserinnerungen. Bd. 1, Berlin 1906

Eberty, Felix: Erinnerungen eines alten Berliners. Berlin 1878

Frevert, Ute: Frauen-Geschichte. Zwischen Bürgerlicher Verbesserung und Neuer Weiblichkeit. (= Suhrkamp. Neue Historische Bibliothek). Frankfurt 1986

Ganghofer, Ludwig: Lebenslauf eines Optimisten. Bd. 1, Buch der Kindheit. 27. Auflage, Stuttgart 1920

Gerhard, Ute: Verhältnisse und Verhinderungen. Frauenarbeit, Familie und Rechte der Frauen im 19. Jahrhundert. Mit Dokumenten. Frankfurt 1978

Gottschalch, Wilfried: Vatermutterkind. Deutsches Familienleben zwischen Kulturromantik und sozialer Revolution. Berlin 1979

Hausen, Karin: Die Polarisierung der „Geschlechtscharaktere". Eine Spiegelung der Dissoziation von Erwerbs- und Familienleben. In:

Conze, Werner (Hg.): Sozialgeschichte der Familie in der Neuzeit Europas. Neue Forschungen. Stuttgart 1976, S. 363-393

Koch, Christiane: Wenn die Hochzeitsglocken läuten... Glanz und Elend der Bürgerfrauen im 19. Jahrhundert. Diss. Marburg 1985

Kügelgen, Wilhelm von: Jugenderinnerungen eines alten Mannes. 6. Abdruck, Berlin o.J.

Lessing, Theodor: Einmal und nie wieder. Lebenserinnerungen. Prag 1935

Mannzmann, Anneliese (Hg.): Geschichte der Familie oder Familiengeschichten? Zur Bedeutung von Alltags- und Jedermannsgeschichte. Königstein/Ts. 1981

Mitterauer, Michael und Reinhard Sieder: Vom Patriarchat zur Partnerschaft. München 1977

Niethammer, Lutz (Hg.): Wohnen im Wandel. Beiträge zur Geschichte des Alltags in der bürgerlichen Geschichte. Wuppertal 1979

Rosenbaum, Heidi (Hg.): Seminar: Familie und Gesellschaftsstruktur. Materialien zu den sozioökonomischen Bedingungen von Familienformen. 2. Aufl., Frankfurt 1980

Rosenbaum, Heidi: Formen der Familie. Untersuchungen zum Zusammenhang von Familienverhältnissen, Sozialstruktur und sozialem Wandel in der deutschen Gesellschaft des 19. Jahrhunderts. Frankfurt 1982

Scheid, Eva: Die Küche – die Fabrik der Hausfrau. Diss. Marburg 1985

Sperl, August: Ahnenbilder und Jugenderinnerungen. München 1922

Weber, Marianne: Ehefrau und Mutter in der Rechtsentwicklung. Eine Einführung. Tübingen 1907

Weber, Mathilde: Über die sozialen Pflichten der Familie. Gesammelte populäre Aufsätze. 2. Aufl., Berlin 1886

Weber-Kellermann, Ingeborg: Die deutsche Familie. Versuch einer Sozialgeschichte. Frankfurt 1977

Weber-Kellermann, Ingeborg: Frauenleben im 19. Jahrhundert. Empire und Romantik, Biedermeier, Gründerzeit. München 1983

# Mobilisierung der Seele.
# Jugend in Deutschland: 1880-1930

*Wolfgang Dreßen*

„Die Anklage gegen ein Gefängnis, aus dem ein tyrannischer Direktor die Hölle macht, ist keineswegs durch ein paar Beispiele von Anständigkeit zu entkräften, aber die Leitung eines guten Direktors wird durch einen einzigen Fall von Grausamkeit widerlegt.

Die Logik ist nicht unabhängig vom Inhalt. Angesichts der Tatsache, daß in der Wirklichkeit dem bevorzugten Teil der Menschen billig ist, was dem anderen unerreichbar bleibt, wäre eine unparteiische Logik so parteiisch wie das Gesetzbuch, das für alle das gleiche ist."
Max Horkheimer, Dämmerungen.

Notizen in Deutschland

## 1. Disziplinierung versus Selbstgestaltung

In der Zeit zwischen 1880 und 1930 scheinen zwei gegensätzliche Thesen gleichermaßen zuzutreffen. Immer mehr Menschen können über ihren Lebenslauf bestimmen, ihn selbst gestalten – und zugleich werden sie einer immer intensiveren Disziplinierung unterworfen.

Für beide Thesen finden sich viele Belege. Der Arbeitstag wird verkürzt, Systeme sozialer Sicherheit sichern den einzelnen auch in Notfällen, das Bildungsangebot wird ausgebaut, schon die Kinder und Jugendlichen schaffen sich in der Jugendbewegung selbstbestimmte Organisationen, sozialer und politischer Protest organisiert sich in Parteien und Gewerkschaften, ständische Vorrechte verlieren an Gewicht, Tabus fallen fort, über die Menschen bis in ihr sexuelles Leben festgelegt wurden; aber in diese Zeit fällt auch der Erste Weltkrieg, das Ende dieser Zeitperiode kennzeichnet der sich anbahnende Sieg des Nationalsozialismus, Zeiten hoher Arbeitslosigkeit machen für viele einen selbstbestimmten Lebenslauf unmöglich, die Fürsorge für die Jugend dient auch ihrer intensivierten Überwachung, von Medizinern und

Vertretern der „Rassenhygiene" wird auch jetzt schon die biologische „Auslese" der Menschen gefordert, die Organisationen der Jugendlichen selber stimmen 1914 in die Kriegsbegeisterung ein und verlangen von sich selber in den 20er Jahren eine strikte Disziplinierung.

Solche Beobachtungen, die jeweils die These der Disziplinierung oder der Selbstgestaltung unterstützen, lassen sich fortsetzen; beides scheint möglich gewesen zu sein. Damit allerdings würde letztlich die These von der möglichen Selbstgestaltung an Gewicht gewinnen. Auch diese Behauptung findet sich in der Literatur: Die Chance zur Selbstgestaltung des eigenen Lebenslaufs sei noch nie so groß gewesen, aber sie sei nicht genügend ergriffen worden. Hiermit verbunden wird oft die Behauptung der verspielten Möglichkeit einer demokratischen Gesellschaft in der Weimarer Republik. Von den meisten Autoren werden jeweils verschiedene politische Lager und Parteien dafür verantwortlich gemacht. Von anderen Autoren wird eine *Entscheidung* zu totalitären Organisationen und Lebensformen angenommen, eine *Verführung*, sich einzuordnen und zu unterwerfen.

Vielleicht widersprechen sich die Thesen von der zunehmenden Selbstgestaltung oder der zunehmenden Disziplinierung nur auf den ersten Blick. Die Industriegesellschaft zeichnet sich durch die Emanzipation vom Zwang ständischer Gewalten aus, immer mehr Menschen müssen sich nicht mehr nach dem „Herkommen" richten, sondern suchen sich selber ihre Arbeit und ihre Lebensbedingungen. Und zugleich wird eine intensivierte Anpassung an Arbeits- und Lebensformen industrieller Arbeit gefordert, während das „Herkommen" noch verschiedene besondere Lebensformen in den Regionen, Dörfern und den verschiedenen Schichten sicherte. Die Industrialisierung erfordert eine Vergesellschaftung „richtigen" Verhaltens, die zunehmend für alle gilt: strikte Pünktlichkeit, durch die Maschinerie gefordertes Arbeitsverhalten, Erlernen bestimmter Bildungsstandards, die Notwendigkeit „produktiven" Verhaltens, das Leben in polizeilich und hygienisch geregelten Großstädten; noch der soziale und politische Protest erscheint nur in Massenorganisationen mit ihren festgelegten Statuten, Symbolen und Ideologien möglich.

Der Vergleich mit der Industrialisierung in anderen Ländern zeigt, daß mit ihr eine Notwendigkeit von Disziplinierung durchgesetzt wird, zugleich aber noch eine Chance von Selbstbestimmung offen bleibt, die aber nur gegen diese Notwendigkeit behauptet werden kann. Die totalitäre Versuchung liegt in der Normalität der Industriegesellschaft selber. Nur als Protest gegen sie kann die Chance der Selbstgestaltung wirklich werden, wobei dieser Protest selber sich auf seine Voraussetzungen in dieser Disziplinargesellschaft besinnen muß. Denn auch über eine behauptete und auch subjektiv angenommene Selbstgestaltung kann Disziplin durchgesetzt werden. Über die befreienden Möglichkeiten der Industriegesellschaft kann die mit ihr notwendige Disziplinierung als Selbstgestaltung interpretiert werden. Solche Argumentationsmuster finden sich auf verschiedenen Ebenen: vom unkritischen Lob der Schulpflicht bis zur Behauptung, daß gerade ein Ergebnis der Industrialisierung, das Proletariat, das entscheidende revolutionäre Subjekt sei (und schon in der Behauptung eines zentralen gesellschaftlichen Subjekts), bis hin zum Lob des Arbeiters bei Ernst Jünger, als des „Typus", der in der „Ordnung" das „stählerne Spiegelbild der Freiheit" erkennt[1]. Schon die Beschränkung des Protests auf organisierte soziale und politische Bewegungen wiederholt den Ordnungszwang und übersieht alltäglich durchgesetztes selbstbestimmtes Leben.

Die hier behandelte Epoche kann als eine Zeit ökonomischer, politischer und gesellschaftlicher Modernisierung verstanden werden. Die Freizeit- und Medienwelt um 1930 steht uns schon sehr nah, aber die Welt um 1880 empfinden wir höchstens als frühen Beginn unserer eigenen Lebenserfahrungen und -gewohnheiten. Um so erschreckender

die disziplinierende Krisenbewältigung am Ende dieser Epoche bis hin zum Nationalsozialismus. Auch wenn die Zeit nach 1930 hier nicht behandelt wird, so bleibt sie doch im Hintergrund der Darstellung. Diese Epoche kann nicht analysiert werden ohne das Bewußtsein ihrer realen Konsequenz nach 1933.

Die Möglichkeiten von Disziplinierung und Selbstgestaltung werden vor allem an der Geschichte der Kinder und besonders der Jugendlichen untersucht, in der Schule, den Jugendorganisationen, im Krieg, in der Familie, in den Anstalten. Solche Breite ist notwendig: Es zeichnet gerade die Disziplinierung aus, daß sie sich abschottet. Sie erscheint für die jeweiligen Außenstehenden als Ausnahme. Nur der „auffällige" Jugendliche gerät in die Gefahr, in einer psychiatrischen Anstalt interniert zu werden.

Diese Ausnahmen entziehen sich den Blikken üblicher Alltagserfahrung, die Mauern der Anstalten halten nicht nur die Insassen fest, sie halten auch die Blicke aus diesem besonderen Alltag fern. Eine diffuse Angst vor der Aussonderung genügt. Zu genaues Wissen aber würde dem regulierten Alltag der „Normalen" zu sehr widersprechen. Die über den Ausnahmezustand produzierte Angst vor gesellschaftlicher Isolation reicht aus, sie ist eines der wichtigsten Disziplinierungsmittel: Soziale Integration in das Regelsystem industrialisierter Arbeit soll gegenüber solcher Ausnahme als Freiheit empfunden werden. Die Industriegesellschaft hält an der Utopie sich selbst regulierenden Lebens fest und basiert gerade deshalb auf diesen Ausnahmen, um Regulierung immer erneut durchzusetzen. Gegen ein nicht in das Regelsystem integriertes Leben, gegen die von einzelnen oder Gruppen gelebten Ausnahmen wird die institutionalisierte Ausnahme gesetzt.

Auch gesamtgesellschaftliche Ausnahmesituationen wie etwa die Zeit des Nationalsozialismus bleiben an Krisenmomente gebunden. An ihrer Vermeidung oder an der folgenden erneuten Abschottung solcher Ausnahmen erweist sich die Stabilität der jeweiligen Industriegesellschaft. Die Instabilität der deutschen Gesellschaft kann hieran gemessen werden: eine verspätete, abrupte, zum Teil von oben durchgesetzte Industrialisierung, nicht durch eine an einem sich selbst regulierenden Markt interessierte Bourgeoisie. Die Institutionen des Ausnahmezustands behielten in Deutschland ein ungleich stärkeres Gewicht als in Westeuropa.

Aber auch jenseits der einzelne, Gruppen oder die ganze Gesellschaft treffenden Ausnahmesituationen basiert die Industriegesellschaft auf Disziplin. Sie ist eine Gesellschaft verinnerlichter Disziplinierung, die mit jedem Produktionsfortschritt, mit jeder ökonomischen Rationalisierung weiter intensiviert werden muß. Zugestandene Selbstgestaltung ist von solcher Disziplinierung nicht zu trennen. Erst die als Selbstgestaltung erfahrene Disziplinierung garantiert die selbstverständliche Alltäglichkeit industrieller Produktionsprozesse. Selbstgestaltung gegen solche Normalität wird in den institutionalisierten Ausnahmesituationen „behandelt", umerzogen, „geheilt" oder ausgesondert. Erst diese Ausnahme enthüllt die repressive Rationalität des geregelten Alltags. Die Freiheit *innerhalb* des geregelten Alltags bleibt die Maske der Disziplin.

## 2. Die Disziplinierung der Jugend

„Jugend" war um die Jahrhundertwende ein Schlagwort, ein Modewort, das Modernität, Zukunft versprach. „Jugend", das verhieß ein selbstgestaltetes Leben gegen die erstarrte Lebenswelt des Wilhelminismus.

Deutschland selber wurde als „jugendlich" empfunden. Und die Zahlen der Statistik belegen diesen Eindruck. Bis zur Jahrhundertwende wuchs der Anteil der „Jugend" an der Reichsbevölkerung.[2] Klaus Tenfelde schreibt von einer „relativen Jugendlichkeit der deutschen Reichsbevölkerung"[3]. Und diese „Jugendlichkeit" war im Vergleich mit anderen Staaten ausgeprägt, besonders im Vergleich mit dem „dekadenten" Frankreich. Sie fiel in den Großstädten auf, hier wiederum besonders in den industrialisierten Regionen. Hier wuchs die Bevölkerung überproportional, konzentrierten sich die Menschen im industriell produktiven Alter, spielte auch, etwa im Ruhrgebiet, die Zuwanderung eine große Rolle. Insgesamt lebten 1871 in den Groß-

städten etwa zwei Millionen Menschen (4,8% der Reichsbevölkerung), 1910 dagegen schon vierzehn Millionen (21,3%).[4]

Allerdings änderte sich in den Großstädten das Familienverhalten: Die Familiengröße wurde eher geplant, weniger Kinder wurden geboren. Der Anteil produktiver Jugendlicher blieb überproportional hoch, aber die jüngsten Jahrgänge nahmen eher ab. Die „Jugendlichkeit" einer Stadt war mit ihrer industriellen Produktivität verbunden – so war Berlin 1905 im Vergleich mit anderen Großstädten eher gealtert. (Klaus Tenfelde führt dies auf die „reichshauptstädtische Funktion nicht nur im Bereich von Verwaltung und Dienstleistung, sondern auch im engeren industriellen Bereich" zurück.[5])

„Jugendlichkeit", das hieß industrielle Produktivität, die erhoffte Leistungsfähigkeit und Weltgeltung des Reiches war mit ihr verbunden. An die „Jugend" wurden bestimmte Erwartungen gestellt: Trägerin einer ökonomischen Modernisierung und einer zukünftigen deutschen Großmachtstellung. Aber „Jugendlichkeit", das hieß auch Lösung aus traditionellen Bindungen – ein Legitimitätsbedarf für die von Staat und Industrie geforderte produktive Moral. Gerade in den Industrieregionen stieg die Jugendkriminalität.[6]

Damit die „Jugend" den an sie gestellten Aufgaben gerecht werden konnte, mußte sie einem positiven Bild der „Jugend" entsprechen. Aber diese eher gelobte Jugend entstammte dem Bildungsbürgertum. Diese weder durch den Besitz von Produktionsmitteln noch durch ständische Herkunft abgesicherte Schicht mußte von ihrer Jugend erwarten, ihren eigenen mühsam erworbenen Status zu halten. Er mußte in jeder Generation durch Bildung und Leistung neu bestätigt werden. In solcher Leistung blieb diese Jugendgeneration aber auch relativ unabhängig von den Eltern: Sie bestätigte sich selbst; auch wenn die Leistungen, der schulische Erfolg, von den häuslichen Verhältnissen abhängig blieb, so war ihr zukünftiger Status doch nicht durch Besitz oder ererbte Vorrechte abgesichert, sie mußte ihn sich selbst „erringen".

Gefürchtet wurde eine andere Jugend: die kriminellen Jugendlichen, die Jugendlichen, die sich nicht einordneten, aber auch allgemeiner die Arbeiterjugendlichen, die zwischen Schule und allgemeiner Wehrpflicht noch nicht oder nicht mehr kontrolliert werden konnten. Gesprochen wurde von einer „gefahrvollen Lücke in der Jugenderziehung"[7]. Außerhalb eines institutionellen Zusammenhangs allgemeiner Pflichten (Schul- oder Wehrpflicht) wurde eine „Kontrollücke" befürchtet. Das Heer wurde deshalb auch als eine Weiterführung der Schule gesehen. Allgemeine Wehrpflicht und allgemeine Schulpflicht bezogen sich in ihrer Entstehung und in ihrer gegenseitigen Unterstützung, allgemeine Disziplinierung zu erreichen, aufeinander: Einerseits der kleine „Schulrekrut", andererseits das Heer als „Hauptbildungsschule der Nation". In der Zeit zwischen Schule und Armee sollten Polizei, Fürsorge, Jugendpflege der konfessionellen Vereine, aber auch bereits der zum Teil von der Armee geförderte Sport eine Kontrolle ermöglichen. In der Deutschen Turnerschaft wuchs die Zahl der Mitglieder im Alter zwischen 13 und 17 Jahren von 1884 bis 1912 von 30000 auf 184000.[8]

Die Turner setzten sich für die Befreiung des Körpers aus bloßem Exerzierdrill ein. In ihrer Anknüpfung an den „Turnvater Jahn" aus der Zeit der „Befreiungskriege" forderten sie einerseits „natürliche Körperbewegung" und lehnten zugleich die Ideen der Französischen Revolution ab. Die „Natur" wurde national interpretiert: in den Sedanfeiern oder den „Weihestätten" unter „deutschen" Eichen. „Natur" war das Mittel, jenseits des einzelnen Subjekts Verbindliches aufzuzeigen, das zugleich unbestimmt und damit funktional blieb. Die Deutschen Turner treten 1911 dem vom Heer geförderten Jungdeutschlandbund bei; seine Ziele: „unter Ausschließung aller Politik unsere Jugend wehrhaft und wahrhaft zu machen, sie körperlich und seelisch zu kräftigen, sie zu Ordnung und Gehorsam zu erziehen, ihr Treue in der Pflichterfüllung und Gemeinsinn einzuflößen, damit sie den Dienst fürs Vaterland als höchsten Schmuck des deutschen Mannes erkenne."[9]

Gespielt hatten Kinder und Jugendliche, die „Gassenjungen" auf den Straßen, Plätzen und Hinterhöfen der Städte auch bisher. Es ging jetzt aber um das „geordnete gemeinsame Spiel", das nach bestimmten Regeln, auf bestimmten ausgemessenen Plätzen, in

Vereinen mit Statuten und Hierarchien ausgetragen wurde.[10] Dieser Sport richtete sich gegen die „ungesunden" und „unmoralischen" Folgen der Verstädterung und organisierte sich innerhalb der Disziplinarregeln der Industriegesellschaft. Er bereitete auf eine Arbeit vor, die eine exakte Beherrschung des Körpers verlangte. „Überreizung, Nervosität", das waren Schlagworte, mit denen städtische „Künstlichkeit" kritisiert wurde, aber mangelnde Selbstherrschung gemeint war. Der sportliche Jugendliche hatte sich „im Griff": Eine Rationalisierung des Körpers, die als natürlich ausgegeben wurde.

Sozialdemokratische Arbeiter organisierten sich im Arbeiterturnbund (1893). Hier wurde zwar ausdrücklich eine Maschinenarbeit kritisiert, die den Arbeiter selber zur Maschine degradiere. Die Arbeitersportler wurden unter anderen Symbolen als im Turnerbund organisiert, aber in der Körperdisziplin wurde die gleiche Formierung verlangt: Der „gesunde Geist im gesunden Körper" wurde auch hier gefordert. Gesundheit war wie im Turnerbund eine moralische Norm.

Trotzdem wurden solche Organisationen im Kaiserreich behindert. Jugendlichen unter 18 Jahren war die Teilnahme an politischen Vereinen, selbst an politischen Veranstaltungen verboten (Reichsvereinsgesetz von 1908). Oft wurden auch Jugend- und Sportvereine zu politischen Organisationen erklärt.

Aber die sozialdemokratische „Vereinskultur" war insgesamt bestimmt durch eine Moralisierung des Alltags bis in die Körperlichkeit, wenn auch unter anderen Vorzeichen als in den bürgerlichen Vereinen. In den Großstädten konnten deshalb die bürgerlichen und die sozialdemokratischen Vereine die „Kontrollücke" zum Teil auffüllen.

In den traditionell bestimmten Gebieten auf dem Lande blieb diese Sorge um die Jugend noch unbegründet. In ländlichen Gebieten, selbst wenn die Jugendlichen regelmäßig in der Fabrik einer nächstgelegenen Stadt arbeiteten, überlebte traditionsorientiertes Verhalten bis in dieses Jahrhundert.

In einer neueren Untersuchung wurde am Beispiel einer ländlichen Arbeitergemeinde in Württemberg dieses traditionelle Leben dargestellt[11]: Trotz der verbreiteten täglichen Arbeit in der Fabrik basierte hier der Alltag außerhalb der Fabrik auf dem Herkommen. In dieser Gemeinde gab es auch noch Bauern, auch die Arbeiter konnten noch auf eigenes Land, auf Reste bäuerlicher Selbstversorgung zurückgreifen. Das Leben im Dorf war noch geprägt durch eine zyklische, über die Jahreszeiten vermittelte Zeitstruktur, durch bestimmte wiederkehrende Feste, in denen die Generationen bestimmte Rollen übernahmen, durch die Bedeutung der Kirche, die nicht in Frage gestellte väterliche Autorität in der Familie, durch spezifische in die Traditionen eingebundene Altersgruppen und ihre Bräuche.

Jugend wurde auf dem Dorf nicht besonders gelobt, aber auch nicht gefürchtet, ein Zustand, dem vor allem die Rechte der Erwachsenen mangelten – ein „defizitärer Zustand", den es möglichst schnell zu überwinden galt.

Der Umbruch auf dem Dorf war erst mit dem Ersten Weltkrieg gegeben, mit Erfahrungen, die nicht mehr über die dörflichen Traditionen interpretiert werden konnten. Zudem fehlten während des Krieges die männlichen Erwachsenen und die ältere männliche Jugend: Traditionen konnten nicht mehr weitergegeben werden.

## 3. Familie und Schule

Eine künstliche Stabilisierung disziplinierender Lebensgestaltung auch unter den Bedingungen der Großstadt sollte in der Familie gelingen: Noch vor der polizeilichen, juristischen oder pädagogischen Autorität sollte die Autorität des Vaters eine Normalisierung des Verhaltens garantieren. Diese Autorität sollte sich auf ein geregeltes Familienleben stützen, eine künstliche Traditionsinsel mit gemeinsamen Mahlzeiten, Festtagen, verteilten Anforderungen, Belohnungen und Strafen. In den Arbeiterfamilien fehlten hierfür schon die materiellen Voraussetzungen. Die frühe Sozialgesetzgebung (auch Gesetze zum Arbeiterschutz, Unfallverhütungsvorschriften in den Betrieben) sollte zumindest zum Teil ein Familienleben absichern und vor materiellen Einbrüchen und privaten Katastrophen schützen.

Die Arbeiter selber sollten zudem lernen, Bedürfnisse aufzuschieben und ihr Geld zur Sparkasse zu bringen. Besonders die relativ gut verdienenden jungen Facharbeiter sollten schon in Jugendsparkassen lernen, sich selber gegen „Wechselfälle" des Lebens abzusichern: Lebensplanung wurde gefordert, die sich orientierte am erreichten Arbeitslohn und Verzicht auf Bedürfnisse verlangte, wenn sie dem Lohn nicht entsprachen, – ein Realismus, der sich den Machtverhältnissen unterordnete. Alfred Krupp: „Fleiß, Ordnung und Sparsamkeit ist der erste und sicherste Schutz gegen die beklagte Not und wo sie fehlen, helfen auch die beste Regierung und die besten Gesetze nichts."[12]

Solche Normalisierungsstrategien hatten Erfolg. 1897 zählte Gustav Schmoller den „besser bezahlten Arbeiter" zusammen etwa mit kleinen Beamten oder Handwerkern zum „unteren Mittelstand". Bürgerliche Standards waren bei diesen Facharbeitern verbreiteter und zugleich waren sie oft in der Sozialdemokratie und in der Gewerkschaft organisiert. Für die Arbeiterjugendlichen aus dieser Schicht blieb politischer Widerspruch mit Autorität verbunden. Disziplinierung wurde auch in den sozialdemokratischen Organisationen verlangt. Die Sozialistengesetze verstärkten diese Tendenz – bis zu Parteiausschlüssen, um den Staat nicht zu weiteren Maßnahmen zu „provozieren".

Bei den ungelernten Arbeitern verhinderten materielles Elend, unmittelbare Abhängigkeit (sie waren nicht durch Qualifikation relativ gesichert) eine Selbstgestaltung ihres Lebenslaufs, aber in ihren Kampfformen ließen sie sich wenig durch eine staatlich oder sozialdemokratisch verlangte Disziplinierung behindern.

Es blieben noch Möglichkeiten in der Zeit zwischen Militär und eigener Familiengründung, sich der Disziplinierung zu entziehen, so durch häufigen Arbeitsplatz- und Ortswechsel (anders bei den Arbeitern, die in eine Stammbelegschaft gleichsam hineingeboren wurden, etwa bei Krupp). Mit etwa 20 Jahren hatte ein Arbeiter im Durchschnitt einen Lohn erreicht, den er später mit der Familie teilen mußte. Aber jetzt konnte er ihn noch allein für sich selbst ausgeben. Die Ehe war als Institution nicht angezweifelt, wenn auch im Proletariat voreheliche Sexualität weniger mit den im Bürgertum üblichen Sanktionen belegt war (es gab noch den Kuppeleiparagraphen, der verbot, das Zusammenleben Unverheirateter zu dulden). In der Wahl des Ehepartners blieb dem jugendlichen Arbeiter gegenüber der bürgerlichen Jugend eine größere Freiheit. Die Familie bedeutete dagegen ein Ende solcher beschränkten Mobilität. Der Arbeiter wurde durch sie diszipliniert und gab zugleich Autorität weiter: Gegenüber „seiner" Frau und „seinen" Kindern trat er als derjenige auf, der das Geld nach Hause bringt und damit Anspruch auf Erholung und Gehorsam „verdient" hat. Diese Familienstruktur galt besonders für die Facharbeiter, hier besonders für die relativ gut verdienenden und qualifizierten Arbeiter im Maschinenbau. Zum Teil konnten sie sich über Wohnungsbaugenossenschaften bereits Wohnungen in Reihenhaussiedlungen leisten (1913 wurde etwa von Bruno Taut in Berlin „Am Falkenberg" eine Gartenvorstadt für Arbeiter gebaut). Immer wieder wurden die Kruppwerke als Vorbild hingestellt, deren Facharbeiter, die Stammbelegschaft, Werksiedlungen beziehen konnten.

Anders sah es bei den Familien aus, wo Vater und Mutter arbeiten gehen mußten, erst recht bei alleinstehenden Müttern. Hier konnte eine Ordnung geregelten Lebens kaum durchgesetzt werden. Schon um die Miete bezahlen zu können, mußten sie oft „Schlafgänger" aufnehmen. Nicht jedes Familienmitglied besaß ein eigenes Bett. Die zeitgenössischen Kritiker sahen eine Gefährdung der Moral, etwa die Gefahr von Wahrnehmungen, die man nicht für altersgemäß hielt.

Beklagt wurden die geringen Spielmöglichkeiten für die Arbeiterkinder der Großstädte. Aber die Kinder spielten:„Berliner Kinder haben wenig Gelegenheit, auf freien Plätzen zu spielen, daher halten sie sich mehr auf den Höfen, oder wenn sie von diesen heruntergejagt werden, auf den Straßen auf."[13]

Öffentliche Badestellen wurden erst nach und nach organisiert. Dafür wurde an verbotenen Stellen gebadet. Etwa im Kanal: „Kam dann ein Wasserschutzmann daher, so mußte er gewärtig sein, von den leichtfüßigen, gewandten Jungen erstmal verhöhnt zu werden, bevor sie den Kanal verließen, um ihm mit der Geschwindigkeit von Hasen davon und in irgendein Versteck zu laufen..."[14]

Erst mit der Pädagogisierung des Spiels, mit der Einrichtung von Spielplätzen (argumentiert wurde hierbei mit der Senkung der Kriminalität und auch einer erhöhten Wehrtauglichkeit) wurde dieser von den Kindern selbst genommene Freiraum eingeordnet.[15]

Ich habe dieses Beispiel des Kinderspiels gewählt, um die Widersprüchlichkeit dieser Modernisierung zu zeigen: Beschränkte Lebensmöglichkeiten können auch aus der Erweiterung normierter Angebote entstehen. Die Unversorgtheit mit staatlichen Angeboten – das kann auch heißen, daß Möglichkeiten zur Selbstgestaltung gesucht werden.

Auch die Einführung der allgemeinen Schulpflicht (damit verbunden die allmähliche Einschränkung der Kinderarbeit) bleibt in diesem Widerspruch. Mit der Schule boten sich erweiterte Möglichkeiten eigener Lebensgestaltung. Und die Schule war zugleich ein Ort direkter, durch den Staat abgesicherter Zugriffe unmittelbarer Disziplinierung. Vorgeschriebene Leistungsstandards wurden zum Kriterium richtigen Verhaltens. Die Schule übte in die Konditionierbarkeit ein, die in der industriellen Arbeit gebraucht wurde. Das „Schulkind", das war ein Altersstadium, in dem verlangte Normalität erlernt wurde, nach einem staatlich entwickelten Plan. Im Kaiserreich wurde solche Formierung noch durch direkte Autorität des Lehrers abgesichert. Diese für alle sichtbar auf dem Lehrerpult sitzende Autorität war zugleich auch schwach. Sie blieb angreifbar und konnte sich nur durch direkte Disziplinierung aufrechterhalten, bis hin zur Prügelstrafe. Intensiviert wird diese Macht erst durch das Interesse des Schülers – seinen eigenen Willen „voranzukommen", vermittelt vor allem durch die Eltern. In bürgerlichen Familien wurde dieses Interesse anerzogen, und hier konnte es sich auch auf eine mögliche zukünftige Berufskarriere stützen.

Je weniger aber mit einem Interesse der Schüler an der eigenen Disziplinierung gerechnet werden konnte, desto direkter mußte Autorität mit Strafen durchgesetzt werden – dieser Unterschied betraf sowohl die verschiedenen Schüler als auch die verschiedenen Schultypen. Fehlendes Interesse wurde mit direkter Unterordnung beantwortet, in Formen, die vom Militär übernommen waren. Aus einem Handbuch über die „Mittel zur Erreichung einer guten Schulzucht" (1894): „Militärische Befehle sind erfahrungsgemäß die einzig richtige Sprachform zur Befehligung der Masse ... Sobald es sich ... um die allgemeine Ausführung einer Thätigkeit oder Folgeleistung handelt, möge die militärische Befehlsform eintreten. Die Befehlsworte selbst seien alle leicht verständlich und so kurz als möglich ... ‚Alle stehen auf!' ‚Achtung – Hände frei!' ‚Betet!'."[16]

Die „Masse", das waren diejenigen, mit deren Interesse an Disziplinierung nicht gerechnet werden konnte, die deshalb als gefährlich empfunden wurden: „Das ganze Schulleben ist Gewöhnung an Gehorsam; denn täglich, stündlich, ohne Unterlaß erfährt der Schüler, daß er nicht tun darf, was ihn gelüstet, sondern nur das, was das Gesetz vorschreibt und erlaubt um des Schulzwecks willen."[17]

In der um die Jahrhundertwende beginnenden Reformpädagogik wurde solche Disziplinierung kritisiert. Die Reformpädagogik wollte, so Georg Kerschensteiner, das „Sich-selbst-Regieren" jedes einzelnen Schülers erreichen – keine von außen auferlegte, jederzeit neu zu bestätigende Autorität, sondern eine verinnerlichte Ordnung, die Schule nicht mehr eine „Zwangsanstalt", sondern eine „Übungsstätte für sittliche und staatsbürgerliche Tugenden".[18] Das Ziel der Normierung bleibt, wird aber in der Reformpädagogik verbunden mit dem Ziel einer „Sachlichkeit" (Kerschensteiner), die nicht mehr orientiert ist an direktem Befehl, sondern an der Einsicht in die jeweiligen Lern- und Arbeitsziele. Die sozialen und politischen Voraussetzungen für eine solche Rationalisierung von Macht waren im Kaiserreich kaum gegeben. Kerschensteiner: „Nichts lähmt den Bildungstrieb mehr als Aussichtslosigkeit. So lange der Arbeiter von den Arbeitgebern lediglich als Lastträger betrachtet und behandelt wird, so lange man glaubt, auch dem Tüchtigen den Weg nach aufwärts versperren oder möglichst erschweren zu müssen, so lange werden unsere Bildungseinrichtungen keine allgemeine Zugkraft ausüben und das revolutionäre Feuer der Unzufriedenheit mehr nähren als löschen."[19]

## 4. „Naturbewegungen"

„Die großen Städte sind nicht wahr, sie täuschen den Tag, die Nacht, die Tiere und das Kind, ihr Schweigen lügt, sie lügen mit Geräuschen und mit den Dingen, welche willig sind."[20]

So schrieb Rainer Maria Rilke 1901 in seinem „Stundenbuch". Er schrieb gegen die Vortäuschung einer Wirklichkeit, die sich allein nach dem Gesetz städtischer Betriebsamkeit richtete. Damit verbunden war die Sehnsucht nach dem „Land", der „Natur", den einfachen Leuten; Rilke besang im „Stundenbuch" „ein Volk von Hirten und von Ackerbauern".

In den 90er Jahren entstanden ländliche Reformsiedlungen, wurden Heimatvereine gegründet. 1887 war Ferdinand Tönnies' Buch über „Gemeinschaft und Gesellschaft" erschienen. Heimat wurde hier als eine biologische Verwurzelung beschrieben. Sie gehörte zur Abfolge der Generationen, zur „Gemeinschaft des Bluts". Die Heimat basiert im „Wesenswillen." Demgegenüber ist der „Kürwille" Teil des Intellekts. Der Wesenswille schafft Gemeinschaft (Familie, Dorf). Der Kürwille schafft die Großstadt, die Gesellschaft, die zweckrational organisiert ist. Gesellschaft, das bedeutete für Tönnies Heimatlosigkeit, Sieg der Zweckrationalität über die Natur.[21]

Der Protest gegen die Industrialisierung wurde verbunden mit der Sehnsucht nach dem unbezweifelbar Gewachsenen, nach dem „Alten", auch dem politisch „Alten". Der Protest richtete sich vor allem gegen den „dekadenten" Westen, besonders gegen Frankreich und Paris. Dahinter stand auch die Ablehnung der Französischen Revolution, einer Auflösung ständischer Bindungen. „Natur", das hieß auch natürliche Herrschaftsordnung, die in sich selber legitimiert ist.

Popularisiert wurden solche Sehnsüchte von Julius August Langbehn in seinem Buch über „Rembrandt als Erzieher" (1890) gegen die „fluktuierenden und destruktiven Tendenzen der großstädtischen Bevölkerungsmasse"[22].

Gerade nach der ökonomischen Krise der Gründerzeit wurden der Verlust einer Legitimation von Macht, der „Demokratismus", der „Plebejergeist" gefürchtet. Dagegen wurde die Metapher „Jugend" gesetzt. Die Zeitschrift „Das Land" forderte 1895 eine volkstümliche Heimatkunst: „Schöpfend aus dem reinen Brunnen der Natur und des ursprünglichen Volkstums, bewahrt sie sich selbst vor Fäulnis, gewinnt sie Jugendfrische und Jugendkraft, ist sie der immergrüne Lebensbaum, von dem der Tau kommt, der rings in die Täler des Volkslebens fallen muß, daß es nicht verfaule, sondern jugendfrisch und jugendkräftig bleibe."[23]

Das Alte wurde zum immer Jungen verklärt. Jugend verhieß Natürlichkeit gegen die gefürchteten Massen. Diese Natur war deutsch, während die Großstadt bereits für Langbehn jüdisch war. Über solchen Rassismus wurde die Vorstellung einer Gemeinschaft konstituiert, die sich ihre Natürlichkeit nur über den Ausschluß anderer Menschen bestätigen konnte.

Die Reformbewegungen gegen Naturzerstörung, die Gründung von Naturschutzvereinen, die Gartenstadtbewegung, die organisierte Ablehnung von Alkohol und Nikotin boten die Möglichkeit eigener Lebensgestaltung jenseits des Fabrikalltags. Gleichzeitig behaupteten diese Reformbewegungen ein „richtiges" Leben, das bis zur Kleidung reichte. Die Normierung des Alltags wurde kritisiert und zugleich wiederholt. Einerseits wurde als „moderner Mensch" der „geborene Groß-Berliner" kritisiert, „der unter Aufsicht des Schutzmanns im sechsten Stockwerk seine chemisch präparierte Sonntagsstulle (mit amerikanischem Butterschmalz) ißt"[24]. Andererseits hieß es in der „Gemeindeordnung" der „vegetarischen Obstbau-Kolonie Eden" (1904): „Als zusammenfassende, jeden einzelnen verpflichtende Grundidee gilt der Vorsatz der Führung eines naturgemäßen Lebens, im Sinne praktischer Selbstreform, das heißt beständige Selbsterziehung ... Beschwerden sind in gebührlicher Weise, in ordnungsmäßiger Form, an der rechten Stelle vorzubringen."[25]

Solche Reformtendenzen wurden auch von der Arbeiterbewegung aufgenommen. Seit 1897 erschien die Arbeiter-Zeitschrift „Der Naturfreund". Gegen den Alkohol (der „Alkoholdunst des Wirtshauses") wurde die Erholung in der Natur gesetzt. Diese Natur gehörte in den Bereich gesundheitsfördern-

der Freizeit. Alkoholrausch gefährdete die regelmäßige Arbeit, die durch die empfohlene Sonntagswanderung eher gefördert wurde.

Zumeist entstammten die Reformer aber dem Bildungsbürgertum, das sich durch Prinzipien der Gewinnmaximierung und zugleich durch soziale Proteste und politische Bewegung der Arbeiter gefährdet sah. Die Pflichterfüllung des deutschen Beamten reichte als Tugend nicht aus. Spätestens seit den Wahlerfolgen der Sozialdemokratie sah sich das Bildungsbürgertum in einer Orientierungskrise. Die Reformbewegungen suchten einen „natürlichen" Ausweg, der den Pflichtenkanon des Bildungsbürgertums und zugleich die Ablehnung der gefürchteten „Massen" aus der Großstadt bestätigte.

Diese Reformbewegungen waren eine Voraussetzung für den Erfolg des „Wandervogels", der ersten organisierten Jugendbewegung. Für das Bildungsbürgertum war seine Jugend Trägerin von Hoffnung (und zugleich, bei Versagen, auch seiner Ängste), von der Leistungsfähigkeit in der Schule bis zur „Natürlichkeit" der geforderten Moral. Ulrich Aufmuth hat in diesem Zusammenhang von einer „gelernten Rebellion" gesprochen. Nach Aufmuth waren von den Vätern der „Wandervögel" 40% mittlere und höhere Beamte, 20% Kaufleute und Fabrikanten, 10% freiberufliche Akademiker, 10% untere Beamte und Angestellte, 20% mittlere und höhere Angestellte.[26]

Dies war allerdings nur die eine Seite. Die Jugendbewegung blieb auch ein Widerspruch gegen die Welt der Erwachsenen – gegen die Korporationen und ihre Saufgelage, gegen die bloße Anpassung an den Betrieb des Alltags. Diese Jugend war konsequenter als ihre Eltern, aber sie war nicht radikal. Institutionen wie die Ehe, die Familie, der schulische Bildungsweg, überhaupt die bestehende gesellschaftliche Ordnung wurden nicht in Frage gestellt. Die Jugend kämpfte nicht, sondern ging auf „Fahrt". Sie verließ den Ort, gegen den sie rebellierte, um ein „Eigentliches" zu suchen, und auch das nur in der durch Familie und Schule zugestandenen Freizeit. In der „Natur" unterwarfen sie sich einer Disziplinierung, die Normen der Eltern nicht einfach übernahm, sondern in ein selbstbestimmtes Leben überführte. Die Ju-

gendbewegung wirkte modernisierend, sie
entwickelte ein Modell freiwilliger Disziplinierung, die als Selbstgestaltung ausgegeben
werden konnte, weil die behaupteten Normen als „Natur" interpretiert wurden. Meist
stimmten die Eltern dem Eintritt in den
„Wandervogel" zu.[27] In ihren Erinnerungen
haben „Wandervögel" berichtet, daß unmittelbare Anlässe zur Gründung des „Wandervogels" am Gymnasium in Steglitz bei Berlin
(1897) Anregungen von Lehrern waren. Die
Ausflüge in die Natur waren organisiert, mit
Führern und Unterführern, geschriebenen
Satzungen, Mitgliedskarten, vorgeschriebener Wandervogelmütze, bestimmtem Gruß,
Erkennungspfiff. Der Pädagoge Ludwig
Gurlitt (Oberlehrer am Steglitzer Gymnasium) lobte gegenüber dem Kulturministerium
diese Jugend (1904): Der Wandervogel be-
mühe sich „allen den Schädigungen des Leibes und der Seele entgegenzuwirken, die
zumal in und um unseren Großstädten die
Jugend bedrohen, als da sind Stubenhockerei
und Müßiggang, die Gefahren des Alkohols
und des Nikotins – um von Schlimmerem zu
schweigen ... Die Zucht ist streng, aber alle
Teilnehmer ordnen sich ihr willig unter ...
An diesem Wandervogel ist alles gesund ...
Unsere Kinder werden dadurch dem Faulen-
zertum der Ferien mit allen ihren Schädigungen entzogen, als da sind Lektüre von
schlechten Büchern, Teilnahme am Besuche
der Gasthäuser, minderwertiger Konzerte
und Theater, werden körperlich und geistig
gekräftigt und erfrischt ... stärken ihren Willen bei der Überwindung von Anstrengungen
und Unbequemlichkeiten, die sonst so manches reiche Muttersöhnchen nicht eher ken-
nenlernt, als bis es zum Militär kommt ...
Das köstlichste aber und verheißungsvollste
des Wandervogels scheint das zu sein, daß es
ein frei wachsendes Gebilde ist, ein aus der
deutschen Jugend selbst hervordringender
Heilprozeß gegen vererbte Unsitten und
Schwächen, eine Erscheinung, die wir Älteren mit stiller Freude beobachten und nach
Kräften fördern sollten."[28]
Der „Wandervogel" wurde die erste selbst-
organisierte Schülerbewegung, die mit Ge-
nehmigung des Ministeriums am Gymnasium
für sich werben durfte. Gurlitt lobte die
Selbstdisziplin, eine Moralisierung, die direkte Autorität, wie etwa im Militär, nicht

nötig hätte. Dieser „Wandervogel" wurde zu
einem Hoffnungsträger in einer Legitima-
tionskrise – zwischen dem Zerfall traditioneller Werte, der gefürchteten „Unsittlichkeit"
der Großstädte und der als bedrohlich empfundenen Sozialdemokratie. Ein Eltern- und
Freundesrat wurde gegründet, der den
„Wandervogel" fördern sollte. Im Aufruf zu
seiner Gründung wurde ausdrücklich von der
„freien Selbstdisziplin" gesprochen.[29]
Der Steglitzer „Wandervogel" hatte Erfolg. Die Bewegung breitete sich in vielen
Ortsgruppen über ganz Deutschland aus
(ebenso in Österreich), zersplittert in viele
Einzelorganisationen, oft orientiert an den
jeweiligen Führern, um 1910 über 300 Ortsgruppen mit etwa 18000 „Scholaren".[30]
Einigung wurde hier gesucht jenseits gesellschaftlicher Widersprüche, es ging um
eine „Gemeinschaft", die als natürlich interpretiert wurde, eine „bürgerliche Fluchtbewegung"[31]. Die Flucht aus der Großstadt war
auch eine Flucht vor der eigenen Natur, eine
Strategie der Angstbewältigung. Darin
stimmten die „Wandervögel" mit den anderen Lebensreformern überein. Aus einem
„Aufruf zur Begründung eines Bundes allsei-
tiger Lebensreform des gesamten Deutsch-
tums" (1908):

> „Alle Zweifel, Alle Aengste, alle Schmerzen,
> alle Sorgen, Werfft von euch des Alltags Lasten,
> denn es kommt der grosse Morgen...
> Schon im Osten steigt die Sonne, rosengoldne
> Ströme fliessen,
> Alle Wälder sind wie Tempel, Wunderblumen
> seh' ich spriessen.
> Horcht des Herolds Stimme ruft uns, Starken
> nur gilt sein Verlangen,
> Nur die Starken sind geladen, die nicht zweifeln
> und nicht bangen."[32]

Die Wälder sollten die Möglichkeit angst-
freien Lebens bieten, Fluchtpunkte für „die
Reinen, Unbestaubten", wie es weiter heißt.
Friedrich Nietzsche hatte solche „Rückkehr
zur Natur" kritisiert, die Natur als „das
Gute" behauptet. Denn die Natur sei „indif-
ferent gegen Gut und Böse" – „Wir sprechen
von Natur und vergessen uns dabei: wir sel-
ber sind Natur."[33]
Die gepriesene Natur war bereits um die
Jahrhundertwende ein Markenartikel. Die
Anzeigen in der Zeitung des „Wandervogels"

reichten vom Kochgeschirr für die „Fahrt" über das Liedbuch bis zum „praktischen" Maggiwürfel. Schon 1887 war in Berlin eine Art „Naturkaufhaus" gegründet worden, eine „Gesundheitszentrale", Reformhäuser wurden eröffnet, vegetarische Restaurants, eine „Eden-Pflanzenmargarine" konnte gekauft werden. Sie stammte aus der Obstbau-Kolonie Eden bei Oranienburg. Die Verbindung von Lebensreform, Flucht in eine deutsche Natur und erfolgreichem Geschäft kann an dieser „Kolonie" gezeigt werden: „An der Entstehung der Obstbau-Kolonie Eden bei Oranienburg waren Antisemiten in großer Zahl beteiligt, so auch der Förderer der naturgemäßen Lebensweise, der Ernährungs-Reformer und Schöpfer des Vollkorn-Simons-Brotes Gustav Simons."[34]

Natur wurde gefeiert, um Natur zu beherrschen. Die Anhänger der „Nacktkultur" rühmten sich geradezu, beim Anblick von „gesunden" nackten Körpern auf „keine schlechte Gedanken zu kommen". Die gepriesene Schönheit, so in Schultze-Naumburgs „Kultur des weiblichen Körpers", war aufrecht, „nordisch", rein, keineswegs triebhaft.

Selbst wenn Mädchen mitwanderten, die „Wandervögel" sahen sich keinen „Anfechtungen" ausgesetzt. Die Fahrt in die Natur blieb im gewohnten sozialen Bereich, sie verlief unter Aufsicht. Aus den Anweisungen für die Wandervögel, die vor und während der Fahrt „streng zu beachten" sind (1906): „Die an den Führer zu richtenden Anmeldungen sind bindend. Ihnen ist ein Erlaubnisschein des Vaters oder dessen Stellvertreters unbedingt beizufügen ... Den Teilnehmern wird das Tragen einer Schülermütze, oder falls solche nicht vorhanden ist, unserer Alt-Wandervogel-Mütze zur Vorschrift gemacht. (Zu beziehen durch Th. Baumgarten, Steglitz, Albrechtstr. 1, Preis 2,50 MK). Die Führer sind angehalten, bei Fahrten über 4 Tage den Teilnehmern für die Eltern ... Poststation für während der Reise zu empfangende Briefe, Pakete usw. aufzugeben ... Den Anordnungen der Führer ist unbedingt Folge zu leisten."[35]

Wichtiger als diese Anordnungen war die erreichte Selbstdisziplinierung, die als natürlich interpretiert wurde: „Nichts darf dabei an die Schule und ihre planmäßige Belehrung erinnern ... Wer aufmerksam beobachtet, wird vielfach finden, daß unsere Wandervögel sich auch gegenseitig erziehen, und zwar oft mit erstaunlichem Erfolge. Hast du noch nie bemerkt, wie es einen kleinen Übeltäter packt, wenn ein gleichaltriger Kamerad ihm vor allen anderen ins Gesicht wirft: ‚Du, das finde ich ganz abscheulich von Dir.' Das sind seelische Peitschenhiebe ... Befehlen ist eine Kunst und sie besteht darin, ‚bei dem Befehl den Willen des Volkes auf seiner Seite zu haben' ... Hüte dich davor, gleich loszuschimpfen: Disziplin und Autorität kommen dadurch zu leicht ins Wanken.'[36]

Solche Autorität widersprach aber dem pädagogischen Reglement in den Schulen, sie blieb auch ein Gegensatz zum formalisierten Alltag der Eltern in ihren Büros oder der Geschäftswelt, aber sie verwies auf die Möglichkeit, Selbstgestaltung disziplinierend zu benutzen. Die Reformbewegungen folgten einem Rousseauismus, der Natur als pädagogische Kategorie benutzt: Die Freiheit selbstbestimmten Handelns war vorstrukturiert durch Bedingungen, die, als natürlich ausgegeben, nicht hinterfragt werden sollten.

## 5. Zwangserziehung

„Die Gesellschaft hat mit der Diskriminierung das soziale Mordinstrument entdeckt, mit dem man Menschen ohne Blutvergießen umbringen kann."                    Hannah Arendt

Die Erziehung der als „verwahrlost" bezeichneten Kinder und Jugendlichen stand vor einer Aufgabe, von der man lange angenommen hatte, sie löse sich durch den Fortschritt der Industrialisierung quasi von selbst. Aber die Logik alltäglicher Arbeit in der Industrie mußte erst durchgesetzt werden, und die Industrie produzierte nicht selbsttätig die Einsicht in die Logik solchen Verhaltens. Politische Widerstände sollten mit dem Sozialistengesetz, krasseste Not mit der Sozialgesetzgebung abgeschafft werden. Es ging im Kaiserreich nicht nur um eine nationale staatliche Einigung, sondern auch um eine in Klassen differenzierte gesellschaftliche Einheit. Diese Modernisierung richtete sich gegen alles Fremde, wenn es nicht nutzbringend in die staatlichen und industriellen

Apparate eingebaut werden konnte, wobei dieses Fremde, wenn alle Erziehungsversuche scheiterten, schließlich medizinisch definiert wurde, etwa als „moralischer Schwachsinn".

Zwangserziehungsgesetze sorgten für die juristische Begründung. Bis zur Jahrhundertwende konnten Kinder noch vom zwölften Lebensjahr an inhaftiert werden; dann wurde diese Altersgrenze auf vierzehn Jahre hinaufgesetzt. Unabhängig von diesem Alter konnten Kinder und Jugendliche in Erziehungs- oder Besserungsanstalten eingeliefert werden, oder gegebenenfalls in die Psychiatrie. Bei den Kindern spielte hierbei die soziale Herkunft eine entscheidende Rolle: Zu untersuchen war jeweils, ob die Familie des Kindes eine ausreichende Sicherheit für eine ordnungsmäßige Erziehung bot, oder ob die „häuslichen Verhältnisse solche sind, daß sittliche Verwahrlosung zu befürchten ist"[37]. Dabei mußten Strafdelikte nicht vorliegen. Das Reichsgesetz von 1880 sah auch die Zwangserziehung solcher Kinder vor, wenn „ehrloses oder unsittliches Verhalten der Eltern"[38] vorlag. Seit dem preußischen Fürsorgeerziehungsgesetz von 1900 wurde solche präventive Erziehung bis zum 18. Lebensjahr ausgedehnt.[39] Zuständig für die juristische Pädagogik gegenüber Jugendlichen wurden seit 1908 spezielle Jugendgerichte. Die Gesetzgebung legitimierte die Zwangserziehung um 1900 von etwa 10 000 Minderjährigen, um 1912 waren es bereits über 50 000 Kinder und Jugendliche.[40]

Die verlangte Erziehung wirkte sich auch auf die Diskussion über den richtigen Strafvollzug aus. 1892 wurde von Hugo Appelius ein Bericht über die „Behandlung jugendlicher Verbrecher und verwahrloster Kinder" herausgegeben, ein Bericht über die Diskussionen einer von der Internationalen Criminalistischen Vereinigung bestimmten Kommission. Appelius schrieb der Erziehung „Gegenmotive" zu gegenüber dem „natürlichen, kindlich egoistischen Trieb"[41]. Erziehung wurde umso wichtiger, je weniger „Gegenmotive" in der Familie zu finden waren – ein staatlicher Anspruch auf „richtige" Lebensführung, um schon präventiv jede „Störung" zu vermeiden. Für die Straffähigkeit oder für eine notwendige weitere Erziehung in einer Anstalt (wobei allerdings auch die

Strafe pädagogisch wirken sollte) wurde die jeweilige „sittliche Reife" entscheidend. Die jeweilige „Intelligenz" war dabei nicht das Kriterium, wohl aber die „seelische Entwicklung": Die Intelligenz kann sehr ausgeprägt sein, während die Kinder oder Jugendlichen „in psychologischer Beziehung jedoch noch als unmündige Kinder betrachtet werden müssen ... Solche Bilder kann man innerhalb der verwahrlosten, zügellosen Jugend der großen Städte täglich mühelos auftreiben."[42] Maßstab für die Mündigkeit war die Einsicht in die Legitimation der juristischen Normen, eine Einsicht, wie die Kriminalisten betonen, die nicht über die Vernunft, sondern eher über „sittliche Reife" erreicht würde. Ein Begriff, der funktionabel blieb, er paßte sich den jeweiligen Normen an. Dabei wurde der Pädagoge entschuldigt gegenüber der Bedeutung der häuslichen Umgebung: „Was hilft es, wenn der Lehrer unterweist, wenn hinterher der Schüler zu Hause das verspotten hört, was ihm in der Schule als ehrfurchtsgebietend und ehrwürdig geschildert ist."[43]

Bei solchem Normenwiderspruch blieb längerfristige staatliche Zwangserziehung notwendig. Hier mußten die Kinder erst einmal von ihrer bisherigen Umgebung isoliert werden; andernfalls „... sie kommen zurück in die Familie, in der sie verwahrlosten, zu denselben Gespielen, mit denen zusammen sie verdorben sind, sie athmen dieselbe Luft, sie betreten dieselben Straßen wieder, sie treten den ewig neuen Reizen des Lebens gegenüber, denen sie unterlagen."[44] Dagegen in der Erziehungsanstalt: Hier „erhalten die Zöglinge gesunde, einfache aber kräftige Nahrung, werden reinlich gehalten und an Reinlichkeit und Ordnung gewöhnt, so daß sie geistig und körperlich gedeihen können."[45]

Dieser Reinlichkeitsdiskurs entstammte der Hygiene, ein medizinischer Diskurs – Städte und Menschen sollten „sauber" sein, das „Böse" wird gleichsam übertragen durch Bakterien oder schlechten Einfluß. Dagegen hilft nur eine Sanierung, die Wirklichkeit überschaubar macht, die Möglichkeit von Kontrolle garantiert.

Die Wirklichkeit der Fürsorgeanstalten war keineswegs immer durch Gesetze abgedeckt. Aber es bedurfte schon einer politischen Opposition, um „Mißstände" aufzudecken. So berichtete der sozialdemokratische „Vorwärts" im Sommer 1909 über die Prügelpädagogik des Fürsorgestifts Mieltschin bei Posen. Hierhin wurden Zöglinge aus der Anstalt Lichtenberg bei Berlin überwiesen (1910 hatte die Stadt Berlin für 3800 Zöglinge zu „sorgen"). Es kam zu einem Prozeß. Aus dem Bericht über die Verhandlung (Vernehmung des Direktors):

„Er hat auch zweimal mit seinem Spazierstock geschlagen ... ‚hinschlug, wo es traf', daß auch Gummiknüppel in Gebrauch waren, gibt er zu. Sie seien für die Aufseher für den Fall einer Zöglingsrevolte angeschafft worden, auch zum Schutz gegen Angriffe der polnischen Bevölkerung, die ihn schikaniert und sogar nachts Schüsse gegen seine Wohnung gegeben habe. Auch über Schikanen durch Arbeiter, die bei den Bauarbeiten in der Anstalt beschäftigt waren, beklagt er sich ... Breithaupt glaubt, er habe bis 50 Schläge geben lassen, daß bis 100 Schläge gegeben wurden, bestreitet er. 50 habe er nicht für zuviel gehalten. Daß er einmal ‚200 Schläge' angeordnet habe, erklärt er für möglich, doch habe er nicht damit rechnen können, daß sie wirklich gegeben würden. 100 Schläge für Entwendung eines Hühnereis seien gegeben worden ... Die Arreststrafen wurden anfangs in einem finsteren Hauskeller verbüßt, erst später in einer auf dem Boden angelegten Zelle. In verschärften Fällen mußten die Arrestanten während der Nacht ohne Decke auf dem bloßen Fußboden schlafen. Bis zu 14 Tagen mußten manche diese Pein erdulden."[46]

Der Aussonderungsdiskurs gegen die Kinder und Jugendlichen wurde mit Begriffen geführt, die sich an einer behaupteten natürlichen Normalität orientierten. „Es wäre unvernünftig, einen Menschen deshalb weil ihm ein Fingerglied fehlt, nicht für gesund zu halten, aber normal ist er nicht."[47] Hier wurde von dem Psychiater Paul Julius Möbius ein Kernsatz der „Entartungslehre" angesprochen. Es ging um die Definition von „Normalität". Abnorm, das waren Menschen mit Abweichungen vom allgemein Üblichen – in körperlicher, sozialer oder sexueller Hinsicht. „Entartete" Menschen, das waren Menschen mit gehäuften „Abweichungen". Der Begriff „Entartung" bezog sich zunächst auf den Verfall von Zellen und Organen, er

wurde nun auf den ganzen Menschen ausgedehnt. Und solche „Entartung" war vererbbar, z.B. bei Menschen mit „moralischem Schwachsinn (moral insanity):

„Milieu und Erziehung ist es durchaus nicht hauptsächlich, was jene Menschen hervorbringt. Diese Momente können ihnen eine gewisse Färbung und Richtung geben in dem antisocialen Verhalten ... Ihre ganze Verfassung, ihr Triebleben machen es ihnen von vornherein unmöglich, den Lebensweg zu gehen, den der Durchschnittsmensch beschreitet ... eine Erziehbarkeit oder Beeinflussung ... ist hier ausgeschlossen. Es kann hier nur die Unschädlichmachung des Individuums in Frage kommen."[48]

Die Resignation der Pädagogen angesichts des abweichenden Verhaltens konnte so in die Vorstellung umfassender Rationalisierung zurückgeholt werden – und die Triebfeindschaft dieser Rationalisierung wird deutlich: „Diskutiert wurde deshalb auch die Kastration ... als ein wirksamer socialer Schutz"[49].

## 6. Opfermut, Militär und Krieg

Der als Vorbild hingestellte moralisch gesunde Mensch wurde in den Schulen vor allem in den Geschichtsbüchern propagiert. Eines der verbreitetsten war das 1885 zur 25. Wiederkehr des Sedantages von dem Hallenser Historiker Theodor Lindner herausgegebene Lehrbuch „Der Krieg gegen Frankreich und die Einigung Deutschlands". Das Buch erreichte bis 1912 eine Auflage von 25000 Exemplaren. Geschichte wurde hier zur Darwinschen Kriegsgeschichte, die Deutschen waren „in geistigen Leistungen allen anderen Völkern voran"[50], gepriesen wurde der Held, der, selbst das eigene Leben nicht achtend, für das „Vaterland" kämpft.

In ihrer öffentlichen Wirkung nicht zu unterschätzen waren die Berichte aus den deutschen Kolonien – die Vernichtungskämpfe gegen die Hereros in Südwestafrika oder die Bekämpfung des Boxeraufstands in China. Von der Tagespresse bis in den Schulunterricht wurde eine angeborene Überlegenheit der Deutschen gepriesen. Besonders in den Reden zu den jährlichen schulischen Sedanfeiern sind die Leitbilder überliefert, die den Schülern vermittelt werden sollten:

„Wenn auch ein Krieg Tausenden und Abertausenden das Grab gräbt, so hebt er doch ferner auch die allgemeine Sittlichkeit eines Volkes ... Man findet in Essen und Trinken und allerlei Vergnügungen sein Genügen, und Unglaube, Übermut, Gewinn- und Genußsucht herrschen. Da reinigt der Krieg die Luft! ... Er lehrt wieder die Hände falten und läßt die Nichtigkeit und Leere des Vergnügens und Genusses und alle die kleinen und großen Sorgen des täglichen Lebens wieder zurücktreten vor etwas Höherem, nämlich der Liebe zum Vaterland! Und diese Liebe gibt stolz und freudig jedes Opfer hin, Gut und Blut und Leben."[51]

Solche Reden wiederholten die Forderung nach einem beherrschten Triebleben, die Konsequenz, Lebensvernichtung, wurde hier nur noch deutlicher als in den psychiatrischen Diskursen. Disziplinierung basierte auf dem Opfer, der Pflicht gegenüber einem „Höheren".

„Kriegspädagogik" wurde zum besonderen Forschungsbereich. 1916 wurde im Zusammenhang mit dem Berliner Zentralinstitut für Erziehung und Unterricht ein Sammelwerk über Kriegspädagogik herausgegeben. Das Literaturverzeichnis enthält auf 53 Seiten ein Verzeichnis allein zu diesem Thema. 1915 war bereits von diesem Institut eine Ausstellung über „Schule und Krieg" eingerichtet worden: Ein Überblick über die pädagogische Mobilisierung für den Opfertod. Diese Kriegspädagogik setzte aber nicht allein auf äußere Disziplinierung. Sie wirkte auch modernisierend. Auch deshalb konnten Reformpädagogen wie Gustav Wyneken oder Berthold Otto Beiträge zu einer solchen Pädagogik liefern. Eine Gemeinsamkeit zwischen Lehrer und Schüler wurde behauptet, der Lehrer sollte nicht mehr von oben herab lehren, Lehrer und Schüler sollten über den gemeinsamen Kriegsalltag reden, „wie ihnen der Schnabel gewachsen" sei. Die Siegesfeiern zu Beginn des Ersten Weltkriegs wurden mit schulfrei gefeiert („siegfrei"), Erzählungen aus dem Krieg – der heimgekehrte Held vor der Schulklasse – sollten spannend sein und motivierend wirken. Wie die SPD im „Burgfrieden" wirkte auch solche modernisierende Pädagogik, die den Lehrer von sei-

nem Pult herunterholte, daran mit, eine Disziplinierung zu erreichen, die bejaht wurde: „Selbsterziehung zum Tod", so der Titel eines pädagogischen Buches aus dem Jahr 1915.[52] Allerdings mit der Dauer des Krieges, der Erfahrung von Tod auch in naher Verwandtschaft, den Folgen einer fehlenden väterlichen Autorität, den Hungerwintern, den verbreiteten Ladendiebstählen mußte auch wieder über direkte Disziplinierung eingeordnet werden: „Nichtachtung des Schmerzes, Pünktlichkeit und treue Pflichterfüllung und freudiges Geben sind Tugenden, die jetzt jedes deutsche Kind lernen sollte."[53] Das Militär selber trat als Erziehungsinstanz auf, gegenüber den „Kriegsneurotikern" in den Lazaretten, eine neue Kategorie der „Abnormität", oder gegenüber den Jugendlichen in den Befehlen der Generalkommandos in Deutschland:

„Jugendliche dürfen keine Wirtschaften besuchen ... Jugendlichen ist verboten a) das ziellose Auf- und Abgehen wie der zwecklose Aufenthalt auf Straßen und Plätzen ... b) der Aufenthalt ohne Begleitung der Eltern, Erzieher oder deren Vertreter nach Eintritt der Dunkelheit in öffentlichen Gärten, Anlagen, Waldparks, auf unbebauten Straßen, Plätzen, Baustellen und dergleichen."[54]

An den Zusammenhang von Wehr- und Schulpflicht wurde erinnert: „Wehrpflicht und Schulpflicht hängen eng zusammen, weil sie beide der Volkserziehung dienen."[55]

Wurde in einem „Lehrbuch für das deutsche Heer" 1895 noch das Verhältnis zwischen Offizier und Rekrut offen patriarchalisch gesehen (Treue, die der „Knecht gegenüber seinem Dienstherrn, das Kind seinen Eltern entgegenbringt"[56]), so wurde später auch im Heer versucht, die traditionelle rein äußerliche Disziplinierung aufzugeben, stattdessen: „durch positive pädagogische Fähigkeiten den Soldaten für eine willige und eifrige Erfüllung seiner Aufgaben zu erziehen"[57]. Der Offizier wurde als Vorbild gepriesen. 1910 wurde versuchsweise das rein „exerziermäßige Turnen im Heer" auf einen „zwanglosen Turnbetrieb mit Spielen, Wettkämpfen und Wettbewerben" umgestellt.[58] Der Offizier sollte Vorbild auch in seinen sportlichen Leistungen werden. Der „Zentralausschuß für Volks- und Jugendspiele" gab zu diesem Thema eine Zeitschrift heraus.

Dies blieben Ansätze einer Selbstdisziplinierung, wie auch die „Jugendwehren" (militärische Vorübungen zur Erleichterung des späteren Wehrdienstes). Der rein äußerliche Druck blieb aber doch bestimmend, der bloß moralische Appell, dem sich zu fügen war: „... nicht durch Leibesübungen aller Art ... schlagen wir den Feind, sondern allein durch Königstreue und Vaterlandsliebe, in denen die Wurzeln der moralischen Kraft des Soldaten liegen."[59]

Während des Krieges gab es verstärkt Ansätze einer Reformpädagogik im Heer. Von solchen Reformern wurden gerade die Offiziere gelobt, die aus der Jugendbewegung kamen: Sie hätte im „Krieg bewiesen, daß ihr nichts ferner liegt als Zuchtlosigkeit und Anarchie"[60]. Die Jugend auch im Krieg erkenne aber Autorität nur an, „sofern diese Autorität ... eine sehr wahre Autorität ist, d.h. soweit sie in einer selbstverständlichen Weise ihre innere Überlegenheit fühlen lassen kann"[61]. Solche Führungsqualitäten wurden in der Jugendbewegung gelernt, und sie konnten jetzt eingesetzt werden. Walter Flex hat in seinem „Wanderer zwischen beiden Welten" einen solchen Offizier aus der Jugendbewegung gefeiert. Dieses Buch war bis in den Zweiten Weltkrieg ein Bestseller und erreichte fast eine Million Auflagenhöhe:

„Nach stundenlangem, erschöpfendem Marsch durch morastige Gründe und unwegsame Hänge bog die Kompanie wieder auf die große Straße ein. Neben dem triebhaften Vorwärtsziehen der müden grauen Masse klang der lebendige Schritt des jungen Führers über das Steinpflaster."[62]

Solche „wahre" Autorität war nicht mehr an traditionelle Werte gebunden, diese „Wahrheit" beruhte auf der richtigen Haltung und erwies sich deshalb als funktional gerade im technisierten Massenkrieg. In der Jugendbewegung war solche Haltung vorgeformt worden – wie es in der „Meißner-Formel" vom Treffen der Freideutschen Jugend auf dem Hohen Meißner hieß (1913), „aus eigener Bestimmung, vor eigener Verantwortung, mit innerer Wahrhaftigkeit ihr Leben gestalten"[63]. Solches „wirkliche Leben" stand im Widerspruch zum alltäglichen Einerlei, es blieb ohne Beweis und Einsatz unbefriedigt. Auch deshalb wurde der Krieg von weiten Teilen der Jugendbewegung be-

geistert begrüßt. Der Tod der Jugendlichen auf dem Schlachtfeld von Langemark („Die nur kurz ausgebildeten Freiwilligen-Korps erlitten furchtbare Verluste"[64]) und der sich daran anschließende Mythos der heldenhaften Jugend enthüllen die Opferstruktur solcher „Wahrheit".

Geopfert wurde, was nicht in die ersehnte Wahrheit der Identität passen sollte, solche Sehnsucht war immer auch die Flucht vor dem Fremden, die wiederum notwendig war, um sich abzugrenzen, um zu wissen, „wer man eigentlich war". So gab es auf dem Hohen Meißner auch erregte Debatten über den Ausschluß von Juden aus der Jugendbewegung. Die Natur der Jugendbewegung war eine Heimat, in der nicht geschehen durfte, was den Blicken nicht vertraut war. Diese Natur war auch eine Heimat der Angst vor den eigenen und den gesellschaftlichen Widersprüchen. Die Flucht aus dem Alltag auf das Schlachtfeld und schließlich in den Tod sollte endgültig Identität sichern. Solche Wandervögel wurden zu Vorbildern, von den Lehrern gelobt – im Jahre 1916 mit einem Rückblick auf den „Wandervogel":

„Pfadfinder und Wandervögel zogen aus dem Verderben der großen Städte jubelnd hinaus ins alte, heilige, deutsche Land, zu seinen reinen, strömenden Flüssen und Bächen, zu seinen Bergen und Seen und rauschenden Wäldern, über denen im Sturm noch die alten germanischen Götter hinbrausen, sie schauten von den Bergen ins Land und sahen überall die Bismarcktürme ragen und das deutsche Land träumen in der sicheren Hand des Riesen. So kam der Krieg und sang mit eherner Stimme sein Lied, und jauchzend fiel die deutsche Jugend ein, die todbereite. Nicht nur die Mobilmachung unseres Heeres, auch die Mobilmachung der deutschen Seele war durch göttliche Fügung im entscheidenden Moment vollendet. Sie war bereit."[65]

## 7. Jugendbewegungen nach dem Krieg

Nach dem Krieg werden viele Wandervögel in den Freikorps einen „Kristallisationskern" staatlicher Ordnung gegen die Revolutionierung der Gesellschaft bilden. Andere „Jugendbewegte" kehrten in „ihre Natur" zurück: Sie gründeten Landsiedlungen, setzten die Bewegung der Lebensreformer fort. Zwischen den „staatstragenden" Kräften und den Lebensreformern gab es Überschneidungen, so bei den „Artamanen", die die Arbeit auf dem Lande priesen und mit den Freikorps sympathisierten (aus diesem Bund gingen viele spätere SS-Führer hervor, etwa Himmler oder Heydrich). Andere Jugendbewegte nutzten die Möglichkeiten der Republik und gründeten Reformschulen. Wenn sie, wie die Gründer der Hamburger Versuchsschule des Wendekreises, von einer angenommenen Natur des Kindes ausgingen, die quasi von selbst sich das von Pädagogen gewünschte Verhalten gab, also eine Bestätigung der Autorität, ohne daß sie sich zu erkennen geben mußte, dann endeten solche Versuche oft in Enttäuschung. Solche Versuche konnten umschlagen: Aus der Enttäuschung über die Kinder, die sich nicht so verhielten, wie die Pädagogen erwartet hatten, folgte eine Verachtung der Massen, die eben doch geführt werden müsse. Dabei lag solche Verachtung schon in der angenommenen Natur: Wahrgenommen wurde nur, was in die jeweilige Sehnsucht nach widerspruchsfreier Identität paßte.

Es gab allerdings auch Reformpädagogen, deren Arbeit ganz bewußt auf den gesellschaftlichen Widersprüchen basierte, so beim Leiter der Karl-Marx-Schule in Berlin-Neukölln, dem Sozialdemokraten Fritz Karsen. Er hatte seine Schule aus dem bürgerlichen Vorort Lichterfelde in den Arbeiterbezirk verlegt. In den Lebensbereichen der Schüler, in ihren Erfahrungen und ihren Zukunftsvorstellungen, sah er die Grundlage seiner Pädagogik.

Die Gruppen der Jugendbewegung waren politischer geworden. Ihre eigene soziale Basis, das Bildungsbürgertum, war durch Krieg, Niederlage und ökonomische Schwierigkeiten noch mehr verunsichert als vor dem Krieg. Die Bedrohung einer konsequenten Demokratisierung der Gesellschaft zwang zu politischen Initiativen. Die Flucht in eine heile Natur reichte nicht mehr aus. Die „Bünde", wie sie jetzt hießen, waren strikt organisiert, strikter als vor dem Krieg: Hierarchie vom „Führer" hinab zur Gefolgschaft, genau

vorgeschriebene Uniformierung, Marschtritt. Weniger die „Fahrt" als das organisierte „Lager" wurde zum Ziel der jetzt gepflegten „Jugendarbeit", Arbeitslager wurden auf dem Land eingerichtet. Noch stärker als in der Vorkriegszeit wurde die Gemeinschaft gegenüber dem einzelnen bestimmend. Die Heimat war weniger der deutsche Wald als die Organisation, der „Männerbund". Alfred Baeumler hat in einer 1930 vor der Deutschen Studentengemeinschaft gehaltenen Rede über die Identitätssuche gesprochen: „Ohne den Sieg über das Chaos gibt es keinen Staat ... Der Mensch verliert die Unsicherheit und die Angst ... dadurch, daß er weiß, wohin er gehört, daß er weiß, in welchem Verbande zu kämpfen das Schicksal ihn bestimmt hat."[66]

Darum ging es auch in den Bünden, Überwindung der Unsicherheit und der Angst, eine Systematisierung der Schmerzvermeidung, desto dringlicher, je unsicherer die jeweilige ökonomische oder berufliche Zukunft war. Die Massen, die städtische Zivilisation, die eigene Natur und die Frau gehörten in den Bereich dieser Unsicherheit. Baeumler über die Zivilisation: „Wehrlos fühlt sich hier der Mensch seinen Trieben ausgeliefert, er ist selbstsüchtig und einsam."[67] Gegen die eigenen Triebe mußte an die Stelle der „erotischen Verhältnisse" die „Freundschaft", die „Kameradschaft" treten. Für Baeumler blieb die „Feminisierung" mit der „demokratischen Gesellschaft" verbunden.[68]

Die Bünde hatten nur etwa 51000 Mitglieder, in den Sportvereinen waren dagegen 1,6 Millionen Jugendliche organisiert. Das Selbstverständnis dieser Sportorganisation aber ging weit über die Funktion hinaus, Freizeit auszufüllen. Der Kult um den „Turnvater" Jahn in der Sportjugend der 20er Jahre zeigt die Verbindungslinien zu den Bünden und auch zur Jugendbewegung der Vorkriegszeit (als ein biographisches Beispiel: Edmund Neuendorff, früher Führer im Wandervogel, dann Jugendwart im Deutschen Turnerbund, schließlich Nationalsozialist). Der „Turnvater" Jahn aus den Befreiungskriegen wurde gerade in der Niederlage gefeiert, Symbol gegen den Westen und für ein eigenes „deutsches Volkstum". Die Ablehnung bloßen quantifizierbaren Leistungsstrebens und der Lob des Kampfes der Jugend für das Vaterland verbanden sich. Der Protest gegen die Quantifizierung menschlicher Eigenschaften wurde nützlich eingesetzt:

„Als vor mehr als hundert Jahren Deutschland geknechtet und zerschlagen sich am Boden wand, erkannten einsichtige Männer, daß einem gedemütigten Volk Gott nur dann hilft, wenn aus ihm selbst heraus die Kräfte zum Wiederaufstieg, Mut und Entschlossenheit zur Tat erwüchsen. Jahn erkannte, daß nur eine gesunde, tüchtige und verantwortungsbewußte Jugend, eine von Grund auf erneuerte Jungmannschaft Gewähr für eine Neugeburt, ein Unterpfand der Freiheit und Entwicklungsfähigkeit bieten konnte ... Der Rekord ist der Untergang allgemeiner Leibesübung ... Leibeszucht hat schweigend zu geschehen, ohne gaffende Zuschauer, nur im Kreise Gleichstrebender ... Wo der Körper zu Hause ist, wie in Wald und Flur, können wir Hallen, Zäune und Zuschauermengen nicht brauchen. Das überlassen wir getrost jenen Menschen, die auch den Körper nur von Sensationen und Genußsucht umkleidet sehen können."[69]

Gesucht wurde nach einem Gesicherten, das nicht hinterfragt werden mußte, das zugleich Kritikmöglichkeiten gegenüber der Gegenwart anbot und sie entschärfte. Gesucht wurden Orientierungshilfen, die einordneten: in Nation oder Rasse, oder auch, auf der Linken, in eine ideologisch vorgeprägte proletarische Zukunft. Der einzelne gewann bis in seinen Körper Sicherheit nur über solche Einordnung, er wurde zum „Typus". Ernst Jünger in seinem Buch über den „Arbeiter": „Das Individuum beruft sich, um die Identität des eigenen Ich festzustellen, auf Werke, durch die es sich unterscheidet – also auf seine Individualität. Der Typus dagegen zeigt sich bestrebt, Merkmale aufzuspüren, die außerhalb der Einzelexistenz gelegen sind. So stoßen wir auf eine mathematische, ‚wissenschaftliche' Charakterologie, etwa auf eine Rassenforschung, die sich bis auf die Messung und Zählung der Blutkörperchen erstreckt."[70]

Ernst Jünger hat damit sehr genau die Fluchtbewegung der 20er Jahre beschrieben. Die Flucht aus dem Alltag endete in der Formation. Diese Verpflichtung wurde zu einem fast verzweifelt vorgetragenen Inhalt gemacht. Aus dem „Jahn Gelöbnis" des Herausgebers der „Turnerjugend":

„Wenn Schreiber und Schreier im Seichten waten,
Wenn Reden in Rauch- und Bierdunst schwelen:
Wir wollen dich nie und nimmer verraten,
Wir ringen um Köstlichkeiten der Erden,
Wir ringen mit Haß und Verräterei –
Wenn alle untreu werden,
So bleiben wir doch treu."[71]

Gefeiert wurde hier eine Einordnung, die nicht begriffen zu werden brauchte; weil sie selbstverständlich war.

## 8. Amerikanismus und Erwerbszwang

Eine andere Jugend suchte nicht Sicherheit im Lagerleben, bei ihr war ein „Amerikanismus" in Mode. Damit waren nicht nur Jazzmusik, Bubikopffrisur oder amerikanische Zigaretten und Filme gemeint: „Wollte man sie nach dem Sinn des Lebens fragen, so konnten sie nur antworten: ‚Was es eigentlich soll, das wissen wir nicht, und es interessiert uns auch nicht, es zu erfahren. Da wir aber nun einmal leben, so wollen wir auch vom Leben so viel haben wir nur irgend möglich."[72]

So wurde 1929 über die „proletarische Jugend" der Großstädte geschrieben. Sie verfügte über mehr Freizeit, die Konsumgüterindustrie produzierte für einen größeren Markt: Kaufhäuser, Rundfunk, Rummelplätze, Massensportveranstaltungen, Motorbegeisterung (1921 wurde die Berliner Avus eröffnet), Werbung, Massenpresse („Berliner Illustrierte" 1929 fast 2 Millionen Auflage), Kinos (1919: Zoopalast in Berlin, er verfügte über 2000 Plätze), „Week-end" etwa im neuen Freibad Wannsee, dessen Kapazität als praktisch unbeschränkt gelobt wurde. Umfragen ergaben, daß die Jugendbewegung bei diesen Jugendlichen zum Teil gar nicht bekannt war.

Die Konsum- und Reklamewelt blieb aber nicht nur ein Gegensatz zu Vorstellungen der Jugendbewegung. Auch mit dem Amerikanismus setzte sich der „Typus" durch. Die Freizeit war genau, schon durch die Arbeits-

zeiten, terminiert; die von der Reklame gepriesene Erweiterung der Lebensmöglichkeiten hing von einer bestimmten Geldsumme
ab; die „Stars" vom Film waren durch exakte
Moden geprägt, die nachgeahmt wurden.
Die gefeierten Sportleistungen wurden in
Rekorden genau quantifiziert. Aber dieser
„Typus" orientierte sich am „Äußerlichen",
er setzte nicht auf eigentliche Werte, er paßte
sich wechselnden Moden an: „Auch die
neuen Moden müssen verbreitet werden,
sonst wissen die schönen Mädchen im Sommer nicht, wer sie sind", so Siegfried Kracauer.[73] Die Reklametafel wurde zur Wirklichkeit, politische Widersprüche wurden nach
ihrer jeweiligen Werbewirksamkeit entschieden. (Und hier liegt ein Grund für die Erfolge
der Nationalsozialisten: Sie verbanden die
Sehnsucht nach der „eigentlichen" Natur mit
der Wirksamkeit der Werbefläche.)

Im „eigentlichen Sinn" und in der Rekla-
mewirklichkeit wurde Einheit des jeweils
richtigen Lebens vorgespiegelt. Und in solcher Einheit liegt die Problematik des Wortes
„Lebensgestaltung" selber. Sie vermittelt die
Vorstellung eines Lebensplans, dem gefolgt
wird. Solche Selbstdisziplinierung ordnet das
jeweilige individuelle Leben ein – eine auf
sich selbst bezogene totalitäre Ästhetik. Die
Sehnsucht nach Einheit, um Angst abzuweh-
ren, dies konnte in der Unterwerfung unter
eine vorgespiegelte Einheit befriedigt werden. Ein Gegensatz würde in der bewußt
akzeptieren Oberflächlichkeit der Reklamewelt, im bejahten Schein liegen. Dies versuchten in ihrem Leben und in der Kunst
etwa die Dadaisten, die Bohemekultur besonders in Berlin.

1926 hat Siegfried Kracauer den „Kult der
Zerstreuung" in den Berliner Lichtspielhäu-
sern und ihren Filmen kritisiert: „Die Zerstreuung, die sinnvoll einzig als Improvisa-
tion ist, als Abbild des unbeherrschten
Durcheinanders unserer Welt, wird von ihnen mit Draperien umhängt und zurückge-
zwungen in eine Einheit, die es gar nicht
mehr gibt. Statt zum Zerfall sich zu bekennen
... kleben sie die Stücke nachträglich zusammen und bieten sie als gewachsene Schöpfung an."[74]

Zerfall gegen die Sucht nach Einheit, das
unbeherrschte Durcheinander gegen eine
medizinische und pädagogische Gesell-

schaftshygiene, zersplitterte Wahrnehmung
statt ideologisch vorgeschriebener Zukunft,
solche Aufgabe auch einer selbstdisziplinie-
renden Lebensgestaltung gelang in den Werken der Dadaisten (Max Ernst u. a.), in ihren
Zeitschriften und in einem bewußt als Zerfall
inszenierten und gelebten Alltag, der von ihrer Kunst nicht zu trennen war. Solche Tendenzen wurden von der Rechten und von
Teilen der Linken geradezu wütend abgelehnt. Diese Kunst entsprach zwar am ehesten noch der amerikanisierten Freizeit, dem
Rummelplatz, den Slapstickfilmen, den Re-
klamecollagen auf den Litfaßsäulen. Diese
Freizeit wurde aber als Vorspiegelung ernst
genommen. Die bewußte Oberflächlichkeit
zerstörte die Sehnsucht nach Identität. Zeitschriften mit Titeln wie „Jedermann sein eigener Fußball" oder Künstlervereinigungen
wie der „Anationale Rat der unbezahlten Arbeiter" wurden von den etatistisch orientierten Ideologen als Dekadenz oder als lumpen-
proletarisch-kleinbürgerlich beschimpft.

Dagegen hieß die Einheit richtigen Lebens, die verlangte Identität, für die Arbeiter
immer noch Konzentration auf den Produktionsprozeß, trotz der ausgedehnten Freizeit-
kultur. Der Acht-Stunden-Tag war für viele
keine Wirklichkeit. So arbeiteten 1928 45%
selbst der gewerkschaftlich organisierten Arbeiter mehr als 48 Stunden in der Woche, oft
bis zu 60 Wochenstunden.[75] 1927 war ein Ar-
beitszeitnotgesetz verabschiedet worden, das
solche Zeiten rechtfertigte, und mit wachsender Arbeitslosigkeit mußte bei Widerstand
Entlassung befürchtet werden. Lebensgestaltung wurde reduziert auf Funktionalität im
Betrieb – bis in die Sprache zeigte sich dabei
eine Technisierung der Menschen als Teil der
Maschinerie. 1926 wurde in Düsseldorf von
der deutschen Industrie eine Ausstellung veranstaltet: „Große Ausstellung für Gesundheitspflege, Soziale Fürsorge und Leibesübungen". Im Katalog hieß es über die
Ausstellung: „Sie hat uns ... gelehrt, wie
menschliche Arbeitskraft am rationellsten zu
verwenden ist. Sie hat uns gezeigt, wie der
Mensch sich gesund und arbeitsfähig erhalten, wie er Schädigungen vorbeugen und verhindern, wie er entstandenen Schaden am
schnellsten und besten wieder beseitigen
kann. Rationelle        Menschenwirtschaft,
zweckmäßige Einteilung von Arbeit und Er-

holung, Erhaltung und Erhöhung der Arbeitsfähigkeit, das sind die Dinge, deren Kenntnis uns die Ausstellung vermitteln wollte."[76]

Solche Rationalisierung traf auf ökonomische Grenzen und auf soziale Widerstände. Aber mit dieser Rationalisierung war ein Anspruch aufgestellt: Intensivierte Arbeit, verbunden mit gesellschaftlicher Einordnung. Diese Rationalisierung wurde auch als ein „Kampf um die Seele unseres Arbeiters" verstanden.[77] Es ging dabei auch um die Schaffung eines neuen Arbeitertyps. Der ungelernte Arbeiter war in seinen Lebens- und Widerstandsformen zu unberechenbar, eine zumindest über Qualifikation vermittelte Identifikation mit dem Produktionsprozeß wurde zudem gebraucht. Der qualifizierte Arbeiter wiederum war oft organisatorisch gebunden. Er war einschätzbar, auf seine Arbeit war Verlaß, aber er blieb auch abhängig von seiner jeweiligen, meistens sozialdemokratischen Organisation. Außerdem besaß er mit seiner Qualifikation eine relative Unabhängigkeit vom Betrieb. Er konnte hoffen, auch einen anderen Arbeitsplatz zu finden. Die Qualifikation des jetzt gebrauchten „angelernten Spezialarbeiters"[78] dagegen war auf wenige Betriebe beschränkt. Seine Lebensperspektive war mit einem genau bestimmten Produktionsprozeß verbunden.

Mit einer gesellschaftlichen Rationalisierung sollte zudem Widerstand umgebogen werden in eine Mitarbeit an Reformen, die „allen zugute kommt". Verschiedene politische und soziale Lager könnten so vereint werden, ein Konzept, das Anhänger fand von den Unternehmern bis weit in die Sozialdemokratie, und das auch von den rechten Vorstellungen einer „Volksgemeinschaft" aufgenommen wurde.

Vorgeformt wurde solche gesellschaftliche Planung der Lebensläufe in der Kriegswirtschaft des Ersten Weltkrieges. Im Krieg wurde ein „zentraler Arbeitsnachweis" geschaffen, es handelte sich darum, „die Arbeitskräfte aus dem Volke herauszuholen".[79] Mit immer weniger Arbeitern mußte damals immer mehr produziert werden. Hier wurden auch Ansätze einer „Menschenökonomie" entwickelt, von der Psychologie bis zum Werkschutz. Nach dem Krieg wurden Berufsberatung, Eignungsprüfungen, Psychotests

eingeführt. 1925 gründeten Teile der Industrie das „Deutsche Institut für Technische Arbeitsschulung" (DINTA). Die deutsche Führungsschicht wurde von diesem Institut gekennzeichnet: „klug, stolz, persönlich und innerlich frei, Träger eines deutschen Ethos aus altgermanischer Zeit".[80] In dieser Rationalisierung, die in vielen Bereichen an den Amerikanismus erinnert, tauchte es wieder auf, das Pathos des ‚Richtigen'. Die Parole des DINTA: „Ein Staat, ein Reich, ein Volk, ein Geist" – Identitätsstiftung, um Leistung zu steigern.

In Gelsenkirchen, bei der Bergwerks A. G. eröffnete das DINTA ein „Betriebspädagogisches Zentrum". Beratungsstellen, Werksschule, Kindergarten, Werksfürsorge, selbst Alterswerkstätten – das Leben wurde vom Betrieb geplant, der als „Heimat" diente.

1930 arbeiteten ungefähr 300 Betriebe nach den Methoden des DINTA. In diesem Jahr war von seinem Leiter, Carl Arnhold, die „Gesellschaft für Arbeitspädagogik" gegründet worden. Der Betriebsingenieur wurde zum „Menschenführer" ausgebildet. Die Rationalisierung erreichte aber keineswegs eine Betriebs- oder Volkseinheit. Sie dequalifizierte, trug bei zur strukturellen Arbeitslosigkeit, schuf selber neue Widersprüche: Die Begeisterung des DINTA für den Nationalsozialismus folgte auch aus solcher Erfahrung – Menschenökonomie brauchte die auch politisch durchgesetzte Volksgemeinschaft.

# 9. Jugendbewegungen in der Weimarer Zeit

Politische Opposition in der Weimarer Republik war straff organisiert. Auch die jungen Kommunisten und Sozialdemokraten marschierten, sie hatten ihre Symbole, sie uniformierten sich und erinnerten in ihren Verhaltensweisen an die Bünde. „Mobilisierung und Eingliederung breitester Arbeiter- und Jungarbeitermassen in die Rote Klassenfront", so lautete eine Parole des Roten Frontkämpferbundes.[81] Und 1930 rief das sozialdemokratische Reichsbanner Schwarz-Rot-Gold dazu auf, „zur Sicherung des inneren und äußeren Friedens durch rücksichtslosen Einsatz aller Machtmittel dem Staatswillen Geltung (zu) verschaffen ... Laßt fanatischen Staatswillen aufkommen in allen Gauen Deutschlands".[82] Ging es hier auch um die Verteidigung der Verfassung, so zeigt die Sprache doch einen Formierungswillen und einen Etatismus, der Freiheit nur im starken Staat garantiert sah. Und auch im Roten Frontkämpferbund ging es um diesen Staat, nur sollte er jetzt erobert werden. Das Objekt der Sehnsucht war in jedem Fall die starke Macht, die sich vor allem dadurch auszeichnete, daß die jeweiligen Gegner niedergehalten werden konnten. Für die Jugendlichen hieß solche Politik: Eingliederung, Gehorsam, Programm – wie es in einem damaligen Roman hieß: „Militärisch geordnet in Viererreihen setzte sich die gewaltige Kolonne zum Tor hinaus in Bewegung".[83] Gemeint war nicht etwa das Militär, sondern ein spontaner Streik der Arbeiter. Gelobt wurde gerade die Spontaneität der Disziplin, das schon bekannte Modell der Selbstdisziplinierung. In der Arbeiterjugend blieb solche Formation aber nicht ohne Gegentendenzen. Es gab auch die selbstverwalteten „Kinderrepubliken" in den Ferienlagern der sozialdemokratischen „Kinderfreunde", und die Militanz der kommunistischen Jugendlichen ließ sich auf der Straße keineswegs auf die jeweilige Parteilinie einschränken, besonders als sich immer mehr Arbeitslose an Demonstrationen beteiligten. Die Arbeitersportvereinigungen, etwa der Berliner kommunistische Sportverein „Fichte" (über 10 000 Mitglieder), ermöglichten auch eine selbstbestimmte Freizeit jenseits der Marktangebote.

Außerhalb der Parteien und der Sportorganisationen fanden sich Jugendliche in den Wilden Cliquen zusammen, durchaus auch autoritär strukturiert um einen „Cliquen-Bullen" unter Ausschluß der Mädchen, aber man kümmerte sich nicht um Legalität oder um ein verlangtes normales Leben.

> „Grün-weiß-grün sind unsre Farben
> Grün-weiß-grün ist unser Stolz.
> Wenn wir Latscher sehn, gibt's Keile
> wenn wir Nazis sehn, Kleinholz."[84]

In diesem Lied der Wilden Cliquen waren mit den „Latschern" die Jugendbewegten gemeint. Auch die Cliquen hatten ihre „Farben", aber sie werden durch den Nachsatz ironisiert: Auf die „Organisierten" wurde direkt und körperlich geantwortet. Ende der 20er Jahre gab es in Berlin 250 bis 600 solcher Cliquen mit 3000 bis 15 000 Mitgliedern.[85] Meist waren diese Jugendlichen arbeitslos, sie demonstrierten zusammen mit der KPD, lehnten aber auch hier eine verbindliche Organisierung ausdrücklich ab. Sie trafen sich lieber auf Rummelplätzen oder in Kneipen, knackten auch Automaten oder fuhren ins Freibad. Und in Notfällen halfen sie sich gegenseitig – eine Nische innerhalb des auf Produktivität ausgerichteten Großstadtlebens.

Solche Jugendlichen sollten betreut werden, Einordnung wurde als Hilfe ausgegeben. Fürsorge wurde durch das Reichsjugendwohlfahrtsgesetz von 1924 über das Jugendamt definiert. Diese Jugendlichen wurden gefürchtet: „Die starke Beteiligung Jugendlicher an den politischen Gewalttaten der letzten Zeit geben diesen Betrachtungen eines Arztes, der zu den Leitern des Kahlbaumschen Pädagogismus in Görlitz gehört, ein besonderes aktuelles Interesse". So wurde in der „Vossischen Zeitung" 1922 ein Artikel über „Jugendliche Psychopathen" eingeleitet.[86] In dem Artikel wurden diese Jugendlichen als haltlos, arbeitsscheu, ohne ausreichende sittliche Empfindungen, unzuverlässig, triebhaft bezeichnet – eine Charakterisierung, die auf mangelnde Anpassungsfähigkeit schließen läßt, auf fehlende Selbstbeherrschung. Gelobt wurden vom Verfasser reformpädagogische Versuche, die Erziehung in Gruppen, „kleinen Abteilungen", „eine streng individuelle Behandlung". Der Artikel schließt mit dem Hinweis: „Jeder derartige Zögling muß sich eben zuerst an Disziplin gewöhnen, und wenn überhaupt Genesung noch bei ihm möglich ist, fängt die Besserung an, sobald er seinen Willen unter den des behandelnden Arztes stellt."

Hier wird der „implizite Normalitätsanspruch"[87] auch bei den Reformpädagogen deutlich. Die produktive Arbeit innerhalb der Industriegesellschaft war Maßstab der verlangten Normalität. Dem schlossen sich auch Linke wie Siegfried Bernfeld an. Auch er benutzte Begriffe wie „moralischer Schwachsinn", „hemmungslos Destruktive"[88]; Homosexualität charakterisierte er als „seelische Fehlentwicklung" („hier ist also die rein psychische Behandlung am Platz")[89].

Das Machtmodell der Triebbeherrschung wurde auch von Siegfried Bernfeld vertreten; über „verwahrloste Kinder und Jugendliche" heißt es: „Jedes Kind kommt als Triebmensch auf die Welt, ein ständiger Konflikt mit seiner Umgebung ist zunächst das Symptom seiner beginnenden Entwicklung. Normalerweise muß eine lange Kette von einzelnen Konflikten in einer ganz bestimmten Weise vollendet werden, ehe die Anpassung an die Gesellschaft vollzogen ist. Dieser Weg kann durch die Umgebung vorzeitig abgebrochen werden, was ein Überwuchern einzelner Triebe, ein Nichteinpassen in die Gesellschaft zur Folge hat."[90]

Die „moralisch Schwachsinnigen" sind diejenigen – wie im Aussonderungsdiskurs der Kaiserzeit –, vor denen selbst der fortschrittliche Pädagoge resigniert. Seine Fürsorge galt den eher „Normalen", „die sich als beeinflußbar erweisen".[91] Die anderen, die destruktiven Charaktere, „sind ... gefährlich, ja ansteckend". Bernfeld gebrauchte hier Begriffe aus der Medizin, aus der Epidemiologie: Ein bestimmtes Verhalten steckt an, seine „Träger" müssen isoliert werden.

Die Wirklichkeit der meisten Anstalten war weit von den Vorstellungen der Reformpädagogen entfernt. Die Anstalten versuchten keine Integration zu erreichen, sondern eine rein äußerliche Disziplinierung. Vermittelt wurde vor allem eine „Unausweichlichkeit der Machtverteilung"[92]. Aufstände der Zöglinge und Presseberichte sorgten für eine beschränkte Öffentlichkeit gegen solche „Prügelanstalten".

Diese Öffentlichkeit betraf aber nur die Zwangserziehungsanstalten, keineswegs die Kinder und Jugendlichen, die in psychiatrischen Anstalten interniert waren. Jenseits gesetzlicher Regelungen wurden hier Maßnahmen durchgeführt, über die offen nur in Fachschriften berichtet wurde. So setzte sich der Gynäkologe Manfred Fraenkel 1920 für eine Kastration durch Röntgenstrahlen ein, besonders bei den „schlimmsten Elementen, die allen Erziehungsmaßnahmen Trotz bieten".[93]

Hierfür gab es in der Weimarer Republik keine gesetzliche Grundlage. Aber in den Fachschriften wurde über durchgeführte Kastration trotzdem berichtet. So über die Folgen der Kastration bei Kindern: „Man findet nirgends einen eigentlichen intellektuellen Defekt, wohl aber eine erhebliche Trägheit, Denkfaulheit, Schwerfälligkeit, Interessenlosigkeit, Oberflächlichkeit und Mangel an Konzentration."[94] Und über solche Fragen wird geurteilt: „lauter Mängel, die einem normalen Kinde zum Verderben, einem nymphomanischen Mädchen und einem satyrischen Knaben aber zum Heile gereichen können, indem sie solche Kinder dem sozialen Leben halbwegs zurückgeben ... Die pathologischen Kinder bleiben dann vielleicht in einem infantilen Zustand, verlieren die anormalen sexuellen Reize, werden gezähmt und können ruhige, arbeitsfähige, sozial brauchbare Glieder einer Familie oder Anstalt werden; während sie vorher wie wilde Tiere sich benahmen und der Schrecken aller waren, können sie nach der Heiloperation zur Arbeit in Feld und Garten verwendet werden und sollen im Umgang mit Geschwistern oder mit Anstaltsinsassen ungefährlich, zufrieden und sogar heiter werden."[95]

Gesetzlich konnten solche Maßnahmen in der Weimarer Republik nicht durchgesetzt werden. Aber die Nationalsozialisten gewannen ihre Stärke gerade aus dem Umstand, daß diese Diskurse keineswegs nur von Parteimitgliedern geführt wurden, obwohl die hohe Zahl von Ärzten in der NSDAP bereits vor 1933 die Nähe dieser Wissenschaft zum Aussonderungsdiskurs anzeigt.

Ersehnt wurde eine angeblich wiederzugewinnende natürliche Einheit des Volkes, in der Disziplinierung als Erfüllung des „Naturgesetzes" interpretiert werden konnte, ein Leben ohne Furcht vor den eigenen Trieben wie vor den fremden Massen, eine rationalisierte Heimat. Wie weit solche Sehnsucht in die Linke reichte, möge ein Zitat Magnus Hirschfelds aus einem Vortrag vor dem Kongreß für Sexualforscher in Berlin aus dem Jahre 1922 verdeutlichen: „Wir müssen den Menschen selbst in das planmäßige Leben einfügen und damit nicht nur das Wirtschaftsleben rationalisieren, sondern auch den Fortpflanzungstrieb des Menschen."[96]

Der „destruktive Charakter" wurde von den Medizinern und Pädagogen besonders gefürchtet. Es gibt aus dieser Zeit auch ein Lob des „destruktiven Charakters". Es stammt von Walter Benjamin. Daraus möchte ich zum Schluß zitieren:

„Der destruktive Charakter ist jung und heiter. Denn Zerstörung verjüngt, weil es die Spuren unseres eigenen Alters aus dem Weg räumt ... Der destruktive Charakter ist der Feind des Etui-Menschen. Der Etui-Mensch sucht seine Bequemlichkeit, und das Gehäuse ist ihr Inbegriff. Das Innere des Gehäuses ist die mit Samt ausgeschlagene Spur, die er in die Welt gedrückt hat ... Der destruktive Charakter sieht nichts Dauerndes. Aber eben darum sieht er überall Wege. Wo andere auf Mauern oder Gebirge stoßen, auch da sieht er einen Weg. Weil er aber überall einen Weg sieht, hat er auch überall aus dem Weg zu räumen. Nicht immer mit roher Gewalt, bisweilen mit veredelter. Weil er aber überall Wege sieht, steht er selber immer am Kreuzweg. Kein Augenblick kann wissen, was der nächste bringt. Das Bestehende legt er in Trümmer, nicht um der Trümmer, sondern um des Weges willen, der sich durch sie hindurchzieht."[97]

## Anmerkungen

[1] Ernst Jünger, Der Arbeiter, Stuttgart 1981, S. 15
[2] Klaus Tenfelde, Großstadtjugend in Deutschland vor 1914, in: VSWG, Heft 2, 1982, S. 182ff.
[3] ebd.
[4] Klaus Bergmann, Agrarromantik und Großstadtfeindschaft, Meisenheim 1970, S. 18
[5] Tenfelde, a.a.O.
[6] ebd.
[7] Graf v. Häseler, Eine gefahrvolle Lücke in der Jugenderziehung, in: E. v. Schenckendorff, Hermann Lorenz, Wehrkraft durch Erziehung, Leipzig 1905, S. 84ff.
[8] Michel Mitterauer, Sozialgeschichte der Jugend, Frankfurt/M. 1986, S. 217
[9] in: Hans-Georg John, Die Turnbewegung im deutschen Kaiserreich, in: Horst Ueberhorst (Hrsg.), Geschichte der Leibesübungen, Bd. 3/1, Berlin u.a. 1980, S. 308
[10] Wolfgang Dreßen, Positive Revolten: Aus „grauer Städte Mauern" hinaus in die Natur, in: W. Dreßen (Hrsg.), Selbstbeherrschte Körper, Berlin 1986, S. 52
[11] Andreas Gestrich, Traditionelle Jugendkultur und Industrialisierung, Göttingen 1986
[12] Wilhelm Kley, Bei Krupp, Leipzig 1899, S. 45
[13] Gertrud Pfister, Die Stadt als Spielplatz, in: W. Dreßen, a.a.O., S. 23
[14] a.a.O., S. 24
[15] ebd.
[16] Franz Jaeger, Mittel zur Erreichung einer guten Schulzucht, Wien 1894, S. 13
[17] Johann Böhm, Die Lehre von der Schuldisciplin, Eisenach o.Jg., S. 29f.
[18] Georg Kerschensteiner, Theorie der Bildung, Leipzig, Berlin 1931³, S. 462
G. Kerschensteiner, Die staatsbürgerliche Erziehung der deutschen Jugend, Erfurt 1901
[19] in: Hartmut Titze, Politisierung der Erziehung, Frankfurt/M. 1973, S. 244
[20] Rainer Maria Rilke, Das Stunden-Buch, in: Rilke, Werke, Bd. 1, Frankfurt/M. 1980, S. 108

[21] Ferdinand Tönnies, Gemeinschaft und Gesellschaft, Darmstadt 1972
[22] Julius August Langbehn, Rembrandt als Erzieher, Leipzig 1890²⁵, S. 136
[23] in: Klaus Bermann, a.a.O., S. 108
[24] Kurt Grottewitz, Sonntage eines Großstädters in der Natur, Berlin 1925 (1905), S. 24
[25] in: Ulrich Linse (Hrsg.), Zurück o Mensch zur Mutter Erde, München 1983, S. 48f.
[26] Ulrich Aufmuth, Die deutsche Wandervogelbewegung unter soziologischem Aspekt, Göttingen 1979, S. 107
[27] Otto Neuloh/Wilhelm Zilius, Die Wandervögel, Göttingen 1982, S. 121ff.
[28] Monatsschrift für höhere Schulen, Sept./Okt. 1903, S. 545ff.
[29] Wandervogel, Nr. 1, 1905, S. 1f.
[30] Gerhard Ille/Günter Köhler (Hrsg.), Der Wandervogel, Berlin 1987, S. 135
[31] dazu: Janos Frecot u.a., Fidus, München 1972
[32] a.a.O., S. 53
[33] Friedrich Nietzsche, Menschliches, Allzumenschliches, in: Nietzsche, Werke, Bd. 2, München 1980, S. 696
[34] Frecot, a.a.O., S. 38
[35] in: Gerhard Ziemer/Hans Wolf, Wandervogel und Freideutsche Jugend, Bad Godesberg 1961, S. 135
[36] Gottfried Schantz, Disziplin und Autorität, in: a.a.O., S. 170ff.
[37] Hugo Appelius, Die Behandlung jugendlicher Verbrecher und verwahrloster Kinder, Berlin 1892, S. 78
[38] a.a.O., S. 117
[39] Detlev J.K. Peukert, Grenzen der Sozialdisziplinierung, Köln 1986, S. 116
[40] a.a.O., S. 145
[41] Appelius, a.a.O., S. 18
[42] a.a.O., S. 23
[43] a.a.O., S. 30
[44] a.a.O., S. 29
[45] ebd.
[46] Vorwärts, 13.12.1910

47 Paul Julius Möbius, Ueber Entartung, Wiesbaden 1900, S. 95

48 Joh. Longard, Ueber ,moral insanity', in: Archiv für Psychiatrie und Nervenkrankheiten, 43, Berlin 1908, S. 135 ff.

49 Paul Naecke, Die Kastration bei gewissen Klassen von Degenerierten als ein wirksamer socialer Schutz, in: Archiv für Kriminalanthropologie und Kriminalistik, 1900, Bd. 3, S. 58 ff.; dazu: Anna Bergmann, Die Rationalisierung der Fortpflanzung und der Aufstieg der Rassenhygiene/Eugenik im Deutschen Kaiserreich, Diss./FU Berlin 1989

50 Theodor Lindner, Der Krieg gegen Frankreich und die Einigung Deutschlands, Berlin 1895

51 W. Hardt, Auch der Krieg hat sein Gutes, in: Oskar Leschhorn (Hrsg.), Deutschland, Deutschland über alles; Stoffe zur Feier des Sedantages, Lissa 1913, S. 34 ff.

52 Udo Kraft, Selbsterziehung zum Tod fürs Vaterland, Leipzig 1915

53 H. Keller, Krieg und Schule, in: Zeitschrift für angewandte Psychologie, 12, 1917, S. 122

54 in: Ulrich Bendele, Krieg, Kopf und Körper, Frankfurt/M. u. a. 1984, S. 200 f.

55 Wilhelm Rein, Die Volkserziehung nach dem Kriege, Wien 1918², S. 30

56 Max Menzel, Der deutsche Infanterist als Lehrer im Dienstunterricht, 1895, S. 38

57 Konrad Lehmann, Die Erziehung des Soldaten, in: Jahrbücher für die deutsche Armee und Marine, 1909, S. 411

58 G., Das Turnen im Heere, in: Militär-Wochenblatt, 1911, Nr. 61

59 Spohn, Ist die Armee eine Volksschule?, in: Jahrbücher für die deutsche Armee und Marine, 1906, S. 436

60 Max Hodann, Verstaatlichung der Jugendkompagnien, in: Friedrich Wilhelm Foerster/Alexander v. Gleichen, Das Reichs-Jugendwehrgesetz, 1915, S. 44

61 a. a. O., S. 43

62 Walter Flex, Der Wanderer zwischen beiden Welten, München 1920⁵⁷, S. 6

63 in: Hermann Giesecke, Vom Wandervogel bis zur Hitlerjugend, München 1981, S. 22

64 dazu: Uwe-K. Ketelsen, „Die Jugend von Langemarck", in: Thomas Koebner u. a. (Hrsg.), „Mit uns zieht die neue Zeit", Frankfurt/M. 1985, S. 68 ff.

65 in: Wilhelm Roessler, Jugend im Erziehungsfeld, Düsseldorf 1957, S. 185 f.

66 Alfred Baeumler, Das akademische Männerhaus, in: Baeumler, Männerbund und Wissenschaft, Berlin 1937, S. 32

67 Baeumler, Der Sinn des Großen Krieges, in: a. a. O., S. 8

68 Baeumler, Das akademische Männerhaus, a. a. O., S. 40

69 Heinrich und Ludwig Voggenreiter (Hrsg.), Jugend heraus!, Potsdam 1927², S. 88

70 Ernst Jünger, a. a. O., S. 144

71 Thilo Scheller, Jahngelöbnis, in: Turnerjugend, 1928, S. 237

72 Günter Dehn (1929), in: D. J. K. Peukert, Die Weimarer Republik, Frankfurt/M. 1987, S. 178 f.

73 Siegfried Kracauer, Das Ornament der Masse, Frankfurt/M. 1963, S. 33

74 a. a. O., S. 316

75 K. Wille, Studien über die wesentlichen Faktoren, die die gesundheitliche Lage der Arbeiterklasse in Deutschland in den Jahren 1918 bis 1945 bestimmten, Diss. Berlin (O) 1962, S. 14 u. S. 151

76 A. Schlossmann (Hrsg.), Ge-so-lei, Große Ausstellung Düsseldorf für Gesundheitspflege, soziale Fürsorge und Leibesübungen, Düsseldorf 1927, Bd. 1.2, S. 16

77 Paul Osthold, Der Kampf um die Seele unseres Arbeiters, Düsseldorf 1926

78 Karl Heinz Roth, Die „andere" Arbeiterbewegung, München 1974, S. 86

79 Peter Hinrichs/Lothar Peter, Industrieller Friede?, Arbeitswissenschaft, Rationalisierung und Arbeiterbewegung in der Weimarer Republik, Köln 1976, S. 45

80 Carl Arnhold, Heranbildung eines hochwertigen Nachwuchses von Facharbeitern in der Eisen-Industrie, Düsseldorf 1926, S. 14

81 Ernst H. Posse, Die politischen Kampfbünde Deutschlands, Berlin 1930, S. 70

82 a. a. O., S. 92

83 Karl Grünberg, Brennende Ruhr, 1971, S. 153

84 H. P. Dreitzel/Bernd Facklan, Untersuchung zur Sozialgeschichte proletarischer Subkulturen, Ms./Berlin 1982, S. 34

85 dazu: a. a. O.

86 Vossische Zeitung, 3. August 1922

87 Peukert, Sozialdisziplinierung, a. a. O., S. 220

88 S. Bernfeld, Die Formen der Disziplin in Erziehungsanstalten, in: Lutz v. Werder/Reinhart Wolff (Hrsg.), Siegfried Bernfeld, Antiautoritäre Erziehung und Psychoanalyse, Ausgewählte Schriften Bd. 1, Darmstadt 1969, S. 263 f.

89 S. Bernfeld, Die psychologischen Grundlagen der Gefährdetenfürsorge, a. a. O., S. 276

90 a. a. O., S. 277

91 S. Bernfeld, Psychische Typen von Anstaltszöglingen, in: a. a. O., S. 264

92 Peukert, a. a. O., S. 276

93 Manfred Fraenkel, Unfruchtbarmachung durch Röntgenstrahlen bei Verbrechern und Geisteskranken, Berlin 1920, S. 154

94 Franz Schlund, Beitrag zur Psychopathologie des Eunuchoidismus, in: Monatsschrift für Psychiatrie und Neurologie 53, 1923, S. 334

95 Joseph Mayer, Gesetzliche Unfruchtbarmachung Geisteskranker, Freiburg/i. Br. 1927, S. 271. Dazu auch: K. Nowak, „Euthanasie" und Sterilisierung im „Dritten Reich", Göttingen 1984³, S. 93 ff.

[96] A. Klevenow, Geburtenregelung und „Menschenökonomie", in: H. Kaupen-Haas (Hg.), Der Griff nach der Bevölkerung, Nördlingen 1986, S. 64

[97] Walter Benjamin, Der destruktive Charakter, in: W.B., Illuminationen, Frankfurt/M. 1961, S. 310 ff.

## Bibliographie

Hugo Appelius, Die Behandlung jugendlicher Verbrecher und verwahrloster Kinder, Berlin 1892

Carl Arnhold, Heranbildung eines hochwertigen Nachwuchses von Facharbeitern in der Eisen-Industrie, Düsseldorf 1926

Ulrich Aufmuth, Die deutsche Wandervogelbewegung unter soziologischem Aspekt, Göttingen 1979

Alfred Baeumler, Das akademische Männerhaus, in: Baeumler, Männerbund und Wissenschaft, Berlin 1937 (a)

A. Baeumler, Der Sinn des Großen Krieges, in: Baeumler, Männerbund und Wissenschaft, Berlin 1937 (b)

Ulrich Bendele, Krieg, Kopf und Körper, Frankfurt/M. u. a. 1984

Walter Benjamin, Der destruktive Charakter, in: W. Benjamin, Illuminationen, Frankfurt/M. 1961

Anna Bergmann, Die Rationalisierung der Fortpflanzung und der Aufstieg der Rassenhygiene/Eugenik im Deutschen Kaiserreich, Diss./FU Berlin 1989

Klaus Bergmann, Agrarromantik und Großstadtfeindschaft, Meisenheim 1970

Siegfried Bernfeld, Die Formen der Disziplin in Erziehungsanstalten, in: Lutz v. Werder/Reinhart Wolff (Hrsg.), Siegfried Bernfeld, Ausgewählte Schriften, Bd. 1, Darmstadt 1969 (a)

Siegfried Bernfeld, Die psychologischen Grundlagen der Gefährdetenfürsorge, in: Werder/Wolff, Bernfeld, Bd. 1 (b)

Siegfried Bernfeld, Psychische Typen von Anstaltszöglingen, in: Werder/Wolff, Bernfeld, Bd. 1 (c)

Johann Böhm, Die Lehre von der Schuldisciplin, Eisenach o. Jg.

Günter Dehn (1929), in: Detlev Peukert, Die Weimarer Republik, Frankfurt/M. 1987

H. P. Dreitzel/Bernd Facklan, Untersuchung zur Sozialgeschichte proletarischer Subkulturen, Ms./Berlin 1982

Wolfgang Dreßen, Positive Revolten: Aus „grauer Städte Mauern" hinaus in die Natur, in: W. Dreßen (Hrsg.), Selbstbeherrschte Körper, Berlin 1986

Walter Flex, Der Wanderer zwischen beiden Welten, München 1920[57]

Manfred Fraenkel, Unfruchtbarmachung durch Röntgenstrahlen bei Verbrechern und Geisteskranken, Berlin 1920

Janos Frecot u. a., Fidus, München 1972

G.; Das Turnen im Heere, in: Militär-Wochenblatt, 1911, Nr. 61

Andreas Gestrich, Traditionelle Jugendkultur und Industrialisierung, Göttingen 1986

Hermann Giesecke, Vom Wandervogel bis zur Hitlerjugend, München 1981

Kurt Grottewitz, Sonntage eines Großstädters in der Natur, Berlin 1925

Karl Grünberg, Brennende Ruhr, o. O. 1971

Graf v. Häseler, Eine gefahrvolle Lücke in der Jugenderziehung, in: E. v. Schenckendorff/Hermann Lorenz, Wehrkraft durch Erziehung, Leipzig 1905

Peter Hinrichs/Lothar Peter, Industrieller Friede? Arbeitswissenschaft, Rationalisierung und Arbeiterbewegung in der Weimarer Republik, Köln 1976

Max Hodann, Verstaatlichung der Jugendkompagnien, in: Friedrich Wilhelm Foerster/Alexander v. Gleichen, Das Reichs-Jugendwehrgesetz, o. O. 1915

W. Hardt, Auch der Krieg hat sein Gutes, in: Oskar Leschhorn (Hrsg.), Deutschland, Deutschland über alles; Stoffe zur Feier des Sedantages, Lissa 1913

Gerhard Ille/Wilhelm Zilius, Die Wandervögel, Göttingen 1982

Franz Jaeger, Mittel zur Erreichung einer guten Schulzucht, Wien 1894

Ernst Jünger, Der Arbeiter, Stuttgart 1981

Hans-Georg John, Die Turnbewegung im deutschen Kaiserreich, in: Horst Ueberhorst (Hrsg.), Geschichte der Leibesübungen, Bd. 3/1, Berlin u. a. 1980

H. Keller, Krieg und Schule, in: Zeitschrift für angewandte Psychologie, 12, 1917

Georg Kerschensteiner, Die staatsbürgerliche Erziehung der deutschen Jugend, Erfurt 1901 (a)

Georg Kerschensteiner, Theorie der Bildung, Leipzig/Berlin 1931[3] (b)

Uwe-K. Ketelsen, „Die Jugend von Langemarck", in: Thomas Koebner u. a. (Hrsg.), „Mit uns zieht die neue Zeit", Frankfurt/M. 1985

Annegret Klevenow, Geburtenregelung und „Menschenökonomie", in: Heidrun Kaupen-Haas (Hrsg.), Der Griff nach der Bevölkerung, Nördlingen 1986

Wilhelm Kley, Bei Krupp, Leipzig 1899

Siegfried Kracauer, Das Ornament der Masse, Frankfurt/M. 1963

Udo Kraft, Selbsterziehung zum Tod fürs Vaterland, Leipzig 1915

Julius August Langbehn, Rembrandt als Erzieher, Leipzig 1890[25]

Konrad Lehmann, Die Erziehung des Soldaten, in: Jahrbücher für die deutsche Armee und Marine, 1909

Theodor Lindner, Der Krieg gegen Frankreich und die Einigung Deutschlands, Berlin 1895

Ulrich Linse (Hrsg.), Zurück o Mensch zur Mutter Erde, München 1983

Joh. Longard, Ueber ‚moral insanity‘, in: Archiv für Psychiatrie und Nervenkrankheiten, 43, Berlin 1908

Joseph Mayer, Gesetzliche Unfruchtbarmachung Geisteskranker, Freiburg i. Br. 1927

Max Menzel, Der deutsche Infanterist als Lehrer im Dienstunterricht, o. O. 1895

Michel Mitterauer, Sozialgeschichte der Jugend, Frankfurt/M. 1986

Paul Julius Möbius, Ueber Entartung, Wiesbaden 1900

Monatsschrift für höhere Schulen, Sept./Okt. 1903

Paul Naecke, Die Kastration bei gewissen Klassen von Degenerierten als ein wirksamer socialer Schutz, in: Archiv für Kriminalanthropologie und Kriminalistik, 1900, Bd. 3

Otto Neuloh/Wilhelm Zilius, Die Wandervögel, Göttingen 1982

Friedrich Nietzsche, Menschliches, Allzumenschliches, in: Nietzsche, Werke, Bd. 2, München 1980

K. Nowak, „Euthanasie“ und Sterilisierung im „Dritten Reich“, Göttingen 1984[3]

Paul Osthold, Der Kampf um die Seele unseres Arbeiters, Düsseldorf 1926

Detlev Peukert, Grenzen der Sozialdisziplinierung, Köln 1986

Gertrud Pfister, Die Stadt als Spielplatz, in: W. Dreßen (Hrsg.), Selbstbeherrschte Körper, Berlin 1986

Ernst H. Posse, Die politischen Kampfbünde Deutschlands, Berlin 1930

Wilhelm Rein, Die Volkserziehung nach dem Kriege, Wien 1918[2]

Rainer Maria Rilke, Das Stunden-Buch, in: Rilke, Werke, Bd. 1, Frankfurt/M. 1980

Wilhelm Roessler, Jugend im Erziehungsfeld, Düsseldorf 1957

Karl Heinz Roth, Die „andere“ Arbeiterbewegung, München 1974

Gottfried Schantz, Disziplin und Autorität, in: Gerhard Ziemer/Hans Wolf, Wandervogel und Freideutsche Jugend, Bad Godesberg 1961

Thilo Scheller, Jahngelöbnis, in: Turnerjugend, 1928

A. Schlossmann (Hrsg.), Ge-so-lei, Große Ausstellung Düsseldorf für Gesundheitspflege, soziale Fürsorge und Leibesübungen, Düsseldorf 1927

Franz Schlund, Beitrag zur Psychopathologie des Eunuchoidismus, in: Monatsschrift für Psychiatrie und Neurologie, 53, 1923

Spohn, Ist die Armee eine Volksschule?, in: Jahrbücher für die deutsche Armee und Marine, 1906

Klaus Tenfelde, Großstadtjugend in Deutschland vor 1914, in: VSWG, 2, 1982

Hartmut Titze, Politisierung der Erziehung, Frankfurt/M. 1973

Ferdinand Tönnies, Gemeinschaft und Gesellschaft, Darmstadt 1972

Heinrich und Ludwig Voggenreiter (Hrsg.), Jugend heraus!, Potsdam 1927

Vorwärts, 13.12.1910

Vossische Zeitung, 3.8.1922

Wandervogel, 1, 1905

K. Wille, Studien über die wesentlichen Faktoren, die die gesundheitliche Lage der Arbeiterklasse in Deutschland in den Jahren 1918 bis 1945 bestimmten. Diss./Berlin 1962

Gerhard Ziemer/Hans Wolf, Wandervogel und Freideutsche Jugend, Bad Godesberg 1961

# Innenansichten des Porträts.
# Gedanken zur Herstellung des Bildnisthemas

*Bernd Busch*

„Kokoschka hat ein Porträt von mir gemacht. Schon möglich, daß mich die nicht erkennen werden, die mich kennen. Aber sicher werden mich die erkennen, die mich nicht kennen."
(KARL KRAUS)

## 1. Konturen des Sujets

„(...) wir sehen die Seele in dem Körper. Aus diesem Grunde können wir sagen, der Körper sei das Bild der Seele, oder die Seele selbst sichtbar gemacht." (Zit. n. Boehm 1985, S. 265) Diese Sätze hat 1793 J.G. Sulzer geschrieben. In bündiger Form rekapitulieren sie den lange Zeit gültigen Begründungszusammenhang der Porträtkunst – noch gewann das Bildnis einer Person seine konturierte Gestalt und Aussagekraft vor dem Hintergrund eines Kanons verbindlicher Idealvorstellungen, und deren Zeichen sollten wiederum an der einzelnen Erscheinung, wie in einem Buch, ablesbar sein. Eben diese orientierende Kraft einer verbürgten, das Individuum mit dem Sozialen ebenso wie mit der Natur verbindenden Ordnung war jedoch im ausgehenden 18. Jahrhundert bereits in rapider Auflösung begriffen. Die einsetzenden Debatten über die Physiognomik, die der freigesetzten Dynamik zwischenmenschlicher Begegnungen ein neues, wissenschaftliches Regelwerk bereitstellen wollte, legen Zeugnis ab von den tiefgreifenden Irritationen, die diese „Zeitenwende" (Hegel) begleiteten: Umwälzungen des gesamten Systems gesellschaftlicher Diskurse und Praktiken, in denen der Mensch seine gesellschaftliche und geschichtliche Position lokalisiert hatte, Umwälzungen, die auch den Status des Porträts substantiell berühren mußten.

So hat Jacob Burckhardt, kaum daß das Porträt als ein Gegenstand der Kunstgeschichte bestimmt war, bereits von dessen Historizität gesprochen: „Wir stehen der Porträtmalerei im Grunde schon wie einem historisch abgeschlossenen Ganzen gegenüber." (Zit. n. Boehm 1985, S. 41) Für dieses Urteil liefert die gesellschaftliche Entwicklung des 19. Jahrhunderts bedeutsame Belege. Nicht nur, daß die Fotografie weitgehend die herkömmlichen Aufgaben des künstlerischen Bildnisses übernommen hatte und im endlosen Zitat einstiger Ambitionen den Totentanz der Porträtkunst inszenierte, auch der kollektiv imaginierte Gegenstand des Porträts begann zwischen wissenschaftlicher Zergliederung und konventioneller Stilisierung zu zerrinnen.

In der Tat hätte nun über die Geschichte des von Sulzer formulierten Anspruchs der gesicherten kollektiven Bedeutsamkeit des Individuums in seiner anschaulichen Repräsentation nachgedacht werden können, über die „Geschichte der Ähnlichkeit, des Vermögens und des Willens, dieselbe hervorzubringen". (Zit. n. Boehm 1985, S. 41) Bei Burckhardt freilich entließ diese Einsicht noch nicht das drängende Problem der Moderne aus seiner klassizistischen Fesselung – nur folgerichtig angesichts des hohen Maßstabs einer „Verewigung des Einzelmenschen" (Burckhardt), der an das Porträt angelegt wurde.

Dabei hatte die konsequente ästhetische Auseinandersetzung mit der künstlerischen Darstellbarkeit des Individuums, seiner „wesentlichen" Züge, immer deutlichere Indizien einer radikalen Zersetzung dieses chimärenhaften Wesens zu Tage gefördert. Insbesondere im Selbstbildnis, und zwar spätestens seit Rembrandt, hatte sich die Frage nach der Identität und Identifizierbarkeit des rätselhaften Gegenstandes des Porträts, das Problem der Wahrheit des Individuums, abgezeichnet. Die „Persönlichkeit" des Porträtierten war kaum mehr in einem geglückten Ausgleich von Besonderem und Allgemeinem im Bilde zu veranschaulichen. Im Gegenteil, je entschiedener die aus dem tradierten Kanon der Verbindlichkeiten freigesetzten Grundkonstellationen: Selbst und Bildnis zusammenrückten, ja vom Wissen zusammengezwungen wurden, desto manifester wurde ihre gleichzeitige Auflösung.

Im 20. Jahrhundert war die alte, makellose Konfiguration der Person für die Kunst endgültig verloren, immer krasser traten die Risse hervor, die der geschichtliche Prozeß den Zügen der Menschen eingrub. Während aber die Wundmale gesellschaftlicher Zerstückelung auf die Bildnisse übergriffen und die Malerei der physiognomischen, psychologischen und technologischen Demontage des Menschen nachfolgte, begann sich zugleich gesellschaftlich eine neue Einheit des Erscheinungsbildes abzuzeichnen: Wie in Umkehrung der alten Relation von Selbst und Bild wurden zunehmend die Zeichen der Vergesellschaftung dem einzelnen Körper kosmetisch eingeprägt, die für das Bildnis verlorene Einheit des Individuums überzog als Image dessen Züge. Das Ende des Porträts scheint so mit der tatsächlichen Verwirklichung seines Grundaxioms, der Konstruktion des Körpers als Bild der Seele, verknüpft. Der spannungsreiche Dialog zwischen Selbst und Bild büßt seine Grundlage in dem Augenblick ein, da der psycho-technologisch erwirkte Eintritt in das „Innere" zur realen Möglichkeit wird, da jenes spekulative Kraftfeld in den Blick genommen wird, auf das jedes Porträt als „Bild eines Menschen, das eine bestimmte Persönlichkeit wiedergeben soll" (P. E. Schramm, zit. n. Reallexikon 1948, S. 640), sein Recht gegründet hat.

Im folgenden soll von dieser Geschichte des Porträts die Rede sein, genauer: von ihrer Aufhebung. Die Geschichte des Bildnisses im strengen Sinne war eng verbunden mit der neuzeitlichen Geschichte der Individuation, sie reicht vom Auftreten des Individuums als einem historischen Projekt in der frühen Neuzeit bis zu seiner Auflösung in das von gesellschaftlichen Strategien eingekreiste spätneuzeitliche Selbst. Die zwischen diesen Zeitstellen liegenden sechs Jahrhunderte haben eine Ahnengalerie des Individuums hinterlassen. Anlaß genug, noch einmal über die mit dem Bildnis verknüpften Vorstellungen und Verstellungen, über die ihm einbe-

schriebenen Merkmale der gesellschaftlichen Strategien der Einbildungskraft nachzudenken. Denn gerade weil die Kunstgattung des Porträts von dem eminenten Anspruch zehrte, dem Menschen einen Raum der Selbstbestimmung zu öffnen, war sie immer auch mehr als nur erstarrte Konvention: sie war Projekt und Projektionsfläche der Kraft und des Wunsches, für sich selbst einzustehen. Damit freilich gewinnt im Porträt der ursprüngliche Wortsinn von „protractum" (‚Hervorgezogenes') seine besondere Färbung – er ist als eine spezifische Mechanik der Vergesellschaftung erkennbar, in der Individuum und gesellschaftliche Ordnung sich wechselseitig durchdringen, nicht aber ineinander aufgehen. Diese Vermittlung von Individuellem und Sozialem ist dem Bildnis und seinen gesellschaftlichen Gebrauchsweisen einbeschrieben; sie ist das Signum seiner Historizität.

„Bildnis des Kardinals Ludovico Mezzarota" (vgl. Abb. 61) – ein Bestimmungsmuster, das von den Bildlegenden in Ausstellungen und Publikationen her vertraut ist, eine Zuordnung von Bild und Person, die in ihrer beständigen Wiederholung das geläufige Verständnis der Kunstgattung Porträt bekräftigt. Daß ein Bildnis eine bestimmte Person wiedergebe, scheint in nahezu allen Fällen evident zu sein – einmal abgesehen von dem eher fachwissenschaftlichen Streit um die gesicherte Festlegung der Identität der Dargestellten und jener Unschärfe, die das allmähliche Verblassen der Erinnerung an eine Person ihrem Bild-Namen zufügt. Was aber begründet das Recht, ein Bildnis mit einem Namen zu belegen, der wiederum die Person zu identifizieren und zu bezeichnen vorgibt?

Bildnis und Name begegnen sich auf ganz unterschiedliche Weise in ihrem gemeinsamen Fluchtpunkt: der Person. Eine wechselseitige und wechselvolle Beziehung, deren Wahrheit nicht in der Vergesellschaftungssignatur der Identität sich einlöst. So geht das, was wir an und in einem Menschen sehen, kaum in dem Versuch, ihn zu charakterisieren, auf – schon gar nicht in seinem Namen, der nur deshalb zutreffen mag, weil er von uns nicht wörtlich genommen wird. Das Bildnis nun sucht gleichsam den irreduziblen Bedeutungsgehalt des Namens der Anschaulichkeit wiederzugeben. In seinem neuzeitlichen Entwurf beansprucht das Porträt, dem Menschen ästhetisch das zurückzuerstatten, wovon die buchstäbliche Charakteristik seiner Eigentümlichkeit nur etwas besagen kann: dies hat man weiterhin Seele genannt.

Hätte im Zusammenhang des neuzeitlichen Porträts der alte magische Glaube an den unverbrüchlichen Einklang von Namen, Abgebildetem und Bildnis seine Kraft bewahrt, die Konservierung oder Rekonstruktion des Bild-Namens käme einer Schuld gegenüber den Vergangenen gleich. Das Problem ist jedoch weitaus komplizierter, seitdem das Individuum seinem Tod mit seinem Bildnis in der Perspektive des Nachruhms entgegentritt. Nicht nur, daß Name und Bildnis in der Bezeichnung ihres einzigartigen Referenten miteinander konkurrieren, das Bildnis behauptet zudem eine eigene Qualität dauerhafter Vergegenwärtigung des Bedeutsamen. Im Gegensatz zum Namen birgt seine anschauliche Gestalt auch die Verheißung, die schmerzliche Nähe zur abgeschlossenen Vergangenheit auf Dauer meiden zu können. Noch in der Repräsentation der zufälligen Züge bekundet das Bildnis ein Privileg der Zeit, beansprucht es Macht über die Zeit. Im neuzeitlichen Verständnis des Porträts findet dieses Privileg seinen schillernden Legitimationsgrund im Begriff der Ähnlichkeit – für deren gültige Bewerkstelligung der Künstler mit seinem Namen und seiner Arbeit einsteht.

Nicolas Poussins „Selbstbildnis II" (1650) (vgl. Abb. 62) mutet wie eine programmatische Untersuchung dieser Problemkonstellation an – so wie sie im 17. Jahrhundert, unter den miteinander verbündeten Ansprüchen von Gelehrsamkeit und malerischem Kunst-Stück, im Spiegel des künstlerischen Selbst sich reflektierte. In dem Selbstbildnis, das für seinen Pariser Freund und Auftraggeber Chantelon bestimmt war, hat Poussin mehrere Bilder hinter sich aufgestellt: zunächst eine grundierte Leinwand mit einer Inschrift und dem Schattenwurf seiner Figur, dann ist der äußere Rand eines dahinter befindlichen Gemäldes sichtbar, schließlich sind ein weiterer Rahmen und die Rückseite einer Leinwand zu erkennen. Oskar Bätschmann schreibt über den freiliegenden Ausschnitt

des zweiten Bildes, der eine weibliche Figur und zwei dieser zugewandte Hände zeigt: „Die weibliche Figur (...) ist die Allegorie der Malerei. Vor dem dunklen Hintergrund vereinigt sie als Gestalt des Lichts die drei Primärfarben Rot, Gelb und Blau. Auf dem Kopf trägt sie ein Diadem mit eingesetztem Auge. Dieses Auge der Optik (oder der Perspektive) und das natürliche Auge machen die Malerei zur Figur des zweifachen Sehens. Die Malerei sieht im Sichtbaren das Unsichtbare. Unsichtbar ist für uns die Gestalt, die der Bildrahmen entzweischneidet. Wir können nur zwei männliche Hände sehen. Aber die Malerei sieht, wie wir ergänzend denken, die ganze Gestalt und erwidert ihre Umarmung." (Bätschmann 1987, S. 11) Der Anspruch der Malerei, sie könne das Nicht-Sichtbare anschaubar werden lassen, die Grenze von Sichtbarkeit und Unsichtbarkeit durchdringen, tritt in Poussins Selbstbildnis in den Zusammenhang der Fertigkeiten des Malers. Die Darstellung selbst wird zum Gegenstand der Darstellung und reflektiert die Möglichkeiten bildlicher Repräsentation. „Drei Darstellungen des Malers sind vorhanden und aufeinander bezogen. Die erste ist sein Abbild, die zweite sein Schattenbild auf der leeren Leinwand und die dritte die Inschrift. Die Inschrift beginnt mit den Worten: Effigies Nicolai Poussini. Das erste Wort leitet den dreifachen Sinn ein. Effigies meint: Abbild, Schattenbild und Bild. Das Abbild ist gegenwärtig. Das Schattenbild zeigt, wie der Maler sein wird, wenn er nicht mehr lebt. Der Schatten trennt in der Inschrift Vor- und Nachnamen, verdeckt die Altersangabe, den Beruf und teilt Ort und Datierung. Die Inschrift meint das Schattenbild und verbindet sich mit ihm zum Epitaph, zur Grabschrift. Der Träger ist die leere Leinwand. Sie zeigt das Ende und den Anfang." (Bätschmann 1987, S. 12) Obschon hier das Selbstbewußtsein der Malerei gegenüber ihren Ursprüngen im Schattenriß behauptet wird, ist das Gemälde zugleich die ästhetische Reflexion der schattenhaften Vergänglichkeit von Bildvorwurf und Namen – „effigies" meinte in der antiken und mittelalterlichen Tradition die Repräsentation eines Toten bei der Leichenfeier. Was sein Urheber dem Bilde überliefert, ist das Wissen von den Prinzipien der Malerei. Diese ist „plaisir de l'âme" – und vielleicht gilt von dem intellektuellen Vergnügen dieser Seele, daß es ästhetisch an Leben gewinnt, wenn das Rätsel von „lumine und colore" im Bewußtsein der fundamentalen Abwesenheit des mit ihren Mitteln repräsentierten Sujets gelöst wird.

Bereits eine oberflächliche Betrachtung der neuzeitlichen Bildnisgeschichte verdeutlicht freilich, daß angesichts dieses „Rätsels" mit der gebräuchlichen Formel „Porträt von …" sehr Verschiedenes gemeint sein kann. Bei Mantegnas eingangs erwähntem „Bildnis des Kardinals Ludovico Mezzarota" aus dem Jahre 1459 ist die Figur, trotz ihres im Blick gebündelten Ausdrucks, gleichsam zur Skulptur erstarrt. Die ins Bild eingetretene Person verkörpert die ideale Repräsentation ihrer selbst. Die Verherrlichung der Macht, und dies scheint der Auftrag des Bildes, offenbart sich im Gestus der Darbietung, in einer Haltung, welche die Taten vertritt.

Ganz anders rückt Hans Holbein d. J. 1533 in den „Gesandten" (vgl. Abb. 63) sein Sujet ins Bild. Holbein d. J. ist als „Klassiker der deutschen Renaissance" tituliert worden. Die „Gesandten" scheinen, trotz aller porträtierenden Genauigkeit in der Darstellung der beiden Repräsentanten weltlicher und geistlicher Macht, nur schwer im strengen Sinne als „selbständiges Porträt" gewertet werden zu können. Gleichwohl ist das Bild für den Problemhorizont, vor dem sich die neue Kunstgattung abzeichnet, äußerst aufschlußreich. In der ausgefeilten Komposition entwickelt sich eine fundamentale Irritation. Sie hat ihren Ursprung in der seltsamen Gestalt im Vordergrund, die so entschieden der ruhigen Exaktheit in der Darstellung der Gesandten zuwiderläuft, jener „Würde des menschlichen, des belebten, des beseelten Gesichts mitten unter den unbelebten Dingen". (Gantner 1958, S. 88) Bei diesem, von einem ganz anderen Licht beleuchteten „Etwas" handelt es sich um die anamorphotische Erscheinung eines Totenschädels. Michel Butor hat gesagt, das Gemälde sei „eine Art symbolisch funktionierender Maschine. Man kann sich vorstellen, daß es an der Rückwand eines Empfangssaales dem Eingang gegenüber aufgehängt war und daß sich rechts von ihm eine schmale Tür oder ein kleiner Flur befand, der zu einer Hauskapelle oder einem Andachtsraum führte. Der Besucher, der das

Bild betrachtete, war beeindruckt durch seine prunkvolle Ordnung, doch der rätselhafte Gegenstand im Vordergrund hinterließ in ihm ein Unbehagen und eine Frage. Wenn er dann in den anderen Raum ging, wenn beharrliche Neugier ihn den Kopf drehen ließ, oder wenn er zurückkehrte, wurden all seine Befürchtungen bestätigt, es handelte sich wirklich um das Eindringen einer anderen Welt und die Zerstörung der hiesigen; seine Blicke begegneten dem Gesicht des Todes, einem um so verwirrenderen Schreckbild, als es zunächst nicht benennbar gewesen war." (Butor 1970, S. 14 f.) So prägt Holbein d. J. in einer Epoche, „in der sich das Subjekt abzeichnet und die geometrale Optik gefunden wird" (Lacan 1980, S. 95), und mit Hilfe dieses perspektivischen Instrumentariums dem Bild ein Denk-Mal ein: die Mahnung an die Nichtigkeit des Subjekts. Er trägt diesen Einspruch nicht im Gewand des mittelalterlichen „memento mori" vor, vielmehr ist die Formulierung, die Holbein d. J. dem Projekt des Individuums verleiht, geschichtlich und ästhetisch auf der Höhe seiner Zeit. Nebenbei bemerkt, die Namen der beiden im Gemälde dargestellten Personen waren bis zum 19. Jahrhundert vergessen worden – erhalten hatte sich einzig ihre amtliche Funktion und ihre Bild-Konfiguration, zumindest bis zur Wiedererweckung ihrer Namen durch die kunstgeschichtliche Forschung.

Was ein Porträt vorstellt, ist gerade nicht die konkrete Person. Sein Thema ist vielmehr das, was an dieser Person für bildwürdig und bedeutsam befunden wurde und daher im Bildnis Dauer und Gegenwärtigkeit beanspruchen konnte. Das Bildnis ist Denkmal einer jeweils besonderen und zugleich gesellschaftlich vermittelten Beziehung zwischen dem Modell und dem Künstler – die Abwägung verschiedener Ambitionen, eingebunden in lebensgeschichtliche und geschichtliche Umstände, die dem Bild Bedeutung und Funktion aufgeprägt haben, geformt von dem Wechselspiel künstlerischer, soziokultureller und politischer Programmatiken. Diese komplexe Ordnung bestimmt den Rahmen, innerhalb dessen die Identität des Porträtierten mit sich selbst begründet und vom Bild identifiziert und repräsentiert wird. Der ästhetische Modus der Vergesellschaftung des Individuellen erwirkt dessen

Lesbarkeit; Ähnlichkeit im emphatischen Sinne gewinnt das Bildnis jedoch erst durch seinen individualisierenden Zug, der Bild und Namen mit dem Bezeichneten verknüpft. Solche Ähnlichkeit war immer ein Ausgleichserzeugnis der verschiedenen am Bildnisprojekt ihren Anteil nehmenden Kräfte, eine Repräsentation, die im künstlerischen Abbildungsprozeß Bildnis und Bildnisgegenstand gleichermaßen hervorbringt und sie dem endlosen Selbstgespräch der Geschichte neuzeitlicher Individuation überliefert. So ist das Porträt zunächst auch ein ästhetisches und kulturelles Programm, das seine anschauliche Realität im Bild gewann – durchaus nicht immer in Befolgung der künstlerischen und gesellschaftlichen Imperative.

Ein drittes Bild mag, im Vergleich mit Mantegna und Holbein d. J., den geschichtlichen Ort markieren, von dem aus bestimmte Aspekte dieser Geschichte des Porträts hier befragt werden: Paul Klees 1933 entstandenes „Von der Liste gestrichen" (vgl. Abb. 64). Das Bild ist als eine Reaktion auf die einsetzende Verfolgung durch die Nationalsozialisten gedeutet worden. Es ist jedoch auch eine Art Bestandsaufnahme der künstlerischen Moderne im Angesicht ihrer organisierten Verfemung. Und es ist eine Erinnerung daran, daß die Porträtmalerei sich mittlerweile nicht mehr auf die unbefragte Gültigkeit ihrer Gegenstandsreferenz berufen kann, daß sie vielmehr in und durch ihre formale Gestalt diesen Gegenstand allererst hervorzubringen hat – durch eine „Bildanatomie", deren ästhetisches Bezugssystem die gesellschaftliche Abstraktion als ästhetisches Zeichen lesbar werden läßt: „Kunst gibt nicht das Sichtbare wieder, sondern macht sichtbar." (P. Klee, zit. n. Bilder vom Menschen 1980, S. 301)

Was in Klees Bild sichtbar wird, ist allerdings weitaus mehr als der gewandelte Status des Porträts in der modernen Kunst. In ihm wird eine Geschichte des Porträts auf ihren anschaulichen Begriff gebracht: die Exekution des Individuums im Zuge der fortschreitenden Identifizierbarkeit seiner Identität. „Von der Liste gestrichen" gemahnt an die mittlerweile alltägliche Präsenz des „Konterfeis" als Identifikationsmittel und an die nicht abreißende ritualisierte Zerstörung von Bild-

nissen. Heute sind diese Bildnisse freilich überwiegend fotografischen Ursprungs. Doch selbst im fotografischen Porträt scheint anfangs noch ein Rest jener magischen Verknüpfung von Person, Name und Bild wirksam gewesen zu sein, durch die das Mal im Bild den Menschen trifft. Mehr noch, das beherrschende Bildnismedium der letzten 150 Jahre, die Fotografie, hat der magischen Vorstellung geradezu eine materiale Grundlage gegeben, sie technologisch verwirklicht. Fotografie hat den Abgebildeten mit seinem Bildnis gleichsam naturgesetzlich verschweißt, und erst aufgrund dieses fotografischen Wahrnehmungsprogramms avancierte das Konterfei zum hervorragenden Identifikationsinstrument. Mit seiner „unnachahmlichen Treue" durchschlägt das fotografische Abbild regelrecht die künstlerische Balance zwischen Ordnung und Chaos: Urheber fotografischer Ähnlichkeit ist nicht der Künstler, sondern die in das Abbildungsverfahren eingekoppelte körperliche Erscheinung des Menschen. Die Aufnahme ist ein Abzug des Modells, sie treibt im erfaßten und fixierten Augenblick die privilegierte Zeitlichkeit des herkömmlichen Porträts zurück in die Gewalt der historischen Zeit: die Fotografie verrückt den Anblick des Menschen in die Perspektive des Todes.

Zugleich verschob sich, seit Ende des 19. Jahrhunderts, die alte Frage nach dem Gegenstand des Porträts künstlerisch zunehmend ins Ungegenständliche: Das „Eigentliche" des Menschen war, neben allen Neubestimmungen des künstlerischen Selbstverständnisses, in der Tat nurmehr in der Abwehrhaltung der ästhetischen Konstruktion zu haben. Dem geschichtlichen Dilemma des Porträts, dessen emphatischer Gegenstand vom Geschichtsprozeß zersprengt und gleichzeitig in seinen Trümmern von psychologischer Diskursivierung, sozialen Strategien und identifikatorischer Lektüre allmählich eingekreist und dingfest gemacht wurde, schien die ästhetische Tendenz zur Abstraktion sich zu entwinden. Sie hielt dem herrschenden Bild einer Ordnung und den Strategien, das Besondere zu entziffern und zu benennen, den Spiegel der gänzlichen Auflösung der Person in ein System konkurrierender Namen und Zeichen vor, entdeckte das Porträt als „Allegorie der Überkrustung"

(Paul Klee). „Heute ist der gestrige-heutige Übergang. In der großen Formgrube liegen Trümmer, an denen man noch teilweise hängt. Sie liefern den Stoff zur Abstraktion. Ein Bruchfeld von unechten Elementen, zur Bildung unreiner Kristalle. So ist es heute. (...) Ich habe diesen Krieg in mir längst gehabt. Daher geht er mich innerlich nichts an. Um mich aus meinen Trümmern herauszuarbeiten, mußte ich fliegen. Und ich flog. In jener zertrümmerten Welt weile ich nur noch in der Erinnerung, wie man zuweilen zurückdenkt. Somit bin ich ‚abstrakt mit Erinnerungen‘." (P. Klee, zit. n. Werckmeister 1981, S. 98)

Klees Bild „Von der Liste gestrichen" bezeugt, daß dieser Versuch, im Aufschwung des künstlerischen Subjekts in die Abstraktion der historischen Erfahrung einer zertrümmerten Welt die Treue zu wahren, gescheitert ist – die „dynamische Entwicklung der Weltabkehr aus der Erinnerung" (Werckmeister 1981, S. 99), die der bedrängten „Substantialität" des Menschen einen letzten Bild-Raum eröffnen wollte, ist von der Geschichte eingeholt worden. Die utopische Sprachlosigkeit des Selbst im ungegenständlichen Bildnis wird von einem identifizierenden Mal gebrandmarkt – und eben deshalb ist das Entstehungsdatum des Werkes beredt.

## 2. Entwurf der Gattung

Von Plotin wird berichtet, daß er eine unüberwindliche Abneigung gezeigt habe, sich porträtieren zu lassen. In einer Zeit, in der bereits eine Ahnung der mit dem neuzeitlichen Porträt verknüpften Fragen sich angedeutet hatte, erwiderte Plotin auf die Bitte eines Verehrers nach einem Bildnis: „Es soll also nicht genug daran sein, das Abbild zu tragen, mit dem die Natur uns umkleidet hat, nein, du forderst, ich soll freiwillig zugeben, daß ein Abbild der Abbilder von mir nachbleibe, ein dauerhafteres, als sei dies Abbild etwas Sehenswertes!" (Porphyrius 1958, S. 2)

Diese Geringschätzung der irdischen Erscheinung des Menschen sollte, durchaus unter Fortwirkung antiker und vor allem spätantiker Motive, in der christlich geprägten Kultur der folgenden Jahrhunderte weitergelten. Die Episode um Plotins Bildnis ist aber über diese Erbschaft des Mittelalters hinaus bemerkenswert: in ihr zeichnet sich, in dem von der Spätantike vollzogenen endgültigen Bruch mit den veristischen Traditionen des römischen Porträts, der künftige Problemhorizont des neuzeitlichen Bildnisses ab – die von der Antike umrissenen Fragestellungen sollte die mittelalterliche Kultur immer wieder aufgreifen, und die neuzeitliche Porträtgeschichte wird, auf veränderter Grundlage, an ihnen weiterarbeiten. So gesehen bezeichnet der Konflikt zwischen Plotin und seinem Verehrer Amelius das Spannungsfeld, aus dem heraus sich die Ambitionen des Porträts immer wieder neu begründet haben. (Vgl. Brilliant 1971)

Plotins Biograph Porphyrius überliefert, daß Amelius sich durch das Verdikt des Philosophen keineswegs von seinem Vorhaben abhalten ließ. Er nahm seinen Freund Carterius, einen Künstler, mit zu den öffentlichen Versammlungen Plotins und forderte Carterius auf, sich die charakteristischen Züge Plotins einzuprägen. Aufgrund dieser Erinnerungen zeichnete Carterius sodann eine erste Skizze, die durch Amelius' Anregungen und beständige Korrektur allmählich verbessert wurde, bis schließlich „dank der Begabung des Carterius" ein „sehr ähnlich(es)" (Porphyrius 1958, S. 4) Porträt Plotins erschaffen war.

Es mag zunächst überraschen, daß hier von einem Anhänger Plotins die Hierarchie zwischen dem Einen und dem Sein, die ja neuplatonisch als eine Abfolge der Emanationen oder Abbilder gedeutet wurde, geradezu umgekehrt wird. Während Plotin die Schönheit allenfalls noch als eine Annäherung an die Geistigkeit des Urbildes gelten lassen mochte, fordert Amelius deutlich anderes: ein Bildnis, das die Wahrheit des Philosophen in eine beherrschbare und begreifbare Erscheinungsrelation einpaßt und damit dem Künstler sein Recht auf Abbildung zubilligt. Zwei für das Porträt grundlegende Deutungsmotive scheinen hier aufeinanderzutreffen. Amelius' durchaus von praktischen Gesichtspunkten bestimmte Überzeugung, daß der Mensch in seinem Bildnis angemessen erfaßt werden könne, speist sich noch aus den alten Bildnispraktiken der römischen Oberschicht.

Das römische Porträt war lange Zeit ein Privileg des Patriziats, das im „ius imaginum" seine standespolitischen Ansprüche legitimierte und bekräftigte. (Vgl. Römische Porträts 1974) Die im Atrium aufbewahrten und bei Begräbnissen und Feierlichkeiten mitgeführten Bildnisse hatten vorrangig dem magisch-religiös bestimmten Maßstab der Wirklichkeitstreue zu genügen. Diese veristischen Züge des römischen Porträts, deren eindeutige Ausprägung die Totenmaske war, wurden in Folge einer massenhaften kunsthandwerklichen Fabrikation von Bildnissen zusehends ausgedünnt – die Merkmale leibhaftiger Vergegenwärtigung verkümmerten zu einzelnen charakterisierenden Zeichen, deren Botschaft oftmals der politischen Ikonographie verpflichtet war. Dies ist der Hintergrund, vor dem die künstlerischen Fertigkeiten des Carterius ins Spiel kommen. Gerade dort, wo, wie in der Spätantike, die spirituellen Qualitäten einer Person mit dargestellt werden sollten, konnten die so hinzugefügten Merkmale nicht befriedigen. Gefordert war vielmehr die künstlerische Erfassung des Wesentlichen. Dies ist, trotz aller Anlehnung an tradierte Vergegenwärtigungsrituale, eine über den veristischen Abzug hinausweisende Anforderung – und es ist zudem eine Reverenz vor dem Plotinschen Verständnis wahrer Schönheit. Während jedoch Plotin grundsätzlich die Möglichkeit, die wesentliche Wahrheit des Menschen im Medium der Anschauung zu begreifen, bestreitet, ruft Amelius zu diesem Zweck den Künstler zur Hilfe. Der Konflikt zwischen Plotin und Amelius, mit der strategischen Mittelstellung des Künstlers Carterius, präludiert gleichsam die für die gesamte neuzeitliche Porträtgeschichte zentrale Spannung zwischen Repräsentation und Identifikation – in ihm wird bereits der Legitimitätsanspruch des neuzeitlichen Bildnisses erkennbar, daß das Individuum nur als Bild überdauere, und zugleich der Zweifel, ob die vom Bildnis bewerkstelligte Ähnlichkeit das ‚Wesen' des Menschen überhaupt vorzustellen vermöge.

Im 5. Jahrhundert gab Paulinus von Nola auf die Bitte um sein Bildnis die Antwort: „Welches Bildnis soll ich dir schicken, das des irdischen oder jenes des himmlischen Menschen?" Und er erklärte: „Ich erröte, lasse ich mich malen, wie ich bin; mich malen zu lassen, wie ich nicht bin, wage ich nicht." (Zit. n. Castelnuovo 1988, S. 11) Dies blieb für Jahrhunderte das Siegel des Porträts, dem Homo terrenus kam kein Bildnisrecht zu. Wo das Abbild des Menschen gebraucht wurde, diente es meist dem politischen und religiösen Zeremoniell.

Im 14. Jahrhundert bestimmte Francesco Petrarca die vom Künstler angestrebte Ähnlichkeit in anderer Weise: durch den Vergleich mit familiären Verwandtschaftsbeziehungen. Dort herrsche, trotz individueller Unterschiede, „dennoch ein gewisser Schatten oder das, was unsere Maler die ‚aria' nennen", die uns „sofort an den Vater erinnert, sobald wir den Sohn sehen". (Zit. n. Gombrich 1977, S. 17) Bei allen „idealistischen" Begründungsbemühungen, und Plotin ist hierfür ein herausragendes Beispiel, ist das Urbild im Einzelnen nur als mangelhafter Schatten auszumachen. Die Wahrheit des Sohnes offenbart sich einzig in der Annäherung an die eine Wahrheit des Vaters – darum kann es auch kein gültiges Bildnis des einzelnen geben. Sobald aber der charakteristische Gesamteindruck einer Person als sinnbildliche künstlerische Deutung seines substantiellen Wesens, unter Absehung von akzidentellen Merkmalen gefaßt wird, ist das Allgemeine im Besonderen erkennbar und darstellbar. Vermag das Individuum seinen Platz im überindividuellen Ordnungsgefüge selbstbewußt zu behaupten, kann die „aria" auch als eine zwischen ihm und dem Bildnis sich formende Ähnlichkeitsbeziehung vorgestellt werden.

Hiermit setzt die neuzeitliche Geschichte des Bildnisses ein. Die Renaissance, auf die nach verbreiteter Überzeugung diese Geschichte zurückgeht, hat zugleich den wesentlichen Gegenstand des „selbständigen Porträts" in ihren Begriffen und künstlerischen Praktiken umrissen; sie hat das prototypische Modell neuzeitlicher Individuation vorgezeichnet.

Die im 15. Jahrhundert neu entstehende Bildnisform ist als „Muster selbstbezogener Individualität" (Boehm) charakterisiert worden. Diese Besonderheit betont ihren Unterschied sowohl zum antiken und mittelalterlichen Bildnis als auch zu dem der Gegenwart. Individualität wird nicht verstanden als Sonderfall des Allgemeinen, sondern trägt den entschiedenen Anspruch auf ihre empirische Gestalt vor, auf eine Bedeutsamkeit des irdischen Menschen, dessen Züge von nun an verewigt werden dürfen. Die Porträts des 15. und beginnenden 16. Jahrhunderts seien, so vermerkt Boehm, von einer eigenartigen „Stummheit" des neu ins Bild eintretenden Individuums geprägt – einer Stummheit, die in der charakteristischen Selbstreferenz der Bildnisse gründe. Der Dargestellte läßt sich aus seinen theologischen und sozialen Bezügen kaum mehr zureichend erschließen, die vom Künstler verwendeten Konventionalitätszeichen und Eigenschaftsmerkmale beginnen um einen inneren Schwerpunkt zu zirkulieren. „Der Dargestellte im selbständigen Bildnis repräsentiert eine Beziehung zwischen seinem Charakter, d. h. der Einheit des besonderen, okkasionellen Moments und des in ihm angelegten allgemeinen Bezugs zur Welt." (Boehm 1985, S. 30) Der „dargestellte (...) Charakter, ein (...) merkwürdig doppeldeutiges Phänomen, das auf die Person zurück und von ihr weg auf die Welt verweist" (Boehm 1985, S. 30), ist der neue Gegenstand des Bildnisses. Und er ist als organisierendes Bildzentrum zugleich Utopie im unmittelbaren Wortsinn: Ort des Schweigens, der sich eine Sprache schafft, eine Rede begründet, die etwas hervortreten läßt – protractum, Porträt.

Um die sich im Bild materialisierende Immaterialität dieses Kraftfeldes geschichtlicher Individuationsprozesse herum entwickeln sich spezifische Maßstäbe der Ausdruckswerte, ein „mittleres Maß", das die Extreme plötzlich scharf konturiert: als groteske Übertreibung oder als modellhafte Leere. Die vom Bildnis umschriebene „Mitte" des Ausdrucks jedoch läßt ästhetisch als ihren Fluchtpunkt die Individualität der Person erkennbar werden, begründet die Ähnlichkeit des Dargestellten mit sich selbst. In dieser Bewegung der Umschreibung ist für uns der geschichtliche Erfahrungsgehalt der Bildnisse geborgen: in den übereinandergelagerten Schichten einer „Aura", die in dem Augenblick, da sie dem von ihr umfangenen Bedeutungsgehalt Existenz verleiht, diesen zugleich vor dem erneuten Verschwinden ins Nichts bewahrt. Anders gesagt: Im Bildnis opponiert das Individuum im Namen der Geschichte gegen seinen Tod als Naturwesen;

und im Namen der Kunst, der bestimmten und bestimmenden Kraft des Bildes, sucht es Eingang in die Tradition des kollektiven Imaginären. Als Bild verwandelt sich jedoch Geschichte, versucht der historischen Zeit zu entrinnen. Die „Aura" des Bildnisses ist die Spur eines Einspruchs, und in dessen ästhetischen Transformationen wurzelt der schillernde Charakter des Bildnisprivilegs. Die dem Bildnis einbeschriebenen Schichten der Ähnlichkeit stiften das Motiv des neuzeitlichen Porträts: die „Selbstreferenz" des Dargestellten, die sich sich selbst anmißt, vom Blick des Künstlers vermessen wird und sich nach dem Blick aller Künftigen bemißt – die irdische Epiphanie des Individuums. Ausgehend von der unterschiedlichen Fassung dieses konstitutiven Zentrums repräsentierter Identität wäre die Geschichte der verschiedenartigen Porträtlösungen zu entziffern – als spezifische Reformulierungen des im 15. Jahrhundert aufgeworfenen Themas. Ich will einige dieser schon bald erkennbaren Akzentuierungen des Bildnisthemas kurz skizzieren.

Gottfried Boehm betont, daß in den Formprägungen, die das „selbständige Bildnis" in Italien seit dem Ende des 15. Jahrhunderts allmählich entwickelte, „sich der Entwurf jener historischen ‚Idee' (rundete, B. B.), die wir Porträt nennen und die seitdem ihre eigene Geschichte entfaltet. Die italienische Entwicklung begründet die moderne Form vom Bildnis, weil sie die Konvergenz von dargestellter Person und individualisierender Bildsprache zustande bringt." (Boehm 1985, S. 143) An Antonello da Messina (um 1430-1479) lasse sich zeigen, wie, insbesondere im Gebiet Venedigs, die Ausformulierung des Bildnisprojekts sich anbahnt. „Was Antonello (...) leistet, ist die Veranschaulichung eines Individuums in seinem Körper, die Etablierung einer wechselvollen Deutung von Psyche und Soma. Die über lange Zeit unverbundenen Traditionsströme einer christlichen Seelenkultur und einer antik-paganen Körperauffassung vereinigen sich (...) auf eine produktive Weise." (Boehm 1985, S. 149) Dies ist bei Antonello (vgl. Abb. 65) ganz wesentlich der Wirkung geschuldet, die der Blick der Dargestellten ausübt und dem wir, gleichsam als Integrationspunkt individueller Möglichkeiten, im Bildnis begegnen.

In den zwanziger Jahren des 16. Jahrhunderts war für den Venezianer Marco Antonio Michiel diese „große Kraft und Lebendigkeit, namentlich in den Augen" (Zit. n. Castelnuovo 1988, S. 51), das hervorragende Merkmal der Bildniskunst Antonellos. Von nun an gilt, daß die transzendente Wahrheit des Menschen sich in seiner Bildniserscheinung offenbaren könne, in dieser ‚hervortritt' – und aus diesem Grund beansprucht die ästhetische Anverwandlung des Themas neue Aufmerksamkeit, bei den Auftraggebern und dem zeitgenössischen Publikum, aber auch unter den Künstlern. Mit Antonello gewinnt, so Pope-Hennessy, das selbständige Porträt eine eigenständige künstlerische Form, in der die ästhetische Synthesis von Körpereindruck und Seelenausdruck zum Bildnis erprobt wird.

Giovanni Bellini (1430-1516), ebenfalls ein „Venezianer", lenkt Antonellos Darstellung des unsichtbaren Willensimpulses in die Ferne der Zeit (Loredan-Bildnis) und entfaltet zudem den Reichtum eines in der Folgezeit bedeutsamen Charakterisierungsmittels: der Farbe. Bei Giorgione (1478-1510) verschmilzt dann die von Antonello erprobte Blickregie mit einer atmosphärischen Lichtqualität und den bellinesken Farbwirkungen zu einer neuen nuancenreichen Gestaltung: „Eine anima-Seite am Menschen wird sichtbar. Der von Antonello betonte, voluntative Akzent schwindet, ohne zu verschwinden, zugunsten einer Passivität, oder doch: selbstbefangenen Ruhe, welche die Nähe zur Melancholie sucht. (...) Die Traurigkeit verbindet sich mit der Spur eines Lächelns um die Mundwinkel: zu einem Enigma von Charakter, in dem sich der Dargestellte zeigt und bewahrt. (...) Völlig unmeßbare und unwägbare Nuancen, flüchtigste Stimmungen und seelische Regungen gewinnen bildliche Präsenz. Der Hymos, die Kultur des Gemütes, erschließt sich der Malerei." (Boehm 1985, S. 156)

Giorgiones „Ritratto Terris" (1510; vgl. Abb. 66) zeigt, daß eine solche Erkundung der Vielschichtigkeit individueller Ausdrucksmöglichkeiten (vgl. Castelnuovo 1988, S. 66 f.) auch eine neuartige Einheit von Körper und Seele ästhetisch vorstellt: „Anima meint hier beides, die gewinnende (aber vergängliche) Außenseite der Person und ihr

unveräußerliches Wesen." (Boehm 1985, S. 157) Freilich, Giorgione hat nicht nur die Individualisierung des Bildnisses vertieft, er hat ebensowohl das Allegorische am Porträt forciert. Beides spielt jedoch zusammen, bekräftigt doch die allegorische Bedeutsamkeit des Bildes auch die ästhetische Dignität der Gattung.

Lorenzo Lotto (um 1480-1556) hat den inneren Handlungsraum des Bildnisses, der bei Giorgione Züge einer „existentiellen Unruhe" gewonnen hatte, in die Umgebung der Dargestellten erweitert. „Mit Lotto bricht die psychische Potenz des Verhältnisses Künstler-Dargestellter-Betrachter in nie gekanntem Maß auf." (Ruckelshausen 1975, S. 126) Die „Psychologie der künstlerischen Darstellung", die man Lotto zuschrieb, gründet in dem spannungsvollen, dialogischen Verhältnis, das zwischen der Figur und ihrem Umfeld im Licht des Bildnisses sich entwickelt (vgl. u. a. Berenson 1957). Im „Odoni-Bildnis" (1527; vgl. Abb. 67) gewinnt der Mensch seinen Platz im Widerspiel mit der Geschichte: Das komplexe Beziehungsnetz, in das Lotto sein Modell einbindet, erschließt geradezu die Zeitlichkeit des Menschen. Das Porträt bekundet die den Ambitionen des Individuationsprozesses auferlegte Problematik, es verdichtet im Bildnis des Antiquars Odoni das Verhältnis des individuellen Verfügungsanspruchs zur Zeitlichkeit zu einer Vanitas-Allegorie. Hieran wird auch deutlich, daß für Lotto „die Präsenz der Person im Bildnis kein selbstverständlicher Zustand ist. Eher der Ausschnitt einer Geschichte oder eines Verlaufes, zu dem ein Vorher und ein Nachher gehören. Porträtieren heißt jetzt weniger, die Person in ihrem Sein, sondern mehr: sie in ihrem Werden zu erfassen." (Boehm 1985, S. 178)

In der Renaissance findet sich auch der eigenartige Bildnistypus der Synkresis, der, in Anknüpfung an ältere, zumal antike Denkmodelle, das Konzept der Vergleichbarkeit und Meßbarkeit menschlicher Züge im Bild untersucht. Um 1530 malte Lorenzo Lotto das „Bildnis eines Goldschmieds" (Abb. 68; vgl. Boehm 1985, S. 134 ff.). Das Gemälde zeigt den Porträtierten in drei verschiedenen Ansichten und wurde aus diesem Grund im Kontext des „paragone" zwischen Malerei und Plastik gedeutet. Lottos Bild ist jedoch

auch der exemplarische Versuch, das Er-
kenntnisprinzip einer deutlichen Wahrnehmung am menschlichen Gegenstand zu erkunden. Der Dargestellte wird zum Exempel
einer genauen Schilderung, erlangt jedoch im
Verlauf dieser Erprobung gesteigerte Präsenz. Im Gegensatz zum selbständigen Bildnis, das die Vielfalt möglicher Ansichten und
Ausdrucksweisen in der „Mitte" einer Physiognomie verdichtet, fächert das synkriti-
sche Bildnis die Einheit der Person in eine
Reihe von Ansichten und Physiognomien
auf: es ist ein „Bildnis ohne Individuum"
(Boehm). Und in dieser Spannung zwischen
dem Experiment der Synkresis und dem selbständigen Porträt gewinnt das Problem der
Gattung Konturen. Die Festlegung einzelner
Ausdruckstypen, Gebärden und Ansichten
umreißt einen Kreis der Möglichkeiten, als
dessen geometrische Mitte und zugleich organisierendes Kraftzentrum die Person erscheinen soll. Lottos Gemälde unterbricht
die Synthesisarbeit im Stadium des Vergleichs, des „noch" Zusammengefügten und
Auseinandergelegten. Das von der dreifach
variierten, gleichzeitigen Gegenwärtigkeit
bewirkte Übermaß der Evidenz des Dargestellten macht den Fluchtpunkt ästhetischer
Synthesis, den bildbestimmenden Platz des
Individuums, als eine den Menschen bestimmende Konstruktion durchsichtig – eine
„Mitte", die dem Porträtierten innewohnen
soll und zugleich außerhalb seiner selbst ist,
die sich im Umkreis beobachteter Variationen verflüchtigt. Dieses eigenartige „Zwischen" tritt in Savoldos (um 1480 – nach
1548) Bildnis des Ritters „Gaston de Foix"
(vgl. Abb. 69) unter manieristischen Vorzeichen aus dem irritierenden räumlichen Spiel
des Bildes hervor. Die durch den dynamischen Bildaufbau forcierte Spannung zwischen der Person und ihrer gespiegelten
Rückansicht konfrontiert nicht nur zwei
unterschiedliche Erscheinungsmodi des Dargestellten – eine experimentelle Gestalt, in
der Savoldo hier das Problem der Mehran-
sichtigkeit in unterschiedliche Realitätsebe-
nen überführt und zugleich körperliche und
räumliche Existenz in Bewegung bringt. Die
instabile Doppeldeutigkeit des Bildes thematisiert auch die Eigenart künstlerischer Inszenierung der Individualität. Die spezifische
Formulierung des Bildnisthemas durch den

Künstler ist ein zur vorgestellten Selbstreferenz des Individuums verschobener Prozeß:
eine Repräsentation, die ihren Referenzpunkt weniger in der Person als vielmehr im
Beziehungsnetz des Bildes hat, das sein Motiv ästhetisch umgreift. Die Entschiedenheit
dieser Reflexivität unterscheidet jedoch Savoldos Gemälde deutlich von früheren Bildnissen, die noch vom unverbrüchlichen Zusammenhalt von Zeichen und Bezeichnetem
im Bild des Menschen zehrten. Mit Lorenzo
Lotto, Savoldo und anderen Malern des
16. Jahrhunderts wird dieses Verhältnis im
Bildnis dynamisiert und damit zugleich das
innere, immaterielle „Wesen" des Menschen
als ästhetisches des Bildnisses greifbarer. Im
Zerfall einer überindividuellen Ordnung des
Typus nimmt hier eine künstlerische Entwicklung ihren Anfang, welche in der Folgezeit die Un(be)greifbarkeit des Individuellen
darstellbar macht: in den Spuren des erfahrenen Lebens. Damit werden im Bildnis die
physiognomischen Details von normativen
Zeichen zu Spuren einer Geschichte, einer
individuellen Geschichte: zu physiognomischen Spuren als Momenten einer Gesamt-
komposition, die mit subtiler Zudringlichkeit
den Menschen als eine Textur lesbar zu machen beansprucht. Ein Prozeß fortschreitender künstlerischer Enthüllung persönlicher,
ja intimer Züge setzt hier ein, der sowohl den
Bereich der Bildnisthemen und künstlerischer Möglichkeiten nachhaltig erweiterte
wie auch dem Verständnis des Porträtierten
neue Bestimmungsmomente eröffnete. Zugleich hebt jedoch eine gegenläufige Tendenz
an: Vor allem im sogenannten „Staatsporträt", d. h. in der offiziellen und oftmals offi-
ziösen Bildnisfunktion, gewinnt die Deutlichkeit einer repräsentativen Bildaussage
neuen Einfluß. Tizians (1476/7 oder 1489/90-
1576) Bildniskunst entwickelt sich gleichsam
im Spannungsfeld zwischen den bereits sehr
differenzierten ästhetischen Individualisie-
rungsmöglichkeiten und den Repräsenta-
tionsgeboten des „Staatsporträts". Seine
Porträts entwerfen eine manchmal fast ins
Pathetische distanzierte Gestalt des Menschen, der, gerade aufgrund der subtilen Differenziertheit des Ausdrucks, nicht mehr als
„Monument seiner selbst" (O. Ruckelshausen) figuriert. Tizian greift dabei auf relativ
einfache Formen zurück, beschränkt die

Aussagefunktion von Gebärden, Haltung, Charakterisierungszeichen und räumlicher Umgebung und macht sie zugleich als Zeichen fruchtbar. Die Eigentümlichkeit des Menschen äußert sich in seiner Erscheinung. Diese ist bei Tizian im unmittelbaren Wortsinn als Erscheinung einer Energie gefaßt, die in der und durch die Körperoberfläche sich kundgibt: Das Äußere wirkt wie eine „Membran". Ein wichtiges Mittel, um diesen Eindruck zu bewerkstelligen, ist die Farbe, der subtile Aufbau der Farbschichten mit seiner inneren Leuchtkraft. In Tizians Bildnissen scheint die Fragwürdigkeit des Themas, so wie sie beispielsweise bei Lotto vernehmlich war, zurückgedrängt zu sein. Die Aufgabe der Repräsentation wächst im Bilde der Person zu, deren gesellschaftlicher Rang die souveräne Erscheinung begründen kann (vgl. Boehm 1985, S. 206f.). Auch deshalb wurden Tizians Porträts bald „klassisch", und das meint auch zum Modell für die Darbietung der Mächtigen: Sie waren vorbildlich für das Staatsporträt, dessen „Seele" die Macht ist.

An den Arbeiten des Spaniers Diego Rodriguez de Silva y Velázques (1599-1660) lassen sich einige Strukturmerkmale der höfischen Bildniskunst verdeutlichen, der nun, seit dem 16. Jahrhundert, in Europa zunächst der Vorrang innerhalb der Porträtgattung zuwuchs. Velázquez wirkte – mit der zweimaligen Unterbrechung einer Reise nach Italien – von 1623 bis zu seinem Tod als Hofmaler des spanischen Königs Philipp IV. Diese Stellung bezeichnet die sein Leben prägende Verbindung zwischen künstlerischer Produktion, der Existenzform des Höflings und den Obliegenheiten der ihm übertragenen Ämter: seit 1623 war Velázquez' Atelier das Schloß. Im Mittelpunkt seiner künstlerischen Tätigkeit in diesen Jahrzehnten standen Porträts von den Angehörigen des spanischen Hofes und der europäischen Oberschicht – neben einigen Gemälden mit religiösen oder mythologischen Themen. In seinen Bildnissen scheint er die Gebote höfischer Repräsentation konsequent befolgt zu haben, er hat deren ausgeklügeltes Zeremoniell aber auch ästhetisch exponiert. Velázquez' Porträts seien, betont José Ortega y Gasset, „Dokumente äußerster Exaktheit, eines nicht mehr zu überbietenden Verismus, aber sie sind zu-

gleich wimmelnde Phantasmagorie". (Ortega y Gasset 1955, S. 73) Diese Doppeldeutigkeit gründet in der spezifischen Färbung, die Velázquez der Repräsentation verleiht. Die Abgebildeten wirken, als habe der Maler sie vor Kulissen postiert; sie sind einem ihnen fremden Raum ausgesetzt und sind verwiesen auf die visuelle Ökonomie ihrer Erscheinung, auf eine Körperlichkeit, die gerade im Spiel der Repräsentation „unscharf" wird: „Die Präzision eines Dings ist die Legende um das Ding." (Ortega y Gasset 1955, S. 75) Velázquez' künstlerische Haltung sei die der distanzierten Bezeichnung seines Sujets, er lasse dieses „an Ort und Stelle, weit entfernt, in jenem schrecklichen ‚Draußen' des Daseins" (Ortega y Gasset 1955, S. 75).

Man hat von Velázquez' Figuren gesagt, sie würden sich mit dem ihnen fremden Raum zu einer Konfiguration des Hofes verbinden. Dessen Aggregation, mit dem König als Zentrum, ist der Mittler aller Schauspiele, sie ist die „Luft", welche die Körper und Bilder umgibt. Die Erscheinung der Repräsentation – Ausdruck einer vorausgesetzten Wirklichkeit, die das Bild nicht erschöpfend wiederzugeben vermag, auch wenn sich die Präsenz der Gestalten in dieser erschöpft und ausgibt – ist die „konkrete Fassung einer Dauer, einer zeitlichen Weite" (Raphael 1987, S. 358), deren Takt die Konvention angibt. Deshalb wird bei Velázquez der Gegenstand zum „Schemen" (Ortega y Gasset). „Indem er dem Körper ausweicht" und damit dessen sozialer Erscheinung ästhetisch nachfolgt, „verwandelt Velázquez das Bild nicht in eine Ebene, sondern in einen Hohlraum, eine Tiefe. Daher ist jede Gestalt strenggenommen, doch nicht eben, ohne daß sie aber deswegen ‚auftrüge'. Jedes ihrer Elemente befindet sich an der Stelle, wo es Tiefe besitzt. (...) Die Welt ist kein ‚greifbarer Körper', sondern ein Hohlraum – ein Hohlraum, in dem sich Körper befinden. Aber weil sie sich im Hohlraum befinden, werden sie seiner Hohlheit teilhaftig. In seinen rein visuellen Ingredienzien ist jeder Körper zugleich Hohlraum und Hervortretendes, weil er sich irgendwo im großen Hohlraum befindet und ein Teil davon ist." (Ortega y Gasset 1955, S. 222f.) Von diesem „Hohlraum" – letztlich der Welt des Hofs, welche die Prägestätte der Repräsentationen ist – legt die Interpunktion der Zeichen auf dem Bild Zeugnis ab: „Wirklichkeit als echtes Gespenst" (Ortega y Gasset). In dieser Konfiguration zwischen dem Einzelnen und den Zusammenhängen, die ihn bedeuten, gründet die ästhetische Form von Velázquez' Porträts. Als „Ausgleichswert" dieses Zusammenspiels können seine Bildnisse die Repräsentation letztlich nicht personifizieren, sie unmittelbar verkörpern, wie es beispielsweise Rubens (1577-1640) oder van Dyck (1599-1641) am legendären Körper der Macht versucht haben. Velázquez saugt vielmehr die Gegenwärtigkeit aus den Körpern, beläßt ihnen keine Seele, außer der, daß sie Figurationen einer Zeit, ja der Zeit selbst sind: einer absoluten Dauer, entrückt in die Totalität, einerseits und einer Zeit der Darbietung, die „dazu verdammt ist, aufzuhören zu sein, abzulaufen, zu verfallen" (Ortega y Gasset 1955, S. 91) andererseits. Das „Schemen" aber bekümmert nicht, weil das fortwährende Spiel der Repräsentation sein Wesentliches ist. Nichts anderes besagt in exemplarischer Gestalt das Bild „Las Meninas" (1656; vgl. Abb. 70), Michel Foucault hat darauf hingewiesen. Ich will nur einen Gedanken Foucaults hier aufnehmen, der sich auf das Spiegelbild im Hintergrund des Gemäldes bezieht. Der Spiegel an der hinteren Wand des dargestellten Raums zeigt etwas, das dem Blick ebenso wie dem Bild notwendig fehlt: im Spiegel erscheinen die Gestalten des Königspaares, auf die alle Personen im Bild bezogen sind, die vor allem der Maler betrachtet und die ihn und die gesamte Szenerie ansehen. Das Bild zeigt uns jedoch das Königspaar weder an seinem körperlichen Platz, es wäre vermutlich der unsrige vor dem Gemälde, noch an dem seiner bildlichen Repräsentation auf der Leinwand, noch macht es dieses den Akteuren im Bild zugänglich. Ein „Spiel der Repräsentation", der Verlagerung einer Unsichtbarkeit „an jenen Pol, der der im höchsten Maße repräsentierte ist: der einer Reflextiefe in der Höhlung einer Bildtiefe. Der Spiegel sichert eine Metastase der Sichtbarkeit, die gleichzeitig den im Bild repräsentierten Raum und dessen Wesen als Repräsentation berührt. Er läßt im Zentrum der Leinwand das sehen, was vom Bild notwendig zweimal unsichtbar ist". (Foucault 1971, S. 37) Eben dieses Spiel bezeichnet den merkwürdigen „Hohlraum"

des Bildes, das gleichsam im Angesicht einer nicht mehr sichtbaren oder nur im Spiegel hinterrücks und indirekt sichtbaren Szene (dem Königspaar) betrachtet wird – von eben jenem entfernten und zugleich fundamentalen Zentrum der Souveränität. „Dieses Sujet selbst, das gleichzeitig Subjekt ist, ist ausgelassen worden. Und endlich befreit von dieser Beziehung, die sie ankettete, kann die Repräsentation sich als reine Repräsentation geben." (Foucault 1971, S. 45) Indem Velázquez sich dies herausnahm, scheint es auch in anderem Sinne gerechtfertigt, ihn einen „Maler für Maler" zu nennen. Damit wäre jener Konsequenz Tribut gezollt, mit der der Künstler einen Ort ästhetisch besetzt, den er folgsam zu repräsentieren hat. Dies ist in „Las Meninas" grundlegend von Velázquez bedacht worden. Mittlerweile wird angenommen, daß der Spiegel nicht das posierende Königspaar, sondern einen Ausschnitt ihres entstehenden Porträts zeigt. (Vgl. Stoichita 1986; Moffit 1983) In die Überlagerung der Unsichtbarkeit, wie Foucault sie beschreibt, tritt damit die künstlerische Arbeit als Mittler der Repräsentation direkt ein. Diese Arbeit, deren Schauplatz und Urheber in „Las Meninas" schlaglichtartig erleuchtet sind, zeichnet eine weitere Bewegung. Sie verläuft von dem Maler und seinem die unsichtbaren Modelle aufnehmenden Blick über die großformatige „in aequalitate"-Darstellung des vermutlichen Ganzkörperporträts auf der Leinwand zum Ausschnitt der „in imagine"-Darstellung im Spiegel. „Aequalitas"-Bildnisse wurden im damaligen Verständnis den politischen Konnotationen des Königs, seinem „corpus repraesentatum" zugeordnet, das kleinere Halbfigurporträt („imago") eher der privaten Erscheinung, seinem „corpus naturale" (vgl. Stoichita 1986). Im Spiegelbild im Hintergrund des Gemäldes nimmt diese inszenierte Verwandlung des politischen in den sterblichen Körper jedoch wiederum die Züge einer Erscheinung, eines Auftritts des spirituellen Körpers an – das unsichtbare Sujet wird sichtbar als eine schemenhafte Erscheinung, die aus dem offiziellen Porträt hervortritt und die „Seele" der unsichtbaren Souveränität wiedergibt: ein „Spiel der Repräsentation", als dessen Mittler der Maler Velázquez wirkt.

Die holländische Malerei gilt, trotz ihrer neuerlich stärker betonten allegorischen Gehalte (vgl. u. a. Bialostocki 1984), als deutlicher Kontrast zur Malerei des Barock, die im katholischen Europa des 17. Jahrhunderts in voller Blüte stand. Paul Claudel hat von Jan Vermeers „Spitzenklöpplerin" gelegentlich gesagt, „man sehe im Mittelpunkt eines blauen Auges die Pupille, welche die Zusammenfassung eines ganzen Gesichtes, eines Wesens, eine Art geistiger Koordinate, ein von der Seele ausgeschleuderter Blitz" (Claudel 1954, S. 26) ist. In diesem Sinne wäre auch Jan Vermeer (1632-1675) ein „Erforscher des Augenscheins" (Claudel) zu nennen. Im Zusammenhang des Porträts meinte dies, daß von ihm eine Gegenwärtigkeit ausstrahle: ein Antlitz zeige sich uns, in beredter Stille. Worin gründet diese merkwürdige Ausstrahlungskraft der hier pauschal charakterisierten holländischen Gemälde, die Georg Simmel, anläßlich Rembrandts, gar als Aufhebung des Dualismus von Körper und Seele im Licht der Sichtbarkeit beschreibt? Zunächst handelt es sich ganz einfach um die damals neuartige Intensität, mit der Individualität und Lebensgeschichte im Bildnis thematisiert wurden. Rembrandts Porträts enthielten, so Simmel, „das Leben in seiner weitesten Bedeutung, in der es auch den Tod einschließt" (Simmel 1985, S. 94). Tatsächlich scheint das innere Problem der holländischen „Augendichtung" (Claudel) die Verkörperung der Geschichte in der Gegenwärtigkeit zu sein. Betrachten wir an einem Beispiel, wie diese Frage nach dem Individuum Kontur gewann: Porträts von Frans Hals (1582/85-1666). Max Raphael wies darauf hin, daß die Menschen bei Frans Hals keine Tradition hätten, „sie sind ohne Geschichte (...), aber bereit, ihre Geschichte zu machen". (Raphael 1987, S. 334) Insbesondere die frühen Porträts von Hals seien davon geprägt, daß die in ihnen dargestellten Personen gerade nicht Individualität, den verdichteten Ausdruck ihrer Lebensgeschichte verkörperten. Sie bezeugten vielmehr den krampfhaften Versuch, sich mit aller Energie für den Augenblick zu sammeln und für sich selbst einzustehen. Diesen Auftritt haben sie sich abgerungen: Er ist die Deklaration ihres Willens zur Selbst-Behauptung, zur Selbst-Repräsentation. „Ihre

repräsentative Gestalt erschöpft ihre Existenz. Dies besagt jedoch nicht, daß die von Hals dargestellten Menschen Stilleben sind oder daß sie nichts Seelisches ausdrücken. Aber dieses Seelische ist die Resultante der Gewissensfrage: ob dieser Einzelne dem Anspruch ‚der' Gesellschaft genügt oder unter welcher Haltung resp. unter welchem Aufputz er ihm genügen kann." (Raphael 1987, S. 311) Die Notwendigkeit, in dem bürgerlich-protestantischen Milieu Hollands für sich selbst einzustehen, sein „Selbst" zu behaupten, unterscheidet die Porträts von Hals deutlich von denen, die im Zeichen der katholisch-barocken Kultur entstanden sind. Die „Seele" des Bildes ist bei ihm nicht Verkörperung eines Transzendenten, im Wechselspiel zwischen Fleisch und Geist, sondern Ergebnis einer Sammlung – so „wie man Geld sammelt" (Raphael 1987, S. 333f.). Sie ist der Bild-Ausdruck einer gesellschaftlichen Konstitution des Individuellen, gegen deren Gegebenheiten der Selbst-Wert behauptet wurde. Ein Kennzeichen dieser Anstrengung ist die Zurückweisung von Zeitlichkeit durch den Auftritt der Porträtierten. Hals erfaßt jenen kurzen Moment, in dem das Individuum sich als Träger eines demonstrativen „psychischen Impulses" (Grimm) darbietet. Die Forderung, das kurze Zusammentreffen zwischen individuellem Willensakt und allgemeinem Gesetz festzuhalten (vgl. Grimm 1972, S. 177), im Bildnis zu bekräftigen, verwandelt dieses zur Maske: das „Für-Immer-Beharren eines Momentes ist die dauerlose Zeitlosigkeit der Maske, Vitalität und Maske gehören bei Hals zusammen" (Raphael 1987, S. 359). So kommt es, daß die Proklamation des Individuums letztlich, trotz aller ostentativen Sinnenfreude, abstrakt bleibt. Die Bedeutung der Masken des Selbst hängt an den gesellschaftlichen Bedingungen des Augenblicks der Selbst-Repräsentation, und sie hängt mit dem Wunsch zusammen, den Tod zu verleugnen. Dort, wo dieser mit aller Deutlichkeit den Menschen sich einprägt, wie in den – heute umstrittenen – späten „Regentinnen des Armenhauses in Haarlem" (1664; vgl. Abb. 71), wird die verdeckte Wahrheit dann offenkundig: der Schrecken eines Todes in absoluter Einsamkeit. „Wie soll man aber das phosphoreszierende Ausstrahlen, das vampirische Leuchten beschreiben, das von diesen fünf Gesichtern wie von Fleisch, und fast fühle ich mich zu sagen versucht, wenn das möglich wäre, wie von Seelen sich ablöst, die verwesen?" (Claudel 1954, S. 34)

Von Rembrandts (1606-1669) Malerei heißt es, daß sie der ästhetischen Thematisierung von Individualität neue Horizonte eröffnet habe. Bei ihm lege das Bildnis nur einen Teil des Anblicks offen, „übergossen von einem dem Gedächtnis entliehenen Licht" (Claudel 1954, S. 45), zugleich versunken ins Dunkel und aus diesem wieder durch den Blick erleuchtet. „Seine Kunst will nicht mehr Betrachtung eines Gegenwärtigen sein, sondern sie ist eine Aufforderung sich zu erinnern." (Claudel 1954, S. 46) Wenn Rembrandt immer wieder zugeschrieben wurde, daß er in bislang unbekannte Bezirke der Seele vorgedrungen sei, so mag sich ein solches Urteil vor allem auf diese merkwürdig „doppeldeutige Verwirklichung" (Claudel) in seiner Kunst berufen. Rembrandts Gemälde haben dem Menschen die Signatur der Zeitlichkeit eingebildet: diese ist nicht benannt, auf sie wird nicht hingedeutet, sondern sie wird „beleuchtet". Als ob hier eine ästhetische Widerrede auf Spinozas „omnis determinatio est negatio" gewagt würde, sucht das Bildnis die Satzung des Bleibenden im oszillierenden Spiel des Lichts aufzuheben. Indem Rembrandt, nach einer Bemerkung Georg Simmels, die Entwicklung ohne definitiven Vollendungspunkt gibt, macht er sie auch zum Mahnmal des Individuums. „Die Darstellung des Menschen bei Rembrandt ist im äußersten Maße beseelt, aber nicht psychologisch". (Simmel 1985, S. 7f.) Daß er das Porträt nicht aus den Merkzeichen des „seelischen Ausdrucks" buchstabiert, dies charakterisiert den „Einschnitt", den seine Bildnisse gegenüber der „forensischen Art der Menschenschilderung" (Gantner) bedeuteten. Wenn das eigentliche Problem des Porträts die Frage wäre, „welche Bedeutung denn der Ausdruck des Seelischen für die Wiedergabe der rein körperlichen Oberfläche habe" (Simmel 1986, S. 87), dann hat Rembrandt darauf eine Antwort geliefert: vermittels der künstlerischen Form, „in der sich die unmittelbare Einheit der Realität von Körper und Seele auseinanderlegt und in der sie sich von neuem beweist"

(Simmel 1986, S. 85). Freilich, dies wäre ästhetische Utopie, aber Rembrandt hat es verstanden, diese als sein Markenzeichen auszubauen (vgl. Warnke 1989). Durch die Regie des Sujets, aber auch durch die materiale Beschaffenheit seiner Gemälde hat er deren Ausdruck gleichsam aktiviert, ja, weil er das utopische Moment der Kunst mit der Aufmerksamkeit für die sichtbaren Spuren des Lebens verband, erwecken seine Arbeiten den Eindruck eines „für einen Augenblick aufgehobene(n) Vorhangs", der im Begriff ist „wieder herabzufallen, das Licht verlöscht" (Claudel 1954, S. 49): „Die ‚Vorläufigkeit' der Beleuchtung trifft auf die Vorläufigkeit des Sichtbaren" (Grimm 1972, S. 179). Seine Porträts zeichnen die Spur des „es ist nie, es wird immer" (Simmel 1985, S. 10), sie betonen, daß der Mensch in jedem neuen Bildnis auch seine Identität erneut und in einem jeweils besonderen Licht findet und wiederfindet, aber auch, daß dies eine künstlerische Inszenierung ist.

Verfolgte man die Geschichte der Porträtmalerei vom 15. bis zum 18. Jahrhundert, von der hier nur einige Beispiele angedeutet werden konnten, so zeigte sich vermutlich ein äußerst vielschichtiger, allmählicher Wandel: ein Verlust verbindlicher Ordnungen des Typus, seine Auflösung in die immer privatere Bestimmung der Grenzen der Individualität, aber auch in ihre konventionelle Befestigung – eine Geschichte, die keineswegs kontinuierlich verlief, sondern sich als ein komplexes Gefüge innovativer und restaurativer Tendenzen darbietet, die geprägt war von der Eroberung immer neuer Facetten des Bildnisthemas ebenso wie von dessen normativer Überkrustung und die sowohl den Leitmotiven ästhetischer Imagination folgte als auch den Imperativen der Identifizierung. Kurz, eine Geschichte, welche die zivilisatorische Bezähmung des Menschen als emphatischer Oberton begleitet.

Diese Geschichte des neuzeitlichen Bildnisses, die im 15. Jahrhundert anhebt und uns überliefert ist im Namen des Individuums, wird von ihrem Ende her lesbar im Zeichen seiner Identifizierung. Während im Bild Ähnlichkeit im jeweils besonderen, ästhetischen Verhältnis zwischen Besonderem und Allgemeinem gründet, stellt sich vom Abgebildeten her das Bild in der Spannung zwi-

schen Repräsentation und Identifizierung
dar: Der Ort der Selbstrepräsentation des Individuums birgt das Kainsmal seiner Identifizierung in sich.

So hatten die Schwierigkeiten einer verbindlichen Darstellung des wesentlich nicht
darstellbaren inneren Wesens des Menschen
immer wieder Versuche einer Diskursivierung des individuellen Charakters zur Folge.
Das bevorzugte Terrain derartiger Anstrengungen, eine typisierende Zeichenlehre des
Ausdrucks zu formulieren, waren die physiognomischen Traktate – sie sind jedoch zugleich das umstrittenste Zeugnis der Suche
nach einem Gesetz, das das Individuelle faßt
und erfaßt (vgl. u. a. Konersmann 1989). Ob
Giambattista della Porta's „De humana phy-
siognomia" (1586), Charles LeBruns' Arbeiten im 17. Jahrhundert oder Johann Caspar
Lavaters „physiognomische Fragmente"
(1775-78) – alle diese Regelwerke wurden
von der künstlerischen Ambition immer wieder auf den Status einer nützlichen Defini-
tionsordnung der Person, nicht aber des
künstlerischen Bildnisses eingeschränkt.

Der selbstbewußte Eintritt des Menschen
in das Bild begründete diesen als handelndes
Subjekt, als Mittelpunkt möglicher Handlungen und Ausdrucksformen. Als Handelnder
ist der Mensch aber bereits auch potentiell
Täter, an das Bewußtsein seiner Möglichkeiten knüpft sich das Problem seiner Verantwortung. Die Selbstbehauptung des Individuums im Bildnis ist daher gebunden an die
Kraft, den Blick der Anderen auf das Bild zu
bestimmen, sich im ‚Triumphzug' der Kultur-
güter zu behaupten. So bewegte sich denn
das Porträt von Anfang an im strategischen
Raum der Macht, wurde in diesem entweder
als Monument einer Erbfolge gesichert oder
aber vor der Gewalt der Geschichte ins Private zurückgenommen. Doch stets läßt die
Ordnung der Zeichen, die der Person zu
Deutlichkeit und Präsenz verhilft, diese auch
deutlich werden, exponiert sie bis zur Grenze
ihrer möglichen Bemächtigung. Dies ist das
Schattenbild ästhetischer Repräsentation,
ihre Einheit beruht auf der Gültigkeit des sie
begründenden Gesetzes: „Die Seele ist das
zusammenhaltende, ordnende Gesetz der
Züge, die allein die malerische Realität sind –
wie das Naturgesetz weder die Sache selbst ist
noch irgendwo außerhalb der Sache ist, son-

dern die Ordnung und die verständliche Einheit und das gegenseitige Verhältnis der
Sachen ausmacht." (Simmel 1986, S. 86)
Und dieses ordnende Gesetz gilt es im Bildnis
hervorzubringen.

## 3. Aufbruch der Bilder

Das Tafelbild: ein Fenster, das sich ins Sichtbare öffnet – dieses Verständnis impliziert,
zumal beim Bildnis, den „Blick ins Nicht-
Sichtbare" (Brüggemann). Ihre bildimma-
nente Bekräftigung hat diese Doppeldeutigkeit in dem von der Porträtmalerei häufig
verwendeten Fenstermotiv gefunden: Der
Einblick ins Bild weitet sich zum bedeutsamen Ausblick in die Landschaft. Mit der
zunehmenden Intimisierung der Person und
ihres Bild-Raums erlebte dieser Ausblick auf
den Horizont der Individualität jedoch einen
aufschlußreichen Wandel. An die Stelle des
selbstbewußt eröffneten Ausblicks trat der
Einblick in die Innenwelt des Privaten, die
sich nun allererst als eigentümliche Sphäre
der Selbsterfahrung bildete. Aus dem zur
Welt hin geöffneten Fenster war der dia-
phane Durchlaß atmosphärischer Lichtwir-
kungen in die „Innenwelt" des Hauses geworden, eine Pforte, deren schützende,
mildernde Kraft schließlich unter dem An-
sturm städtischen Lebens zerbersten sollte.

Je mehr das Porträt in den Sog der Intimisierung geriet, in der Berührung mit der Le-
benserfahrung den phantastischen Reichtum
menschlicher Gefühle zu erkunden begann,
desto entschiedener entwickelte es sich zum
Projektionsraum der Phantasie. Diese Geschichte des Anderen als Bild, als imaginier-
ter und imaginärer Gegenstand, ist untrennbar verknüpft mit der Geschichte der Moderne. Die bürgerliche Gesellschaft hat den
Einzelnen kulturell und sozial entblößt und
dadurch seiner unersättlichen Ausdeutung
erst verfügbar gemacht. Zunächst, und für
geraume Zeit, hatte die differenzierte Auffassung und künstlerische Darstellung bürgerlicher Privatheit, beispielsweise bei Rembrandt, im Zeichen der religiös-ethischen
Bindungen des Individuums gestanden: Privates war, im geschichtlichen Moment seiner
Absonderung, geborgen in einer seine

Sphäre umgreifenden und ergreifenden Ordnung der Dinge. Gegen Ende des 18. Jahrhunderts trat dann immer schärfer der Zweifel an der Gültigkeit dieser Ordnungsprinzipien hervor und damit die Frage, was die Einheit des Individuums überhaupt begründen könne und solle. Die wissenschaftliche Ergründung der individuellen und sozialen Mechanik, die Verfertigung des Subjekts als Gegenstand des Wissens, aber auch die „Prosa bürgerlichen Lebens", in dessen nivellierendem Geschäftsvollzug die Dinge und Menschen immer weniger zum ästhetischen Gegenstand taugten, sich als bedeutungsvolle darboten, mußten das Porträt in seinem Selbstverständnis erschüttern. Es war jedoch zugleich dieser Mangel, der eine ganz eigene Phantastik hervortrieb, deren Gegenstand nicht zuletzt das menschliche Antlitz war. Der Andere als Bild, das war im Grunde die zeitgemäße Antwort der künstlerischen Einbildungskraft auf die Zumutungen des Weltzustandes (vgl. Brüggemann 1989). Gerade das Porträt konnte die prosaische Natur seiner Gegenstände nicht dulden. Sollten auch die Menschen in der Menge immer weniger als Individuen erkennbar, ihr Verhalten und ihre Erscheinung von der sozialen Mechanik auf das Typische abgeschliffen sein, der Künstler war dazu berufen, sie wieder als bedeutungsvolles Motiv zu erschaffen. Die ‚innere Wahrheit' des Menschen wurde zur Angelegenheit künstlerischer Vision.

Wie sehr in diesem Prozeß die Grenzen von Innen und Außen in Bewegung gerieten, wie irritierend die Bedeutungsschichten, die den Bildnisgegenstand umschreiben, hervorbringen und zugleich einschließen, zwischen Bild und Welt zu wandern begannen, dies verdeutlicht ein literarischer Text: Honoré de Balzacs „Das Haus zur ballspielenden Katze". Diese 1830 entstandene Novelle ist bis in ihre Struktur hinein um die schillernde, imaginäre Kraft des Bildes herum konzipiert, um einen von Bildern getragenen und gefangenen Blickwechsel (vgl. Brüggemann 1989). Der Text handelt von der Liebe zwischen dem jungen Maler Theodor und der Kaufmannstochter Augustine. Bereits die erste Begegnung der beiden ist bestimmt durch ein Bild, durch das „natürliche Bild" häuslichen Lebens in Augustines Elternhaus, das bei einem nächtlichen Spaziergang die Aufmerk-

samkeit Theodors fesselt. Bald findet sein Interesse „den Weg zu einer tiefen Bewunderung für die hauptsächlichste Gestalt" (Balzac 1982, S. 30) dieser Erscheinung: Augustine. „Eine fast unbekannte Empfindung, eine brennende und klare Liebe überstrahlte sein Herz. Nachdem er ein paar Augenblicke unter der Wucht der auf ihn einströmenden Gedanken wie festgewurzelt stehngeblieben war, riß er sich von seinem Glück los, kehrte nach Hause zurück, aß nicht und fand keinen Schlaf." (Balzac 1982, S. 30) In der Abgeschiedenheit seines Ateliers gelingt ihm die Verwandlung des „natürlichen Bildes" in eines der Kunst. Zwei Gemälde entstehen: eine Genreszene und ein Porträt Augustines. Sie sind das Medium, mittels dessen er die Realität seiner Liebe erzeugt. Und sie sind das verborgene Urbild der Akteure, sie zeichnen ihre Geschicke vor und begleiten ihr Schicksal.

Zunächst werden die Bilder ausgestellt, sie werden von ihrem Urheber auf die Suche nach ihren Modellen in die Öffentlichkeit geschickt. Das ausgestellte Porträt führt Augustine und Theodor dann tatsächlich zusammen: „Das junge Mädchen bahnte sich durch die Menge hindurch den Weg zu dem gekrönten Bild. Ein Schauer ließ sie wie ein Birkenblatt erzittern, als sie sich erkannte. Sie hatte Angst und schaute um sich, um Frau Roguin, von der sie durch einen Strom von Menschen getrennt worden war, zu erreichen. In diesem Augenblick begegneten ihre erschrockenen Augen dem entflammten Gesicht des jungen Malers. (…) ‚Sie sehen, wozu die Liebe mich begeistert hat!', flüsterte der Künstler ins Ohr des furchtsamen Geschöpfs, das diese Worte voll Angst vernahm." (Balzac 1982, S. 33)

Balzac entwirft hier ein für die Bestimmung des Porträts äußerst bemerkenswertes Szenario. Augustine begegnet sich in Theodors Bild – eine erschütternde Ähnlichkeitserfahrung, „als sie sich erkannte", bestimmt ihr Selbst zur Projektionsfläche von Theodors Phantasie: Augustine wird ihrer selbst als Frau gewahr im begehrlichen Blick des Mannes. Bei dem Versuch, diesem Eindruck des Bildes zu entkommen, treffen ihre „erschrockenen Augen" auf das „entflammte Gesicht" des Malers. Augustine sieht sich erneut im Spiegel von Theodors Verlangen.

Die unmittelbare Folge dieser Geschehnisse im Publikumsgetriebe ist bei Augustine eine Art Trunkenheit, ein unbekanntes Leben, das in sie einbricht und durch dessen Gewalt „sie gewissermaßen der Natur anheimfiel" (Balzac 1982, S. 34). Die Natur, der Augustine in dieser Situation anheimfällt, ist die des „natürlichen Bildes" einer Frau – Natursubstrat der künstlerischen Einbildungskraft des Mannes, der sich als die Kraft versteht, welche die Frau zum Bildnis des ihr bestimmten wahren Selbst zu bilden vermag. Was von Balzac in dieser Szene beschrieben wird, ist im Grunde das Modell einer Einkreisung: Augustine ist umstellt von Bildern und gefangen im Getriebe der Menge. Bild und Menge stehen stellvertretend für die beiden gesellschaftlichen Kräfte, die Augustines Person beherrschen: das Imaginäre, die Phantasmagorien moderner Individualität einerseits und die Mechanik des Sozialen, die jeder zwischenmenschlichen Begegnung den Takt diktiert, andererseits.

Die Form, in der die Individualität des selbstbewußt gewordenen bürgerlichen Menschen sich in den ihr widerstreitenden gesellschaftlichen Strukturen der Moderne zu behaupten sucht, ist die Ästhetisierung des Menschen und seiner Lebensumstände zum Bild. Balzacs Novelle beschreibt diese gesellschaftlichen Grundlagen des Porträts im Kontext eines von der Liebe entfesselten Geschlechterkampfs, einer Bildstrategie der Einkreisung der Frau. Das Bild, welches Theodor von seiner Geliebten erfindet, ist aber zugleich der Spiegel, in dem Augustine sich selbst als Frau identifiziert – es eröffnet ihr die Chance, der Beschränktheit ihres Daseins zu entfliehen und im Blick des Mannes sich vermeintlich als Rechtsgrund ihrer Wahrheit zu begreifen. Dieser Gedanke läßt sich verallgemeinern: Aus dem Sinnbild repräsentierter Individualität, der profanen Epiphanie des Individuums, ist das Bild eines „vertriebnen Engel(s), der sich an den Himmel erinnert" (Balzac 1982, S. 30) geworden. Als gefallener „Abgott" zumal bedarf der Mensch des bestätigenden Blicks eines Anderen, letztlich der Erinnerung an seine Wahrheit durch die Einbildungskraft in der Gestalt des natürlichen und künstlerischen Bildes. Das Bild wird zur Anschauungsform der Individualität, zum Instrument der

Selbstvergewisserung, zur befestigenden Umhüllung eines zerbrechlichen und unter dem Druck des Sozialen zerbrechenden Selbst. Es sind diese Aspirationen einer Selbstbehauptungsstrategie der Bilder, welche die Grenzen zwischen Mensch und Porträt, Urbild und Abbild allmählich verwischen. Die Fatalität dieser Sehnsucht gründet in der nicht auflösbaren Diskrepanz zwischen prosaischer Welt und Subjektivitätsillusion, die alle Träume von der Poetisierung der vereinzelten Existenz zu Allüren degradiert und letztlich scheitern läßt. Die Auswirkungen dieses Übergreifens der Bildposen auf die Realität, die das Individuum im Versuch seiner Selbst-Verständigung zum Opfer von Selbst-Illusionen werden läßt, hat Balzac in seiner Novelle am Extremfall eines von Verlangen und Interessen angetriebenen Bilderkampfes geschildert. Der „Pakt", der Augustine und Theodor seit ihrer Begegnung in der Ausstellung verbindet, das Liebesversprechen, verdankt sich Augustines Existenz als Bild – am Maß der Bilder wird Augustine sich zu orientieren haben. Dies wird an der „Karriere" des Porträts deutlich. Augustines Bildnis folgt den beiden Liebenden nach ihrer Heirat in das neue Domizil. Als ihr Eheglück allmählich im Alltag zerrieben wird, verschwindet auch das Gemälde. Augustine kann zudem immer weniger dem von ihrem Porträt einstmals vorgezeichneten Idealbild entsprechen. Das von Theodor um ihre Person errichtete Bildgehäuse zerbröckelt. Schließlich findet Augustine das Bildnis bei ihrer Konkurrentin in der Gunst Theodors wieder. In einer letzten Anstrengung bringt Augustine das Porträt wieder in ihre gemeinsame Wohnung zurück. Mit Hilfe des Bildes will sie die Erinnerungen wachrufen, ihren Mann an seine einstigen Gefühle gemahnen und zurückerobern. „Sie hängte das Bild in ihr Zimmer und erwartete ihren Gatten in allen Ängsten der Hoffnung. Sie fühlte zu genau, daß dieser Versuch über ihre Zukunft entschied, um nicht bei jedem Geräusch, selbst beim Ticken der Wanduhr, zu zittern, die ihre Furcht noch lastender machte, indem sie sie ihr zumaß. Sie suchte die Zeit durch tausend Listen zu betrügen. Sie verfiel auf den Gedanken, eine Toilette zu machen, durch die sie dem Porträt in jedem Punkt ähnlich wurde." (Balzac 1982, S. 91 f.) Der

verzweifelte Versuch Augustines, die Inszenierung des „natürlichen Bildes" zu wiederholen, ihrem einstigen „wahren Selbst" ähnlich zu werden, schlägt fehl. Am nächsten
Morgen findet Augustines Mutter ihre ver-
störte Tochter, die „auf dem Boden die Fet-
zen einer Leinwand und die Stöcke eines
großen goldenen Rahmens betrachtete. Die
vor Schmerz fast empfindungslose Augustine
wies mit einer verzweifelten Bewegung auf
diese Trümmer. ‚Und ist das denn ein so großer Verlust' (…)", entgegnet die Mutter, „es
war zwar ein wohlgetroffenes Bild; aber ich
habe gehört, daß auf dem Boulevard ein
Mann reizende Porträts für fünfzig Taler
macht." (Balzac 1982, S. 93) Die Erzeugung
derart wohlfeiler Konterfeis sollte schon bald
zum Geschäft der ersten Porträtfotografen
werden, um so mehr, je weniger die Menschen sich selbst noch in einem Bilde ähnlich
zu sein vermochten.

## 4. Bildniskrieg

Mit der Fotografie findet die bisherige Geschichte des Porträts ihren vorläufigen Abschluß. Das neue Medium ersetzt oder transformiert die geläufigen Praktiken des künstlerischen Handwerks, es verdrängt in kürze-
ster Zeit das gemalte Porträt aus der
öffentlichen Wertschätzung und reformuliert
zugleich die ihm überlieferten zentralen Probleme des Bildnisses. Einer Zeit, der die alte
Würde und Glaubwürdigkeit der Individualität sowie ihrer emphatischen Gegenwärtigkeit im Bildnis immer fragwürdiger erschien,
lieferte die Fotografie das scheinbar schlüs-
sige Heilmittel. Dies erklärt sich vorerst aus
dem neuartigen fotografischen Abbildungs-
mechanismus: Die Fotografie nimmt die
Spur ihres Gegenstandes regelrecht in sich
auf, die Aufnahme übersetzt die Botschaft
des Lichts auf die empfindliche Schicht. Inbegriff eines nahezu unschuldigen Abbil-
dungsmechanismus, habe die Fotografie, so
war immer wieder betont worden, den Zweifel aus den Darstellungskünsten vertrieben –
deshalb wurde sie als ein „dauerhafter Spiegel" gefeiert. Der Auftritt des Dargestellten
im Bilde verdankte sich jetzt weniger künstlerischer Geschicklichkeit und der Kraft

ästhetischer Einbildung, sie war nun das Produkt einer technologischen Einbildungskraft, die das Bildnis an den Menschen
anschloß, von diesem abzog. So scheint jene
Mechanik der Imagination, die Balzacs Novelle als einen geschichtlichen Eindruck und
Ausdruck gefährdeter Individualität offengelegt hatte, in der fotografischen Bildnis-Pro-
zedur technologisch übersetzt worden zu
sein. Das komplizierte Wechselspiel gegen-
seitiger Projektionen und eingenommener
Posen, diese moderne Variation des Zusammenspiels von Repräsentation und Identifikation, wird vom fotografischen Prozeß noch
dichter an den Körper herangeführt, im Abzug kurzgeschlossen. Theodors Bild war
phantastischer Entwurf, ein Idealbild, dem
das Modell Augustine ähnlich zu werden und
zu bleiben suchte – Ausgangspunkt eines das
ganze erzählte Leben lang währenden Kampfes Augustines um ihr von Theodor vorge-
zeichnetes Selbst-Bild. Bei der Fotografie
wird dieser Kampf im Augenblick der Aufnahme entschieden. Wer sich nicht selbst
ähnlich ist oder es verstanden hat, sich zur
geforderten Ähnlichkeit zu bilden, der wird
sich für immer im Abbild entblößt finden.
Deshalb ist Fotografie so erbarmungslos auf
das Vorher und Nachher der Aufnahme verwiesen, auf die vorsorgliche Präparierung des
Anblicks und den Nachtrag der Bedeutsamkeit des Bildes. Es ist kein Zufall, daß Balzac
die Porträtfotografie suspekt war: eine
„Lichthäutung", wie er meinte, welche die
Bilder vom Körper abtrage und auf die Platte
banne. Fotografie ist eine Prozession von
Schichten („spectren"), deren Zug den Bild-
Schatten hervorbringt. So gesehen entwarf
das Medium ein technologisches Gegenmo-
dell zum herkömmlichen Übergriff des
Bildes auf den Körper; sie ist die folgenschwere Exposition des Körpers, sein media-
ler „Aufgriff". Darum ist die Fotografie aber
auch, und vor allem, das Medium einer fortschreitenden Synchronisation von Körper
und Bild. Diese neue Qualität fotografischer
Porträts schien sie zum Instrument technisch
legitimierter Selbstdarstellung zu prädesti-
nieren – zu einer Darbietung, die sich gerade
nicht mehr auf das Bildnisprivileg berufen
konnte und mochte. Aus dem gleichen
Grund, der Zersetzung des Bildnisprivilegs,
erwies sich Fotografie aber auch als Motor

des Bildnis-Zwangs, als aufschlußreiches Studienobjekt des identifizierenden Blicks. Ich will diesen beiden Ausprägungen des fotografischen Porträt-Abzugs an einigen Beispielen kurz nachgehen.

Der in der Mitte des letzten Jahrhunderts einsetzende polizeiliche bzw. kriminologische Gebrauch der Fotografie, die Entstehung erster fotografischer Verbrecherkarteien sind das vielleicht spektakulärste Zeugnis einer fotografischen Identifikation des Menschen. Bis zur Entdeckung der Fotografie war es eine weitgehend unbefragte Selbstverständlichkeit gewesen, daß ein Bildnis als die künstlerische Repräsentation des Dargestellten zu gelten habe. Es war dadurch untrennbar verknüpft mit der Ambition des Porträtierten, in sein Bildnis einzutreten und an diesem privilegierten Ort sich selbst ähnlich zu werden – sein Wunsch rechtfertigte seine Identifizierung durch Bild und Betrachter. In der Kriminalfotothek hat der Abgebildete diesen Rechtsanspruch auf sein Bildnis verloren. Nach Maßgabe des polizeilichen Generalverdachts wird ihm sein Bild abgenommen und als Fahndungsmittel aufbewahrt – das Bild ermöglicht die künftige Identifizierung des Täters, es wird auf die Suche nach seinem Vorbild geschickt. Nur wer unbeschuldet oder „unbeschrieben" vor das Objektiv der Kamera tritt, vermag dieser Wanderung der Bilder noch Einhalt zu gebieten.

Es ist eine Folgeerscheinung der Fotografie, daß mit ihrer gesellschaftlichen Verbreitung das Recht des Menschen auf sein Bildnis zum brisanten, auch juristischen Problem wird – nicht nur deshalb, weil die mechanisch erzeugte Authentizität der Fotografie den Menschen auf neue Weise kenntlich macht, sondern auch aufgrund der fototechnischen Möglichkeiten einer massenhaften Reproduktion und Zirkulation des abgelichteten Konterfeis. Im fotografischen Bildnis ist die Einmaligkeit des Referenten in das eine Mal seiner Gegenwärtigkeit im Augenblick der Aufnahme verwandelt. Fixierter Moment einer vergangenen Anwesenheit, beginnt der Abzug sodann seine Wanderung; er emanzipiert sich von dem einem Bildnis herkömmlich bestimmten Platz im Selbstgespräch bürgerlicher Individualität. Und erst diese Freisetzung des Porträts aus seinen lebensge-

schichtlichen und kulturellen Bindungen verschafft der fotografischen Exaktheit ihre folgenschwere Identifizierungsmacht.

Bereits die älteren physiognomischen Studien hatten der Kälte des beobachtenden Kamera-Auges und der Entwertung des Gesichts zum Trümmerfeld identifizierbarer Zeichen vorgearbeitet; in ihnen war die Auflösung der „Einheit des Ausdrucks" in ein entzifferbares Konglomerat von Merkmalen bereits vorgebahnt, die relative Rechtlosigkeit des Individuellen mitgesetzt. Die Begeisterung des ausgehenden 18. Jahrhunderts für die Physiognomik war ein Ergebnis gesellschaftlicher Orientierungsbedürfnisse; der von ihr geübten Diagnose des fremd gewordenen Anderen lag noch die heimliche Voraussetzung einer weiterhin gültigen und schlüssigen Einheit der Handlungen und Motive zugrunde – eine unterschwellige Sehnsucht nach der verlorenen Sicherheit zwischenmenschlicher Beziehungen. Das Selbstverständnis künstlerischer Bildnisse war bis ins 19. Jahrhundert hinein die Kehrseite dieses Anspruchs: Was die physiognomischen Identifizierungsversuche bedeckt hielten, wurde hier zum offenen Programm, die synthetisierte Einheit des charakteristischen Ausdrucks. Diese Synthesis stand im künstlerischen Werk meist nicht zur Disposition, vor ihrem Maßstab wurden die Näherungswerte der Ausdrucksregeln als eine Vorstufe des wahren Bildes, ein Experimentierfeld der Menschenkenntnis gefaßt. Die immensen Schwierigkeiten, äußere Erscheinung und „Charakter" des Menschen nun unter dem Gesichtspunkt seiner analytischen Demaskierung zu verknüpfen, wurden vor allem dort offenkundig, wo das Bildnis den Erklärungsanspruch des physiognomischen Textes bekräftigen sollte, beide Betrachtungsperspektiven sich also ergänzen sollten. Gerade von Lavater sind Klagen über die mangelnde Prägnanz der beigefügten Abbildungen überliefert – visuelle und soziale Identität wollten sich kaum zur Lesbarkeit des Bildes verbinden. So war es kein Zufall, daß der Scherenschnitt zu einem geeigneten Instrument physiognomischer Beweisführung wurde. Sein Prinzip war, ebenso wie das der physiognomischen Typik, die Reduktion auf das Wesentliche. Ästhetische Synthese im künstlerischen Bildnis und das Erkenntnisinteresse der „Charakterkunde" waren, trotz aller Berührungspunkte, nicht ineinander auflösbar.

Die Fotografie schafft hier Abhilfe: Sie befreit die Darstellung des Menschen von allen Zweifeln an der Exaktheit und Wahrhaftigkeit seiner künstlerischen Deutung und liefert diesen dem Studium gleichsam direkt aus. Die Evidenz der fotografischen Aufnahme, ihr „So war es wirklich", exponiert die Person und schafft der „erkennungsdienstlichen" Tätigkeit eine neue, gesicherte Begründung. Zugleich reproduziert die Fotografie die alte Frage nach dem Wesentlichen der Darstellung. Der Klärungsanspruch der Lektüre des abgelichteten Konterfeis ist nicht nur mit dem Problem der Tarnung des Aufgenommenen konfrontiert, die Entzifferung des Bildes muß vor allem der „Fülle festgehaltener Details" eine gültige und lesbare Ordnung geben. Offenkundig wird diese Schwierigkeit im Exerzierfeld des identifikatorischen Gebrauchs, eben der Kriminalfotografie.

In den achtziger Jahren des 19. Jahrhunderts begann Alphonse Bertillon, Chef des polizeilichen Identifizierungsdienstes in Paris und einer der Pioniere der anthropometrischen Klassifikation, die erkennungsdienstliche Zerlegung des Gesichts durch korrespondierende „Fotosynthesen" zu ergänzen. Durch Abdecken oder durch Veränderung des fotografischen Porträts wurden mögliche Varianten der körperlichen Erscheinung erkennbar, die für die Identifizierung einer Person zentralen Gemeinsamkeiten verschiedener Erscheinungsbilder zeichneten sich ab: Die „Einheit des Ausdrucks" wurde von Bertillon als kriminologisches Produkt verfertigt. (Vgl. Lorenz 1987; Stingelin 1988; Rouillé 1988)

Was in solchen fotografischen Experimenten durchgespielt wurde und mittlerweile perfektionierte polizeiliche Praxis ist, markiert einen Endpunkt in der Geschichte der Porträtähnlichkeit. Die künstlerische Annäherung an die „Mitte" des charakterisierenden Ausdrucks ist einer identifizierenden Mechanik der Einkreisung gewichen (vgl. Abb. 72). Das „punctum" (R. Barthes) des fotografischen Porträts: die „aufgehobene" Individualität bezeichnet nur noch eine Leerstelle, einen Nullpunkt der Bemächtigungs-

strategien. Porträt im Sinne von „protractum" meint in diesem Zusammenhang nicht das Sichtbarwerden der eigenartigen zirkulären Selbstreferenz der Ähnlichkeit, sondern das Hervorziehen identifizierender Merkmale. Bertillon forderte daher: „Um bei der gerichtlichen Photographie eine genaue und pünktliche Lösung zu erreichen, genügt es, wenn man alle ästhetischen Rücksichten beiseite setzt und nur den wissenschaftlichen und hauptsächlich polizeilichen Standpunkt ins Auge faßt." (Bertillon 1895, S. 5) Derartige Signifikanz hat ihren trigonometrischen Punkt im Erkennungssystem, in ihrer „Mitte" behält sie den „horror vacui" der fotografisch dingfest gemachten Bestie Mensch zurück.

Bertillons Experimente zielten vorrangig auf die Erfassung typischer Merkmale des Einzelnen, deren fotografischen Belegen die Verdächtigen dann anmodelliert wurden (vgl. Bertillon 1895, S. 32) – sie befolgten eine Erkennungsstrategie, die in den unterschiedlichen Erscheinungsbildern der Identität der Person habhaft wird. Die Nutzeffekte fotografischer Identifizierung treten gleichberechtigt neben den direkten Aufgriff: „Für alle Fälle, welche wir aufzählten (...) bietet die Entdeckung der wirklichen Individualität eines Verhafteten, vom Standpunkte des allgemeinen Interesses, dasselbe nützliche Resultat, wie dasjenige, welches durch die direkte Arretirung eines Deserteurs, eines Entwichenen, eines nicht vor Gericht Erschienenen, herbeigeführt wird." (Bertillon 1895, S. 110)

Einen anderen Weg zur Begründung einer fotografisch-kriminalistischen Semiotik wies Sir Francis Galton mit seiner 1883 veröffentlichten Arbeit „Inquiries into Human Faculty and its Development". Galtons Interesse galt vornehmlich einer anthropologischen Typologie, er suchte nach den Merkmalen, die beispielsweise genetische und soziale Gruppen oder ein Krankheitsbild konstituieren. Zu diesem Zweck wurde mittels technischer Mischung einzelner fotografischer Porträts das idealtypische Gesicht einer Bevölkerungsgruppe zusammengefügt (vgl. Abb. 73). „The effect of composite portraiture is to bring into evidence all the traits in which there is agreement, and to leave but a ghost of a trace of individual peculiarities." Und Galton fährt fort: „There are so many traits in common in all faces that the composite picture when made from many components is far from beeing a blur; it has altogether the look of an ideal composition." (Galton 1907, S. 7)

Neben allen anderen – fatalen – Implikationen (vgl. Galton 1907, S. 10) ist die von Galton erprobte Gesichtsstatistik der „Mischfotografien" im Grunde der Abgesang auf die Individualitätsambitionen des Bildnisses; sie ziehen aus dem Darwinismus und dem gesellschaftlichen Phänomen der „Masse" die radikale Schlußfolgerung. Die Kriminalfotografie wollte den einzelnen in der Menge noch mit Hilfe bestimmter Merkmale identifizieren – Galton untersucht die anthropometrischen Merkmale dieser Menge. Die Fotografie beginnt hier den Erklärungswert und die Herstellbarkeit gesellschaftlicher Ordnungsprinzipien am menschlichen Antlitz zu erkunden. Bertillon und Galton gemeinsam ist freilich, daß das Wesentliche ihrer Studienobjekte – des einzelnen Täters oder der Aggregationen der sozialen Mechanik – in den zu entziffernden Spuren der äußeren Erscheinung enthalten sein soll. Es gibt für das fotografische Dispositiv bei beiden keinen Charakter mehr hinter dem Erscheinungsbild – ob „Individualität" (Bertillon) oder „Ideal" (Galton), sie fallen in dem mit sich Identischen, der Identität, zusammen.

Die Schwierigkeiten, welche die Lektüre der fotografischen Aufnahme mit sich bringt, werden noch deutlicher dort, wo die Maßgabe der Identifizierung sich am „Innern" des Menschen versucht: im psychiatrischen Gebrauch der Fotografie. So sollten die im Auftrag Charcots angefertigten Aufnahmen von Hysterikerinnen ihm Richtlinien und Anschauungsmaterial für Diagnostik und Lehre liefern, also die Zeichen der Krankheit fixieren. Charcots Methode der Beobachtung und Beschreibung eines klinischen Bildes, welche die kasuistische Sammlung der Phänomene in eine Typologie von Symptomen einbindet, gleicht dem Prinzip, dem die fotografische Fixierung der Fallbeispiele folgt. „Keine schlechte Schilderung", so kommentiert Charcot gelegentlich die Auskünfte einer Mutter über ihre zu Demonstrationszwecken vorgeführte Tochter. „Wir erkennen in ihr

die Charaktere des großen Anfalles, wie wir ihn beschrieben haben, zuerst die Periode der großen Bewegungen, dann die leidenschaftlichen Stellungen und Gebärden. Sie wälzt sich herum, zerreisst alles, plötzlich richtet sie ihren Blick starr auf einen Punkt, sie hat dabei offenbar eine Vision, und die Bewegungen, die sie dabei ausführt, sind im gewissen Sinne durch die Hallucination bedingt." (Zit. n. Lorenzer 1984, S. 155) Der Erklärungsanspruch der Symptom-Reihe behauptet sich hier gegenüber den Besonderheiten der Krankengeschichte. Freud hat Charcots Vorgehensweise bei dessen berühmten Vorträgen einmal so beschrieben: „Er fragt den Kranken aus, prüft das eine oder andere Symptom und bestimmt damit die Diagnose des Falles, die er durch weitere Untersuchung einschränkt oder bestätigt. Man merkt, er hat den vorliegenden Fall mit einer Summe von Krankheitsbildern verglichen, die aus der Erfahrung stammend, in seinem Gedächtnis ruhen, und hat dessen Erscheinung mit einem dieser Bilder identifiziert." (Zit. n. Lorenzer 1984, S. 150) Das künstliche Gedächtnis der Fotografie stellt solche Bilder als diagnostisches Raster in perfekter Form bereit (vgl. Abb. 74). Allerdings ergibt sich auch die strukturierende Einheit einer Serie von Fotografien erst durch ihre „Beschriftung", die diese als Erscheinungsbilder einer Reihe ausweist. Erst dann können sie als Orientierungsmarken der klinischen Praxis fungieren. Freud selbst charakterisiert das Erkennungsprinzip dieser Identifizierung folgendermaßen: „Das Krankheitsbild, die ‚entité morbide' bleibt die Grundlage der ganzen Betrachtung, aber das Krankheitsbild besteht in einer Erscheinungsreihe, oft einer Reihe, die nach mehrfachen Richtungen auseinandergeht. Die klinische Würdigung des Falles besteht darin, ihm seinen Platz in dieser Reihe anzuweisen. In der Mitte der Reihe befindet sich der ‚Type', die bewußt und absichtlich schematisierte, extreme Form des Krankheitsbildes, oder es lassen sich mehrere solcher Typen aufstellen, die durch Übergangsformen miteinander verbunden sind." (Zit. n. Lorenzer 1984, S. 150) Dies ist zunächst ein Problem psychologischer Interpretation, es ist aber auch, insbesondere in der Charcotschen Vermischung von Typologie und Fotografie, eines der Fotografie. Denn einerseits sind diese Fotografien psychiatrischer „Fälle" ganz entschieden Beutegut – sie sind nicht der Ausdruck eines dialogischen Prozesses der Repräsentation, sondern Indizien einer Beweisführung gegen den „behandelten" Menschen. Ihr Referenzpunkt ist die Typologie des Krankendossiers. Die wissenschaftliche Verhandlung des Krankheits-Bildes, so wie sie beispielsweise Charcot durchexerziert, unterbricht geradezu das hermeneutische Zusammenspiel zwischen Arzt und Patient – gerade so, wie der fotografische Zugriff den dialogischen Zusammenhalt von Modell und Künstler, die Verknüpfung von Repräsentation und Identifikation zerreißt. Andererseits berührt die Tatsache, daß in derartigen ‚Krankheits-Bildern' der einzelne nicht mehr von sich erzählt, sondern etwas über seinen Fall ausgesagt wird, ein zentrales Problem fotografischer Darstellung. Die einzelne Fotografie ist in ganz anderer Weise Momentaufnahme, als dies ein Gemälde ist – der fotografische „Zeit-Punkt" produziert eine erstarrte Bewegung, die auch in der Serie nur unter der Anleitung des bestimmenden Begriffs sich verflüchtigt. Was die aufgenommene Erscheinungsreihe verdeutlicht, sind Muster, das zusammengesetzte Modell einer den Phänomenen eingetragenen „Erzählung". Mit ihr ist freilich auch ein vernichtendes Urteil über die Rechtsansprüche einer eigenständigen Individualität des abgebildeten Menschen gesprochen. Die Zeugenschaft der fotografischen Aufnahme scheint das Recht des vom Bild exemplifizierten Begriffs zu begründen, sich am Einzelnen zu versuchen: Die Facetten der Individualität vermögen sich jedoch nicht mehr zur Wahrheit des einen Bildes zu verbinden, ihr Zusammenhalt muß vielmehr gegenüber den Erscheinungen klassifikatorisch durchgesetzt werden. Eine entschiedene Folgerung hieraus hat damals Duchenne de Boulogne gezogen, indem er das Mienenspiel direkt als technologischen Effekt herstellte (vgl. Duchenne de Boulogne 1982/84). In seinen Studien zu den körperlichen Anzeichen von Gefühlsregungen arbeitete Duchenne mit der elektrischen Reizung der Gesichtsmuskulatur (vgl. Abb. 75). Die derart erzeugte mimische Reaktion sollte als Beweis für psycho-physische Zusammenhänge dienen – zu diesem Zweck

wurde sie fotografisch dokumentiert. Das Versuchsobjekt ist zwischen den elektrischen Impuls, der Verhalten auslöst, und den fotografischen Mechanismus, dessen Auslösung die Reaktion als Indiz stillstellt, eingesperrt. Eine technologisch gezeugte und bezeugte Selbstreferenz des „physiognomischen Mechanismus" umkreist den Begriff des Menschen – die Repräsentation des Selbst stellt sich in der gesellschaftlichen Zusammenschaltung von Sozialem und Technologischem her.

Auf eine weitere Ausprägung, die das fotografische „experimentum crucis" in der zweiten Hälfte des 19. Jahrhunderts am Menschen exemplifizierte, sei noch hingewiesen, auf eine Fortführung der Erfassung seelischer Phänomene. Bereits die psychiatrische Fotografie hatte die Aufschluß-Marken des fotografischen Dispositivs bis in das „Innere" der Erscheinung getrieben. Die Versuche, das unsichtbare „Fluidum" der Seele vermittels der Fotografie dingfest zu machen, nehmen dieses Projekt auf – im Zeichen einer medialen Einheit der menschlichen Erscheinung. So veröffentlichte 1896 Hippolyte Baraduc, Mitglied der Ecole de la Salpêtrière und Spezialist für Nervenkrankheiten, seine Arbeit „L'Ame humaine, ses mouvements, ses lumières, et l'iconographie de l'invisible fluidique"; 1897 folgte „Methode de radiographie humaine. La Force courbe cosmique. Photographie des vibrations de l'ether. Loi des auras". Baraducs Studien versuchten eine streng wissenschaftliche Synthese von fotografischer Ikonographie und „radiographie" der „aura". Baraduc entdeckte in seinen Aufnahmen die Spuren unsichtbarer Kräfte, Fluida der Seele (vgl. Abb. 76). Das Bild erschien ihm als schemenhafte Inschrift einer unsichtbaren Sensibilitäts-Vibration auf der sensiblen Platte: „radiographischer" Inbegriff des menschlichen Schattens in seiner „skia-graphischen" Verzeichnung. Baraduc nannte diese Aufnahmen „psicônes", Ikono-graphie des „Psychischen" (vgl. Dubois 1986). Dieses Vorhaben könnte geradezu als Umstülpung der klassischen Bildnis-Aura gedeutet werden, als der Versuch, eine Psychologie der wesentlichen Erscheinung technologisch zu etablieren. Die mediale „psicône" der Seelenstrahlung bezeichnet die Form, in der das Bildnis in der „Krise des

Selbst" noch eine Wahrheit behaupten kann. Von nun an wird sich die „Radio-graphie" des seelischen Prozesses als „Media-logie" zu erkennen geben.

Die Aufhebung der Selbstreferenz des Bildnisthemas in die „Media-logie" wurde im fotografischen Porträt zum brennenden Problem: „Wenn ich ihre Erscheinung (...) in die Details zerlege, wird sie unwahrscheinlich." (Zit. n. Matt 1983, S. 40) Betrachtet man die Geschichte des fotografischen Porträts einmal unter diesem Gesichtspunkt der Identifizierungspraktiken, so mutet sie wie ein Spiegel solch mediatisierter Ähnlichkeit an. Bereits in den Anfängen des fotografischen Ateliers ist dies erkennbar. Das Atelier war nicht nur der Ort, an dem der Mensch sich dem erkalteten Beobachtungsblick der Apparatur aussetzte, sondern auch Schauplatz einer vom Kunden erstrebten Begegnung mit sich selbst im Bild – durch Vermittlung des technischen Verfahrens. Der Wunsch eines stetig wachsenden Kundenkreises nach dem fotografischen Bildnis, verknüpft mit dem Anspruch, im Bild sich selbst ähnlich zu sein, war in der Anfangszeit Ursache herber Enttäuschungen über das Resultat des Aufnahmezeremoniells (vgl. Abb. 77). Die frühe Fotografie erzeugte Bildnisse, die den Anforderungen an ein erkennungsdienstliches Porträt vielleicht genügt hätten, nicht aber dem Publikum „ähnlich" erschienen. Die Aufgenommenen wurden allenfalls im identifikatorischen Sinne kenntlich gemacht – lange Belichtungszeiten nötigten dazu, das Modell in eine Apparatur einzuspannen, die Anstrengung, Mimik und Körper stillzustellen, hinterließ ihre qualvollen Spuren in den Gesichtern der Porträtierten. Wie später in der gerichtlichen Fotografie mußte ihnen das Bild gleichsam abgerungen werden, und die Zeichen dieser Bertillonage waren ins Porträt gebannt. „Ich weiss nicht, ob es gut ausgefallen ist, mein Herr, aber ich weiss, dass Sie mir hier etwas Abscheuliches zeigen (...) und dass Sie mir weiss machen können, dies sey mein Porträt; es ist mißlungen, Sie müssen die Operation von Neuem anfangen." (de Kock 1988, S. 104) Diese von Paul de Kock 1842 berichtete Klage einer Dame zeigt, daß die identifikatorische Wahrheit der Technik gerade nicht erwünscht war. Eine im herkömmlichen Sinn definierte „persönliche

Wahrheit" konnte das fotografische Verfahren jedoch kaum selbst bewerkstelligen. Die vom fotografischen Augenblick bewirkte Totenstarre des exakt verzeichneten Modells war das technische Mal seiner Aufnahme: „Wie trübselig sieht es aus!" (de Kock 1988, S. 102) Erwünscht war stattdessen ein Effekt, den Bertillon im Zusammenhang eines Verhörs beschreibt: „Es ist eine Regel ohne Ausnahme: Wenn diese Photographie tatsächlich das Porträt des Verdächtigen ist, wird er sich nicht enthalten können, dieselbe lange zu betrachten". (Bertillon 1895, S. 33) Für die Atelierfotografie war diese Wirkung nur durch die Verfertigung eines „Ideals" zu erreichen, in dessen Vorgaben das Subjekt sich wiedererkennen mochte.

Der früheste Versuch, dem Fotoporträt eine derart beschwichtigende Ähnlichkeit einzuprägen, ist wohl die Retusche – die Übermalung der Fotografie mit den konventionalisierten Zeichen der Lebendigkeit und Schönheit. 1842 erscheint im „Bayrischen Landboten" eine Annonce Johann Baptist Isenrings, eines Pioniers der Porträtfotografie und, vermutlich, eines Entdeckers der Retusche. Ein neues Verfahren wurde hier angekündigt, „Lichtbilder ganz der Natur getreu auf die täuschendste Weise mit aller Farbenpracht zu schmücken, so daß diese Darstellungen den vollendeten Gemälden gleichen (...) Die Darstellung gleicht nicht mehr wie früher einem Spiegelbild." (Zit. n. Baier 1980, S. 493)

In diesem Text wird die neuartige Exaktheit der Fotografie als Hindernis der ‚getreuen Täuschung' gehandelt, einer Vollendung, welche die Wünsche des Publikums beliefert und sich von der Starrheit des fotografischen „naturnothwendigen Typenprodukts" befreit. Die Grundlage dieser Entgegensetzung von altem und neuem fotografischen Porträt war die weiterwirkende Überzeugung, das Bildnis habe mehr wiederzugeben als bloß das Spiegelbild der äußeren Erscheinung, es solle die Persönlichkeit des Dargestellten erfassen und bedeutungsvoll repräsentieren. Was unter einer solchen Charakterisierung verstanden wurde, war einerseits Farbigkeit als Inbegriff des Lebendigen, andererseits die nachträgliche Milderung fotografischer Detailzeichnung zugunsten des künstlerischen Repertoires signifikanter

Ausdruckstypen – eine Wiederkehr malerischer Techniken im Gebrauch des neuen Verfahrens, die ja zumeist die „Mitte des Ausdrucks" jenseits des konkreten Spiels der Physiognomie begründet hatten. Den Wunsch nach Ähnlichkeit befolgend, legten die Fotografen mit der Retusche eine Schicht konventionalisierter Bedeutungssignale über das exakte Abbild. Dort, wo sich im beklagten Materialismus des fotografischen Verfahrens die Immaterialität des Charakters zu verflüchtigen, der von Porträtherstellung und -rezeption künstlerisch gestiftete Zusammenhalt zwischen Innerem und Äußerem an der Registratur des Abgebildeten zu zerbrechen drohte, dort interveniert die Retusche. Sie täuscht die Legitimationsbasis der Ähnlichkeit mittels nachträglicher Beschichtung der fotografischen Schicht vor. Sie betreibt eine Maskierung des fotografischen Bildes, die den exakten Kamerablick künstlich suspendiert; sie ist das erste Experimentierfeld der von der Fotografie forcierten gesellschaftlichen Maskeraden, die Beschlagnahme der Aufnahme durch das „Ideal".

Das, was in der Retusche noch äußerlicher Bemäntelungsversuch bleibt, wandert mit der Vervollkommnung des fotografischen Verfahrens direkt in die Praktiken der Ateliers ein: Der Herstellungsprozeß fotografischer Porträts beginnt sich nach dem Vorbild der Malerei zu inszenieren. Zwei Kraftfelder bestimmten diese neue, fotografisch erzeugte und vorgetäuschte Authentizität des Atelierporträts – einerseits die durch die Intention des Fotografen gebrochene legitimatorische Kraft des technischen Verfahrens, andererseits die Mechanismen der Selbstdarstellung, Maskierung und Inszenierung in der Aufnahmesituation. Das Atelier des 19. Jahrhunderts mit seinen Requisiten und ritualisierten Operationen gleicht einer Versuchsanordnung gesellschaftlicher Identitätsproduktion und Habitualisierung. Es wird zum „Tempel", in dem jede Charakteristik hinter der „authentischen Verstellung" verschwindet, zum Bauplatz technisch ‚verwirklichter' Phantasmagorien der Idealtypik (vgl. Benjamin 1977). So fand im Atelier die Hervorbringung des wahren und bedeutsamen Ausdrucks als gesellschaftliches Persönlichkeitstheater statt (vgl. Abb. 79) – ein allmählich perfektioniertes Zusammenwirken der Be-

teiligten, eine fotografische Synchronisation von gesellschaftlichen Idealbildern, tradierten Konventionen, individueller Physiognomie, technischem Verfahren und künstlerischer Ambition (vgl. Philipp 1988; Hoerner 1989; Raulff 1984). Das Resultat, die Ähnlichkeit, bemaß sich am Wiedererkennen des Porträtierten, einer gleichsam „jubilatorischen Aufnahme" des im Medium der Darstellung vergesellschafteten Selbst. Der Hebel des Wiedererkennens war der Wunsch des posierenden Bürgers, der die verschleierte Choreographie lenkt: ein Wunsch, der sich zur Allgemeinheit gesellschaftlich gültiger und akzeptabler Imaginationen verdinglicht hat. Den verdeckten Charakter der Täuschung gewährleistet die Haltung des Fotografen: Er ist die wirkende Ursache aller Inszenierungen. Für den Wunsch des Porträtierten repräsentiert der Fotograf den abwesenden Blick des Anderen, der die Illusion bekräftigt und ihr Gestalt verleiht. Durch die von ihm besorgten Veranstaltungen und die Gewalt des technischen Mediums konnte das Modell in der fotografischen Schicht als ‚Medium' seiner Ähnlichkeit erscheinen.

So wurde denn die Verfertigung der Ähnlichkeit immer entschiedener auch zur Sache des Modells. Gerade die sogenannte künstlerische Porträtfotografie verweist, durch weitgehenden Verzicht auf kommentierende Requisiten, den Abgebildeten auf sich selbst. Die Aufnahmesituation wird intimer, das Kamera-Auge drängt sich an das Gesicht des Menschen heran. Charakterisierung und Kenntlichkeit werden zwingend zu einem Akt der Selbstdarstellung, in dem die Persönlichkeit sich dem Beuteschuß des Fotografen vorzeigt. Die Porträts von Julia Margaret Cameron und Nadars Porträtserie des Chemikers Chevreul bezeichnen zwei mögliche Ausprägungen dieser fotografischen Annäherung an den individuellen Ausdruck. In den Fotografien von Cameron (1815-1879) wird noch einmal, u. a. durch die künstliche Verlängerung der Belichtungszeiten und die „künstlerische Unschärfe", scheinbar dem alten Ideal einer verdichtenden Repräsentation des Menschen gehuldigt. Diese Aufnahmen erscheinen wie die fotografische Reproduktion der alten „Mitte des Ausdrucks", in der alle zufälligen oder besonderen Züge zusammenfließen. Fotografie, eigentlich untrennbar von der zeitlichen Zäsur ihres Augenblicks, wird hier der Zeit wieder entrückt – eine letzte Bastion des wahren Charakters im individuellen Antlitz, ein Nachruf auf das malerische Bildnisideal, dessen gesellschaftliche Gültigkeit längst verschwunden war. Die von Cameron intendierte Beredtheit des Blickkontakts zwischen den Porträtierten und dem Kamera-Auge zehrte von dem oftmals vertrauten Umgang mit den Modellen – die berühmte Aufnahme von Sir John Herschel bezeugt die eigenartig visionäre Präsenz ihrer Porträts (vgl. Abb. 80). Zugleich ist jedoch an dieser Fotografie erkennbar, wie im technischen Verfahren, trotz aller Eingriffe, das ästhetische Prinzip der Repräsentation radikal umgewertet wird: es wird zur „Radio-graphie" der Seele, zur „psychicône". Die künstlerische Nobilitierung der fotografischen Abbildungstechnik – für Cameron gleichbedeutend mit einer Enthüllung des Mysteriums dieser „himmlischen Kunst" Fotografie (vgl. Lukitsch 1986, S. 38) – versucht sich an der Spiritualisierung der physischen Erscheinung im fotografischen Abbild. Ihre Fotoporträts seien, so Cameron, nicht nur „aus dem Leben", sondern auch „für das Leben". Das Funktionsprinzip dieses Effekts beruht auf der Beugung des fotografischen Moments. Fotografie transformiert die Raum-Zeit-Konstellation des Bildnisses in einen Prozeß der Einschreibung von Lichtspuren in die empfindliche Schicht, das Ergebnis der Aufnahme tritt dann gleichsam aus der Schicht hervor. Diese in der zweidimensionalen Oberfläche der Fotografie eingefangene „Zeit-Tiefe" wird von Cameron gewissermaßen geöffnet. Das Ergebnis ist jedoch nicht der verdichtete, virtuelle Moment des Gemäldes, sondern eine Ausdehnung des Moments, in dem die „Licht-Häutung" sich vollzieht und das Modell seine Körperspur der Schicht eintragen muß: Das Spektrum der Lichtzeichnung wird zum Spektrum des Ausdrucks umgewertet. Dieses Verfahren verlangt eine außerordentliche Präsenz, letztlich zwingt es den Porträtierten dazu, in der Begegnung mit der Fotografie nahezu „mediale" Kräfte zu behaupten – dies ist die wahre Erscheinung, die das fotografische Medium der Benjaminschen Aura verleiht (vgl. Benjamin 1977).

Félix Tournachon, genannt Nadar (1820-1910), hat mit seiner Porträtserie des Chemikers Chevreul der Fotografie im vergangenen Jahrhundert noch einen anderen Weg gewiesen (vgl. Abb. 81). Seine Serie gibt eine Vielzahl einzelner Haltungen und Gesichtszüge wieder. Diese Praxis, den individuellen Ausdruck in seinen einzelnen Momenten zu erfassen und so das Individuelle als die Einheit der Serie zu bestimmen, setzt in gewisser Weise die Experimente der synkritischen Malerei fort. Auch dort war ja bereits die Vielfältigkeit möglicher Bildlösungen als künstlerisches Problem aufgetreten, die Einheit der Person als etwas um ihren anschaulichen Begriff Zusammengesetztes erkundet worden – eine Einsicht, der auch die Physiognomik implizit folgte, die sie allerdings nie offen einbekannte. Vor allem aber präsentiert Nadar mit seinen Aufnahmen die fotokünstlerische Übersetzung der Identifizierungspolitik der Kriminologie und Psychiatrie. „Jeder Amateurphotograph kennt die schöne Serie von Momentbildern", schreibt Bertillon zu Anfang seines Werks über die gerichtliche Fotografie, „welche Herr Nadar während des Gesprächs mit Chevreul bei den Festlichkeiten zu dessen hundertjährigem Geburtstage aufnahm. Ohne Vorbereitung über Haltung und Ausdruck, als einfache Besucher stehen sich die Leute gegenüber, sich ruhig mit wissenschaftlichen oder philosophischen Fragen, ganz nach ihrem Vergnügen, unterhaltend. Dies ist eine der interessantesten Sammlungen von menschlichen Bildern, welche seit der Erfindung von Bromsilbergelatineplatten gemacht wurden." (Bertillon 1895, S. 6) Der Traum der gerichtlichen Fotografie ist die unbemerkte Allgegenwärtigkeit ihrer Agenten. Was das auf diesem Weg gewonnene Erkennungsmaterial betrifft, so ist sie auf das charakterisierende Bild angewiesen, notfalls muß es konstruiert werden. Dieses „Gesetz der Serie", das in allen identifikatorischen Praktiken den Fall exponieren soll, muß dem vom Auslöser zerhackten Menschen abgelesen werden. Dies gilt auch für Nadars Aufnahmesequenz. In die strategische Leerformel vom Sub-ject der Beobachtung geht bei Nadar jedoch die Vorstellung einer in ihren Facetten prozessierenden Einheit der Persönlichkeit ein. Eine geschichtliche Erfahrung wird hieran deutlich:

Das Gesicht ist keine Einheit, sondern etwas vielschichtig Oszillierendes; es verwandelt sich unter dem Einfluß von Kräften, die außerhalb der Einflußmöglichkeiten des Individuums liegen, dieses gleichsam durchdringen. Die Identität des einzelnen, emphatisches Programm der Porträtgattung, ist mittlerweile „das Ungesicherte schlechthin, das schutzlos Ausgesetzte. Es sucht immerzu seine Gehäuse und Panzerungen, die es um der eigenen Wahrheit willen doch wieder verlassen muß." (Matt 1983, S. 187) Damit wird nun auch die geschichtliche Bedeutung der Posen und Maskeraden, wie sie sich in der Auseinandersetzung mit dem Kamera-Auge entwickelten, offenkundig. Im Gemälde war die Pose häufig der Ausdruck einer gemeinsamen Anstrengung von Maler und Modell gewesen, die individuelle Bedeutsamkeit zu repräsentieren; sie war die Eintrittspforte des Individuums ins Bildnis, Gestaltung seiner Person. Seitdem die Fotografie das Porträt als mechanischen Abzug des Menschen gefaßt hatte, als ein dauerhaft fixiertes „simulacrum", wurde aus der gewählten Form der Enthüllung, des „Hervortretens", auch eine Abwehrstrategie, eine Verhüllung. Weil Fotografie mit dem technologisch geschärften Programm eines nahezu magischen Direktzugriffs auf den Menschen auftrat, wandelte sich die Selbst-Repräsentation in eine Inszenierung, in der sich das Modell bedeckt hielt. Die allmähliche Synchronisation von Mensch und Apparatur beim Vorgang des Porträtierens ging einher mit der Herausbildung immer subtilerer Maskeraden: Je näher das Auge der Kamera dem einzelnen rückte, desto geschickter zog dieser sich hinter die Fassaden seines Gesichts zurück. So verstanden ist die Geschichte der Porträtfotografie auch eine Geschichte der Abwehr „photolytischer" (Raulff) Zudringlichkeit: von den nachträglichen Eingriffen der Retusche über die Konventionalismen der Atelierposen bis hin zum Mienenspiel des flüchtigen Augenblicks. Unter veränderten Vorzeichen durchläuft die Fotografie dabei noch einmal die Geschichte der Porträtmalerei, deren Problemstellungen und Lösungsversuche sie in der gesellschaftlichen Zirkulation der Bilder aufhebt. Das fotografische Porträt erweist sich als Trainingsfeld individueller Selbstbehauptung gegen das Soziale, als Schauplatz

eines subtilen wechselseitigen Assimilationsprozesses von Identifikation und Repräsentation.

In der seit 1839 stetig wachsenden Flut fotografischer Porträts waren freilich nicht nur die Ambitionen, die bedrohte Subjektivität als Bild zu sichern, aufgehoben; Fotografie institutionalisiert zudem die Neubestimmung des Individuums in einem sozialtechnologischen Produktionsverhältnis. Sie reformuliert die Frage nach dem Realitätsgehalt des Bildnisses nicht im Sinne eines Überdauerns des Individuums als Bild, sondern ausgehend von den Imperativen des Abzugs: Das Modell ist gefordert, sich selbst im Bildnis und als Bildnis ähnlich zu werden. Dies markiert auch das Ende des Bildnisprivilegs. An dessen Stelle tritt die Fabrikation der Ähnlichkeit, letztlich der Test auf die Fähigkeit des Menschen, sich selbst als Bild zu repräsentieren. Die allmähliche Synchronisation von Mensch und fotografischer Technik zog die Einübung der Pose nach sich – des Bildniszwangs, für die allgegenwärtige Kamera immer ein Selbst-Bild bereitzuhalten, sich in und durch Bilder zu formen. Denn nur dann, wenn sich das Ausdrucksgebaren mit Bildern überzieht, kann es sich in diesem Test als Bild behaupten. Bereits in Nadars Fotoserie war dieser Versuch des spätneuzeilichen Selbst, sich mit Bildern zu verhüllen und derart am Spiel der Kenntlichkeit teilzunehmen, vorgezeichnet. Seit die ersten billigen Box-Kameras auf den Markt kamen, hat die aufkommende Amateurfotografie dieses Trainingsfeld einer Bilderpraxis zum festen Bestandteil des Alltags erklärt, die Pose ist zum täglichen Reflex auf das Klicken des Auslösers geworden. Den vorläufigen Endpunkt dieser Verbindung von körperlichem Ausdruck und Bildnis im Spiel des Fotogenen markiert die heutige „Bilderpolitik des Gesichts" (Raulff 1984, S. 56), in der das Gesicht medial an den gesellschaftlichen Zirkulationsprozeß der Bilder angeschlossen ist – eine Form der Vergesellschaftung, welche die alte, für das Bildnis konstitutive Differenz von Individuellem und Sozialem auslöscht. Selbst-Darstellung versteht sich heute als Plakatierung des Gesichts, die mit ihren Wanderungen von Bildzeichen den Kult des Selbst zelebriert.

So ist denn die Frage nach dem Wahrheitsgehalt des Bildnisses in ihrer überlieferten Form obsolet geworden. Zwei unterschiedliche Formen von Bildern, das vom Menschen jeweils verkörperte Selbst-Bild und das aufgenommene und im Abzug zirkulierende fotografische Abbild, treten in Konjunktion zueinander. Ihre „Wahrheit" bestimmt sich aus der Deckung beider Bilder; über „Wahrheit" wird entschieden vor dem Hintergrund konkurrierender Bilder und deren divergierender Ansprüche sowie nach Maßgabe der gesellschaftlichen Definitionsmacht über das Bildnis. Wahrhaftig ist das Bildnis, wenn es seinem Vorbild gleicht, das selbst wiederum den Bildern zu gleichen beansprucht. Insofern scheint Plotin beinahe Recht behalten zu haben, wenn er von der Emanation der Bilder spricht – nur daß dies mit ein geschichtliches Resultat der von seinem Verehrer vertretenden Bilderstrategie ist und daß der Einheitspunkt aller Abbilder nicht im höchsten Prinzip, sondern im technologisch durchstrukturierten gesellschaftlichen Gesetz zu suchen wäre. Diese Entwicklung, in der die innere Fragwürdigkeit des alten Bildnisthemas in seinen Maskeraden aufgehoben wurde, ist in den Arbeiten einer zeitgenössischen Fotografin beispielhaft umrissen: Cindy Sherman dekliniert in ihren fotografischen Inszenierungen (vgl. Abb. 82) das Bildnis-Repertoire des vergesellschafteten Selbst (vgl. Sherman 1987).

Fotografie repräsentiert die von den gesellschaftlichen Codifizierungen erschlossene und zugleich verschlossene Erscheinung des Menschen. Sie inszeniert die reine Repräsentation, die deshalb nichts mehr repräsentiert, sondern nur noch auf ihren Preis verweist. Darum kann es heute kein Bildnis mehr geben.

## Bibliographie

Bätschmann, Oskar, Nicolas Poussin: Landschaft mit Pyramus und Thisbe. Das Liebesunglück und die Grenzen der Malerei, Frankfurt a. M. (Fischer Taschenbuch Verlag) 1987

Baier, Wolfgang, Geschichte der Fotografie: Quellendarstellungen zur Geschichte der Fotografie, München (Schirmer und Mosel Verlag) 1980

Balzac, Honoré de, Das Haus zur ballspielenden Katze (La Maison du Chat-qui-pelote), in: ders., Pariser Geschichten, dtsch. von Otto Flake, Zürich (Diogenes Verlag) 1982

Barthes, Roland, Die helle Kammer. Bemerkungen zur Photographie, Frankfurt a. M. (Suhrkamp Verlag) 1985

Baudrillard, Jean, Der symbolische Tausch und der Tod, München (Matthes & Seitz Verlag) 1982

Benjamin, Walter, Kleine Geschichte der Photographie, in: ders., Gesammelte Schriften II.1., Frankfurt a. M. (Suhrkamp Verlag) 1977

Berenson, Bernard, Lorenzo Lotto, Gesamtausgabe mit 400 Abbildungen, Köln (Phaidon Verlag) 1957

Berger, John, Das Leben der Bilder oder die Kunst des Sehens, Berlin (Verlag Klaus Wagenbach) 1981

Bertillon, Alphonse, Die gerichtliche Photographie. Mit einem Anhange über die anthropometrische Classification und Identificirung, Halle a. S. (Wilhelm Knapp) 1895

Bialostocki, Jan, Einfache Nachahmung der Natur oder symbolische Weltdeutung. Zu den Deutungsproblemen der holländischen Malerei des 17. Jhdt., in: Zeitschrift für Kunstgeschichte, 47. Bd., München/Berlin (Deutscher Kunstverlag) 1984

Bilder vom Menschen in der Kunst des Abendlandes, Katalog der Jubiläumsausstellung der Preußischen Museen Berlin 1830-1980, Berlin (Staatliche Museen Preußischer Kulturbesitz/Gebr. Mann Verlag) 1980

Bildwelten – Denkbilder, hrsg. von Hans Matthäus Bachmeyer, Otto van de Loo, Florian Rötzer, München (Klaus Boer Verlag/Galerie van de Loo) 1986

Boehm, Gottfried, Bildnis und Individuum. Über den Ursprung der Porträtmalerei in der italienischen Renaissance, München (Prestel-Verlag) 1985

Brilliant, Richard, On Portraits, in: Zeitschrift für Ästhetik und allgemeine Kunstwissenschaft, hrsg. von Heinrich Lützeler, Bd. 16/1 (1971), Bonn (Bouvier Verlag) 1971

Brüggemann, Heinz, Das andere Fenster: Einblicke in Häuser und Menschen. Zur Literaturgeschichte einer urbanen Wahrnehmungsform, Frankfurt a. M. (S. Fischer Verlag) 1989

Butor, Michel, Aufsätze zur Malerei, München (Biederstein Verlag) 1970

Castelnuovo, Enrico, Das künstlerische Portrait in der Gesellschaft. Das Bildnis und seine Geschichte in Italien von 1300 bis heute, Berlin (Verlag Klaus Wagenbach) 1988

Claudel, Paul, Vom Wesen der holländischen Malerei, Berlin und Frankfurt a. M. (S. Fischer Verlag) 1954

Dubois, Philippe, Le corps et ses fantômes. Notes sur quelques fictions photographiques dans l'iconographie scientifique de la seconde moitié du XIX e siècle, in: La Recherche photographique No. 1, Okt. 1986, Paris (Paris Audiovisuel & Presses Universitaires de Vincennes) 1986

Duchenne de Boulogne, G. B., Katalog, Chalon sur Saône (Musée Nicéphore Niépce) 1982/84

Foucault, Michel, Die Ordnung der Dinge. Eine Archäologie der Humanwissenschaften, Frankfurt a. M. (Suhrkamp Verlag) 1971

Galton, Francis, Inquiries into Human Faculty and its Development, London (J. M. Dent & Sons Ltd.) und New York (E. P. Dulton & Co.) 1907 (Reprint London & New York, AMS-Press, 1973)

Gantner, Joseph, Schicksale des Menschenbildes. Von der romanischen Stilisierung zur modernen Abstraktion, Bern (A. Francke Verlag) 1958

Gombrich, Ernst H., Maske und Gesicht. Die Wahrnehmung physiognomischer Ähnlichkeit im Leben und in der Kunst, in: E. H. Gombrich, J. Hochberg, M. Black, Kunst, Wahrnehmung, Wirklichkeit, Frankfurt a. M. (Suhrkamp Verlag) 1977

Grimm, Claus, Frans Hals: Entwicklung, Werkanalyse, Gesamtkatalog, Berlin (Gebr. Mann Verlag) 1972

Harris, Enriqueta, Velázquez, Stuttgart (Klett-Cotta) 1982

Hoerner, Ludwig, Das photographische Gewerbe in Deutschland 1839-1914, Düsseldorf (GFW-Verlag) 1989

Huyghe, René, Kunst und Seele, München/Zürich (Droemer Verlag) 1962

de Kock, Paul, Das Daguerreotyp. Ein Atelierbesuch im Jahre 1842, mit einer Vorbemerkung versehen von Timm Starl, in: Kairos Mitteilungen des österreichischen Fotoarchivs, 3. Jg., Nr. 5 u. 6, Wien (Österreichisches Fotoarchiv im Museum moderner Kunst) 1988

Konersmann, Ralf, Sprechende Gesichter, erblindeter Spiegel: Die Geschichte der Kritik an der Physiognomik, in: Frankfurter Allgemeine Zeitung, 8. März 1989, Nr. 57, S. 3 N, Frankfurt a. M. 1989

Lacan, Jacques, Die vier Grundbegriffe der Psychoanalyse, Das Seminar von Jacques Lacan, Buch XI (1964), Olten und Freiburg im Breisgau (Walter-Verlag) 1980

Lichtbildnisse. Das Porträt in der Fotografie, hrsg. von Klaus Honnef, Köln (Rheinland Verlag) 1982

Lorenz, Thorsten, Der kinematographische Unfall der Seelenkunde, in: Diskursanalysen 1: Medien, hrsg. von F. A. Kittler, M. Schneider, S. Weber, Opladen (Westdeutscher Verlag) 1987

Lorenzer, Alfred, Intimität und soziales Leid. Archäologie der Psychoanalyse, Frankfurt a. M. (S. Fischer Verlag) 1984

Lukitsch, Joanne, Cameron. Her Work and Career, Rochester, New York (International Museum of Photography at George Eastman House) 1986

Maddow, Ben, Antlitz: Das Bild des Menschen in der Fotografie. Von den ersten Porträtfotos bis zur Gegenwart, Köln (DuMont Verlag) 1979

Mai, Werner Willi Ekkehard, „Le portrait du roi": Staatsporträt und Kunsttheorie in der Epoche Ludwigs XIV. Zur Gestaltikonographie des spätbarocken Herrscherporträts in Frankreich, Bonn (Dissertationsdruck) 1975

Matt, Peter von, „. . . fertig ist das Angesicht". Zur Literaturgeschichte des menschlichen Gesichts, München/Wien (Carl Hanser Verlag) 1983

Moffit, John F., Velázquez in the Alcázar Palace in 1656: The Meaning of the Mise-en-Scène of Las Meninas, in: Art History Journal of the Association of Art Historians, Vol. 6, No. 3 (September 1983), Routledge & Kegan Paul Plc, Henley-on-Thames, 1983

Neumeyer, Alfred, Der Blick aus dem Bilde, Berlin (Gebr. Mann Verlag) 1964

Ortega y Gasset, José, Velázquez und Goya. Beiträge zur spanischen Kulturgeschichte, Stuttgart (Deutsche Verlags Anstalt) 1955

Philipp, Claudia Gabriele, Augen-Blicke. Bilder von Diane Arbus, in: Fotogeschichte. Beiträge zur Geschichte und Ästhetik der Fotografie, 5. Jg., Nr. 18, Frankfurt a. M. 1985

Philipp, Claudia Gabriele, Portraitfotografie zwischen Dialog und Dominanz. Individualportraits und Gesellschaftsbilder von den Anfängen der Fotografie bis heute, in: FOTOVISION – Projekt Fotografie nach 150 Jahren, Hannover (Sprengel Museum Hannover) 1988

Pope-Hennessy, John, The Portrait in the Renaissance, The A. W. Mellon lectures in the fine arts (1963), Princeton (Princeton University Press) 1979

Porphyrius, Über Plotins Leben und über die Ordnung seiner Schriften, in: Plotins Schriften, Bd. Vc, Hamburg (F. Meiner Verlag) 1958

Raphael, Max, Bild-Beschreibung. Natur, Raum und Geschichte in der Kunst, hrsg. von Hans-Jürgen Heinrichs, Frankfurt a. M. und New York (Edition Qumran im Campus-Verlag) 1987

Raulff, Ulrich, Image oder Das öffentliche Gesicht, in: Das Schwinden der Sinne, hrsg. von Dietmar Kamper und Christoph Wulf, Frankfurt a. M. (Suhrkamp Verlag) 1984

Reallexikon zur deutschen Kunstgeschichte, II. Band, hrsg. von Otto Schmitt, Stuttgart-Waldsee (Alfred Druckenmüller Verlag) 1948

Römische Porträts, hrsg. von Helga von Heintze, Darmstadt (Wiss. Buchgesellschaft) 1974

Rouillé, André, Jenseits des physiognomischen Prinzips, in: Kairos Mitteilungen des österreichischen Fotoarchivs, 3. Jg., Nr. 5 u. 6, Wien (Österreichisches Fotoarchiv im Museum moderner Kunst) 1988

Ruckelshausen, Olga, Typologie des oberitalieni-
schen Porträts im Cinquecento, in: Giessener
Beiträge zur Kunstgeschichte, hrsg. von Norbert
Werner, Bd. III (1975), Giessen (W. Schmitz
Verlag) 1975

Das Selbstporträt im Zeitalter der Photographie.
Maler und Photographen im Dialog mit sich
selbst, hrsg. von Erika Billeter, Bern (Benteli
Verlag) 1985

Sherman, Cindy, München (Schirmer & Mosel)
1987

Simmel, Georg, Das Problem des Porträts, in: Gedanke und Gewissen. Essays aus hundert Jahren
S. Fischer Verlag, hrsg. von G. Busch und J.H.
Freund, Frankfurt a.M. (S. Fischer Verlag)
1986

Simmel, Georg, Rembrandt. Ein kunstphilosophi-
scher Versuch, München (Matthes & Seitz Verlag) 1985

Stingelin, Martin, En face et en profil. Der identi-
fizierende Blick von Polizei und Psychiatrie, in:
FOTOVISION – Projekt Fotografie nach 150
Jahren, Hannover (Sprengel Museum Hannover) 1988

Stoichita, Victor J., Imago Regis: Kunsttheorie
und königliches Porträt in den Meninas von Velázquez, in: Zeitschrift für Kunstgeschichte,
49. Bd. München/Berlin (Deutscher Kunstverlag) 1986

Das verlorene Menschenbild. Zur Problematik des
Porträts in der Kunst der Gegenwart, Eine Diskussion hrsg. von Richard Biedrzynski, Zürich
und Stuttgart (Artemis Verlag) 1961

Von Frans Hals bis Vermeer. Meisterwerke hollän-
discher Genremalerei, Ausstellungskatalog der
Gemäldegalerie Staatliche Museen Preußischer
Kulturbesitz Berlin (1984), Berlin (Staatliche
Museen Preußischer Kulturbesitz/Weidenfeld
Kunstbuch) 1984

Warburg, Aby M., Bildniskunst und florentini-
sches Bürgertum, in: ders., Ausgewählte Schriften und Würdigungen, hrsg. von D. Wuttke,
Baden-Baden (Verlag Valentin Koerner) 1980
(2. Aufl.)

Warnke, Martin, Unternehmen Rembrandt, in:
Frankfurter Allgemeine Zeitung, 14. Mai 1989,
Nr. 135, S. N3

Werckmeister, Otto Karl, Versuche über Paul
Klee, Frankfurt a.M. (Syndikat) 1981

Wind, Edgar, Heidnische Mysterien in der Renaissance, Frankfurt a.M. (Suhrkamp Verlag)
1981

# Beseelte Maschinen.
## Über ein mögliches Wechselspiel von Technik und Seele

*Wolfgang Pircher*

„Aber die freie Seele als *wissenschaftliche* Hypothese, und gar ein Forschen nach derselben ist meines Erachtens eine *methodologische* Verkehrtheit.
Was uns insbesondere am Menschen als frei, willkürlich unberechenbar erscheint, schwebt nur wie ein leichter Schleier, wie ein Hauch, wie ein verhüllender Nebel über dem Automatischen." (ERNST MACH, 1905, S. 25)

## 1. Einleitung

In die schon alte Beziehung des Menschen zur Maschine ist im 19. Jahrhundert ein Trauma eingebrochen, das seither diese einstmals so unschuldige Liaison vergiftete, sie zu einer gefährlichen machte. Zweifellos geht dieses Trauma auf einen allgemeinen ‚Unfall' zurück, der manchmal zur Verrückung des Geistes führt:

„Ingenieur auf der Brücke, mit irrer Gebärde:
Hihuhaha ...
Ich aber sage euch, die Maschine ist nicht tot ... Sie lebt! sie lebt! ... Ausstreckt sie die Pranken, Menschen umklammernd ... krallend die zackigen Finger
Ins blutende Herz ... Hihuhaha ...
hihuhaha ...
Gen die umfriedeten Dörfer wälzen sich stampfende Heere ...
Hindorren die Gärten, verpestet vom schweflichen Hauch ...
Und es wachsen die steinernen Wüsten, die kindermordenden,
Und es leitet ein grausames Uhrwerk die Menschen
In freudlosem Takte ...
Ticktack der Morgen, ticktack der Mittag,
Ticktack der Abend ...
Einer ist Arm, einer ist Bein ... einer ist Hirn ...
Und die Seele, die Seele ... ist tot ...

Alle in magischer Andacht:
Und die Seele, die Seele ist tot.

Stille

Ingenieur lacht.

Alle:
Er lacht! Er ist besessen!

Ruf:
Besessen vom Geist der Maschine!"
(TOLLER 1922, S. 112 f.)

Die Opponenten sind mit (menschlicher) Seele und maschinellem Geist näher bezeichnet, wobei der mächtigere Geist sich zumindest einer Seele, der des Ingenieurs, bemächtigt hat und nun in der traditionellen Rolle des Dämons auftritt. Der Geist der Maschine verdrängt die Seele, die daran stirbt. Aber nicht die materielle Maschine hat diese Eigenschaften, sondern ein von ihr getrenntes, ihr innewohnendes Prinzip vermag diese spirituelle Leistung, indem es sich eines lebenden, beseelten Wesens bemächtigt, des Ingenieurs. Ganz analog dem Konstrukt Leib-Seele gibt es also hier eines von Geist-Maschine. Aber das alles ist Mythos oder Literatur.

Die Wissenschaft dagegen weiß es besser: „Und wer versteht, daß jede technische Entwicklung aus menschlichen Entscheidungen resultiert, der glaubt nicht länger an die eigengesetzliche Dämonie der Technik, ..." (Ropohl 1979, S. 320) Nun ja, der Wohnort des Dämons kann auch eine Phrase sein, denn ein eigengesetzlicher Dämon ist natürlich selbstredend, d. h. er spricht durch den Sprecher und da wiederholt sich die traumatische Erinnerung. „Die Seele ist von der Technik enteignet. ... Es sollte Aufschluß über die Technik geben, daß sie zwar keine neue Phrase bilden kann, aber den Geist der Menschheit in dem Zustand beläßt, die alte nicht entbehren zu können." (Kraus 1917, S. 4 und 15)

Die Beziehung zu den Maschinen hat immer auch die Eigenart eines Dingphantasmas, wonach in die Maschine ob ihrer erscheinenden Selbstbewegung ein dies verursachender Dämon projiziert wird. Insbeson-

dere dann, wenn Ereignisse eintreffen, die
unerwünscht sind, wie z.B. der Unfall, so
enthüllt sich scheinbar ein Bewegungsüber-
schuß der Maschine, der nicht konstruiert
ist, sondern sozusagen gegen die Konstruktion sich durchsetzt. Wenn wir in der Konstruktion die Vorschreibung einer bestimmten Bewegungsform sehen, so wäre der
Unfall die Lösung von dieser Vorschreibung
und die Eröffnung einer selbst gewählten
Bewegungsbahn der Maschine – der tatsächliche Automat ist also die Maschine im Unfall. Jedenfalls ist diese Destruktivität jeweils mitgedacht, so daß eine Maschine
immer wesentlich mehr ist, als ihre materielle Gestalt. Die spirituelle Seite der Maschinen ist in theologischer und ihr naheste-
hender philosophischer/kulturkritischer Literatur oft betont worden. Hier wird eine
Figur vorgeführt, die als „Rück-Fall" erscheint: „Der Wille, der sich die Welt in ein
System von rationalen Leblosigkeiten verwandelt, verfällt am Ende dieser Leblosigkeit. ... Die selbsterzeugte rationale Kausalität der Leblosigkeit bemächtigt sich seiner,
und indem sie sich seiner bemächtigt, verwandelt sie sich in die dämonische gegen-
schöpferische Kausalität des Todes. ... Es ist
kein bloßes Spiel des Zufalls, wenn Panzer-
wagen, Kampfflugzeuge und Geschütze ihre
Physiognomie haben. Das Leblose und
Blinde bekommt da plötzlich Augen, Teu-
felsaugen, die uns ahnen lassen, daß hinter
der Welt des Technischen Mächte wirksam
sind, die uns nach dem Leben greifen."
(Reisner 1947, S. 105f.) Inzwischen bedarf
es nicht mehr des Krieges, um ein apokalyti-
sches Bild des nahen Endes der Menschen-
gattung zu beschwören, allerlei technisches
Gerät hat eine todesverheißende Physiognomie angenommen. Damit ist die Technik
schlechthin in einen extremen moralischen
Diskurs eingerückt, der nicht unbedingt frei
ist von der alten Anfechtung des Dämonen-
glaubens. Versucht man ein anderes Spiel
von Technik und Seele zu eröffnen, dann
mag das Problem der Bewegung tauglich
sein, um allen Fragen des Besitzes, also der
Besessenheit, zu entgehen. Man wird nicht
das Himmelreich, aber vielleicht ein paar
Stellen trockenen Landes in der Sintflut der
Verwünschungen erreichen, frei vom Begehren des Exorzismus.

## 2. Seelenbewegtheit

Zweifellos hatte Aristoteles die Bestimmung
der Unsterblichkeit der Seele vor Augen, wie
sie Platon, ganz nach dem Muster eines perpetuum mobile, vorgeschlagen hatte: Was
sich selbst bewegt, wird sich ewig bewegen,
ist also unsterblich. Platon läßt im „Phaidros"-Dialog, wo ja tatsächlich die Seele als
eine Flugmaschinenkonstruktion, allerdings
mit Federn, vorgestellt wird, den Sokrates
Prinzipielles über die Seele sagen: „Alles was
Seele ist, ist unsterblich. Denn das von sich
aus Bewegte ist unsterblich." (Platon 1922,
S. 57). Die Seele beharrt in der Bewegung,
und in dieser Bewegung erhält sie auch ihr
Erinnern, das ein Begehren nach dem
Schauen des Göttlichen enthält. Je größer die
Schwingen der Seele, desto näher ist sie dem
schon einmal geschauten Gott, der fortan
ihre Sehnsucht ist. Moralität setzt sich um in
eine mechanische Metapher, denn die Anzahl der Federn und damit die Flugfähigkeit
hängt von der Sittlichkeit der Lebensführung
ab. Aristoteles ergänzt diese Bestimmung dahingehend, daß die Seele selbst unbewegt sei,
aber aller Bewegung vorausgehe. Insofern
bei Aristoteles der Körper als „Werkzeug"
auf die Seele hin angelegt ist, wird die Seele
allen Stufen des Lebendigen gerecht, worauf
sich zur Frage der Unsterblichkeit der Seele
die „naturwissenschaftliche Frage nach dem
Prinzip des Lebens überhaupt" (Gigon 1983,
S. 231) hinzugesellt. Ein Problem, das die
spätere Psychologie beschäftigen wird, tritt
auch bei Aristoteles schon zutage: Wenn an
der Seele nichts Eigentümliches ist, dann ist
sie vom Körper nicht abtrennbar, und darum
folglich ihre Erforschung nur über die Erforschung des Körpers möglich (seiner Bewegungen im weitesten Sinne), also „Sache des
Naturforschers". Da die Seele sich nur über
den Körper äußern kann, sich seiner bedient
und nur über ihn erkennbar ist, liegt der
Schluß nahe, daß sie auch in derselben Ordnung des Körperlichen erkennbar ist. Sie
wäre also ein Gegenstand der Physik und der
Physiologie (was man im 19. Jahrhundert zunächst „Psychophysik" und später „physiologische Psychologie" nennen wird).[1]

In der Ordnung der Körper treten unbewegte („unbeseelte"), und sich bewegende

Körper („beseelte"), auf. Die Körper unterscheiden sich durch zwei Kriterien: Bewegung und Wahrnehmung, weil den sich bewegenden diese auch erkennbar zugesprochen werden muß. Sie bewegen sich in der Umwelt und dazu nehmen sie diese notwendig wahr. Von ihrer Bewegung wird auf eine Ursache rückgeschlossen, auf die Seele. Hier fügt Aristoteles die Erwägung hinzu: „Wenn sie sich naturgemäß bewegt, dann müßte sie auch gewaltsam bewegt werden können; und wenn gewaltsam, dann auch naturgemäß." (Aristoteles 1983, S. 268). Die natürliche Bewegung fällt in die Physik, die gewaltsame in die Technik. Eine abstrakte Bestimmung einer „technischen Seele" könnte heißen, sie werde gewaltsam bewegt. „Welches aber die gewaltsamen Bewegungen und Ruhezustände der Seele sein sollen, das läßt sich bei aller Phantasie kaum ausdenken." (Aristoteles 1983, S. 269) Sie müßte denn wohl von den Wahrnehmungsgegenständen bewegt werden, oder auch, ihre Bewegungen würden von einer anderen Seele verursacht. Sie selbst scheint die Lebewesen durch „eine Art Entschluß und Gedanke in Bewegung zu setzen" (Aristoteles 1983, S. 270). Wenn sie solcherart einen Körper bewegt, ist es doch denkbar, daß dieser selbst fremden bewegenden Kräften ausgesetzt wird, die zu ihrem Willen in Widerspruch treten. Dann könnte, vermittelt über den Körper, von einer gewaltsamen Bewegung der Seele wohl die Rede sein. Da die Seele nach Aristoteles sowohl das Lebensprinzip des Körpers darstellt, wie die Ursache seiner jeweiligen ortsverändernden Bewegung, vermischen sich in ihr zwei verschiedene Momente: das der Antriebskraft überhaupt und jenes der Steuerung.

Das erste ist eine Frage der Energie, das zweite wesentlich eine Frage der Form. Derlei deutet Aristoteles selbst an: „... zu sagen, daß die Seele zürne, würde dasselbe bedeuten, wie wenn einer sagte, die Seele würde weben oder bauen. Vermutlich wäre es richtiger, nicht zu sagen, daß die Seele sich erbarmt, lernt oder überlegt, sondern, daß der Mensch es vermittelst der Seele tue, aber nicht so, daß in ihr die Bewegung wäre, sondern so, daß im einen Falle die Bewegung bis an sie heranreiche, im anderen von ihr ausginge, ..." (Aristoteles 1983, S. 275 f.). Das bereitet den allgemeineren Schluß vor, daß

es unmöglich sei, „daß die Seele bewegt werde. Wird sie aber überhaupt nicht bewegt, dann offenbar auch nicht durch sich selber." (Aristoteles 1983, S. 276). Nichts kann stärker als die Seele sein (weil sie Lebensenergie repräsentiert) und sie beherrschen (weil sie das oberste Steuerungsorgan ist), somit kann sie auch nicht gewaltsam bewegt werden, also nicht der Technik (und auch nicht der Physik) unterliegen, sondern selbst dazu nur die Ursache sein, sowohl energetisch wie kybernetisch. Die Seele übernimmt für den lebenden Körper die Funktionen der Ernährung, der Wahrnehmung, der Überlegung, der Bewegung. Mit der Wahrnehmung ist auch das Vorstellungsvermögen und das Begehren verbunden. Die Seele ist die „Wirklichkeit eines Leibes ... Sie ist nicht ein Leib, aber etwas am Leibe, und darum ist sie auch in einem Leibe, und zwar in einem Leibe von bestimmter Beschaffenheit." (Aristoteles 1983, S. 290). Die denkende Seele ist der „Ort der Formen" (der Möglichkeit nach), alle Dinge sind als wahrnehmbare oder denkbare in ihr enthalten. „In der Seele ist das Wahrnehmungsorgan und das Denkorgan der Möglichkeit nach identisch, das eine mit dem Wahrnehmbaren, das andere mit dem Denkbaren. Notwendigerweise müssen sie entweder diese Dinge selbst oder ihre Formen sein. Sie selbst können es nicht sein. ... So ist die Seele wie die Hand. Denn auch die Hand ist das Werkzeug der Werkzeuge und so auch der Geist die Form der Formen und die Wahrnehmung die Form der wahrnehmbaren Dinge." (Aristoteles 1983, S. 337).

Der für das Leben privilegierte Sinn ist bei Aristoteles das Tasten, was den Geschmack und damit die Ernährung einbegreift, während die anderen Wahrnehmungsorgane „nicht um des Lebens willen, sondern um der Vollkommenheit willen" da sind: „das Hören, damit ihm Zeichen gemacht werden können, und die Zunge, damit es selbst anderen Zeichen geben kann." (Aristoteles 1983, S. 347). Dergestalt kann sich ein Körper dem anderen mitteilen und über sie die Seelen. Deren soziales Verhältnis zueinander wird in der „Politik" zu behandeln sein, denn hier kommt es auf die jeweilige „Natur" der Seele an.

Ist für Platon die Seele in Bewegungssehnsucht von der Erinnerung an den einmal geschauten Gott bewegt, also von ihrem Gedächtnis, so stimmt Aristoteles dies merklich herab. Diese Erinnerung kann auch der eigenen phantasmatischen Produktion geschuldet sein: Denn das Gedächtnis ist zusammengesetzt aus einer Affektion von Wahrnehmung und einem Phantasma, daher gehört das Gedächtnis demselben Vermögen der Seele an wie die Phantasie. „Und Objekt des Gedächtnisses an sich ist alles, was Objekt der Phantasie ist, mitfolgend aber alles, was nicht ohne die Phantasie auftritt oder vorgestellt wird." (Aristoteles 1924, S. 38). Die Seele kann also auch von ihrem Gedächtnis bewegt werden.

Es ist evident, daß eine derartige Bestimmung den Skeptiker Descartes in seinem Zweifel gegen die Wahrhaftigkeit des Gedächtnisses bestärken muß. Ohnehin schon mißtraut er Aristoteles, und gerade in der Seelenlehre kann er ihm nicht folgen. Im Artikel 47 der „Leidenschaften der Seele" wendet sich Descartes gegen die Aristotelische Konzeption der aufgestuften Seele (Pflanzen-, Tier- und Menschenseele): „Denn wir haben nur *eine* Seele in uns, und diese kennt keine verschiedenen Teile; ... Der Irrtum ... kommt nur daher, daß man ihre Verrichtungen nicht von denen des Körpers gehörig unterschieden hat, dem allein alles angehört, was sich als der Vernunft widerstrebend zeigt." (Descartes 1980, S. 255). Insbesondere stellt die Seele nicht das Lebensprinzip des Körpers dar, er bewegt sich von allein, er ist eine Maschine, die sich selbst bewegt: ein Automat. Diese berühmte Trennung in Körper und Seele (res extensa und res cogitans) ermöglicht Descartes mechanizistisch zu denken, ohne Atheist zu sein (Kondylis 1981/1986, S. 188). In der Übersicht zu den „Meditationen" heißt es: „Wir erkennen also Körper und Geist dem Wesen nach nicht nur als verschieden an, sondern sogar in gewissem Sinne als entgegengesetzt." (Descartes 1980, S. 33)[2] Der unvernünftige Körper hat alle Neigung, der Vernunftseele Fallen zu stellen, sie in Trugbilder zu locken. Der Körper wird zur fremden Maschine und dementsprechend zur Quelle von Furcht. Denn wenn er sich als Automat selbst bewegt, also hierin autonom ist, so kann er selbst die Ursache dafür mitproduzieren – phantasmatisch sich als Ding setzen, unerreichbar für die

Kontrolle der Vernunft. Das ist der Fall im Wahnsinn, welcher von Descartes als Verlust des Bewußtseins über den Besitz der Organe beschrieben wird, was aber als Lösungsaktion des Körpers aus der geistigen Kontrolle ebenso zu sehen wäre. Wenn die Vernunft oder der Geist sich von den Lebensfunktionen zurückziehen, den Organismus als Maschine zurücklassen, dann bleibt einzig das Problem der Steuerung, die Kybernetik über. Darin aber können sie vom Körper und seinen Machenschaften gestört werden, wenn das Gedächtnis z. B. im Körper verankert ist. So klagt Descartes im rationalen Selbstversuch des methodischen Zweifels: „Immer wieder kehren die gewohnten Meinungen zurück und nehmen, meist gegen meinen Willen, meinen leichtgläubigen Sinn ein, als sei er ihnen durch langen Verkehr und das Recht engster Freundschaft verpflichtet." (Descartes 1980, S. 41) Das trügerische Gedächtnis mischt sich ins Spiel der Vernunft, es ist das Einfallstor der Täuschungen, weil es körperlich und also sinnlich ist. Diese Entmischung des Körperlichen und des Seelischen ist eine frühe Leistung Descartes'. 1632 verfaßt er den Traktat „Über den Menschen", zweifellos das Resultat seiner seit 1628 immer wieder betriebenen anatomischen Studien (auch Autopsien) und der eben bekanntgewordenen Lehre vom Blutkreislauf (Harvey). Dieser Text stellt auch einen Einschnitt in der medizinischen Theorie dar, insofern diese dem Aristoteles folgend notorisch eine den Körper belebende Seele angenommen hatte (wie z. B. bei Jean Fernel 1581: „Die Leistungen des Körpers gehen nicht von sich selbst noch vom Körper aus. ... Die Ursache für die Verrichtungen des Körpers ist die Seele" (zit. n. Rothschuh 1969, S. 17).

Natürlich sind die Menschen aus Körper und Seele zusammengesetzt, aber diese Bestandteile lassen sich nicht nur getrennt beschreiben, sie sind auch in der Realität voneinander unabhängig. Der von einer Seele getrennte Körper kann zwar leben, aber nur so wie eine Maschine – unvernünftig. Aber das ist wesentlich mehr, als Aristoteles ihm zugestand. In der Gestalt der Maschine hat sich der Körper seit Descartes vom Druck der Seele emanzipiert. Die Organe dieser Maschine nehmen ihren Ursprung aus der Materie, und ihre Lebensfunktionen hängen lediglich von der Disposition dieser Organe ab. Quelle aller Bewegungen dieser Maschine ist Wärme, welche die „Lebensgeister" (spiritus animales) durch den Körper treiben, wobei das Gehirn deren Verteilung reguliert. Diese spiritus animales sind materieller Natur und schnell bewegt, einer Flamme gleich. „Wenn nun diese Spiritus animales in die Kammern des Gehirns eindringen, gelangen sie von dort in die Poren seiner Substanz und durch diese Poren in die Nerven. Je nachdem ob sie dort eintreten oder nur einzutreten versuchen, in die einen mehr als in die anderen, haben sie die Kraft, die Gestalt der Muskeln, in die diese Nerven einmünden, zu verändern und dadurch alle Glieder in Bewegung zu versetzen." (Descartes 1969, S. 56). Descartes vergleicht die Körpermaschine mit einer hydraulischen Maschine, die alle Röhren im Gehirn münden läßt, an welchem Ort also eine vernunftbegabte Seele sich einfinden wird, um den Körper wie ein „Quellmeister" zu bedienen. Descartes empfiehlt zu bedenken, daß für diese Körpermaschine es in keiner Weise erforderlich ist, „eine vegetative oder sensitive Seele oder ein anderes Bewegungs- und Lebensprinzip anzunehmen als ihr Blut und ihre Spiritus, die durch die Hitze des Feuers bewegt werden, das dauernd in ihrem Herzen brennt und das keine andere Natur besitzt als alle Feuer, die sich in unbeseelten Körpern befinden." (Descartes 1969, S. 136). Die Stelle im Gehirn, die sozusagen den innersten Regulator dieses Steuerorgans ausmacht – die Zirbeldrüse – ist schließlich jenes bewegliche Organ, in dem die Kräfte des Körpers und der Seele (ihr Willen) zusammenprallen. Diese Zirbeldrüse, die aus der Resultante dieser Kräfte ihren Bewegungsimpuls erhält, hat aber ein Gegenüber, das ihr notwendig komplementär ist – das Gedächtnis. Es ist ebenso der Ort, an dem eine vergangene Wahrnehmung mit einer seelischen Kraft (dem Phantasma) zusammenträfe – wenn Descartes dem Aristoteles folgen würde. In seiner 2. Meditation blickt Descartes aus dem Fenster, sieht irgendwelche Menschen vorbeigehen und bemerkt, daß er nur annimmt, es seien Menschen, es könnten auch Automaten sein. Nun hat er sich selbst die Möglichkeit dieser Täuschung

geschaffen, als er den Tausch, was die Körper betrifft, selbst beschrieben hat. Seine erwähnte Schrift „Über den Menschen" ist die medizinisch-analytische Zerlegung eines Maschinenmenschen, der dem Menschen genau gleicht. Natürlich soll diese Beschreibung keine Anleitung für eine Konstruktion sein, sondern in der Rekonstruktion das Verständnis der Funktionen des Körpers vorstellen. An die Stelle als hypothetischer Konstrukteur dieser Menschmaschine wird Gott gesetzt. Descartes ist der nachträgliche Rekonstrukteur, dem es um den Nachweis zu tun ist, daß diese Maschine ohne die Lebenskraft der Seele auskommen kann, also auf der biologischen Ebene funktionstüchtig ist, und das heißt auch denken kann. Eine Denkmaschine also, die dem Menschen täuschend ähnlich sieht. Sie verfügt über ein Gehirn als zentraler Steuereinheit und einem Gedächtnis. Dieses Gedächtnis formt sich, wenn Spuren von Ideen sich hier einprägen, indem sie dauerhaft organische Materie verformen. Wie eine aufgespannte Leinwand durchlöchert wird, werden im Gehirn Spuren hinterlassen, in denen der spiritus animales zirkulieren kann. Das abgespeicherte Bild wird in seiner Treue dem Original gegenüber davon abhängen, wie stark der Eindruck war und wie oft er wiederholt wurde. Das also ist die einfache Vorstellung eines Gedächtnisses, Nichtmaterielles hinterläßt in der Materie Spuren oder Abdrücke, die das Ideelle dauerhaft machen. Damit ist das Gedächtnis Ausdruck eines möglichen Austausches zwischen der Materie und dem Geist, dieser gibt ihr Form und jene ihm Dauer. Eine Maschine ist in gewisser Weise nichts anderes: Der Geist des Konstrukteurs realisiert im materiellen System eine bestimmte Form der Bewegung, die in ihrer Wiederholung ein programmiertes Gedächtnis darstellt.

Hegel erinnert sich des Aristoteles[3]. Seine „emphatische Würdigung der Bücher des Aristoteles (steht) in direktem Zusammenhang mit der Kritik an der neuzeitlichen rationalen und empirischen Psychologie und der ihnen zugrundeliegenden ‚Verstandesmetaphysik der Kräfte'", teilt uns ein Hegelinterpret mit (Wiehl 1979, S. 117f.). Hegel sagt selbst in der Vorrede zur ‚Enzyklopädie': „Das Denken macht die Seele, womit auch das Tier begabt ist erst zum Geiste, ..."

(Hegel 1959, S. 13)[4]. Es ergibt sich somit, daß die Seele innerhalb einer Philosophie des Geistes zu behandeln ist, wenn von der menschlichen Seele die Rede ist. Die Ab- und Aufstufungen von der Pflanzenseele zu jener des Tieres und des Menschen transformieren sich in die Seele als Naturgeist (Anthropologie), als Bewußtsein (Phänomenologie) und schließlich als Subjekt für sich (Psychologie). Die Seele im gleichsam vorgeistigen Stadium ist in der Anthropologie lokalisiert, welche die spezifische naturgeschichtliche Seinsweise des Menschen betrachtet. Hier gewinnt die Seele die Qualität, das Leben überhaupt zu befördern, ohne es zu sein. Sie „ist nicht nur für sich immateriell, sondern die allgemeine Immaterialität der Natur, deren einfaches ideelles Leben. Sie ist die Substanz, so die absolute Grundlage aller Besonderung und Vereinzelung des Geistes, so daß er in ihr allen Stoff seiner Bestimmung hat und sie die durchdringende, identische Totalität derselben bleibt. Aber in dieser noch abstrakten Bestimmung ist sie nur der Schlaf des Geistes; ..." (Hegel 1959, § 389).

Die Seele ist zwar Grund des Lebendigen, ohne mit ihm identisch zu sein, eben weil sie dies nur sein kann unter der Bedingung ihres Unterschiedes gegenüber dem Leben (Wiehl). Sie hat schon an sich Geist zu sein, ist es aber doch noch nicht. Sie ist die „Passage" von Natur und Geist, denn dieser „geht nicht auf natürliche Weise aus der Natur hervor" (Hegel 1959, § 387 Zusatz). In ihr findet also dieser Sprung des Geistes statt, sie ist das Milieu, in dem der Geist sich selbst zu schöpfen vermag. Die Seele ist so ein wesentliches Moment in der Herstellung der lebendigen Einheit Mensch, sie vermittelt die Sphären des Körperlichen und des Geistigen, sie läßt den Übergang zu oder umhüllt ihn. Wenn wir auch noch nicht wissen, wie dieser Übergang als Transformation funktioniert, so wissen wir doch, daß die Passage in beiden Richtungen offen ist, denn es wäre auch eine „psychische Physiologie" denkbar, welche die dem Geist entsprungenen Bestimmtheiten in ihrer Verleiblichung betrachtet, wie etwa „Nachdenken, geistige Beschäftigung im Kopfe, dem Zentrum des sensiblen Systemes, empfunden wird" (Hegel 1959, § 401 und Zusatz).

Schließlich ist diese Passage noch in einer gleichsam querstehenden Richtung offen, die gleichzeitig eine andere Dimension eröffnet, wie sich am Beispiel der Gewohnheit zeigt: „... die Gewohnheit ist der Mechanismus des Selbstgefühls wie das Gedächtnis der Mechanismus der Intelligenz. ... Die Gewohnheit ist mit Recht eine zweite Natur genannt worden – Natur, denn sie ist ein unmittelbares Sein der Seele – eine zweite, denn sie ist eine von der Seele gesetzte Unmittelbarkeit, eine Ein- und Durchbildung der Leiblichkeit, ..." (Hegel 1959, § 410 Zusatz). „... Dieses Sicheinbilden des Besonderen oder Leiblichen der Gefühlsbestimmungen in das Sein der Seele erscheint als eine Wiederholung derselben und die Erzeugung der Gewohnheit als eine Übung." (Hegel 1959, § 410).

Ohne es darauf beschränken zu können, läßt sich der Einbruch des Mechanischen, auch in der Weise des leiblichen Anschlusses an die Maschine bzw. die leibliche Vorbildung maschineller Abläufe oder die Herstellung des Maschinellen am Leiblichen, hier erahnen. Bestimmte Bewegungsabläufe sinken unter die Schwelle der bewußten Aufmerksamkeit und graben sich als Zwangsläufigkeit in den Körper ein, wobei die übende Wiederholung zur wiederholenden Übung wird. Die Herstellbarkeit der Gewohnheit macht sie im weiten Sinne zu etwas Technischem, weil zu etwas Konstruierbaren, das sich nun in der „fühlenden Seele" geltend machen läßt, indem sie diese dupliziert. Durch diese Herstellbarkeit stellt sich die Gewohnheit als Vergangenheit des Geistes dar, ebenso wie das Gedächtnis. Wenn die fühlende Seele den Körper der Strategie des technischen Geistes öffnet und den Leib solcherart als Ablagerung, als Archiv des Geistes behandeln läßt, so schafft sich der Geist im Gedächtnis ein analoges Archiv für die von ihm bzw. von der Intelligenz produzierten Zeichen und ihrer Bedeutungen. „Diese Zeichen erschaffende Tätigkeit kann als das produktive Gedächtnis ... vornehmlich genannt werden, indem das Gedächtnis ... es überhaupt nur mit Zeichen zu tun hat." (Hegel 1959, § 458 Zusatz).

# 3. Maschinenzeichen

Es ist zweifellos richtig, daß die Gesellschaftsmaschine ein Gedächtnis konstituiert, „ohne das ein Zusammenwirken von Mensch und technischer Maschine nicht denkbar ist" (Deleuze/Guattari 1977, S. 179). Dieses Gedächtnis enthält nicht nur die exoterische Seite des Technischen (also das, was im Ensemble Fabrik so typisch zusammengefaßt ist), sondern auch begleitend eine esoterische, die sich zurückbiegt zu einem Spiel der Reflexion. Diese Reflexion stellt sich dar als Konstruieren der Konstruktion, was gleichzeitig heißt, diese Tätigkeit des Geistes zu reinigen von allen empirischen Beimischungen und Zufälligkeiten, es überzuführen in die klare Transparenz eines sich ordnenden Denkens. Dieses hat seit je seine höchste Vollendung in der Geometrie erreicht. Zunächst liegt das Begehren der Mechanik gegenüber der Geometrie noch nicht auf der Ebene der Axiomatik, sondern auf der einer „Versinnlichung". Es geht um das Sichtbare und das Unsichtbare der mechanischen Maschinen. Das meint nun nicht die einfache Verdeckung des Mechanismus und damit das Verbergen seiner Funktion, sondern einen Bewegungsvollzug, der sich wegen seiner Schnelligkeit oder seiner Kompliziertheit der Fassungskraft der Sinne entzieht. Als Darstellungsform für die Maschine überhaupt wurde seit je die Zeichnung angepriesen, wodurch die Verbindung der Mechanik mit der Geometrie nahe lag. Aber die bloße Zeichnung als Abbildung der ruhenden Maschine bringt noch nicht den vollen Umfang ihrer konstruktiven Möglichkeiten zur Anschauung. Dies versprach eine Erfindung innerhalb der Geometrie zu leisten, und zwar die darstellende Geometrie, welche nach den Worten ihres Erfinders Gaspard Monge folgende Aufgaben zu lösen unternimmt: „Erstens soll sie die Methoden liefern, um auf einem Zeichenblatte, welches also nur zwei Dimensionen, Länge und Breite hat, alle Raumgebilde, welche deren drei ... haben, abzubilden, vorausgesetzt, dass diese Gebilde streng definiert werden können. Zweitens soll sie das Verfahren lehren, um aus einer genauen Zeichnung die Gestalt der Raumgebilde erkennen und alle Sätze, welche aus der Gestalt und der gegenseitigen Lage der Raumgebilde folgen, ableiten zu können." (Monge 1798/1900, S. 3)[5].

Monge ordnet die darstellende Geometrie dem Produktionsbereich zu, weil sie den pädagogischen Zweck erfüllt, die Schüler an sorgfältiges und exaktes Arbeiten sowie an den Gebrauch der dazu nötigen Instrumente zu gewöhnen. Darüber hinaus befördert sie die Kenntnisse der Naturwissenschaften und der Maschinen, ist daher die dem Ingenieur unerläßliche Sprache. Sie hat den Vorteil, leicht erlernbar zu sein, den Forschungstrieb zu wecken, weil sie Unbekanntes aus Bekanntem ableite, und schließlich ermöglicht sie ein klares Verständnis der Elemente der Maschinenlehre (Einleitungsrede von Monge an der Ecole normale, zit. n. Obenrauch 1897, S. 41-44)[6]. Charles Dupin, der „fondateur et promoteur de l'éducation industrielle en France" (Poncelet), der „Bahnbrecher für die heutige Ingenieur- und industrielle Mechanik" (Rühlmann), der sich an die französischen Handwerksleute wendet und für sie „Fortbildungskurse" veranstaltet, versucht diese zu motivieren: „Wenn ihr die Anwendung der Geometrie und der Mechanik auf eure Künste und Handwerke studiert, so werdet ihr in diesem Studium ein Mittel finden, mit mehr Regelmäßigkeit zu arbeiten. Ihr werdet besser und schneller zum Zwecke gelangen; ihr werdet eure Arbeiten und Erfindungen vernünftig betrachten lernen." (Dupin 1825, vj).

Die industrielle Notwendigkeit von größerer Präzision – hier wird sie dem Leib des Handwerkers nicht aufgepreßt, sondern durch den Geist eingeprägt, als eine Art Reflexion eingeführt zwischen dem Tun und dem denkenden Beobachten des eigenen Tuns. Aber nicht allein darauf kommt es an, eine gewisse Erweiterung des Sinnlichen ist durch diese neue geometrische Methode erreichbar. Sie lehrt nicht nur die Körper in Grund- und Aufriß darzustellen, sie lehrt auch den Weg vorzustellen, den jeder Punkt eines Körpers nimmt, wenn dieser bewegt wird. „Diese neue Anwendung der Geometrie ist von der höchsten Wichtigkeit für die Mechanik; sie macht es möglich durch Linien vorzustellen, was im Raume wirklich nicht vorgestellt ist; sie macht es möglich, Spuren dauerhaft vorzustellen, deren Natur es ist, im Augenblick wieder zu verschwinden, der auf den Augenblick ihrer Hervorbringung folgt." (Dupin 1825, S. 34). Das, was sich schließlich selbst durch den aufmerksamsten Blick nicht fixieren läßt, sich ihm so entzieht, daß seine Spur zu rasch verlöscht und sich somit unserer Erinnerung kein Bild einprägt, wird durch eine bestimmte Methode des Zeichnens festgehalten. Man kann nicht so ohne weiteres sagen, die Maschine werde abgebildet, sondern eher, ihre Konstruktion wird in eine andere Konstruktion übersetzt, und diese stellt etwas dar, was an jener von entscheidender Wichtigkeit ist. Noch einmal Dupin: „Es ist nicht hinreichend, die Theile jeder Maschine in einer gewissen Lage vorzustellen; man muß auch die Bewegungen, das Spiel dieser Theile darstellen können." (Dupin 1825, S. 35)

Und schließlich liegt in der darstellenden Geometrie noch eine für die Maschinentheorie nutzbare analytische Kraft. In der Ecole polytechnique entwarf Gaspard Monge eine Systematik der Maschinen, die analog der seiner darstellenden Geometrie war. Er führte die komplizierten Maschinen auf eine beschränkte Anzahl einfacher Bestandteile, Elemente der Maschinen, zurück, wobei er diese Elemente als Mittel zur Verwandlung der Bewegung bezeichnete. Den „vier Arten der Bewegung" (geradlinig fortschreitend und wiederkehrend, kreisförmig fortschreitend und wiederkehrend), „welche unter sich selbst, oder je zwei und zwei mit einander verbunden, zehn bis fünfzehn Haupt-Combinationen ergeben" (Poncelet 1841, II, S. 29), können die entsprechenden Mechanismen zu ihrer Realisierung zugeordnet werden.

„Es entging Monge nicht, mit welchen Vortheilen eine vollständige Aufzählung dieser verschiedenen Theile für die Erfinder, wie für die bloßen Verfertiger von Maschinen verbunden sein müßte; welchen Nutzen sie aus übersichtlichen Zusammenstellungen der bekannten Mittel ziehen könnten, um die Bewegungen der Maschinentheile, auf welche die bewegenden Kräfte direkt wirken, in die sehr verschiedenen Bewegungen umzuwandeln, die auf andere Theile übertragen werden sollen..." (Arago 1854, II, S. 374).

Als André-Marie Ampère seine „natürliche Klassifikation der Wissenschaften" entwarf, u. a. um die zweckmässige Verteilung der Bücher in den Bibliotheken zu regulie-

ren, gibt er der Wissenschaft, die die Bewegungen an sich betrachtet, insbesondere jene, die bei Maschinen auftreten, den Namen „Cinématique". Diese definiert nun eine Maschine nicht wie gewöhnlich als Instrument zur Veränderung von Richtung und Intensität einer gegebenen Kraft, sondern als ein solches, das Richtung und Geschwindigkeit einer gegebenen Bewegung verändern kann (Ampère 1856, S. 48f.). Die Arten der Bewegungen werden unabhängig von den sie produzierenden Kräften betrachtet, um, wie er hinzufügt, die Aufmerksamkeit nicht vom Mechanismus abzulenken. Er bezieht sich auf die Arbeiten von Lanz und Betancourt, die das Schema Monges ausarbeiten, sowie auf Lazare Carnot. Dieser hatte das Problem so umrissen: Man denkt sich „die Bewegung als schon mitgeteilt, als schon bekommen und den Körpern innewohnend; und man forscht bloß den Gesetzen nach, nach welchen die empfangenen Bewegungen sich fortpflanzen, und sich bey jeder Veränderung der Umstände einander modificiren oder auch aufheben" (Carnot 1805, S. XIV). Die Bewegungen sind von den Sätzen der Dynamik unabhängig, „sie hängen bloß von den Bedingungen der Verbindung unter den Theilen des Systems ab, und lassen sich folglich durch die bloße Geometrie bestimmen, und darum eben nenne ich sie geometrische Bewegungen" (Carnot 1805, S. 132f.)[7].

Für die Maschinen gilt, daß nur gewisse Bewegungen in Frage kommen, die an den bestimmten Tätigkeiten orientiert sind. Diese Bewegungen müssen erzwungen werden, d. h. in der Maschine kann keine „Freiheit" walten, sondern alle vorkommenden Bewegungen sind notwendig unfreie Zwangsbewegungen. Die erzwungenen Bewegungen kommen durch den geometrischen Zusammenhang zustande. Durch ihn „wird ferner auch das Geschwindigkeitsverhältnis irgend zweier Punkte der Maschine vollständig bestimmt, und auch dieses ist, wie die Gestalt der Bahn von den Kräften und Massen und auch von der absoluten Geschwindigkeit der Bewegung ganz unabhängig" (Redtenbacher 1852, S. 195). Redtenbacher versäumt nicht, hier auf den Unterschied zwischen Maschine und Natur hinzuweisen, bei der die Kräfte für die Bewegungsbahn konstitutiv sind: „Der geometrische Zusammenhang beherrscht alles, unterwirft sich alles, hebt jede Freiheit auf, lässt keine Willkühr zu." (Redtenbacher 1852, S. 196)[8]. In diesem Kontext versucht Franz Reuleaux die eigentliche Maschinentheorie als axiomatische zu vollenden. Ihre Referenzwissenschaft ist nicht die Mechanik, sondern die Bewegungsgeometrie (Phoronomie), die zeigt, wie sich irgend eine Relativbewegung geometrisch verfolgen läßt. Daran anschließend läßt sich die Frage stellen, „wie eine solche, phoronomisch bekannte Relativbewegung wirklich zu Stande kommt, wie sie erzwungen werden kann" (Reuleaux 1900, S. XV). Ausgehend von jenem Teil der Maschinenwissenschaft, der als Lehre von den Bewegungsmechanismen zusammengefaßt wurde, versucht Reuleaux die Gesetze zu begründen, „die der Bildung der Maschine im allgemeinen zu Grunde liegen" (Reuleaux 1875, S. VII). Es handelt sich hierbei nicht um Naturgesetze, sondern um solche des Denkens, woraus der „logische" Charakter der Untersuchung folgt. Wiederum stützt sich die Analyse auf Maschinenelemente, diesmal auf kinematisch bestimmte Elementenpaare, die zu kinematischen Ketten zusammensetzbar sind, aus denen der Mechanismus und aus diesem die Maschine konstruierbar ist. Diese Art der Analyse soll ermöglichen zu zeigen, „daß und wie auf wissenschaftlichem Weg neue Mechanismen und neue Maschinen gebildet werden können" (Reuleaux 1875, S. XIV). Die Kombinatorik der Elemente weist nun die Schwierigkeit auf, eine derart große Mannigfaltigkeit der Fälle zu ergeben, daß die „sprachliche Feststellung" nur mit Mühe gelingt. Zudem stellt sich gleichlaufend das Bedürfnis ein, „die innere Verwandtschaft der Mechanismen überblicken zu können" (Reuleaux 1875, S. 244). Um der Schwierigkeit zu begegnen und das Bedürfnis zu befriedigen, entwickelt Reuleaux eine „kinematische Zeichensprache", die er sich als Amalgam der mathematischen und chemischen Zeichensprache denkt. Mit der mathematischen stimmt sie insofern überein, als sie „gewisse Operationen, welche mit den bezeichneten oder benannten Körpern vor sich gehen sollen oder vorgehend gedacht werden" andeutet, mit der chemischen, als sie „über die Qualität der benannten Dinge eine gewisse und zwar thunlichst weit gehende Auskunft

geben soll" (Reuleaux 1875, S. 247). Diese Zeichensprache ist zusammengesetzt aus den Gattungs- oder Namenzeichen (Gattung von geometrischen Körpern), Art- und Formzeichen (gibt die Raumabschnitte an, die der Körper einschließt, sowie die außerhalb gelegenen) und den Beziehungszeichen (gibt die Beziehung an, die zwei Elemente zueinander in einer kinematischen Kette haben). Mit ihrer Hilfe gelingt es der kinematischen Analyse, eine gewisse Form der „Anschaulichkeit" herzustellen, die etwa kinematische Ähnlichkeiten verschiedener Mechanismen erkennen läßt. Gleichartige Bewegungsformen drücken sich nun in gleichen Zeichenkombinationen aus. Nicht nur lassen sich hiermit die Maschinen analytisch zerlegen, die Zeichensprache liefert auch den Vorrat einer synthetischen Rekonstruktion bzw. Neukonstruktion. „Man könnte also die kinematische Synthese als eine Theorie des Maschinenerfindens ansehen" (Reuleaux 1899, S. XXIV). Was sie, wie Reuleaux vorsichtig formuliert, „nur in einem eingeschränkten Sinne" sein kann, aber es läßt sich, ohne „Wesen und Bedeutung des erfinderischen Genius zu schmälern, ... mit dieser Theorie immerhin manches erreichen". (ebd.).

Nun stellt nicht mehr die Zeichnung etwas vor, das der Sprache entgeht, in ihr nicht zu fassen ist, sondern die Zeichen rücken an ihre Stelle (denen man dies Mitschwingen der Erinnerung an ihren Ausgangspunkt zuerkennen kann). Und der Autor der „Begriffsschrift" deutet seine Absicht ganz in dieser Tradition: „Ich wollte ... einen Inhalt durch geschriebene Zeichen in genauerer und übersichtlicherer Weise zum Ausdruck bringen, als es durch Worte möglich ist." (Frege 1882/1973, S. 97).

Schon bei Leibnizens Universalschrift kann man sagen: „Dem Kalkül genügt der Blick." (Derrida 1974, S. 521) Noch mehr: Bedeutungsvoll ist die Erfindung der Zeichen, weil sie „uns gegenwärtig machen, was abwesend, unsichtbar, vielleicht unsinnlich ist" (Frege 1882/1973, S. 107).

Bei unserem Beispiel der mechanischen Maschinen bleibt die Zeichenverarbeitung extern, die Maschinen sollen in der Grammatik der Zeichen konstruierbar sein, aber sie realisieren diese Grammatik nicht. Es handelt sich eben um Arbeitsmaschinen, die nur um den Preis durch Zeichen darstellbar sind, daß ihr materielles Sein, vor allem die Kräfte, die sie leiten und die in ihnen wirken, eingeklammert wird, so daß man ihre Wirkung nicht vergißt, aber für diese Art der Konstruktion unbeachtet läßt. Es handelt sich also um eine Art von „symbolischer Maschine"[9]. Im 19. Jahrhundert hat „der Materialismus seine eigene Grammatik in Ordnung gebracht, und diese Grammatik wurde vom Energiebegriff beherrscht" (Wiener 1947 zit. n. Watzlawick 1969, S. 29). Unbetroffen von dieser Grammatik und ungewürdigt von den Maschinentheoretikern entwickelt sich ein Zweig der Verkehrstechnik, der es nicht auf die Ortsveränderung gegenständlicher Körper abgesehen hat, sondern auf die Übermittlung von Zeichen. Ihr entscheidender Parameter ist die Geschwindigkeit. Man wird das im 19. Jahrhundert als einen Sieg über „Raum und Zeit" begreifen, denn „der Telegraph verleiht dem Menschen, wenn auch nicht körperlich, so doch geistig, die Gabe der Allgegenwart; für den Gedanken ist im Umkreis unseres Planeten der Begriff von Raum und Entfernung so gut wie aufgehoben..." (Schöttle 1883, S. 4).

In diesen statuarischen Maschinen verbindet sich das Zeichen mit der bewegenden Kraft in der Form des Signals. Diese zirkulieren in Netzen, die den kostspieligsten Teil der Telegraphie ausmachen und aus diesem Grund für wesentliche Inventionen und Innovationen Anlaß geben. Folgt man der Analogie, wie sie im 19. Jahrhundert weit verbreitet war, daß der Telegraph dem körperlichen Nervensystem entspräche, allerdings mit einer „Leistungsfähigkeit, welche den telegraphischen Netzen der Nerven in unserem Körper abgeht" (Knies 1857, S. 242), so könnte man hinzufügen, daß er einem neuen, abstrakten Körper angehört, der seine „physiologischen" Fähigkeiten technisch erweitern kann, ohne noch über ein maschinell materialisiertes „Bewußtsein" zu verfügen. Dies ist ihm noch äußerlich. Das dem Telegraphen nachfolgende Telephonsystem erhöhte die Komplexität der Netzstrukturen. „Von den frühen 80er Jahren an lag dort eines der Hauptarbeitsgebiete für Telephonentwicklungstechniker. Besonders die grundlegende Frage, wie man den Anrufer A mit dem Angerufenen B am schnellsten und leichtesten verbinden kann – heute spricht man da von Systemlogik –, besteht bis hinein in die modernste Computertechnik." (Beck 1967, S. 81)[10]

Wir wollen daraus schließen, daß hier die Probleme der Geometrie jene der Kraft überwiegen, weil das hauptsächliche Problem nicht das der Produktion von Energie und ihrer Verteilung (wie etwa bei Stromnetzen), sondern jenes der entsprechenden, nahezu kraftlosen Zirkulation ist. Und insofern die zirkulierenden Signale Informationen sind, die wiederum per se mit Macht ausgestattet zu sein scheinen, wird man von der Telematik sagen können, daß sie nicht nur ein weiteres Netz darstellt, sondern eines, das unser Kulturmodell verändern und über die Aufteilung der Macht entscheiden wird (Nora/Minc 1979, S. 29 u. 46). Auf diese Weise würden die Informationsnetze am striktesten den energetischen Imperativ befolgen, demgemäß mit der geringstmöglichen Energie der größtmögliche Effekt zu erzielen ist, wenn auch in einem anderen Feld. Und die Geometrie selbst scheint die politische Alternative bereitzustellen – zentrale oder dezentrale Ausrichtung des Netzes. Die bloße Form bestimmt hier also über die Aktionsmöglichkeiten der an das Netz Gebundenen. Über die Form ließen sich die jeweiligen Strategien realisieren, die wiederum Ausdruck bestimmter Interessenkonfigurationen, also Kräfterelationen, wären. Es scheint also naheliegend, den sozialen Wert dieser Technologie an die Verteilungsform der Nachrichten zu binden. Wie die Tauschformen der Waren von ihrer bestimmten Materialität absehen können, indem diese und deren „Nützlichkeit" vorausgesetzt ist, so wird hier vom je bestimmten Inhalt der Informationen abgesehen. Diese werden in einer „irrealen" Ebene konstituiert, „reale signaltechnische Verfahren und das reale Geschehen der Phänomenebene sind die beiden Pole, zwischen denen sich alle Informations- und Kommunikationsprozesse, sowie alle kybernetischen Steuerungsvorgänge in der Wirklichkeit abspielen. Auf den dazwischengeschalteten Aussage-, Sprach- und Zeichenebenen vollzieht sich kein reales Geschehen. Sie dienen vielmehr als Zuordnungs- und Interpretationsschichten." (Szyperski 1973, S. 475) Das symbolische Zwischenreich, eingeklemmt zwischen zwei Ebenen der Realität, das ist es auch, was an der Seele interessieren muß.

## 4. Zurück zum Gedächtnis

Die Vernachlässigung der tatsächlichen Konstruktionstechniken führt zu einer Erklärungsweise des Technischen, die eine andere Ebene der Verursachung technischer Entwicklung einführt. Beispielhaft dafür ist der erste deutsche Technikphilosoph, der ein Geograph war, Ernst Kapp. Er hat in seinen 1877 erschienenen „Grundlinien einer Philosophie der Technik" gemeint, daß durch „unbestreitbare Thatsachen nachgewiesen (sei), daß der Mensch unbewusst Form, Functionsbeziehung und Normalverhältnis seiner leiblichen Gliederung auf die Werke seiner Hand überträgt und daß er dieser ihrer analogen Beziehungen zu ihm selbst erst hinterher sich bewusst wird" (Kapp 1877, S. V). Seine Theorie der Organprojektion feierte gerade beim Telegraphen „einen grossen Triumph", denn „seine Vergleichung mit der Function des Nervensystems gilt als selbstverständlich" und seine Existenz bedeutet „das Sichfinden von Original und Abbild nach dem logischen Zwang der Analogie" (Kapp 1877, S. 139). Dieser logische Zwang wirkt aber zunächst in der Sphäre des „Unbewußten" und wird erst nachträglich erkannt[11]. Die Konjunktur des Begriffs „Unbewußt(sein)" im 19. Jahrhundert schließt an C. G. Carus' Werk „Psyche" an, welches in der Einleitung die Feststellung trifft: „Der Schlüssel zur Erkenntnis vom Wesen des bewußten Seelenlebens liegt in der Region des Unbewußtseins." (Carus 1846/o. J., S. 1). Vordringlich ist bei Carus ein aktuell nicht-gewußtes, aber latent vorhandenes Bewußtsein gemeint, also ein Gedächtnis, aus dem die Erinnerungen zu ziehen sind, das aber nicht gänzlich präsent sein kann. Carus findet dafür die schönen Worte, „daß man in dieser Beziehung das Leben der Seele vergleichen dürfe mit einem unablässig fortkreisenden großen Strome, welcher nur an einer einzigen kleinen Stelle vom Sonnenlicht – d. i. eben vom Bewußtsein – erleuchtet ist." (ebd.) Es fiel nicht schwer, diese Vorstellung eines Unbewußten in eine

Entwicklungs- und Gattungsgeschichte überzuführen und es sowohl im Organischen wie im Geschichtlichen zu verankern. Als Ewald Hering 1870 seine berühmte Rede „Über das Gedächtnis als eine allgemeine Funktion der organisierten Materie" hält, bemerkt er ein Paradox, das im Zusammenprall des Ideellen mit dem Materiellen sich ergibt: Eine Frage, die an uns gestellt wird und die wir hören, dringt über unseren physiologischen Apparat in unser Gehirn ein und kann sich dort nicht plötzlich in ein immaterielles Etwas verwandeln, um dann an einer anderen Stelle des Gehirns wieder als materieller Vorgang anzufangen. Das ist, wie wenn eine Karawane in die Oase einzieht, die ihr die Fatamorgana vorspiegelt, um nach geschehener Rast und Erfrischung wieder in die reale Wüste hinaus zu wandern. Die Täuschung eines Tausches. Jenseits dieses Paradoxes legt Hering eine Spur, auf der man zu einer Evolutionsgeschichte der Technik findet. Das Gedächtnis ist ein Vermögen des Unbewußten, wobei er damit eine Physiologie des Unbewußten meint, also materielle Prozesse. Es ist ein dem Menschen verborgenes, d. h. seinem Bewußtsein nicht so ohne weiteres präsentes Gedächtnis der Natur. Diese Idee inkorporiert das Gedächtnis dem Körper als ihm eigenes Programm, mit dem Umfang seiner Möglichkeiten und Modifikationen. Dieses Gedächtnis ist kommunizierbar, es überschreitet in der Deszendenz das Einzelindividuum. Damit sind zwei Überleitungen zur Technik gegeben: In der Entwicklung der Technik ist ein Unbewußtes am Werk – so Ernst Kapp. Unbewußt sei die in der Technik vom Menschen vorgenommene Transformation der Funktionen seiner körperlichen Maschine in die technische Maschine. Das ist die Theorie der Organprojektion. Die ähnliche Weise der Exteriorisierung körperlicher Fähigkeiten wird etwa von André Leroi-Gourhan als Evolutionsgeschichte der Technik begriffen. „Die ganze menschliche Evolution läuft darauf hinaus, all jenes, was in der übrigen Tierwelt der Anpassung der Arten unterliegt, außerhalb des Menschen zu stellen. Die eindrucksvollste Tatsache im materiellen Bereich ist gewiß die „Befreiung" des Werkzeugs, aber die fundamentale Tatsache ist in Wirklichkeit die Befreiung des Wortes und jene einzigartige Fähigkeit des Menschen, sein Gedächtnis aus sich heraus in den sozialen Organismus zu verlegen." (Leroi-Gourhan 1980/1988, S. 295) Die menschliche Evolution mündet schließlich in der Technik, wobei im Fall des kollektiven Gedächtnisses die fünf Hauptetappen – wie sie Leroi-Gourhan anführt – nicht uninteressant sind: die mündliche Überlieferung, die schriftliche Überlieferung durch Tafeln oder Register, die Übermittlung durch Karteikarten, die mechanische Aufzeichnung und die elektronische Aufzeichnung (Leroi-Gourhan 1980/1988, S. 323). Vom homerischen Rhapsoden zum Computer, somit wird die Analogie in der Ordnung einer Evolutionsgeschichte konstruiert. Unterhalb des Bewußtseins gibt es schon eine Verbindung, der Organismus und die Maschine kommunizieren lange bevor wir dies wissen – aber sie bedienen sich unseres Bewußtseins. Das ist das Paradox eines unbewußten Bewußtseins. Das Unbewußte ist hier dem Gedächtnis des Körpers innewohnend, das als biologischer Code oder als erlernte Gewohnheiten vorgestellt werden kann. Sigmund Freud hat uns mit einem Unbewußten bekannt gemacht, das ganz so nicht zu denken ist, es ist einer physiologischen Vorstellung nicht gänzlich transparent. Aber auch dieses Unbewußte hat den Charakter eines Gedächtnisses, bewahrt also Vorstellungen auf, hält sie in einem Zustand der Latenz. In der metapsychologischen Schrift von 1915 „Das Unbewußte" verwendet Freud dafür die Begriffe „Niederschrift" und „Erinnerungsspur". Diese Metapher der Schrift verbindet sich bei ihm mit einer der Apparate und Maschinen. Im „Entwurf einer Psychologie" von 1895 erfindet Freud die „Kontaktschrankentheorie", von der er sich eine Erklärung des Gedächtnisses erhoffte. Diese Theorie nimmt zwei Klassen von Neuronen an, solche, die gegenüber einer eintreffenden Energiequantität durchlässig sind, und solche, die mit einem Widerstand behaftet Quantität zurückhalten. Die ersteren dienen der Wahrnehmung, die letzteren sind „die Träger des Gedächtnisses, wahrscheinlich also der psychischen Vorgänge überhaupt" (Freud 1895/1962, S. 309). Das Gedächtnis baut sich auf, indem die Energiequantitäten den Widerstand überwinden, „die Kontaktschranken leistungsfähiger, minder undurchlässig werden ... Die-

sen Zustand der Kontaktschranken wollen wir den Grad der *Bahnung* bezeichnen." (ebd.). Die Bahnungen machen das Gedächtnis aus, aber erst wenn diese als differenzierende gedacht werden. „Denn das Gedächtnis ist im Verhältnis zum Erregungsablauf offenbar eine der bestimmenden, den Weg weisenden Mächte und bei überall gleicher Bahnung wäre eine Wegbevorzugung nicht einzusehen." (ebd.). Das Gedächtnis zeichnet sich also durch eine Geometrie der Bahnungen aus, welche der Energie einen bestimmten Weg vorzeichnet, der an jeder Stelle davon bestimmt ist, wie groß der Gegenwiderstand ist. Es handelt sich also um eine dynamische Geometrie.

Laplanche betont, daß diesem „‚Gedächtnissystem' ... *nichts Qualitatives direkt eingeschrieben* (ist). Gewiß handelt es sich um eine Anlage, die es erlaubt, ‚*Engramme*' aufzuzeichnen, doch das Freudsche Engramm ist ganz und gar nicht mit einem ‚Bild' oder einem ‚Analogon' zum wahrgenommenen Objekt vergleichbar. Die ganze Originalität einer gegebenen engrammatischen Einschreibung hängt einzig von der besonderen Eigenschaft der Wege ab, welche die zirkulierende Energie einschlägt. Und diese besondere Eigenschaft ergibt sich einzig aus der Differenz zwischen zwei möglichen Wegen oder aus der Abfolge von Differenzen ..." (Laplanche 1985, S. 86f.). Wann immer in der Folge Energie über diese bestimmte Bahnung läuft, stellt sich eine bestimmte Erinnerung ein. Da der Organismus selbst über Energie verfügt, die er nun in bestimmte Bahnungen einspeisen kann, bedarf es einer Instanz, die zwischen Halluzinationen und der Realität zu unterscheiden vermag. Diese Instanz wird als „Ich" bezeichnet. „Seine Funktion ist vor allem eine hemmende; es behindert die Halluzinationen..." (Laplanche 1985, S. 93). Soweit es geht, muß nun diese Instanz jene maschinellen Funktionen übernehmen, die in der bestimmten Leitung einer gegebenen Energie bestehen. Diese Regelung des Energieflusses tritt als Widerstand in Erscheinung, allerdings als Widerstand gegen das ungeregelte Abströmen, und da nun jeder Widerstand selbst an der Energie Anteil hat, kann diese Hemmungswirkung nur als eine Art parasitärer Effekt beschrieben werden (Freud nennt das „Seitenbesetzung", Laplanche spricht von einem „Induktionseffekt"). Man ahnt also, „welcher Apparat entworfen werden muß, um die psychische Schrift darzustellen" (Derrida 1976, S. 306). Es muß wohl ein Apparat zur Verarbeitung von Energieströmen sein, die ihn selbst von zwei Seiten aus betreiben und denen er eine bestimmte Form aufprägt, indem er ihre Flüsse so verschaltet, daß Hemmungen und Besetzungen ein je fragiles Gleichgewicht erreichen können. Als solcher Apparat ist er dem Gedächtnis eng assoziiert. „Das Gedächtnis ist also keine psychische Eigenschaft unter anderen, sie ist das Wesen des Psychischen selbst. Widerstand und darin Öffnung für die Brechung der Spur." (Derrida 1976, S. 308). Der Begriff ‚Spur' darf allerdings nicht zu der Idee verleiten, eine Einprägung in die starre Gedächtnismaterie könnte, etwa nach dem Modell einer Wachstafel (was ja der „Wunderblock" nahelegt), erinnert werden, indem die Spur abgetastet und gelesen wird. „Spuren der Vergangenheit sind noch lange kein Gedächtnis. . . . Die organischen Wesen sind nämlich keine starren materiellen Systeme, sondern im Wesentlichen dynamische Gleichgewichtsformen von Strömen von ‚Materie' und ‚Energie'. Die Abweichungsformen dieser Ströme von dem dynamischen Gleichgewichtszustand sind es nun, die sich, je nachdem sie einmal eingeleitet wurden, immer in derselben Weise wiederholen." (Mach, 1900, S. 153).

Weit darüber hinaus führend, nimmt Freud später ein Gedächtnis alles Organischen an, das es mit Sehnsucht nach seinem Nichtsein erfüllt, ein Wunsch nach Rückkehr in den anorganischen Zustand. Dieser zeichnet sich aus durch das Fehlen jeglicher Energieflüsse. Die Strebung nach diesem Zustand unterliegt dem „Lustprinzip", welches die sofortige Abfuhr aller auftretenden Energie anstrebt. Somit kann das Leben sich nur als Widerstand, als Umweg geltend machen, als Entwurf einer bestimmten Form, in die jene Energie eingebunden werden soll, um auf einen Widerstand treffen zu können. Wenn nun die Seele der „Ort der Formen" ist, dann wäre sie erneut Grund des Lebens, und insofern sie Gedächtnis ist, das es mit Zeichen zu tun hat, würde sie das Leben mittels der Erfindung symbolischer Formen erhalten. Das wäre nicht genug, könnte diese Erfindung

nicht in eine Wiederholung münden, die eine dauernde Insistenz gegen das Lustprinzip ermöglichte. Diese Wiederholung kann von einem symbolischen System unterstützt werden, das die Lösung vom Bios mittels des Gesetzes substituiert. Ein Aufschub, ohne Zweifel, aber ebenso auch Herrschaft.

## 5. Epilog

Man hat nun eine textuelle Bewegung vollzogen, die von einer als unsterblich gedachten Seelensubstanz ausgehend schließlich zu einem immateriellen „Körper" der Seele führt, welcher neben den Steuerungs- und Kontrollfunktionen vor allem ein Gedächtnis aufrechterhält. Das Gedächtnis verknüpft schließlich wiederum die Sphären des Psychischen mit dem Biologischen.

Die Seele selbst ist von (Bewegungs-)Prinzipien beherrscht, für die sie selbst im Verhältnis zum Körper gesorgt hatte. Nunmehr ist sie ein „Organismus", der analog einem Körper von Energien und Informationen durchquert wird, ja sich erst in diesem Fluß konstituiert. Auch als Gedächtnis löst sich die Seele in Bewegung auf, alles hängt von einer bestimmten Form der Bewegungsflüsse ab, und dies verbindet das Psychische mit dem Technischen auf jeder seiner Entwicklungsstufen (vom Mechanischen über das Energetische zum Nachrichtentechnischen). Bestimmte Figurationen dieser drei Elemente ergeben die jeweiligen Aggregatzustände im Spektrum von Leib und Seele. Das Ensemble Mensch etwa bewegt seine mechanische Masse mittels der Steuerbefehle seiner „Seele", die wiederum diese korreliert mit den Sensationen der Bewegungen der physikalischen Außenwelt, welche von den darauf reagierenden Sinnen dergestalt auf die Oberfläche des Körpers aufgetragen werden, daß sie von innen durch die Seelenfunktion des Gedächtnisses abgetastet, verglichen, korrigiert und ergänzt werden können.

Aber jenseits dieser maschinenrationalen Verhältnisse sind wir bisweilen auch sentimental. Aber selbst dann, wenn wir an einer gewissen Erniedrigung Gefallen finden, weil uns die Erhöhung zu pathetisch oder gar verlogen scheint, mischt sich eine Maschine in das Spiel unserer Gedanken. „...ich glaube nicht an die menschliche Seele – habe nie an sie geglaubt. Ich glaube, daß die Menschen wie Reisesäcke sind – vollgepackt mit allerhand Sachen, aufgehoben, weggestoßen, hingebracht, verloren und wiedergefunden, plötzlich halb ausgeleert oder voller denn je gestopft, bis endlich der allerletzte Träger sie auf den allerletzten Zug schleudert und sie davonrattern..." (Mansfield 1982, S. 60). Bon voyage.

## Anmerkungen

[1] Dementsprechend kommt Aristoteles in seinen zoologischen Schriften wiederum auf die Seele zurück. Die Frage, „wie die Seele den Körper bewegt und welches der Ursprung der Bewegung des Lebewesens ist", beantwortet er: „Alle Lebewesen führen nämlich die aktiven und passiven Bewegungen um eines Zweckes willen aus, so daß dies für sie die Grenze jeder Bewegung ist, nämlich der Zweck. Wir sehen aber, daß das, was das Lebewesen bewegt, eine Überlegung, eine Vorstellung, eine Entscheidung, ein Wunsch und eine Begierde sind. Sie alle lassen sich aber auf Vernunft und Streben zurückführen." (Aristoteles 1985, S. 14)

[2] Vgl. dazu Jacobs 1986, S. 261: „Das Cognito ist nicht, wie die anima, Lebensprinzip, sondern Bewußtsein, verbunden mit Selbstbewußtsein. ... Die räumlichen Dinge sind in ihrer Abmessung und Ausdehnung geometrisch zu begreifen, in ihren Prozessen nach den Gesetzen der Mechanik.

Aus diesen Gesetzen, und zwar einzig aus diesen Gesetzen, ist auch der menschliche Leib zu verstehen. Er ist ein mechanischer Automat, der vergeht, wenn die Maschine zerfällt."

[3] Im § 378 der „Enzyklopädie" heißt es: „Die Bücher des Aristoteles über die Seele und Zustände derselben sind ... noch immer das vorzüglichste oder einzige Werk von spekulativem Interesse über diesen Gegenstand." (Hegel 1959, S. 312)

[4] Man wird sich der Debatte über die Existenz einer Tierseele erinnern, die auf die Theorie Descartes' vom Tierautomaten folgte. Vgl. dazu Rosenfield 1940

[5] Vgl. Wiener 1884, S. 25f. zur Besonderheit der Erfindung von Monge: „Er führte die Schnittlinie der Horizontal- und Vertikalebene, als feste Grundlinie oder Projektionsaxe, die er ligne de terre nannte, und welche bisher nur in der Perspektive, woher er den Namen entnahm, nicht aber bei dem Grund- und Aufrißverfahren angewendet worden war, auch hier ein, legte um sie die eine Projektionsebene in die andere um, und erreichte dadurch viele Vorteile, insbesondere den, Ebenen durch ihre Spuren darzustellen und auf sie in einfachster Weise Senkrechte fällen zu können. Sodann sammelte er die bekannten konstruktiven Lösungen von Aufgaben über Raumgebilde, fügte eine Menge sinnreicher und einfacher neuer hinzu und ordnete sie zu einem wissenschaftlichen Gebäude zusammen."

[6] Vgl. Obenrauch 1897, S. 94: „Monge war der erste Geometer, der die Erlangung einer Übersicht über die dynamischen Grundlagen der verschiedenartigen Maschinen angeregt hatte, welche Anregung auch von seinem Nachfolger im Lehramte Hachette weiter ausgebildet wurde. Carnot und seine Nachfolger gründeten die Lehre von den geometrischen Bewegungen, welche durch geometrische Bedingungen bestimmt sind, auf die reine Anschauung und schufen so die geometrische Bewegungslehre, der Terquem im Jahre 1859 den Namen ‚Geometrie cinematique' gab."

[7] Darüber hinaus betont er eine allgemeine methodische Möglichkeit, die in der „Geometrie der Stellung" enthalten ist: „Von jeher haben die Menschen ihre intellektuellen Fähigkeiten durch Symbole zu unterstützen gesucht, um sich so eine Art von künstlichem Gedächtnis zu verschaffen, ihre Einbildungskraft durch die Näherung der Gegenstände, von denen sie getroffen war, zu erweitern, und die Gesetze der Schlussfolge auf eine Art von Mechanismus zu bringen." (Carnot 1806, 2, S. 56)

[8] Entsprechend nennt man die „Verbindung der Maschinentheile, wodurch dieselben gezwungen werden, ganz bestimmte Bewegungen zu machen, ... die geometrische Gliederung oder den geometrischen Zusammenhang. ... Durch den geometrischen Zusammenhang wird ferner auch das Geschwindigkeitsverhältnis irgend zweiter Punkte der Maschine vollständig bestimmt, und auch dieses ist, wie die Gesetze der Bahn von den Kräften und Massen und auch von der absoluten Geschwindigkeit der Bewegung ganz unabhängig." (Redtenbacher 1852, S. 195)

[9] Deren Charakteristik gibt Sybille Krämer: „‚Symbolisch' meint hier zweierlei. Einmal: diese Maschine gibt es nicht wirklich, sondern nur symbolisch. Sie ist kein Apparat bestimmter physikalischer, z.B. mechanischer oder elektrotechnischer Wirkungsweise, der eine bestimmte Stelle in Raum und Zeit einnimmt, sondern diese Maschine existiert nur auf dem Papier. Zum anderen: diese Maschine macht nichts anderes, als Symbolreihen zu transformieren. Ihre

Zustände sind vollständig beschreibbar durch eine Folge von Symbolkonfigurationen, vermittels deren eine gewisse Anfangskonfiguration in eine gesuchte Endkonfiguration von Symbolen überführt wird." (Krämer 1988, S. 2f.)

[10] Man betont, daß Telephon und Telex mit der Entwicklung des Computers Schritt halten müssen, denn ohne sie sei die Datenverarbeitung uninteressant (Elgozy 1973, S. 247). Umgekehrt läßt sich das Telephonsystem als Computer begreifen: „Das Fernsprechsystem ist selbst ein Computer. Dessen Komponenten sind zwar über den ganzen Kontinent verteilt, aber sie arbeiten als eine Einheit. Mit seinem Bestand von mehr als 90 Millionen input-output-Stationen kann man ihm befehlen, jede der etwa 10 ‚Antworten' zu geben, die erforderlich sind, um eine beliebige Station mit einer anderen zu verbinden, und zwar innerhalb von Sekunden. Tatsächlich sind die neuesten Telefonsysteme wie Computer intern programmiert und mit demselben quasi-menschlichen Gedächtnis ausgerüstet, das man den Computern nachsagt." (Romnes 1966 zit. n. Miller 1973, S. 22)

[11] Kapp bezieht sich ausdrücklich auf die Theorie des Unbewußten bei C. G. Carus. Vgl. Kapitel IX. seiner „Grundlinien", übertitelt „Das Unbewusste"

## Bibliographie

Ampère, André-Marie (1856). Essai sur la philosophie des sciences, tom. 1, Paris: Mallet-Bachelier

Arago, Franz (1854). Sämtliche Werke, Bd. 2, Leipzig: Wigand

Aristoteles (1924). Kleine naturwissenschaftliche Schriften (Parva naturalia). Übersetzt von Eugen Rolfes. Leipzig: Meiner

Aristoteles (1983). Von der Seele. Übersetzt von Olof Gigon. München: dtv

Aristoteles (1985). Über die Bewegung der Lebewesen. Übersetzt von Jutta Kollesch. Darmstadt: Wissenschaftliche Buchgesellschaft

Beck, A. H. (1967). Worte und Wellen. Geschichte und Technik der Nachrichtenübermittlung. München: Kindler

Carnot, L. N. M. (1805). Grundsätze der Mechanik vom Gleichgewicht und der Bewegung. Übersetzt von C. S. Weiß. Leipzig: Hinrichs

Carnot, L. N. M. (1806). Geometrie der Stellung. Übersetzt von H. C. Schumacher. Bd. 2, Altona: Hammerich

Carus, Carl Gustav (1846/o. J.): Psyche. Zur Entwicklungsgeschichte der Seele. Mit einem Nachwort herausgegeben von Rudolf Marx. Leipzig: Kröner

Deleuze, Gilles & Guattari, Félix (1977), Antiödipus. Kapitalismus und Schizophrenie I. Übersetzt von Bernd Schwibs. Frankfurt a. M.: Suhrkamp

Derrida, Jacques (1974). Grammatologie. Übersetzt von Hans-Jörg Rheinberger und Hanns Zischler. Frankfurt a. M.: Suhrkamp

Derrida, Jacques (1976). Freud und der Schauplatz der Schrift. In: Die Schrift und die Differenz. Übersetzt von Rodolphe Gasché. Frankfurt a. M.: Suhrkamp

Descartes, René (1969). Über den Menschen (1632). Übersetzt von Karl E. Rothschuh. Heidelberg: Lambert Schneider

Descartes, René (1980). Ausgewählte Schriften. Übers. v. Arthur Buchenau. Leipzig: Reclam.

Dupin, Carl (1825). Geometrie und Mechanik der Künste und Handwerke und schönen Künste. Bd. 1, Paris und Straßburg: Levrault

Elgozy, Georges (1973). Der Computer-Wahn. Gefahr und Nutzen der Informationsmaschine. Düsseldorf/Wien/Hamburg: Econ

Frege, Gottlob (1882/1973). Über den Zweck der Begriffsschrift. In: Begriffsschrift und andere Aufsätze. Darmstadt: Wissenschaftliche Buchgemeinschaft

Freud, Sigmund (1895/1962). Entwurf einer Psychologie. In: Aus den Anfängen der Psychoanalyse 1887-1902. Briefe an Wilhelm Fließ. Frankfurt a. M.: Fischer

Hegel, G. W. F. (1830/1959). Enzyklopädie der philosophischen Wissenschaften 1830. Hamburg: Meiner

Hering, Ewald (1870/1921). Fünf Reden. Leipzig: Engelmann

Gigon, Olof (1983). Einleitung zu: Aristoteles, Von der Seele. München: dtv

Jacobs, Wilhelm G. (1986). Leib und Seele. Kants transzendental-philosophische Kritik an der Position der frühen Neuzeit. Philosophisches Jahrbuch, 93, 260-271

Kapp, Ernst (1877). Grundlinien einer Philosophie der Technik. Braunschweig: Westermann

Knies, Karl (1857). Der Telegraph als Verkehrsmittel. Mit Erörterungen über den Nachrichtenverkehr überhaupt. Tübingen: Laupp'sche Buchhandlung

Kondylis, Panajotis (1981/1986). Die Aufklärung im Rahmen des neuzeitlichen Rationalismus. München: dtv

Krämer, Sybille (1988). Symbolische Maschinen. Die Idee der Formalisierung in geschichtlichem Abriß. Darmstadt: Wissenschaftliche Buchgesellschaft

Kraus, Karl (1917). Die Fackel, Nr. 445-453

Laplanche, Jean (1985). Leben und Tod in der Psychoanalyse. Übersetzt von Peter Stehlin. Frankfurt: Nexus

Leroi-Gourhan, André (1980/1988). Hand und Wort. Die Evolution von Technik, Sprache und Kunst. Übersetzt von Michael Bichoff. Frankfurt a.M.: Suhrkamp

Mach, Ernst (1900). Die Analyse der Empfindungen und das Verhältnis des Physischen zum Psychischen. Jena: Fischer

Mach, Ernst (1905). Erkenntnis und Irrtum. Skizzen zur Psychologie der Forschung. Leipzig: Barth

Mansfield, Katherine (1982). Je ne parle pas français. In: Glück, Erzählungen. Übersetzt von Elisabeth Schnack. Frankfurt a.M.: Fischer

Miller, Arthur (1973). Der Einbruch in die Privatsphäre. Datenbanken und Dossiers. Neuwied/Berlin: Luchterhand

Monge, Gaspard (1798/1900). Darstellende Geometrie. Leipzig: Akademische Verlagsgesellschaft

Nora, Simon & Minc, Alain (1979). Die Informatisierung der Gesellschaft. Frankfurt: Campus

Obenrauch, F.J. (1897). Geschichte der darstellenden und projektiven Geometrie mit besonderer Berücksichtigung ihrer Begründung in Frankreich und Deutschland und ihrer wissenschaftlichen Pflege in Österreich. Brünn: Winiker

Platon (1922). Phaidros. Übersetzt von Constantin Ritter. Leipzig: Meiner (Nachdruck 1988)

Poncelet, J.V. (1841). Industrielle Mechanik. Nach Poncelet deutsch bearbeitet und mit Anmerkungen begleitet von C.G. Kuppler, Bd. 2, Nürnberg: Recknagel

Redtenbacher, F. (1852). Prinzipien der Mechanik und des Maschinenbaues. Mannheim: Bassermann

Reisner, Erwin (1947). Der Dämon und sein Bild. Berlin: Suhrkamp

Reuleaux, Franz (1875). Theoretische Kinematik. Grundzüge einer Theorie des Maschinenwesens. Braunschweig: Vieweg

Reuleaux, Franz (1899). Der Konstrukteur. Ein Handbuch zum Gebrauch beim Maschinen-Entwerfen. Braunschweig: Vieweg

Reuleaux, Franz (1900). Die praktischen Beziehungen der Kinematik zu Geometrie und Mechanik. Braunschweig: Vieweg

Ropohl, Günter (1979). Eine Systemtheorie der Technik. Zur Grundlegung der Allgemeinen Technologie. München, Wien: Hanser

Rosenfield, Leonora Cohen (1940). From Beast-Machine to Man-Machine. The theme of animal soul in french letters from Descartes to La Mettrie. New York: Oxford UP

Rothschuh, Karl E. (1969). Einführung. Die Rolle der Physiologie im Denken von Descartes. In: R. Descartes, Über den Menschen. Heidelberg: Lambert Schneider

Schöttle, Gustav (1883). Der Telegraph in administrativer und finanzieller Hinsicht. Stuttgart: Kohlhammer

Szyperski, Norbert (1973). Gegenwärtiger Stand und Tendenzen der Entwicklung betrieblicher Informationssysteme. IBM-Nachrichten, 214

Toller, Ernst (1922). Die Maschinenstürmer. Ein Drama aus der Zeit der Ludditenbewegung in England. Leipzig, Wien, Zürich: Tal & Co

Watzlawick, Paul (1969). Menschliche Kommunikation. Formen, Störungen, Paradoxien. Bern und Stuttgart: Huber

Wiehl, Reiner (1979). Das psychische System der Empfindung in Hegels ‚Anthropologie'. In: D. Henrich (Hg.), Hegels philosophische Psychologie. Hegel-Studien Beiheft 19

Wiener, Chr. (1884). Lehrbuch der darstellenden Geometrie, Bd. 1, Leipzig: Teubner

# Beichte und Therapie als Formen der Sinngebung

*Alois Hahn, Herbert Willems* und *Rainer Winter*

Der Vergangenheit wurde in der Moderne oft entscheidende Bedeutung für die persönliche Identität zugesprochen. So ging Henri Bergson davon aus, daß sie die Quelle der Freiheit sei, für Marcel Proust war sie gar der Schlüssel zum Paradies, und Sigmund Freud sah in ihrer Rekonstruktion die einzige Möglichkeit, seelisches Leid zu verringern. Die Geschichte der Seele ist so die Geschichte des Umgangs mit Vergangenheit. Beichte und Therapie sind institutionalisierte Formen der Narration, die die Seele verfügbar machen, indem sie den unendlichen Strom von Erlebnissen und Handlungen, die den Lebenslauf eines Menschen ausmachen, mittels bestimmter Schemata, den Biographien, vereinfachen.

Im folgenden sollen drei Formen der narrativen Konstruktion der Biographie behandelt werden: die Beichte, die Psychoanalyse und die Gruppentherapie. Insofern alle drei Verfahren Institutionen der Sinnstiftung sind und die Seele so zum Resultat narrativer Sinnerzeugung wird, seien zunächst einige generelle Überlegungen zum Problem von Sinn und Sinnstiftung angestellt.

## 1. Sinn und Sinngebung

Wer nach dem Sinn des Sinns fragt, wird zunächst auf Sprache verwiesen: der Satz ist der Sitz des Sinns, aber auch das Domizil des Unsinns. Letzterer ist eben nicht einfach das Gegenteil von Sinn, sondern einer von dessen Modi. Der Sinn eines Satzes ist das, was mit ihm gemeint ist. Er zeigt auf eine Intention, die sich dem Verstehen präsentiert. Das Verstehen seinerseits zielt auf die Entzifferung des Gemeinten in zweierlei Hinsichten, die identisch sein können, aber nicht müssen. Einmal geht es um den subjektiv gemeinten Sinn eines Satzes. Dann fragt man nach den Intentionen des Sprechers. Zum anderen handelt es sich um den Sinn des Satzes als solchen, dessen objektive Bedeutung. Denn auch ohne jede Rücksicht auf eine konkrete Situation und einen individuellen Sprecher enthält der Satz Bedeutungen, die sich unabhängig von der Mitteilungsabsicht dessen, der sich seiner bedient, durchsetzen.

Wir siedeln den Sinn also einerseits in der Kommunikation an, andererseits im Medium, in dem sie sich vollzieht. Dem entspricht die Dopplung von subjektiv gemeintem und objektivem Sinn. Genauer müßte man noch unterscheiden zwischen dem subjektiv gemeinten Sinn des Senders und dem subjektiv gemeinten Sinn des Empfängers, also zwischen Sinngebung und Sinnvernahme.

Wenden wir uns zunächst der Seite der Sinnerzeugung zu. Was spielt sich hier ab? Auf gar keinen Fall ist es so, als ob wir alles, was als Vorstellungsgehalt durch unser Bewußtsein strömt, mitteilen könnten. Die Flucht der Bilder, Gedanken, Assoziationen, Empfindungen, Wahrnehmungen ist viel zu rasch, viel zu ungegliedert, als daß wir sie in ihrer Gesamtheit und in ihrer unmittelbaren Gegebenheit mitteilen könnten. Es bedarf einer Auswahl. Aber nicht erst die Mitteilung ist auf eine vorgängige Selektion angewiesen: Im strengen Sinne ist bereits unser Bewußtsein selbst eine Auslese aus dem kontinuierlichen Strom unserer Empfindungen. Niklas Luhmann hat das einmal so formuliert: „Bewußtsein – das ist nicht die Gesamtheit der faktisch erlebten Impressionen, sondern konstituiert sich als deren Selektivität. Das Bewußtsein reguliert demnach nicht die Einführung von Daten in das psychische System, sondern deren Selektionsfähigkeit, nicht die Input-Output-Prozesse, sondern die interne Verarbeitung von Umwelteindrücken, nicht das Material, sondern die Leistung des Erlebens". (Luhmann 1971, pp. 38ff.)

Wir haben es also, noch bevor wir zur Sprache und zur Mitteilung kommen, mit Selektionen zu tun: Zunächst wird die unendliche Fülle der Information, die aus unserer Umwelt auf uns trifft, von der Struktur unserer Wahrnehmungsorgane gefiltert, eine erste Stufe der Auswahl. Dann wird diese gesamte Input-Masse durch die Zu- oder Abwendung von Aufmerksamkeit gegliedert, ein zweiter Grad von Selektivität, der als die Stufe des Bewußtseins bezeichnet werden kann. Im strengen Sinne handelt es sich auch hier natürlich nicht um einen „Input", so als gäbe es das, was sich als „Input" im Bewußtsein befindet, auch außerhalb desselben. Gedanken und Vorstellungen sind nur innerhalb eines Bewußtseins Gedanken und Vorstellungen. Wir haben es folglich nicht mit einer Spiegelung der Außenwelt im Bewußtsein zu tun, sondern mit einer „Konstruktion" des Bewußtseins, allerdings mit einer Konstruktion, für die das Bewußtsein annimmt, daß sie sich auf etwas bezieht, das „wirklich" und unabhängig von dieser Konstruktion außerhalb des Bewußtseins gegeben ist. Die Konstruktivität jedes Bewußtseinsvorgangs zeigt sich erst dann, wenn man den Bewußtseinsprozeß beobachtet.

Im normalen, gleichsam naiven Wahrnehmen, Denken und Vorstellen wird gerade nicht mitwahrgenommen, bedacht und vorgestellt, daß es sich bei den Gedanken, Vorstellungen und Wahrnehmungen um Kreationen des Bewußtseins handelt. Dann erst kann eine dritte Dimension entstehen, die der Mitteilung. Auch sie konstituiert sich als gliedernde Auswahl aus dem Material des Bewußtseins. Kommunikation kann als eine Selektivität dritten Grades dargestellt werden, als eine Auswahl aus Selektionen von Selektionen. Sinngebung als kommunikative Leistung ist also durch Auslese bestimmbar. Dieses Phänomen ist sehr schön von Georg Simmel beschrieben worden: „Achtet man genau auf die Vorstellungen, wie sie in der Zeitreihe kontinuierlich durch unser Bewußtsein gehen, so ist ihr Flackern, ihre Zickzackbewegungen, das Durcheinanderwirbeln sachlich zusammenhangloser Bilder und Ideen, ihre logisch gar nicht zu rechtfertigenden, sozusagen nur probeweisen Verbindungen – alles dies ist äußerst weit von vernunftmäßiger Normiertheit entfernt: nur

werden wir uns dessen nicht häufig bewußt, weil unsere Interessenakzente nur auf dem ‚brauchbaren' Teil unseres Vorstellungslebens liegen, weil wir dessen Sprünge, seine Unvernünftigkeiten und sein Chaos, trotz der psychologischen Tatsächlichkeiten alles dieses, vor dem einigermaßen Logischen oder sonst Wertvollen rasch zu übergehen oder zu überhören pflegen. So ist nun alles das, was wir einem Anderen mit Worten oder etwa auf sonstige Weise mittteilen, auch das Subjektivste, Impulsivste, Vertrauteste, eine Auswahl aus jenem seelisch-wirklichen Ganzen, dessen nach Inhalt und Reihenfolge absolut genaue Verlautbarung jeden Menschen ... ins Irrenhaus bringen würde". (Simmel 1968, p. 259) Dabei darf nicht übersehen werden, daß jene Auswahl natürlich keine beliebige ist. Sie vollzieht sich nicht nach dem Prinzip des „greift nur hinein ins volle Menschenleben!", sondern folgt Kriterien. Auch hier hat Simmel den Vorgang subtil nachgezeichnet: „Es sind nicht nur, in quantitativer Hinsicht, Bruchstücke unseres tatsächlichen Innenlebens, die wir selbst dem nächsten Menschen allein offenbaren; sondern jene sind auch nicht eine Auslese, die jene Tatsächlichkeit sozusagen pro rata repräsentiert, sondern eine von einem Gesichtspunkte der Vernunft, des Wertes, der Beziehung zum Hörer, der Rücksicht auf sein Verstehen aus getroffene ... Wir stellen ... niemals unmittelbar und getreu dar, was nun wirklich in diesem Zeitabschnitt in uns vorgeht, sondern eine teleologisch gelenkte, aussparende und wieder zusammensetzende Umformung der inneren Wirklichkeit". (Simmel 1968, p. 259)

Man kann nun den Sinnbegriff an die Funktion der Selektion knüpfen. Diese theoretische Entscheidung hat in der jüngeren Soziologie Niklas Luhmann getroffen. Für ihn – und die Soziologen, die ihm folgen – ist Sinn „eine bestimmte Strategie des selektiven Verhaltens unter der Bedingung hoher Komplexität. Durch sinnhafte Identifikationen ist es möglich, eine im einzelnen unübersehbare Fülle von Verweisungen auf andere Erlebnismöglichkeiten zusammenzufassen und zusammenzuhalten, Einheit in der Fülle des Möglichen zu schaffen ... Dabei ist bezeichnend, daß die Selektion einer spezifischen Sinnverwendung andere Möglichkeiten zwar vorläufig neutralisiert oder auch negiert, sie aber als Möglichkeiten nicht definitiv ausmerzt. Die Welt zieht sich nicht durch Akte der Selektion auf den jeweils gewählten Aufmerksamkeitsbereich zusammen, sondern bleibt als Horizont der Verweisung auf andere Möglichkeiten und damit als Bereich für anschließende weitere Selektionen erhalten" (Luhmann 1971, p. 12).

Dabei ist auffällig, daß Luhmann das Kriterium, nach dem jeweils Selektionen erfolgen sollen, nicht erwähnt. Das aber scheint entscheidend. Zwar handelt es sich je nach Gegebenheiten um unterschiedliche Auswahlprinzipien, aber zur Sinnbildung ist *irgendeine* Regel unverzichtbar, nach der die Orientierung angesichts der sonst übergroßen Zahl von Möglichkeiten erfolgen muß. Es bedarf jener teleologischen Lenkung, von der Simmel spricht. Wir definieren folglich Sinn als selektive Strategie, die aus einer Überfülle von Möglichkeiten nach einem oder mehreren – nach Situationen variablen – Kriterium bzw. Kriterien eine Wahl trifft, ohne daß damit die aktuell nicht mit Aufmerksamkeit bedachten Momente endgültig vernichtet wären, sie bleiben zunächst einfach dahingestellt. Ob man später auf sie zurückkommt, ist offen. Durch die sinngebenden Akte geraten sie an den Rand des Interesses. Aus diesem Horizont, der als solcher präsent bleibt, können sie u. U. wieder ans Licht gezogen werden.

Die Kriterien der Sinnstiftung sind variabel. Gehen wir vom Satz aus, so zeigt sich z. B., daß es linguistische Kriterien sind, phonetische etwa oder grammatikalische, die die Bedingung der Möglichkeit sinnvoller Rede determinieren. Die bloße Anhäufung von Silben etwa ergäbe keinen sprachlichen Sinn. Hier stünde man zwar vor einer Wahl, die Alternativen nicht definitiv ausschließt, aber es gäbe kein Kriterium, das die Selektion steuert. Das Fehlen sprachlichen Sinns impliziert allerdings noch nicht die Abwesenheit jeglichen anderen Sinns. So kann die Produktion sinnloser Silben eine strategische Rolle für Gedächtnistests haben. Man denke etwa an die berühmten Ebbinghausschen Untersuchungen, wo die Gedächtnisleistung aus der Fähigkeit abgelesen wurde, eine möglichst große Zahl sinnloser Silben zu memorieren. Die Erzeugung sinnloser Silben ist hier psy-

chologisch sinnvoll. Aber es ist wichtig, sich zu vergegenwärtigen, daß der Sinn auf psychologischer Ebene von der Sinnlosigkeit der Silben auf sprachlicher Ebene abhängt. Ob Sinn gegeben ist oder nicht, ist also nur jeweils mit Bezug auf eine Sinnebene zu bestimmen. Dabei sind komplexe Referenzen vorstellbar. So kann z. B. die Sinnlosigkeit auf der Ebene der individuellen Existenz in sprachlich einwandfreien Sätzen formuliert sein. Jedenfalls zerstören Destruktionen des Sinns auf einer Ebene keineswegs notwendig den aller anderen.

Wir müssen folglich unsere Ausgangsformulierung präzisieren. Sinn ist nicht ausschließlich ein sprachliches Phänomen. Vielmehr ist die grammatikalische oder semantische Sphäre der Sinngebung nur eine von vielen. Übrigens kann ein Satz grammatikalisch sinnvoll sein, ohne einen semantischen Sinn zu haben, und die Unverständlichkeit eines Satzes impliziert nicht in jedem Falle die seines Sprechers. Gerade daß jemand in bestimmten Situationen nicht zu sinnvoller Rede in der Lage ist, kann Moment eines sinnhaft gefügten Zusammenhanges von Ereignissen oder Theorien sein. Sinn und Sinngebung sind also nicht auf die Sprache zu begrenzen. Sie sind prinzipiell auf allen Ebenen des Erlebens und Handelns möglich. Sinn ist überdies nicht an Individuen gebunden. Auch soziale Gebilde sind notwendige Sinnsysteme. Ihre Existenz ist nur als permanente Sinnstiftung konzipierbar. Sie finden sich zunächst objektiv stets vor die Notwendigkeit gestellt, aus Möglichkeiten des Handelns, Wahrnehmens, Erlebens nach Kriterien auszuwählen, und der Horizont der Wahl bleibt – wenn auch in unterschiedlichem Maße – erhalten.

## 2. Beichte und Psychoanalyse als reflexive Formen der Sinnerzeugung

Hier geht es nicht um den Sinn, den das gelebte Leben implizit dadurch erzeugt, daß es gelebt wird, sondern um den, den es aufweist, wenn man es sich als Ganzheit vor Augen führt. Sinn in diesem Sinne ergibt sich nicht in allen Gesellschaften. Das Leben wird nicht überall ausdrücklich thematisiert. Es fließt gleichsam. Die Aufmerksamkeit des Handelnden richtet sich auf die Situation, in der er sich zu bewähren hat. Dabei spielt fallweise gewiß auch Vergangenes oder in der fernen Zukunft Liegendes eine Rolle. Aber nur unter besonderen historischen Umständen wird die Biographie als Ganze zum Thema (Hahn 1982; Hahn 1988; Leitner 1982).

Typischerweise ist eine solche Thematisierung durch besondere Vorkehrungen abgesichert. Man kann nicht im normalen Alltag ständig seine Gesamtbiographie als mehr oder minder deutlichen Horizont aller Handlungen vor Augen haben. Es geht erst einmal um Näher- und Nächstliegendes. Die Beichte oder die Psychoanalyse entrücken das Beichtkind oder den Analysanden deshalb auch schon räumlich aus seiner normalen Umgebung. Beichtstuhl oder Couch sind in gewisser Weise extraterritoriale Bezirke der Biographie. Hier wird nicht gelebt, sondern vergangenes Leben nacherlebt, dargestellt, reflektiert. Natürlich ist auch dieses Erleben ein Moment des Lebens, und insofern ist die vorige Formulierung zu undialektisch. Aber es ist doch wichtig, diese Differenz zwischen dem durch die konkrete Bewältigung von Situation absorbierten Dasein in „natürlicher" Einstellung und seiner Reflexion zu sehen. Durch die Reflexion verschiebt sich nun auch die Sinnsphäre. Die Kriterien für Sinn wachsen. An die Stelle der konkreten Bewältigbarkeit von akuten Aufgaben treten Konsistenzpostulate als Sinnvoraussetzungen.

Es ist also durchaus denkbar, sein Leben „vor sich hin" zu leben, ohne ein Sinndefizit zu erfahren, solange man mit den konkreten Situationen zurechtkommt. Sinndefizite stellen sich hier erst ein (und zwar für einen selbst oder andere), wenn im jeweiligen Moment die normale Handlungskompetenz verlorengeht, ohne daß dafür typisierte Erklärungen vorliegen. Wenn jemand plötzlich keinen Schritt mehr machen könnte, weil er die Entscheidung nicht mehr treffen kann, in welche Richtung der erste gelenkt werden soll, wenn jemand keinen Satz mehr aussprechen könnte, weil er angesichts der Fülle des Sagbaren nicht mehr weiß, womit anfangen, wenn solcher situative Verlust der sinnstiftenden Fähigkeit zum Ordnen spürbar wäre,

dann läge eine gleichsam elementare Sinnlosigkeit im Handeln vor. Doch wenn wir normalerweise von Sinnlosigkeit des Handelns sprechen, dann meinen wir nicht eine solche situative „Selektionsohnmacht". Wir denken vielmehr an eine Lage, in der die einzelnen Handlungen und Erlebnisse, gegenwärtige, vergangene oder zukünftige, nicht mehr als Momente einer für die Einheit der Existenz bei aller Mannigfaltigkeit der Augenblicke konstitutiven Ordnung erfahrbar sind. Unser Leben, so wie wir es uns vor Augen stellen, fügt sich dann nicht mehr der Regel, die wir als unverzichtbar für eine nicht bloß zufällige Abfolge von Ereignissen ansehen.

Dieser Eindruck von Sinnlosigkeit kann sich aber nur dann ergeben, wenn zunächst die Regel selbst als Kriterium gilt. Nur wenn es Möglichkeiten gibt, das Leben als Ganzes zu repräsentieren, dann kann die jeweilige einzelne Biographie als bloß beliebige Auswahl aus Möglichkeiten erscheinen, die nicht von einer Art existentieller Grammatik gesteuert wird.

Die Verfahren, die Existenz als ganze erst vors Bewußtsein ziehen, sind die Voraussetzung dafür, daß überhaupt die Frage nach Sinnhaftigkeit oder Sinnlosigkeit *des* Lebens aufkommen kann. Insofern solche Methoden der Selbstvergewisserung, die normalerweise natürlich als Sinnstiftungen fungieren, mit dem Argument verteidigt werden, ohne sie sei kein Sinn möglich, übersieht man, daß dies nur für jene Sinnebenen gilt, die durch jene Prozeduren erst erzeugt werden. Das Bedürfnis nach biographischer Sinngebung entsteht nur, wenn die Biographie selbst als Form selbstverständlich geworden ist. Die Erschütterung über die Darstellung der bloßen Zufälligkeit der Ereignisverkettungen, wie sie bestimmte moderne Romane auslösen können, entspringt nicht notwendig der Bloßlegung der Wirklichkeitsstruktur, sondern eher der Enttäuschung einer Erwartung, die vorher durch die Romanform selbst aufgebaut worden ist. Auf die Frage nach dem Sinn der Existenz bezogen könnte man vielleicht sagen: Durch Erziehung und Umstände sind wir zunächst auf diese Frage festgelegt worden, für die wir dann keine Antwort finden. Damit wollen wir nicht behaupten, die Frage nach der Existenz sei falsch gestellt, sondern nur, daß es möglich ist zu leben, ohne daß sie sich in der in Europa üblichen Form stellt. Übrigens auch hier natürlich nur bei einer Minderheit von Menschen und in einer Minderheit von Situationen. Wir wollen darüber hinaus die These wagen, daß, wenn Existenz als ganze Thema ist, damit die Sinnfrage unaufschiebbar wird. Nur die Mehrzahl der Gesellschaften thematisiert Existenz nicht in der beschriebenen Weise.

Beichte und Psychoanalyse sind als reflexive Techniken einerseits Formen der Selbstthematisierung. Als solche wählen sie nach bestimmten Kriterien Momente aus dem unendlichen Geschehen fürs Gedächtnis und zur Behandlung aus. Insofern sind sie auf der Ebene der Biographieerzeugung allemal sinngebend. Gleichzeitig wecken sie aber Sinnansprüche, denen die durch sie erzeugten Selektionen von Erlebnissen und Handlungen zumindest bisweilen nicht genügen. Teils sind sie die Lösungen des Problems, das sie schaffen, teils aber produzieren sie Probleme, die sie selbst nicht lösen, die ohne sie möglicherweise nicht entstanden wären, jedenfalls nicht so.

## Die Beichte

Die Beichte (vgl. Hahn 1982; 1984) ist eine Regel zur Auswahl von Ereignissen, an die man sich erinnern soll: Schuld als Biographiegenerator; Lossprechung als Sinnstiftung. Existenz erscheint hier als ganze nur sinnvoll, wenn sie vor dem Anblick Gottes als „heil" gelten kann. Existenzsinn und Heil werden in eins gesetzt. Die Sünde ist insofern sinnlos, als sie aus der Perspektive Gottes gleichsam ein ungrammatischer Satz ist: Der Mensch spricht sündigend falsch. Aus der egoistischen Perspektive des normalen Sünders ist die Sünde normalerweise nicht ganz so sinnlos. Die Verführung der Frau des Nachbarn bleibt u. U. auf nur zu obstinate Weise sinnvoll im Koordinatensystem fleischlicher Gelüste. Erst angesichts ihres heilsbedrohenden Charakters kann sie als sinnvoll aufgefaßt werden: Die Hölle ist in die Sinnansprüche nicht zu integrieren. Durch die Beichte wird eben jene Verknüpfung von Tat und Hölle gelöst, freilich nicht ohne zunächst ein besonders festes Band zwischen der Handlung und ihrer metaphysi-

schen Folge herzustellen. Die Sinngebungsambivalenz resultiert daraus, daß das Bekenntnis allein noch nicht die Verzeihung sichert, Reue aber nicht einfach zu empfinden ist, wenn die Sünde im Kontext innerweltlichen Glücksverlangens als besonders sinnhaft sich aufdrängt. Die Spannung steigert sich da, wo die unvollkommene Reue theologisch als zur Vergebung nicht hinlänglich definiert wird; gerade sie wäre aber noch am ehesten wahrscheinlich, weil sie nicht eine vollständige Umdeutung des Sinns der Tat einschlösse, sondern lediglich der Höllenfurcht als Motiv bedarf. Die vollkommene Reue wäre demgegenüber die Übernahme der göttlichen Perspektive. Die eigene Tat erscheint jetzt nicht mehr wegen der metaphysischen Folgen, sondern an sich als sinnlos. Die erlebnismäßige Umwertung der Bedeutungswerte wirkt hier sinnstiftend. Durch die theologische Interpretation und ihre Verinnerlichung wird das Sinnloswerden der Tat zur Basis fürs Sinnvollwerden des Lebens. Wo dieser Perspektivenwechsel nicht gelingt, stellt sich allerdings leicht Tragik ein: Sinnverlust auf metaphysischer Ebene oder theologisch Verzweiflung: vor Gott ist mein Leben sinnlos. Das glaube ich. Aber mir erscheint es nur so, wie es ist, sinnvoll. Was aber zählt, ist nicht meine Deutung. Aus der Sicht Gottes meine Taten zu beurteilen, würde allerdings die einzige mir mögliche erlebnismäßig nachvollziehbare Sinndimension meines Lebens destruieren. Sinnstiftung und Sinnzerstörung beziehen sich hier in heilloser Weise aufeinander, weil sie in ein unentwirrbares Reflexivverhältnis geraten: Sinngebung wird nur als Sinnverlust erzeugbar.

## Psychoanalyse

Wenn auch die Beichte die historisch am meisten verbreitete Form institutioneller Bekenntnisse darstellt, so ist sie aus der Sicht des Soziologen dennoch nur ein freilich wichtiger Spezialfall von Selbstthematisierung. Institutionelle Bekenntnisse haben nicht nur im Kontext religiöser sozialer Kontrolle eine große Rolle gespielt. Sie sind auch in rechtlichen Verfahren von zentraler Bedeutung. Schließlich ist gerade die allerjüngste Moderne – etwa seit dem 19. Jh. – durch eine Säkularisierung und gleichzeitig den gesteigerten Einsatz von Bekenntnisritualen charakterisierbar. Man denke an die Verwendung von biographischen Bekenntnissen in der Psychoanalyse, in der medizinischen Anamnese und nicht zuletzt in der Sozialforschung, die ihre Vorläufer in den Verfahren zur Erhebung von Bedürftigkeit hatte, die dann Basis für private oder öffentliche Fürsorge waren. Man könnte vielleicht sogar die empirische Sozialforschung als die natürliche Tochter der Heiligen Inquisition sehen (wenn etwas so Unheiliges wie natürliche Töchter mit der Heiligen Inquisition überhaupt in einem Atemzug genannt werden darf). Die Parallelität der öffentlichen Bekenntnisse der Ketzer und der Hexen in den Prozessen, wie sie die Heilige Inquisition inszenierte, und öffentlicher Selbstkritik in revolutionären Zirkeln oder in den Moskauer Schauprozessen ist überaus deutlich. Neben den Bekenntnissen, die man anderen macht, dürfen auch nicht die vergessen werden, die man lediglich in foro interno als Gewissenserforschung ablegt. Oft sind Selbstbekenntnisse nur Vorbereitungen zu vor dem religiösen oder psychoanalytischen Beichtvater zu leistenden Berichten, bisweilen aber entwickeln sie sich auch zu vollständig eigenen Formen aus, etwa zum Tagebuch oder zur Autobiographie. Hier soll es indessen vor allem um therapeutische Formen von Selbstinszenierung gehen. Wird im religiösen Kontext die Biographie vor dem Horizont des Heilsgewinns beschworen, so wird sie in der Psychoanalyse ein Aspekt der Sorge um Heilung. Immer wieder hat man es als die eigentliche Leistung des Freudschen Werks bezeichnet, daß er auf die aus dem biographischen Bewußtsein verbannte Sexualität aufmerksam gemacht habe. Das technische Verfahren, mittels dessen die „biographische Wahrheit" ans Licht gezogen wird, erscheint dann demgegenüber als bloßes Mittel der Wahrheitsfindung. Uns geht es hier vielmehr darum, die Psychoanalyse als Form der Biographieerzeugung vorzustellen. Die Tatsache, daß die Sexualität als Selektionskriterium für Bekenntnisse fungiert, ist demgegenüber sekundär.

## Voraussetzungen der Psychoanalyse

Spätestens Sulloway hat in seiner wissenschaftsgeschichtlichen Studie „Freud – Biologe der Seele" (1982) noch einmal deutlich gemacht, daß die entscheidenden „Entdekkungen" von Sigmund Freud nicht die „infantile Sexualität" oder das „Unbewußte" gewesen sind. Das Unbewußte war längst ein Thema der Philosophie und der Literatur. Auch die „Explosion der Diskurse" über den Sex, auf die Foucault (1977) hingewiesen hat, fand bereits vor Freud statt, nämlich zu Beginn des 19. Jahrhunderts. Die Sexualität ist seitdem nicht mehr nur eine Angelegenheit der Moral, sondern sie wurde in medizinische Begriffe übersetzt. Es bildete sich eine medizinische Technologie des Sexes heraus, die einen sexuellen Trieb isolierte, „der selbst ohne organische Veränderung konstitutive Anomalien, erworbene Abweichungen, Schwächen oder pathologische Prozesse aufweisen kann" (Foucault 1977, p. 142). Damit war der Bereich der Sexualpathologien geschaffen. Es wurde ein großes Wissen über Perversionen, infantile Sexualität oder den Zusammenhang von Hysterie und Sexualität angehäuft. Dies waren aber alles nur Voraussetzungen für die Arbeit von Freud. Dessen origineller strategischer Schachzug im damaligen intellektuellen Kräftefeld bestand gerade darin, die Annahme der entscheidenden Bedeutung sexueller Erlebnisse für die psychische Entwicklung mit einer Logik des Unbewußten zu verbinden. Deswegen sind die „Traumdeutung" und „Der Witz und seine Beziehung zum Unbewußten" originellere Arbeiten als „Drei Abhandlungen zur Sexualtheorie". Erst dadurch, daß Freud dem Unbewußten in seinem psychologischen Modell eine so zentrale Rolle zuwies, waren die Voraussetzungen für den großen Einfluß der Psychoanalyse in unserem Jahrhundert gegeben (vgl. Berger 1972).

Nicht nur die Symptome der hysterischen Patientinnen, sondern auch Träume und Witze gewannen für Freud so einen tieferen Sinn. Sie waren Teil einer von Patient zu Patient unterschiedlichen Welt von Bedeutungen, die in deren „Biographie" verankert war. Freud lokalisierte den „Kern der pathogenen Organisation" (1895/1975a, p. 84) in der Sexualität seiner Patientinnen. Diese gewann dabei aber eine andere Bedeutung als bei Janet oder Charcot. „Das Wort ‚Sexualität' steht in Freuds Gedankengebäude nicht stellvertretend für ‚sexuelle Akte'; es meint vielmehr eine lebensbestimmende, verhaltenswirksame Sinnstruktur, deren Ursprung in der Kindheit ... liegt." (Lorenzer 1984, p. 195). Die Konstruktion dieser konsistenten Sinnstruktur erfolgt im Gespräch zwischen Arzt und Patient, in dem so nicht nur „Sexualität" produziert, sondern auch beherrscht wird, da der Analytiker sie durch seine „Deutungen" definiert. Die Psychoanalyse stellt einen Biographiegenerator dar, dessen Selektionen aus den Erzählungen der Patienten der von Freud explizierten Logik des Unbewußten folgen. Den Patienten wird auf diese Weise ihre Seele als Biographie verfügbar.

## Von der Verführungstheorie zur Logik des Unbewußten

Für Janet war das Unterbewußtsein lediglich ein Stück abgesunkenes Bewußtsein, Folge eines psychischen Traumas. Sein Inhalt, fixe Ideen, die Symptome verursachten, bildete für ihn keinen eigenen Sinnkomplex. Die krankmachenden Ideen waren aber nicht nur Ursache von Geistesschwäche, sondern auch deren Folge. Diese Annahme hatte Freud bereits bei seinen frühen Überlegungen zu neurotischen Störungen, insbesondere zur Hysterie, revidiert. Er konzentrierte sich auf die inhaltliche Besonderheit der Erlebnisse seiner Patienten. In einem Brief an Fließ von 1893 stellte er die These auf, daß jugendliche Neurasthenie nicht nur Folge einer „angeborenen Schwäche des Genital- und Nervensystems" sein könne, sondern auch auf einen „Mißbrauch in der Zeit vor der Pubertät" zurückzuführen sein könne (nach Masson 1984, p. 101). In den zwei Jahre später veröffentlichten „Studien über Hysterie" ging er sogar davon aus, daß diese durch die sexuelle Verführung (meist durch den Vater) im Kindesalter verursacht würde. Freud hatte mit der Ausweitung seines kausalätiologischen Modells auf den Bereich der Hysterie aber wissenschaftliches Neuland betreten, auf das ihm weder sein damaliger Kollege Josef Breuer noch andere Ärzte folgen wollten (vgl. Masson 1984, pp. 103ff.). Seine hyste-

rischen Patienten dagegen berichteten gemäß seinen Vorannahmen von sexuellen Verführungen in der Kindheit durch Erwachsene. Vor diesem Hintergrund versuchte Freud die Krankengeschichte seiner Patienten in ihrer biographischen Dimension zu verstehen. Er setzte Krankengeschichte und Lebensgeschichte gleich. Die archäologische Rekonstruktion der letzteren sollte zu den real stattgefundenen Verführungen, den Ursachen der Kindheitstraumen, zurückführen.

Kurze Zeit später gab Freud aber seine „Verführungstheorie" auf. In einem Brief an Fließ vom September 1897 schrieb er: „Ich glaube an meine Neurotica nicht mehr" (Freud 1897/1975b, p. 186). Er gesteht, daß die Berichte seiner hysterischen Patientinnen nur Phantasien waren. Die Gründe, die er anführt, waren sein Mangel an therapeutischen Erfolgen, die Möglichkeit anderer ätiologischer Erklärungen, die Unwahrscheinlichkeit, daß so viele Väter pervers sind, und vor allem die „sichere Einsicht, daß es im Unbewußten ein Realitätszeichen nicht gibt, so daß man die Wahrheit und die mit Affekt besetzte Fiktion nicht unterscheiden kann." (a.a.O., p. 187). Freuds Modell der Verführung wurde von seinen Patienten also als Beschreibung und Definition ihrer psychischen Realität nicht akzeptiert. In der Folge konzentrierte er seine Kräfte auf die Traumdeutung und damit auf die Entwicklung einer Logik des Unbewußten.

In einer Ergänzung zur „Traumdeutung" (1900) von 1919 schreibt er: „Hat man die unbewußten Wünsche, auf ihren letzten und wahrsten Ausdruck gebracht, vor sich, so muß man wohl sagen, daß die psychische Realität eine besondere Existenzform ist, welche mit der materiellen Realität nicht verwechselt werden darf." (Freud 1972, p. 587). Unter materieller Realität verstand er soviel wie die faktische Realität der Lebensgeschichte. Freud wurde durch seine hysterischen Patientinnen dafür sensibilisiert, daß individuelle Rekonstruktionen der Kindheit phantasiebesetzt und damit – verglichen mit der „historischen Wahrheit", an deren Existenz er festhielt – falsch sind. Er verteidigte also die mögliche Wiederherstellung eines individuellen Gedächtnisses, das seine Vergangenheit anerkennt. Die von den Patientinnen phantasievoll erzählten Geschichten belegen aber eher, daß die Vergangenheit für sie nicht mehr existiert und nur durch ihre vom Analytiker und seinem psychologischen Modell angeleitete Konstruktion von vergangenen Ereignissen ins Leben gerufen wird. Die *Invisibilisierung* des für das Bewußtsein cha rakteristischen systematischen Vergessens wurde ein Fundament der Psychoanalyse.

Freud gab allerdings die Idee, daß es objektiv feststellbare Ursachen für Neurosen gibt, auf. Er machte die phantasievolle Überarbeitung der Lebensgeschichte durch seine Patienten, die von einer „Logik des Unbewußten" bestimmt war, zum Gegenstand seiner Analyse. Er ging aber auch nach Aufgabe der Verführungstheorie davon aus, daß sich aus den oft untergeordneten und unzusammenhängenden Gedanken und Ereignissen, die die Patienten während der Behandlung äußerten, durch die ordnende Kraft des Analytikers ein Ganzes konstruieren lasse, nämlich die verborgene Biographie der Patienten, deren Freilegung das Ziel der Analyse wurde. Hier wird Freuds Glaube deutlich, daß „das Leben idealiter eine plausible, zusammenhängende Geschichte, in der es für jede Einzelheit eine Erklärung gibt, alles (...) seine Gründe hat und Glied in einer Kausal- oder sonstigen Kette, ist" (Marcus 1974, p. 54). So ging er noch 1905 davon aus, daß es charakteristisch für die hysterischen Patientinnen (im Gegensatz zu seelisch Gesunden) ist, daß sie ihre Lebensgeschichte nicht vollständig und zusammenhängend erzählen können. Die Aufgabe des Analytiker ist es, die „Erinnerungstäuschungen" der Patienten zu heilen und so in ihren inkonsistenten Geschichten den Gang einer Handlung deutlich zu machen. Freud schreibt in der Dora-Analyse, daß am Ende der Behandlung eine „in sich konsequente, verständliche und lückenlose Krankengeschichte" (Freud 1905/ 1971, p. 96/97), die biographische Realität des Patienten, das Ergebnis sein soll.

Der Fall Dora stellte aber auch einen Wendepunkt in seiner Behandlungstechnik dar, da er zum ersten Mal massiv mit „Übertragungen" konfrontiert wurde. Es wurde ihm in dieser Zeit klar, daß nicht die Rekonstruktion der Krankengeschichte allein therapeutische Effekte erzielt. Dora akzeptierte die Freudschen Konstruktionen ihrer „Realität"

nicht und brach die Analyse vorzeitig ab. Freud stellte daraufhin bei seiner weiteren therapeutischen Arbeit die „Übertragung" in den Mittelpunkt. Er hielt an der Auffassung fest, daß die Krankengeschichten bedeutungsvoll strukturiert sind, aber nicht mehr, daß sie „objektive Geschichten" sind, die in der Behandlung vollständig in ihrem Ereignisablauf rekonstruiert werden können. Bei der Analyse des „Rattenmannes" 1907 bis 1908 nennt er dessen Berichte über seine Kindheit schon „episch zu nennende Dichtungen", „Dichtungen über die Urzeit" (1909/1973, p. 73). Freud begriff in der Folge nicht nur die Erzählungen seiner Patienten als Dichtungen, d. h. als phantasievolle Umarbeitungen ihrer Lebensgeschichte, sondern seine Krankengeschichten selbst wurden zu einem neuen literarischen Genre (vgl. Marcus 1974), das wie die großen Romane seiner Zeit um die biographische Wirklichkeit von Personen kreiste. Freud versuchte in das Leben seiner Patienten eine „erzählerische Ordnung" (Musil) zu bringen. Dabei konnte jedes Detail im Leben der Patienten voller Bedeutungen sein, die „wieder auf andere, tiefere Bedeutungen und in letzter Instanz vielleicht auf die Seele des Patienten verweisen." (Fara & Cundo 1983, p. 131).

Die Wirklichkeit wurde in diesem Spiel der Verweisungen wie bei Proust zu einem Produkt der Erinnerung (vgl. Hahn 1989). Sie ließ sich nicht mehr objektiv erfassen. Wie ein Archäologe, der vergangene Strukturen in der Erdkruste ausgräbt, versuchte Freud die Quellen der Neurosen seiner Patienten aufzudecken. Diese waren auch in der Gegenwart noch aktiv. Er fand sie in deren unbewußten Trieben, Phantasien und Wünschen der Kindheit, die er als Versuche, mit unlustvoll erfahrenen Situationen fertig zu werden, begriff.

Im Mittelpunkt des psychoanalytischen Prozesses steht also die biographische Wirklichkeit des Patienten, die Freud als eine unbewußte Tiefenstruktur konstruierte, die sich in der Behandlung in der Regel nur gegen die „Widerstände" des Patienten aufdekken läßt. Dessen infantile Wünsche und Phantasien erwachen während der Behandlung zu neuem Leben „wie die Schatten der Odyssee, die, sobald sie Blut getrunken haben, zu einem gewissen Leben erwachen" (1900/

1972, p. 254). Das Fortleben der Vergangenheit in der Gegenwart läßt sich während der Behandlung, dies zeigte die Behandlung von Dora, am besten bei der Übertragung von Gefühlen auf den Analytiker analysieren. Freud konzentrierte sich bei der Behandlung deswegen auf die Beziehung zwischen Arzt und Patient.

### Die Beziehung zwischen Arzt und Patient

Die Entwicklung der Freudschen Behandlungstechnik und ihrer Effektivierung sind kulturell hoch voraussetzungsvoll. Man kann sich schlecht vorstellen, daß Ödipus oder gar Odysseus sich auf eine Couch gelegt hätten. In den Schriften von Michel Foucault finden sich viele Hinweise auf die Genealogie und die Archäologie der Psychoanalyse (vgl. Dreyfuss & Rabinow 1987). So hat er z. B. gezeigt, daß der Mensch im Abendland ein Geständnistier geworden ist (Foucault 1977, p. 77). Das Geständnis ist zu einer Technik der „Wahrheitsproduktion" und damit auch zu einem Mittel der Individualisierung geworden. Im Zentrum steht seit dem 19. Jahrhundert das Geheimnis der individuellen Sexualität, das man Experten offenbart.

Die Psychoanalyse, die nicht nur die Beichte beerbte, sondern in deren Genealogie auch die moderne Psychiatrie zu finden ist, nimmt in diesem Prozeß eine zentrale Rolle ein. Freud richtete nach dem Scheitern seiner Verführungstheorie seine Aufmerksamkeit auf die Beziehung zwischen Arzt und Patient. „Er [Freud] hat aus dem Arzt den absoluten Blick, das reine und stets verhaltene Schweigen (...) gemacht. Er hat aus dem Arzt den Spiegel gemacht, in dem der Wahnsinn in einer Art unbeweglicher Bewegung sich seiner selbst vergewissert und entledigt." (Foucault 1969, p. 535) Der Analytiker ist, wie die weitere Analyse zeigen wird, immer noch wie der Psychiater eine sehr mächtige Figur und ist in die kulturellen Praktiken, die auf die Kontrolle des Wahnsinns gerichtet sind, eingebunden, aber er nimmt die Patienten im Gegensatz zu seinen Vorgängern in ihren Äußerungen insofern ernst, als diese ihm Material für sein Modell der menschlichen Psyche liefern. Die „Deutungen" des Analytikers sind aber Wirklich-

keitskonstruktionen und stellen die biographische Wirklichkeit, die sie unterstellen, erst her, indem der Patient sie subjektiv nachvollzieht und indem sie ihm als evident erscheinen.

Die Bürger, die zu Freud kamen, erzählten über ihre unterdrückte Sexualität und ihre tiefsten Wünsche. Freud ging davon aus, daß die Beichte der Patienten über ihre verborgensten Phantasien und geheimen Praktiken im psychoanalytischen Rahmen die Voraussetzung dafür war, daß diese ihre Biographie kennenlernen würden. Vor diesem Hintergrund wird die soziale Funktion der Psychoanalyse deutlich. Sie machte vom Gesetz verbotene Wünsche – wie den Wunsch nach Inzest – „diskursfähig", versorgte ihre Patienten mit einer einzigartigen, durch Geständnisse hervorgelockten Biographie und half so diesen mit ihren infantilen Wünschen nicht unbewußt, sondern kontrolliert umzugehen.

Während Freud seinen meist aus dem Bürgertum stammenden Patienten half, ihre Selbstkontrolle durch Bekenntnisse zu verbessern, kontrollierte das Bürgertum selbst das Sexualverhalten der Unterschichten durch Wohlfahrtsprogramme und Erziehungsgesellschaften (vgl. Donzelot 1979). In der Psychoanalyse wurde so die Fremdkontrolle durch eine über Bekenntnisse gesteuerte freiwillige Selbstkonstrolle abgelöst. Allerdings wurden die Patienten durch das Wissen, das die Analytiker über sie akkumulieren, gesteuert. Nur deren „Deutungen" konnten die individuelle Wahrheit der Biographie offenlegen. Lediglich Freud gelang es, sich selbst zu analysieren. Wie wird nun die Biographie der Patienten im untrennbaren Zusammenspiel von Wissen und Macht in der Psychoanalyse konstruiert?

### Die Freudsche Behandlungstechnik

Freud beschreibt in seinen „Vorlesungen zur Einführung in die Psychoanalyse" (1915-1917) die psychoanalytische Behandlung folgendermaßen: „In der analytischen Behandlung geht nichts anderes vor als ein Austausch von Worten zwischen dem Analysierten und dem Arzt. Der Patient spricht, erzählt von vergangenen Erlebnissen und gegenwärtigen Eindrücken, klagt, bekennt seine Wünsche und Gefühlsregungen. Der Arzt hört zu, sucht die Gedankengänge des Patienten zu dirigieren, mahnt, drängt seine Aufmerksamkeit nach gewissen Richtungen, gibt ihm Aufklärungen und beobachtet die Reaktionen von Verständnis oder von Ablehnung, welche er so beim Kranken hervorruft." (Freud 1977, p. 14/15). Freuds in diesen Vorlesungen eher lapidare und vereinfachende Beschreibung, in der der Arzt als eine Art väterlicher Freund erscheint, verdeckt, daß sich mit der Psychoanalyse eine ganz besondere Form des Gespräches etablierte, die weniger an Alltagsgespräche als an Gespräche im Beichtstuhl anknüpfte. So setzen die gebeichteten Intimitäten des Seelenlebens u. a. voraus, daß Dritte von der Behandlung ausgeschlossen sind (Freud 1977, p. 15), nur so kann das „Hören mit dem dritten Ohr" (Reik 1977) gelingen und die Biographie offengelegt werden. Damit die Patienten ihre Biographie akzeptieren können, ist es notwendig, daß deren konstruktiver Charakter verschleiert wird. Ein Dritter, der nicht in das Spiel der Psychoanalyse eingebunden wäre, würde diesen sowohl in den Erzählungen des Patienten als auch in den Reaktionen des Analytikers leichter erkennen.

Freud legte in seinen Schriften zur Theorie der Technik, die fast alle zwischen 1912 und 1915 entstanden sind (vgl. Freud 1975), explizit Regeln fest, die dem Gespräch im psychoanalytischen Rahmen erst seine charakteristische Note geben. Mit Goffman (1974, dt. 1977) könnte man dieses Set von Regeln und Konventionen als einen „basic-key" westlicher Gesellschaften bezeichnen (vgl. Winter 1986). Die analytische Behandlung knüpft an ein unter Freunden geführtes ernsthaftes Alltagsgespräch an, transformiert durch die behandlungstechnischen Regeln dieses aber in etwas, „das dieser Tätigkeit nachgebildet ist, von den Beteiligten aber als etwas ganz anderes gesehen wird." (Goffman 1977, p. 55). Der psychoanalytische „key" besteht hauptsächlich aus den folgenden Konstanten: 1. Das äußere Arrangement; 2. Das Grundregelarrangement; 3. Die behandlungstechnischen Regeln (vgl. Menninger & Holzmann 1977; Schröter 1983). Freud schuf damit eine „ganz neue Kategorie der Interaktion" (De Swaan 1977, p. 371), die die Grundlage für die psychoanalytischen Konstruktionen wurde. Entscheidende Bedeutung kommt dabei der Grundregel zu.

Ein Element des äußeren Arrangements ist ein abgeschlossener Dienstleistungsvertrag auf der Basis von Stundenmiete. Dabei wird die Länge der Behandlung nicht im voraus festgelegt. Die Beziehung zwischen Arzt und Patient stellt eine personalisierte Dienstleistungsbeziehung dar (Goffman 1973a; Castel 1976), in der der Arzt sein außergewöhnliches und „empirisch effektives"Wissen zur Veränderung des Patienten zur Verfügung stellt (Goffman 1973a, p. 310). Trotzdem gibt es beträchtliche Unterschiede, verglichen mit herkömmlichen Arzt-Patient Beziehungen. So gehört zum äußeren Arrangement als wichtiges Element der Behandlung die Couch: „Ich halte an dem Rate fest, den Kranken auf einem Ruhebett lagern zu lassen, während man hinter ihm, von ihm ungesehen, Platz nimmt." (Freud 1975, p. 193). Dadurch kann der Psychoanalytiker seinen Klienten beobachten, ohne daß das umgekehrt möglich ist. Der Patient soll nach Möglichkeit nicht durch unkontrollierte Gefühlsäußerungen des Arztes beeinflußt werden. Das Fehlen der gegenseitigen Wahrnehmung ermöglicht dem Patienten aber auch, sich auf sein Innenleben leichter zu konzentrieren und der „Grundregel" zu folgen. Freud schreibt: „Mit dieser macht man ihn von allem Anfang an bekannt: ‚Noch eines, ehe Sie beginnen. Ihre Erzählung soll sich doch in einem Punkte von einer gewöhnlichen Konversation unterscheiden ... Sagen Sie also alles, was Ihnen durch den Sinn geht'" (Freud 1975, p. 194). Die Einführung der Grundregel macht die Methode der freien Assoziation, eine Art „Sag-Alles-Doktrin" (Goffman 1973b, p. 85), zum entscheidenden strukturellen Element der psychoanalytischen Interaktion. Durch die freie Assoziation soll beim Patienten die Vorstellung geweckt werden, daß er seine Äußerungen nicht bewußt kontrolliert und auswählt. Das Gespräch gewinnt dadurch, daß der Patient einer künstlichen Regel folgt, einen spielerischen Charakter, der aber verschleiert wird. Die Äußerungen des Patienten wurden von Freud nicht mehr darauf geprüft, ob sie mit der „äußeren Realität" übereinstimmten. In ihnen sollte sich aber, wenn auch versteckt, die „Wahrheit des Subjekts" offenbaren.

Freud interessierte sich also endgültig nicht mehr für die faktische Realität der Geschichten seiner Patienten. In der Psychoanalyse ist nur dessen symbolische Wirklichkeit von Belang (vgl. Lorenzer 1973, p. 88). Der Patient kann auch nicht mehr für die Verletzung sozialer Normen durch freimütige Bekenntnisse und insbesondere für Kränkungen des Arztes verantwortlich gemacht werden. Zusätzlich kommt er während der Behandlung in die Situation, daß er seine intimen Beziehungen offenlegt.

Vom Arzt wird verlangt, daß er eine neutrale Position einnimmt, d. h., er soll die Äußerungen des Patienten nicht moralisch bewerten. Freud schuf dadurch eine tendenziell sanktionsfreie Situation. Die analytische Neutralität kennzeichnet nicht die reale Person des Analytikers, sondern konstituiert seine spezielle professionelle Rolle. Der Analytiker wird vom Patienten als „symbolisch anonym" (Stone 1961) wahrgenommen. Er erfährt im Laufe seiner Behandlung nichts von dessen Biographie.

Letztes Element des klassischen Settings ist die Abstinenzregel. Der Analytiker soll nicht die Wünsche des Patienten befriedigen, indem er die Rollen spielt, die dieser ihm aufdrängt. Er soll die durch die Biographie des Patienten bedingten „Übertragungen" von Gefühlen deuten und sie in jene integrieren. Cremerius beschreibt die Haltung, die der Analytiker nach Freud einnehmen soll, als „Spiegel- Chirurgen- Passivitäts- Abstinenz- Neutralitäts-Haltung" (Cremerius 1984a, Bd. 2, p. 359). Er soll für den Patienten also ein anonymer Interaktionspartner bleiben, was einen Bruch mit alltäglichen Interaktionsregeln bedeutet, da der Patient beständig sein Privatleben enthüllt, der Analytiker dies aber nicht tut. Durch die non-reziproke Organisation des psychoanalytischen Rahmens liegt die Macht in der Psychoanalyse eindeutig beim Psychoanalytiker. Auf den ersten Blick könnte man meinen, der Patient könnte das Gespräch steuern, da er, der „Sag-alles-Doktrin" folgend, in der Regel die Gesprächsinitiative und damit auch die Themenwahl übernimmt. Aber der Analytiker kann das Gespräch sowohl indirekt durch sein Schweigen als auch direkt durch „Deutungen" lenken. Der Patient gerät dadurch ständig unter „objektive Selbstaufmerksam-

keit" (Duval & Wicklund 1972). Er wird zum Objekt der psychoanalytischen Aufmerksamkeit. Das zusätzliche perzeptive und durch die Haltung des Analytikers verursachte emotionale Vakuum führt dazu, daß der in der Situation gefangene Patient sich gezwungenermaßen seinen Phantasien überläßt und so auf entwicklungspsychologisch frühere Erlebnisstufen „regrediert". Die Aktivierung früherer Beziehungsmuster und ihre „Übertragung" auf den Analytiker ist die Folge.

## Übertragung und Deutung

Der psychoanalytische „Key" verändert also Regeln der Alltagsinteraktion mit der Konsequenz, daß unkontrolliertes Verhalten des Patienten, allerdings nur bezogen auf seine Äußerungen, nicht nur geduldet, sondern sogar gefördert wird. Der „Streß" der psychoanalytischen Behandlung führt automatisch dazu, daß der Patient seine Selbstkontrolle teilweise verliert, biographische Informationen preisgibt und auf infantil strukturierte Beziehungsmuster zurückgreift. Er wird in der Form von „Übertragungen" zu Selbsttäuschungen angeregt, diese werden auf diese Weise systematisch produziert. Der Patient überträgt, so die Auffassung von Freud, Beziehungsmuster aus seiner Vergangenheit auf den Arzt. Damit bestimmt er unbewußt selbst die Transformationsregeln, mit denen er die Interaktion gestaltet (vgl. Goffman 1973b, p. 84). Wie bei den Erzählungen über seine Vergangenheit ist auch hier wieder seine schöpferische Kraft gefragt. In der künstlichen Experimentalsituation der Behandlung werden Selbsttäuschungen in der Form von Übertragungen also professionell initiiert.

Die Aufgabe des Analytikers ist es dann, mittels „Deutungen" diese latenten Transformationsregeln und damit den „Schleier vor den Gefühlen des Patienten" (Goffman 1973, p. 85) zu entfernen. Aber bereits der Fall Dora zeigte, wie schwierig die „Kunst der Deutung" ist und wie leicht es möglich ist, daß die Patienten die vom Analytiker konstruierte Biographie nicht als die ihre anerkennen.

In der Regel assoziieren die Patienten, und die Analytiker setzen ihre nach dem Kernkomplex des Ödipus konstruierte „Interpretationsmaschine" (Deleuze & Guattari 1974) in Gang. Gerade Deutungen, die mit der Trivialisierung des psychoanalytischen Wissens bereits zur „Welt der selbstverständlichen Gegebenheiten" (Schütz) gehören, bieten den Patienten wahrscheinlich keinen innovativen Sinn an, der ihnen hilft, sich selbst zu begreifen, sondern sie strukturieren die „Dichtungen" der Patienten lediglich durch ein Einschränken der kontingenten Sinnmöglichkeiten. Die Medizinalisierung der Psychoanalyse und ihre damit verbundene Reduzierung auf ein Ensemble von Techniken scheint, folgt man dem daran artikulierten Unbehagen (vgl. Lohmann 1983; Jacoby 1985), die Gefahr zu vergrößern, daß nicht mehr wir noch zu Freuds Zeiten jeder seine einzigartige, einem Roman ähnliche Biographie bekommt, sondern oft eine Biographie „von der Stange". Das gesammelte metapsychologische Wissen wird in den Händen der „Psychoanalytiker im Ärztekittel" endgültig zur Hexe, da die Deutungen als vermeintliche „Zaubertränke" konserviert und überliefert werden und man zusätzlich ihren hypothesenartigen Charakter und damit ihre Abhängigkeit von der Zustimmung des Patienten vergißt. Viele Patienten machen wahrscheinlich die Erfahrung, die Deleuze beschreibt: „Unterzieht man sich einer Psychoanalyse, dann glaubt man in diesem Kontext sprechen zu können, und zahlt dann auch bereitwillig für diesen Glauben. Tatsächlich hat man nicht die geringste Chance. Die Psychoanalyse sorgt gerade dafür, die Leute am Sprechen zu hindern, ihnen die Bedingungen wirklichen Sichäußerns unter den Füßen wegzuziehen." (Deleuze & Parnet 1980, p. 88).

Freud ging davon aus, daß im psychoanalytischen Rahmen die ursprüngliche Neurose durch eine „Übertragungsneurose" abgebaut werden könne. Nur die quasi-künstlich erzeugten Gefühle und Ängste können be- und aufgearbeitet werden. Ihre Aktivierung weist auf die Wiederholung einer biographisch wichtigen Szene hin, die erinnert werden muß, um die Wiederholung in Erinnerung verwandeln zu können (vgl. Cremerius 1984b, pp. 413ff.). Das Wesen der psychoanalytischen Sinnstiftung besteht also darin, Emotionen mit biographischer „Aufhellung"

zu koppeln. Die Konstruktion der Biographie, die an von den Patienten selbst aufgeworfenen Fragen und Problemen ansetzt, muß ihr „Impfstoff" für ihr weiteres Leben sein.

Der Analytiker aber verabreicht den Impfstoff. Die Analyse der Struktur der Interaktion hat gezeigt, daß er das Wissen, das ihm der Patient durch seine Geständnisse offenbart, die um das Geheimnis seiner individuellen Sexualität kreisen, benutzt, um die Logik von dessen Unbewußten freizulegen und den Patienten so mit einer Biographie zu versehen. Er weist den Patienten in diese ihm zunächst unverständliche und unbekannte Wirklichkeit ein, die bei erfolgreicher Therapie seine einzige Wirklichkeit sein wird. Am Ende wird der geheilte Patient durch seine Biographie gesteuert, vor deren Hintergrund er aber einen neuen Roman beginnen können soll. Die Geschichte seiner Seele ist nicht abgeschlossen.

## 3. Klassische Psychoanalyse und therapeutische Gruppen

Die Geschichte der Institutionen der Selbstthematisierung vom „monumentalen Diskurs" im alten Ägypten (vgl. Assmann 1987) bis zu den modernen Selbsterfahrungsgruppen muß noch geschrieben werden. Diese Beschreibung kann davon ausgehen, daß ihre Gegenstände nach einer je eigenen Logik funktionieren und in einem entwicklungslogischen Zusammenhang stehen. Die Psychoanalyse z. B. stammt zwar nicht direkt von der Beichte ab, aber sie weist zum einen eine Reihe struktureller Ähnlichkeiten mit der Beichte auf und kann zum anderen als eine moderne Entsprechung religiöser Mythen und Riten verstanden werden (Hahn 1989b). Die meisten Gruppentherapien stehen dagegen in einem direkten genetischen Zusammenhang mit der Psychoanalyse, deren Transformationen auch historisch rekonstruiert werden können. Der Untersuchung der Gruppentherapie werden daher Hinweise auf wesentliche Ähnlichkeiten und Differenzen zwischen diesen Therapieformen vorangestellt.

## Ähnlichkeiten

Eine Übereinstimmung zwischen der Psychoanalyse und den heutigen Gruppentherapien ist auf den ersten Blick in dem äußeren Rahmen zu erkennen, der die jeweiligen Interaktionssysteme aus dem alltäglichen Leben ausgrenzt und einen sozialen Schonraum konstituiert. Diese geschlossene soziale Welt ist die Voraussetzung der Affekte und Bekenntnisse, die in der Psychoanalyse wie in der therapeutischen Gruppe der „Grundregel" der Ehrlichkeit gehorchen sollen. Ihr entsprechen die Distanz, Toleranz und Neutralität der Therapeuten. In der Nachfolge des Psychoanalytikers steht der Gruppentherapeut auch hinsichtlich seiner Deutungs- und Steuerungsfunktionen, die er, wie der Analytiker, auf der Basis relativer Passivität erfüllt. Diese wird von beiden Therapieformen als Voraussetzung der „Selbstentfaltung" des Patienten beschrieben, die in der Psychoanalyse zunächst die Selbstentfaltung des pathologischen Verhaltensklischees in der „Übertragung" sein soll. Den psychoanalytischen und gruppentherapeutischen Praktiken der Selbstentfaltung liegt das Konzept des „eigentlichen" Selbst zugrunde, das von psychischen („Verdrängungen" etc.) und sozialen Verzerrungen und Hindernissen (z. B. Distanznormen) befreit werden soll. Diese Emanzipation betrifft in beiden therapeutischen Verfahren sowohl die Ebene der Affekte („Regressionen") als auch die Ebene des Redens über sich. Die große Erzählung und Beschreibung des Lebens, die die Psychoanalyse ins Zentrum ihres Verfahrens gerückt hat, spielt in den neuesten Formen der Gruppentherapie nur noch eine rudimentäre Rolle. Aber hier wie dort wird die Individualität des Patienten nicht nur zum Ausdruck und zur Geltung gebracht, sondern durch die Praktiken und Behandlungen der Selbstthematisierung auch erzeugt und formiert.

## Differenzen

Die wichtigste Differenz zwischen der Psychoanalyse und der Gruppentherapie besteht in der „Multipolarität" des gruppentherapeutischen Interaktionssystems. Während es in der Psychoanalyse nur die individuelle und individualisierende Beziehung von Arzt und Patient gibt, treten in der therapeutischen Gruppe die Beziehungen des Einzelnen zu seinen Mitpatienten und zur Gruppe in den Vordergrund. Diese Beziehungen und nicht die Wahrnehmungen und Deutungen einer analytischen „Spiegelplatte" gelten als diagnostisches und therapeutisches Medium. An die Stelle der biographischen Rekonstruktion und Konstruktion, die die Erlebniswelt und Vergangenheit des Analysanden fokussiert, treten die Beziehungen gleicher und bloßer Menschen, die hier und jetzt „Erfahrungen" machen, mit dem Ziel, zu ihrem eigentlichen Selbst zu gelangen. Das Spontaneitätsgebot, das in der Psychoanalyse (Grundregel) dazu dient, deutungsrelevante Informationen durch die Herabsetzung der Selbstkontrolle (Selbstzensur) freizusetzen, soll in den therapeutischen Gruppen Hindernisse (Distanzen) auf dem Weg zueinander, und damit zu sich selbst, aus der Welt schaffen. Die analytische Selbstbezweiflung (Pathologieverdacht), Selbstüberwachung und biographische Selbstdeutung wird in der therapeutischen Gruppe von der Entfaltung der „Menschlichkeit" als Schlüssel der Selbstfindung abgelöst. Damit ist es nicht mehr primär der „Widerstand" gegen sich selbst, gegen die innere pathologische Nicht-Identität, deren unwillkürliche (symptomatische) Manifestationen es in der Psychoanalyse zu entschlüsseln und zu überwinden gilt. Vielmehr sind es alle möglichen Widerstände gegen „Begegnungen" und „Erfahrungen" mit anderen „Menschen", die in der Gruppe überwunden werden sollen. Als Mittel zu diesem Zweck gilt hier nicht oder kaum die (biographische) Selbsterkenntnis, sondern vor allem Intimität und Selbstakzeptanz, die durch die garantierte Akzeptanz in der Gruppe erleichtert wird. Die Steigerung der „archäologischen" Zwecken dienenden analytischen Toleranz zur bedingungslosen Akzeptanz und Achtung des Menschen, wie er in seinen Bekenntnissen offenbar wird, ermöglicht die Selbstenthüllung und Regression des Patienten vor Seinesgleichen. Erfahrung, Gefühl, Bestätigung etc. werden zu Mitteln und Selbstzwecken, die wichtiger sind als Reflexion und Erkenntnis. Mit dem Bedeutungsverlust der Biographisierung, der Aufgabe biographischer Wahrheitsansprüche und der

Umfunktionierung der Biographie zum Instrument einer tendenziell auf Unlustvermeidung bedachten Sinnstiftung hängt die Trivialisierung von Theorie zusammen. Während die analytische „Metapsychologie" die Deutung des Therapeuten systematisch anleitet und als Bezugsrahmen biographischer und lebenspraktischer Konsistenzpostulate fungiert, verzichten die meisten Gruppentherapien auf systematische Theoriebezüge ebenso wie auf kanonische „technische" Selbstbeschreibungen. Dieses pragmatische Selbstverständnis verschafft den therapeutischen Gruppen ein höheres Maß an Handlungsfreiheit und innerer Beweglichkeit, die die Psychoanalyse durch ihre technischen Vorschriften selbst einschränkt. Die Anomie, die die Psychoanalyse der Selbstthematisierung des Analysanden gebietet, wird also zum Prinzip der gruppentherapeutischen Interaktion. Und in gewisser Weise wird Anomie auch zum Ideal des Lebens und Zusammenlebens. Jedenfalls tendieren die Gruppentherapien zur Idealisierung von Selbstverwirklichung im Sinne von Unlustvermeidung und Lustvermehrung. Die Psychoanalyse, die biographische Konsistenz, Selbsttransparenz und Selbstbeherrschung anstrebt, kann in diesem Rahmen als Krankheit erscheinen.

## 4. Therapeutische Gruppen

Die Vielfalt der Gruppentherapien, einschließlich der sogenannten Selbsterfahrungsgruppen (vgl. Frank 1985, p. 367; Eckert 1983a, p. 147), kann als ein sozialer Systemtyp mit spezifischen Strukturen, Funktionen und Problemen beschrieben werden. „Eine neue Übersicht über repräsentative Gruppen im Buchtengebiet von Nordkalifornien zeigt eine verwirrende Fülle von Methoden: psychoanalytische Gruppen, Psychodrama-Gruppen, Krisisgruppen, Synanon, Gesellschaft für Genesung (Recovery, Inc.), Anonyme Alkoholiker, Ehepaargruppen, Marathon-Encounter-Gruppen, Familientherapie-Gruppen, traditionelle T-Gruppen, Multimedia-Gruppen, Gruppen für nichtverbale Erweiterung der sinnlichen Erfahrung, Gruppen für Transaktions-Analyse

und Gestalttherapie-Gruppen. Viele von ihnen sind als Therapiegruppen angelegt; andere bewegen sich auf der fließenden Grenze zwischen persönlichem Wachsen und Therapie. (...) Läßt man die ‚Fassade' außer acht und betrachtet nur die eigentümliche Methode, mit der beim Patienten eine Veränderung herbeigeführt wird, so stellt man fest, daß diese Methoden an der Zahl begrenzt sind und untereinander bemerkenswerte Ähnlichkeit aufweisen. Therapiegruppen, die von der Form her völlig verschieden erscheinen, benutzen möglicherweise genau die gleichen Veränderungsmechanismen" (Yalom 1974, p. 11).

Eine formale Beschreibung der Gruppentherapie kann darauf hinweisen, daß diese Therapieform bestimmte Interaktionsnormen (z.B. die Taktvorschrift) und Handlungszwänge (z.B. den Zwang zur Selbststilisierung) aufhebt (vgl. Frank 1985, p. 363; Eckert 1983a, p. 145). Die therapeutische Gruppe will ein „repressionsfreies Reservat" im Sinne von Habermas (1968) sein, das eine uneingeschränkte Selbstreflexion und „Selbstentfaltung" ermöglicht. „Die ‚therapeutische Kultur' von Sigmund Freud bis Arthur Janov ist – makrosoziologisch gesehen – eine zweckspezifische Institutionalisierung der Selbstreflexion, die im Zuge zunehmender sozialer Differenzierung möglich wird. Selbstreflexion, Thematisierung von Subjektivität wird in ihr marktgängig" (Eckert 1983b, p. 10).

### Exklusion und Transformation: der therapeutische Schon- und Spiel-Raum

Der Rahmen, in dem der therapeutische Diskurs geführt wird, impliziert spezifische „Regeln der Irrelevanz" (Goffman 1973b, p. 21). So soll z.B. der soziale Status der Gruppenmitglieder, dem therapeutischen Ethos des „bloß Menschlichen" gemäß, keine Rolle spielen. Die Irrelevanzregeln bilden eine Komponente des technischen Regelsystems, das normale Bedeutungen, Erwartungen und Umgangsformen transformiert. Dieses Regelsystem ändert insbesondere die Bedeutung von und die Verantwortung für Taten, die im Alltag drastische Folgen hätten. Persönliche Beleidigungen etwa sind auf der Basis der technischen Vorschriften legitim und können durch (Selbst-)Pathologisierungen entschärft werden. Neben der Abschottung des Interaktionssystems sind es diese Regeln, die die außergewöhnlichen Freiheiten der therapeutischen Kommunikation möglich machen (vgl. Eckert 1983a, p. 153).

Damit kann die therapeutische Gruppe als eine Art „Labor" (Eckert 1983a, p. 151) fungieren, in dem Neues gewagt und ausprobiert werden kann. Diese Freiheit, sich ehrlich und spontan zu verhalten, kann einerseits in sich befriedigend sein und andererseits dem Zweck der Behandlung bestimmter Symptome dienen.

Die Experimentalräume der heutigen therapeutischen Kultur stammen von der Psychoanalyse ab. Freud hatte das analytische „Setting" dem naturwissenschaftlichen Experiment nachgebildet (vgl. Castel 1987; De Swaan 1979), um das „pathologische Spiel", das symptomatische Verhaltensmuster des Patienten zu isolieren. Zensurlosigkeit und Spontaneität (die „Grundregel") sind jedoch im Rahmen der psychoanalytischen Therapie keine Freiheiten (z. B. zum Experimentieren), sondern bedingungslos geltende Imperative. Das, was im Rahmen der Psychoanalyse nur an sich möglich ist (durch technische Regeln aber weitgehend ausgeschlossen wird), das lizensieren später entstandene therapeutische Verfahren, insbesondere Gruppentherapien. Sie kontinuieren und variieren das Prinzip der Psychoanalyse, nämlich einerseits „Anomie zu institutionalisieren" und andererseits einen „starken" und eindeutigen Rahmen zu etablieren.

## Soziale Kontrolle und Selbstkontrolle

Das Mitglied der therapeutischen Gruppe wird in den Grenzen des therapeutischen Interaktionssystems einerseits zur „Selbstverwirklichung" freigesetzt und andererseits zum Gegenstand intensiver Beobachtung und Beurteilung. Dabei spielen heute, neben anderen Techniken (vgl. Yalom 1974), Aufzeichnungsmedien eine besondere Rolle.

Insbesondere der Videorecorder gewinnt in der therapeutischen Praxis zunehmend an Bedeutung. Mit dem Einsatz dieses Mediums (und anderer Aufzeichnungsmedien) können

sich die Akteure auf eine Weise „gegenübertreten", die zu neuen Möglichkeiten und Notwendigkeiten der Wahrnehmung, Beobachtung und Reflexion führt. Die Akteure des vergangenen Geschehens sehen sich als Figuren der Videoaufnahmen nicht nur anders und distanzierter, sondern sind auch gezwungen oder in der Lage, ihre Erlebnisse und Erlebnisrekonstruktionen mit Hilfe des Mediums (durch Wiederholungen, Standbilder etc.) zu überprüfen. Neben der Gruppe, mit und gegenüber der Gruppe fungiert das Medium als ein „Spiegel", ein Gedächtnis und eine Drittheit, die ebenso neutral wie schonungslos ist. Therapeutisch ist der Videorecorder vor allem als Hilfsmittel der Analyse von Bedeutung. Es verschafft der nach pathologischen Verhaltens- und Interaktionsmustern ausschauenden „Hermeneutik" des Therapeuten und der Patienten zusätzliche Informationen und vor allem Kontrollierbarkeit. Im Vergleich mit den anderen Verfahren institutioneller Selbstthematisierung, die wie die Beichte und die Psychoanalyse primär auf Gespräch, Erinnerung und Schrift aufbauen, zeigt sich, daß aus der Einführung des Videorecorders qualitativ neue, therapeutisch (zivilisatorisch) höchst bedeutsame Möglichkeiten und Zwänge resultieren. „Oft wird das lange gehegte Selbstbild eines Patienten durch das erste Playback einer Video-Bandaufnahme von Grund auf in Frage gestellt. Es ist nicht ungewöhnlich, daß er sich nun an frühere Reaktionen anderer Mitglieder auf sein Verhalten erinnert und sie akzeptiert; oft begreift er mit dramatischer Wirkung, daß die Gruppe aufrichtig und allenfalls in früheren Konfrontationen allzu beschützend war. Die Gruppe wird nicht länger als eine kritische oder destruktive Instanz erlebt, und der Patient wird möglicherweise zugänglicher für zukünftige Deutungen. Oft kommen tiefgreifende Selbstkonfrontationen vor; man kann sich nicht vor sich selbst verstecken; manchmal geben Patienten im späteren Verlauf abwehrende und inkongruente Fassaden auf. Viele erste Reaktionen auf das Playback betreffen das Vorhandensein oder Fehlen von Sex-Appeal bei Frauen und Männlichkeit bei Männern (30). In späteren Playback-Sitzungen bemerken die Patienten ihre Interaktionen mit anderen, ihr Zurückweichen, die Unangemessenheit ihrer

Reaktionen, ihre überwiegende Beschäftigung mit sich selbst, ihre Feindseligkeit oder Distanziertheit. Sie können sich viel besser selbst beobachten und objektiv sein, als wenn sie wirklich in der Gruppen-Interaktion stekken (vgl. Yalom 1974, p. 369)".

Der Videorecorder ist ein (selbst-)diagnostisches Instrument, dessen (zivilisierende) Wirkungen vor allem in Steigerungen der (Selbst-)Distanz, des (Selbst-)Abweichungs- und Kontingenzbewußtseins bestehen. Mit Hilfe dieses Mediums wird die analytische Enthüllung des Selbst weiter rationalisiert und totalisiert. Das Verhältnis von Therapeut und Patient wird damit zu einem wirklichen „Arbeitsbündnis".

## Biographisierung

Der Einsatz des Videorecorders entspricht der typischen „Hier-und-Jetzt-Orientierung" der Gruppentherapie. Im Gegensatz zur Psychoanalyse, die die therapeutische Interaktion um den Preis „negativer Erfahrungen" (Goffman 1977, p. 416) des Patienten wesentlich auf die Funktion der biographischen Informationsgewinnung reduziert, kann und soll die gruppentherapeutische Interaktion durch „positive Erfahrungen" zur Heilung führen. An die Stelle der in der Psychoanalyse notwendig schmerzhaften biographischen Selbsterkenntnis tritt die Biographisierung als eine sekundäre und wählbare Methode, die keine systematische Übersetzung der Selbstbeschreibung des Patienten in den Diskurs des Therapeuten mehr bezweckt. Darüber hinaus spielt die Biographie des Patienten auch im gruppentherapeutischen Rahmen eine Rolle, und zwar vor allem in der Form der „traurigen Geschichte" des Patienten. Goffman hat diese „apologetische Selbstdarstellung" im Kontext psychiatrischer Anstalten untersucht, deren Insassen sich typischerweise zu biographischen Erklärungen veranlaßt fühlen. „Wenn hingegen die Fakten der Vergangenheit und Gegenwart eines Menschen extrem trostlos sind, dann ist es gewiß für ihn am besten, wenn er zu beweisen sucht, daß er für das, was aus ihm geworden ist, nicht verantwortlich ist und dann kann man von einer ‚traurigen

Geschichte' sprechen (Goffman 1973a, p. 149)".

Während der Insasse einer psychiatrischen Anstalt seine Apologie normalerweise weder gegenüber seinesgleichen noch gegenüber seinen Behandlern glaubhaft machen kann, darf das therapeutische Gruppenmitglied Aufmerksamkeit, Akzeptanz und Anteilnahme erwarten, was bereits von therapeutischem Wert sein kann. Als Beschreibung der individuellen Leidenskarriere und der therapeutischen Errettung (vgl. Yalom 1974, p. 26) beschwört die „sad story" den biographischen Neuanfang durch die Therapie, die vermutlich durch eine entsprechende „self-fulfilling prophecy" unterstützt wird. Die „traurige Geschichte" dient aber nicht nur der Initiation und Befestigung eines therapierten Lebens, sondern auch der Motivierung derer, die die Heilung ermöglichen sollen. „Ein Mensch mit königlichem Gebaren, das fast unerträgliche Arroganz und Herablassung spüren läßt, kann plötzlich verständlich und sogar sympathisch erscheinen, wenn man von seinen Einwanderer-Eltern erfährt und von seinem verzweifelten Bemühen, die Erniedrigung seiner Kindheit im Elendsviertel zu überwinden (Yalom 1974, p. 144)".

Derartige vom Therapeuten arrangierbare Selbstdarstellungen führen zu Verständnissen und zu weiteren Möglichkeiten, sich verständlich und akzeptabel zu machen. Das Verständnis, die Sympathie, die Achtung der Gruppe kann wiederum gesteigerte Selbstakzeptanz, Verhaltens- und Erlebensänderungen zur Folge haben. Im Zuge solcher Wechselwirkungen sind tiefgreifende Veränderungen des (biographischen) Selbst- und Weltbilds möglich. Im „Spiegel" der Gruppe kann das Mitglied seine Biographie neu „reflektieren". „In gewissem Sinn ist es vielleicht nützlicher (und nicht weniger richtig), sich auch zu überlegen, daß die Gegenwart die Vergangenheit bestimmt! Wie Frank (7) uns erinnert, können sich Patienten selbst in längeren Therapien nur einen winzigen Bruchteil ihrer früheren Erlebnisse ins Gedächtnis zurückrufen; sie erinnern sich manchmal selektiv und synthetisieren die Vergangenheit, um eine Übereinstimmung mit ihrer gegenwärtigen Ansicht von sich selbst herzustellen. (...) Wenn ein Patient durch eine Therapie sein aktuelles Selbstbild ändert, kann er seine Vergangenheit verändern oder reintegrieren; er wird sich vielleicht lange vergessener positiver Erfahrungen mit seinem Elternteil erinnern (Yalom 1974, p. 144)".

Anders als die klassischen Psychoanalytiker, die in der biographischen Abbildung der Psychogenese das eigentliche therapeutische Instrument sehen, „verwenden" die Gruppentherapeuten die Selektionsmöglichkeiten der Lebensbeschreibungen zur „Entwicklung der Gruppenkohäsion" (Yalom 1974, p. 143). Die kognitive und moralische Kraft der Gruppe und nicht die Psyche des Mitglieds gilt ihnen als das Primäre, als Träger und Medium des therapeutischen Prozesses. Der Therapeut hat daher, unterstützt durch seine Kompetenzen und diskursiven Beschreibungsmittel, die Aufgabe, randständigen Gruppenmitgliedern das Verständnis und die Akzeptanz der Gruppe zu verschaffen, z. B. indem er eine psychologische „sad story" erzählt oder provoziert.

Schließlich ist darauf hinzuweisen, daß die therapeutischen Sitzungen, die Lebensabschnitte sind, als strukturierende Bezugspunkte des Lebens fungieren können. Man lebt dann im Hinblick auf die Reflexion des Lebens und ist vielleicht dadurch lebensfähig. „Ein Großteil der Zusammenkünfte der Gesellschaft für Genesung und der Anonymen Alkoholiker ist dem Zeugnisablegen gewidmet. Mitglieder der erstgenannten Gruppe berichten von potentiell belastenden Vorfällen, bei denen sie durch die Anwendung der Methoden ihrer Vereinigung Spannung vermieden haben" (Yalom 1974, p. 26).

## 5. Schluß

Im Gegensatz zur Psychoanalyse, die das Ich auf eine lebenspraktisch verbindliche Beschreibung seiner Vergangenheit und Psycho-Logik festlegt, zielt die „Politik" der meisten therapeutischen Gruppen auf die unverbindliche Selbstverwirklichung des Privatmenschen. In Konkurrenz mit anderen Anbietern „vermarkten" diese Gruppen vor allem Kompensationen und „positive Erfahrungen" von der Entspannung bis zum Rausch. An die Stelle der mit Arbeit, Verzicht und Schmerz verbundenen analytischen Biographiekonstruktion sind Angebote und Nachfragen getreten, die die Randbedingungen und Mittel der analytischen Therapie (Katharsis, Ehrlichkeit etc.) zum Zweck erhoben, transformiert und ausgebaut haben.

Die Hauptfunktion der meisten dieser Selbstfindungsprozeduren scheint weniger in der Sicherung sozialer Kontrolle als vielmehr in der fallweisen Sinnstiftung, weniger in der Steigerung der Verantwortung für Schuld als in der Produktion von Glück durch Überwindung von Traumata zu bestehen. Nicht so sehr die Festlegung auf Vergangenheit als ihre selektive Verwendung zur „Erklärung" akuter Krisen scheint im Vordergrund zu stehen, bisweilen auch die orgiastische symbolische Reproduktion traumatischer Erfahrungen.

Am Ende mag dann in vielen Fällen eine subjektive „Überwindung" der eigenen Vergangenheit stehen. Das, was geleistet werden soll, ist primär eine Synchronisation disparater Erfahrungen und Bewußtseinsinhalte, die im Einzelfall statt durch Bekenntnis auch durch Vergessenmachen bewerkstelligt werden kann. Nur selten ist jedenfalls beabsichtigt, eine ein für allemal stimmige Biographie zu erzeugen, eher geht es um die permanente Neudefinition der Biographie durch immer neue Konfessionen. Dabei ist das Selektionskriterium für zu berücksichtigende Vergangenheit – wenn nicht ohnehin Stimmigkeit der Biographie eher im Verzicht auf reflexive Verfahren im direkten Selbsterlebnis der Trance, des Rausches, des Tanzes, im „Aus-Agieren" durch Immunisierung der Vergangenheit erreicht wird – die jeweilige Gegenwart mit ihrem Bedarf an Sinnstiftung und Katharsis. War einst die Beichte das Vehikel der Festlegung des Ichs auf seine Inhalte, so stehen die neuen Bekenntnisformen eher im Dienst der Dynamisierung des Selbst angesichts fremderzeugten Anpassungsdrucks. Was man von totalitären Regimes behauptet hat, daß sie ihre Geschichte ständig neu schrieben, das gilt auch für das moderne Individuum und die Inhalte seiner Bekenntnisse. Dieser Wechsel der Selbstdefinitionen wird dann selbst als Teil der Autonomie des Individuums erfahren, das sein Leben (genauer: sein Privatleben) schlechthin subjektiv interpretieren kann. In dem Maße, wie unser Ich an objektiv verbindlicher Verpflichtung verliert, wird es für uns zum narzißtisch empfundenen Quellgrund immer neuer, stets interessanter Romane.

## Bibliographie

Assmann, J. 1987: Sepulkrale Selbstthematisierung im Alten Ägypten. In: Hahn/Kapp (eds.) 1987, p. 208-233

Berger, P.L. 1972: Auf dem Weg zu einem soziologischen Verständnis der Psychoanalyse. In: Wehler, H.U. (ed.) 1972: Soziologie und Psychoanalyse. Stuttgart. Kohlhammer

Castel, R. 1987: Die Institutionalisierung des Uneingestehbaren und die Aufwertung des Intimen. In: Hahn, A./Kapp, V. (eds.) 1987, p. 170-180

Cremerius, J. 1984a: Freud bei der Arbeit über die Schulter geschaut. Seine Technik im Spiegel von Schülern und Patienten. In: Cremerius, J. 1984: Vom Handwerk des Psychoanalytikers. Das Werkzeug der psychoanalytischen Technik. Bd 2. Stuttgart-Bad Cannstatt: fromann-holzboog. p. 326-363

Cremerius, J. 1984b: Die Konstruktion der biographischen Wirklichkeit im analytischen Prozeß. In: Cremerius, 1984, p. 398-425

Deleuze, G./Guattari, F. 1974: Anti-Ödipus. Kapitalismus und Schizophrenie. Frankfurt a.M., Suhrkamp

Deleuze, G./Parnet, C. 1980: Dialoge. Frankfurt a.M., Suhrkamp

Donzelot, J. 1979: Die Ordnung der Familie. Frankfurt a.M., Suhrkamp

Dreyfuss, H.L./Rabinow, P. 1987: Michel Foucault. Jenseits von Strukturalismus und Hermeneutik. Frankfurt a.M., Syndikat

Duval, S./Wicklund, R.A. 1972: A theory of objective self-awareness. New York

Eckert, R. 1983a: Sind anomische Prozesse institutionalisierbar? Gedanken zu einigen Voraussetzungen, Funktionen und Folgen von Selbsterfahrungsgruppen. In: Kölner Zeitschrift für Soziologie und Sozialpsychologie, Sonderheft 25, p. 144-155

Eckert, R. 1983b: Sind anomische Prozesse institutionalisierbar? Gedanken zu einigen Voraussetzungen, Funktionen und Folgen von Selbsterfahrungsgruppen. Manuskript. Universität Trier

Fara, G./Cundo, P. 1983: Psychoanalyse – ein bürgerlicher Roman. Frankfurt a.M., Stroemfeld/Roter Stern

Foucault, M. 1969: Wahnsinn und Gesellschaft. Frankfurt a.M., Suhrkamp

Foucault, M. 1977: Der Wille zum Wissen. Sexualität und Wahrheit 1. Frankfurt a.M., Suhrkamp

Frank, J.D. 1985: Die Heiler. Über psychotherapeutische Wirkungsweisen vom Schamanismus bis zu den modernen Therapien. Stuttgart, Deutscher Taschenbuchverlag

Freud, S. 1895: Zur Psychotherapie der Hysterie. In: Freud, S. 1975a: Schriften zur Behandlungstechnik. Studienausgabe. Ergänzungsband. Frankfurt a.M., S. Fischer. p. 37-97

Freud, S. 1900/1972: Die Traumdeutung. Studienausgabe Bd. 2. Frankfurt a.M., S. Fischer

Freud, S. 1905: Bruckstücke einer Hysterie-Analyse. In: Freud, S. 1971: Hysterie und Angst. Studienausgabe Bd. 6. Frankfurt a.M., S. Fischer, p. 83-186

Freud, S. 1909: Bemerkungen über einen Fall von Zwangsneurose. In: Freud, S. 1973: Zwang, Paranoia und Perversion. Studienausgabe Bd. 7. Frankfurt a.M., S. Fischer, p. 31-103

Freud, S. 1917/1977: Vorlesungen zur Einführung in die Psychoanalyse. Frankfurt a.M., Fischer Taschenbuch Verlag

Freud, S. 1975b: Aus den Anfängen der Psychoanalyse 1887-1902. Briefe an Wilhelm Fließ. Frankfurt a.M., S. Fischer

Gleichmann, P./Goudsblom, J./Korte, H. (eds.) 1979: Materialien zu Norbert Elias' Zivilisationstheorie. Frankfurt a.M., Suhrkamp

Goffman, E. 1973a: Asyle. Über die soziale Situation psychiatrischer Patienten und anderer Insassen. Frankfurt a.M., Suhrkamp

Goffman, E. 1973b: Interaktion: Spaß am Spiel. Rollendistanz. München, Piper

Goffman, E. 1977: Rahmen-Analyse. Ein Versuch über die Organisation von Alltagserfahrungen. Frankfurt a.M., Suhrkamp

Habermas, J. 1968: Erkenntnis und Interesse. Frankfurt a.M., Suhrkamp

Hahn, A. 1982: Zur Soziologie der Beichte und anderer Formen institutionalisierter Bekenntnisse: Selbstthematisierung und Zivilisationsprozeß. In: Kölner Zeitschrift für Soziologie und Sozialpsychologie, 34, H. 3, p. 407-434

Hahn, A. 1984: Beichte und Biographie, In: Horstmann, (ed.): Beichte und Buße, Schwerte, p. 11-28

Hahn, A./Kapp, V. (eds.) 1987: Selbstthematisierung und Selbstzeugnis: Bekenntnis und Geständnis. Frankfurt a.M., Suhrkamp

Hahn, A. 1988: Biographie und Lebenslauf. In: Brose, H.G./Hildenbrand, B. (eds.) 1988: Vom Ende des Individuums zur Individualität ohne Ende. Opladen, p. 91-106

Hahn, A. 1989a: Das andere Ich. Selbstthematisierung bei Proust. In: Kapp, V. (ed.) 1989: Marcel Proust: Geschmack und Neigung. Tübingen, Stauffenburg, p. 127-142

Hahn, A. 1989b: Sakramentale Kontrolle. In: Schluchter, W. (ed.) 1989: Max Webers Sicht des okzidentalen Christentums. Frankfurt/M., p. 229-253, Suhrkamp

Jacoby, R. 1985: Die Verdrängung der Psychoanalyse. Frankfurt a.M., S. Fischer

Leitner, H. 1982: Lebenslauf und Identität. Die kulturelle Konstruktion von Zeit in der Biographie. Frankfurt a.M./New York, Campus

Lohmann, H.M. (ed.) 1983: Das Unbehagen in der Psychoanalyse. Frankfurt a.M., Qumran

Lorenzer, A. 1973: Sprachzerstörung und Rekonstruktion. Frankfurt a.M., Suhrkamp

Lorenzer, A. 1984: Intimität und soziales Leid. Archäologie der Psychoanalyse. Frankfurt a.M., S. Fischer

Luhmann, N. 1971: Sinn als Grundbegriff der Soziologie. In: Habermas, J./Luhmann, N. 1971: Theorie der Gesellschaft oder Sozialtechnologie. Frankfurt a.M., Suhrkamp, p. 25-100

Marcus, S. 1974: Freud und Dora. Roman, Geschichte, Krankengeschichte. Psyche, 28, p. 32-79

Masson, J.M. 1984: Was hat man dir, du armes Kind, getan? Sigmund Freuds Unterdrückung der Verführungstheorie. Reinbek. Rowohlt

Menninger, K.A./Holzmann, P.S. 1977: Theorie der psychoanalytischen Technik. Stuttgart, Bad Cannstatt, fromann-holzboog

Reik, T. 1977: Hören mit dem dritten Ohr. Hamburg, Hoffman + Campe

Schröter, K. 1983: Psychoanalytisches Setting. In: Mertens, W. (ed.) 1983: Psychoanalyse. München, Urban + Schwarzenberg, p. 146-150

Simmel, G. 1968: Soziologie. Berlin (5. Auflage). Duncker + Humboldt

Stone, L. 1961: The psychoanalytic situation. New York, International University Press

Sulloway, F. 1982: Freud – Biologe der Seele. Hohenheim, Maschke

Swaan De, A. 1979: Zur Soziogenese des psychoanalytischen Settings. In: Gleichmann, P./Goudsblom, J./Korte, H. (eds.) 1979: p. 369-406

Winter, R. 1986: Rahmen-Analyse der Therapeut/Klient-Interaktion. – E. Goffmans Beitrag zur Analyse der therapeutischen Beziehung. Trier (unveröffentlichte Diplomarbeit in Psychologie)

Yalom, I.D. 1974: Gruppenpsychotherapie. Grundlagen und Methoden. München, Kindler

# Psychosomatik und Zivilisierung

*Volker Rittner*

## 1. Einführung

Im 20. Jahrhundert regulieren überindividuelle Sinnsysteme das Selbsterleben der Subjekte zunehmend weniger. Die Tradition hat an Kraft eingebüßt, prägnante Modelle des vorbildlichen und richtigen wie guten Lebens vorzustellen und verbindlich zu machen. Die Pluralisierung der Lebenswelt, die mit einer Subjektivierung sozialer Strukturen verbunden ist (Beck 1986, Bourdieu 1982), höhlt die sozioökonomischen Grundlagen der überkommenen sozialen und kulturellen Selbst-Identifikation und Selbstvergewisserung aus. Die über soziale Klassen und Schichten wie Traditionen vermittelten Bilder sozialer Identität verblassen; mit ihnen verschwinden tradierte und von sozial-moralischen Milieus kontrollierte Körper-Inszenierungen und Systeme der Körpersprache. Mit der Entwicklung geht einher, daß die Subjekte in den hochdifferenzierten Gesellschaften zunehmend Motive entwickeln und durchsetzen, mit denen sie ihre individuelle Besonderheit ausdrücken und als Anspruch formulieren. Tatsächlich schrumpft die Determinationskraft sozialer Klassen und Schichten. Auch die religiösen Entwürfe eines sinnhaften Lebens, die sich im Diesseits an einem jenseitigen Leben orientieren, verlieren an Verbindlichkeit.

Eine veränderte Wahrnehmung des Körpers korrespondiert mit den strukturellen Veränderungen (Kamper & Rittner 1976; Wenzel 1986; Kamper & Wulf 1982). Am Körper werden zunehmend Symbole individueller Souveränität gewonnen; Kategorien psycho-physischer Befindlichkeit dringen in die Alltagskultur ein. Es findet sich die massenhafte Sorge um den intakten Körper. Eine Vielzahl von Innovationen im Bereich körperlicher Aktivitäten, darunter insbesondere Bemühungen um den geformten Körper sowie um Fitneß, haben darüber hinaus das Repertoire körperlicher Praktiken und mit ihnen die somatische Kultur verändert. Die damit einhergehende Aufwertung der psycho-somatischen Begrifflichkeit und ihre Verankerung in der sozialen Lebenswelt sind Ausdruck davon, daß die Subjekte zu Regisseuren der eigenen Identität werden. Bezeichnet ist ein folgenreicher Umschlag: die gesellschaftlichen Strukturen gewährleisten nicht mehr die Synthesen auf Persönlichkeitsebene. Entsprechend finden sich die wichtigsten Experimente sozialer Identität im Bereich des Körper-Selbst-Verhältnisses.

Identität kann nicht mehr ausschließlich auf Vernunft bzw. Rationalität bezogen und im Sinne des Idealismus emphatisch als vernünftige Identität begriffen werden. Auch läßt sich das „wahre Selbst" nicht mehr durch rigide Abgrenzungsleistungen gegenüber dem Körper erfolgreich begreifen. Mit dem Zusammenbruch des Vorbildcharakters der klassischen Identitätsvorbilder hängt zusammen, daß das Verhältnis von Körper und Selbst variabel gesetzt und für die Subjekte durch Anschauung zugänglich wird. Eine veränderte Begrifflichkeit der Selbstbeschreibung erlaubt die Neubewertung des Körpers und vor allem eine veränderte Sicht auf das Arrangement von Körper und Selbst. Mit Begriffen, die das Verhältnis als prekär und verbesserungsbedürftig konzipieren, ändern die Subjekte die Vorstellungen vom „wahren Selbst".

Charakteristische Grundlagen traditioneller Selbstvergewisserung entfallen. Die Vorstellungen von der Seele, dem Korrelat einer Konzeption der Freiheit des Ich gegenüber seiner konkreten Umwelt – gegenüber dem Körper wie dem Alltag mit seinen Bedrängnissen –, verlieren ihre sozialen, darüber hinaus aber auch ihre psycho-physischen Grundlagen. Sie steuern das Verhalten und die Empfindungen der Subjekte nicht mehr zuverlässig. Psychische Techniken und soziale Kategorien der Handlungsführung, die von Konzepten der Seele bestimmt sind, erscheinen als anachronistisch und versagen in den veränderten Person-Umwelt-Verhältnissen der komplexen Gesellschaft. Sie werden in den hochdifferenzierten Interaktionssystemen dysfunktional.

Der Körper wird zum Index psychischer und sozialer Leiden. Die somatischen Leiden werden in Beziehung gebracht zu den Bedingungen der individuellen Selbstbehauptung. Ein verändertes Verständnis der Zivilisationskrankheiten rückt prekäre Zusammenhänge von Psyche, Soma und Umwelt in den Horizont. Entsprechend ordnet sich ein systematisch gestiegenes Interesse für Kategorien und Denkfiguren der Psychosomatik und für anthropologische Fragen der Identität ein. Sie sind Ausdruck der Erosion traditioneller Sinnsysteme wie Instrumente einer Bewältigung der damit verbundenen Sinnprobleme. Die veränderte Struktur der Probleme sucht sich ihren angemessenen Ausdruck, wird bewußtseinsrelevant und handhabbar. Nicht nur Identität wird reflexiv, sondern auch der Prozeß der Identitätsbildung. Schließlich steuern die kritisch gewordenen Begriffe der Selbstidentifikation auch die Problemlösungen. Nicht zufällig dirigieren veränderte Bilder vom Körper neue Formen der individuellen Selbstbehauptung.

Kennzeichnend für modifizierte Vorstellungen von Körper und Selbst und für ein damit verändertes Verhältnis von Psychosomatik und Zivilisation sind vor allen Dingen drei Momente:

1. Zu konstatieren ist das Wachstum von Vorstellungen der psycho-somatischen Verwundbarkeit des Ich.
2. Es finden sich Phänomene einer „Verkörperlichung des Selbst".
3. Vorstellungen und Symbole des intakten Körpers, die teilweise in Konkurrenz zu den Vorstellungen von der „schönen Seele" treten, zeigen ein überaus dynamisches Wachstum. Bilder vom geformten Körper, die an Funktionen individueller Selbstdarstellung und Bekräftigung orientiert sind, treten in verschiedener Hinsicht an die Stelle der überkommenen Seelen-Semantik. Die Konzepte der Seele verblassen.

## 2. Das verwundbare Ich – Streß als Kategorie moderner Selbst-Beschreibung

Charakteristisch ist, daß Identität zu einer Problemformel wird, in der die Selbstvorstellungen analytisch und reflexiv werden. Damit in Einklang steht, daß die kritischen Entwürfe einer Geschichte der Zivilisation und der abendländischen Rationalität in der Nachfolge von Marx, Nietzsche und Freud (Horkheimer & Adorno 1971; Elias 1976) durch die Alltagsvorstellungen der Individuen eingeholt und alltäglich gedacht werden können. Auch in der Literatur prägnant gewordene Figuren kritischer und reflexiver wie ironischer Identität – früh bei Musil, Thomas Mann, Italo Svevo, James Joyce – finden ihre Entsprechung in den Alltagsentwürfen und Erfahrungen. Die Vorstellung vom autonomen Ich verliert an Strahlkraft; an der Selbstbeherrschung wird der gewaltsame Charakter einer spezifischen Selbstzwang-Apparatur erkannt. Die allgemeine Vernunft kann für die individuelle Vernunft nicht mehr zuverlässig in Anspruch genommen werden; damit wächst das Bewußtsein hinsichtlich der Kosten der Körperdistanzierung und routinemäßigen Selbstdarstellung. Schließlich ist der Sinn für die Ungereimtheiten einer Existenz geschärft, in der die konkrete Umwelt, die Körpersymptome wie die individuelle Biographie gegen die Normen der allgemeinen Vernunft rebellieren. Die Vorstellung von der Doppelbödigkeit sozialer Identität ist damit in das zeitgenössische Lebensgefühl implantiert. Kein Zufall ist, daß in den Konstruktionen von Identität die Pole traditioneller Subjekt-Objekt-Beziehungen umdefiniert werden; die Vorstellungen vom Organismus und des Ich werden erweitert, anspruchsvoller und zugleich kritischer; auf der anderen Seite wird „Umwelt" zu einem semantisch aufgeladenen Begriff.

Die Kosten des gesellschaftlichen Fortschritts und der Differenzierungsprozesse werden sensibler registriert. In der Rede von den Zivilisationskrankheiten klingt die Erkenntnis an, daß die Logik gesellschaftlicher Differenzierung das Krankheitspanorama der komplexen Gesellschaft verändert hat. Krankheiten variieren mit dem Formtypus der Gesellschaft (Badura 1981). Dies erklärt, warum die abendländische Aufklärung und die von ihr in Geltung gesetzten Persönlichkeitsideale nicht mehr ausschließlich unter Kategorien des Fortschritts verstanden werden. Die Begriffe selbst werden kritisch. Zivilisation bzw. Zivilisierung und Identität sind, so das allgemeine Empfinden, keine sich steigernden Perfektionsbegriffe mehr. Eher sind sie Kristallisationskern für Problemgefühle, kollektives Unbehagen und Unsicherheit. Sie erschlaffen in der Funktion, Stoff und Motive für die attraktive Selbst-Identifikation bereitzustellen.

Die Begriffskarriere der Streß-Vorstellungen steht mit den Strukturwandlungen in engerer Beziehung. Die Subjekte artikulieren mit ihnen in spezifischer Weise die Sorge um die psycho-physische Existenz. An die Stelle der Sorge um die Seele tritt die Sorge um den Körper. Belastungen sind danach keine Anlässe für eine triumphale Bewährung des Selbst. Die Heterogenität der Attacken auf das Individuum, ihre Widersprüchlichkeit und der kleinformatige Charakter der Handlungsanlässe und Zwänge sprengen die Substanzen traditioneller Sinnschöpfung und Selbstvergewisserung. Sie sind nicht länger identitätsstiftend. Momente der Zivilisationskritik, sensible Kriterien der Selbstbeschreibung und anspruchsvolle Kategorien der Wahrnehmung eines veränderten Person-Umwelt-Verhältnisses werden in der Streß-Philosophie in populärer Weise erlebnisfähig. Die entsprechenden Vorstellungen geben den alltäglichen Handlungen Bedeutung, ziehen Aufmerksamkeit vom Seelenheil ab und schaffen der Idee des intakten und gesunden Körpers Platz und Raum wie Kriterien.

Tatsächlich gehören Vorstellungen von Streß, präziser Disstreß, was wissenschaftliche Termini betrifft, zu den eindrucksvollsten Begriffskarrieren in der Alltagswelt. Ursprünglich ein Laborbegriff, hat sich das Konzept Selyes (1977) in der Lebenswelt außerordentlich schnell verbreitet. Aber die Begriffskarriere der Vorstellungen individueller Verwundbarkeit wäre nicht denkbar, wenn die veränderten Empfindungen und Selbstbeschreibungen nicht in Strukturwandlungen im Verhältnis von Individuum und Gesellschaft ihre treibende Kraft hätten.

Die in den fortgeschrittenen Industriegesellschaften verbreiteten Unsicherheiten und Gefühle bekommen ihre prägnante Formel. Empfindungen der subjektiven Verwundbarkeit werden konstitutiv. Charakteristisch sind die Allgemeinheit des Streß-Konzeptes, weiterhin der Aspekt, daß unterschiedlichste Tätigkeiten und Engagements unter Streß-Verdacht geraten können und daß die Existenz des Individuums selbst, gemessen in psycho-physischen Kategorien, auf der Waagschale steht. Die Idee der Verwundbarkeit wandert in die Persönlichkeitsideale wie in die Voraussetzungen und Bewertungen sozialen Handelns ein. Vor allem aber: die Bedrohungen kommunizieren in direkter Weise mit den Selbstvorstellungen der Individuen, machen den psychischen Baustoff des Ich zum Thema; sie haben – mit vegetativen und nervösen Komponenten – selbst geistige, wenn man so will, seelische Struktur. Doppeldeutig sind danach die Person-Umwelt-Verhältnisse, die Handlungsanlässe wie die Handlungsziele. Sie können alle unter Streß-Verdacht geraten, d. h. unter Verdacht, daß sie das Subjekt und seinen Organismus schädigen.

## 3. Neue Persönlichkeits-Ideale

Nicht mehr die Sorge um die reine Seele organisiert die Anstrengungen der Selbstvergewisserung. In einem emphatischen Begriff vom Körper wie der Umwelt zeigt sich eine neue Architektur der psychischen Arbeit und Identitäts-Konstruktion. Mit ökologischen und alternativen Vorstellungen treten die Subjekte in einen erlebten Gegensatz zur Tradition der Innerlichkeit und des autarken Subjekts. Die Selbstverständlichkeit, mit der neue Konzeptionen „alternativ" zu sein beanspruchen, geht auf die Erfahrung der Differenz der neuen Selbstvorstellungen zur Tradition zurück.

Belastungen, die mehrdeutig werden, spannen das Subjekt nicht mehr zuverlässig an; ihnen fehlt die Verbindlichkeit allgemeiner Zielsetzungen. In der spezifisch eigenen Biographie können sich die Belastungen problematisch summieren; aus den konkreten Handlungen entsteht die Struktur der individuellen Verwundbarkeit. Die mit der Popu-

larisierung der Streß-Terminologie verquick-
ten Ideen unterminieren die Sicherheiten der
überlieferten Vorstellungen. Zweifellos haben die Vorstellungen, die von der Verwundbarkeit des konkreten Subjekts ausgehen,
individualisierende Momente in vielfacher
Hinsicht. Sie eröffnen eine neue Front für die
Selbstbehauptung. Das Individuationsprin-
zip par excellence – der eigene unverwechsel-
bare Körper und seine Reaktionen – bindet
Aufmerksamkeit; der Körper ist Ausgangspunkt einer neuen Kategorie von Gefährdungen. Die Einsicht, daß das Subjekt selbst
verantwortlich ist für sein Schicksal, liefert
vielfältige Anlässe, im Umgang mit sich
selbst, dem Körper, der Umwelt und dem
Schauplatz eigener Aktivitäten wählerisch zu
werden. Handeln erfolgt unter Vorbehalt.

Von zentraler Bedeutung ist, daß ein veränderter Begriff des Körpers entsteht. Er ist
danach vielfältig gefährdet. Er ist verwund-
bar durch abstrakte Lebenszusammenhänge,
Widersprüche, durch Zeitnot und Bewe-
gungsmangel. Auch die symbolischen Attak-
ken der Informationsgesellschaft überfor-
dern ihn als biologisches Substrat (Moss
1973; Marks 1977). Das Wissen, daß die Alltäglichkeit der Belastungen pathogen sein
kann, nötigt zur Mehrperspektivität in der
Aufmerksamkeit und den Beobachtungen.
Gefahren lauern überall, können getarnt sein
oder verbinden sich unter Umständen mit einer zu starken Identifikation mit den Lei-
stungsnormen der fortgeschrittenen Industriegesellschaft (Wenzel 1986). Damit wird
eine wichtige Figur traditioneller Selbst-The-
matisierung zumindest relativiert; Anstrengungen, insbesondere im Modus der höchsten Belastung, sind nicht mehr zuverlässig
Bedingungen eines Ideals der Selbstverwirklichung durch Arbeit, wie sie die Prinzipien
der Industriegesellschaft verbindlich machten und stilisierten. Eine ernüchterte Selbsterkenntnis, die als Kritik der Zivilisation
erscheint, erkennt in diesen Entwürfen sozialer Identität zunehmend pathogene Faktoren.

Die Subjekte werden zu Moderatoren ihres biologischen Schicksals. Möglicherweise
ist die eigene Persönlichkeitsstruktur ein pa-
thogener Faktor. Die Individuen bilanzieren
aufmerksamer. Handeln bekommt den Charakter von Investitionen, in denen das indivi-

duelle Wohl gegen das offizielle Handlungs-
ziel verrechnet werden kann, in denen soziale
Legitimation und subjektives Wohl voneinander abgehoben und gegeneinander variiert
werden können. Normen der Leistungsmoti-
vation binden die Subjekte nicht mehr in
uneingeschränkter Weise. Die traditionellen
Bedingungen von Handlungsgewißheit und
Entschlossenheit verlieren für die Selbstidentifikation und die individuellen Handlungssysteme an Bedeutung.

Parallelen haben die Modifikationen in allgemeinen Einsichten der Humanwissenschaften. Spätestens seit dem 19. Jahrhundert arbeiten die Sozialwissenschaften an
einem Programm, das die Inkongruenz der
subjektiven Perspektiven gegenüber den bestimmenden Strukturen der ökonomischen,
sozialen und kulturellen Realität herausstellt
(Luhmann 1971). Die Entdeckung des Unbewußten und latenter psychischer Funktionen
durch Psychoanalyse und Psychologie bringen das Konzept der Vernunft und des freien
Willens in Mißkredit. Verbreitet ist die Einsicht, daß eine zu große Faszination durch die
Vernunft die „Vernunft des Leibes" beeinträchtigt.

Lockerungen in den von den Normen der
Selbstbeherrschung regulierten Körperprak-
tiken sind die Folge. Eine Philosophie der
Vermeidung von Streß kontrastiert mit der
Tradition der Empfindsamkeit einer spezifisch deutschen Geistesgeschichte. Die Symptome des Körpers werden differenzierter
wahrgenommen; es findet sich eine Ausweitung des Vokabulars individueller Empfindlichkeit, eine Kritik von Normen des Lei-
stungshandelns und ein gesteigertes Interesse
an psycho-physischen Vorgängen. Mit aus-
differenzierten Ansprüchen auf Wohlbefinden, Entspannung und mit Ideen, daß die
Ressourcen der Person begrenzt sind, verbinden sich Haltungen, nach denen die Subjekte
ihr Verhältnis zum Körper und zur Umwelt
empfindlich einrichten. Der verletzbare, anspruchsvolle Körper, die konkrete Nahwelt
und die Notwendigkeiten eines sanften Umgangs mit den psycho-physischen Ressourcen
des individuellen Handelns rücken in das
Zentrum der Aufmerksamkeit (Rittner 1982
u. 1983).

Umstellungen in den Handlungsstilen,
Rollenentwürfen und Selbstdefinitionen ha-

ben ihre Rückversicherung in den verbreiteten Ideen der subjektiven Verwundbarkeit. Nicht selten machen sie die Erkenntnisse der Zivilisationskritik explizit. Am folgenreichsten scheint die Umstellung der Geschlechtsrollen-Ideale zu sein. Die Streßkategorien erlauben nicht nur die Beschreibung einer veränderten Problematik der individuellen Selbstbehauptung; sie gestatten auch Problemlösungen, die ohne die psycho-somatische Fassung der Probleme und ein entsprechendes Bewußtsein nicht möglich gewesen wären. Was unter dem Schlagwort der Emanzipation diskutiert wird, hat möglicherweise seine stärksten Triebkräfte nicht sosehr in aufklärerischen Gehalten als in verhaltenstaktischen Notwendigkeiten. In den widersprüchlichen, keine Eindeutigkeit erlaubenden Situationen der komplexen Gesellschaft ermöglichen die veränderten Männer- wie auch Frauenrollen eine größere Variation in den Handlungsformen, Motiven und Reaktionen; vor allem erlauben sie eine Dosierung und Differenzierung von Gefühlen. Damit ist die Regulationsleistung von Konzepten der Emanzipation, der Selbstverwirklichung und der Wiederentdeckung des Körpers konturiert. Sie gestatten Handlungsentwürfe mit größerer Sensibilität gegenüber dynamisch sich wandelnden Konstellationen. Den Subjekten wächst eine größere Disposition über sich selbst zu; sie definieren sich und ihr Handeln als änderbar in flexiblen Konstellationen.

Vorstellungen von Würde, Stolz, aber auch Ehre und rationaler Berufsarbeit verblassen nicht zuletzt deshalb, weil sie möglicherweise das Engagement des Subjekts in den gewandelten Konstellationen fehlleiten und den Aktor in Schwierigkeiten bringen. Verständlich wird, daß Lässigkeit, Lockerheit, darüber hinaus Schlankheit, Jugendlichkeit und Sportlichkeit zu neuen Persönlichkeits-Idealen werden. Sie gewährleisten Flexibilität und symbolisieren Mobilität in einer Konstellation, in der diese aus Gründen des Selbstschutzes notwendig werden. Damit treten zugleich die tieferen Ursachen eines allgemeinen Wertepluralismus sowie Wertewandels in der komplexen Gesellschaft stärker in das Licht. Sie decken Notwendigkeiten eines flexiblen, weichen, situationsvariablen Handelns auf der Ebene der Werte.

## 4. Zur Soziogenese von Krankheiten

Ein analytischer Begriff von Krankheit, in dem die individuelle Lebensweise und die Nahumwelt des Individuums in den Vordergrund rücken und als Ausgangspunkt vielfältiger Stressoren begriffen werden, gewinnt in den Perspektiven der modernen Individuen zunehmend an Raum. Der Mikrophysik alltäglicher Ärgernisse und Belastungen wird existentielle Bedeutung eingeräumt. Der Zeitdruck kann problematisch sein, der Sachverhalt, daß man überlastet ist, daß man widersprüchliche Handlungen am Arbeitsplatz ausführen muß, daß man sich notorisch ärgert. Eine neue Struktur der Selbstbehauptung, die damit nahegelegt wird, macht die Reflexionsfiguren des Idealismus blind und entwertet sie. Als eine Pointe gegenüber den traditionellen Techniken der Selbstvergewisserung im Sinne des „wahren Selbst" muß es erscheinen, daß mit dem Körper, seinen Symptomen und den sehr konkreten alltäglichen Verwicklungen des Individuums lange Zeit erfolgreich distanzierte und ignorierte Faktoren existentiell in Spiel kommen. Den Konstruktionen des „reinen Ich" wird die Rechnung aufgemacht.

Die gewohnte Umgebung bekommt die Zweit- und Zusatzbedeutung, daß sie möglicherweise mit dem Organismus ohne Wissen des Subjekts verschwörerisch kommuniziert. Sie wird zur „Umwelt" (Erben/Franzkowiak/Wenzel 1986). In den eigenen Handlungen und Motiven lauern möglicherweise die Gefährdungen. Wo der wahre Charakter der Handlungen nicht von vornherein auf der Hand liegt, der Erfolg zugleich ein physiologischer Mißerfolg sein kann und in unterschiedlichen Kategorien über ihn zu reden ist, wird eine doppelte Buchführung ratsam. Einheitsvorstellungen des Handelns, der Person-Umwelt-Harmonie und der psychophysischen Identität lösen sich auf; Realität wird neu konstruiert. Konnten Normen der Innerlichkeit in den klassischen Seelenvorstellungen den Körper noch souverän distanzieren, so wird nunmehr die Sorge um die eigene Haut und um die Verletzbarkeit des Körpers zu einer genuinen Struktur der seelischen Vorstellungen. Gesundheit wird gleichsam knapp: die Vorstellungen von ihr werden analytisch und kritisch. Dem entspricht, daß es eine bemerkenswerte Verbreitung und Nutzung medizinischen Wissens in der Alltagswelt gibt, vor allem aber eine Popularisierung von Termini psycho-physischer Befindlichkeit. Veränderte Konzeptionen des eigenen Selbst, der schützenswerten persönlichen Belange, der Psyche wie der Handlungen sind die notwendige Folge. Vorstellungen eines von konkreten Umständen unbeirrbaren Selbst sowie die Konstruktion eines autarken Ich, wie sie der Idealismus prägte, werden obsolet.

Einsichten der Sozialepidemiologie, Sozialmedizin und Medizinsoziologie wie -psychologie machen deutlich, daß die über Streß-Kategorien regulierten Vorstellungen ihre systematischen Ursachen haben (Waltz 1981; Schaefer 1976). Eine Forschungsrichtung, die von der Koronarpersönlichkeit spricht (Dembrowski & Weiss 1978), zeigt, daß die Individuen Risikoeigenschaften im Rahmen ihrer Biographie und häufig in direkter Bindung an die Werte der Industrie- und Leistungsgesellschaft erwerben. Dispositionen beispielsweise für die koronaren Herzkrankheiten, der Todesursache Nr. 1 in den fortgeschrittenen Industriegesellschaften, stehen mit dem Lebensstil und den individuellen Eigenschaften in Beziehung (Schaefer & Blohmke 1977). Daß die Verletzbarkeit der Individuen eine Funktion der sozialen Einbettung ist, daß Morbiditäts- und Mortalitätsdaten mit belastenden Ereignissen und der Qualität sozialer Netzwerke variieren, zeigen die Life-event-Forschung und die Forschung zum social support (Dohrenwend & Dohrenwend 1974; Antonovsky 1980). Derartige Befunde bestätigen eindrucksvoll schon früh formulierte Thesen Thure von Uexexternal (1964) zur Logik psychosomatischer Erkrankungen. Speziell die chronisch-degenerativen Erkrankungen sind danach als psychosoziale Integrations-Störung zu begreifen, als Resultat dissonanter Beziehungen von Organismus, Psyche und sozialer Umwelt. Unschwer lassen sich mit den Faktoren eines beschleunigten sozialen Wandels die Momente einer Soziogenese von Krankheiten ausmachen. Sie entfalten sich auf der Basis von zerstörten Handlungsgewißheiten. Die vom sozialen Wandel beschä-

digten psycho-sozialen Netzwerke zeigen ihre Auswirkungen an den Körpern der Subjekte. Die Ätiologie der Zivilisationskrankheiten erhebt sich auf der Basis von zerstörten Systemen psycho-physischer wie sozialer Balance.

## 5. Maßstäbe des Wohlbefindens

Eine Erweiterung des Vokabulars der Selbstbeschreibung ist Ausdruck folgenreicher Dissonanzen von Sozialstruktur und Persönlichkeitsstruktur. Die Individuen werden gezwungen, sich mit selbstgeschaffenen Bildern von sich selbst sensibler auf ihre Umwelt zu beziehen. Notwendigkeiten der Feinabstimmung von Körper und Selbst werden in dem Maße zwingend, wie die Individuen ihre psycho-physische Identität angesichts neuartiger Belastungen aktiv und reflexiv bewahren müssen. In diesem Zusammenhang ist es aufschlußreich, daß mit der Ausdifferenzierung von Normen des individuellen Wohlbefindens neue Kriterien anspruchsvoller Selbstwahrnehmung und Verhaltenssteuerung bedeutsam werden. Sie sind Ausdruck einer Neuplazierung der Subjekte in komplexen sozialen Arrangements und in Szenen des dauerhaften sozialen Wandels. Zwei Momente werden konstitutiv:

1. Installiert sind Möglichkeiten des normativen Rückzugs; bei Überschreiten spezifischer Sollwerte individueller Stimmigkeit finden die Subjekte die normative Kraft, Distanz zu den traditionellen Handlungsanlässen zu zeigen und sich flexibel und klug zurückzuziehen. Dies kann sozial wie psychisch zur Geltung gebracht werden. Der taktische Rückzug im Rahmen einer populären Theorie individueller Verwundbarkeit empfängt normativen Geleitschutz und erhält Legitimität.

2. Umgekehrt zeigt sich mit der Verbindlichkeit der Normen des Wohlbefindens ein Generator neuer Handlungsweisen. Wohlbefinden wird zur Norm und muß auch erarbeitet werden; zu einer veränderten Kalkulation der Einheit der Person gehört, daß man etwas für das Wohlbefinden tut; die richtige Stimmungslage wird zum Besitzstand, den man einklagen kann. Es

entstehen Bemühungen um den Besitz und die Demonstration richtiger Gefühle.

Das Ich wird aufmerksam für den eigenen psychischen Zustand und meldet sich selbst die Pegelstände der Befindlichkeit. Die Phänomene eines Sensoriums der Individuen für „flow-experience", wie sie Czikszentmihalyi (1977) untersucht hat, entsprechen dem. Das Gefühl der Selbstübereinstimmung wird zielgerichtet angestrebt; fehlen Minima von „flow-experience", so ist die psycho-physische Balance gefährdet. Zentral ist der Aspekt eines mit Wohlbefindens-Ansprüchen verbunden Interventionsrechts. Um die vermißte Selbstübereinstimmung wiederherzustellen, stehen Motive wie individuelle Energien bereit. Die Kategorien des individuellen Wohlbefindens dirigieren eigene Kategorien von Handlungen und arbeiten als Notrufsäulen in den Systemen des forcierten Rollenhandelns.

Empfundene Notfälle des Motivations- und Stimmungsverlusts korrespondieren mit der Erosion der überindividuellen Sinninstanzen. Wohlbefinden mit seinen seismographischen Eigenschaften ist Ergebnis des Reflexivwerdens der Selbstvorstellungen; die Subjekte, die sich selbst zum Gegenstand werden, schaffen sich mit ihm Instrumente zur Selbstbeobachtung und Selbststeuerung. Die Sensibilität, mit der die Körpersignale wahrgenommen und dechiffriert werden und die Delikatesse, mit der Verletzungen von Wohlbefinden als ernsthafte Störungen verfolgt werden, sind symptomatisch. Die Feinregulierung der intrapsychischen Vorgänge ermöglicht Selbstschutz in wechselnden Situationen. Für die Regieleistung, identisch mit sich selbst zu sein, werden gegen die Traditionen körperfeindlicher Selbstbestimmungen körper-, stimmungs- wie situationssensible Kategorien mobilisiert. Die Bereitschaft, mit der die Individuen psychosomatische Begriffe aufgreifen und die Popularität, die sie dabei gewinnen, erklären sich aus einem allgemeinen Nachholbedarf an geeigneten sensiblen Kategorien und Wahrnehmungsleistungen der Selbstbeschreibung. Mit analytischen Vorstellungen von der Körper-Selbst-Einheit wird der Körper zugänglich. Wohlbefinden ist vor diesem Hintergrund eine kritisch arbeitende Kategorie in einem als delikat gedachten Selbstverhältnis der Subjekte.

Die Subjekte verhalten sich empfindlicher zur Umwelt, zu den allgemeinen Handlungssystemen wie zu sich selbst. Empfindungen des Wohlbefindens bezeichnen demnach ein Perfektionsideal der Selbstübereinstimmung mit psycho-physischer Grundierung. Eine generelle Aufwertung von Gefühlen in der modernen Industriegesellschaft hat ähnliche Ausgangsbedingungen und Funktionen. Gefühle werden zu Instrumenten der Selbstfindung wie zu intra-individuellen Beweisen für Existenz. Sie werden zum Gradmesser der Realität des Individuums, das sich nicht mehr allein über Stränge und Kriterien der Vernunftkritik artikulieren kann. Damit hängt offenkundig zusammen, daß Handlungssysteme zum Finden richtiger Gefühle kreiert werden, daß es Gefühls-Expeditionen und Formen der Gefühls-Suche wie auch Gefühls-Pioniere gibt. Konstituiert sind damit neue Systeme von Gefühl und Handlung. Reich und befriedigend werden Handlungen in dem Maße, wie sie eine Steigerung des Selbsterlebens erlauben und den Zusammenhang von Körper und Selbst inszenieren. Entsprechend läßt sich auch eine Aufwertung körperbetonter sozialer Aktivitäten beobachten. Ein allgemeiner Körperboom hat ähnliche Grundlagen wie der Psychoboom bzw. Psychomarkt. Ihre Gemeinsamkeit haben sie darin, passende Gefühle zu erzeugen.

Aus der Vernunftkritik werden in den Systemen der sozialen Lebenswelt Praktiken der Gefühlskritik. Die systematische Aufwertung von Freizeitaktivitäten für die Ökonomie der Psyche ist eine wichtige Folge, die nicht nur durch die zurückgehende Arbeitszeit bedingt ist. Zu den charakteristischen Veränderungen unter dem Druck von Wohlbefindens-Maßstäben zählt, daß Freizeitaktivitäten wohlbefindens-pflichtig werden und Wohlbefindens-Beiträge zu entrichten haben. Die Kraft der neuen Dispositionen zeigt sich aber auch daran, daß Wohlbefindens-Ansprüche in die Systeme gesellschaftlicher Arbeit und in die Alltags-Interaktionen eindringen. Die Daten der empirischen Sozialforschung zur Arbeitszufriedenheit, zum Aufstieg von Normen der Lebensqualität und einer Differenzierung der privaten

Glücksvorstellungen ordnen sich entsprechend ein; was allgemein als Wertewandel bezeichnet wird, erscheint zu einem guten Teil als Durchsetzung einer kollektiven Sensibilität und Irritierbarkeit in Belangen sozialer Identität. Von den Individuen wird unter den Gegebenheiten komplexer Gesellschaften ein neues Verhältnis von Person und Umwelt unter Gesichtspunkten des Taktierens und klugen Dosierens von Engagement erprobt.

Kulturkritische Stimmen, die gegen die Gefühlskulte argumentieren, so die These von der „Tyrannei der Intimität" (Sennett 1983), übersehen in der Regel den Umstand, daß die veränderten Bedingungen der Selbstreproduktion und Selbstdefinition nicht mehr die Gewißheiten der alteuropäischen Gesellschaft zu Verfügung haben. Mit dem Verblassen der allgemeinen Sinninstanzen verliert die Vernunft ihr ausschließliches Privileg der Welterfahrung und der individuellen Selbstbegründung.

# 6. Verblassen der Metaphysik der Seele

Mit dem Schwinden der Grundlagen westlicher Rationalität und traditioneller Identität wird die Metaphysik der Seele geschwächt. Wer sich durch Streß bedroht fühlt, überhaupt über die Kategorien der Streßsemantik und einen damit verbundenen systematischen Argwohn gegenüber der Umwelt verfügt, kann nicht mehr bruchlos in traditionellen Vorstellungen einer Metaphysik der seelischen Tätigkeiten denken. Die individuelle Selbstbehauptung erfordert flexible Reaktionen; das Subjekt muß über effiziente Anpassungsstrategien verfügen. Es muß in den Systemen eines differenzierten Rollenhandelns vor allen Dingen den Grad des Einsatzes des eigenen Selbst kalkulieren. Die Dosierung von Engagement und von „Persönlichkeit" ist zwangsläufig und bedingt einen virtuosen Umgang mit den psychophysischen Ressourcen wie mit individuellen Zielsetzungen. Nicht zu jeder Handlung und zu jedem Ziel kann man „stehen". Die durch Kriterien des Wohlbefindens und der individuellen Verwundbarkeit vermittelten Gesichtspunkte einer doppelten Bilanzierung des individuellen Handelns machen eindeutige Identifikationen vollends anachronistisch. Die Metaphysik der Seele und mit ihr das System ehrwürdiger und sinnhafter Handlungsanlässe und darauf abgestimmter Persönlichkeitsideale – so wie sie spezifische psychische Konfigurationen geschaffen haben – werden durch die Physik der Attacken auf die psycho-physische Identität entkräftet. Nicht zuletzt dieser Umstand ist verantwortlich für die Modernisierung der Vorstellungen von Persönlichkeit.

Entsprechend technisch gestaltet sich das Verhältnis der Subjekte zu ihren eigenen Handlungsgrundlagen. In den zeitgenössischen Begriffen der Psyche, wie sie insbesondere in den therapeutischen Schulen ausgebildet werden, stecken wählerische, kalkulatorische wie empfindliche Momente der Handlungssteuerung, ein ökologisches Bewußtsein hinsichtlich der Belastbarkeit der Persönlichkeitsstruktur. Der veränderte Begriff der Psyche, der die konkrete Umwelt des Individuums in die Vorstellungen von der Einheit der Person einbezieht, ermöglicht Verhaltensweisen und Selbstbeschreibungen, die auf die veränderten Problemlagen der Individuen abgestimmt sind. Der Kontrast zu den traditionellen Seelen-Konzeptionen ist groß. Die tradierten Systeme der Abgrenzung werden notwendig fallengelassen. Der Seele wird, was Umwege spart, die Innerlichkeit genommen. Ohne Innerlichkeits-Anspruch ist ein flexibles Zusammenspiel von Körper und Selbst unter den Belastungen der Umwelt möglich. Die „Seele im technischen Zeitalter" (Gehlen 1974) erfährt die Logik der Leistungssteigerung.

Einmal kann der Körper Abstände zum Ideal der psycho-physischen Übereinstimmung markieren; zum anderen läßt sich die gelungene Selbstübereinstimmung demonstrieren. Offenkundig ist ein Doppelaspekt einer Verkörperlichung des Selbst; der intakte Körper zeigt die gelungene Balance des Subjekts. Veränderte Bilder des Körpers werden für eine neue Regie der Identität notwendig. Der kranke wie der gesunde Körper ziehen Aufmerksamkeit auf sich und binden psychische Energien in einem bislang kaum gekannten Maße. Die „neuen politischen Bewegungen" zeigen, daß die Vorstellungen vom verletzbaren Körper anders als die Orientierungen der Empfindsamkeit politisch wirksam werden können und zur Handlung drängen. Zugleich sind diese Bewegungen aber auch durch ihre spezifische Existenzbedingung gefährdet. Ihre mangelnde Dauer und Stabilität ist der körpernahen Ursprungs-Motivation geschuldet. Die charakteristische Dauerirritierbarkeit, wie sie sich in den Formen ausdrückt, bedingt die prekären Erhaltungsbedingungen dieser Solidarformen.

## 7. Selbstübereinstimmung und Spaß

Die Selbstübereinstimmung wird im Hier und Jetzt aktueller Situationen gesucht. Ihre Kriterien sind stärker an der Gegenwart orientiert als an einer fernen Zukunft bzw. Transzendenz. Die Notwendigkeit, mit der sich die Subjekte durch neue psychische Leistungen behaupten müssen, determiniert einen taktischen und bewußten Zugriff auf die psychischen Energien und gibt ihnen neue Formprinzipien.

Im Fall des Stellenwerts der Spaß-Kategorie in den Systemen alltäglicher Rede ist die Aufwertung von Kategorien und Begriffen gut zu beobachten, die der Selbstregulierung der Individuen und dem „privaten" Charakter der Entscheidungen Form geben. Wo jemand keinen Spaß hat und dies ankündigt, wird dies gewöhnlich respektiert. Wo die innere Beteiligung versagt wird und dem Subjekt nach eigenem Anspruch die Selbstmotivation nicht gelingt, ist keine Überredung, erst recht kein Zwang aussichtsreich. Spaß wird ein akzeptiertes Motiv. Tatsächlich hat die Möglichkeit, Handlungen unter Kriterien von Lust und Laune zu begründen, systematische Bedeutung gewonnen. Damit kommen Momente der Individualisierung in den Selbstvorstellungen zum Zuge sowie der Sachverhalt der Nutzung psycho-somatischer Vokabeln zur Selbstbeschreibung und Führung des eigenen Handelns.

Wie Wohlbefinden hat der Begriff Spaß eine psycho-somatische Grundstruktur und ist durch Körper-Nähe geprägt. Spaß, ein expressives Maß für Selbstübereinstimmung,

ist die gesteigerte Form von Wohlbefinden. Handlungen, die ohne Spaß, d. h. ohne innere Beteiligung erfolgen, erscheinen als kraftlos und stellen eine mindere Güte des Handelns dar. Damit korrespondiert, daß sich Spaß stärker in der sozialen Dimension artikuliert: Spaß hat man zumeist zu mehreren. In verschiedener Hinsicht dramatisiert Spaß die Notwendigkeit einer in der Regie des Subjekts stehenden individuellen Selbstübereinstimmung und gibt ihr Ausdruck. Umrisse neuer Persönlichkeits- und Handlungskonzepte sind zumindest in drei Momenten gegeben:

1. Handlungen erfolgen zunehmend in der Regie des Individuums, das wichtige Momente der Handlungssteuerung, vor allen Dingen aber der Steuerung der inneren Beteiligung am Handeln an sich gezogen hat. Handlungen werden individuumzentriert; am Spaß wird die Akzentverlagerung deutlich, daß die Individuen die Zuteilung von psychischen Energien in ihre Disposition genommen haben.

2. Handeln bekommt ein neues Qualitätskriterium. Spaß ist ein Siegel der individuellen Selbstübereinstimmung. Dem entspricht ein neues Vokabular der Authentizität. Mit Spaß verbürgt das Individuum, daß es hinter einer Sache steht.

3. Unverkennbar sind Leistungsmerkmale in der Spaß-Darstellung. Spaß wird zum Ernst. Mit einem neuen Formenvokabular der Selbstbeschreibung wächst die Notwendigkeit, Spaß erfolgreich zu finden und darzustellen.

Spaß ermöglicht die Vorstellung, daß das Individuum die letzte Instanz ist, an der sich Fragen des Engagements und der Identifikation entscheiden. Mit Spaß oder mangelndem Spaß lassen sich Handlungen begründen, aber auch verweigern. Auffällig ist, daß Kategorien des Spaßes Legitimations- und Argumentationskraft für die Begründung individuellen Handelns in der sozialen Dimension bekommen. Der Abstand zu klassischen Identitätskonzepten könnte kaum größer sein. Handlungen sind nicht mehr gezwungen, ihr Ziel in übergeordneten Werten der Tradition zu suchen. Sie finden ihre Qualität situativ. Zum „richtigen Spaß", zum expressiven Symbol erfolgreicher Selbstübereinstimmung, werden sie nach Kriterien des Subjekts mit seinen individualisierten Formansprüchen. Charakteristisch ist eine veränderte Ästhetik und Formensprache individuellen Handelns.

Die Rollensysteme sozialen Handelns schöpfen nur Teile der Persönlichkeit in der abstrakten Gesellschaft aus. Routinehandeln ist danach ein Agieren, in dem Engagement und Identifikation notwendig zurückgehalten werden. Allerdings gibt es auch konträr strukturierte Sphären. Stärkeres Engagement sowie die Darstellung von Persönlichkeit im Handeln werden in den personenbezogenen Dienstleistungsberufen gefordert. Sie sind eine Bedingung authentischen Handelns in sensiblen Bereichen der Repräsentation sozialer Systeme. Die Forderung, daß man mit größeren Anteilen der Person im Handeln präsent ist, gilt erst recht für die private Sphäre der Subjekte. Der Bedarf an Personalisierung und Identifikation ist eine Reaktion auf die sonst üblichen Reduktionen und Restriktionen.

Die Aufwertung von Spaß, die damit in Beziehung steht, ist Moment einer veränderten Ökonomie der Interaktionen, in denen innere Beteiligung eher knapp ist. Die emphatische Selbstübereinstimmung Spaß wird wertvoll in Konstellationen fortgeschrittener Rollendifferenzierung, in denen die Individuen nur wenig Möglichkeiten zur befriedigenden Selbsterfahrung und Darstellung haben. Man kann die innere Mitwirkung der eigenen Person verweigern. Umgekehrt läßt sich mit größeren Anteilen der Präsenz und Identifikation der Person werben, kann die Frage, wie intensiv man präsent ist, zur Belohnung oder Anerkennung werden. Verständlich wird dies nur, wenn man die Knappheit von Symbolen der Selbstübereinstimmung in der komplexen Gesellschaft bedenkt. Entsprechend wird die demonstrative Selbstübereinstimmung in den sozialen Interaktionen als individuelle Leistung und als knappes Gut kommunizierbar.

Spaß ist aber auch für die Subjekte knapp. Als Maß für Selbstübereinstimmung wird er ein Moment der intrapsychischen Ökonomie des Subjekts. Spaß möchte man auch haben können. Entsprechend finden sich Situationen einer Rhetorik von Spaß und auferlegte Zwänge des Empfindens und der Demonstration von Spaß. In einer Konstellation eines systematischen Mangels an verbindlichen Bildern individueller Selbstübereinstimmung kann die Wertsteigerung der Figuren von Spaß nicht überraschen. In dem Maße, wie Spaß Merkmale einer erfolgreichen Selbstmotivation und attraktiven Selbstdarstellung beschreibt, wird er zu einem Symbol für Modernität, Potenz, Gesundheit und Beweglichkeit; zugleich finden sich mit der Wertsteigerung Leistungsaspekte von Spaß. Spaß zieht spezifische Darstellungsstile, Verhaltensweisen und Emotionen wie Gesten auf sich und sucht sich zugleich ein geeignetes soziales Umfeld gelockerter und sozialer Beziehungen.

# 8. Die Verkörperlichung des Selbst

Die Bemühungen um Selbsterfahrung haben immer auch den Impuls, daß man sich, mit der Erkenntnis des „wahren Selbst", von ungeliebten sozialen Rollen trennen kann. Selbsterfahrungs-Bemühungen liefern auf diese Weise Impulse für Distanz der Individuen zu den sozialen Strukturen. Damit korrespondiert, daß die Selbstdarstellung der Individuen immer weniger von den typischen Symbolvorräten der Schichten und Klassen Gebrauch macht. Vorstellungen kollektiver Identität existieren nur noch in Bruchstücken; es schwinden die Gefühlsbindungen von Identitätsentwürfen in Abhängigkeit von den sozialstrukturellen Konfigurationen; weder gibt es den typischen Arbeiter noch den typischen Angestellten.

Am Körper, so der gemeinsame Nenner einer Erweiterung der körperlichen Formensprache, behalten sich die Individuen eine eindeutige Festlegung ihrer Identität vor (Rittner 1982 u. 1986). Tatsächlich lassen sich in der Sozialgeschichte des 20. Jahrhunderts vielfältige Formen der Individualisierung des Körperausdrucks rekonstruieren. August Sander konnte zu Beginn des 20. Jahrhunderts noch klassentypische Körperverfassungen in seinem Atlas der Körperbilder ausmachen. In den Szenarien des fortgeschrittenen 20. Jahrhunderts lockern sich die eindeutigen

Körperzuordnungen und schwächt sich der Druck der Institutionen und gesellschaftlichen Mächte auf die Körpersprache der Individuen ab. Die Freigabe des Körpers für die Individuen erfüllt vielfältige Funktionen. Mit körperlichen Praktiken können Aktivitäten generiert und richtige Gefühle stabilisiert werden (Benthall & Polhemus 1975; Polhemus 1978).

Ein aufschlußreicher Vorgang ist, daß Grundformen körperlicher Orientierung, Formen des Greifens, das Gehen, das Atmen, das Laufen – im Sinne der Phänomenologie von Schütz (1974) die Faktoren der Nahwelt und der „greifbaren Wirklichkeit" –, auf Beiträge zur psycho-physischen Stabilität verpflichtet werden. Methodisch in den Dienst genommen – es gibt Schulen der Atemtechnik, der Gymnastik, des Gehens, der Tanztherapie – liefern sie Belege für neue Formen der Gewißheit und steuern Beiträge für den Erhalt der psycho-physischen Integrität bei. Das Handeln findet seine Formprinzipien in Vorstellungen vom perfekten Körper und der physischen Mobilität. Das Jogging, die Weiterentwicklung des Spazierengehens zum Laufen, ist symptomatisch für die Techniken der Selbstthematisierung und Selbstbekräftigung auf dem Fundament körperlicher Bewegungen. Forschungsbefunde zur Motivation und sozialen Verständigung der Jogger, vor allem Befunde zu spezifischen Dialogen mit den Körpersymptomen, machen dabei klar, daß das Laufen viele Aspekte traditioneller seelischer Arbeit enthält und daß buchstäblich Identitätsarbeit geleistet wird (Jorgenson & Jorgenson 1981). Die Grade der Intaktheit des Körpers werden zu Bestimmungsgrößen der Psyche.

Das Bemühen um den intakten Körper gestaltet zeitgenössische Exerzitien. Dabei hat ein rituelles Moment, wie es den Laufbewegungen über längere Strecken innewohnt, mehr als eine oberflächliche Beziehung zu den religiösen Exerzitien und Techniken der Konditionierung der Seele. Laufend werden dem Körper Bekenntnisse zum Ich abgenötigt, die Schritte und Kilometer werden zu Perlen eines Rosenkranzes innerweltlicher Orientierung, die Symptome des Körpers zu Stimmen der Bestätigung. Daß Trancezustände die häufige Folge solcher Techniken sind, kann in diesem Zusammenhang einer marathonhaften und zugleich monotonen Dauerstimulation nicht verwundern. Der Trancezustand erscheint als perfekte Selbstübereinstimmung. Die körperliche Intaktheit ist in der seelischen Intaktheit aufgehoben, ein spezifisch neuer Zustand des psychophysischen Ausgleichs erhebt das Ich über die dissonante Normalwelt.

Mit körperlichen Anstrengungen lassen sich – in diesem Punkt finden sich viele vergleichbare Formen der Stimulierung der seelischen Arbeit durch körperliche Anstrengungen – Symptome und Gefühle generieren, die, sinnhaft interpretiert, den Individuen Möglichkeiten der erfolgreichen und befriedigenden Selbstidentifikation geben. Die Phänomenologie einer entstehenden Freizeitgesellschaft dokumentiert in diesem Zusammenhang viele Formen der Passung von körperlicher Aktivität und Gefühlsstimulierung wie Gefühlsdarstellung.

## 9. Fitneß als moderne Tugend

Körperliche Aktivitäten ermöglichen neue Kategorien der Selbstbeschreibung am Leitfaden des Leibes; sie schaffen Handlungsanlässe, Konkretheit und generieren sinnhafte Handlungen. Weiterhin gewährleisten sie erfolgreiche Effektzurechnungen, die die Psyche binden. Damit sind basale Faktoren einer erfolgreichen Verkörperung des Selbst benannt (Mrazek 1984). Sie hat, bei Nutzung spezifischer Interpretationsleistungen, die Gesamtheit anthropologisch relevanter Faktoren der Identitätsbildung zu Gebote.

Die Aufwertung von Fitneß-Begriffen und eine regelrechte Fitneß-Philosophie haben ähnliche Grundlagen wie die Ausdifferenzierung von Wohlbefinden und Spaß (Rittner & Mrazek 1986). Auch in diesem Fall tritt nicht zufällig eine psycho-physische Tugend in den Vordergrund. Mit Fitneß werden, dies ist der wichtigste Umstand, offenkundig Momente individueller Handlungsfähigkeit demonstriert. Das Gesundheitsfahrrad im Keller verlagert einen Teil der seelischen Anstrengungen in die Souterrains; die in Wäldern und Parks laufenden Jogger gestalten neue Formen der Selbstbesinnung und Beschäftigung. Die Bewegungen im Bezirk klassischer Stätten intimer Kommunikation von Seele und Natur, in denen sich das gesellschaftliche Tempo gewöhnlich verlangsamte, erfahren eine Beschleunigung. Dem entspricht, daß Fitneß, eine ursprünglich physiologische Eigenschaft höherer Leistungsbereitschaft, zu einem sozialen Wert wird. Mit Fitneß hat man die Fähigkeit zu vielen Freunden. Fitneß ist darüber hinaus aber auch ein Symbol für beruflichen wie erotischen Erfolg. Aufschlußreich ist dabei ein bindender Effekt der Bemühungen um Fitneß, wie man sie in den Fitneßstudios systematisch betreibt. Die Beschäftigung mit dem Körper führt zwangsläufig zu einem Dialog mit den Körpersymptomen. Die Sensationen, die man selbst stimuliert, drängen auf ihre Interpretation. Systeme der Körperbeobachtung und der Effektzurechnung sowie pragmatische Handlungen der Körperpflege wie notwendige Begleithandlungen verwickeln die Subjekte in Aktivitäten mit klaren Zielsetzungen. Handlungen und Sekundärhandlungen definieren und stabilisieren sich wechselseitig. Mit der Systematik der Bemühungen, ihrer Periodizität und der Nutzung des Körpers als Zuschreibungsobjekt kommen Regulationsleistungen zustande, wie es sie in den üblichen Situationen des Rollenhandelns nicht mehr gibt. Der Körper wird zum Koordinatensystem psychischer wie sozialer Zurechnungen.

Ein Markt körperbezogener Dienstleistungen zeugt von der Bedeutung dieser Zusammenhänge. Fitneßstudios beispielsweise leben davon, daß sie Wege aus der belastenden Selbstbezüglichkeit weisen und die psychischen Energien auf klare Ziele und Objekte lenken. Die Systematik der Beschäftigung mit einem widerständigen Partner kanalisiert Energien und leistet Beiträge zur psychischen Stabilität. Von zentraler Bedeutung aber sind die Effekte des geformten Körpers. Die Sichtbarkeit des Erfolgs dokumentiert den Sinn des Handelns. Inmitten selbstbezüglicher Orientierungen und den damit verbundenen Realitätsverlusten klassischer Identität können die Ergebnisse der eigenen Anstrengungen buchstäblich und hautnah genossen werden. Die Selbstbezüglichkeit kommt im geformten Körper zur Ruhe.

Verständlich wird die Allgemeinheit, mit der Fitneß-Vorstellungen in die Alltagswelt eindringen. In einer allgemeinen Konstellation, in der die Individuen ihre Selbst-Übereinstimmung „privat" leisten müssen, ist die Generierung von Handlungen ein weiteres wichtiges Moment erfolgreicher Selbstbeschreibung. Das intrapsychisch orientierte Wohlbefinden bekommt eine Entsprechung in der sozialen Dimension. Fitneß und Spaß – große Teile der Freizeitindustrie leben von der Motivkombination – gestalten ein integriertes Symbol individueller Souveränität und Autonomie.

Freizeitbeschäftigungen erhalten den Impuls des Sammelns von Gesundheits-Beiträgen und werden nicht selten unter Gesichtspunkten der Gesundheitserträge bilanziert und dokumentiert. Mit Fitneß wird Gesundheit visualisiert und demonstrativ, wenn nicht theatralisch greifbar; sie kann vorgeführt und intrapsychisch erlebt und genossen werden. Offensichtlich geht es dem „besten Selbst", so eine Prägung Goffmans (1974 u. 1975), nicht mehr darum, sich durch Leistungen der Körperdistanz zu legitimieren und darzustellen. Vielmehr gibt es zunehmend das Bemühen um einen „besten Körper", um die flexible Selbstdarstellung über körperliche Fähigkeiten. Charakteristisch ist, daß die körperliche Leistungsfähigkeit mit psychischer Leistungsfähigkeit identifiziert wird. Nicht zufällig fallen die Entstehung des Körperbooms und des Therapiebooms in einen gleichen Zeitabschnitt. Sie speisen sich aus gleichen Wurzeln neuer Aggregatzustände der seelischen Buchführung angesichts der Erosion der tradierten Sinnsysteme. In ironische Distanz zu den Traditionen einer „schönen Unbestimmtheit" der Seele tritt, daß die Selbstbeschreibungen der exakten Bestimmtheit des Körpers und der Gesundheit nicht entraten können.

Erfolgreich ist der Fitneß-Komplex, weil in ihm die Prinzipien und Elemente einer veränderten Selbstvergewisserung im Medium der Darstellung von Handlungsfähigkeit gebündelt sind. Suggestiv, wie die körperbezogene Symbolik individueller Autonomie arbeitet, werden die Fitneßbemühungen zu Techniken des Erwerbs von individuellem Glück.

## 10. Neue Formeln der Körper-Selbst-Einheit: Der intakte Körper

Eine neue Gattung von Handlungen entsteht dadurch, daß Vorstellungen von der Formbarkeit des Ich als ars inveniendi neuer Systeme individuellen Handelns arbeiten, Handeln motivieren, antreiben und ihm Ziele geben. Das Selbst des Individuums drängt in die äußere Erscheinung. Es ist, als würde sich Nietzsches Diktum von der Geschichte des Abendlandes als einer spezifischen Gesundheitsgeschichte bewahrheiten. Handlungen bekommen ein neues Gravitationszentrum. Sie werden nicht mehr zur Seele, sondern zum Körper zurückverfolgt; das Ich definiert sich über körperliche Eigenschaften und engagiert sich bei ihrem Erwerb. Am Körper und mit den körperlichen Anstrengungen findet das empfindliche und selbstbezügliche Ich einen Halt. Handlungen bekommen mit Vorstellungen des formbaren Körpers greifbare Ziele; bewirkte Effekte am Körper dirigieren die Aufmerksamkeit in attraktiver Weise. Körperbezogenes Handeln wird zur Energiequelle von Handeln überhaupt. Ein Effekt ist, daß die Symptome des Körpers vergeistigt werden. Schweiß, Pulsfrequenz, die Organe werden in einen direkten Bezug zum Selbst gebracht. Dies geschieht nicht ohne ironische Brüche mit den Traditionen des Idealismus und den klassischen Selbstvorstellungen. Zugleich aber werden, dies ist der therapeutische Effekt der Körperthematisierung, im Umgang mit dem Körper Einheits-Vorstellungen entwickelt und bewährt. Körperliche Aktivitäten liefern verstärkt Bilder der Integrität der Person und Formeln für ihre Selbstübereinstimmung. Daß die Eigenschaftssuche und -Findung in Bereiche der systematischen körperlichen Anstrengungen verlegt werden, zeigt sich an den vielfältigen Disziplinen der Körperthematisierung, deren Spannweite von Meditationskünsten über Diät-Praktiken bis hin zur Vervielfältigung der sportlichen Aktivitäten reicht. Ihre wichtigste Leistung – das Erleben der Einheit der Person – ermöglichen sie durch Entdifferenzierung. Die energische Arbeit am Körper bringt die Spiralen der Selbstbezüglichkeit zur Ruhe. Im Vergleich zum Konzept Seele erlaubt das Konzept Körper bessere Anpassungen an die veränderte Umwelt.

Individuelles Aussehen wird geleistet. Der Körper liefert die zeitgenössischen Perfektionsideale. Der schlanke, sportliche Körper, dem man die Regie eines souveränen Ich ansieht, erfährt erhöhtes Prestige. Der Körper wird – soweit es im Rahmen biologischer Grenzen geht – individuell gewählt. Im Unterschied zu Vorstellungen von der Innerlichkeit, wonach das wahre Selbst des Menschen in der Tiefe der Person zu finden sei, übernimmt das Aussehen Funktionen der Bedeutungszuweisung. Eine körperliche Tugend, dies ist der Witz, garantiert die Möglichkeiten der individuellen Redefinition angesichts des Versagens der klassischen Mittel der Selbstvergewisserung. Der Körper wird in den komplizierten Interaktionen der Alltagswelt zum bewußten Unterpfand des Handelns, zur Goldwährung individueller Aktivitäten.

Die Verkörperung des Selbst spiegelt sich in den Körperidealen wider. Charakteristisch für die Nutzung des Körpers zur Selbstdarstellung ist, daß Kriterien der Schlankheit und Sportlichkeit Karriere gemacht haben. Der geformte Körper verweist auf die Fähigkeit des Ich zur Modernität. Mit ihm findet das Subjekt Anschluß an attraktive Interaktionssysteme und verbesserte Möglichkeiten der Teilnahme. Pfund und Kilogramm, weit entfernt, nur schlichte Maße bloßer Körperlichkeit zu sein, werden zu seelischen Kategorien oder setzen die Seele in eine spezifische Situation der Anspannung und Aufmerksamkeit. Der richtige Körper wird zur Eintrittskarte für das innerirdische Glück. Damit korrespondieren, wie der Boom der Fitneßstudios zeigt, die Erfolge der Institutionen der Körperformung sowie die diversen Regimente der richtigen Ernährung.

## 11. Lebensstile, Gefühlsführung und individuelle Entscheidungen

Die Zuschreibung und Nutzung bio-psychischer Funktionen anthropologisiert die Formen der Selbstdarstellung und flexibilisiert zugleich die Biologie. Die Metaphern und Eigenschaften des Körpers, bis hin zu genuin biologischen Funktionen, werden in die Formen der Selbstdarstellung eingewoben. Die Möglichkeiten der individuellen Selbstdarstellung wie die Formen des Zusammenlebens sind in den fortgeschrittenen Industriegesellschaften immens erweitert worden. Mit ihnen sind neue Systeme der Gefühlsstrukturierung in Szene gesetzt. Spaß öffnet sowohl die Psyche wie die soziale Dimension. Was die Reklame gern darstellt, den Genuß von Emotionen und expressiven Haltungen im gelockerten Freundes- und Bekanntenkreis als „gutes Leben", hat systematische Bedeutung in der Korrespondenz von psychischer Beweglichkeit und gelockerter Sozialstruktur.

Die Subjekte behalten sich vor, wo und wie und ob sie sich engagieren. Dem entspricht die Differenzierung der Lebensstile. Sie generieren nicht nur Sinn und attraktive Handlungs- und Selbstdarstellungsmöglichkeiten; sie locken mit Spaßmöglichkeiten das Engagement der Individuen heraus. Umgekehrt sind sie Realität geworden, weil die als Motive form- und erlebbaren Spaß-Dispositionen ihre spezifischen Anlässe benötigen. Die Differenzierung der Lebensstile, die Individualisierung der Ziele und Lebensformen und ihre gleichzeitige Ästhetisierung gehen auf gleiche Ursachen zurück. In einem Zusammenhang, in dem das Individuum nicht mehr durch die sozialen Strukturen eingebunden und abgestützt ist, wird die Erfahrung des eigenen Selbst zu einem Wahlakt und zur Stilfrage. Aufschlußreich für entstehende neue Formen der Selbstidentifikation ist im weiteren die Ästhetisierung der Lebenspraxis, der Selbstdarstellung sowie die variable Nutzung der ästhetischen Dimension.

Mit den modernen Lebensstilen, die viele Funktionen der großen sozialen Gliederungssysteme übernehmen, wird die Möglichkeit durchgesetzt, daß individuelle Entscheidungen und Wahlakte der Subjekte in der sozialen Dimension sinnhaft durchgehalten werden können. Für die Subjekte wird die Vorstellung eines sinnvollen Zusammenhangs individueller Entscheidungen ermöglicht. Damit korrespondiert, und dies ist in der Kategorie Stil impliziert, daß es eine Art Absolution in Fragen der individuellen Aus-

drucssteigerung gibt. Das narzißtische und sensible Ich erhält Dispens; gewohnte Sanktionierungen individualistischer Verhaltensakte verlieren an Durchsetzungskraft. Vorstellungen des attraktiven Lebensstils befreien die individuellen Handlungen vom Odium der Willkür und des Zufälligen. Stil erscheint als die Summe folgerichtiger Handlungen.

Die Differenzierung der Lebensstile und eine stärkere Orientierung an Geschmacksurteilen (Bourdieu 1982) bedingen sich. Mit Geschmack können Dinge qua Entschluß des Subjekts zusammengefügt und passend gemacht werden. Geschmack erscheint als folgerichtiges Handeln im Rahmen vervielfältigter Optionen der Individuen. Die prinzipielle Wahlmöglichkeit des Subjekts wird damit festgehalten, der Sachverhalt, daß das Ich zwischen vielen (attraktiven) Alternativen wählen kann und daß es zugleich gleichsam nachtwandlerisch die richtige Wahl getroffen hat. In der Struktur der Geschmackshandlungen sind somit Momente der Individualisierung wie Momente der Handlungsgewißheit fusioniert. Bourdieu macht zu Recht darauf aufmerksam, daß Geschmacksurteile als natürliche Urteile vorgetragen werden. Der Halt wird in der Natur gefunden. In den Geschmackskategorien der modernen Lebensstile werden Natur wie Ästhetik verpflichtet und mit den subjektiven Dispositionen der Individuen verklammert.

Die Lebensstile ermöglichen die Heraushebung des empfindlichen Ich und die verstärkte Anerkennung durch die Umwelt. Gefühle bekommen den Charakter von Beweisen der Lebenskunst. Gefühle haben zu können ist mindestens so wichtig wie die Fähigkeit der Gefühlsbeherrschung (Shott 1979). Das Subjekt, das sich über Gefühle definiert, hat damit das Leben gebändigt und den Schlüssel zu den Ressourcen der Persönlichkeit gefunden. Auch dies macht deutlich, daß die klassischen Konzepte der Seele nicht mehr greifen. In dem Maße, wie die Selbstidentifikation virtuos sein muß, Kontanz aus Variabilität zu schöpfen hat, wird die Vorstellung von der Seele durch die Psyche ersetzt. Damit tritt zugleich ein weiterer Aspekt moderner Selbstvorstellungen hervor. Das Konzept Psyche ist eine Resultante davon, daß die Subjekte Dispositionkraft über die psychischen Energien erwerben; zum anderen ist sie das Ergebnis der Variabilität der Sinnsetzungen.

Eine „Ästhetik der Existenz", wie sie Foucault (1984) proklamiert, steht in Beziehung zu den Strukturwandlungen. Im Terminus klingt an, daß die Subjekte neue Formprinzipien für existentielle Belange entwickeln. Wo der Sinn nicht mehr vorgegeben ist, muß er über Formprinzipien erschlossen, behauptet und gelebt werden. Individuell gesetzte Folgerichtigkeit wird zu Sinn. Entsprechend gibt es eine Ästhetik der Biographie wie der Lebensweise. Die Lebensstil-Differenzierung ist ein Produkt davon, daß die Subjekte nach Kriterien der Folgerichtigkeit an ihren Entscheidungen festhalten.

Mit der Differenzierung der Lebensstile stehen veränderte Rezeptionsweisen von Kunst und Kultur in enger Beziehung. Kunstausstellungen finden größte Resonanz; dabei werden allem Anschein nach mit den Exponaten auch die Besuche selbst genossen. In der Popkultur sind die Topoi der literarischen Moderne enthalten; in den Video-Clips werden Möglichkeiten simultaner Bilderfahrung vermittelt. Die postmodernen Baustile erscheinen als Stil-Synthesen, die unterschiedlichen Wahrnehmungsbedürfnissen mit vielen Konzessionen entgegenkommen. Auch der kaum zu überschätzende Medienkonsum liefert veränderte Grundlagen für die Selbstidentifikation der Individuen. Die Formen werden nicht mehr mit Anstrengungen des Begriffs und des informierten Kunsturteils angeeignet, sondern unter Anstrengungen des Wohlbefindens und nach Kriterien der empfindlichen Selbstübereinstimmung und Formbedürftigkeit. Wo eine allgemeine

Wahrheit nicht verfügbar ist, auch keine großen Entwürfe die Aufmerksamkeit und die menschlichen Handlungen binden, nehmen die Subjekte die Sinnverfolgung selbst in die Hand. Die Symbolsysteme werden auf die jeweiligen Perspektiven zugeschnitten. Die ästhetische Postmoderne hat ihre Ursachen in der veränderten Ökonomie der Psyche der Individuen, die sich auf eine veränderte Weise einen Reim auf ihre Existenz machen müssen und die sich immer weniger auf die tradierten Systeme verlassen können.

Daß der Medienkonsum viele Aspekte einer Selbstkonditionierung hat, fügt sich in das allgemeine Bild. Im Alltag werden Stimmungen generiert, mit denen man sich in jeweiliger Selbststimulation auf die wechselnden Situationen bezieht. Das Subjekt administriert sich die richtige Stimmung zur Situation. Die Anreicherung der Situation paßt in einen generellen Zusammenhang, in dem den Subjekten die Aufgabe zufällt, sich selbst in wechselnden und zunehmend abstrakten Situationen zu definieren. Sie statten die Situation mit den je geeigneten Stimmungen und Gefühlen aus. Gewährleistet wird in diesem Fall der Zusammenhang der bio-physischen Identität. Mit der Nutzung der elektronischen Medien werden zugleich auch die biophysischen Grundlagen der Selbstidentifikation von den Subjekten geleistet. Der Sachverhalt, daß Radiohören und Fernsehen häufig eine Zweit- oder Drittätigkeit darstellen, ist folgerichtig. Der Rahmen, der die bio-physische Integrität wahrt, bleibt als Hintergrund verfügbar. Er kann im Rahmen einer Primäraktivität zurücktreten; er kann aber auch, sofern nötig, prompt verfügbar gemacht werden.

## Bibliographie

Antonovsky, A. (1980). Health, Stress and Coping. San Francisco: Jossey Bass

Beck, U. (1986). Risikogesellschaft. Auf dem Wege in eine andere Moderne. Frankfurt: Suhrkamp

Benthall, J. & Polhemus, T. (1975). The body as a Medium of Expression. London: Allan Lane

Bourdieu, P. (1982). Die feinen Unterschiede. Kritik der gesellschaftlichen Urteilskraft. Frankfurt: Suhrkamp

Dembroski, T. M. & Weiss, S. M. (Ed.) (1978). Coronary prone Behavior. New York: Springer

Dohrenwend, B. S. & Dohrenwend, B. P. (Ed.) (1974). Stressful Life Events. Their Nature and Effects. New York: Wiley

Elias, N. (1976). Über den Prozeß der Zivilisation. Soziogenetische und psychogenetische Untersuchungen. Frankfurt: Suhrkamp

Erben, R., Franzkowiak, P. & Wenzel, E. (1986). Die Ökologie des Körpers. Konzeptionelle

Überlegungen zur Gesundheitsförderung. In: E. Wenzel (Hg.), Die Ökologie des Körpers (S. 13-120). Frankfurt: Suhrkamp

Foucault, M. (1984). Von der Freundschaft. Michel Foucault im Gespräch. Berlin: Merve

Gehlen, A. (1974). Der Mensch. Seine Natur und Stellung in der Welt. Frankfurt: Athenäum

Goffman, E. (1974). Das Individuum im öffentlichen Austausch. Frankfurt: Suhrkamp

Goffman, E. (1975). Interaktionsrituale. Über Verhalten in direkter Kommunikation. Frankfurt: Suhrkamp

Horkheimer, M. & Adorno, T.W. (1971). Dialektik der Aufklärung. Frankfurt: Fischer

Jorgenson, D.E. & Jorgenson, C.B. (1981). Perceived Effects of Running/Jogging: A social Survey of Three Running Clubs. International Review of Sport Sociology, 16, 75-85

Kamper, D. & Rittner, V. (Hg.) (1976). Zur Geschichte des Körpers. München: Hanser

Kamper, D. & Wulf, C. (Hg.) (1982). Die Wiederkehr des Körpers. Frankfurt: Suhrkamp

Luhmann, N. (1971). Soziologische Aufklärung. In: N. Luhmann (Hg.), Soziologische Aufklärung. Aufsätze zur Theorie sozialer Systeme (S. 66-91). Opladen: Westdeutscher Verlag

Marks, S.R. (1977). Multiple Roles and Role Strain. Some Notes on Human Energy, Time and Commitment. American Sociological Review, 42, 921-936

Moss, G.E. (1973). Illness, Immunity and Social Interaction. New York: Wiley

Mrazek, J. (1984). Die Verkörperung des Selbst. Psychologie heute, 11 (2), 50-58

Polhemus, T. (Ed.) (1978). Social Aspects of the Human Body. Harmondsworth: Penguin

Rittner, V. (1982). Krankheit und Gesundheit. Veränderungen in der sozialen Wahrnehmung des Körpers. In: D. Kamper & C. Wulf (Hg.), Die Wiederkehr des Körpers (S. 40-51). Frankfurt: Suhrkamp

Rittner, V. (1983). Zur Soziologie körperbetonter sozialer Systeme. In: F. Neidhardt (Hg.), Gruppensoziologie. Perspektiven und Materialien. Kölner Zeitschrift für Soziologie und Sozialpsychologie, SH 25, 233-255

Rittner, V. (1986). Das Lächeln als mimischer Stoßdämpfer. In: D. Kamper & Ch. Wulf (Hg.), Lachen, Gelächter, Lächeln. Reflexionen in drei Spiegeln (S. 322-337). Frankfurt: Syndikat

Rittner, V. (1986). Körper und Körpererfahrung in kulturhistorisch-gesellschaftlicher Sicht. In: J. Bielefeld (Hg.), Körpererfahrung. Grundlage menschlichen Bewegungsverhaltens (S. 125-155). Göttingen, Toronto, Zürich: Hogrefe

Rittner, V. & Mrazek, J. (1986). Sport, Fitness und Aussehen. Forschungsbericht. Köln: o.V.

Schaefer, H. (1976). Lebenserwartung und Lebensführung. Medizin, Mensch, Gesellschaft, 1, 27-32

Schaefer, H. & Blohmke, M. (1977). Herzkrank durch psychosozialen Stress. Heidelberg: Hüthig

Schütz, A. (1974). Der sinnhafte Aufbau der sozialen Welt. Frankfurt: Suhrkamp

Sennett, R. (1983). Verfall und Ende des öffentlichen Lebens. Die Tyrannei der Intimität. Frankfurt: Fischer

Selye, H. (1977). Stress. Reinbek: Rowohlt

Shott, S. (1979). Emotion and Social Life: A Symbolic Interactionist Analysis. American Journal of Sociology, 84, 1317-1334

Uexküll, Th. v. (1964). Grundfragen der psychosomatischen Medizin. Reinbek: Rowohlt

Waltz, E.M. (1981). Soziale Faktoren bei der Entstehung und Bewältigung von Krankheit – ein Überblick. In: B. Badura (Hg.), Soziale Unterstützung und chronische Krankheit. Zum Stand sozialepidemiologischer Forschung (S. 40-119). Frankfurt: Suhrkamp

Wenzel, E. (1986). Die Ökologie des Körpers. Frankfurt: Suhrkamp

# Das Gesellschaftliche in der Seele

*Dieter Geulen*

## 1. Einleitung und begriffliche Vorklärungen

Zwei so unterschiedliche Begriffe wie „Seele" und „Gesellschaft" in einen engen Zusammenhang zu stellen, könnte von vornherein paradox erscheinen; auf jeden Fall enthält ein solches Unternehmen eine ganze Reihe von Vorannahmen, die zunächst explizit zu machen sind. Das Problem besteht hauptsächlich darin, daß beide Begriffe eine verschiedene Geschichte und ihren Bedeutungsschwerpunkt in völlig verschiedenen Epochen haben. So ist der Seele-Begriff bereits in der antiken Philosophie, spätestens bei Platon einerseits, im jüdischen Denken andererseits entwickelt, erfuhr aber besonders in der Neuzeit wesentliche Veränderungen.[1] Der Begriff der Gesellschaft im engeren Sinne bildete sich dagegen erst in Abgrenzung vom Begriff des Staates und von dogmatischen Staatslehren als Folge der beginnenden politischen Emanzipation des Bürgertums in der Aufklärung heraus. Zwischen beiden Begriffen liegen also rund zweitausend Jahre Abstand. Nach ihrem Zusammenhang zu fragen ist nur sinnvoll in einem gemeinsamen historischen Kontext; das bedeutet vor allem, daß wir von dem neuzeitlichen Begriff der „Psyche" auszugehen haben. Allerdings könnte es heuristisch fruchtbar sein, den in älteren Seelen-Vorstellungen enthaltenen Phänomenbestand dabei bewußt zu halten.

Hinzu kommt eine Schwierigkeit, die im Begriff der Seele selbst von Beginn an angelegt ist. Der Ausdruck „Seele" bezieht sich ja nicht auf ein reales Ding oder auf einen exakt definierten Oberbegriff im wissenschaftlichen Sinne, sondern er ist ein eigentümlicher theoretischer Begriff, der zwei verschiedene, ja scheinbar auseinanderlaufende Bezüge enthält. Einerseits bezieht er sich auf sehr konkrete „psychische" Referenten in der unmittelbaren Erfahrung des einzelnen Individuums von sich selbst (Stimmungen, Gefühle usw.), andererseits enthält er wesentlich auch einen *metaphysischen Bezug*, der über jedes aktuelle Erleben hinausweist in ein transzendentes Reich, allerdings nur in spekulativer und oft unbestimmter Weise.[2] Damit umspannt der Seele-Begriff mehrere Polaritäten: zwischen dem Sinnlich-Konkreten und einem Abstrakten, zwischen einer Vielfalt und einer Einheit, zwischen dem Flüchtigen und dem Ewigen, zwischen einem Individuellen und einem alle Individuen Verbindenden, zwischen dem Diesseits und dem Jenseits. Diese Dimensionen fallen nicht zusammen, es scheint vielmehr, daß ihr Verhältnis in verschiedenen historisch ausgeprägten Begriffen von Seele unterschiedlich gefaßt wird.

Diese Struktur des Seele-Begriffs legt die Vermutung nahe, daß er *eine Metapher ist für das intuitive Verständnis des Menschen von sich selbst in seinem Verhältnis zur Welt insgesamt, besonders zur jenseitigen*. An den historischen Ausprägungen des Seele-Begriffs könnten wir so ablesen, wie die Menschen sich jeweils in ihrem Verhältnis zur Welt gesehen und definiert haben. Da der Mensch schon immer in „Gesellschaft" lebte und diese immer einen wesentlichen Teil seiner Welt ausmachte, ging in den Seele-Begriff immer auch schon sein Verhältnis zur Gesellschaft bzw. diese selbst ein. Doch blieb dies lange Zeit implizit bzw. eben metaphorisch.

Unsere Vermutung, daß im Seele-Begriff die Sicht des Verhältnisses zwischen Individuum und Welt zum Ausdruck kommt, wird auch dadurch gestützt, daß der Begriff selbst auf sehr unterschiedliche Weise zur Welt in Beziehung gesetzt wird, „Welt" ist in bezug auf die Seele offenbar ambivalent. So lassen sich einige idealtypische Positionen unterscheiden.

1. Von der ersten Position aus ist die individuelle Seele Teil, Ausgestaltung, Inkarnation einer allumfassenden Weltseele; zwischen beiden besteht keine wesenhafte Differenz.
2. In einer anderen Sicht wird zwischen der Seele, die hier vornehmlich als individuell erscheint, und zumindest der realen Welt eine wesenhafte Differenz gesehen; beide gehören sozusagen verschiedenen Reichen an und haben nichts miteinander zu tun.
3. In einer dritten Auffassung stehen Seele und Welt in einem als solches positiv bestimmten Verhältnis des Gegensatzes, des Konfliktes. In gewissem Sinne ist dieser Konflikt sogar konstitutiv für die Seele selbst.
4. Schließlich ist die Auffassung zu nennen, nach der zwischen Seele und Welt ein Verhältnis empirischer Interdependenz, ja mehrfacher und komplexer Abhängigkeiten besteht.

Wenn unsere Vermutung zutrifft, so deuten diese Figuren darauf hin, daß es eine große historische Variabilität darin gibt, wie der Mensch sich im Verhältnis zur Welt – und diese selbst – sieht. Es wäre zweifellos interessant, diese Sicht mit der jeweiligen Epoche bzw. dem historischen Verlauf in Zusammenhang zu bringen. Es ist z. B. nicht zu übersehen, daß der Seele-Begriff im Laufe der Entwicklung immer mehr säkularisiert, aus dem Metaphysischen heruntergeholt wurde. Mit der Aufklärung, die einen spezifischen Subjekt-Begriff entwickelt, scheint der Begriff der Seele ganz zurückzutreten; er wird dann zum Gegenstand einer eigenen Wissenschaft, der „Psychologie", gemacht, modifiziert, ja tendenziell aufgelöst.

Die Ausarbeitung aller dieser Fragen würde den hier gesteckten Rahmen jedoch weit überschreiten. Unsere Fragestellung ist bescheidener. Sie bezieht sich auf das Verhältnis zwischen Seele und Welt in einer bestimmten theoretischen Sicht, die gegenüber der allgemeinen Fragestellung zweifach eingeschränkt ist. Zum einen konzentriert sie sich auf den Ausschnitt des „Gesellschaftlichen", der aus verschiedenen Gründen allerdings besonders interessant ist. Zum anderen behauptet die Formel „Das Gesellschaftliche

im Seelischen" bereits ein bestimmtes Verhältnis, daß eben das Gesellschaftliche sich „im" Seelischen befinde. Diese Sichtweise ist das jüngste Ergebnis des erwähnten Säkularisierungsprozesses, dem der Seelenbegriff unterlag. Sie wird in dieser Weise erst am Ende des 19. Jahrhunderts formuliert. Noch in der 1914 fertiggestellten umfassenden Monographie von Révész zur Geschichte des Seele-Begriffs taucht sie als Thema nicht auf.[3] Ihre historische Genese wird uns noch beschäftigen.

Freilich ist auch die Formel „Das Gesellschaftliche in der Seele" nicht eindeutig. Sie kann nämlich bedeuten,

1. daß die Seele als eine Art Gefäß und das Gesellschaftliche als ein Inhalt in diesem gedacht wird, der als solcher von ihm losgelöst und austauschbar wäre; dies entspricht etwa der Rede von „Bewußtseinsinhalten".
2. Sie kann auch bedeuten, daß das Gesellschaftliche als ein wesentlicher, konstitutiver Bestandteil der Seele selbst aufgefaßt wird; der aus dieser gar nicht wegzudenken ist, ähnlich wie man vom Eiweiß „im" Körper redet. Diese Rede impliziert, daß die Seele nicht ohne das Gesellschaftliche existiert.
3. Weiterhin kann die Formulierung als die implizite Behauptung interpretiert werden: Das Gesellschaftliche gewinnt seine spezifische Qualität erst in der Seele, oder: Gesellschaft konstituiert sich erst im Bewußtsein der Individuen und hat dort ihre Basis.

Eine zweite Frage schließt sich sogleich an. Die Behauptung, daß Gesellschaftliches in der Seele sei, besagt noch nicht, daß die Seele nicht auch andere Inhalte bzw. Bestandteile hätte. Wir müssen also zum ersten weiter fragen, ob und welche anderen Inhalte bzw. Bestandteile in der Seele sind und zum zweiten, in welchem Verhältnis diese zum Gesellschaftlichen stehen.

Eine dritte Frage drängt sich auf, wenn wir bemerken, daß der Ausdruck „das Gesellschaftliche" höchst allgemein und mehrdeutig ist. Ohne noch auf die unterschiedlichen, aufs engste mit bestimmten politischen, ideologischen und wissenschaftstheoretischen Positionen verknüpften Begriffe von Gesellschaft einzugehen, ist unbestritten, daß „Gesellschaft" kein monolithischer Begriff ist, sondern eine Fülle von Erscheinungen umfaßt, die wir in verschiedenen Bereichen und auf verschiedenen Ebenen begrifflicher Abstraktion ansiedeln. Zu ihr gehören elementare Strukturen des Fühlens, des Bewertens, des Denkens und der Sprache ebenso wie materielle Gegebenheiten, andere Menschen und Institutionen, die uns als Felder unseres alltäglichen Handelns entgegentreten, sowie systematische Zusammenhänge zwischen diesen, die erst bei einer wissenschaftlichen Analyse deutlich werden. Es liegt daher nahe, anzunehmen, daß wir alle obengenannten Fragen differenzieren müssen, je nachdem, um was für ein Element des Gesellschaftlichen es sich handelt. Es ist durchaus anzunehmen, daß Status und Verhältnisse eines bestimmten Elementes, etwa der Sprache, innerhalb des Seelischen verschieden sind von Status und Verhältnissen anderer gesellschaftlicher Elemente. So ergibt sich auch die Notwendigkeit, nach dem gegenseitigen Verhältnis verschiedener gesellschaftlicher Elemente *innerhalb* der Seele zu fragen.

Das sind systematische Fragen, die sich bei der Explikation unseres Themas stellen. Für die Darstellung selbst empfiehlt sich jedoch eher eine Orientierung am historischen Verlauf bzw. an geistesgeschichtlichen Zusammenhängen, weil dies das Verständnis der neueren Positionen überhaupt erst möglich macht. Wir unternehmen daher einen Gang durch die neuere philosophische Geschichte des Seele-Begriffs mit Hinblick auf das Gesellschaftliche[4] und wollen versuchen, idealtypische Positionen herauszuarbeiten und – soweit möglich – einen Bezug zur gesellschaftlichen Realität selbst aufzufinden.

## 2. Der antike und christliche Seele-Begriff

Auch wenn das Gesellschaftliche in der Seele erst am Ende des 19. Jahrhunderts zum Thema wird, scheint es sinnvoll, kurz auf die Geschichte der Auffassungen von der Seele zurückzublicken. Sie läßt einerseits erkennen, welche Sinnmotive auch in neueren Theorien enthalten und in welchem Kontext diese entstanden sind, andererseits, welches die Spezifik der neueren Auffassungen gegenüber der Tradition ist.

Beginnen wir unseren Rückblick über die Entwicklung des Seele-Begriffs bei den griechischen Naturphilosophen des 6. vorchristlichen Jahrhunderts. Die Frage nach dem Urgrund bzw. Urstoff alles Seienden führt Thales auf das Wasser zurück. Der Urstoff wandelt sich und läßt ständig Neues aus sich entstehen, er ist belebt bzw. beseelt, und entsprechend ist alles Seiende beseelt, Menschen und Tiere, Pflanzen und Steine. Sei es durch das Wasser, sei es – wie später bei Anaximenes und Diogenes – durch die Luft oder wie bei Heraklit durch das Feuer, das Seelische wird gedacht als ein alles Seiende erfüllendes Prinzip des Lebens. Bei den Pythagoräern findet sich die Vorstellung einer Weltseele, die auch die Gestirne in ihren harmonischen Bewegungen erfüllt. Wird ein Mensch geboren, so geht ein Teil der Weltseele in seinen Körper ein, um ihn bei seinem Tode wieder zu verlassen. Die Seele kann also wandern, und sie ist unsterblich. Entsprechend der stofflichen Denkweise wird als Sitz der Seele der menschliche Körper bzw. Teile desselben angesehen, das Gehirn, das Herz, das Blut usw. Bei Anaxagoras taucht ein neuer Gedanke auf, die Annahme, daß es eine vernünftige Weltseele (nüs) gebe, die planmäßig Ordnung in das Chaos bringt und die nicht materieller, sondern geistiger Natur ist. Allerdings finden sich schon in dieser Zeit auch Ansätze zu einer materialistischen Psychologie. So führt Demokrit das Denken, Wahrnehmen und Empfinden auf die Bewegung von Seelenatomen zurück und sieht dieses in enger Wechselwirkung mit dem Körper, mit dem auch die Seele entsteht, wächst und vergeht. Auch Protagoras sieht den Menschen nicht mehr abhängig von über ihm waltenden Göttern, sondern von diesseitigen Bedingungen, z.B. von seinen subjektiven Sinneseindrücken. Entsprechend wird der Gedanke formuliert, daß die Seele durch die diesseitige Welt und die Gesellschaft bestimmt ist. Bereits bei den vorsokratischen Denkern ist also sowohl der transzendente, auf die Welt bzw. das Jenseits gerichtete wie auch der immanente, psychologische Zug im Seelenbegriff entwickelt.

Die metaphysische Denktradition wird von Platon weitergeführt. Die sinnliche Wahrnehmung ist wandelbar und trügerisch, Erkennen ist das Schauen eines Allgemeinen und Unwandelbaren, der Ideen, die einer anderen Welt angehören. Die geistige Seele ist für Platon dasjenige, was uns diese Wesensschau der Ideen vermittelt. Das ist dadurch möglich, daß sie vor der Geburt im Ideenreich weilte; Erkenntnis ist also Rückerinnerung. Die Seele ist unkörperlich, unteilbar und unsterblich; der Körper und die diesseitige Welt ist für sie ein vorübergehendes Gefängnis, aus dem sie sehnsuchtsvoll in das Reich der Ideen zurückstrebt. Diese Lehre verbindet Platon mit einer Psychologie, in der er drei Instanzen im Menschen unterscheidet. Neben der geistigen, vernünftigen Seele, die wiederum zweigeteilt ist, in den muthaften Teil in der Brust, der auch der Sitz des Zornes, der Herrschsucht, des Ehrgeizes usw. ist, sowie in den begehrlichen Teil im Bauch, Sitz der niederen Lüste und Begierden. Als ein Vorgriff auf die spätere Auffassung, daß das Gesellschaftliche in der Seele sei, kann Platons Lehre angesehen werden, daß diese Struktur der ständischen Dreiteilung des Polis-Staates in Philosophen-Regenten, den Stand der Beamten, Krieger und Wächter sowie den Stand der Bauern und Handwerker entspreche. Platons Auffassung läßt einerseits einen theoretisch präzisierten metaphysischen Bezug, andererseits aber auch eine Säkularisierung, ja Politisierung der Persönlichkeitslehre erkennen, sie ist ausgesprochen dualistisch und liefert so bereits das Grundmodell für spätere Theorien, mit denen wir uns noch beschäftigen werden.

Auch Aristoteles sieht eine Dreiteilung des Seelischen, faßt diese aber als Stufenfolge. Abgesehen von der untersten, anorganischen Stufe, die die Ernährungs- und Fortpflanzungsfunktionen umfaßt und den Pflanzen entspricht, die animale Stufe des Seienden mit den Funktionen der Wahrnehmung und triebhaften Bewegung sowie die nur dem Menschen zukommende vernünftige Stufe, den nūs. Die eigentliche Seele ist die jeder dieser Stufen innewohnende ideale Form, die sie als Zweckursache, Entelechie belebt und

bewegt. Die Begründung der vernünftigen Seele in einem Ideenreich lehnt Aristoteles ab, die Seele kommt als tabula rasa auf die Welt. Doch ist sie unkörperlich und unsterblich, und Aristoteles sieht in ihr etwas Göttliches, das den Menschen vor allen anderen Lebewesen auszeichnet.

Abgesehen von einzelnen Gedanken wie der Einheit der Seele in der Stoa oder differenzierten Aussagen über ihr organisches Substrat etwa bei Galen gehen die folgenden Autoren der Antike nicht mehr wesentlich über den hier erreichten Stand hinaus (vgl. Révész, S. 52). Ein ganz neues Element kommt jedoch durch die jüdisch-christliche Tradition, insbesondere mit ihrem Gottesbegriff, ins Spiel, die sich mit dem antiken Erbe verbindet. Bestimmt wird die neue Sicht schon durch den in der Genesis ausgesprochenen Gedanken, daß Gott dem Menschen die Seele als seinen Odem eingehaucht hat und daß die Seele Ebenbild Gottes ist. Der Neuplatoniker Plotin ordnet die Seele in einer Stufenfolge von Welten ein. An der Spitze steht die Gottheit, ihr folgt die Welt des nūs, des denkenden Geistes, dann die Welt der Seelen und schließlich die des Körpers. Die Seele belebt und gestaltet die Körper gemäß den ewigen Ideen des nūs, wobei das Ganze vom göttlichen Licht durchstrahlt wird. Bei den Kirchenvätern gewinnt das Thema Bedeutung, daß die Seele gut oder böse sein kann und entsprechend zu Gott oder in die Verdammnis eingeht. Origenes schreibt ihr freie Selbstbestimmung zu. Augustinus, der in einer ganz neuen Weise introspektive Psychologie betreibt, deutet alles Wahrnehmen, Fühlen und Denken als Willensvorgänge. Für Thomas von Aquin, der an Aristoteles anknüpft, ist die Seele die Wesensform des lebenden Körpers, sie ist immateriell und unsterblich, wobei Thomas die Unsterblichkeit als eine individuelle hervorhebt.

Man kann sagen, daß in der christlichen Philosophie des Mittelalters die bereits in der Antike aufzuweisende Polarität zwischen dem transzendenten Bezug und dem immanent-psychologischen Bezug als solche festgehalten wird, doch werden beide Bezüge stärker personalistisch gedacht: Einerseits ist es nicht mehr eine allgegenwärtige und kaum näher bestimmbare Weltseele, sondern der eine Gott, von dem die Seele stammt, andererseits werden psychische Vorgänge stärker auf die Vorstellung einer einheitlichen, individuellen und mit freiem Willen begabten Person bezogen.

## 3. Psyche und Gesellschaft in der Philosophie der Neuzeit

Die Philosophie der Neuzeit, genauer gesagt zunächst der englischen und französischen Aufklärung, scheint auf den ersten Blick nur den transzendenten Bezug im Seelenbegriff fallenzulassen und sich stattdessen dem Versuch zuzuwenden, die psychischen Vorgänge in naturwissenschaftlichen, materialistischen Denkmodellen zu fassen und zu erklären. Man könnte dies als den Wandel vom Seele-Begriff zu dem der „Psyche" bezeichnen. So sind für Thomas Hobbes alle Seelenvorgänge Bewegungen materieller Partikel; sie werden durch die Einwirkung äußerer, bewegter Objekte auf die Sinnesorgane ausgelöst, pflanzen sich im Körper als eine Kette fort und bilden schließlich Empfindungen, Vorstellungen und das Gedächtnis. Daneben nimmt Hobbes Begierden und Abneigungen an, aus denen die Nützlichkeit bzw. Schädlichkeit bestimmter Handlungen folgt, die das Individuum erwägt und nach denen es sich entscheidet. John Locke lehnt es programmatisch ab, Aussagen über das Wesen der Seele als ganze zu machen, sondern beschränkt sich auf einzelne Bewußtseinsvorgänge. Erkenntnis wird sensualistisch auf Wahrnehmung zurückgeführt, die Bildung von Begriffen assoziationspsychologisch erklärt. In der gleichen Richtung erklärt David Hume schließlich das Ich als „ein Bündel von Perzeptionen".

Dieser Strang der englischen Aufklärungsphilosophie ließe sich interpretieren als Programm, den Menschen und seine Seele aus der Verankerung in der auf das Jenseits ausgerichteten geistlichen Ordnung zu lösen und ihn ganz ins Diesseits zu stellen. Der transzendente Bezug der Seele wird als metaphysisch denunziert und das Individuum als eigentlicher Ort der Seele festgestellt. Ist sie so als empirischer Gegenstand definiert, so ist ihre weitere Erforschung nur konsequent,

auch wenn dies schließlich zur reduktionistischen Auflösung des Seele-Begriffs führt.[5]

Die Aufklärung hat jedoch zwei weitere, miteinander zusammenhängende Gedanken entwickelt, die für die Sicht des Verhältnisses von Seele und Gesellschaft wichtiger sind, nicht zuletzt dadurch, daß sie in einem Widerspruch zum reduktionistischen Paradigma stehen, der noch heute die Diskussion vorantreibt. Der eine Gedanke ist, daß das Subjekt selber die Grundlage einer philosophischen Letztbegründung aller Erkenntnis und aller Freiheit sei, der andere, daß Grundlage der Gesellschaft die konsensuelle Übereinkunft sein müsse, die ihrerseits aus der vernünftigen Einsicht in jedem Subjekt entspringt. Wir werden noch sehen, daß die Entwicklung im 19. Jahrhundert, die schließlich zur Auffassung einer Verinnerlichung des Gesellschaftlichen führt, verstanden werden kann als eine charakteristische Umbildung dieser drei Gedanken. Daher ist die Konstellation der Aufklärungsphilosophie grundlegend für die heutige Sicht des Problems. Der Weg dorthin ist allerdings etwas kompliziert.

Der in der Aufklärungsphilosophie enthaltene Dualismus in der Konzeptualisierung der Seele kommt unmittelbar bei René Descartes zum Ausdruck.[6] Er beteiligt sich einerseits noch an der Ausarbeitung einer Psychologie im Sinne der empiristisch-materialistischen Anthropologie; der menschliche Körper unterliegt den Gesetzen der Mechanik, nervöse Impulse werden als Druckschwankungen in den als Schläuche vorgestellten Nervenbahnen angesehen, wobei die Steuerung von der Zirbeldrüse ausgeht. Die entscheidende Leistung Descartes' liegt jedoch in der Begründung einer zweiten, ganz anderen Welt des Bewußtseins, der res cogitans: Ausgehend von dem Postulat, daß als Erkenntnis nur gelten könne, was dem Verstand völlig klar und einsichtig gegeben sei, und durch Anwendung des methodischen Zweifels, der systematischen Infragestellung aller Wahrnehmungen und Vorannahmen über die Beschaffenheit und selbst die Existenz der Körperwelt, kommt Descartes zu dem Schluß, daß letztlich nur eines unzweifelhaft gewiß ist: daß ich *als* Zweifelnder bzw. Denkender existiere. Damit ist das einzelne Subjekt mit seinen eingeborenen Ideen scharf abgegrenzt von der Körperwelt, sagen wir auch von der gesellschaftlichen und der Alltagswelt, und ist gleichzeitig als die letzte Grundlage gültiger Erkenntnis überhaupt etabliert. Mit dieser Wendung schlägt die Philosophie auf dem Kontinent eine neue Richtung ein, die wegführt von der Idee, daß sich die Seele bzw. das Subjekt auf empirisch-materielle Bedingungen zurückführen und so relativieren lasse. Im Gegenteil wird jetzt das Subjekt zum Absolutum.

Man könnte sagen, daß dies der konsequente zweite und letzte Schritt in einer schon früher einsetzenden politischen Emanzipationsbewegung ist. Zunächst hatte man sich den Mächten des kirchlichen Dogmas durch Umdeutung der Abhängigkeiten als diesseitiger, weltlicher entzogen. Von der noch bestehenden weltlichen, feudalen Herrschaft befreite man sich nun durch Rückzug auf die reine Bewußtseinsimmanenz, durch einen Absolutismus des Subjekts. Es ist nicht zu verkennen, daß insbesondere die christliche Philosophie dieser Art Personalismus in mehrfacher Hinsicht vorgearbeitet hat. Damit scheint die Philosophie sich von dem Gesellschaftlichen ebenfalls zu entfernen. Aber täuschen wir uns nicht: Es ist die gesellschaftliche Realität *der Zeit*, die sie negiert, und diese Negation ist durchaus eine Stellungnahme aus der Nähe, eine bewußte und radikale Verweigerung.

Es entsteht aber nun das Problem, wie das vereinsamte Subjekt wieder in die Gesellschaft zurückkehren kann, ohne sich als Subjekt aufzugeben. Anders gesagt: Wie kann von dem neuen Bezugspunkt des Subjekts aus „Gesellschaft" neu und positiv konstruiert werden, welches sind ihre Konstitutionsbedingungen, und wie kann sie die Ablösung der überkommenen Ordnung als legitim und notwendig erscheinen lassen? Descartes ist diesen Schritt nicht mehr gegangen, es waren andere Theoretiker, die mit der Formel vom Gesellschaftsvertrag die entscheidende Idee formulierten, daß Gesellschaft ihren Ursprung *in* den Subjekten hat. Hier taucht zum ersten Mal „das Gesellschaftliche in der Seele" auf, und zwar in Gestalt einer *Begründung des Gesellschaftlichen in der Vernunft der Subjekte*. Hatten die Individuen bisher „die Gesellschaft" als ihnen äußerlich gegenüberstehende und sie beherrschende wahrgenommen, so ermöglichte die neue Begründung eine Identifizierung der Subjekte mit ihrer Gesellschaft.

Bei Hobbes wird diese Wendung aus der Anthropologie, interessanterweise aus einer materialistisch-pessimistischen, begründet.[7] Im Naturzustand erstreben die Individuen zunächst nur ihren eigenen Vorteil, geraten dabei aber notwendig miteinander in einen Kampf aller gegen alle. Die damit herrschende Unsicherheit kann nur dadurch überwunden werden, daß die Individuen in einer freiwilligen, vertraglichen Übereinkunft auf ihre „natürlichen Rechte auf alles" (z. B. das Eigentum) so weit verzichten, als notwendig ist, um auch den anderen die Realisierung eben dieser Rechte zu ermöglichen. Dies entspringt kluger, wenn auch letztlich eigennütziger Berechnung. Allerdings hält Hobbes es für erforderlich, daß eine zentrale Instanz etabliert wird, die mit Sanktionsgewalt über die Einhaltung dieses Gesellschaftsvertrages wacht und sie garantiert. Bei Locke[8] wird die Tätigkeit der Regierung selber in den Verfassungsvertrag einbezogen und, auch durch Einführung einer Gewaltenteilung, auf ein Mindestmaß beschränkt. Rousseau[9] greift den Gedanken des Gesellschaftsvertrages auf, geht aber weiter, indem er einerseits fordert, daß jeder einzelne auch Subjekt der Gesetzgebung und der ausführenden Staatsgewalt sein und andererseits sich an einem überindividuellen Gesamtinteresse, der volonté générale, orientieren müsse. In diesem Zusammenhang muß schließlich auch Kant[10] genannt werden, der in philosophischer Strenge die Moralität – diese als Grundlage von Gesellschaft genommen – mit der Vernunft und der Autonomie des Subjektes verbindet, und zwar so, daß die Achtung für den kategorischen Imperativ in der Achtung für die Person, „der Menschheit in mir und anderen", begründet wird. Damit gewinnt Kant einen philosophischen Bezugspunkt für die Moral, der wiederum über die Opportunität bei Hobbes und die Unbestimmtheit des Rousseauschen Gemeinwillens weit hinausführt.

Die Aufklärung war also bei ihrem Unternehmen, die metaphysischen und ontologischen Fundamente der alten Herrschaftsordnung zu destruieren, auf das menschliche Individuum selbst zurückgegangen, auf seine angeborenen Rechte und seine Fähigkeit zum Vernunftgebrauch. Dieses ist die letzte Geltungsgrundlage und wird daher zum neuen Ausgangspunkt der philosophischen Konstruktion der Welt. Die Welt wird nicht mehr a priori von einer überkommenen Ordnung her begriffen, sie wird nun vom Individuum her bestimmt, das letzter Realitätsgrund ist. Individuum und Welt treten in neuer Weise einander gegenüber, die Welt wird zum Gegenstand und zum Werk der Subjekte.

Bemerkenswert ist, daß trotz der Wende zum Individuum dieses zum Bezugspunkt nicht als einzigartiges Individuum wird, sondern nur als der Ort, an dem sich die Vernunft als ein prinzipiell Universales und auch normativ Verbindliches artikuliert. So hält selbst der Rationalismus, der den alten Seele-Begriff eliminiert hatte, durch seinen Vernunftbegriff an dem Bezug des Individuums auf ein Transzendentes und damit an einer wesentlichen Bestimmung des Seele-Begriffs fest; ja man erkennt unschwer das antike nūs-Prinzip wieder.

Die kontinentale Philosophie verstand sich nicht als Psychologie im Sinne einer Erforschung der empirischen Subjekte, obwohl sie auch wiederum eine Weiche in diese Fragerichtung gestellt hat. Der strenge logische Zug, ihr Anspruch auf absolute Stringenz der Beweisführung, die besonders bei Descartes und Kant auffallen, verweisen meines Erachtens auf ein anderes Motiv: Nur so konnte sie den entsprechenden Forderungen des Bürgertums in einer Situation des Konfliktes vor allen vernünftigen Menschen Gehör und Geltung verschaffen. Die Strenge der kontinentalen Aufklärungsphilosophie entspringt also nicht einer immanent philosophischen Begründung oder Notwendigkeit, sondern dem politisch-pragmatischen Motiv, ähnlich wie vor Gericht in einem historischen Streit – der alles andere als akademisch war, sondern in dem es um die gesellschaftliche Existenz des dritten Standes selber ging – die anderen bzw. alle von der eigenen Sache mit argumentativen Mitteln zu überzeugen.

Diese der Aufklärungsphilosophie als solcher inhärente Strategie impliziert jedoch ein folgenreiches Problem. Wenn mit Berufung auf universale und für jeden Menschen kraft seiner Vernunft einsehbare Geltungsgründe Ansprüche gegen andere durchgesetzt werden sollen, muß man bereit sein, auch sich selber dem gleichen Sittengesetz zu unterwerfen. Wie ist aber eine solche Unterwerfung zu vereinbaren mit der ganz anderen Forderung nach *Freiheit*, die doch der Ausgangspunkt der ganzen Unternehmung war? Offenbar nur dadurch, daß eben diese Unterwerfung unter das Universal-Vernünftige qua Einsicht als Freiheit *definiert* wird.

Kants geniale Formel verschiebt jedoch um der politischen Lösung willen das Problem auf das Individuum. Der Widerspruch zwischen dem Freiheitsanspruch des Individuums und einer notwendigerweise universalistischen Begründung eben dieses Anspruchs in der gegebenen historischen Situation wird in das Individuum selbst – als Verhältnis zwischen „Neigung" und „Pflicht" – verlegt und ist von ihm privat zu lösen. Wie wir noch sehen werden, ist hier ein Widerspruch angelegt, der in anderer Gestalt weiter bestehen bleibt. –

Es ist eine entscheidende Abkehr von dieser Denkrichtung, daß man ab Ende des 18. Jahrhunderts daran ging, das Subjekt als das bislang letztgültige Apriori selber zum Objekt zu machen. Freilich konnte man an die schon in der englischen Aufklärung entstandene Tradition anknüpfen. Allen voran ging die neu entstehende Psychologie, die in ihrer Zentrierung auf das Individuum bürgerlicher Ideologie verbunden blieb, sich aber gleichwohl programmatisch die Zerlegung des Subjekts vornahm. Auch andere Disziplinen bemächtigten sich seiner durch Reduktion auf ihr jeweiliges Gebiet, auf materiell-physikalische, chemische oder physiologische Größen, auf das Biologisch-Gattungsmäßige, auf ökonomische Bedingungen oder auf das Ensemble der Produktionsverhältnisse. In ihrer Richtung und in ihrer Gesamtheit kann diese Entwicklung kaum anders bezeichnet werden als eine systematische Destruktion des Subjekt-Begriffs, den die Aufklärung hinterlassen hatte.

Politisch gesehen war dies insofern unproblematisch, als *nach* Etablierung der bürgerlichen Gesellschaftsordnung die Strategie einer logisch zwingenden Begründung dieser Ordnung im Subjekt (s. o.) ja obsolet und überflüssig geworden war. Das erklärt allerdings noch nicht zureichend die Destruktion als solche. Sie wird zumindest plausibel unter der Annahme, daß sich darin eine neue Erfahrung des Verhältnisses von Individuum und Gesellschaft ausdrückt. Ein erstes Motiv mag die zunehmende Bewußtwerdung des mit dem rationalistisch verkürzten Subjektbegriff gesetzten Widerspruchs zu den nichtvernünftigen Anteilen der Seele sein, der nach einer Psycho-Analyse drängte. Der Beleg hierfür wäre die Romantik.

Vielleicht wichtiger ist ein zweites Motiv: In zunehmendem Maße erfahren die Menschen im 19. Jahrhundert, daß die von ihnen selbst geschaffene Gesellschaft eine ökonomisch-technische und eine politisch-soziale Eigendynamik entfaltet, in die sie sich zunehmend nur mehr als fremdbestimmte und abhängige einordnen können. Ein sozial-deterministischer Zug kommt übereinstimmend in verschiedenen philosophischen Strömungen vom Historismus bis zum Evolutionismus zum Ausdruck, am deutlichsten wohl bei Marx. Von einem festgehaltenen Freiheits- und Subjektbegriff im Sinne der Aufklärung aus müssen diese gesellschaftlichen Mächte als antagonistisch wahrgenommen werden.

Auf den ersten Blick scheint dies nichts anderes zu sein als der Widerspruch zwischen Freiheitsanspruch und universalem Sittengesetz, der schon im Denken der Aufklärung angelegt war. Tatsächlich ist jedoch ein entscheidendes Moment verlorengegangen: War die Unterwerfung unter das Sittengesetz in der vernünftigen, universal nachvollziehbaren *Einsicht* begründet gewesen, so ist die Unterwerfung unter die objektiven Mächte, die die bürgerliche Gesellschaftsordnung im Laufe des 19. Jahrhunderts hervorbringt, eine faktische, von ihr *erzwungene*. Das in der eigenen, vernünftigen Einsicht begründete Sittengesetz hatte sich unter der Hand verwandelt in das Normensystem der bürgerlich-kapitalistischen Tauschgesellschaft, einer historischen Realität, die schließlich die Gestalt der verlogenen und repressiven Moral der wilhelminischen Epoche annahm. Sie konnte sich fatalerweise immer noch als sein Erbe ausgeben und von seiner kategorischen Strenge profitieren. Was ursprünglich aus Vernunft und Autonomie geboren worden war, erschien nun plötzlich auf der Seite naturwüchsiger Determinanten.

Dennoch blieben die bürgerlichen Individuen mit ihrer Gesellschaft *identifiziert*. Die

Option, sich dieser Gesellschaft noch einmal in der gleichen Weise wie einst gegenüber der feudalen als politisches Subjekt gegenüberzustellen, war im bürgerlichen Denken nicht mehr gegeben, handelte es sich doch um gerade *die* Gesellschaftsordnung, die man gewollt und durchgesetzt hatte. Daß sich ihre Realität immer mehr in Widerspruch zu den aufklärerischen Prinzipien ihrer Konstituierung entwickelte, ist von der bürgerlichen Philosophie nicht bemerkt und ausgesprochen worden. So wurde dieser Widerspruch zu einem Widerspruch innerhalb der Individuen selbst. Man suchte Zuflucht in der Psychologie, und das Bewußtsein der Omnipotenz der Vernunft und der Subjekte wurde resignativ zurückgenommen.

Die dargestellte Bewegung scheint derjenigen, in der sich der Subjekt-Begriff zu Beginn der Neuzeit schrittweise konstituierte, genau entgegengesetzt zu sein; sie führt nach dem Höhepunkt in der Aufklärung gewissermaßen wieder zurück zum status quo ante. Der Mensch sieht sich nun wieder verbunden mit bzw. abhängig von objektiven Mächten jenseits. Jedoch sind die wissenschaftlichen Domänen, die sich ihren Teil des Subjekt-Begriffs holen, nicht gleichzusetzen mit der antiken oder christlichen Metaphysik. In ihrer Beschränkung und Zersplitterung vermögen sie kaum mehr das frühere Lebensgefühl zu stiften, eins zu sein mit dem Kosmos, der Natur oder dem Reich Gottes, und die Haltung der Zeit ist keineswegs mehr die der Frömmigkeit. Die jenseitigen Mächte bilden keine in irgendeinem Sinne vernünftige und/oder gütige Ordnung, in der man sich geborgen weiß. Und sie sind nicht göttlicher Natur, sondern durchaus krude und profan, ja von den Menschen selbst produziert, aber paradoxerweise eben nicht von ihnen beherrscht.

Die in der Aufklärung zentrale Idee der Freiheit aber bleibt trotz – oder gerade aufgrund – ihres utopischen Charakters unveräußerbarer Anspruch der Individuen. Doch haben diese nicht mehr, wie unter dem ancien régime, einen personalisierbaren Gegner, demgegenüber dieser Anspruch einzuklagen wäre; der Gegner ist das Gesellschaftliche in ihnen selbst.

Diese widersprüchliche Struktur – äußere Mächte versus Subjektivität, gesellschaftlicher Zwang versus Freiheitsanspruch – bestimmt die neueren theoretischen Modelle von der Psyche, die das Gesellschaftliche verinnerlicht hat.

## 4. Das Gesellschaftliche als verinnerlichter antagonistischer Teil in der Psyche (E. Durkheim, S. Freud)

So etwa kann der Hintergrund skizziert werden, vor dem um die Jahrhundertwende insbesondere zwei fast gleichzeitig (1858 bzw. 1856) geborene Autoren – die damit auch zu Begründern des sozialisationstheoretischen Ansatzes in den Sozialwissenschaften werden – zum ersten Mal explizit das Modell einer in der Psyche verinnerlichten gesellschaftlichen Instanz konzipieren: Emile Durkheim und Sigmund Freud. Beide stimmen darin überein, daß die verinnerlichte gesellschaftliche Instanz anderen Teilen der Psyche antagonistisch gegenübersteht. Doch unterscheiden sie sich in ihrer Begründung, in ihrem Forschungsinteresse und in ihrer Begrifflichkeit erheblich; dies macht die genannte Übereinstimmung besonders signifikant.

*Durkheim* ist Soziologe. Schon in seinem ersten Hauptwerk über die Arbeitsteilung[11] stellt er sich das Problem, wie soziale Integration bei fortschreitender arbeitsteiliger Differenzierung zu erklären sei. Denn Integration ist erklärungsbedürftig, dies hatte Hobbes richtig erkannt, doch ist Hobbes' Postulat einer staatlichen Zwangsinstanz zu ihrer Erklärung nicht unbedingt notwendig.

Wir hatten schon gesehen, daß die Gesellschaftsphilosophie nach Hobbes einen anderen, ebenfalls bei ihm angelegten Gedanken stark macht, nämlich den des *Vertrages*. Diese Wendung war in der Aufklärung die Voraussetzung dafür gewesen, Gesellschaft als von den Subjekten selbst geschaffene zu sehen. Durkheims systematischer Ausgangspunkt ist nun wiederum eine Kritik des Vertragsparadigmas, und zwar in der zeitgenössischen englisch-liberalistischen Variante bei Herbert Spencer. Nach Spencer kann Gesellschaft daraus erklärt werden, daß die Individuen frei Verträge miteinander eingehen. Hier setzt Durkheim an: Er zeigt, daß dazu

die Annahme eines nur am eigenen Nutzen orientierten Wirtschaftsubjekts nicht ausreicht, daß vielmehr die Institution des Vertrages als solche auf außervertraglichen, immer schon vorausgesetzten moralischen Bedingungen beruht, einer Solidarität, die Durkheim mit dem Begriff einer „conscience collective" theoretisch zu fassen sucht. Wenn diese Bedingungen nicht in einer äußeren Zwangsinstanz liegen, können sie nur dadurch erklärt werden, daß die Individuen sie *verinnerlicht* haben.

Der Begriff der volonté générale klingt hier deutlich an. Ja, man könnte sagen, daß Durkheim – ganz im Sinne Rousseaus – sich Spencer gerade deshalb als Gegner ausgesucht hat, weil bei diesem das Moment des Gemeinwillens, das in der englischen Tradition gegenüber dem individualistisch-egoistischen Moment ohnehin schwächer ausgebildet ist, völlig zurücktritt.

„Conscience collective" wird häufig mit Kollektivbewußtsein übersetzt. Dies trifft jedoch nicht genau ihren moralischen Charakter, der für Durkheim entscheidend ist; er wäre eher mit „Gemeinschaftliches Gewissen" zu umschreiben. Die conscience collective ist der Inbegriff aller in einer Gruppe bzw. Gesellschaft herrschenden Werte (sentiments collectifs), Verhaltensnormen (règles morales) und Wissensinhalte (croyances, représentations collectives). Sie erscheinen dem Individuum als objektive, ihm gegenüberstehende und nicht von ihm abhängige Tatsachen (faits sociaux), ein Phänomen, auf das Durkheim immer wieder hinweist und das er zur wissenschaftstheoretischen Begründung der Soziologie als einer eigenen, besonders von der Psychologie zu unterscheidenden Disziplin heranzieht. Diese kollektiven Inhalte, vor allem die Verhaltensnormen, haben für das Individuum einen eigentümlichen Charakter moralischer Verbindlichkeit, sie üben – obwohl sie nur ideal sind – einen moralischen Zwang auf es aus, sich ihnen gemäß zu verhalten. Genau diese Erscheinungsweise der Exteriorität der sozialen Normen, insbesondere ihr Zwangscharakter, sind für Durkheim ein Beleg für seine These, daß sie in Wirklichkeit vom Individuum verinnerlicht sind. Durkheim denkt hier durchaus psychologisch, ja antizipiert geradezu Teile der erst später entstehenden Über-Ich-

Theorie Freuds. Und das Argument ist einleuchtend; wären die sozialen Normen dem Subjekt nur äußerlich, könnten sie es kaum in dieser moralischen Weise affizieren, wie wir es an uns selbst beobachten können.

„Wie spontan auch immer wir der Stimme gehorchen, die uns die [Selbst-]Verleugnung diktiert, wir spüren sehr wohl, daß sie in einem befehlenden Ton zu uns spricht, der nicht der des Instinktes ist. Deshalb können wir sie auch nicht – obwohl sie sich im Innern unseres Gewissens vernehmen läßt – widerspruchslos als die unsere ansehen, sondern wir veräußerlichen sie, wie wir es mit unseren Wahrnehmungen tun, wir projizieren sie nach außen, wir beziehen sie auf ein Wesen, das wir als uns äußerlich und überlegen begreifen, weil es uns befehligt."[12]

„Da die Gesellschaft nur in und durch die individuellen Gewissen existieren kann, muß sie in uns eindringen und sich in uns organisieren; sie wird so zum integralen Bestandteil unseres Wesens."[13] Zur Beschreibung dieses Sachverhalts benutzt er am häufigsten Ausdrücke wie „durchdringen", „eingewurzelt" und „verkörpert" (pénétré, enraciné, incarné).

Durkheim geht noch weiter, indem er feststellt, daß Gesellschaft überhaupt nur in dieser Weise, d. h. als im Bewußtsein der Individuen verinnerlichte existiert und existieren kann.

„Ohne Zweifel ist es eine evidente Wahrheit, daß es nichts im sozialen Leben gibt, das nicht im Bewußtsein der Individuen wäre."[14]

Später bringt er den Sachverhalt auf die bündige Formel: „Die Gesellschaft existiert und lebt nur in den Individuen und durch sie".[15]

Durkheim war sich bewußt, daß seine Formulierungen als Hypostasierung der conscience collective aufgefaßt werden könnten und hat sich eindeutig gegen eine solche platonistische Fehlinterpretation ausgesprochen.[16] Der Begriff der conscience collective meint vielmehr nichts anderes als die Bereiche unseres Bewußtseins bzw. Gewissens, die wir mit den anderen Mitgliedern unserer Gesellschaft teilen und die die obengenannten Charaktere haben.

Durkheim sieht, daß die so eindringlich konstatierten Phänomene der Exteriorität und des moralischen Zwanges zu der theoretischen Konsequenz eines dualistischen Persönlichkeitsmodells führen. „Zwang" ist eine relationale Kategorie, d. h., wenn es eine innerpsychische Instanz gibt, die Zwang ausübt, so muß es auch eine Instanz geben, auf die dieser Zwang ausgeübt wird. Da die Zwangsinstanz als gesellschaftliche, ja als *die* Gesellschaft schlechthin definiert wurde, liegt es nahe, die ihr gegenüberstehende residuale Persönlichkeitsinstanz als private und *nicht* gesellschaftlich bestimmte aufzufassen. Tatsächlich nimmt Durkheim einen solchen nichtsozialen Persönlichkeitsanteil an, den er – nicht ganz konsistent – mit Ausdrücken wie „homme physique", „etats de conscience privés", „type individuel", „être individuel", „individualité", „conscience de l'individu" usw. bezeichnet. Er bezieht sich auf die Physis und ihre Triebe, Bedürfnisse und Funktionen sowie auf die sinnliche Wahrnehmung. Seine Strebungen sind egoistisch und asozial und unterscheiden sich nicht von denen des Tieres. In diesem Zustand wird der Mensch geboren. Das Verhältnis beider Persönlichkeitsinstanzen zueinander ist zunächst als antagonistisch zu charakterisieren.

„Diese beiden Gruppen von Bewußtseinszuständen sind nicht nur nach ihrem Ursprung und ihren Eigenschaften verschieden; zwischen ihnen besteht ein echter Antagonismus. Sie widersprechen und verneinen sich gegenseitig."[17]

Durkheim spricht hier auch davon, daß die soziale Instanz die individuelle „überformt" (surajouter) und ihr überlegen ist.

Allerdings sieht er gleichzeitig das Verhältnis als ein notwendiges an, und zwar interessanterweise nicht nur in der soziologischen Perspektive als eine Bedingung für die Integration der Gesellschaft, sondern auch für den Menschen selbst, also auf einer anthropologischen und psychologischen Ebene. So hat das Individuum ein Bedürfnis nach einer ihm von außen auferlegten Normierung; die im sozialen Persönlichkeitsanteil verankerte soziale Normierung hat trotz des Antagonismus für das Individuum eine positive Funktion, und zwar in zweifacher Hinsicht: Erstens liegt es im Wesen des Menschen, daß er auf die Dauer nur dann einen Sinn in seinem Tun findet, wenn dieses auf überindividuelle Ziele ausgerichtet ist. Fehlen diese Ziele, so findet sich der Mensch durch die erzwungene Beschränkung auf seine rein egoistischen Strebungen vor das Nichts gestellt, was ihn in letzter Konsequenz zum Selbstmord führt. Eine hiermit eng zusammenhängende zweite Funktion der Normierung für das Individuum besteht darin, daß sie ihm ein konkretes Ziel vor Augen stellt, das wenigstens prinzipiell erreichbar ist, womit sie verhindert, daß sich die Wünsche und Ansprüche im Maßlosen verlieren, was ihre Befriedigung unmöglich machen würde und eine andauernde Unzufriedenheit zur Folge hätte.

So gibt Durkheim der verinnerlichten gesellschaftlichen Moral eine anthropologische Legitimation, eine Argumentation, die später besonders von Arnold Gehlen aufgenommen und ausgebaut worden ist. Wichtiger noch scheint mir die Feststellung, daß Durkheim entgegen dem ersten Anschein mit seinem Begriff der conscience collective gerade nicht auf Rousseau zurückgeht, sondern eine ganz neue Richtung einschlägt. Es geht nicht mehr um einen von den Subjekten autonom gebildeten Willen, sondern nur um ein von ihnen heteronom verinnerlichtes „Gewissen". Dadurch entzieht Durkheim gleich zwei zentralen Stücken der politischen Philosophie der Aufklärung den Boden. Durch seinen Nachweis eines gesellschaftlichen Apriori in den Vertragspartnern wird das Vertragsmodell zu einer wieder nur vorgegebenen gesellschaftlichen Institution relativiert. Und durch die Bindung der Moral an den Begriff der conscience collective wird ihr die spätestens bei Kant gegebene Grundlage in Vernunft und freiem Willen genommen und Moralität relativistisch auf Gehorsam vor den Normen der jeweiligen Gruppe reduziert.

Auf der anderen Seite sind in Durkheims Formulierungen Wertkonnotationen erkennbar, die diese affirmative Sicht zumindest implizit einschränken bzw. zu einer resignativen umbiegen. Wie anders sollte man es interpretieren, daß Durkheim durchgängig von „Zwang" (contrainte) spricht, den die soziale Seite in uns ausübt, also von einem Herrschaftsverhältnis, das kein aufgeklärter Geist auch des späten 19. Jahrhunderts im Prinzip akzeptieren könnte?

Den Zielkonflikt zwischen der Idee individueller Freiheit und der Idee gesellschaftlicher Integration löst er jedoch theoretisch nicht auf. Durkheim sieht den Rückgang gesellschaftlichen Zwanges im Laufe der historischen Entwicklung im Grunde nur als graduellen an; die conscience collective wird schwächer und bietet deshalb dem Individuum mehr Raum. Es bleibt jedoch bei der Annahme eines Widerspruchsverhältnisses, d. h. bei der Annahme, daß sich in der Person eine soziale Instanz, die conscience collective, und eine private, seien es als animalisch oder eher als personalistisch aufgefaßte Bereiche, antagonistisch gegenüberstehen. Vermutlich hielt Durkheim an dieser Gegenüberstellung fest, weil sie ihm eine theoretische Formel für das Phänomen subjektiver sozialer Zwänge bot.

Hierin bringt er das Bewußtsein seiner Zeit, das „Unbehagen in der Kultur" (wie Freud es später nannte) auf einen Begriff, und hierin ist er sicher auch kritisch zu nennen.

Dieser Dualismus impliziert jedoch zwei problematische Annahmen. Erstens wird unterstellt, daß es Persönlichkeitsbereiche gebe, die von vornherein nicht gesellschaftlich bestimmt seien, bei Durkheim insbesondere das eigentlich Individuelle der Person. Zweitens unterstellt Durkheims Modell, daß das Gesellschaftliche in der Persönlichkeit von vornherein einen Widerspruch stiftet, also mit anderen Persönlichkeitsbereichen unvereinbar sei. Wir werden weiter unten sehen, daß und inwiefern diese Annahmen falsch sind. –

Üblicherweise wird *Sigmund Freud* als der Autor angesehen, in dessen Begriff vom Über-Ich das Modell einer in der Psyche installierten Instanz, die die gesellschaftlichen Normen vertritt und die in einem antagonistischen Verhältnis zur Triebseite steht, am klarsten formuliert ist. Das ist auch nicht falsch. Jedoch läßt sich zeigen, daß in der schrittweisen Entwicklung der Freudschen Theorie das Verhältnis von Psyche und Gesellschaft tatsächlich komplexer, vermittelter und nicht so eindeutig gefaßt wird wie in dieser etwas formelhaften Aussage.[18]

Freuds Ausgangspunkt sind nicht Probleme der Gesellschafts- oder politischen Theorie, sondern – viel konkreter – psychische Erkrankungen wie Hysterie und Zwangsneurose, die mit den Mitteln der überkommenen Psychiatrie am Ende des 19. Jahrhunderts weder angemessen verstanden noch therapiert werden konnten. Freud kam (gemeinsam mit Josef Breuer) zunächst zu der Einsicht, daß das neurotische Symptom als Kompromißhandlung zwischen einer verdrängenden und einer verdrängten Vorstellung aufgefaßt werden kann und daß dies seinen Ursprung in einem in der Kindheit erlittenen seelischen Trauma hat. Schon hier deutet sich das später weiter ausdifferenzierte Konfliktmodell der Psyche an. Von Gesellschaft ist jedoch zunächst weniger die Rede, Freud widmet sich vielmehr vorrangig der Analyse der Triebseite.

Seine bereits in den ‚Drei Abhandlungen zur Sexualtheorie'[19] im wesentlichen formulierte Triebtheorie ist zunächst pluralistisch und entsprechend seiner rekonstruierenden Methode von vornherein als eine ontogenetische angelegt. Im Laufe der frühkindlichen Entwicklung entfaltet sich aufgrund organischer Reifungsprozesse und stets angelehnt an bestimmte Körperzonen eine ganze Reihe von Trieben, die sich auf äußere Objekte richten und nach Befriedigung drängen. Da Freud findet, daß in den sexuellen Perversionen Erwachsener genau diese infantilen Triebäußerungen auftreten, glaubt er sich berechtigt, sie als eigentlich sexuelle anzusehen, auch wenn sie scheinbar weit entfernt von dem sind, was „Sexualität" in der herrschenden kulturellen Definition ausmacht. Bei seinen Bemühungen, die Befunde über das menschliche Triebleben theoretisch zu fassen, prägt er dann den Begriff der Libido als der allen sexuellen Antrieben zugrundeliegenden Triebenergie. Später postuliert er einen zweiten Grundtrieb – den Aggressions- bzw. Todestrieb – und versucht seiner Triebtheorie in spekulativer Weise eine phylogenetische Grundlage zu geben.

Die beim Kinde auftretenden Triebregungen werden nun von den Eltern mehr oder weniger unterdrückt, d. h. mit beim Kinde Angst auslösenden Sanktionen bedroht. Das gilt insbesondere für die Triebregungen, deren sexueller Charakter den Eltern nicht verborgen bleibt, weil sie selber davon berührt sind. So mißt Freud der Entwicklungsstufe eine entscheidende Bedeutung bei, in der das Kind (der Junge) den gegengeschlechtlichen Elternteil (die Mutter) mit erotischen Wünschen besetzt und dabei in Konkurrenz zum gleichgeschlechtlichen Elternteil (dem Vater) gerät. Die vom Kind im Anschluß an reale Ereignisse phantasierten Folgen dieser Ödipus-Situation haben tiefgehende innerpsychische Auswirkungen. Vor allem führen sie zu einer Verdrängung der nicht zugelassenen Triebregungen in das Unbewußte. Diese Verdrängung muß durch vom Ich ständig unterhaltene Gegenbesetzungen und Reaktionsbildungen aufrechterhalten werden. Daneben versucht das Kind den Triebkonflikt durch Identifizierung mit dem gleichgeschlechtlichen Elternteil zu lösen, d. h., der Junge introjiziert den Vater in sein Ich und „wird" damit so wie dieser.

Die durch solche Abwehrmechanismen entstehenden dauerhaften Strukturen machen im wesentlichen aus, was man den Charakter eines Menschen nennt. Die verdrängten Antriebe können in maskierter Form im neurotischen Symptom wieder zum Vorschein kommen. Sie können freilich auch in gesellschaftlich anerkannten Formen „sublimiert" werden; Freud sah bereits in den ‚Drei Abhandlungen' die Sublimierung als die gesellschaftliche Funktion der Triebunterdrükkung an. Da die Eltern in ihrem Verhalten gegenüber dem Kind im Prinzip den Normen ihrer jeweiligen gesellschaftlichen Moral folgen, können sie gleichsam als Agenten der Gesellschaft aufgefaßt werden. Insofern spricht Freud schon in der Schrift über ‚Die kulturelle Sexualmoral und die moderne Nervosität'[20] von einer Unterdrückung bzw. Schädigung durch die „Kultur" bzw. Gesellschaft selbst.

Damit erreicht Freud die begriffliche Ebene, auf der unser Problem liegt. Es wird jedoch schon deutlich, daß er das Verhältnis von Psyche und Gesellschaft in einer anderen Perspektive sieht als Durkheim. Gesellschaft erscheint beim frühen Freud nicht als im Bewußtsein repräsentierte Instanz, die das Handeln der Individuen direkt steuerte, sondern als eine Realität, die durch Vermittlung der Eltern das Kind in spezifische Konflikte mit seinen sexuellen Antrieben bringt, *deren subjektive Verarbeitung* seine Psyche dann in bestimmter Weise verändert und formt. „Gesellschaft" wird also nicht als Inhalt der Psyche aufgefaßt, sondern als eine *Bedingung in ihrer Entstehung und Entwicklung*, die im üb-

rigen durchaus eigenen psychologischen Gesetzen folgt und deren Ergebnis nicht notwendig mehr mit dem Bild der Gesellschaft
identisch ist. Daher auch ist es ja möglich,
daß das Ergebnis – wie im Falle neurotischer
Erkrankung – dem normativen Idealbild der
Gesellschaft widersprechen kann. Auch bei
dieser Sicht kann man natürlich vom Gesellschaftlichen „in" der Psyche sprechen, aber
nicht mehr im Sinne eines Abbildes bzw. eines Teiles in der Psyche, sondern nur noch in
dem Sinne, daß gesellschaftliche Bedingungen verschiedene reale und tiefgreifende
Spuren in der Genese der Psyche hinterlassen. Diese begriffliche Unterscheidung ist
von erheblicher theoretischer Bedeutung,
insbesondere für die Begründung eines Begriffs vom Subjekt, das seine Entstehung der
Gesellschaft verdankt und ihr gleichwohl gegenübersteht.

Als Kernstück der psychoanalytischen
Auffassung von Sozialisation wird mit Recht
die Theorie des Über-Ich angesehen. Dieser
Begriff taucht bei Freud, nachdem er schon
1914 den Begriff des Ich-Ideals eingeführt
hatte, spätestens in seiner Schrift ‚Das Ich
und das Es'[21] auf. Wie schon erwähnt, entsteht das Über-Ich dadurch, daß das Kind
(der Junge) den ödipalen Konflikt mit dem
Vater dadurch löst, daß es sich mit ihm identifiziert, d. h. ihn in sein Ich introjiziert. Später können sich weitere Identifizierungen
z. B. mit Erziehern hinzugesellen. Da Eltern
und Erzieher für das Kind Gesellschaft repräsentieren, wäre dies der Mechanismus, durch
den Gesellschaftliches in die Psyche gelangt
und in ihr verankert wird. Sehen wir uns diese
These genauer an.

„Das Über-Ich ist für uns die Vertretung
aller moralischen Beschränkungen, der Anwalt des Strebens nach Vervollkommnung,
kurz das, was uns von dem sogenannt Höherem im Menschenleben psychologisch greifbar geworden ist. Da es selbst auf den Einfluß
der Eltern, Erzieher und dergleichen zurückgeht, erfahren wir noch mehr von seiner Bedeutung, wenn wir uns zu diesen seinen
Quellen wenden. In der Regel folgen die Eltern und die ihnen analogen Autoritäten in
der Erziehung des Kindes den Vorschriften
des eigenen Über-Ichs. Wie immer sich ihr
Ich mit ihrem Über-Ich auseinandergesetzt
haben mag, in der Erziehung des Kindes sind

sie streng und anspruchsvoll. So wird das
Über-Ich des Kindes eigentlich nicht nach
dem Vorbild der Eltern, sondern des elterlichen Über-Ichs aufgebaut; es erfüllt sich mit
dem gleichen Inhalt, es wird zum Träger der
Tradition, all der zeitbeständigen Wertungen, die sich auf diesem Weg über Generationen fortgepflanzt haben".[22]

„Im Elterneinfluß wirkt natürlich nicht nur
das persönliche Wesen der Eltern, sondern
auch der durch sie fortgepflanzte Einfluß von
Familien-, Rassen- und Volkstradition sowie
die von ihnen vertretenen Anforderungen
des jeweiligen sozialen Milieus".[23]

Zunächst bestätigt sich, daß nach Freuds
Selbstverständnis auf diese Weise „Vorschriften", „Wertungen", „Familien-, Rassen- und
Volkstradition" und die „Anforderungen des
jeweiligen sozialen Milieus" verinnerlicht
werden. Man darf diese Termini durchaus im
Sinne der soziologischen Begrifflichkeit interpretieren; Freud meint offensichtlich die
Werte und Normen einer gesellschaftsspezifi-
schen Moral.

Mit dieser Auffassung erweitert Freud in
seiner Über-Ich-Theorie die frühere Sichtweise, nach der die gesellschaftliche Moral
von außen auf das Individuum einwirke und
nur ihre über das Verhalten der Eltern vermittelten Wirkungen innerlich seien; sie ist
auch selbst verinnerlicht. Damit scheint
Freud auf der gleichen Position wie Durkheim angelangt zu sein, daß die Gesellschaft
in der Gestalt ihrer Normen in der Psyche
repräsentiert sei.

Ich möchte nun zeigen, daß diese gängige
Interpretation nur mit erheblichen Einschränkungen zutrifft, daß Freud vielmehr
auch in seinem Spätwerk kein reines Modell
der Repräsentation der Gesellschaft in der
Psyche hat bzw. daß dieses Modell bei ihm
durch verschiedene Komplikationen in der
Genese des Über-Ich gebrochen ist. Zugespitzt formuliert: Inhalte und Merkmale des
Über-Ich sind *nicht* identisch mit den jeweiligen Normen der Gesellschaft, und wir müssen beides systematisch auseinanderhalten.

Ein erstes, vergleichsweise naheliegendes
Argument gegen die Repräsentationsthese
ist, daß das Kind in seine Identifizierung nur
Verhaltensweisen des Bezugsobjektes auf-
nehmen kann, die dieses gezeigt und die das
Kind wahrgenommen hat, und auch nur in

der Weise, wie das Kind sie interpretiert. Gegenstand sind also gar nicht „Normen", sondern einzelne Verhaltensweisen. Dies wird deutlich auch an der bekannten Tatsache, daß Kinder durch Identifikation Eigentümlichkeiten zum Beispiel der Sprechweise, des Ganges, der Gestik und Mimik von ihren Eltern übernehmen, die nichts mit den gesellschaftlichen Normen im engeren Sinne zu tun haben. Umgekehrt kann gesagt werden, daß wir auch später, bei einem Wechsel des sozialen Kontextes oder einem Wandel der Normen, noch Normen lernen, d.h. aber, daß wir sie auf andere Weise als durch Identifikation mit unseren Eltern erwerben. Zwar mag man annehmen, daß z.B. durch begleitende Kommentare der Eltern dem Kind auch abstraktere Regeln nahegebracht werden, aber es ist wiederum fraglich, ob diese durch den Mechanismus der Identifikation gelernt werden. Das Bild wird noch komplexer dadurch, daß – wie auch aus dem obigen Zitat hervorgeht – das elterliche Verhalten nicht direkt durch die geltenden gesellschaftlichen Normen, sondern durch ihr eigenes Über-Ich und seine individuellen Eigenheiten gesteuert wird. Freuds Erklärung wird hier zirkulär.

Zweitens kommen auch auf seiten des Kindes psychologische Mechanismen bei der Entstehung des Über-Ich ins Spiel, die dieses individuell prägen, d.h. die es noch weiter von der angenommenen objektiven gesellschaftlichen Realität entfernen. Dies sollte gar nicht verwundern, wenn man sich die komplexe Ontogenese des Über-Ich ansieht. Freud selbst stellt an einer vielzitierten Stelle in ‚Das Unbehagen in der Kultur' fest, daß die Merkmale des Über-Ich denen des realen Vaters gar nicht entsprechen müssen.[24] So kann man beobachten, daß gerade bei einem milden Vater das kindliche Über-Ich besonders streng und unerbittlich ist. Freud erklärt dieses Phänomen dadurch, daß das Über-Ich viel mehr die Stärke der eigenen Aggressionsphantasien des Kindes widerspiegelt, also mehr die eigene Triebdynamik als die Realität. Man kann daher sagen, daß der Über-Ich-Begriff noch nicht einmal eine genaue empirische Übereinstimmung der Individuen in einer Gesellschaft behauptet. Es mag gewisse Übereinstimmungen geben, aber im Grunde hat jeder sein eigenes Über-

Ich. Dann kann aber nicht mehr umstandslos gesagt werden, daß „das" Über-Ich „die" Gesellschaft repräsentiere.

Aber Freud hat doch in seinen Analysen immer ein enges Verhältnis zwischen Gesellschaft und Individuum behauptet! Wie ist das zu verstehen, wenn die Forderungen des Über-Ich nur in einem so mittelbaren Zusammenhang mit den jeweils geltenden sozialen Normen stehen? Nun, die Antwort, die schon in der frühen Schrift über die kulturelle Sexualmoral angedeutet, ausführlicher dann in den Spätschriften entwickelt ist, lautet: Die gesellschaftliche Funktionalität der in der bürgerlichen Gesellschaft entstehenden psychischen Strukturen besteht nicht in erster Linie in einer Verhaltenssteuerung gemäß verinnerlichten sozialen Normen, sondern in *der Triebunterdrückung als solcher und ihren Nebenwirkungen*. Die Grundfigur der Freudschen Argumentation ist, daß die angeborenen Triebe des Menschen in ihrer ursprünglichen Form gesellschaftliches Leben unmöglich machen würden, daß sie aber durch Unterdrückung in andere, gesellschaftlich funktionale Formen umgeleitet werden können.

Freud führt dies differenziert aus. Erstens sieht der Mensch sich von Anfang an einer feindlichen Natur gegenüber, die ihn zwingt, sich die zur Befriedigung elementarer Bedürfnisse erforderlichen Subsistenzmittel durch Arbeit zu beschaffen. Da er spontan nicht arbeitslustig ist, muß die erforderliche psychische Energie aus dem Reservoir insbesondere der libidinösen Triebe abgezweigt bzw. durch Sublimierung, die ihrerseits auf Triebunterdrückung beruht, gewonnen werden. Freud dehnt diesen Gedanken auf alle Kulturarbeit, insbesondere wissenschaftliche und künstlerische aus. Zweitens ist der Mensch gezwungen, mit anderen zu kooperieren und sich zu organisieren. Dies erfordert zum einen weitgehende Unterdrückung seiner aggressiven Triebe. Zum anderen müssen kohäsive soziale Bindungen zu potentiell allen Mitgliedern der Gesellschaft aufgebaut werden. Dies erfordert wiederum eine Relativierung und Unterdrückung der starken, aber exklusiven innerfamilialen libidinösen Bindungen.[25]

Man sieht, daß im Unterschied zu Durkheim – dessen verinnerlichte conscience collective direkt gesellschaftliche Normen repräsentiert und Handeln im Sinne der Gesellschaft steuert – das Freudsche Über-Ich zwar eine innerpsychische Instanz ist, an deren Entstehung gesellschaftliche Bedingungen entscheidend mitwirken, daß diese aber aufgrund komplexer psychologischer Mechanismen durchaus individuell ist und keine repräsentative Instanz der Gesellschaft, am wenigsten im Sinne eines Konsens-Modells, darstellt. Ihre gesellschaftliche Funktion wird vielmehr erst auf einer höheren Betrachtungsebene sichtbar, nämlich bei den Wirkungen der von ihr ausgeübten innerpsychischen Triebrepression. Konnte man bei Durkheim noch programmatisch eine gewisse Nähe zum Konsens-Modell feststellen, wie auch in der Wahl seiner Begriffe (solidarité, conscience collective) deutlich wird, so entfernt sich Freud weiter davon. Sein Über-Ich ist sogar in zweifacher Hinsicht heteronom, nämlich als Niederschlag gesellschaftlicher und durch familiäre Zufälligkeiten vermittelter Bedingungen und als Ergebnis einer dem Subjekt ebenso äußerlichen naturhaften Triebdynamik.

Dieser Unterschied zwischen den beiden Autoren hängt wohl damit zusammen, daß Freud von der psychologischen Seite und einer differenzierten Analyse der Ontogenese herkommt, während Durkheims Begriff der conscience collective eher hypothetisch aus gesellschaftstheoretischen Überlegungen abgeleitet ist und bei ihm die Frage nach der ontogenetischen Vermittlung weitgehend ausgespart bleibt. Genau deshalb ist aber Freuds Sicht des Gesellschaftlichen in der Psyche als realistischer anzusehen.

Freilich hat auch sie Grenzen; es sind die Grenzen des Über-Ich-Begriffs selbst. Wie auch aus unserer Darstellung deutlich werden sollte, sieht Freud das Wirken der Gesellschaft vor allem in der Ontogenese und später in den Funktionen des Über-Ich. Damit aber wird implizit eine Differenz, wenn nicht sogar ein Gegensatz zum Ich konstruiert. Zwar leitet Freud das Ich abstrakt ab als den Teil des Es, der der Außenwelt zur Reizaufnahme und -verarbeitung zugewandt ist, aber bei seinen konkreteren Aussagen über den Einfluß der Gesellschaft beschränkt sich Freud stets auf das Über-Ich bzw. auf die Entstehung neurotischer Abwehrstrukturen.

Dies ist innerhalb seiner Theorie auch konsistent, da er das Ich diesen Strukturen funktional *gegenüber*stellt. Das Ich ist ja die Instanz, die in den auftretenden Konflikten zwischen Triebseite, Realität und Über-Ich vermitteln soll, es ist im Prinzip die souveräne, über den Parteien stehende Instanz in der Person, deren Stärkung auch das Ziel der therapeutischen Praxis ist.[26] Daher kann seine Genese nicht den gleichen, heteronomen Bedingungen unterliegen wie die des Über-Ich. Freud sah den Einfluß gesellschaftlicher Bedingungen in erster Linie beim Über-Ich und bei den Abwehrstrukturen, nicht beim Ich; das Ich erscheint bei ihm eher als ein von der Gesellschaft unabhängiges, absolutes Konstrukt. Diese Interpretation wird auch dadurch bestätigt, daß Freud die Ich-Psychologie, vor allem die Frage der Ich-Genese, relativ vernachlässigt hat, was umso mehr erstaunt, als er methodisch ja genetisch orientiert ist. Dieses Defizit ist schon von verschiedenen psychoanalytischen Autoren festgestellt und beklagt worden.[27]

So geht Freud über Durkheim insofern hinaus, als er nicht eine abbildhafte Repräsentation der Gesellschaft in der Psyche annimmt, sondern Gesellschaft als eine Bedingung in der komplexen Psychogenese ansieht. Aber dabei konzentriert er sich auf das Über-Ich und nimmt – nicht konsequent genug, wenn auch im Rahmen seiner Theorie verständlich – das Ich mehr oder weniger aus. So wird neben dem Grundkonflikt zwischen Triebstruktur und Gesellschaft ein zweiter Dualismus in Freuds Werk sichtbar: der zwischen dem Ich einerseits und den aus dem Zusammenwirken von triebdynamischen *und* gesellschaftlichen Bedingungen entstehenden unbewußten Strukturen, insbesondere den unbewußten Anteilen des Über-Ich, andererseits. In diesem Ich-Begriff ist auch die Idee der Freiheit von Repression mitgedacht, darin steht Freud in der Tradition der Aufklärung. Insofern er jedoch die Gesellschaft als dem Ich äußerlich, ihm antagonistisch gegenüberstehend konstruiert, erscheint Freud eher – und hierin Durkheim vergleichbar – als Kind des 19. Jahrhunderts, das sich resignativ in das Unvermeidliche gefügt hat. Heute wissen wir, daß auch die Funktionen, die Freud im Ich-Begriff zusammenfaßte, ontogenetisch nicht ohne Beteiligung gesellschaftlicher Bedingungen entstehen. Die neuere empirische Sozialisationsforschung hat unter anderem gezeigt, daß das innerfamiliale Milieu, in dem Kinder aufwachsen, einerseits von sozialen, regionalen, ökologischen Bedingungen abhängig ist, andererseits sich in differenzierter Weise auf die Ich-Entwicklung auswirkt, insbesondere auf Sprach- und Kommunikationsvermögen, Denken, Triebkontrolle, Abwehr- bzw. Bewältigungsstrategien, nicht zu reden von Wissensstrukturen und Weltanschauung. Auch die Schule und später die Arbeitswelt prägen das Ich.[28]

Die theoretische Konsequenz, den noch bei Freud reservierten Kern des Subjekts selbst auf Gesellschaft zurückzuführen, wird von G. H. Mead gezogen. Wie wir gleich sehen werden, muß dies nicht unbedingt zu einer reduktionistischen Auflösung des Subjekt-Begriffs führen, sondern kann genau umgekehrt als der Versuch gelesen werden, Gesellschaft wieder im Subjekt zu begründen.

## 5. Das Gesellschaftliche als Konstruktion des Subjekts (G. H. Mead, J. Piaget, L. Kohlberg)

Sahen Durkheim und Freud die verinnerlichte gesellschaftliche Instanz bzw. die innerpsychischen Wirkungen der Gesellschaft als heteronom und repressiv, so entsteht in den 20er Jahren eine neue Sichtweise, nach der die innerpsychische Repräsentanz vom Subjekt selber aufgebaut wird, so daß sie nicht mehr als heteronome, sondern als konstitutiver Bestandteil des Subjekts selber erscheint. In verschiedener Hinsicht erinnert dieser Ansatz an die Aufklärungsphilosophie, zum Teil knüpft er bewußt an sie an.

Der vielleicht wichtigste Autor im Hinblick auf die neuere Diskussion ist George Herbert Mead.[29] Er geht von der Frage nach der Struktur kommunikativer Akte aus. Bei Tieren besteht Kommunikation darin, daß ein Individuum bestimmte Laute oder Gesten hervorbringt und ein anderes darauf in bestimmter Weise, die im wesentlichen einem starren Instinktmechanismus folgt, reagiert. Menschliche Kommunikation unterscheidet sich davon zunächst einmal wesentlich insofern, als sie sich der Sprache bedient, d. h. konventioneller Symbole, die in keinem naturhaften Zusammenhang mit dem Inhalt der Kommunikation stehen. Dies kann nur funktionieren, wenn ein bestimmtes Symbol für den Sprecher und für den Hörer die gleiche Bedeutung hat und beide wissen, daß dies der Fall ist. Wie kann nun diese Tatsache erklärt werden? Meads Antwort lautet, daß der Sprecher reflexiv seine eigenen Äußerungen so wahrnimmt wie der Hörer, weil er sich an die Stelle des Hörers versetzt. Der Mensch „kann sich selbst nicht sprechen hören, ohne in gewisser Weise die Haltung einzunehmen, die er eingenommen hätte, wenn andere sich mit denselben Worten an ihn gewandt hätten"[30] Mead nennt dies die Haltung bzw. die Rolle des anderen einnehmen (taking the attitude bzw. the role of the other). Eine wichtige Konsequenz dieser sozial-kognitiven Grundoperation ist, daß der Sprecher (Ego) auch *sich selber*, und zwar in der gegebenen Situation und Beziehung zu dem anderen, objektivieren kann.

Bevor wir weitere Konsequenzen dieses Ansatzes diskutieren, ist auf eine wichtige Erweiterung hinzuweisen, die Mead vornimmt. Das einzelne Subjekt kann nämlich nicht nur die Position bzw. Perspektive eines einzelnen anderen einnehmen, sondern auch die typisierte Perspektive einer ganzen Gruppe, im Grenzfall der Menschheit insgesamt. Mead nennt dies den „generalized other". Bezogen auf die Wahrnehmung des eigenen Selbst bedeutet das, daß Ego sich mittels dieser Operation selber im sozialen Gesamtzusammenhang, genauer gesagt in dem Zusammenhang der Beziehungen zwischen allen Beteiligten, wahrnehmen und sich darin einordnen kann. Mead verdeutlicht dies am Beispiel eines Mannschaft-Ballspieles; doch hat dieser Gedanke weiterreichende Implikationen moralischer Art, auf die wir noch zurückkommen werden.

„Ich verwies darauf, daß es bei der vollständigen Entwicklung der Identität zwei allgemeine Stadien gibt. Im ersten bildet sich die Identität des Einzelnen einfach durch eine Organisation der besonderen Haltungen der anderen ihm selbst gegenüber und zueinander in den spezifischen gesellschaftlichen Handlungen, an denen er mit diesen teilhat. Im zweiten Stadium dagegen wird die Identität des Einzelnen nicht nur durch eine Organisation dieser besonderen individuellen Haltungen gebildet, sondern auch durch eine Organisation der gesellschaftlichen Haltungen des verallgemeinerten Anderen oder der gesellschaftlichen Gruppe als Ganzer . . . Der Einzelne erarbeitet sie sich, indem er die Haltungen bestimmter anderer Individuen im Hinblick auf ihre organisierten gesellschaftlichen Auswirkungen und Implikationen weiter organisiert und dann verallgemeinert. So entwickelt sich die Identität, indem sie diese individuellen Haltungen anderer in die organisierte gesellschaftliche oder Gruppenhaltung hereinbringt und damit zu einer individuellen Spiegelung der allgemeinen, systematischen Muster des gesellschaftlichen oder Gruppenverhaltens wird, in die sie und die anderen Identitäten eingeschlossen sind – ein Muster, das als Ganzes in die Erfahrung des Einzelnen eintritt nach Maßgabe dieser organisierten Gruppenhaltungen, die er, durch den Mechanismus seines Zentralnervensystems, genauso gegenüber sich selbst einnimmt, wie er die individuellen Haltungen anderer einnimmt."[31]

Aus diesen scheinbar einfachen Grundgedanken zieht Mead weitreichende Schlüsse; er kann zeigen, daß sich daraus wesentliche Bereiche der Subjektivität, d. h. des Subjekts selbst ableiten lassen. Das heißt jedoch, daß Mead im Unterschied zu Durkheim und Freud, die das „eigentliche" Ich als nicht gesellschaftlich determiniert bzw. als gesellschaftsfreies angenommen hatten, eben die gesellschaftliche Konstituierung dieses Ich behauptet. Insofern ist Mead weit radikaler. Freilich bedeutet „Konstituierung" nicht Determination im Sinne eines heteronomen Herrschaftsverhältnisses; der Gedanke der Repression, der bei Durkheim und Freud eine so große Rolle spielt, ist Mead fremd.

Ein zentraler Bereich von Subjektivität – auch im traditionellen philosophischen Sinne – ist das Denken; Mead deutet es als inneren sprachlichen Dialog mit imaginierten anderen. „Erkennen" wird von der Sprache her erschlossen. Wir hatten schon gesehen, daß Sprache notwendig mit Intersubjektivität der Gemeinsamkeit von Bedeutungen und dem Wissen darum verknüpft ist; damit ist gleichzeitig die Differenz zwischen der eigenen, partikularen Perspektive und der des anderen gegeben. Bei dem sukzessiven Einnehmen der Standpunkte verschiedener anderer erweist sich nun ein bestimmter Gegenstand trotz aller durch die individuellen Perspektiven bedingten Abschattungen als identisch. Der „generalized other" ist dann gewissermaßen das Subjekt dieses Gegenstandes als identischem. Die Bedeutung des entsprechenden sprachlichen Symbols ist daher auch invariant gegenüber den partikularen Standpunkten verschiedener Subjekte, sie ist „objektiv". Wenn weiterhin alles gesellschaftlich relevante Wissen als solches kommunikabel, d. h. aber: sprachlich explizierbar ist, folgt daraus, daß es eben diesen Charakter der „Objektivität" hat, es ist nicht exklusiv und privat, sondern notwendig überindividuell. Auf diese Weise leitet Mead das Alltagswissen und seine Objektivität aus der Sprache, und diese wiederum aus der grundlegenden interaktiven, also gesellschaftlichen Verfaßtheit des Menschen ab.

Ein weiterer Bereich von Subjektivität, der traditionell in besonderem Maße als private Domäne gilt, ist Selbstbewußtsein und die subjektive Identität. Mead zeigt, daß Selbstbewußtsein nicht aus sich selbst heraus entsteht, sondern erst aus bestimmten sozialen Erfahrungen mit anderen; genauer: Es ist nichts anderes als die von mir eingenommene Perspektive, die andere von mir haben.

Eine solche Position ist leicht dem Einwand ausgesetzt, daß hier das Subjekt nun endgültig und restlos auf Gesellschaftliches reduziert, ja als Subjekt eskamotiert werde. So gesehen wäre Mead der Vollender der Denklinie, die seit Hobbes den Subjektbegriff reduktionistisch demontierte. Man muß zugeben, daß Mead selbst eine solche Interpretation nicht ausschließt, ja – was dies verstärkt – tatsächlich in Schwierigkeiten gerät, wenn es etwa um eine kongeniale Erklärung der *Einheit* des Subjekts geht.[32]

Dennoch möchte ich eine andere Interpretation stark machen. Es zeigt sich nämlich bei näherer Analyse, daß Meads Theorie ein Subjekt *voraussetzt*. Ein direkter Beleg dafür ist der von ihm aus systematischen Gründen unexpliziert gelassene Begriff des „I". Das „I" ist dasjenige in uns, das all unserem Handeln als spontaner Ursprung zugrundeliegt, aber als solcher nicht explizierbar ist bzw. immer, wenn wir es zu explizieren versuchen, bereits zu einem sprachlich-gesellschaftlich Begriffenen geworden ist.[33] Nun kann man Meads Begriff des „I" sicher nicht als vernünftiges Subjekt im Sinne der idealistischen Tradition bezeichnen. In diese Richtung gehen jedoch andere Befunde: Die Fähigkeit zur Operation der Perspektivenübernahme *als solche* wird von Mead nicht gesellschaftlich erklärt, sondern vorausgesetzt. Das gleiche gilt für die Fähigkeit zur Synthese der verschiedenen Einzelperspektiven zu einem generalisierten anderen. Dieser ist ja kein Abbild einer gesellschaftlichen Realität, sondern durchaus ein subjektives Konstrukt. Hier liegen offenbar subjektive Bedingungen vor, die noch *vor* der soziologischen Erklärungsstrategie Meads – man möchte fast sagen, als „Apriori" – vorausgesetzt werden müssen. Die Spezifik der Meadschen Theorie läge dann gerade darin, das entwickelte Subjekt aus seiner notwendigen Verknüpfung mit elementaren gesellschaftlichen Erfahrungen zu begreifen. –

Wenn man dieser Interpretation folgt, läßt sich ein weiterer Autor anschließen, der die subjektiven Strukturen weit ausführlicher analysiert hat und dabei noch deutlicher zu einer Position gelangt, von der aus das Gesellschaftliche in der Seele als von dieser selbst konstruierte Struktur entsteht – *Jean Piaget*.[34] Er versteht seinen Ansatz als „genetische Epistemologie" und stellt sich bewußt in die Nähe der Kantischen Position; Erkenntnis wird als eine vom Subjekt selbst hergestellte Synthese der Sinneseindrücke unter den in ihm vorgegebenen, apriorischen Schemata bzw. Strukturen aufgefaßt. Piagets Grundgedanke ist nun, daß diese im Laufe der Ontogenese – im wesentlichen bis zum Alter von 12 bis 13 Jahren – vom Subjekt aufgebaut werden. Es spielt also auch in diesem Prozeß eine aktive Rolle. In der tätigen Auseinandersetzung des Kindes mit seiner Umwelt werden Handlungserfahrungen verinnerlicht. Das Kind erfährt dann, daß es mit den so gewonnenen intellektuellen Mitteln die Umwelt nur unvollkommen begreifen („assimilieren") kann. Diesem Problem begegnet es dadurch, daß es seine begrifflichen Schemata entsprechend abwandelt und er-

weitert („akkomodiert"), so daß die erfahrenen Diskrepanzen geringer werden, die Intelligenz sich der Realität besser anpaßt und das System sich auf ein Gleichgewicht zubewegt; Piaget spricht von einer Äquilibrationstendenz. Die Entwicklung führt dazu, daß die kognitiven Schemata einerseits genereller bzw. abstrakter werden und andererseits immer mehr logisch miteinander koordiniert werden, so daß am Ende ein konsistentes kognitives System entstanden ist.

Piaget nimmt an, daß im Prinzip alle Individuen in ihrer ontogenetischen Entwicklung den gleichen Weg gehen und zum gleichen logischen System gelangen, einem System, das typisch z. B. in den Naturwissenschaften realisiert ist. Die Entwicklung, die verschiedene charakteristische Phasen durchläuft, kann zwar in Abhängigkeit von den jeweiligen Umweltanregungen langsamer oder rascher ablaufen, doch verläuft sie immer in ein- und derselben Reihenfolge, kann keine Phase überspringen und ist nicht umkehrbar.

Piagets Position ist also nicht milieudeterministisch und, was damit zusammenhinge, historisch; die Subjekte bilden keineswegs eine gegebene Realität einfach nur ab. Sie ist aber auch nicht nativistisch im Sinne etwa der Annahme einer eingeborenen Vernunft, sondern sie räumt der gesellschaftlichen Umwelt die Rolle einer notwendigen Bedingung in der Bildung der Subjekte ein. Insofern schließt sie durchaus an den mit Durkheim und Freud erreichten Diskussionsstand an und begreift diesen Prozeß sogar theoretisch präziser als Interaktion des Subjekts mit seiner Umwelt. Allerdings behalten letztlich die gattungsmäßigen, bei Piaget eher als logische aufgefaßten Gesetzmäßigkeiten der subjektiven Verarbeitung und Entwicklung die Oberhand über die Zufälligkeiten der Realität; daher läßt sich Piagets Theorie als konstruktivistisch kennzeichnen.

Ich hebe diese Seite bei Piaget besonders hervor, um einen hier entscheidenden Punkt deutlich zu machen. Die intellektuelle Entwicklung führt zwar einerseits im Sinne der Äquilibrationstendenz zu einem immer angemesseneren Begreifen der Realität, aber gleichzeitig enthalten die dabei entstehenden begrifflichen Strukturen *als Begriffe* immer *mehr* als bloß die Summe des sinnlich Gegebenen. Dies wird z. B. deutlich in der von Piaget beschriebenen letzten Phase der formalen Operation, in der sich unter anderem das hypothetische Denken ausbildet, die Fähigkeit, Ereignisse unter hypothetischen Bedingungen zu antizipieren bzw. alternative Möglichkeiten zu durchdenken. Damit sichert Piaget dem Denken prinzipiell einen Vorsprung vor der gegebenen Realität, ohne es als bloß phantastisches oder spekulatives von ihr abzukoppeln, die Möglichkeit also, daß das Denken der Realität vorauseilen und auch eine andere als die gegebene antizipieren bzw. konstruieren kann.

„Das formale Denken entwickelt sich im Jugendalter. Das Denken des Jugendlichen ist nicht wie das des Kindes nur auf die Gegenwart gerichtet; er entwickelt Theorien über alles Mögliche und findet sein Vergnügen vor allem an Betrachtungen, die sich nicht auf die Gegenwart beziehen. Das Kind denkt im Gegensatz dazu nur im Zusammenhang mit der gegenwärtigen Tätigkeit und arbeitet keine Theorien aus, auch dann nicht, wenn der Beobachter – die periodische Wiederkehr ähnlicher Reaktionen feststellend – eine bestimmte, spontane Systematisierung seiner Ideen unterscheiden kann. Dieses bewußte Denken, das dem Jugendlichen eigentümlich ist, beginnt sich mit ungefähr 11-12 Jahren zu entwickeln; von dem Augenblick an, da das Subjekt fähig wird, hypothetisch-deduktiv zu denken, d. h.: a) auf Grund von einfachen Annahmen, die mit der Wirklichkeit oder mit dem, was das Subjekt wirklich glaubt, in keiner notwendigen Beziehung stehen, und b) indem es der Notwendigkeit des Schlusses als solchem (vi formae), im Gegensatz zur Übereinstimmung seiner Folgerungen mit der Erfahrung, vertraut".[35]

Dies verspricht eine interessante Perspektive für unsere Frage nach dem Verhältnis von Psyche und Gesellschaft, eine Perspektive, die Piaget selbst leider nicht weiter verfolgt hat. Wie schon erwähnt, beschäftigt sich Piaget vorrangig mit der Entstehung der begrifflichen Strukturen, die der Sachenwelt im weiteren Sinne bzw. den Gegenständen der Naturwissenschaften und Mathematik entsprechen, und dieses Interesse Piagets nimmt im Verlaufe seiner Arbeit immer mehr zu. Damit entfernt er sich aber von der uns bewegenden Frage, die sich auf den spezifisch gesellschaftlichen Ausschnitt der Realität bezieht.

Allerdings hat er in seinem frühen Buch[36] über die Entwicklung des Moralbewußtseins bei Kindern einen, wenn nicht *den* zentralen Punkt des Verständnisses von Gesellschaft thematisiert, nämlich soziale bzw. moralische Normen und Prinzipien. Nicht zufällig schließt Piaget hier an Durkheim an. Die Moral bzw. das subjektive Verständnis dieser ist ja nicht bloß ein beliebiger Ausschnitt des Gesellschaftlichen, sondern da sie nichts anderes ist als die Regeln und Prinzipien, die Menschen als für ihr Handeln *gegenüber anderen*, d. h. für Handeln in der Gesellschaft allgemein für verbindlich halten, ist Moral die subjektive Basis von Gesellschaft schlechthin: Die Moral ist in jedem Fall der Kern „des Gesellschaftlichen" in der Psyche.

Piaget stellte – mittels einer von ihm entwickelten Befragungsmethode, bei der Kindern eine kurze Geschichte mit einem moralischen Dilemma erzählt wird und sie ihre Meinung zu dem Problem äußern sollen – fest, daß bei kleineren Kindern ein charakteristisches Verständnis von moralischen bzw. sozialen Normen vorherrscht. Normen gelten als Realitäten, die unbedingt gültig, obligatorisch und unveränderbar von einer übermächtigen Autorität gesetzt sind und einseitig Achtung erheischen. Die Norm ist dem Subjekt äußerlich und fremd, es identifiziert sich nicht mit ihr und akzeptiert sie nicht aus Einsicht als verbindlich, auch wenn es sie befolgt. Bei einer Verletzung zählt nicht die gute oder böse Absicht, sondern die äußere Wirkung. Strafe ist eine von den Dingen ausgehende Wirkung, die als Sühne hingenommen wird. Piaget zeigt, daß dieses „heteronome" Moralverständnis, das offensichtlich weitgehend dem von Durkheim beschriebenen entspricht, die Qualität der sozialen Beziehungen widerspiegelt, in denen kleine Kinder sich zu ihren Eltern befinden; sie sind eine angemessene Konzeptualisierung ihrer Erfahrungen mit den mächtigeren Erwachsenen.

Diese Moral ist jedoch nicht mehr angemessen, wenn das Kind mit zunehmenden Alter in soziale Beziehungen zu gleichaltrigen Spielkameraden tritt. Bei der Organisation kooperativen Spielens reicht ein Rekurs auf vorgegebene Autoritäten nicht mehr aus bzw. führt die Kinder in Widersprüche. Vielmehr sind sie gezwungen, neue Regeln zu schaffen, das heißt aber: miteinander auszuhandeln. Daraus entsteht nun ein ganz anderes Moralverständnis, das Piaget „autonom" nennt. Die Kinder sehen nun, daß Normen von Menschen in potentiell freier Übereinkunft geschaffen werden, daß ihr Sinn darin besteht, die Kooperation zwischen ihnen zu regeln, und daß sie veränderbar sind bzw. von ihnen selbst verändert werden können. Die Achtung für die Normen ist jetzt begründet in der Achtung vor den anderen bzw. vor sich selbst, und sie ist gegenseitig. Da die Kinder dies einsehen, betrachten sie die Normen als für sich verbindlich. Sanktionen zielen auf Wiedergutmachung und würdigen die subjektiven Intentionen sowie besondere Umstände; sie sollen dem Täter die Folgen seines Tuns für die anderen einsichtig machen.

Der sozial-kognitive Fortschritt, der in dem Wandel von der heteronomen zur autonomen Moral zum Ausdruck kommt, besteht vor allem darin, daß die Kinder in zunehmendem Maße ihren ursprünglichen Egozentrismus – eine Sicht der Welt nur aus der eigenen Perspektive – überwinden und lernen, sich auch in die Perspektive anderer Subjekte zu versetzen und diese mit ihrer eigenen zu koordinieren. Diese für jede gesellschaftliche Handlungsorientierung fundamentale Operation, die von Piaget schon in seine Theorie der Moral- und Sprachentwicklung einbezogen worden war, ist in den letzten 30 Jahren ausführlicher empirisch erforscht worden.[37] So zeigt z. B. Selman[38], daß sich diese Fähigkeit in vier zunehmend komplexeren Stufen bis in das frühe Erwachsenenalter hinein entwickelt. Auf der ersten, dem egozentrischen Stadium folgenden Stufe erkennt das Kind, daß Menschen unterschiedlich empfinden oder denken, weil sie sich in unterschiedlichen Situationen befinden. Auf der zweiten Stufe wendet das Kind diese Operation auch auf sich selbst an; es kann das eigene Verhalten und die eigene Perspektive von einem Standpunkt außerhalb bzw. vom Standpunkt eines anderen aus reflektieren. Auf der dritten Stufe kann sowohl der eigene wie der Standpunkt eines anderen, zu dem man in Beziehung steht, von einer dritten, überpar-

teiischen Perspektive aus betrachtet und beurteilt werden. Auf der vierten Stufe schließlich kann hypothetisch die Perspektive des gesamten sozialen Systems und aller beteiligten Akteure in ihrem Gesamtzusammenhang eingenommen und zur Orientierungsgrundlage des eigenen Handelns gemacht werden. –

Die wichtigste Weiterentwicklung des Piagetschen Ansatzes in die Richtung des Verständnisses von Gesellschaft ist zweifellos die von *Lawrence Kohlberg* aufgestellte und empirisch erforschte Theorie der moralischen Entwicklung.[39] Kohlberg teilt Piagets Annahme, daß die subjektiven Vorstellungen von Moral einen begrifflich konsistenten Zusammenhang bilden, den das Subjekt auf der Grundlage seiner partikularen Erfahrungen in sozialen Handlungskontexten konstruiert, und daß die Vorstellungen sich auf dem Pfad einer bestimmten universalen Sequenz von Stufen, die irreversibel ist, entwickeln.

Über Piaget geht Kohlberg vor allem dadurch hinaus, daß er die Entwicklung bis zum Erwachsenenalter betrachtet: Dabei unterscheidet er sechs Stufen, die sich zu drei Niveaus zusammenfassen lassen. Auf dem ersten Niveau werden soziale bzw. moralische Normen im engeren Sinne noch gar nicht in die Handlungsorientierung einbezogen, sondern nur Erwägungen über den Nutzen oder Schaden einer Handlung. Auf der ersten Stufe orientiert sich das Individuum an Trägern von Macht, und es geht ihm darum, Strafe bzw. eigenen Schaden zu vermeiden. Auf der zweiten Stufe wird dieses Kriterium gewissermaßen verallgemeinert; nun wird ein Handeln als richtig angesehen, das die eigenen Bedürfnisse befriedigt, wobei dies anderen ebenso konzediert wird. Zwischenmenschliche Beziehungen werden unter dem pragmatischen Grundsatz „gibst du mir, gebe ich dir" gesehen.

Das zweite Niveau wird von Kohlberg das konventionelle genannt, weil hier soziale Normen der wesentliche Bezugspunkt der moralischen Orientierung sind. Auf der dritten Stufe sind es zunächst nur die Normen einer bestimmten Bezugsgruppe bzw. der Mehrheit, typischerweise also auch die Rollenerwartungen dieser Gruppe an den einzelnen, auf die das Handeln ausgerichtet wird; man ist bemüht, „ein guter Junge" bzw. „ein gutes Mädchen" zu sein. Die folgende vierte Stufe stellt wiederum eine Verallgemeinerung dieser Orientierung dar, Bezugspunkt ist jetzt die Pflichterfüllung im Interesse der Aufrechterhaltung der bestehenden sozialen Ordnung als ganzes.

Auf dem konventionellen Niveau wird besonders deutlich, wie eng „das Gesellschaftliche" in uns mit Moral zusammenhängt. Man kann geradezu sagen, daß unsere Vorstellungen über das rechte Handeln gegenüber anderen einen wesentlichen Teil auch unseres Begriffs von Gesellschaft ausmachen. Phänomenal entspricht das konventionelle Niveau, insbesondere die dritte Stufe, weitgehend der von Durkheim dargestellten Position. Dieses Verständnis vom richtigen Handeln, das empirisch bei den meisten Zeitgenossen zu überwiegen scheint, ist jedoch konservativ in dem Sinne, als es nicht über die gegebene soziale Ordnung hinausgeht.

Nun ist daran zu erinnern, daß Kohlberg das moralische Bewußtsein nicht als inneres Abbild äußerer Gegebenheiten auffaßt, sondern als ein jeweils bestimmtes Stadium in einem längerdauernden, von außen nur angeregten Prozeß begrifflicher Konstruktion im Subjekt selbst. Dieser Prozeß kann noch weiter führen auf ein Niveau von Moral, das die jeweils bestehende Ordnung überschreitet. Kohlberg unterscheidet auf diesem „postkonventionellen" Niveau zunächst eine fünfte Stufe, auf der der Gedanke im Vordergrund steht, daß die Grundlage gesellschaftlichen Handelns frei und nach rationalen Überlegungen eingegangene Verträge bzw. das Recht ist, innerhalb derer der Einzelne tun kann, was ihm beliebt. Auf der sechsten und letzten von Kohlberg angegebenen Stufe werden nicht mehr konkrete Normen, sondern nur noch abstrakte Prinzipien, die in einem logischen Begründungszusammenhang stehen, z.B. die Achtung vor dem Leben, der Würde des Menschen, der Gleichheit und Reziprozität menschlicher Rechte, der Gerechtigkeit, als moralisch letztlich verbindlich angesehen.

Damit erreicht das moralische, wir können auch sagen: das auf Handeln in der Gesellschaft und auf die Gesellschaft selbst bezogene Denken eine Ebene, auf der es nicht nur über die bestehende Gesellschaft hinausgeht ins Utopische, sondern ihr kritisch entgegen-

gesetzt werden kann. Aufgrund des genetischen Zusammenhanges, daß das Subjekt sich durch die konkrete konventionelle Moral bis zur postkonventionellen durcharbeitet, ist dieser Bezug sogar notwendig.

Diese Differenz wird besonders im Fortschreiten zur fünften Stufe deutlich: „Stufe 4 besteht in erster Linie in der Aufrechterhaltung des Gesetzes, und der Gesetzgeber wie der Staatsbürger hat eine Perspektive, die durch die gegebenen Gesetze und Werte der Gesellschaft, die er erhalten muß, bestimmt ist. Im Gegensatz dazu erhält Stufe 5 deutlich eine Perspektive, die für eine rationale Gesetzgebung ex nihilo notwendig ist... Auf Stufe 5 werden Konsequenzen im Sinne von Kriterien für einen Entwurf (blueprint) von Gesellschaft definiert, Kriterien, nach denen ein Gesetz oder eine Gesellschaft als besser im Vergleich zu anderen bezeichnet werden kann."[40]

So gelingt es Kohlberg, einerseits die seit Durkheim und Freud gesicherte empirische Tatsache menschlicher Sozialisation, der Bildung subjektiver Strukturen auf Grund der mannigfachen Erfahrungen in der gesellschaftlichen Realität, zu vereinbaren mit der Perspektive der Aufklärung, daß die Menschen gegenüber ihrer gesellschaftlichen Realität prinzipiell auch die Position der kritischen, theoretischen wie praktischen Subjekte einnehmen können. Man könnte sagen, daß Kohlberg die psychologische Theorie zu dem nachgeliefert hat, was historisch in der Neuzeit mehrfach Tatsache geworden ist: die Konstruktion eines kritisch auf die Gesellschaft bezogenen Begriffs einer besseren Gesellschaft. Erst hier erfüllt sich der Sinn des Paradigmas, das Gesellschaftliche in der Seele nicht bloß als Wiederkehr des Bestehenden, sondern als Konstruktion und Entwurf des Subjekts selbst zu fassen.

Ich beschränke mich hier exemplarisch auf die Darstellung Kohlbergs, weil sie im engeren Sinne psychologisch ausgerichtet ist und weil Kohlberg zum Ausgangspunkt einer intensiven Diskussion auch in anderen Disziplinen geworden ist. Auf diese Diskussion, die sich zum Teil auf Methodenprobleme und empirische Details, zum Teil auch auf die theoretischen Annahmen und den Universalitätsanspruch bezieht, kann hier nicht eingegangen werden.[41] Zu dem vorgestellten Paradigma einer Begründung des Gesellschaftlichen im Subjekt ist auch der besonders von J. Habermas vorgelegte Versuch zur Begründung einer universalistischen Diskursethik zu zählen.[42]

Knüpft dieser aktuelle Ansatz so bewußt und entschieden an die politische Philosophie der Aufklärung an, so stellt sich die Frage nach dem historischen Sinn eines solchen Unternehmens. Nach den Erfahrungen des 19. und 20. Jahrhunderts ist die Situation nicht mehr die gleiche wie zu der Zeit, in der ein aufsteigender und sich bewußt werdender Bürgerstand zur Ablösung der überkommenen klerikalen und aristokratischen Herrschaftsordnung antrat. Für die Wiedergewinnung der aufklärerischen Perspektive spielt ja sicher die Erfahrung des Faschismus eine entscheidende Rolle; dieser war jedoch ein Resultat der Entwicklung der bürgerlichen Gesellschaft selbst. Auch scheint die Unübersichtlichkeit der Situation am Ende des 20. Jahrhunderts mit der Kategorie des Faschismus nicht mehr zureichend erfaßbar zu sein. So weisen Lebensgefühl und gesellschaftliche Alltagserfahrungen viele in die resignative Richtung, auf ein Selbstverständnis des Menschen als total von der Gesellschaft abhängigen. Aber vielleicht ist gerade diese Situation als Herausforderung zu begreifen. Es geht nicht um ein Nachspielen der historischen Szene der europäischen Aufklärung, sondern darum, daß wir uns in ihrem Geist als vernünftige und solidarische Subjekte dem heutigen Geschehen gegenüberstellen.

# 6. Zusammenfassung

Der Begriff der Seele ist schon in der antiken Philosophie entwickelt; dort wird er jedoch wesentlich mit einem transzendenten Bezug verstanden, während Gesellschaft als Thema in diesem Kontext noch nicht auftaucht. In der christlichen Philosophie tritt dieser Bezug – hier zu Gott – stärker hervor, außerdem entwickelt sich ein personalistisches Seele-Verständnis. Erst in der Aufklärung entsteht der moderne Begriff von Gesellschaft im Unterschied zu den älteren, dogmatisch ausgerichteten Staatstheorien.

Gleichzeitig erfährt das Menschenbild eine tiefgreifende Umgestaltung. Der Mensch versteht sich als autonom und tritt aus den überkommenen geistlichen und feudalen Ordnungen heraus. Der Begriff der Seele in dem transzendenten Sinne wird aufgegeben, das Innenleben des Individuums wird in neuer Weise konzipiert, der moderne Begriff der Psyche entsteht. Das anthropologische Denken teilt sich nun in zwei Linien: Zum einen wird der Mensch als diesseitiges Wesen zum Gegenstand wissenschaftlicher, ja naturwissenschaftlicher Analyse gemacht; das Seelenleben wird materialistisch zergliedert und auf seine reale Bedingtheit hin thematisiert. Dieser hauptsächlich in der englischen Philosophie entstandene Ansatz ist der Beginn einer immer weiter führenden und bis heute nicht abgeschlossenen reduktionistischen Auflösung eines ganzheitlichen Subjektbegriffs.

Die zweite, vor allem in Frankreich und später in Deutschland entstehende Linie des anthropologischen Denkens hebt – wohl unter dem Einfluß der politischen Situation der Zeit – den Menschen als freies Vernunftwesen empor. Sein Denken wird zur Grundlage aller Erkenntnis, und der solidarische Zusammenschluß aller aufgrund ihrer vernünftigen Einsicht wird zur Basis eines Begriffs von Gesellschaft, der dem herrschenden System entgegengestellt wird. Man kann hierin den Ursprung der Denkfigur vom „Gesellschaftlichen in der Psyche" sehen.

Im 19. Jahrhundert, nach erfolgreicher Etablierung der bürgerlichen Gesellschaftsordnung, erfahren die Individuen – so unsere These – sich in zunehmendem Maße als abhängig von der ökonomisch-technischen und politisch-sozialen Eigendynamik ihrer Gesellschaft, mit der sie gleichzeitig identifiziert sind. Die Aufbruchsstimmung der Aufklärungszeit wandelt sich zu einem eher resignativen Bewußtsein von Schicksalhaftigkeit. Dies könnte verständlich machen, daß am Ende des 19. Jahrhunderts zunächst bei Durkheim, dann bei Freud, das Modell der Psyche, die Gesellschaft als eine Zwangsinstanz verinnerlicht hat, entsteht. Dieses Modell, das sich leicht mit der naturalistischen Linie der Anthropologie verbindet, ist ein weiterer Schritt in der Demontage des Subjektbegriffs.

In den 20er Jahren entsteht, teilweise in Anknüpfung an die Kantische Philosophie, bei Mead und Piaget ein neuer Subjektbegriff, der besonders bei Piaget und später Kohlberg das Gesellschaftliche wieder als Konstruktion des Subjekts selbst begreift, ein ontogenetischer Prozeß, der angeregt und gespeist wird aus den Erfahrungen im tätigen Umgang mit der Realität, aber nicht zu einem bloßen Abbild ihrer im Individuum führt, sondern zu einer Auffassung von Moral, die hypothetische bzw. utopische Züge aufweist und der bestehenden Gesellschaft kritisch entgegengestellt werden kann.

Beide Positionen sind nicht unvereinbar. Es wäre heute unsinnig, zu leugnen, daß die Gesellschaft tiefe Spuren in der Ontogenese jedes Individuums hinterläßt, wie es am deutlichsten wohl von Freud gesehen worden ist. Und es widerspräche den Tatsachen, wollte man leugnen, daß die Individuen auch in der Lage sind, in ihrer Phantasie, in ihrem Denken, in ihrer Kommunikation und in ihrem Handeln über die bestehende Gesellschaft hinausgehen zu können. In jedem Fall halten wir an der Differenz von Seele und Gesellschaft fest. Es handelt sich um Gegenstandsbereiche mit je eigener Struktur; weder läßt sich Gesellschaft auf Seelisches reduzieren, noch läßt sich das Subjekt in Gesellschaft auflösen. Wie zwischen den beiden Positionen die Gewichte verteilt werden, hängt weniger von empirischen Daten als davon ab, wir wir unsere eigene Rolle in der gegenwärtigen historischen Situation definieren.

## Anmerkungen

[1] Einen guten Überblick gibt Révész, B., Geschichte des Seelenbegriffs und der Seelenlokalisation, Stuttgart: Enke, 1917

[2] Eine lebendige Darstellung dieses Aspekts findet sich bei Wulf, Chr., Die Seele Indiens, in: Kamper, D. und Wulf, Chr. (Hrg.), Die erloschene Seele. Disziplin, Geschichte, Kunst, Mythos, Berlin: Reimer, 1988. S. 153-161

[3] Révész a.a.O.

[4] Ich stütze mich bei der folgenden Darstellung hauptsächlich auf das zitierte Buch von Révész sowie auf einschlägige philosophiegeschichtliche Werke, insbesondere v. Aster, E., Geschichte der Philosophie, Stuttgart: Kröner, 1956; Vorländer, K., Geschichte der Philosophie, Hamburg: Meiner 1949 u.a.; Copleston, F., A history of philosophy, London: Burns & Oates, 1945 u.a.; Guthrie, W.K.C., A history of greek philosophy, Cambridge: University Press, 1969; u.a. Außerdem verweise ich auf meinen Artikel „Die historische Entwicklung sozialisationstheoretischer Paradigmen", in: Hurrelmann, K. und Ulich, D. (Hrg.), Handbuch der Sozialisationsforschung, Weinheim: Beltz 1982, S. 15-49

[5] Vgl. Baudrillard, Die Seele: Vom Exil zur reinen Distanz, in: Kamper und Wulf, a.a.O., S. 415-421, sowie Sonntag, M., Die Seele als Politikum. Psychologie und die Produktion des Individuums, Berlin: Reimer, 1988

[6] Descartes, R., Discours de la méthode, 1637 und Meditationes de prima philosophia, 1641

[7] Hobbes, Th., Elementae philosophiae, 1642 u.a.; Leviathan or the matter, form, and power of a commonwealth ecclesiastical and civil, 1651

[8] Locke, J., Two treatises on government, 1690

[9] Rousseau, J.J., Contrat social, 1762

[10] Kant, I., Grundlegung zur Metaphysik der Sitten, 1785

[11] Durkheim, E., De la division du travail social, Paris: Presses universitaires de France, 1960, zuerst 1893

[12] Durkheim, E., Le Suicide, Paris: Presses universitaires de France, 1960, S. 380, zuerst 1897

[13] Durkheim, E., Les formes élémentaires de la vie réligieuse, Paris: Presses universitaires de France, 1960, S. 299, zuerst 1912

[14] Durkheim, E., De la division... a.a.O., S. 342

[15] Durkheim, E., Les formes élémentaires... a.a.O., S. 496

[16] Durkheim, E., Les règles de la méthode sociologique, Paris: Presses universitaires de France, 1960, S. 103

[17] Durkheim, E., Le dualisme de la nature humaine... in: Scientia 15, 1914, S. 210

[18] Freud, S., Gesammelte Werke, London: Imago, 1941 u.a.

[19] Freud, S., Drei Abhandlungen zur Sexualtheorie, in: Ges. W. V, 1961

[20] Freud, S., Die kulturelle Sexualmoral und die moderne Nervosität, in: Ges. W. VII, 1941

[21] Freud, S., Das Ich und das Es, in: Ges. W. XIII, 1940

[22] Freud, S., Die Zerlegung der psychischen Persönlichkeit, in: Ges. W. XV, 1944, S. 73

[23] Freud, S., Abriß der Psychoanalyse, in: Ges. W. XVII, 1941, S. 69

[24] Freud, S., Das Unbehagen in der Kultur, in: Ges. W. XIV, 1948, S. 488-490

[25] Freud, S., Das Unbehagen... a.a.O.

[26] Freud, S., Die Zerlegung... a.a.O., S. 81ff.
[27] Vgl. Hartmann, H., Kris, E., The genetic approach in psychoanalysis, in: Psychol. Iss., IV, No. 2, Monograph 14, 1964, S. 20
[28] Einen repräsentativen Überblick über die Sozialisationsforschung bietet das von Hurrelmann und Ulich herausgegebene Handbuch der Sozialisationsforschung
[29] Mead, G.H., Mind, Self and Society, Chicago: University of Chicago Press, 1934, Geist, Identität und Gesellschaft, Frankfurt: Suhrkamp, 1968. ders.: Gesammelte Aufsätze, Frankfurt: Suhrkamp, 1980
[30] Mead, Ges. Aufs. Bd. 1, a.a.O., S. 245
[31] Mead, Geist, Identität und Gesellschaft a.a.O., S. 200ff.
[32] Vgl. Geulen, Das vergesellschaftete Subjekt a.a.O., S. 118ff.
[33] Mead, Geist, Identität und Gesellschaft a.a.O., Kap. 22
[34] Einführende und Gesamtdarstellungen des umfangreichen Œuvres Piagets sind Piaget, J. und Inhelder, B., Die Psychologie des Kindes, Olten u.a.: Walter, 1972. Piaget, J., Psychologie der Intelligenz, Zürich: Rascher, 1966. Ginsburg, H. und Opper, S., Piagets Theorie der geistigen Entwicklung, Stuttgart: Klett, 1975. Zur vorliegenden Thematik vgl. auch Harten, H.-Chr., Der vernünftige Organismus oder gesellschaftliche Evolution der Vernunft.
[35] Piaget, Psychologie der Intelligenz a.a.O., S. 167
[36] Piaget, J., Das moralische Urteil beim Kinde, Zürich: Rascher 1954, zuerst 1932
[37] Einen Überblick gibt Geulen, D. (Hrg.), Perspektivenübernahme und soziales Handeln. Texte zur sozial-kognitiven Entwicklung, Frankfurt: Suhrkamp, 1982
[38] Selman, R.L., Sozial-kognitives Verständnis: Ein Weg zu pädagogischer und klinischer Praxis, in: Geulen a.a.O.
[39] Kohlberg, L., Zur kognitiven Entwicklung des Kindes, Frankfurt: Suhrkamp, 1974. – From Is to Ought: How to commit the naturalistic fallacy and get away with it in the study of moral development, in: Mischel, Th. (ed.), Cognitive development and epistemology, New York u.a.: Academic Press, 1971, S. 151-235
[40] Kohlberg, L., From Is to Ought... a.a.O., S. 200ff.
[41] Vgl. Eckensberger, L. und Silbereisen, R. (Hrg.), Entwicklung sozialer Kognitionen, Stuttgart: Klett, 1980. Lind, G. et al. (Hrg.), Moralische Zugänge zum Menschen, München: Kindt, 1986
[42] Habermas, J., Theorie des kommunikativen Handelns, 2 Bde., Frankfurt: Suhrkamp, 1981

## Bibliographie

Aster, E. v., Geschichte der Philosophie, Stuttgart: Kröner, 1965

Baudrillard, J., Die Seele: Vom Exil zur reinen Distanz, in: Kamper und Wulf, a.a.O., S. 415-421

Copleston, F., A history of philosophy, London: Burns & Oates, 1946

Descartes, R., Discours de la méthode, 1637
– Meditationes de prima philosophia, 1641

Durkheim, E., De la division du travail social, Paris: Presses universitaires de France, 1960
– Le suicide, Paris: Presses universitaires de France, 1960
– Les formes élémentaires de la vie réligieuse, Paris: Presses universitaires de France, 1960
– Les règles de la méthode sociologique, Paris: Presses universitaires de France, 1960
– Le dualisme de la nature humaine, in: Scientia 15, 1914

Eckensberger, L. und Silbereisen, R. (Hrg.), Entwicklung sozialer Kognitionen, Stuttgart: Klett, 1980

Edelstein, W. und Nunner-Winkler, G. (Hrg.), Zur Bestimmung der Moral, Frankfurt: Suhrkamp, 1986

Freud, S., Abriß der Psychoanalyse, in: Ges. Werke Bd. XVII, 1941
– Das Ich und das Es, in: Ges. Werke Bd. XIII, 1940
– Das Unbehagen in der Kultur, in: Ges. Werke Bd. XIV, 1948
– Die kulturelle Sexualmoral und die moderne Nervosität, in: Ges. Werke Bd. VII, 1941
– Die Zerlegung der psychischen Persönlichkeit, in: Ges. Werke Bd. XV, 1944
– Drei Abhandlungen zur Sexualtheorie, in: Ges. Werke Bd. V, 1961

Geulen, D., Das vergesellschaftete Subjekt. Zur Grundlegung der Sozialisationstheorie, Frankfurt: Suhrkamp, 1977, 1982.
– (Hrg.), Perspektivenübernahme und soziales Handeln. Texte zur sozialkognitiven Entwicklung, Frankfurt: Suhrkamp, 1982
– Die historische Entwicklung sozialisationstheoretischer Paradigmen, in: Hurrelmann, K. u. Ulich, D. (Hrg.), Handbuch der Sozialisationsforschung, Weinheim: Beltz, 1982, S. 15-49

Ginsburg, H. und Opper, S., Piagets Theorie der geistigen Entwicklung, Stuttgart: Klett, 1975

Guthry, W.K.C., A history of greek philosophy, Cambridge: University press, 1969

Habermas, J., Theorie des kommunikativen Handelns, 2 Bde., Frankfurt: Suhrkamp, 1981

Harten, H.-Chr., Der vernünftige Organismus oder gesellschaftliche Evolution der Vernunft, Frankfurt: Syndikat, 1977

Hartmann, H. und Kris, E., The genetic approach in psychoanalysis, in: Psychol. Iss., IV, No. 2, Monograph 14, 1964

Hobbes, Th., Elementae philosophiae, 1642

– Leviathan or the matter, form, and power of a commonwealth ecclesiastical and civil, 1651

Hurrelmann, K. und Ulich, D. (Hrg.), Handbuch der Sozialisationsforschung, Weinheim: Beltz, 1982

Kamper, D. und Wulf, Chr. (Hrg.), Die erloschene Seele. Disziplin, Geschichte, Kunst, Mythos. Berlin: Reimer, 1988

Kant, I., Grundlegung zur Metaphysik der Sitten, 1785

Kohlberg, L., Zur kognitiven Entwicklung des Kindes, Frankfurt: Suhrkamp, 1974

– From Is to Ought: How to commit the naturalistic fallacy and get away with it in the study of moral development, in: Mischel, Th. (ed.), Cognitive development and epistemology, New York u. a.: Academic Press, 1971

Locke, J., Two treatises on government, 1690

Lind, G. et al. (Hrg.), Moralisches Urteilen und soziale Umwelt, Weinheim: Beltz, 1985

Mead, G. H., Mind, Self, and society, Chicago: University of Chicago Press, 1934

Oser, F. et al. (Hrg.), Moralische Zugänge zum Menschen, München: Kindt, 1986

Piaget, J., Das moralische Urteil beim Kinde, Zürich: Rascher, 1954

– Psychologie der Intelligenz, Zürich: Rascher, 1966

– und Inhelder, B., Die Psychologie des Kindes, Olten u. a.: Walter, 1972

Révész, B., Geschichte des Seelenbegriffs und der Seelenlokalisation, Stuttgart: Enke, 1917

Rousseau, J. J., Contrat social, 1762

Selman, R. L., Sozial-kognitives Verständnis: Ein Weg zu pädagogisch und klinischer Praxis, in: Geulen (Hrg.), Perspektivenübernahme, a. a. O.

Sonntag, M., Die Seele als Politikum. Psychologie und die Produktion des Individuums, Berlin: Reimer, 1988

Vorländer, K., Geschichte der Philosophie, Hamburg: Meiner, 1949

Wulf, Chr., Die Seele Indiens, in: Kamper, D. und Wulf, Chr. (Hrg.), Die erloschene Seele, a. a. O.

# Personenverzeichnis

# Autorenverzeichnis

*Gisela Bleibtreu-Ehrenberg*, Dr. phil., M.A., Ethnosoziologin u. Publizistin in Wachtberg-Villip. Veröffentl. u. a.: Tabu Homosexualität, Frankfurt/M. 1978; Der Weibmann. Kultischer Geschlechtswechsel im Schamanismus, Frankfurt/M. 1980; Angst und Vorurteil. AIDS-Ängste als Gegenstand der Vorurteilsforschung, Reinbek 1989. Mitarbeit an ethnologischen, sexualwissenschaftl. und feministischen Lexika u. zahlreichen Readern.

*Klaus-Jürgen Bruder*, geb. 1941, Prof. für Psychologie, Universität Hannover. Arbeitsschwerpunkte: Geschichte der Psychologie, Jugendkulturforschung. Veröffentl. u. a.: Psychologie ohne Bewußtsein, Frankfurt/M. 1982; (mit A. Bruder-Bezzel:) Jugend: Psychologie einer Kultur, München 1984. Mitherausgeber der Zeitschriften Psychologie und Geschichte u. Psychologische LiteraturUmschau.

*Bernd Busch*, geb. 1954, Dr. phil., Lehrbeauftragter an der Universität Hannover. Arbeitsschwerpunkte: Kulturgeschichte der Wahrnehmung. Mediengeschichte und -theorie. Veröffentl. u. a.: Belichtete Welt. Eine Wahrnehmungsgeschichte der Fotografie, München/Wien 1989; Fotovision – Projekt Fotografie nach 150 Jahren, Katalog, Sprengel Museum Hannover, 1989; Deutsches Design 1950-1990, Hg. M. Erlhoff/Rat für Formgebung, Redaktion B. Busch, München 1990.

*Donat de Chapeaurouge*, geb. 1925, Prof. für Kunstgeschichte an der Bergischen Universität/GH Wuppertal. Forschungsschwerpunkt: Ikonographie und Ikonologie. Veröffentl. u. a.: Wandel und Konstanz in der Bedeutung entlehnter Motive, Wiesbaden 1974; „Das Auge ist ein Herr, das Ohr ein Knecht". Der Weg von der mittelalterlichen zur abstrakten Malerei, Wiesbaden 1983; Einführung in die Geschichte der christlichen Symbole, Darmstadt 1984; Paul Klee und der christliche Himmel, Stuttgart 1990. B. Brock & A. Preiß (Hg.), Ikonographia. Anleitung zum Lesen von Bildern. Festschrift Donat de Chapeaurouge, München 1990.

*Wolfgang Dreßen*, geb. 1942, Dr. phil., Historiker, Berlin. Arbeitet z. Zt. an einer „Wahrnehmungsgeschichte des Fremden in Deutschland seit 1870". Veröffentl. u. a.: Die pädagogische Maschine, Berlin/Frankfurt/M./Wien 1982; versch. Veröffentl. zur Vorurteils- und Mentalitätsgeschichte.

*Dieter Geulen*, geb. 1938, Prof. für allgemeine Erziehungswissenschaft an der FU Berlin. Arbeitsschwerpunkte: Sozialisationstheorie, Handlungstheorie, sozialwissenschaftliche Anthropologie. Veröffentl. u. a.: Das vergesellschaftete Subjekt. Zur Grundlegung der Sozialisationstheorie, Frankfurt/M. 1977, 1989; (Hg.), Perspektivenübernahme und soziales Handeln. Texte zur sozial-kognitiven Entwicklung, Frankfurt/M. 1982; zahlreiche Artikel zu o. a. Themen.

*Alois Hahn*, geb. 1941, Prof. für Soziologie an der Universität Trier. Arbeitsschwerpunkte: Soziologie der Religion, der Gesundheit und der Familie. Veröffentl. u. a.: Einstellungen zum Tod und ihre soziale Bedingtheit, 1968; mit H. Braun: Wissenschaft von der Gesellschaft, 1973; Systeme des Bedeutungswissens – Prolegomena zu einer Soziologie der

Geisteswissenschaften, 1973; Religion und der Verlust der Sinngebung, 1974; Soziologie der Paradiesvorstellungen, 1976; mit H. A. Schubert & H. J. Siewert: Gemeindesoziologie, 1979; mit V. Kapp, Hg.: Selbstthematisierung und Selbstzeugnis: Bekenntnis und Geständnis, Frankfurt/M. 1987; zahlreiche Artikel zu o. a. Themen.

*Jochen Hörisch*, geb. 1951, Prof. für Neuere Germanistik und Medienanalyse an der Universität Mannheim. Veröffentl. u. a.: Die Wut des Verstehens. Zur Kritik der Hermeneutik (1988); Das Abendmahl, das Geld und die Neuen Medien (1989).

*Gerd Jüttemann*, geb. 1933, Prof. für Psychologie an der Technischen Universität Berlin. Arbeitsbereiche: Psychodiagnostik, Psychosomatik, Methodenkritik, Historische Psychologie (als Sozialgeschichte des Psychischen und kritische Wissenschaftsgeschichte). Veröffentl. u. a.: (Hg.), Die Geschichtlichkeit des Seelischen, Weinheim 1986; (Hg.), Wegbereiter der Historischen Psychologie, München/Weinheim 1988.

*Wolfgang Kersting*, geb. 1946, Prof. für Philosophie an der Universität Hannover. Arbeitsschwerpunkte: Politische Philosophie, Moralphilosophie, Bewußtseinsphilosophie. Veröffentl. u. a.: Kants Rechts- und Staatsphilosophie (Berlin 1984); Machiavelli (München 1988); Monade und Bewußtsein (1986); Der ursprüngliche Rechtsgedanke ,Ich denke' (1987); Die Logik des kontraktualistischen Arguments (1990).

*Sven K. Knebel*, geb. 1958, Dr. phil., Lehrbeauftragter an der FU Berlin. Forschungsinteressen: Geschichte der Ontologie mit Schwerpunkt 17. Jh. Veröffentl. u. a.: In genere latent aequivocationes. Zur Tradition der Universalienkritik aus dem Geist der Dihärese. Hildesheim 1989; Art. Philosophie/Katholische Schulphilosophie, in: Historisches Wörterbuch der Philosophie, hg. v. J. Ritter & K. Gründer, Bd. 7, Basel 1989.

*Christiane Koch*, Dr. phil. nach Studium der Europäischen Ethnologie/ Volkskunde. Unterhält z. Zt. ein Forschungsbüro in Bremen. Arbeitsschwerpunkte: Qualifikations-, Jugend- u. Altersforschung; Frauen- u. historische Alltagsforschung. Veröffentl. u. a.: Wenn die Hochzeitsglocken läuten . . . Familienleben gestern und heute, Heidesheim 1987; zahlreiche Artikel zur Qualifikationsforschung und zur Frauenrolle im 19. u. 20. Jh.

*Günther Mensching*, geb. 1942, Prof. für Philosophie an der Universität Hannover. Arbeitsschwerpunkte: Metaphysik und Geschichtsphilosophie, Philosophie des Mittelalters und der Aufklärung. Veröffentl. u. a.: Totalität und Autonomie. Untersuchungen zur philosophischen Gesellschaftstheorie des frz. Materialismus, Frankfurt/M. 1971; Zahlreiche Artikel zur Philosophie des Mittelalters, der Aufklärung, des Idealismus und zur Marxschen Theorie.

*Lothar Müller*, geb. 1954, Dr. phil., Wiss. Mitarbeiter am Institut für Allgemeine und Vergleichende Literaturwissenschaft der FU Berlin. Arbeitsschwerpunkte: Literaturgeschichte des 18. Jhs., Ästhetik von Großstadt und Modernität um 1900. Veröffentl. u. a.: Die kranke Seele und das Licht der Erkenntnis. Karl Philipp Moritz' Anton Reiser (1987); Hg.: Leo Popper, Schwere und Abstraktion (1987).

*Wolfgang Pircher*, geb. 1946, Dr. phil., Universitätsass. am Institut f. Philosophie der Universität Wien. Arbeitsschwerpunkte: Philosophie und Ökonomie; Philosophische Psychologie; Genealogie von Techniken. Veröffentl. u. a.: (mit J. Clair & C. Pichler): Wunderblock. Eine Geschichte der modernen Seele. Katalog zur Ausstellung Wien 1989, hg. von den Wiener Festwochen; Hg. (mit G. Treusch-Dieter & H. Hrachovec): Denkzettel Antike. Texte zum kulturellen Vergessen, Berlin 1989; Hg. (mit R. Weiland): Mythen der Rationalität. Denken mit Klaus Heinrich, Wien 1990.

*Michael Reiter*, geb. 1958, Historiker und Religionswissenschaftler in Berlin. Arbeitsschwerpunkt: Geschichte religiöser Diskurse. Verschiedene Veröffentl. in diesem Bereich.

*Volker Rittner*, geb. 1946, Prof. am Institut für Sportsoziologie der Deutschen Sporthochschule Köln. Arbeitsschwerpunkte: Soziologie des Körpers, Sport- und Medizinsoziologie. Diverse Publikationen in diesen Bereichen.

*Christian Schneider*, Dr. phil., Wiss. Mitarbeiter am Sigmund-Freud-Institut Frankfurt/M. Arbeitsbereiche: Geschichte der Psychoanalyse, methodische Probleme der Psychoanalyse, insbes. bei ihrer Anwendung auf soziale Sachverhalte; Kulturanalyse; Ästhetische Theorie. Verschiedene Veröffentl. in diesen Bereichen.

*Michael Sonntag*, geb. 1951, Dr. phil., Berlin. Arbeitsschwerpunkte: Historische Psychologie, Zusammenhang von Gesellschafts- und Wissensgeschichte, insbes. Psychologie, Biologie, Medizin. Veröffentl. u. a.: Die Seele als Politikum. Psychologie und die Produktion des Individuums, Berlin 1988; (Hg.), Von der Machbarkeit des Psychischen. Texte zur historischen Psychologie Bd. 2, Pfaffenweiler 1990; zahlreiche Artikel zu o. a. Bereichen.

*Rolf Sprandel*, geb. 1931, Prof. am Institut für Geschichte der Universität Würzburg. Arbeitsschwerpunkte: Wirtschaftsgeschichte, Mentalitätengeschichte des Mittelalters. Veröff. u. a. zur kirchlichen Rechtsgeschichte, zur Sozial-, Wirtschafts- und Mentalitätsgeschichte des Mittelalters.

*Michael Stadler*, geb. 1948, Dr. phil., bis 1988 Wiss. Ass. am Institut für Geistesgeschichte und Philosophie der Renaissance, Universität München. Arbeitsschwerpunkt: Philosophie der Renaissance. Veröffentl. u. a.: Rekonstruktion einer Philosophie der Ungegenständlichkeit. Zur Struktur des Cusanischen Denkens, München 1983; Artikel zur Philosophie der Renaissance, insbes. Cusanus und Bruno.

*Dieter Sturma*, geb. 1953, Dr. phil., Akademischer Rat an der Universität Lüneburg und ständiger Lehrbeauftragter für Gegenwartsphilosophie an der Universität Hannover. Forschungsschwerpunkte: Philosophie der Person, Moral- und Kulturphilosophie. Veröffentl. u. a.: Kant über Selbstbewußtsein. Zum Zusammenhang von Erkenntniskritik und Theorie des Selbstbewußtseins, Hildesheim/Zürich/New York 1985; Aufsätze zur klassischen deutschen Philosophie und zur Analytischen Philosophie.

*Gerburg Treusch-Dieter*, geb. 1939, Dr. habil., Privatdozentin an der FU Berlin, Lehrbeauftragte an den Universitäten Hannover, Bremen, Klagenfurt; z. Zt. Vertretungsprofessur an der Universität Innsbruck. Arbeitsschwerpunkt: Geschichte und Theorie der Geschlechterdifferenz Antike – Moderne; insbes. Verhältnis von Mythologie und Philosophie; Geschichte der Sexualität; Körper und Technologie; Frauenbewegung. Veröffentl. u. a.: Wie den Frauen der Faden aus der Hand genommen wurde. Die Spindel der Notwendigkeit, Berlin 1983; Von der sexuellen Rebellion zur Gen- und Reproduktionstechnologie, Tübingen 1990.

*Michael Wetzel*, Dr. phil, Wiss. Mitarb. am Wiss. Zentrum II f. Psychoanalyse, Psychotherapie und psychosoziale Forschung der Gesamthochschule Kassel im DFG-Forschungsprojekt „Metadisziplinäre Literaturanalyse". Arbeitsschwerpunkte: Semiologische Wende im 19. Jh.; neuere französische Philosophie, Literatur und Photographie. Veröffentl. u. a.: Autonomie und Authentizität. Untersuchungen zur Konstitution und Konfiguration von Subjektivität, Frankfurt/M. 1985; Hg. (mit J. Hörisch), Armaturen der Sinne, München 1990; zahlreiche Veröffentl. zu o. a. Themen.

*Herbert Willems*, geb. 1956, Diplompädagoge, Soziologe. Wiss. Mitarb. der Abt. Soziologie an der Universität Trier. Arbeitsschwerpunkte: Soziologie der Psychotherapie, der Zivilisation und der Sexualität.

*Rainer Winter*, geb. 1960, Dipl.-Psych. Wiss. Mitarb. der Abt. Soziologie an der Universität Tier. Arbeitsschwerpunkte: Kommunikations- und Kultursoziologie, Soziologie des Films. Veröffentl. u. a.: Mediengeschichte und kulturelle Differenzierung (mit R. Eckert), Opladen 1990; Grauen und Lust. Die Inszenierung der Affekte (mit R. Eckert u. a.), Pfaffenweiler 1991.

*Christoph Wulf*, geb. 1944, Prof. für Allgemeine und Vergleichende Erziehungswissenschaft und Mitglied des Forschungszentrums für Historische Anthropologie an der Freien Universität Berlin. Veröffentl. u. a.: Theorien und Konzepte der Erziehungswissenschaft, München ³1983; (Hg.), Wörterbuch der Erziehung, München ⁶1986; (Hg.), Lust und Liebe. Wandlungen der Sexualität, München 1985; mit D. Kamper Hg. von 12 Bänden unter dem Rahmenthema „Logik und Leidenschaft"; Mithg. der Reihe *Historische Anthropologie*, Berlin 1988ff.; Hg. (mit G. Gebauer), Mimesis, Reinbek 1991.

*Clemens Zintzen*, geb. 1930, Prof. für Klassische Philologie an der Universität Köln. Forschungsschwerpunkte: Römische Literatur, Neuplatonische Philosophie, Lateinische Literatur der Renaissance. Veröffentl. u. a.: Analytisches Hypomnema zu Senecas Phaedra. Meisenheim 1960; Damascii vitae Isidori reliquiae ed. et comm. instruxit C. Z., Hildesheim 1967; Die Laokoon-Darstellung Vergils, Wiesbaden 1979; Grundlagen und Eigenart des Florentiner Humanismus, Wiesbaden 1989.

Abb. 2: Aus Sears (s. Literaturverzeichnis) Abb. Nr. 59

Abb. 1: Aus: Corpus Vitrearum Medii Aevi
Deutschland Band XIII, 1, Berlin 1987
(Der Regensburger Dom) Farbtafel XIII

Abb. 3: U. Baldini, Santa Maria Novella, Urachhaus Stuttgart 1982
S. 87 unterstes Bild

*Abb. 4: Aus Kramer (s. Literaturverzeichnis) S. 28 Abb. Nr. 8*

*Abb. 5: Aus H. Retzlaff, Kunstschätze der Elisabethkirche Fulda (ohne Jahr) Tafel 11*

*Abb. 6: H. Bauer, St. Elisabeth und die Elisabethkirche zu Marburg, Marburg 1964 S. 137 Abb. 102*

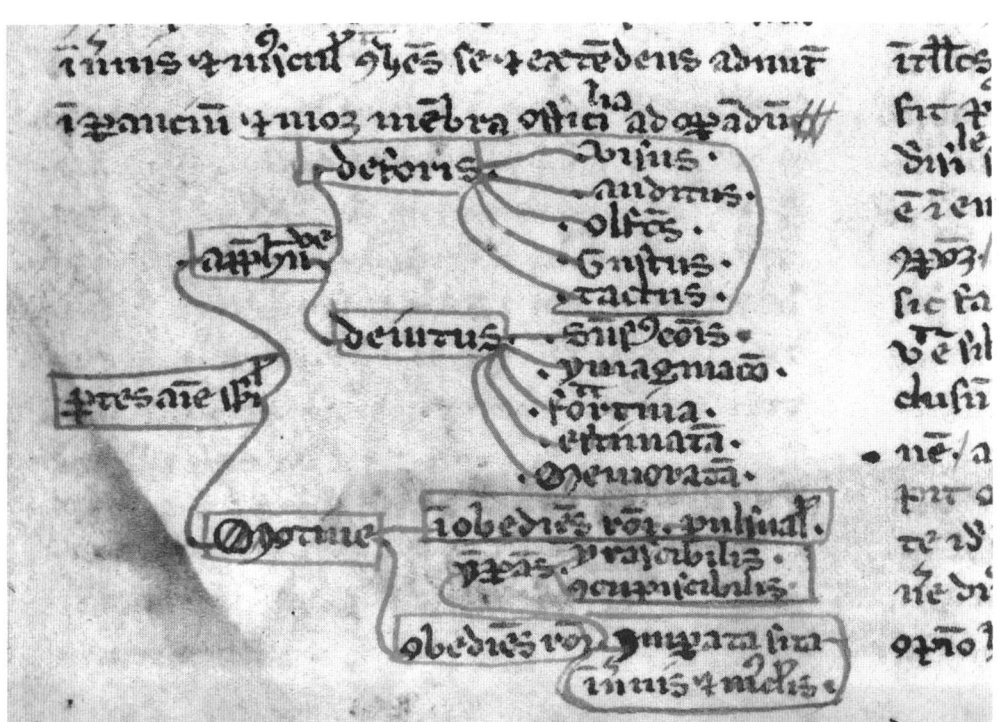

*Abb. 7: Schematische Darstellung der Seelenteile in einem anonymen De-Anima-Traktat, spätes 13./14. Jh. (Vorsatzblatt einer Inkunabel, Univ. Bibl. Würzburg I. T. q. 8)*

Abb. 8: Stuttgart, Psalter: Psalmist und Löwe

Abb. 9: Stuttgart, Psalter: Seele und Psalmist mit Feinden

*Abb. 10: Stuttgart, Psalter: Seele und Psalmist*

*Abb. 11: Stuttgart, Psalter:*
*Schwebende Seele*

*Abb. 12: Stuttgart, Psalter: Seele und Dämon*

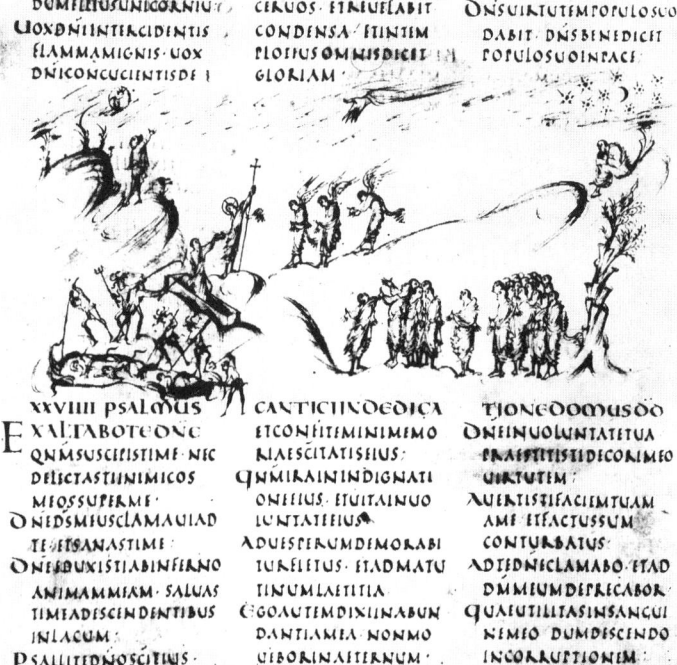

*Abb. 13: Utrecht, Psalter: Christus und Seele (Lazarus)*

TIMEBOQUIDFACIATMI          MASMEASINCONSPECTU          QMERIPUISTIANIMAMEA
HICARO.                      TUO:                        DEMORTE ETPEDESMEOS
TOTADIEUERBAMEAEXSE         SICUTETINTROMISSIONE        DELAPSU UTPLACEAMCO
CRABANTURADUERSUME          TUA TUNCCONUERTENT          RADOINLUMINIUIUENTIU

*Abb. 14: Utrecht, Psalter: Seele und Engel*

*Abb. 15: Paris, Elfenbein:*
*Seele und Engel*

*Abb. 16: Trier, Apokalypse: Seelen unter Altar*

*Abb. 17: Bamberg, Handschrift: Petrus und Täufling*

Abb. 18: Città del Vaticano; Psalter:
Seele des Lazarus

Abb. 20: Darmstadt, Elfenbein: Seele Marias

Abb. 19: Città del Vaticano, Relief: Geburt des Bacchus

*Abb. 21: St. Omer, Handschrift: Seele des Audomarus*

*Abb. 22: Jaca, Relief: Seele der Dona Sancha*

Abb. 23: Hildesheim, Relief: Seele des Presbyters

Abb. 24: Arles, Relief: Seele des Stephanus

*Abb. 25: Providence, Zeichnung: Christoforme Seele*

Abb. 26: Mailand, Goldaltar: Seele des Ambrosius

in hora' pñspectione siderů cū alchuino aq̃
astrologia didicerat. fuerat egressus: sed quid
illa lucis usio significare. mansit ignarus,
Postmodū uero dū ueniens ad comitatum

Abb. 27: Berlin, Liudgervita: Seele des Liudger

Abb. 28: Riesenbeck, Relief: Seele der Reinheldis

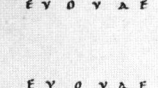

sed magister inuidic scuit inillum lapide· Ā Inspectu sub quo

latitat dei miles se cruciat sed rex mundi cui militat hunc

sacerdote uisitat· Ā Athleta dei grauibus penis ardens ex

terius hostis in mente iacula igne restinxit ignea·

E V O V A E

E V O V A E

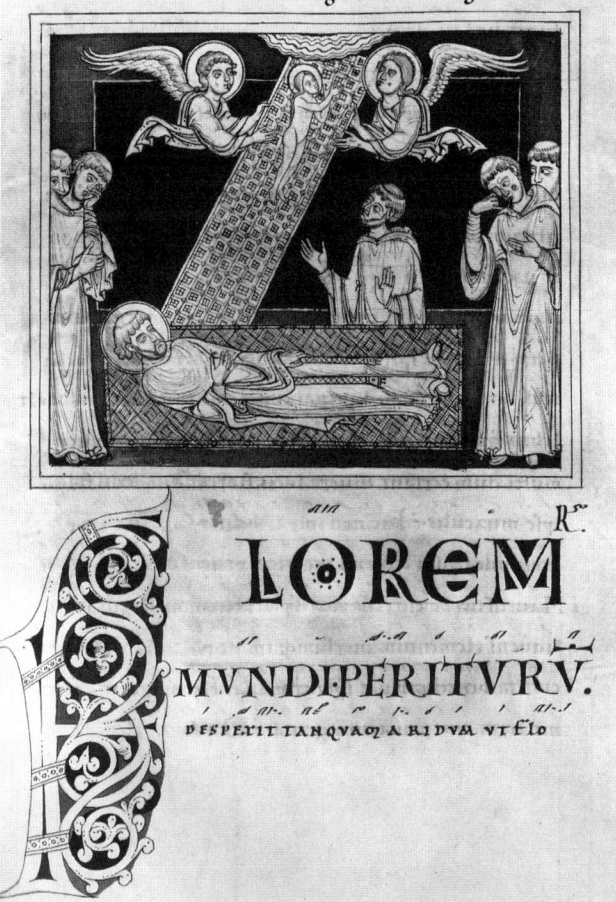

aiii                R̄

LOREM

MVNDI·PERITVRV.

DESPEXIT TANQVAM ARIDVM VT FLO

*Abb. 30: Wien, Antiphonar: Seele des Benedikt*

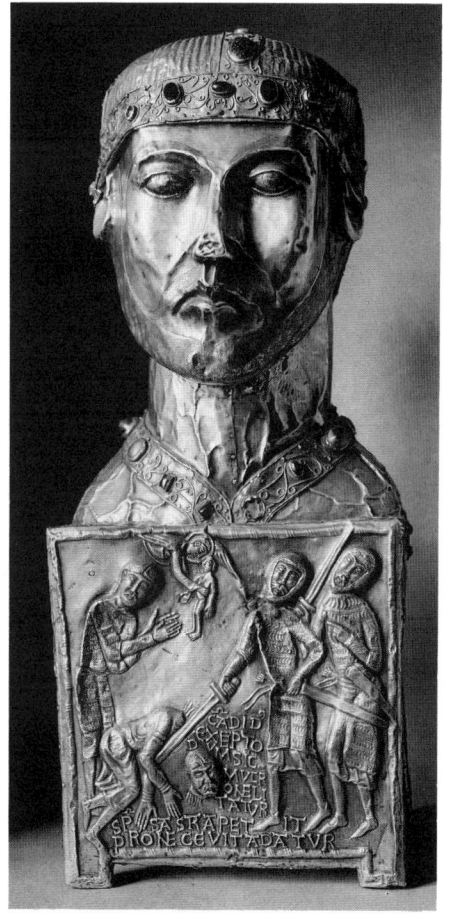

*Abb. 29: Saint Maurice, Kopfreliquiar: Seele des Candidus*

Abb. 31: Florenz, Fresko: Seele des Benedikt

Abb. 32: London, Guthlac-Vita: Seele des Guthlac

*Abb. 33: Assisi, Fresko: Seele des Franziskus*

*Abb. 34: Königsfelden, Glasmalerei:
Seele des Franziskus*

*Abb. 35: Angers, Tapisserie: Verstirnte Seelen*

Abb. 36: Città del Vaticano, Stefaneschi-Altar:
Seele des Petrus

Abb. 37: Stuttgart, Psalter: Seele als Vogel

*Abb. 38: London, Elfenbein: Seelen als Vögel*

*Abb. 39: Hildesheim, Psalter: Seele des Albanus*

*Abb. 40: Ehem. Wiesbaden, Buch Scivias: Seele zwischen Engel und Dämon*

*Abb. 41: Paris, Stundenbuch: Seele zwischen Engel und Dämon*

*Abb. 42: Bremen, Evangelistar: Seelen von Lazarus und dem Reichen*

*Abb. 43: Bremen, Evangelistar: Seele in Abrahams Schoß*

*Abb. 44: Brüssel, Handschrift: Seelen in Abrahams Schoß*

*Abb. 45: München, Einzelblatt: Seelen in Abrahams Schoß*

*Abb. 46: Lüttich, Stundenbuch: Seelen in Abrahams Schoß*

*Abb. 47: Berlin, Kupferstich: Befreiung der Seele*

*Abb. 49: Madrid, Gemälde: Charon als Fährmann der Seele*

*Abb. 50: Schlettstadt, Handschrift: Minnende Seele*

*Abb. 48: München, Gebetbuch: Seele entflieht dem Fegfeuer*

*Abb. 51: Paris, Missale: Erhebung der Seele zu Gott*

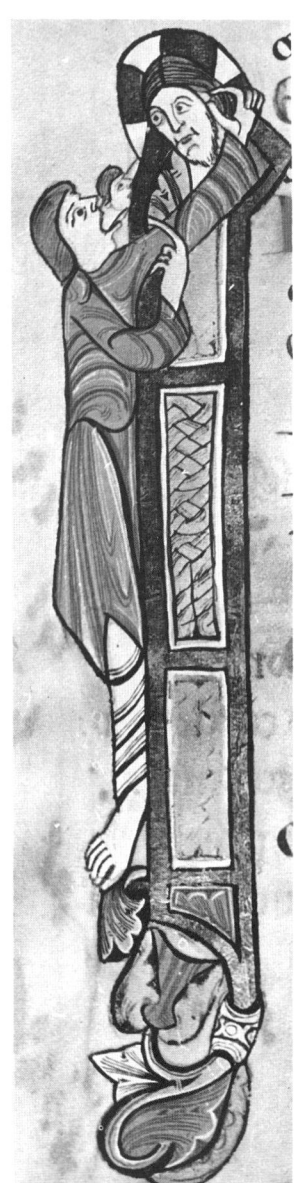

*Abb. 53: Hildesheim, Psalter: Seele entschlüpft dem Mund*

*Abb. 52: Hildesheim, Psalter: Christus zieht die Seele aus dem Mund*

*Abb. 54: Hildesheim, Psalter:*
*Seele und Psalmist*

*Abb. 56: Hildesheim, Psalter:*
*Seele im Ergebenheitsgestus*

*Abb. 55: Hildesheim, Psalter:*
*Psalmist präsentiert seine Seele*

*Abb. 57: Hildesheim, Psalter: Seele als Vogel und Beter*

*Abb. 58: Hildesheim,*
*Psalter: Geschulterte*
*Seele*

Abb. 59: Vorstudie zu „Der Traum der Vernunft erzeugt Ungeheuer" von Francisco de Goya

Abb. 60: El sueño de la razon produce monstruos, Der Traum der Vernunft erzeugt Ungeheuer, Zeichnung für Cap. 43, 1797, Feder und Sepia, Hintergrund leicht laviert, 230 × 155 mm, Prado Madrid

Abb. 61: Andrea Mantegna, Bildnis des Kardinals Ludovico Mezzarota, 1459, Berlin /
Sammlung der Staatlichen Museen preußischer
Kulturbesitz aus: Gottfried Boehm, Bildnis und
Individuum. Über den Ursprung der Porträtmalerei in der italienischen Renaissance, München (Prestel) 1985

Abb. 62: Nicolas Poussin, Selbstbildnis II, 1650,
Paris/Louvre aus: Kurt Badt, Die Kunst des Nicolas Poussin, Köln (DuMont Schauberg) 1969

Abb. 63: Hans Holbein
d. J., Die Gesandten
Francois I. am Hofe
Heinrichs VIII., 1533,
London/National Gal-
lery aus: Die National-
Galerie London, Text
von Sir Philip Hendy,
München/Zürich (Droe-
mersche Verlagsanstalt
Th. Knaur Nachf.) 1959,
S. 87

Abb. 64: Paul Klee, Von der Liste gestrichen, 1933, Bern/Sammlung fk aus: Paul Klee. Innere Wege, Wilhelm-Hack-Museum, Ludwigshafen am Rhein 1981, Genf (Cosmopress) 1981, S. 147

Abb. 65: Antonello da Messina, Bildnis eines Mannes („Ritratto Trivulzio"), 1476, Turin/Museo Civico aus: Das Gesamtwerk von Antonello da Messina. Einführung von Leonardo Sciascia, wissenschaftlicher Anhang von Gabriele Mandel, Mailand (Rizzoli Ed.) 1967

Abb. 66: Giorgione, Bildnis eines Mannes („Ritratto Terris"), 1510, San Diego/Fine Arts Gallery aus: Ludwig Baldass, Günther Heinz, Giorgione, Wien/München (Anton Schroll & Co.), 1964, S. 43

*Abb. 67: Lorenzo Lotto, Bildnis des Andrea Odoni, 1527 Hampton Court/Königliche Sammlungen aus: Bernard Berenson, Lorenzo Lotto. Gesamtausgabe, Köln (Phaidon) 1957*

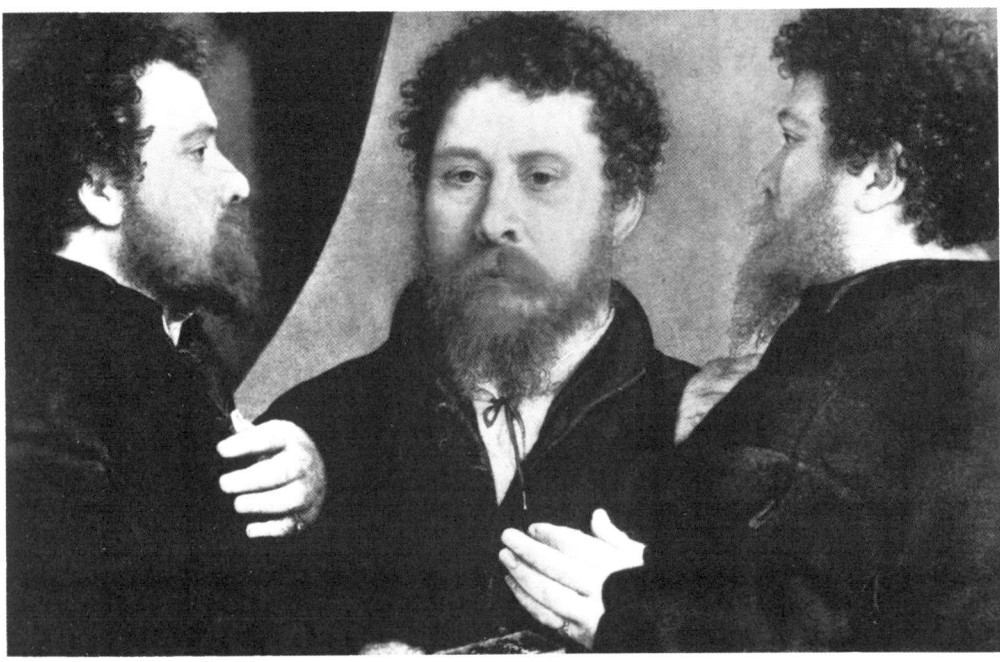

*Abb. 68: Lorenzo Lotto, Bildnis eines Goldschmieds (?), ca. 1529 Wien/Kunsthistorisches Museum aus: Bernard Berenson, Lorenzo Lotto. Gesamtausgabe, Köln (Phaidon) 1957*

Abb. 69: Giovanni Gerolamo Savoldo, Porträt eines Mannes in Rüstung („Gaston de Foix"), 1528–1530, Paris/Louvre aus: Giovanni Gerolamo Savoldo und die Renaissance zwischen Lombardei und Venetien. Von Foppa und Giorgione bis Caravaggio, hrsg. von Sybille Ebert-Schifferer, Mailand (Electa) und Kulturgesellschaft Frankfurt mbH 1990, S. 153

Abb. 70: Diego Velázquez, Las Meninas, 1656, Madrid/Museo del Prado aus: Enriqueta Harris, Velázquez, Stuttgart (Klett-Cotta) 1982, S. 173

*Abb. 71: Frans Hals, Die Regentinnen des Armenhauses in Haarlem, 1664, Haarlem/Frans Hals Museum aus: Frans Hals Museum Haarlem, o.O. 1969, S. 55*

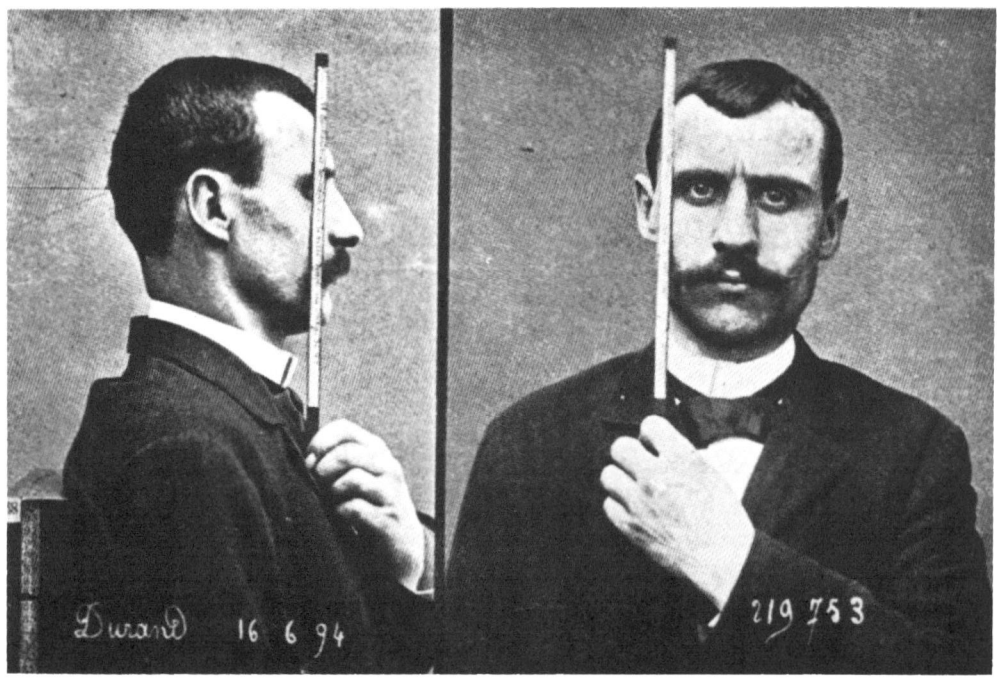

*Abb. 72: Alphonse Bertillon, Die gerichtliche Photographie. Mit einem Anhange über die anthropometrische Classification und Identificirung, Halle a.S. (Wilhelm Knapp) 1895, Tafel VIII*

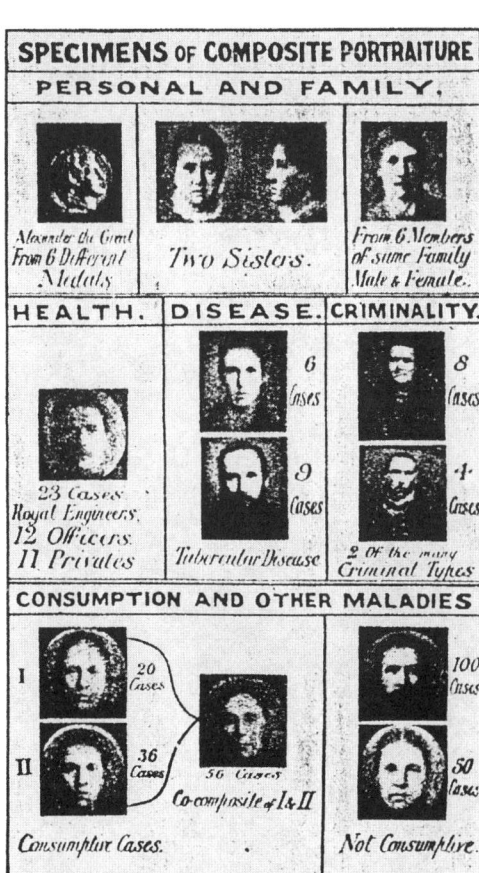

SPECIMENS OF COMPOSITE PORTRAITURE

PERSONAL AND FAMILY,

Alexander the Great From 6 Different Medals — Two Sisters. — From 6 Members of same Family Male & Female.

HEALTH. DISEASE. CRIMINALITY.

23 Cases Royal Engineers. 12 Officers. 11 Privates — 6 Cases · 9 Cases Tubercular Disease — 8 Cases · 4 Cases 2 Of the many Criminal Types

CONSUMPTION AND OTHER MALADIES

I 20 Cases · II 36 Cases 56 Cases Co-composite of I & II — 100 Cases · 50 Cases

Consumptive Cases. · Not Consumptive.

Abb. 73: Francis Galton, Inquiries into Human Faculty and its Development, London (J. M. Dent & Sons Ltd.) and New York (E. P. Dutton & Co.) 1883 (hier 1907/8), S. 8

Abb. 74: „Attitudes passionelles: Extase", aus: A. M. Bourneville et P. Regnard, Iconographie photographique de la Salpêtrière, Paris 1877–78, vol. 2, pl. 23

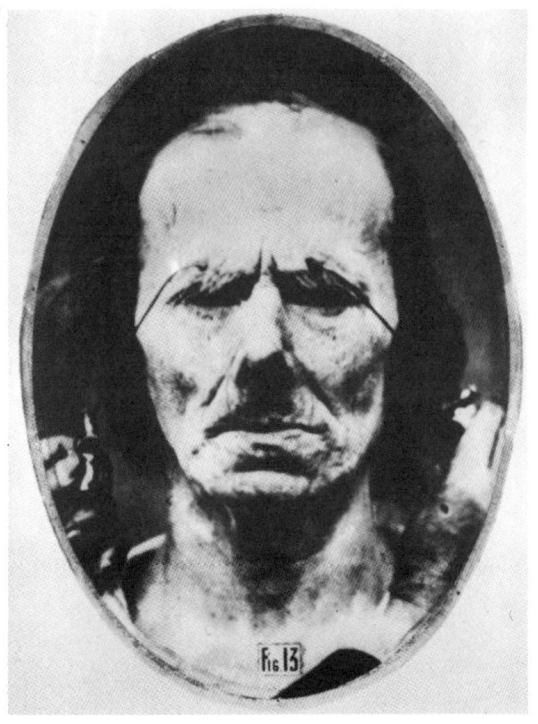

Abb. 75: Duchenne de Boulogne, Electrisation forte des orbiculaires palpébraux supérieurs, avec abaissement léger des commissures labiales: Méditation, contention", vor 1862, Paris/Ecole Nationale Supérieure des Beaux-Arts aus: Duchenne de Boulogne, Chalon sur Saone (Musée Nicéphore Niépce) 1982

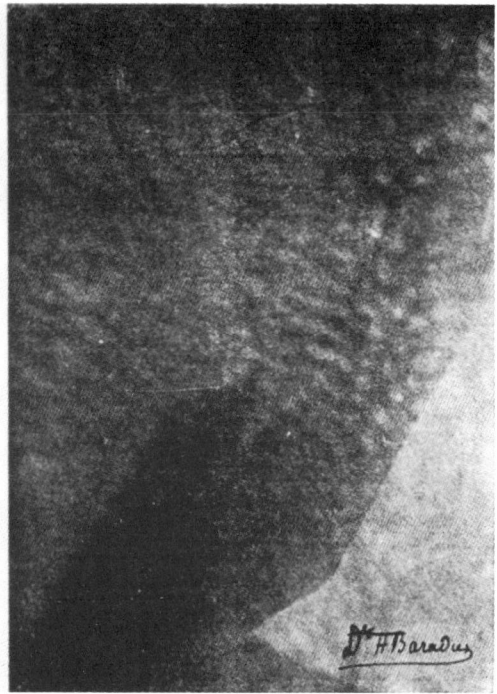

Abb. 76: Hippolyte Baraduc, L'ame humaine, ses mouvements, ses lumieres et l'iconographie de l'invisible fluidique, Paris (?) 1896, pl. XXVIII aus: La Recherche photographique, Paris (Paris Audiovisuel et Presses Universitaires de Vincennes) Oktober 1986, S. 49

Abb. 77: Th. Maurisset, La Daguerréotypomanie, 1839/40 (Ausschnitt) aus: Rolf H. Krauss, Die Fotografie in der Karikatur, Sebruck am Chiemsee (Heering) 1978, S. 9

*Abb. 78: Anonym, Madame Dupont (?), o. J. (übermalte Fotografie) Basel/Sammlung Peter Herzog-Wyss aus:*
*Fotovision – Projekt Fotografie nach 150 Jahren, bearb. von B. Busch, U. Liebelt, W. Oeder, Hannover*
*(Sprengel Museum Hannover) 1988, S. 83*

Abb. 79: Heinrich Tönnies, 19. Mai 1980, Aalborg/Lokalhistorisk Arkiv for Aalborg Kommune aus: Fotovision – Projekt Fotografie nach 150 Jahren, bearb. von B. Busch, U. Liebelt, W. Oeder, Hannover (Sprengel Museum Hannover) 1988, S. 161

Abb. 80: Julia Margaret Cameron, Sir John Herschel, 1867/1875 Ottawa/National Gallery of Canada aus: Joanne Lukitsch, Julia Margaret Cameron: Her Work and Career, Rochester, New York (International Museum of Photography at George Eastman House) 1986, S. 51

Abb. 82: Cindy Sherman, Untitled Film Still Nr. 47, 1979, Köln/Galerie Monika Sprüth aus: Fotovision – Projekt Fotografie nach 150 Jahren, bearb. von B. Busch, U. Liebelt, W. Oeder, Hannover (Sprengel Museum Hannover) 1988, S. 167

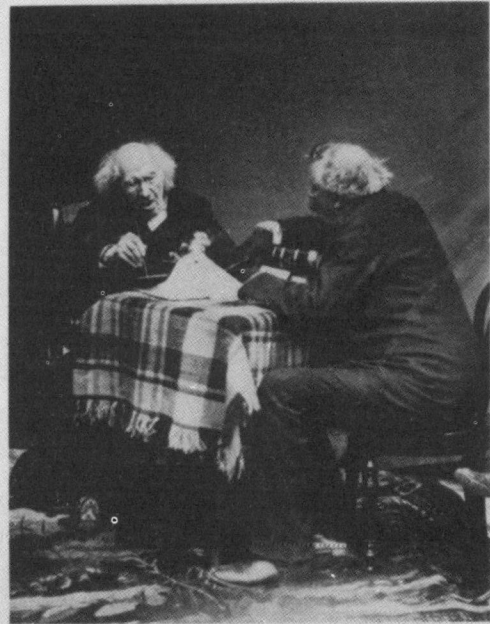

»Schauen Sie sich das genau an, ich werde diese rot-weiße Scheibe rotieren lassen, und Sie werden den Eindruck von einem gleichmäßigen Grün haben.«

»Ich traf Herrn Hersent, den Akademiemaler, 1840 im Hof des Instituts nach der Sitzung, in der Arago . . ., und ich sagte ihm, daß Gelb neben Blau Orange ergibt und Blau neben Gelb Violett wird.«

»Herr Hersent antwortete mir, wenn das ein anderer als Sie, Herr Chevreul, zu mir sagte, würde ich antworten, daß das gelogen sei. Sagt mir das Herr Chevreul, will ich es sehen, um es zu glauben. Darauf lud ich ihn ein, in mein Labor in die *Gobelins* zu kommen, wo ich ihm den Beweis geben würde.«

»Er starb zwanzig Jahre danach, ohne in die *Gobelins* gekommen zu sein, um mich zu besuchen, wie ich ihn gebeten hatte.«

*Abb. 81: Paul Nadar, Der Chemiker Chevreul am Vorabend seines hundertsten Geburtstags im Gespräch mit Felix Tournachon gen. Nadar, mit stenographierten Äußerungen, 1886 aus: Nigel Gosling, Nadar. Photograph berühmter Zeitgenossen, München (Schirmer/Mosel) 1977, S. 23*

4353